CB059469

Conheça o
Saraiva Conecta

Uma plataforma que apoia o leitor em sua jornada de estudos e de atualização.

Estude *online* com conteúdos complementares ao livro e que ampliam a sua compreensão dos temas abordados nesta obra.

Tudo isso com a **qualidade Saraiva Educação** que você já conhece!

Veja como acessar

No seu computador
Acesse o *link*
https://somos.in/MDA5

No seu celular ou tablet
Abra a câmera do seu celular ou aplicativo específico e aponte para o *QR Code* disponível no livro.

Faça seu cadastro

1. Clique em **"Novo por aqui? Criar conta"**.

2. Preencha as informações – insira um *e-mail* que você costuma usar, ok?

3. Crie sua senha e clique no botão **"CRIAR CONTA"**.

Pronto! Agora é só aproveitar o conteúdo desta obra!*

Qualquer dúvida, entre em contato pelo *e-mail* suportedigital@saraivaconecta.com.br

Confira o material do professor
Fabrício Bolzan de Almeida
para você:

https://somos.in/MDA5

* Sempre que quiser, acesse todos os conteúdos exclusivos pelo *link* ou pelo *QR Code* indicados.
O seu acesso tem validade de 24 meses.

Fabrício Bolzan de Almeida

Manual de
Direito Administrativo

5ª edição
2022

saraiva jur

DADOS INTERNACIONAIS DE CATALOGAÇÃO NA PUBLICAÇÃO (CIP)
VAGNER RODOLFO DA SILVA – CRB-8/9410

A447m   Almeida, Fabrício Bolzan de
Manual de Direito Administrativo / Fabrício Bolzan de Almeida. – 5. ed. – São Paulo : SaraivaJur, 2022.
840 p.
ISBN 978-65-5362-112-1 (Impresso)
1. Direito. 2. Direito Administrativo. I. Título.

	CDD 341.3
2022-214	CDU 342.9

Índices para catálogo sistemático:
1. Direito Administrativo   341.3
2. Direito Administrativo   342.9

---

saraiva EDUCAÇÃO | **saraiva jur**

Av. Paulista, 901, 3º andar
Bela Vista – São Paulo – SP – CEP: 01311-100

SAC   sac.sets@saraivaeducacao.com.br

Diretoria executiva	Flávia Alves Bravin
Diretoria editorial	Ana Paula Santos Matos
Gerência editorial e de projetos	Fernando Penteado
Novos projetos	Aline Darcy Flôr de Souza
	Dalila Costa de Oliveira
Gerência editorial	Isabella Sánchez de Souza
Edição	Liana Ganiko Brito
Produção editorial	Daniele Debora de Souza (coord.)
	Cintia Aparecida dos Santos
Arte e digital	Mônica Landi (coord.)
	Camilla Felix Cianelli Chaves
	Claudirene de Moura Santos Silva
	Deborah Mattos
	Guilherme H. M. Salvador
	Tiago Dela Rosa
Projetos e serviços editoriais	Daniela Maria Chaves Carvalho
	Emily Larissa Ferreira da Silva
	Kelli Priscila Pinto
	Klariene Andrielly Giraldi
Diagramação	Fernanda Matajs
Revisão	Ivani A. M. Cazarim
Capa	Aero Comunicação/Danilo Zanott
Produção gráfica	Marli Rampim
	Sergio Luiz Pereira Lopes
Impressão e acabamento	Vox Gráfica

Data de fechamento da edição: 25-2-2022

Dúvidas? Acesse www.editorasaraiva.com.br/direito

Nenhuma parte desta publicação poderá ser reproduzida por qualquer meio ou forma sem a prévia autorização da Saraiva Educação. A violação dos direitos autorais é crime estabelecido na Lei n. 9.610/98 e punido pelo art. 184 do Código Penal.

CL	607693	CAE	791997

Dedico inicialmente a Deus, que me deu forças
para escrever esta obra.

À minha esposa, Cristiane, e aos meus filhos, Henrique, Augusto e Théo,
manifestações maiores de meu amor incondicional.

À minha mãe, Cecília, e avós, Domingos e Hermínia (*in memoriam*), por
tanto amor e dedicação, sentimentos fundamentais para a minha formação
e para a formação dos meus filhos.

Aos verdadeiros Amigos que sempre estiveram ao meu lado.

Sumário

Nota do Autor 21

CAPÍTULO 1 – REGIME JURÍDICO ADMINISTRATIVO, PRINCÍPIOS E PODERES DA ADMINISTRAÇÃO 23

1.1. Regime Jurídico Administrativo... 23
    1.1.1. Conceito de Direito Administrativo............................. 25
    1.1.2. Fontes do Direito Administrativo e as novidades introduzidas na Lei de Introdução às Normas do Direito Brasileiro............ 26
1.2. Princípios da Administração Pública 41
    1.2.1. Conceito 41
    1.2.2. Princípios Explícitos na Constituição Federal 42
        1.2.2.1. Princípio da Legalidade................................. 42
        1.2.2.2. Princípio da Impessoalidade 45
        1.2.2.3. Princípio da Moralidade................................ 46
        1.2.2.4. Princípio da Publicidade 49
        1.2.2.5. Princípio da Eficiência 50
        1.2.2.6. Outros Princípios Expressos na Constituição Federal 52
    1.2.3. Princípios Implícitos na Constituição Federal 53
        1.2.3.1. Princípio da Supremacia do Interesse Público sobre o Particular 53
        1.2.3.2. Princípio da Indisponibilidade do Interesse Público.... 57
        1.2.3.3. Princípios da Razoabilidade e da Proporcionalidade. 64
        1.2.3.4. Princípios da Segurança Jurídica e da Confiança Legítima.. 65
        1.2.3.5. Princípio da Autotutela 72
        1.2.3.6. Princípio da Motivação 76
        1.2.3.7. Princípio da Especialidade............................ 77
        1.2.3.8. Princípio da Tutela ou Controle Finalístico... 77
        1.2.3.9. Princípio da Continuidade do Serviço Público...... 78

		1.2.3.10.	Princípio da Presunção de Legitimidade do Ato Administrativo	83
		1.2.3.11.	Princípio da Intranscendência Subjetiva das Sanções	83
		1.2.3.12.	Princípios Implícitos e a Positivação na Ordem Jurídica	85
1.3.	Poderes da Administração Pública			85
	1.3.1.	Conceito		85
	1.3.2.	Espécies de Poderes da Administração		86
		1.3.2.1.	Poder Vinculado	86
		1.3.2.2.	Poder Discricionário	87
		1.3.2.3.	Poder Hierárquico	90
		1.3.2.4.	Poder Disciplinar	91
		1.3.2.5.	Poder Regulamentar/Normativo	92
		1.3.2.6.	Poder de Polícia	94
	1.3.3.	Abuso de Poder		107
Questões				108

CAPÍTULO 2 – ESTADO, GOVERNO, ADMINISTRAÇÃO PÚBLICA E ÓRGÃOS PÚBLICOS 117

2.1.	Estado			117
2.2.	Governo			117
2.3.	Administração Pública			118
	2.3.1.	Conceito, Natureza e Finalidade		118
	2.3.2.	Organização Administrativa		119
		2.3.2.1.	Formas de Atuação da Administração Pública	120
	2.3.3.	Administração Pública Indireta		121
		2.3.3.1.	Autarquias	121
		2.3.3.2.	Fundações	129
		2.3.3.3.	Empresas Estatais (Empresas Públicas e Sociedades de Economia Mista)	131
	2.3.4.	Entidades Paraestatais/Terceiro Setor		147
		2.3.4.1.	Serviços Sociais Autônomos	148
		2.3.4.2.	Entidades ou Fundações de Apoio	148
		2.3.4.3.	Organizações Sociais (OSs)	150
		2.3.4.4.	Organizações da Sociedade Civil de Interesse Público (OSCIPs) e a Lei n. 13.019/2014	152
		2.3.4.5.	As novidades da Lei n. 13.019/2014, alterada pela Lei n. 13.204/2015	153
2.4.	Órgãos Públicos			155

2.4.1.	Conceito	155
2.4.2.	Características dos Órgãos Públicos	156
2.4.3.	Classificação dos Órgãos Públicos	157

Questões 158

CAPÍTULO 3 – AGENTES PÚBLICOS 171

3.1. Conceito 171
3.2. Classificação dos Agentes Públicos 171
    3.2.1. Agentes Políticos 171
    3.2.2. Agentes Administrativos (Servidores Públicos *Lato Sensu*) 172
        3.2.2.1. Servidores Estatutários 172
        3.2.2.2. Empregados Públicos 173
        3.2.2.3. Servidores Temporários 175
    3.2.3. Particulares em Colaboração com a Administração 181
        3.2.3.1. Agentes Delegados 181
        3.2.3.2. Agentes Honoríficos 181
        3.2.3.3. Gestores do Negócio Público 181
        3.2.3.4. Agentes Credenciados 182
3.3. Disposições Constitucionais Relativas aos Agentes Públicos 182
    3.3.1. Exigência de Concurso Público 182
    3.3.2. Prazo de Validade do Concurso Público 187
    3.3.3. Prioridade na Nomeação 189
    3.3.4. Reserva de Percentual aos Portadores de Deficiência e as Cotas Raciais da Lei n. 12.990/2014 190
    3.3.5. Direito à Livre Associação Sindical dos Servidores Públicos Civis 195
    3.3.6. Direito de Greve 195
    3.3.7. Fixação da Remuneração e Revisão Geral 199
    3.3.8. Teto Remuneratório 200
    3.3.9. Irredutibilidade de Vencimentos e Subsídios 203
    3.3.10. Acumulação de Cargos Públicos 206
    3.3.11. Obrigatoriedade do Regime Jurídico Único 209
    3.3.12. Estabilidade 211
    3.3.13. Disponibilidade 216
    3.3.14. Aposentadoria 216
        3.3.14.1. Aposentadoria por Incapacidade Permanente para o Trabalho 217
        3.3.14.2. Aposentadoria Compulsória 219
        3.3.14.3. Aposentadoria Voluntária 220

	3.3.14.4.	Aposentadoria Especial de Professor	221
	3.3.14.5.	Aposentadoria do Servidor em Condições Especiais	221
	3.3.14.6.	Novidades trazidas pela Emenda Constitucional da Reforma da Previdência	224

3.4. Principais Disposições Previstas na Lei n. 8.112/90 – Estatuto dos Servidores Públicos Civis Federais 226
    3.4.1. Conceituação Preliminar 226
    3.4.2. Formas de Provimento 226
        3.4.2.1. Nomeação 226
        3.4.2.2. Readaptação 233
        3.4.2.3. Reversão 234
        3.4.2.4. Reintegração 234
        3.4.2.5. Recondução 235
        3.4.2.6. Aproveitamento 242
        3.4.2.7. Promoção 242
    3.4.3. Formas de Vacância 242
        3.4.3.1. Exoneração 243
        3.4.3.2. Demissão 243
        3.4.3.3. Aposentadoria 243
        3.4.3.4. Falecimento 243
        3.4.3.5. Promoção 243
        3.4.3.6. Readaptação 244
        3.4.3.7. Posse em Outro Cargo Inacumulável 244
    3.4.4. Da Remoção 244
    3.4.5. Da Redistribuição 247
    3.4.6. Da Substituição 247
    3.4.7. Dos Direitos e Vantagens 248
        3.4.7.1. Do Sistema Remuneratório 248
        3.4.7.2. Das Vantagens Pecuniárias 253
            3.4.7.2.1. Das Indenizações 253
            3.4.7.2.2. Das Gratificações 256
            3.4.7.2.3. Dos Adicionais 257
        3.4.7.3. Das Férias 261
        3.4.7.4. Das Licenças 261
            3.4.7.4.1. Por Motivo de Doença em Pessoa da Família 261
            3.4.7.4.2. Por Motivo de Afastamento do Cônjuge ou Companheiro 262
            3.4.7.4.3. Para o Serviço Militar 262

			3.4.7.4.4.	Para o Desempenho de Atividade Política	262
			3.4.7.4.5.	Capacitação..	262
			3.4.7.4.6.	Para Tratar de Interesse Particular..........	263
			3.4.7.4.7.	Para Exercício de Mandato Classista......	263
			3.4.7.4.8.	Para Tratamento de Doença..................	263
			3.4.7.4.9.	Por Acidente em Serviço.......................	264
			3.4.7.4.10.	À Gestante, à Adotante e à Paternidade.	264
		3.4.7.5.	Dos Afastamentos...		266
		3.4.7.6.	Do Regime Disciplinar...		267
			3.4.7.6.1.	Dos Deveres do Servidor.......................	267
			3.4.7.6.2.	Das Proibições do Servidor...................	268
			3.4.7.6.3.	Das Responsabilidades do Servidor.......	269
			3.4.7.6.4.	Da Absolvição Administrativa Antecipada – AAA..	270
			3.4.7.6.5.	Das Penalidades Administrativas do Servidor..	273
			3.4.7.6.6.	Competência para a Imposição das Penalidades Administrativas	276
			3.4.7.6.7.	Da Prescrição..	278
			3.4.7.6.8.	Procedimentos Administrativos para Apuração de Faltas Disciplinares e Punição do Servidor..................................	280
			3.4.7.6.9.	Da Revisão do Processo	284
		3.4.7.7.	Da Pensão		285
3.5.	Ética no Serviço Público				288
Questões					299

CAPÍTULO 4 – ATOS ADMINISTRATIVOS.................... 319

4.1.	Atos da Administração *vs.* Atos Administrativos.................................	319
4.2.	Elementos do Ato Administrativo..	320
	4.2.1.	Competência	320
	4.2.2.	Finalidade	321
	4.2.3.	Forma...	321
	4.2.4.	Motivo	322
	4.2.5.	Objeto..	323
	4.2.6.	Mérito do Ato Administrativo – Análise Introdutória.............	323
	4.2.7.	Elementos *vs.* Pressupostos do Ato Administrativo.................	324
4.3.	Atributos do Ato Administrativo	329
	4.3.1.	Presunção de Legitimidade..	330
	4.3.2.	Autoexecutoriedade...	330

4.3.3.	Imperatividade	331
4.3.4.	Tipicidade	331

4.4. Classificação dos Atos Administrativos 332
    4.4.1. Quanto aos Efeitos 332
    4.4.2. Quanto aos Destinatários 332
    4.4.3. Quanto ao Alcance 332
    4.4.4. Quanto à Quantidade de Manifestação de Vontade 333
    4.4.5. Quanto ao Grau de Liberdade 333
    4.4.6. Quanto à Formação da Vontade Administrativa 333

4.5. Modalidades de Atos Administrativos 334
    4.5.1. Atos Normativos 334
    4.5.2. Atos Ordinatórios 335
    4.5.3. Atos Negociais 335
    4.5.4. Atos Enunciativos 336
    4.5.5. Atos Punitivos 336

4.6. Extinção dos Atos Administrativos 336
    4.6.1. Conceitos Preliminares 336
    4.6.2. Perfeição, Validade e Eficácia do Ato Administrativo 336
    4.6.3. Efeitos Típicos e Atípicos do Ato Administrativo 337
    4.6.4. Formas de Extinção do Ato Administrativo 338
        4.6.4.1. Cassação do Ato Administrativo 338
        4.6.4.2. Caducidade ou Decadência do Ato Administrativo .. 338
        4.6.4.3. Contraposição ou Derrubada do Ato Administrativo. 338
        4.6.4.4. Anulação do Ato Administrativo 339
        4.6.4.5. Revogação do Ato Administrativo 346

4.7. Convalidação 347

Questões 348

CAPÍTULO 5 – LICITAÇÃO E AS NOVIDADES DA LEI N. 14.133/2021 357

5.1. Fundamentos Constitucional e Infraconstitucional 357
5.2. Disposições Preliminares 370
    5.2.1. Conceito de Licitação 370
    5.2.2. Objeto da Licitação 371
    5.2.3. Finalidades da Licitação 371
    5.2.4. Preferências na Licitação para as Microempresas e Empresas de Pequeno Porte 380

5.3. Princípios 384
    5.3.1. Princípios Gerais 385
        5.3.1.1. Princípio da Legalidade 385

	5.3.1.2.	Princípio da Impessoalidade	385
	5.3.1.3.	Princípios da Moralidade e da Probidade	386
	5.3.1.4.	Princípios da Publicidade e da Transparência	387
	5.3.1.5.	Princípio da Igualdade	388
	5.3.1.6.	Princípios da Eficiência, Eficácia, Economicidade, Planejamento e Celeridade	390
	5.3.1.7.	Princípio do Interesse Público	393
	5.3.1.8.	Princípio da Motivação	394
	5.3.1.9.	Princípio da Segurança Jurídica	395
	5.3.1.10.	Princípios da Razoabilidade e da Proporcionalidade	395
5.3.2.	Princípios Específicos da Licitação		396
	5.3.2.1.	Princípio do Procedimento Formal	396
	5.3.2.2.	Princípio do Sigilo das Propostas	396
	5.3.2.3.	Princípio da Vinculação ao Instrumento Convocatório	397
	5.3.2.4.	Princípio do Julgamento Objetivo	397
	5.3.2.5.	Princípio da Adjudicação Compulsória	398
	5.3.2.6.	Princípio da Competitividade	399
	5.3.2.7.	Princípio da Segregação das Funções	401
	5.3.2.8.	Princípio do Desenvolvimento Nacional Sustentável	401
	5.3.2.9.	Princípios da Lei de Introdução às Normas do Direito Brasileiro	401
5.4. Contratação Direta por Inexigibilidade e Dispensa de Licitação			401
5.4.1. Inexigibilidade de Licitação			402
5.4.2. Dispensa de Licitação			406
	5.4.2.1.	Licitação Dispensável	407
	5.4.2.2.	Licitação Dispensada	417
5.5. Modalidades de Licitação			422
5.5.1. Concorrência			424
5.5.2. Tomada de Preços			426
5.5.3. Convite			426
5.5.4. Concurso			428
5.5.5. Leilão			429
5.5.6. Pregão			430
5.5.7. Consulta			434
5.5.8. Diálogo Competitivo – Novidade da Lei n. 14.133/2021			435
5.6. Fases da Licitação			436
5.6.1. Fase Interna na Lei n. 8.666/93			437
5.6.2. Fase Externa na Lei n. 8.666/93			438

	5.6.2.1.	Publicação do Instrumento Convocatório...............	438
	5.6.2.2.	Habilitação dos Licitantes...	438
	5.6.2.3.	Julgamento das Propostas...	441
	5.6.2.4.	Homologação	442
	5.6.2.5.	Adjudicação ao Vencedor...	442
	5.6.2.6.	Distinção das Fases de Licitação nas Modalidades Concorrência e Pregão..	442
5.6.3.	Fases na Nova Lei de Licitações e Contratos Administrativos..		444
	5.6.3.1.	Da Fase Preparatória na Lei n. 14.133/2021	445
	5.6.3.2.	Da Divulgação do Edital na Lei n. 14.133/2021	446
	5.6.3.3.	Da Apresentação de Propostas e Lances na Lei n. 14.133/2021	447
	5.6.3.4.	Do Julgamento na Lei n. 14.133/2021....................	449
	5.6.3.5.	Da Habilitação na Lei n. 14.133/2021	449
	5.6.3.6.	Da Fase Recursal na Lei n. 14.133/2021................	451
	5.6.3.7.	Da Homologação na Lei n. 14.133/2021	453

5.7. Anulação e Revogação da Licitação 453
5.8. Tipos de Licitação 458
5.9. Procedimentos Auxiliares das Licitações e Contratações Públicas 458
    5.9.1. Do Credenciamento 459
    5.9.2. Da Pré-qualificação 459
    5.9.3. Do Procedimento de Manifestação de Interesse 460
    5.9.4. Do Sistema de Registro de Preços... 461
    5.9.5. Do Registro Cadastral... 468
5.10. Regime Diferenciado de Contratação.. 469
Questões 470

CAPÍTULO 6 – CONTRATOS ADMINISTRATIVOS E AS NOVIDADES DA LEI N. 14.133/2021 481

6.1. Introdução 481
6.2. Características do Contrato Administrativo...................................... 482
    6.2.1. Finalidade Pública na Atuação Administrativa 483
    6.2.2. Atuação da Administração como Poder Público................... 483
    6.2.3. Formalidades Legais 484
    6.2.4. Natureza de Contrato de Adesão 485
    6.2.5. Pessoalidade (*Intuitu Personae*) 485
    6.2.6. Cláusulas Exorbitantes... 486
        6.2.6.1. Exigência de Garantia 486

	6.2.6.2.	Alteração Unilateral do Contrato pela Administração Pública	489
	6.2.6.3.	Rescisão Unilateral do Contrato pela Administração Pública	494
	6.2.6.4.	Poder de Fiscalização da Administração Pública	498
	6.2.6.5.	Ocupação Provisória do Objeto do Contrato pela Administração Pública	499
	6.2.6.6.	Restrição à Exceção (Defesa) do Contrato Não Cumprido	500
	6.2.6.7.	Aplicação Direta das Penalidades pela Administração.	501
6.3.	Responsabilidade Contratual do Contratado		512
6.4.	Extinção do Contrato Administrativo		516
6.5.	Inexecução do Contrato Administrativo		519
	6.5.1.	Formas de Inexecução sem Culpa	519
		6.5.1.1. Teoria da Imprevisão	519
		6.5.1.2. Caso Fortuito e Força Maior	519
		6.5.1.3. Fato do Príncipe	520
		6.5.1.4. Fato da Administração	520
		6.5.1.5. Interferências Imprevistas	521
6.6.	Prazo de Duração do Contrato		521
6.7.	Principais Contratos Administrativos		524
	6.7.1.	Contrato de Obra Pública	524
	6.7.2.	Contrato de Serviço	525
	6.7.3.	Contrato de Fornecimento	525
	6.7.4.	Contrato de Concessão de Serviço Público	525
	6.7.5.	Contrato de Concessão de Serviço Público Precedido da Execução de Obra Pública	525
	6.7.6.	Contrato de Permissão de Serviço Público	526
6.8.	Convênios e Consórcios		526
Questões			527

CAPÍTULO 7 – SERVIÇOS PÚBLICOS 541

7.1.	Fundamento Constitucional	541
7.2.	Conceito de Serviço Público	541
7.3.	Princípios Aplicáveis à Prestação do Serviço Público	541
	7.3.1. Princípio da Regularidade na Prestação	542
	7.3.2. Princípio da Eficiência	542
	7.3.3. Princípio da Segurança	542
	7.3.4. Princípio da Atualidade	544
	7.3.5. Princípio da Generalidade/Universalidade	544

7.3.6.	Princípio da Cortesia na Prestação..	544
7.3.7.	Princípio da Modicidade das Tarifas...	544
7.3.8.	Princípio da Continuidade do Serviço Público......................	545
7.3.9.	O desequilíbrio econômico financeiro do contrato de concessão por inadimplemento do usuário como critério objetivo e legitimador da interrupção do serviço público......................	550
7.4.	Classificação do Serviço Público..	557
7.4.1.	Quanto à Essencialidade/Delegabilidade................................	557
7.4.2.	Quanto ao Objeto	558
7.4.3.	Quanto ao Usuário	558
7.5.	Direitos e Obrigações dos Usuários	558
7.6.	Formas de Prestação do Serviço Público	558
7.6.1.	Serviço Centralizado...	558
7.6.2.	Serviço Descentralizado	559
7.7.	Formas de Delegação do Serviço Público ao Particular	559
7.7.1.	Concessão de Serviço Público...	559
7.7.1.1.	Responsabilidade do Concessionário.....................	560
7.7.1.2.	Intervenção do Poder Concedente	565
7.7.1.3.	Formas de Extinção do Contrato de Concessão......	565
7.7.1.4.	*Parcerias Público-Privadas (PPPs)*	566
7.7.2.	Permissão de Serviço Público...	568
7.7.3.	Autorização de Serviço Público..	569
7.8.	Código de Defesa dos Usuários dos Serviços Públicos – Novidade introduzida pela Lei n. 13.460/2017	569
Questões..		578

CAPÍTULO 8 – RESPONSABILIDADE CIVIL DO ESTADO 593

8.1.	Introdução	593
8.2.	Evolução Histórica	593
8.3.	Previsão Constitucional	595
8.4.	Responsabilidade Objetiva e Subjetiva do Estado.................................	597
8.5.	Excludentes de Responsabilidade...	603
8.6.	Prazo Prescricional da Ação de Indenização	607
8.7.	Responsabilidade Subsidiária do Estado	611
8.8.	Denunciação da Lide	612
8.9.	Responsabilidade por Atos do Legislativo e do Judiciário	613
Questões..		614

CAPÍTULO 9 – CONTROLE DA ADMINISTRAÇÃO PÚBLICA 625

9.1.	Introdução	625
9.2.	Classificação do Controle Administrativo	625

9.2.1.	Quanto à Origem	625
9.2.2.	Quanto ao Momento de Exercício	625
9.2.3.	Quanto ao Objeto	626
9.3. Controle Administrativo		627
9.4. Controle Legislativo ou Parlamentar		628
9.5. Controle Judicial		631
9.5.1.	Controle Judicial por Meio das Súmulas Vinculantes	638
9.5.2.	Controle Judicial da Omissão Administrativa	639
9.5.3.	Controle Judicial das Políticas Públicas	640
9.5.4.	Controle Judicial Especial	645
Questões		645

CAPÍTULO 10 – PROCESSO ADMINISTRATIVO — 657

10.1. Conceito		658
10.2. Princípios		659
10.2.1.	Princípios do Contraditório e da Ampla Defesa	659
10.2.2.	Princípio da Oficialidade ou do Impulso Oficial	659
10.2.3.	Princípio do Informalismo ou Formalismo Moderado	660
10.2.4.	Princípio da Verdade Material	661
10.2.5.	Princípio da Celeridade Processual ou Duração Razoável do Processo	661
10.3. Direitos e Deveres dos Administrados		661
10.4. Competência		662
10.5. Fases do Processo Administrativo		662
10.6. Da Absolvição Administrativa Antecipada – AAA		666
10.7. Do Impedimento e da Suspeição		669
10.8. Contagem de Prazos		669
10.9. Da Prioridade na Tramitação do Processo Administrativo		670
Questões		670

CAPÍTULO 11 – IMPROBIDADE ADMINISTRATIVA — 685

11.1. Introdução	685
11.2. Sujeito Passivo	689
11.3. Sujeito Ativo	690
11.4. Do Ato de Improbidade	695
11.5. Do Elemento Subjetivo	700
11.6. Sanções	700
11.7. Da Ação de Improbidade Administrativa	709
11.8. Da Prescrição	723
Questões	731

CAPÍTULO 12 – BENS PÚBLICOS 741

12.1. Definição Legal de Bens Públicos 741
    12.1.1. Divergência Doutrinária quanto à sua Definição 742
12.2. A Concepção de Bens Públicos à Luz dos Direitos Fundamentais 748
12.3. Regime Jurídico dos Bens Públicos 750
    12.3.1. Inalienabilidade/Alienabilidade Condicionada 751
    12.3.2. Impenhorabilidade 752
    12.3.3. Imprescritibilidade 753
    12.3.4. Não Onerabilidade 754
    12.3.5. Polícia dos Bens Públicos e Imunidade Tributária como Integrantes do seu Regime Jurídico 755
12.4. Classificação quanto à Titularidade 757
12.5. Classificação quanto à Sua Destinação 757
    12.5.1. Bens de Uso Comum do Povo 758
    12.5.2. Bens de Uso Especial 759
    12.5.3. Bens Dominicais 759
12.6. Bens Difusos e de Interesse Público 760
12.7. Utilização Privativa pelo Particular 761
    12.7.1. Autorização de Uso 762
    12.7.2. Permissão de Uso 763
    12.7.3. Concessão de Uso 764
    12.7.4. Institutos Correlatos 765
Questões 766

CAPÍTULO 13 – INTERVENÇÃO DO ESTADO NA PROPRIEDADE PRIVADA 773

13.1. Servidão Administrativa 773
    13.1.1. Definição 773
    13.1.2. Da Formalização da Constituição da Servidão Administrativa 775
    13.1.3. Da Indenização 776
    13.1.4. Diferenças entre Servidão e Limitação Administrativas 776
    13.1.5. Da Extinção da Servidão Administrativa 777
    13.1.6. Resumo das Principais Características da Servidão Administrativa 778
13.2. Ocupação Temporária 778
    13.2.1. Definição 778
    13.2.2. Da Indenização 778
    13.2.3. Da Formalização da Instituição da Ocupação Temporária 779
    13.2.4. Diferenças entre Ocupação Temporária e Requisição Administrativa 779

13.2.5. Resumo das Principais Características da Ocupação Temporária 780
13.3. Tombamento 780
    13.3.1. Definição e Objeto 780
    13.3.2. Natureza Jurídica 781
    13.3.3. Espécies de Tombamento 781
    13.3.4. Formalização do Tombamento 782
    13.3.5. Obrigações Oriundas do Tombamento 782
    13.3.6. Da Extinção do Tombamento 784
13.4. Desapropriação 785
    13.4.1. Definição de Desapropriação 785
    13.4.2. Fundamentos da Desapropriação 786
    13.4.3. Espécies de Desapropriação 787
    13.4.4. Desapropriação Indireta 788
        13.4.4.1. Definição 788
        13.4.4.2. Fundamento Jurídico da Desapropriação Indireta.... 790
        13.4.4.3. Efeitos da Desapropriação Indireta 791
        13.4.4.4. Da Ação de Indenização Fruto da Desapropriação Indireta 791
    13.4.5. A Expropriação de Glebas de Culturas Ilegais de Plantas Psicotrópicas ou Daquelas Utilizadas para Trabalho Escravo – EC n. 81, de 2014 796
    13.4.6. Procedimento Administrativo da Desapropriação Comum 798
        13.4.6.1. Fase Declaratória 798
        13.4.6.2. Fase Executória 798
    13.4.7. Procedimento Judicial da Desapropriação Comum 800
        13.4.7.1. Da Imissão Provisória na Posse 800
        13.4.7.2. Da Contestação 801
        13.4.7.3. Da Perícia 802
        13.4.7.4. Da Indenização 803
        13.4.7.5. Da Sentença 811
        13.4.7.6. Sucumbência nas Ações de Desapropriação 811
    13.4.8. Desapropriação Sancionatória Rural para Fins de Reforma Agrária 814
        13.4.8.1. Procedimento Administrativo 816
        13.4.8.2. Procedimento Judicial 817
    13.4.9. Desapropriação Sancionatória Urbanística 817
    13.4.10. Direito de Extensão 818
    13.4.11. Tredestinação e Retrocessão 818
13.5. Parcelamento Compulsório 819

13.5.1. Fonte Normativa Constitucional e Infraconstitucional............ 819
13.5.2. Definição do Bem Objeto do Parcelamento Compulsório..... 820
13.5.3. Procedimento do Parcelamento Compulsório 821
Questões... 822

Referências 835

Nota do Autor

O maior objetivo deste livro é, inicialmente, dar acesso ao Direito Administrativo para os alunos de graduação, candidatos a concurso público, além dos alunos de pós-graduação e operadores do Direito, em razão do aprofundamento devido e jurisprudência atualizada no conteúdo desta obra.

Tal finalidade será alcançada certamente em razão da nossa experiência de quase quinze anos em ensinar o Direito para os alunos e todos os interessados acima mencionados.

O conhecimento da lei deixou, há muito tempo, de ser suficiente para o aprendizado do Direito Administrativo. Pensando nisso, preocupamo-nos em trazer à tona, de forma aprofundada, as principais divergências doutrinárias e jurisprudenciais da atualidade, em especial a tese dominante no Supremo Tribunal Federal e no Superior Tribunal de Justiça consolidada em enunciados de súmulas e Acórdãos de 2020/2021. Nossa opinião crítica também está presente neste livro.

Também apresentamos nesta edição as novidades legislativas editadas nos anos de 2020/2021, com destaque para a Nova Lei de Licitações e Contratos Administrativos (Lei n. 14.133/2021), bem como a Lei n. 14.230/2021, que alterou quase que na íntegra a Lei de Improbidade Administrativa.

A didática desta obra é por nós apresentada com inserção de tópicos importantes ao longo dos capítulos:

APROFUNDANDO! O leitor mais adiantado no conhecimento jurídico irá se deparar com a abordagem clara e aprofundada dos pontos mais polêmicos ou divergentes da doutrina e da jurisprudência pátrias.

CUIDADO! O leitor receberá dicas de como ficar atento aos pontos polêmicos afetos ao tema em apreço.

ATENÇÃO! Advertência a alguma questão relevante, como eventual exceção a uma regra muito frequente no Direito.

QUESTÕES! Ao final de cada capítulo colacionamos questões dos mais variados concursos públicos e bancas examinadoras, para o leitor treinar seus conhecimentos, caso queira.

Com esse aprofundamento no estudo do Direito Administrativo, estamos convictos de que o *Manual de Direito Administrativo* irá revolucionar a metodologia de aprendizado e auxiliá-lo em seus propósitos nesse ramo do Direito Público.

Contem conosco na satisfatória empreitada dos desafios de conhecer mais de perto as relações envolvendo o Poder Público, tirando suas dúvidas diretamente comigo nos contatos abaixo, pois acreditamos em seu potencial, bem como que não há limites para um objetivo humano.

Fabrício Bolzan de Almeida
Facebook: Fabrício Bolzan
Instagram: @bolzanfa
E-mail: fabriciobolzan@ig.com.br
Site: www.bafh.com.br
www.fabriciobolzancursos.com.br

1 REGIME JURÍDICO ADMINISTRATIVO, PRINCÍPIOS E PODERES DA ADMINISTRAÇÃO

1.1. Regime Jurídico Administrativo

Quando tratamos do tema "Regime Jurídico", referimo-nos aos princípios e regras que disciplinam o modo como deve ser exercida determinada atividade.

Esta é a posição da melhor doutrina. Vejamos a posição de Celso Antônio Bandeira de Mello, que assim nos ensina: "Diz-se que há uma disciplina jurídica autônoma quando corresponde a um conjunto sistematizado de princípios e regras que lhe dão identidade, diferenciando-a das demais ramificações do Direito. Só se pode, portanto, falar em Direito Administrativo, no pressuposto de que existam princípios que lhe são peculiares e que guardem entre si uma relação lógica de coerência e unidade compondo um sistema ou regime: o regime jurídico-administrativo"[1].

A Administração Pública, em razão da sua finalidade pretendida – satisfazer o interesse público –, bem como em razão da natureza do bem por ela tutelado – natureza pública –, exige um regime especial para regulamentar o desempenho de suas atividades. Trata-se do *regime jurídico administrativo ou de Direito Público*, composto pelo *binômio "prerrogativas e sujeições"*.

No tocante às *prerrogativas*, constata-se a existência de *vantagens lícitas* conferidas à Administração no desempenho de suas atividades públicas. Podemos citar como sendo fundamentos dessas prerrogativas: (i) a Fazenda está sempre defendendo um interesse público e, por isso, necessita de um tratamento diferenciado; (ii) há uma burocracia inerente à Administração, e não é como a iniciativa privada, em que uma simples ligação do proprietário de uma empresa é capaz de resolver um grande problema; (iii) dificuldade de acesso às informações sobre a causa, por exemplo, para contestar uma ação de indenização contra um Município o Procurador Municipal tem que pedir informações ao médico responsável pelo respectivo prontuário. Para tanto, faz solicitação ao Secretário Municipal de Assuntos Jurídicos, que encaminha o pedido ao Secretário de Saúde. Este, por sua vez, envia o pedido

---

[1] BANDEIRA DE MELLO, Celso Antônio. *Curso de direito administrativo*. 30. ed. São Paulo: Malheiros, 2012. p. 53.

ao médico responsável, que responde e devolve ao chefe de sua Secretaria. Por fim, o processo administrativo contendo as informações necessárias para a contestação é devolvido ao Secretário de Assuntos Jurídicos, que encaminha de volta ao Procurador solicitante; (iv) Judicialização necessária na grande maioria dos casos, lembrando que a Fazenda Pública é a maior litigante em nosso país, e podemos citar como exemplo as lides judiciais propostas na busca de medicamentos não disponibilizados em postos de saúde pelo Sistema Único de Saúde – SUS.

São exemplos dessas vantagens da Administração: prazos processuais dilatados (ex.: em dobro para qualquer manifestação segundo o Código de Processo Civil)[2], presunção de veracidade dos seus atos, poder de expropriar a propriedade privada, alterar e rescindir unilateralmente contratos administrativos, imunidade recíproca (impossibilidade de se cobrar impostos entre os entes políticos), execução de dívidas pelo regime de precatórios.

Como críticas às prerrogativas da Fazenda Pública podemos citar: (i) afronta ao princípio constitucional da isonomia em relação aos particulares; (ii) demora do processo em razão dos prazos processuais mais dilatados; (iii) instituição de privilégios, e não de prerrogativas, devendo a Administração Pública melhor se aparelhar para ao menos gradativamente ir diminuindo tais vantagens, como a instituição de Procuradorias Municipais, compostas de Procuradores Públicos concursados, com salários condizentes com a importância da carreira.

Tais prerrogativas buscam *fundamento* no *princípio da supremacia do interesse público sobre o particular,* que estudaremos logo mais, com a profundidade que exige o instituto.

Em contrapartida, as *sujeições* constituem verdadeiras *restrições* impostas à Administração para o exercício de suas atividades.

Exemplos dessas restrições: necessidade, em regra, de concurso público para a contratação de pessoal, de procedimento licitatório prévio aos contratos de compras, alienações, obras, serviços e locações.

As aludidas sujeições estão *fundamentadas* no *princípio da indisponibilidade do interesse público* (também a ser estudado mais adiante).

Diante desse contexto, é fácil concluir que o regime jurídico que rege a atuação da Administração Pública é muito diferente do regime que regulamenta as relações privadas, entre os particulares.

---

2 Não se aplicam os prazos processuais dilatados em processos de controle abstrato de constitucionalidade (processo objetivo) pela ausência de defesa de interesses subjetivos: "Ementa: Processo Constitucional. Agravo Regimental em Ação direta de inconstitucionalidade. Desprovimento. 1. As prerrogativas processuais dos entes públicos, tal como prazo recursal em dobro e intimação pessoal, não se aplicam aos processos em sede de controle abstrato. 2. Agravo regimental não provido" (ADI 5814 MC-AgR-AgR, Relator(a): Min. ROBERTO BARROSO, Tribunal Pleno, julgado em 6-2-2019, PROCESSO ELETRÔNICO DJe-171 DIVULG 6-8-2019 PUBLIC 7-8-2019).

Enquanto qualquer um de nós possui total liberdade e autonomia para comprar um veículo, ainda que seja na concessionária que ofertou o valor mais caro do mercado (nosso patrimônio é disponível), a Administração Pública, para adquirir o mesmo veículo, estará submetida a um procedimento especial (licitação) com o objetivo de encontrar a proposta mais vantajosa ao interesse público, tendo em vista que o patrimônio público é indisponível.

Para fechar o tema, trazemos à colação os ensinamentos de Maria Sylvia Zanella Di Pietro, para quem: "a norma de direito público sempre impõe desvios ao direito comum, para permitir à Administração Pública, quando dele se utiliza, alcançar os fins que o ordenamento jurídico lhe atribui e, ao mesmo tempo, preservar os direitos dos administrados, criando limitações à atuação do Poder Público"[3].

1.1.1. Conceito de Direito Administrativo

O *Direito Administrativo*, conforme ensinamentos de Hely Lopes Meirelles, consiste no "conjunto harmônico de princípios jurídicos que regem os órgãos, os agentes e as atividades públicas tendentes a realizar concreta, direta e imediatamente os fins desejados pelo Estado"[4].

Segundo Maria Sylvia Zanella Di Pietro, o "Direito Administrativo, como ramo autônomo, nasceu em fins do século XVIII e início do século XIX, o que não significa que inexistissem anteriormente normas administrativas, pois onde quer que exista o Estado existem órgãos encarregados do exercício de funções administrativas. O que ocorre é que tais normas se enquadravam no *jus civile*, da mesma forma que nele se inseriam as demais, hoje pertencentes a outros ramos do direito"[5].

Sobre o tema, vale lembrar que o Direito Administrativo é ramo do Direito Público, uma vez que regula as relações envolvendo a Administração Pública. Difere, portanto, dos ramos do Direito Privado, como é o caso do Direito Civil, que regula as relações entre particulares.

No mesmo sentido, está o posicionamento de Celso Antônio Bandeira de Mello, para quem "o direito administrativo é o ramo do direito público que disciplina a função administrativa, bem como pessoas e órgãos que a exercem"[6].

Atualmente, há autores que relativizam a dicotomia, nos ramos do Direito, entre Público e Privado. No entanto, para fins didáticos, manteremos a diferenciação clássica ora apontada.

---

3 DI PIETRO, Maria Sylvia Zanella. *Direito administrativo*. 25. ed. São Paulo: Atlas, 2012. p. 60.
4 MEIRELLES, Hely Lopes. *Direito administrativo*. 23. ed. São Paulo: Malheiros, 1998. p. 35.
5 DI PIETRO, Maria Sylvia Zanella. *Direito administrativo*. 25. ed. São Paulo: Atlas, 2012. p. 1.
6 BANDEIRA DE MELLO, Celso Antônio. *Curso de direito administrativo*. 30. ed. São Paulo: Malheiros, 2012. p. 37.

1.1.2. Fontes do Direito Administrativo e as novidades introduzidas na Lei de Introdução às Normas do Direito Brasileiro

A principal fonte do Direito Administrativo é a Lei que, conforme analisaremos a seguir, pautará toda a atuação administrativa.

A jurisprudência, consistente em decisões judiciais reiteradas no mesmo sentido sobre um determinado tema, ganhou força como fonte do Direito Administrativo após a inserção na Constituição Federal das Súmulas Vinculantes produzidas pelo STF, cujo conteúdo, como o próprio nome sugere, vincula – obriga – não apenas os órgãos do Poder Judiciário, como também todas as Entidades da Administração Direta e Indireta:

> Art. 103-A. O Supremo Tribunal Federal poderá, de ofício ou por provocação, mediante decisão de dois terços dos seus membros, após reiteradas decisões sobre matéria constitucional, aprovar súmula que, a partir de sua publicação na imprensa oficial, *terá efeito vinculante em relação* aos demais órgãos do Poder Judiciário e à administração pública direta e indireta, nas esferas federal, estadual e municipal, bem como proceder à sua revisão ou cancelamento, na forma estabelecida em lei.
>
> § 1º *A súmula terá por objetivo a validade, a interpretação e a eficácia de normas determinadas, acerca das quais haja controvérsia atual entre órgãos judiciários ou entre esses e a administração pública* que acarrete grave insegurança jurídica e relevante multiplicação de processos sobre questão idêntica.
>
> § 2º Sem prejuízo do que vier a ser estabelecido em lei, a aprovação, revisão ou cancelamento de súmula poderá ser provocada por aqueles que podem propor a ação direta de inconstitucionalidade.
>
> § 3º *Do ato administrativo* ou decisão judicial *que contrariar a súmula aplicável ou que indevidamente a aplicar, caberá reclamação* ao Supremo Tribunal Federal que, julgando-a procedente, anulará o ato administrativo ou cassará a decisão judicial reclamada, e determinará que outra seja proferida com ou sem a aplicação da súmula, conforme o caso.

A Lei que regulamenta o instituto da Súmula Vinculante é a Lei n. 11.417/2006, e, em relação à sua incidência em face da Administração Pública, assim determina:

> Art. 7º Da decisão judicial ou do ato administrativo que contrariar enunciado de súmula vinculante, negar-lhe vigência ou aplicá-lo indevidamente caberá reclamação ao Supremo Tribunal Federal, sem prejuízo dos recursos ou outros meios admissíveis de impugnação.
>
> § 1º Contra omissão ou ato da administração pública, o uso da reclamação só será admitido após esgotamento das vias administrativas.

> § 2º Ao julgar procedente a reclamação, o Supremo Tribunal Federal anulará o ato administrativo ou cassará a decisão judicial impugnada, determinando que outra seja proferida com ou sem aplicação da súmula, conforme o caso.

Poderíamos levantar sobre o conteúdo inserto no art. 7º, § 1º, da Lei n. 11.417/2006 se a necessidade de esgotamento das vias administrativas como pressuposto de admissibilidade da reclamação no STF não violaria o Princípio da Inafastabilidade da apreciação judicial inserto no art. 5º, XXXV, da Constituição Federal, que prevê como direito fundamental: "a lei não excluirá da apreciação do Poder Judiciário lesão ou ameaça a direito".

Entendemos que não há violação à ordem jurídica constitucional, na medida em que não se está impedindo o acesso ao Supremo Tribunal Federal, mas apenas condicionando a chegada da reclamação ao Pretório Excelso. A inexistência do aludido condicionamento levaria a Corte Constitucional a aumentar ainda mais o número de feitos, tendo em vista o grande número de entidades e órgãos públicos que ainda insistem em violar Súmulas Vinculantes.

Outro ponto que merece destaque a respeito da Lei n. 11.417/2006 é o conteúdo disposto no § 2º do aludido art. 7º quando trata da anulação do ato administrativo pelo Supremo diante de ato violador do Poder Público em desrespeito a Súmula Vinculante. O dispositivo legal reforça a ideia de força legal que possui a Súmula Vinculante, na medida em que no Direito Administrativo o termo técnico de retirada de ato ilegal do ordenamento jurídico é a anulação.

No tocante às fontes, cumpre ressaltar ainda a Doutrina, que consiste nos trabalhos realizados pelos estudiosos do Direito, e os Costumes, que são práticas reiteradas de um determinado comportamento em razão da convicção de sua obrigatoriedade, mesmo ausente lei que imponha qualquer conduta nesse sentido.

A ausência de um Código de Direito Administrativo faz da Doutrina importante fonte de estudo para a aplicação do Direito às relações públicas, embora a maioria dos estudiosos a considerem como fonte secundária do aludido ramo do Direito, na medida em que não possui força obrigatória perante as atuações da Administração Pública. O mesmo raciocínio vale para os costumes.

Por fim, não poderíamos deixar de mencionar as novidades trazidas pela Lei de Introdução às Normas do Direito Brasileiro (LINDB). Por força da Lei n. 13.655, de 25 de abril de 2018, foram inseridos os seguintes dispositivos ao Decreto-lei n. 4.657, de 4 de setembro de 1942:

> Art. 20. Nas esferas administrativa, controladora e judicial, não se decidirá com base em valores jurídicos abstratos sem que sejam consideradas as consequências práticas da decisão.

Parágrafo único. A motivação demonstrará a necessidade e a adequação da medida imposta ou da invalidação de ato, contrato, ajuste, processo ou norma administrativa, inclusive em face das possíveis alternativas.

Art. 21. A decisão que, nas esferas administrativa, controladora ou judicial, decretar a invalidação de ato, contrato, ajuste, processo ou norma administrativa deverá indicar de modo expresso suas consequências jurídicas e administrativas.

Parágrafo único. A decisão a que se refere o *caput* deste artigo deverá, quando for o caso, indicar as condições para que a regularização ocorra de modo proporcional e equânime e sem prejuízo aos interesses gerais, não se podendo impor aos sujeitos atingidos ônus ou perdas que, em função das peculiaridades do caso, sejam anormais ou excessivos.

Art. 22. Na interpretação de normas sobre gestão pública, serão considerados os obstáculos e as dificuldades reais do gestor e as exigências das políticas públicas a seu cargo, sem prejuízo dos direitos dos administrados.

§ 1º Em decisão sobre regularidade de conduta ou validade de ato, contrato, ajuste, processo ou norma administrativa, serão consideradas as circunstâncias práticas que houverem imposto, limitado ou condicionado a ação do agente.

§ 2º Na aplicação de sanções, serão consideradas a natureza e a gravidade da infração cometida, os danos que dela provierem para a administração pública, as circunstâncias agravantes ou atenuantes e os antecedentes do agente.

§ 3º As sanções aplicadas ao agente serão levadas em conta na dosimetria das demais sanções de mesma natureza e relativas ao mesmo fato.

Art. 23. A decisão administrativa, controladora ou judicial que estabelecer interpretação ou orientação nova sobre norma de conteúdo indeterminado, impondo novo dever ou novo condicionamento de direito, deverá prever regime de transição quando indispensável para que o novo dever ou condicionamento de direito seja cumprido de modo proporcional, equânime e eficiente e sem prejuízo aos interesses gerais.

Parágrafo único. (VETADO).

Art. 24. A revisão, nas esferas administrativa, controladora ou judicial, quanto à validade de ato, contrato, ajuste, processo ou norma administrativa cuja produção já se houver completado levará em conta as orientações gerais da época, sendo vedado que, com base em mudança posterior de orientação geral, se declarem inválidas situações plenamente constituídas.

Parágrafo único. Consideram-se orientações gerais as interpretações e especificações contidas em atos públicos de caráter geral ou em jurisprudência judicial ou administrativa majoritária, e ainda as adotadas por prática administrativa reiterada e de amplo conhecimento público.

Art. 25. (VETADO).

Art. 26. Para eliminar irregularidade, incerteza jurídica ou situação contenciosa na aplicação do direito público, inclusive no caso de expedição de licença, a autoridade administrativa poderá, após oitiva do órgão jurídico e, quando for o caso, após realização de consulta pública, e presentes razões de relevante interesse geral, celebrar compromisso com os interessados, observada a legislação aplicável, o qual só produzirá efeitos a partir de sua publicação oficial.

§ 1º O compromisso referido no *caput* deste artigo:

I – buscará solução jurídica proporcional, equânime, eficiente e compatível com os interesses gerais;

II – (VETADO);

III – não poderá conferir desoneração permanente de dever ou condicionamento de direito reconhecidos por orientação geral;

IV – deverá prever com clareza as obrigações das partes, o prazo para seu cumprimento e as sanções aplicáveis em caso de descumprimento.

§ 2º (VETADO).

Art. 27. A decisão do processo, nas esferas administrativa, controladora ou judicial, poderá impor compensação por benefícios indevidos ou prejuízos anormais ou injustos resultantes do processo ou da conduta dos envolvidos.

§ 1º A decisão sobre a compensação será motivada, ouvidas previamente as partes sobre seu cabimento, sua forma e, se for o caso, seu valor.

§ 2º Para prevenir ou regular a compensação, poderá ser celebrado compromisso processual entre os envolvidos.

Art. 28. O agente público responderá pessoalmente por suas decisões ou opiniões técnicas em caso de dolo ou erro grosseiro.

§§ 1º a 3º (VETADOS).

Art. 29. Em qualquer órgão ou Poder, a edição de atos normativos por autoridade administrativa, salvo os de mera organização interna, poderá ser precedida de consulta pública para manifestação de interessados, preferencialmente por meio eletrônico, a qual será considerada na decisão.

§ 1º A convocação conterá a minuta do ato normativo e fixará o prazo e demais condições da consulta pública, observadas as normas legais e regulamentares específicas, se houver.

§ 2º (VETADO).

Art. 30. As autoridades públicas devem atuar para aumentar a segurança jurídica na aplicação das normas, inclusive por meio de regulamentos, súmulas administrativas e respostas a consultas.

Parágrafo único. Os instrumentos previstos no *caput* deste artigo terão caráter vinculante em relação ao órgão ou entidade a que se destinam, até ulterior revisão.

A LINDB, por si só, já possui a essência de fonte normativa para a aplicação do Direito. Porém, agora ficou muito evidenciada a sua característica de fonte do Direito Administrativo, com a inclusão dos dispositivos acima citados, sobre os quais teceremos alguns comentários que reputamos pertinentes.

No art. 20, a LINDB trata de decisões na esfera administrativa em que o agente público julgador não poderá decidir com base em valores jurídicos abstratos sem que sejam consideradas as consequências práticas da decisão. É evidente que o administrador público pode e deve pautar suas decisões em princípios, ainda que estes sejam constituídos de uma certa valoração abstrata, conforme será visto nas definições do instituto princípio no próximo tópico.

No entanto, o objetivo pretendido pelo citado art. 20 é evitar o cometimento de arbitrariedades por parte da Administração Pública sob o fundamento de querer tutelar algum princípio de conceito fluido e indeterminado. Explico. Durante muito tempo o Poder Público invocou o princípio da supremacia do interesse público sobre o privado para cometer atos arbitrários e passar por cima de direitos fundamentais individuais.

Pois bem, diante dessa postura irregular surgiu doutrina contemporânea repudiando essa superioridade absorta do interesse público sobre o individual, que passou a pregar a primazia dos Direitos Fundamentais, uma vez que vivemos num Estado Constitucional e Democrático de Direito. O tema será aprofundado logo mais, porém serve de exemplo da *mens legis* do previsto no *caput* do art. 20 da LINDB.

Seu parágrafo único coloca a motivação em posição de destaque, seja para demonstrar a necessidade e a adequação da medida imposta, seja para fundamentar eventual invalidação de ato, contrato, ajuste, processo ou norma administrativa. Sobre o tema, veremos adiante que a motivação é princípio implícito constitucional e representa a regra da atuação administrativa, ou seja, a Administração Pública somente estará dispensada de motivar seus atos quando o Direito a eximir de tal encargo.

Ademais, relacionar motivação com necessidade e adequação consiste em interligar os princípios da razoabilidade e da proporcionalidade com o princípio da motivação, pois motivar a necessidade de atuar é a concretização de uma atuação razoável do Poder Público, enquanto fundamentar a adequação entre os meios empregados e os fins desejados materializa a conduta proporcional dos agentes públicos.

Nesse aspecto, o Decreto n. 9.830, de 10 de junho de 2019, regulamentador da LINDB, trouxe o seguinte regramento a respeito da motivação:

> **"Motivação e decisão**
>
> Art. 2º A decisão será motivada com a contextualização dos fatos, quando cabível, e com a indicação dos fundamentos de mérito e jurídicos.

CAP. 1 – REGIME JURÍDICO ADMINISTRATIVO, PRINCÍPIOS E PODERES DA ADMINISTRAÇÃO

§ 1º A motivação da decisão conterá os seus fundamentos e apresentará a congruência entre as normas e os fatos que a embasaram, de forma argumentativa.

§ 2º A motivação indicará as normas, a interpretação jurídica, a jurisprudência ou a doutrina que a embasaram.

§ 3º A motivação poderá ser constituída por declaração de concordância com o conteúdo de notas técnicas, pareceres, informações, decisões ou propostas que precederam a decisão.

Motivação e decisão baseadas em valores jurídicos abstratos

Art. 3º A decisão que se basear exclusivamente em valores jurídicos abstratos observará o disposto no art. 2º e as consequências práticas da decisão.

§ 1º Para fins do disposto neste Decreto, consideram-se valores jurídicos abstratos aqueles previstos em normas jurídicas com alto grau de indeterminação e abstração.

§ 2º Na indicação das consequências práticas da decisão, o decisor apresentará apenas aquelas consequências práticas que, no exercício diligente de sua atuação, consiga vislumbrar diante dos fatos e fundamentos de mérito e jurídicos.

§ 3º A motivação demonstrará a necessidade e a adequação da medida imposta, inclusive consideradas as possíveis alternativas e observados os critérios de adequação, proporcionalidade e de razoabilidade."

O art. 21 trata da decisão administrativa que decreta a invalidação de ato, contrato, ajuste, processo ou norma administrativa, e que ela deverá indicar de modo expresso suas consequências jurídicas e administrativas. Desta forma, não é possível mais decisões arbitrárias que simplesmente anulam determinado ato administrativo, apresentando apenas a fundamentação legal para decisão administrativa.

Imprescindível, a partir de agora, que o agente público controlador apresente de modo expresso as consequências jurídicas e administrativas de tal anulação. Como exemplo podemos citar que não basta anular um edital de licitação por violar a Lei n. 8.666/93, sob a alegação de direcionamento da licitação. É preciso dizer de modo expresso sobre a necessidade de apuração dos responsáveis de tal ilegalidade, bem como as consequências administrativas, que, no presente caso, implicarão a publicação de novo edital de licitação, escoimado dos vícios do ato antecedente, bem como a abertura de novo prazo para a apresentação das propostas.

Aliás, esse é o mandamento do disposto no parágrafo único do art. 21, uma vez que estabelece que a citada decisão de anulação deverá indicar as condições para que a regularização ocorra de modo proporcional e equânime e sem prejuízo aos interesses gerais, não se podendo impor aos sujeitos atingidos ônus ou perdas que, em função das peculiaridades do caso, sejam anormais ou excessivos.

Trata-se, mais uma vez, da prova de que a Administração Pública não pode passar por cima de direitos fundamentais individuais, sob o fundamento de uma supremacia do interesse público sobre o individual visto de forma absorta e arbitrária. A razoabilidade, proporcionalidade e equidade serão os vetores norteadores das consequências da nulidade para não gerar ônus excessivo de direitos ao sujeito atingido pela anulação.

Sobre o tema, o Decreto n. 9.830 de 2019 assim disciplinou:

> "**Motivação e decisão na invalidação**
>
> Art. 4º A decisão que decretar invalidação de atos, contratos, ajustes, processos ou normas administrativos observará o disposto no art. 2º e indicará, de modo expresso, as suas consequências jurídicas e administrativas.
>
> § 1º A consideração das consequências jurídicas e administrativas é limitada aos fatos e fundamentos de mérito e jurídicos que se espera do decisor no exercício diligente de sua atuação.
>
> § 2º A motivação demonstrará a necessidade e a adequação da medida imposta, consideradas as possíveis alternativas e observados os critérios de proporcionalidade e de razoabilidade.
>
> § 3º Quando cabível, a decisão a que se refere o *caput* indicará, na modulação de seus efeitos, as condições para que a regularização ocorra de forma proporcional e equânime e sem prejuízo aos interesses gerais.
>
> § 4º Na declaração de invalidade de atos, contratos, ajustes, processos ou normas administrativos, o decisor poderá, consideradas as consequências jurídicas e administrativas da decisão para a administração pública e para o administrado:
>
> I – restringir os efeitos da declaração; ou
>
> II – decidir que sua eficácia se iniciará em momento posteriormente definido.
>
> § 5º A modulação dos efeitos da decisão buscará a mitigação dos ônus ou das perdas dos administrados ou da administração pública que sejam anormais ou excessivos em função das peculiaridades do caso."

No tocante ao disposto no art. 22, fala-se dos obstáculos e das dificuldades do gestor na implementação de políticas públicas[7], bem como das circunstâncias

---

7 Nesse tocante, prevê o Decreto n. 9.830 de 2019: "**Interpretação de normas sobre gestão pública** Art. 8ª Na interpretação de normas sobre gestão pública, serão considerados os obstáculos, as dificuldades reais do agente público e as exigências das políticas públicas a seu cargo, sem prejuízo dos direitos dos administrados. § 1ª Na decisão sobre a regularidade de conduta ou a validade de atos, contratos, ajustes, processos ou normas administrativos, serão consideradas as circunstâncias práticas que impuseram, limitaram ou condicionaram a ação do agente público. § 2ª A decisão a que se refere o § 1ª observará o disposto nos art. 2ª, art. 3ª ou art. 4ª."

práticas que houverem imposto, limitado ou condicionado a ação do agente em seu § 1º.

O tema de políticas públicas é sempre delicado e terá a abordagem devida no capítulo *Controle da Administração Pública*, porém é imprescindível lembrar que o próprio dispositivo da Lei de Introdução deixa claro que o administrado não poderá ser prejudicado.

Assim, ainda que se venha a justificar o impedimento da implementação de uma política pública na área de saúde por falta de dotação orçamentária, isto jamais irá impedir o administrado de buscar os seus direitos, inclusive na via judicial, caso seja necessário.

Em relação ao previsto no § 2º do aludido art. 22, nenhuma novidade foi trazida pela lei de 2018, pois sempre esteve prevista na Lei n. 8.112/90, por exemplo, a necessidade de se considerar, no momento da aplicação de sanções, a natureza e a gravidade da infração cometida, os danos que dela provierem para a administração pública, as circunstâncias agravantes ou atenuantes e os antecedentes do agente. É evidente que não é apenas o servidor público que pode ser punido pela Administração, mas a Lei n. 9.784/99 também protege e sempre protegeu o administrado em geral por meio de suas disposições legais e principiologia, quando do momento de uma punição ao particular.

O § 3º do art. 22, sim, pode ser considerado uma importante novidade, na medida em que a discricionariedade administrativa passa a ser condicionada no momento da escolha da penalidade ao exigir que as sanções aplicadas ao agente serão levadas em conta na dosimetria das demais sanções de mesma natureza e relativas ao mesmo fato.

A problemática da nova interpretação administrativa sobre norma de conteúdo indeterminado foi abordada pelo art. 23 e passou a exigir regime de transição para que o novo dever ou condicionamento de direito seja cumprido de modo proporcional, equânime e eficiente e sem prejuízo aos interesses gerais.

A norma administrativa de conteúdo indeterminado está relacionada com o mérito do ato administrativo, que não pode ser sindicado pelo Poder Judiciário. Por isso a importância do novel dispositivo, pois, se o judiciário não pode controlar o mérito do ato administrativo, poderá ao menos verificar, caso provocado, se as regras de transição decorrentes da nova interpretação administrativa estão sendo implementadas a ponto de gerar prejuízos aos indivíduos.

A esse respeito o Decreto n. 9.830 de 2019, assim determina:

> **"Motivação e decisão na nova interpretação de norma de conteúdo indeterminado**
>
> Art. 6º A decisão administrativa que estabelecer interpretação ou orientação nova sobre norma de conteúdo indeterminado e impuser novo dever ou novo condicionamento de direito, preverá regime de transição, quando

> indispensável para que o novo dever ou o novo condicionamento de direito seja cumprido de modo proporcional, equânime e eficiente e sem prejuízo aos interesses gerais.
>
> § 1º A instituição do regime de transição será motivada na forma do disposto nos art. 2º, art. 3º ou art. 4º.
>
> § 2º A motivação considerará as condições e o tempo necessário para o cumprimento proporcional, equânime e eficiente do novo dever ou do novo condicionamento de direito e os eventuais prejuízos aos interesses gerais.
>
> § 3º Considera-se nova interpretação ou nova orientação aquela que altera o entendimento anterior consolidado.
>
> **Regime de transição**
>
> Art. 7º Quando cabível, o regime de transição preverá:
>
> I – os órgãos e as entidades da administração pública e os terceiros destinatários;
>
> II – as medidas administrativas a serem adotadas para adequação à interpretação ou à nova orientação sobre norma de conteúdo indeterminado; e
>
> III – o prazo e o modo para que o novo dever ou novo condicionamento de direito seja cumprido."

O art. 24 reafirma a importância do respeito a institutos consagrados na ordem jurídica pátria, como o direito adquirido e o ato jurídico perfeito, ao determinar que a revisão na esfera administrativa quanto à validade de ato, contrato, ajuste, processo ou norma administrativa cuja produção já se houver completado levará em conta as orientações gerais da época, sendo vedado que, com base em mudança posterior de orientação geral, se declarem inválidas situações plenamente constituídas em prejuízo dos administrados.

Por orientações gerais da época o parágrafo único do art. 24 considera: (i) as interpretações e especificações contidas em atos públicos de caráter geral ou em jurisprudência judicial ou administrativa majoritária; e, (ii) as adotadas por prática administrativa reiterada e de amplo conhecimento público. A força dos precedentes judiciais foi um princípio adotado pelo atual Código de Processo Civil, bem como relembrado pela LINDB. A consolidação de entendimentos também poderá ocorrer dentro da Administração Pública, e um bom exemplo é a edição de súmulas e orientações normativas, como ocorre na Advocacia Geral da União.

O Decreto n. 9.830 prevê sobre o assunto:

> **"Revisão quanto à validade por mudança de orientação geral**
>
> Art. 5º A decisão que determinar a revisão quanto à validade de atos, contratos, ajustes, processos ou normas administrativos cuja produção de efeitos esteja em curso ou que tenha sido concluída levará em consideração as orientações gerais da época.

§ 1º É vedado declarar inválida situação plenamente constituída devido à mudança posterior de orientação geral.

§ 2º O disposto no § 1º não exclui a possibilidade de suspensão de efeitos futuros de relação em curso.

§ 3º Para fins do disposto neste artigo, consideram-se orientações gerais as interpretações e as especificações contidas em atos públicos de caráter geral ou em jurisprudência judicial ou administrativa majoritária e as adotadas por prática administrativa reiterada e de amplo conhecimento público.

§ 4º A decisão a que se refere o *caput* será motivada na forma do disposto nos art. 2º, art. 3º ou art. 4º."

Aliás, essa a determinação inserta no art. 30 quando estabelece que as autoridades públicas devem atuar para aumentar a segurança jurídica na aplicação das normas, inclusive por meio de regulamentos, súmulas administrativas e respostas a consultas. Ademais, o parágrafo único dispõe que os citados instrumentos terão caráter vinculante em relação ao órgão ou entidade pública a que se destinam, até ulterior e eventual revisão.

O Decreto n. 9.830 de 2019 regulamentou a LINDB nesse tocante da seguinte forma:

Segurança jurídica na aplicação das normas

Art. 19. As autoridades públicas atuarão com vistas a aumentar a segurança jurídica na aplicação das normas, inclusive por meio de normas complementares, orientações normativas, súmulas, enunciados e respostas a consultas.

Parágrafo único. Os instrumentos previstos no *caput* terão caráter vinculante em relação ao órgão ou à entidade da administração pública a que se destinarem, até ulterior revisão.

Parecer do Advogado-Geral da União e de consultorias jurídicas e súmulas da Advocacia-Geral da União

Art. 20. O parecer do Advogado-Geral da União de que tratam os art. 40 e art. 41 da Lei Complementar n. 73, 10 de fevereiro de 1993, aprovado pelo Presidente da República e publicado no *Diário Oficial da União* juntamente com o despacho presidencial, vincula os órgãos e as entidades da administração pública federal, que ficam obrigados a lhe dar fiel cumprimento.

§ 1º O parecer do Advogado-Geral da União aprovado pelo Presidente da República, mas não publicado, obriga apenas as repartições interessadas, a partir do momento em que dele tenham ciência.

§ 2º Os pareceres de que tratam o *caput* e o § 1º têm prevalência sobre outros mecanismos de uniformização de entendimento.

> Art. 21. Os pareceres das consultorias jurídicas e dos órgãos de assessoramento jurídico, de que trata o art. 42 da Lei Complementar n. 73, de 1993, aprovados pelo respectivo Ministro de Estado, vinculam o órgão e as respectivas entidades vinculadas.
>
> **Orientações normativas**
>
> Art. 22. A autoridade que representa órgão central de sistema poderá editar orientações normativas ou enunciados que vincularão os órgãos setoriais e seccionais.
>
> § 1º As controvérsias jurídicas sobre a interpretação de norma, instrução ou orientação de órgão central de sistema poderão ser submetidas à Advocacia-Geral da União.
>
> § 2º A submissão à Advocacia-Geral da União de que trata o § 1º será instruída com a posição do órgão jurídico do órgão central de sistema, do órgão jurídico que divergiu e dos outros órgãos que se pronunciaram sobre o caso.
>
> **Enunciados**
>
> Art. 23. A autoridade máxima de órgão ou da entidade da administração pública poderá editar enunciados que vinculem o próprio órgão ou a entidade e os seus órgãos subordinados."

Em nossa visão a principal novidade inserida pela Lei n. 13.655/2018 à LINDB ora estudada foi a admissão do Termo de Ajustamento de Conduta (TAC), a ser celebrado pelo Poder Público, independentemente de participação obrigatória do Ministério Público.

O TAC está previsto no art. 26 e exige a presença dos seguintes requisitos: (i) serve para eliminar irregularidade, incerteza jurídica ou situação contenciosa na aplicação do direito público (inclusive no caso de expedição de licença); (ii) participação obrigatória do departamento jurídico, em que o Advogado Público responsável pelo caso deverá emanar Parecer Jurídico proferindo opinião pautada na legalidade e na indisponibilidade dos bens e interesses públicos; (iii) realização facultativa de consulta pública, quando o caso exigir; (iv) presença obrigatória de relevantes razões de interesse geral; (v) publicação no diário oficial para a produção de seus efeitos.

Os objetivos do TAC são: (i) buscar solução jurídica proporcional, equânime, eficiente e compatível com os interesses gerais; (ii) não conferir desoneração permanente de dever ou condicionamento de direito reconhecidos por orientação geral; (iii) prever com clareza as obrigações das partes, o prazo para seu cumprimento e as sanções aplicáveis em caso de descumprimento.

Uma das consequências do TAC será a imposição da compensação por benefícios indevidos ou prejuízos anormais ou injustos resultantes do processo ou da conduta dos envolvidos. Esse tipo de medida é bastante conhecido no Direito Ambiental, e a Administração Pública vem exercendo bem o seu papel nesta seara.

A decisão sobre a compensação será motivada, uma vez ser a regra a atuação motivada do Poder Público, devendo ser ouvidas previamente as partes envolvidas sobre pontos relevantes, como o seu cabimento, a sua forma e o seu valor.

Nesse ponto, estabelece o Decreto n. 9.830 de 2019:

> "DOS INSTRUMENTOS
>
> **Compromisso**
>
> Art. 10. Na hipótese de a autoridade entender conveniente para eliminar irregularidade, incerteza jurídica ou situações contenciosas na aplicação do direito público, poderá celebrar compromisso com os interessados, observada a legislação aplicável e as seguintes condições:
>
> I – após oitiva do órgão jurídico;
>
> II – após realização de consulta pública, caso seja cabível; e
>
> III – presença de razões de relevante interesse geral.
>
> § 1º A decisão de celebrar o compromisso a que se refere o *caput* será motivada na forma do disposto no art. 2º.
>
> § 2º O compromisso:
>
> I – buscará solução proporcional, equânime, eficiente e compatível com os interesses gerais;
>
> II – não poderá conferir desoneração permanente de dever ou condicionamento de direito reconhecido por orientação geral; e
>
> III – preverá:
>
> a) as obrigações das partes;
>
> b) o prazo e o modo para seu cumprimento;
>
> c) a forma de fiscalização quanto a sua observância;
>
> d) os fundamentos de fato e de direito;
>
> e) a sua eficácia de título executivo extrajudicial; e
>
> f) as sanções aplicáveis em caso de descumprimento.
>
> § 3º O compromisso firmado somente produzirá efeitos a partir de sua publicação.
>
> § 4º O processo que subsidiar a decisão de celebrar o compromisso será instruído com:
>
> I – o parecer técnico conclusivo do órgão competente sobre a viabilidade técnica, operacional e, quando for o caso, sobre as obrigações orçamentário-financeiras a serem assumidas;

II – o parecer conclusivo do órgão jurídico sobre a viabilidade jurídica do compromisso, que conterá a análise da minuta proposta;

III – a minuta do compromisso, que conterá as alterações decorrentes das análises técnica e jurídica previstas nos incisos I e II; e

IV – a cópia de outros documentos que possam auxiliar na decisão de celebrar o compromisso.

§ 5º Na hipótese de o compromisso depender de autorização do Advogado-Geral da União e de Ministro de Estado, nos termos do disposto no § 4º do art. 1º ou no art. 4º-A da Lei n. 9.469, de 10 de julho de 1997, ou ser firmado pela Advocacia-Geral da União, o processo de que trata o § 3º será acompanhado de manifestação de interesse da autoridade máxima do órgão ou da entidade da administração pública na celebração do compromisso.

§ 6º Na hipótese de que trata o § 5º, a decisão final quanto à celebração do compromisso será do Advogado-Geral da União, nos termos do disposto no parágrafo único do art. 4º-A da Lei n. 9.469, de 1997.

Termo de ajustamento de gestão

Art. 11. Poderá ser celebrado termo de ajustamento de gestão entre os agentes públicos e os órgãos de controle interno da administração pública com a finalidade de corrigir falhas apontadas em ações de controle, aprimorar procedimentos, assegurar a continuidade da execução do objeto, sempre que possível, e garantir o atendimento do interesse geral.

§ 1º A decisão de celebrar o termo de ajustamento de gestão será motivada na forma do disposto no art. 2º.

§ 2º Não será celebrado termo de ajustamento de gestão na hipótese de ocorrência de dano ao erário praticado por agentes públicos que agirem com dolo ou erro grosseiro.

§ 3º A assinatura de termo de ajustamento de gestão será comunicada ao órgão central do sistema de controle interno."

Percebam a importância que o Advogado Público ganha na efetividade da implementação ou não de um Termo de Ajustamento de Conduta. Ademais, imprescindível que este operador do Direito Público seja detentor de cargo efetivo e concursado, para evitar as pressões políticas tão conhecidas em face dos comissionados, em razão da sua natureza constitucional de livre nomeação e livre exoneração (art. 37, II, da CF).

É por isso que o art. 28 da LINDB estabelece que o agente público responderá pessoalmente por suas decisões ou opiniões técnicas em caso de dolo ou erro grosseiro. Só nestes casos haverá a responsabilidade do servidor. Pensando mais uma vez na figura do Advogado Público é obrigatório passar pela avaliação do departamento jurídico as minutas de editais de licitação, bem como as dos contratos, acordos, convênios ou ajustes (art. 38, parágrafo único, da Lei n. 8.666/93).

Desta forma, um Procurador do Município somente poderá ser responsabilizado por opinar pela contratação direta e sem licitação quando contrariar a Lei n. 8.666/93 de maneira dolosa ou por interpretá-la de forma equivocada mediante a comprovação de um erro grosseiro. A constatação de ambas as infrações somente poderá ocorrer por meio de processo administrativo disciplinar em que sejam conferidos os direitos ao contraditório e à ampla defesa.

O Decreto n. 9.830 também regulamentou o tema da responsabilidade do agente público que atua com dolo ou pratica ato mediante erro grosseiro:

> **"Responsabilização na hipótese de dolo ou erro grosseiro**
>
> Art. 12. O agente público somente poderá ser responsabilizado por suas decisões ou opiniões técnicas se agir ou se omitir com dolo, direto ou eventual, ou cometer erro grosseiro, no desempenho de suas funções.
>
> § 1º Considera-se erro grosseiro aquele manifesto, evidente e inescusável praticado com culpa grave, caracterizado por ação ou omissão com elevado grau de negligência, imprudência ou imperícia.
>
> § 2º Não será configurado dolo ou erro grosseiro do agente público se não restar comprovada, nos autos do processo de responsabilização, situação ou circunstância fática capaz de caracterizar o dolo ou o erro grosseiro.
>
> § 3º O mero nexo de causalidade entre a conduta e o resultado danoso não implica responsabilização, exceto se comprovado o dolo ou o erro grosseiro do agente público.
>
> § 4º A complexidade da matéria e das atribuições exercidas pelo agente público serão consideradas em eventual responsabilização do agente público.
>
> § 5º O montante do dano ao erário, ainda que expressivo, não poderá, por si só, ser elemento para caracterizar o erro grosseiro ou o dolo.
>
> § 6º A responsabilização pela opinião técnica não se estende de forma automática ao decisor que a adotou como fundamento de decidir e somente se configurará se estiverem presentes elementos suficientes para o decisor aferir o dolo ou o erro grosseiro da opinião técnica ou se houver conluio entre os agentes.
>
> § 7º No exercício do poder hierárquico, só responderá por *culpa in vigilando* aquele cuja omissão caracterizar erro grosseiro ou dolo.
>
> § 8º O disposto neste artigo não exime o agente público de atuar de forma diligente e eficiente no cumprimento dos seus deveres constitucionais e legais.

> **Análise de regularidade da decisão**
>
> Art. 13. A análise da regularidade da decisão não poderá substituir a atribuição do agente público, dos órgãos ou das entidades da administração pública no exercício de suas atribuições e competências, inclusive quanto à definição de políticas públicas.
>
> § 1º A atuação de órgãos de controle privilegiará ações de prevenção antes de processos sancionadores.
>
> § 2º A eventual estimativa de prejuízo causado ao erário não poderá ser considerada isolada e exclusivamente como motivação para se concluir pela irregularidade de atos, contratos, ajustes, processos ou normas administrativos."

A última novidade interessante introduzida pela lei de 2018 foi a possibilidade de qualquer órgão ou Poder realizar consulta pública antes da edição de atos normativos, salvo os de mera organização interna. A manifestação de interessados dar-se-á preferencialmente por meio eletrônico e será considerada no momento da tomada da decisão administrativa.

A convocação conterá a minuta do ato normativo e fixará o prazo e demais condições da consulta pública, observadas as normas legais e regulamentares específicas, se houver. Em nossa visão a consulta pública deveria ser a regra e não uma faculdade, até como forma de dar legitimidade popular à implementação de certas políticas públicas, por exemplo.

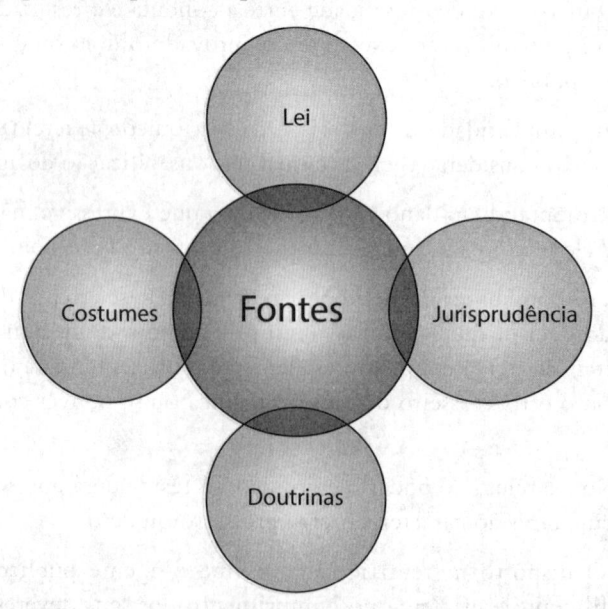

O Decreto n. 9.830 também regulamentou o tema:

> **"Consulta pública para edição de atos normativos**
>
> Art. 18. A edição de atos normativos por autoridade administrativa poderá ser precedida de consulta pública para manifestação de interessados, preferencialmente por meio eletrônico.
>
> § 1º A decisão pela convocação de consulta pública será motivada na forma do disposto no art. 3º.
>
> § 2º A convocação de consulta pública conterá a minuta do ato normativo, disponibilizará a motivação do ato e fixará o prazo e as demais condições.
>
> § 3º A autoridade decisora não será obrigada a comentar ou considerar individualmente as manifestações apresentadas e poderá agrupar manifestações por conexão e eliminar aquelas repetitivas ou de conteúdo não conexo ou irrelevante para a matéria em apreciação.
>
> § 4º As propostas de consulta pública que envolverem atos normativos sujeitos a despacho presidencial serão formuladas nos termos do disposto no Decreto n. 9.191, de 1º de novembro de 2017."

1.2. Princípios da Administração Pública

1.2.1. Conceito

Nos ensinamentos do Professor Celso Antônio Bandeira de Mello, princípio "é, por definição, mandamento nuclear de um sistema, verdadeiro alicerce dele, disposição fundamental que se irradia sobre diferentes normas, compondo-lhes o espírito e servindo de critério para sua exata compreensão e inteligência exatamente por definir a lógica e a racionalidade do sistema normativo, no que lhe confere a tônica e lhe dá sentido harmônico"[8].

A noção de princípio para Ronald Dworkin é emanada muitas vezes de "maneira genérica, para indicar todo esse conjunto de padrões que não são regras". Nessa linha de raciocínio, o renomado autor denomina "'princípio' um padrão que deve ser observado, não porque vá promover ou assegurar uma situação econômica, política ou social considerada desejável, mas porque é uma exigência de justiça ou equidade ou alguma outra dimensão da moralidade"[9]. Para o renomado doutrinador "os princípios desempenham um papel fundamental nos argumentos que sustentam as decisões a respeito de direitos e obrigações jurídicos particulares"[10].

---

8   BANDEIRA DE MELLO, Celso Antônio. *Curso de direito administrativo*. 30. ed. São Paulo: Malheiros, 2010. p. 974-975.
9   DWORKIN, Ronald. *Levando os direitos a sério*. Tradução de Nelson Boeira. 3. ed. São Paulo: Martins Fontes, 2002. p. 36.
10 DWORKIN, Ronald. *Levando os direitos a sério*. Tradução de Nelson Boeira. 3. ed. São Paulo: Martins Fontes, 2002. p. 36.

Ao tratar do tema, Robert Alexy ensina que há "diversos critérios para distinguir regras de princípios. Provavelmente aquele que é utilizado com mais frequência é o da generalidade. Segundo esse critério, princípios são normas com grau de generalidade relativamente alto, enquanto o grau de generalidade das regras é relativamente baixo. Um exemplo de norma de grau de generalidade relativamente alto é a norma que garante a liberdade de crença. De outro lado, uma norma de grau de generalidade relativamente baixo seria a norma que prevê que todo preso tem o direito de converter outros presos à sua crença. Segundo o critério da generalidade, seria possível pensar em classificar a primeira norma como princípio, e a segunda como regra"[11]. Na visão do autor, existem ainda outros critérios para diferenciar princípios de regras, tais como: (i) a determinabilidade dos casos de aplicação;(ii) o caráter explícito do seu conteúdo axiológico; (iii)a referência à ideia de direito ou a uma lei jurídica suprema; (iv) a importância para a ordem jurídica.

Dessa forma, o estudo dos princípios é de suma importância porque estes servem de sustentação para o conhecimento do ordenamento jurídico como um todo, bem como de critério de compreensão para a atuação da Administração Pública, cuja forma de atuar será estudada nos próximos capítulos.

Os princípios da Administração Pública ora estão explícitos na Constituição Federal, ora estão implícitos em seu texto.

1.2.2. Princípios Explícitos na Constituição Federal

Os princípios expressos na Constituição Federal estão inicialmente previstos no *caput* do art. 37 e consistem no famoso "LIMPE" (Legalidade, Impessoalidade, Moralidade, Publicidade e Eficiência). Num país onde as entidades da Administração Pública são tão sujas, salvo raríssimas exceções, bastava seguir o "LIMPE" para termos um Poder Público menos sujo e livre de corrupção.

Toda administração pública, direta ou indireta, de qualquer dos Poderes da União, dos Estados, do Distrito Federal e dos Municípios, obedecerá aos princípios da legalidade, impessoalidade, moralidade, publicidade e eficiência (art. 37, *caput*, da CF).

1.2.2.1. *Princípio da Legalidade*

Por esse princípio a Administração Pública só poderá fazer aquilo que a lei autoriza ou determina. Assim, a atuação dos agentes públicos deverá ser de acordo com a previsão legal.

Exemplo: quando a Administração pretende comprar ou vender algum imóvel, deverá fazê-lo, em regra, por meio de um procedimento especial denominado licitação, cujo objetivo é a contratação da proposta mais vantajosa para o interesse

---

11 ALEXY, Robert. *Teoria dos direitos fundamentais*. São Paulo: Malheiros, 2008. p. 87-88.

público. Em suma, a Administração não pode contratar com qualquer pessoa, pois deve seguir os trâmites legais da Lei n. 8.666/93.

Por outro lado, o princípio da legalidade também atinge a nós, particulares. Entretanto, o sentido é diverso daquele mencionado para a Administração Pública, pois podemos fazer tudo aquilo que a lei não proíbe. Ex.: não posso matar ninguém porque a lei proíbe. Em contrapartida, posso contratar com qualquer pessoa, ainda que seu preço seja o mais caro do mercado, já que não existe lei que proíba essa conduta.

Após a Segunda Guerra Mundial, constatou-se que não bastava o Poder Público seguir a lei formal, quando esta fosse capaz de legitimar uma série de atrocidades. O exemplo clássico foi o Estado Nazista de Hitler que matou Judeus e Homossexuais com amparo nas leis Nazistas.

Assim, o princípio da legalidade passou a ser interpretado com um viés constitucional e evoluiu seu conceito para o de *juridicidade*, ou seja, a Administração deve seguir a *lei* e o *direito* como um todo. No Conceito de Direito enquadramos também os princípios constitucionais, explícitos e implícitos.

Em nosso Direito, o conteúdo do Princípio da Juridicidade está previsto no inciso I do parágrafo único do art. 2º da Lei n. 9.784/99, que exige o respeito à Lei e ao Direito no trâmite do processo administrativo federal:

> Art. 2º A Administração Pública obedecerá, dentre outros, aos princípios da legalidade, finalidade, motivação, razoabilidade, proporcionalidade, moralidade, ampla defesa, contraditório, segurança jurídica, interesse público e eficiência.
>
> Parágrafo único. Nos processos administrativos serão observados, entre outros, os critérios de:
>
> I – atuação conforme a lei e o Direito;

Outro importante exemplo de manifestação do princípio da legalidade está consubstanciado no teor da Súmula Vinculante n. 44 do STF, *in verbis*: "Só por lei se pode sujeitar a exame psicotécnico a habilitação de candidato a cargo público". Compartilha do mesmo posicionamento o Superior Tribunal de Justiça (STJ), que no EDcl no REsp 1.665.082/DF assim entendeu:

PROCESSUAL CIVIL E ADMINISTRATIVO. CONCURSO PÚBLICO. VINCULAÇÃO DO ATO ADMINISTRATIVO AO PRINCÍPIO DA LEGALIDADE. CASO EM QUE SE AUTORIZA O PODER JUDICIÁRIO A EXAMINAR O EDITAL DE PROCESSO SELETIVO. TESTE DE CAPACIDADE FÍSICA. AUSÊNCIA DE PREVISÃO EM LEI ESPECÍFICA. ILEGALIDADE DA EXIGÊNCIA NO EDITAL. PRECEDENTES DO STJ.

1. É firme o entendimento do STJ de que, em concurso público, o teste de capacidade física somente pode ser exigido se houver previsão

na lei que criou o cargo, sendo vedado ao Edital do Certame limitar o que a lei não restringiu ou alargar o rol de exigências, especialmente para incluir requisito que não consta da lei.

Precedentes: REsp. 1.351.480/BA, rel. Min. ELIANA CALMON, *DJe* 26.6.2013, AgRg no RMS 26.379/SC, rel. Min. OG FERNANDES, *DJe* 2.5.2013, AgRg no REsp. 1.150.082/DF, rel. Min. MARCO AURÉLIO BELLIZZE, *DJe* 2.10.2012.

2. No caso dos autos, não basta estar previsto na Portaria 46 de 6.8.2014, é necessário constar na Lei e no Edital a exigência de teste de aptidão física para o cargo de Segurança Institucional de transportes.

3. Embargos de Declaração providos com efeito infringente.

(EDcl no REsp 1.665.082/DF, rel. Ministro HERMAN BENJAMIN, SEGUNDA TURMA, julgado em 3-10-2017, *DJe* 11-10-2017) (Destacamos)

Apesar de o enunciado da aludida súmula vinculante e do recurso especial acima se limitarem a tratar do tema exame psicotécnico, vale lembrar que qualquer requisito exigido em edital de concurso tem que ter amparo em lei. Esta também é a posição do Superior Tribunal de Justiça:

ADMINISTRATIVO. AGRAVO REGIMENTAL EM RECURSO ORDINÁRIO EM MANDADO DE SEGURANÇA. CONCURSO PÚBLICO PARA O CARGO DE DATILOSCOPISTA POLICIAL. IMPUGNAÇÃO DA EXIGÊNCIA DO EDITAL DE NÍVEL MÉDIO DE ESCOLARIDADE PARA O CARGO. COTEJO DA LEGISLAÇÃO REGENTE CONTEMPORÂNEA AO CONCURSO – ART. 159 DO CPP, ART. 5º DA LEI FEDERAL 12.030/2009 E ANEXO I DO DECRETO RONDONIENSE 2.774/1985 – QUE DETERMINA A LEGALIDADE DA EXIGÊNCIA DO EDITAL. AGRAVO REGIMENTAL DESPROVIDO.

1. A verificação da legalidade ou não da cláusula editalícia impugnada restringe-se objetivamente ao cotejo da legislação estadual e federal vigente à época da publicação do edital e impetração do *mandamus*.

2. Não comporta acolhimento a pretensão autoral de inclusão dos datiloscopistas na categoria de perito oficial, prevista no art. 159 do CPP, com a redação dada pela Lei 11.690/2008, haja vista tal dispositivo não falar expressamente deste cargo, e sim de peritos oficiais, de quem se exige nível superior.

3. Do mesmo modo, a Lei 12.030/2009 não expressa a extensão pretendida pelo agravante, de que os datiloscopistas seriam peritos oficiais naqueles termos do CPP, pois a referida norma lista as classes de peritos oficiais criminais, sem novamente mencionar os datiloscopistas.

3. Nestes termos, validamente regeu o certame ocorrido em 2009 o Decreto 2.774/1985 do Estado de Rondônia, que dispunha o nível médio de escolaridade para o cargo.

4. Agravo Regimental desprovido.

(AgRg no RMS 32.892/RO, rel. Ministro NAPOLEÃO NUNES MAIA FILHO, PRIMEIRA TURMA, julgado em 17-12-2015, *DJe* 3-2-2016). (Destacamos)

1.2.2.2. Princípio da Impessoalidade

Em razão desse princípio, a Administração deverá atuar de forma objetiva, uma vez que sua finalidade será sempre a satisfação do interesse público.

Atuação objetiva significa:

I – não prejudicar, nem favorecer pessoas, mediante a atuação administrativa, ante a ausência de fundamentação jurídica. Ex.: não é possível desapropriar um imóvel pelo simples fato de ser o proprietário do bem expropriado inimigo político do agente expropriante; não é admitida a contratação de determinada pessoa sem concurso público a fim de favorecer alguém que contribuiu para a campanha política do agente contratante, salvo para ocupar cargo em comissão, conforme será analisado no capítulo *Agentes Públicos*;

II – não fazer promoção pessoal com a atividade administrativa e imputar os atos administrativos à pessoa jurídica e não ao agente público. Isso significa que o administrador público não pode se promover à custa de atos, obras e serviços públicos que são executados em nome da pessoa jurídica a que pertence (ex.: Município "X") e não em nome próprio.

Confirmando esse segundo aspecto, toda publicidade de atos, programas, obras, serviços e campanhas dos órgãos públicos deverá ter caráter educativo, informativo ou de orientação social, dela não podendo constar nomes, símbolos ou imagens que caracterizem promoção pessoal de autoridades ou servidores públicos (art. 37, § 1º, da CF).

CUIDADO! Apesar de o citado dispositivo constitucional iniciar a sua redação com "publicidade", a preocupação do legislador constituinte foi com o princípio da impessoalidade. Assim, refere-se à impessoalidade o texto do art. 37, § 1º, da CF, mesmo que sua redação seja iniciada com o termo publicidade ("A publicidade dos atos, programas, obras, serviços e campanhas dos órgãos públicos deverá ter caráter educativo, informativo ou de orientação social, dela não podendo constar nomes, símbolos ou imagens que caracterizem promoção pessoal de autoridades ou servidores públicos").

APROFUNDANDO! Em razão das características acima apresentadas, parcela da doutrina entende que o princípio da impessoalidade equipara-se ao princípio da *finalidade*, "o qual impõe ao administrador público que só pratique o ato para o seu fim legal"[12]. Ademais, nunca é irrelevante lembrar que a finalidade

---

12 MEIRELLES, Hely Lopes. *Direito administrativo*. 39. ed. São Paulo: Malheiros, 2013. p. 95.

da Administração Pública consiste na tutela e satisfação do interesse público. Logo, atua com impessoalidade, para essa parcela da doutrina, a entidade pública que busca a sua finalidade maior de proteção do interesse público.

Por outro lado, há autores que enxergam na impessoalidade o princípio da *igualdade*, na medida em que "a Administração tem que tratar a todos os administrados sem discriminações, benéficas ou detrimentosas"[13]. Em outras palavras, se o Poder Público não pode privilegiar, nem discriminar sem fundamento jurídico, atuará, em última análise, em respeito ao princípio da isonomia.

1.2.2.3. Princípio da Moralidade

Esse princípio exige uma atuação ética da Administração Pública. Isso significa que o agente público deverá distinguir não só a legalidade da ilegalidade em sua atuação, mas principalmente é importante ter bem consignada em sua consciência a diferença entre o honesto do desonesto, segundo o Código de Ética do Servidor Federal – Decreto n. 1.171/94, inciso II:

> II – O servidor público não poderá jamais desprezar o elemento ético de sua conduta. Assim, não terá que decidir somente entre o legal e o ilegal, o justo e o injusto, o conveniente e o inconveniente, o oportuno e o inoportuno, mas principalmente entre o honesto e o desonesto, consoante as regras contidas no art. 37, *caput*, e § 4º, da Constituição Federal.

Vale lembrar que o citado § 4º da Constituição Federal trata de sanções aplicáveis aos violadores da probidade administrativa em nosso ordenamento jurídico, tema que será estudado no momento oportuno.

Assim, o agente público deverá atuar segundo padrões éticos de probidade, decoro e boa-fé (art. 2º, parágrafo único, IV, da Lei n. 9.784/99).

Ex.: a Súmula Vinculante n. 13 do STF veda o *nepotismo*, ou seja, a contratação de parentes até o 3º grau, inclusive deste, para ocupar cargo em comissão, de confiança e função gratificada (cargos que envolvem a confiança do administrador, exceção à regra do concurso público). Nesse caso, o Juiz não pode contratar sua filha (parente de 1º grau) para ocupar um cargo em comissão, como a chefia de gabinete, por exemplo. O Supremo também vedou o chamado nepotismo cruzado, em que uma autoridade contrata o filho do amigo e este contrata o filho daquela autoridade. A imoralidade poderá ser combatida pela ação de improbidade (Lei n. 8.429/92) e pela ação popular (Lei n. 4.717/65).

APROFUNDANDO! Infelizmente, cumpre ressaltar que o Supremo Tribunal Federal tem alguns julgados entendendo que a citada súmula que veda o

---

[13] BANDEIRA DE MELLO, Celso Antônio. *Curso de direito administrativo*. 30. ed. São Paulo: Malheiros, 2012. p. 117.

nepotismo não é aplicável a alguns cargos políticos. Dessa forma, um Governador de Estado pode nomear o irmão para ocupar uma Secretaria em seu Governo que não haverá qualquer problema (Rcl 6.650). O mesmo raciocínio vale para Ministros no Governo Federal e Secretários Municipais. Na Reclamação 7.590, o STF teve o seguinte entendimento:

> 1. Os cargos políticos são caracterizados não apenas por serem de livre nomeação ou exoneração, fundadas na fidúcia, mas também por seus titulares serem detentores de um múnus governamental decorrente da Constituição Federal, não estando os seus ocupantes enquadrados na classificação de agentes administrativos. 2. Em hipóteses que atinjam ocupantes de cargos políticos, a configuração do nepotismo deve ser analisada caso a caso, a fim de se verificar eventual 'troca de favores' ou fraude à lei. 3. Decisão judicial que anula ato de nomeação para cargo político apenas com fundamento na relação de parentesco estabelecida entre o nomeado e o chefe do Poder Executivo, em todas as esferas da Federação, diverge do entendimento da Suprema Corte consubstanciado na Súmula Vinculante n. 13.

Ainda sobre o nepotismo, decidiu o Supremo Tribunal Federal estabelecendo parâmetros objetivos para a sua configuração:

> Constitucional e Administrativo. Súmula Vinculante n. 13. Ausência de configuração objetiva de nepotismo. Reclamação julgada improcedente. Liminar anteriormente deferida cassada.
>
> 1. Com a edição da Súmula Vinculante n. 13, embora não se tenha pretendido esgotar todas as possibilidades de configuração de nepotismo na Administração Pública, foram erigidos critérios objetivos de conformação, a saber: i) ajuste mediante designações recíprocas, quando inexistente a relação de parentesco entre a autoridade nomeante e o ocupante do cargo de provimento em comissão ou função comissionada; ii) relação de parentesco entre a pessoa nomeada e a autoridade nomeante; iii) relação de parentesco entre a pessoa nomeada e o ocupante de cargo de direção, chefia ou assessoramento a quem estiver subordinada e iv) relação de parentesco entre a pessoa nomeada e a autoridade que exerce ascendência hierárquica ou funcional sobre a autoridade nomeante.
>
> 2. Em sede reclamatória, com fundamento na SV n. 13, é imprescindível a perquirição de projeção funcional ou hierárquica do agente político ou do servidor público de referência no processo de seleção para fins de configuração objetiva de nepotismo na contratação de pessoa com relação de parentesco com ocupante de cargo de direção, chefia ou assessoramento no mesmo órgão, salvo ajuste mediante designações recíprocas.
>
> 3. Reclamação julgada improcedente. Cassada a liminar anteriormente deferida.

(Rcl 18.564, Relator(a): Min. GILMAR MENDES, Relator(a) p/ Acórdão: Min. DIAS TOFFOLI, Segunda Turma, julgado em 23-2-2016, PROCESSO ELETRÔNICO DJe-161 DIVULG 2-8-2016 PUBLIC 3-8-2016)[14]

No tocante ao nepotismo, vale lembrar que o Decreto Federal n. 7.203/2008 veda inclusive a contratação direta, sem licitação, por órgão ou entidade da administração pública federal de pessoa jurídica na qual haja administrador ou sócio com poder de direção, familiar de detentor de cargo em comissão ou função de confiança que atue na área responsável pela demanda ou contratação ou de autoridade a ele hierarquicamente superior no âmbito de cada órgão e de cada entidade (art. 3º, § 3º).

Também no art. 7º há a determinação de que os editais de licitação para a contratação de empresa prestadora de serviço terceirizado, assim como os convênios e instrumentos equivalentes, deverão estabelecer vedação de que familiar de agente público preste serviços no órgão ou entidade em que este exerça cargo em comissão ou função de confiança.

Por fim, vale lembrar que, segundo entendimento do STF, o nepotismo viola não apenas o princípio da moralidade, mas também o princípio da impessoalidade. Nesse sentido:

RECURSO EXTRAORDINÁRIO. REPERCUSSÃO GERAL. **LEI PROIBITIVA DE NEPOTISMO**. VÍCIO FORMAL DE INICIATIVA LEGISLATIVA: INEXISTÊNCIA. NORMA COERENTE COM OS PRINCÍPIOS DO ART. 37, *CAPUT*, DA CONSTITUIÇÃO DA REPÚBLICA. RECURSO EXTRAORDINÁRIO PROVIDO.

1. O Procurador-Geral do Estado dispõe de legitimidade para interpor recurso extraordinário contra acórdão do Tribunal de Justiça proferido em representação de inconstitucionalidade (art. 125, § 2º, da Constituição da República) em defesa de lei ou ato normativo estadual ou municipal, em simetria a mesma competência atribuída ao Advogado-Geral da União (art. 103, § 3º, da Constituição da República). Teoria dos poderes implícitos.

2. Não é privativa do Chefe do Poder Executivo a competência para a iniciativa legislativa de lei sobre nepotismo na Administração Pública: **leis com esse**

---

[14] Essa continua sendo a posição do STF como no julgado: "Agravo regimental em reclamação. 2. Nomeação de cônjuge de Prefeita para ocupar cargo de Secretário municipal. 3. Agente político. Ausência de violação ao disposto na Súmula Vinculante 13. 4. Os cargos que compõem a estrutura do Poder Executivo são de livre nomeação e exoneração pelo Chefe desse Poder. 4. Fraude à lei ou hipótese de nepotismo cruzado por designações recíprocas. Inocorrência. Precedente: RE 579.951/RN, Rel. Min. Ricardo Lewandowski, *DJe* 12-9-2008. 7. Agravo regimental a que se dá provimento para julgar procedente a reclamação."(Rcl 22339 AgR, Relator(a): Min. EDSON FACHIN, Relator(a) p/Acórdão: Min. GILMAR MENDES, Segunda Turma, julgado em 4-9-2018, PROCESSO ELETRÔNICO DJe-055 DIVULG 20-3-2019 PUBLIC 21-3-2019)

conteúdo normativo dão concretude aos princípios da moralidade e da impessoalidade do art. 37, *caput*, da Constituição da República, que, ademais, têm aplicabilidade imediata, ou seja, independente de lei. Precedentes. Súmula Vinculante n. 13. 3. Recurso extraordinário provido.

(RE 570392, Relator(a): Min. CÁRMEN LÚCIA, Tribunal Pleno, julgado em 11-12-2014, ACÓRDÃO ELETRÔNICO REPERCUSSÃO GERAL – MÉRITO DJe-032 DIVULG 18-2-2015 PUBLIC 19-2-2015) (Destacamos)

1.2.2.4. *Princípio da Publicidade*

Por esse princípio a atuação administrativa deverá, em regra, ser pública, como forma de permitir o conhecimento e o respectivo controle pela coletividade.

Somente diante de um ato administrativo devidamente publicado é possível a realização de um efetivo controle pela sociedade. Exemplo: é necessária a publicação das contas de um Município, e estas ficarão, durante sessenta dias, anualmente, à disposição de qualquer contribuinte, para exame e apreciação, o qual poderá questionar-lhes a legitimidade, nos termos da lei (art. 31, § 3º, da CF).

Com efeito, costumamos dizer que a publicidade é pressuposto de eficácia do ato administrativo externo, isto é, para poder exigir o cumprimento de um ato administrativo pela coletividade, deverá ocorrer a respectiva publicidade do ato. Exemplo: o ato de mudança de direção de uma rua deve ser publicado por meio de faixas indicativas na via pública, sob pena de tornar ineficaz o ato.

Entretanto, a regra da publicidade dos atos administrativos não é absoluta, na medida em que é admitido o sigilo quando imprescindível para a manutenção da segurança da sociedade e do Estado. Confirmando que a publicidade não é absoluta, nossa Constituição Federal ensina que todos têm direito a receber dos órgãos públicos informações de seu interesse particular, ou de seu interesse coletivo ou geral, que serão prestadas no prazo da lei, sob pena de responsabilidade, *ressalvadas aquelas cujo sigilo seja imprescindível à segurança da sociedade e do Estado* (art. 5º, XXXIII, da CF).

O sigilo, por exemplo, dos arquivos da ditadura ficaram durante muito tempo inatingíveis, representando verdadeira exceção ao princípio da publicidade. No entanto, vale lembrar que, após o advento da Lei de Acesso à Informação (Lei n. 12.527/2011) e da Lei que trata da constituição das Comissões da Verdade (Lei n. 12.528/2011), tal sigilo vem sendo quebrado dia a dia. Em 1988, quando do advento da Constituição, talvez a sociedade não estivesse madura o suficiente para abrir arquivos do período militar, sob pena de ser instaurada uma guerra civil em nosso país. Por isso, o sigilo esteve presente na parte final do art. 5º, XXXIII. Assim, quando o examinador do concurso tocar nesses temas, lembre-se de relacioná-los com o princípio da publicidade.

De fato, destaca-se que a publicidade pode ser restrita (acessível apenas às pessoas interessadas, ex.: intimação de um servidor para tomar ciência e ter acesso aos autos de um processo disciplinar contra sua pessoa) ou geral (ato acessível à coletividade como um todo, ex.: edital de um concurso público veiculado no diário oficial).

Nesse ponto, apesar de não concordarmos com a posição consolidada na jurisprudência superior, vale lembrar que é possível divulgar o nome do servidor e o valor de sua remuneração no *site* do ente público em que trabalha. É o prevalecimento do princípio da publicidade (e transparência), sobre o direito à preservação da intimidade do cidadão. Nesse sentido:

> CONSTITUCIONAL. **PUBLICAÇÃO, EM SÍTIO ELETRÔNICO MANTIDO PELO MUNICÍPIO DE SÃO PAULO, DO NOME DE SEUS SERVIDORES E DO VALOR DOS CORRESPONDENTES VENCIMENTOS.** LEGITIMIDADE.
>
> **1. É legítima a publicação, inclusive em sítio eletrônico mantido pela Administração Pública, dos nomes dos seus servidores e do valor dos correspondentes vencimentos e vantagens pecuniárias.**
>
> 2. Recurso extraordinário conhecido e provido. (STF – ARE 652777, Relator(a): Min. TEORI ZAVASCKI, Tribunal Pleno, julgado em 23-4-2015, ACÓRDÃO ELETRÔNICO REPERCUSSÃO GERAL – MÉRITO *DJe*-128 DIVULG 30-6-2015 PUBLIC 1º-7-2015) (Destacamos)

Defendemos que seria possível dar transparência nos gastos públicos, sem a exposição da intimidade do servidor. Tal intento poderia ser alcançado com a divulgação do número do registro funcional do servidor no lugar de seu nome completo. Percebam que com essa conduta a transparência estaria preservada nos gastos do dinheiro público, sem a exposição indevida da intimidade do agente público.

1.2.2.5. *Princípio da Eficiência*

Segundo os ensinamentos da doutrina, "a eficiência exige que a atividade administrativa seja exercida com *presteza, perfeição e rendimento funcional*"[15].

Essa eficiência deverá atingir não só os agentes públicos como também a própria Administração. Os agentes públicos deverão atuar, da melhor forma possível, na busca dos melhores resultados. Já a Administração deverá estruturar de forma racional sua organização, de modo a atingir os melhores resultados a um menor custo possível.

Nesse segundo aspecto, não é eficiente a criação desnecessária de cargos comissionados com o simples objetivo de distribuí-los aos "aliados políticos" para conseguir maioria na casa legislativa e poder governar "em paz".

---

15 MARINELA, Fernanda. *Direito administrativo*. 10. ed. São Paulo: Saraiva, 2016. p. 82.

A eficiência também estará presente diante de um processo administrativo ou judicial, quando as respectivas decisões saírem dentro de um prazo razoável (princípio da duração razoável do processo ou da celeridade processual previsto no art. 5º, LXXVIII, da CF nos seguintes termos: "a todos, no âmbito judicial e administrativo, são assegurados a razoável duração do processo e os meios que garantam a celeridade de sua tramitação.").

Sobre a duração razoável do processo, entendeu o Supremo Tribunal Federal:

> *HABEAS CORPUS*. PROCESSUAL PENAL. ALEGAÇÃO DE DEMORA NO JULGAMENTO DO MÉRITO DE RECURSO ESPECIAL MANEJADO NO SUPERIOR TRIBUNAL DE JUSTIÇA. CINCO SUBSTITUIÇÕES DE RELATORIA. SITUAÇÃO CONFIGURADORA DE CONSTRANGIMENTO ILEGAL. ORDEM CONCEDIDA. I – O excesso de trabalho que assoberba o STJ permite a flexibilização, em alguma medida, do princípio constitucional da razoável duração do processo. II – Contudo, no caso dos autos, a situação caracteriza evidente constrangimento ilegal, uma vez que, passados mais de cinco anos de seu recebimento e distribuição, os autos permanecem, até esta data, sem julgamento de mérito, tendo em vista as sucessivas alterações de relatoria. III – Inaplicabilidade, na espécie, dos precedentes da Corte que afirmam não configurar ilícito a demora no julgamento do recurso decorrente de sucessão de Ministro egresso do STJ. IV – **A demora demasiada para o julgamento do feito naquela Corte Superior, decorrente de elevado número de substituição de relatores, a saber, o total de cinco, configura negativa de prestação jurisdicional e flagrante constrangimento ilegal sofrido pelo paciente, apto a justificar a concessão da ordem para determinar o imediato julgamento daquela ação.** V – *Habeas corpus* conhecido, concedendo-se a ordem para determinar ao Superior Tribunal de Justiça que apresente o recurso especial em mesa para julgamento até a 5ª sessão, ordinária ou extraordinária, subsequente à comunicação da ordem. (HC 136435, Relator(a): Min. RICARDO LEWANDOWSKI, Segunda Turma, julgado em 22-11-2016, PROCESSO ELETRÔNICO *DJe*-259 DIVULG 5-12-2016 PUBLIC 6-12-2016) (Destacamos)

Sobre o princípio da eficiência, cumpre ressaltar ainda que foi inserido expressamente na Constituição Federal apenas no ano de 1998, pela Emenda Constitucional 19. No entanto, destacamos que a Administração sempre teve que atuar com eficiência, mesmo antes de 1998, pois tal princípio estava presente no texto constitucional desde 1988, ainda que implicitamente[16].

---

16 O Decreto n. 9.739, de 28 de março de 2019, estabelece medidas de eficiência organizacional para o aprimoramento da administração pública federal direta, autárquica e fundacional, estabelece normas sobre concursos públicos e dispõe sobre o Sistema de Organização e Inovação Institucional do Governo Federal – SIORG.

1.2.2.6. Outros Princípios Expressos na Constituição Federal

Além dos citados princípios do *caput* do art. 37 da CF (LIMPE), importante lembrar que existem outros princípios expressos na Constituição, tais como: (i) devido processo legal (art. 5º, LIV) e o respeito que a Administração Pública deverá ter no momento de instaurar um procedimento administrativo antes de punir um particular; (ii) contraditório e ampla defesa (art. 5º, LV), direitos que deverão ser concedidos pelo Poder Público quando pensar em punir um servidor ou particular; (iii) igualdade (arts. 5º, *caput*, e 37, XXI), como no caso de tratamento igualitário dos licitantes, sendo vedado o direcionamento de licitação; (iv) economicidade (art. 70) no emprego do dinheiro público, sob pena de incidir controle judicial ou administrativo interno ou externo, como o realizado pelo Tribunal de Contas.

O fato de estudarmos tais princípios em outros capítulos deste livro permite-nos apenas citá-los brevemente nesse momento do trabalho. No entanto, pela importância do *decisium*, colacionamos na íntegra o julgamento do Supremo Tribunal Federal sobre a questão do ensino religioso nas escolas públicas com base no Princípio da Igualdade:

ENSINO RELIGIOSO NAS ESCOLAS PÚBLICAS. CONTEÚDO CONFESSIONAL E MATRÍCULA FACULTATIVA. RESPEITO AO BINÔMIO LAICIDADE DO ESTADO/LIBERDADE RELIGIOSA. IGUALDADE DE ACESSO E TRATAMENTO A TODAS AS CONFISSÕES RELIGIOSAS. CONFORMIDADE COM ART. 210, §1º, DO TEXTO CONSTITUCIONAL. CONSTITUCIONALIDADE DO ART. 33, *CAPUT* E §§ 1º E 2º, DA LEI DE DIRETRIZES E BASES DA EDUCAÇÃO NACIONAL E DO ESTATUTO JURÍDICO DA IGREJA CATÓLICA NO BRASIL PROMULGADO PELO DECRETO 7.107/2010. AÇÃO DIRETA JULGADA IMPROCEDENTE. 1. A relação entre o Estado e as religiões, histórica, jurídica e culturalmente, é um dos mais importantes temas estruturais do Estado. A interpretação da Carta Magna brasileira, que, mantendo a nossa tradição republicana de ampla liberdade religiosa, consagrou a inviolabilidade de crença e cultos religiosos, deve ser realizada em sua dupla acepção: (a) proteger o indivíduo e as diversas confissões religiosas de quaisquer intervenções ou mandamentos estatais; (b) assegurar a laicidade do Estado, prevendo total liberdade de atuação estatal em relação aos dogmas e princípios religiosos. 2. A interdependência e complementariedade das noções de Estado Laico e Liberdade de Crença e de Culto são premissas básicas para a interpretação do ensino religioso de matrícula facultativa previsto na Constituição Federal, pois a matéria alcança a própria liberdade de expressão de pensamento sob a luz da tolerância e diversidade de opiniões. 3. A liberdade de expressão constitui um dos fundamentos essenciais de uma sociedade democrática e compreende não somente as informações consideradas como inofensivas, indiferentes ou favoráveis, mas também as que possam causar transtornos, resistência, inquietar pessoas, pois a Democracia somente existe baseada na consagração do pluralismo de ideias e pensamentos políticos, filosóficos, religiosos e da tolerância de opiniões e do espírito aberto ao diálogo. 4. A singularidade da previsão constitucional de ensino religioso, de matrícula facultativa, observado o binômio Laicidade do Estado (CF, art. 19, I)/Consagração da Liberdade religiosa (CF, art. 5º, VI), implica regulamentação integral do cumprimento do preceito constitucional previsto no art. 210, §1º, autorizando à rede pública o oferecimento, em igualdade de condições (CF, art. 5º, *caput*), de ensino confessional das diversas crenças. 5. A Constituição Federal garante aos alunos, que expressa e voluntariamente se matriculem, o pleno exercício de seu direito subjetivo ao ensino religioso como disciplina dos horários normais das escolas públicas de ensino fundamental, ministrada de acordo com os princípios de sua confissão religiosa e baseada nos dogmas da fé, inconfundível com outros ramos do conhecimento científico, como história, filosofia ou ciência das religiões. 6. O binômio Laicidade do Estado/Consagração da Liberdade religiosa está presente na medida em que o texto constitucional (a) expressamente garante a voluntariedade da matrícula para o ensino religioso, consagrando, inclusive o dever do Estado de absoluto respeito aos agnósticos e ateus; (b) implicitamente impede que o Poder Público crie de modo artificial seu próprio ensino religioso, com um determinado conteúdo estatal para a disciplina; bem como proíbe o favorecimento ou hierarquização de interpretações bíblicas e religiosas de um ou mais grupos em detrimento dos demais. 7. Ação direta julgada improcedente, declarando-se a constitucionalidade dos arts. 33, *caput* e §§ 1º e 2º, da Lei 9.394/1996, e do art. 11, § 1º, do Acordo entre o Governo da República Federativa do Brasil e a Santa Sé, relativo ao Estatuto Jurídico da Igreja Católica no Brasil, e afirmando-se a constitucionalidade do ensino religioso confessional como disciplina facultativa dos horários normais das escolas públicas de ensino fundamental. (ADI 4439, Relator(a): Min. ROBERTO BARROSO, Relator(a) p/ Acórdão: Min. ALEXANDRE DE MORAES, Tribunal Pleno, julgado em 27-9-2017, PROCESSO ELETRÔNICO *DJe*-123 DIVULG 20-6-2018 PUBLIC 21-6-2018).

1.2.3. Princípios Implícitos na Constituição Federal

O fato de algumas regras não estarem previstas expressamente na Constituição Federal não significa que a Administração esteja livre de segui-las. Certas disposições estão implícitas na Constituição e norteiam toda a atuação administrativa, ou seja, é possível identificar outros princípios no texto constitucional, ainda que não estejam lá expressos.

A seguir, trabalharemos com os princípios implícitos mais relevantes.

1.2.3.1. *Princípio da Supremacia do Interesse Público sobre o Particular*

Esse princípio coloca a Administração Pública em posição de superioridade em relação aos administrados, uma vez que a finalidade da atuação administrativa consiste na satisfação e proteção/tutela do interesse público.

Para a doutrina tradicional, diante de um conflito que envolva interesse público, de um lado, e interesse particular, de outro, o primeiro deverá prevalecer. Exemplo: a Administração Pública pode desapropriar uma área para ampliar as linhas do metrô. Nesse caso, prevalece o interesse público de ver ampliado o transporte coletivo sobre o interesse particular, consistente no direito de propriedade.

APROFUNDANDO! A noção de interesse público foi muito bem definida por Celso Antônio Bandeira de Mello como "o interesse resultante do conjunto dos interesses que os indivíduos pessoalmente têm quando considerados em sua qualidade de membros da Sociedade e pelo simples fato de o serem"[17].

Quando consideramos o interesse público como o conjunto de interesses de cada indivíduo visto como membro de uma sociedade, devemos lembrar ainda da doutrina italiana de Renato Alessi que identifica o interesse público primário e o secundário[18].

Por interesse público primário, devemos compreender aquele pertencente à coletividade; e por interesse público secundário o interesse da Administração vista como entidade, como pessoa jurídica.

Nesse contexto, a regra é a proteção do interesse público primário por parte do Poder Público. Tal conclusão não exclui, porém, a viabilidade de se tutelar o interesse secundário da Administração, desde que em consonância com o interesse público primário.

A título de exemplo, podemos citar a reforma de um edifício que alberga uma repartição pública que pode representar um interesse secundário admissível ou não. Será legítimo, se realmente a reforma for necessária, em razão das condições precárias de suas instalações. Entretanto, será um interesse secundário ilegítimo quando restar comprovada a ausência de necessidade de reforma e tiver como a verdadeira finalidade da contratação a retribuição financeira à empreiteira que financiou ilicitamente algum favor ao prefeito responsável pela negociação.

Celso Antônio Bandeira de Mello considera a supremacia do interesse público como um axioma e pressuposto: "Trata-se de verdadeiro axioma reconhecível no moderno Direito Público. Proclama a superioridade do interesse da coletividade, firmando a prevalência dele sobre o do particular, como condição, até mesmo, da sobrevivência e asseguramento deste último." E, ainda, "É pressuposto de uma ordem social estável, em que todos e cada um possam sentir-se garantidos e resguardados"[19].

---

17 BANDEIRA DE MELLO, Celso Antônio. *Curso de direito administrativo*. 30. ed. São Paulo: Malheiros, 2012. p. 62.

18 BANDEIRA DE MELLO, Celso Antônio. *Curso de direito administrativo*. 30. ed. São Paulo: Malheiros, 2012. p. 67.

19 BANDEIRA DE MELLO, Celso Antônio. *Curso de direito administrativo*. 30. ed. São Paulo: Malheiros, 2012. p. 70.

As primeiras indagações que se fazem necessárias ante as manifestações da doutrina tradicional são: (i) nos dias atuais é possível admitir um aspecto absoluto de supremacia do interesse público? (ii) este interesse deve sempre ser analisado como o oposto ao interesse privado? (iii) o interesse particular não pode se enquadrar jamais no conceito de interesse público?

APROFUNDANDO! Outro ponto relevante diz respeito às arbitrariedades que ao longo da história foram cometidas pela Administração sob o fundamento do princípio da supremacia do interesse público sobre o privado defendido pela doutrina tradicional como um instituto a prevalecer de forma absoluta em face do particular.

Como forma de tentar coibir condutas ilícitas, existe doutrina contemporânea, liderada por Marçal Justen Filho, no sentido de reconstruir a noção de Direito Administrativo tendo como uma das vigas mestras a denominada *supremacia da dignidade da pessoa humana* ou supremacia dos direitos fundamentais[20].

Marçal Justen Filho rejeita aquilo que denominou "supremacia da burocracia sobre a sociedade civil", no sentido de que esta superioridade: "Volta-se contra fenômeno usual: a propósito de identificar o interesse público, o agente público acaba por escolher a realização de fins mais convenientes ao aparato administrativo (senão de suas próprias convicções pessoais) ou ao partido político no poder"[21].

Gustavo Binenbojm bem demonstra a crise de paradigmas do Direito Administrativo e defende a necessidade de um novo modelo teórico pautado pela adoção dos sistemas de direitos fundamentais e de democracia, tal como instituídos na Constituição, como vetores axiológicos – traduzidos em parâmetros jurídicos – a pautar a atuação da Administração Pública[22]. Defende o autor a seguinte ideia:

> Por outra via, a norma de supremacia pressupõe uma necessária dissociação entre o interesse público e os interesses privados. Ocorre que, muitas vezes, a promoção do interesse público – entendido como conjunto de metas gerais da coletividade juridicamente consagradas – consiste, justamente, na preservação de um direito individual, na maior medida possível. A imbricação conceitual entre interesse público, interesses coletivos e interesses individuais não permite falar em uma regra de prevalência absoluta do público sobre o privado ou do coletivo sobre o individual[23].

---

20 JUSTEN FILHO, Marçal. *Curso de direito administrativo*. 7. ed. rev. e atual. Belo Horizonte: Fórum, 2011. p. 132.

21 JUSTEN FILHO, Marçal. *Curso de direito administrativo*. 7. ed. rev. e atual. Belo Horizonte: Fórum, 2011. p. 132.

22 BINENBOJM, Gustavo. Da supremacia do interesse público ao dever de proporcionalidade: um novo paradigma para o Direito Administrativo. Disponível no link: file:///C:/Users/Usuário/AppData/Local/Microsoft/Windows/INetCache/IE/78YTY5D9/43855-92380-1-PB.pdf . p. 17.

23 BINENBOJM, Gustavo. Da supremacia do interesse público ao dever de proporcionalidade: um novo paradigma para o Direito Administrativo. Disponível no link: http://bibliotecadigital.fgv.br/ojs/index.php/rda/article/view/43855/44713.

Sobre as ponderações da doutrina contemporânea, cumpre ressaltar que concordamos na íntegra e já tivemos a oportunidade de defendê-las ao lado de André Ramos Tavares na obra *Tratado de Direito Administrativo*, coordenada pelos Professores Adilson Abreu Dallari e Ives Gandra Martins.

Na oportunidade, deixamos clara nossa posição no sentido de que a Constituição, em um Estado Constitucional e Democrático de Direito, é o elemento normativo dotado de supremacia e, como se sabe, nela, *direitos e garantias individuais, alçados à condição de cláusulas pétreas*, constituem o eixo central de atuação desse Estado. Não por outro motivo é impossível estabelecer, validamente, um raciocínio que privilegie universalmente um interesse público sobre todo e qualquer interesse e direito individual.

O próprio Celso Antônio Bandeira de Mello deixa claro que "é de evidência solar, que a proteção do interesse privado *nos termos do que estiver disposto na Constituição*, é, também ela, um interesse público, tal como qualquer outro, a ser fielmente resguardado"[24].

Desta forma, a única interpretação admitida para supremacia de algum interesse – público ou privado – é aquela integrada por uma concepção de primazia dos direitos fundamentais.

Não há como sustentar a supremacia do interesse público sem constatar que, no Estado Constitucional, observa-se a supremacia da Constituição e, com ela, a supremacia dos direitos fundamentais.

Em sendo a defesa de direitos fundamentais do particular uma forma de concretizar a defesa do interesse público, pouco importa saber se o direito de um ou de muitos será o soberano, pois o fundamento maior será a primazia dos direitos fundamentais.

Em nossa visão, não há qualquer incongruência para o sistema de proteção constitucional dos direitos fundamentais no prevalecimento de um direito individual em face da coletividade se o grau de relevância dos direitos fundamentais de um for superior ao grau de proteção exigido a um número maior de pessoas.

Vamos a um exemplo para tornar mais concreto o raciocínio e para compararmos as correntes doutrinárias ora apresentadas. Pensemos na desapropriação de uma área sob o fundamento de utilidade pública, forma de intervenção do Estado na propriedade privada com fulcro constitucional e pautada num juízo de oportunidade e conveniência. Do resumo que foi traçado, poderíamos nos deparar com três conclusões doutrinárias de embasamentos distintos:

1ª) *Posição da doutrina tradicional*: pautada na supremacia "abstrata" do interesse público sobre o privado admite a efetivação da desapropriação sem maiores

---

[24] BANDEIRA DE MELLO, Celso Antônio. *Curso de direito administrativo*. 30. ed. São Paulo: Malheiros, 2012. p. 69.

questionamentos. O máximo a ser enfrentado pelos seus seguidores seria diferenciar o interesse público primário (da coletividade) do interesse público secundário (da Administração vista como pessoa jurídica e sujeito de direitos e de obrigações), mais precisamente se a desapropriação não se deu para atendimento de interesse obscuro e pessoal do administrador público (interesse público secundário ilegítimo), como o de querer se vingar do opositor político desapropriando-o de sua residência;

2ª) *Posição intermediária:* consubstanciada na teoria da "personalização" do Direito Administrativo até defende a supremacia da dignidade da pessoa humana, mas exige apenas um procedimento satisfatório de concretização da desapropriação, o que seria uma forma inequívoca de traduzir o interesse público;

3ª) *Posição defendida por nós em conjunto com André Ramos Tavares*: pautada na teoria estrita da Supremacia dos Direitos Fundamentais, impede a conclusão de prevalecimento cego ou *a priori* do interesse público e não se resume à exigência de um procedimento satisfatório para a realização de um direito. Trata-se de acolher orientação que admite até a supremacia do indivíduo em face da coletividade, como no caso de ser uma das pessoas sobre a qual recai o decreto expropriatório portadora de doença grave e em fase terminal. Ora, nesse caso, em razão da necessidade do respeito à dignidade da pessoa humana (Direito Fundamental), não poderá prevalecer o interesse público que está fundamentado na utilidade pública (oportunidade e conveniência) da área a ser desapropriada.

Vale lembrar que utilidade pública está relacionada com a mera conveniência – e não urgência – da Administração na realização da expropriação. Situação diversa poderia ocorrer se o fundamento da desapropriação fosse a necessidade pública, pois neste caso a urgência, por parte do interesse coletivo, estaria presente.

Somente a análise do caso concreto fundamentada na primazia dos direitos fundamentais será apta a identificar, com propriedade, qual direito prevalecerá, se o público ou o privado.

Já existem casos paradigmáticos consagrados na jurisprudência superior de prevalecimento do interesse de um em face do de muitos: (i) impedimento de interrupção do serviço público de usuário em condição de miserabilidade ou quando afetar a dignidade da pessoa humana; (ii) fornecimento de medicamento por determinação judicial a um doente com recursos públicos destinados ao SUS (ambos assuntos serão estudados em momentos oportunos desta obra).

Apesar de representarmos doutrina minoritária, defendemos que dentro do conceito de interesse público também encontramos a noção de interesse individual, logo, falar em supremacia do interesse público é, acima de tudo, proteger a superioridade dos direitos fundamentais, ainda que de um só sujeito.

1.2.3.2. *Princípio da Indisponibilidade do Interesse Público*

O interesse público, como o próprio nome diz, pertence à coletividade de pessoas e não ao administrador. Logo, conclui-se que os bens e direitos públicos são indisponíveis, não podendo o agente público fazer deles o que bem quiser. De fato, para alienar um bem público (uma casa, por exemplo), há necessidade, em regra, de procedimento licitatório previsto em lei. Isso implica dizer que não é possível vender um bem público a qualquer preço e para qualquer pessoa.

Assim, cabe destacar que o administrador tem apenas o dever de guarda e gerenciamento dos bens e interesses públicos. Ele não é o proprietário.

Conforme estudado, o regime jurídico administrativo é composto do binômio "prerrogativas e sujeições". Enquanto o princípio da supremacia do interesse público fundamenta os privilégios conferidos à Administração Pública na busca da satisfação do interesse público, o princípio da indisponibilidade do interesse público respalda as restrições.

Bom exemplo disso está consubstanciado na essência da Súmula 599 do STJ, que assim enuncia: "O princípio da insignificância é inaplicável aos crimes contra a administração pública".

Precedente do Superior Tribunal de Justiça que muito bem elucida o conteúdo da Súmula 599 está no julgamento do AgRg no AREsp 487.715/CE:

PENAL. AGRAVO REGIMENTAL NO AGRAVO EM RECURSO ESPECIAL. PECULATO. PRINCÍPIO DA INSIGNIFICÂNCIA. NÃO INCIDÊNCIA. DELITO CONTRA A ADMINISTRAÇÃO PUBLICA. ART. 20 DA LEI N. 10.522/2002[25]. INAPLICABILIDADE.

1. Segundo a jurisprudência desta Corte, não se aplica o princípio da insignificância aos crimes cometidos contra a administração pública, ainda que o valor seja irrisório, porquanto a norma penal busca tutelar não somente o patrimônio, mas também a moral administrativa.

2. Não se aplica ao crime de peculato o disposto no art. 20 da Lei n. 10.522/2002, com a alteração dada pelas Portarias n. 75 e n. 130/2012, por não se tratar de supressão de tributo.

3. De qualquer forma, mostra-se irrelevante a discussão acerca do valor indevidamente apropriado, ante a reprovabilidade da conduta perpetrada pelo agravante, que se utilizou do cargo de gerente e tesoureiro da agência dos Correios para se apropriar da quantia de R$ 5.680,78.

4. Agravo regimental a que se nega provimento. (AgRg no AREsp 487.715/CE, rel. Ministro GURGEL DE FARIA, QUINTA TURMA, julgado em 18-8-2015, *DJe* 1º-9-2015) (Destacamos)

---

[25] A citada lei foi consideravelmente alterada pela Lei n. 13.874/2019, inclusive o art. 20 que passou a ter a seguinte redação: "Serão arquivados, sem baixa na distribuição, por meio de requerimento do Procurador da Fazenda Nacional, os autos das execuções fiscais de débitos inscritos em dívida ativa da União pela Procuradoria-Geral da Fazenda Nacional ou por ela cobrados, de valor consolidado igual ou inferior àquele estabelecido em ato do Procurador-Geral da Fazenda Nacional" (Redação dada pela Lei n. 13.874/2019). "A Lei n. 14.195 de 2021 também alterou a Lei n. 13.874".

APROFUNDANDO! Apesar de a arbitragem (forma de resolução de conflitos por tribunal particular e não judicial) somente ser admitida para dirimir litígios relativos a direitos patrimoniais disponíveis (art. 1º da Lei n. 9.307/96) e o interesse público ser indisponível, destaca-se a admissibilidade desse mecanismo privado de resolução de conflitos no Direito Administrativo em relação às concessões de serviços públicos (art. 23-A da Lei n. 8.987/95) e nas Parcerias Público-Privadas (art. 11, III, da Lei n. 11.079/2004). A própria Lei de Arbitragem, Lei n. 9.307/96, alterada em 2015, passou a prever expressamente a possibilidade da Administração Pública se valer da arbitragem quando envolver direitos patrimoniais disponíveis. Vejamos: "Art. 1º As pessoas capazes de contratar poderão valer-se da arbitragem para dirimir litígios relativos a direitos patrimoniais disponíveis. § 1º A administração pública direta e indireta poderá utilizar-se da arbitragem para dirimir conflitos relativos a direitos patrimoniais disponíveis (Incluído pela Lei n. 13.129, de 26 de maio de 2015). § 2º A autoridade ou o órgão competente da administração pública direta para a celebração de convenção de arbitragem é a mesma para a realização de acordos ou transações (Incluído pela Lei n. 13.129, de 26 de maio de 2015). Art. 2º A arbitragem poderá ser de direito ou de equidade, a critério das partes. [...] § 3º A arbitragem que envolva a administração pública será sempre de direito e respeitará o princípio da publicidade (Incluído pela Lei n. 13.129, de 26 de maio de 2015)". Um exemplo de direito patrimonial disponível envolvendo a Administração é a interpretação de uma cláusula contratual.

Existe doutrina que é contra a arbitragem na Administração Pública, pois o interesse público é indisponível, e a arbitragem só pode ser realizada *"para dirimir litígios relativos a direitos patrimoniais disponíveis"* (art. 1º da Lei n. 9.307/96).

A corrente doutrinária contrária a essa questão é liderada por Celso Antônio Bandeira de Mello, para quem:

> Novidade lamentável e, ao nosso ver, grosseiramente inconstitucional é o disposto no art. 23-A, também incluído pela referida Lei 11.196. De acordo com ele, conflitos decorrentes ou relacionados ao contrato podem ser solvidos por mecanismos privados, inclusive por arbitragem, que deverá ser efetuada no Brasil e em língua portuguesa. É inadmissível que se possa afastar o Poder Judiciário quando em pauta interesses indisponíveis, como o são os relativos ao serviço público, para que particulares decidam sobre matéria que se constitui em *res extra commercium* e que passa, então, muito ao largo da força decisória deles. É da mais solar evidência que particulares jamais teriam qualificação jurídica para solver questões relativas a interesses públicos, quais as que se põem em um "contrato" de concessão de serviço público. Chega a ser grotesco imaginar-se que o entendimento revelado em decisão proferida por sujeito privado possa se sobrepor à intelecção proveniente de uma autoridade pública no exercício da própria competência. Disparate de um tão desabrido teor só poderia ser concebido no dia em que se reputasse normal que os motoristas multassem os guardas de trânsito, que os contribuintes lançassem tributos sobre o Estado e os

cobrassem executivamente ou em que os torcedores, nos estádios de futebol, colocassem ordem nas forças da polícia, dissolvendo algum ajuntamento delas[26].

No entanto, o Supremo Tribunal Federal vem admitindo a arbitragem na Administração Pública desde o ano de 1973:

> INCORPORAÇÃO, BENS E DIREITOS DAS EMPRESAS ORGANI-ZAÇÃO LAGE E DO ESPÓLIO DE HENRIQUE LAGE. JUÍZO ARBITRAL. CLÁUSULA DE IRRECORRIBILIDADE. JUROS DA MORA. CORREÇÃO MONETÁRIA. 1. Legalidade do juízo arbitral, que o nosso direito sempre admitiu e consagrou, até mesmo nas causas contra a fazenda. Precedente do Supremo Tribunal Federal. 2. Legitimidade da cláusula de irrecorribilidade de sentença arbitral, que não ofende a norma constitucional. 3. Juros de mora concedidos, pelo acórdão agravado, na forma da lei, ou seja, a partir da propositura da ação. Razoável interpretação da situação dos autos e da Lei n. 4.414, de 1964. 4. Correção monetária concedida, pelo tribunal *a quo*, a partir da publicação da Lei n. 4.686, de 21-6-65. Decisão correta. 5. Agravo de instrumento a que se negou provimento. (AI 52181, Relator(a): Min. BILAC PINTO, Tribunal Pleno, julgado em 14-11-73, *DJ* 15-2-74 PP-00720 EMENT VOL-00936-01 PP-00042)

No mesmo sentido, e em julgado mais recente, encontramos a posição do Superior Tribunal de Justiça:

> CONFLITO POSITIVO DE COMPETÊNCIA. JUÍZO ARBITRAL E ÓRGÃO JURISDICIONAL ESTATAL. CONHECIMENTO. ARBITRAGEM. NATUREZA JURISDICIONAL. MEIOS ALTERNATIVOS DE SOLUÇÃO DE CONFLITO. DEVER DO ESTADO. PRINCÍPIO DA COMPETÊNCIA-COMPETÊNCIA. PRECEDÊNCIA DO JUÍZO ARBITRAL EM RELAÇÃO À JURISDIÇÃO ESTATAL. CONTROLE JUDICIAL *A POSTERIORI*. CONVIVÊNCIA HARMÔNICA ENTRE O DIREITO PATRIMONIAL DISPONÍVEL DA ADMINISTRAÇÃO PÚBLICA E O INTERESSE PÚBLICO. CONFLITO DE COMPETÊNCIA JULGADO PROCEDENTE.
>
> I – Conflito de competência entre o Tribunal Arbitral da Corte Internacional de Arbitragem da Câmara de Comércio Internacional e o Tribunal Regional Federal da 2ª Região, suscitado pela Petróleo Brasileiro S/A – PETROBRAS. Reconhecida a natureza jurisdicional da arbitragem, compete a esta Corte Superior dirimir o conflito.

---

26 BANDEIRA DE MELLO, Celso Antônio. *Curso de direito administrativo*. 30. ed. São Paulo: Malheiros, 2012. p. 732.

II – Definição da competência para decidir acerca da existência, validade e eficácia da Cláusula Compromissória de Contrato de Concessão firmado para exploração, desenvolvimento e produção de petróleo e gás natural, cujas condições para execução foram alteradas unilateralmente pela agência reguladora por meio da Resolução da Diretoria (RD) n. 69/2014.

III – O conflito de competência não se confunde com os pedidos e causa de pedir da ação originária, na qual se objetiva a declaração de indisponibilidade do direito objeto da arbitragem e consequente inaplicabilidade da cláusula arbitral e a declaração de nulidade do procedimento arbitral em decorrência da Resolução da Diretoria n. 69/14, alterando a área de concessão controvertida, cumulado com pedido de anulação do processo arbitral, qual seja, de *anti-suit injunction*, destinada a evitar seu processamento junto ao Juízo Arbitral.

V – O CPC/2015 trouxe nova disciplina para o processo judicial, exortando a utilização dos meios alternativos de solução de controvérsia, razão pela qual a solução consensual configura dever do Estado, que deverá promovê-la e incentivá-la (art. 3º, §§ 1º e 2º). A parte tem direito de optar pela arbitragem, na forma da lei (art. 42).

VI – A Lei n. 13.129/15 introduziu no regime jurídico da arbitragem importantes inovações, com destaque para os princípios da competência-competência, da autonomia da vontade e da cláusula compromissória (arts. 1º, 3º e 8º, parágrafo único).

VII – No âmbito da Administração Pública, desde a Lei n. 8.987/95, denominada Lei Geral das Concessões e Permissões de Serviços Públicos, com a redação dada pela Lei n. 11.196/05, há previsão expressa de que o contrato poderá dispor sobre o emprego de mecanismos privados para resolução de conflitos, inclusive a arbitragem. No mesmo sentido a Lei n. 9.478/97, que regula a política energética nacional, as atividades relativas à extração de petróleo e a instituição da ANP (art. 43, X) e a Lei n. 13.129/15, que acresceu os §§ 1º e 2º, ao art. 1º da Lei n. 9.307/96, quanto à utilização da arbitragem pela Administração Pública.

VIII – A jurisdição estatal decorre do monopólio do Estado de impor regras aos particulares, por meio de sua autoridade, consoante princípio da inafastabilidade do controle judicial (art. 5º, XXXV, da Constituição da República), enquanto a jurisdição arbitral emana da vontade dos contratantes.

IX – A jurisdição arbitral precede a jurisdição estatal, incumbindo àquela deliberar sobre os limites de suas atribuições, previamente a qualquer outro órgão julgador (princípio da competência-competência), bem como sobre as questões relativas à existência, à validade e à eficácia da convenção de arbitragem e do contrato que contenha a cláusula compromissória (arts. 8º e 20, da Lei n. 9.307/96, com a redação dada pela Lei n. 13.129/15).

X – Convivência harmônica do direito patrimonial disponível da Administração Pública com o princípio da indisponibilidade do interesse público. A Administração Pública, ao recorrer à arbitragem para solucionar litígios que tenham por objeto direitos patrimoniais disponíveis, atende ao interesse público, preservando a boa-fé dos atos praticados pela Administração Pública, em homenagem ao princípio da segurança jurídica.

XI – A arbitragem não impossibilita o acesso à jurisdição arbitral por Estado-Membro, possibilitando sua intervenção como terceiro interessado. Previsões legal e contratual.

XIII – Prematura abertura da instância judicial em descompasso com o disposto no art. 3º, § 2º, do CPC/2015 e os termos da Convenção Arbitral.

XIV – Conflito de competência conhecido e julgado procedente, para declarar competente o Tribunal Arbitral da Corte Internacional de Arbitragem da Câmara de Comércio Internacional. Agravos regimentais da Agência Nacional do Petróleo, Gás Natural e Biocombustíveis e do Estado do Espírito Santo prejudicados. (CC 139.519/RJ, rel. Ministro NAPOLEÃO NUNES MAIA FILHO, Rel. p/ Acórdão Ministra REGINA HELENA COSTA, PRIMEIRA SEÇÃO, julgado em 11-10-2017, *DJe* 10-11-2017) (Destacamos)

Entendemos que não há problema algum na utilização da arbitragem pela Administração Pública, desde que para resolver direitos patrimoniais disponíveis. Exemplo desse contexto estará presente *sempre que o Poder Público puder contratar, pois importa em existência de disponibilidade referente a interesse patrimonial disponível*. Não há problema algum na convenção de cláusula de arbitragem nesses casos, *e não haverá disposição do interesse público, mas há quem defenda que, muito ao contrário, é a melhor forma de satisfazer o interesse público por se tratar de um método para satisfazê-lo de modo mais célere, com custos inferiores*.

Por fim, é importante destacar que o *Princípio da indisponibilidade do Interesse Público pode ser considerado um limitador da discricionariedade administrativa*.

O tema envolve a *análise da discricionariedade administrativa que não se resume à escolha aleatória por parte do Agente Público de qualquer uma das opções apresentadas, deferir ou indeferir um pedido, mas sim na obrigação de escolher a alternativa que melhor atenda ao interesse público*.

Sobre o ato discricionário ou o desempenho da atividade administrativa por meio de uma competência discricionária, vale lembrar que a Administração Pública possui certa liberdade conferida pela lei de realizar um juízo de valor (oportunidade e conveniência) antes de tomar uma decisão no caso concreto.

Segundo Celso Antônio Bandeira de Mello, a discricionariedade administrativa consiste na "margem de liberdade conferida pela lei ao administrador a fim de que este cumpra o dever de integrar com sua vontade ou juízo a norma jurídica, diante do caso concreto, segundo critérios subjetivos próprios, a fim de dar satisfação aos objetivos consagrados no sistema legal"[27].

Continua o grande administrativista ensinando que a finalidade do ato é sempre e obrigatoriamente um interesse público, donde afirmam os doutrinadores que existe vinculação também com respeito a este aspecto. Desta forma, apesar de um caso estar, numa primeira análise, ligado ao desempenho de uma competência discricionária, no tocante à finalidade da escolha do agente público responsável não há opção, pois o fim do ato administrativo deve ser sempre e necessariamente a satisfação de um interesse público, sob pena de invalidade. Conclui Celso Antônio Bandeira de Mello dizendo que o fim é sempre vinculante (como, aliás, todos os elementos da norma), de tal modo que só pode ser perseguido o interesse público.

No contexto doutrinário apresentado, reitera-se a tese de que a Administração Pública não pode escolher de forma aleatória qualquer uma das opções dentre as que lhe foram apresentadas, deferir ou não um pedido de servidor para a recondução ao seu cargo de origem em razão da desistência no novo cargo, por exemplo. Muito pelo contrário, se a finalidade do ato é vinculada ao atendimento do interesse público, mesmo no exercício da competência discricionária, o agente público responsável não tem outra opção a não ser o deferimento do pedido de recondução do exemplo dado, como única medida compatível com o atendimento ao interesse da coletividade se estivermos diante de um contexto de falta de pessoal trabalhando em número suficiente naquele cargo.

Sobre o tema, trazemos mais uma vez os ensinamentos de Celso Antônio Bandeira de Mello:

> *Assim, a discricionariedade existe, por definição, única e tão somente para proporcionar em cada caso a escolha da providência ótima, isto é, daquela que realize superiormente o interesse público almejado pela lei aplicanda. Não se trata, portanto, de uma liberdade para a Administração decidir a seu talante, mas para decidir-se do modo que torne possível o alcance perfeito do desiderato normativo.* Logo, para verificar-se se o ato administrativo se conteve dentro do campo em que realmente havia discrição, isto é, no interior da esfera de opções legítimas, é preciso atentar para o caso concreto. Esta esfera de decisão legítima compreende apenas e tão somente o campo dentro do qual ninguém poderá dizer com indisputável objetividade qual é a providência ótima, pois mais de uma seria igualmente defensável. Fora daí não há discrição.
>
> Com efeito, considerada cada situação com sua fisionomia e coloração específicas, poder-se-á, algumas vezes, verificar que a satisfação de finalidade normativa

---

27 BANDEIRA DE MELLO, Celso Antônio. *Curso de direito administrativo.* 30. ed. São Paulo: Malheiros, 2012. p. 436.

reclamaria, para além de qualquer dúvida possível, unicamente o ato "A" e não o ato "B"; o deferimento de cada pretensão e não seu indeferimento, ou vice-versa. Vale dizer: haverá casos em que pessoas sensatas, equilibradas, normais, serão todas concordes em que só um dado ato – e não outro – atenderia à finalidade da lei invocada; ou, então, assentirão apenas em que, de todo modo, determinado ato, com certeza objetiva, não a atenderia. Segue-se que, em hipóteses deste jaez, *se a Administração agir de maneira inversa, evidentemente terá descumprido a finalidade legal.* Por isso, não lhe aproveitará invocar a norma atributiva de discrição, pois, consoante se disse, a discrição na regra de Direito é condição necessária, mas não suficiente para configurá-la quando da prática do ato.

(...)

Assim, *é óbvio que o Poder Judiciário, a instâncias da parte, deverá invalidar atos que incorram nos vícios apontados, pois nestes casos não há realmente discrição, mas vinculação, ou a discrição não se estende até onde se pretendeu que exista, já que – repita-se – discricionariedade é margem de liberdade que efetivamente exista perante o caso concreto*[28]. (Destacamos)

1.2.3.3. Princípios da Razoabilidade e da Proporcionalidade

O princípio da razoabilidade exige da Administração Pública uma atuação com bom senso, de acordo com o senso comum. Não é razoável, por exemplo, a construção de uma bela praça na frente da casa do Sr. Prefeito, quando ele só tinha dinheiro para realizar uma obra e o Município necessitava urgentemente de um hospital e de uma escola.

No tocante ao princípio da proporcionalidade, o Poder Público deverá atuar com adequação entre os meios e os fins. Por exemplo, não é proporcional o fechamento de um supermercado pelo período de 15 dias em razão da venda de um salgadinho com o prazo de validade vencido, se o agente público poderia multar o estabelecimento e apreender a mercadoria.

A Lei n. 9.784/99 trata do tema ao exigir que no Processo Administrativo Federal haja "adequação entre meios e fins, vedada a imposição de obrigações, restrições e sanções em medida superior àquelas estritamente necessárias ao atendimento do interesse público (art. 2º, VI).

Sobre o assunto, cumpre ressaltar que a doutrina não é uníssona a respeito da definição dos princípios ora em estudo. Parcela dos estudiosos entende que o princípio da razoabilidade exige uma atuação administrativa adequada e necessária. Por adequação podemos entender a moderação nos meios utilizados para

---

28 BANDEIRA DE MELLO, Celso Antônio. *Curso de direito administrativo*. 30. ed. São Paulo: Malheiros, 2012. p. 440-441.

atingir a finalidade pública desejada; e, por necessidade, compreendemos a atuação extrema da Administração somente em último caso, ou seja, quando necessário.

O princípio da proporcionalidade consiste, nessa visão, numa das vertentes do princípio da razoabilidade, isto é, adequação entre os meios empregados e os fins desejados[29].

Percebam, portanto, que não basta a finalidade pública para justificar a atuação administrativa. Esta deverá ser adequada e necessária, pois a atuação desarrazoada viola as finalidades da lei, e o ato administrativo nessas condições poderá ser anulado inclusive pelo Poder Judiciário.

O princípio da proporcionalidade também é considerado um limite norteador da Administração Pública no momento de sancionar seus servidores. Sobre o assunto, já decidiu o Supremo Tribunal Federal:

> Processo administrativo disciplinar. Prescrição. A pena imposta ao servidor regula a prescrição. A anulação do processo administrativo original fixa como termo inicial do prazo a data em que o fato se tornou conhecido e, como termo final, a data de instauração do processo válido. Precedentes: MS 21.321; MS 22.679. Exercício do direito de defesa. A descrição dos fatos realizada quando do indiciamento foi suficiente para o devido exercício do direito de defesa. Precedentes: MS 21.721; MS 23.490. **Proporcionalidade. Tratando-se de demissão fundada na prática de ato de improbidade de natureza culposa, sem imputação de locupletamento ou proveito pessoal por parte do servidor, é possível, diante das peculiaridades do caso concreto, a análise da proporcionalidade da medida disciplinar aplicada pela Administração.** Precedentes: MS 23.041; RMS 24.699. Recurso provido. Segurança deferida. (STF – RMS 24.129 / DF – rel. Min. Joaquim Barbosa – 2ª T. – *Dje* 30-4-2012) (Destacamos)

1.2.3.4. Princípios da Segurança Jurídica e da Confiança Legítima

Por esse princípio a Administração Pública deverá atuar de tal forma a não colocar em risco a estabilidade jurídica das relações sociais. Assim, se o examinador tratar de institutos como a prescrição, decadência, direito adquirido, coisa julgada, ato jurídico perfeito e irretroatividade de nova interpretação administrativa, estará se referindo ao princípio da segurança jurídica.

Quando o tema em estudo envolve o princípio da segurança jurídica, imprescindível lembrarmos do seu aspecto subjetivo, isto é, do *princípio da confiança legítima*. Trata-se da visão do administrado perante a Administração quando esta pratica alguma conduta capaz de gerar uma expectativa legítima em cada um de nós. Em

---

29 DI PIETRO, Maria Sylvia Zanella. *Direito administrativo*. 25. ed. São Paulo: Atlas, 2012. p. 81.

outras palavras, quando a Administração pratica um ato que gera uma confiança legítima nos administrados ela estará obrigada a cumprir o que foi prometido[30].

Um bom exemplo é a publicação de um edital de concurso público contendo cem vagas para o cargo de Analista de um TRF. Uma vez publicado tal ato, cria-se uma expectativa legítima em cada um de nós, e a consequência de tal conduta é a obrigatoriedade que terá a Administração de convocar os cem primeiros colocados no concurso. Aliás, o STF, ao fundamentar o julgamento do Recurso Extraordinário n. 598.099, reconhecendo o direito subjetivo à nomeação do aprovado em concurso público dentro do número de vagas do edital, valeu-se, dentre outros princípios, da segurança jurídica, da boa-fé e da proteção à confiança:

> RECURSO EXTRAORDINÁRIO. REPERCUSSÃO GERAL. CONCURSO PÚBLICO. PREVISÃO DE VAGAS EM EDITAL. DIREITO À NOMEAÇÃO DOS CANDIDATOS APROVADOS. I. DIREITO À NOMEAÇÃO. CANDIDATO APROVADO DENTRO DO NÚMERO DE VAGAS PREVISTAS NO EDITAL. Dentro do prazo de validade do concurso, a Administração poderá escolher o momento no qual se realizará a nomeação, mas não poderá dispor sobre a própria nomeação, a qual, de acordo com o edital, passa a constituir um direito do concursando aprovado e, dessa forma, um dever imposto ao poder público. Uma vez publicado o edital do concurso com número específico de vagas, o ato da Administração que declara os candidatos aprovados no certame cria um dever de nomeação para a própria Administração e, portanto, um direito à nomeação titularizado pelo candidato aprovado dentro desse número de vagas. II. ADMINISTRAÇÃO PÚBLICA. PRINCÍPIO DA SEGURANÇA JURÍDICA. BOA-FÉ. PROTEÇÃO À CONFIANÇA. O dever de boa-fé da Administração Pública exige o respeito incondicional às regras do edital, inclusive quanto à previsão das vagas do concurso público. Isso igualmente decorre de um necessário e incondicional respeito à segurança

---

30 O mesmo vale se a expectativa é criada no servidor: "Direito Constitucional e Administrativo. Embargos de Declaração em Mandado de Segurança. Decisão do TCU que recusou registro ao ato concessivo de aposentadoria em razão de indevida incorporação aos proventos do percentual de 84,32%. Devolução de valores recebidos por ordem judicial revogada. 1. A jurisprudência do STF afirma a desnecessidade de restituição de parcelas recebidas por decisão judicial posteriormente revogada em razão de mudança da jurisprudência. A orientação ampara-se: (i) na confiança legítima que tinham os beneficiários de a pretensão ser acolhida; e (ii) no lapso temporal transcorrido entre o deferimento da liminar e a sua revogação. Precedentes. 2. No caso em análise, a liminar foi deferida em 9-7-2013, com fundamento em antiga jurisprudência que reconhecia a oponibilidade da coisa julgada ao TCU de decisão judicial que reconhecia o direito a incorporação de parcelas remuneratórias. A revogação da liminar ocorreu em 15-8-2017, em razão de mudança dessa jurisprudência desta Corte. Assim, os princípios da boa-fé e da segurança jurídica afastam o dever de restituição de parcelas recebidas por ordem liminar revogada. 3. Embargos de declaração providos para sanar omissão, sem efeitos modificativos."(MS 32185 ED, Relator(a): Min. MARCO AURÉLIO, Relator(a) p/Acórdão: Min. ROBERTO BARROSO, Primeira Turma, julgado em 24-10-2017, PROCESSO ELETRÔNICO DJe-169 DIVULG 2-8-2019 PUBLIC 5-8-2019).

jurídica como princípio do Estado de Direito. Tem-se, aqui, o princípio da segurança jurídica como princípio de proteção à confiança. Quando a Administração torna público um edital de concurso, convocando todos os cidadãos a participarem de seleção para o preenchimento de determinadas vagas no serviço público, ela impreterivelmente gera uma expectativa quanto ao seu comportamento segundo as regras previstas nesse edital. Aqueles cidadãos que decidem se inscrever e participar do certame público depositam sua confiança no Estado administrador, que deve atuar de forma responsável quanto às normas do edital e observar o princípio da segurança jurídica como guia de comportamento. Isso quer dizer, em outros termos, que o comportamento da Administração Pública no decorrer do concurso público deve se pautar pela boa-fé, tanto no sentido objetivo quanto no aspecto subjetivo de respeito à confiança nela depositada por todos os cidadãos. III. SITUAÇÕES EXCEPCIONAIS. NECESSIDADE DE MOTIVAÇÃO. CONTROLE PELO PODER JUDICIÁRIO. Quando se afirma que a Administração Pública tem a obrigação de nomear os aprovados dentro do número de vagas previsto no edital, deve-se levar em consideração a possibilidade de situações excepcionalíssimas que justifiquem soluções diferenciadas, devidamente motivadas de acordo com o interesse público. Não se pode ignorar que determinadas situações excepcionais podem exigir a recusa da Administração Pública de nomear novos servidores. Para justificar o excepcionalíssimo não cumprimento do dever de nomeação por parte da Administração Pública, é necessário que a situação justificadora seja dotada das seguintes características: a) Superveniência: os eventuais fatos ensejadores de uma situação excepcional devem ser necessariamente posteriores à publicação do edital do certame público; b) Imprevisibilidade: a situação deve ser determinada por circunstâncias extraordinárias, imprevisíveis à época da publicação do edital; c) Gravidade: os acontecimentos extraordinários e imprevisíveis devem ser extremamente graves, implicando onerosidade excessiva, dificuldade ou mesmo impossibilidade de cumprimento efetivo das regras do edital; d) Necessidade: a solução drástica e excepcional de não cumprimento do dever de nomeação deve ser extremamente necessária, de forma que a Administração somente pode adotar tal medida quando absolutamente não existirem outros meios menos gravosos para lidar com a situação excepcional e imprevisível. De toda forma, a recusa de nomear candidato aprovado dentro do número de vagas deve ser devidamente motivada e, dessa forma, passível de controle pelo Poder Judiciário. IV. FORÇA NORMATIVA DO PRINCÍPIO DO CONCURSO PÚBLICO. Esse entendimento, na medida em que atesta a existência de um direito subjetivo à nomeação, reconhece e preserva da melhor forma a força normativa do princípio do concurso público, que vincula diretamente a Administração. É preciso reconhecer que a efetividade da exigência constitucional do concurso público, como uma incomensurável conquista da cidadania no Brasil, permanece condicionada à observância, pelo Poder Público, de normas de organização e procedimento e, principalmente, de garantias fundamentais que possibilitem o seu pleno exercício pelos cidadãos. O reconhecimento de um direito subjetivo à nomeação deve passar a impor limites à atuação da Administração Pública e dela exigir o estrito cumprimento das normas que regem os certames, com especial observância dos deveres de boa-fé e incondicional respeito à confiança dos cidadãos. O princípio constitucional do concurso público é fortalecido quando o Poder Público assegura e observa as garantias fundamentais que viabilizam a efetividade desse princípio. Ao lado das garantias de publicidade, isonomia, transparência, impessoalidade, entre outras, o direito à nomeação representa também uma garantia fundamental da plena efetividade do princípio do concurso público. V. NEGADO PROVIMENTO AO RECURSO EXTRAORDINÁRIO.

O tema é polêmico e o Supremo Tribunal Federal fixou a tese 784 sobre o assunto:

> O surgimento de novas vagas ou a abertura de novo concurso para o mesmo cargo, durante o prazo de validade do certame anterior, não gera automaticamente o direito à nomeação dos candidatos aprovados fora das vagas previstas no edital, ressalvadas as hipóteses de preterição arbitrária e imotivada por parte da administração, caracterizada por comportamento tácito ou expresso do Poder Público capaz de revelar a inequívoca necessidade de nomeação do aprovado durante o período de validade do certame, a ser demonstrada de forma cabal pelo candidato. Assim, o direito subjetivo à nomeação do candidato aprovado em concurso público exsurge nas seguintes hipóteses: 1 – Quando a aprovação ocorrer dentro do número de vagas dentro do edital; 2 – Quando houver preterição na nomeação por não observância da ordem de classificação; 3 – Quando surgirem novas vagas, ou for aberto novo concurso durante a validade do certame anterior, e ocorrer a preterição de candidatos de forma arbitrária e imotivada por parte da administração nos termos acima. (RE 837.311/PI – *Dje* 18-4-2016).

Em julgado mais recente, o Superior Tribunal de Justiça entendeu, no mesmo sentido do STF, que, quando houver desistência de um candidato melhor classificado, quem estava fora da lista passará para dentro do número de vagas, com direito à nomeação:

> PROCESSUAL CIVIL. ADMINISTRATIVO. MANDADO DE SEGURANÇA. CONCURSO PÚBLICO. PROCON/DF. **CANDIDATA APROVADA FORA DO NÚMERO DE VAGAS. DESISTÊNCIA DE CANDIDATOS MELHOR CLASSIFICADOS, PASSANDO A IMPETRANTE A FIGURAR DENTRO DAS VAGAS PREVISTAS NO EDITAL. DIREITO À NOMEAÇÃO. EXISTÊNCIA.** PRECEDENTES DO SUPREMO TRIBUNAL FEDERAL. IMPEDIMENTO DECORRENTE DA LEI DE RESPONSABILIDADE FISCAL. AUSÊNCIA DE COMPROVAÇÃO. SEGURANÇA CONCEDIDA.

"(...) IV – Por outro lado, em relação àqueles candidatos aprovados dentro do número de vagas, o Supremo Tribunal Federal, no julgamento do Recurso Extraordinário n. 598.099/MS, também submetido à sistemática da Repercussão Geral, fixou orientação no sentido haver direito à nomeação, salvo exceções pontuais. A partir dessa tese, evoluiu para compreender que, **havendo desistência de candidatos melhor classificados, fazendo com que os seguintes passem a constar dentro do número de vagas, a expectativa de direito se convola em direito líquido e certo, garantindo o direito a vaga disputad**a. Precedentes do Supremo Tribunal Federal. (...)"

(RMS 53.506/DF, rel. Ministra REGINA HELENA COSTA, PRIMEIRA TURMA, julgado em 26-9-2017, *DJe* 29-9-2017) (Destacamos)

De fato, já **é pacífico o entendimento no Superior Tribunal de Justiça de que é irregular a contratação de funcionários temporários ou terceirizados para desempenhar a mesma função daqueles aprovados em concurso público e não nomeados**, ainda que a aprovação seja fora do número de vagas:

ADMINISTRATIVO. RECURSO ORDINÁRIO. CONCURSO PÚBLICO. APROVAÇÃO FORA DO NÚMERO DE VAGAS DO EDITAL. CONTRATAÇÃO TEMPORÁRIA. EXPECTATIVA DE DIREITO QUE SE CONVOLA EM DIREITO LÍQUIDO E CERTO. PRETERIÇÃO CONFIGURADA.

1. Cuida-se, na origem, de Mandado de Segurança impetrado contra o Governador do Estado de Minas Gerais com o objetivo de assegurar à impetrante o direito à nomeação para o cargo de Especialista em Educação Básica – EEB – Nível I Grau A – Supervisão Pedagógica, no Município de Lavras-MG, para o qual foi aprovada em 16º lugar.

2. Sustenta a impetrante que, para aquele município, foram oferecidas 3 (três) vagas, mas, com a declaração de inconstitucionalidade da Lei Complementar 100/2007 pelo STF no julgamento da ADI 4876, vários funcionários deveriam ser demitidos, o que daria lugar para que ela assumisse o cargo pleiteado.

3. O Tribunal *a quo* denegou a segurança.

4. O parecer do Parquet Federal bem analisou a questão: "De acordo com o que consta nos autos, foram nomeados 15 candidatos para o referido concurso (fl. 102) e há comprovação de que, durante o prazo de validade do certame, foram realizadas várias contratações temporárias pela Administração para exercer o mesmo cargo pretendido pela Recorrente" (fl. 148, e-STJ).

5. **O STJ possui entendimento sedimentado de que a contratação de servidor em caráter temporário em detrimento de candidato aprovado em concurso público para provimento definitivo gera o direito líquido e certo à nomeação deste. Nesse sentido: MS 18.685/DF, Rel. Ministro Herman Benjamin, Primeira Seção,** *DJe* **9-8-2017.**

6. No caso, a recorrente logrou êxito em comprovar que a contratação temporária de servidores se deu de forma ilegal, visto que ela própria exerce, em caráter precário, o cargo para o qual fora aprovada em concurso.

7. Além disso, à fl. 18, e-STJ, observa-se que a própria Administração Pública do Estado, ainda dentro do prazo de validade do concurso, reconhece a existência de cargo vago em resposta a consulta feita pela insurgente ao Portal da Transparência.

8. Enfim, nessa circunstância, a toda evidência, não restam dúvidas de que, dentro do prazo de validade do concurso, a manutenção de contratos temporários para suprir a demanda por profissionais da educação pela Administração Pública, na respectiva localidade, demonstra a necessidade premente de contratação de pessoal, de forma precária, para o desempenho da atividade, o que, diante da nova orientação da Suprema Corte, faz surgir o direito subjetivo do candidato aprovado no certame ainda válido à nomeação.

9. Portanto, há direito líquido e certo a ser amparado pelo Mandado de Segurança.

10. Recurso Ordinário provido.

(RMS 55.675/MG, Rel. Ministro HERMAN BENJAMIN, SEGUNDA TURMA, julgado em 17-4-2018, *DJe* 23-5-2018)

CONCURSO PÚBLICO. CONTRATAÇÃO DE EMPRESA TERCEIRIZADA PARA AS MESMAS FUNÇÕES DO CARGO. PRETERIÇÃO DE CANDIDATO COMPROVADA. DIREITO SUBJETIVO À NOMEAÇÃO. INCIDÊNCIA DA SÚMULA 7/STJ.

1. Em relação à tese recursal de que as atividades desenvolvidas pelos terceirizados não guardavam nenhuma correlação com as atividades contidas no edital do concurso público, extrai-se do arresto recorrido a seguinte fundamentação: "Assim, a descrição do cargo no edital, atribuindo como parte dos serviços a serem executados a limpeza do ambiente de trabalho, impede a contratação de empregados, sem vínculo, para a realização daquele serviço.

Portanto, temos que a mera expectativa de direito à contratação transformou-se em direito subjetivo à nomeação quando houve a contratação de outras pessoas, a título precário, para exercer as funções do cargo para o qual o apelante/autor foi aprovado." (fl.257, e--STJ) 2. Nesse contexto, a alteração das conclusões adotadas pela Corte de origem, tal como colocada a questão nas razões recursais, demanda novo exame do acervo fático-probatório constante dos autos, providência vedada em Recurso Especial, conforme o óbice previsto na Súmula 7/STJ.

3. Recurso Especial não conhecido. (REsp 1669374/DF, Rel. Ministro HERMAN BENJAMIN, SEGUNDA TURMA, julgado em 20-6-2017, *DJe* 29-6-2017)

Essa também é a posição do Supremo Tribunal Federal:

> EMENTA RECLAMAÇÃO CONSTITUCIONAL. SOCIEDADE DE ECONOMIA MISTA. CONCURSO PÚBLICO. **CANDIDATO EM CADASTRO DE RESERVA. DIREITO SUBJETIVO À NOMEAÇÃO. PRETERIÇÃO. CONTRATAÇÃO DE EMPREGADOS TERCEIRIZADOS PARA A MESMA FUNÇÃO.** SÚMULA VINCULANTE N. 10/STF. LEGISLAÇÃO FEDERAL NÃO ANALISADA. AUSENTE JUÍZO DE CONSTITUCIONALIDADE. Imprescindível à configuração de afronta à cláusula da reserva de plenário que a decisão esteja fundamentada na incompatibilidade entre a norma legal e a Constituição Federal. No caso, inexistente o exame do art. 23, II, da Lei n. 11.909/2009 na decisão reclamada. A controvérsia diz com direito subjetivo à nomeação de candidato aprovado para cadastro de reserva em concurso público, configurada hipótese de contratação de empregados de forma precária, por meio de terceirização de serviços, para o mesmo cargo. Precedentes STF. Afastada a violação da Súmula Vinculante n. 10 desta Suprema Corte. Agravo regimental conhecido e provido. (Rcl 29307 AgR, Relator(a): Min. ALEXANDRE DE MORAES, Relator(a) p/ Acórdão: Min. ROSA WEBER, Primeira Turma, julgado em 4-12-2018, PROCESSO ELETRÔNICO *DJe*-044 DIVULG 1º-3-2019 PUBLIC 6-3-2019)

Por fim, não poderíamos deixar de mencionar as novidades trazidas pela Lei de Introdução às Normas do Direito Brasileiro afetas ao tema. Por força da Lei n. 13.655, de 25 de abril de 2018, foram inseridos dispositivos ao Decreto-lei n. 4.657, de 4 de setembro de 1942, dentre os quais destacamos:

> Art. 23. A decisão administrativa, controladora ou judicial que estabelecer interpretação ou orientação nova sobre norma de conteúdo indeterminado, impondo novo dever ou novo condicionamento de direito, deverá prever regime de transição quando indispensável para que o novo dever ou condicionamento de direito seja cumprido de modo proporcional, equânime e eficiente e sem prejuízo aos interesses gerais.

A problemática da nova interpretação administrativa sobre norma de conteúdo indeterminado foi abordada pelo art. 23 e passou a exigir regime de transição para que o novo dever ou condicionamento de direito seja cumprido de modo proporcional, equânime e eficiente e sem prejuízo aos interesses gerais.

A norma administrativa de conteúdo indeterminado está relacionada com o mérito do ato administrativo que não pode ser sindicado pelo Poder Judiciário. Por isso a importância do novel dispositivo, pois, se o judiciário não pode controlar o mérito do ato administrativo, poderá ao menos verificar, caso provocado, se as regras de transição decorrentes da nova interpretação administrativa estão sendo implementadas a ponto de gerar prejuízos aos indivíduos. Vejamos os seguintes dispositivos da LINDB:

> Art. 24. A revisão, nas esferas administrativa, controladora ou judicial, quanto à validade de ato, contrato, ajuste, processo ou norma administrativa cuja produção já se houver completado levará em conta as orientações gerais da época, sendo vedado que, com base em mudança posterior de orientação geral, se declarem inválidas situações plenamente constituídas.
>
> Parágrafo único. Consideram-se orientações gerais as interpretações e especificações contidas em atos públicos de caráter geral ou em jurisprudência judicial ou administrativa majoritária, e ainda as adotadas por prática administrativa reiterada e de amplo conhecimento público.
>
> Art. 30. As autoridades públicas devem atuar para aumentar a segurança jurídica na aplicação das normas, inclusive por meio de regulamentos, súmulas administrativas e respostas a consultas.
>
> Parágrafo único. Os instrumentos previstos no *caput* deste artigo terão caráter vinculante em relação ao órgão ou entidade a que se destinam, até ulterior revisão.

O art. 24 reafirma a importância do respeito a institutos consagrados na ordem jurídica pátria, como o direito adquirido e o ato jurídico perfeito, ao determinar que a revisão na esfera administrativa quanto à validade de ato, contrato, ajuste, processo ou norma administrativa cuja produção já se houver completado levará em conta as orientações gerais da época, sendo vedado que, com base em mudança posterior de orientação geral, se declarem inválidas situações plenamente constituídas em prejuízo dos administrados.

Por orientações gerais da época, o parágrafo único do art. 24 considera: (i) as interpretações e especificações contidas em atos públicos de caráter geral ou em jurisprudência judicial ou administrativa majoritária; e (ii) as adotadas por prática administrativa reiterada e de amplo conhecimento público. A força dos precedentes judiciais foi um princípio adotado pelo novo Código de Processo Civil, bem como relembrado pela Lei de Introdução às Normas do Direito Brasileiro. A consolidação de entendimentos também poderá ocorrer dentro da Administração Pública e um bom exemplo é a edição de súmulas e orientações normativas como ocorre na Advocacia Geral da União.

Aliás, essa a determinação inserta no art. 30 quando estabelece que as autoridades públicas devem atuar para aumentar a segurança jurídica na aplicação das normas, inclusive por meio de regulamentos, súmulas administrativas e respostas a consultas. Ademais, o parágrafo único dispõe que os citados instrumentos terão caráter vinculante em relação ao órgão ou entidade públicas a que se destinam, até ulterior e eventual revisão.

1.2.3.5. *Princípio da Autotutela*

A autotutela nada mais é do que o autocontrole realizado pela própria Administração. Dessa forma, pode o Poder Público anular seus atos ilegais ou revogá-los por motivo de conveniência ou oportunidade (Súmula 473 do STF: "A administração pode anular seus próprios atos, quando eivados de vícios que os tornam ilegais, porque deles não se originam direitos; ou revogá-los, por motivo de conveniência ou oportunidade, respeitados os direitos adquiridos, e ressalvada, em todos os casos, a apreciação judicial."). Os temas anulação e revogação serão mais bem estudados no capítulo *Atos Administrativos*.

Assim, a Administração não precisa aguardar, por exemplo, o Juiz determinar a nulidade de um ato administrativo por motivo de ilegalidade. O agente público competente, identificando ato ilegal, poderá anulá-lo, sem maiores problemas, no exercício do princípio da autotutela.

APROFUNDANDO! Questão polêmica envolve saber qual princípio deve prevalecer diante de um eventual conflito entre segurança jurídica e autotutela. Num exemplo: a Administração identifica uma ilegalidade no pagamento de uma verba remuneratória a um servidor que a recebia de boa-fé, passados mais de cinco anos do início do respectivo pagamento. Neste caso, o que prevalecerá: o princípio da segurança jurídica e a impossibilidade de se exigir a devolução da verba paga ilegalmente ou a autotutela e a obrigatoriedade da devolução?

Prevalecerão a segurança jurídica e a impossibilidade de exigir a devolução do que foi recebido indevidamente pelo servidor de boa-fé. Essa foi a posição do Supremo Tribunal Federal no julgamento do MS n. 31.344. E o fundamento legal do *decisum* foi o disposto no art. 54 da Lei n. 9.784/99, que prevê: "O direito da Administração de anular os atos administrativos de que decorram efeitos favoráveis para os destinatários decai em cinco anos, contados da data em que foram praticados, salvo comprovada má-fé".

Assim, guardem bem esse *prazo decadencial de cinco anos*, pois a Administração poderá anular o ato ilegal caso identifique a ilegalidade em até cinco anos, prevalecendo, assim, o princípio da autotutela. Porém, passados mais do que cinco anos, não será admissível a anulação do ato, em respeito ao princípio da segurança jurídica.

Outro tema polêmico gira ao entorno da seguinte questão: Tribunal de Contas tem cinco anos da concessão inicial da aposentadoria para invalidá-la diante de eventual ilegalidade? Por enquanto as decisões do STF estão no sentido de que esse prazo não se aplica inicialmente ao caso (MS 27.580), ou, no máximo, somente começa a correr após a manifestação do TCU, por se tratar de ato complexo (MS 33.087):

> Agravo regimental em mandado de segurança. Impetração voltada contra acórdão proferido pelo Tribunal de Contas da União com o qual ele determinou o corte de vantagens que considerou terem sido ilegalmente agregadas aos proventos de aposentadoria de servidor público. Admissibilidade. 1. Está assentado na jurisprudência do Supremo Tribunal Federal o entendimento de que não se aplica ao TCU, no exercício do controle da legalidade de

aposentadorias, a decadência administrativa prevista na Lei n. 9.784/99. 2. Tampouco se pode falar em desrespeito ao princípio da irredutibilidade de vencimentos quando se determina a correção de ilegalidades na composição de proventos de aposentadoria de servidores públicos. 3. Não ocorre violação da autoridade da coisa julgada quando se reconhece a incompatibilidade de novo regime jurídico com norma anterior que disciplinava a situação funcional de servidor público. Precedentes. 4. Agravo regimental a que se nega provimento. (MS 27.580 AgR, Relator(a): Min. DIAS TOFFOLI, Primeira Turma, julgado em 10-9-2013, ACÓRDÃO ELETRÔNICO DJe-197 DIVULG 4-10-2013 PUBLIC 7-10-2013).

MANDADO DE SEGURANÇA. TRIBUNAL DE CONTAS DA UNIÃO. SERVIDOR DO DEPARTAMENTO DE POLÍCIA FEDERAL. APOSENTADORIA. CONTAGEM DO TEMPO DE SERVIÇO PARA APOSENTADORIA. PERÍODO TRABALHADO SOB A ÉGIDE DA LEI N. 3.313/1957: ACRÉSCIMO DE 20%. CÔMPUTO DE FRAÇÃO DE LICENÇA-PRÊMIO NÃO USUFRUÍDA. REGISTRO NEGADO. CONTRARIEDADE AO DEVIDO PROCESSO LEGAL E SEUS COROLÁRIOS: INOCORRÊNCIA. PRECEDENTES. ALEGADA OFENSA À COISA JULGADA. DECISÃO PELA QUAL NÃO SE RECONHECEU O DIREITO DE CÔMPUTO DAS FRAÇÕES DE LICENÇA-PRÊMIO NÃO USUFRUÍDAS: INOCORRÊNCIA. TEMPO DE SERVIÇO PRESTADO SOB A ÉGIDE DA LEI N. 3.313/1957: AVERBAÇÃO FEITA EM CONFORMIDADE COM DECISÃO JUDICIAL TRANSITADA EM JULGADO. MANDADO DE SEGURANÇA PARCIALMENTE CONCEDIDO. AGRAVO REGIMENTAL PREJUDICADO. (MS 33.087, Relator(a): Min. CÁRMEN LÚCIA, Segunda Turma, julgado em 7-6-2016, PROCESSO ELETRÔNICO DJe-126 DIVULG 17-6-2016 PUBLIC 20-6-2016).

O STF já decidiu que o Tribunal de Contas pode invalidar uma aposentadoria passados mais de cinco anos da sua concessão inicial, desde que nesse caso, e só nesse caso – passados mais de cinco anos –, sejam conferidos os direitos ao contraditório e à ampla defesa (MS 28.074). Dessa forma, se o TCU aprecia a legalidade em até cinco anos, não precisa de contraditório nem de ampla defesa. Passado mais de um quinquênio, será necessário:

MANDADO DE SEGURANÇA. ADMINISTRATIVO. ATO DO TRIBUNAL DE CONTAS DA UNIÃO. NEGATIVA DE REGISTRO A APOSENTADORIA. SUPOSTAS IRREGULARIDADES NA CONTAGEM DE TEMPO DE SERVIÇO POR SERVIDORES DA FUNDAÇÃO NACIONAL DE SAÚDE. AUSÊNCIA DE EXAME EFETIVO DA SITUAÇÃO FUNCIONAL DO IMPETRANTE. APOSENTADORIA EFETIVADA HÁ MAIS DE SEIS ANOS. DESRESPEITO ÀS GARANTIAS DO CONTRADITÓRIO E DA AMPLA DEFESA. SEGURANÇA

PARCIALMENTE CONCEDIDA. (MS 28.074, Relator(a): Min. CÁRMEN LÚCIA, Primeira Turma, julgado em 22-5-2012, ACÓRDÃO ELETRÔNICO DJe-115 DIVULG 13-6-2012 PUBLIC 14-6-2012).

O tema é tão polêmico que o Supremo reconheceu a repercussão geral da questão no RE 636.553 para definir se será aplicável o prazo decadencial de 5 anos da Lei n. 9.784/99 para o TCU anular a aposentadoria concedida inicialmente ao servidor:

> Recurso extraordinário. 2. Servidor público. Aposentadoria. 3. Anulação do ato pelo TCU. Discussão sobre a incidência do prazo decadencial de 5 anos, previsto na Lei 9.784/99, para a Administração anular seus atos, quando eivados de ilegalidade. Súmula 473 do STF. Observância dos princípios do contraditório e da ampla defesa. Repercussão geral reconhecida. (RE 636.553 RG, Relator(a): Min. GILMAR MENDES, julgado em 23-6-2011, PROCESSO ELETRÔNICO DJe-050 DIVULG 8-3-2012 PUBLIC 9-3-2012 REPUBLICAÇÃO: DJe-123 DIVULG 22-6-2012 PUBLIC 25-6-2012).

Finalmente, no ano de 2020, o Supremo Tribunal Federal decidiu o RE 636.553 e, pelo regime de repercussão geral, firmou posicionamento no sentido de que os Tribunais de Contas estão sujeitos ao prazo de 5 anos para o julgamento da legalidade do ato de concessão inicial de aposentadoria, reforma ou pensão:

> Recurso extraordinário. Repercussão geral. 2. Aposentadoria. Ato complexo. Necessária a conjugação das vontades do órgão de origem e do Tribunal de Contas. Inaplicabilidade do art. 54 da Lei n. 9.784/1999 antes da perfectibilização do ato de aposentadoria, reforma ou pensão. Manutenção da jurisprudência quanto a este ponto. 3. Princípios da segurança jurídica e da confiança legítima. Necessidade da estabilização das relações jurídicas. Fixação do prazo de 5 anos para que o TCU proceda ao registro dos atos de concessão inicial de aposentadoria, reforma ou pensão, após o qual se considerarão definitivamente registrados. 4. Termo inicial do prazo. Chegada do processo ao Tribunal de Contas. 5. Discussão acerca do contraditório e da ampla defesa prejudicada. 6. **TESE: "Em atenção aos princípios da segurança jurídica e da confiança legítima, os Tribunais de Contas estão sujeitos ao prazo de 5 anos para o julgamento da legalidade do ato de concessão inicial de aposentadoria, reforma ou pensão, a contar da chegada do processo à respectiva Corte de Contas"**. 7. Caso concreto. Ato inicial da concessão de aposentadoria ocorrido em 1995. Chegada do processo ao TCU em 1996. Negativa do registro pela Corte de Contas em 2003. Transcurso de mais de 5 anos. 8. Negado provimento ao recurso. Acórdãos no mesmo sentido. (RE 636.553 ED PROCESSO ELETRÔNICO JULG-7-12-2020 UF-RS TURMA-TP Min. GILMAR MENDES N.PÁG-013 DJe-021 DIVULG 3-2-2021 PUBLIC 4-2-2021).

1.2.3.6. *Princípio da Motivação*

O princípio da motivação exige que a Administração Pública indique os pressupostos de fato e de direito que determinarem a decisão administrativa (art. 2º, parágrafo único, VII, da Lei n. 9.784/99).

Em outras palavras, a atuação administrativa exige fundamentação dos acontecimentos fáticos (do mundo real) e a correlação de suas decisões com o amparo legal, como regra. De fato, a Administração somente não precisará motivar seus atos quando o próprio Direito a eximir de tal encargo, ex.: nomeação e exoneração de cargo em comissão não precisam ser motivadas, pois a Constituição Federal assim prevê em seu art. 37, II. Este dispositivo estabelece que é "livre" a nomeação e "livre" a exoneração do cargo em comissão. Por "livre", devemos entender que não precisa motivar.

Sobre o tema, vale reiterar que a regra é a motivação, como forma até de facilitar o eventual controle judicial da atuação administrativa.

Nesse contexto, a motivação deverá estar presente frequentemente nos atos da Administração, e não apenas naqueles elencados no art. 50 da Lei n. 9.784/99, quais sejam: (i) atos que neguem, limitem ou afetem direitos ou interesses; (ii) imponham ou agravem deveres, encargos ou sanções; (iii) decidam processos administrativos de concurso ou seleção pública; (iv) dispensem ou declarem inexigibilidade de licitação; (v) decidam recursos administrativos; (vi) decorram de reexame de ofício; (vii) neguem jurisprudência ou discrepem de pareceres, laudos, propostas e relatórios; (viii) importem anulação, revogação, suspensão ou convalidação de ato administrativo.

A Lei n. 9.784/99 estabelece ainda que a motivação deve ser explícita, clara e congruente, podendo consistir em declaração de concordância com fundamentos de anteriores pareceres, informações, decisões ou propostas, que, neste caso, serão parte integrante do ato (art. 50, § 1º). Trata-se de motivação denominada *aliunde*, também chamada de *per relationem* ou referida, na medida em que se refere a outro documento. Como exemplo podemos citar a motivação de um prefeito nos termos do parecer juntado pelo departamento jurídico. Nesse caso, o Prefeito não motiva, mas decide segundo a motivação apontada pelo Procurador do Município no parecer jurídico. É exemplo de motivação válida, nos termos da citada lei.

Nunca é demais lembrar das novidades introduzidas pela Lei n. 13.655/2018 à Lei de Introdução às Normas do Direito Brasileiro que estudamos com o devido vagar no item das Fontes do Direito Administrativo e cujos dispositivos mais importantes e afetos ao tema reproduzimos neste momento:

> Art. 20. Nas esferas administrativa, controladora e judicial, **não se decidirá com base em valores jurídicos abstratos** sem que sejam consideradas as consequências práticas da decisão.
>
> Parágrafo único. A **motivação** demonstrará a necessidade e a adequação da medida imposta ou da invalidação de ato, contrato, ajuste, processo ou norma administrativa, inclusive em face das possíveis alternativas.
>
> Art. 21. **A decisão** que, nas esferas administrativa, controladora ou judicial, decretar a invalidação de ato, contrato, ajuste, processo ou norma administrativa **deverá indicar de modo expresso suas consequências jurídicas e administrativas**.
>
> Parágrafo único. **A decisão** a que se refere o **caput** deste artigo **deverá**, quando for o caso, **indicar as condições** para que a regularização ocorra de modo proporcional e equânime e sem prejuízo aos interesses gerais, não se podendo impor aos sujeitos atingidos ônus ou perdas que, em função das peculiaridades do caso, sejam anormais ou excessivos.
>
> (...)
>
> Art. 27. A decisão do processo, nas esferas administrativa, controladora ou judicial, poderá impor compensação por benefícios indevidos ou prejuízos anormais ou injustos resultantes do processo ou da conduta dos envolvidos.
>
> § 1º **A decisão sobre a compensação será motivada**, ouvidas previamente as partes sobre seu cabimento, sua forma e, se for o caso, seu valor.
>
> § 2º Para prevenir ou regular a compensação, poderá ser celebrado compromisso processual entre os envolvidos. (Destacamos)

1.2.3.7. *Princípio da Especialidade*

Trata-se de princípio que legitima a Administração Direta a criar entidades da Administração Indireta para desempenhar parcela de suas atribuições de maneira especializada. Dessa forma, quando a União criou o INSS, o objetivo foi fazer dessa autarquia uma entidade com autonomia para cuidar da seguridade social do nosso país de forma especializada.

Conforme será visto no próximo capítulo, a Administração Direta ora atua de forma centralizada, ora de maneira descentralizada. Uma das formas da descentralização é por outorga, em que bem representa a atuação especializada das entidades da Administração Indireta.

1.2.3.8. *Princípio da Tutela ou Controle Finalístico*

Estudaremos no próximo capítulo que a Administração Direta exerce um tipo de controle sobre a Administração Indireta denominado Controle Finalístico ou Tutela. Tal controle é diferente do controle hierárquico típico daquele existente no interior de uma mesma entidade.

Dessa forma, quando a União controla o INSS, trata-se de controle de fins, ou seja, verifica-se se a aludida autarquia está bem cumprindo as finalidades para a qual foi criada. Destaca-se, ainda, que a tutela envolve duas entidades distintas em que não há hierarquia entre elas. Geralmente, esse tipo de controle é realizado com o auxílio de um Ministério, por isso alguns autores o chamam de Supervisão Ministerial. Assim, se o examinador, na prova, referir-se aos institutos da Tutela, Controle Finalístico ou Supervisão Ministerial, estará tratando do mesmo tema.

Por outro lado, quando a União controla seus órgãos públicos (ex.: Ministérios, por meio do Poder Executivo), estamos diante do controle hierárquico, porque dentro de uma só entidade (autotutela). Alguns autores identificam aqui um outro princípio, qual seja: *princípio da hierarquia*.

1.2.3.9. *Princípio da Continuidade do Serviço Público*

O princípio da continuidade impede que, em regra, o serviço público seja interrompido. Em razão da essencialidade do citado serviço no mundo contemporâneo, nada mais justo que condicionantes sejam estabelecidas pelo nosso Direito com o objetivo de interromper o serviço público.

Nesse tocante, vale lembrar que o direito de greve do servidor público, previsto no art. 37, VII, da CF, está condicionado à existência de lei que, conforme veremos no capítulo *Agentes Públicos*, ainda não foi editada. A regulamentação da greve do servidor está, portanto, disciplinada por uma norma de eficácia limitada, justamente para dar concretude ao princípio da continuidade do serviço público e evitar paralisações inconsequentes em que os grandes prejudicados são os administrados.

O princípio ora em comento também será bastante citado no capítulo *Serviços Públicos*, pois legitima, dentre outros institutos, a reversão e a assunção dos bens utilizados pelos concessionários do serviço público, conforme aprofundaremos no momento oportuno.

Porém, a questão mais polêmica a respeito do tema refere-se à possibilidade ou não da interrupção do serviço público em razão do inadimplemento do usuário. E, apesar de trabalharmos com o assunto de maneira mais exauriente no capítulo *Serviços Públicos*, adiantamos que a Lei n. 8.987/95 admite a interrupção nesses casos, desde que haja aviso prévio do consumidor-usuário inadimplente (art. 6º, § 3º, II).

APROFUNDANDO! Esse princípio não é absoluto, admitindo exceção, uma vez que a jurisprudência do Superior Tribunal de Justiça permite, em regra, a interrupção do serviço público (REsp 363.943) nas hipóteses dos incisos do § 3º do art. 6º da Lei n. 8.987/95, não caracterizando descontinuidade do serviço a sua paralisação quando em situação de emergência ou após o aviso prévio:

a) motivada por razões de ordem técnica ou de segurança das instalações; e

b) por inadimplemento do usuário, considerado o interesse da coletividade.

O STJ só não admite a interrupção em razão do inadimplemento do usuário em algumas situações, quais sejam: (i) pela falta de pagamento quando atingir unidades públicas essenciais (como impedir a interrupção do serviço de energia nas escolas públicas), ou interesses inadiáveis da coletividade (como impedir a interrupção do serviço de iluminação pública para não afetar o direito à segurança) – EREsp 845.982; (ii) em situação de violação do princípio da dignidade da pessoa humana, como comprovada miserabilidade, o Superior Tribunal de Justiça não vem admitindo a interrupção – AgRg no REsp 1.162.946; (iii) alegação de fraude no medidor apurada de maneira unilateral pela concessionária – AgRg no AREsp 101.624[31]; (iv) também não se admite a interrupção sob o fundamento de dívidas pretéritas – AgRg no AREsp 59.058.

Na doutrina, encontramos três posições sobre o assunto, além da nossa. Tais posicionamentos doutrinários referem-se à possibilidade ou não da interrupção do serviço público em razão do inadimplemento do usuário do serviço público e se resumem às seguintes correntes:

1ª) aqueles que admitem a interrupção;

2ª) aqueles que não a admitem;

3ª) aqueles que, dependendo da natureza do serviço – compulsório ou não compulsório , podem ou não admitir a sua interrupção;

4ª) corrente por nós defendida.

---

31 Segundo entendimento do STJ, respeitados os princípios do contraditório e da ampla defesa, admitido será a interrupção do serviço público em razão da fraude no medidor, desde que correspondente apenas ao período de 90 dias da constatação da fraude: "TESE REPETITIVA – 15. Para fins dos arts. 1.036 e seguintes do CPC/2015, fica assim resolvida a controvérsia repetitiva: Na hipótese de débito estrito de recuperação de consumo efetivo por fraude no aparelho medidor atribuída ao consumidor, desde que apurado em observância aos princípios do contraditório e da ampla defesa, é possível o corte administrativo do fornecimento do serviço de energia elétrica, mediante prévio aviso ao consumidor, pelo inadimplemento do consumo recuperado correspondente ao período de 90 (noventa) dias anterior à constatação da fraude, contanto que executado o corte em até 90 (noventa) dias após o vencimento do débito, sem prejuízo do direito de a concessionária utilizar os meios judiciais ordinários de cobrança da dívida, inclusive antecedente aos mencionados 90 (noventa) dias de retroação. RESOLUÇÃO DO CASO CONCRETO 16. Na hipótese dos autos, o Tribunal Estadual declarou a ilegalidade do corte de energia por se lastrear em débitos não relacionados ao último mês de consumo. 17. Os débitos em litígio são concernentes à recuperação de consumo do valor de R$ 9.418,94 (nove mil, quatrocentos e dezoito reais e noventa e quatro centavos) por fraude constatada no aparelho medidor no período de cinco anos (15-12-2000 a 15-12-2005) anteriores à constatação, não sendo lícita a imposição de corte administrativo do serviço pela inadimplência de todo esse período, conforme os parâmetros estipulados no presente julgamento. 18. O pleito recursal relativo ao cálculo da recuperação de consumo não merece conhecimento por aplicação do óbice da Súmula 7/STJ. 19. Recurso Especial não provido. Acórdão submetido ao regime dos arts. 1.036 e seguintes do CPC/2015." (REsp 1412433/RS, Rel. Ministro HERMAN BENJAMIN, PRIMEIRA SEÇÃO, julgado em 25-4-2018, *DJe* 28-9-2018)

A *corrente que admite a interrupção* traz o somatório dos seguintes fundamentos jurídicos: (i) **existência de dispositivo legal** legitimando essa prática (Lei n. 8.987/95, art. 6º, § 3º, II); (ii) **aplicação do princípio da supremacia do interesse público** sobre o privado (a continuidade na prestação dos serviços para usuários inadimplentes comprometeria a sua prestação perante o restante da coletividade); (iii) **violação do princípio da isonomia** (tratamento igual – manutenção do serviço – aos desiguais – adimplentes e inadimplentes); (iv) **gratuidade não se presume** (decorre de lei ou de contrato).

Representando os defensores desse posicionamento, ensina Zelmo Denari:

> Pacifica-se, na doutrina, o entendimento de que a gratuidade não se presume e que as concessionárias de serviço público não podem ser compelidas a prestar serviços ininterruptos se o usuário deixa de satisfazer suas obrigações relativas ao pagamento. Assim como o particular, no contrato *facio ut des*, pode recusar o cumprimento da obrigação de fazer, na ausência do correspectivo, assim também não há negar às concessionárias a mesma faculdade, nos contratos de Direito Público. Do contrário, seria admitir, de um lado, o enriquecimento sem causa do usuário e, de outro, o desvio de recursos públicos por mera inatividade da concessionária, sem prejuízo da ofensa ao princípio da igualdade de tratamento entre os destinatários do serviço público[32].

Por outro lado, existem aqueles que defendem a **impossibilidade da interrupção** do serviço público em razão do inadimplemento do usuário do serviço público, com a coletânea dos seguintes argumentos: (i) **viola o princípio constitucional da dignidade da pessoa humana** (cláusula pétrea que garante aos cidadãos a utilização de serviços públicos essenciais para a manutenção da vida); (ii) **afronta ao princípio da continuidade** inserto no art. 22 do CDC (se serviços essenciais são contínuos, significa que não podem ser interrompidos); (iii) **extrapola os limites legais de cobrança** (ao violar o art. 42 do CDC, que impede o constrangimento do consumidor na cobrança de dívidas); (iv) **viola o preceito de que a responsabilidade por dívidas deverá incidir sobre o patrimônio do devedor**, e não sobre a sua pessoa ou sobre sua família.

Não se trata de apologia ao inadimplemento, porém, defendem os seguidores dessa segunda corrente, o direito de crédito do fornecedor, nos casos especiais de prestação de serviço público, deverá ser concretizado por meio dos instrumentos processuais hábeis, tais como a ação de cobrança.

---

32 GRINOVER, Ada Pellegrini et al. *Código Brasileiro de Defesa do Consumidor comentado pelos autores do anteprojeto*. 8. ed. Rio de Janeiro: Forense Universitária, 2005. p. 215-216.

Dentre os doutrinadores que defendem essa tese, traz-se à colação entendimento de Luiz Antonio Rizzatto Nunes:

> Infelizmente alguns juristas, de forma equivocada, têm se manifestado no sentido contrário à norma (e mesmo com sua clara letra expressa), admitindo que o prestador do serviço público corte o fornecimento do serviço essencial em caso de inadimplemento. [...] A Carta Constitucional proíbe que terminantemente isso ocorra: a) O meio ambiente no qual vive o cidadão – sua residência, seu local de trabalho, sua cidade etc. – deve ser equilibrado e sadio. [...] c) Se para a manutenção desse meio ambiente e da saúde e vida sadia do indivíduo têm de ser fornecidos serviços públicos essenciais, eles só podem ser ininterruptos[33].

A **terceira corrente defende a necessidade de diferenciar serviços compulsórios dos facultativos. Somente os últimos poderiam ser interrompidos** em caso de inadimplemento em razão da facultatividade na sua obtenção.

Trazemos os ensinamentos de José dos Santos Carvalho Filho, que entende pela necessidade de se distinguirem os serviços compulsórios e os facultativos:

> **Se o serviço for facultativo**, o Poder Público **pode suspender-lhe a prestação no caso de não pagamento**, o que guarda coerência com a facultatividade em sua obtenção. É o que sucede, por exemplo, com os serviços prestados por concessionários, cuja suspensão é expressamente autorizada pela Lei n. 8.987/95, que dispõe sobre concessões de serviços públicos (art. 6º, § 3º, II). **Tratando-se, no entanto, de serviço compulsório, não será permitida a suspensão**, e isso não somente porque o **Estado o impôs coercitivamente**, como também porque, sendo remunerado por taxa, **tem a Fazenda mecanismos privilegiados para a cobrança da dívida**. Tais soluções são as que nos parecem mais compatíveis na relação Estado-usuário[34]. (Destacamos)

Inicialmente defendíamos a posição que impede a interrupção do serviço público em razão do inadimplemento do usuário. No entanto, refletindo melhor sobre o tema, constatamos que eventual prevalecimento dessa teoria afastaria as empresas privadas de participarem de licitação para firmarem contrato de concessão de serviço público com a Administração, pois o seu principal poder de forçar

---

33 NUNES, Luiz Antonio Rizzatto. *Curso de direito do consumidor* (com exercícios). 4. ed. São Paulo: Saraiva, 2009. p. 109 e 113.

34 CARVALHO FILHO, José dos Santos. *Manual de direito administrativo*. 18. ed. Rio de Janeiro: Lumen Juris, 2007. p. 296-297.

o consumidor a pagar as tarifas – a possibilidade de interrupção do serviço – estaria fora de cogitação.

Por outro lado, também não concordamos que a interrupção seja a regra e feita de forma desarrazoada, como vem ocorrendo na grande maioria das vezes em nosso país. Assim, criamos uma proposta de bem interpretar o final do inciso II do § 3º do art. 6º da Lei n. 8.987/95, quando determina a possibilidade de interrupção do serviço em razão do inadimplemento do usuário, "considerado o interesse da coletividade".

Considerando a expressão utilizada pela Lei n. 8.987/95 "interesse da coletividade", em nossa visão, significa primeiro analisar se o percentual de inadimplentes no caso concreto chegou a tal ponto capaz de afetar o equilíbrio econômico-financeiro do contrato administrativo de concessão. Comprovada pela Concessionária a quebra do equilíbrio financeiro, somente a partir de então a interrupção seria legítima, como forma de manter a boa prestação de um serviço público, "considerado o interesse da coletividade". Ou seja, se existem muitos inadimplentes, não haverá dinheiro suficiente para prestar um bom serviço público a todos nós.

Dessa forma, antes de restar cabalmente comprovada a aludida quebra a ponto de não comprometer a boa prestação de um serviço público à coletividade, a interrupção em nossa visão é ilegítima.

Os críticos à nossa tese levantam as dificuldades de se comprovar tal quebra no caso concreto. Respeitamos, porém discordamos. Se não há dificuldade de, por meio de cálculos, demonstrar a necessidade dos constantes aumentos de tarifas de serviços públicos que deixaram a população brasileira tão indignada e estimularam manifestações por todo o país, também não é difícil comprovar, pelos mesmos cálculos, que o número de inadimplentes foi tamanho a ponto de quebrar o equilíbrio econômico-financeiro do contrato de concessão.

Aliás, sobre o tema, destacamos que a Lei n. 8.987/95 sofreu alteração no ano de 2018 pela Lei n. 13.673, que acrescentou o § 5º ao art. 9º com a seguinte a redação:

> § 5º A concessionária deverá divulgar em seu sítio eletrônico, de forma clara e de fácil compreensão pelos usuários, tabela com o valor das tarifas praticadas e a evolução das revisões ou reajustes realizados nos últimos cinco anos.

Diante desse contexto e ciente da existência de três posicionamentos da doutrina, além da nossa, a respeito da interrupção do serviço público à luz do princípio da continuidade, importante lembrar que o entendimento da jurisprudência do Superior Tribunal de Justiça sobre o tema é pela admissibilidade da interrupção, em regra, salvo as situações acima apontadas.

1.2.3.10. *Princípio da Presunção de Legitimidade do Ato Administrativo*

A presunção de legitimidade é atributo do ato administrativo, porém, parcela da doutrina a considera como princípio. Dessa forma, estudaremos o tema com mais pormenor no capítulo *Atos Administrativos*, e constataremos que todo ato administrativo goza da presunção de legitimidade, ou seja, presume-se que o ato administrativo é praticado de acordo com a lei, a verdade e as regras morais.

No entanto, tal presunção não é absoluta, admitindo, portanto, prova em contrário, conforme será estudado no momento oportuno.

1.2.3.11. *Princípio da Intranscendência Subjetiva das Sanções*

Por esse princípio, a Administração Pública não poderá ser penalizada por ato de gestão anterior à assunção dos deveres públicos. Fatos decorrentes de administrações anteriores não podem gerar sanções aos novos gestores quando estes estiverem tomando providências para sanar as irregularidades verificadas, em razão do princípio da intranscendência subjetiva. Em resumo, a sanção que deveria ser aplicada a um mau gestor não pode transcender para atingir outro, nem a entidade pública da qual faz parte.

Esse é o entendimento do Superior Tribunal de Justiça na Súmula n. 615: "Não pode ocorrer ou permanecer a inscrição do município em cadastros restritivos fundada em irregularidades na gestão anterior quando, na gestão sucessora, são tomadas as providências cabíveis à reparação dos danos eventualmente cometidos. (Primeira Seção, aprovada em 9-5-2018, *DJe* 14-5-2018)".

Essa foi a posição do STF no julgamento da AC 2.614, em que se determinou a suspensão da condição de inadimplente de Estado-membro, bem como das limitações dela decorrentes, em razão de falhas atribuídas a gestões anteriores. No mesmo sentido, a ACO 1.393:

> AGRAVO REGIMENTAL NA AÇÃO CÍVEL ORIGINÁRIA. CONSTITUCIONAL. ADMINISTRATIVO. FINANCEIRO. TOMADA DE CONTAS ESPECIAL. INSCRIÇÃO DE ESTADO-MEMBRO EM CADASTRO DE INADIMPLENTES. ATOS DECORRENTES DE GESTÕES ANTERIORES. APLICAÇÃO DO PRINCÍPIO DA INTRANSCENDÊNCIA SUBJETIVA DAS SANÇÕES. PRECEDENTES. INEXISTÊNCIA DE OFENSA AO PRINCÍPIO COLEGIADO. AGRAVO REGIMENTAL A QUE SE NEGA PROVIMENTO. 1. O princípio da intranscendência subjetiva das sanções, consagrado pela Corte Suprema, inibe a aplicação de severas sanções às administrações por ato de gestão anterior à assunção dos deveres Públicos. Precedentes: ACO 1.848-AgR, rel. Min. Celso Mello, Tribunal Pleno, *DJe* de 6-11-2014; ACO 1.612-AgR, rel. Min. Celso de Mello, Tribunal Pleno, *DJe* de 12-2-2015. 2. É que, em casos como o presente, o propósito é de neutralizar a ocorrência de risco que possa comprometer, de

modo grave e/ou irreversível, a continuidade da execução de políticas públicas ou a prestação de serviços essenciais à coletividade. 3. A tomada de contas especial é medida de rigor com o ensejo de alcançar-se o reconhecimento definitivo de irregularidades, permitindo-se, só então, a inscrição do ente nos cadastros de restrição ao crédito organizados e mantidos pela União. Precedentes: ACO 1.848-AgR, rel. Min. Celso Mello, Tribunal Pleno, *DJe* de 6-11-2014; AC 2.032, rel. Min. Celso de Mello, Tribunal Pleno, *DJe* de 20-3-2009. 4. Agravo regimental a que se nega provimento. (ACO 1.393 AgR, Relator(a): Min. LUIZ FUX, Primeira Turma, julgado em 9-6-2015, ACÓRDÃO ELETRÔNICO *DJe*-126 DIVULG 29-6-2015 PUBLIC 30-6-2015).

O tema nos parece um tanto quanto controvertido, pois na ACO 732, de 10 de maio de 2016, a primeira turma do STF entendeu que a inscrição de Estado-membro em cadastro federal de inadimplentes em razão de gestões anteriores dependeria de processo administrativo prévio:

PROCESSO ADMINISTRATIVO – UNIÃO *VERSUS* ESTADO – CADASTRO DE INADIMPLENTES – DIREITO DE DEFESA. Considerada irregularidade verificada na observância de convênio, há de ter-se a instauração de processo administrativo, abrindo-se margem ao Estado interessado, antes do lançamento no cadastro de inadimplentes, de manifestar-se. HONORÁRIOS ADVOCATÍCIOS – SUCUMBÊNCIA. Verificada a sucumbência, impõe-se a fixação de honorários advocatícios. (ACO 732, Relator(a): Min. MARCO AURÉLIO, Primeira Turma, julgado em 10-5-2016, ACÓRDÃO ELETRÔNICO *DJe*-134 DIVULG 20-6-2017 PUBLIC 21-6-2017).

Em breve, o Plenário do Supremo deverá pacificar o tema no julgamento do RE 607.420:

LEGITIMIDADE DA INSCRIÇÃO DE MUNICÍPIO NO CADASTRO DE INADIMPLENTES DO SISTEMA INTEGRADO DE ADMINISTRAÇÃO FINANCEIRA DO GOVERNO FEDERAL – SIAFI. NECESSIDADE DO PRÉVIO JULGAMENTO DE TOMADA DE CONTAS ESPECIAL. EXISTÊNCIA DE REPERCUSSÃO GERAL. (RE 607420 RG, Relator(a): Min. ELLEN GRACIE, julgado em 21-10-2010, *DJe*-224 DIVULG 22-11-2010 PUBLIC 23-11-2010 EMENT VOL-02436-02 PP-00348 RT v. 100, n. 905, 2011, p. 169-172).

APROFUNDANDO! Pelo aludido princípio, Consórcio Público também não poderá ser afetado quando uma das entidades componentes do grupo sofrer qualquer tipo de penalidade. Este foi o entendimento do Superior Tribunal de Justiça no julgamento do REsp 1.463.921/PR: "Segundo princípio da intranscendência das sanções, penalidades e restrições de ordem jurídica não podem superar a dimensão estritamente pessoal do infrator. O § 1º do art. 1º da Lei n. 11.107/2005 atribui personalidade jurídica própria aos consórcios públicos. Tais entes possuem autonomia administrativa, financeira e orçamentária, não havendo falar em exceção ao princípio da intranscendência no caso".

1.2.3.12. *Princípios Implícitos e a Positivação na Ordem Jurídica*

No tocante aos princípios implícitos na Constituição Federal, ressaltamos que muitos deles estão positivados no ordenamento jurídico pátrio, ou seja, apesar de não estarem expressos na Constituição, podem estar explicitados em alguma lei.

Bons exemplos de princípios implícitos na CF e positivados em nosso Direito estão no *caput* do art. 2º da Lei n. 9.784/99:

> A Administração Pública obedecerá, dentre outros, aos princípios da legalidade, finalidade, **motivação**, **razoabilidade**, **proporcionalidade**, moralidade, ampla defesa, contraditório, **segurança jurídica**, interesse público e eficiência (Destacamos)

1.3. Poderes da Administração Pública

1.3.1. Conceito

Conforme estudado no primeiro item deste capítulo, concluímos que a atuação da Administração Pública será norteada pelo regime jurídico administrativo, que, por sua vez, é composto do binômio "prerrogativas (privilégios) e sujeições (restrições)".

Quando nos referimos a Poderes da Administração, estamos tratando de mais uma prerrogativa conferida a esta para conseguir atingir sua finalidade precípua, qual seja: a satisfação do interesse público. Assim, os poderes conferidos pela lei à Administração *são verdadeiros instrumentos utilizados para tutelar o interesse público e colocá-lo em posição de supremacia em relação aos interesses particulares.* São verdadeiros deveres, poderes-deveres ou deveres-poderes, em razão da ausência de uma faculdade e sim presença da obrigatoriedade de proteger o interesse público.

Contextualizado o tema, podemos definir "Poderes da Administração", segundo os ensinamentos da Professora Fernanda Marinela, como o "conjunto de prerrogativas ou de competências, de direito público, conferidas à Administração, com o objetivo de permitir a aplicação da supremacia do interesse público e a realização do bem comum"[35].

---

35 MARINELA, Fernanda. *Direito administrativo*. 10. ed. São Paulo: Saraiva, 2016. p. 273.

Para finalizar essa introdução conceitual, importante não confundir Poderes da Administração (a seguir analisados) com Poderes de Estado, que estudaremos no próximo capítulo, como elementos estruturais e que se subdividem em Poder Executivo, Poder Legislativo e Poder Judiciário.

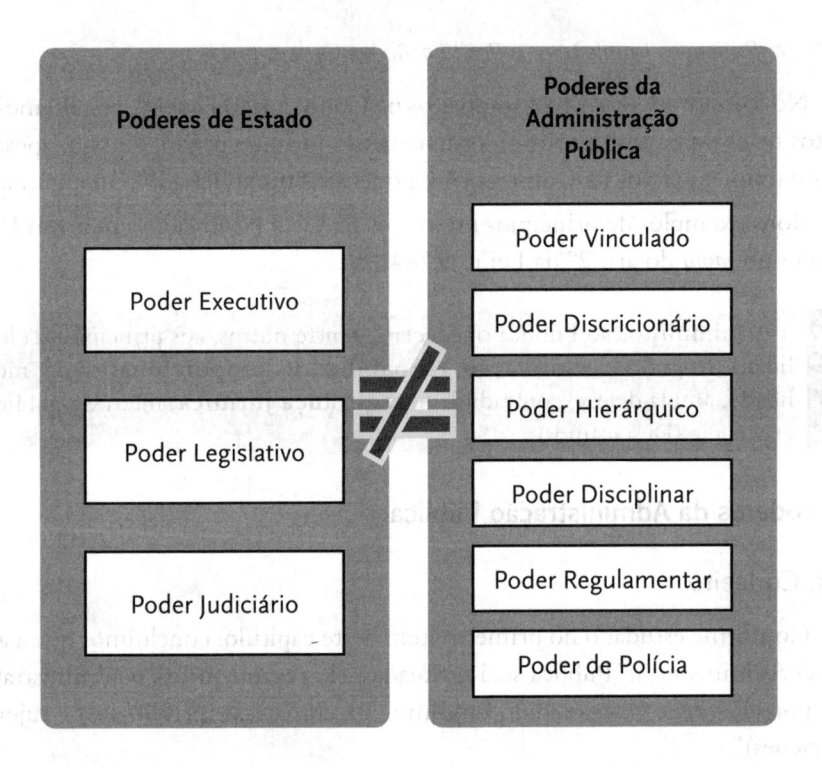

Poderes de Estado	Poderes da Administração Pública
Poder Executivo	Poder Vinculado
	Poder Discricionário
Poder Legislativo	Poder Hierárquico
	Poder Disciplinar
Poder Judiciário	Poder Regulamentar
	Poder de Polícia

1.3.2. Espécies de Poderes da Administração

1.3.2.1. *Poder Vinculado*

É aquele em que a *lei estabelece um único comportamento* da Administração diante do caso concreto, não conferindo nenhuma liberdade de decisão para o agente público que praticar o ato.

Assim, poder vinculado está relacionado com a prática de atos vinculados em que a lei prevê uma única conduta a ser tomada, diante da situação apresentada. Ex.: servidor público que completar 75 anos será submetido à aposentadoria compulsória (obrigatória). Nesse caso, o agente público competente não tem liberdade para decidir se concede a aposentadoria ou não àquele servidor, já que a lei maior em nosso ordenamento jurídico (Constituição Federal) o obriga a efetivar essa aposentadoria.

Diante de uma omissão administrativa, como no caso de um servidor chegar aos 75 anos de idade e não sair a aposentadoria dele, devem-se levar em consideração dois pontos: (i) se a omissão gerou um comportamento ilícito; e (ii) a natureza do ato administrativo a ser emanado, se discricionário ou vinculado.

Tratando-se de ato administrativo vinculado, como a aposentadoria compulsória do servidor aos 75 anos de idade, o juiz poderá se substituir à Administração para determinar a concessão da aposentadoria caso o requisito da idade já esteja preenchido. Isso ocorre porque, uma vez preenchidos os requisitos para o deferimento de um ato vinculado, não haverá liberdade à Administração para realizar um juízo de valor e estará ela obrigada a praticar a única conduta prevista pelo Direito, no exemplo citado, o deferimento da aposentadoria.

Percebam que na atuação oriunda do Poder Vinculado não há liberdade para o agente público realizar um juízo de valor. O juízo de oportunidade e de conveniência estará presente no próximo Poder a ser analisado, denominado discricionário.

1.3.2.2. *Poder Discricionário*

É aquele em que a lei confere ao administrador certa liberdade para decidir sobre a conduta a ser tomada diante do caso concreto, dentre aquelas previstas na legislação, e que melhor atenda ao interesse público.

Essa decisão será baseada nas opções conferidas pela lei e concretizada por um juízo de oportunidade e conveniência (juízo de valor). Ex.: se, num caso hipotético, uma lei determina o fechamento do estabelecimento comercial que fizer barulho além das 22 horas, pelo período de 5 a 10 dias, o administrador poderá optar discricionariamente por fechá-lo por 5, 6, 7, 8, 9 ou 10 dias.

Entretanto, não é possível confundir discricionariedade (atividade lícita) com arbitrariedade, que é sinônimo de ilegalidade. Ex.: no caso acima transcrito, se o administrador fechasse o estabelecimento comercial por 15 dias, esse ato seria arbitrário (ilegal), uma vez que extrapolaria as hipóteses legais, já que a lei hipotética só admite o fechamento pelo período de 5 a 10 dias.

Assim, tanto o ato vinculado como o ato discricionário devem seguir a lei. Entretanto, enquanto no ato vinculado a lei não confere nenhuma liberdade de atuação ao agente público, que deverá atuar de acordo (vinculado) com a única hipótese prevista pelo Direito (ex.: aposentadoria compulsória do servidor aos 75 anos), no ato discricionário essa liberdade de realizar um juízo de valor existe (ex.: fechar o estabelecimento comercial por 5, 6, 7, 8, 9 ou 10 dias).

A omissão administrativa também poderá estar presente diante de um ato discricionário, como na hipótese de deferimento ou não de uma rádio comunitária pelo Ministério das Comunicações. Neste caso, como no exemplo do ato vinculado devemos levar em consideração dois pontos: (i) se a omissão gerou um comportamento ilícito; e (ii) a natureza do ato administrativo a ser emanado, se discricionário ou vinculado.

Em sendo discricionário o ato que gerou a omissão administrativa, o juiz não poderá se substituir à Administração, pois o Judiciário não adentra no mérito do exercício de seu controle (só pode realizar controle de legalidade). Porém, deverá fixar um prazo razoável para a Administração decidir se defere ou não pedido do administrado, como o prazo de 30 dias conferidos pela Lei n. 9.784/99 (art. 49). A autorização de funcionamento de rádio comunitária é o típico exemplo em que o Poder Judiciário não poderá se substituir ao Administrador para deferir o respectivo funcionamento, ainda que de forma precária. Esta é a posição do Superior Tribunal de Justiça:

> PROCESSUAL CIVIL E ADMINISTRATIVO. RECURSO ESPECIAL. MANDADO DE SEGURANÇA IMPETRADO NA ORIGEM. RADIODIFUSÃO COMUNITÁRIA. OUTORGA DE FUNCIONAMENTO PENDENTE. LACRE DOS EQUIPAMENTOS E INTERDIÇÃO DAS ATIVIDADES POR FISCAIS DA ANATEL. EXISTÊNCIA DE LEGITIMIDADE PASSIVA DA AGÊNCIA REGULADORA. COMPETÊNCIA FISCALIZATÓRIA. RETIFICAÇÃO DO POLO PASSIVO DO *MANDAMUS*. INVIABILIDADE. OFENSA AO ART. 535 DO CPC. INEXISTÊNCIA. AUTORIZAÇÃO OU RESTABELECIMENTO DE FUNCIONAMENTO PRECÁRIO PELO JUDICIÁRIO. IMPOSSIBILIDADE. ATO ADMINISTRATIVO COMPLEXO. VINCULAÇÃO ÀS FUNÇÕES DOS PODERES EXECUTIVO E LEGISLATIVO.
>
> 1. A controvérsia trazida em recurso especial cinge-se a saber se a ANATEL é parte legítima para figurar, sem litisconsórcio com a União, no polo passivo de mandado de segurança impetrado por rádio comunitária contra superintendente regional daquela agência, o qual determinou o lacre dos equipamentos e a interrupção das atividades da emissora por ausência de outorga de funcionamento.
>
> 2. O Tribunal de origem examinou todas as questões levantadas pela parte recorrente, não havendo falar em ofensa ao art. 535 do CPC.
>
> 3. Embora a expedição de outorga de funcionamento não seja da competência da ANATEL, a atividade fiscalizatória está inserida nas atribuições da agência reguladora.
>
> 4. Nos termos da jurisprudência desta Corte, é "insuscetível de retificação o polo passivo no mandado de segurança, sobretudo quando a correção acarretar deslocamento de instância" (EDcl no AREsp 33.387/PR, Relator Ministro Humberto Martins, Segunda Turma, *DJe* 13-2-2012).
>
> 5. O funcionamento das rádios comunitárias, mesmo que de baixa potência e sem fins lucrativos, exige prévia outorga do poder concedente, a qual não pode ser suprida por autorização judicial, tendo o acórdão recorrido, quanto ao ponto, contrariado o entendimento legal, jurisprudencial e doutrinário pátrios.

6. No tocante aos serviços de radiodifusão comunitária, 'o constituinte deu feição de ato administrativo complexo à outorga, na medida em que vinculou a função executiva, mediante o concurso do Ministério das Comunicações e da Presidência da República, e a função legislativa, por força da atuação do Congresso Nacional.

Mesmo o Poder Judiciário foi contemplado com um mister específico nesse processo, por efeito do art. 223, § 4°, CF/1998, que lhe imputou a conspícua responsabilidade pelo cancelamento de permissões ou concessões de radiodifusão, antes de vencido seu prazo' (RODRIGUES JUNIOR, Otavio Luiz. O regime jurídico-constitucional da radiodifusão e das telecomunicações no Brasil em face do conceito de atividades audiovisuais. *Revista de Informação Legislativa*, v. 43, n. 170, p. 287-309, abr./jun., 2006.)

7. Ante a morosidade do poder concedente em analisar o processo administrativo, remanesce ao Judiciário somente a possibilidade de estipular prazo razoável para que o pleito seja apreciado administrativamente, caso haja tal pedido nos autos.

Recurso especial da ANATEL conhecido em parte e, nesta parte, provido somente para declarar que o Poder Judiciário não tem competência para autorizar ou restabelecer o funcionamento de rádio comunitária, ainda que a título precário." (REsp 1.536.976/SP, rel. Ministro HUMBERTO MARTINS, SEGUNDA TURMA, julgado em 22-9-2015, *DJe* 30-9-2015). (Destacamos)

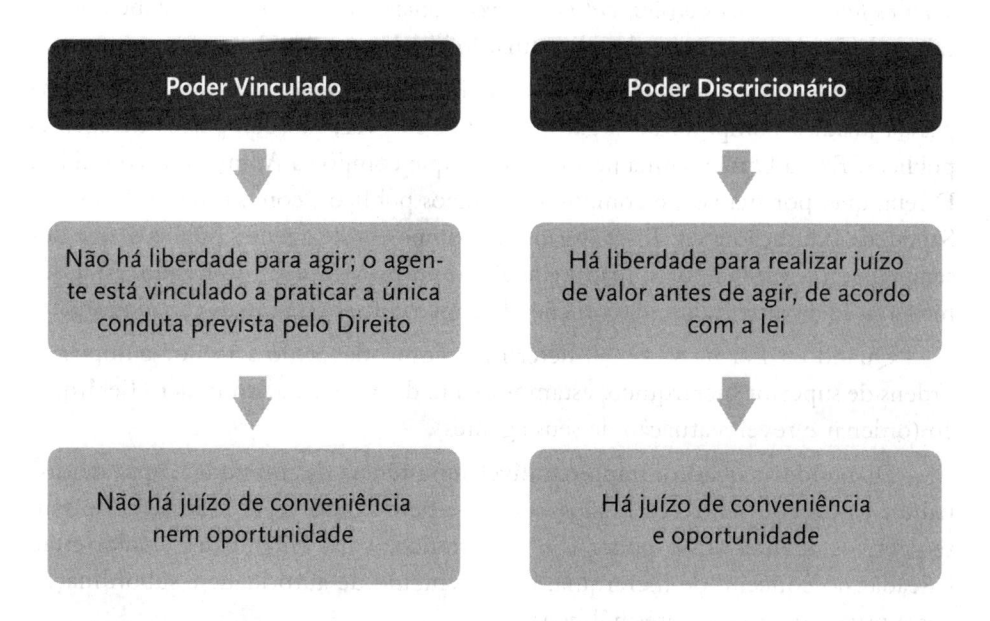

Poder Vinculado	Poder Discricionário
Não há liberdade para agir; o agente está vinculado a praticar a única conduta prevista pelo Direito	Há liberdade para realizar juízo de valor antes de agir, de acordo com a lei
Não há juízo de conveniência nem oportunidade	Há juízo de conveniência e oportunidade

Em última análise, cumpre ressaltar que a atuação discricionária deverá ser pautada pelos princípios da razoabilidade e da proporcionalidade, sob pena de invalidação judicial, ou seja, caso a atuação administrativa venha a ser desarrazoada, o próprio juiz poderá invalidar o respectivo ato praticado em desacordo com o Direito. Prova desse entendimento está consignado no julgamento do Recurso em Mandado de Segurança n. 24.129 pelo Supremo Tribunal Federal:

> Processo administrativo disciplinar. Prescrição. A pena imposta ao servidor regula a prescrição. A anulação do processo administrativo original fixa como termo inicial do prazo a data em que o fato se tornou conhecido e, como termo final, a data de instauração do processo válido. Precedentes: MS 21.321; MS 22.679. Exercício do direito de defesa. A descrição dos fatos realizada quando do indiciamento foi suficiente para o devido exercício do direito de defesa. Precedentes: MS 21.721; MS 23.490. Proporcionalidade. Tratando-se de demissão fundada na prática de ato de improbidade de natureza culposa, sem imputação de locupletamento ou proveito pessoal por parte do servidor, é possível, diante das peculiaridades do caso concreto, a análise da proporcionalidade da medida disciplinar aplicada pela Administração. Precedentes: MS 23.041; RMS 24.699. Recurso provido. Segurança deferida. (RMS 24.129, Relator(a): Min. JOAQUIM BARBOSA, Segunda Turma, julgado em 20-3-2012, ACÓRDÃO ELETRÔNICO DJe-083 DIVULG 27-4-2012 PUBLIC 30-4-2012)".

1.3.2.3. Poder Hierárquico

"Poder hierárquico é o conferido ao administrador a fim de *distribuir e escalonar as funções dos seus órgãos, ordenar e rever a atuação de seus agentes*, estabelecendo uma relação de hierarquia, de subordinação"[36]. (Destacamos)

Quando tratamos da Administração Pública, estamos nos referindo a uma pessoa jurídica composta de órgãos, que, por sua vez, são compostos de agentes públicos. Ex.: a União é uma pessoa jurídica que compõe a Administração Pública Direta, que, por sua vez, é composta de órgãos públicos, como os Ministérios (da Saúde, da Educação etc.). Esses órgãos são compostos de agentes públicos, que desempenham a vontade da União Federal, como os Ministros de Estado. Aí a demonstração da distribuição das funções da União entre os seus mais variados órgãos.

Quando a Lei n. 8.112/90 determina como dever do servidor cumprir as ordens de superior hierárquico, estamos diante da parte final do Poder Hierárquico (ordenar e rever a atuação de seus agentes).

Diante desse quadro, imprescindível a existência de um poder capaz de distribuir as funções entre os órgãos públicos, bem como reger a atuação de seus respectivos agentes. Esse poder é o hierárquico, cujas finalidades citadas estão baseadas no conceito de hierarquia, isto é, vínculo de autoridade e subordinação entre órgãos e entre agentes públicos.

---

36 MARINELA, Fernanda. *Direito administrativo*. 10. ed. São Paulo: Saraiva, 2016. p. 281.

discricionária ou vinculada. Ora a atuação administrativa no desempenho do Poder Disciplinar será discricionária (como o enquadramento de alguma conduta irregular do servidor numa infração administrativa, em razão de ser esta considerada um tipo aberto – ex.: falta de greve, pois, neste caso, o agente público precisa de certa liberdade para saber se houve ou não gravidade na infração), ora será vinculada (como no caso da obrigatoriedade de se apurar infração funcional, caso a Administração tome ciência da ocorrência de alguma irregularidade – art. 143 da Lei n. 8.112/90).

1.3.2.5. *Poder Regulamentar/Normativo*

É aquele conferido ao Chefe do Poder Executivo da União (Presidente da República), Estados (Governadores de Estado), Distrito Federal (Governador do DF) e Municípios (Prefeitos) para editar normas gerais e complementares à lei, visando sua fiel execução. É o caso da edição de decretos e regulamentos.

Quando o Poder ora em estudo for desempenhado por outras autoridades, teremos também atos administrativos normativos, como as resoluções expedidas pelas Agências Reguladoras.

Odete Medauar separa os institutos. Para a doutrinadora:

> O poder regulamentar configura um dos modos de exercício do poder normativo no âmbito do Poder Executivo. Do ponto de vista lógico, é melhor dizer que há um poder normativo geral, do qual o poder regulamentar se apresenta como espécie. Sob o ângulo didático, parece mais adequado separar o estudo do poder regulamentar, ante a importância que sempre assumiu no ordenamento pátrio e o tratamento específico que a doutrina vem lhe conferindo. No direito brasileiro, o poder regulamentar destina-se a explicitar o teor das leis, preparando sua execução, completando-as, se for o caso. Do exercício do poder regulamentar resulta a expedição de regulamentos, veiculados por meio de decretos. Trata-se dos chamados regulamentos de execução, de competência privativa do Chefe do Executivo, são atos administrativos que estabelecem normas gerais. A Constituição de 1988, no art. 84, IV, confere ao Presidente da República a atribuição de expedir decretos e regulamentos para a fiel execução da lei. As Constituições dos Estados-membros e as leis orgânicas de Municípios contêm dispositivos similares para os Governadores e Prefeitos, respectivamente. (...) Além do poder regulamentar, a Administração detém a faculdade de emitir normas para disciplinar matérias não privativas de lei. Tais normas podem ter repercussão mais imediata sobre pessoas físicas, jurídicas, grupos, a população em geral, ou mais imediata sobre a própria Administração, podendo ter ou não reflexos externos[37].

---

37 MEDAUAR, Odete. *Direito administrativo moderno*. 17. ed. São Paulo: Revista dos Tribunais, 2013. p. 131-133.

Existem atribuições que decorrem da hierarquia, tais como: (i) comando; (ii) fiscalização; (iii) revisão; (iv) delegação de competência (transferência de parcela das atribuições a outros órgãos ou agentes públicos); (v) avocação de competência (superior chamando para si parcela das atribuições de um subordinado); (vi) dirimir conflitos positivos de competência (quando mais de um órgão ou agente se dão por competentes para praticar um ato, cabendo ao superior hierárquico decidir de quem é a competência); (vii) dirimir conflitos negativos de competência (quando nenhum órgão ou agente se dá por competente para praticar determinado ato).

ATENÇÃO! Sobre o tema, vale lembrar que não existe hierarquia em algumas situações. Isto ocorre, por exemplo, nas relações firmadas entre Administração Direta e Indireta (tanto que o controle entre essas entidades é finalístico e não hierárquico), bem como entre entes da Federação (União, Estados, Distrito Federal, Municípios) no desempenho de suas funções de Estado.

1.3.2.4. *Poder Disciplinar*

Consiste no poder que possui a Administração de investigar o cometimento de infrações funcionais (relacionadas com a Administração) e aplicar penas aos seus agentes públicos e demais pessoas submetidas à disciplina do Poder Público.

Percebam que o poder disciplinar atinge não só os agentes públicos como também outras pessoas submetidas à disciplina da Administração. Ex.: aluno de escola pública, quando recebe algum tipo de penalidade (suspensão, advertência), enquadra-se entre as pessoas submetidas ao poder disciplinar. O mesmo ocorre com o particular que é contratado pela Administração para realizar a construção de uma ponte, por exemplo, e não cumpre com as suas obrigações contratuais. A imposição de multa nesse caso decorre do poder disciplinar. Concessionárias e Permissionárias do serviço público também poderão ser penalizadas em decorrência do Poder Disciplinar.

APROFUNDANDO! Em todos os exemplos citados, é possível identificar uma RELAÇÃO DE SUJEIÇÃO ESPECIAL, isto é, existe um vínculo específico da escola pública com o aluno penalizado, dos particulares contratados com a Administração. O mesmo raciocínio vale para o servidor público punido num processo disciplinar. A questão do vínculo específico é importante para o candidato ficar atento no concurso e saber identificar na prova quando uma pena de multa, por exemplo, decorre do Poder Disciplinar (decorrerá se existir relação de sujeição especial), ou do Poder de Polícia que envolve uma relação de sujeição geral, conforme analisado logo mais.

Outro ponto relevante refere-se à discussão em saber se o Poder Disciplinar é exercido por uma competência discricionária ou vinculada. E a melhor resposta para concurso público é: a atuação pelo Poder Disciplinar pode ser

A regra em nosso Direito é a existência dos regulamentos ou decretos executivos, que têm por finalidade dar fiel cumprimento à lei, na medida em que simplesmente a complementam.

Se vivemos em um Estado Democrático de Direito, vige, então, o império da lei. Assim, a criação de direitos e obrigações depende da existência de uma lei. Os decretos e regulamentos são atos administrativos e, como tais, encontram-se hierarquicamente abaixo das leis. Logo, a sua expedição somente será admitida, em regra, para regulamentar lei já existente. Tomemos, como exemplo, a Lei n. 10.520, mais conhecida como Lei do Pregão (modalidade de licitação a ser estudada no momento oportuno). Existe o Decreto n. 10.024, de 20 de setembro de 2019, que foi editado para regulamentar a aludida lei ao disciplinar a modalidade de licitação Pregão por meio eletrônico.

Percebam que, no exemplo citado, o decreto não criou a modalidade de licitação Pregão, mas apenas regulamentou uma lei ao disciplinar a execução do procedimento licitatório pela internet.

Dessa forma, reiteramos: a regra em nosso Direito envolve os decretos executivos ou regulamentares que pressupõem a existência de lei anterior a ser regulamentada.

Por outro lado, e de forma excepcional, podemos identificar em nosso Direito os denominados regulamentos autônomos/independentes, isto é, aqueles que tratam de temas de que a lei não tratou. Aqui não existe lei anterior para ser regulamentada, mas o Chefe do Poder Executivo expede um regulamento sobre a matéria ainda não disciplinada na legislação. Conforme acima mencionado, vivemos num Estado onde vige o império da lei. Assim, decretos autônomos em relação à lei ou independentes em relação a ela, somente serão admitidos de forma excepcional e nos termos da Constituição Federal.

Dessa forma, o Presidente da República somente poderá expedir decretos autônomos/independentes, quando pretender dispor sobre a organização e o funcionamento da Administração Federal, desde que não implique aumento de despesas nem criação ou extinção de órgãos públicos; ou visar a extinção de funções e cargos públicos, quando vagos (art. 84, VI, *a* e *b*, da CF).

Sobre o tema, o Supremo Tribunal Federal entendeu recentemente pela constitucionalidade do Decreto n. 4.887/2003, que regulamenta o procedimento para identificação, reconhecimento, delimitação, demarcação e titulação das terras ocupadas por remanescentes das comunidades dos quilombos de que trata o art. 68 do ADCT. Afirmou o Plenário que não se tratar de regulamento autônomo, e, como norma de eficácia plena e aplicabilidade direta, imediata e integral, o art. 68 do ADCT seria apto a produzir todos os seus efeitos no momento em que entrou em vigor a Constituição, independentemente de norma integrativa infraconstitucional (ADI 3.239/DF, rel. orig. Min. Cezar Peluso, red.p/ o ac. Min. Rosa Weber, julgamento em 8.2.2018 – Informativo de Jurisprudência n. 890 de 5 a 16 de fevereiro de 2018).

O Supremo Tribunal Federal, por maioria, deferiu parcialmente medida cautelar para, suspendendo a eficácia do § 2º do art. 1º do Decreto n. 9.759/2019, na redação dada pelo Decreto n. 9.812/2019, afastar, até o exame definitivo da ação direta de inconstitucionalidade 6121, a possibilidade de ter-se a extinção, por ato unilateralmente editado pelo Chefe do Executivo, de colegiado cuja existência encontre menção em lei em sentido formal, ainda que ausente expressa referência "sobre a competência ou a composição", e, por arrastamento, suspendeu a eficácia de atos normativos posteriores a promoverem, na forma do art. 9º do Decreto n. 9.759/2019, a extinção dos órgãos (ADI 6121 MC/DF, rel. Min. Marco Aurélio, julgamento em 12 e 13-6-2019).

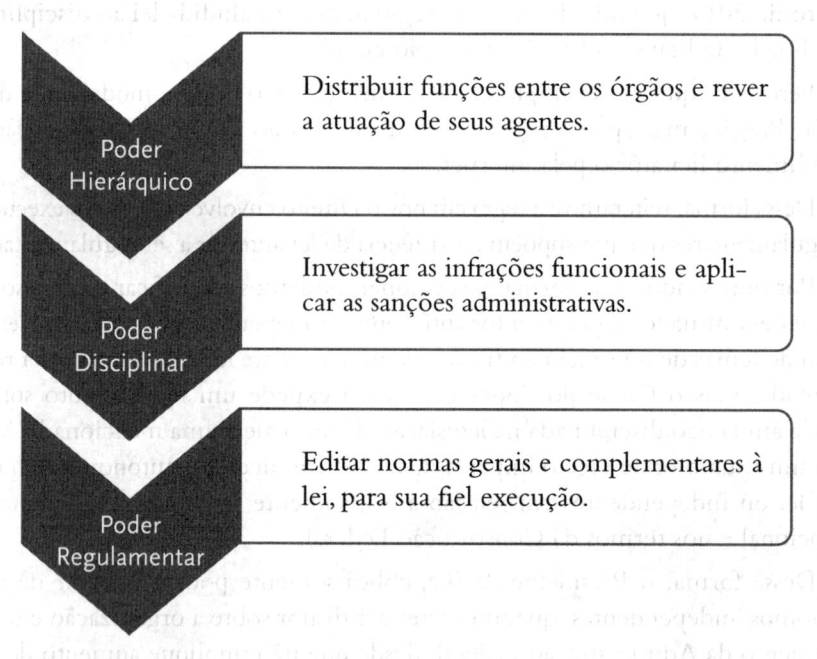

- **Poder Hierárquico**: Distribuir funções entre os órgãos e rever a atuação de seus agentes.
- **Poder Disciplinar**: Investigar as infrações funcionais e aplicar as sanções administrativas.
- **Poder Regulamentar**: Editar normas gerais e complementares à lei, para sua fiel execução.

1.3.2.6. *Poder de Polícia*

O conceito legal está previsto no Código Tributário Nacional: "Considera-se poder de polícia atividade da administração pública que, limitando ou disciplinando direito, interesse ou liberdade, regula a prática de ato ou abstenção de fato, em razão de interesse público concernente à segurança, à higiene, à ordem, aos costumes, à disciplina da produção e do mercado, ao exercício de atividades econômicas dependentes de concessão ou autorização do Poder Público, à tranquilidade pública ou ao respeito à propriedade e aos direitos individuais ou coletivos" (art. 78, *caput*).

Em suma, Poder de Polícia é a atividade da Administração de restringir ou condicionar o exercício de direitos individuais, como a liberdade e a propriedade, em benefício da coletividade.

O fundamento desse Poder é o princípio da supremacia do interesse público sobre o particular. Podemos citar como exemplos: licenças para construir, autorizações para o exercício de determinada atividade, fechamento de estabelecimento comercial.

Com efeito, são *atributos* do Poder de Polícia de acordo com a doutrina tradicional:

(i) *discricionariedade*: em regra é conferida pela lei certa liberdade para o administrador decidir, diante do caso concreto, qual a melhor medida de polícia a ser tomada em benefício do interesse público. Ex.: a escolha entre fechar o restaurante infrator ou aplicar-lhe somente uma multa consiste numa medida discricionária do administrador, a ser analisada caso a caso no desempenho do poder de polícia.

Entretanto, essa regra não é absoluta, de tal sorte que, em alguns casos, o exercício do poder de polícia se caracterizará por uma atuação vinculada (sem liberdade para decidir). Isto ocorrerá com as licenças que representam forma de manifestação do Poder de Polícia, porém possuem natureza de ato vinculado. Ex.: licença para construir, para dirigir e para exercer certas profissões. Nesses casos, preenchidos os requisitos legais, o administrador não terá liberdade alguma e deverá deferir a licença de maneira obrigatória (vinculada).

(ii) *autoexecutoriedade*: prerrogativa que possui a Administração de executar diretamente suas medidas de polícia, sem necessidade de autorização do Poder Judiciário. Ex.: um particular não pode usar a força para fechar o bar que fica ao lado de sua casa em razão de este fazer barulho até altas horas da madrugada, porque não possui o atributo da autoexecutoriedade. Nesse caso, o particular deverá recorrer ao Poder Judiciário ou à própria Administração Pública para que o fechamento do bar seja efetivado.

Quando o particular optar por denunciar essa situação para a Administração, os fiscais desta poderão fechar o bar diretamente, sem a necessidade de autorização do Poder Judiciário, em razão do atributo da autoexecutoriedade.

ATENÇÃO! Alguns autores dividem o atributo da autoexecutoriedade em dois aspectos: (a) exigibilidade – envolve meios indiretos de coerção, como a multa, por exemplo; (b) executoriedade – envolve meios diretos de coerção, como o fechamento de um bar que vende comida estragada.

(iii) *coercibilidade*: prerrogativa que possui a Administração de impor suas medidas de polícia independentemente da concordância do particular atingido pela decisão, podendo, se preciso for, utilizar a força. Claro que a força aqui deve ser a legitimamente constituída, Polícia Militar, por exemplo, e conferidos os direitos ao contraditório e ampla defesa, ainda que diferido (posteriormente à imposição da medida de polícia).

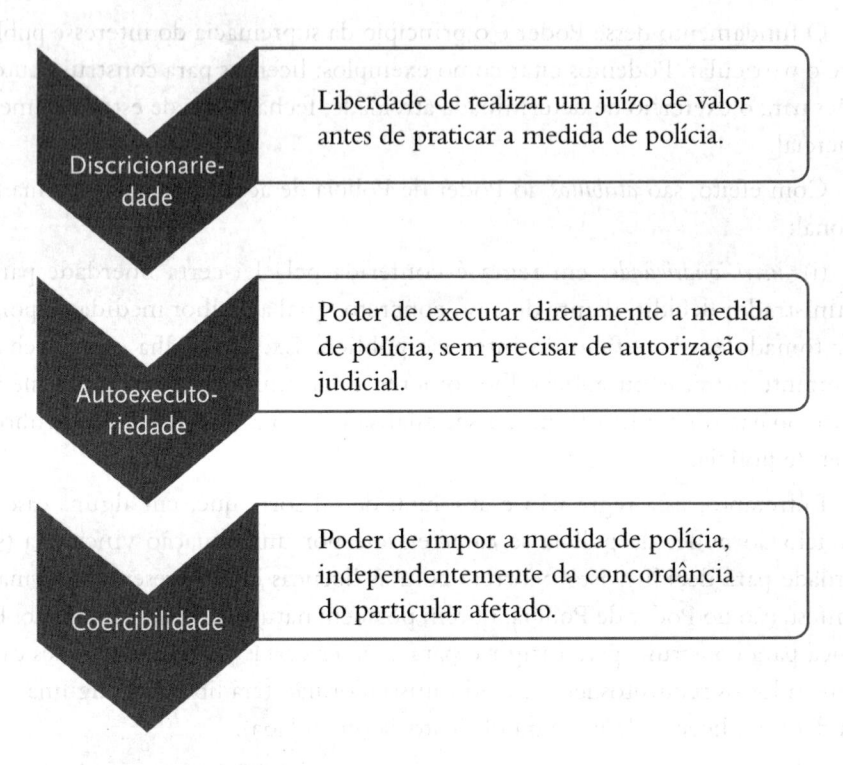

Discricionariedade: Liberdade de realizar um juízo de valor antes de praticar a medida de polícia.

Autoexecutoriedade: Poder de executar diretamente a medida de polícia, sem precisar de autorização judicial.

Coercibilidade: Poder de impor a medida de polícia, independentemente da concordância do particular afetado.

APROFUNDANDO! A relação oriunda do Poder de Polícia é denominada RELAÇÃO DE SUJEIÇÃO GERAL, pois todos estão submetidos às medidas de polícia, sem que haja um vínculo especial. Assim, a pena de multa poderá ser aplicada a todo Bar ou Restaurante que utilizar a calçada com suas mesas e cadeiras obstruindo a passagem dos pedestres.

Percebam que, no exemplo citado, não existe a necessidade de um vínculo específico para penalizar, conforme ocorre no Poder Disciplinar. No desempenho do Poder de Polícia, todos estarão submetidos às regras impostas pela Administração, por isso a Relação de Sujeição é geral.

Outro ponto relevante a respeito do Poder ora estudado refere-se às diferenças entre Polícia Administrativa e Polícia Judiciária.

A Polícia Administrativa, muito bem estudada neste subitem, apresenta as seguintes características: (i) pressupõe a ocorrência de infração administrativa, como colocar mesas na calçada além do espaço permitido; (ii) atuação em regra preventiva, para evitar danos; (iii) recai sobre bens, direitos e atividades do infrator; (iv) é desempenhada por diversos órgãos.

Por outro lado, a Polícia Judiciária: (i) pressupõe uma infração penal, como o roubo, por exemplo; (ii) a atuação é repressiva, iniciando-se, em regra, após a realização do ilícito; (iii) recai sobre a pessoa do infrator; (iv) é desempenhada por corporações específicas, como a Polícia Civil e a Polícia Federal.

Em nossa opinião, as citadas diferenças não encontram a mesma segmentação que um dia encontraram, ou seja, algumas corporações ora desempenham a polícia administrativa, ora a judiciária, como ocorre com a Polícia Militar e a Polícia Rodoviária Federal. Até a Polícia Federal, exemplo clássico de desempenho da Polícia Judiciária, desempenha a Polícia Administrativa quando da expedição de passaportes.

Ademais, a atuação da Polícia Administrativa que deveria ser, em regra, preventiva, muitas vezes é tão falha que não é capaz de evitar o dano e acaba tendo de atuar de forma repressiva. Como exemplo, lembramos que, se a Administração bem fiscalizasse as casas noturnas para saber se existem saídas de emergência suficientes, catástrofes como a ocorrida em Santa Maria, no RS, no ano de 2013, não teriam acontecido. Assim, como a Administração Municipal geralmente falha nessa atuação preventiva, tem de reprimir com o fechamento de estabelecimentos comerciais que não cumprem as regras de segurança mínimas exigidas em países sérios.

Na mesma linha de raciocínio, a Polícia Judiciária que, em regra, atua de forma repressiva, também poderá trabalhar preventivamente para evitar a ocorrência de infrações penais, como ocorre por meio das escutas telefônicas autorizadas pelo Poder Judiciário.

É por essas e outras que não gostamos dessa divisão entre Polícia Administrativa e Polícia Judiciária. No entanto, para fins de concurso público não vale nossa opinião e sugerimos que o candidato saiba bem as diferenças elencadas e a seguir reiteradas:

Características	Polícia Administrativa	Polícia Judiciária
Tipo do ilícito	Administrativo	Penal
Atuação	Preventiva (regra)	Repressiva (regra)
Objeto a que recai	Bens, direitos e atividades	Pessoas
Titularidade	Diversos órgãos	Corporações específicas

Com efeito, no tocante ao aprofundamento jurídico sobre o Poder de Polícia, cumpre ressaltar que o particular não poderá declarar medidas oriundas desse Poder. Aliás, o Superior Tribunal de Justiça, no julgamento do Recurso Especial n. 817.534, que envolveu a Empresa de Transportes e Trânsito de Belo Horizonte S/A (BHTrans), uma sociedade de economia mista (pessoa jurídica de direito privado), responsável pela fiscalização do tráfego local, entendeu da seguinte forma:
- Particular pode: (i) praticar atos de consentimento, como a emissão da carteira; e (ii) atos de fiscalização, como cuidar dos equipamentos eletrônicos que verificam se há respeito à velocidade permitida.
- Particular não pode: (i) legislar sobre trânsito; nem (ii) sancionar o infrator.

O STF reconheceu a repercussão geral do assunto no Recurso Extraordinário com Agravo (ARE) n. 662.186, substituído pelo paradigma Recurso Extraordinário n. 840.230 e posteriormente substituído pelo RE 633.782.

No final do ano de 2020 o Supremo Tribunal Federal decidiu o aludido Recurso Extraordinário e firmou entendimento no sentido de ser "constitucional a delegação do poder de polícia, por meio de lei, a pessoas jurídicas de direito privado integrantes da Administração Pública indireta de capital social majoritariamente público que prestem exclusivamente serviço público de atuação própria do Estado e em regime não concorrencial":

> RECURSO EXTRAORDINÁRIO. REPERCUSSÃO GERAL. TEMA 532. DIREITO CONSTITUCIONAL E ADMINISTRATIVO. PRELIMINARES DE VIOLAÇÃO DO DIREITO À PRESTAÇÃO JURISDICIONAL ADEQUADA E DE USURPAÇÃO DA COMPETÊNCIA DO SUPREMO TRIBUNAL FEDERAL AFASTADAS. PODER DE POLÍCIA. TEORIA DO CICLO DE POLÍCIA. DELEGAÇÃO A PESSOA JURÍDICA DE DIREITO PRIVADO INTEGRANTE DA ADMINISTRAÇÃO PÚBLICA INDIRETA. SOCIEDADE DE ECONOMIA MISTA. PRESTADORA DE SERVIÇO PÚBLICO DE ATUAÇÃO PRÓPRIA DO ESTADO. CAPITAL MAJORITARIAMENTE PÚBLICO. REGIME NÃO CONCORRENCIAL. CONSTITUCIONALIDADE. NECESSIDADE DE LEI FORMAL ESPECÍFICA PARA DELEGAÇÃO. CONTROLE DE ABUSOS E DESVIOS POR MEIO DO DEVIDO PROCESSO. CONTROLE JUDICIAL DO EXERCÍCIO IRREGULAR. INDELEGABILIDADE DE COMPETÊNCIA LEGISLATIVA.
>
> 1. O Plenário deste Supremo Tribunal reconheceu repercussão geral ao *thema decidendum*, veiculado nos autos destes recursos extraordinários, referente à definição da compatibilidade constitucional da delegação do poder de polícia administrativa a pessoas jurídicas de direito privado integrantes da Administração Pública indireta prestadoras de serviço público.
>
> 2. O poder de polícia significa toda e qualquer ação restritiva do Estado em relação aos direitos individuais. Em sentido estrito, poder de polícia caracteriza uma atividade administrativa, que consubstancia verdadeira prerrogativa conferida aos agentes da Administração, consistente no poder de delimitar a liberdade e a propriedade.
>
> 3. A teoria do ciclo de polícia demonstra que o poder de polícia se desenvolve em quatro fases, cada uma correspondendo a um modo de atuação estatal: (i) a ordem de polícia, (ii) o consentimento de polícia, (iii) a fiscalização de polícia e (iv) a sanção de polícia.
>
> 4. A extensão de regras do regime de direito público a pessoas jurídicas de direito privado integrantes da Administração Pública indireta, desde que prestem serviços públicos de atuação própria do Estado e em regime não concorrencial

é admissível pela jurisprudência da Corte. (Precedentes: RE 225.011, Rel. Min. Marco Aurélio, Rel. p/ o acórdão Min. Maurício Corrêa, Tribunal Pleno, julgado em 16-11-2000, *DJ* 19-12-2002; RE 393.032-AgR, Rel. Min. Cármen Lúcia, Primeira Turma, *DJe* 18-12-2009; RE 852.527-AgR, Rel. Min. Cármen Lúcia, Segunda Turma, *DJe* 13-2-2015).

5. A constituição de uma pessoa jurídica integrante da Administração Pública indireta sob o regime de direito privado não a impede de ocasionalmente ter o seu regime aproximado daquele da Fazenda Pública, desde que não atue em regime concorrencial.

6. Consectariamente, a Constituição, ao autorizar a criação de empresas públicas e sociedades de economia mista que tenham por objeto exclusivo a prestação de serviços públicos de atuação típica do Estado e em regime não concorrencial, autoriza, consequentemente, a delegação dos meios necessários à realização do serviço público delegado. Deveras: a) A admissão de empregados públicos deve ser precedida de concurso público, característica que não se coaduna com a despedida imotivada; b) o RE 589.998, esta Corte reconheceu que a ECT, que presta um serviço público em regime de monopólio, deve motivar a dispensa de seus empregados, assegurando-se, assim, que os princípios observados no momento da admissão sejam, também, respeitados por ocasião do desligamento; c) Os empregados públicos se submetem, ainda, aos princípios constitucionais de atuação da Administração Pública constantes do art. 37 da Carta Política. Assim, eventuais interferências indevidas em sua atuação podem ser objeto de impugnação administrativa ou judicial; d) Ausente, portanto, qualquer incompatibilidade entre o regime celetista existente nas estatais prestadoras de serviço público em regime de monopólio e o exercício de atividade de polícia administrativa pelos seus empregados.

7. As estatais prestadoras de serviço público de atuação própria do Estado e em regime não concorrencial podem atuar na companhia do atributo da coercibilidade inerente ao exercício do poder de polícia, mormente diante da atração do regime fazendário.

8. *In casu*, a Empresa de Transporte e Trânsito de Belo Horizonte – BHTRANS pode ser delegatária do poder de polícia de trânsito, inclusive quanto à aplicação de multas, porquanto se trata de estatal municipal de capital majoritariamente público, que presta exclusivamente serviço público de atuação própria do Estado e em regime não concorrencial, consistente no policiamento do trânsito da cidade de Belo Horizonte. Preliminares:

9. A jurisprudência do Supremo Tribunal Federal é firme no sentido de que o princípio da fundamentação das decisões não obriga o órgão julgador a responder a todas as questões suscitadas pelas partes, mas somente aquelas que sejam suficientes para motivar o seu convencimento. Preliminar de violação do direito à prestação jurisdicional adequada afastada.

10. A alínea *d*, inciso III, art. 102, da Constituição exige, para atração da

competência do Supremo Tribunal Federal, declaração expressa da validade de lei local contestada em face de lei federal, o que, *in casu*, não se verifica. Preliminar de usurpação de competência afastada.

11. Os recursos extraordinários interpostos pela Empresa de Transporte e Trânsito de Belo Horizonte – BHTRANS e pelo Ministério Público do Estado de Minas Gerais devem ser conhecidos em razão do preenchimento de todos os requisitos de admissibilidade, notadamente o da tempestividade, prequestionamento, legitimidade e o do interesse recursal, além da repercussão geral da matéria reconhecida pelo Plenário Virtual desta Corte.

12. *Ex positis*, voto no sentido de (i) CONHECER e DAR PROVIMENTO ao recurso extraordinário interposto pela Empresa de Transporte e Trânsito de Belo Horizonte – BHTRANS e (ii) de CONHECER e NEGAR PROVIMENTO ao recurso extraordinário interposto pelo Ministério Público do Estado de Minas Gerais, para reconhecer a compatibilidade constitucional da delegação da atividade de policiamento de trânsito à Empresa de Transporte e Trânsito de Belo Horizonte – BHTRANS, nos limites da tese jurídica objetivamente fixada pelo Pleno do Supremo Tribunal Federal.

13. **Repercussão geral constitucional que assenta a seguinte tese objetiva: "É constitucional a delegação do poder de polícia, por meio de lei, a pessoas jurídicas de direito privado integrantes da Administração Pública indireta de capital social majoritariamente público que prestem exclusivamente serviço público de atuação própria do Estado e em regime não concorrencial."** (RE 633782 – Órgão julgador: Tribunal Pleno – Relator(a): Min. LUIZ FUX – Julgamento: 26-10-2020 – Publicação: 25-11-2020).

A pretexto de desempenhar o Poder de Polícia no exercício de sua competência para regulamentação e fiscalização do transporte privado individual de passageiros, os Municípios e o Distrito Federal não podem proibir o transporte individual remunerado de passageiros por motoristas cadastrados em aplicativos como Uber, Cabify e 99. Essa a posição do Supremo Tribunal Federal:

"Direito constitucional. Recurso Extraordinário. Repercussão Geral. Transporte individual remunerado de passageiros por aplicativo. Livre-iniciativa e livre-concorrência. 1. Recurso Extraordinário com repercussão geral interposto contra acórdão que declarou a inconstitucionalidade de lei municipal que proibiu o transporte individual remunerado de passageiros por motoristas cadastrados em aplicativos como Uber, Cabify e 99. 2. A questão constitucional suscitada no recurso diz respeito à licitude da atuação de motoristas privados cadastrados em plataformas de transporte compartilhado em mercado até então explorado por taxistas. 3. As normas que proíbam ou restrinjam de forma desproporcional o transporte privado individual de passageiros são inconstitucionais porque: (i) não há regra nem princípio constitucional que prescreva a exclusividade do modelo de táxi no mercado de transporte individual de passageiros; (ii) é contrário ao regime de livre-iniciativa e de livre-concorrência a criação de reservas de mercado em favor de atores econômicos já estabelecidos, com o propósito de afastar o impacto gerado pela inovação no setor; (iii) a possibilidade de intervenção do Estado na ordem econômica para preservar o mercado concorrencial e proteger o consumidor não pode contrariar ou esvaziar a livre-iniciativa, a ponto de afetar seus elementos essenciais. Em um regime constitucional fundado na livre-iniciativa, o legislador ordinário não tem ampla discricionariedade para suprimir espaços relevantes da iniciativa privada. 4. A admissão de uma modalidade de transporte individual submetida a uma menor intensidade de regulação, mas complementar ao serviço de táxi afirma-se como uma estratégia constitucionalmente adequada para acomodação da atividade inovadora no setor. Trata-se, afinal, de uma opção que: (i) privilegia a livre-iniciativa e a livre-concorrência; (ii) incentiva a inovação; (iii) tem impacto positivo sobre a mobilidade urbana e o meio ambiente; (iv) protege o consumidor; e (v) é apta a corrigir as ineficiências de um setor submetido historicamente a um monopólio "de fato". 5. A União Federal, no exercício de competência legislativa privativa para dispor sobre trânsito e transporte (CF/1988, art. 22, XI), estabeleceu diretrizes regulatórias para o transporte privado individual por aplicativo, cujas normas não incluem o controle de entrada e de preço. Em razão disso, a regulamentação e a fiscalização atribuídas aos municípios e ao Distrito Federal não podem contrariar o padrão regulatório estabelecido pelo legislador federal. 6. Recurso extraordinário desprovido, com a **fixação das seguintes teses de julgamento: "1. A proibição ou restrição da atividade de transporte privado individual por motorista cadastrado em aplicativo é inconstitucional, por violação aos princípios da livre-iniciativa e da livre-concorrência; e 2. No exercício de sua competência para regulamentação e fiscalização do transporte privado individual de passageiros, os Municípios e o Distrito Federal não podem contrariar os parâmetros fixados pelo legislador federal (CF/1988, art. 22, XI)".** (RE 1054110, Relator(a): Min. ROBERTO BARROSO, Tribunal Pleno, julgado em 9-5-2019, PROCESSO ELETRÔNICO REPERCUSSÃO GERAL – MÉRITO DJe-194 DIVULG 5-9-2019 PUBLIC 6-9-2019)[38].

---

[38] No mesmo sentido: "DIREITO CONSTITUCIONAL, ADMINISTRATIVO E REGULATÓRIO. PROIBIÇÃO DO LIVRE EXERCÍCIO DA ATIVIDADE DE TRANSPORTE INDIVIDUAL DE PASSAGEIROS. INCONSTITUCIONALIDADE. ESTATUTO CONSTITUCIONAL DAS LIBERDADES. PRINCÍPIOS CONSTITUCIONAIS DA LIVRE INICIATIVA E DO VALOR SOCIAL DO TRABALHO (ART. 1º, IV), DA LIBERDADE PROFISSIONAL (ART. 5º, XIII), DA LIVRE CONCORRÊNCIA (ART. 170, *CAPUT*), DA DEFESA DO CONSUMIDOR (ART. 170, V) E DA BUSCA PELO PLENO EMPREGO (ART. 170, VIII). IMPOSSIBILIDADE DE ESTABELECIMENTO DE RESTRIÇÕES DE ENTRADA EM MERCADOS. MEDIDA DESPROPORCIONAL. NECESSIDADE DE REVISÃO JUDICIAL. MECANISMOS DE FREIOS E CONTRAPESOS. ADPF JULGADA PROCEDENTE." (ADPF 449, Relator(a): Min. LUIZ FUX, Tribunal Pleno, julgado em 8-5-2019, PROCESSO ELETRÔNICO DJe-190 DIVULG 30-8-2019 PUBLIC 2-9-2019).

Conforme visto no item Princípio da Supremacia do Interesse Público sobre o Privado, defendemos a necessidade de uma reconstrução desse instituto pautada na primazia dos Direitos Fundamentais. Na oportunidade deixamos claro que a *Constituição, em um Estado Constitucional e Democrático de Direito, é o elemento normativo dotado de supremacia* e, como se sabe, nela, direitos e garantias individuais, alçados à condição de cláusulas pétreas, *constituem o eixo central de atuação desse Estado*. Não por outro motivo é impossível estabelecer, validamente, um raciocínio que privilegie universalmente um interesse público sobre todo e qualquer interesse e direito individual.

Desta forma, imprescindível a *releitura dos atributos da polícia administrativa com base na Teoria estrita da Supremacia dos Direitos Fundamentais*.

Em nossa visão, em teoria desenvolvida juntamente com André Ramos Tavares, os atributos do Poder de Polícia são: i) discricionariedade mitigada no tocante à proteção dos direitos fundamentais; ii) exigibilidade e autoexecutoriedade condicionadas ao devido processo legal; iii) coercibilidade restrita às hipóteses previstas em lei quando a atuação estatal puder resvalar em direitos fundamentais dos cidadãos[39].

Sobre a discricionariedade, cumpre destacar que boa parte da doutrina tradicional sempre a elegeu como o primeiro atributo do Poder de Polícia, em razão da impossibilidade do legislador especificar todas as situações em que a Administração poderia ser solicitada para desempenhar medidas de polícia administrativa.

Trata-se de um juízo de oportunidade e de conveniência em que o agente público realizará diante do caso concreto para escolher a medida mais satisfatória ao interesse público. Conforme visto ao longo desse item, somente de forma excepcional poder-se-ia encontrar a vinculação na atuação administrativa ao desempenhar esse poder, quando a lei estabelecesse a única conduta a ser adotada em determinado caso, ante a existência de um direito subjetivo protegido pela ordem jurídica, como ocorre com a concessão de uma licença para construir – ato administrativo que se expressa por meio de uma competência vinculada.

Citamos inicialmente o entendimento de Hely Lopes Meirelles, para quem a discricionariedade: "traduz-se na livre escolha, pela Administração, da oportunidade e conveniência de exercer o poder de polícia, bem como de aplicar as sanções e empregar os meios conducentes a atingir o fim colimado, que é a proteção de algum interesse público. Neste particular, e desde que o ato de polícia administrativa se contenha nos limites legais e a autoridade se mantenha na faixa de opção que lhe é atribuída, a discricionariedade é legítima". E, ainda o mesmo autor: "Observe-se que o ato de polícia é, em princípio, *discricionário,* mas passará

---

[39] TAVARES, André Ramos; BOLZAN, Fabrício. Poder de Polícia: da supremacia do interesse público à primazia dos direitos fundamentais. In DALLARI, Adilson Abreu; NASCIMENTO, Carlos Valder; MARTINS, Ives Gandra da Silva. *Tratado de direito administrativo.* v. 2. São Paulo: Saraiva, 2013. p. 377-397.

a ser *vinculado*, se a norma legal que o rege estabelecer o modo e a forma de sua realização. Neste caso, a autoridade só poderá praticá-lo validamente atendendo a todas as exigências da lei ou regulamento pertinente"[40].

No mesmo sentido, de considerar a discricionariedade como regra e a vinculação como exceção na manifestação do poder em comento, anote-se o posicionamento de Maria Sylvia Zanella Di Pietro[41].

Já considerando que o desempenho do Poder de Polícia dar-se-á ora pelo desempenho de uma competência discricionária, ora pela vinculada, sem um prevalecimento para qualquer dos flancos, constatamos na compreensão de Celso Antônio Bandeira de Mello[42], José dos Santos Carvalho Filho[43] e Diógenes Gasparini[44].

Em se tratando de Poder de Polícia analisado sob a teoria da supremacia dos direitos fundamentais, *o atributo da discricionariedade deve ser analisado de forma mitigada*, pois se a atuação estatal afetar direitos fundamentais, o Estado tem a obrigação de realizá-los, não podendo se falar, nestes casos, em juízo de conveniência ou de oportunidade.

Com efeito, o Poder em comento passa a ter o caráter de vinculação, quando a atuação sob o enfoque de polícia administrativa puder afetar os direitos fundamentais. Não há opção, ou seja, a Administração estará vinculada a alcançá-los, quer em favor de um, quer em benefício da coletividade.

Exemplo corriqueiro apreciado na jurisprudência nacional que muito bem demonstra a mitigação da discricionariedade administrativa envolve o tema controle judicial das políticas públicas. Amplamente majoritária a tese de viabilidade de tal fiscalização, em razão do prevalecimento das Teorias do Núcleo Essencial Mínimo do Direito Fundamental e da Máxima Efetividade das Normas Constitucionais, em detrimento da Teoria da Reserva do Possível.

> RECURSO EXTRAORDINÁRIO. CONSTITUCIONAL E ADMINISTRATIVO. DIREITO À SAÚDE. TRATAMENTO MÉDICO. RESPONSABILIDADE SOLIDÁRIA DOS ENTES FEDERADOS. REPERCUSSÃO GERAL RECONHECIDA. REAFIRMAÇÃO DE JURISPRUDÊNCIA. O tratamento médico adequado aos necessitados se insere no rol dos deveres do Estado, porquanto responsabilidade solidária dos entes federados. O polo passivo pode ser composto por qualquer um deles, isoladamente, ou conjuntamente.

---

40 MEIRELLES, Hely Lopes. *Direito administrativo*. 23. ed. São Paulo: Malheiros, 1998. p. 119-120.

41 DI PIETRO, Maria Sylvia Zanella. *Direito administrativo*. 20. ed. São Paulo: Atlas, 2007. p. 107.

42 BANDEIRA DE MELLO, Celso Antônio. *Curso de direito administrativo*. 27. ed. São Paulo: Malheiros, 2010. p. 836-837.

43 CARVALHO FILHO, José dos Santos. *Manual de direito administrativo*. 23. ed. rev., ampl. e atual. até 31-12-2009. Rio de Janeiro: Lumen Juris, 2010. p. 94-95.

44 GASPARINI, Diógenes. *Direito administrativo*. 12. ed. rev. e atual. São Paulo: Saraiva, 2007. p. 132.

(STF – RE 855.178 RG, Relator(a): Min. LUIZ FUX, julgado em 5-3-2015, PROCESSO ELETRÔNICO REPERCUSSÃO GERAL – MÉRITO DJe-050 DIVULG 13-3-2015 PUBLIC 16-3-2015).

"Agravo regimental em recurso extraordinário. 2. Violação ao princípio da separação de poderes. Decisão do Poder Judiciário que determina a adoção de medidas de efetivação de direitos constitucionalmente protegidos. Inocorrência. Precedentes. 3. Entendimento das instâncias ordinárias pelo fornecimento de medicamentos. Necessidade de reexame do acervo probatório. Súmula 279 do STF. Precedentes. 4. Direito à saúde. Solidariedade entre os entes da federação. Tema 793 da sistemática da repercussão geral (RE-RG 855.178, rel. Min. Luiz Fux, DJe 16.3.2015). 5. Eficácia *erga omnes* da decisão proferida em ação civil pública. Matéria infraconstitucional. 6. Ausência de argumentos capazes de infirmar a decisão agravada. 7. Agravo regimental a que se nega provimento." (STF – RE 1.047.362 AgR, Relator(a): Min. GILMAR MENDES, Segunda Turma, julgado em 29-6-2018, PROCESSO ELETRÔNICO DJe-153 DIVULG 31-7-2018 PUBLIC 1º-8-2018).

ADMINISTRATIVO. RECURSO ESPECIAL REPRESENTATIVO DE CONTROVÉRSIA. TEMA 106. JULGAMENTO SOB O RITO DO ART. 1.036 DO CPC/2015. FORNECIMENTO DE MEDICAMENTOS NÃO CONSTANTES DOS ATOS NORMATIVOS DO SUS. POSSIBILIDADE. CARÁTER EXCEPCIONAL. REQUISITOS CUMULATIVOS PARA O FORNECIMENTO.

1. Caso dos autos: A ora recorrida, conforme consta do receituário e do laudo médico (fls. 14-15, e-STJ), é portadora de glaucoma crônico bilateral (CID 440.1), necessitando fazer uso contínuo de medicamentos (colírios: Azorga 5 ml, Glaub 5 ml e Optive 15 ml), na forma prescrita por médico em atendimento pelo Sistema Único de Saúde – SUS. A Corte de origem entendeu que foi devidamente demonstrada a necessidade da ora recorrida em receber a medicação pleiteada, bem como a ausência de condições financeiras para aquisição dos medicamentos. 2. Alegações da recorrente: Destacou-se que a assistência farmacêutica estatal apenas pode ser prestada por intermédio da entrega de medicamentos prescritos em conformidade com os Protocolos Clínicos incorporados ao SUS ou, na hipótese de inexistência de protocolo, com o fornecimento de medicamentos constantes em listas editadas pelos entes públicos. Subsidiariamente, pede que seja reconhecida a possibilidade de substituição do medicamento pleiteado por outros já padronizados e disponibilizados. 3. Tese afetada: Obrigatoriedade do poder público de fornecer medicamentos não incorporados em atos normativos do SUS (Tema 106). Trata-se, portanto, exclusivamente do fornecimento de medicamento, previsto no inciso I do art. 19-M da Lei n. 8.080/1990, não se analisando os casos de outras alternativas terapêuticas. 4. TESE PARA FINS DO ART. 1.036 DO CPC/2015 A concessão dos medicamentos não incorporados em atos normativos do SUS exige a presença cumulativa dos seguintes requisitos: (i) Comprovação, por meio de laudo médico fundamentado e circunstanciado expedido por médico que assiste o paciente, da

imprescindibilidade ou necessidade do medicamento, assim como da ineficácia, para o tratamento da moléstia, dos fármacos fornecidos pelo SUS; (ii) incapacidade financeira de arcar com o custo do medicamento prescrito; (iii) existência de registro na ANVISA do medicamento. 5. Recurso especial do Estado do Rio de Janeiro não provido. Acórdão submetido à sistemática do art. 1.036 do CPC/2015." (STJ – REsp 1.657.156/RJ, rel. Ministro BENEDITO GONÇALVES, PRIMEIRA SEÇÃO, julgado em 25-4-2018, *DJe* 4-5-2018).

Logo, se o Estado tem o dever de oferecer o mínimo no tocante aos direitos fundamentais, não há falar em discricionariedade e sim em vinculação quando o tema for atendimento à saúde (art. 196 da CF), à educação (art. 205 da CF), à cultura (art. 215 da CF), meio ambiente (art. 225 da CF), criança e adolescente (art. 227 da CF), dentre outros.

O Judiciário tem determinado muitas vezes o atendimento a uma pessoa em especial que precisa de um tratamento ou de um medicamento extremamente custoso e, em razão de sua pouca condição financeira, estaria condenada à morte se o Estado não cumprisse seu dever de lhe conferir assistência à saúde, nos termos da Constituição Brasileira. Estamos diante de um típico exemplo da aplicação da supremacia dos direitos fundamentais na defesa do interesse individual. Relativamente ao Poder de Polícia, o mesmo raciocínio poderá ser efetivado.

Em relação ao segundo atributo, denominamos *Exigibilidade e Autoexecutoriedade Condicionadas*.

A possibilidade da Administração Pública no exercício da polícia administrativa exigir um *facere* ou um *non facere* do particular, bem como de executar diretamente suas medidas sem precisar de autorização judicial, somente será legítima se atendidas uma série de condições à luz da Constituição Federal.

Isso porque ninguém será obrigado a fazer ou deixar de fazer algo senão em virtude de lei (art. 5º, II, da CF), nem ser privado de sua liberdade ou de seus bens sem o devido processo legal (art. 5º, LIV, da CF).

Nesse diapasão, condição primeira para o Poder Público exigir ou executar diretamente algo em face de alguém num Estado Constitucional e Democrático de Direito é a presença de lei legitimadora de tais comportamentos. A inexistência de amparo legal somente poderá ser suprida em situações emergenciais e desde que amparadas pela ordem constitucional, com fundamento, novamente, na defesa dos Direitos Fundamentais.

Não basta a simples alegação de necessidade de adoção da medida urgente para a defesa do interesse público, sem a comprovação de um *plus* aqui representado por um direito fundamental constitucionalmente tutelado.

Outra condição necessária é o devido processo legal em que sejam assegurados os direitos ao contraditório e à ampla defesa. Este deverá ocorrer sempre, ainda que de forma diferida. Logo, a situação de emergência pode até legitimar uma atuação isenta de um procedimento administrativo prévio, mas todas as garantias serão asseguradas ao particular afetado pela medida de polícia no momento oportuno.

E, sendo a supremacia dos direitos fundamentais o elemento fundamentador do Poder de Polícia, deverá o aludido procedimento administrativo, além de outros direitos e garantias assegurados na Constituição Federal: i) ter suas decisões devidamente motivadas, até para facilitar eventual controle judicial; ii) admitir recursos na esfera administrativa, sem a exigência de depósito prévio ou arrolamento de bens ou valores para a sua admissibilidade, nos termos da Súmula Vinculante 21 (é inconstitucional a exigência de depósito ou arrolamento prévios de dinheiro ou bens para admissibilidade de recurso administrativo) e da Súmula 373 do STJ (é ilegítima a exigência de depósito prévio para admissibilidade de recurso administrativo); iii) ser gratuito, uma vez que representa restrição ao exercício de direitos; iv) ser célere, levadas em consideração a complexidade da demanda e a atuação das partes; v) ser impulsionado por autoridade oficial competente; vi) facultar e admitir a defesa técnica por advogado; vii) facultar a utilização de todos os meios de provas admitidos; viii) intimar pessoalmente em regra os interessados da existência de procedimento administrativo oriundo da polícia administrativa, bem como de suas decisões.

No tocante ao último atributo do Poder de Polícia, denominamos *Coercibilidade Restrita*.

Se a Administração exige um comportamento – omissivo ou comissivo – do particular e executa diretamente a medida de polícia sem êxito, pelo atributo da coercibilidade poderia ela impor à força suas medidas de polícia administrativa. É atributo indissociável da autoexecutoriedade, nos dizeres de Maria Sylvia Zanella Di Pietro[45].

Marçal Justen Filho resume bem essa progressão de comportamentos coativos ao estabelecer os "graus de eficácia das medidas de polícia", como sendo mínimo, médio ou máximo, neste último caso, "em vista da urgência ou gravidade da situação a ser atendida. Assim, a Administração pode promover a apreensão de medicamentos deteriorados, simplesmente por descobrir que se encontrem à venda"[46].

No entanto, não vislumbramos a possibilidade da imposição de força por parte da Administração Pública ao exercer o poder de polícia sem a existência de lei respaldando tal comportamento. Admitimos, portanto, apenas uma coercibilidade restrita às hipóteses elencadas por lei e como sendo a última alternativa viável para a defesa de direitos fundamentais que exigem um nível maior de proteção em relação aos interesses (e até direitos, *prima facie*) sacrificados.

---

[45] DI PIETRO, Maria Sylvia Zanella. *Direito administrativo*. 20. ed. São Paulo: Atlas, 2007. p. 108.
[46] CARVALHO FILHO, José dos Santos. *Manual de direito administrativo*. 23. ed. rev., ampl. e atual. até 31-12-2009. Rio de Janeiro: Lumen Juris, 2010. p. 583-584.

Por fim, cumpre relembrar que sempre será possível socorrer-se do Poder Judiciário diante da utilização de qualquer dos atributos da polícia administrativa em desconformidade com a ordem jurídica, em razão do Princípio da Inafastabilidade da Apreciação Judicial de lesão ou ameaça a direito (art. 5º, XXXV, da CF). É a consequência da adoção o sistema inglês de jurisdição una, onde somente o Poder Judiciário é capaz de dizer o direito com força de coisa julgada.

1.3.3. Abuso de Poder

Conforme estudamos no início deste item, os Poderes da Administração são verdadeiros instrumentos utilizados para tutelar o interesse público. Portanto, quando esses Poderes forem utilizados com excesso ou com finalidade diversa da prevista em lei, estaremos diante do chamado abuso de poder.

Assim, concluímos que *abuso de poder é o gênero* do qual *são espécies o excesso de poder e o desvio de poder*. No *"excesso de poder"* o administrador possui competência para praticar o ato administrativo, mas extrapola os limites legais. Nesse caso, existe um *vício no elemento "competência" do ato administrativo*. Assim, quando um policial aborda alguém na rua com violência para pedir sua identificação, apesar de ter competência para pedir o RG do suspeito, excedeu-se no desempenho de suas atribuições, ou seja, atuou com excesso de poder ou excesso de competência.

Por outro lado, no *desvio de poder* o administrador busca finalidades diversas daquelas previstas em lei, caracterizando *vício no elemento "finalidade"* do ato. Analisaremos em breve que a finalidade da remoção do servidor público é adequar os quadros funcionais às reais necessidades de serviço. Dessa forma, quando a remoção for utilizada como forma de penalizar o servidor, estaremos diante de um clássico exemplo de desvio de poder ou desvio de finalidade. O tema "elementos do ato administrativo" será analisado em capítulo próprio e tornará mais claro o estudo da competência e da finalidade do ato.

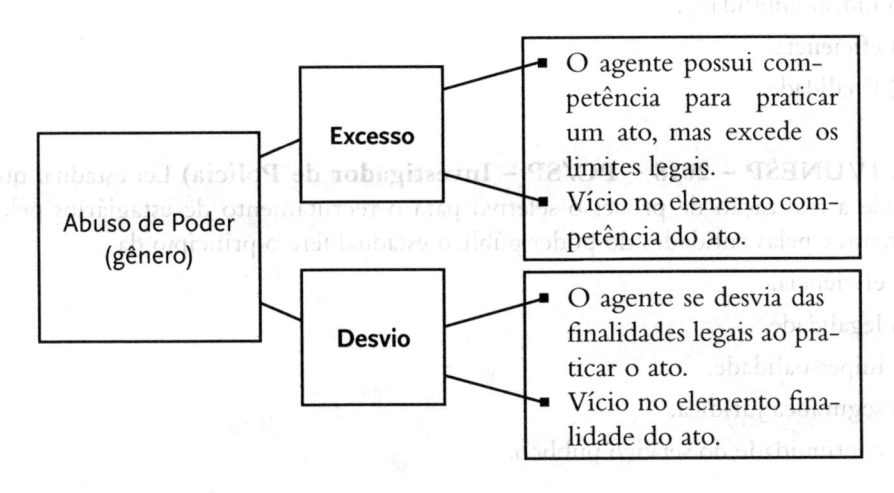

Abuso de Poder (gênero)		
	Excesso	- O agente possui competência para praticar um ato, mas excede os limites legais. - Vício no elemento competência do ato.
	Desvio	- O agente se desvia das finalidades legais ao praticar o ato. - Vício no elemento finalidade do ato.

Questões

1. (CESPE – 2019 – MPC/PA – Procurador de Contas) Tendo como referência os princípios expressos e implícitos da administração pública e as disposições da Lei n. 13.460/2017, assinale a opção correta acerca da participação, proteção e defesa do usuário de serviços públicos.

a) O administrador público atenderá ao princípio da eficiência sempre que tomar sua decisão com foco exclusivamente no aspecto econômico.

b) Por força do princípio da intranscendência subjetiva das sanções, irregularidades praticadas pelos Poderes Legislativo e Judiciário não impõem sanções ao Poder Executivo.

c) O Poder Judiciário pode, fundamentando-se no princípio da isonomia, aumentar vencimentos de servidores públicos.

d) A referida lei permite ao usuário de serviço público apresentar reclamação apócrifa às ouvidorias dos órgãos da administração pública ou à entidade responsável pela fiscalização.

e) A referida lei não abrange serviços públicos prestados por particulares.

2. (FUNRIO – 2018 – AL/RR – Assessor Técnico Legislativo) A Constituição Federal, no Artigo 37, preceitua que a Administração Pública obedecerá aos princípios da legalidade, impessoalidade, moralidade, publicidade e eficiência. Também existem princípios que por nortearem a atividade administrativa, informam e fundamentam o Direito Administrativo. Um princípio do Direito Administrativo estabelece que a Administração Pública esteja obrigada a policiar, em relação ao mérito e à legalidade, os atos administrativos que pratica, cabendo assim retirar do ordenamento jurídico os atos inconvenientes e inoportunos e os ilegítimos.
Trata-se do princípio da
a) autotutela.
b) indisponibilidade.
c) eficiência.
d) finalidade.

3. (VUNESP – 2018 – PC/SP – Investigador de Polícia) Lei estadual que vede a realização de processo seletivo para o recrutamento de estagiários pelos órgãos e pelas entidades do poder público estadual fere o princípio da
a) eficiência.
b) legalidade.
c) impessoalidade.
d) segurança jurídica.
e) continuidade do serviço público.

4. (TRF – 3ª Região – 2018 – TRF 3ª Região – Juiz Federal Substituto) São princípios constitucionais implícitos ou reconhecidos da Administração Pública, porquanto consectários lógicos dos preceitos da Lei Maior:

a) Impessoalidade e eficiência.

b) Razoabilidade e legalidade.

c) Segurança jurídica e moralidade.

d) Prevalência do interesse público e proporcionalidade.

5. (UFLA – 2018 – UFLA – Administrador) A Administração Pública direta e indireta de qualquer dos Poderes da União, dos Estados, do Distrito Federal e dos Municípios obedecerá aos princípios da legalidade, impessoalidade, moralidade, publicidade e eficiência. São previsões constitucionais acerca da Administração Pública os seguintes, EXCETO:

a) O prazo de validade do concurso público será de até dois anos, prorrogável uma vez, por igual período.

b) A lei reservará percentual de cargos e empregos públicos para as pessoas portadoras de deficiência e definirá os critérios de sua admissão.

c) Durante o prazo improrrogável previsto no edital de convocação, o candidato aprovado em concurso público de provas ou de provas e títulos será convocado com prioridade sobre novos concursados para assumir cargo ou emprego, na carreira.

d) As nomeações para cargo em comissão declarado em lei de livre nomeação e exoneração depende de aprovação prévia em concurso público de provas ou de provas e título, de acordo com a natureza e a complexidade de cargo ou emprego.

6. (VUNESP – 2018 – PC/BA – Investigador de Polícia) Um Estado que tributasse desmesuradamente os administrados enriqueceria o Erário, com maior volume de recursos, o que, por outro lado, tornaria a sociedade mais pobre. Tal conduta de exação excessiva viola o princípio pelo qual deve prevalecer

a) o interesse público secundário.

b) o interesse público primário.

c) a supremacia do interesse público.

d) o interesse público como direito subjetivo.

e) o direito subjetivo individual.

7. (FCC – 2018 – DPE/AM – Defensor Público – Reaplicação) Entre os poderes próprios da Administração, o que está subjacente à aplicação de sanções àqueles que com ela contratam, corresponde ao poder

a) disciplinar.

b) regulamentar.

c) de polícia.

d) hierárquico.

e) de tutela.

8. (VUNESP – 2018 – PC/SP – Escrivão de Polícia) Os poderes de comando, de fiscalização e revisão de atos administrativos, assim como os poderes de delegação e avocação de competências são expressão do poder administrativo

a) de autotutela.

b) hierárquico.

c) disciplinar.

d) de polícia judiciária.

e) de polícia.

9. (VUNESP – 2018 – PC/SP – Investigador de Polícia) Advertência verbal aplicada por diretor de escola estadual a aluno que não cumpriu seus deveres, cometendo falta dentro do estabelecimento de ensino, é expressão do poder

a) disciplinar.

b) de polícia.

c) hierárquico.

d) regulamentar.

e) discricionário.

10. (VUNESP – 2018 – FAPESP – Procurador) Sobre o poder normativo da Administração Pública, é correto afirmar que

a) é aquele em função do qual a Administração Pública edita atos de efeitos genéricos e concretos complementares das leis.

b) o poder regulamentar é espécie de poder normativo que abrange não apenas a edição de atos normativos, mas a fiscalização do seu cumprimento, a imposição de sanções e a mediação de conflitos.

c) compete privativamente ao Chefe do Poder Executivo dispor, mediante decreto, sobre organização e funcionamento da administração, quando não implicar aumento de despesa nem criação ou extinção de órgãos públicos.

d) os decretos regulamentares são aqueles que dispõem sobre matéria ainda não regulada especificamente em lei.

e) os decretos autônomos são aqueles expedidos para reger o funcionamento de órgãos colegiados no âmbito do Poder Legislativo ou Judiciário.

11. (CESPE – 2017 – TRE/TO – Analista Judiciário – Área Administrativa) O direito administrativo consiste em um conjunto de regramentos e princípios que regem a atuação da administração pública, sendo esse ramo do direito constituído pelo seguinte conjunto de fontes:

a) lei em sentido amplo e estrito, doutrina, jurisprudência e costumes.

b) lei em sentido amplo e estrito, jurisprudência e normas.

c) costumes, jurisprudência e doutrina.

d) lei em sentido amplo, doutrina e costumes.

e) lei em sentido estrito, jurisprudência e doutrina.

12. (VUNESP – 2016 – TJ/RJ – Juiz Substituto) Assinale a alternativa que corretamente discorre sobre os princípios do Direito Administrativo.

a) O princípio da publicidade possui repercussão infraconstitucional, com regulamentação pela Lei de Acesso à Informação (Lei Federal n. 12.527/2011) na qual foram contempladas duas formas de publicidade – a transparência ativa e a transparência passiva –, aplicáveis a toda Administração Direta e Indireta, mas não incidentes às entidades privadas sem fins lucrativos que recebem recursos públicos do orçamento, como ocorre por contrato de gestão.

b) Pelo princípio da continuidade do serviço público, não podem os serviços públicos ser interrompidos, visto que atendem a necessidades prementes e inadiáveis da coletividade, e, portanto, não é permitida paralisação temporária de atividades, mesmo em se tratando de serviços prestados por concessionários e permissionários, mediante pagamento de tarifa, como fornecimento de energia, ainda que o usuário esteja inadimplente.

c) As Súmulas n. 346 e n. 473 do Supremo Tribunal Federal, que tratam da declaração de nulidade dos atos administrativos pela própria Administração e da revogação destes por motivos de conveniência e oportunidade, demonstram que o Direito Administrativo brasileiro não adotou a autotutela como princípio.

d) A fim de tutelar o princípio da moralidade administrativa, a Constituição Federal prevê alguns instrumentos processuais, como a Ação Civil Pública, na defesa dos direitos difusos e do patrimônio social, a Ação Popular, que permite anular atos do Poder Público contaminados de imoralidade administrativa, desde que reconhecido o pressuposto da lesividade, da mesma forma como acontece com a Ação de Improbidade Administrativa, que tem como requisito o dano patrimonial ao erário.

e) O Supremo Tribunal Federal entende que, muito embora pela aplicação do princípio da impessoalidade a Administração não possa ter em mira este ou aquele indivíduo de forma especial, o sistema de cotas, em que se prevê reserva de vagas pelo critério étnico-social para ingresso em instituições de nível superior, é constitucional e compatível com o princípio da impessoalidade, já que ambos têm por matriz comum o princípio constitucional da igualdade.

13. (CESPE – 2016 – TRT 8ª Região/PA e AP – Analista Judiciário – Contabilidade) Assinale a opção correta a respeito dos princípios da administração pública.

a) a administração deve, em caso de incompatibilidade, dar preferência à aplicação do princípio da supremacia do interesse público em detrimento do princípio da legalidade.

b) a publicidade, princípio basilar da administração pública, não pode sofrer restrições.

c) a ofensa ao princípio da moralidade pressupõe afronta também ao princípio da legalidade.

d) o princípio da eficiência deve ser aplicado prioritariamente, em detrimento do princípio da legalidade, em caso de incompatibilidade na aplicação de ambos.

e) os institutos do impedimento e da suspeição no âmbito do direito administrativo são importantes corolários do princípio da impessoalidade.

14. (CESPE – 2016 – TRT 8ª Região/PA e AP – Analista Judiciário – Área Administrativa) A respeito dos princípios da administração pública, assinale a opção correta.

a) Decorre do princípio da hierarquia uma série de prerrogativas para a administração, aplicando-se esse princípio, inclusive, às funções legislativa e judicial.

b) Decorre do princípio da continuidade do serviço público a possibilidade de preencher, mediante institutos como a delegação e a substituição, as funções públicas temporariamente vagas.

c) O princípio do controle ou tutela autoriza a administração a realizar controle dos seus atos, podendo anular os ilegais e revogar os inconvenientes ou inoportunos, independentemente de decisão do Poder Judiciário.

d) Dado o princípio da autotutela, a administração exerce controle sobre pessoa jurídica por ela instituída, com o objetivo de garantir a observância de suas finalidades institucionais.

e) Em decorrência do princípio da publicidade, a administração pública deve indicar os fundamentos de fato e de direito de suas decisões.

15. (VUNESP – 2014 – TJ/SP – Juiz) A "faculdade de que dispõe a Administração Pública para condicionar e restringir o uso e gozo de bens, atividades e direitos individuais, em benefício da coletividade ou do próprio Estado", como a conceitua Hely Lopes Meirelles, é conhecida tecnicamente como

a) poder de polícia.
b) poder regulamentar.
c) poder disciplinar.
d) poder hierárquico.

16. (FEPESE – 2014 – MPE/SC – Procurador do Estado) Assinale a alternativa incorreta.

a) pelo poder hierárquico os agentes públicos podem delegar e avocar competências.

b) uma entidade estatal não pode exercer o poder hierárquico sobre uma entidade autárquica, pois não há relação de subordinação entre elas, mas, tão somente, um vínculo administrativo.

c) o poder hierárquico é aquele que confere à Administração Pública a capacidade de ordenar, coordenar, controlar e corrigir as atividades administrativas no âmbito interno da Administração.

d) é por meio do poder hierárquico que a Administração Pública ordena funções administrativas, escalonando-as entre seus órgãos e agentes públicos. Essa relação de subordinação implica o dever de obediência às ordens superiores, ainda que ilegais.

e) um órgão administrativo e seu titular poderão, se não houver impedimento legal, delegar parte da sua competência a outros órgãos ou titulares, ainda que estes não lhe sejam hierarquicamente subordinados, em razão de circunstâncias de índole técnica, social, econômica, jurídica ou territorial.

17. (FEPESE – 2014 – MPE/SC – Procurador do Estado) Assinale a alternativa incorreta.

a) A licença para construir é um ato unilateral e vinculado que deriva do poder de polícia.

b) A discricionariedade está presente em todos os atos emanados do poder de polícia.

c) Ao Poder Judiciário compete anular um ato administrativo em razão de sua ilegalidade.

d) A Administração Pública é dotada de poder de polícia que, em sentido amplo, corresponde à atividade estatal de condicionar a liberdade e a propriedade, adequando-as aos interesses coletivos.

e) O poder de polícia só poderá reduzir os direitos individuais quando em conflito com interesses maiores da coletividade e na medida estritamente necessária à consecução dos fins estatais.

18. (CESPE – 2011 – PC/ES – Escrivão de Polícia) Acerca do poder de polícia e dos atos administrativos, julgue o item a seguir.

   Todas as medidas de polícia administrativa são autoexecutórias, o que permite à administração pública promover, por si mesma, as suas decisões, sem necessidade de recorrer previamente ao Poder Judiciário.

   (   ) Certo   (   ) Errado

19. (CESPE – 2011 – TJ/ES – Analista Judiciário) Com relação aos poderes administrativos, julgue o próximo item.

Um regulamento autorizado pode disciplinar matérias reservadas à lei.

( ) Certo ( ) Errado

20. (FCC – 2010 – TRE/AL – Técnico Judiciário) Quando se afirma que o particular pode fazer tudo o que a lei não proíbe e que a Administração só pode fazer o que a lei determina ou autoriza, estamos diante do princípio da

a) legalidade.
b) obrigatoriedade.
c) moralidade.
d) proporcionalidade.
e) contradição.

21. (FCC – 2009 – TJ/PA – Oficial – Analista Judiciário) Poder hierárquico é

a) o de que dispõe o Executivo para distribuir e escalonar as funções de seus órgãos, ordenar e rever a atuação de seus agentes.

b) a faculdade de punir as infrações funcionais dos servidores e demais pessoas sujeitas à disciplina dos órgãos e serviços da Administração.

c) a faculdade de que dispõe a Administração Pública para condicionar e restringir o uso e o gozo de bens, atividades e direitos individuais em benefício da coletividade.

d) o poder que as Corregedorias têm de investigar e aplicar penalidades em servidores pela prática de atos administrativos ilegais.

e) o poder de que dispõem os chefes de Executivo de expedir decretos autônomos sobre matéria de sua competência ainda não disciplinada em lei.

22. (FCC – 2009 – TRE/SC – Técnico Judiciário) Assinale a alternativa abaixo que NÃO corresponda a um dos deveres do administrador público.

a) Dever hierárquico.
b) Dever de prestar contas.
c) Dever de probidade.
d) Dever de eficiência.

23. (CESGRANRIO – 2008 – TJ/RO – Oficial de Justiça) O poder administrativo que permite ao Chefe do Poder Executivo expedir normas para fiel execução das leis é denominado poder

a) de polícia.
b) disciplinar.
c) regulamentar.
d) discricionário.

24. (FCC – 2006 – TRT 24ª Região – Técnico Judiciário) NÃO constitui um dos princípios da administração pública direta e indireta expressamente previstos no art. 37 da Constituição Federal de 1988 a
a) publicidade.
b) eficiência.
c) impessoalidade.
d) moralidade.
e) proporcionalidade.

25. (MPE-RS – 2021 – MPE-RS – Promotor de Justiça) Assinale a alternativa correta sobre os princípios da Administração Pública.

a) Os cinco princípios constitucionais explícitos arrolados no art. 37, *caput*, da Constituição Federal de 1988 estão previstos desde a promulgação da carta constitucional e exigem juízo de ponderação para sua aplicação aos casos concretos.

b) Os princípios constitucionais explícitos arrolados no art. 37, *caput*, da Constituição Federal de 1988 são de aplicação obrigatória para a administração pública direta, não se aplicando à administração pública indireta.

c) Os princípios administrativos da finalidade e do interesse público são de fonte doutrinária e jurisprudencial, não estando previstos explicitamente no texto da Constituição Federal de 1988 ou em texto de legislação ordinária federal.

d) A publicidade dos atos, programas, obras, serviços e campanhas dos órgãos públicos deverá ter caráter educativo, informativo ou de orientação social, dela não podendo constar nomes, símbolos ou imagens que caracterizem promoção pessoal de autoridades ou servidores públicos.

e) Os princípios constitucionais da legalidade, da imperatividade, da moralidade, da publicidade e da eficiência estão explicitamente previstos no texto da Constituição Federal de 1988.

Gabarito: 1. b; 2. a; 3. c; 4. d; 5. d; 6. b; 7. a; 8. b; 9. a; 10. c; 11. a; 12. e; 13. e; 14. b; 15. a; 16. d; 17. b; 18. errado; 19. errado; 20. a; 21. a; 22. a; 23. c; 24. e; 25. d.

2 ESTADO, GOVERNO, ADMINISTRAÇÃO PÚBLICA E ÓRGÃOS PÚBLICOS

2.1. Estado

O Estado consiste na pessoa jurídica territorial soberana, constituída pelos elementos povo, território e governo soberano.

Os Poderes do Estado são o Legislativo, o Executivo e o Judiciário. Cada um dos Poderes possui funções típicas ou principais (ex.: o Legislativo elabora leis, o Executivo administra e aplica as leis, e o Judiciário julga conflitos de interesses) e funções atípicas ou secundárias (ex.: o Legislativo julga Presidente da República nos crimes de responsabilidade, o Executivo legisla ao editar medidas provisórias, e o Judiciário administra um Tribunal de Justiça).

São formas de Estado:

a) Estado Unitário, cuja característica principal é a centralização política nas mãos de apenas um ente;

b) Estado Federado, cuja principal característica é a descentralização política, ou seja, cada ente da Federação possui autonomia (ex.: Brasil).

A autonomia de cada ente da Federação (União, Estados, Distrito Federal e Municípios) significa:

- capacidade de auto-organização (de elaborar sua própria Constituição);
- capacidade de autogoverno (de eleger seus dirigentes);
- capacidade de autoadministração (de administrar seus agentes e serviços públicos);
- capacidade de autolegislação ou política (de elaborar leis próprias).

2.2. Governo

O Governo pode ser conceituado em três aspectos: em sentido formal significa o conjunto de poderes e órgãos constitucionais; em sentido material consiste no complexo de funções estatais básicas; e, em sentido operacional, traduz-se na condução política dos negócios públicos.

São sistemas de Governo:

a) Presidencialista, em que o(a) Presidente(a) acumula as funções de chefe de Estado e de Governo, isto é, representa o país no exterior e internamente.

b) Parlamentarista, quando existe um chefe de Estado (Presidente ou Monarca = Rei ou Rainha) e um chefe de Governo (Primeiro-Ministro ou Conselho de Ministros).

APROFUNDANDO! Existe ainda um outro sistema de governo denominado semipresidencialista, em que o presidente não representa apenas uma figura simbólica e divide atribuições do Governo com o Primeiro-Ministro. Trata-se, portanto, de um sistema híbrido entre o Presidencialista e o Parlamentarista.

São formas de Governo:

a) Monarquia.

b) República.

2.3. Administração Pública

2.3.1. Conceito, Natureza e Finalidade

A Administração Pública poderá ser *conceituada* em sentido subjetivo (formal ou orgânico) e objetivo (material ou funcional).

Em *sentido subjetivo*, a Administração Pública corresponde às pessoas jurídicas, aos órgãos e aos agentes públicos que executam a atividade ou função administrativa. Percebam que, nesse sentido, o enfoque principal do conceito está nos sujeitos [ex.: um servidor do Tribunal (ex. de agente público), o Ministério da Justiça e Segurança Pública[47] (ex. de órgão público) ou o próprio Município (ex. de pessoa jurídica ou de entidade pública) onde residimos].

Por outro lado, Administração Pública em *sentido objetivo* consiste na atividade ou função administrativa executada pelas entidades, órgãos e agentes públicos que compõem a Administração. Nesse contexto, o objeto, como um serviço público de transporte coletivo (de ônibus, por exemplo), aparece com destaque central na definição.

A atividade administrativa traduz-se no gerenciamento dos bens e interesses públicos, ou seja, o Prefeito administra uma cidade, mas não é o proprietário (dono) do Município, nem dos bens que o integram. Logo, concluímos que a *natureza* da Administração sob esse aspecto é de *munus* público para quem exerce, isto é, dever de guarda, conservação e aprimoramento dos bens, serviços e interesses públicos.

Percebam que o administrador não é o proprietário dos bens, serviços e interesses públicos, mas o mero gerenciador deles, não podendo, portanto, abrir mão desse patrimônio sem que exista lei autorizando. Estudaremos muito em breve que, para o Prefeito vender uma casa do Município, terá que fazer licitação com o objetivo de encontrar a proposta mais vantajosa.

Ademais, importante ressaltar que a *finalidade* da atuação administrativa será sempre de satisfação e tutela (proteção) do interesse público. Qualquer atuação que buscar finalidade diversa caracterizará desvio de poder (finalidade).

---

[47] A alteração do nome do Ministério da Justiça para Justiça e Segurança foi em decorrência do Decreto n. 9.832, de 2019, que modificou o Decreto n. 9.637, de 2018.

2.3.2. Organização Administrativa

Inicialmente, constata-se que a Administração Pública é organizada em direta e indireta.

A *Administração Pública Direta* é composta pelas pessoas políticas: *União, Estados, Distrito Federal* e *Municípios*. Essas entidades são conhecidas como entes políticos, na medida em que possuem a capacidade política (de elaborar leis), além da capacidade administrativa (de gerenciar/administrar seus agentes e serviços públicos). Outra característica importante de tais entes é que todos possuem personalidade jurídica de direito público, ou seja, vão seguir princípios e regras diferentes de nós, particulares (o tema foi mais bem elucidado no capítulo anterior).

Outrossim, a *Administração Indireta* é composta por *autarquias, fundações, empresas públicas* e *sociedades de economia mista*. Essas entidades somente possuem capacidade administrativa (não possuem capacidade política) e alguns entes têm personalidade jurídica de direito público, enquanto outros, personalidade jurídica de direito privado.

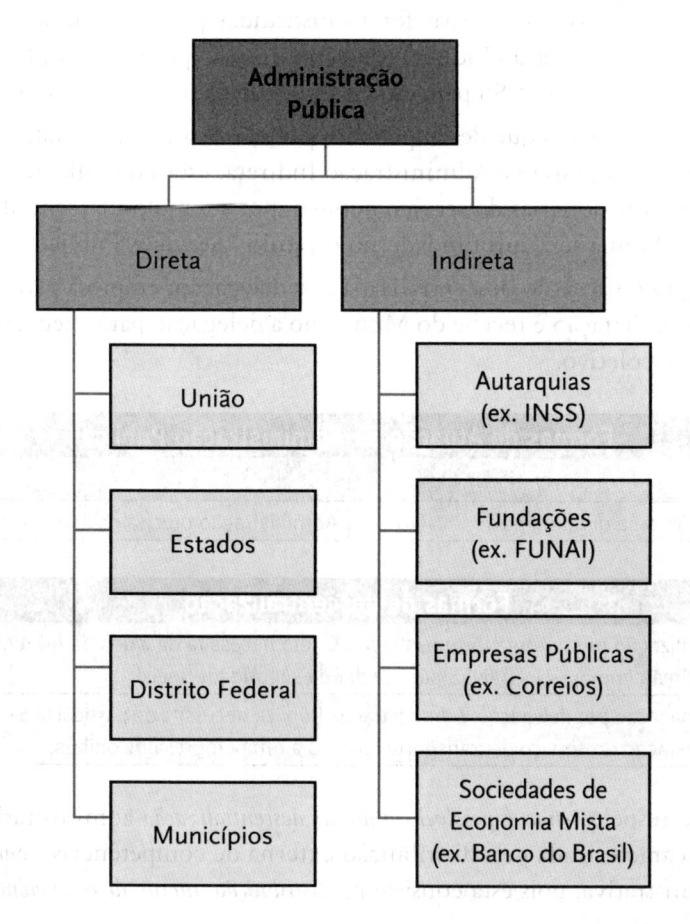

```
                    Administração
                       Pública
                     /         \
                 Direta       Indireta
                 /                \
              União           Autarquias
                              (ex. INSS)

              Estados         Fundações
                              (ex. FUNAI)

           Distrito Federal   Empresas Públicas
                              (ex. Correios)

             Municípios       Sociedades de
                              Economia Mista
                              (ex. Banco do Brasil)
```

Pontuadas as características distintivas entre Administração Direta e Indireta, importante destacar que a atuação administrativa poderá ser efetivada de forma centralizada ou descentralizada.

2.3.2.1. Formas de Atuação da Administração Pública

A *atuação* da Administração Pública será *centralizada,* quando as entidades da Administração desempenharem suas atividades diretamente, isto é, por meio de seus órgãos e agentes públicos. Na forma centralizada (ou direta) de atuação, a Administração não depende de outra pessoa jurídica para ajudá-la a desempenhar a atividade administrativa.

Exemplo de atuação centralizada: Município prestando diretamente o serviço de transporte coletivo, por meio da Secretaria Municipal de Transportes Urbanos. Neste caso, o Município é o dono dos ônibus e presta diretamente o serviço por meio de um órgão, qual seja: a Secretaria de Transportes Urbanos.

Por outro lado, a *atuação* será *descentralizada* (ou indireta) quando a Administração desempenhar parcela das suas atividades por meio de outras pessoas.

Quando essas outras pessoas forem instituídas por meio de lei, teremos as entidades da Administração Indireta (descentralização por outorga). Por exemplo, a União criou por lei o INSS para cuidar da seguridade social em nosso país.

Quando as pessoas que desempenham parcela da atividade estatal forem particulares e não integrarem a Administração Indireta, estaremos diante das concessionárias e permissionárias do serviço público, por exemplo (descentralização por delegação). O tema será aprofundado no capítulo "Serviços Públicos".

Exemplo de atuação descentralizada por delegação: empresa privada de ônibus que vence licitação e recebe do Município a delegação para executar o serviço de transporte coletivo.

Formas de Atuação da Administração Pública	
Atuação centralizada	Atuação descentralizada
Administração atua diretamente.	Administração precisa da ajuda de alguém.

Formas de descentralização
a) Descentralização por outorga: Administração Direta necessita da ajuda da Administração Indireta. Ex.: União criou por lei o INSS para cuidar da seguridade social.
b) Descentralização por delegação: Administração Pública necessita de particular. Ex.: Município delega a prestação do serviço de transporte coletivo a uma empresa de ônibus.

A esse respeito, *não é possível confundir descentralização* administrativa (acima estudada e caracterizada pela distribuição externa de competências) *com desconcentração* administrativa, pois esta consiste na *distribuição interna de competências.*

Diferenças entre desconcentração e descentralização: enquanto na *desconcentração* existe distribuição de competências entre os órgãos de uma mesma pessoa jurídica (ex.: distribuição de competências entre os diversos Ministérios da União Federal – única pessoa jurídica, visto que os ministérios são órgãos públicos sem personalidade jurídica), na *descentralização* essa distribuição de competências é feita de uma pessoa jurídica para outra (ex.: Município, que é uma pessoa jurídica de direito público, delegando a uma empresa privada de ônibus a execução do serviço de transporte coletivo). Em suma, enquanto a desconcentração pressupõe a existência de uma só pessoa jurídica, a descentralização exige a presença de duas pessoas jurídicas.

Sobre o tema, cumpre ressaltar ainda a existência da chamada descentralização territorial ou geográfica, além das citadas descentralização por outorga e por delegação. Estamos nos referindo aos Territórios, pessoas jurídicas de direito público, que nada mais são do que a descentralização territorial da União.

No tocante à desconcentração, esta pode ser originária (decorrente da lei, como no caso da criação de um Ministério) ou derivada (decorrente da delegação de competência de um órgão ou agente para outro). O tema de delegação de competência será mais bem trabalhado no capítulo *Atos Administrativos*.

2.3.3. Administração Pública Indireta

Neste item, estudaremos as particularidades de cada uma das entidades da Administração Indireta, começando pelas Autarquias.

2.3.3.1. *Autarquias*

São pessoas jurídicas de Direito Público, criadas por lei, para executar atividades típicas da Administração Pública Direta, que exercerá um controle finalístico, nos termos legais.

As principais características das autarquias são:

a) Personalidade Jurídica de Direito Público: razão pela qual se submetem ao mesmo regime jurídico aplicado à Administração Direta (União, Estados, Distrito Federal e Municípios), qual seja, um regime jurídico administrativo ou de direito público que difere dos princípios e regras seguidos pelos particulares.

Esse regime é composto do binômio prerrogativas (privilégios, como prazos processuais dilatados, ex.: prazo em dobro para qualquer manifestação processual, segundo o Código de Processo Civil) e sujeições (restrições, como a necessidade de concurso público para contratação de pessoal). O tema foi mais bem estudado no capítulo anterior.

b) Criada por lei específica: somente lei específica poderá *criar autarquias* ou *autorizar* a instituição de empresas públicas, sociedades de economia mista e de fundações (inciso XIX do art. 37 da CF). Existe uma diferença importante a ser destacada no texto constitucional ora apresentado: entrou em vigor a lei, a autarquia está criada (já possui personalidade jurídica, ou seja, é sujeito de direitos e de obrigações e podemos entrar com uma ação judicial imediatamente contra ela, se for o caso); mas, em relação às outras entidades (empresa pública, sociedade de economia mista e fundação), além da lei que autoriza a instituição, a criação efetiva desses entes dependerá do registro dos atos constitutivos (ex.: contrato social) no cartório. Trata-se do Princípio da Reserva Legal, segundo o qual as entidades da Administração Indireta somente poderão ser instituídas por lei, jamais por decreto.

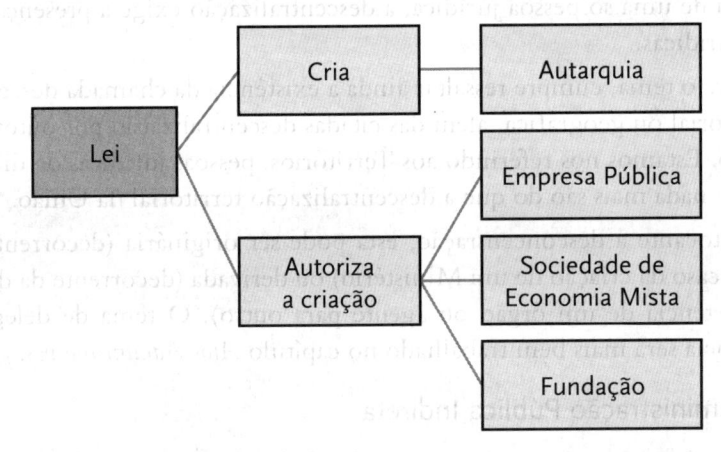

```
              ┌─── Cria ───────── Autarquia
              │
              │                   Empresa Pública
    Lei ──────┤
              │                   Sociedade de
              │                   Economia Mista
              └─── Autoriza ─────
                   a criação
                                  Fundação
```

c) Controle Finalístico: a entidade da Administração Direta (União, Estados, Distrito Federal e Municípios) que cria a autarquia exerce sobre ela um controle finalístico, isto é, fiscaliza se estão sendo cumpridas as finalidades previstas na lei instituidora. É diferente do controle hierárquico, não estando a autarquia subordinada hierarquicamente à entidade da Administração Direta que a criou. São entidades distintas, cada qual com sua capacidade de autoadministração (autogerenciamento).

São exemplos de autarquias: INCRA (Instituto Nacional de Colonização e Reforma Agrária), INSS (Instituto Nacional do Seguro Social) e IBAMA (Instituto Brasileiro do Meio Ambiente e Recursos Naturais Renováveis).

Ainda sobre o tema autarquias, importante tratarmos de três espécies:

a) Agências Reguladoras: são espécies de autarquias em regime especial e possuem como finalidade principal regulamentar e fiscalizar a prestação dos serviços públicos realizada por particulares.

São exemplos de agências reguladoras a ANATEL (Agência Nacional de Telecomunicações), que regulamenta a prestação do serviço de telecomunicações pelos particulares, e a ANEEL (Agência Nacional de Energia Elétrica), que regulamenta a prestação do serviço de transmissão e distribuição de energia elétrica feita por particulares.

Caracterizam o aludido regime especial (regras específicas das agências reguladoras, que as diferenciam das demais autarquias): (i) o mandato fixo dos seus dirigentes (só perderão o cargo por processo administrativo ou judicial ou por renúncia)[48]; (ii) a imutabilidade de suas decisões (não podem ser alteradas pela Administração Direta)[49]; (iii) o período de quarentena (tempo em que o ex-dirigente da agência reguladora ficará fora do mercado de trabalho no setor da regulação)[50]; e (iv) poder normativo ou regulatório (poder das agências de expedir normas técnicas do setor de regulação, como as resoluções, que são atos administrativos infralegais).

A Lei n. 13.848, de 25 de junho de 2019, que dispõe sobre a gestão, a organização, o processo decisório e o controle social das agências reguladoras, trouxe novidades à Lei n. 9.986 que trata da gestão dos recursos humanos das Agências Reguladoras, dentre as quais destacamos:

> "Art. 8º-A. É vedada a indicação para o Conselho Diretor ou a Diretoria Colegiada:
>
> I – de Ministro de Estado, Secretário de Estado, Secretário Municipal, dirigente estatutário de partido político e titular de mandato no Poder Legislativo de qualquer ente da federação, ainda que licenciados dos cargos;

---

48 Essa é a redação da Lei n. 9.986 com as inovações trazidas pela Lei n. 13.848, de 2019: "Art. 9º O membro do Conselho Diretor ou da Diretoria Colegiada somente perderá o mandato: I – em caso de renúncia; II – em caso de condenação judicial transitada em julgado ou de condenação em processo administrativo disciplinar; III – por infringência de quaisquer das vedações previstas no art. 8º-B desta Lei" (Incluído pela Lei n. 13.848, de 2019). O art. 8º-B por sua vez assim estabelece: "Art. 8º-B. Ao membro do Conselho Diretor ou da Diretoria Colegiada é vedado: I – receber, a qualquer título e sob qualquer pretexto, honorários, percentagens ou custas; II – exercer qualquer outra atividade profissional, ressalvado o exercício do magistério, havendo compatibilidade de horários; III – participar de sociedade simples ou empresária ou de empresa de qualquer espécie, na forma de controlador, diretor, administrador, gerente, membro de conselho de administração ou conselho fiscal, preposto ou mandatário; IV – emitir parecer sobre matéria de sua especialização, ainda que em tese, ou atuar como consultor de qualquer tipo de empresa; V – exercer atividade sindical; VI – exercer atividade político-partidária; VII – estar em situação de conflito de interesse, nos termos da Lei n. 12.813, de 16 de maio de 2013" (Incluído pela Lei n. 13.848/2019).

49 Sobre o tema, importante lembrar da Lei n. 13.848/2019 que trata, em seu Capítulo I, sobre o processo decisório das agências reguladoras.

50 Esse período de quarentena era, em regra, de 4 meses. No entanto, por força da Lei n. 13.848, de 25 de junho de 2019, que dispõe sobre a gestão, a organização, o processo decisório e o controle social das agências reguladoras esse prazo médio de quarentena passou para 6 meses: "Art. 8º Os membros do Conselho Diretor ou da Diretoria Colegiada ficam impedidos de exercer atividade ou de prestar qualquer serviço no setor regulado pela respectiva agência, por período de 6 (seis) meses, contados da exoneração ou do término de seu mandato, assegurada a remuneração compensatória." Em alguns casos específicos o prazo de quarentena poderá ser maior, como ocorre com ex-dirigente da ANP que terá que ficar fora do mercado do setor de regulação por um período de 12 meses: "Terminado o mandato, ou uma vez exonerado do cargo, o ex-Diretor da ANP ficará impedido, por um período de 12 (doze) meses, contado da data de sua exoneração, de prestar, direta ou indiretamente, qualquer tipo de serviço a empresa integrante das indústrias do petróleo e dos biocombustíveis ou de distribuição" (art. 14 da Lei n. 9.478/97).

II – de pessoa que tenha atuado, nos últimos 36 (trinta e seis) meses, como participante de estrutura decisória de partido político ou em trabalho vinculado a organização, estruturação e realização de campanha eleitoral;

III – de pessoa que exerça cargo em organização sindical;

IV – de pessoa que tenha participação, direta ou indireta, em empresa ou entidade que atue no setor sujeito à regulação exercida pela agência reguladora em que atuaria, ou que tenha matéria ou ato submetido à apreciação dessa agência reguladora;

V – de pessoa que se enquadre nas hipóteses de inelegibilidade previstas no inciso I do *caput* do art. 1º da Lei Complementar n. 64, de 18 de maio de 1990;

VI – (VETADO);

VII – de membro de conselho ou de diretoria de associação, regional ou nacional, representativa de interesses patronais ou trabalhistas ligados às atividades reguladas pela respectiva agência.

Parágrafo único. A vedação prevista no inciso I do *caput* estende-se também aos parentes consanguíneos ou afins até o terceiro grau das pessoas nele mencionadas."

Importante não confundirmos agências reguladoras com as *agências executivas*, que consistem num qualificativo atribuído a algumas autarquias e fundações que: (i) celebraram um contrato de gestão com a Administração Direta; e (ii) possuírem um plano estratégico de reestruturação e de desenvolvimento em andamento. O exemplo mais famoso de agência executiva é o INMETRO (Instituto Nacional de Metrologia, Normalização e Certificação de Qualidade).

APROFUNDANDO! Além de regular a prestação de serviços públicos as Agências Reguladoras poderão regulamentar: (i) atividade de fomento, como no caso da ANCINE – Agência Nacional do Cinema; (ii) atividades econômicas, como a ANP – Agência Nacional do Petróleo; (iii) atividades facultadas à exploração dos particulares, como a ANVISA – Agência Nacional da Vigilância Sanitária; e (iv) a utilização dos bens públicos, como a ANA – Agência Nacional de Águas.

b) Associações Públicas: são frutos dos chamados *consórcios públicos*, que consistem nos ajustes firmados entre os entes políticos (União, Estados, Distrito Federal e Municípios) na busca de objetivos comuns.

O agrupamento dessas entidades dá ensejo à criação de uma nova pessoa jurídica, que pode ter personalidade jurídica de Direito Público ou de Direito Privado. Quando o consórcio possuir *personalidade jurídica de Direito Público*, será denominado associação pública, que é espécie de autarquia (art. 41, IV, do Código Civil). Se tiver personalidade jurídica de Direito Privado, poderemos chamá-la simplesmente de associação oriunda de Consórcio Público.

Exemplo de consórcio público: União, Estado do Amazonas e Município de Manaus, unidos para realizar uma obra de saneamento básico para uma aldeia indígena. A União entra no ajuste com o dinheiro, o Estado do Amazonas, com o equipamento técnico, e o Município de Manaus, com o terreno. Percebam que todos estão somando forças na busca de um objetivo comum.

c) Autarquias Profissionais: São as entidades de classe como o CRM (Conselho Regional de Medicina), COREN (Conselho Regional de Enfermagem), CAU (Conselho de Arquitetura e Urbanismo) e CREF (Conselho Regional de Educação Física). Esse é o posicionamento do STF nos EDcl no ARE 778.625-PR e na ADI 1717:

> PROCESSUAL CIVIL. EMBARGOS DE DECLARAÇÃO RECEBIDOS COMO AGRAVO REGIMENTAL. CONSELHOS PROFISSIONAIS. CUSTAS PROCESSUAIS. ISENÇÃO. INEXISTÊNCIA ART. 4º, PARÁGRAFO ÚNICO, DA LEI 9.289/96. 1. Apesar de ostentarem a natureza de autarquia, os Conselhos Profissionais estão excluídos da isenção do pagamento de custas. É o que estabelece o parágrafo único do art. 4º da Lei 9.289/96. 2. Agravo regimental a que se nega provimento. (ARE 778625 ED, Relator(a): Min. TEORI ZAVASCKI, Segunda Turma, julgado em 18-3-2014, PROCESSO ELETRÔNICO DJe-064 DIVULG 31-3-2014 PUBLIC 1º-4-2014)

> DIREITO CONSTITUCIONAL E ADMINISTRATIVO. AÇÃO DIRETA DE INCONSTITUCIONALIDADE DO ART. 58 E SEUS PARÁGRAFOS DA LEI FEDERAL N. 9.649, DE 27-5-1998, QUE TRATAM DOS SERVIÇOS DE FISCALIZAÇÃO DE PROFISSÕES REGULAMENTADAS. 1. Estando prejudicada a Ação, quanto ao § 3º do art. 58 da Lei n. 9.649, de 27-5-1998, como já decidiu o Plenário, quando apreciou o pedido de medida cautelar, a Ação Direta é julgada procedente, quanto ao mais, declarando-se a inconstitucionalidade do *caput* e dos § 1º, 2º, 4º, 5º, 6º, 7º e 8º do mesmo art. 58. 2. Isso porque a interpretação conjugada dos arts. 5º, XIII, 22, XVI, 21, XXIV, 70, parágrafo único, 149 e 175 da Constituição Federal, leva à conclusão, no sentido da indelegabilidade, a uma entidade privada, de atividade típica de Estado, que abrange até poder de polícia, de tributar e de punir, no que concerne ao exercício de atividades profissionais regulamentadas, como ocorre com os dispositivos impugnados. 3. Decisão unânime. (ADI 1717, Relator: Min. SYDNEY SANCHES, Tribunal Pleno, julgado em 7-11-2002, PUBLIC 28-3-2003).

Outro tema interessante decidido pelo STF em regime de repercussão geral foi o atinente à impossibilidade de execução de dívidas dos conselhos de classe pelo regime de precatórios:

> EXECUÇÃO – CONSELHOS – ÓRGÃOS DE FISCALIZAÇÃO – DÉBITOS – DECISÃO JUDICIAL. A execução de débito de Conselho de Fiscalização não se submete ao sistema de precatório. (RE 938837, Relator(a): Min. EDSON FACHIN, Relator(a) p/ Acórdão: Min. MARCO AURÉLIO, Tribunal Pleno,

julgado em 19-4-2017, PROCESSO ELETRÔNICO REPERCUSSÃO GERAL – MÉRITO DJe-216 DIVULG 22-9-2017 PUBLIC 25-9-2017).

Consigna-se que, com o julgamento da ADIN n. 1.717-6 pelo Supremo Tribunal Federal, reconheceu-se a inconstitucionalidade do art. 58 da Lei n. 9.649/98, o qual assegurava o caráter privado dos conselhos de fiscalização profissional, passando aquela Corte a perfilhar o entendimento de que essas entidades têm natureza jurídica de direito público autárquico.

O Plenário reconheceu que os conselhos de fiscalização profissional são autarquias especiais – pessoas jurídicas de direito público, que se submetem à fiscalização do Tribunal de Contas da União (TCU) e ao sistema de concurso público para a seleção de pessoal. Além disso, esses órgãos são dotados de poder de polícia e poder arrecadador. Entretanto, eles não participam do orçamento público, não recebem aporte do Poder Central nem se confundem com a Fazenda Pública.

A respeito dos conselhos de classe, entendeu o Superior Tribunal de Justiça que não podem registrar seus carros como sendo oficiais:

> ADMINISTRATIVO. CONSELHO DE FISCALIZAÇÃO PROFISSIONAL. AUTOMÓVEIS. REGISTRO COMO VEÍCULOS OFICIAIS. AUTORIZAÇÃO LEGAL. AUSÊNCIA. 1. O § 1º do art. 120 da Lei n. 9.503/1997 – Código de Trânsito Brasileiro só autoriza o registro de veículos oficiais de propriedade da administração direta, da União, dos Estados, do Distrito Federal e dos Municípios, de qualquer um dos poderes.
>
> 2. Os conselhos de fiscalização profissional, de natureza autárquica, compõem a administração pública indireta (art. 4º, II, do DL n. 200/1967), razão pela qual não há autorização para registrar os veículos de sua propriedade como veículos oficiais.
>
> 3. Agravo conhecido para negar provimento ao recurso especial. (AREsp 1029385/SP, rel. Ministro GURGEL DE FARIA, PRIMEIRA TURMA, julgado em 5-12-2017, DJe 9-2-2018).

Sobre o tema, importante lembrar que a OAB (Ordem dos Advogados do Brasil), apesar de ser uma entidade de classe, não é autarquia no entendimento do Supremo Tribunal Federal na ADI n. 3.026:

> AÇÃO DIRETA DE INCONSTITUCIONALIDADE. § 1º DO ART. 79 DA LEI N. 8.906, 2ª PARTE. "SERVIDORES" DA ORDEM DOS ADVOGADOS DO BRASIL. PRECEITO QUE POSSIBILITA A OPÇÃO PELO REGIME CELESTISTA. COMPENSAÇÃO PELA ESCOLHA DO REGIME JURÍDICO NO MOMENTO DA APOSENTADORIA. INDENIZAÇÃO. IMPOSIÇÃO DOS DITAMES INERENTES À ADMINISTRAÇÃO PÚBLICA DIRETA E INDIRETA. CONCURSO PÚBLICO (ART. 37, II DA CONSTITUIÇÃO DO BRASIL). INEXIGÊNCIA DE CONCURSO

PÚBLICO PARA A ADMISSÃO DOS CONTRATADOS PELA OAB. AUTARQUIAS ESPECIAIS E AGÊNCIAS. CARÁTER JURÍDICO DA OAB. ENTIDADE PRESTADORA DE SERVIÇO PÚBLICO INDEPENDENTE. CATEGORIA ÍMPAR NO ELENCO DAS PERSONALIDADES JURÍDICAS EXISTENTES NO DIREITO BRASILEIRO. AUTONOMIA E INDEPENDÊNCIA DA ENTIDADE. PRINCÍPIO DA MORALIDADE. VIOLAÇÃO DO ART. 37, *CAPUT*, DA CONSTITUIÇÃO DO BRASIL. NÃO OCORRÊNCIA. 1. A Lei n. 8.906, art. 79, § 1º, possibilitou aos "servidores" da OAB, cujo regime outrora era estatutário, a opção pelo regime celetista. Compensação pela escolha: indenização a ser paga à época da aposentadoria. **2. Não procede a alegação de que a OAB sujeita-se aos ditames impostos à Administração Pública Direta e Indireta. 3. A OAB não é uma entidade da Administração Indireta da União.** A Ordem é um serviço público independente, categoria ímpar no elenco das personalidades jurídicas existentes no direito brasileiro. **4. A OAB não está incluída na categoria na qual se inserem essas que se tem referido como "autarquias especiais" para pretender-se afirmar equivocada independência das hoje chamadas "agências". 5. Por não consubstanciar uma entidade da Administração Indireta, a OAB não está sujeita a controle da Administração, nem a qualquer das suas partes está vinculada. Essa não vinculação é formal e materialmente necessária.** 6. A OAB ocupa-se de atividades atinentes aos advogados, que exercem função constitucionalmente privilegiada, na medida em que são indispensáveis à administração da Justiça [art. 133 da CB/88]. É entidade cuja finalidade é afeita a atribuições, interesses e seleção de advogados. Não há ordem de relação ou dependência entre a OAB e qualquer órgão público. 7. A Ordem dos Advogados do Brasil, cujas características são autonomia e independência, não pode ser tida como congênere dos demais órgãos de fiscalização profissional. A OAB não está voltada exclusivamente a finalidades corporativas. Possui finalidade institucional. 8. Embora decorra de determinação legal, o regime estatutário imposto aos empregados da OAB não é compatível com a entidade, que é autônoma e independente. 9. Improcede o pedido do requerente no sentido de que se dê interpretação conforme o art. 37, inciso II, da Constituição do Brasil ao *caput* do art. 79 da Lei n. 8.906, que determina a aplicação do regime trabalhista aos servidores da OAB. 10. Incabível a exigência de concurso público para admissão dos contratados sob o regime trabalhista pela OAB. 11. Princípio da moralidade. Ética da legalidade e moralidade. Confinamento do princípio da moralidade ao âmbito da ética da legalidade, que não pode ser ultrapassada, sob pena de dissolução do próprio sistema. Desvio de poder ou de finalidade. 12. Julgo improcedente o pedido.

(ADI 3026, Relator(a): Min. EROS GRAU, Tribunal Pleno, julgado em 8-6-2006, *DJ* 29-9-2006 PP-00031 EMENT VOL-02249-03 PP-00478 RTJ VOL-00201-01 PP-00093) (Destacamos)

Logo, não aplicamos à OAB regras como a exigência de concurso público para a contratação de pessoal, nem a necessidade de realizar licitação antes de suas contratações.

No ano de 2017 o Supremo Tribunal Federal proferiu a seguinte decisão a respeito da OAB:

> COMPETÊNCIA – ORDEM DOS ADVOGADOS DO BRASIL – ANUIDADES. Ante a natureza jurídica de autarquia corporativista, cumpre à Justiça Federal, a teor do disposto no art. 109, inciso I, da Carta da República, processar e julgar ações em que figure na relação processual quer o Conselho Federal da Ordem dos Advogados do Brasil, quer seccional. (RE 595332, Relator(a): Min. MARCO AURÉLIO, Tribunal Pleno, julgado em 31-8-2016, ACÓRDÃO ELETRÔNICO REPERCUSSÃO GERAL – MÉRITO DJe-138 DIVULG 22-6-2017 PUBLIC 23-6-2017).

A partir de então começou-se a especular eventual mudança de posicionamento do Pretório Excelso no sentido da OAB ser uma autarquia, pois o art. 109 da Constituição Federal atribui a competência do Juiz Federal para apreciar questões envolvendo as causas em que a União, entidade autárquica ou empresa pública federal forem interessadas na condição de autoras, rés, assistentes ou oponentes.

No entanto, discordamos de tal posicionamento e entendemos que o Supremo apreciou apenas a questão da competência e não a natureza jurídica da OAB, se autarquia ou não. Esse entendimento pode ser extraído ainda de excerto do voto do Ministro Luis Roberto Barroso no RE 595332:

> O SENHOR MINISTRO LUÍS ROBERTO BARROSO – Eu também acompanho o Relator, mas gostaria de fazer um breve registro, Senhora Presidente. Eu acho que a Ordem tem uma posição muito singular. Eu acho que ela presta um serviço público, mas tenho dúvida se ela pode ser tipificada como uma entidade estatal, até pelo tipo de independência que precisa ter e porque acho que ela não é obrigada a fazer concurso público, o que seria uma consequência natural, se eu a considerasse uma pessoa jurídica de direito público. Desse modo, eu gostaria de ressalvar algumas dúvidas quanto à natureza jurídica da Ordem dos Advogados do Brasil. Porém, não tenho nenhuma dúvida de que é pacífico o entendimento de que a competência é da Justiça Federal. Portanto, eu estou acompanhando o Ministro Marco Aurélio, apenas me reservando para, em algum lugar do futuro, se vier a ser oportuno, tentar refletir sobre esta natureza singular da OAB.

O TCU decidiu no dia 7 de novembro de 2018, nos autos do TC 015.720/2018-7, que a OAB deve submeter suas contas à fiscalização do órgão. A decisão unânime da Corte foi a partir do voto do relator, Ministro Bruno Dantas e vale para o exercício de 2020.

O ministro Dantas enfatizou que:

> Aproveito a oportunidade para enfatizar que o momento atual é de uma sociedade que exige cada vez mais a transparência das instituições. A consolidação do Estado

Democrático de Direito e a efetivação do princípio republicano estão intimamente ligadas à noção de *accountability* pública. No desenho institucional brasileiro, a OAB exerce papel fundamental de vigilante sobre o exercício do poder estatal e de defesa da Constituição e do Estado Democrático de Direito. Por essa razão, deve ser a primeira, entre os conselhos de fiscalização profissional, a servir de exemplo, e apresentar uma gestão transparente e aberta ao controle público. Atualmente, sujeitam-se ao controle do Tribunal de Contas da União mais de 550 conselhos de fiscalização do exercício profissional (Acórdão 1.877/2018 – TCU – Plenário), os quais, somados, gerem recursos da ordem de R$ 3,3 bilhões anuais (Acórdão 96/2016 – TCU – Plenário). Tais conselhos se submetem à fiscalização do Tribunal desde muitos anos, não havendo qualquer alegação de mácula provocada por esta Corte em relação à sua autonomia finalística.

Como a decisão é muito recente, acompanhemos como ficará a posição do Supremo Tribunal Federal sobre o assunto.

2.3.3.2. *Fundações*

São pessoas jurídicas com patrimônio personalizado, cuja criação depende de autorização de lei específica, que desempenham atividades estatais no âmbito social, como educação, cultura e pesquisa.

Há divergência quanto à natureza jurídica dessas entidades. Parcela da doutrina entende que sempre terão personalidade jurídica de Direito Privado. Outra parte defende que terão personalidade jurídica de Direito Público. O melhor posicionamento é o intermediário, que entende ser incumbência da lei que autoriza a criação da fundação definir se terá personalidade jurídica de Direito Público ou de Direito Privado. Em resumo, Fundação instituída pelo Poder Público poderá ter personalidade jurídica de Direito Público ou de Direito Privado de acordo com a lei instituidora.

Sobre o assunto, o Supremo Tribunal Federal fixou a seguinte tese a respeito do tema 545 de repercussão geral: "**1. A qualificação de uma fundação instituída pelo Estado como sujeita ao regime público ou privado depende (i) do estatuto de sua criação ou autorização e (ii) das atividades por ela prestadas. As atividades de conteúdo econômico e as passíveis de delegação, quando definidas como objetos de dada fundação, ainda que essa seja instituída ou mantida pelo Poder público, podem-se submeter ao regime jurídico de direito privado. 2. A estabilidade especial do art. 19 do ADCT não se estende aos empregados das fundações públicas de direito privado, aplicando-se tão somente aos servidores das pessoas jurídicas de direito público**" (RE 716378/SP, rel. Min. Dias Toffoli, julgamento em 1º e 7-8-2019).

Sempre que nos referirmos a fundação, devemos lembrar da sua característica principal: patrimônio personalizado, isto é, patrimônio destinado a uma finalidade específica, por exemplo, uma casa que foi doada para a instalação de uma clínica que cuida de crianças com câncer. No âmbito das Fundações Públicas, citamos o exemplo do patrimônio da FUNAI, que se destina à proteção e ao cuidado com os índios no Brasil.

São exemplos de fundações com personalidade jurídica de Direito Público: FUNAI (Fundação Nacional do Índio) e FUNASA (Fundação Nacional de Saúde). Segundo o STF, esse tipo de Fundação equivale a uma Autarquia (autarquia fundacional ou fundação autárquica). Logo, se a lei cria Autarquia (art. 37, XIX, da CF) também criará Fundação com personalidade jurídica de Direito Público, isto é, se lei instituidora da Fundação entra em vigor, automaticamente a entidade adquire personalidade jurídica, sem precisar de qualquer ato complementar, como o registro dos atos constitutivos.

Como exemplo de Fundação instituída pelo Poder Público, porém com personalidade jurídica de Direito Privado, podemos citar as TVs Educativas Estaduais, que, geralmente, apresentam-se nesse formato. No Estado de São Paulo, encontramos a Fundação Padre Anchieta (TV Cultura).

Cumpre destacar ainda que a lei complementar é que irá definir as áreas de atuação de uma Fundação, conforme o disposto no art. 37, XIX, da CF:

> XIX – somente por lei específica poderá ser criada autarquia e autorizada a instituição de empresa pública, de sociedade de economia mista e de fundação, cabendo à lei complementar, neste último caso, definir as áreas de sua atuação.

Muito cuidado se a fundação for privada, porém ligada a alguma entidade pública, porque nesse caso não irá se submeter ao regime de direito público. Essa foi a posição do Supremo Tribunal Federal no seguinte julgado:

> Agravo regimental em mandado de segurança. Tribunal de Contas da União. Provimento monocrático de mérito. Competência do relator (arts. 205 e 21, § 1º, RISTF). Fundação Banco do Brasil. Entidade de caráter privado. Repasse de recursos de natureza privada a terceiros. Desnecessidade de obediência aos ditames da Administração Pública. Agravo regimental do qual se conhece e ao qual se nega provimento. 1. O art. 205 do Regimento Interno da Suprema Corte autoriza o relator a julgar monocraticamente o mandado de segurança que versar matéria objeto de jurisprudência do Tribunal, bem como a negar seguimento a pedido manifestamente improcedente (arts. 205 e 21, § 1º, ambos do RISTF). Precedentes. 2. Não compete ao TCU adotar procedimento de fiscalização que alcance a Fundação Banco do Brasil quanto aos recursos próprios, de natureza eminentemente privada, repassados por aquela entidade a terceiros, visto que a FBB não integra o rol de entidades obrigadas a prestar contas àquela Corte de Contas, nos termos do art. 71, II, da CF, não lhe cabendo, por via reflexa, subserviência aos preceitos que regem a Administração Pública. Precedentes. 3. A inexistência de argumentação apta a infirmar o julgamento monocrático conduz

à manutenção da decisão recorrida. 4. Agravo regimental do qual se conhece e ao qual se nega provimento. (MS 32703 AgR, Relator(a): Min. DIAS TOFFOLI, Segunda Turma, julgado em 10-4-2018, PROCESSO ELETRÔNICO DJe-091 DIVULG 10-5-2018 PUBLIC 11-5-2018).

2.3.3.3. *Empresas Estatais (Empresas Públicas e Sociedades de Economia Mista)*

São pessoas jurídicas de Direito Privado cuja lei autoriza a criação para a prestação de serviços públicos ou para a exploração da atividade econômica.

Não apenas a autorização de criação depende de lei como também a alienação das Empresas Estatais. Esta a posição do Supremo Tribunal Federal para conferir ao art. 29, *caput*, XVIII, da Lei n. 13.303/2016, interpretação conforme à Constituição Federal, nos seguintes termos: **"i) a alienação do controle acionário de empresas públicas e sociedades de economia mista exige autorização legislativa e licitação; e ii) a exigência de autorização legislativa, todavia, não se aplica à alienação do controle de suas subsidiárias e controladas.** Nesse caso, a operação pode ser realizada sem a necessidade de licitação, desde que siga procedimentos que observem os princípios da administração pública inscritos no art. 37 da Constituição, respeitada, sempre, a exigência de necessária competitividade" (ADI 5624 MC-Ref/DF, rel. Min. Ricardo Lewandowski, julgamento em 5 e 6-6-2019).

Ambas as entidades, quando exploradoras da atividade econômica, estarão submetidas a um regime muito próximo das empresas privadas.

O Estado somente explorará diretamente atividade econômica quando necessário à *segurança nacional* ou ao *relevante interesse coletivo*, de acordo com o art. 173 da CF.

A lei, ao estabelecer o estatuto jurídico da empresa pública ou de sociedade de economia mista, inclusive de suas subsidiárias, que explorem atividade econômica de produção ou comercialização de bens ou de prestação de serviços, irá dispor sobre a sujeição ao regime jurídico próprio das empresas privadas:

> Art. 173. Ressalvados os casos previstos nesta Constituição, a exploração direta de atividade econômica pelo Estado só será permitida quando necessária aos imperativos da segurança nacional ou a relevante interesse coletivo, conforme definidos em lei.
>
> "§ 1º A lei estabelecerá o estatuto jurídico da empresa pública, da sociedade de economia mista e de suas subsidiárias que explorem atividade econômica de produção ou comercialização de bens ou de prestação de serviços, dispondo sobre:
>
> (...)
>
> II – a sujeição ao regime jurídico próprio das empresas privadas, inclusive quanto aos direitos e obrigações civis, comerciais, trabalhistas e tributários;

Por "próprio", devemos entender regime semelhante ao das empresas privadas, e não idêntico.

Assim, os funcionários das empresas estatais serão considerados *empregados públicos regidos pela CLT,* igualmente aos empregados das empresas privadas.

Por outro lado, a contratação de pessoal para trabalhar nas empresas estatais depende, em regra, de concurso público. Nesse ponto, é diferente do regime seguido por nós particulares. Por isso, costumamos deixar bem claro que seguir regime jurídico "próprio" das empresas privadas significa semelhante, e não idêntico.

A lei definidora do estatuto das empresas estatais é a Lei n. 13.303, de 30 de junho de 2016. Dela colacionamos o artigo inaugural, que assim dispõe:

> Art. 1º Esta Lei dispõe sobre o estatuto jurídico da empresa pública, da sociedade de economia mista e de suas subsidiárias, abrangendo toda e qualquer empresa pública e sociedade de economia mista da União, dos Estados, do Distrito Federal e dos Municípios que explore atividade econômica de produção ou comercialização de bens ou de prestação de serviços, ainda que a atividade econômica esteja sujeita ao regime de monopólio da União ou seja de prestação de serviços públicos.

Analisados os pontos comuns existentes entre as empresas públicas e as sociedades de economia mista, passemos a tecer comentários sobre as *diferenças* entre essas entidades.

a) Quanto à forma de organização societária:

Sociedades de Economia Mista: serão sempre sociedades anônimas (S/A);

Empresas Públicas: podem assumir qualquer forma societária admitida em direito – sociedades comerciais, sociedades civis, sociedades limitadas (Ltda.), sociedades anônimas etc.

b) Quanto à composição do capital:

Sociedades de Economia Mista: capital misto (dinheiro público e privado, quando da compra de ações na Bolsa de Valores de uma Petrobras, por exemplo);

Empresas Públicas: o capital é integralmente público, ainda que pertencente a mais de uma entidade, como dinheiro de um Estado e de um Município.

APROFUNDANDO! Se a empresa pública for constituída na forma de sociedade anônima, vale lembrar que somente poderá ser com capital fechado (sem poder vender ações na Bolsa de Valores), pois o capital dessa empresa estatal é integralmente público.

Sobre o tema, destacamos o que dispõe a Lei n. 13.303/2016 e o seu Decreto regulamentador n. 8.845/2016:

Lei n. 13.303/2016:

Art. 3º Empresa pública é a entidade dotada de personalidade jurídica de direito privado, com criação autorizada por lei e com patrimônio próprio, cujo capital social é integralmente detido pela União, pelos Estados, pelo Distrito Federal ou pelos Municípios.

Parágrafo único. Desde que a maioria do capital votante permaneça em propriedade da União, do Estado, do Distrito Federal ou do Município, será admitida, no capital da empresa pública, a participação de outras pessoas jurídicas de direito público interno, bem como de entidades da administração indireta da União, dos Estados, do Distrito Federal e dos Municípios.

(...)

Art. 11. A empresa pública não poderá:

I – lançar debêntures ou outros títulos ou valores mobiliários, conversíveis em ações;

II – emitir partes beneficiárias.

Decreto n. 8.945/2016:

Art. 2º Para os fins deste Decreto, considera-se:

I – empresa estatal – entidade dotada de personalidade jurídica de direito privado, cuja maioria do capital votante pertença direta ou indiretamente à União;

II – empresa pública – empresa estatal cuja maioria do capital votante pertença diretamente à União e cujo capital social seja constituído de recursos provenientes exclusivamente do setor público;

III – sociedade de economia mista – empresa estatal cuja maioria das ações com direito a voto pertença diretamente à União e cujo capital social admite a participação do setor privado;

IV – subsidiária – empresa estatal cuja maioria das ações com direito a voto pertença direta ou indiretamente a empresa pública ou a sociedade de economia mista;

V – conglomerado estatal – conjunto de empresas estatais formado por uma empresa pública ou uma sociedade de economia mista e as suas respectivas subsidiárias;

VI – sociedade privada – entidade dotada de personalidade jurídica de direito privado, com patrimônio próprio e cuja maioria do capital votante não pertença direta ou indiretamente à União, a Estado, ao Distrito Federal ou a Município; e

VII – administradores – membros do Conselho de Administração e da Diretoria da empresa estatal.

> (...)
> Art. 11. A empresa pública adotará, preferencialmente, a forma de sociedade anônima, que será obrigatória para as suas subsidiárias.
>
> Parágrafo único. A empresa pública não poderá:
>
> I – lançar debêntures ou outros títulos ou valores mobiliários, conversíveis em ações; e
>
> II – emitir partes beneficiárias.

c) Quanto à competência da Justiça Federal:

Empresas Públicas Federais: serão processadas e julgadas pela Justiça Federal (art. 109, I, da CF). Assim, uma ação contra a Caixa Econômica Federal será proposta na Justiça Federal;

Sociedades de Economia Mista Federais: serão processadas e julgadas pela Justiça Comum Estadual, uma vez que não foram incluídas no inciso I do art. 109 da Constituição Federal. Dessa forma, uma ação proposta contra o Banco do Brasil terá como foro competente a Justiça Estadual.

Segundo entende o STF, as sociedades de economia mista somente poderão resolver suas controvérsias na Justiça Federal quando a União quiser intervir como assistente ou opoente (Súmula 517).

Principais diferenças entre as empresas estatais:

Empresas Públicas	Sociedades de Economia Mista
• Capital totalmente público • Qualquer forma societária • Quando Federais: competência da Justiça Federal	• Capital misto (público + privado) • Sempre Sociedade Anônima • Quando Federais: competência da Justiça Estadual

APROFUNDANDO! Existem alguns pontos polêmicos a respeito das empresas estatais.

O primeiro deles consiste em saber se tais empresas podem ou não falir. Nos termos da Lei de Falências (art. 2º, I, da Lei n. 11.101/2005) não é possível ocorrer a falência das empresas públicas e sociedades de economia mista. Portanto, este é o posicionamento dominante, apesar de parcela da doutrina entender que somente as empresas prestadoras de serviço público é que não poderiam falir (cabendo a falência das exploradoras da atividade econômica – posição minoritária). Está com a posição minoritária Celso Antônio Bandeira de Mello, que assim ensina:

Quando se tratar de exploradoras de atividade econômica, então, a falência terá curso absolutamente normal, como se de outra entidade mercantil qualquer se tratara. É que, como dito, a Constituição, no art. 173, § 1º, II, atribuiu-lhes sujeição "ao regime jurídico próprio das empresas privadas inclusive quanto aos direitos e obrigações civis, comerciais [...]". Disto se deduz, também, que o Estado não poderia responder subsidiariamente pelos créditos de terceiros que ficassem a descoberto, pois se o fizesse, estaria oferecendo-lhes um respaldo de que não desfrutam as demais empresas privadas. Quando, pelo contrário, forem prestadoras de serviço ou obra pública, é bem de ver que os bens afetados ao serviço e as obras em questão são bens públicos e não podem ser distraídos da correspondente finalidade, necessários que são ao cumprimento dos interesses públicos a que devem servir. Assim, jamais caberia a venda destes bens em hasta pública, que seria o consectário natural da penhora e execução judicial em caso de falência[51].

O segundo ponto polêmico refere-se à obrigatoriedade ou não de as empresas estatais licitarem. A resposta depende de saber se estamos diante de atividades de meio e de fim de tais empresas. Assim, ressalta-se que empresas públicas e sociedades de economia mista deverão licitar para as atividades de meio (ex.: o Banco do Brasil deve licitar para alugar uma casa e instalar sua agência, pois a casa é um meio para o banco funcionar). No entanto, em se tratando de atividade de fim, não precisam licitar as empresas estatais (ex.: o Banco do Brasil não precisa licitar quando for emprestar dinheiro no mercado de consumo, pois, se a licitação fosse obrigatória, nesse caso o Banco do Brasil não conseguiria concorrer com os bancos privados, como o Santander, por exemplo).

O Supremo Tribunal Federal concluiu que os serviços de logística devem ser entendidos como afins ao serviço postal, o que justifica a aplicação de regime diferenciado à Empresa Brasileira de Correios e a dispensa de licitação nesses casos:

"Agravo regimental em mandado de segurança. 2. Tribunal de Contas da União. 3. Empresa Brasileira de Correios e Telégrafos. Peculiaridades dos serviços prestados seja em regime de privilégio seja em concorrência com particulares. Regime especial. Precedentes do STF. 4. Contratação direta pela Administração Pública para prestação de serviços de logística. Dispensa de licitação. Preenchimento dos requisitos previstos no art. 24, VIII, da Lei n. 8.666/1993. Possibilidade. 5. Ausência de argumentos capazes de infirmar a decisão agravada. 6. Agravo regimental desprovido." (MS 34939 AgR, Relator(a): Min. GILMAR MENDES, Segunda Turma, julgado em 19-3-2019, PROCESSO ELETRÔNICO DJe-069 DIVULG 4-4-2019 PUBLIC 5-4-2019)

---

51 BANDEIRA DE MELLO, Celso Antônio. *Curso de direito administrativo*. 27. ed. São Paulo: Malheiros, 2010. p. 210-211.

Outra questão é saber se a licitação, quando devida, será sob a égide da Lei n. 8.666/93. Isto porque o parágrafo único do art. 1º do citado Diploma Legal assim estabelece:

> Subordinam-se ao regime desta Lei, além dos órgãos da administração direta, os fundos especiais, as autarquias, as fundações públicas, as empresas públicas, as sociedades de economia mista e demais entidades controladas direta ou indiretamente pela União, Estados, Distrito Federal e Municípios.

Apesar da previsão expressa de subordinação das empresas estatais à antiga, porém ainda vigente, Lei Geral de Licitações e Contratos Administrativos, o procedimento licitatório dessas entidades deverá seguir o respectivo estatuto jurídico previsto na Lei n. 13.303/2016. Vejamos.

Sobre o tema, importante informar que em 1º de abril de 2021 foi editada a Lei n. 14.133, a denominada pela doutrina Nova Lei de Licitações e Contratos Administrativos, que também estabelece normas gerais de licitação e contratação para as Administrações Públicas diretas, autárquicas e fundacionais da União, dos Estados, do Distrito Federal e dos Municípios, e abrange: i) os órgãos dos Poderes Legislativo e Judiciário da União, dos Estados e do Distrito Federal e os órgãos do Poder Legislativo dos Municípios, quando no desempenho de função administrativa; e, ii) os fundos especiais e as demais entidades controladas direta ou indiretamente pela Administração Pública.

Segundo o art. 193 da Lei n. 14.133/2021, não houve a revogação imediata e integral da Lei n. 8.666/93, mas apenas dos arts. 89 a 108, que tratam dos crimes na licitação e respectivas penas, além do processo judicial. Desta forma, as Leis de n. 8.666/93, Lei n. 10.520/2002 (Lei do Pregão), e os arts. 1º a 47-A da Lei n. 12.462/2011 (Lei do Regime Diferenciado de Contratação – RDC), permanecerão vigentes, concomitantemente à Nova Lei de Licitações e Contratos Administrativos, até decorridos 2 anos da publicação oficial desta Lei (até 1º-4-2023).

A Nova Lei de Licitações deixou expresso em seu art. 1º, § 1º que:

> Não são abrangidas por esta Lei as empresas públicas, as sociedades de economia mista e as suas subsidiárias, regidas pela Lei n. 13.303, de 30 de junho de 2016, ressalvado o disposto no art. 178 desta Lei.

O citado art. 178 da Lei n. 14.133/2021 trata dos crimes em licitações e contratos administrativos.

No tocante ao disposto sobre licitações e contratos no Estatuto das Empresas Estatais, Lei n. 13.303/2016, cumpre destacar:

> Art. 28. Os contratos com terceiros destinados à prestação de serviços às empresas públicas e às sociedades de economia mista, inclusive de engenharia e

de publicidade, à aquisição e à locação de bens, à alienação de bens e ativos integrantes do respectivo patrimônio ou à execução de obras a serem integradas a esse patrimônio, bem como à implementação de ônus real sobre tais bens, serão precedidos de licitação nos termos desta Lei, ressalvadas as hipóteses previstas nos arts. 29 e 30.

(...)

Art. 31. As licitações realizadas e os contratos celebrados por empresas públicas e sociedades de economia mista destinam-se a assegurar a seleção da proposta mais vantajosa, inclusive no que se refere ao ciclo de vida do objeto, e a evitar operações em que se caracterize sobrepreço ou superfaturamento, devendo observar os princípios da impessoalidade, da moralidade, da igualdade, da publicidade, da eficiência, da probidade administrativa, da economicidade, do desenvolvimento nacional sustentável, da vinculação ao instrumento convocatório, da obtenção de competitividade e do julgamento objetivo.

Art. 32. Nas licitações e contratos de que trata esta Lei serão observadas as seguintes diretrizes:

I – padronização do objeto da contratação, dos instrumentos convocatórios e das minutas de contratos, de acordo com normas internas específicas;

II – busca da maior vantagem competitiva para a empresa pública ou sociedade de economia mista, considerando custos e benefícios, diretos e indiretos, de natureza econômica, social ou ambiental, inclusive os relativos à manutenção, ao desfazimento de bens e resíduos, ao índice de depreciação econômica e a outros fatores de igual relevância;

III – parcelamento do objeto, visando a ampliar a participação de licitantes, sem perda de economia de escala, e desde que não atinja valores inferiores aos limites estabelecidos no art. 29, incisos I e II;

IV – adoção preferencial da modalidade de licitação denominada pregão, instituída pela Lei n. 10.520, de 17 de julho de 2002, para a aquisição de bens e serviços comuns, assim considerados aqueles cujos padrões de desempenho e qualidade possam ser objetivamente definidos pelo edital, por meio de especificações usuais no mercado;

V – observação da política de integridade nas transações com partes interessadas.

§ 1º As licitações e os contratos disciplinados por esta Lei devem respeitar, especialmente, as normas relativas à:

I – disposição final ambientalmente adequada dos resíduos sólidos gerados pelas obras contratadas;

II – mitigação dos danos ambientais por meio de medidas condicionantes e de compensação ambiental, que serão definidas no procedimento de licenciamento ambiental;

III – utilização de produtos, equipamentos e serviços que, comprovadamente, reduzam o consumo de energia e de recursos naturais;

IV – avaliação de impactos de vizinhança, na forma da legislação urbanística;

V – proteção do patrimônio cultural, histórico, arqueológico e imaterial, inclusive por meio da avaliação do impacto direto ou indireto causado por investimentos realizados por empresas públicas e sociedades de economia mista;

VI – acessibilidade para pessoas com deficiência ou com mobilidade reduzida.

§ 2º A contratação a ser celebrada por empresa pública ou sociedade de economia mista da qual decorra impacto negativo sobre bens do patrimônio cultural, histórico, arqueológico e imaterial tombados dependerá de autorização da esfera de governo encarregada da proteção do respectivo patrimônio, devendo o impacto ser compensado por meio de medidas determinadas pelo dirigente máximo da empresa pública ou sociedade de economia mista, na forma da legislação aplicável.

§ 3º As licitações na modalidade de pregão, na forma eletrônica, deverão ser realizadas exclusivamente em portais de compras de acesso público na internet.

§ 4º Nas licitações com etapa de lances, a empresa pública ou sociedade de economia mista disponibilizará ferramentas eletrônicas para envio de lances pelos licitantes.

O citado art. 29 trata do rol taxativo das hipóteses de licitação dispensável das empresas públicas e sociedades de economia mista.

Art. 29. É dispensável a realização de licitação por empresas públicas e sociedades de economia mista:

I – para obras e serviços de engenharia de valor até R$ 100.000,00 (cem mil reais), desde que não se refiram a parcelas de uma mesma obra ou serviço ou ainda a obras e serviços de mesma natureza e no mesmo local que possam ser realizadas conjunta e concomitantemente;

II – para outros serviços e compras de valor até R$ 50.000,00 (cinquenta mil reais) e para alienações, nos casos previstos nesta Lei, desde que não se refiram a parcelas de um mesmo serviço, compra ou alienação de maior vulto que possa ser realizado de uma só vez;

III – quando não acudirem interessados à licitação anterior e essa, justificadamente, não puder ser repetida sem prejuízo para a empresa pública ou a sociedade de economia mista, bem como para suas respectivas subsidiárias, desde que mantidas as condições preestabelecidas;

IV – quando as propostas apresentadas consignarem preços manifestamente superiores aos praticados no mercado nacional ou incompatíveis com os fixados pelos órgãos oficiais competentes;

V – para a compra ou locação de imóvel destinado ao atendimento de suas finalidades precípuas, quando as necessidades de instalação e localização condicionarem a escolha do imóvel, desde que o preço seja compatível com o valor de mercado, segundo avaliação prévia;

VI – na contratação de remanescente de obra, de serviço ou de fornecimento, em consequência de rescisão contratual, desde que atendida a ordem de classificação da licitação anterior e aceitas as mesmas condições do contrato encerrado por rescisão ou distrato, inclusive quanto ao preço, devidamente corrigido;

VII – na contratação de instituição brasileira incumbida regimental ou estatutariamente da pesquisa, do ensino ou do desenvolvimento institucional ou de instituição dedicada à recuperação social do preso, desde que a contratada detenha inquestionável reputação ético-profissional e não tenha fins lucrativos;

VIII – para a aquisição de componentes ou peças de origem nacional ou estrangeira necessários à manutenção de equipamentos durante o período de garantia técnica, junto ao fornecedor original desses equipamentos, quando tal condição de exclusividade for indispensável para a vigência da garantia;

IX – na contratação de associação de pessoas com deficiência física, sem fins lucrativos e de comprovada idoneidade, para a prestação de serviços ou fornecimento de mão de obra, desde que o preço contratado seja compatível com o praticado no mercado;

X – na contratação de concessionário, permissionário ou autorizado para fornecimento ou suprimento de energia elétrica ou gás natural e de outras prestadoras de serviço público, segundo as normas da legislação específica, desde que o objeto do contrato tenha pertinência com o serviço público.

XI – nas contratações entre empresas públicas ou sociedades de economia mista e suas respectivas subsidiárias, para aquisição ou alienação de bens e prestação ou obtenção de serviços, desde que os preços sejam compatíveis com os praticados no mercado e que o objeto do contrato tenha relação com a atividade da contratada prevista em seu estatuto social;

XII – na contratação de coleta, processamento e comercialização de resíduos sólidos urbanos recicláveis ou reutilizáveis, em áreas com sistema de coleta seletiva de lixo, efetuados por associações ou cooperativas formadas exclusivamente por pessoas físicas de baixa renda que tenham como ocupação econômica a coleta de materiais recicláveis, com o uso de equipamentos compatíveis com as normas técnicas, ambientais e de saúde pública;

XIII – para o fornecimento de bens e serviços, produzidos ou prestados no País, que envolvam, cumulativamente, alta complexidade tecnológica e defesa nacional, mediante parecer de comissão especialmente designada pelo dirigente máximo da empresa pública ou da sociedade de economia mista;

XIV – nas contratações visando ao cumprimento do disposto nos arts. 3º, 4º, 5º e 20 da Lei n. 10.973, de 2 de dezembro de 2004, observados os princípios gerais de contratação dela constantes;

XV – em situações de emergência, quando caracterizada urgência de atendimento de situação que possa ocasionar prejuízo ou comprometer a segurança de pessoas, obras, serviços, equipamentos e outros bens, públicos ou particulares, e somente para os bens necessários ao atendimento da situação emergencial e para as parcelas de obras e serviços que possam ser concluídas no prazo máximo de 180 (cento e oitenta) dias consecutivos e ininterruptos, contado da ocorrência da emergência, vedada a prorrogação dos respectivos contratos, observado o disposto no § 2º;

XVI – na transferência de bens a órgãos e entidades da administração pública, inclusive quando efetivada mediante permuta;

XVII – na doação de bens móveis para fins e usos de interesse social, após avaliação de sua oportunidade e conveniência socioeconômica relativamente à escolha de outra forma de alienação;

XVIII – na compra e venda de ações, de títulos de crédito e de dívida e de bens que produzam ou comercializem.

§ 1º Na hipótese de nenhum dos licitantes aceitar a contratação nos termos do inciso VI do *caput*, a empresa pública e a sociedade de economia mista poderão convocar os licitantes remanescentes, na ordem de classificação, para a celebração do contrato nas condições ofertadas por estes, desde que o respectivo valor seja igual ou inferior ao orçamento estimado para a contratação, inclusive quanto aos preços atualizados nos termos do instrumento convocatório.

§ 2º A contratação direta com base no inciso XV do *caput* não dispensará a responsabilização de quem, por ação ou omissão, tenha dado causa ao motivo ali descrito, inclusive no tocante ao disposto na Lei n. 8.429, de 2 de junho de 1992.

§ 3º Os valores estabelecidos nos incisos I e II do *caput* podem ser alterados, para refletir a variação de custos, por deliberação do Conselho de Administração da empresa pública ou sociedade de economia mista, admitindo-se valores diferenciados para cada sociedade.

A polêmica desse dispositivo está relacionada ao inciso XVIII que considera como hipótese de licitação dispensável a compra e venda de ações, de títulos de crédito e de dívida e de bens que produzam ou comercializem. Estaria o citado comando legal autorizando a privatização de Empresas Estatais sem a necessidade de lei autorizativa e com dispensa de licitação? A controvérsia chegou no Supremo Tribunal Federal que assim decidiu:

MEDIDA CAUTELAR EM AÇÃO DIRETA DE INCONSTITUCIONALIDADE. CONCESSÃO PARCIAL MONOCRÁTICA. INTERPRETAÇÃO CONFORME À CONSTITUIÇÃO. ART. 29, *CAPUT*, DA LEI N.

13.303/2016. VENDA DE AÇÕES. ALIENAÇÃO DO CONTROLE ACIONÁRIO DE EMPRESAS PÚBLICAS, SOCIEDADES DE ECONOMIA MISTA OU DE SUAS SUBSIDIÁRIAS E CONTROLADAS. NECESSIDADE DE PRÉVIA AUTORIZAÇÃO LEGISLATIVA E DE LICITAÇÃO. VOTO MÉDIO. MEDIDA CAUTELAR PARCIALMENTE PELO PLENÁRIO. I – A alienação do controle acionário de empresas públicas e sociedades de economia mista exige autorização legislativa e licitação pública. II – A transferência do controle de subsidiárias e controladas não exige a anuência do Poder Legislativo e poderá ser operacionalizada sem processo de licitação pública, desde que garantida a competitividade entre os potenciais interessados e observados os princípios da administração pública constantes do art. 37 da Constituição da República. III – Medida cautelar parcialmente referendada pelo Plenário do Supremo Tribunal Federal. (ADI 5624 MC-Ref. Órgão julgador: Tribunal Pleno. Relator(a): Min. RICARDO LEWANDOWSKI. Julgamento: 6-6-2019. Publicação: 29-11-2019. Apregoada em conjunto as MC-ADI 5.846, MC-ADI 5.924 e MC-ADI 6.029).

No tocante ao art. 30 da Lei n. 13.303/2016, encontramos o rol exemplificativo de inexigibilidade de licitação:

> Art. 30. A contratação direta será feita quando houver inviabilidade de competição, em especial na hipótese de:
>
> I – aquisição de materiais, equipamentos ou gêneros que só possam ser fornecidos por produtor, empresa ou representante comercial exclusivo;
>
> II – contratação dos seguintes serviços técnicos especializados, com profissionais ou empresas de notória especialização, vedada a inexigibilidade para serviços de publicidade e divulgação:
>
> a) estudos técnicos, planejamentos e projetos básicos ou executivos;
>
> b) pareceres, perícias e avaliações em geral;
>
> c) assessorias ou consultorias técnicas e auditorias financeiras ou tributárias;
>
> d) fiscalização, supervisão ou gerenciamento de obras ou serviços;
>
> e) patrocínio ou defesa de causas judiciais ou administrativas;
>
> f) treinamento e aperfeiçoamento de pessoal;
>
> g) restauração de obras de arte e bens de valor histórico.
>
> § 1º Considera-se de notória especialização o profissional ou a empresa cujo conceito no campo de sua especialidade, decorrente de desempenho anterior, estudos, experiência, publicações, organização, aparelhamento, equipe técnica ou outros requisitos relacionados com suas atividades, permita inferir que o seu trabalho é essencial e indiscutivelmente o mais adequado à plena satisfação do objeto do contrato.

§ 2º Na hipótese do *caput* e em qualquer dos casos de dispensa, se comprovado, pelo órgão de controle externo, sobrepreço ou superfaturamento, respondem solidariamente pelo dano causado quem houver decidido pela contratação direta e o fornecedor ou o prestador de serviços.

Sobre o tema, é importante lembrar ainda que o processo de contratação direta das empresas estatais será instruído, no que couber, com os seguintes elementos: (i) caracterização da situação emergencial ou calamitosa que justifique a dispensa, quando for o caso; (ii) razão da escolha do fornecedor ou do executante; (iii) justificativa do preço (art. 30, § 3º, da Lei n. 13.303/2016).

Ainda sobre o dever de licitar, vale destacar que a Petrobras sempre pode seguir um procedimento simplificado de licitação, nos termos dos arts. 67 e 68 da Lei n. 9.478/97 e do Decreto Federal n. 2.745/98 e com o apoio do STF, como entendimento firmado no julgamento do Mandado de Segurança 27.837. Sobre o assunto vale ressaltar que o Tribunal de Contas da União sempre se manifestou contra tal possibilidade, entendendo que a Petrobras deveria seguir a Lei n. 8.666/93 (Acórdão 422/2008 Plenário).

A Lei n. 13.303/2016, em seu art. 96, II, revogou os arts. 67 e 68 da Lei n. 9.478/97, pondo fim ao procedimento simplificado da Petrobras, que deverá seguir, como qualquer outra empresa estatal, o estatuto jurídico das empresas públicas e sociedades de economia mista ora estudado.

O terceiro e último ponto a ser discutido nesse aprofundamento dos conhecimentos jurídicos relaciona-se ao tratamento diferenciado concedido às empresas estatais prestadoras de serviços públicos, como acontece com os Correios. Em razão da importância do serviço prestado – público –, tais entidades da Administração Indireta e com personalidade jurídica de Direito Privado terão direito a privilégios típicos das entidades da Administração Direta, como ocorre com a União. Nesse contexto, vale lembrar, a título de exemplo, que no entendimento do STF os bens dos Correios são impenhoráveis, ou seja, em caso de dívida desta empresa pública seus bens não poderão ser vendidos para satisfazer o direito do credor, assim como ocorre com os bens dos particulares. Deve-se observar, nesse caso, o regime de precatórios (STF – Recurso Extraordinário 393.032 – *DJe* 18-12-2009).

No mesmo sentido, é o entendimento sobre a execução de dívidas das estatais prestadoras de serviços públicos em regime de precatórios:

Arguição de descumprimento de preceito fundamental. 2. Ato lesivo fundado em decisões de primeiro e de segundo graus do Tribunal Regional do Trabalho da 22ª Região que determinaram bloqueio, penhora e liberação de valores oriundos da conta única do Estado do Piauí, para pagamento de verbas trabalhistas de empregados da Empresa de Gestão de Recursos do Estado do Piauí S/A (EMGERPI). 3. Conversão da análise do pedido de medida cautelar em julgamento de mérito. Ação devidamente instruída. Possibilidade. Precedentes. **4. É aplicável o regime dos precatórios às sociedades de economia mista prestadoras de serviço público próprio do Estado e de natureza não concorrencial. Precedentes.** 5. Ofensa aos princípios constitucionais do sistema financeiro e orçamentário, em especial ao da legalidade orçamentária (art. 167, VI, da CF), aos princípios da independência e da harmonia entre os Poderes (art. 2º da CF) e ao regime constitucional dos precatórios (art. 100 da CF). 6. Arguição de descumprimento de preceito fundamental julgada procedente. (ADPF 387, Relator(a): Min. GILMAR MENDES, Tribunal Pleno, julgado em 23-3-2017, PROCESSO ELETRÔNICO *DJe*-244 DIVULG 24-10-2017 PUBLIC 25-10-2017) (Destacamos)

A contrário senso, não se submetem ao regime de precatório as empresas públicas dotadas de patrimônio próprio e autonomia administrativa que exerçam atividade econômica sem monopólio e com finalidade de lucro. Com base nesse entendimento, a Primeira Turma do STF, por maioria, negou provimento a recurso extraordinário em que se pretendia a submissão de empresa pública exploradora da atividade econômica à sistemática dos precatórios (RE 892727/DF, rel. orig. Min. Alexandre de Morais, red. p/ o ac. Min. Rosa Weber, julgamento em 7-8-2018).

A imunidade recíproca também é um benefício gozado pelos Correios. Assim, apesar de a Constituição estabelecer a impossibilidade de se cobrar impostos entre as pessoas políticas e estender tal prerrogativa a autarquias e fundações, o Supremo vem reconhecendo a imunidade recíproca às empresas públicas prestadoras de serviços públicos, como é o caso dos Correios (STF – ACO 2.654/DF), bem como às sociedades de economia mista também prestadoras do mesmo serviço público:

AGRAVO INTERNO. RECURSO EXTRAORDINÁRIO COM AGRAVO. IMUNIDADE TRIBUTÁRIA RECÍPROCA. SOCIEDADE DE ECONOMIA MISTA PRESTADORA DE SERVIÇO PÚBLICO. COMPANHIA DE ÁGUA E ESGOTO. INCIDÊNCIA DO ART. 150, § 3º, DA CARTA MAGNA. PRECEDENTES. 1. "É firme o entendimento desta Corte no sentido de que a imunidade recíproca é aplicável às sociedades de economia mista prestadoras de serviço de distribuição de água e saneamento, tendo em vista que desempenham atividade de prestação obrigatória e exclusiva do Estado. (ARE 763000-AgR, rel. Min. ROBERTO BARROSO, Primeira Turma, *DJe* de 30-9-14). 2. Agravo interno a que se nega provimento.

(ARE 905129 AgR, Relator(a): Min. ALEXANDRE DE MORAES, Primeira Turma, julgado em 4-4-2018, ACÓRDÃO ELETRÔNICO *DJe*-072 DIVULG 13-4-2018 PUBLIC 16-4-2018).

No entanto, em sendo entidade exploradora de atividade econômica, como ocorre com a Petrobras, não há falar em imunidade recíproca. Assim entendeu o STF em regime de repercussão geral:

> **IMUNIDADE – SOCIEDADE DE ECONOMIA MISTA ARRENDATÁ-RIA DE BEM DA UNIÃO – IPTU.** Não se beneficia da imunidade tributária recíproca prevista no art. 150, inciso VI, alínea *a*, da Constituição Federal a sociedade de economia mista ocupante de bem público. (RE 594015, Relator(a): Min. MARCO AURÉLIO, Tribunal Pleno, julgado em 6-4-2017, ACÓRDÃO ELETRÔNICO REPERCUSSÃO GERAL – MÉRITO *DJe*-188 DIVULG 24-8-2017 PUBLIC 25-8-2017).

Se o bem estiver cedido a um particular, mesmo que tenha a natureza de público, não gozará do benefício da imunidade recíproca. Esta é a posição do Supremo Tribunal Federal, consolidada pelo regime de repercussão geral:

> **IPTU – BEM PÚBLICO – CESSÃO – PESSOA JURÍDICA DE DIREITO PRIVADO.** Incide o imposto Predial e Territorial Urbano considerado bem público cedido a pessoa jurídica de direito privado, sendo esta a devedora. (RE 601720, Relator(a): Min. EDSON FACHIN, Relator(a) p/ Acórdão: Min. MARCO AURÉLIO, Tribunal Pleno, julgado em 19-4-2017, PROCESSO ELETRÔNICO REPERCUSSÃO GERAL – MÉRITO *DJe*-200 DIVULG 4-9-2017 PUBLIC 5-9-2017).

Ademais, a demissão de empregados dos Correios deverá ser motivada, em que pese isto não representar estabilidade na visão do STF:

> **EMPRESA BRASILEIRA DE CORREIOS E TELÉGRAFOS – ECT. DEMISSÃO IMOTIVADA DE SEUS EMPREGADOS. IMPOSSIBILIDADE.** NECESSIDADE DE MOTIVAÇÃO DA DISPENSA. RE PARCIALMENTE PROVIDO. I – Os empregados públicos não fazem jus à estabilidade prevista no art. 41 da CF, salvo aqueles admitidos em período anterior ao advento da EC n. 19/1998. Precedentes. **II – Em atenção, no entanto, aos princípios da impessoalidade e isonomia, que regem a admissão por concurso público, a dispensa do empregado de empresas públicas e sociedades de economia mista que prestam serviços públicos deve ser motivada, assegurando-se, assim, que tais princípios, observados no momento daquela admissão, sejam também respeitados por ocasião da dispensa. III – A motivação do ato de dispensa, assim, visa a resguardar o empregado de uma possível quebra do postulado da impessoalidade por parte do agente estatal investido do poder de demitir.** IV – Recurso extraordinário parcialmente provido para afastar a aplicação, ao caso, do art. 41 da CF, exigindo-se, entretanto, a motivação para legitimar a rescisão unilateral do contrato de trabalho. (RE 589998, Relator(a): Min. RICARDO LEWANDOWSKI, Tribunal Pleno, julgado em 20-3-2013, ACÓRDÃO ELETRÔNICO REPERCUSSÃO GERAL – MÉRITO *DJe*-179 DIVULG 11-9-2013 PUBLIC 12-9-2013) (Destacamos)

Em recente decisão proferida nos embargos de declaração do julgado acima o Supremo Tribunal Federal fixou a seguinte tese:

> DIREITO CONSTITUCIONAL E DIREITO DO TRABALHO. EMBARGOS DE DECLARAÇÃO EM RECURSO EXTRAORDINÁRIO. DISPENSA SEM JUSTA CAUSA DE EMPREGADOS DA ECT. ESCLARECIMENTOS ACERCA DO ALCANCE DA REPERCUSSÃO GERAL. ADERÊNCIA AOS ELEMENTOS DO CASO CONCRETO EXAMINADO. 1. No julgamento do RE 589998, realizado sob o regime da repercussão geral, esta Corte estabeleceu que a Empresa Brasileira de Correios e Telégrafos – ECT tem o dever de motivar os atos de dispensa sem justa causa de seus empregados. Não houve, todavia, a fixação expressa da tese jurídica extraída do caso, o que justifica o cabimento dos embargos. 2. O regime da repercussão geral, nos termos do art. 543-A, § 7º, do CPC/1973 (e do art. 1.035, § 11, do CPC/2015), exige a fixação de uma tese de julgamento. Na linha da orientação que foi firmada pelo Plenário, a tese referida deve guardar conexão direta com a hipótese objeto de julgamento. 3. A questão constitucional versada no presente recurso envolvia a ECT, empresa prestadora de serviço público em regime de exclusividade, que desfruta de imunidade tributária recíproca e paga suas dívidas mediante precatório. Logo, a tese de julgamento deve estar adstrita a esta hipótese. 4. A fim de conciliar a natureza privada dos vínculos trabalhistas com o regime essencialmente público reconhecido à ECT, não é possível impor-lhe nada além da exposição, por escrito, dos motivos ensejadores da dispensa sem justa causa. Não se pode exigir, em especial, instauração de processo administrativo ou a abertura de prévio contraditório. 5. Embargos de declaração providos em parte para fixar a seguinte tese de julgamento: A Empresa Brasileira de Correios e Telégrafos – ECT tem o dever jurídico de motivar, em ato formal, a demissão de seus empregados.
>
> (RE 589998 ED, Relator(a): Min. ROBERTO BARROSO, Tribunal Pleno, julgado em 10-10-2018, ACÓRDÃO ELETRÔNICO *DJe*-261 DIVULG 4-12-2018 PUBLIC 5-12-2018)

No entanto, os Advogados dos Correios não gozam da prerrogativa da intimação pessoal. Essa a posição do STJ no seguinte julgado:

> "RECURSO ESPECIAL. AÇÃO DE COBRANÇA. FUNDAMENTAÇÃO DEFICIENTE. SÚM. 284/STF. AUSÊNCIA DE PREQUESTIONAMENTO. SÚM. 211/STJ. FUNDAMENTO NÃO IMPUGNADO. SÚM. 283/STF. NEGATIVA DE PRESTAÇÃO JURISDICIONAL. AUSÊNCIA. EMPRESA BRASILEIRA DE CORREIOS E TELÉGRAFOS. ART. 12 DO DECRETO-LEI 509/69. EQUIPARAÇÃO À FAZENDA PÚBLICA. PRERROGATIVA DE INTIMAÇÃO PESSOAL. INAPLICABILIDADE. INTIMAÇÃO NA PESSOA DO ADVOGADO CADASTRADO NO SISTEMA PJE. VALIDADE. JULGAMENTO: CPC/73.
>
> 1. Ação de cobrança ajuizada em 5-12-2013, da qual foi extraído o presente recurso especial, interposto em 4-9-2015 e atribuído ao gabinete em 25-8-2016.

2. O propósito recursal é dizer sobre a validade da intimação da Empresa Brasileira de Correios e Telégrafos – ECT, realizada na pessoa do advogado cadastrado no sistema PJe.

3. Os argumentos invocados pela recorrente não demonstram como o Tribunal de origem ofendeu os dispositivos legais indicados, o que importa na inviabilidade do recurso especial ante a incidência da Súmula 284/STF.

4. A ausência de decisão acerca dos dispositivos legais indicados como violados impede o conhecimento do recurso especial.

5. A existência de fundamento do acórdão recorrido não impugnado – quando suficiente para a manutenção de suas conclusões – impede a apreciação do recurso especial. Súmula 283/STF.

6. A mera referência aos dispositivos legais e ao princípio sobre os quais se alega incidir a omissão, sem demonstrar, concretamente, o ponto omitido, sobre o qual deveria ter se pronunciado o Tribunal de origem, e sem evidenciar a efetiva relevância da questão para a resolução da controvérsia, não é apta a anulação do acórdão por negativa de prestação jurisdicional. 7. Devidamente analisadas e discutidas as questões de mérito, e suficientemente fundamentado o acórdão recorrido, de modo a esgotar a prestação jurisdicional, não há falar em violação do art. 535, II, do CPC/73.

8. O STF firmou o entendimento, a partir do julgamento do RE 220.907/RO (julgado em 12-6-2001, *DJ* de 31-8-2001), no sentido de que a ECT é empresa pública, prestadora de serviço público sob regime de monopólio, que integra o conceito de Fazenda Pública.

9. O art. 12 do Decreto-lei n. 509/69 atribui à ECT os privilégios concedidos à Fazenda Pública no concernente, dentre outros, a foro, prazos e custas processuais, não fazendo qualquer referência à prerrogativa de intimação pessoal.

10. Em se tratando de processo eletrônico, prevê o § 6º do art. 5º da Lei n. 11.419/06 que as intimações feitas por meio eletrônico aos devida e previamente cadastrados, inclusive da Fazenda Pública, serão consideradas pessoais para todos os efeitos legais.

11. Se o advogado, no momento em que ajuizou a ação, fez o cadastro em nome próprio, não pode, posteriormente, alegar a nulidade da intimação realizada na sua pessoa, e não na da entidade que representa, para se eximir da responsabilidade de acompanhar o andamento do processo, a partir da consulta assídua ao sistema PJe.

12. Recurso especial conhecido em parte e, nessa extensão, desprovido."(REsp 1574008/SE, Rel. Ministra NANCY ANDRIGHI, TERCEIRA TURMA, julgado em 12-3-2019, *DJe* 15-3-2019)

Na posição do STF, outras empresas estatais, além dos Correios, desde que prestadoras de serviços públicos, também gozam de benefícios da Fazenda Pública, como ocorre com o regime de execução de suas dívidas por meio dos precatórios:

Agravo regimental no recurso extraordinário. Constitucional. Sociedade de economia mista. Regime de precatório. Possibilidade. Prestação de serviço público próprio do Estado. Natureza não concorrencial. Precedentes. 1. A jurisprudência da Suprema Corte é no sentido da aplicabilidade do regime de precatório às sociedades de economia mista prestadoras de serviço público próprio do Estado e de natureza não concorrencial. 2. A CASAL, sociedade de economia mista prestadora de serviços de abastecimento de água e saneamento no Estado do Alagoas, presta serviço público primário e em regime de exclusividade, o qual corresponde à própria atuação do estado, haja vista não visar à obtenção de lucro e deter capital social majoritariamente estatal. Precedentes. 3. Agravo regimental não provido.

(RE 852302 AgR, Relator(a): Min. DIAS TOFFOLI, Segunda Turma, julgado em 15-12-2015, PROCESSO ELETRÔNICO *DJe*-037 DIVULG 26-2-2016 PUBLIC 29-2-2016).

2.3.4. Entidades Paraestatais/Terceiro Setor

São pessoas jurídicas de Direito Privado, sem fins lucrativos, colaboradoras do Estado no desempenho de atividades sociais não exclusivas da Administração Pública.

Essas entidades não integram a Administração Pública (nem a Direta, nem a Indireta), mas apenas atuam paralelamente ao Estado (por isso o nome de entidades paraestatais). Também são conhecidas como entidades do Terceiro Setor, lembrando que o Primeiro Setor é representado pelo Estado (em sentido amplo de Administração Pública) e o Segundo Setor, pelo Mercado.

Quando o Poder Público percebeu que era impossível prestar sozinho todos os serviços sociais com qualidade, passou a se unir com os particulares, propondo colaboração destes em troca de algum benefício. Nesse contexto, o Estado ficaria com a responsabilidade de prestar os serviços principais e subsidiariamente passaria para a iniciativa privada outros serviços sociais não exclusivos da Administração Pública. Trata-se do princípio da subsidiariedade. Eis que surgem organizações não governamentais (ONGs) em todo o mundo como maiores expoentes de entes do Terceiro Setor[52].

Dessa forma, destacaremos como exemplos de entes paraestatais:

---

52 Sobre o tema, importante lembrar da Lei n. 13.800, de 4 de janeiro de 2019, que dispõe sobre a constituição de fundos patrimoniais com o objetivo de arrecadar, gerir e destinar doações de pessoas físicas e jurídicas privadas para programas, projetos e demais finalidades de interesse público. Os fundos patrimoniais constituídos nos termos desta Lei poderão apoiar instituições relacionadas à educação, à ciência, à tecnologia, à pesquisa e à inovação, à cultura, à saúde, ao meio ambiente, à assistência social, ao desporto, à segurança pública, aos direitos humanos e a demais finalidades de interesse público (art. 1ª).

2.3.4.1. *Serviços Sociais Autônomos*

Entidades com o objetivo de ministrar assistência ou ensino a certas categorias sociais ou profissionais, sendo mantidas por dotações orçamentárias ou por contribuições parafiscais.

Ex.: SESI (Serviço Social da Indústria), SESC (Serviço Social do Comércio), SENAI (Serviço Nacional de Aprendizagem Industrial) e SENAC (Serviço Nacional de Aprendizagem Comercial).

2.3.4.2. *Entidades ou Fundações de Apoio*

Entidades incumbidas de auxiliar instituições de ensino superior e de pesquisa científica e tecnológica, mantendo um vínculo jurídico com entidades da Administração Direta ou Indireta, em regra mediante convênio (ex.: Fundação de Desenvolvimento da UNICAMP).

Sobre a possibilidade de se utilizar a Lei n. 8.112/90 para processar e punir administrativamente Diretor de Fundação de Apoio, já se posicionou o Superior Tribunal de Justiça:

> ADMINISTRATIVO. SERVIDOR PÚBLICO. DIRETOR PRESIDENTE DE FUNDAÇÃO DE NATUREZA PRIVADA. PROCESSO DISCIPLINAR. PRESCRIÇÃO. INOCORRÊNCIA. ATOS ILÍCITOS. RECURSOS PÚBLICOS. COMPETÊNCIA DO MINISTRO DE ESTADO DA EDUCAÇÃO. LEGALIDADE. PRINCÍPIOS BASILARES DA ADMINISTRAÇÃO PÚBLICA. PENA DE CASSAÇÃO DE APOSENTADORIA COM RESTRIÇÃO AO RETORNO AO SERVIÇO PÚBLICO. CONTROLE JURISDICIONAL DO PAD. EXAME DA REGULARIDADE DO PROCEDIMENTO E DA LEGALIDADE DO ATO. INCURSÃO NO MÉRITO DO ATO ADMINISTRATIVO. IMPOSSIBILIDADE.
>
> 1. O termo inicial da prescrição da pretensão punitiva disciplinar estatal é a data do conhecimento do fato pela autoridade competente para instaurar o processo administrativo disciplinar, a qual se interrompe com a publicação do primeiro ato instauratório válido, seja a abertura de sindicância ou a instauração de processo disciplinar, sendo certo que tal interrupção não é definitiva, visto que, após o prazo de 140 dias, o prazo recomeça a correr por inteiro.
>
> 2. Hipótese em que não se concretizou a prescrição punitiva da administração, porquanto a portaria que cassou a aposentadoria do impetrante com restrição de retorno ao serviço público federal foi publicada antes do quinquênio legal.
>
> 3. As fundações de apoio às instituições federais de ensino superior, que podem ser de natureza pública ou privada, surgiram com a finalidade de facilitar a flexibilização das tarefas acadêmicas, nas dimensões de ensino, pesquisa, extensão e gestão.
>
> 4. A Constituição Federal de 1988, no *caput* do art. 37, impôs ao administrador as diretrizes para a gestão financeira do orçamento público, considerando

os princípios norteadores da administração pública: moralidade, publicidade, eficiência, legalidade e impessoalidade.

5. Ausência da necessidade de que a conduta do servidor tida por ímproba esteja necessariamente vinculada com o exercício do cargo público.

6. Relação intrínseca entre a UnB e a FEPAD, o que implica a observância dos deveres impostos ao servidor público, esteja ele exercendo atividade na universidade federal ou na própria fundação de apoio, concomitantemente ou não, de forma que eventuais irregularidades praticadas no ente de apoio irão refletir necessariamente na universidade federal, causando dano ao erário.

7. Hipótese em que, embora os atos ilícitos, apurados no PAD, tenham sido perpetrados em uma fundação de apoio de natureza privada, é perfeitamente legal a instauração do procedimento disciplinar, o julgamento e a sanção, nos moldes da Lei n. 8.112/1990, mormente porque a acusação imputada ao impetrante durante a gestão da presidência da FEPAD – que, na época dos fatos, exercia concomitantemente o cargo de professor adjunto da UNB e o cargo comissionado de Vice-Diretor da Faculdade de Estudos Sociais Aplicados – envolveu desvios de recursos públicos oriundos da Universidade de Brasília e/ou da FUB, o que contraria os princípios basilares da administração pública.

8. Caso em que compete ao Ministro de Estado da Educação a instauração do procedimento disciplinar e a aplicação das penalidades previstas na Lei n. 8.112/1990, nos termos do Decreto n. 3.035/1999[53] e Decreto n. 3.669/2000.

9. Impossibilidade da incursão no mérito administrativo a fim de aferir o grau de participação do impetrante nos ilícitos apurados, uma vez que no controle jurisdicional do processo administrativo, a atuação do Poder Judiciário limita-se ao campo da regularidade do procedimento, bem como à legalidade do ato.

10. Mandado de segurança denegado. (MS 21.669/DF, rel. Ministro GURGEL DE FARIA, PRIMEIRA SEÇÃO, julgado em 23-8-2017, *DJe* 9-10-2017). (Destacamos)

---

53 O citado decreto assim dispõe sobre o tema: "Art. 1º Fica delegada competência aos Ministros de Estado e ao Presidente do Banco Central do Brasil, vedada a subdelegação, para, no âmbito dos órgãos da administração pública federal direta, autárquica e fundacional que lhes são subordinados ou vinculados, observadas as disposições legais e regulamentares, especialmente a manifestação prévia e indispensável do órgão de assessoramento jurídico, praticar os seguintes atos: (Redação dada pelo Decreto n. 10.789, de 2021) I – julgar processos administrativos disciplinares e aplicar penalidades, nas hipóteses de demissão e cassação de aposentadoria ou disponibilidade de servidores; II – exonerar de ofício os servidores ocupantes de cargos de provimento efetivo ou converter a exoneração em demissão; III – destituir ou converter a exoneração em destituição de cargo em comissão de integrantes do Grupo-Direção e Assessoramento Superiores, níveis 5 e 6, e de Chefe de Assessoria Parlamentar, código DAS-101.4; IV – reintegrar ex-servidores em cumprimento de decisão judicial (Redação dada pelo Decreto n. 8.468, de 2015). § 1º O Ministro de Estado Chefe da Casa Civil da Presidência da República exercerá a delegação de competência prevista neste artigo quanto aos órgãos diretamente subordinados ao Presidente da República cujos titulares não sejam Ministros de Estado." (Redação dada pelo Decreto n. 9.533, de 2018).

2.3.4.3. Organizações Sociais (OSs)

Segundo a Lei n. 9.637/98, trata-se de qualificações conferidas pelo Poder Público à pessoa jurídica de direito privado que desempenhe serviços no âmbito social cujas atividades sejam dirigidas ao ensino, pesquisa científica, desenvolvimento tecnológico, proteção e preservação do meio ambiente, cultura e saúde.

O *vínculo* com o Poder Público se estabelece por meio de *contrato de gestão,* em que são definidas as metas a serem atingidas em troca dos incentivos do Estado (ex.: verbas orçamentárias, uso de servidores públicos e de bens públicos).

A respeito das organizações sociais, cumpre ressaltar ainda o entendimento do Supremo Tribunal Federal no julgamento da ADI 1923 que enfrentou pontos polêmicos da Lei n. 9.637/98:

> 12. A figura do contrato de gestão configura hipótese de convênio, por consubstanciar a conjugação de esforços com plena harmonia entre as posições subjetivas, que buscam um negócio verdadeiramente associativo, e não comutativo, para o atingimento de um objetivo comum aos interessados: a realização de serviços de saúde, educação, cultura, desporto e lazer, meio ambiente e ciência e tecnologia, razão pela qual se encontram fora do âmbito de incidência do art. 37, XXI, da CF.
>
> 13. Diante, porém, de um cenário de escassez de bens, recursos e servidores públicos, no qual o contrato de gestão firmado com uma entidade privada termina por excluir, por consequência, a mesma pretensão veiculada pelos demais particulares em idêntica situação, todos almejando a posição subjetiva de parceiro privado, impõe-se que o Poder Público conduza a celebração do contrato de gestão por um procedimento público impessoal e pautado por critérios objetivos, por força da incidência direta dos princípios constitucionais da impessoalidade, da publicidade e da eficiência na Administração Pública (CF, art. 37, *caput*). (...)
>
> 14. As dispensas de licitação instituídas no art. 24, XXIV, da Lei n. 8.666/93 e no art. 12, § 3º, da Lei n. 9.637/98 têm a finalidade que a doutrina contemporânea denomina de função regulatória da licitação, através da qual a licitação passa a ser também vista como mecanismo de indução de determinadas práticas sociais benéficas, fomentando a atuação de organizações sociais que já ostentem, à época da contratação, o título de qualificação, e que por isso sejam reconhecidamente colaboradoras do Poder Público no desempenho dos deveres constitucionais no campo dos serviços sociais. O afastamento do certame licitatório não exime, porém, o administrador público da observância dos princípios constitucionais, de modo que a contratação direta deve observar critérios objetivos e impessoais, com publicidade de forma a permitir o acesso a todos os interessados.
>
> 15. As organizações sociais, por integrarem o Terceiro Setor, não fazem parte do conceito constitucional de Administração Pública, razão pela qual não se

submetem, em suas contratações com terceiros, ao dever de licitar, o que consistiria em quebra da lógica de flexibilidade do setor privado, finalidade por detrás de todo o marco regulatório instituído pela Lei. Por receberem recursos públicos, bens públicos e servidores públicos, porém, seu regime jurídico tem de ser minimamente informado pela incidência do núcleo essencial dos princípios da Administração Pública (CF, art. 37, *caput*), dentre os quais se destaca o princípio da impessoalidade, de modo que suas contratações devem observar o disposto em regulamento próprio (Lei n. 9.637/98, art. 4º, VIII), fixando regras objetivas e impessoais para o dispêndio de recursos públicos.

16. Os empregados das Organizações Sociais não são servidores públicos, mas sim empregados privados, por isso que sua remuneração não deve ter base em lei (CF, art. 37, X), mas nos contratos de trabalho firmados consensualmente. Por identidade de razões, também não se aplica às Organizações Sociais a exigência de concurso público (CF, art. 37, II), mas a seleção de pessoal, da mesma forma como a contratação de obras e serviços, deve ser posta em prática através de um procedimento objetivo e impessoal.

17. Inexiste violação aos direitos dos servidores públicos cedidos às organizações sociais, na medida em que preservado o paradigma com o cargo de origem, sendo desnecessária a previsão em lei para que verbas de natureza privada sejam pagas pelas organizações sociais, sob pena de afronta à própria lógica de eficiência e de flexibilidade que inspiraram a criação do novo modelo." (...)

18. O âmbito constitucionalmente definido para o controle a ser exercido pelo Tribunal de Contas da União (CF, arts. 70, 71 e 74) e pelo Ministério Público (CF, arts. 127 e seguintes) não é de qualquer forma restringido pelo art. 4º, *caput*, da Lei n. 9.637/98, porquanto dirigido à estruturação interna da organização social, e pelo art. 10 do mesmo diploma, na medida em que trata apenas do dever de representação dos responsáveis pela fiscalização, sem mitigar a atuação de ofício dos órgãos constitucionais.

Em relação à licitação das entidades do terceiro setor, cumpre ressaltar que o Tribunal de Contas da União entende que as Organizações Sociais, em suas contratações mediante uso de verbas públicas, não estão sujeitas à observância dos estritos procedimentos das normas gerais de licitações e contratos aplicáveis ao Poder Público, e sim aos seus regulamentos próprios, pautados nos princípios gerais aplicáveis à Administração Pública (Acórdão 5236/2015-Segunda Câmara, Relator: RAIMUNDO CARREIRO).

Outro ponto importante envolve saber se as Organizações Sociais podem prestar o serviço de saúde por delegação do Município. O TCU vem entendendo que sim, desde que preenchidos alguns requisitos:

A contratação de organizações sociais para prestação de serviços públicos de saúde, mediante contratos de gestão, deve observar as seguintes orientações:

a) apesar de abrir mão da execução direta dos serviços de saúde objeto de contratos de gestão, o Poder Público mantém responsabilidade de garantir que sejam prestados na quantidade e qualidade apropriados;

b) do processo de transferência do gerenciamento dos serviços de saúde para organizações sociais deve constar estudo detalhado que contemple a fundamentação da conclusão de que a transferência do gerenciamento para organizações sociais mostra-se a melhor opção, avaliação precisa dos custos do serviço e dos ganhos de eficiência esperados, bem assim planilha detalhada com a estimativa de custos a serem incorridos na execução dos contratos de gestão;

c) a escolha da organização social para celebração de contrato de gestão deve, sempre que possível, ser realizada a partir de chamamento público, devendo constar dos autos do processo administrativo correspondente. (TCU – Acórdão 2057/2016-Plenário, Relator: BRUNO DANTAS)

2.3.4.4. *Organizações da Sociedade Civil de Interesse Público (OSCIPs) e a Lei n. 13.019/2014*

Conforme prevê a Lei n. 9.790/99, trata-se de qualificações conferidas pelo Poder Público a pessoa jurídica de direito privado que desempenhe serviços sociais não exclusivos do Estado (rol maior do que o das OSs, como a promoção do desenvolvimento econômico e social e combate à pobreza), mediante vínculo instituído por meio de *termo de parceria*.

A Lei n. 13.019, de 31 de julho de 2014, alterou a redação do art. 1º da Lei n. 9.790/99 para estabelecer o seguinte:

> Podem qualificar-se como Organizações da Sociedade Civil de Interesse Público as pessoas jurídicas de direito privado sem fins lucrativos que tenham sido constituídas e se encontrem em funcionamento regular há, no mínimo, 3 (três) anos, desde que os respectivos objetivos sociais e normas estatutárias atendam aos requisitos instituídos por esta Lei.

As entidades do Terceiro Setor, apesar de serem entidades privadas e não integrarem o conceito de Administração Pública, estarão obrigadas a prestar contas perante órgão de controle da entidade parceira, uma vez que administram, em sua maioria, bens e recursos públicos. Nesse sentido, a Lei n. 13.019/2014 incluiu o art. 15-B na Lei n. 9.790, nos seguintes termos:

> Art. 15-B. A prestação de contas relativa à execução do Termo de Parceria perante o órgão da entidade estatal parceira refere-se à correta aplicação dos recursos públicos recebidos e ao adimplemento do objeto do Termo de Parceria, mediante a apresentação dos seguintes documentos: I – relatório anual de execução de atividades, contendo especificamente relatório sobre

> a execução do objeto do Termo de Parceria, bem como comparativo entre as metas propostas e os resultados alcançados; II – demonstrativo integral da receita e despesa realizadas na execução; III – extrato da execução física e financeira; IV – demonstração de resultados do exercício; V – balanço patrimonial; VI – demonstração das origens e das aplicações de recursos; VII – demonstração das mutações do patrimônio social; VIII – notas explicativas das demonstrações contábeis, caso necessário; IX – parecer e relatório de auditoria, se for o caso.

2.3.4.5. *As novidades da Lei n. 13.019/2014, alterada pela Lei n. 13.204/2015*

A Lei n. 13.019, de 31 de julho de 2014, foi editada com o objetivo de moralizar as relações estabelecidas entre a Administração e Organizações da Sociedade Civil. Em 14 de dezembro de 2015, a aludida lei foi quase integralmente alterada pela Lei n. 13.204, e muitos dos institutos foram flexibilizados.

A redação atual do art. 1º da Lei n. 13.019/2014 estabelece o seguinte:

> Esta Lei institui normas gerais para as parcerias entre a administração pública e as organizações da sociedade civil, em regime de mútua cooperação, para a consecução de finalidades de interesse público e recíproco, mediante a execução de atividades ou de projetos previamente estabelecidos em planos de trabalho inseridos em termos de colaboração, em termos de fomento ou em acordos de cooperação.

A organização da sociedade civil é a entidade privada sem fins lucrativos que não distribua entre os seus sócios ou associados, conselheiros, diretores, empregados, doadores ou terceiros eventuais resultados, sobras, excedentes operacionais, brutos ou líquidos, dividendos, isenções de qualquer natureza, participações ou parcelas do seu patrimônio, auferidos mediante o exercício de suas atividades, e que os aplique integralmente na consecução do respectivo objeto social, de forma imediata ou por meio da constituição de fundo patrimonial ou fundo de reserva.

O *termo de colaboração* consiste no instrumento por meio do qual são formalizadas as parcerias estabelecidas pela administração pública com organizações da sociedade civil para a consecução de *finalidades* de interesse público e recíproco, *propostas pela Administração Pública*, que envolvam a transferência de recursos financeiros. Percebam que, no termo de colaboração, a proposta da finalidade de interesse público é feita pela Administração Pública.

Diferentemente, no *termo de fomento*, estamos diante de um instrumento por meio do qual são formalizadas as parcerias estabelecidas pela administração pública com organizações da sociedade civil para a consecução de *finalidades* de interesse público e recíproco, *propostas pelas organizações da sociedade civil*, que envolvam a transferência de recursos financeiros.

Para celebrar termo de colaboração ou de fomento, a organização da sociedade civil deverá preencher alguns requisitos, dentre os quais destacamos o de possuir "no mínimo, um, dois ou três anos de existência, com cadastro ativo, comprovados por meio de documentação emitida pela Secretaria da Receita Federal do Brasil, com base no Cadastro Nacional da Pessoa Jurídica – CNPJ, conforme, respectivamente, a parceria seja celebrada no âmbito dos Municípios, do Distrito Federal ou dos Estados e da União, admitida a redução desses prazos por ato específico de cada ente na hipótese de nenhuma organização atingi-los" (art. 33, V, *a*).

Por fim, o acordo de cooperação é o instrumento por meio do qual são formalizadas as parcerias estabelecidas pela administração pública com organizações da sociedade civil para a consecução de finalidades de interesse público e recíproco que não envolvam a transferência de recursos financeiros. Nesse último instrumento, não haverá repasse de verba pública.

Tema importante trazido pela Lei n. 13.019/2014 é a figura do chamamento público como sendo um procedimento destinado a selecionar a organização da sociedade civil para firmar parceria por meio de termo de colaboração ou de fomento, no qual se garanta a observância dos princípios da isonomia, da legalidade, da impessoalidade, da moralidade, da igualdade, da publicidade, da probidade administrativa, da vinculação ao instrumento convocatório, do julgamento objetivo e dos que lhes são correlatos. Trata-se de relevante instrumento capaz de selecionar organizações da sociedade civil que tornem mais eficaz a execução do objeto de interesse público com a Administração (art. 24) e que representa a regra na seleção da entidade privada a celebrar termo de colaboração ou de fomento (exceções à regra do chamamento público estão nos arts. 29, 30 e 31 da Lei n. 13.019/2014).

Por outro lado, no tocante às contratações realizadas por tais entidades privadas, não precisam seguir o rigor formal da Lei de Licitações, mas apenas os princípios da Administração Pública e do procedimento licitatório que serão estudados no momento oportuno, dentre os quais destacamos a publicidade e a impessoalidade (STF – ADI 1.923-DF).

O máximo que a Lei n. 13.019/2014 estabeleceu sobre o tema foi disciplinar, em seu art. 80, que "o processamento das compras e contratações que envolvam recursos financeiros provenientes de parceria poderá ser efetuado por meio de sistema eletrônico disponibilizado pela administração pública às organizações da sociedade civil, aberto ao público via internet, que permita aos interessados formular propostas". Trata-se de mera faculdade, e não de imposição legal. No mesmo sentido, prevê o art. 36 do Decreto n. 8.726, de 27 de abril de 2016: "As compras e contratações de bens e serviços pela organização da sociedade civil com recursos transferidos pela administração pública federal adotarão métodos usualmente utilizados pelo setor privado".

Em última análise, não confundir entidades da Administração Pública Direta ou Indireta com Entidades do Terceiro Setor:

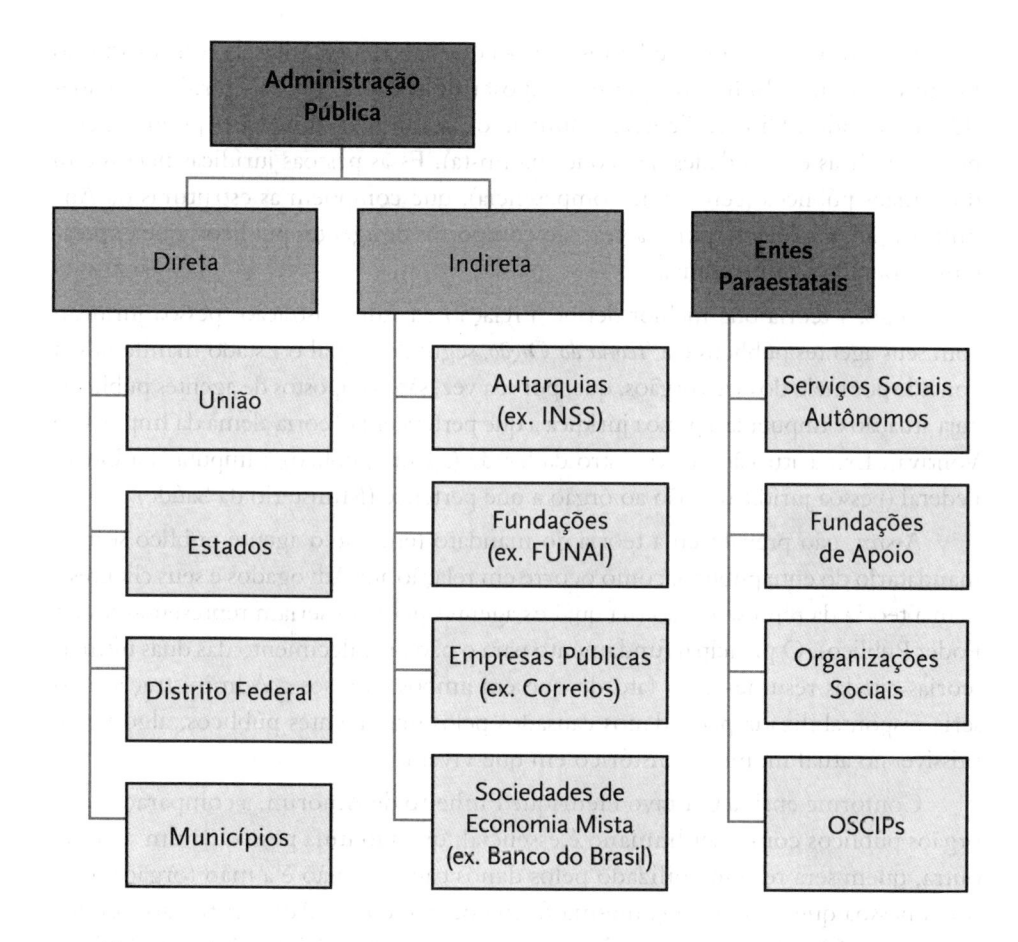

```
                    Administração
                       Pública
                          |
        ┌─────────────────┼─────────────────┐
     Direta            Indireta            Entes
                                        Paraestatais
        |                  |                  |
      União            Autarquias      Serviços Sociais
                       (ex. INSS)         Autônomos

      Estados           Fundações          Fundações
                       (ex. FUNAI)         de Apoio

   Distrito Federal  Empresas Públicas    Organizações
                      (ex. Correios)        Sociais

     Municípios       Sociedades de          OSCIPs
                     Economia Mista
                   (ex. Banco do Brasil)
```

2.4. Órgãos Públicos

2.4.1. Conceito

"São centros de competência instituídos para o desempenho de funções estatais, através de seus agentes, cuja atuação é imputada à pessoa jurídica a que pertencem. São unidades de ação com atribuições específicas na organização estatal"[54].

No entendimento de Celso Antônio Bandeira de Mello, os órgãos públicos

> São unidades abstratas que sintetizam os vários círculos de atribuições do Estado. Por se tratar, tal como o próprio Estado, de entidades reais, porém abstratas (seres de razão), não têm nem vontade nem ação, no sentido de vida psíquica ou anímica próprias, que, estas, só os seres biológicos podem possuí-las. De fato, os órgãos não passam de simples repartições de atribuições, e nada mais[55].

---

54 MEIRELLES, Hely Lopes. *Direito administrativo*. 23. ed. São Paulo: Malheiros, 1998. p. 67 e 68.
55 BANDEIRA DE MELLO, Celso Antônio. *Curso de direito administrativo*. 30. ed. São Paulo: Malheiros, 2012.

Até o momento nós estudamos os aspectos mais importantes da Administração Pública (Direta e Indireta), que é composta de todas as pessoas jurídicas citadas (União, Estados, Distrito Federal, Municípios, autarquias, fundações públicas, empresas públicas e sociedades de economia mista). Essas pessoas jurídicas necessitam dos órgãos públicos (centros de competência), que compõem as estruturas da Administração. Os órgãos, por sua vez, são compostos de agentes públicos, que expressam a vontade administrativa.

Logo, a teoria que melhor define a relação da Administração (pessoa jurídica) com seus agentes públicos é a *Teoria do Órgão*, segundo a qual o Estado manifesta sua vontade por meio dos seus órgãos, que, por sua vez, são compostos de agentes públicos, cuja atuação é imputada à pessoa jurídica a que pertencem (Teoria alemã da Imputação Volitiva). Ex.: a atuação do Ministro da Saúde (agente público) é imputada à União Federal (pessoa jurídica) e não ao órgão a que pertence (Ministério da Saúde).

Assim, não prevaleceu a teoria do mandato (em que o agente público seria o mandatário do ente público, como ocorre em relação aos Advogados e seus clientes), nem a teoria da representação (na qual os agentes públicos seriam representantes do Poder Público). O principal fundamento para o não prevalecimento das duas últimas teorias citadas resume-se ao fato de que em ambos os casos a Administração não seria responsabilizada pelos danos causados pelos seus agentes públicos, algo inadmissível no atual momento histórico em que vivemos.

Conforme ensina Gustavo Henrique Pinheiro de Amorim, a comparação dos órgãos públicos com o ser humano é essencial: quando uma pessoa dá um soco na outra, quem será responsabilizado pelos danos causados não é a mão (órgão), mas sim a pessoa que agrediu. Da mesma forma ocorre com a Administração Pública (pessoa jurídica), pois, quando um órgão federal (Ministério da Saúde, por exemplo) causar prejuízo a alguém, o responsabilizado será a pessoa jurídica (União) e não o seu órgão[56].

De fato, órgão é a unidade de atuação integrante da estrutura da Administração Direta e da Administração Indireta. Já entidade, por sua vez, é a unidade de atuação dotada de personalidade jurídica (art. 1º, § 2º, da Lei n. 9.784/99). Portanto, os órgãos públicos também estão presentes na estrutura das entidades da Administração Indireta.

2.4.2. Características dos Órgãos Públicos

a) Não possuem personalidade jurídica, não podendo exercer direitos, nem contrair obrigações em nome próprio. Desta forma, não são sujeitos de direitos, nem de obrigações.

---

56 AMORIM, Gustavo Henrique Pinheiro de. *Para aprender direito* – direito administrativo. São Paulo: Barros, Fischer & Associados, 2006. p. 52.

Quem possui personalidade jurídica é a pessoa jurídica a que pertencem os órgãos. Ex.: o Ministério da Saúde não tem personalidade jurídica; quem a possui é a União Federal.

APROFUNDANDO! Alguns órgãos possuem capacidade postulatória ativa, ou seja, capacidade de ingressar com ação judicial. É o caso dos órgãos hierarquicamente mais elevados na defesa de suas atribuições (são os órgãos independentes e autônomos, estudados a seguir na classificação – é o caso do Ministério da Saúde defendendo em juízo suas atribuições em face do Ministério da Justiça e Segurança Pública[57], por exemplo) e dos PROCONs na defesa do consumidor, quando não possuírem personalidade jurídica (o PROCON do Estado de São Paulo tem natureza de Fundação e, portanto, possui personalidade jurídica).

Sobre o tema, já entendeu o Superior Tribunal de Justiça na Súmula 525:

> A Câmara de Vereadores não possui personalidade jurídica, apenas personalidade judiciária, somente podendo demandar em juízo para defender os seus direitos institucionais. (STJ, 1ª Seção, aprovada em 22-4-2015)

b) Não possuem patrimônio próprio, uma vez que o patrimônio utilizado pelos órgãos é de propriedade da pessoa jurídica a que pertencem.

c) Resultam da desconcentração, isto é, distribuição interna de competências, considerando que os órgãos integram a estrutura de uma pessoa jurídica. Assim, a Administração Pública, Direta ou Indireta, distribui suas atribuições (competências) entre os seus órgãos. Ex.: a União é composta de diversos órgãos, entre eles a Presidência da República, os Ministérios (da Saúde, Justiça etc.), as Procuradorias, os Gabinetes, cada qual com suas respectivas competências (atribuições).

2.4.3. Classificação dos Órgãos Públicos

1ª) Quanto à estrutura, podem ser:
- simples ou unitários: são constituídos de um só centro de competências, sem subdivisões internas. Ex.: Seção administrativa de pessoal;
- compostos: são constituídos de outros órgãos. Ex.: Ministérios que possuem outros órgãos até chegar aos órgãos simples, onde não há subdivisões.

2ª) Quanto à composição, podem ser:
- singulares: integrados por um agente público. Ex.: a Presidência da República é órgão singular, por ser ocupada por um só agente, o Presidente da República;
- coletivos: integrados por mais de um agente público. Ex.: Tribunal de Impostos e Taxas (TIT) de São Paulo, órgão colegiado, logo, coletivo.

---

57 A alteração do nome do Ministério da Justiça para Justiça e Segurança foi em decorrência do Decreto n. 9.832, de 2019, que modificou o Decreto n. 9.637, de 2018.

3ª) Quanto à posição estatal, podem ser:

- independentes: estão previstos na Constituição Federal e representam os três Poderes do Estado. Ex.: Presidência da República (Poder Executivo), Câmara dos Deputados e Senado Federal (Poder Legislativo) e Supremo Tribunal Federal (Poder Judiciário);
- autônomos: situam-se abaixo dos órgãos independentes, mas possuem autonomia administrativa, financeira e técnica. Ex.: Ministérios;
- superiores: órgãos de direção, controle e decisão, mas subordinados ao controle de uma chefia. Ex.: Gabinetes;
- subalternos: são órgãos de execução e estão subordinados hierarquicamente a outros órgãos superiores. Ex.: Zeladoria, seção administrativa de pessoal.

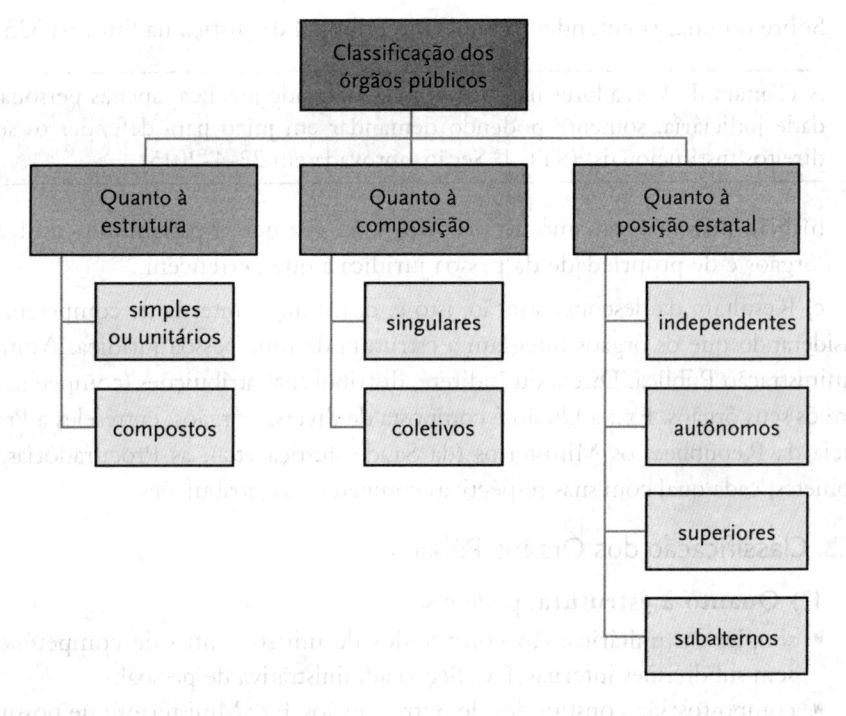

```
                    Classificação dos
                     órgãos públicos
       ┌──────────────────┼──────────────────┐
    Quanto à           Quanto à          Quanto à
    estrutura         composição       posição estatal
       │                  │                  │
   simples           singulares         independentes
  ou unitários           │                  │
       │             coletivos           autônomos
   compostos                                │
                                        superiores
                                            │
                                        subalternos
```

Questões

1. (VUNESP – 2019 – IPREMM/SP – Procurador Jurídico) É correto afirmar, a respeito das autarquias:

a) são pessoas jurídicas de direito público interno as quais se submetem ao regime jurídico publicístico quanto à criação e extinção, mas regem-se pelo direito privado quanto aos seus poderes, prerrogativas, restrições e privilégios.

b) quanto àquelas de regime comum, seus dirigentes são detentores de mandato por tempo determinado, não podendo ser demitidos *ad nutum*.

c) não possuem patrimônio próprio, pois este pertence ao ente político que as criou.

d) têm por objetivo a prestação de serviços públicos e, excepcionalmente, a exploração de atividade econômica.

e) a depender da sua criação e sujeição legal, podem comportar, simultaneamente, dois regimes jurídicos de pessoal, o estatutário e o celetista.

2. (UEG – 2018 – PCGO – Delegado de Polícia) A respeito da transferência ou divisão de atribuições na Administração Pública de Goiás, verifica-se que

a) órgãos públicos são unidades de atuação administrativa, com personalidade jurídica, ordenados para a consecução de uma predeterminada atribuição no âmbito da Administração Pública.

b) os entes descentralizados estão hierarquicamente vinculados às entidades centrais que decidiram pela descentralização.

c) servidores efetivos detentores de cargos públicos lotados nas autarquias não se submetem ao regime jurídico de servidores com as mesmas características citadas lotados na Administração Direta de Goiás.

d) as autarquias estaduais estão desobrigadas de licitar a contratação de obras, serviços, compras e alienações.

e) é imprescindível, para a criação de autarquia, no estado de Goiás, a edição de lei específica.

3. (FCC – 2018 – TRT 15ª Região/SP – Analista Judiciário – Oficial de Justiça Avaliador) As pessoas jurídicas que integram a Administração indireta, independentemente de sua natureza jurídica, submetem-se aos princípios que regem a Administração pública. No que se refere à relação com a Administração direta,

a) os entes que integram a Administração indireta possuem personalidade jurídica própria e são dotados de autogestão e autoadministração, não obstante possa haver dependência financeira.

b) os atos editados pelas pessoas jurídicas de direito público que integram a Administração indireta sujeitam-se à anulação ou revogação pela Administração Central, de ofício ou a pedido, como expressão do poder de tutela.

c) as empresas estatais submetidas ao regime jurídico de direito privado não se sujeitam ao poder de tutela da Administração central, sendo independentes administrativa, orçamentária e financeiramente.

d) as organizações sociais e as organizações da sociedade civil de interesse público, quando integrantes da Administração indireta, submetem-se ao poder de tutela da Administração central e, portanto, ao controle finalístico exercido pela mesma, possibilitando o desfazimento de atos que violem a legalidade.

e) as autarquias, como pessoas jurídicas de direito público, admitem a revisão de seus atos diretamente pela Administração central, desde que seja constatado vício de legalidade ou desvio de finalidade, como decorrência lógica do poder de tutela.

4. (FCC – 2018 – Prefeitura de São Luís/MA – Auditor Tributário) Uma autarquia estadual responsável pela exploração de serviços rodoviários realizou auditoria interna para identificação do número de imóveis de sua titularidade que não estavam afetados e sendo utilizados para a prestação dos serviços públicos. Como estratégia de redução de despesas, a autarquia pretende alienar os imóveis adquiridos e não utilizados integral ou parcialmente. Para tanto,

a) deve alienar os referidos imóveis à Administração Central, considerando que foram adquiridos para prestação de serviços públicos estaduais.

b) pode alienar diretamente referidos imóveis a outro ente da Administração pública, sem prejuízo de poder optar por licitar os referidos bens.

c) deverá licitar a venda por meio de pregão ou concorrência, esta última aplicável para imóveis de valor superior a R$ 1.000.000,00.

d) depende de autorização legislativa para alienação dos imóveis, mas não depende de licitação, imprescindível apenas para venda de bens pertencentes a Administração direta.

e) será necessária autorização legal específica, salvo para alienação direta para a Administração Central, considerando a relação de subordinação a que se sujeita referida pessoa jurídica.

5. (IADES – 2018 – IGEPREV/PA – Analista Previdenciário) Consiste na entidade dotada de personalidade jurídica de direito privado, sem fins lucrativos, criada em virtude de autorização legislativa, para o desenvolvimento de atividades que não exijam execução por órgãos ou entidades de direito público, com autonomia administrativa, patrimônio próprio gerido pelos respectivos órgãos de direção e funcionamento custeado por recursos do poder público e de outras fontes. O conceito apresentado refere-se

a) a autarquia.

b) à União.

c) a fundação.

d) a empresa pública.

e) a município.

6. (IADES – 2018 – IGEPREV/PA – Analista Previdenciário) As fundações são conceituadas pela doutrina civilista como resultado da afetação de um patrimônio que recebe personalidade para realizar determinados fins, e são classificadas pelo ordenamento jurídico pátrio como pessoas jurídicas de direito privado. A esse respeito, assinale a alternativa correta.

a) A fundação somente poderá constituir-se para fins religiosos, morais, culturais ou de assistência.

b) O Ministério Público Federal velará pelas fundações.

c) Entre outros requisitos, para que se possa alterar o estatuto da fundação, é mister que a reforma seja deliberada por três quintos dos competentes para gerir e representar a fundação.

d) Quando insuficientes para constituir a fundação, os bens a ela destinados serão, se de outro modo não dispuser o instituidor, incorporados em outra fundação que se proponha a fim igual ou semelhante.

e) Para criar uma fundação, o respectivo instituidor fará, exclusivamente por escritura pública, dotação especial de bens livres, especificando o fim a que se destina e declarando, se quiser, a maneira de administrá-la.

7. **(FGV – 2018 – MPE/AL – Analista Jurídico)** Considere a seguinte narrativa, dividida em seis partes:

(1) a União, o Estado Alfa e cinco Municípios localizados em seu território decidiram formar um consórcio público, (2) sob a forma de associação privada, (3) para a organização de um evento esportivo de grandes proporções. Para tanto, (4) esses entes federados celebraram protocolo de intenções, (5) o qual foi ratificado por cada Chefe do Poder Executivo, sendo considerado como celebrado o contrato de consórcio público. Ainda foi previsto que (6) a assembleia geral é a instância máxima do consórcio público.

À luz da narrativa acima e do disposto na Lei n. 11.107/05, que dispõe sobre as normas gerais de contratação de consórcios públicos, é correto afirmar que estão juridicamente corretas as partes

a) 1, 2, 3, 5 e 6, somente.

b) 1, 2, 3, 4 e 5, somente.

c) 1, 2, 3, 4 e 6, somente.

d) 2, 3, 4, 5 e 6, somente.

e) 1, 4, 5 e 6, somente.

8. **(FGV – 2018 – MPE/AL – Analista – Gestão Pública)** As agências reguladoras são entidades criadas com o objetivo de fiscalizar e regular atividades de serviços público delegados à empresas privadas.

Acerca da forma de criação das agências reguladoras, é correto afirmar que são criadas por

a) descentralização.

b) desconcentração.

c) por permissão.

d) por autorização.

e) por concessão.

9. (FGV – 2018 – MPE/AL – Analista Jurídico) A Lei n. 123/2018, do Estado Alfa, disciplinou a atuação de certo órgão público, composto por dez agentes, que seria competente para definir, pelo voto da maioria dos seus membros, as políticas públicas a serem adotadas em determinada área temática, as quais seriam necessariamente promovidas pelo Secretário de Estado competente.

À luz da classificação dos órgãos públicos, o referido órgão é considerado

a) subordinado, consultivo e coletivo de representação unitária.

b) diretivo, deliberativo e coletivo de representação plúrima.

c) diretivo, consultivo e coletivo de representação plúrima.

d) diretivo, consultivo e coletivo de representação unitária.

e) subordinado, deliberativo e singular.

10. (Quadrix – 2018 – CRP 2ª Região/PE – Psicólogo) Quanto às disposições gerais da CF sobre a Administração Pública, assinale a alternativa correta.

a) O texto constitucional admite contratação por tempo determinado para atender necessidade temporária de excepcional interesse público.

b) As entidades da Administração Pública indireta não precisam observar o princípio da impessoalidade.

c) Os vencimentos dos cargos do Legislativo e do Judiciário podem ser superiores aos pagos pelo Poder Executivo, em razão do princípio da separação dos Poderes.

d) Os atos de improbidade administrativa demandam indisponibilidade de bens e ressarcimento ao erário, mas não provocam perda da função pública.

e) O prazo de validade do concurso público será de três anos, prorrogável uma vez por igual período.

11. (CESPE – 2018 – TJCE – Juiz de Direito) Relativamente às entidades da administração pública indireta, assinale a opção correta.

a) Autarquias e fundações públicas podem receber, por meio de lei específica, a qualificação de agência executiva, para garantir o exercício de suas atividades com maior eficiência e operacionalidade.

b) São traços distintivos do regime jurídico especial das agências reguladoras: a investidura especial de seus dirigentes; o mandato por prazo determinado; e o período de quarentena após o término do mandato diretivo.

c) A instituição de fundação pública de direito público, diferentemente das autarquias, cuja criação se dá por meio de edição de lei, exige, além de previsão legal, a inscrição de seu ato constitutivo junto ao registro civil das pessoas jurídicas.

d) Embora seja reconhecida a natureza autárquica dos conselhos de classe, em razão da natureza privada dos recursos que lhes são destinados, essas entidades não se submetem ao controle externo exercido pelo TCU.

e) As empresas públicas e as sociedades de economia mista poderão ser constituídas sob qualquer forma empresarial admitida em direito, ressalvando-se, em relação às empresas públicas, a obrigatoriedade de que o capital social seja exclusivamente público.

12. (VUNESP – 2018 – Câmara de Campo Limpo Paulista/SP – Procurador Jurídico) Com o Programa Nacional de Desestatização e com o objetivo de reduzir o déficit público, passou-se à iniciativa privada atividades que eram dispendiosas para o Estado, transferindo a prestação de serviços a entidades privadas, com a intenção de reduzir gastos e buscar uma maior eficiência na execução das atividades, criando-se então, as

a) autarquias profissionais.

b) autarquias territoriais.

c) fundações públicas.

d) empresas públicas.

e) agências reguladoras.

13. (VUNESP – 2018 – Câmara de Campo Limpo Paulista/SP – Procurador Jurídico) Em relação às Organizações Sociais, assinale a alternativa correta.

a) O vínculo com o Poder Público se dá por meio de um termo de parceria, precedido de consulta aos Conselhos de Políticas Públicas das áreas correspondentes de atuação.

b) O vínculo com o Poder Público é efetivado mediante a celebração de contrato de gestão, não se confundindo com os contratos de concessão ou permissão de serviços públicos.

c) O controle financeiro e contábil não se submete ao Tribunal de Contas, ficando a cargo do Ministério supervisor.

d) As organizações sociais são obrigadas a licitar nos mesmos termos das demais entidades do Poder Público, seguindo as normas da legislação federal pertinentes ao assunto.

e) É vedado ao Poder Executivo a cessão especial de servidores para as organizações sócias.

14. (CESPE – 2018 – EMAP – Analista) Acerca de licitações e contratos a serem celebrados por empresas públicas, julgue o item a seguir.

Cabe mandado de segurança contra ato praticado em licitação promovida por empresa pública.

( ) Certo   ( ) Errado

15. (CESPE – 2018 – EMAP – Analista) Julgue o seguinte item, relativo ao controle da administração indireta e à improbidade administrativa.

Dado o caráter privado das sociedades de economia mista, o Tribunal de Contas da União está impossibilitado de exercer seu controle externo. Todavia, a legislação pertinente determina que o estatuto social da respectiva entidade preveja formas de controle interno.

( ) Certo ( ) Errado

16. (CESPE – 2018 – EMAP – Analista) Julguem o seguinte item, relativo à organização administrativa da União.

Os órgãos não dotados de personalidade jurídica própria que exercem funções administrativas e integram a União por desconcentração, componentes de uma hierarquia, fazem parte da administração direta.

( ) Certo ( ) Errado

17. (CESPE – 2018 – EMAP – Analista) Julgue o seguinte item, relativo à organização administrativa da União.

As autarquias somente podem ser criadas mediante lei específica, enquanto empresas públicas, sociedades de economia mista e fundações, que integram a administração indireta, podem ter sua criação autorizada mediante decreto do presidente da República.

( ) Certo ( ) Errado

18. (CESPE – 2018 – EMAP – Analista) Julgue o seguinte item, relativo à organização administrativa da União.

A empresa pública difere da sociedade de economia mista no que se refere à personalidade jurídica: aquela é empresa estatal de direito privado, esta é de direito público.

( ) Certo ( ) Errado

19. (CESPE – 2018 – EMAP – Analista) Julgue o seguinte item, relativo à organização administrativa da União.

As agências reguladoras são autarquias em regime especial, o que lhes confere maior autonomia administrativa e financeira, contudo, não possuem independência em relação aos Poderes Executivo, Legislativo e Judiciário.

( ) Certo ( ) Errado

20. (FUNRIO – 2018 – ALRR – Economista) Assinale a alternativa que indica uma agência reguladora federal.

a) Agência Nacional de Urbanismo

b) Agência Nacional de Agronegócio

c) Agência Nacional de Agroecologia

d) Agência Nacional de Transportes Aquaviários

21. (FUNRIO – 2018 – ALRR – Procurador) Considerando a natureza e o papel desempenhado pelas autarquias, o ordenamento jurídico lhes atribui algumas prerrogativas de direito público.

Com relação às prerrogativas autárquicas, avalie as relacionadas a seguir, como Verdadeiras ou Falsas.

I. Imunidade tributária.

II. Prescrição decenal.

III. Goza de prazo em dobro para todas as suas manifestações processuais, contado a partir da intimação pessoal.

IV. Estão sujeitas ao duplo grau de jurisdição.

Logo, a sequência CORRETA, lida de cima para baixo, é a seguinte:

a) V, V, V, F.

b) V, V, F, F.

c) F, V, V, V.

d) V, F, V, V.

22. (FGV – 2016 – Prefeitura de Cuiabá/MT – Auditor Fiscal Tributário da Receita Municipal) Edinaldo e Pedro, estudantes de Direito, travaram intenso debate a respeito da sujeição, ou não, dos serviços sociais autônomos à exigência constitucional de que a investidura em cargo ou emprego público dependa de aprovação prévia em concurso público de provas ou de provas e títulos. À luz da sistemática constitucional e da interpretação que lhe vem sendo dispensada pelo Supremo Tribunal Federal, é correto afirmar que os serviços sociais autônomos,

a) por integrarem a Administração Pública direta, devem observar a referida exigência constitucional.

b) na medida em que não integram a Administração Pública, não devem observar a referida exigência constitucional.

c) por integrarem a Administração Pública indireta, devem observar a referida exigência constitucional.

d) somente estarão sujeitos à referida exigência constitucional quando receberem contribuições parafiscais.

e) por serem entes paraestatais, devem observar a referida exigência constitucional.

23. (ESAF – 2016 – ANAC – Especialista em Regulação de Aviação Civil) Complete as lacunas em branco com os termos descentralização ou desconcentração. Ao final, assinale a opção que contenha a sequência correta.

1. Em nenhuma forma de _____ há hierarquia.

2. Ocorre a chamada _____ quando o Estado desempenha algumas de suas atribuições por meio de outras pessoas e não pela sua administração direta.

3. Trata-se, a _____, de mera técnica administrativa de distribuição interna de competências.

4. Porque a _____ ocorre no âmbito de uma pessoa jurídica, surge relação de hierarquia, de subordinação, entre os órgãos dela resultantes.

a) descentralização/desconcentração/desconcentração/descentralização
b) descentralização/descentralização/desconcentração/desconcentração
c) desconcentração/desconcentração/descentralização/descentralização
d) desconcentração/descentralização/desconcentração/descentralização
e) desconcentração/descentralização/descentralização/desconcentração

24. (CESPE – 2016 – TRT – 8ª Região/PA e AP – Técnico Judiciário – Área Administrativa) Com base nas disposições constitucionais e no regime jurídico referentes à administração indireta, assinale a opção correta.

a) Os conselhos profissionais são considerados autarquias profissionais ou corporativas.

b) Conforme a Constituição Federal de 1988 (CF), a nomeação dos presidentes das entidades da administração pública indireta independe de aprovação prévia do Senado Federal.

c) As sociedades de economia mista que exploram atividade econômica não estão sujeitas à fiscalização do Tribunal de Contas da União.

d) O consórcio público integra a administração direta de todos os entes da Federação consorciados, ainda que detenha personalidade jurídica de direito público.

e) Existe relação de hierarquia entre a autarquia e o ministério que a supervisiona.

25. (TRT/MT – 23ª Região – 2014 – Juiz Substituto) Sobre as empresas públicas e sociedades de economia mista, assinale a alternativa INCORRETA:

a) Empresa pública é pessoa jurídica criada por autorização legal como instrumento de ação do Estado, detendo personalidade jurídica de Direito Privado, cujo capital é formado exclusivamente por recursos de pessoas de Direito Público interno ou de pessoas de suas Administrações indiretas, com predominância acionária na Administração direta.

b) Sociedade de economia mista é pessoa jurídica criada por autorização legal, com personalidade de Direito Privado, cujas ações com direito a voto pertencem em sua maioria à administração direta ou indireta, com remanescente acionário de propriedade particular.

c) As Sociedades de economia mista podem adotar qualquer forma societária admitida em Direito ao passo que as empresas públicas terão obrigatoriamente a forma de sociedade anônima.

d) Há dois tipos fundamentais de empresas públicas e sociedades de economia mista: as exploradoras de atividade econômica e aquelas prestadoras de serviços públicos ou coordenadoras de obras públicas.

e) Quanto ao regime jurídico das empresas estatais (empresas públicas e sociedades de economia mista), o controle sobre elas é feito pelo Ministro a cuja Pasta estejam vinculadas, cabendo a ele, diretamente ou por meio de órgãos superiores do Ministério, orientá-las, coordená-las e controlá-las.

26. (FCC – 2014 – MPE/PE – Promotor de Justiça) Em relação às empresas públicas, NÃO é aspecto obrigatório a ser observado em seu regime jurídico a

a) realização de licitação para contratação de obras, serviços, compras e alienações, observados os princípios da administração pública.

b) criação por meio de registro de seus atos constitutivos, na forma do Código Civil.

c) forma societária de sociedade anônima.

d) personalidade jurídica de direito privado.

e) vedação à acumulação remunerada de cargos, empregos e funções públicas.

27. (CESPE – 2014 – TJ/SE – Analista Judiciário – Direito) No que concerne às regras e aos princípios específicos que regem a atuação da administração pública, julgue o item subsequente.

As empresas públicas se diferenciam das sociedades de economia mista, entre outros fatores, pela forma jurídica e de constituição de seu capital social.

( ) Certo ( ) Errado

28. (TRF – 4ª Região – 2014 – Juiz Substituto) Dadas as assertivas abaixo, assinale a alternativa correta.

A respeito das entidades paraestatais, entes de cooperação ou, simplesmente, terceiro setor, com base na Lei n. 9.637/98, na Lei n. 9.790/99 e no Decreto n. 3.100/99 (nas suas redações vigentes):

I – O Poder Executivo poderá qualificar como Organizações Sociais, por meio de contratos de gestão, pessoas jurídicas de direito privado, sem fins lucrativos, cujas atividades sejam dirigidas ao ensino, à pesquisa científica, ao desenvolvimento tecnológico, à proteção e à preservação do meio ambiente, à cultura e à saúde, desde que satisfeitos os requisitos exigidos na Lei n. 9.637/98.

II – O termo de parceria é o instrumento passível de ser firmado entre o Poder Público e as entidades qualificadas como Organizações da Sociedade Civil de Interesse Público (OSCIPs), destinado à formação de vínculo de cooperação entre as partes, para fomento e execução de atividades de interesse público, como, por exemplo, promoção da assistência social, da cultura, da defesa e da conservação dos patrimônios históricos e artísticos e dos estudos e pesquisas para desenvolvimento de tecnologias alternativas, atendidos os requisitos da Lei n. 9.790/99 e do Decreto n. 3.100/99.

III – Independentemente das atividades às quais se dediquem, nunca poderão ser qualificadas como OSCIPs, entre outras, as instituições religiosas ou voltadas à disseminação de credos, cultos, práticas e visões devocionais e confessionais, as fundações públicas e as empresas que comercializem planos de saúde.

a) Está correta apenas a assertiva I.
b) Estão corretas apenas as assertivas I e II.
c) Estão corretas apenas as assertivas I e III.
d) Estão corretas apenas as assertivas II e III.
e) Estão corretas todas as assertivas.

29. (CESPE – 2011 – Correios – Analista de Correios – Administrador)
Acerca de administração pública, julgue os itens a seguir.

I – A criação de empresa pública depende de autorização de lei específica. Caso seu capital seja exclusivamente público, esse tipo de empresa poderá ser constituído sob qualquer forma jurídica, exceto na forma de sociedade anônima.
( ) Certo   ( ) Errado

II – A clássica teoria da tripartição dos Poderes do Estado, concebida por Montesquieu e adotada no Brasil, não é absoluta, visto que a própria Constituição Federal de 1988 autoriza o desempenho, por Poder diverso, de funções que originalmente pertencem a determinado Poder.
( ) Certo   ( ) Errado

III – O fenômeno da desconcentração, que ocorre tanto na administração direta como na indireta, equivale à técnica administrativa conhecida como departamentalização, cujo objetivo central é tornar mais ágil, especializada e eficiente a prestação de serviços.
( ) Certo   ( ) Errado

30. (ESAF – 2010 – CVM – Analista de TIC) Analise os itens a seguir, a respeito das entidades políticas e administrativas, e marque com V se a assertiva for verdadeira e com F se for falsa. Ao final, assinale a opção correspondente.

( ) A autonomia de uma entidade política decorre de sua capacidade de auto--organização, autogoverno e autoadministração.

( ) São entidades políticas a União, os Estados, os Municípios, o Distrito Federal e suas autarquias e fundações públicas.

( ) As entidades políticas e administrativas surgem da descentralização administrativa.

( ) As entidades políticas são pessoas jurídicas de direito público, enquanto as entidades administrativas são pessoas jurídicas de direito privado.

a) V, F, F, F.
b) V, F, V, F.
c) V, V, F, V.
d) F, V, F, V.
e) V, V, F, F.

31. (TRE/BA – 2010 – Técnico Judiciário) (Adaptada) Acerca da organização administrativa e dos conceitos relativos à administração direta e indireta, julgue os itens que seguem.

As agências reguladoras são entidades que compõem a administração indireta e, por isso, são classificadas como entidades do terceiro setor.

( ) Certo   ( ) Errado

A criação de uma autarquia para executar determinado serviço público representa uma descentralização das atividades estatais. Essa criação somente se promove por meio da edição de lei específica para esse fim.

( ) Certo   ( ) Errado

32. (CESPE – 2009 – Escrivão da PF) (Adaptada) No que se refere à organização administrativa da União e ao regime jurídico dos servidores públicos civis federais, julgue o item seguinte.

A empresa pública e a sociedade de economia mista podem ser estruturadas mediante a adoção de qualquer uma das formas societárias admitidas em direito.

( ) Certo   ( ) Errado

33. (ESAF – 2005 – Auditor Fiscal Receita Federal) Em seu sentido subjetivo, o estudo da Administração Pública abrange:

a) a atividade administrativa.

b) o poder de polícia administrativa.

c) as entidades e órgãos que exercem as funções administrativas.

d) o serviço público.

e) a intervenção do Estado nas atividades privadas.

34. (CESPE – 2005 – TRE/MA – Técnico) Assinale a opção correta acerca da administração indireta.

a) É traço comum às empresas públicas e sociedades de economia mista o desempenho de atividade de natureza econômica.

b) As fundações instituídas e mantidas pelo poder público não integram a administração indireta.

c) Os bens das autarquias e fundações públicas são penhoráveis.

d) São características das autarquias: criação por decreto, personalidade jurídica pública e grande abrangência de fins ou de atividades.

e) Todas as entidades da administração indireta têm personalidade jurídica de direito público.

35. (FUNDATEC – 2021 – PGE-RS – Procurador do Estado) Quanto à organização administrativa brasileira, assinale a alternativa correta.

a) As autarquias possuem personalidade jurídica de direito público e são criadas mediante decreto do Chefe do Poder Executivo da respectiva unidade federativa.

b) Compete à justiça comum julgar as causas em que é parte sociedade de economia mista e os crimes praticados em seu detrimento.

c) As sociedades de economia mista e as empresas públicas devem promover licitações como requisito à validade de seus contratos administrativos.

d) Uma vez que exercem atividade administrativa descentralizada, os concessionários de serviço público e os delegados de ofício público compõem a Administração Indireta.

e) A qualificação de agência executiva pode ser outorgada a autarquias e empresas públicas, desde que apresentem plano de planejamento estratégico e firmem contrato de gestão com a Administração Direta.

Gabarito: 1. e; 2. e; 3. a; 4. b; 5. c; 6. d; 7. c; 8. a; 9. b; 10. a; 11. b; 12. e; 13. b; 14. certo; 15. errado; 16. certo; 17. errado; 18. errado; 19. certo; 20. d; 21. d; 22. b; 23. b; 24. a; 25. c; 26. c; 27. certo; 28. e; 29. errado, certo e certo; 30. a; 31. errado e certo; 32. errado; 33. c; 34. a; 35. b.

3 AGENTES PÚBLICOS

3.1. Conceito

Agente público é toda pessoa que desempenha atividade administrativa, temporariamente ou não, com ou sem remuneração.

O conceito de agente público é amplo, pois abrange todos aqueles que prestam serviço para a Administração, com ou sem vínculo empregatício, mediante o pagamento de remuneração ou não. A questão ficará mais clara com o estudo da classificação dos agentes públicos, no próximo tópico.

3.2. Classificação dos Agentes Públicos

Os agentes públicos podem ser classificados basicamente em três subespécies: (i) agentes políticos; (ii) agentes administrativos; (iii) particulares em colaboração com o Estado.

3.2.1. Agentes Políticos

São os componentes do primeiro escalão do governo. Ex.: Chefes do Poder Executivo (Presidente da República, Governadores dos Estados e Prefeitos dos Municípios), senadores, deputados federais e estaduais, vereadores, Ministros de Estado etc.

Também podemos enquadrar nessa espécie os agentes públicos que desempenham atividades típicas do Estado, nos termos da Constituição Federal. Estamos nos referindo aos Magistrados (Juízes), por exemplo:

> Recurso extraordinário. Responsabilidade objetiva. Ação reparatória de dano por ato ilícito. Ilegitimidade de parte passiva. 2. Responsabilidade exclusiva do Estado. A autoridade judiciária não tem responsabilidade civil pelos atos jurisdicionais praticados. **Os magistrados enquadram-se na espécie agente político**, investidos para o exercício de atribuições constitucionais, sendo dotados de plena liberdade funcional no desempenho de suas funções, com prerrogativas próprias e legislação específica. 3. Ação que deveria ter sido ajuizada contra a Fazenda Estadual – responsável eventual pelos alegados danos causados pela autoridade judicial, ao exercer suas atribuições –, a qual, posteriormente, terá assegurado o direito de regresso contra o magistrado responsável,

> nas hipóteses de dolo ou culpa. 4. Legitimidade passiva reservada ao Estado. Ausência de responsabilidade concorrente em face dos eventuais prejuízos causados a terceiros pela autoridade julgadora no exercício de suas funções, a teor do art. 37, § 6º, da CF/88. 5. Recurso extraordinário conhecido e provido.
>
> (RE 228977, Relator(a): Min. NÉRI DA SILVEIRA, Segunda Turma, julgado em 5-3-2002, DJ 12-4-2002 PP-00066 EMENT VOL-02064-04 PP-00829) (Destacamos)

3.2.2. Agentes Administrativos (Servidores Públicos *Lato Sensu*)

São as pessoas físicas que prestam serviço para a Administração, mediante a existência de um vínculo empregatício e com remuneração.

Os servidores públicos, por sua vez, são classificados em: (i) estatutários; (ii) empregados públicos; (iii) temporários.

Uma outra classificação que identificamos entre os servidores públicos é: (i) servidor civil; (ii) servidor militar.

3.2.2.1. *Servidores Estatutários*

São os ocupantes de cargos públicos e submetidos a um regime estatutário, isto é, a uma lei específica que define as atribuições, os direitos, os deveres e as responsabilidades dessa modalidade de servidor. Ex.: o Estatuto do Servidor Público Civil Federal é a Lei n. 8.112/90. Trata-se da regra dos servidores que atuam na Administração Direta, em qualquer de seus Poderes de Estado, como no caso dos Analistas de um TRF.

Importante lembrar que cada ente da Federação deverá ter o seu estatuto do servidor, portanto, cuidado ao analisar o edital do concurso público que pretende prestar, pois cairá a lei do respectivo ente estadual ou municipal. Muitos destes estatutos estaduais e municipais reproduzem o texto da Lei n. 8.112/90 (Estatuto Federal).

Ademais, os servidores estatutários resolvem seus conflitos perante a Administração na Justiça Comum Federal ou Estadual e não na Justiça do Trabalho (art. 114 da CF, com interpretação dada pelo STF na ADI 3.395).

> INCONSTITUCIONALIDADE. Ação direta. Competência. Justiça do Trabalho. Incompetência reconhecida. **Causas entre o Poder Público e seus servidores estatutários. Ações que não se reputam oriundas de relação de trabalho. Conceito estrito desta relação. Feitos da competência da Justiça Comum**. Interpretação do art. 114, inc. I, da CF, introduzido pela EC 45/2004. Precedentes. Liminar deferida para excluir outra interpretação. O disposto no art. 114, I, da Constituição da República, não abrange as causas instauradas entre o Poder Público e servidor que lhe seja vinculado por relação jurídico-estatutária. (ADI 3395 MC, Relator(a): Min. CEZAR PELUSO,

Tribunal Pleno, julgado em 5-4-2006, *DJ* 10-11-2006 PP-00049 EMENT VOL-02255-02 PP-00274 RDECTRAB v. 14, n. 150, 2007, p. 114-134 RDECTRAB v. 14, n. 152, 2007, p. 226-245)(Destacamos)

CUIDADO! A competência será da Justiça comum em caso de greve, mesmo que os servidores tenham vínculo celetista:

CONSTITUCIONAL. DIREITOS SOCIAIS. **COMPETÊNCIA PARA O JULGAMENTO DA LEGALIDADE DE GREVE DE SERVIDORES PÚBLICOS CELETISTAS. JUSTIÇA COMUM.** FIXAÇÃO DE TESE DE REPERCUSSÃO GERAL. 1. É competência da justiça comum, federal ou estadual, conforme o caso, o julgamento de dissídio de greve promovida por servidores públicos, na linha do precedente firmado no MI 670 (rel. Min. MAURÍCIO CORRÊA, rel. p/ acórdão Min. GILMAR MENDES, Tribunal Pleno, *DJe* de 30-10-2008). 2. As Guardas Municipais executam atividade de segurança pública (art. 144, § 8º, da CF), essencial ao atendimento de necessidades inadiáveis da comunidade (art. 9º, § 1º, CF), pelo que se submetem às restrições firmadas pelo Supremo Tribunal Federal no julgamento do ARE 654.432 (rel. Min. EDSON FACHIN, redator para acórdão Min. ALEXANDRE DE MORAES, Tribunal Pleno, julgado em 5-4-2017). **3. A essencialidade das atividades desempenhadas pelos servidores públicos conduz à aplicação da regra de competência firmada pelo Supremo Tribunal Federal no MI 670, mesmo em se tratando de servidores contratados pelo Estado sob o regime celetista.** 4. Negado provimento ao recurso extraordinário e fixada a seguinte tese de repercussão geral: "A Justiça Comum Federal ou Estadual é competente para julgar a abusividade de greve de servidores públicos celetistas da administração direta, autarquias e fundações de direito público."

(RE 846854, Relator(a): Min. LUIZ FUX, Relator(a) p/ Acórdão: Min. ALEXANDRE DE MORAES, Tribunal Pleno, julgado em 1º-8-2017, ACÓRDÃO ELETRÔNICO REPERCUSSÃO GERAL – MÉRITO *DJe*-022 DIVULG 6-2-2018 PUBLIC 7-2-2018) (Destacamos)

3.2.2.2. *Empregados Públicos*

São os ocupantes de empregos públicos e submetidos ao regime celetista, ou seja, aquele previsto na Consolidação das Lei do Trabalho – CLT, que também regulamenta as relações trabalhistas da iniciativa privada. Por isso, são também chamados de servidores celetistas. É o caso dos empregados da Caixa Econômica Federal ou dos Correios.

Os eventuais conflitos desses servidores deverão ser resolvidos perante a Justiça do Trabalho, conforme previsão expressa no art. 114 da Constituição Federal, a seguir transcrito:

> Art. 114. Compete à Justiça do Trabalho processar e julgar:
>
> I – as ações oriundas da relação de trabalho, abrangidos os entes de direito público externo e da administração pública direta e indireta da União, dos Estados, do Distrito Federal e dos Municípios;

Se o servidor foi celetista antes da sua transposição para o cargo de servidor estatutário, a competência para resolver conflitos na época em que era empregado público será da justiça do trabalho. Esta é a posição do Superior Tribunal de Justiça:

> Recurso extraordinário. Repercussão geral. 2. Competência da Justiça do Trabalho. Mudança de regime jurídico. Transposição para o regime estatutário. Verbas trabalhistas concernentes ao período anterior. 3. Compete à Justiça do Trabalho processar e julgar ações relativas às verbas trabalhistas referentes ao período em que o servidor mantinha vínculo celetista com a Administração, antes da transposição para o regime estatutário. 4. Recurso não provido. Reafirmação de jurisprudência. (ARE 1001075 RG, Relator(a): Min. GILMAR MENDES, julgado em 8-12-2016, PROCESSO ELETRÔNICO REPERCUSSÃO GERAL – MÉRITO DJe-017 DIVULG 31-1-2017 PUBLIC 1º-2-2017).

Se o tema for competência para julgamento de abusividade de greve de servidores públicos celetistas (tema 544), lembrar que o STF fixou a seguinte tese: "A justiça comum, federal ou estadual, é competente para julgar a abusividade de greve de servidores públicos celetistas da Administração pública direta, autarquias e fundações públicas".

O julgamento que fundamentou a tese foi:

> CONSTITUCIONAL. DIREITOS SOCIAIS. COMPETÊNCIA PARA O JULGAMENTO DA LEGALIDADE DE GREVE DE SERVIDORES PÚBLICOS CELETISTAS. JUSTIÇA COMUM. FIXAÇÃO DE TESE DE REPERCUSSÃO GERAL. 1. É competência da justiça comum, federal ou estadual, conforme o caso, o julgamento de dissídio de greve promovida por servidores públicos, na linha do precedente firmado no MI 670 (rel. Min. MAURÍCIO CORRÊA, rel. p/ acórdão Min. GILMAR MENDES, Tribunal Pleno, DJe de 30-10-2008). 2. As Guardas Municipais executam atividade de segurança pública (art. 144, § 8º, da CF), essencial ao atendimento de necessidades inadiáveis da comunidade (art. 9º, § 1º, CF), pelo que se submetem às restrições firmadas pelo Supremo Tribunal Federal no julgamento do ARE 654.432 (rel. Min. EDSON FACHIN, redator para acórdão Min. ALEXANDRE DE MORAES, Tribunal Pleno, julgado em 5-4-2017). 3. A essencialidade das atividades desempenhadas pelos servidores públicos conduz à aplicação da regra de competência firmada pelo Supremo Tribunal Federal no MI 670, mesmo em se tratando de servidores contratados pelo

Estado sob o regime celetista. 4. Negado provimento ao recurso extraordinário e fixada a seguinte tese de repercussão geral: "A Justiça Comum Federal ou Estadual é competente para julgar a abusividade de greve de servidores públicos celetistas da administração direta, autarquias e fundações de direito público". (RE 846854, Relator(a): Min. LUIZ FUX, Relator(a) p/ Acórdão: Min. ALEXANDRE DE MORAES, Tribunal Pleno, julgado em 1º-8-2017, ACÓRDÃO ELETRÔNICO REPERCUSSÃO GERAL – MÉRITO DJe--022 DIVULG 6-2-2018 PUBLIC 7-2-2018).

3.2.2.3. Servidores Temporários

São aqueles contratados por tempo determinado para atender à necessidade temporária de excepcional interesse público, nos termos do inciso IX do art. 37 da Constituição Federal. Ex.: contratação de pessoal em situação de calamidade pública, emergências em saúde pública ou recenseamento pelo IBGE (art. 2º da Lei n. 8.745/93).

Enquanto a contratação dos servidores estatutários e dos empregados públicos dar-se-á por meio de concurso público, os servidores temporários serão contratados mediante processo seletivo simplificado, sem a necessidade de concurso público, uma vez que a situação excepcional assim legitima (art. 3º da Lei n. 8.745/93).

CONSTITUCIONAL. **CONTRATAÇÃO TEMPORÁRIA DE SERVIDORES** (ART. 37, IX, CF). LEI COMPLEMENTAR 12/1992 DO ESTADO DO MATO GROSSO. INCONSTITUCIONALIDADE. MODULAÇÃO DE EFEITOS. 1. A Constituição Federal é intransigente em relação ao princípio do concurso público como requisito para o provimento de cargos públicos (art. 37, II, da CF). **A exceção prevista no inciso IX do art. 37 da CF deve ser interpretada restritivamente, cabendo ao legislador infraconstitucional a observância dos requisitos da reserva legal, da atualidade do excepcional interesse público justificador da contratação temporária e da temporariedade e precariedade dos vínculos contratuais.** 2. A Lei Complementar 12/1992 do Estado do Mato Grosso valeu-se de termos vagos e indeterminados para deixar ao livre arbítrio do administrador a indicação da presença de excepcional interesse publico sobre virtualmente qualquer atividade, admitindo ainda a prorrogação dos vínculos temporários por tempo indeterminado, em franca violação ao art. 37, IX, da CF. 3. Ação direta julgada procedente, para declarar inconstitucional o art. 264, inciso VI e § 1º, parte final, da Lei Complementar 4/90, ambos com redação conferida pela LC 12/92, com efeitos *ex nunc*, preservados os contratos em vigor que tenham sido celebrados exclusivamente com fundamento nos referidos dispositivos, por um prazo máximo de até 12 (doze) meses da publicação da ata deste julgamento.

(ADI 3662, Relator(a): Min. MARCO AURÉLIO, Relator(a) p/ Acórdão: Min. ALEXANDRE DE MORAES, Tribunal Pleno, julgado em 23-3-2017, PROCESSO ELETRÔNICO DJe-080 DIVULG 24-4-2018 PUBLIC 25-4-2018) (Destacamos)

Atividades de caráter permanente, como a policial, não podem ser objeto de contratação temporária:

CONSTITUCIONAL. AÇÃO DIRETA DE INCONSTITUCIONALIDADE. LEI N. 17.882/2012 DO ESTADO DE GOIÁS. **SERVIÇO DE INTERESSE MILITAR VOLUNTÁRIO (SIMVE). INOBSERVÂNCIA DA REGRA CONSTITUCIONAL IMPOSITIVA DO CONCURSO PÚBLICO. VIOLAÇÃO AOS ART. 37, II, E 144, § 5º, DA CONSTITUIÇÃO DA REPÚBLICA. PREVISÃO GENÉRICA E ABRANGENTE DE CONTRATAÇÃO TEMPORÁRIA: OFENSA AOS ARTS. 37, II, IX, E 144, *CAPUT*, DA CRFB/88. INCONSTITUCIONALIDADE FORMAL. LEI ESTADUAL QUE CONTRARIA NORMAS GERAIS EDITADAS PELA UNIÃO. AÇÃO JULGADA PROCEDENTE.** 1. O postulado do concurso público traduz-se na necessidade essencial de o Estado conferir efetividade a diversos princípios constitucionais, corolários do *merit system*, dentre eles o de que todos são iguais perante a lei, sem distinção de qualquer natureza (CRFB/88, art. 5º, *caput*). 2. A Polícia Militar e o Corpo de Bombeiros Militar dos Estados, do Distrito Federal e dos Territórios, conquanto instituições públicas, pressupõem o ingresso na carreira por meio de concurso público (CRFB/88, art. 37, II), ressalvadas as funções administrativas para trabalhos voluntários (Lei n. 10.029/2000), restando inconstitucional qualquer outra forma divergente de provimento. 3. À luz do conteúdo jurídico do art. 37, inciso IX, da Constituição da República e da jurisprudência firmada por esta Suprema Corte em sede de Repercussão Geral (RE 658.026, Relator Min. Dias Toffoli, Tribunal Pleno, DJe 31.10.2014), a contratação temporária reclama os seguintes requisitos para sua validade: (i) os casos excepcionais devem estar previstos em lei; (ii) o prazo de contratação precisa ser predeterminado; (iii) a necessidade deve ser temporária; (iv) o interesse público deve ser excepcional; (iv) a necessidade de contratação há de ser indispensável, sendo vedada a contratação para os serviços ordinários permanentes do Estado, e que devam estar sob o espectro das contingências normais da Administração, mormente na ausência de uma necessidade temporária. **4. No caso sub examine, não há qualquer evidência de necessidade provisória que legitime a contratação de policiais temporários para o munus da segurança pública, mercê de a lei revelar-se abrangente, não respeitando os pressupostos básicos de norma que almeja justificar a sua excepcionalidade frente à regra da Carta Magna (CRFB/88, art. 37, II e IX). 5. A competência legislativa concorrente entre a União e os Estados-membros (CRFB/88, art. 24), nos casos em que cabe àquela estabelecer normas gerais (§ 1º) e a estes normas suplementares (§ 2º), submete-se** ao exame de constitucionalidade em sede de fiscalização normativa abstrata quando configurada inconstitucionalidade direta, imediata e frontal. Precedentes do Plenário: ADI 1366 AgR, rel. Min. Celso de Mello, Tribunal Pleno, *DJe* 20-9-2012; ADI 2656/SP, rel. Min. Maurício Corrêa, Tribunal Pleno, *DJ* 1º-8-2003; ADI 311 MC, rel. Min. Carlos Velloso, Tribunal Pleno, *DJ* 14-9-1990. 6. É que afronta o texto maior lei estadual que regule fora das peculiaridades locais e de sua competência suplementar, atentando contra as normas gerais de competência da União em manifesta usurpação de competência (CRFB/88, arts. 22, XXI, e 24, § 2º). 7. É inconstitucional, por vício formal, lei estadual que inaugura relação jurídica contraposta à legislação federal que regula normas gerais sobre o tema, substituindo os critérios mínimos estabelecidos pela norma competente. **8. In casu, a Lei n. 17.882, de 27 de dezembro de 2012, do Estado do Goiás, ao instituir o Serviço de Interesse Militar Voluntário Estadual (SIMVE) na Polícia Militar e no Corpo de Bombeiros Militar do Estado de Goiás, instituiu uma classe de policiais temporários, cujos integrantes, sem o indispensável concurso público de provas e títulos, passam a ocupar, após seleção interna, função de natureza policial militar de maneira evidentemente inconstitucional.** 9. Ação direta de inconstitucionalidade julgada procedente. 10. Proposta a modulação temporal pelo Relator, não se obteve, no Plenário, o quorum necessário para a sua aprovação.

(ADI 5163, Relator(a): Min. LUIZ FUX, Tribunal Pleno, julgado em 8-4--2015, PROCESSO ELETRÔNICO *DJe*-091 DIVULG 15-5-2015 PUBLIC 18-5-2015) (STF) (Destacamos)

Outro ponto importante refere-se à impossibilidade de a autorização legislativa genérica para contratação temporária e a permissão de prorrogação indefinida do prazo de contratações temporárias. Essa a posição do Supremo Tribunal Federal:

CONSTITUCIONAL. CONTRATAÇÃO TEMPORÁRIA DE SERVIDORES (ART. 37, IX, CF). LEI COMPLEMENTAR 12/1992 DO ESTADO DO MATO GROSSO. INCONSTITUCIONALIDADE. MODULAÇÃO DE EFEITOS. 1. A Constituição Federal é intransigente em relação ao princípio do concurso público como requisito para o provimento de cargos públicos (art. 37, II, da CF). A exceção prevista no inciso IX do art. 37 da CF deve ser interpretada restritivamente, cabendo ao legislador infraconstitucional a observância dos requisitos da reserva legal, da atualidade do excepcional interesse público justificador da contratação temporária e da temporariedade e precariedade dos vínculos contratuais. 2. A Lei Complementar 12/1992 do Estado do Mato Grosso valeu-se de termos vagos e indeterminados para deixar ao livre arbítrio do administrador a indicação da presença de excepcional interesse público sobre virtualmente qualquer atividade, admitindo ainda a prorrogação dos vínculos temporários por tempo indeterminado, em franca violação ao art. 37, IX, da CF. 3. Ação direta julgada procedente, para declarar inconstitucional o art. 264, inciso VI e § 1º, parte final, da Lei Complementar 4/90, ambos com redação conferida pela LC 12/92, com efeitos *ex nunc*, preservados os contratos em vigor que tenham sido celebrados exclusivamente com fundamento nos referidos dispositivos, por um prazo máximo de até 12 (doze) meses da publicação da ata deste julgamento. (ADI 3662, Relator(a): Min. MARCO AURÉLIO, Relator(a) p/ Acórdão: Min. ALEXANDRE DE MORAES, Tribunal Pleno, julgado em 23-3-2017, PROCESSO ELETRÔNICO DJe-080 DIVULG 24-4-2018 PUBLIC 25-4-2018).

Sobre os requisitos para a contratação de professor substituto no âmbito de instituições federais de ensino superior (tema 403), fixou o Supremo Tribunal Federal a seguinte tese: "É compatível com a Constituição Federal a previsão legal que exija o transcurso de 24 (vinte e quatro) meses, contados do término do contrato, antes de nova admissão de professor temporário anteriormente contratado".

O julgado que proporcionou a elaboração do tema foi:

ADMINISTRATIVO. RECURSO EXTRAORDINÁRIO COM REPERCUSSÃO GERAL. REQUISITOS PARA CONTRATAÇÃO DE PROFESSOR SUBSTITUTO NO ÂMBITO DE INSTITUIÇÕES FEDERAIS DE ENSINO SUPERIOR. PREVISÃO LEGAL QUE NÃO AUTORIZA NOVA CONTRATAÇÃO SEM A OBSERVÂNCIA DO INTERSTÍCIO DE 24 (VINTE E QUATRO) MESES. CONSTITUCIONALIDADE. RECURSO A QUE SE DÁ PROVIMENTO. 1. Embora não se apliquem integralmente as regras do concurso público para as contratações por necessidade temporária, deve a seleção simplificada observar os princípios da impessoalidade e da moralidade, inscritos no art. 37, *caput*, da CRFB. Precedentes. 2. A previsão legal que não autoriza nova contratação de professor substituto sem a observância de interstício mínimo concretiza a moralidade administrativa. 3. Cabe ao Poder Judiciário assumir postura deferente à opção manifestada pelo legislador quando o direito invocado é proporcional ao interesse público comum. 4. Não configura ofensa à isonomia a previsão legal de proibição, por prazo determinado, de nova contratação de candidato já anteriormente admitido em processo seletivo simplificado para atender a necessidade temporária de excepcional interesse público, sob pena de transformar-se "em ordinário o que é, pela sua natureza, extraordinário e transitório" (ROCHA, Cármen Lúcia Antunes. Princípios constitucionais dos servidores públicos. São Paulo: Saraiva, 1999, p. 244) 5. Recurso extraordinário a que se dá provimento. (RE 635648, Relator(a): Min. EDSON FACHIN, Tribunal Pleno, julgado em 14-6-2017, PROCESSO ELETRÔNICO REPERCUSSÃO GERAL – MÉRITO DJe-206 DIVULG 11-9-2017 PUBLIC 12-9-2017).

Diante de prorrogações irregulares do contrato de trabalho temporário, nada mais justo que o servidor possa gozar dos direitos sociais previstos no art. 7º da Constituição Federal, inclusive o FGTS:

PROCESSUAL CIVIL. ADMINISTRATIVO. RECURSO ESPECIAL. VIOLAÇÃO DOS ARTS. 458 E 535 DO CPC/1973. NÃO OCORRÊNCIA. DECISÃO FUNDAMENTADA. DISPOSITIVO CONSTITUCIONAL. ANÁLISE PELO STJ. IMPOSSIBILIDADE. COMPETÊNCIA DO SUPREMO TRIBUNAL FEDERAL. SERVIDOR PÚBLICO. CONTRATO TEMPORÁRIO DE TRABALHO. NULIDADE. BURLA AO PRINCÍPIO DO CONCURSO PÚBLICO. FGTS. DEPÓSITO OBRIGATÓRIO.

1. Não configura ofensa ao art. 535 do CPC/1973, correspondente ao art. 1.022 do CPC/2015, quando o Tribunal local julga integralmente a lide, apenas não adotando a tese defendida pelo recorrente. Não se pode confundir julgamento desfavorável ao interesse da parte com negativa ou ausência de prestação jurisdicional.

2. Esta egrégia Corte Superior possui precedente no sentido de que, "se os fundamentos do acórdão recorrido não se mostram suficientes ou corretos na opinião do recorrente, não quer dizer que eles não existam. Não se pode confundir ausência de motivação com fundamentação contrária aos interesses da parte, como ocorreu na espécie. Violação do art. 489, § 1º, do CPC/2015 não configurada" (AgInt no REsp 1.584.831/CE, rel. Ministro Humberto Martins, Segunda Turma, julgado em 14-6-2016, *DJe* 21-6-2016).

3. O recurso especial destina-se à uniformização do direito federal infraconstitucional. Desse modo, incabível o exame de dispositivos constitucionais na via eleita, pois, nos termos do art. 105, III, da CF/1988, a análise de possível violação de matéria constitucional está reservada ao Supremo Tribunal Federal, conforme disposto no art. 102 da CF/1988.

4. O Superior Tribunal de Justiça realinhou sua jurisprudência para acompanhar o entendimento do Supremo Tribunal Federal que, após o reconhecimento da constitucionalidade do art. 19-A da Lei n. 8.036/1990[58] sob o regime da repercussão geral (RE 596.478/RR, rel. para acórdão Min. Dias Toffoli, *DJe* 28-2-2013), reconheceu serem "extensíveis aos servidores contratados por prazo determinado (CF, art. 37, inciso IX) os direitos sociais previstos no art. 7º da Carta Política, inclusive o FGTS, desde que ocorram sucessivas renovações do contrato" (RE-AgR 752.206/MG, rel. Min. Celso de Mello, *DJe* 29-10-2013).

5. Recurso especial conhecido em parte e, nessa extensão, não provido. (REsp 1675941/PA, rel. Ministro OG FERNANDES, SEGUNDA TURMA, julgado em 3-4-2018, *DJe* 9-4-2018).

Os conflitos entre servidor temporário e Administração deverão ser realizados, em regra, perante a Justiça Comum Federal ou Estadual e não perante a

---

[58] A citada Lei foi consideravelmente alterada no ano de 2019 pela Lei n. 13.832, bem como pela Lei n. 14.118 e Lei n. 14.261, ambas de 2021.

Justiça do Trabalho, em razão da existência de um vínculo jurídico-administrativo, bem próximo do estatutário. Esta é a posição das duas turmas do Supremo Tribunal Federal:

> AGRAVO INTERNO. RECURSO EXTRAORDINÁRIO COM AGRAVO. PROCESSO CIVIL. SERVIDOR PÚBLICO. CONTRATO TEMPORÁRIO. ART. 37, IX, DA CONSTITUIÇÃO. COMPETÊNCIA. JUSTIÇA COMUM ESTADUAL. 1. Compete à Justiça Comum o processamento e julgamento de ações propostas por servidores vinculados à Administração Pública em face do Poder Público. 2. Agravo interno a que se nega provimento. (ARE 1004790 AgR, Relator(a): Min. ALEXANDRE DE MORAES, Primeira Turma, julgado em 25-5-2018, PROCESSO ELETRÔNICO DJe-115 DIVULG 11-6-2018 PUBLIC 12-6-2018).
>
> Agravo regimental no recurso extraordinário com agravo. Servidor público. Contrato temporário. Natureza do vínculo. Existência de termo de conduta que determina a natureza jurídico-administrativa do contrato firmado entre as partes. Competência. Justiça comum. Precedentes. 1. O Tribunal Superior do Trabalho expressamente consignou a existência de termo de ajustamento de conduta entre o ora agravado e o Ministério Público do Estado de Santa Catarina, no qual se afirmou que o contrato existente entre o agravante e a FURB seria de natureza jurídico-administrativa. 2. Assentada a natureza estatutária do vínculo mantido entre o agravante e a Fundação Universidade Regional de Blumenau, a competência para o julgamento do feito é da Justiça comum (ADI n. 3.395/DF-MC), consoante a reiterada jurisprudência da Corte. 3. Agravo regimental não provido, com imposição de multa de 2% (art. 1.021, § 4º, do CPC). (ARE 1004808 AgR, Relator(a): Min. DIAS TOFFOLI, Segunda Turma, julgado em 6-10-2017, PROCESSO ELETRÔNICO DJe-250 DIVULG 30-10-2017 PUBLIC 31-10-2017).

No Superior Tribunal de Justiça o entendimento é o mesmo:

> PROCESSUAL CIVIL E ADMINISTRATIVO. AGRAVO REGIMENTAL NO CONFLITO DE COMPETÊNCIA. JUÍZO DE DIREITO E JUÍZO LABORAL. RECLAMAÇÃO TRABALHISTA. AGENTE DE PESQUISA. SERVIDOR TEMPORÁRIO. COMPETÊNCIA DO JUÍZO DE DIREITO ESTADUAL. PRECEDENTE: AGRG NO CC 126.906/PB, REL. MIN. NAPOLEÃO NUNES MAIA FILHO, DJE 23-3-2015. AGRAVO REGIMENTAL DO MINISTÉRIO PÚBLICO FEDERAL A QUE SE NEGA PROVIMENTO.
>
> 1. A parte autora reclama verbas trabalhistas supostamente não pagas durante o período de contrato temporário com o MUNICÍPIO DE CAMPINA GRANDE/PB, como Agente de Pesquisa.

2. É assente nesta Corte que o recrutamento desse tipo de Servidor, com escora no art. 37, IX da CF, não revela qualquer vínculo trabalhista disciplinado pela CLT, sendo, portanto, da Justiça Comum a competência para dirimir questão de pagamento de verbas nestes casos.

3. Agravo Regimental do MINISTÉRIO PÚBLICO FEDERAL a que se nega provimento. (AgRg no CC 132.241/PB, rel. Ministro NAPOLEÃO NUNES MAIA FILHO, PRIMEIRA SEÇÃO, julgado em 11-11-2015, DJe 18-11-2015).

3.2.3. Particulares em Colaboração com a Administração

São pessoas privadas que desempenham função pública, mas sem a existência de um vínculo empregatício direto com a Administração.

3.2.3.1. Agentes Delegados

São os particulares que desempenham função pública por delegação. Ex.: os concessionários e permissionários do serviço público, como no caso da empresa privada de ônibus que presta o serviço de transporte coletivo por delegação do Município.

Também os Cartórios Extrajudiciais ou Tabelionatos de Notas e Documentos, além do registro de pessoas e de imóveis. Apesar da exigência de concurso público para ingressarem nas citadas carreiras, os Tabeliães não são considerados servidores estatutários, nem empregados públicos, mas sim particulares em colaboração com a Administração.

3.2.3.2. Agentes Honoríficos

São as pessoas físicas que desempenham funções públicas relevantes em razão da sua condição cívica ou de sua honorabilidade. Ex.: jurados no Tribunal do Júri, mesários nas eleições etc.

3.2.3.3. Gestores do Negócio Público

São pessoas que atuam em situações de emergência para fazer as vezes do Estado. Ex.: particular que chega antes dos bombeiros no local dos fatos e salva uma criança que se afogava em uma inundação.

Trata-se do AGENTE DE FATO NECESSÁRIO, uma vez que sua atuação foi de grande importância e, não existindo abuso, o Poder Público deverá ratificar sua conduta de, por exemplo, requisitar um leito em hospital privado para o cidadão, salvo na condição acima mencionada.

Não podemos confundir o agente de fato necessário com o AGENTE DE FATO PUTATIVO, que consiste no servidor investido de forma irregular em cargo público (ex.: não tinha diploma de grau superior e foi investido num cargo que o exigia) ou está impedido de atuar por algum motivo (ex.: servidor suspenso que continua a desenvolver suas atividades). Nesses casos, o ato administrativo praticado será considerado válido perante o terceiro de boa-fé, em razão da TEORIA DA APARÊNCIA, pois o servidor, ainda que irregular, tem aparência para a população de estar legitimamente investido no cargo.

3.2.3.4. Agentes Credenciados

São aqueles que representam a Administração em algum evento (ex.: um médico num congresso internacional representando nosso país), ou que desempenham alguma função pública por credenciamento (ex.: clínicas particulares credenciadas pelo Sistema Único de Saúde – SUS).

Agentes Públicos

Agentes Políticos	Agentes Administrativos	Particulares em Colaboração
São os componentes do primeiro escalão do governo e os que desempenham atividades típicas da Administração nos termos da Constituição Federal.	São as pessoas que prestam serviço para a Administração, por vínculo empregatício e com remuneração. Podem ser: a) Servidores Estatutários b) Empregados Públicos c) Servidores Temporários	São os que desempenham função pública, sem vínculo empregatício com a Administração. Podem ser: a) Agentes Delegados b) Agentes Honoríficos c) Gestores de Negócio Público d) Agentes Credenciados

3.3. Disposições Constitucionais Relativas aos Agentes Públicos

A Constituição Federal estabelece uma série de disposições relativas aos agentes públicos, em especial aos servidores estatutários. Logo no inciso I do art. 37 fica demonstrada a amplitude do assunto ao estabelecer que "os cargos, empregos e funções públicas são acessíveis aos brasileiros que preencham os requisitos estabelecidos em lei, assim como aos estrangeiros, na forma da lei".

De fato, passaremos a analisar, a seguir, os dispositivos mais importantes.

3.3.1. Exigência de Concurso Público

A *regra* na Constituição Federal para a Administração contratar pessoal para ocupar *cargo ou emprego público* é um procedimento especial denominado concurso público.

A Administração Pública Direta e Indireta obedecerá, no tocante à investidura em cargo ou emprego público, à regra da aprovação prévia em concurso de provas ou de provas e títulos, de acordo com a natureza e a complexidade do cargo ou emprego, na forma prevista em lei, ressalvadas as nomeações para cargo em comissão declarado em lei de livre nomeação e exoneração (art. 37, *caput* e II, da CF).

Conforme aprendemos no capítulo do "Regime Jurídico Administrativo", em razão da natureza do bem jurídico tutelado pela Administração – natureza pública –, esta estará sujeita a uma série de restrições no desempenho de suas atividades, sendo o concurso público uma delas.

As exceções a essa regra abrangem, dentre outras, os cargos em comissão, de livre nomeação e exoneração. São os cargos ocupados por aquelas pessoas que possuem um vínculo político muito forte com o Chefe do Executivo (ex.: Prefeito) e que geralmente não prestaram concurso público. É o exemplo do Chefe de uma repartição pública municipal.

Com efeito, não podemos confundir o cargo em comissão – que pode ser ocupado por concursado ou não – com a função de confiança que somente será ocupada por detentor de cargo efetivo (só concursado – art. 37, V, da CF).

Além da confiança do Administrador Público, cargo em comissão e função de confiança possuem em comum o fato de que ambos destinam-se apenas às atribuições de direção, chefia e assessoramento.

APROFUNDANDO! Conforme visto no estudo do princípio da legalidade, está consubstanciado no teor da Súmula Vinculante n. 44 do STF, *in verbis*: "Só por lei se pode sujeitar a exame psicotécnico a habilitação de candidato a cargo público". Apesar de o enunciado da aludida súmula se limitar a tratar do tema exame psicotécnico, vale lembrar que qualquer requisito exigido em edital de concurso tem que ter amparo em lei (STJ – AgRg no RMS 32.892/RO).

Sobre a possibilidade de candidato tatuado poder concorrer a vaga em concurso público, entendeu o Supremo Tribunal Federal em regime de repercussão geral:

> RECURSO EXTRAORDINÁRIO. CONSTITUCIONAL E ADMINISTRATIVO. REPERCUSSÃO GERAL RECONHECIDA. TEMA 838 DO PLENÁRIO VIRTUAL. TATUAGEM. CONCURSO PÚBLICO. EDITAL. REQUISITOS PARA O DESEMPENHO DE UMA FUNÇÃO PÚBLICA. AUSÊNCIA DE PREVISÃO EM LEI FORMAL ESTADUAL. IMPOSSIBILIDADE. OFENSA AO ART. 37, I, DA CONSTITUIÇÃO DA REPÚBLICA. REAFIRMAÇÃO DA JURISPRUDÊNCIA PACÍFICA DA CORTE. IMPEDIMENTO DO PROVIMENTO DE CARGO, EMPREGO OU FUNÇÃO PÚBLICA DECORRENTE DA EXISTÊNCIA DE TATUAGEM NO CORPO DO CANDIDATO. REQUISITO OFENSIVO A DIREITOS FUNDAMENTAIS DOS CIDADÃOS. VIOLAÇÃO AOS PRINCÍPIOS CONSTITUCIONAIS DA IGUALDADE, DA DIGNIDADE DA PESSOA HUMANA, DA LIBERDADE DE EXPRESSÃO, DA PROPORCIONALIDADE E DO LIVRE ACESSO AOS CARGOS PÚBLICOS. INCONSTITUCIONALIDADE DA EXIGÊNCIA ESTATAL DE QUE A

TATUAGEM ESTEJA DENTRO DE DETERMINADO TAMANHO E PARÂMETROS ESTÉTICOS. INTERPRETAÇÃO DOS ARTS. 5º, I, E 37, I E II, DA CRFB/88. SITUAÇÕES EXCEPCIONAIS. RESTRIÇÃO. AS TATUAGENS QUE EXTERIORIZEM VALORES EXCESSIVAMENTE OFENSIVOS À DIGNIDADE DOS SERES HUMANOS, AO DESEMPENHO DA FUNÇÃO PÚBLICA PRETENDIDA, INCITAÇÃO À VIOLÊNCIA IMINENTE, AMEAÇAS REAIS OU REPRESENTEM OBSCENIDADES IMPEDEM O ACESSO A UMA FUNÇÃO PÚBLICA, SEM PREJUÍZO DO INAFASTÁVEL JUDICIAL REVIEW. CONSTITUCIONALIDADE. INCOMPATIBILIDADE COM OS VALORES ÉTICOS E SOCIAIS DA FUNÇÃO PÚBLICA A SER DESEMPENHADA. DIREITO COMPARADO. IN CASU, A EXCLUSÃO DO CANDIDATO SE DEU, EXCLUSIVAMENTE, POR MOTIVOS ESTÉTICOS. CONFIRMAÇÃO DA RESTRIÇÃO PELO ACÓRDÃO RECORRIDO. CONTRARIEDADE ÀS TESES ORA DELIMITADAS. RECURSO EXTRAORDINÁRIO A QUE SE DÁ PROVIMENTO. (RE 898450, Relator(a): Min. LUIZ FUX, Tribunal Pleno, julgado em 17-8-2016, PROCESSO ELETRÔNICO REPERCUSSÃO GERAL – MÉRITO DJe-114 DIVULG 30-5-2017 PUBLIC 31-5-2017).

O aludido julgado tratou do tema 838 sobre a constitucionalidade da proibição, contida em edital de concurso público, de ingresso em cargo, emprego ou função pública para candidatos que tenham certos tipos de tatuagem em seu corpo. O STF fixou a seguinte tese sobre o assunto: "Editais de concurso público não podem estabelecer restrição a pessoas com tatuagem, salvo situações excepcionais em razão de conteúdo que viole valores constitucionais".

Questão correlata envolve o tema da presunção de inocência em concurso público, no tocante à investigação social do candidato. A esse respeito, entendeu o Supremo Tribunal Federal:

AGRAVO REGIMENTAL NO RECURSO EXTRAORDINÁRIO COM AGRAVO. REITERAÇÃO DA TESE DO RECURSO INADMITIDO. SUBSISTÊNCIA DA DECISÃO AGRAVADA. CONCURSO PÚBLICO. POLÍCIA MILITAR. CANDIDATO. ELIMINAÇÃO. INVESTIGAÇÃO SOCIAL. ART. 5º, LVII, DA CF. VIOLAÇÃO. AGRAVO A QUE SE NEGA PROVIMENTO, COM APLICAÇÃO DE MULTA. I – As razões do agravo regimental são inaptas para desconstituir os fundamentos da decisão agravada, que, por isso, se mantêm hígidos. II – Viola o princípio constitucional da presunção da inocência, previsto no art. 5º, LVII, da Constituição Federal, a exclusão de candidato de concurso público que responde a inquérito ou ação penal sem trânsito em julgado da sentença condenatória. Precedentes. III – Agravo regimental a que se nega provimento, com aplicação da multa (art. 1.021, § 4º, do CPC). (ARE 1099974 AgR, Relator(a): Min. RICARDO LEWANDOWSKI, Segunda Turma, julgado em 29-6-2018, PROCESSO ELETRÔNICO DJe-157 DIVULG 3-8-2018 PUBLIC 6-8-2018).

O Tema referente à aplicação da teoria do fato consumado para a manutenção de candidato investido em cargo público por força de decisão judicial de caráter provisório, foi enfrentado pelo STF (tema 476) que fixou a seguinte tese: "Não é compatível com o regime constitucional de acesso aos cargos públicos a manutenção no cargo, sob fundamento de fato consumado, de candidato não aprovado que nele tomou posse em decorrência de execução provisória de medida liminar ou outro provimento judicial de natureza precária, supervenientemente revogado ou modificado".

Porém a depender das especificidades do caso, como o decurso de mais de 21 anos no cargo e a concessão de aposentadoria voluntária pela Administração Pública, podem diferenciar das circunstâncias do *"leading case"*.

O STF no julgamento do RE 740029 AgR/DF, de relatoria do Ministro Alexandre de Moraes, julgou em 14.8.2018 caso em que o elevado grau de estabilidade da situação jurídica, fez prevalecer o princípio da proteção da confiança legítima com maior intensidade.

A Turma entendeu que a segurança jurídica, em sua perspectiva subjetiva, protege a confiança legítima e preserva fatos pretéritos de eventuais modificações na interpretação jurídica, bem como resguarda efeitos jurídicos de atos considerados inválidos por qualquer razão:

> AGRAVO INTERNO. RECURSO EXTRAORDINÁRIO. CONCURSO PÚBLICO. POSSE E EXERCÍCIO DETERMINADOS POR DECISÕES PRECÁRIAS. CONCESSÃO DE APOSENTADORIA VOLUNTÁRIA. INADEQUAÇÃO DO TEMA 476 FIXADO NO RE 608.482. (REL. MIN. TEORI ZAVASCKI). 1. Em regra, não produzem fato consumado a posse e o exercício em cargo público decorrentes de decisão judicial tomada à base de cognição não exauriente. 2. A marca da excepcionalidade se faz presente no caso concreto, autorizando a distinção (*distinguish*) quanto ao *leading case* do Tema 476, devendo, unicamente por essa razão, ser mantido o aresto recorrido proferido pelo Superior Tribunal de Justiça. 3. Agravo interno a que se dá provimento. (RE 740.029 AgR, Relator(a): Min. ALEXANDRE DE MORAES, Primeira Turma, julgado em 14-8-2018, ACÓRDÃO ELETRÔNICO *DJe*-210 DIVULG 1º-10-2018 PUBLIC 2-10-2018).

No tocante à possibilidade de remarcação de teste de aptidão física em concurso público (tema 335), o Supremo Tribunal fixou a seguinte Tese: "Inexiste direito dos candidatos em concurso público à prova de segunda chamada nos testes de aptidão física, salvo contrária disposição editalícia, em razão de circunstâncias pessoais, ainda que de caráter fisiológico ou de força maior, mantida a validade das provas de segunda chamada realizadas até 15-5-2013, em nome da segurança jurídica".

O Julgamento que deu ensejo à aludida tese foi:

Recurso extraordinário. 2. Remarcação de teste de aptidão física em concurso público em razão de problema temporário de saúde. 3. Vedação expressa em edital. Constitucionalidade. 4. Violação ao princípio da isonomia. Não ocorrência. Postulado do qual não decorre, de plano, a possibilidade de realização de segunda chamada em etapa de concurso público em virtude de situações pessoais do candidato. Cláusula editalícia que confere eficácia ao princípio da isonomia à luz dos postulados da impessoalidade e da supremacia do interesse público. 5. Inexistência de direito constitucional à remarcação de provas em razão de circunstâncias pessoais dos candidatos. 6. Segurança jurídica. Validade das provas de segunda chamada realizadas até a data da conclusão do julgamento. 7. Recurso extraordinário a que se nega provimento. (RE 630733, Relator(a): Min. GILMAR MENDES, Tribunal Pleno, julgado em 15-5--2013, ACÓRDÃO ELETRÔNICO REPERCUSSÃO GERAL – MÉRITO DJe-228 DIVULG 19-11-2013 PUBLIC 20-11-2013).

No entanto, foi reconhecida a repercussão geral no caso de candidata gestante nos seguintes termos:

RECURSO EXTRAORDINÁRIO. CONSTITUCIONAL. ADMINISTRATIVO. CONCURSO PÚBLICO. TESTE DE APTIDÃO FÍSICA. CANDIDATA GESTANTE. DIREITO À REMARCAÇÃO SEM PREVISÃO EDITALÍCIA. TEMA 335 DA REPERCUSSÃO GERAL. RE 630.733. INAPLICABILIDADE. DIREITO À IGUALDADE, À DIGNIDADE HUMANA E À LIBERDADE REPRODUTIVA. PRINCÍPIOS DA IMPESSOALIDADE E DA EFICIÊNCIA NO CONCURSO PÚBLICO. RECONHECIDA A EXISTÊNCIA DE REPERCUSSÃO GERAL. (RE 1058333 RG, Relator(a): Min. LUIZ FUX, julgado em 2-11-2017, PROCESSO ELETRÔNICO DJe-257 DIVULG 10-11-2017 PUBLIC 13-11-2017).

Em 23 de novembro de 2018 o STF entendeu que é constitucional a remarcação do teste de aptidão física de candidata que esteja grávida à época de sua realização, independentemente da previsão expressa em edital do concurso público. Com base nessa orientação, o Plenário, por maioria, apreciou o Tema 973 da citada repercussão geral.

Essa também foi a posição do Superior Tribunal de Justiça em relação à candidata lactante. Vejamos:

"ADMINISTRATIVO. CONCURSO PÚBLICO. AGENTE PENITENCIÁRIO FEMININO. CURSO DE FORMAÇÃO. CANDIDATA LACTANTE. PROTEÇÃO CONSTITUCIONAL. REMARCAÇÃO. POSSIBILIDADE.

1. O Supremo Tribunal Federal, sob a sistemática da repercussão geral (RE 630.733/DF), pacificou o entendimento de que não há direito à remarcação de

provas de concurso público em razão de circunstâncias pessoais dos candidatos, exceto se previsto em edital, julgado este que tem sido acompanhado pelas duas Turmas de Direito Público desta Corte Superior.

2. Em julgamento mais hodierno, a Excelsa Corte, também sob a sistemática da repercussão geral, entendendo que o RE 630.733/DF não seria aplicável às candidatas gestantes, estabeleceu a seguinte tese: "É constitucional a remarcação do teste de aptidão física de candidata que esteja grávida à época de sua realização, independentemente da previsão expressa em edital do concurso público".

3. Hipótese em que as premissas estabelecidas no novel julgado são plenamente aplicáveis à candidata que, ao ser convocada para o Curso de Formação para o cargo de Agente Penitenciário Feminino, encontrava-se em licença maternidade, com apenas um mês de nascimento da sua filha, período em que sabidamente todas as mulheres estão impossibilitadas de praticar atividades físicas, estando totalmente voltadas para amamentação e cuidados com o recém-nascido.

4. Direitos constitucionalmente previstos (saúde, maternidade, família e planejamento familiar) que devem ser protegidos, merecendo a candidata lactante o mesmo amparo estabelecido pelo STF para as gestantes.

5. Recurso provido." (RMS 52.622/MG, Rel. Ministro GURGEL DE FARIA, PRIMEIRA TURMA, julgado em 26-3-2019, *DJe* 29-3-2019)[59]

3.3.2. Prazo de Validade do Concurso Público

O prazo de validade do concurso público será de até 2 anos, prorrogável uma vez por igual período (art. 37, III, da CF).

Percebam que a Constituição fala em prazo de *até* 2 anos, e não "de" 2 anos. Essa redação traz implicações práticas, uma vez que o concurso pode ter, por exemplo, o prazo de 6 meses, prorrogável uma vez por mais 6 meses.

Sobre o tema, vale lembrar ainda que a Administração não está obrigada a prorrogar o concurso (ato discricionário). Assim, o aprovado dentro do número de vagas realmente tem direito à nomeação, que poderá ocorrer a qualquer momento dentro do prazo de validade do concurso:

RECURSO EXTRAORDINÁRIO. REPERCUSSÃO GERAL. CONCURSO PÚBLICO. PREVISÃO DE VAGAS EM EDITAL. **DIREITO À NOMEAÇÃO DOS CANDIDATOS APROVADOS. I. DIREITO À NOMEAÇÃO. CANDIDATO APROVADO DENTRO DO NÚMERO**

---

[59] Em 17 de setembro de 2019 foi editada a Lei n. 13.872 que estabelece o direito de as mães amamentarem seus filhos durante a realização de concursos públicos na administração pública direta e indireta dos Poderes da União.

DE VAGAS PREVISTAS NO EDITAL. Dentro do prazo de validade do concurso, a Administração poderá escolher o momento no qual se realizará a nomeação, mas não poderá dispor sobre a própria nomeação, a qual, de acordo com o edital, passa a constituir um direito do concursando aprovado e, dessa forma, um dever imposto ao poder público. Uma vez publicado o edital do concurso com número específico de vagas, o ato da Administração que declara os candidatos aprovados no certame cria um dever de nomeação para a própria Administração e, portanto, um direito à nomeação titularizado pelo candidato aprovado dentro desse número de vagas. II. ADMINISTRAÇÃO PÚBLICA. PRINCÍPIO DA SEGURANÇA JURÍDICA. BOA-FÉ. PROTEÇÃO À CONFIANÇA. O dever de boa-fé da Administração Pública exige o respeito incondicional às regras do edital, inclusive quanto à previsão das vagas do concurso público. Isso igualmente decorre de um necessário e incondicional respeito à segurança jurídica como princípio do Estado de Direito. Tem-se, aqui, o princípio da segurança jurídica como princípio de proteção à confiança. Quando a Administração torna público um edital de concurso, convocando todos os cidadãos a participarem de seleção para o preenchimento de determinadas vagas no serviço público, ela impreterivelmente gera uma expectativa quanto ao seu comportamento segundo as regras previstas nesse edital. Aqueles cidadãos que decidem se inscrever e participar do certame público depositam sua confiança no Estado administrador, que deve atuar de forma responsável quanto às normas do edital e observar o princípio da segurança jurídica como guia de comportamento. Isso quer dizer, em outros termos, que o comportamento da Administração Pública no decorrer do concurso público deve se pautar pela boa-fé, tanto no sentido objetivo quanto no aspecto subjetivo de respeito à confiança nela depositada por todos os cidadãos. III. SITUAÇÕES EXCEPCIONAIS. NECESSIDADE DE MOTIVAÇÃO. CONTROLE PELO PODER JUDICIÁRIO. Quando se afirma que a Administração Pública tem a obrigação de nomear os aprovados dentro do número de vagas previsto no edital, deve-se levar em consideração a possibilidade de situações excepcionalíssimas que justifiquem soluções diferenciadas, devidamente motivadas de acordo com o interesse público. Não se pode ignorar que determinadas situações excepcionais podem exigir a recusa da Administração Pública de nomear novos servidores. Para justificar o excepcionalíssimo não cumprimento do dever de nomeação por parte da Administração Pública, é necessário que a situação justificadora seja dotada das seguintes características: a) Superveniência: os eventuais fatos ensejadores de uma situação excepcional devem ser necessariamente posteriores à publicação do edital do certame público; b) Imprevisibilidade: a situação deve ser determinada por circunstâncias extraordinárias, imprevisíveis à época da publicação do edital; c) Gravidade: os acontecimentos extraordinários e imprevisíveis devem ser extremamente graves, implicando onerosidade excessiva, dificuldade ou mesmo impossibilidade de cumprimento efetivo das regras do edital; d) Necessidade: a solução drástica e excepcional de não cumprimento do dever de nomeação deve ser extremamente necessária, de forma que a Administração somente pode adotar tal medida quando absolutamente não existirem outros meios menos gravosos para lidar com a situação excepcional e imprevisível. De toda forma, a recusa de nomear candidato aprovado dentro do número de vagas deve ser devidamente motivada e, dessa forma, passível de controle pelo Poder Judiciário. IV. FORÇA NORMATIVA DO PRINCÍPIO DO CONCURSO PÚBLICO. Esse entendimento, na medida em que atesta a existência de um direito subjetivo à nomeação, reconhece e preserva da melhor forma a força normativa do princípio do concurso público, que vincula diretamente a Administração. É preciso reconhecer que a efetividade da exigência constitucional do concurso público, como uma incomensurável conquista da cidadania no Brasil, permanece condicionada à observância, pelo Poder Público, de normas de organização e procedimento e, principalmente, de garantias fundamentais que possibilitem o seu pleno exercício pelos cidadãos. O reconhecimento de um direito subjetivo à nomeação deve passar a impor limites à atuação da Administração Pública e dela exigir o estrito cumprimento das normas que regem os certames, com especial observância dos deveres de boa-fé e incondicional respeito à confiança dos cidadãos. O princípio constitucional do concurso público é fortalecido quando o Poder Público assegura e observa as garantias fundamentais que viabilizam a efetividade desse princípio. Ao lado das garantias de publicidade, isonomia, transparência, impessoalidade, entre outras, o direito à nomeação representa também uma garantia fundamental da plena efetividade do princípio do concurso público. V. NEGADO PROVIMENTO AO RECURSO EXTRAORDINÁRIO.

(RE 598099, Relator(a): Min. GILMAR MENDES, Tribunal Pleno, julgado em 10-8-2011, REPERCUSSÃO GERAL – MÉRITO DJe-189 DIVULG 30-9-2011 PUBLIC 3-10-2011 EMENT VOL-02599-03 PP-00314 RTJ VOL-00222-01 PP-00521) (Destacamos)

Conforme visto, a nomeação poderá ocorrer a qualquer momento dentro do prazo de validade do concurso público, que poderá chegar a no máximo 4 anos.

3.3.3. Prioridade na Nomeação

A Constituição Federal não veda a abertura de novo concurso público enquanto existir concurso anterior com prazo de validade vigente. A única exigência constitucional consiste na prioridade na nomeação dos aprovados no concurso anterior em relação aos novos aprovados (art. 37, IV, da CF).

ATENÇÃO! No âmbito federal, é importante ressaltar que o Estatuto do Servidor Público Civil Federal veda a abertura de novo concurso enquanto houver candidato aprovado em concurso anterior com prazo de validade vigente (art. 12, § 2º, da Lei n. 8.112/90). Entendemos que não há qualquer disparidade em relação ao dispositivo constitucional, muito pelo contrário: a melhor forma de dar prioridade na nomeação daquele que passou antes é nem abrir novo concurso.

3.3.4. Reserva de Percentual aos Portadores de Deficiência e as Cotas Raciais da Lei n. 12.990/2014

A Constituição Federal prevê que a lei deverá reservar percentual de cargos e empregos públicos para pessoas portadoras de deficiência, bem como definir os critérios de sua admissão (art. 37, VIII).

No âmbito federal, a Lei n. 8.112/90 (Estatuto do Servidor Público Civil Federal) reserva o percentual de *até 20%* (vinte por cento) das vagas oferecidas no concurso (art. 5º, § 2º). O mínimo assegurado é de 5%. Caso a aplicação do percentual mínimo citado resulte em número fracionado, este deverá ser elevado até o primeiro número inteiro subsequente (Lei n. 7.853/89, Lei n. 13.146/2015 e Decreto n. 9.508/2018). O STF já decidiu que quando o concurso tiver duas vagas não há necessidade de reserva de vagas a portador de deficiência, pois representaria um percentual de 50% (MS 26310).

APROFUNDANDO! O Superior Tribunal de Justiça editou a Súmula 377, entendendo que "o portador de VISÃO MONOCULAR tem direito de concorrer, em concurso público, às vagas reservadas aos deficientes" (Destacamos). Por outro lado, se a deficiência estiver relacionada com a SURDEZ UNILATERAL não há falar em reserva de vagas no concurso público. Esse é o entendimento do STJ na Súmula 552: "O portador de surdez unilateral não se qualifica como pessoa com deficiência para o fim de disputar as vagas reservadas em concursos públicos".

Observação interessante a respeito da previsão constitucional fez o Prof. Rafael Maffini em aula ministrada na Pós-graduação de Direito Público da Rede Luiz Flávio Gomes – LFG. Segundo o doutrinador o mandamento da Constituição Federal determina que a lei deverá **reservar percentual de cargos e empregos públicos** para pessoas portadoras de deficiência e não apenas as vagas de novos concursos públicos.

A interpretação é pertinente e implica concluir que se o número de cargos de uma determinada repartição pública não representa o mínimo legal de pessoas com deficiência trabalhando, significa dizer que o próximo concurso público poderá ter uma reserva acima da legal aos deficientes para atingir a *mens legis* da Constituição. Em outras palavras, a Constituição Federal determinou mais do que vem ocorrendo com a mera reserva a pessoas com deficiência de cargos e empregos em concurso novos. O correto, segundo essa ideia, é analisar o total de cargos e empregos em cada órgão e entidade públicos para se definir qual o limite para o próximo concurso será o suficiente para dar cumprimento ao dispositivo constitucional.

Outro ponto polêmico consiste em saber qual a melhor fórmula de nomeação dos candidatos levando em consideração os aprovados na lista geral e na lista especial dos deficientes. A Ministra Rosa Weber em decisão paradigmática proferida no Mandado de Segurança n. 31.715 no ano de 2014, se valeu dos critérios da proporcionalidade e da alternância para chegar à seguinte conclusão: o 1º lugar da lista dos candidatos portadores de deficiência seria chamado na 5ª posição, o 2º classificado seria chamado na 21ª, o 3º colocado na 41ª vaga, o 4º na 61ª vaga, o 5º na 81ª vaga e assim sucessivamente. E, para chegar a esta conclusão, a Ministra Rosa Weber fez um raciocínio pautado no Decreto n. 3.298 e na matemática:

> Ocorre que, havendo uma única vaga original no concurso, 5% dela é 0,05 vaga. O art. 37, § 2º, do Decreto n. 3.298/99[60] obriga o arredondamento dessa fração para o primeiro número inteiro subsequente, o que dá 1. Mas 1 é 100% de uma vaga disponível; portanto, não há vagas para deficientes, dado o teto de 20% das vagas previsto no art. 5º, § 2º, da Lei n. 8.112/90.
>
> Suponhamos, porém, que surja uma segunda vaga, como de fato ocorreu. Ora, é evidente que essa segunda vaga não pode ter seu cálculo realizado de forma independente, apenas porque, no aspecto temporal, há solução de continuidade entre as nomeações; trata-se do mesmo edital, mesmo concurso e da mesma lista de aprovados. Tal interpretação resta vedada por absurda, na medida em que ela redundaria na eterna repetição da contagem realizada acima, e da qual jamais resultaria a nomeação de um portador de deficiência, ainda que nomeados centenas de aprovados.
>
> Portanto, considerando-se agora duas vagas no concurso, 5% é 0,1 vaga, que, arredondada para o primeiro número inteiro, dá 1. Mas 1 é 50% de duas vagas; portanto, ainda não há vagas para deficientes, dado o teto de 20%.
>
> Surge uma terceira vaga. Agora, 5% é 0,15 vaga, que, arredondada para o primeiro número inteiro, dá 1. Mas 1 é aproximadamente 33,33 % de três vagas; portanto, não há vagas para deficientes, dado o teto de 20%.
>
> Com a quarta vaga, 5% é 0,2 vaga, que, arredondada para o primeiro número inteiro, dá 1. Mas 1 é 25% de quatro vagas; portanto, ainda não há vagas para deficientes, dado o teto de 20%.
>
> Na quinta vaga, tem-se que 5% é 0,25 vaga, que, arredondada para o primeiro número inteiro, dá 1. Ora, 1 é, justamente, 20% de cinco vagas; portanto, todas as regras legais se encontram, aqui, simultaneamente atendidas. A quinta vaga deve ser atribuída à lista especial, não à lista geral, porque atendidas todas as condições.
>
> Embora essa constatação seja suficiente para os limites da controvérsia, proponho seguirmos um pouco adiante com a explanação casuística, o que clareará perfeitamente as condições de aplicação das regras legais, dentro dos moldes decorrentes da legislação e da previsão editalícia o que não impede, evidentemente, que outros concursos disciplinem a questão de forma ainda mais favorável à inclusão dos portadores de deficiência.

---

60 O citado dispositivo foi revogado pelo Decreto n. 9.508/2018.

Dentro do que estipula o concurso em análise, portanto, na sexta vaga surgida, verifica-se que 5% é 0,3 vaga, o que, arredondada para o primeiro número inteiro, dá 1, o que equivale a aproximadamente 16,66 % de seis vagas. Como já houve o preenchimento de uma vaga pela lista especial, na nomeação da quinta posição, não há qualquer desrespeito à garantia constitucional (nos termos em que esta se encontra explicitada na legislação ordinária) e ao edital, com a nomeação de mais um candidato da lista geral.

O mesmo ocorrerá quanto à sétima (aproximadamente 14,28 % do total), oitava (12,5%), nona (aproximadamente 11,11 %), décima (10%), décima primeira (aproximadamente 9,09%), décima segunda (aproximadamente 8,33 %), décima terceira (aproximadamente 7,69 %), décima quarta (aproximadamente 7,14%), décima quinta (aproximadamente 6,66 %), décima sexta (6,25%), décima sétima (aproximadamente 5,88%), décima oitava (aproximadamente 5,55%) décima nona (aproximadamente 5,26%) e vigésima vagas (5%), quando se atinge o piso previsto no art. 37, § 1º, do Decreto 3.298/99. Nessas situações, a quinta nomeação a partir da lista especial justifica plenamente a nomeação de aprovados da lista geral.

Na vigésima primeira vaga, porém, tem-se que 5% delas representa 1,05 vaga. Aplicando-se a regra do arredondamento, ter-se-ão duas vagas previstas para a lista de deficientes físicos, que representam cerca de 9,52% de vinte e uma vagas. Portanto, esta vaga também deve ser ocupada pelo segundo colocado na lista especial (MS 31715, Relator(a): Min. ROSA WEBER, julgado em 1-9--2014, publicado em PROCESSO ELETRÔNICO *DJe*-171 DIVULG 3-9-2014 PUBLIC 4-9-2014).

Este raciocínio foi também reproduzido no julgamento do RMS 27710 AgR pelo voto do relator, Ministro Dias Toffoli, cuja ementa assim restou consignada:

Recurso ordinário em mandado de segurança. Concurso público. Portadores de necessidades especiais. Isonomia. Proporcionalidade e alternância na distribuição das vagas. Inexistência de violação dos princípios do contraditório, da ampla defesa ou do devido processo legal. Preclusão do direito de contra-arrazoar o recurso ordinário. Lista de classificação. Conformação aos ditames da Constituição. Competência da Administração. Assunção de outro cargo público. Perda superveniente do objeto. Não ocorrência. Agravo regimental não provido. 1. Inviável falar-se em violação dos princípios do devido processo legal, do contraditório ou da ampla defesa, por ausência de intimação para contra-arrazoar o recurso ordinário, pois, embora devidamente intimada de todos os subsequentes atos processuais, a União só apresentou sua irresignação quando da prolação da decisão monocrática em sentido contrário a sua pretensão. Preclusão configurada. 2. Não se mostra justo, ou, no mínimo, razoável, que o candidato portador de deficiência física, na maioria das vezes limitado pela sua deficiência, esteja em aparente desvantagem em relação aos demais candidatos, devendo a ele ser garantida a observância do princípio da isonomia /igualdade. 3. O Supremo Tribunal Federal, buscando garantir razoabilidade à aplicação do disposto no Decreto 3.298/99, entendeu que o referido diploma legal deve ser interpretado em conjunto com a Lei 8.112/90. Assim, as frações, mencionadas no art. 37, § 2º, do Decreto 3.298/99, deverão ser arredondadas para o primeiro número subsequente, desde que respeitado o limite máximo de 20% das vagas oferecidas no certame. Precedentes: MS n. 30.861/DF, Relator o Ministro Gilmar Mendes, Segunda Turma, *DJe* de 8-6-2012; MS n. 31.715/DF, Relatora a Ministra Rosa Weber, decisão monocrática, *DJe* de 4-9--2014. 4. Agravo regimental não provido. (RMS 27710 AgR, Relator(a): Min. DIAS TOFFOLI, Tribunal Pleno, julgado em 28-5-2015, ACÓRDÃO ELETRÔNICO *DJe*-128 DIVULG 30-6-2015 PUBLIC 1-7-2015).

Pegando a essência do julgado em que a Ministra Rosa Weber concluiu que o 1º lugar da lista dos candidatos portadores de deficiência seria chamado na 5ª posição, o 2º classificado seria chamado na 21ª, o 3º colocado na 41ª vaga, o 4º na 61ª vaga, o 5º na 81ª vaga e assim sucessivamente, pergunta-se: sob a fundamentação da proporcionalidade não se estaria estabelecendo um novo *discrimem* em contrariedade ao mandamento constitucional que é pela inclusão social das pessoas com deficiência? O critério da alternância não seria suficiente e capaz de concretizar melhor o previsto na Constituição Federal?

Entendemos que basta o critério da alternância para dar concretude ao mandamento constitucional, ou seja, nomear um da lista geral e um da lista especial alternadamente representa a melhor forma de inclusão social nos termos do previsto na Constituição Federal.

Sobre o tema, vale lembrar que, em 24 de setembro de 2018, foi editado o Decreto n. 9.508, que dispõe sobre a reserva às pessoas com deficiência percentual de cargos e de empregos públicos ofertados em concursos públicos e em processos seletivos no âmbito da administração pública federal direta e indireta. O referido decreto não seguiu a nossa tese, mas sim a posição consolidada no STF e acima exposta de utilizar os critérios de alternância e de proporcionalidade no momento da nomeação da pessoa com deficiência:

> Art. 8º, § 1º – A nomeação dos aprovados no concurso público ou no processo seletivo deverá obedecer à ordem de classificação, observados os critérios de alternância e de proporcionalidade entre a classificação de ampla concorrência e da reserva para as pessoas com deficiência, e o disposto nos § 1º e § 2º do art. 1º.

Sobre o tema cotas raciais, importante destacar que, em 9 de junho de 2014, foi editada a Lei n. 12.990, que reserva aos negros 20% (vinte por cento) das vagas oferecidas nos concursos públicos para provimento de cargos efetivos e empregos públicos no âmbito da administração pública federal, das autarquias, das fundações públicas, das empresas públicas e das sociedades de economia mista controladas pela União.

Trata-se de lei com prazo de vigência de 10 (dez) anos, cabendo-nos fiscalizar se dentro desse período haverá melhorias na qualidade das escolas públicas com o objetivo de equipará-las às escolas particulares, sob pena de perder o mérito das boas intenções presentes em ações afirmativas como essa.

A referida Lei teve sua constitucionalidade questionada no Supremo Tribunal Federal que fixou a seguinte tese:

> É constitucional a reserva de 20% das vagas oferecidas nos concursos públicos para provimento de cargos efetivos e empregos públicos no âmbito da administração pública direta e indireta. É legítima a utilização, além da autodeclaração, de critérios subsidiários de heteroidentificação, desde que respeitada a dignidade da pessoa humana e garantidos o contraditório e a ampla defesa.

O julgado que gerou a tese foi assim ementado:

> Direito Constitucional. Ação Direta de Constitucionalidade. Reserva de vagas para negros em concursos públicos. Constitucionalidade da Lei n. 12.990/2014. Procedência do pedido. 1. É constitucional a Lei n. 12.990/2014, que reserva a pessoas negras 20% das vagas oferecidas nos concursos públicos para provimento de cargos efetivos e empregos públicos no âmbito da administração pública federal direta e indireta, por três fundamentos. 1.1. Em primeiro lugar, a desequiparação promovida pela política de ação afirmativa em questão está em consonância com o princípio da isonomia. Ela se funda na necessidade de superar o racismo estrutural e institucional ainda existente na sociedade brasileira, e garantir a igualdade material entre os cidadãos, por meio da distribuição mais equitativa de bens sociais e da promoção do reconhecimento da população afrodescendente. 1.2. Em segundo lugar, não há violação aos princípios do concurso público e da eficiência. A reserva de vagas para negros não os isenta da aprovação no concurso público. Como qualquer outro candidato, o beneficiário da política deve alcançar a nota necessária para que seja considerado apto a exercer, de forma adequada e eficiente, o cargo em questão. Além disso, a incorporação do fator "raça" como critério de seleção, ao invés de afetar o princípio da eficiência, contribui para sua realização em maior extensão, criando uma "burocracia representativa", capaz de garantir que os pontos de vista e interesses de toda a população sejam considerados na tomada de decisões estatais. 1.3. Em terceiro lugar, a medida observa o princípio da proporcionalidade em sua tríplice dimensão. A existência de uma política de cotas para o acesso de negros à educação superior não torna a reserva de vagas nos quadros da administração pública desnecessária ou desproporcional em sentido estrito. Isso porque: (i) nem todos os cargos e empregos públicos exigem curso superior; (ii) ainda quando haja essa exigência, os beneficiários da ação afirmativa no serviço público podem não ter sido beneficiários das cotas nas universidades públicas; e (iii) mesmo que o concorrente tenha ingressado em curso de ensino superior por meio de cotas, há outros fatores que impedem os negros de competir

em pé de igualdade nos concursos públicos, justificando a política de ação afirmativa instituída pela Lei n. 12.990/2014. 2. Ademais, a fim de garantir a efetividade da política em questão, também é constitucional a instituição de mecanismos para evitar fraudes pelos candidatos. É legítima a utilização, além da autodeclaração, de critérios subsidiários de heteroidentificação (e.g., a exigência de autodeclaração presencial perante a comissão do concurso), desde que respeitada a dignidade da pessoa humana e garantidos o contraditório e a ampla defesa. 3. Por fim, a administração pública deve atentar para os seguintes parâmetros: (i) os percentuais de reserva de vaga devem valer para todas as fases dos concursos; (ii) a reserva deve ser aplicada em todas as vagas oferecidas no concurso público (não apenas no edital de abertura); (iii) os concursos não podem fracionar as vagas de acordo com a especialização exigida para burlar a política de ação afirmativa, que só se aplica em concursos com mais de duas vagas; e (iv) a ordem classificatória obtida a partir da aplicação dos critérios de alternância e proporcionalidade na nomeação dos candidatos aprovados deve produzir efeitos durante toda a carreira funcional do beneficiário da reserva de vagas. 4. Procedência do pedido, para fins de declarar a integral constitucionalidade da Lei n. 12.990/2014. Tese de julgamento: "É constitucional a reserva de 20% das vagas oferecidas nos concursos públicos para provimento de cargos efetivos e empregos públicos no âmbito da administração pública direta e indireta. É legítima a utilização, além da autodeclaração, de critérios subsidiários de heteroidentificação, desde que respeitada a dignidade da pessoa humana e garantidos o contraditório e a ampla defesa. (ADC 41, Relator(a): Min. ROBERTO BARROSO, Tribunal Pleno, julgado em 8-6-2017, PROCESSO ELETRÔNICO DJe-180 DIVULG 16-8-2017 PUBLIC 17-8-2017).

3.3.5. Direito à Livre Associação Sindical dos Servidores Públicos Civis

A Constituição Federal garante ao servidor público civil o direito à livre associação sindical (art. 37, VI). Trata-se de direito garantido ao *servidor público civil*, pois aos militares esse direito é vedado, assim como ocorre com o direito de greve (art. 142, § 3º, IV, da CF). Em resumo, nos termos da CF o militar não pode sindicalizar-se, nem exercer o direito de greve.

3.3.6. Direito de Greve

O servidor público civil poderá exercer o direito de greve nos termos e nos limites definidos em lei específica (art. 37, VII, da CF).

Trata-se de *norma constitucional de eficácia limitada*, isto é, não autoaplicável, pois depende da edição de regulamentação legal. Como ainda não existe lei regulamentando o exercício do direito de greve do servidor público, esse direito não poderia ser efetivado.

Em razão da demora na elaboração de lei regulamentadora do direito de greve dos servidores públicos, o Supremo Tribunal Federal decidiu pela aplicação, no que couber, da Lei n. 7.783/89[61], que regulamenta o direito de greve do empregado na iniciativa privada que desempenha serviço essencial, como o transporte coletivo (Mandados de Injunção n. 608, 670 e 712). Na prática, portanto, o servidor poderá exercer o direito de greve nos termos da lei que regulamenta a greve do setor privado, como no caso do motorista de ônibus.

APROFUNDANDO! O STF reconheceu a repercussão geral do tema afeto à possibilidade de servidores policiais poderem exercer o direito de greve. Trata-se do ARE 654.432-RG/GO, que assim foi julgado:

> CONSTITUCIONAL. GARANTIA DA SEGURANÇA INTERNA, ORDEM PÚBLICA E PAZ SOCIAL. INTERPRETAÇÃO TELEOLÓGICA DOS ART. 9º, § 1º, ART. 37, VII, E ART. 144, DA CF. **VEDAÇÃO ABSOLUTA AO EXERCÍCIO DO DIREITO DE GREVE AOS SERVIDORES PÚBLICOS INTEGRANTES DAS CARREIRAS DE SEGURANÇA PÚBLICA.** 1. A atividade policial é carreira de Estado imprescindível a manutenção da normalidade democrática, sendo impossível sua complementação ou substituição pela atividade privada. A carreira policial é o braço armado do Estado, responsável pela garantia da segurança interna, ordem pública e paz social. E o Estado não faz greve. O Estado em greve é anárquico. A Constituição Federal não permite. 2. Aparente colisão de direitos. Prevalência do interesse público e social na manutenção da segurança interna, da ordem pública e da paz social sobre o interesse individual de determinada categoria de servidores públicos. Impossibilidade absoluta do exercício do direito de greve às carreiras policiais. Interpretação teleológica do texto constitucional, em especial dos arts. 9º, § 1º, 37, VII e 144. 3. Recurso provido, com afirmação de tese de repercussão geral: "1 – O exercício do direito de greve, sob qualquer forma ou modalidade, é vedado aos policiais civis e a todos os servidores públicos que atuem diretamente na área de segurança pública. 2 – É obrigatória a participação do Poder Público em mediação instaurada pelos órgãos classistas das carreiras de segurança pública, nos termos do art. 165 do Código de Processo Civil, para vocalização dos interesses da categoria."

---

61 A citada Lei foi alterada recentemente e incluiu novos serviço e atividades como sendo de natureza essencial: Art. 10 São considerados serviços ou atividades essenciais: I – tratamento e abastecimento de água; produção e distribuição de energia elétrica, gás e combustíveis; II – assistência médica e hospitalar; III – distribuição e comercialização de medicamentos e alimentos; IV – funerários; V – transporte coletivo; VI – captação e tratamento de esgoto e lixo; VII – telecomunicações; VIII – guarda, uso e controle de substâncias radioativas, equipamentos e materiais nucleares; IX – processamento de dados ligados a serviços essenciais; X – controle de tráfego aéreo e navegação aérea; XI compensação bancária; XII – atividades médico-periciais relacionadas com o regime geral de previdência social e a assistência social (Incluído pela Lei n. 13.846, de 2019); XIII – atividades médico-periciais relacionadas com a caracterização do impedimento físico, mental, intelectual ou sensorial da pessoa com deficiência, por meio da integração de equipes multiprofissionais e interdisciplinares, para fins de reconhecimento de direitos previstos em lei, em especial na Lei n. 13.146, de 6 de julho de 2015 (Estatuto da Pessoa com Deficiência) (Incluído pela Lei n. 13.846, de 2019); XIV – outras prestações médico-periciais da carreira de Perito Médico Federal indispensáveis ao atendimento das necessidades inadiáveis da comunidade (Incluído pela Lei n. 13.846, de 2019); XV – atividades portuárias (Incluído pela Lei n. 14.047, de 2020)".

(ARE 654432, Relator(a): Min. EDSON FACHIN, Relator(a) p/ Acórdão: Min. ALEXANDRE DE MORAES, Tribunal Pleno, julgado em 5-4-2017, PROCESSO ELETRÔNICO REPERCUSSÃO GERAL – MÉRITO DJe--114 DIVULG 8-6-2018 PUBLIC 11-6-2018) (Destacamos)

Outro tema com repercussão geral reconhecida pelo Supremo consiste em saber sobre a possibilidade ou não de descontos salariais dos dias parados dos servidores durante exercício do direito de greve. É o Recurso Extraordinário n. 693.456, que também foi julgado nos seguintes termos:

Recurso extraordinário. Repercussão geral reconhecida. Questão de ordem. Formulação de pedido de desistência da ação no recurso extraordinário em que reconhecida a repercussão geral da matéria. Impossibilidade. Mandado de segurança. Servidores públicos civis e direito de greve. **Descontos dos dias parados em razão do movimento grevista. Possibilidade.** Reafirmação da jurisprudência do Supremo Tribunal Federal. Recurso do qual se conhece em parte, relativamente à qual é provido. 1. O Tribunal, por maioria, resolveu questão de ordem no sentido de não se admitir a desistência do mandado de segurança, firmando a tese da impossibilidade de desistência de qualquer recurso ou mesmo de ação após o reconhecimento de repercussão geral da questão constitucional. **2. A deflagração de greve por servidor público civil corresponde à suspensão do trabalho e, ainda que a greve não seja abusiva, como regra, a remuneração dos dias de paralisação não deve ser paga.** 3. O desconto somente não se realizará se a greve tiver sido provocada por atraso no pagamento aos servidores públicos civis ou por outras situações excepcionais que justifiquem o afastamento da premissa da suspensão da relação funcional ou de trabalho, tais como aquelas em que o ente da administração ou o empregador tenha contribuído, mediante conduta recriminável, para que a greve ocorresse ou em que haja negociação sobre a compensação dos dias parados ou mesmo o parcelamento dos descontos. 4. Fixada a seguinte tese de repercussão geral: "A administração pública deve proceder ao desconto dos dias de paralisação decorrentes do exercício do direito de greve pelos servidores públicos, em virtude da suspensão do vínculo funcional que dela decorre, permitida a compensação em caso de acordo. O desconto será, contudo, incabível se ficar demonstrado que a greve foi provocada por conduta ilícita do Poder Público". 5. Recurso extraordinário provido na parte de que a Corte conhece. (RE 693456, Relator(a): Min. DIAS TOFFOLI, Tribunal Pleno, julgado em 27-10-2016, PROCESSO ELETRÔNICO REPERCUSSÃO GERAL – MÉRITO DJe-238 DIVULG 18-10-2017 PUBLIC 19-10-2017) (Destacamos)

No entanto, o STJ já se posicionou que não é razoável descontar de uma só vez os dias parados, quando o servidor solicitar o parcelamento, nos termos do art. 46 da Lei n. 8.112/90:

ADMINISTRATIVO. SERVIDOR PÚBLICO. GREVE. DESCONTO DOS DIAS PARADOS. POSSIBILIDADE. INSTAURAÇÃO DE PROCESSO ADMINISTRATIVO E INTIMAÇÃO PESSOAL PARA REALIZAR O DESCONTO. DESNECESSIDADE. PARCELAMENTO DA REPOSIÇÃO. ART. 46, § 1º, LEI N. 8.112/90. PRINCÍPIO DA RAZOABILIDADE. PEDIDO DO INTERESSADO. POSSIBILIDADE. RECURSO PARCIALMENTE PROVIDO.

1. Cinge-se a controvérsia sobre a possibilidade do desconto dos dias parados e não compensados, provenientes do exercício do direito de greve, em parcela única sobre a remuneração do servidor público.

2. É pacífica a jurisprudência desta Corte Superior no sentido de que é lícito o desconto dos dias não trabalhados em decorrência de movimento paredista. Precedentes: AgInt no AREsp 780.209/SC, rel. Ministra Assusete Magalhães, Segunda Turma, julgado em 24-5-2016, *DJe* 2-6-2016; EDcl no AgRg no AgRg no REsp 1497127/SC, rel. Ministro Humberto Martins, Segunda Turma, julgado em 17-5-2016, *DJe* 25-5-2016; AgRg no REsp 1377047/RN, rel. Ministra Diva Malerbi (Desembargadora Convocada TRF 3ª REGIÃO), Segunda Turma, julgado em 17-3-2016, *DJe* 31-3-2016.

3. Prescinde de prévio processo administrativo o desconto realizado no salário de servidores públicos referente a dias não trabalhados em decorrência de greve. Precedentes.

4. Não há que se falar em necessidade de intimação pessoal para realizar a reposição dos dias parados por conta do exercício do direito de greve, quando há comprovação de que o próprio servidor público faz a opção pela compensação dos referidos dias em regime de mutirão.

5. Falta razoabilidade e é *contra legem* normativo administrativo que impede o parcelamento em conformidade com a lei, por aplicação analógica do art. 46, *caput* e § 1º, da Lei n. 8.112/90, a pedido do interessado, dos valores a serem restituídos à Administração Pública relativos ao desconto dos dias parados em razão do movimento paredista.

6. Recurso em mandado de segurança parcialmente provido. (RMS 49.339/SP, rel. Ministro FRANCISCO FALCÃO, SEGUNDA TURMA, julgado em 6-10-2016, *DJe* 20-10-2016).

Conforme visto, se o tema for competência para julgamento de abusividade de greve de servidores públicos celetistas (tema 544), lembrar que o STF fixou a seguinte tese: "A justiça comum, federal ou estadual, é competente para julgar a abusividade de greve de servidores públicos celetistas da Administração pública direta, autarquias e fundações públicas".

3.3.7. Fixação da Remuneração e Revisão Geral

A remuneração (vencimento mais vantagens pecuniárias) dos servidores públicos e o subsídio (salário pago em parcela única) somente poderão ser fixados ou alterados por meio de lei específica, assegurada a revisão geral anual, sempre na mesma data (art. 37, X, da CF).

APROFUNDANDO! O grande problema desse dispositivo constitucional consiste na ausência de revisão geral anual. E, nesse contexto, seria possível o servidor exigir do Poder Judiciário o aumento salarial anual nos termos da determinação da Constituição? Prevalece no STF que não pode o juiz conceder aumento ao servidor em razão da necessidade de lei de iniciativa privativa do Administrador Público:

> DIREITO CONSTITUCIONAL E ADMINISTRATIVO. AGRAVO EM RECURSO EXTRAORDINÁRIO. REAJUSTE DE 24% PARA OS SERVIDORES DO JUDICIÁRIO DO ESTADO DO RIO DE JANEIRO. LEI N. 1.206/1987. ISONOMIA. REPERCUSSÃO GERAL. REAFIRMAÇÃO DE JURISPRUDÊNCIA. **1. Não cabe ao Poder Judiciário, que não tem função legislativa, aumentar vencimentos de servidores públicos sob fundamento de isonomia. Súmula 339/STF e Súmula Vinculante 37.** 2. Reconhecimento da repercussão geral da questão constitucional, com reafirmação da jurisprudência da Corte, para assentar a seguinte tese: "Não é devida a extensão, por via judicial, do reajuste concedido pela Lei n. 1.206/1987 aos servidores do Poder Judiciário do Estado do Rio de Janeiro, dispensando-se a devolução das verbas recebidas até 01º-9-2016 (data da conclusão deste julgamento)". 3. Recurso conhecido e provido.
>
> (ARE 909437 RG, Relator(a): Min. ROBERTO BARROSO, julgado em 1º-9-2016, PROCESSO ELETRÔNICO REPERCUSSÃO GERAL – MÉRITO *DJe*-217 DIVULG 10-10-2016 PUBLIC 11-10-2016) (Destacamos)

Ademais, prevê a CF que os vencimentos dos cargos do Poder Legislativo e do Poder Judiciário não poderão ser superiores aos pagos pelo Poder Executivo (art. 37, XII), bem como que é vedada a vinculação ou equiparação de quaisquer espécies remuneratórias para o efeito de remuneração de pessoal do serviço público (art. 37, XIII). Aliás, foi editada a Súmula Vinculante n. 37 pelo STF, que assim determina: "Não cabe ao Poder Judiciário, que não tem função legislativa, aumentar vencimentos de servidores públicos sob o fundamento de isonomia"[62].

---

62 No mesmo sentido, entendeu o STF: "Recurso Extraordinário com agravo. 2. Direito Administrativo e Trabalhista. Servidores celetistas. Extensão de vantagens concedidas a empregados de pessoas jurídicas e carreiras diversas. Isonomia. 3. Não cabe ao Poder Judiciário, que não tem função legislativa, aumentar vencimentos de servidores públicos sob fundamento de isonomia. Tema 315 da sistemática da repercussão geral e Súmula Vinculante 37. 4. Reconhecimento da repercussão geral da questão constitucional, com reafirmação

Por fim, cumpre ressaltar que os acréscimos pecuniários percebidos por servidor público não serão computados nem acumulados para fins de concessão de acréscimos ulteriores (art. 37, XIV).

3.3.8. Teto Remuneratório

Os agentes públicos não poderão receber remuneração maior do que o subsídio mensal pago aos Ministros do Supremo Tribunal Federal – STF. Trata-se do chamado "teto absoluto" (art. 37, XI, da CF), válido, em especial, para o servidor federal.

Por outro lado, existe ainda o chamado "subteto", isto é:

a) nos Municípios, nenhum servidor poderá ganhar mais do que o Prefeito;

b) nos Estados e no Distrito Federal:

(i) no Poder Executivo, nenhum servidor poderá ganhar mais do que o Governador do Estado ou do Distrito Federal;

(ii) no Poder Legislativo, nenhum servidor poderá ganhar mais do que os Deputados estaduais ou distritais;

(iii) no Poder Judiciário, nenhum servidor poderá ganhar mais do que os Desembargadores do respectivo Tribunal de Justiça (eficácia suspensa desse dispositivo pela liminar concedida na ADI 3.854 em relação aos Juízes de Direito, isto é, a regra desse subteto vale para técnicos e analistas dos Tribunais, por exemplo, mas não vale para os Juízes). No final do ano de 2020 o STF julgou a aludida ADI, confirmando a decisão liminar nos seguintes termos:

> AÇÃO DIRETA DE INCONSTITUCIONALIDADE. 2. SUBTETO REMUNERATÓRIO PARA A MAGISTRATURA ESTADUAL. 3. ART. 37, XI, DA CF. ART. 2º DA RESOLUÇÃO 13 E ART. 1º, PARÁGRAFO ÚNICO, DA RESOLUÇÃO 14, AMBAS DO CONSELHO NACIONAL DE JUSTIÇA. 4. INSTITUIÇÃO DE SUBTETO REMUNERATÓRIO PARA MAGISTRATURA ESTADUAL INFERIOR AO DA MAGISTRATURA FEDERAL. IMPOSSIBILIDADE. CARÁTER NACIONAL DA ESTRUTURA JUDICIÁRIA BRASILEIRA. ART. 93, V, DA CF. 5. MEDIDA CAUTELAR DEFERIDA PELO PLENÁRIO. 6. AÇÃO JULGADA PROCEDENTE, CONFIRMANDO OS TERMOS DA MEDIDA CAUTELAR DEFERIDA, PARA DAR interpretação conforme à Constituição ao art. 37,

---

da jurisprudência da Corte, para assentar a seguinte tese: 'A extensão, pelo Poder Judiciário, das verbas e vantagens concedidas pelo Conselho de Reitores das Universidades do Estado de São Paulo (Cruesp) aos empregados das instituições de ensino autônomas vinculadas às universidades estaduais paulistas contraria o disposto na Súmula Vinculante 37'. 5. Recurso provido para julgar improcedente o pedido autoral." (ARE 1057577 RG, Relator(a): Min. GILMAR MENDES, julgado em 1º-2-2019, PROCESSO ELETRÔNICO REPERCUSSÃO GERAL – MÉRITO DJe-071 DIVULG 5-4-2019 PUBLIC 8-4-2019.)

XI (com redação dada pela EC 41/2003) e § 12 (com redação dada pela EC 47/2005), da Constituição Federal, e DECLARAR A INCONSTITUCIONALIDADE do art. 2º da Resolução 13/2006 e art. 1º, parágrafo único, da Resolução 14, ambas do Conselho Nacional de Justiça. (ADI 3854 – Órgão julgador: Tribunal Pleno – Relator(a): Min. GILMAR MENDES – Julgamento: 7-12-2020 – Publicação: 8-2-2021).

O subteto ora analisado também é incidente aos membros do Ministério Público, aos Procuradores e aos Defensores Públicos.

Em relação ao teto remuneratório referente aos Procuradores do Município, foi reconhecida a repercussão geral pelo STF nos seguintes termos:

RECURSO EXTRAORDINÁRIO. REPERCUSSÃO GERAL. CONSTITUCIONAL. ADMINISTRATIVO. TETO REMUNERATÓRIO (CF, ART. 37, XI). PROCURADORES MUNICIPAIS. LIMITE DO SUBSÍDIO DO PREFEITO. INTERPRETAÇÃO DA PARTE FINAL DO DISPOSITIVO. PRETENSÃO DE APLICAÇÃO DA EXCEÇÃO TAMBÉM PARA OS ADVOGADOS PÚBLICOS MUNICIPAIS. LIMITE DO SUBSÍDIO DOS DESEMBARGADORES DO TRIBUNAL DE JUSTIÇA ESTADUAL. QUESTÃO CONSTITUCIONAL COM REFLEXOS INDIRETOS NA ESFERA JURÍDICA DOS PROCURADORES DE TODOS OS ENTES MUNICIPAIS DA FEDERAÇÃO. PRESENÇA DE REPERCUSSÃO GERAL SOB OS ÂNGULOS JURÍDICO E ECONÔMICO (CPC, ART. 543-A, § 1º). (RE 663696 RG, Relator(a): Min. LUIZ FUX, julgado em 15-12-2011, ACÓRDÃO ELETRÔNICO DJe-155 DIVULG 7-8-2012 PUBLIC 8-8-2012 RDECTRAB v. 19, n. 218, 2012, p. 18-24).

A Tese da Repercussão Geral fixada pelo Supremo Tribunal Federal no julgado acima foi: **"A expressão 'Procuradores', contida na parte final do inciso XI do art. 37 da Constituição da República, compreende os Procuradores Municipais**, uma vez que estes se inserem nas funções essenciais à Justiça, estando, portanto, submetidos ao teto de noventa inteiros e vinte e cinco centésimos por cento do subsídio mensal, em espécie, dos Ministros do Supremo Tribunal Federal" (RE 663696, Relator(a): Min. LUIZ FUX, Tribunal Pleno, julgado em 28-2-2019, PROCESSO ELETRÔNICO REPERCUSSÃO GERAL – MÉRITO DJe-183 DIVULG 21-8-2019 PUBLIC 22-8-2019).

Sobre o teto remuneratório, vale lembrar que ele é aplicável às empresas públicas e às sociedades de economia mista e suas subsidiárias, que receberem recursos da União, dos Estados, do Distrito Federal ou dos Municípios para pagamento de despesas de pessoal ou de custeio em geral (art. 37, § 9º, da CF).

Não serão computadas, para efeito dos limites remuneratórios de que trata o aludido teto, as parcelas de caráter indenizatório previstas em lei (art. 37, § 10, da CF).

No tocante à acumulação de cargos públicos o teto remuneratório também deverá ser respeitado, porém em relação a cada cargo e não ao somatório. Esta a posição do Supremo Tribunal Federal:

> TETO CONSTITUCIONAL – ACUMULAÇÃO DE CARGOS – ALCANCE. Nas situações jurídicas em que a Constituição Federal autoriza a acumulação de cargos, o teto remuneratório é considerado em relação à remuneração de cada um deles, e não ao somatório do que recebido. (RE 612975, Relator(a): Min. MARCO AURÉLIO, Tribunal Pleno, julgado em 27-4-2017, ACÓRDÃO ELETRÔNICO REPERCUSSÃO GERAL – MÉRITO DJe-203 DIVULG 6-9-2017 PUBLIC 8-9-2017).

Não se aplica o teto remuneratório aos titulares de serventias extrajudiciais, tendo em vista que os mesmos não são ocupantes de cargo efetivo, em que pese a realização de concurso público, mas desempenham atividade estatal por delegação.

O mesmo raciocínio não vale para os substitutos interinos de serventias extrajudiciais, que assumiram antes das regras impostas pela Constituição Federal de 1988, e que se recusam deixar os respectivos "cartórios" para o ingresso dos concursados, razão pela qual o Supremo Tribunal Federal vem entendendo pela aplicação do teto remuneratório a tais pessoas:

> "Agravo regimental em mandado de segurança. 2. Incidência do teto remuneratório constitucional, previsto no art. 37, XI, da CF aos substitutos interinos de serventias extrajudiciais declaradas vagas pelo CNJ. Precedentes. 3. Apensamento ao recurso extraordinário com repercussão geral reconhecida. Sobrestamento do feito. Equivalência. Indeferimento. 4. Ausência de argumentos capazes de infirmar a decisão agravada. 5. Agravo regimental a que se nega provimento." (MS 29039 AgR, Relator(a): Min. GILMAR MENDES, Segunda Turma, julgado em 13-11-2018, PROCESSO ELETRÔNICO DJe-138 DIVULG 25-6-2019 PUBLIC 26-6-2019).

Nos embargos de declaração opostos em face do julgado acima, o Ministro Relator Gilmar Mendes bem explicitou o por quê da necessidade de se exigir o teto remuneratório dos titulares interinos das serventias extrajudiciais e da não exigência para os titulares concursados:

> "Destaque-se que a delegação é forma indireta de prestação do serviço estatal, na qual o delegatário recebe como contraprestação pecuniária emolumentos advindos diretamente dos próprios interessados pelo serviço. Cabe ressaltar que a não incidência do teto remuneratório constitucional sobre emolumentos dos titulares de serviços notariais ocorre pela qualificação jurídica do cargo que ocupam.

É firme a posição desta Corte no sentido de que notários e registradores, apesar de exercerem atividade estatal, não são servidores públicos e não ocupam cargo público. Por outro lado, é firme o entendimento desta Corte no sentido de que, tendo vista a situação inconstitucional ostentada pelos interinos, mostra-se absolutamente legítima a limitação remuneratória prescrita para os agentes estatais, sendo-lhes aplicável o regime remuneratório previsto para os servidores públicos, com obrigatória observância do art. 37, XI, da CF.

Cumpre registrar que os interinos não atuam como delegados do serviço notarial e de registro, mas como prepostos do Estado delegante e, nessa condição, devem submeter-se aos limites remuneratórios previstos para os agentes estatais, não se lhes aplicando o regime remuneratório previsto para os delegados do serviço público extrajudicial.

(...)

Dessa forma, entendo que a decisão do CNJ, que determinou a aplicação do teto aos interinos, não se mostra ato inovador ou contrário à jurisprudência, a dar ensejo a modulação dos efeitos da decisão, já que apenas deu cumprimento ao disposto na Constituição Federal, que exige tanto a aprovação em concurso público para ingresso em serventias judiciais como a aplicação do teto remuneratório. Ante o exposto, rejeito os embargos de declaração."

3.3.9. Irredutibilidade de Vencimentos e Subsídios

Os subsídios e os vencimentos dos ocupantes de cargos ou empregos públicos são irredutíveis (art. 37, XV, da CF).

Em que pese a impossibilidade de a remuneração do servidor ser reduzida, deverá respeitar o teto remuneratório do art. 37, XI, da Constituição Federal. Dessa forma, o servidor que receber mais que o teto remuneratório poderá ver seu salário reduzido sem que isso caracterize violação à irredutibilidade de vencimentos:

RECURSO EXTRAORDINÁRIO. DIREITO ADMINISTRATIVO E CONSTITUCIONAL. SERVIDORES PÚBLICOS. REMUNERAÇÃO. INCIDÊNCIA DO TETO DE RETRIBUIÇÃO. VANTAGENS PESSOAIS. VALORES PERCEBIDOS ANTES DO ADVENTO DA EMENDA CONSTITUCIONAL N. 41/2003. INCLUSÃO. ART. 37, XI e XV, DA CONSTITUIÇÃO DA REPÚBLICA. 1. Computam-se para efeito de observância do teto remuneratório do art. 37, XI, da Constituição da República também os valores percebidos anteriormente à vigência da Emenda Constitucional n. 41/2003 a título de vantagens pessoais pelo servidor público, dispensada a restituição dos valores recebidos em excesso de boa-fé até o dia 18 de novembro de 2015. **2. O âmbito de incidência da garantia de irredutibilidade de vencimentos (art. 37, XV, da Lei Maior) não alcança valores excedentes do limite definido no art. 37, XI, da**

Constituição da República. 3. Traduz afronta direta ao art. 37, XI e XV, da Constituição da República a exclusão, da base de incidência do teto remuneratório, de valores percebidos, ainda que antes do advento da Emenda Constitucional n. 41/2003, a título de vantagens pessoais. 4. Recurso extraordinário conhecido e provido.

(RE 606358, Relator(a): Min. ROSA WEBER, Tribunal Pleno, julgado em 18-11-2015, PROCESSO ELETRÔNICO REPERCUSSÃO GERAL – MÉRITO DJe-063 DIVULG 6-4-2016 PUBLIC 7-4-2016) (Destacamos)

APROFUNDANDO! O STF entende de maneira pacífica que a irredutibilidade de vencimentos e subsídios não poderá afetar o valor nominal. Nesse sentido, entende o Supremo que "a violação da garantia da irredutibilidade de vencimentos pressupõe a redução direta dos estipêndios funcionais pela diminuição pura e simples do valor nominal do total da remuneração ou pelo decréscimo do valor do salário-hora, seja pela redução da jornada de trabalho com adequação dos vencimentos à nova carga horária, seja pelo aumento da jornada de trabalho sem a correspondente retribuição remuneratória" (ARE 660.010/PR). Sobre o tema é importante lembrar ainda que o SERVIDOR NÃO TEM DIREITO ADQUIRIDO A REGIME JURÍDICO, isto é, a legislação que rege a vida do servidor pode mudar durante sua estada no serviço público, sem qualquer direito a reclamação (STF – ARE 734.148-AgR).

O Supremo Tribunal Federal reconheceu a repercussão do seguinte tema:

Direito Constitucional e Administrativo. Servidor público. Possibilidade de recebimento de remuneração inferior a um salário mínimo por servidor público que labora em jornada de trabalho reduzida. Repercussão geral reconhecida. (RE 964659 RG, Relator(a): Min. DIAS TOFFOLI, julgado em 9-6-2016, PROCESSO ELETRÔNICO DJe-167 DIVULG 9-8-2016 PUBLIC 10-8-2016).

Diante da redução indevida do salário do servidor, importante destacar julgado do Superior Tribunal de Justiça em que se reconhece o trato sucessivo da relação e a renovação de prazo mês a mês para a impetração do *mandamus*:

ADMINISTRATIVO. EMBARGOS DE DIVERGÊNCIA. SERVIDOR PÚBLICO. MANDADO DE SEGURANÇA IMPETRADO PARA IMPUGNAR ATO QUE REDUZIU A PENSÃO DA IMPETRANTE COM A JUSTIFICATIVA DE ADEQUÁ-LA AO SUBTETO FIXADO PELO DECRETO 24.022/2004, DO ESTADO DO AMAZONAS. RELAÇÃO DE TRATO SUCESSIVO. O PRAZO DECADENCIAL PARA A IMPETRAÇÃO DO *MANDAMUS* SE RENOVA MÊS A MÊS. EFEITOS PATRIMONIAIS DO MANDADO DE SEGURANÇA. RETROAÇÃO

À DATA DO ATO IMPUGNADO. CONFRONTO DO RESP. 1.164.514/AM, REL. MIN. JORGE MUSSI, 5ª. TURMA, *DJE* 24.10.2011 COM O RESP. 1.195.628/ES, REL. MIN. CASTRO MEIRA, 2ª. TURMA, *DJE* 1-12-2010, RESP. 1.263.145/BA, REL. MIN. MAURO CAMPBELL MARQUES, 2ª. TURMA, *DJE* 21-9-2011; PET 2.604/DF, REL. MIN. ELIANA CALMON, 1ª. SEÇÃO, *DJU* 30-8-2004, P. 196; RESP. 473.813/RS, REL. MIN. LUIZ FUX, 1ª. TURMA, *DJ* 19-5-2003, P. 140; AGRG NO AGRG NO AGRG NO RESP. 1.047.436/DF, REL. MIN. HUMBERTO MARTINS, 2ª. TURMA, *DJE* 21-10-2010; RMS 28.432/RJ, REL. MIN. BENEDITO GONÇALVES, 1ª. TURMA, *DJE* 30-3-2009 E RMS 23.950/MA, REL. MIN. ELIANA CALMON, 2ª. TURMA, *DJE* 16-5--2008. EMBARGOS DE DIVERGÊNCIA DO ESTADO DO AMAZONAS DESPROVIDOS.

1. A redução do valor de vantagem nos proventos ou remuneração do Servidor, ao revés da supressão destas, configura relação de trato sucessivo, pois não equivale à negação do próprio fundo de direito, motivo pelo qual o prazo decadencial para se impetrar a ação mandamental renova-se mês a mês, não havendo que se falar, portanto, em decadência do Mandado de Segurança, em caso assim.

2. Quanto aos efeitos patrimoniais da tutela mandamental, sabe-se que, nos termos das Súmula 269 e 271 do STF, caberia à parte impetrante, após o trânsito em julgado da sentença concessiva da segurança, ajuizar nova demanda de natureza condenatória para reivindicar os valores vencidos em data anterior à impetração do pedido de *writ*; essa exigência, contudo, não apresenta nenhuma utilidade prática e atenta contra os princípios da justiça, da efetividade processual, da celeridade e da razoável duração do processo, além de estimular demandas desnecessárias e que movimentam a máquina judiciária, consumindo tempo e recursos públicos, de forma completamente inútil, inclusive honorários sucumbenciais, em ação que já se sabe destinada à procedência.

3. Esta Corte Superior, em julgado emblemático proferido pelo douto Ministro ARNALDO ESTEVES LIMA, firmou a orientação de que, nas hipóteses em que o Servidor Público deixa de auferir seus vencimentos, ou parte deles, em face de ato ilegal ou abusivo do Poder Público, os efeitos financeiros da concessão de ordem mandamental devem retroagir à data do ato impugnado, violador do direito líquido e certo do impetrante, isso porque os efeitos patrimoniais do decisum são mera consequência da anulação do ato impugnado que reduziu a pensão da Impetrante, com a justificativa de adequá-la ao subteto fixado pelo Decreto 24.022/2004, daquela unidade federativa.

4. Embargos de Divergência do Estado do Amazonas desprovidos. (EREsp 1164514/AM, rel. Ministro NAPOLEÃO NUNES MAIA FILHO, CORTE ESPECIAL, julgado em 16-12-2015, *DJe* 25-2-2016).

3.3.10. Acumulação de Cargos Públicos

Em regra, a Constituição Federal não admite a acumulação de cargos públicos remunerados (art. 37, XVI), nem de empregos ou funções públicas, seja na Administração Pública Direta, Indireta, suas subsidiárias e sociedades controladas direta ou indiretamente pelo Poder Público (art. 37, XVII). Também é vedada a acumulação de remuneração da ativa com os proventos de aposentadoria.

Exemplo da impossibilidade de acumulação está presente no seguinte julgado do Superior Tribunal de Justiça:

> ADMINISTRATIVO. SERVIDOR PÚBLICO. PRECEITO CONSTITUCIONAL. AFRONTA. STF. COMPETÊNCIA. COTEJO ANALÍTICO. AUSÊNCIA. MÉDICO DO TRABALHO. CARGO DE AUDITOR-FISCAL DO TRABALHO. ENQUADRAMENTO. CUMULAÇÃO COM OUTRO VÍNCULO COMO MÉDICO. IMPOSSIBILIDADE.
>
> 1. Segundo jurisprudência pacífica desta Casa de Justiça, é inviável a análise de irresignação fundada em suposta afronta a dispositivo constitucional, uma vez que tal atribuição compete exclusivamente à Suprema Corte, nos termos do art. 102, III, da CF.
>
> 2. Não se conhece de recurso especial interposto pela alínea *c* do permissivo constitucional quando o cotejo analítico não foi efetuado nos moldes legais e regimentais, com transcrição dos trechos do acórdão recorrido e do paradigma, para demonstrar a identidade de situações e a diferente interpretação dada a lei federal.
>
> 3. Os cargos de Fiscal do Trabalho, Assistente Social, Engenheiro, Arquiteto e Médico do Trabalho foram transformados na carreira de Auditor-Fiscal do Trabalho, nos termos dos arts. 10, § 1º, e 11 da MP n. 1.915-1/1999 e 9º, § 1º, e 10 da Lei n. 10.593/2002.
>
> 4. Aos ocupantes do cargo de Médico do Trabalho, à época da edição da MP n. 1.915-1/1999, foi concedida a opção de permanecerem na mesma situação funcional, hipótese em que, se assim pretendessem, ficariam em quadro em extinção, sendo certo que a referida escolha, irretratável, deveria ocorrer até 30-9-1999.
>
> 5. As atribuições dos Auditores do Trabalho estão determinadas na MP n. 1.915-1/1999 e na atual Lei de regência n. 10.593/2002, possuindo natureza distinta em relação ao cargo de Médico do Trabalho, não se relacionando as funções do primeiro à prestação de serviços médicos à população.
>
> 6. O fato de haver cargo de Auditor Fiscal com exigência de pós-graduação na área de medicina do trabalho não significa que seus ocupantes – obrigatoriamente médicos – estejam exercendo a medicina propriamente dita e não implicando a alteração da natureza da carreira de Auditor Fiscal do Trabalho para a de médico.

7. Hipótese em que não é possível o enquadramento pretendido no cargo de Auditor Fiscal com a cumulação de um segundo vínculo como médico.

8. Recurso especial parcialmente conhecido e, nessa extensão, desprovido.

(REsp 1460331/CE, rel. Ministro NAPOLEÃO NUNES MAIA FILHO, rel. p/ Acórdão Ministro GURGEL DE FARIA, PRIMEIRA TURMA, julgado em 10-4-2018, *DJe* 7-5-2018).

ATENÇÃO! Existem *exceções* a essa regra:

Admite-se a acumulação, quando existir compatibilidade de horários, nos seguintes casos (art. 37, XVI, da CF):

a) dois cargos de professor;

b) um cargo de professor com outro técnico ou científico;

c) dois cargos ou empregos privativos de profissionais da saúde, com profissões regulamentadas.

O STJ entendeu recentemente a possibilidade de se acumular um cargo de professor com outro de intérprete e tradutor da Língua Brasileira de Sinais – LIBRAS (REsp 1.569.547/RN). No julgado, reiterou o Superior Tribunal de Justiça posicionamento consolidado que o cargo técnico ou científico passível de acumulação não precisa envolver formação em nível superior. No caso em apreço, entendeu que o cargo de tradutor "exige conhecimentos técnicos e específicos relativos a um sistema linguístico próprio, totalmente diferente da Língua Portuguesa, mas a esta associada para fins de viabilizar a comunicação com pessoas portadoras de deficiência, conduzindo à inexistência de vedação para cumulação do cargo de professor com o de tradutor e intérprete da LIBRAS, dada a natureza técnica do cargo".

A Emenda Constitucional n. 77, de 2014, alterou os incisos II, III e VIII do § 3º do art. 142 da Constituição Federal, para estender aos profissionais de saúde das Forças Armadas a possibilidade de cumulação de cargo a que se refere o acima citado art. 37, XVI, *c*.

No mesmo sentido, a Emenda Constitucional n. 101 de 2019 ao acrescentar o § 3º ao art. 42 da Constituição Federal e determinar que: "Aplica-se aos militares dos Estados, do Distrito Federal e dos Territórios o disposto no art. 37, XVI, com prevalência da atividade militar".

Também será possível acumular a remuneração de servidor com a de mandato de vereador, desde que haja compatibilidade de horários (art. 38, III, da CF).

Ademais, admite-se ainda acumular (art. 37, § 10, da CF):

a) um provento (aposentadoria) e uma remuneração (atividade) de cargo em que é admitida a acumulação em atividade (art. 37, XVI, da CF). Ex.: provento de professor aposentado com remuneração de professor da ativa;

b) um provento (aposentadoria) e uma remuneração (atividade) de cargo eletivo. Ex.: provento de professor aposentado cumulado com remuneração de Vereador do Município;

c) um provento (aposentadoria) e uma remuneração (atividade) de cargo em comissão, de livre nomeação e exoneração. Ex.: provento de professor aposentado cumulado com remuneração de Secretário da Educação.

APROFUNDANDO! Sobre o tema, cumpre destacar ainda que ressalvadas as aposentadorias decorrentes dos cargos acumuláveis acima demonstradas, é vedada a percepção de mais de uma aposentadoria à conta do regime próprio de previdência do servidor estatutário (art. 40, § 6º, da CF).

Essa modalidade de previdência não se confunde com aquela prevista para o trabalhador da iniciativa privada, denominada regime geral da previdência social – RGPS –, que, no tocante à Administração, somente será aplicada ao: (i) servidor ocupante, exclusivamente, de cargo em comissão declarado em lei de livre nomeação e exoneração; (ii) servidor detentor de outro cargo temporário; ou (iii) de emprego público (art. 40, § 13, da CF).

Em que pese o art. 37, inciso XVI, da Constituição Federal determinar o respeito ao teto remuneratório quando a acumulação for permitida, o valor máximo permitido deverá ser respeitado em relação a cada cargo e não ao somatório. Esta é a posição do Supremo Tribunal Federal:

TETO CONSTITUCIONAL – ACUMULAÇÃO DE CARGOS – ALCANCE. Nas situações jurídicas em que a Constituição Federal autoriza a acumulação de cargos, o teto remuneratório é considerado em relação à remuneração de cada um deles, e não ao somatório do que recebido. (RE 612975, Relator(a): Min. MARCO AURÉLIO, Tribunal Pleno, julgado em 27-4-2017, ACÓRDÃO ELETRÔNICO REPERCUSSÃO GERAL – MÉRITO DJe-203 DIVULG 6-9-2017 PUBLIC 8-9-2017).

No tocante aos profissionais da área da saúde e a limitação de horas semanais trabalhadas, entendeu o STJ, em revisão de posicionamento para se adequar à posição do STF, que tais profissionais não se sujeitam ao limite de 60 horas semanais:

ADMINISTRATIVO. RECURSO ESPECIAL. SERVIDOR PÚBLICO. ACUMULAÇÃO DE CARGOS PÚBLICOS REMUNERADOS. ÁREA DA SAÚDE. LIMITAÇÃO DA CARGA HORÁRIA. IMPOSSIBILIDADE. COMPATIBILIDADE DE HORÁRIOS. REQUISITO ÚNICO. AFERIÇÃO PELA ADMINISTRAÇÃO PÚBLICA.

1. A Primeira Seção desta Corte Superior tem reconhecido a impossibilidade de acumulação remunerada de cargos ou empregos públicos privativos de profissionais da área de saúde quando a jornada de trabalho for superior a 60 horas semanais.

2. Contudo, o Supremo Tribunal Federal, reiteradamente, posiciona-se "[...] no sentido de que a acumulação de cargos públicos de profissionais da área de saúde, prevista no art. 37, XVI, da CF/88, não se sujeita ao limite de 60 horas semanais previsto em norma infraconstitucional, pois inexiste tal requisito na Constituição Federal" (RE 1.094.802 AgR, Relator Min. Alexandre de Moraes, Primeira Turma, julgado em 11-5-2018, *DJe* 24-5-2018).

3. Segundo a orientação da Corte Maior, o único requisito estabelecido para a acumulação é a compatibilidade de horários no exercício das funções, cujo cumprimento deverá ser aferido pela administração pública. Precedentes.

4. Adequação do entendimento desta Corte ao posicionamento consolidado pelo Supremo Tribunal Federal sobre o tema.

5. Recurso especial provido.

(REsp 1746784/PE, rel. Ministro OG FERNANDES, SEGUNDA TURMA, julgado em 23-8-2018, *DJe* 30-8-2018)[63].

3.3.11. Obrigatoriedade do Regime Jurídico Único

Nos termos do art. 39, *caput*, da Constituição Federal, a Administração Pública Direta, autárquica e fundacional estará obrigada a escolher um único regime jurídico para os seus servidores, isto é: (i) ou todos os servidores serão estatutários; ou (ii) todos serão celetistas (empregados públicos).

Há doutrinadores, como Celso Antônio Bandeira de Mello, que entendem ser o estatutário o maior representante do regime jurídico único, em especial, por causa da estabilidade desse tipo de servidor (BANDEIRA DE MELLO, 30. ed., p. 172). No entanto, o mais importante para fins de concurso público é saber que a OBRIGATORIEDADE do regime jurídico único voltou.

Na redação original do art. 39, *caput*, da Constituição Federal havia a previsão da obrigatoriedade do regime jurídico único. Entretanto, com o advento da Emenda Constitucional n. 19/98, tal obrigatoriedade foi extinta, e agora, o Supremo Tribunal Federal, na concessão da liminar na ADI 2.135, restabeleceu a situação original, ou seja, impôs novamente a *obrigatoriedade do regime jurídico único*:

MEDIDA CAUTELAR EM AÇÃO DIRETA DE INCONSTITUCIONALIDADE. PODER CONSTITUINTE REFORMADOR. PROCESSO LEGISLATIVO. EMENDA CONSTITUCIONAL 19, DE 4-6-1998. ART. 39, *CAPUT*, DA CONSTITUIÇÃO FEDERAL. SERVIDORES PÚBLICOS. REGIME JURÍDICO ÚNICO. PROPOSTA DE IMPLEMENTAÇÃO,

---

[63] No mesmo sentido, STJ no julgamento do REsp 1767955/RJ, Rel. Ministro OG FERNANDES, PRIMEIRA SEÇÃO, julgado em 27-3-2019, *DJe* 3-4-2019.

DURANTE A ATIVIDADE CONSTITUINTE DERIVADA, DA FIGURA DO CONTRATO DE EMPREGO PÚBLICO. INOVAÇÃO QUE NÃO OBTEVE A APROVAÇÃO DA MAIORIA DE TRÊS QUINTOS DOS MEMBROS DA CÂMARA DOS DEPUTADOS QUANDO DA APRECIAÇÃO, EM PRIMEIRO TURNO, DO DESTAQUE PARA VOTAÇÃO EM SEPARADO (DVS) N. 9. SUBSTITUIÇÃO, NA ELABORAÇÃO DA PROPOSTA LEVADA A SEGUNDO TURNO, DA REDAÇÃO ORIGINAL DO *CAPUT* DO ART. 39 PELO TEXTO INICIALMENTE PREVISTO PARA O PARÁGRAFO 2º DO MESMO DISPOSITIVO, NOS TERMOS DO SUBSTITUTIVO APROVADO. SUPRESSÃO, DO TEXTO CONSTITUCIONAL, DA EXPRESSA MENÇÃO AO SISTEMA DE REGIME JURÍDICO ÚNICO DOS SERVIDORES DA ADMINISTRAÇÃO PÚBLICA. RECONHECIMENTO, PELA MAIORIA DO PLENÁRIO DO SUPREMO TRIBUNAL FEDERAL, DA PLAUSIBILIDADE DA ALEGAÇÃO DE VÍCIO FORMAL POR OFENSA AO ART. 60, § 2º, DA CONSTITUIÇÃO FEDERAL. RELEVÂNCIA JURÍDICA DAS DEMAIS ALEGAÇÕES DE INCONSTITUCIONALIDADE FORMAL E MATERIAL REJEITADA POR UNANIMIDADE. 1. A matéria votada em destaque na Câmara dos Deputados no DVS n. 9 não foi aprovada em primeiro turno, pois obteve apenas 298 votos e não os 308 necessários. Manteve-se, assim, o então vigente *caput* do art. 39, que tratava do regime jurídico único, incompatível com a figura do emprego público. 2. O deslocamento do texto do § 2º do art. 39, nos termos do substitutivo aprovado, para o *caput* desse mesmo dispositivo representou, assim, uma tentativa de superar a não aprovação do DVS n. 9 e evitar a permanência do regime jurídico único previsto na redação original suprimida, circunstância que permitiu a implementação do contrato de emprego público ainda que à revelia da regra constitucional que exige o quórum de três quintos para aprovação de qualquer mudança constitucional. 3. Pedido de medida cautelar deferido, dessa forma, quanto ao *caput* do art. 39 da Constituição Federal, ressalvando-se, em decorrência dos efeitos *ex nunc* da decisão, a subsistência, até o julgamento definitivo da ação, da validade dos atos anteriormente praticados com base em legislações eventualmente editadas durante a vigência do dispositivo ora suspenso. 4. Ação direta julgada prejudicada quanto ao art. 26 da EC 19/98, pelo exaurimento do prazo estipulado para sua vigência. 5. Vícios formais e materiais dos demais dispositivos constitucionais impugnados, todos oriundos da EC 19/98, aparentemente inexistentes ante a constatação de que as mudanças de redação promovidas no curso do processo legislativo não alteraram substancialmente o sentido das proposições ao final aprovadas e de que não há direito adquirido à manutenção de regime jurídico anterior. 6. Pedido de medida cautelar parcialmente deferido.

(ADI 2135 MC, Relator(a): Min. NÉRI DA SILVEIRA, Relator(a) p/ Acórdão: Min. ELLEN GRACIE (ART.38, IV, *b*, do RISTF), Tribunal Pleno, julgado em 2-8-2007, *DJe*-041 DIVULG 6-3-2008 PUBLIC 7-3-2008 EMENT VOL-02310-01 PP-00081 RTJ VOL-00204-03 PP-01029).

3.3.12. Estabilidade

É a garantia de permanência do servidor no serviço público, quando preenchidos os requisitos constitucionais do art. 41, quais sejam:

a) aprovação em concurso público para cargo de provimento efetivo;

b) efetivo exercício das atividades públicas pelo período de 3 anos; e

c) aprovação em estágio probatório (art. 41, § 4º).

No entanto, a garantia de permanência no serviço público adquirida com a estabilidade não será absoluta, isto é, mesmo o servidor estável poderá ser desligado da Administração Pública da seguinte forma, nos termos dos arts. 41, § 1º, e 169 da CF:

a) sentença judicial transitada em julgado;

b) processo administrativo, assegurada a ampla defesa;

c) mediante procedimento de avaliação periódica de desempenho na forma de lei complementar, assegurada a ampla defesa;

d) nos casos com despesa de pessoal acima dos limites legais.

A Lei Complementar n. 101/2000 (Lei de Responsabilidade Fiscal) fixa, em seu art. 19, que o limite de despesa com pessoal para cada ente da Federação será: para a União, 50% da receita líquida; para os Estados e Municípios, 60% da receita líquida.

Dessa forma, quando a Administração excede os limites acima mencionados, deverá: (i) reduzir em, pelo menos, vinte por cento das despesas com cargos em comissão e funções de confiança; (ii) exonerar servidores não estáveis; e (iii) se não atingir a meta com os gastos, mesmo após os cortes acima, deverá exonerar servidor estável (art. 169, §§ 3º e 4º, da CF)[64].

APROFUNDANDO! A redação original do art. 41 da CF previa: "São estáveis, após dois anos de efetivo exercício, os servidores nomeados em virtude de concurso público". Como não era exigido o requisito de aprovação em cargo efetivo ocupado por servidor estatutário, estendia-se a estabilidade também aos empregados públicos da Administração Direta, autárquica e fundacional que tivessem sido aprovados em concurso. O próprio Tribunal Superior do Trabalho chegou a editar a Súmula 390 nesse sentido.

Entretanto, com a mudança da redação do citado dispositivo constitucional no ano de 1998, em razão do advento da Emenda Constitucional n. 19, a estabilidade passou a ser exclusiva dos servidores estatutários, não mais se aplicando aos

---

[64] "O art. 169 da CF foi alterado no ano de 2021 para incluir a obrigatoriedade de se respeitar o limite de gastos com os pensionistas, além do pessoal ativo e inativo: 'Art. 169. A despesa com pessoal ativo e inativo e pensionistas da União, dos Estados, do Distrito Federal e dos Municípios não pode exceder os limites estabelecidos em lei complementar. (Redação dada pela Emenda Constitucional n. 109, de 2021)'".

empregados públicos, salvo em relação àqueles que ingressaram na Administração até a entrada em vigor da aludida Emenda (5 de junho de 1998). Esta foi a posição consolidada no STF ao julgar, em regime de repercussão geral, o Recurso Extraordinário n. 589.998, em 20 de março de 2013:

> EMPRESA BRASILEIRA DE CORREIOS E TELÉGRAFOS – ECT. DEMISSÃO IMOTIVADA DE SEUS EMPREGADOS. IMPOSSIBILIDADE. NECESSIDADE DE MOTIVAÇÃO DA DISPENSA. RE PARCIALEMENTE PROVIDO. I – Os empregados públicos não fazem jus à estabilidade prevista no art. 41 da CF, salvo aqueles admitidos em período anterior ao advento da EC n. 19/1998. Precedentes. II – Em atenção, no entanto, aos princípios da impessoalidade e isonomia, que regem a admissão por concurso público, a dispensa do empregado de empresas públicas e sociedades de economia mista que prestam serviços públicos deve ser motivada, assegurando-se, assim, que tais princípios, observados no momento daquela admissão, sejam também respeitados por ocasião da dispensa. III – A motivação do ato de dispensa, assim, visa a resguardar o empregado de uma possível quebra do postulado da impessoalidade por parte do agente estatal investido do poder de demitir. IV – Recurso extraordinário parcialmente provido para afastar a aplicação, ao caso, do art. 41 da CF, exigindo-se, entretanto, a motivação para legitimar a rescisão unilateral do contrato de trabalho.
>
> (RE 589998, Relator(a): Min. RICARDO LEWANDOWSKI, Tribunal Pleno, julgado em 20-3-2013, ACÓRDÃO ELETRÔNICO REPERCUSSÃO GERAL – MÉRITO DJe-179 DIVULG 11-9-2013 PUBLIC 12-9-2013). (Destacamos)

ATENÇÃO! O Supremo Tribunal Federal, no julgado supracitado, entendeu ainda que, apesar de não se falar em estabilidade para os empregados de empresas públicas ou de sociedades de economia mista, quando estas forem prestadoras de serviços públicos, deverá ocorrer a motivação da dispensa de seus empregados, em respeito aos princípios da impessoalidade e isonomia. É o que ocorre, por exemplo, com os empregados dos Correios. Em sede de Embargos de Declaração o STF fiou a seguinte tese de julgamento: A Empresa Brasileira de Correios e Telégrafos – ECT tem o dever jurídico de motivar, em ato formal, a demissão de seus empregados. (RE 589998 ED, Relator(a): Min. ROBERTO BARROSO, Tribunal Pleno, julgado em 10-10-2018, ACÓRDÃO ELETRÔNICO DJe-261 DIVULG 4-12-2018 PUBLIC 5-12-2018).

Por fim, não poderíamos deixar de citar a ESTABILIDADE EXTRAORDINÁRIA, concedida aos servidores públicos civis da União, dos Estados, do Distrito Federal e dos Municípios, da administração direta, autárquica e das fundações públicas, em exercício na data da promulgação da Constituição, há pelo menos cinco anos continuados, e que não tenham sido admitidos na forma regulada no art. 37 da Constituição, ou seja, por concurso público (art. 19 do ADCT). Sobre o tema, já entendeu o Supremo Tribunal Federal:

Direito Constitucional e Administrativo. Ação Direta de Inconstitucionalidade. Estabilidade Excepcional para Servidores Públicos Civis Não Concursados. Impossibilidade de Extensão a Empregados de Empresas Públicas e Sociedades de Economia Mista. Precedentes. 1. A Constituição Federal de 1988 exige que a investidura em cargos ou empregos públicos dependa de aprovação prévia em concurso público de provas e títulos, de acordo com a natureza e a complexidade do cargo ou emprego, na forma prevista na lei, ressalvadas as nomeações para cargo em comissão declarado em lei de livre nomeação e exoneração (art. 37, II, CF/88). 2. O constituinte originário inseriu norma transitória criando uma estabilidade excepcional para servidores públicos civis não concursados da União, dos Estados, do Distrito Federal e dos Municípios, da administração direta, autárquica e das fundações públicas, em exercício na data da promulgação da Constituição, que contassem com pelo menos cinco anos ininterruptos de serviço público (art. 19 do ADCT), não estando incluídos na estabilidade os empregados das sociedades de economia mista e das empresas públicas. 3. A jurisprudência desta Corte tem considerado inconstitucionais normas estaduais que ampliam a exceção prevista no art. 19 do ADCT a empregados de empresas públicas e sociedades de economia mista. Nesse sentido: ADI 498, rel. Min. Carlos Velloso; ADI 2.689, rel.ª Min.ª Ellen Gracie; ADI 100, rel.ª Min.ª Ellen Gracie; ADI 125, rel. Min. Sepúlveda Pertence, entre outros. 4. Ação direta de inconstitucionalidade procedente." (ADI 1301, Relator(a): Min. ROBERTO BARROSO, Tribunal Pleno, julgado em 3-3-2016, ACÓRDÃO ELETRÔNICO DJe-065 DIVULG 7-4-2016 PUBLIC 8-4-2016).

Sobre a estabilidade, importante discutir ainda, a título de aprofundamento a sua relação com o instituto do estágio probatório. E, iniciamos nossa explanação deixando bem claro que a Estabilidade e o Estágio Probatório são institutos correlatos, porém distintos.

A Administração Pública atua, em regra, sob a égide do **regime jurídico de Direito Público**, pautado em dois princípios basilares, quais sejam: Princípio da Supremacia do Interesse Público sobre o Privado e Princípio da Indisponibilidade do Interesse Público.

Além dos princípios insertos no *caput* do art. 37 da Constituição Federal (legalidade, impessoalidade, moralidade, publicidade e eficiência), o Poder Público está obrigado a seguir outros princípios expressos na Lei Fundamental (p. ex., contraditório e ampla defesa), bem como princípios que estão implícitos em seu texto (p. ex., segurança jurídica).

No tocante ao servidor público há uma série de direitos de cunho constitucional, dentre os quais destacamos a estabilidade. Conforme visto, o art. 41 do atual texto constitucional estabelece o seguinte sobre o instituto:

São estáveis após três anos de efetivo exercício os servidores nomeados para cargo de provimento efetivo em virtude de concurso público. (Redação dada pela Emenda Constitucional n. 19, de 1998). (Destacamos)

Conforme desenvolveremos logo mais, a estabilidade é o direito de permanência no serviço público, enquanto o estágio probatório é um período de provas em que o servidor efetivo terá que demonstrar aptidão e capacidade para desempenhar as atribuições do cargo público. Em outras palavras: enquanto a estabilidade está relacionada com o serviço público, o estágio probatório está afeto ao cargo; enquanto o primeiro instituto tem acepção mais ampla, o segundo tem abrangência mais restrita.

Assim, durante o período de estágio probatório serão avaliados alguns fatores, dentre os quais destacamos: i) assiduidade; ii) disciplina; iii) capacidade de iniciativa; iv) produtividade; e v) responsabilidade.

Apesar de não se confundirem, os institutos são realmente correlatos, na medida em que só vai adquirir a estabilidade o servidor concursado, detentor de cargo efetivo, em efetivo exercício a mais de três anos e aprovado no estágio probatório (CF – art. 41, §4º "Como condição para a aquisição da estabilidade, é obrigatória a avaliação especial de desempenho por comissão instituída para essa finalidade").

Conforme mencionado acima, a Estabilidade consiste no Direito Constitucional de permanência no serviço público.

Da introdução apresentada a este estudo jurídico, pudemos concluir que o servidor público é aquele que se vincula ao serviço público e a ele permanece atrelado de acordo com uma relação jurídica de lealdade e de prestação desse serviço de caráter público, segundo o regime de Direito Público, consubstanciado, em especial, pelas disciplinas de Direito Constitucional e de Direito Administrativo.

Vimos também que os funcionários públicos brasileiros desfrutam de direitos e garantias constitucionais, dentre elas a estabilidade que consiste na garantia de permanência no serviço público. Esta posição é defendida por nós nesse trabalho, bem como pelos principais jurisconsultos do país:

i) **Diógenes Gasparini sustenta que a estabilidade "Pode ser definida como a garantia constitucional de permanência no serviço público**, do servidor estatutário nomeado, em razão de concurso público, para titularizar cargo de provimento efetivo, após o transcurso do estágio probatório. Vê-se que **tal garantia é do servidor estatutário; não é atributo do cargo**"[65]. (Destacamos)

ii) **Maria Sylvia Zanella Di Pietro** assevera que "Tradicionalmente, **a estabilidade, no direito brasileiro, tem sido entendida como a garantia de permanência no serviço público** assegurada, após dois anos de exercício, ao servidor nomeado por concurso, que somente pode perder o cargo em virtude de sentença judicial transitada em julgado ou mediante processo administrativo em que lhe seja assegurada ampla defesa"[66]. (Destacamos)

---

65 GASPARINI, Diógenes. *Direito administrativo*. 12. ed. rev. e atual. São Paulo: Saraiva, 2007. p. 210.
66 DI PIETRO, Maria Sylvia Zanella. *Direito administrativo*. 25. ed. São Paulo: Atlas, 2012. p. 648.

iii) **Hely Lopes Meirelles diz que a "Estabilidade é a garantia constitucional de permanência no serviço público** outorgada ao servidor que, nomeado para cargo de provimento efetivo, em virtude de concurso público, tenha transposto o estágio probatório de três anos, após ser submetido a avaliação especial de desempenho por comissão constituída com essa finalidade (CF, art. 41)"[67]. (Destacamos)

Desta forma, é evidente que quando tratamos da estabilidade como um direito constitucionalmente assegurado ao servidor estatutário, esta se caracteriza também como um direito adquirido, não em razão de ser servidor público, mas em decorrência da grandiosidade do serviço adquirido. Este também é o entendimento compartilhado por Ruy Cirne Lima:

> **A Constituição e as leis concebem explicitamente direitos adquiridos, relativamente aos funcionários públicos.** Pelo exercício do cargo, por exemplo, o funcionário adquire direito aos respectivos vencimentos, subsídios, ou honorários; pelo exercício do cargo, por três anos, o servidor público civil, nomeado em virtude de concurso público, adquire o direito ao que se denomina a **estabilidade** no cargo (CF, rui. 41, *caput*). Em ambos esses casos, porém, o fato de que **o direito se origina é o fato do exercício da função; não o fato, simplesmente, de ser funcionário.** A condição de funcionário ou servidor público civil é meramente a qualificação necessária, para que possa o indivíduo adquirir os direitos, reservados, pela ordem jurídica, aos funcionários ou servidores públicos como classe ou grupo[68]. (Destacamos)

De fato, o instituto da estabilidade consiste no direito adquirido de permanência no serviço público do servidor efetivo que preencher os requisitos do art. 41 da Constituição Federal.

Ademais, vale relembrar que o conceito de serviço público é muito mais amplo do que o de cargo público, por isso concluímos acima que a estabilidade está relacionada com o serviço público, enquanto o estágio probatório está afeto ao cargo.

Outro direito constitucionalmente assegurado ao servidor é o da recondução, nos termos previstos pelo § 2º do art. 41 da Constituição Federal:

> Invalidada por sentença judicial a demissão do servidor estável, será ele reintegrado, e o eventual ocupante da vaga, se estável, **reconduzido ao cargo de origem**, sem direito a indenização, aproveitado em outro cargo ou posto em disponibilidade com remuneração proporcional ao tempo de serviço (Redação dada pela Emenda Constitucional n. 19, de 1998). (Destacamos)

---

67 MEIRELLES, Hely Lopes. *Direito administrativo*. 39. ed. São Paulo: Malheiros, 2013. p. 506.
68 LIMA, Ruy Cirne. *Princípios de direito administrativo*. 7. ed. São Paulo: Malheiros, 2007. p. 446.

3.3.13. Disponibilidade

A Constituição Federal estabelece que, em caso de *extinção do cargo público ou de declaração de sua desnecessidade*, o servidor estável ficará em disponibilidade, recebendo remuneração proporcional ao tempo de serviço, até o seu adequado aproveitamento em outro cargo (art. 41, § 3º).

Estar em disponibilidade significa ficar sem trabalhar provisoriamente até o aproveitamento do servidor em outro cargo, porém recebendo remuneração proporcional ao tempo de serviço.

3.3.14. Aposentadoria

É o direito à inatividade remunerada. A Emenda Constitucional n. 41/2003 instituiu a contribuição do inativo, isto é, no Regime Próprio de Previdência dos Servidores Públicos, além da contribuição do respectivo ente público e dos servidores da ativa, deverão contribuir também os aposentados e os pensionistas.

Ademais, a Emenda Constitucional n. 41/2003 acabou com a aposentadoria voluntária com proventos integrais, ou seja, aquela equivalente à última remuneração do servidor da ativa. E passou a estabelecer, ainda, a exigência de lei específica de iniciativa do Presidente da República para regulamentar a previdência complementar do servidor que foi incluída na Constituição pela Emenda Constitucional n. 20, de 1998.

No âmbito federal, a lei regulamentadora da aposentadoria complementar do servidor foi a Lei n. 12.618, de 30 de abril de 2012, momento em que os aprovados em concurso, após a entrada em vigor dessa lei, terão seus proventos limitados ao máximo do que recebe de aposentadoria o trabalhador da iniciativa privada, ou seja, valerá também para o servidor estatutário o teto do REGIME GERAL DA PREVIDÊNCIA SOCIAL, somado, é claro, com a aposentadoria complementar pública angariada ao longo do tempo de contribuição.

De fato, a situação do servidor está, hoje em dia, muito parecida com a do trabalhador da iniciativa privada, na medida em que o teto de ambos, no tocante ao valor que receberão de aposentadoria, será o mesmo.

No entanto, o concurso público é a melhor forma de trabalho em nosso país, pois a aposentadoria complementar pública vai possibilitar ao servidor uma aposentadoria muito boa e administrada pelo Poder Público.

Sobre o tema aposentadoria complementar, o Supremo Tribunal Federal entendeu, no julgamento da ADI 4885 em 27 de junho de 2018, a possibilidade de previsão de data limite para adesão ao regime de previdência complementar no regime de previdência do servidor federal (Funpresp). O Plenário, em conclusão de julgamento e por maioria, indeferiu pedido de medida cautelar em ação direta de inconstitucionalidade que pretendia suspender a eficácia do art. 3º, § 7º, da Lei n. 12.618/2012 e art. 92 da Lei

n. 13.328/2016, com vistas a afastar qualquer restrição temporal à opção pelo regime de previdência complementar.

Essa garantia de uma previdência complementar pública é mais vantajosa e segura se comparada à previdência complementar privada feita em algum banco particular, por exemplo. Isso porque, enquanto o banco privado pode falir e o beneficiário da respectiva previdência perder tudo que contribuiu ao longo do período laboral, tal intercorrência não ocorrerá com a previdência complementar pública.

As modalidades de aposentadoria do servidor estatutário estão previstas no art. 40, §§ 1º, 4º e 5º, da CF. Antes de tratarmos de cada uma delas, cumpre trazer a redação do art. 40, *caput*, da Constituição Federal com redação dada pela Emenda Constitucional da Reforma da Previdência:

> O regime próprio de previdência social dos servidores titulares de cargos efetivos terá caráter contributivo e solidário, mediante contribuição do respectivo ente federativo, de servidores ativos, de aposentados e de pensionistas, observados critérios que preservem o equilíbrio financeiro e atuarial.

3.3.14.1. *Aposentadoria por Incapacidade Permanente para o Trabalho*

Nos termos do inciso I do § 1º do art. 40 da Constituição Federal, ocorrerá a aposentadoria por incapacidade permanente para o trabalho, com redação dada pela Emenda Constitucional da Reforma da Previdência:

> "§ 1º O servidor abrangido por regime próprio de previdência social será aposentado: I – por incapacidade permanente para o trabalho, no cargo em que estiver investido, quando insuscetível de readaptação, hipótese em que será obrigatória a realização de avaliações periódicas para verificação da continuidade das condições que ensejaram a concessão da aposentadoria, na forma de lei do respectivo ente federativo;"

APROFUNDANDO! O STF entendeu, no Agravo Regimental no Recurso Extraordinário n. 731.203, que "a aposentadoria por invalidez decorrente de doença grave especificada em lei implica o direito à integralidade dos proventos, considerada a última remuneração, mesmo após a vigência da Emenda Constitucional n. 41/2003". No mesmo sentido, consolidou entendimento o Plenário do Supremo Tribunal Federal no RE 656860/MT em regime de repercussão geral, *in verbis*: "1. O art. 40, § 1º, I, da Constituição Federal assegura aos servidores públicos abrangidos pelo regime de previdência nele estabelecido o direito a aposentadoria por invalidez com proventos proporcionais ao tempo de contribuição. O benefício será devido com proventos integrais quando a invalidez for decorrente de acidente em serviço, moléstia profissional ou doença grave, contagiosa ou incurável, 'na forma da lei'. 2. Pertence, portanto, ao domínio normativo ordinário a definição das doenças e moléstias que ensejam aposentadoria por invalidez com proventos integrais, cujo rol, segundo a jurisprudência assentada pelo STF, tem natureza taxativa". Logo, segundo entendimento do STF, se a doença for grave, contagiosa ou incurável, porém não estiver no rol taxativo da lei, os proventos da aposentadoria por invalidez permanente serão proporcionais. Assim entendeu o STJ no julgamento do REsp 1.324.671.

Em decisão recentemente, entendeu o Supremo Tribunal Federal:

> CONSTITUCIONAL. APOSENTADORIA POR INVALIDEZ DECORRENTE DE DOENÇA GRAVE ESPECIFICADA EM LEI. CF, ART. 40, § 1º, I. INTEGRALIDADE DOS PROVENTOS. CÁLCULO NA FORMA DO ART. 1º DA LEI 10.887/2004. EMENDA CONSTITUCIONAL 70/2012. CORRESPONDÊNCIA DOS PROVENTOS À REMUNERAÇÃO DO CARGO. EFEITOS FINANCEIROS PROSPECTIVOS. 1. Os proventos de aposentadoria por invalidez decorrente de doença grave ou acidente de trabalho (art. 40, § 1º, I, da Constituição Federal) correspondiam à integralidade da remuneração percebida pelo servidor no momento da aposentação, até o advento da EC 41/2003, a partir de quando o conceito de proventos integrais deixou de ter correspondência com a remuneração recebida em atividade e foi definida pela Lei 10.887/2004 como a média aritmética de 80% da melhores contribuições revertidas pelo servidor ao regime previdenciário. 2. A Emenda Constitucional 70/2012 inovou no tratamento da matéria ao introduzir o art. 6º-A no texto da Emenda Constitucional 41/2003. A regra de transição pela qual os servidores que ingressaram no serviço público até a data de promulgação da EC 41/2003 terão direito ao cálculo de suas aposentadorias com base na remuneração do cargo efetivo foi ampliada para alcançar os benefícios de aposentadoria concedidos a esses servidores com fundamento no art. 40, § 1º, I, CF, hipótese que, até então, submetia-se ao disposto nos §§ 3º, 8º e 17 do art. 40 da CF. 3. Por expressa disposição do art. 2º da EC 70/2012, os efeitos financeiros dessa metodologia de cálculo somente devem ocorrer a partir da data de promulgação dessa Emenda, sob pena, inclusive, de violação ao art. 195, § 5º, CF, que exige indicação da fonte de custeio para a majoração de benefício previdenciário. 4. Recurso provido, com afirmação de tese de repercussão geral: "Os efeitos financeiros das revisões de aposentadoria concedidas com base no art. 6º-A da Emenda Constitucional 41/2003, introduzido pela Emenda Constitucional 70/2012, somente se produzirão a partir da data de sua promulgação (30-2-2012)". (RE 924456, Relator(a): Min. DIAS TOFFOLI, Relator(a) p/ Acórdão: Min. ALEXANDRE DE MORAES, Tribunal Pleno, julgado em 5-4-2017, ACÓRDÃO ELETRÔNICO REPERCUSSÃO GERAL – MÉRITO *DJe*-203 DIVULG 6-9-2017 PUBLIC 8-9-2017).

3.3.14.2. *Aposentadoria Compulsória*

Nos termos do art. 40, § 1º, II, da CF, com redação dada pela Emenda Constitucional n. 88/2015, a aposentadoria será compulsoriamente, com proventos proporcionais ao tempo de contribuição, aos 70 (setenta) anos de idade, ou aos 75 (setenta e cinco) anos de idade, na forma de lei complementar.

Com o advento da Lei Complementar n. 152, de 3 de dezembro de 2015, a aposentadoria compulsória passou a ser aos 75 anos para os seguintes servidores:

I – os servidores titulares de cargos efetivos da União, dos Estados, do Distrito Federal e dos Municípios, incluídas suas autarquias e fundações;

II – os membros do Poder Judiciário;

III – os membros do Ministério Público;

IV – os membros das Defensorias Públicas;

V – os membros dos Tribunais e dos Conselhos de Contas.

Sobre o tema, importante que essa modalidade de aposentadoria não se aplica aos titulares de serventias extrajudiciais, tendo em vista que os mesmos não são ocupantes de cargo efetivo, em que pese a realização de concurso público, mas desempenham atividade estatal por delegação:

> Recurso extraordinário. Repercussão Geral. 2. Preliminar. A Perda superveniente do interesse de agir não impede o julgamento da tese. Relevância da questão constitucional. 3. Mérito. Titulares de serventia judicial não estatizada. Aposentadoria compulsória. 4. Não se aplica a aposentadoria compulsória prevista no art. 40, § 1º, II, da CF aos titulares de serventias judiciais não estatizadas, desde que não sejam ocupantes de cargo público efetivo e não recebam remuneração proveniente dos cofres públicos. 5. Negado provimento ao recurso extraordinário (RE 647827, Relator(a): Min. GILMAR MENDES, Tribunal Pleno, julgado em 15-2-2017, ACÓRDÃO ELETRÔNICO REPERCUSSÃO GERAL – MÉRITO *DJe*-018 DIVULG 31-1-2018 PUBLIC 1º-2-2018).

Também não se aplica a aposentadoria compulsória ao servidor detentor de cargo em comissão. Esse foi o entendimento do STF ao fixar a seguinte tese: I – Os servidores ocupantes de cargo exclusivamente em comissão não se submetem à regra da aposentadoria compulsória prevista no art. 40, § 1º, II, da Constituição Federal, a qual atinge apenas os ocupantes de cargo de provimento efetivo, inexistindo, também, qualquer idade limite para fins de nomeação a cargo em comissão; II – Ressalvados impedimentos de ordem infraconstitucional, não há óbice constitucional a que o servidor efetivo aposentado compulsoriamente permaneça no cargo comissionado que já desempenhava ou a que seja nomeado para cargo de livre nomeação e exoneração, uma vez que não se trata de continuidade ou criação de vínculo efetivo com a Administração".

Trata-se do tema 763 que teve como amparo o seguinte julgado:

> Direito constitucional e previdenciário. Servidor público ocupante exclusivamente de cargo em comissão. Não submissão à aposentadoria compulsória prevista no art. 40, § 1º, inciso II, da Constituição Federal. Compulsoriedade que se impõe apenas aos servidores efetivos. Nomeação de servidor efetivo aposentado compulsoriamente para exercício de cargo em comissão. Possibilidade. Recurso extraordinário a que se nega provimento. 1. Sujeitam-se à aposentadoria compulsória apenas os servidores públicos efetivos. Inteligência do art. 40, *caput* e § 1º, inciso II, da Constituição Federal. 2. Os servidores ocupantes exclusivamente de cargo em comissão, em virtude do disposto no art. 40, § 13 da Lei Maior, não estão obrigados a passar à inatividade ao atingirem a idade limite, tampouco encontram-se proibidos de assumir cargo em comissão em razão de terem ultrapassado essa idade. 3. Reafirmada a jurisprudência da Corte e fixadas as seguintes teses jurídicas: 1) Os servidores ocupantes de cargo exclusivamente em comissão não se submetem à regra da aposentadoria compulsória prevista no art. 40, § 1º, inciso II, da Constituição Federal, a qual atinge apenas os ocupantes de cargo de provimento efetivo, inexistindo, também, qualquer idade limite para fins de nomeação a cargo em comissão. 2) Ressalvados impedimentos de ordem infraconstitucional, inexiste óbice constitucional a que o servidor efetivo aposentado compulsoriamente permaneça no cargo comissionado que já desempenhava ou a que seja nomeado para outro cargo de livre nomeação e exoneração, uma vez que não se trata de continuidade ou criação de vínculo efetivo com a Administração. 4. Recurso extraordinário a que se nega provimento. (RE 786540, Relator(a): Min. DIAS TOFFOLI, Tribunal Pleno, julgado em 15-12-2016, PROCESSO ELETRÔNICO REPERCUSSÃO GERAL – MÉRITO *DJe*-289 DIVULG 14-12-2017 PUBLIC 15-12-2017).

3.3.14.3. *Aposentadoria Voluntária*

Nos termos do inciso III do § 1º do art. 40 da Constituição Federal, ocorrerá a aposentadoria voluntária, com redação dada pela Emenda Constitucional da Reforma da Previdência:

> "§ 1º O servidor abrangido por regime próprio de previdência social será aposentado:
>
> III – no âmbito da União, aos 62 (sessenta e dois) anos de idade, se mulher, e aos 65 (sessenta e cinco) anos de idade, se homem, e, no âmbito dos Estados, do Distrito Federal e dos Municípios, na idade mínima estabelecida mediante emenda às respectivas Constituições e Leis Orgânicas, observados o tempo de contribuição e os demais requisitos estabelecidos em lei complementar do respectivo ente federativo."

3.3.14.4. *Aposentadoria Especial de Professor*

Se o servidor comprovar que atuou exclusivamente como professor no exercício das funções de magistério na educação infantil e no ensino fundamental e médio em escola pública, o requisito de idade será reduzido em 5 anos.

Nos termos do § 5º do art. 40 da Constituição Federal, com redação dada pela Emenda Constitucional da Reforma da Previdência:

> "Os ocupantes do cargo de professor terão idade mínima reduzida em 5 (cinco) anos em relação às idades decorrentes da aplicação do disposto no inciso III do § 1º, desde que comprovem tempo de efetivo exercício das funções de magistério na educação infantil e no ensino fundamental e médio fixado em lei complementar do respectivo ente federativo."

APROFUNDANDO! Apesar de o Supremo Tribunal Federal ter editado, no ano de 2003, a Súmula 726 no sentido de que para "efeito de aposentadoria especial de professores, não se computa o tempo de serviço prestado fora da sala de aula", em 2009 o Pretório Excelso amplia a visão sobre o assunto para entender que a "função de magistério não se circunscreve apenas ao trabalho em sala de aula, abrangendo também a preparação de aulas, a correção de provas, o atendimento aos pais e alunos, a coordenação e o assessoramento pedagógico e, ainda, a direção de unidade escolar", desde que desempenhada por professores de carreira (ADI 3.772).

Em resumo, o professor de carreira que, por exemplo, ocupar cargo de direção também terá direito à aposentadoria especial, mesmo não estando efetivamente dentro da sala de aula.

3.3.14.5. *Aposentadoria do Servidor em Condições Especiais*

Nos termos do § 4º do art. 40 da Constituição Federal, com redação dada pela Emenda Constitucional da Reforma da Previdência[69]:

> "§ 4º É vedada a adoção de requisitos ou critérios diferenciados para concessão de benefícios em regime próprio de previdência social, ressalvado o disposto nos §§ 4º-A, 4º-B, 4º-C e 5º.
>
> § 4º-A. Poderão ser estabelecidos por lei complementar do respectivo ente federativo idade e tempo de contribuição diferenciados para aposentadoria de servidores com deficiência, previamente submetidos a avaliação biopsicossocial realizada por equipe multiprofissional e interdisciplinar.

---

69 CF "Art. 144. A segurança pública, dever do Estado, direito e responsabilidade de todos, é exercida para a preservação da ordem pública e da incolumidade das pessoas e do patrimônio, através dos seguintes órgãos: I – polícia federal; II – polícia rodoviária federal; III – polícia ferroviária federal; IV – polícias civis;"

> § 4º-B. Poderão ser estabelecidos por lei complementar do respectivo ente federativo idade e tempo de contribuição diferenciados para aposentadoria de ocupantes do cargo de agente penitenciário, de agente socioeducativo ou de policial dos órgãos de que tratam o inciso IV do *caput* do art. 51, o inciso XIII do *caput* do art. 52 e os incisos I a IV do *caput* do art. 144.
>
> § 4º-C. Poderão ser estabelecidos por lei complementar do respectivo ente federativo idade e tempo de contribuição diferenciados para aposentadoria de servidores cujas atividades sejam exercidas com efetiva exposição a agentes químicos, físicos e biológicos prejudiciais à saúde, ou associação desses agentes, vedada a caracterização por categoria profissional ou ocupação.
>
> § 5º Os ocupantes do cargo de professor terão idade mínima reduzida em 5 (cinco) anos em relação às idades decorrentes da aplicação do disposto no inciso III do § 1º, desde que comprovem tempo de efetivo exercício das funções de magistério na educação infantil e no ensino fundamental e médio fixado em lei complementar do respectivo ente federativo."

APROFUNDANDO! A referida lei complementar para regulamentar a aposentadoria do servidor que atua em condições insalubres ainda não foi editada. Assim, o STF vem entendendo pela aplicação da Lei n. 8.213/91, que regulamenta, dentre outros pontos, a aposentadoria dos trabalhadores da iniciativa privada que atuam nessas condições especificadas.

O assunto sobre a aposentadoria especial de servidor que atua em condições insalubres está consolidado no Supremo com o advento da Súmula Vinculante n. 33, nos seguintes termos: "Aplicam-se ao servidor público, no que couber, as regras do regime geral da previdência social sobre aposentadoria especial de que trata o art. 40, § 4º, III, da Constituição Federal, até a edição de lei complementar específica".

Em relação ao servidor portador de deficiência, também não foi editada lei complementar específica regulamentadora da aposentadoria especial. No entanto, seguindo a mesma linha de raciocínio acima apresentada, o STF vem entendendo pela aplicação analógica ao servidor portador de necessidades especiais da Lei Complementar n. 142/2013, que regula a aposentadoria do trabalhador da iniciativa privada portador de deficiência:

> "DIREITO CONSTITUCIONAL E ADMINISTRATIVO. EMBARGOS DE DECLARAÇÃO NO AGRAVO INTERNO EM MANDADO DE INJUNÇÃO. APOSENTADORIA ESPECIAL DE SERVIDORES PORTADORES DE DEFICIÊNCIA PERMANENTE (ART. 40, § 4º, I, DA CONSTITUIÇÃO FEDERAL). CONCESSÃO PARCIAL DA ORDEM. APLICAÇÃO IRRESTRITA DA LC 142/2013. ACOLHIMENTO DOS DECLARATÓRIOS DA UNIÃO, COM EFEITOS INFRINGENTES.

PROVIMENTO DO RECURSO DE AGRAVO. 1. A jurisprudência formada a partir do início do julgamento do MI 1613 AgR-AgR (Rel. Min LUIZ FUX, Pleno, *Dje* de 26-5-2017) era no sentido de que, havendo omissão legislativa, deveria ser utilizado o disposto no art. 57 da Lei 8.213/1991 até a entrada em vigor da Lei Complementar 142/2013 para fins de verificação do preenchimento dos requisitos ao direito à aposentadoria especial de servidor público portador de deficiência. 2. Ocorre que a colenda Primeira Turma, na sessão de 13-8-2019, ao examinar o MI 6818, Rel. Min. MARCO AURÉLIO, firmou entendimento no sentido da aplicação irrestrita da Lei Complementar 142/2013 para a análise dos requisitos de aposentadoria especial de servidor com deficiência, inclusive em relação ao tempo de serviço anterior à sua vigência. 3. Embargos de Declaratórios da União acolhidos, com efeitos infringentes, para dar provimento ao recurso de agravo, a fim de que sejam observados os parâmetros estabelecidos pela Lei Complementar 142/2013 em relação a todo o período avaliativo para fins de verificação dos requisitos de aposentadoria especial de servidor com deficiência." (MI 7083 AgR-ED, Relator(a): Min. ALEXANDRE DE MORAES, Tribunal Pleno, julgado em 23-8-2019, PROCESSO ELETRÔNICO *DJe*-195 DIVULG 6-9-2019 PUBLIC 9-9-2019).

CUIDADO! Em se tratando de atuação perigosa, vale lembrar da aposentadoria especial do servidor policial que, segundo a Lei Complementar n. 144, de 15 de maio de 2014, que alterou a redação da Lei Complementar n. 51, de 1985, passou a determinar:

> Art. 1º O servidor público policial será aposentado: I – (revogado pela Lei Complementar n. 152, de 2015); II – voluntariamente, com proventos integrais, independentemente da idade: a) após 30 (trinta) anos de contribuição, desde que conte, pelo menos, 20 (vinte) anos de exercício em cargo de natureza estritamente policial, se homem; b) após 25 (vinte e cinco) anos de contribuição, desde que conte, pelo menos, 15 (quinze) anos de exercício em cargo de natureza estritamente policial, se mulher.

Segundo o Supremo Tribunal Federal, diante da ausência de legislação específica, não cabe ao Poder Judiciário garantir aposentadoria especial do art. 40, § 4º, II, da Constituição Federal à guarda municipal. Com base nessa orientação, o Plenário, em julgamento conjunto e por maioria, negou provimento ao agravo regimental no MI 6.515, e deu provimento aos agravos regimentais nos MIs 6.770, 6.773, 6.780 e 6.874. O Tribunal entendeu que o referido benefício não pode ser estendido aos guardas civis, uma vez que suas atividades precípuas não são inequivocamente perigosas e, ainda, pelo fato de não integrarem o conjunto de órgãos de segurança pública relacionados no art. 144, I a V da CF (Informativo de Jurisprudência n. 907 do STF de 18 a 22 de junho de 2018).

3.3.14.6. *Novidades trazidas pela Emenda Constitucional da Reforma da Previdência*

Além das novidades acima apresentadas, a importância do tema previdência do servidor nos faz colacionar os principais dispositivos do art. 40 da Constituição Federal com redação dada pela Emenda Constitucional da Reforma da Previdência:

> "§ 6º Ressalvadas as aposentadorias decorrentes dos cargos acumuláveis na forma desta Constituição, é vedada a percepção de mais de uma aposentadoria à conta de regime próprio de previdência social, aplicando-se outras vedações, regras e condições para a acumulação de benefícios previdenciários estabelecidas no Regime Geral de Previdência Social.
>
> § 7º Observado o disposto no § 2º do art. 201, quando se tratar da única fonte de renda formal auferida pelo dependente, o benefício de pensão por morte será concedido nos termos de lei do respectivo ente federativo, a qual tratará de forma diferenciada a hipótese de morte dos servidores de que trata o § 4º-B decorrente de agressão sofrida no exercício ou em razão da função.
>
> (...)
>
> § 9º O tempo de contribuição federal, estadual, distrital ou municipal será contado para fins de aposentadoria, observado o disposto nos §§ 9º e 9º-A do art. 201, e o tempo de serviço correspondente será contado para fins de disponibilidade.
>
> (...)
>
> § 12. Além do disposto neste artigo, serão observados, em regime próprio de previdência social, no que couber, os requisitos e critérios fixados para o Regime Geral de Previdência Social.
>
> § 13. Aplica-se ao agente público ocupante, exclusivamente, de cargo em comissão declarado em lei de livre nomeação e exoneração, de outro cargo temporário, inclusive mandato eletivo, ou de emprego público, o Regime Geral de Previdência Social.
>
> § 14. A União, os Estados, o Distrito Federal e os Municípios instituirão, por lei de iniciativa do respectivo Poder Executivo, regime de previdência complementar para servidores públicos ocupantes de cargo efetivo, observado o limite máximo dos benefícios do Regime Geral de Previdência Social para o valor das aposentadorias e das pensões em regime próprio de previdência social, ressalvado o disposto no § 16.
>
> § 15. O regime de previdência complementar de que trata o § 14 oferecerá plano de benefícios somente na modalidade contribuição definida, observará o disposto no art. 202 e será efetivado por intermédio de entidade fechada de previdência complementar ou de entidade aberta de previdência complementar.
>
> (...)

§ 19. Observados critérios a serem estabelecidos em lei do respectivo ente federativo, o servidor titular de cargo efetivo que tenha completado as exigências para a aposentadoria voluntária e que opte por permanecer em atividade poderá fazer jus a um abono de permanência equivalente, no máximo, ao valor da sua contribuição previdenciária, até completar a idade para aposentadoria compulsória.

§ 20. É vedada a existência de mais de um regime próprio de previdência social e de mais de um órgão ou entidade gestora desse regime em cada ente federativo, abrangidos todos os poderes, órgãos e entidades autárquicas e fundacionais, que serão responsáveis pelo seu financiamento, observados os critérios, os parâmetros e a natureza jurídica definidos na lei complementar de que trata o § 22.

§ 21. A contribuição prevista no § 18 deste artigo incidirá apenas sobre as parcelas de proventos de aposentadoria e de pensão que superem o dobro do limite máximo estabelecido para os benefícios do regime geral de previdência social de que trata o art. 201 desta Constituição, quando o beneficiário, na forma da lei, for portador de doença incapacitante. (Incluído pela Emenda Constitucional n. 47, de 2005) (Revogado pela Emenda Constitucional n. 103, de 2019) (Vigência) (*Vide* Emenda Constitucional n. 103, de 2019)[70]

§ 22. Vedada a instituição de novos regimes próprios de previdência social, lei complementar federal estabelecerá, para os que já existam, normas gerais de organização, de funcionamento e de responsabilidade em sua gestão, dispondo, entre outros aspectos, sobre: I – requisitos para sua extinção e consequente migração para o Regime Geral de Previdência Social; II – modelo de arrecadação, de aplicação e de utilização dos recursos; III – fiscalização pela União e controle externo e social; IV – definição de equilíbrio financeiro e atuarial; V – condições para instituição do fundo com finalidade previdenciária de que trata o art. 249 e para vinculação a ele dos recursos provenientes de contribuições e dos bens, direitos e ativos de qualquer natureza; VI – mecanismos de equacionamento do déficit atuarial; VII – estruturação do órgão ou entidade gestora do regime, observados os princípios relacionados com governança, controle interno e transparência; VIII – condições e hipóteses para responsabilização daqueles que desempenhem atribuições relacionadas, direta ou indiretamente, com a gestão do regime; IX – condições para adesão a consórcio público; X – parâmetros para apuração da base de cálculo e definição de alíquota de contribuições ordinárias e extraordinárias."

---

[70] EC n. 103, de 2019: "Art. 36. Esta Emenda Constitucional entra em vigor: (...) II – para os regimes próprios de previdência social dos Estados, do Distrito Federal e dos Municípios, quanto à alteração promovida pelo art. 1º desta Emenda Constitucional no art. 149 da Constituição Federal e às revogações previstas na alínea *a* do inciso I e nos incisos III e IV do art. 35, na data de publicação de lei de iniciativa privativa do respectivo Poder Executivo que as referende integralmente; (...)"

3.4. Principais Disposições Previstas na Lei n. 8.112/90 – Estatuto dos Servidores Públicos Civis Federais

O que foi estudado até aqui, conceito e classificação dos agentes públicos, bem como as disposições constitucionais aplicáveis aos servidores, constituem matéria *requerida em qualquer espécie de concurso*, seja no âmbito federal, estadual ou municipal. Este subitem 3.4. terá importância para os *concursos de âmbito federal*, pois consiste no Estatuto dos Servidores Públicos Civis em âmbito federal. Assim, as regras nele inseridas disciplinam os direitos, os deveres, as atribuições e as responsabilidades dos servidores federais.

A opção pela análise do Estatuto no âmbito federal decorre de dois fundamentos:(i) *impossibilidade de analisarmos todos* os estatutos estaduais e municipais existentes em nosso país, na medida em que cada ente da Federação possui o seu; (ii) pelo fato de *muitos estatutos estaduais e municipais copiarem diversos dispositivos da Lei n. 8.112/90* (estatuto no âmbito federal).

Diante desse contexto, quando o concurso for federal, os leitores podem estudar este subitem na sua integralidade. Por outro lado, os candidatos devem tomar cuidado quando o concurso for estadual ou municipal, na medida em que cada ente da Federação possui estatutos próprios. Por exemplo, o Estatuto do Servidor Público do Estado de São Paulo é a Lei Estadual n. 10.261/68, que contém regras especiais e algumas diferentes da Lei n. 8.112/90.

3.4.1. Conceituação Preliminar

A Lei n. 8.112/90 trata de institutos, bem como de algumas definições importantes, dentre as quais destacamos:

a) Servidor público: é a pessoa legalmente investida em cargo público (art. 2º).

b) Cargo público: conjunto de atribuições e responsabilidades cometidas/ entregues a um servidor (art. 3º, *caput*).

c) Provimento: ato administrativo pelo qual uma pessoa física vincula-se à Administração Pública ou a um novo cargo, para a prestação de um serviço (art. 8º).

d) Vacância: ato administrativo que desfaz o vínculo da pessoa física com a Administração Pública ou com o cargo anteriormente ocupado pelo servidor (art. 33).

3.4.2. Formas de Provimento

3.4.2.1. *Nomeação*

É o ato que materializa o provimento originário da pessoa física a um cargo público. Conforme visto, o STF consolidou a posição de que aprovada dentro do número de vagas do edital tem direito à nomeação (RE 598.099):

RECURSO EXTRAORDINÁRIO. REPERCUSSÃO GERAL. CONCURSO PÚBLICO. PREVISÃO DE VAGAS EM EDITAL. DIREITO À NOMEAÇÃO DOS CANDIDATOS APROVADOS. I. DIREITO À NOMEAÇÃO. CANDIDATO APROVADO DENTRO DO NÚMERO DE VAGAS PREVISTAS NO EDITAL. Dentro do prazo de validade do concurso, a Administração poderá escolher o momento no qual se realizará a nomeação, mas não poderá dispor sobre a própria nomeação, a qual, de acordo com o edital, passa a constituir um direito do concursando aprovado e, dessa forma, um dever imposto ao poder público. Uma vez publicado o edital do concurso com número específico de vagas, o ato da Administração que declara os candidatos aprovados no certame cria um dever de nomeação para a própria Administração e, portanto, um direito à nomeação titularizado pelo candidato aprovado dentro desse número de vagas. II. ADMINISTRAÇÃO PÚBLICA. PRINCÍPIO DA SEGURANÇA JURÍDICA. BOA-FÉ. PROTEÇÃO À CONFIANÇA. O dever de boa-fé da Administração Pública exige o respeito incondicional às regras do edital, inclusive quanto à previsão das vagas do concurso público. Isso igualmente decorre de um necessário e incondicional respeito à segurança jurídica como princípio do Estado de Direito. Tem-se, aqui, o princípio da segurança jurídica como princípio de proteção à confiança. Quando a Administração torna público um edital de concurso, convocando todos os cidadãos a participarem de seleção para o preenchimento de determinadas vagas no serviço público, ela impreterivelmente gera uma expectativa quanto ao seu comportamento segundo as regras previstas nesse edital. Aqueles cidadãos que decidem se inscrever e participar do certame público depositam sua confiança no Estado administrador, que deve atuar de forma responsável quanto às normas do edital e observar o princípio da segurança jurídica como guia de comportamento. Isso quer dizer, em outros termos, que o comportamento da Administração Pública no decorrer do concurso público deve se pautar pela boa-fé, tanto no sentido objetivo quanto no aspecto subjetivo de respeito à confiança nela depositada por todos os cidadãos. III. SITUAÇÕES EXCEPCIONAIS. NECESSIDADE DE MOTIVAÇÃO. CONTROLE PELO PODER JUDICIÁRIO. Quando se afirma que a Administração Pública tem a obrigação de nomear os aprovados dentro do número de vagas previsto no edital, deve-se levar em consideração a possibilidade de situações excepcionalíssimas que justifiquem soluções diferenciadas, devidamente motivadas de acordo com o interesse público. Não se pode ignorar que determinadas situações excepcionais podem exigir a recusa da Administração Pública de nomear novos servidores. Para justificar o excepcionalíssimo não cumprimento do dever de nomeação por parte da Administração Pública, é necessário que a situação justificadora seja dotada das seguintes características: a) Superveniência: os eventuais fatos ensejadores de uma situação excepcional devem ser necessariamente posteriores à publicação do edital do certame público; b) Imprevisibilidade: a situação deve ser determinada por circunstâncias extraordinárias, imprevisíveis à época da publicação do edital; c) Gravidade: os acontecimentos extraordinários e imprevisíveis devem ser extremamente graves, implicando onerosidade excessiva, dificuldade ou mesmo impossibilidade de cumprimento efetivo das regras do edital; d) Necessidade: a solução drástica e excepcional de não cumprimento do dever de nomeação deve ser extremamente necessária, de forma que a Administração somente pode adotar tal medida quando absolutamente não existirem outros meios menos gravosos para lidar com a situação excepcional e imprevisível. De toda forma, a recusa de nomear candidato aprovado dentro do número de vagas deve ser devidamente motivada e, dessa forma, passível de controle pelo Poder Judiciário. IV. FORÇA NORMATIVA DO PRINCÍPIO DO CONCURSO PÚBLICO. Esse entendimento, na medida em que atesta a existência de um direito subjetivo à nomeação, reconhece e preserva da melhor forma a força normativa do princípio do concurso público, que vincula diretamente a Administração. É preciso reconhecer que a efetividade da exigência constitucional do concurso público, como uma incomensurável conquista da cidadania no Brasil, permanece condicionada à observância, pelo Poder Público, de normas de organização e procedimento e, principalmente, de garantias fundamentais que possibilitem o seu pleno exercício pelos cidadãos. O reconhecimento de um direito subjetivo à nomeação deve passar a impor limites à atuação da Administração Pública e dela exigir o estrito cumprimento das normas que regem os certames, com especial observância dos deveres de boa-fé e incondicional respeito à confiança dos cidadãos. O princípio constitucional do concurso público é fortalecido quando o Poder Público assegura e observa as garantias fundamentais que viabilizam a efetividade desse princípio. Ao lado das garantias de publicidade, isonomia, transparência, impessoalidade, entre outras, o direito à nomeação representa também uma garantia fundamental da plena efetividade do princípio do concurso público. V. NEGADO PROVIMENTO AO RECURSO EXTRAORDINÁRIO.

O tema é polêmico e o Supremo Tribunal Federal fixou a tese sobre o Tema 784:

> O surgimento de novas vagas ou a abertura de novo concurso para o mesmo cargo, durante o prazo de validade do certame anterior, não gera automaticamente o direito à nomeação dos candidatos aprovados fora das vagas previstas no edital, ressalvadas as hipóteses de preterição arbitrária e imotivada por parte da administração, caracterizada por comportamento tácito ou expresso do Poder Público capaz de revelar a inequívoca necessidade de nomeação do aprovado durante o período de validade do certame, a ser demonstrada de forma cabal pelo candidato. Assim, o direito subjetivo à nomeação do candidato aprovado em concurso público exsurge nas seguintes hipóteses: 1 – Quando a aprovação ocorrer dentro do número de vagas dentro do edital; 2 – Quando houver preterição na nomeação por não observância da ordem de classificação; 3 – Quando surgirem novas vagas, ou for aberto novo concurso durante a validade do certame anterior, e ocorrer a preterição de candidatos de forma arbitrária e imotivada por parte da administração nos termos acima. (RE 837311/PI – *Dje* 18-4-2016).

Em julgado mais recente, o Superior Tribunal de Justiça entendeu no mesmo sentido do STF para quando houver desistência de um candidato melhor classificado, quem estava fora da lista e passará para dentro do número de vagas, com direito à nomeação:

> PROCESSUAL CIVIL. ADMINISTRATIVO. MANDADO DE SEGURANÇA. CONCURSO PÚBLICO. PROCON/DF. **CANDIDATA APROVADA FORA DO NÚMERO DE VAGAS. DESISTÊNCIA DE CANDIDATOS MELHOR CLASSIFICADOS, PASSANDO A IMPETRANTE A FIGURAR DENTRO DAS VAGAS PREVISTAS NO EDITAL. DIREITO À NOMEAÇÃO. EXISTÊNCIA.** PRECEDENTES DO SUPREMO TRIBUNAL FEDERAL. IMPEDIMENTO DECORRENTE DA LEI DE RESPONSABILIDADE FISCAL. AUSÊNCIA DE COMPROVAÇÃO. SEGURANÇA CONCEDIDA.
>
> [...]
>
> IV – Por outro lado, em relação àqueles candidatos aprovados dentro do número de vagas, o Supremo Tribunal Federal, no julgamento do Recurso Extraordinário n. 598099/MS, também submetido à sistemática da Repercussão Geral, fixou orientação no sentido haver direito à nomeação, salvo exceções pontuais. A partir dessa tese, evoluiu para compreender que, **havendo desistência de candidatos melhor classificados, fazendo com que os seguintes passem a constar dentro do número de vagas, a expectativa de direito se convola em direito líquido e certo, garantindo o direito a vaga disputada**. Precedentes do Supremo Tribunal Federal.
>
> [...]
>
> (RMS 53.506/DF, rel. Ministra REGINA HELENA COSTA, PRIMEIRA TURMA, julgado em 26-9-2017, *DJe* 29-9-2017). (Destacamos)

Segundo o Superior Tribunal de Justiça, nomeação tardia de candidatos aprovados em concurso público não gera direito à indenização, ainda que a demora tenha origem em erro reconhecido pela própria Administração Pública:

> ADMINISTRATIVO. CONCURSO PARA INGRESSO NA CARREIRA DO MINISTÉRIO PÚBLICO DE MINAS GERAIS. NOMEAÇÃO TARDIA. ERRO RECONHECIDO PELA PRÓPRIA ADMINISTRAÇÃO. INDENIZAÇÃO. REMUNERAÇÃO RETROATIVA.
>
> IMPOSSIBILIDADE. 1. O Superior Tribunal de Justiça firmou a compreensão de que candidatos aprovados em concurso público, que tiveram suas nomeações tardiamente efetivadas, não têm direito à indenização.
>
> 2. Cumpre destacar que esse entendimento foi pacificado no Supremo Tribunal Federal, em repercussão geral, no julgamento do Recurso Extraordinário 724.347/DF, rel. p/ acórdão Ministro Roberto Barroso, julgado em 26-2-2015,

DJe 13-5-2015, restando consolidada a tese de que, "na hipótese de posse em cargo público determinada por decisão judicial, o servidor não faz jus a indenização, sob fundamento de que deveria ter sido investido em momento anterior, salvo situação de arbitrariedade flagrante."

3. A circunstância de que, na hipótese dos autos, o erro pela demora na nomeação do autor foi reconhecido pela própria Administração (MP/MG), e não por decisão judicial, não afasta a aplicação da mencionada e firme orientação jurisprudencial, pois a ratio decidendi constante dos precedentes do Superior Tribunal de Justiça e do Supremo Tribunal Federal consagra a compreensão de que o pagamento de remuneração e a percepção de demais vantagens por servidor público pressupõe o efetivo exercício no cargo (situação inocorrente na espécie), sob pena de enriquecimento sem causa.

4. Por fim, cumpre salientar que a dinâmica historiada na presente lide não evidencia tenha a Administração agido de forma arbitrária.

5. Recurso especial a que se nega provimento. (REsp 1238344/MG, rel. Ministro SÉRGIO KUKINA, PRIMEIRA TURMA, julgado em 30-11-2017, *DJe* 19-12-2017).

Ademais, a nomeação tardia de candidatos aprovados em concurso público, por meio de ato judicial, à qual atribuída eficácia retroativa, não gera direito às promoções ou progressões funcionais que alcançariam houvesse ocorrido, a tempo e modo, a nomeação. Esta foi a tese fixada pelo STJ sobre o tema 454, oriunda do seguinte julgado:

CONCURSO PÚBLICO – NOMEAÇÃO – ORDEM JUDICIAL – PROMOÇÕES. A nomeação tardia de candidatos aprovados em concurso público, por meio de ato judicial, à qual atribuída eficácia retroativa, não gera direito às promoções ou progressões funcionais que alcançariam houvesse ocorrido, a tempo e modo, a nomeação. (RE 629392, Relator(a): Min. MARCO AURÉLIO, Tribunal Pleno, julgado em 8-6-2017, ACÓRDÃO ELETRÔNICO REPERCUSSÃO GERAL – MÉRITO *DJe*-018 DIVULG 31-1-2018 PUBLIC 1º-2-2018).

São espécies de nomeação, segundo o art. 9º:

a) nomeação em caráter efetivo: ocorrerá quando se tratar de cargo de provimento efetivo ou de carreira;

b) nomeação em comissão: ocorrerá para os cargos de confiança, inclusive na condição de interino.

O Decreto n. 9.727, de 15 de março de 2019, dispõe sobre os critérios, o perfil profissional e os procedimentos gerais a serem observados para a ocupação dos cargos em comissão do Grupo-Direção e Assessoramento Superiores – DAS e das Funções Comissionadas do Poder Executivo – FCPE na administração pública federal direta, autárquica e fundacional.

São critérios gerais para ocupação de cargo em comissão DAS ou de FCPE, nos temos do citado decreto do ano de 2019: i) idoneidade moral e reputação ilibada; ii) perfil profissional ou formação acadêmica compatível com o cargo ou a função para o qual tenha sido indicado; e iii) não enquadramento nas hipóteses de inelegibilidade previstas no inciso I do *caput* do art. 1º da Lei Complementar n. 64, de 18 de maio de 1990. Os ocupantes de DAS ou de FCPE deverão informar prontamente a superveniência da restrição no tocante à inelegibilidade[71].

A pessoa física aprovada em concurso público, uma vez nomeada, terá direito subjetivo à posse. POSSE é o ato pelo qual são cometidas ao servidor as atribuições, os direitos, os deveres e as responsabilidades do cargo público. É com a posse que se dará a investidura em cargo público.

A posse ocorrerá no prazo de 30 dias contados da publicação do ato de provimento (nomeação).

Outrossim, o servidor terá o prazo de 15 dias contados da data da posse para entrar em exercício. O EXERCÍCIO consiste no efetivo desempenho das atribuições do cargo público ou da função de confiança.

Percebam que existe uma sequência: primeiro a aprovação em concurso público, depois a nomeação, a posse e, por fim, a entrada em exercício. Além dessa sequência, concluímos no estudo dos dispositivos constitucionais referentes aos agentes públicos que para o servidor adquirir a estabilidade é preciso que preencha três anos de efetivo exercício das atividades públicas e aprovação em estágio probatório.

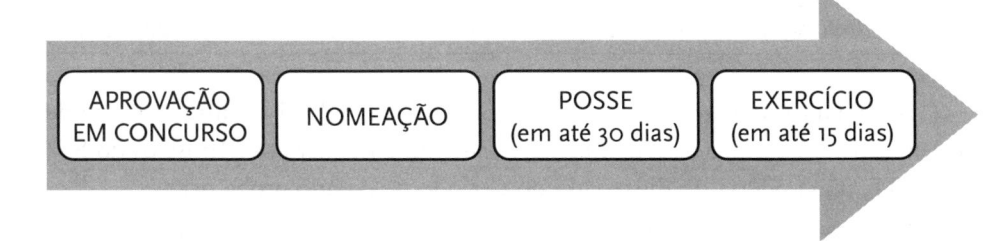

APROVAÇÃO EM CONCURSO → NOMEAÇÃO → POSSE (em até 30 dias) → EXERCÍCIO (em até 15 dias)

Com efeito, o ESTÁGIO PROBATÓRIO consiste no período de provas, em que o servidor nomeado será avaliado a respeito da sua aptidão e capacidade para o desempenho do cargo público. Essa avaliação levará em consideração:

(i) a assiduidade do servidor (poucas faltas);

---

71 O Decreto n. 9.727, de 2019, inova ainda com critérios específicos para ocupar cargos em comissão a depender dos níveis de DASs e FCPEs, terá vigência até 31 de março de 2023, quando entrará em vigor o Decreto n. 10.829, de 5 de outubro de 2021 que regulamenta a Lei n. 14.204, de 16 de setembro de 2021, que simplifica a gestão de cargos em comissão e de funções de confiança na administração pública federal direta, autárquica e fundacional, e altera o Decreto n. 9.739, de 28 de março de 2019.

(ii) a disciplina;

(iii) a capacidade de iniciativa;

(iv) a produtividade; e

(v) a responsabilidade.

O período do estágio probatório previsto na redação original do art. 20 da Lei n. 8.112/90 era de 24 meses. Contudo, a Medida Provisória n. 431/2008 alterou esse prazo para 36 meses (equivalente aos três anos da estabilidade). Medida provisória deve ser convertida em lei, e a Lei de conversão é a de n. 11.784/2008, que voltou a determinar o prazo de 24 meses.

Porém, o Superior Tribunal de Justiça (MS 12576) e o Supremo Tribunal Federal (STA 269) entenderam que, com o advento da Emenda Constitucional n. 19/98, o prazo do estágio probatório dos servidores públicos seria equivalente aos três anos da estabilidade:

> Agravo Regimental em Suspensão de Tutela Antecipada. 2. Estágio confirmatório de dois anos para Advogados da União de acordo com o art. 22 da Lei Complementar n. 73/1993. 3. Vinculação entre o instituto da estabilidade, definida no art. 41 da Constituição Federal, e o instituto do estágio probatório. 4. Aplicação de prazo comum de três anos a ambos os institutos. 5. Agravo Regimental desprovido.
>
> (STA 269 AgR, Relator(a): Min. GILMAR MENDES (Presidente), Tribunal Pleno, julgado em 4-2-2010, *DJe*-035 DIVULG 25-2-2010 PUBLIC 26-2-2010 EMENT VOL-02391-03 PP-00756 LEXSTF v. 32, n. 375, 2010, p. 226-234).

A mudança no texto do art. 41 da Constituição Federal instituiu o prazo de três anos para o alcance da estabilidade, o que, no entender dos Ministros do STJ e do STF, não poderia ser dissociado do período de estágio probatório.

Logo, se na prova for questionado o prazo do estágio probatório EXPRESSO na Lei n. 8.112/90, será de 24 meses. Porém, se a questão for direta, no sentido de perguntar de maneira genérica qual seria o prazo do estágio probatório, a melhor resposta será a de 3 ANOS OU 36 MESES (EQUIVALENTE À ESTABILIDADE).

A avaliação do servidor deverá ser submetida a homologação pela autoridade competente, quatro meses antes do fim do período de estágio probatório (art. 20, § 1º).

A não aprovação no estágio probatório gerará:

(i) exoneração do servidor; ou

(ii) recondução do servidor estável ao cargo anteriormente ocupado.

De fato, durante o período de estágio probatório o servidor poderá exercer qualquer cargo em comissão ou funções de direção, chefia e assessoramento no órgão ou entidade de sua lotação. Por outro lado, somente poderá ser cedido a outro órgão ou entidade para ocupar cargos de natureza especial, de provimento em comissão do Grupo Direção e Assessoramento Superiores – DAS, níveis 4, 5, ou 6, ou para cargos equivalentes.

Ademais, no período de estágio probatório só caberá licença pelos seguintes motivos:

(i) doença em pessoa da família;

(ii) afastamento do cônjuge ou companheiro;

(iii) para o serviço militar;

(iv) para o desempenho de atividade política.

No tocante aos afastamentos durante o estágio probatório, serão permitidos apenas:

(i) para o exercício de mandato eletivo;

(ii) para estudo ou missão no exterior;

(iii) para participar de curso de formação decorrente de aprovação em concurso para outro cargo na Administração Pública Federal.

3.4.2.2. Readaptação

É a investidura do servidor em cargo de atribuições e responsabilidade compatíveis com a limitação que tenha sofrido em sua capacidade física ou mental, verificada em inspeção médica (art. 24).

Se, ainda assim, o servidor demonstrar incapacidade para o desempenho do serviço público, deverá ser aposentado.

A inexistência de cargo vago levará o servidor a exercer as suas atribuições como excedente, até a ocorrência de alguma vaga. Atuar como excedente significa trabalhar normalmente até que surja um cargo vago, quer pela aposentadoria de algum servidor ou até pela sua demissão. Surgindo a vaga, esta será destinada àquele servidor que estiver atuando como excedente.

A readaptação será efetivada em cargo de atribuições afins, respeitada a habilitação exigida, nível de escolaridade e equivalência de vencimentos (art. 24, § 2º). Assim, se, por exemplo, o cargo de origem do servidor exigir nível médio de escolaridade, não poderá ocorrer a readaptação em cargo de nível superior.

A Emenda Constitucional da Reforma da Previdência incluiu o § 13 ao art. 37 da Constituição Federal, nos seguintes termos:

"O servidor público titular de cargo efetivo poderá ser readaptado para exercício de cargo cujas atribuições e responsabilidades sejam compatíveis com a limitação que tenha sofrido em sua capacidade física ou mental, enquanto permanecer nesta condição, desde que possua a habilitação e o nível de escolaridade exigidos para o cargo de destino, mantida a remuneração do cargo de origem."

3.4.2.3. Reversão

É o retorno à atividade do servidor aposentado (art. 25).

São espécies de reversão:

a) REVERSÃO DE OFÍCIO (imposta pela Administração independentemente de requerimento do servidor): quando a Junta Médica Oficial declarar insubsistentes os motivos que levaram à aposentadoria por invalidez.

Exemplo de reversão de ofício: servidor aposentou-se por ser portador de câncer em fase terminal, mas se submeteu a um tratamento experimental e foi curado. Nesse caso, a Administração tem a obrigação de trazê-lo de volta ao trabalho. Encontrando-se provido o cargo anteriormente ocupado pelo servidor aposentado, exercerá as suas atribuições como excedente até a ocorrência de vaga.

b) REVERSÃO A PEDIDO DO SERVIDOR (porém, a critério da Administração deferir ou não o pedido), desde que haja o preenchimento dos seguintes requisitos para a solicitação:

(i) a aposentadoria tenha sido voluntária;

(ii) seja estável quando na atividade;

(iii) a aposentadoria tenha ocorrido nos 5 anos anteriores à solicitação da reversão; e

(iv) que haja cargo vago.

APROFUNDANDO! Mesmo que o servidor preencha todos os requisitos acima citados, caberá à Administração decidir se defere ou não seu pedido de reversão, pois se trata de ATO DISCRICIONÁRIO. Já em relação à reversão de ofício, não haverá liberdade à Administração, que tem a obrigação de trazer de volta o servidor cujas causas da aposentadoria por invalidez não mais existem, em razão de se tratar de ATO VINCULADO.

O art. 27 da Lei n. 8.112/90 estabelece que não poderá reverter o aposentado que tiver 70 anos de idade. A razão para tal determinação decorria do fato e do tempo em que a aposentadoria compulsória era aos 70 anos. No entanto, conforme visto, a aposentadoria compulsória passou a ser aos 75 anos. Logo, a melhor interpretação ao dispositivo citado é a de que a reversão não poderá ocorrer se o aposentado tiver 75 anos ou mais.

3.4.2.4. Reintegração

É a reinvestidura do servidor estável no cargo anteriormente ocupado quando invalidada a sua demissão por decisão administrativa ou judicial, com o ressarcimento de todas as vantagens (art. 28).

Exemplo de reintegração: servidor foi demitido e, não concordando com essa postura da Administração, impetra Mandado de Segurança alegando que houve perseguição política na sua exclusão do serviço público. Caso o juiz conceda a segurança, determinará também a reintegração do servidor.

APROFUNDANDO! Se o servidor não for estável, a invalidação da demissão também pode trazê-lo de volta ao cargo, em razão dos efeitos retroativos da anulação. Porém, esse retorno não será denominado reintegração que exige servidor estável. Poderemos chamá-lo de retorno inominado, por exemplo.

Na hipótese de o cargo ter sido extinto, o servidor ficará em disponibilidade. Encontrando-se provido o cargo, o seu eventual ocupante será reconduzido ao cargo de origem, sem direito a indenização, ou aproveitado em outro cargo, ou, ainda, posto em disponibilidade.

3.4.2.5. Recondução

É o retorno do servidor estável ao cargo anteriormente ocupado por inabilitação em estágio probatório relativo a outro cargo ou em razão da reintegração do anterior ocupante (art. 29).

Exemplo de recondução: servidor era estável no cargo de técnico do TRF e foi aprovado no concurso de analista do mesmo Tribunal. No entanto, não foi aprovado no estágio probatório no novo cargo. Nesse caso, será reconduzido ao cargo de técnico do TRF.

APROFUNDANDO! Caso o servidor desista do novo cargo dentro do prazo do estágio probatório (3 anos), também poderá valer-se do instituto da recondução (STF MS 24.543; STJ MS 12.576; AGU Súmula 16: "O servidor estável investido em cargo público federal, em virtude de habilitação em concurso público, poderá desistir do estágio probatório a que é submetido com apoio no art. 20 da Lei n. 8.112, de 11 de dezembro de 1990, e ser reconduzido ao cargo inacumulável de que foi exonerado, a pedido".

A segunda hipótese envolve a situação do servidor "A", que passou a ocupar o cargo de "B", em razão de este ter sido demitido. Mas "B" entrou com ação judicial e conseguiu reverter o quadro, na medida em que o Juiz determinou sua reintegração. Assim, "B" voltará para o cargo do qual foi demitido e "A" será reconduzido ao cargo anteriormente ocupado.

No caso de estar provido o cargo de origem, o servidor será aproveitado em outro, ou colocado em disponibilidade.

Ainda existe muita relutância dentro da Administração Pública em aceitar a desistência do novo cargo dentro do prazo do estágio probatório como requisito para viabilizar a recondução ao cargo anteriormente ocupado pelo servidor estável.

Sobre o tema, importante destacar que a Recondução é forma de provimento derivado ao cargo público.

Conforme é cediço, concurso público é a regra para a investidura em cargo ou emprego públicos, nos termos do disposto no art. 37, II, da Constituição Federal. No entanto, essa regra não é absoluta, ou seja, o próprio texto constitucional admite em situações excepcionais a investidura sem a necessidade de aprovação em concurso prévio, como ocorre com os detentores de cargo em comissão, por exemplo. Esta é a previsão do citado dispositivo constitucional:

> **A investidura em cargo ou emprego público depende de aprovação prévia em concurso público** de provas ou de provas e títulos, de acordo com a natureza e a complexidade do cargo ou emprego, na forma prevista em lei, **ressalvadas as nomeações para cargo em comissão** declarado em lei de livre nomeação e exoneração (Redação dada pela Emenda Constitucional n. 19, de 1998). (Destacamos)

Sobre o tema, importante lembrarmos que o provimento é o ato administrativo pelo qual a pessoa é investida em cargo, emprego ou função públicas. Ademais, existem duas modalidades de provimento: i) o originário; e ii) o derivado. O primeiro é o que vincula inicialmente o servidor ao cargo, emprego ou função. Pode ser exemplificado tanto na nomeação como na contratação, dependendo do regime jurídico de que se trate, isto é, se servidor estatutário ou celetista, respectivamente. Provimento derivado é o que depende de um vínculo anterior do servidor com a Administração, como ocorre com a recondução.

Segundo Maria Sylvia Zanella Di Pietro, tratando dos temas concurso público, bem como dos provimentos originário e derivado, num comparativo entre Constituição Federal atual e a anterior:

> 1. **enquanto a norma anterior exigia concurso apenas para investidura em cargo público, a atual impõe a mesma exigência para cargo e emprego**; só não faz referência à função, porque deixou em aberto a possibilidade de contratação para serviços temporários (art. 37, IX) e para funções de confiança (art. 37, V), ambas as hipóteses sem concurso;
>
> 2. **enquanto o dispositivo anterior fazia a exigência para a primeira investidura, o atual fala apenas em investidura, o que inclui tanto os provimentos originários como os derivados, somente sendo admissíveis as exceções previstas na própria Constituição, a saber, a reintegração, o aproveitamento, a recondução e o acesso ou promoção, além da reversão** *ex officio*, que não tem base constitucional, mas ainda prevalece pela razão adiante exposta[72].
>
> (...)

---

72 DI PIETRO, Maria Sylvia Zanella. *Direito administrativo*. 25. ed. São Paulo: Atlas, 2012. p. 658-659.

A Constituição dá origem a outra forma de provimento, prevista no art. 41, § 2º; **trata-se da recondução,** que ocorre como consequência da reintegração, hipótese em que o servidor que ocupava o cargo do reintegrando tem o direito de ser reconduzido a seu cargo de origem. O art. 29 da Lei n. 8.112/90 prevê também a recondução no caso de inabilitação em estágio probatório relativo a outro cargo[73]. (Destacamos)

Além da aludida previsão constitucional, destacamos a **previsão legislativa da forma de provimento derivado denominado de recondução. A Lei Federal n. 8.112,** de 1990, que dispõe sobre o regime jurídico dos servidores públicos civis da União, das autarquias e das fundações públicas federais, assim estabelece em seu art. 29.

Com efeito e diante de tudo que foi demonstrado, **"para essa espécie de provimento derivado – a recondução –, é desnecessário o concurso público. Essa posição é defendida por nós e pelo estimado e saudoso Amigo, Diógenes Gasparini"**[74].

Corroborando com a opinião aqui defendida, estão os ensinamentos de **Maria Sylvia Zanella Di Pietro** acima apresentados quando concluiu que **a Constituição** "atual fala apenas em investidura, o que inclui tanto os provimentos originários como os derivados, somente sendo admissíveis as exceções previstas na própria Constituição, a saber, a reintegração, o aproveitamento, **a recondução** e o acesso ou promoção, além da reversão *ex officio*, que não tem base constitucional, mas ainda prevalece pela razão adiante exposta"[75].

Em última análise, **apesar do concurso público ser a regra** constitucional para a investidura em cargo ou empregos públicos, é cediço tratar-se de **regra relativa que admite exceções,** bem como **permite a existência da figura de provimentos derivados, como é o caso da recondução.** Simplificando, mesmo estando fora de um cargo público em razão de pedido de exoneração, defendemos que o servidor poderá retornar ao cargo de origem em decorrência de um provimento derivado, como ocorre com o instituto da recondução.

Logo mais analisaremos as hipóteses de vacância e, uma delas, consiste na vacância em razão da posse em outro cargo inacumulável, em que o cargo que o servidor deixa fica à sua disposição esperando eventual retorno. Diferente, no plano teórico, da exoneração, onde em tese o vínculo com o Poder Público é desfeito.

No entanto e na prática, é muito difícil conseguir o deferimento no âmbito administrativo do pedido de vacância em razão da posse em outro cargo

---

73 DI PIETRO, Maria Sylvia Zanella. *Direito administrativo*. 25. ed. São Paulo: Atlas, 2012. p. 661.
74 GASPARINI, Diógenes. *Direito administrativo*. 12. ed. rev. e atual. São Paulo: Saraiva, 2007. p. 279-280.
75 DI PIETRO, Maria Sylvia Zanella. *Direito administrativo*. 25. ed. São Paulo: Atlas, 2012. p. 658-659.

inacumulável, pois o mesmo ficará bloqueado esperando eventual retorno do servidor, **fato muito prejudicial à Administração Pública** que não poderá prover esse cargo com um novo concurso público ou com a nomeação de aprovados em certame existente e com prazo de validade vigente.

Diante do indeferimento administrativo de pedido de vacância em razão da posse em outro cargo inacumulável, outra opção não resta ao servidor federal a não ser pedir a exoneração, sob pena de praticar uma infração constitucional, por violar as hipóteses em que a acumulação de cargos públicos remunerados são admitidas (art. 37, XVI, da Constituição Federal), além de **cometer infração administrativa disciplinar estatutária** e ser demitido pela citada acumulação irregular.

Quando o servidor é obrigado a pedir exoneração para não incorrer em conduta ilícita de acumulação de cargo, defendemos que mesmo assim **é plenamente viável a recondução ao cargo de origem do qual era estável.**

Esta também é a **posição da Advocacia Geral da União insculpida no enunciado da Súmula 16 acima mencionado, mas que de tão importante colacionamos novamente: "O servidor estável** investido em cargo público federal, em virtude de habilitação em concurso público, poderá desistir do estágio probatório a que é submetido com apoio no art. 20 da Lei n. 8.112, de 11 de dezembro de 1990, e **ser reconduzido ao cargo inacumulável de que foi exonerado, a pedido.** (Destacamos)

Conforme visto, trata-se de pressuposto sine qua non da recondução a inabilitação no estágio probatório, nos termos do texto do art. 29, I, do Estatuto do Servidor Público Federal.

Abordamos também que o estágio probatório é um período de provas em que o servidor efetivo terá que demonstrar aptidão e capacidade para desempenhar as atribuições do cargo público. Durante o período de estágio probatório serão avaliados alguns fatores, dentre os quais destacamos: **i) assiduidade; ii) disciplina; iii) capacidade de iniciativa; iv) produtividade; e v) responsabilidade (art. 20 da Lei n. 8.112/90).**

A não aprovação no estágio probatório não pressupõe, portanto, a prática de qualquer infração funcional, mas a demonstração de que o servidor não possui aptidão e capacidade para ocupar determinado cargo público. Exigir do servidor alguma conduta voluntária no sentido de provocar uma reprovação em estágio probatório vai contra os preceitos éticos e morais também tutelados na esfera constitucional.

Esse é um dos motivos que defendemos para legitimar a recondução do servidor ao cargo de origem em razão da desistência do estágio probatório em novo cargo inacumulável. Muito mais condizente aceitar a desistência dentro da abrangência do conceito de não aprovação em estágio probatório do que provocar voluntariamente essa reprovação.

Tomemos como exemplo a análise do fator da assiduidade como elemento avaliado durante o estágio probatório. Na grande maioria dos estatutos de servidores públicos estatutários o abandono de cargo ou a inassiduidade habitual caracterizam infrações graves passíveis de demissão. É assim, por exemplo, no Estatuto do Servidor Público Federal, art. 132, II e III.

Forçar o servidor a faltar intencionalmente para ser reprovado no estágio probatório é também conduta incompatível com o direito previsto na Lei n. 8.112/90. É mais razoável e legítimo aceitar a desistência do estágio probatório como elemento fundamentador da recondução.

Peguemos outro exemplo: a análise do fator da disciplina como elemento avaliado durante o estágio probatório. A voluntariedade na violação desse critério pode levar à caracterização da infração de insubordinação grave, outra conduta sujeita à pena de demissão nos termos do art. 132, VI, do Estatuto do Servidor Público Civil Federal.

Percebam que uma situação é aquela do servidor que não tem aptidão e capacidade para o desempenho das atribuições de um cargo público e que acaba sendo reprovado por não atingir nota mínima nos critérios de assiduidade e disciplina, sendo outra situação, diametralmente oposta, provocar deliberadamente a reprovação em estágio probatório faltando intencionalmente ao serviço público ou não se submetendo à disciplina imposta por superior hierárquico. Estas últimas condutas caracterizam infrações funcionais graves e sujeitas à pena de demissão. Evidentemente que a desistência do estágio probatório é capaz de fundamentar a reprovação no mesmo e legitimar o pedido de recondução de servidor estável ao cargo de origem.

Não estamos criando um novo requisito para legitimar a recondução, mas interpretando o texto legal, isto é, inabilitação em estágio probatório pode decorrer da incapacidade ou inaptidão para o desempenho das atribuições do cargo, bem como da própria desistência do período de provas. Tanto o incapacitado, o inapto, bem como o que desistiu não serão aprovados no estágio probatório em igualdade de condições. Não há diferença entre essas causas para gerar o requisito da não aprovação em estágio probatório como elemento fundamentador da recondução.

Igualmente, em sendo a estabilidade o direito de permanência no serviço público, conforme visto no início deste item, enquanto o servidor não for confirmado no estágio do novo cargo, não estará extinta a situação perpetrada com o cargo anterior. Esta a posição dominante no Supremo Tribunal Federal:

CONSTITUCIONAL. ADMINISTRATIVO. SERVIDOR PÚBLICO ESTÁVEL. ESTÁGIO PROBATÓRIO. Lei 8.112, de 1990, art. 20, § 2º. I. – Servidor Público, aprovado em concurso público, estável, que presta novo concurso e, aprovado, é nomeado para novo cargo. **Durante o estágio** probatório neste último cargo, requer sua recondução ao cargo anterior. **Possibilidade,** na forma do disposto no art. 20, § 2º, da Lei 8.112/90. É que, **enquanto não confirmado no estágio do novo cargo, não estará extinta a situação anterior.** II. – Precedentes do STF: MS 22.933-DF, Ministro O. Gallotti, Plenário, 26-6-98, *"DJ"* de 13-11-98; MS 23.577-DF, Ministro C. Velloso, Plenário, 15-5-2002, *"DJ"* de 14-6-2002. III. – Mandado de segurança deferido. (MS 24271/DF). (Destacamos)

CONSTITUCIONAL. ADMINISTRATIVO. SERVIDOR PÚBLICO ESTÁVEL. ESTÁGIO PROBATÓRIO. Lei 8.112, de 1990, art. 20, § 2º. I. – Policial Rodoviário Federal, aprovado em concurso público, estável, que presta novo concurso e, aprovado, é nomeado Escrivão da Polícia Federal. **Durante o estágio probatório neste último cargo, requer sua recondução ao cargo anterior. Possibilidade**, na forma do disposto no art. 20, § 2º, da Lei 8.112/90. É que, **enquanto não confirmado no estágio do novo cargo, não estará extinta a situação anterior.** II. – Precedentes do STF.: MS 22.933-DF, Ministro O. Gallotti, Plenário, 26-6-98, *"DJ"* de 13-11-98. III. – Mandado de segurança deferido (MS 23577/DF). (Destacamos)

Inclusive em decisão mais recente o Pretório Excelso manteve o mesmo posicionamento:

DIREITO CONSTITUCIONAL E ADMINISTRATIVO. SERVIDOR PÚBLICO DO INSTITUTO FEDERAL DE EDUCAÇÃO, CIÊNCIA E TECNOLOGIA DO ACRE. **RECONDUÇÃO AO CARGO DE GESTOR PÚBLICO DA SECRETARIA ESTADUAL DE GESTÃO ADMINISTRATIVA NO QUAL ADQUIRIU ESTABILIDADE. DESISTÊNCIA DO ESTÁGIO PROBATÓRIO. CONSONÂNCIA DA DECISÃO RECORRIDA COM A JURISPRUDÊNCIA CRISTALIZADA NO SUPREMO TRIBUNAL FEDERAL.** RECURSO EXTRAORDINÁRIO QUE NÃO MERECE TRÂNSITO. REELABORAÇÃO DA MOLDURA FÁTICA. PROCEDIMENTO VEDADO NA INSTÂNCIA EXTRAORDINÁRIA. ACÓRDÃO RECORRIDO PUBLICADO EM 25.6.2013. 1. **O entendimento adotado pela Corte de origem, nos moldes do assinalado na decisão agravada, não diverge da jurisprudência firmada no âmbito deste Supremo Tribunal Federal.** Entender de modo diverso demandaria a reelaboração da moldura fática delineada no acórdão de origem, o que torna oblíqua e reflexa eventual ofensa, insuscetível, como tal, de viabilizar o conhecimento do recurso extraordinário. 2. As razões do agravo regimental não se mostram aptas a infirmar os fundamentos que lastrearam a decisão agravada. 3. Agravo regimental conhecido e não provido. (RE 792597 AgR / AC; *DJe* 17-3-2016). (Destacamos)

Segundo acima colacionado, esta também é a posição da Advocacia Geral da União insculpida no enunciado da Súmula 16.

Em última análise, a desistência do estágio probatório é capaz de fundamentar a não aprovação no mesmo e legitimar o pedido de recondução do servidor estável ao cargo de origem, quer pela teratologia de se exigir condutas voluntárias para forçar a não habilitação no período de provas, quer pela fundamentação consolidada no Supremo Tribunal Federal de que enquanto o servidor não for confirmado no estágio do novo cargo, não estará extinta a situação anterior.

Nos termos analisados ao logo deste item, especialmente em relação ao conteúdo abordado acima, cumpre ressaltar que a manutenção do servidor no cargo em que não se adaptou é contraproducente e não teria sentido esperar a evidente e futura reprovação no estágio probatório do novo cargo para, só então, admitir a recondução ao cargo de origem, sob pena de violação do Princípio Constitucional da Eficiência.

Vimos neste livro que pelo Princípio da Eficiência, expresso no *caput* do art. 37 da Constituição Federal, a Administração Pública deve atuar com presteza, com perfeição e com rendimento funcional.

Tal princípio foi incluído no texto constitucional pela Emenda n. 19 apenas no ano de 1998. Porém, a eficiência sempre foi um princípio implícito na Lei Maior. Isto implica dizer que o Poder Público sempre teve que atuar com eficiência, apesar de o respectivo princípio somente ter sido inserido expressamente no texto constitucional apenas no ano de 1998 pela emenda da reforma administrativa.

A recondução do servidor desistente ao cargo de origem é a única conduta capaz de concretizar o Princípio Constitucional da Eficiência. A *contrario sensu*, isto é, não aceitar a desistência do estágio probatório como elemento fundamentador da recondução implica em conduta violadora do Princípio Constitucional da Eficiência por não caracterizar nem presteza, nem perfeição ou muito menos rendimento funcional na gestão da coisa pública.

Ademais, é de conhecimento público, nacional e internacional, o momento de crise econômica que vivem todos os Entes Públicos da nossa Federação.

A ausência de um servidor em locais onde o número de pessoal é insuficiente é um mal que assola todo o país. Os baixos salários, a falta de estrutura, e a ausência de políticas públicas efetivas no setor público acabam por minar as últimas esperanças da população de viver em paz e com segurança em todas as partes desse Brasil.

O interesse público a ser defendido pela Administração Pública é, em regra, o interesse primário, ou seja, o interesse da coletividade. Mesmo quando se busca a defesa do interesse público secundário – da Administração Pública vista como pessoa jurídica – este somente será admitido como legítimo se estiver em consonância com o interesse primário. Em outras palavras, pouco importa o interesse pessoal do agente público se não estiver de acordo com o interesse da coletividade.

Num cenário como esse, apesar da complexidade do assunto e de ter sido apresentado de forma tão resumida, não precisa muito esforço intelectual para se concluir que se existe algum servidor querendo ser reconduzido ao cargo de origem, a única conduta capaz de concretizar o Princípio Constitucional de Tutela do Interesse Público é o deferimento do citado pedido por parte do Poder Público.

3.4.2.6. Aproveitamento

É o retorno à atividade de servidor em disponibilidade. O aproveitamento será efetivado em cargo de atribuições e vencimentos compatíveis com o anteriormente ocupado (art. 30).

Nos termos do art. 41, § 3º, da Constituição Federal, o servidor ficará em disponibilidade quando o cargo for extinto ou declarada a sua desnecessidade.

3.4.2.7. Promoção

Consiste na investidura do servidor em cargo com maior responsabilidade e complexidade nas atribuições, porém *dentro da mesma carreira*.

Tomemos como exemplo a carreira de servidor que se inicia pelo cargo de classe IV, depois é promovido para a classe III, posteriormente classe II, até chegar no topo da carreira ocupando o cargo classe I ou de classe especial.

Se o examinador referir-se à *transferência ou ascensão* como formas de provimento, a alternativa estará errada. *A Lei n. 9.527/97 aboliu do ordenamento jurídico essas duas formas de provimento*, uma vez que passaram a ser consideradas inconstitucionais, porque admitiam a investidura do servidor em carreira diferente daquela para a qual prestou o concurso.

Pela ascensão, admitia-se que servidor aprovado para Técnico de Tribunal pudesse ocupar o cargo de Analista, caso chegasse ao topo da carreira daquele cargo e tivesse formação em nível superior. Isso não é possível, pois viola o princípio do concurso público. No tocante à transferência, servidor que prestava concurso para Analista de Tribunal Estadual podia ser transferido para Analista de Tribunal Federal. Outra vez o princípio do concurso público estava violado.

Sobre o tema, o STF entendeu na Súmula 685 e na Súmula Vinculante n. 43 que "é inconstitucional toda modalidade de provimento que propicie ao servidor investir-se, sem prévia aprovação em concurso público destinado ao seu provimento, em cargo que não integra a carreira na qual anteriormente investido". É inconstitucional, portanto, a ascensão e a transferência.

3.4.3. Formas de Vacância

O art. 33 da Lei n. 8.112/90 traz as formas de vacância que, conforme estudado anteriormente, consiste no ato que desfaz o vínculo do servidor com a Administração ou com o cargo anteriormente ocupado.

3.4.3.1. *Exoneração*

É o ato que gera o desligamento do servidor *sem caráter de penalidade*.

Para servidor ocupante de cargo de provimento efetivo, a exoneração poderá ocorrer (art. 34):

(i) a pedido do servidor; ou

(ii) de ofício pela Administração, quando não satisfeitas as condições do estágio probatório ou, tendo tomado posse, o servidor não entrar em exercício no prazo de 15 dias estabelecido na Lei n. 8.112/90.

A exoneração de *cargo em comissão* e a dispensa de função de confiança dar-se-ão:

(i) a juízo (ou a critério) da autoridade competente; ou

(ii) a pedido do próprio servidor.

3.4.3.2. *Demissão*

É o ato que gera o desligamento do servidor com caráter de penalidade, isto é, em razão da prática de infração administrativa de natureza grave.

As infrações sujeitas à penalidade de demissão estão previstas no art. 132 da Lei n. 8.112/90 e serão estudadas no momento oportuno.

3.4.3.3. *Aposentadoria*

É o direito à inatividade remunerada, de acordo com as disposições constitucionais acima estudadas.

A Emenda Constitucional da Reforma da Previdência incluiu o § 14 ao art. 37 da Constituição Federal que prevê:

> "A aposentadoria concedida com a utilização de tempo de contribuição decorrente de cargo, emprego ou função pública, inclusive do Regime Geral de Previdência Social, acarretará o rompimento do vínculo que gerou o referido tempo de contribuição."

3.4.3.4. *Falecimento*

Por razão óbvia o falecimento gera o fim do vínculo do servidor com a Administração, em que pese a seus familiares terem direito à pensão por morte.

3.4.3.5. *Promoção*

Conforme acima estudado, é também forma de provimento (vacância no cargo que deixa e provimento no cargo da promoção).

3.4.3.6. *Readaptação*

Além de ser forma de vacância, estudamos a readaptação também como forma de provimento (vacância no cargo em que se deu a limitação física ou mental e provimento no cargo readaptado).

3.4.3.7. *Posse em Outro Cargo Inacumulável*

A posse foi estudada dentro da forma de provimento nomeação e, conforme visto no estudo das disposições constitucionais, a regra é pela impossibilidade de se acumular cargos, empregos e funções públicas remunerados (art. 37, XVI, da CF). Assim, se o servidor ocupa um cargo inacumulável, e vier a ser aprovado em outro concurso, deverá pedir exoneração ou vacância em razão de outro cargo inacumulável.

Qual a diferença entre as duas formas de vacância? Na exoneração, o vínculo com a Administração é extinto, enquanto na vacância, em razão da posse em cargo inacumulável, o vínculo será apenas suspenso, facilitando o retorno do servidor em caso de reprovação no estágio probatório em novo cargo.

Diante desse contexto, melhor pedir a vacância em razão da posse em cargo inacumulável para se manter o vínculo do que a exoneração, certo? Certo. Porém, a Administração sempre identificou na vacância da posse em cargo inacumulável um ato de competência discricionária, em que a Administração poderá ou não deferir o pedido. Assim, na maioria das vezes o Poder Público não deferia o pedido do servidor que se via obrigado a pedir exoneração.

Esse quadro gera uma insegurança muito grande ao servidor que muitas vezes é estável num cargo público, passa em outro concurso e teme assumi-lo, em razão do medo de ser reprovado no estágio probatório do novo cargo.

APROFUNDANDO! Pensando nisso, o Superior Tribunal de Justiça vem entendendo que o servidor nas condições apresentadas tem o DIREITO SUBJETIVO À VACÂNCIA EM RAZÃO DA POSSE EM OUTRO CARGO INACUMULÁVEL. Vejamos: "O servidor público federal, diante de uma interpretação sistemática da Lei n. 8.112/1990, mormente em face do texto constitucional, tem direito líquido e certo à vacância quando tomar posse em cargo público, independentemente do regime jurídico do novo cargo, não podendo, em razão disso, ser exonerado antes da estabilidade no novo cargo" (MS 12.576, 3ª Seção, *DJe* 3-4-2014).

3.4.4. Da Remoção

A remoção, nos termos do art. 36 da Lei n. 8.112/90, é o *deslocamento do servidor* para o exercício de suas atividades em outra unidade, no âmbito do mesmo quadro, *com ou sem mudança de sede (localidade)*. Vale lembrar que a remoção não é forma de provimento nem de vacância.

São modalidades de remoção:

(i) de ofício, no interesse da Administração (independentemente da vontade do servidor);

(ii) a pedido do servidor, a critério da Administração: nesse caso, o servidor solicita a remoção, mas cabe à Administração decidir pelo deferimento ou não do respectivo pedido (ato discricionário);

(iii) a pedido do servidor, independentemente do interesse da Administração:

a) para acompanhar cônjuge ou companheiro, também servidor público civil ou militar, de qualquer dos Poderes da União, dos Estados, do Distrito Federal e dos Municípios, que foi deslocado no interesse da Administração.

APROFUNDANDO! Nesse caso, estamos diante de um casal de servidores, em que um foi deslocado por imposição da Administração, ocasião em que o outro consorte poderá acompanhá-lo. Situação diversa e, portanto, não albergada pelo dispositivo legal, é aquela em que um dos cônjuges passa em novo concurso público ou em concurso de remoção e assume em outra localidade. Nesse contexto fático, o consorte não tem direito de acompanhá-lo (STJ, AgRg no REsp 1.290.031).

No mesmo sentido, entende o Superior Tribunal de Justiça quando a remoção do cônjuge ou companheiro for a pedido do servidor:

PROCESSUAL CIVIL E ADMINISTRATIVO. EMBARGOS DE DIVERGÊNCIA EM RECURSO ESPECIAL. SERVIDOR PÚBLICO. REMOÇÃO DE CÔNJUGE A PEDIDO. ACOMPANHAMENTO. ART. 36 DA LEI 8112/90. 1. Caso em que se discute se há ou não há direito subjetivo à remoção para acompanhar cônjuge removido a pedido. Interpretação do art. 36, III, *a*, da Lei 8.112/90.

2. O acórdão embargado entendeu que a Administração Pública, ao oferecer vaga a ser ocupada por critério de remoção, revela que tal preenchimento atende ao interesse público. Havendo o cônjuge sido removido "no interesse da Administração", exsurgiria o direito subjetivo do outro cônjuge a ser removido para acompanhar o consorte, a teor do art. 36, III, *a*, da Lei 8.112/90.

3. No entender do acórdão paradigma, o direito subjetivo à remoção para o acompanhamento de cônjuge só é amparado pelo art. 36, III, *a*, da Lei 8.112/90 quando o cônjuge foi removido de ofício pela Administração Pública.

4. O art. 36 da Lei 8.112/90 trata de três hipóteses de remoção: de ofício, "no interesse da Administração" e mesmo que contra a vontade do servidor (inciso I); a pedido do servidor e "a critério da Administração" (inciso II) e a pedido do servidor "independentemente do interesse da Administração" (inciso III) nas estritas hipóteses das alíneas *a*, *b* e *c*.

5. A alínea *a* do inciso III do art. 36 da Lei 8.112/90, ao estabelecer que há direito a acompanhar cônjuge "deslocado no interesse da Administração"

remete ao "interesse da Administração" segundo a expressão do inciso I (remoção de ofício), a qual não foi repetida pelo inciso II (remoção a pedido), que se utilizou da expressão "a critério da Administração" para tratar da hipótese em que se alia a vontade da Administração Pública à do servidor postulante da remoção.

6. A hipótese de remoção prevista no inciso II do art. 36 da Lei 8.112/90 é a via ordinária para a remoção do servidor público, na qual se procura atender tanto à eficiência da Administração Pública quanto os interesses privados (incluídos os familiares) do servidor, observada a impessoalidade entre os servidores postulantes da vaga.

As hipóteses de remoção previstas nos incisos I e III são excepcionais (a do inciso I porque privilegia o interesse público em detrimento da possibilidade de o servidor escolher se manter lotado onde está ou em destino de sua preferência e a do inciso III porque abre mão de se perseguir a eficiência na Administração Pública) e devem ser interpretadas restritivamente.

7. A redação original do parágrafo único do art. 36 da Lei 8.112/90 permitia a remoção para o fim de acompanhamento de cônjuge independentemente da existência de vaga, sem o estabelecimento expresso de restrições. É evidente a intenção do legislador em restringir tal possibilidade com a redação que foi dada pela Lei 9.527/97 ao atual art. 36, III, *a*, da Lei 8.112/90.

8. Embargos de divergência providos.

(EREsp 1247360/RJ, rel. Ministro BENEDITO GONÇALVES, PRIMEIRA SEÇÃO, julgado em 22-11-2017, *DJe* 29-11-2017).

Ainda a título de aprofundamento, cumpre ressaltar que, ainda que esse tipo de remoção esteja previsto na Lei n. 8.112/90 e, consequentemente, seja incidente ao servidor estatutário, o STJ vem aplicando essa modalidade de remoção a pedido independente de interesse da Administração para acompanhar o seu cônjuge EMPREGADO de empresa pública federal que foi deslocado para outra localidade por imposição do Poder Público (MS 14.195);

b) por motivo de saúde do servidor, cônjuge, companheiro ou dependente que viva às suas expensas e conste do seu assentamento funcional, condicionada à comprovação por junta médica oficial;

c) em virtude de processo seletivo promovido (concurso de remoção), na hipótese em que o número de interessados for superior ao número de vagas.

Na remoção a pedido independente de interesse da Administração, ocorrida uma das situações acima mencionadas, o Poder Público estará obrigado a deferir o pedido de remoção (ato vinculado).

Ademais, "teoria do fato consumado" não pode ser aplicada para consolidar remoção de servidor público destinada a acompanhamento de cônjuge, quando não se adequar à previsão legal da Lei n. 8.112, ainda que tal situação haja perdurado por vários anos em virtude de decisão liminar não confirmada por ocasião do julgamento de mérito. Esse o entendimento do Superior Tribunal de Justiça:

> EMBARGOS DE DIVERGÊNCIA EM RECURSO ESPECIAL. DIREITO ADMINISTRATIVO. SERVIDOR PÚBLICO. REMOÇÃO. RESISTÊNCIA DA ADMINISTRAÇÃO PÚBLICA. TEORIA DO FATO CONSUMADO. INAPLICABILIDADE.
>
> 1. Não se aplica a "Teoria do Fato Consumado" em relação a atos praticados sob contestação das pessoas envolvidas, que o reputam irregular e manifestam a existência da irregularidade nas vias adequadas, ainda que, pela demora no transcurso do procedimento destinado à apuração da legalidade do ato, este gere efeitos no mundo concreto.
>
> 2. Verificada ou confirmada a ilegalidade, o ato deve ser desfeito, preservando-se apenas aquilo que, pela consolidação fática irreversível, não puder ser restituído ao *status quo ante*.
>
> 3. Na espécie, nunca houve em relação à remoção do embargante aquiescência pela Administração Pública, que se manteve em permanente resistência no plano processual, sempre apontando a ilegalidade no ato de lotação do servidor em localidade diversa daquela em que tomou posse por conta do concurso público.
>
> 4. Impossibilidade de aplicação da teoria do fato consumado.
>
> Embargos de divergência providos. (EREsp 1157628/RJ, rel. Ministro RAUL ARAÚJO, CORTE ESPECIAL, julgado em 7-12-2016, *DJe* 15-2-2017).

3.4.5. Da Redistribuição

A redistribuição consiste no deslocamento de cargo de provimento efetivo, ocupado ou vago, para outro órgão ou entidade do mesmo Poder (art. 37). A redistribuição também não é forma de provimento nem de vacância.

Percebam que, enquanto a remoção envolve deslocamento de servidor, na redistribuição o deslocamento será do cargo.

O objetivo da redistribuição é adequar os quadros funcionais às reais necessidades de serviço de cada um de seus órgãos ou entidades.

O servidor que não for redistribuído juntamente com o cargo ficará em disponibilidade ou prestará exercício provisório de suas atividades em outro órgão ou entidade, até seu adequado aproveitamento (art. 37, § 4º).

3.4.6. Da Substituição

O art. 38 da Lei n. 8.112/90 estabelece que os servidores investidos em cargo ou função de direção ou chefia e os ocupantes de cargo de Natureza Especial terão substitutos.

O substituto assumirá automática e cumulativamente, sem prejuízo do cargo que ocupa, o exercício do cargo ou função de direção ou chefia e os de Natureza Especial, nos afastamentos, impedimentos legais ou regulamentares do titular e na vacância do cargo, hipóteses em que deverá optar pela remuneração de um deles durante o respectivo período (§ 1º).

O substituto fará jus à retribuição pelo exercício do cargo ou função de direção ou chefia ou de cargo de Natureza Especial, nos casos dos afastamentos ou impedimentos legais do titular, superiores a trinta dias consecutivos, paga na proporção dos dias de efetiva substituição, que excederem o referido período (§ 2º).

3.4.7. Dos Direitos e Vantagens

3.4.7.1. *Do Sistema Remuneratório*

A Lei n. 8.112/90 define vencimento e remuneração da seguinte forma:

- *Vencimento* é a retribuição pecuniária pelo exercício de cargo público, com valor fixado em lei (art. 40). Ex.: Servidor ganha R$ 5.000,00 de vencimento.

- *Remuneração* é o vencimento do cargo efetivo, acrescido das vantagens pecuniárias permanentes estabelecidas em lei (art. 41). Ex.: Servidor ganha R$ 10.000,00 de remuneração (sendo R$ 5.000,00 de vencimento e R$ 5.000,00 de gratificação).

Vale ressaltar que nenhum servidor receberá remuneração inferior ao salário mínimo (§ 5º). Até o ano de 2008, nenhum servidor poderia ganhar menos de um salário mínimo de vencimento, conforme previa o parágrafo único do art. 40 da Lei n. 8.112/90. Com o advento da Lei n. 11.784/2008, tal dispositivo foi revogado e, a partir de então, a remuneração é que não pode ser inferior ao salário mínimo. Pode não parecer, mas a aludida alteração tem implicações práticas. O aumento do servidor por meio de lei incide sobre o vencimento e não sobre o total da remuneração. Logo, se a Lei admite um vencimento baixo e inferior ao salário mínimo, desde que o total da remuneração seja de ao menos um salário, o eventual aumento sobre um vencimento baixo muito pouco vai repercutir na vida do servidor.

No entanto, o STF admite essa situação de que é a remuneração (e não o vencimento) que não pode ser inferior ao salário mínimo, conforme Súmula Vinculante n. 15 ("O cálculo de gratificações e outras vantagens do servidor público não incide sobre o abono utilizado para se atingir o salário mínimo") e Súmula Vinculante n. 16 ("Os arts. 7º, IV, e 39, § 3º [redação da EC 19/98], da Constituição, referem-se ao total da remuneração percebida pelo servidor público").

- *Subsídio* está previsto na CF como a remuneração do servidor fixada em parcela única, sem o acréscimo de qualquer gratificação, adicional, abono, prêmio, verba de representação ou qualquer outra espécie remuneratória (art. 39, § 4º, da CF).

Devem ser remunerados obrigatoriamente por subsídio:

- os membros de Poder (ex.: Juiz de Direito), o detentor de mandato eletivo (ex.: Deputado Federal), os Ministros de Estado e os Secretários Estaduais e Municipais;
- servidores públicos policiais (art. 144, § 9º, da CF).

Poderão receber na forma de subsídio os demais servidores públicos organizados em carreira, como técnicos e analistas de Tribunais, por exemplo (art. 39, § 8º, da CF).

Da forma como está previsto o instituto do subsídio, dá a entender que servidor não poderia receber nem 13º salário ou adicional de férias. Porém, esse entendimento não prevalece. Para ilustrar a afirmação feita, trouxemos passagem do informativo de jurisprudência do STF n. 947:

> O Plenário, por maioria e em conclusão de julgamento, julgou improcedente pedido formulado em ação direta ajuizada em face da Lei 7.406/2012 do Estado de Alagoas, que cuida da denominada "Gratificação de Dedicação Excepcional" devida aos servidores da Assembleia Legislativa local (Informativo 825).
>
> O Supremo Tribunal Federal afirmou que o cerne da questão é definir o sentido e o alcance do que se deve atribuir ao modelo de retribuição por subsídio, instituído pelo art. 39, § 4º (1), da Constituição Federal (CF).
>
> Assim, a controvérsia se limita a saber se a CF admite que servidores da Assembleia Legislativa alagoana, submetidos a essa disciplina, podem receber, além da parcela única referida no citado dispositivo, um acréscimo a ser pago a título de "Gratificação de Dedicação Excepcional".
>
> A Corte observou que, após a edição da EC 19/1998, o subsídio passou a reunir, sob um único título genuinamente remuneratório, todos e quaisquer valores pagos aos servidores como contraprestação pelo trabalho executado no desempenho normal de suas funções.
>
> O objetivo é muito claro: criar um padrão confiável de correspondência entre o que é atribuído e o que é efetivamente pago pelo exercício do cargo público. Assim, se elimina prática corriqueira na Administração Pública, em que aumentos salariais são concedidos de maneira artificiosa, na forma de benefícios adicionais, instituídos mediante alíquotas de incidências caprichosas, confusas e sucessivas, cuja aplicação frequentemente conduz a excessos ilegítimos.
>
> O conceito de subsídio a que se refere a EC 19/1998 não se aplica apenas a agentes políticos, como ocorria anteriormente, comportando extensão a todas as categorias de servidores organizadas em carreira, nos termos do art. 39, § 8º (2), da CF.
>
> **Uma leitura isolada do art. 39, § 4º, da CF pode sugerir que o pagamento do subsídio há de ser feito de maneira absolutamente monolítica, ou seja, sem o acréscimo de qualquer outra parcela. Todavia, essa compreensão é equivocada. Uma interpretação sistemática revela**

que a própria Constituição, no art. 39, § 3º (3), assegura a todos os servidores públicos, sem distinção, a fruição de grande parte dos direitos sociais do art. 7º, que envolve pagamento de verbas adicionais, cumuláveis com a do subsídio, tais como adicional de férias, décimo terceiro salário, acréscimo de horas extraordinárias, adicional de trabalho noturno, entre outras.

Portanto, não há, no art. 39, § 4º, da CF, uma vedação absoluta ao pagamento de outras verbas além do subsídio.

Cumpre estabelecer em que medida e em que situações é cabível eventual pagamento de adicional. O novo modelo de subsídio busca evitar que atividades exercidas pelo servidor público como inerentes ao cargo que ocupa – e já cobertas pelo subsídio – sejam remuneradas com o acréscimo de qualquer outra parcela adicional. Nesse sentido, são excluídos os valores que não ostentam caráter remuneratório, como os de natureza indenizatória e os valores pagos como retribuição por eventual execução de encargos especiais não incluídos no plexo das atribuições normais e típicas do cargo considerado.

À luz dessas considerações, não se pode ter como inconstitucionais as disposições normativas da lei alagoana atacada na ação direta (4). Isso porque o pagamento nela previsto retribui atividades que extrapolam as próprias e normais do cargo pago por subsídio.

Essas atividades, a serem retribuídas por parcela própria, detêm conteúdo ocupacional estranho às atribuições ordinárias do cargo. Em suma, o que a norma constitucional impede, no art. 39, § 4º, é a acumulação do subsídio com outras verbas destinadas a retribuir o exercício de atividades próprias e ordinárias do cargo.

Assim, somente se demonstrasse a previsão de duplo pagamento pelas mesmas funções normais do cargo – o que não se deu no caso – é que se poderia considerar inconstitucional a lei estadual atacada.

Vencido, em parte, o ministro Dias Toffoli (presidente), que julgou o pedido parcialmente procedente para conferir interpretação conforme à Constituição, a fim de vedar apenas aos servidores que exerçam função ou ocupem cargo em comissão o recebimento de tais gratificações previstas nos incisos I e III do § 2º do art. 1º da Lei estadual 6.975/2008, porquanto configuraria cumulação indevida de vantagens pelo exercício de uma única atribuição. (ADI 4941/AL, rel. orig. Min. Teori Zavascki, red. p/o ac. Min. Luiz Fux, julgamento 14-8-2019).

Voltando ao tema sistema remuneratório previsto na Lei n. 8.112/90, em que pese tratar-se de direito do servidor, poderá perder a remuneração do dia quando faltar ao serviço sem motivo justificado (art. 44, I).

De outra forma, perderá parcela da remuneração diária, proporcionalmente aos atrasos, ausências justificadas e saídas antecipadas, salvo na hipótese de compensação de horários até o mês subsequente ao da ocorrência (art. 44, II). Também não ocorrerá desconto nas seguintes concessões (art. 97):

(i) por 1 (um) dia, para doação de sangue;

(ii) pelo período comprovadamente necessário para alistamento ou recadastramento eleitoral, limitado, em qualquer caso, a 2 (dois) dias (redação do art. 97, II, dada pela Lei n. 12.998, de 2014);

(iii) por 8 (oito) dias consecutivos em razão de:

a) casamento;

b) falecimento do cônjuge, companheiro, pais, madrasta ou padrasto, filhos, enteados, menor sob guarda ou tutela e irmãos.

As faltas justificadas decorrentes de caso fortuito ou de força maior poderão ser compensadas a critério da chefia imediata, sendo assim consideradas como efetivo exercício (art. 44, parágrafo único). São exemplos de caso fortuito ou força maior chuvas torrenciais que geraram trânsito e impediram o servidor de chegar no horário.

Salvo por imposição legal, ou mandado judicial, nenhum desconto incidirá sobre a remuneração ou provento do servidor. Ex.: desconto de pensão alimentícia em folha de pagamento determinada por decisão judicial é admitido.

Um exemplo de disposição legal admitindo o desconto em folha de pagamento do servidor envolve o chamado crédito consignado. Apesar de a jurisprudência sempre ter admitido o desconto máximo de 30% na folha de pagamento do servidor para pagamento de crédito consignado, a Lei n. 8.112/90 passou a admitir, a partir de 2015, o desconto de até 35%, sendo 5% para pagamento de dívidas de cartão de crédito. Vejamos:

> Art. 45. (...) § 1º Mediante autorização do servidor, poderá haver consignação em folha de pagamento em favor de terceiros, a critério da administração e com reposição de custos, na forma definida em regulamento (Redação dada pela Lei n. 13.172, de 2015). § 2º O total de consignações facultativas de que trata o § 1º não excederá a 35% (trinta e cinco por cento) da remuneração mensal, sendo 5% (cinco por cento) reservados exclusivamente para: I – a amortização de despesas contraídas por meio de cartão de crédito; ou II – a utilização com a finalidade de saque por meio do cartão de crédito (Incluído pela Lei n. 13.172, de 2015).

Importante lembrar da exceção quantos aos militares, por possuírem norma específica:

EMBARGOS DE DIVERGÊNCIA EM AGRAVO EM RECURSO ESPECIAL. ENUNCIADO ADMINISTRATIVO N. 2 DO STJ. MILITAR. DESCONTOS EM FOLHA DE PAGAMENTO. LIMITE DE 70% DAS REMUNERAÇÕES OU DOS PROVENTOS. MEDIDA PROVISÓRIA

N. 2.215-10/2001. NORMA ESPECÍFICA. EMBARGOS DE DIVERGÊNCIA ACOLHIDOS.

1. Os descontos em folha dos militares estão regulados em norma jurídica específica, qual seja: a MP n. 2.215-10/2001.

2. Por força do art. 14, § 3º, da MP n. 2.215-10/2001, os descontos em folha, juntamente com os descontos obrigatórios, podem alcançar o percentual de 70% das remunerações ou dos proventos brutos dos servidores militares.

3. Embargos de divergência acolhidos.

(EAREsp 272.665/PE, rel. Ministro MAURO CAMPBELL MARQUES, PRIMEIRA SEÇÃO, julgado em 13-12-2017, DJe 18-12-2017).

Ainda, quanto à morte do consignante, o Superior Tribunal de Justiça entende que não é causa de extinção da dívida:

DIREITO CIVIL. RECURSO ESPECIAL. EMBARGOS À EXECUÇÃO. CONTRATO DE CRÉDITO CONSIGNADO EM FOLHA DE PAGAMENTO. FALECIMENTO DA CONSIGNANTE. EXTINÇÃO DA DÍVIDA. AUSÊNCIA DE PREVISÃO LEGAL. ART. 16 DA LEI 1.046/50. REVOGAÇÃO TÁCITA. JULGAMENTO: CPC/73.

1. Embargos à execução de contrato de crédito consignado opostos em 11-4-2013, de que foi extraído o presente recurso especial, interposto em 29-4-2014 e atribuído ao gabinete em 25-8-2016.

2. O propósito recursal é dizer sobre a extinção da dívida decorrente de contrato de crédito consignado em folha de pagamento, em virtude do falecimento da consignante.

3. Pelo princípio da continuidade, inserto no art. 2º da Lei de Introdução às Normas do Direito Brasileiro – LINDB, excetuadas as hipóteses legalmente admitidas, a lei tem caráter permanente, vigendo até que outra a revogue. E, nos termos do § 1º do referido dispositivo, a lei posterior revoga a anterior quando expressamente o declare (revogação expressa), quando seja com ela incompatível ou quando regule inteiramente a matéria de que tratava a lei anterior (revogação tácita).

4. A leitura dos arts. 3º e 4º da Lei 1.046/50 evidencia que se trata de legislação sobre consignação em folha de pagamento voltada aos servidores públicos civis e militares.

5. Diferentemente da Lei 1.046/50, a Lei 10.820/03 regula a consignação em folha de pagamento dos empregados regidos pela Consolidação das Leis do Trabalho – CLT e dos titulares de benefícios de aposentadoria e pensão do Regime Geral de Previdência Social.

6. Segundo a jurisprudência do STJ, houve a ab-rogação tácita ou indireta da Lei 1.046/50 pela Lei 8.112/90, pois esta tratou, inteiramente, da matéria contida naquela, afastando, em consequência, a sua vigência no ordenamento jurídico.

7. Malgrado a condição da consignante – se servidora pública estatutária ou empregada celetista; se ativa ou inativa – não tenha sido considerada no julgamento dos embargos à execução opostos pelo espólio, tal fato não impede o julgamento deste recurso especial, porquanto, sob qualquer ângulo que se analise a controvérsia, a conclusão é uma só: o art. 16 da Lei 1.046/50, que previa a extinção da dívida em virtude do falecimento do consignante, não está mais em vigor, e seu texto não foi reproduzido na legislação vigente sobre o tema.

8. No particular, a morte da consignante não extingue a dívida por ela contraída mediante consignação em folha, mas implica o pagamento por seu espólio ou, se já realizada a partilha, por seus herdeiros, sempre nos limites da herança transmitida (art. 1.997 do CC/02).

9. Em virtude do exame do mérito, por meio do qual foi rejeitada a tese sustentada pela recorrente, fica prejudicada a análise da divergência jurisprudencial.

10. Recurso especial conhecido e desprovido.

(REsp 1498200/PR, rel. Ministra NANCY ANDRIGHI, TERCEIRA TURMA, julgado em 5-6-2018, *DJe* 7-6-2018).

3.4.7.2. *Das Vantagens Pecuniárias*

Além do vencimento, poderão ser pagas ao servidor as seguintes vantagens:

(i) indenizações;

(ii) gratificações;

(iii) adicionais.

3.4.7.2.1. Das Indenizações

Vale lembrar que as indenizações, por possuírem caráter de ressarcimento de gastos do servidor, não se incorporam ao vencimento ou provento para qualquer efeito. Diferentemente ocorrerá com as gratificações e indenizações que poderão se incorporar nos termos da lei (art. 49, §§ 1º e 2º).

No mesmo sentido, cumpre informar que a Emenda Constitucional da Reforma da Previdência incluiu o § 9º ao art. 39 da Constituição Federal, nos seguintes termos:

"É vedada a incorporação de vantagens de caráter temporário ou vinculadas ao exercício de função de confiança ou de cargo em comissão à remuneração do cargo efetivo."

O art. 50 da Lei n. 8.112/90 estabelece que "as vantagens pecuniárias não serão computadas, nem acumuladas, para efeito de concessão de quaisquer outros acréscimos pecuniários ulteriores, sob o mesmo título ou idêntico fundamento". Isso significa dizer que o aumento do "salário" do servidor dá-se com base no valor do vencimento deste e não sobre o total da remuneração.

Por isso, o absurdo, em nossa opinião, de a possibilidade do vencimento ser inferior ao salário mínimo, desde que o total da remuneração atinja o piso de um salário (art. 41, § 5º, incluído pela Lei n. 11.784, de 2008 – antes da inclusão o art. 40 previa que nenhum servidor receberia menos que um salário mínimo de vencimento).

E, pior ainda, *data venia*, foi o STF admitir tal possibilidade em duas súmulas vinculantes. Vejamos:

> Súmula Vinculante n.15: "O cálculo de gratificações e outras vantagens do servidor público não incide sobre o abono utilizado para se atingir o salário mínimo".
>
> Súmula Vinculante n. 16: "Os arts. 7º, IV, e 39, § 3º (redação da EC 19/98), da Constituição, referem-se ao total da remuneração percebida pelo servidor público".
>
> Constituem indenizações ao servidor, nos termos do art. 51:
>
> (i) ajuda de custo;
>
> (ii) diárias;
>
> (iii) indenização de transporte;
>
> (iv) auxílio-moradia.
>
> (i) A *ajuda de custo* destina-se a compensar as despesas de instalação do servidor, em caso de mudança de domicílio em caráter permanente (art. 53).

Essa modalidade de indenização abrange as despesas de transporte do servidor e de sua família, compreendendo passagem, bagagem e bens pessoais.

Por força da inclusão do § 3º no art. 53 da Lei n. 8.112/90, pela Lei n. 12.998/2014, não será concedida ajuda de custo nas hipóteses de remoção a pedido do servidor. Assim, somente a remoção de ofício pela Administração, aquela modalidade imposta pelo Poder Público, é que legitimará o pagamento da ajuda de custo.

A família do servidor que falecer na nova sede terá direito a ajuda de custo e transporte para a localidade de origem, se requerida dentro do prazo de um ano, contado do óbito (art. 53, § 2º).

A ajuda de custo é calculada sobre a remuneração do servidor, não podendo exceder a importância correspondente a 3 meses (art. 54).

É vedado o duplo pagamento da ajuda de custo se, a qualquer tempo, o cônjuge ou companheiro, também servidor, vier a ter exercício na mesma sede. Não será concedida, ainda, ajuda de custo ao servidor que se afastar do cargo, ou reassumi-lo, em virtude de mandato eletivo (art. 53, *caput*).

O servidor ficará obrigado a restituir a ajuda de custo quando, injustificadamente, não se apresentar na nova sede no prazo de 30 dias (art. 57).

> (ii) As *diárias* destinam-se a compensar as despesas com pousada, alimentação e locomoção urbana, quando o servidor afastar-se da sede em caráter eventual ou transitório para outro ponto do território nacional ou para o exterior (art. 58).

A diária será concedida por dia de afastamento, sendo devida pela metade quando o deslocamento não exigir pernoite fora da sede, ou quando a União custear, por meio diverso, as despesas extraordinárias cobertas por diárias (§ 1º).

Não caberá o pagamento de diárias (§§ 2º e 3º):

a) em caso de deslocamento permanente;

b) em caso de deslocamento dentro da mesma região metropolitana, aglomeração urbana ou microrregião, constituídas por municípios limítrofes;

c) em caso de deslocamento em áreas de controle integrado mantidas com países limítrofes, salvo se houver pernoite fora da sede.

O servidor que receber diárias e não se afastar da sede fica obrigado a restituí-las integralmente, no prazo de 5 dias (art. 59).

Se o servidor retornar à sede em prazo menor do que o previsto para o seu afastamento, restituirá as diárias recebidas em excesso, no prazo de 5 dias (parágrafo único).

> (iii) A *indenização de transporte* destina-se a compensar despesas realizadas pelo servidor com a utilização de meio próprio de locomoção para a execução de serviços externos (art. 60). Ex.: servidor policial usa carro próprio para realizar uma investigação.
>
> (iv) O *auxílio-moradia* consiste no ressarcimento das despesas realizadas pelo servidor com aluguel de moradia ou com hospedagem em hotel (art. 60-A).

Terá direito a essa indenização o servidor que tenha se mudado do local de sua residência para ocupar *cargo em comissão ou função de confiança do Grupo Direção e Assessoramento Superiores – DAS, níveis 4, 5 e 6, de Natureza Especial, de Ministro de Estado ou equivalentes*. Ademais, o deslocamento não pode ter ocorrido por força de alteração de lotação ou nomeação para cargo efetivo (art. 60-B, V).

Outrossim, o Estatuto dos Servidores Públicos Federais estabelece vários requisitos para a concessão do auxílio-moradia (art. 60-B da Lei n. 8.112/90):

> (a) que não exista imóvel funcional disponível para uso pelo servidor;
>
> (b) que o cônjuge ou companheiro do servidor não ocupe imóvel funcional;
>
> (c) que o servidor ou seu cônjuge ou companheiro não seja ou tenha sido proprietário, promitente comprador, cessionário ou promitente cessionário de imóvel no Município onde for exercer o cargo, nos doze meses que antecederem a sua nomeação;
>
> (d) que nenhuma outra pessoa que resida com o servidor receba auxílio-moradia;

(e) que o servidor tenha se mudado do local de residência para ocupar cargo em comissão ou função de confiança do Grupo-Direção e Assessoramento Superiores – DAS, níveis 4, 5 e 6, de Natureza Especial, de Ministro de Estado ou equivalentes;

(f) que o Município no qual assuma o cargo em comissão ou função de confiança não se enquadre nas hipóteses do art. 58, § 3º, em relação ao local de residência ou domicílio do servidor;

(g) que o servidor não tenha sido domiciliado ou tenha residido no Município, nos últimos doze meses, aonde for exercer o cargo em comissão ou função de confiança, desconsiderando-se prazo inferior a sessenta dias dentro desse período (para os fins dessa hipótese, não será considerado o prazo no qual o servidor estava ocupando outro cargo em comissão DAS, níveis 4, 5 e 6, de Natureza Especial, de Ministro de Estado ou equivalentes);

(h) que o deslocamento não tenha sido por força de alteração de lotação ou nomeação para cargo efetivo;

(i) que o deslocamento tenha ocorrido após 30 de junho de 2006.

A Lei n. 8.112/90 previa que o prazo dessa indenização não seria superior a oito anos dentro de cada período de doze. No entanto, infelizmente, tal previsão foi revogada pela Lei n. 12.998/2014, contexto que implica dizer que não existe mais limite temporal para o recebimento do auxílio-moradia para os servidores ocupantes dos citados cargos de chefia. Logo, se o servidor ocupar por 35 anos o cargo de Ministro de Estado, receberá por 35 anos o auxílio-moradia.

No tocante ao valor do auxílio, ficará limitado a 25% do valor do cargo em comissão, função comissionada ou cargo de Ministro de Estado ocupado (art. 60-D). Em qualquer hipótese, não poderá ser superior a 25% da remuneração de Ministro de Estado (§ 1º).

Independentemente do valor recebido pelo detentor do cargo em comissão ou função comissionada, fica garantido a todos os que preencherem os requisitos para o recebimento do auxílio-moradia o ressarcimento de até o valor de R$ 1.800,00 (§ 2º).

Por fim, no caso de falecimento, exoneração, colocação de imóvel funcional à disposição do servidor ou aquisição de imóvel, o auxílio-moradia continuará sendo pago por mais um mês (art. 60-E).

3.4.7.2.2. Das Gratificações

São gratificações previstas na Lei n. 8.112/90:

(i) *Para o exercício de função de direção, chefia e assessoramento*: trata-se de vantagem conferida ao servidor ocupante de cargo efetivo investido em função de direção, chefia ou assessoramento, cargo de provimento em comissão ou de natureza especial (art. 62).

(ii) A *gratificação natalina* corresponde a 1/12 da remuneração a que o servidor fizer jus no mês de dezembro, proporcional aos meses trabalhados durante o respectivo ano (art. 63). Quando o servidor trabalhar por período igual ou superior a 15 dias, será considerado como mês integral (parágrafo único).

A gratificação será paga até o dia 20 do mês de dezembro de cada ano. Em caso de exoneração de servidor, este receberá sua gratificação natalina, proporcionalmente aos meses de exercício, calculada sobre a remuneração do mês da exoneração (art. 64).

(iii) *Gratificação por encargo de curso ou concurso* é devida ao servidor que, em caráter eventual (art. 76-A):

I – atuar como instrutor em curso de formação, de desenvolvimento ou de treinamento;

II – participar de banca examinadora ou de comissão para exames orais, para análise curricular, para correção de provas discursivas, para elaboração de questões de provas ou para julgamento de recursos intentados por candidatos;

III – participar da logística de preparação e de realização de concurso público;

IV – participar da aplicação, fiscalizar ou avaliar provas de exame vestibular ou de concurso público ou supervisionar essas atividades.

A gratificação somente será paga se essas atividades forem exercidas sem prejuízo das atribuições do cargo de que o servidor for titular, devendo ser objeto de compensação de carga horária quando desempenhadas durante a jornada de trabalho (§ 2º).

O valor da gratificação será calculado em horas, não podendo a retribuição ser superior ao equivalente a 120 horas de trabalho anuais, ressalvada a situação de excepcionalidade, devidamente justificada e previamente aprovada pela autoridade máxima do órgão ou entidade, que poderá autorizar o acréscimo de até 120 horas de trabalho anuais (art. 76-A, § 1º, II).

Nessas situações excepcionais, o limite máximo de 120 horas de trabalho anuais poderá ser acrescido de mais 120 horas, totalizando um máximo de 240 horas de trabalho anuais.

3.4.7.2.3. Dos Adicionais

A Lei n. 8.112/90 prevê os seguintes adicionais:

(i) Os *adicionais de insalubridade e periculosidade* são devidos aos servidores que trabalhem com habitualidade em locais insalubres ou em contato permanente com substâncias tóxicas, radioativas ou com risco de vida (art. 68).

O servidor que fizer jus aos adicionais de insalubridade e de periculosidade ao mesmo tempo deverá optar por um deles. Isso significa que não será admitida a acumulação dos referidos adicionais (§ 1º).

O direito ao adicional de insalubridade ou periculosidade cessa com a eliminação das condições ou dos riscos que deram causa a sua concessão (§ 2º).

Recente julgado do Superior Tribunal de Justiça aponta no sentido de que não é possível estender o pagamento do adicional de insalubridade em período anterior à formalização do laudo pericial:

> PEDIDO DE UNIFORMIZAÇÃO DE JURISPRUDÊNCIA. ADICIONAL DE INSALUBRIDADE. RECONHECIMENTO PELA ADMINISTRAÇÃO. RETROAÇÃO DOS EFEITOS DO LAUDO. IMPOSSIBILIDADE. PRECEDENTES DO STJ. INCIDENTE PROVIDO.
>
> 1. Cinge-se a controvérsia do incidente sobre a possibilidade ou não de estender o pagamento do adicional de insalubridade e periculosidade ao servidor em período anterior à formalização do laudo pericial.
>
> 2. O art. 6º do Decreto n. 97.458/1989, que regulamenta a concessão dos adicionais de insalubridades, estabelece textualmente que "[a] execução do pagamento somente será processada à vista de portaria de localização ou de exercício do servidor e de portaria de concessão do adicional, bem assim de laudo pericial, cabendo à autoridade pagadora conferir a exatidão esses documentos antes de autorizar o pagamento.
>
> 3. A questão aqui trazida não é nova. Isso porque, em situação que se assemelha ao caso dos autos, o Superior Tribunal de Justiça tem reiteradamente decidido no sentido de que "o pagamento de insalubridade está condicionado ao laudo que prova efetivamente as condições insalubres a que estão submetidos os Servidores. Assim, não cabe seu pagamento pelo período que antecedeu a perícia e a formalização do laudo comprobatório, devendo ser afastada a possibilidade de presumir insalubridade em épocas passadas, emprestando-se efeitos retroativos a laudo pericial atual (REsp 1.400.637/RS, rel. Ministro Humberto Martins, Segunda Turma, DJe 24-11-2015). No mesmo sentido: REsp 1.652.391/RS, rel. Ministro Herman Benjamin, Segunda Turma, DJe 17.5.2017; REsp 1.648.791/SC, rel. Ministro Herman Benjamin, Segunda Turma, DJe 24-4-2017; REsp 1.606.212/ES, rel. Ministro Og Fernandes, Segunda Turma, DJe 20-9-2016; EDcl no AgRg no REsp 1.2844.38/SP, rel. Ministro Napoleão Nunes Maia Filho, Primeira Turma, DJe 31-8-2016.
>
> 4. O acórdão recorrido destoa do atual entendimento do STJ, razão pela qual merece prosperar a irresignação.
>
> 5. Pedido julgado procedente, a fim de determinar o termo inicial do adicional de insalubridade à data do laudo pericial.
>
> (PUIL 413/RS, rel. Ministro BENEDITO GONÇALVES, PRIMEIRA SEÇÃO, julgado em 11-4-2018, DJe 18-4-2018).

Os locais de trabalho e os servidores que operam com raios x ou substâncias radioativas serão mantidos sob controle permanente (art. 72). Tais servidores serão submetidos a exames médicos a cada 6 meses (parágrafo único).

Já o *adicional de atividade penosa* será devido aos servidores em exercício em zonas de fronteira ou em localidades cujas condições de vida o justifiquem.

Sobre o tema, vale lembrar que a Lei n. 12.855/2013, instituiu a indenização devida à ocupante de cargo efetivo das Carreiras e Planos Especiais de Cargos que especifica, em exercício nas unidades situadas em localidades estratégicas vinculadas à prevenção, controle, fiscalização e repressão dos delitos transfronteiriços.

As carreiras beneficiadas pela citada indenização são: I – Carreira Policial Federal; II – Carreira de Policial Rodoviário Federal; III – Carreira Auditoria da Receita Federal; IV – Plano Especial de Cargos do Departamento de Polícia Federal; V – Plano Especial de Cargos do Departamento de Polícia Rodoviária Federal; VI – Plano Especial de Cargos do Ministério da Fazenda; VII – Carreira de Fiscal Federal Agropecuário; e VIII – Carreira Auditoria-Fiscal do Trabalho.

Sobre a indenização de localidade, importante destacar recurso especial submetido à Primeira Seção como representativo da seguinte controvérsia:

ADMINISTRATIVO E PROCESSUAL CIVIL. PROPOSTA DE AFETAÇÃO DE RECURSO ESPECIAL. RITO DOS RECURSOS ESPECIAIS REPETITIVOS. ARTS. 1.036, *CAPUT* E § 5º, 1.037 E 1.038 DO CPC/2015 C/C ART. 256-I DO RISTJ, NA REDAÇÃO DA EMENDA REGIMENTAL 24, DE 28-9-2016. SERVIDOR PÚBLICO FEDERAL. PAGAMENTO DE INDENIZAÇÃO PREVISTA NA LEI 12.855/2013, POR EXERCÍCIO EM LOCALIDADES ESTRATÉGICAS, VINCULADAS À PREVENÇÃO, CONTROLE, FISCALIZAÇÃO E REPRESSÃO DOS DELITOS TRANSFRONTEIRIÇOS. DISCUSSÃO SOBRE A NECESSIDADE (OU NÃO) DE REGULAMENTAÇÃO DA LEI 12.855/2013, QUANTO À DEFINIÇÃO DAS LOCALIDADES ESTRATÉGICAS, PARA FINS DE PERCEPÇÃO DO PAGAMENTO DA INDENIZAÇÃO (ART. 1º, § 2º, DA LEI 12.855/2013). I. Delimitação da controvérsia, para fins de afetação da matéria ao rito dos recursos repetitivos, nos termos do art. 1.036, *caput* e § 5º, do CPC/2015: "Aferir se a Lei 12.855/2013 – que prevê, em seu art. 1º, indenização destinada aos servidores públicos federais, mencionados em seu § 1º, em exercício em unidades situadas em localidades estratégicas, vinculadas à prevenção, controle, fiscalização e repressão dos delitos transfronteiriços ('indenização de fronteira') – tem eficácia imediata, suficiente a permitir o pagamento da referida indenização, ou se necessita de ato normativo regulamentador de seu art. 1º, § 2º, a fim de definir tais localidades estratégicas para a percepção de referida indenização".

II. Recurso Especial afetado ao rito do art. 1.036 e seguintes do CPC/2015 (art. 256-I do RISTJ, na redação da Ementa Regimental 24, de 28-9-2016). (ProAfR no REsp 1617086/PR, rel. Ministra ASSUSETE MAGALHÃES, PRIMEIRA SEÇÃO, julgado em 10-5-2017, *DJe* 15-5-2017).

O STJ fixou a seguinte tese jurídica no tocante ao citado julgado referente ao tema 974: **"A Lei 12.855/2013, que instituiu a Indenização por Trabalho em Localidade Estratégica, é norma de eficácia condicionada à prévia regulamentação, para definição das localidades consideradas estratégicas, para fins de pagamento da referida vantagem"** (REsp 1617086/PR, Rel. Ministra ASSUSETE MAGALHÃES, PRIMEIRA SEÇÃO, julgado em 28-11-2018, DJe 1º-2-2019)[76].

Em última análise, haverá permanente controle da atividade de servidores em operações ou locais considerados penosos, insalubres ou perigosos. Nessas situações, a servidora gestante ou lactante será afastada, enquanto durar a gestação e a lactação, exercendo suas atividades em local salubre e em serviço não penoso e não perigoso (art. 69, parágrafo único).

> (ii) O *adicional por serviço extraordinário* representa um acréscimo de 50% em relação à hora normal de trabalho e equivale à denominada "hora extra" da iniciativa privada (art. 73).

Somente será permitido serviço extraordinário para atender a situações excepcionais e temporárias, respeitado o limite máximo de duas horas por jornada (art. 74).

> (iii) O *adicional noturno* é devido ao servidor que desempenha o serviço noturno e será remunerado com acréscimo de 25% em relação à hora normal de trabalho (art. 75).

Considera-se período noturno aquele compreendido entre as 22 horas de um dia e as 5 horas da manhã do dia seguinte.

Sobre o tema, releva anotar que uma hora noturna equivale a 52 minutos e 30 segundos, e não a 60 minutos, como ocorre na hora normal paga ao servidor que trabalha durante o expediente diurno.

Por fim, é possível acumular o adicional de serviço extraordinário com o adicional de serviço noturno (art. 75, parágrafo único).

> (iv) O *adicional de férias* é pago independentemente de solicitação do servidor e corresponde a 1/3 da remuneração do período das férias (art. 76), além de ser pago até dois dias antes do início do respectivo período (art. 78). Em caso de parcelamento de férias, o adicional será pago quando da utilização do primeiro período (art. 78, § 5º).

---

76 Existem decretos regulamentando a citada Lei, dentre eles o Decreto n. 9.228, de 6 de dezembro de 2017, que regulamentou a Lei n. 12.855 quanto à carreira e aos cargos do Departamento de Polícia Rodoviária Federal.

No caso de o servidor exercer função de direção, chefia ou assessoramento, ou ocupar cargo em comissão, a respectiva vantagem será considerada no cálculo do adicional de férias (art. 76, parágrafo único).

3.4.7.3. Das Férias

O servidor terá direito a 30 dias de férias por ano de trabalho, que podem ser acumuladas até o máximo de dois períodos, no caso de necessidade do serviço (art. 77).

O primeiro período aquisitivo de férias exige 12 meses de exercício, os demais não (§ 1º). Ex.: o servidor entrou em exercício no dia 1º de janeiro de 2016. Para ter direito às primeiras férias, deverá trabalhar até o dia 1º de janeiro de 2017. Em relação às férias subsequentes, não haverá a necessidade de completar esse lapso de 12 meses de trabalho efetivo, no entanto somente poderá gozar 30 dias de férias por ano.

As férias poderão ser parceladas em até três etapas, desde que assim requeridas pelo servidor, e no interesse da Administração Pública (§ 3º).

Porém, o servidor que opera direta e permanentemente com Raios X ou substâncias radioativas gozará 20 dias consecutivos de férias por semestre de atividade profissional, proibida em qualquer hipótese a acumulação (art. 79).

Outrossim, o servidor exonerado do cargo efetivo, ou em comissão, receberá indenização relativa ao período das férias proporcional ao período trabalhado. Neste caso, a indenização será calculada com base na remuneração do mês em que for publicado o ato de exoneração (art. 78, §§ 3º e 4º).

As férias somente poderão ser interrompidas nas seguintes hipóteses (art. 80): (i) motivo de calamidade pública; (ii) comoção interna; (iii) convocação para júri; (iv) serviço militar ou eleitoral; (v) necessidade do serviço, declarada pela autoridade máxima do órgão ou entidade.

Nesses casos de interrupção, o restante do período interrompido será gozado de uma só vez.

3.4.7.4. Das Licenças

3.4.7.4.1. Por Motivo de Doença em Pessoa da Família

Será concedida a licença ao servidor em virtude de enfermidade do cônjuge ou companheiro, dos pais, dos filhos, do padrasto ou madrasta e enteado, ou dependente que viva às suas expensas e conste do seu assentamento funcional, mediante comprovação por junta médica oficial (art. 83).

A licença somente será deferida se a assistência direta do servidor for indispensável e não puder ser prestada simultaneamente com o exercício do cargo ou mediante compensação de horário (§ 1º).

A licença por motivo de doença em pessoa da família, incluídas as prorrogações, poderá ser concedida a cada período de 12 meses por um prazo máximo de 150 dias, nas seguintes condições (§ 2º):

a) por até 60 dias (iniciais), consecutivos ou não, mantida a remuneração do servidor (inciso I);

b) por até 90 dias (finais), consecutivos ou não, sem remuneração (inciso II).

O início do período de 12 meses será contado a partir da data do deferimento da primeira licença concedida (§ 3º).

A licença ora em estudo, bem como cada uma de suas prorrogações, serão precedidas de exame por perícia médica oficial, salvo se inferior a 15 dias, dentro de 1(um) ano, quando poderá ser dispensada a perícia oficial (art. 204).

Por fim, é vedado o exercício de atividade remunerada durante o período da licença (art. 81, § 3º).

3.4.7.4.2. Por Motivo de Afastamento do Cônjuge ou Companheiro

Poderá ser concedida licença ao servidor para acompanhar cônjuge ou companheiro que foi deslocado para outro ponto do território nacional, para o exterior ou para exercício de mandato eletivo dos Poderes Executivo e Legislativo (art. 84).

A licença será por prazo indeterminado e sem remuneração (§ 1º).

No deslocamento de servidor cujo cônjuge ou companheiro também seja servidor público, civil ou militar, de qualquer dos Poderes da União, dos Estados, do Distrito Federal e dos Municípios, poderá haver exercício provisório em órgão ou entidade da Administração Federal direta, autárquica ou fundacional, desde que para o exercício de atividade compatível com o seu cargo (§ 2º).

3.4.7.4.3. Para o Serviço Militar

A licença para o serviço militar dar-se-á ao servidor convocado para o serviço militar, na forma e condições previstas na legislação específica (art. 85).

Concluído o serviço militar, o servidor terá até 30 dias sem remuneração para reassumir o exercício do cargo (parágrafo único).

3.4.7.4.4. Para o Desempenho de Atividade Política

Para atividade política: será sem remuneração no período de convenção partidária até a véspera do registro da candidatura (art. 86). Será com remuneração do registro da candidatura até o décimo dia seguinte ao da eleição, paga pelo período máximo de 3 meses (§ 2º).

3.4.7.4.5. Capacitação

A licença para capacitação poderá ser concedida a cada 5 anos de efetivo exercício, no interesse da Administração, com a respectiva remuneração, por até 3 meses, para participar de curso de capacitação profissional (art. 87).

O período de licença mencionado não poderá ser acumulado (parágrafo único). Por exemplo, no caso de o servidor possuir 10 anos de efetivo exercício e nunca ter gozado dessa licença, terá os mesmos 3 meses de licença para capacitação e não 6 meses.

3.4.7.4.6. Para Tratar de Interesse Particular

Para tratar de interesses particulares e a critério da Administração, poderá ser concedida ao servidor ocupante de cargo efetivo, desde que não esteja em estágio probatório, licença para o trato de assuntos particulares pelo *prazo de até 3 anos consecutivos, sem remuneração* (art. 91).

A licença poderá ser interrompida, a qualquer tempo, a pedido do servidor ou no interesse do serviço (parágrafo único).

3.4.7.4.7. Para Exercício de Mandato Classista

É assegurado ao servidor o direito à licença sem remuneração para o desempenho de mandato em confederação, federação, associação de classe de âmbito nacional, sindicato representativo da categoria ou entidade fiscalizadora da profissão ou, ainda, para participar de gerência ou administração em sociedade cooperativa constituída por servidores públicos para prestar serviços a seus membros (art. 92).

Os limites de servidores que poderão gozar dessa licença foram alterados em 2014 pela Lei n. 12.998 e passou a ser nos seguintes termos: (i) para entidades com até 5.000 (cinco mil) associados, 2 (dois) servidores; (ii) para entidades com 5.001 (cinco mil e um) a 30.000 (trinta mil) associados, 4 (quatro) servidores; (iii) para entidades com mais de 30.000 (trinta mil) associados, 8 (oito) servidores.

A licença terá duração igual à do mandato, podendo ser prorrogada, no caso de reeleição. A Lei n. 8.112/90 previa até o ano de 2014 que essa prorrogação poderia ocorrer apenas uma vez. No entanto, por força da alteração da redação dada pela Lei n. 12.998/2014, tal limitação não mais existe. Assim, se o servidor for reeleito dirigente sindical por cem vezes, poderá prorrogar sua licença pelo mesmo período.

3.4.7.4.8. Para Tratamento de Doença

Prevê o art. 202 da Lei n. 8.112/90 que será concedida licença para tratamento de saúde, a pedido do servidor ou de ofício pela Administração, com base em perícia médica, sem prejuízo da remuneração a que fizer jus.

O prazo máximo dessa licença remunerada será de 24 meses, momento em que, impossibilitado ainda de voltar ao cargo, o servidor será aposentado por invalidez permanente (art. 188, § 1º).

As novidades de 2014 referem-se à inclusão do parágrafo único do art. 206-A pela Lei n. 12.998: "Art. 206-A. O servidor será submetido a exames médicos periódicos, nos termos e condições definidos em regulamento. Parágrafo único. Para os fins do disposto no *caput*, a União e suas entidades autárquicas e fundacionais poderão: I – prestar os exames médicos periódicos diretamente pelo órgão ou entidade à qual se encontra vinculado o servidor; II – celebrar convênio ou instrumento de cooperação ou parceria com os órgãos e entidades da administração direta, suas autarquias e fundações; III – celebrar convênios com operadoras de plano de assistência à saúde, organizadas na modalidade de autogestão, que possuam autorização de funcionamento do órgão regulador, na forma do art. 230; ou IV – prestar os exames médicos periódicos mediante contrato administrativo, observado o disposto na Lei n. 8.666, de 21 de junho de 1993, e demais normas pertinentes".

3.4.7.4.9. Por Acidente em Serviço

Estabelece o art. 211 que será licenciado, com remuneração integral, o servidor acidentado em serviço.

A Lei n. 8.112/90 considera acidente em serviço o dano físico ou mental sofrido pelo servidor, que se relacione, mediata ou imediatamente, com as atribuições do cargo exercido (art. 212, *caput*).

Equipara-se ao acidente em serviço o dano: (i) decorrente de agressão sofrida e não provocada pelo servidor no exercício do cargo; (ii) sofrido no percurso da residência para o trabalho e vice-versa (art. 212, parágrafo único).

Na mesma linha de raciocínio da licença para tratamento de saúde, se o servidor não se recuperar do acidente no prazo máximo de 24 meses será aposentado por invalidez permanente (art. 188, § 4º).

3.4.7.4.10. À Gestante, à Adotante e à Paternidade

Nos termos do art. 207, será concedida licença à servidora gestante por 120 (cento e vinte) dias consecutivos, sem prejuízo da remuneração. Com o advento do Decreto n. 6.690, de 2008, regulamentador da Lei n. 11.770, de 2008, instituiu-se o programa de prorrogação da Licença à Gestante e à Adotante.

Assim, à gestante poder-se-á conceder mais 60 dias de licença, desde que preenchidos alguns requisitos, tais como requerer o benefício até o final do primeiro mês do parto.

À servidora adotante ou que obtiver a guarda judicial de criança até um ano de vida, a Lei n. 8.112/90 assegura a licença de 90 dias (art. 210, *caput*). O aludido decreto admite a prorrogação da licença nesses casos por mais 45 dias.

No tocante à servidora adotante ou detentora de guarda judicial de criança com mais de um ano de idade, o prazo legal da licença é de 30 dias, podendo prorrogar por mais 15 dias, nos termos do Decreto n. 6.690/2008.

CUIDADO! As diferenças apontadas pela lei entre os prazos de licença à gestante e à adotante não mais prevalecem. Isto porque o STF entendeu, em 10 de março de 2016, no julgamento do Recurso Extraordinário n. 778.889/PE, em regime de repercussão geral, que não é possível fazer diferença entre os prazos de licença à gestante e à adotante, independentemente da idade da criança adotada (desde que tenha até 12 anos incompletos, nos termos do ECA). Logo, servidoras gestante ou adotante poderão ter os mesmos 180 dias de licença remunerada para cuidar de seus filhos:

> DIREITO CONSTITUCIONAL. RECURSO EXTRAORDINÁRIO. REPERCUSSÃO GERAL. **EQUIPARAÇÃO DO PRAZO DA LICENÇA-ADOTANTE AO PRAZO DE LICENÇA-GESTANTE.** 1. A licença maternidade prevista no art. 7º, XVIII, da Constituição abrange tanto a licença gestante quanto a licença adotante, ambas asseguradas pelo prazo mínimo de 120 dias. Interpretação sistemática da Constituição à luz da dignidade da pessoa humana, da igualdade entre filhos biológicos e adotados, da doutrina da proteção integral, do princípio da prioridade e do interesse superior do menor. 2. As crianças adotadas constituem grupo vulnerável e fragilizado. Demandam esforço adicional da família para sua adaptação, para a criação de laços de afeto e para a superação de traumas. Impossibilidade de se lhes conferir proteção inferior àquela dispensada aos filhos biológicos, que se encontram em condição menos gravosa. Violação do princípio da proporcionalidade como vedação à proteção deficiente. 3. Quanto mais velha a criança e quanto maior o tempo de internação compulsória em instituições, maior tende a ser a dificuldade de adaptação à família adotiva. Maior é, ainda, a dificuldade de viabilizar sua adoção, já que predomina no imaginário das famílias adotantes o desejo de reproduzir a paternidade biológica e adotar bebês. Impossibilidade de conferir proteção inferior às crianças mais velhas. Violação do princípio da proporcionalidade como vedação à proteção deficiente. 4. Tutela da dignidade e da autonomia da mulher para eleger seus projetos de vida. Dever reforçado do Estado de assegurar-lhe condições para compatibilizar maternidade e profissão, em especial quando a realização da maternidade ocorre pela via da adoção, possibilitando o resgate da convivência familiar em favor de menor carente. Dívida moral do Estado para com menores vítimas da inepta política estatal de institucionalização precoce. Ônus assumido pelas famílias adotantes, que devem ser encorajadas. 5. Mutação constitucional. Alteração da realidade social e nova compreensão do alcance dos direitos do menor adotado. Avanço do significado atribuído à licença parental e à igualdade entre filhos, previstas na Constituição. Superação de antigo entendimento do STF. 6. Declaração da inconstitucionalidade do art. 210 da Lei n. 8.112/1990 e dos parágrafos 1º e 2º do art. 3º da Resolução CJF n. 30/2008. 7. Provimento do recurso extraordinário, de forma a deferir à recorrente prazo remanescente de licença parental, a fim de que o tempo total de fruição do benefício, computado o período já gozado, corresponda a 180 dias de afastamento remunerado, correspondentes aos 120

dias de licença previstos no art. 7º, XVIII,CF, acrescidos de 60 dias de prorrogação, tal como estabelecido pela legislação em favor da mãe gestante. 8. Tese da repercussão geral: "Os prazos da licença adotante não podem ser inferiores aos prazos da licença gestante, o mesmo valendo para as respectivas prorrogações. Em relação à licença adotante, não é possível fixar prazos diversos em função da idade da criança adotada". (RE 778889, Relator(a): Min. ROBERTO BARROSO, Tribunal Pleno, julgado em 10-3-2016, ACÓRDÃO ELETRÔNICO REPERCUSSÃO GERAL – MÉRITO DJe-159 DIVULG 29-7-2016 PUBLIC 1º-8-2016). (Destacamos)

Já a licença-paternidade será de 5 dias consecutivos pelo nascimento ou adoção de filhos (art. 208).

É evidente que o reconhecimento de novas unidades familiares como as homoafetivas exigirão tratamentos diferenciados por parte dos juízes até que haja o devido respeito a tais relacionamentos, nos termos da Lei. Assim, não é possível admitir que um casal de homens servidores gozem apenas de 5 dias de licença-paternidade. No entanto, em se tratando de situações novas, devemos aguardar o amadurecimento jurisprudencial a respeito do tema e, para fins de concurso público, continuar com a interpretação meramente formal da Lei e do Decreto acima citados.

Ainda sobre a licença-paternidade, cumpre destacar o advento da Lei n. 13.257, de 8 de março de 2016, que alterou, dentre outras, a Lei n. 11.770/2008, para prorrogar por mais 15 dias o prazo da licença-paternidade (além dos 5 dias já previstos no ADCT) do trabalhador da iniciativa privada que aderir ao Programa Empresa Cidadã. No dia 3 de maio de 2016, foi editado o Decreto n. 8.737, que passou a prever a prorrogação da licença-paternidade por 15 dias (além dos 5 já previstos no art. 208 da Lei n. 8.112/90), desde que haja requerimento no prazo de dois dias úteis do nascimento ou da adoção. Percebam que a prorrogação vale também para o pai adotante ou que obtenha guarda judicial, qualquer que seja a idade da criança, desde que até 12 anos incompletos.

3.4.7.5. Dos Afastamentos

Dentre os afastamentos previstos nos arts. 93 a 96-A da Lei n. 8.112/90, destacamos o afastamento para participação em programa de pós-graduação *stricto sensu* (mestrado, doutorado e pós-doutorado) no País ou no exterior.

O art. 96-A da Lei n. 8.112/90 (incluído pela Lei n. 11.907/2009) prevê que o servidor poderá, no interesse da Administração, e desde que a participação não possa ocorrer simultaneamente com o exercício do cargo ou mediante compensação de horário, afastar-se do exercício do cargo efetivo, com a respectiva remuneração, para participar em programa de pós-graduação *stricto sensu* (mestrado, doutorado e pós-doutorado) em instituição de ensino superior no País ou no exterior (§ 7º).

Os afastamentos para a realização de programas de mestrado e doutorado *somente serão concedidos aos servidores titulares de cargos efetivos no respectivo órgão ou entidade há pelo menos 3 anos para mestrado* e 4 anos para *doutorado*, incluído o período de estágio probatório, que não tenham se afastado por licença para tratar de assuntos particulares, para gozo de licença-capacitação ou com fundamento no art. 96-A, nos *dois anos* anteriores à data da solicitação de afastamento.

Em relação aos afastamentos para realização de programas de *pós-doutorado*, somente serão concedidos aos servidores titulares de cargos efetivos no respectivo órgão ou entidade *há pelo menos 4 anos,* incluído o período de estágio probatório, e que não tenham se afastado por licença para tratar de assuntos particulares ou com fundamento nesse artigo, nos *quatro anos* anteriores à data da solicitação de afastamento. Trata-se da redação dada ao art. 96-A, § 3º, pela *Lei n. 12.269, de 2010.*

Os servidores beneficiados pelos afastamentos citados terão de permanecer no exercício de suas funções, após o seu retorno, por período igual ao do afastamento concedido. Assim, se o afastamento para cursar mestrado foi de 2 anos, deverá o servidor permanecer pelo mesmo prazo no exercício de suas funções.

Caso o servidor venha a solicitar exoneração do cargo ou aposentadoria antes de cumprido o período de permanência mencionado, deverá ressarcir o órgão ou entidade dos gastos com seu aperfeiçoamento.

Outrossim, caso o servidor não obtenha o título ou grau que justificou seu afastamento no período previsto, também deverá ressarcir o órgão ou entidade dos gastos com seu aperfeiçoamento, salvo na hipótese comprovada de força maior ou de caso fortuito, a critério do dirigente máximo do órgão ou entidade.

3.4.7.6. *Do Regime Disciplinar*

O regime disciplinar do servidor envolve temas relevantes como os deveres, as proibições, responsabilidades e sanções administrativas. Temas correlatos que serão tratados na sequência envolvem os procedimentos administrativos para apurar infrações e punir os servidores faltosos, tais como a sindicância e o processo administrativo disciplinar.

3.4.7.6.1. Dos Deveres do Servidor

Os deveres dos servidores estão previstos no art. 116 da Lei n. 8.112/90:

> (i) exercer com zelo e dedicação as atribuições do cargo; (ii) ser leal às instituições a que servir; (iii) observar as normas legais e regulamentares; (iv) cumprir as ordens superiores, exceto quando manifestamente ilegais; (v) atender

> (i) exercer com zelo e dedicação as atribuições do cargo; (ii) ser leal às instituições a que servir; (iii) observar as normas legais e regulamentares; (iv) cumprir as ordens superiores, exceto quando manifestamente ilegais; (v) atender com presteza: a) ao público em geral, prestando as informações requeridas, ressalvadas as protegidas por sigilo; b) à expedição de certidões requeridas para defesa de direito ou esclarecimento de situações de interesse pessoal; c) às requisições para a defesa da Fazenda Pública; (vi) levar as irregularidades de que tiver ciência em razão do cargo ao conhecimento da autoridade superior ou, quando houver suspeita de envolvimento desta, ao conhecimento de outra autoridade competente para apuração; (vii) zelar pela economia do material e a conservação do patrimônio público; (viii) guardar sigilo sobre assunto da repartição; (ix) manter conduta compatível com a moralidade administrativa; (x) ser assíduo e pontual ao serviço; (xi) tratar com urbanidade as pessoas; (xii) representar contra ilegalidade, omissão ou abuso de poder.

Do art. 116, destacamos o inciso VI, que prevê como dever do servidor "levar as irregularidades de que tiver ciência em razão do cargo ao conhecimento da autoridade superior ou, quando houver suspeita de envolvimento desta, ao conhecimento de outra autoridade competente para apuração".

O servidor que efetuar a denúncia não precisa ter medo de sofrer repressão, na medida em que o art. 126-A assim estabelece: "Nenhum servidor poderá ser responsabilizado civil, penal ou administrativamente por dar ciência à autoridade superior ou, quando houver suspeita de envolvimento desta, a outra autoridade competente para apuração de informação concernente à prática de crimes ou improbidade de que tenha conhecimento, ainda que em decorrência do exercício de cargo, emprego ou função pública".

3.4.7.6.2. Das Proibições do Servidor

No tocante às proibições, ao servidor é vedado (art. 117 da Lei n. 8.112/90):

> (i) ausentar-se do serviço durante o expediente, sem prévia autorização do chefe imediato; (ii) retirar, sem prévia anuência da autoridade competente, qualquer documento ou objeto da repartição; (iii) recusar fé a documentos públicos; (iv) opor resistência injustificada ao andamento de documento e processo ou execução de serviço; (v) promover manifestação de apreço ou desapreço no recinto da repartição; (vi) cometer a pessoa estranha à repartição, fora dos casos previstos em lei, o desempenho de atribuição que seja de sua responsabilidade ou de seu subordinado; (vii) coagir ou aliciar subordinados no sentido de filiarem-se a associação profissional ou sindical, ou a partido político; (viii) manter sob sua chefia imediata, em cargo ou função de confiança, cônjuge, companheiro ou parente até o segundo grau civil; (ix) valer-se do cargo para lograr proveito pessoal ou de outrem, em detrimento da dignidade da função pública; (x) participar de gerência ou administração de sociedade privada, personificada ou não personificada, exercer o comércio, exceto na qualidade de

> acionista, cotista ou comanditário; (xi) atuar, como procurador ou intermediário, junto a repartições públicas, salvo quando se tratar de benefícios previdenciários ou assistenciais de parentes até o segundo grau, e de cônjuge ou companheiro; (xii) receber propina, comissão, presente ou vantagem de qualquer espécie, em razão de suas atribuições; (xiii) aceitar comissão, emprego ou pensão de Estado estrangeiro; (xiv) praticar usura sob qualquer de suas formas; (xv) proceder de forma desidiosa; (xvi) utilizar pessoal ou recursos materiais da repartição em serviços ou atividades particulares; (xvii) cometer a outro servidor atribuições estranhas ao cargo que ocupa, exceto em situações de emergência e transitórias; (xviii) exercer quaisquer atividades que sejam incompatíveis com o exercício do cargo ou função e com o horário de trabalho; (xix) recusar-se a atualizar seus dados cadastrais quando solicitado.

A vedação de que trata o item (x) não se aplica aos seguintes casos: I – participação nos conselhos de administração e fiscal de empresas ou entidades em que a União detenha, direta ou indiretamente, participação no capital social ou em sociedade cooperativa constituída para prestar serviços a seus membros; e II – gozo de licença para o trato de interesses particulares, na forma do art. 91 da Lei n. 8.112, observada a legislação sobre conflito de interesses (art. 117, parágrafo único).

3.4.7.6.3. Das Responsabilidades do Servidor

O servidor responde civil, penal e administrativamente pelo exercício irregular de suas atribuições.

A *responsabilidade civil* decorre de ato omissivo ou comissivo (ação), doloso ou culposo, que resulte em prejuízo ao erário ou a terceiros.

Tratando-se de dano causado a terceiros, responderá o servidor perante a Fazenda Pública, em ação regressiva. Por exemplo: servidor motorista de Prefeitura bateu o carro durante o horário de trabalho no muro de um munícipe. Este entra com ação de indenização contra o Município, que ressarce os prejuízos do munícipe e, posteriormente, exercerá direito de regresso em face do servidor causador do dano (vai reaver o valor da indenização em face do servidor causador do dano).

A obrigação de reparar o dano estende-se aos sucessores e contra eles será executada, até o limite do valor da herança recebida.

No tocante à *responsabilidade penal*, cumpre destacar que abrange os crimes e contravenções imputadas ao servidor, que agiu nessa qualidade (de servidor público). Ex.: no exemplo acima, o motorista da Prefeitura, antes de bater no muro do munícipe, atropelou e matou uma senhora que atravessava a rua.

Já a *responsabilidade administrativa* resulta de ato omissivo ou comissivo praticado no desempenho do cargo ou função.

Geralmente o ilícito administrativo decorre do descumprimento de algum dispositivo da Lei n. 8.112/90, quando se tratar de servidor público civil federal.

As sanções civis, penais e administrativas poderão cumular-se, sendo independentes entre si (regra – independência das instâncias).

Entretanto, a responsabilidade administrativa do servidor será afastada no caso de absolvição criminal que negue a existência do fato ou sua autoria, nos termos do art. 126 da Lei n. 8.112/90 (exceção à regra – comunicabilidade das instâncias). Ex.: se ficar comprovado no juízo criminal que o motorista do Município não foi o autor do atropelamento da velhinha ou que esse fato nunca existiu, deverá ser absolvido também na esfera administrativa.

Percebam que apenas a absolvição criminal por negativa da existência do fato ou de sua autoria é que vai levar à absolvição na esfera administrativa. Se absolver no crime por ausência de prova deste, pode condenar na via administrativa, pois muitas vezes não existe na conduta a gravidade exigida para uma condenação penal, porém, pode haver elementos suficientes para configurar a responsabilidade administrativa.

É a chamada falta residual, ou seja, a conduta do servidor foi tão grave a ponto de ensejar uma condenação na órbita penal, mas ficou um resíduo, a infração administrativa. Sobre o tema, o STF editou a Súmula 18 com o seguinte teor: "Pela falta residual, não compreendida na absolvição pelo juízo criminal, é admissível a punição administrativa do servidor público".

3.4.7.6.4. Da Absolvição Administrativa Antecipada – AAA

Está pacificado na jurisprudência superior que, apesar da independência entre as esferas judicial criminal e administrativa, a absolvição no processo crime pelo fundamento de negativa de autoria implicará, necessariamente, absolvição na esfera do processo administrativo:

EMENTA: RECURSO ORDINÁRIO EM *HABEAS CORPUS*. CONSTITUCIONAL. PENAL. 1. TRÂNSITO EM JULGADO DO ACÓRDÃO PROFERIDO NO JULGAMENTO DO RECURSO DE APELAÇÃO DA DEFESA. IMPETRAÇÃO DE *HABEAS CORPUS* NO SUPERIOR TRIBUNAL DE JUSTIÇA APÓS O TRANSCURSO DO PRAZO RECURSAL. IMPOSSIBILIDADE DE UTILIZAÇÃO DE *HABEAS CORPUS* COMO SUCEDÂNEO DE REVISÃO CRIMINAL. 2. INDEPENDÊNCIA RELATIVA DAS ESFERAS PENAL E ADMINISTRATIVA. 3. INEXISTÊNCIA DE AMEAÇA A DIREITO DE LOCOMOÇÃO. 1. Trânsito em julgado do acórdão objeto da impetração no Superior Tribunal de Justiça. Nos termos da jurisprudência deste Supremo Tribunal, o *habeas corpus* não pode ser utilizado como sucedâneo de revisão criminal. 2. É pacífica a jurisprudência deste Supremo Tribunal no sentido da independência relativa das esferas penal e administrativa, havendo repercussão apenas em se tratando de absolvição no juízo penal por inexistência do fato ou negativa de autoria. Precedentes. 3. Seja o ora Recorrente absolvido por insuficiência de provas ou por atipicidade da conduta, essas duas situações não repercutiriam na punição imposta na via administrativa. 4. Recorrente absolvido por insuficiência de provas. Pretensão de rever a punição imposta administrativamente. Inexistência de ameaça ao direito de locomoção. 5. Recurso ao qual se nega provimento." (STF – RHC 116204/SP – *Dje* 2-5-2013).

"A absolvição na esfera penal só influencia no âmbito do processo administrativo disciplinar se ficar comprovada naquela instância a não ocorrência do fato ou a negativa da sua autoria. Precedentes: AgInt no REsp 1.345.380/SP, Rel. Ministro Napoleão Nunes Maia Filho, Rel. p/ acórdão Ministro Benedito Gonçalves, Primeira Turma, *DJe* 3-5-2017; AgInt nos EDcl no AREsp 731.118/MG, Rel. Ministro Herman Benjamin, Segunda Turma, *DJe* 24-4-2017; AgInt no REsp 1.575.037/SP, Rel. Ministro Sérgio Kukina, Primeira Turma, *DJe* 30-3-2017." (STJ – AgInt no AREsp 1019336/SP – *Dje* 1º-10-2017).

Logo, no caso de uma infração ser considerada ao mesmo tempo penal e administrativa e, acontecer de a pessoa investigada na via administrativa não ser denunciada na ação penal, implica exigir a absolvição antecipada administrativa. Isto ocorre por um motivo muito simples: constatação pelo titular da ação penal, o Ministério Público, de ausência de indícios mínimos de autoria de crime por parte da pessoa também investigada em processo administrativo.

Assim, invocando o raciocínio lógico-sistemático, se a pessoa não foi denunciada na via criminal, ela também não será considerada autora do crime que ainda representa infração administrativa em eventual processo administrativo. Inexistindo indícios mínimos de autoria do crime, imprescindível o reconhecimento antecipado da absolvição administrativa, pois, se a absolvição criminal com fundamento na negativa de autoria gera a absolvição automática na via administrativa, com maior razão essa absolvição deverá advir de forma antecipada quando a pessoa nem figurar como réu numa ação penal.

Trata-se de teoria jurídica por nós criada e denominada Absolvição Administrativa Antecipada – AAA, corolário dos princípios da economia e celeridade processual, razoabilidade e proporcionalidade, dentre outros princípios do Estado Constitucional e Democrático de Direito.

Entender de forma contrária a nossa teoria ora apresentada, seria o mesmo que aceitar a situação absurda de exigir a inclusão de uma pessoa que se sabe inocente numa ação penal, só para esperar a absolvição por negativa de autoria e implicar, necessariamente, absolvição também na via administrativa, ainda que por meio de pedido de revisão.

Nossa teoria vem sendo utilizada por nós em defesas administrativas junto ao Tribunal de Contas da União, e vem se consagrando vencedora, com citação em Relatório integrante de Voto de Ministro da Corte Superior de Contas, nos seguintes termos:

(...) m) tais informações são muito significativas, uma vez que, invocando o raciocínio lógico sistêmico, se a requerente não foi citada na CPI e, consequentemente, não virou ré na aludida ação penal, é porque o Ministério Público Federal tem plena certeza de que, em relação a ela, não existem indícios de autoria. Assim, se a ora postulante não foi autora de crime algum, deverá ser absolvida antecipadamente na via administrativa, pois, conforme é cediço, se a absolvição criminal com fundamento na negativa de autoria gera a absolvição automática na via administrativa, com maior razão essa absolvição deverá advir de forma antecipada quando a pessoa nem figurar como ré numa ação penal;

n) nesse sentido, está pacificado na jurisprudência superior que, apesar da independência entre as esferas judicial criminal e administrativa, a absolvição no processo criminal pelo fundamento de negativa de autoria implicará, necessariamente, absolvição na esfera do processo administrativo, conforme os precedentes que lista em sua defesa (peça 109, p. 9-10);

o) logo, no caso de uma infração ser considerada ao mesmo tempo penal e administrativa e, como neste processo, verificar-se que a defendente não foi denunciada na ação penal, implica exigir a absolvição antecipada na via administrativa. Assim, se a postulante não foi denunciada, ela também não será considerada autora do crime que ainda representa a infração administrativa destes autos. Trata-se do instituto da absolvição administrativa antecipada, corolário dos princípios da economia e celeridade processual, razoabilidade e proporcionalidade, dentre outros, que, mais uma vez, corrobora para a tese de exclusão da requerente do polo passivo da presente Tomada de Contas Especial; (GRUPO I – CLASSE II – Primeira Câmara – TC 007.572/2020-4 – ACÓRDÃO N. 17734/2021 – Rel. Min. JORGE OLIVEIRA – Outubro de 2021).

Percebam que a incidência da teoria da Absolvição Administrativa Antecipada pode ser aplicada em benefício de servidores públicos, numa relação clássica de sujeição especial, bem como na defesa de particulares[77].

---

[77] O tema da Absolvição Administrativa Antecipada é novo, mas tão instigante que virou projeto de mestrado do meu ex-aluno de pós-graduação e Delegado de Polícia do Estado de São Paulo, Dr. Giuliano Sorge de Paula Silva, que muito nos honrou em apresentar o aludido projeto na PUC-SP no final ano de 2021 e de fazer paralelos importantes da Teoria da AAA com institutos do Direito Penal e do Processo Penal, como o da Absolvição Sumária: "Respeitadas as peculiaridades de cada ramo, o Direito Administrativo guarda proximidade com o Direito Penal e com o Direito Processual Penal em alguns de seus institutos, permitindo em certos casos a sua aplicação subsidiária e integrativa na atividade administrativa do Estado. Sendo assim, não se pode afastar como inspiração ao desenvolvimento do instituto, a absolvição sumária, prevista no art. 397 do Código de Processo Penal, em destaque, o seu inciso II, referente à culpabilidade do agente. Referido dispositivo da lei processual pátria estabelece ao juiz, após a resposta do acusado conforme a disciplina do art. 396-A do mencionado diploma, o dever de absolvê-lo sumariamente quando verificar a existência manifesta de causa excludente de sua culpabilidade, salvo inimputabilidade, servindo assim como norte integrativo, interpretativo e influenciador no reconhecimento da subsistência da Absolvição Administrativa de forma antecipada como instituto inovador no processo administrativo e sobre tudo no Direito. Nesta esteira, a existência da absolvição administrativa antecipada reside no fato de que ambas atividades persecutórias estatais, penal e administrativa se valem da análise

3.4.7.6.5. Das Penalidades Administrativas do Servidor

São penalidades administrativas aplicáveis aos servidores federais, conforme previsão no art. 127 da Lei n. 8.112/90: (a) advertência; (b) suspensão; (c) demissão; (d) cassação de aposentadoria ou disponibilidade; (e) destituição de cargo em comissão ou de função comissionada.

Na aplicação das penalidades serão consideradas a natureza e a gravidade da infração cometida, os danos que dela provierem para o serviço público, as circunstâncias agravantes ou atenuantes e os antecedentes funcionais.

O ato de imposição da penalidade mencionará sempre o fundamento legal e a causa da sanção disciplinar (necessidade de motivação).

> a) Advertência: será aplicada por escrito, nos casos de violação de proibição constante do art. 117, I a VIII e XIX, e de inobservância de dever funcional previsto em lei, regulamentação ou norma interna, que não justifique a imposição de penalidade mais grave.
>
> b) Suspensão: será aplicada em caso de reincidência das faltas punidas com advertência e de violação das demais proibições que não tipifiquem infração sujeita à penalidade de demissão. Mais precisamente as proibições que uma vez violadas pelo servidor serão passíveis de suspensão são aquelas previstas nos incisos XVII e XVIII do art. 117.

Essa penalidade não poderá exceder o prazo de 90 dias.

Entretanto, será punido com suspensão de até 15 dias o servidor que, injustificadamente, recusar-se a ser submetido a inspeção médica determinada pela autoridade competente, cessando os efeitos da penalidade uma vez cumprida a determinação.

Quando houver conveniência para o serviço, a penalidade de suspensão poderá ser convertida em multa, na base de 50% por dia de vencimento ou remuneração, ficando o servidor obrigado a permanecer em serviço.

> c) Demissão: será aplicada nos seguintes casos previstos no art. 132 da Lei n. 8.112: (i) crime contra a Administração Pública; (ii) abandono de cargo; (iii) inassiduidade habitual; (iv) improbidade administrativa; (v) incontinência pública e conduta escandalosa na repartição; (vi) insubordinação grave em serviço; (vii) ofensa física, em serviço, a servidor ou a particular, salvo em

---

probatória para a imputação de suas responsabilidades, de modo que, se no âmbito penal, cuja apreciação do conjunto cognitivo se dá com a amplitude necessária a permitir a aplicação de uma pena corporal ao indivíduo, com maior razão há que se reconhecer instituto similar na esfera administrativa, objetivando contemplar que o seu grau de cognição possa assegurar a manutenção do *status* funcional do agente. O estudo envolve a questão da independência e comunicabilidade das instâncias penal e administrativa, destacando-se os efeitos de suas decisões, na apuração e processamento de um fato em tese correspondente a um ilícito penal e administrativo, guardadas as proporções e *standard* probatórios típicos de cada procedimento."

> legítima defesa própria ou de outrem; (viii) aplicação irregular de dinheiros públicos; (ix) revelação de segredo do qual se apropriou em razão do cargo; (x) lesão aos cofres públicos e dilapidação do patrimônio nacional; (xi) corrupção; (xii) acumulação ilegal de cargos, empregos ou funções públicas; (xiii) transgressão dos incisos IX a XVI do art. 117.

Dentre as infrações sujeitas à demissão, destacamos o abandono de cargo, que significa a ausência intencional do servidor ao serviço por mais de 30 dias consecutivos, e inassiduidade habitual, faltas sem causa justificada, por 60 dias, interpoladamente, durante o período de 12 meses.

APROFUNDANDO! Outro tema interessante envolve a possibilidade ou não de o servidor ser demitido pelo fundamento de ter praticado improbidade administrativa, sem que esta seja reconhecida ainda pelo Poder Judiciário. Apesar da polêmica ao entorno do assunto, o STJ vem admitindo a condenação administrativa de demissão por prática de ato de improbidade, em razão da independência das esferas civil, penal e administrativa:

> MANDADO DE SEGURANÇA. ADMINISTRATIVO. SERVIDOR PÚBLICO. AGENTE DA POLÍCIA FEDERAL. DEMISSÃO. PROCESSO ADMINISTRATIVO DISCIPLINAR. ANULAÇÃO. COMISSÃO PERMANENTE DISCIPLINAR. RESPEITO AOS PRINCÍPIOS DO DEVIDO PROCESSO LEGAL E DO JUIZ NATURAL. COMISSÃO DESIGNADA PELO SUPERINTENDENTE REGIONAL DO DEPARTAMENTO DE POLÍCIA FEDERAL. POSSIBILIDADE. LEGALIDADE. INDEFERIMENTO MOTIVADO DE DILIGÊNCIAS. CERCEAMENTO DE DEFESA. NÃO OCORRÊNCIA. AUSÊNCIA DE COMPROVAÇÃO DO PREJUÍZO. *PAS DE NULLITÉ SANS GRIEF.* IMPROBIDADE ADMINISTRATIVA. PENALIDADE DE DEMISSÃO. DESNECESSIDADE DE AÇÃO JUDICIAL. INDEPENDÊNCIA DAS ESFERAS ADMINISTRATIVA, PENAL E CIVIL.
>
> [...]
>
> 8. É assente no Superior Tribunal de Justiça o entendimento de que a infração disciplinar que configura ato de improbidade acarreta demissão, independentemente de ação judicial prévia, consequência direta da independência das esferas administrativa, civil e penal.
>
> 9. A decisão da autoridade julgadora, fundada no lastro probatório constante dos autos do processo administrativo disciplinar, mostra-se em consonância com os princípios legais e constitucionais, inexistindo qualquer nulidade.
>
> 10. Segurança denegada.
>
> (MS 14.968/DF, rel. Ministro SEBASTIÃO REIS JÚNIOR, TERCEIRA SEÇÃO, julgado em 12-3-2014, *DJe* 25-3-2014).

No mesmo sentido, é o entendimento do Supremo Tribunal Federal:

> DIREITO CONSTITUCIONAL E ADMINISTRATIVO. RECURSO ORDINÁRIO EM MANDADO DE SEGURANÇA. ATO DO MINSTRO DA FAZENDA. DEMISSÃO DE SERVIDOR PÚBLICO POR ATO DE IMPROBIDADE ADMINISTRATIVA. AUSÊNCIA DE VÍCIOS NO PROCESSO ADMINISTRATIVO DISCIPLINAR. NEGATIVA DE PROVIMENTO DO RECURSO. 1. Não há qualquer impeditivo legal de que a comissão de inquérito em processo administrativo disciplinar seja formada pelos mesmos membros de comissão anterior que havia sido anulada. 2. Inexiste previsão na Lei n. 8.112/1990 de intimação do acusado após a elaboração do relatório final da comissão processante, sendo necessária a demonstração do prejuízo causado pela falta de intimação, o que não ocorreu no presente caso. 3. O acusado em processo administrativo disciplinar não possui direito subjetivo ao deferimento de todas as provas requeridas nos autos, ainda mais quando consideradas impertinentes ou meramente protelatórias pela comissão processante (art. 156, § 1º, Lei n. 8.112/1990). 4. A jurisprudência desta Corte admite o uso de prova emprestada em processo administrativo disciplinar, em especial a utilização de interceptações telefônicas autorizadas judicialmente para investigação criminal. Precedentes. 5. Recurso ordinário a que se nega provimento. (RMS 28774, Relator(a): Min. MARCO AURÉLIO, Relator(a) p/ Acórdão: Min. ROBERTO BARROSO, Primeira Turma, julgado em 22-9-2015, ACÓRDÃO ELETRÔNICO DJe-180 DIVULG 24-8-2016 PUBLIC 25-8-2016).

Sobre o tema o STJ editou as seguintes súmulas:

> Súmula 651 – Compete à autoridade administrativa aplicar a servidor público a pena de demissão em razão da prática de improbidade administrativa, independentemente de prévia condenação, por autoridade judiciária, à perda da função pública. (SÚMULA 651, PRIMEIRA SEÇÃO, julgado em 21-10-2021, *DJe* 25-10-2021)

> Súmula 650 – A autoridade administrativa não dispõe de discricionariedade para aplicar ao servidor pena diversa de demissão quando caraterizadas as hipóteses previstas no art. 132 da Lei n. 8.112/1990. (PRIMEIRA SEÇÃO, julgado em 22-9-2021, *DJe* 27-9-2021)

d) Cassação de aposentadoria ou disponibilidade: será cassada a aposentadoria ou a disponibilidade do inativo que houver praticado, na atividade, falta punível com a demissão.

e) Destituição de cargo em comissão: será aplicada nos casos de infração sujeita às penalidades de suspensão e de demissão.

3.4.7.6.6. Competência para a Imposição das Penalidades Administrativas

As penalidades disciplinares serão aplicadas pelas seguintes autoridades competentes, nos termos do art. 141 da Lei n. 8.112/90:

> (i) pelo Presidente da República, pelos Presidentes das Casas do Poder Legislativo e dos Tribunais Federais e pelo Procurador-Geral da República, quando se tratar de *demissão e cassação* de aposentadoria ou disponibilidade de servidor vinculado ao respectivo Poder, órgão ou entidade; (ii) pelas autoridades administrativas de hierarquia imediatamente inferior àquelas mencionadas no inciso anterior, quando se tratar de *suspensão superior a 30 dias;* (iii) pelo chefe da repartição e outras autoridades, na forma dos respectivos regimentos ou regulamentos, nos casos de *advertência* ou de *suspensão de até 30 dias;* (iv) pela autoridade que houver feito a nomeação, quando se tratar de *destituição de cargo em comissão.*

Sobre a possibilidade de delegação da competência do Presidente da República para Ministro de Estado impor a pena de demissão, já entendeu o Supremo Tribunal Federal:

AGRAVO REGIMENTAL NO RECURSO ORDINÁRIO EM MANDADO DE SEGURANÇA. DIREITO ADMINISTRATIVO. PROCESSO ADMINISTRATIVO DISCIPLINAR. AGENTE PENITENCIÁRIO FEDERAL. PORTARIA DE INSTAURAÇÃO DO PAD. COMPETÊNCIA DA AUTORIDADE DO ÓRGÃO EM QUE OCORREU A INFRAÇÃO. NOMEAÇÃO DOS INTEGRANTES DA COMISSÃO PROCESSANTE APÓS A OCORRÊNCIA DO ILÍCITO. VIOLAÇÃO AO PRINCÍPIO DO JUIZ NATURAL. INOCORRÊNCIA. AUSÊNCIA DE DEMONSTRAÇÃO DE PREJUÍZO. INEXISTÊNCIA DE NULIDADE. CERCEAMENTO DE DEFESA. REQUERIMENTO DE PRODUÇÃO DE PROVAS. INDEFERIMENTO FUNDAMENTADO. PREVISÃO LEGAL. ILIQUIDEZ DOS FATOS. IMPOSSIBILIDADE DE REVOLVIMENTO DO CONTEXTO FÁTICO-PROBATÓRIO. INVIABILIDADE DO WRIT. AGRAVO REGIMENTAL DESPROVIDO. 1. O art. 141, I, da Lei 8.112/1990, em consonância com o art. 84, XXV, da Lei Fundamental, predica que o Presidente da República é a autoridade competente para aplicar a penalidade de demissão a servidor vinculado ao Poder Executivo, sendo constitucional, nos termos do art. 84, parágrafo único, da Constituição, e do art. 1º, I, do Decreto 3.035/1999[78], a delegação aos Ministros de Estado e ao

---

[78] O citado Decreto assim dispõe sobre o tema: "Art. 1º Fica delegada competência aos Ministros de Estado e ao Presidente do Banco Central do Brasil, vedada a subdelegação, para, no âmbito dos órgãos da administração pública federal direta, autárquica e fundacional que lhes são subordinados ou vinculados, observadas as disposições legais e regulamentares, especialmente a manifestação prévia e indispensável do órgão de assessoramento jurídico, praticar os seguintes atos: (Redação dada pelo Decreto n. 10.789, de 2021) I – julgar

Advogado-Geral da União. Precedentes: RE 633009 AgR, rel. Min. Ricardo Lewandowski, Segunda Turma, *DJe* 27-9-2011; RMS 24194, rel. Min. Luiz Fux, Primeira Turma, *DJe* 7-10-2011; MS 25518, rel. Min. Sepúlveda Pertence, Tribunal Pleno, *DJ* 10-8-2006, dentre outros. 2. *In casu*, a delegação de competência para a aplicação da sanção de demissão e cassação de aposentadoria ou disponibilidade de servidor restou incólume, na medida em que a imposição da penalidade máxima decorreu de ato do Ministro de Estado da Justiça. 3. A Portaria Inaugural do Processo Administrativo Disciplinar foi determinada pelo Diretor-Geral do Departamento Penitenciário Federal, que possui competência para instaurar o procedimento próprio para apurar faltas cometidas pelos seus subordinados, nos termos do art. 51, inciso XIV, do Regimento Interno do DEPEN, e art. 143 da Lei 8.112/1990. 4. O art. 149 da Lei 8.112/90 não veda a possibilidade da autoridade competente para a instauração de procedimento disciplinar convocar servidores oriundos de outro órgão, diverso da lotação dos acusados, para a composição da Comissão Processante. Deveras, impõe, somente, que o presidente indicado pela autoridade competente ocupe "cargo efetivo superior ou de mesmo nível, ou ter nível de escolaridade igual ou superior ao do indiciado", e que os membros sejam servidores estáveis, sem qualquer vínculo de parentesco ou afinidade com o acusado, o que não restou comprovado, no caso. 5. A inteligência do art. 142, I, da Lei 8.112/1990 reclama que o prazo prescricional da ação disciplinar é de 5 (cinco) anos quanto às infrações puníveis com demissão, cassação de aposentadoria ou disponibilidade e destituição de cargo em comissão. 6. A despeito do encerramento do primeiro processo administrativo, o fato é que, do dia em que a autoridade competente tomou ciência das condutas imputadas ao impetrante até a instauração do segundo processo administrativo disciplinar, não transcorreu o quinquênio previsto no art. 142, I, da Lei 8.112/90. 7. A conduta imputada ao impetrante se insere na previsão contida no inciso IX do art. 132 da Lei 8.112/90, na medida em que restou apurado no processo administrativo que o servidor revelou, indevidamente, vídeos sigilosos aos quais teve acesso apenas em razão do exercício do cargo de agente penitenciário federal. 8. A Comissão Processante tem o poder de indeferir a produção de provas impertinentes à apuração dos fatos, com supedâneo no art. 156, § 1º, da Lei 8.112/1990. 9. A oitiva de testemunha em lugar diverso daquele em que os acusados residem não acarretou, no caso concreto, prejuízo à defesa, mormente por ter sido notificada

---

processos administrativos disciplinares e aplicar penalidades, nas hipóteses de demissão e cassação de aposentadoria ou disponibilidade de servidores; II – exonerar de ofício os servidores ocupantes de cargos de provimento efetivo ou converter a exoneração em demissão; III – destituir ou converter a exoneração em destituição de cargo em comissão de integrantes do Grupo-Direção e Assessoramento Superiores, níveis 5 e 6, e de Chefe de Assessoria Parlamentar, código DAS-101.4; IV – reintegrar ex-servidores em cumprimento de decisão judicial (Redação dada pelo Decreto n. 8.468, de 2015). § 1ª O Ministro de Estado Chefe da Casa Civil da Presidência da República exercerá a delegação de competência prevista neste artigo quanto aos órgãos diretamente subordinados ao Presidente da República cujos titulares não sejam Ministros de Estado (Redação dada pelo Decreto n. 9.533, de 2018)."

cinco dias antes da audiência, de forma a conferir a possibilidade de exercer seu direito de participar da produção da prova, tendo sido, ainda, nomeado defensor *ad hoc*, ante a ausência de manifestação. 10. O mandado de segurança não se revela via adequada para avaliar em profundidade o acervo fático-probatório dos autos, especialmente no que se refere à oitiva das testemunhas, a acareação entre os acusados, a reinquirição de testemunhas e a expedição de ofício solicitando cópia dos depoimentos produzidos em processo criminal. 11. Agravo regimental a que se NEGA PROVIMENTO. (RMS 32811 AgR, Relator(a): Min. LUIZ FUX, Primeira Turma, julgado em 28-10-2016, PROCESSO ELETRÔNICO DJe-246 DIVULG 18-11-2016 PUBLIC 21-11-2016).

3.4.7.6.7. Da Prescrição

A Administração possui um prazo para impor as penalidades estudadas. Trata-se do prazo prescricional, que tem por objetivo dar concretude ao princípio da segurança jurídica, uma vez que o Poder Público não poderá impor penalidades aos seus servidores após o decurso dos seguintes prazos previstos no art. 142:

I – em 5 anos, quanto às infrações puníveis com demissão, cassação de aposentadoria ou disponibilidade e destituição de cargo em comissão;

II – em 2 anos, quanto à suspensão;

III – em 180 dias, quanto à advertência.

CUIDADO! O prazo de prescrição começa a correr da data em que o fato se tornou conhecido e não de quando foi praticado.

Ademais, se a infração administrativa for também tipificada como crime, prevalecerá o prazo prescricional da lei penal. Ex.: os crimes contra a Administração Pública representam ao mesmo tempo infração penal e administrativa. Nesse caso, prevalece o prazo prescricional da lei penal.

Sobre o tema, importante lembrar o posicionamento do Superior Tribunal de Justiça no sentido de que o prazo prescricional previsto na lei penal se aplica às infrações disciplinares também capituladas como crime independentemente da apuração criminal da conduta do servidor:

"ADMINISTRATIVO. MANDADO DE SEGURANÇA. SERVIDOR PÚBLICO. PAD. FATO APURADO: VALER-SE DO CARGO PARA LOGRAR PROVEITO PESSOAL OU DE OUTREM, EM DETRIMENTO DA DIGNIDADE DA FUNÇÃO PÚBLICA, POR IMPROBIDADE ADMINISTRATIVA, E POR LESÃO AOS COFRES PÚBLICOS E DILAPIDAÇÃO DO PATRIMÔNIO NACIONAL (ARTS. 359-B; 359-D; 163; 299; 312, § 1º E 317 DO CÓDIGO PENAL). PENA APLICADA: EXONERAÇÃO DO CARGO EM COMISSÃO. INFRAÇÃO DISCIPLINAR TAMBÉM PREVISTA COMO CRIME, MAS SEM NOTÍCIA DE INSTAURAÇÃO DA AÇÃO PENAL CORRESPONDENTE. PRESCRIÇÃO

AFASTADA PELA EGRÉGIA PRIMEIRA SEÇÃO. CERCEAMENTO DE DEFESA. INEXISTÊNCIA. PREJUÍZOS NÃO DEMONSTRADOS PELA IMPETRANTE. ORDEM DENEGADA.

1. Em primeiro lugar, quanto à preliminar da prescrição, me manifestei pela sua consumação. Entretanto, a egrégia Primeira Seção, na assentada de 22-5-2019, superando seu posicionamento anterior sobre o tema, firmou orientação de que, diante da rigorosa independência das esferas administrativa e criminal, não se pode entender que a existência de apuração criminal é pré-requisito para a utilização do prazo prescricional penal.

2. Quanto ao mais, a impetrante alega a ocorrência de cerceamento de defesa, ao argumento de que, nem ela, nem os Advogados constituídos foram intimados da conclusão do PAD, com a publicação direta da Portaria de exoneração sem viabilizar a interposição de recurso (fls. 8). Acrescenta que só teve ciência do ato de exoneração através do ofício enviado para sua superior imediata.

3. Do que se extrai dos autos, a publicidade da pena de destituição do cargo em comissão se operou por meio da Portaria 5, de janeiro/2014, publicada no *DOU* de 2-3-2014.

4. Extrai-se, ainda, das informações trazidas às fls. 4.384, que, nos termos do documento de fls. 4.435 dos autos do Processo MS/SIPAR 25000.494844/2009-87 (doc. 01. em anexo), a impetrante foi, sim, intimada acerca do Julgamento proferido pelo Exmo. Sr. Ministro de Estado da Saúde. O referido documento data de 04 de fevereiro de 2014, e, até o presente momento, não se tem notícias da interposição de recurso administrativo por parte da servidora.

5. Assim, não há como se reconhecer a nulidade do Processo Administrativo Disciplinar, que pressupõe a efetiva e suficiente comprovação do prejuízo ao direito da defesa, por força do princípio *pas de nullité sans grief*.

6. Ordem denegada, com ressalva das vias ordinárias." (MS 20.857/DF, Rel. Ministro NAPOLEÃO NUNES MAIA FILHO, PRIMEIRA SEÇÃO, julgado em 28-8-2019, *DJe* 6-9-2019).

A abertura de *sindicância* ou a instauração de *processo disciplinar interrompe* a prescrição, até a decisão final proferida por autoridade competente. Esta é a redação do art. 142, § 4º, da Lei n. 8.112/90, e, da forma como foi redigida, parece ser possível um processo administrativo disciplinar instaurado em 2015, cuja conclusão ocorra em 2025, em contradição ao princípio da segurança jurídica. Ledo engano.

APROFUNDANDO! O STF entende que, se a Administração não encerrar o processo administrativo contra o servidor no prazo de 140 dias, a prescrição começa a correr (RMS 30.716, AgR/DF). Mas, por que 140 dias? Porque representa: 60 dias + 60 dias para processar + 20 dias para julgar (o tema será estudado no próximo subitem).

No mesmo sentido, está a posição do STJ que editou a Súmula 635 nos seguintes termos: "Os prazos prescricionais previstos no art. 142 da Lei n. 8.112/1990 iniciam-se na data em que a autoridade competente para a abertura do procedimento administrativo toma conhecimento do fato, interrompem-se com o primeiro ato de instauração válido – sindicância de caráter punitivo ou processo disciplinar – e voltam a fluir por inteiro, após decorridos 140 dias desde a interrupção" (Primeira Seção, julgado em 12-6-2019, *DJe* 17-6-2019).

3.4.7.6.8. Procedimentos Administrativos para Apuração de Faltas Disciplinares e Punição do Servidor

Com o advento da Constituição Federal de 1988 e a inclusão do contraditório e da ampla defesa como direitos fundamentais (art. 5º, LIV), foi colocado fim à denominada "verdade sabida", isto é, a autoridade competente tinha o poder de demitir o servidor sem o direito de defesa.

Assim, imprescindível o estudo dos procedimentos administrativos existentes para apurar faltas disciplinares e punir servidores: (a) sindicância; (b) processo administrativo disciplinar – PAD; (c) PAD rito sumário.

a) Sindicância

A sindicância possui dupla finalidade: investigativa e punitiva.

Espécies de sindicância: (i) Sindicância investigativa: meio sumário de apuração de infração disciplinar sem imposição de penalidade; (ii) Sindicância investigativa e punitiva: meio sumário de apuração de infração disciplinar e imposição de *penalidades leves (advertência e suspensão de até 30 dias)*.

Outrossim, a sindicância poderá ter as seguintes consequências: (i) arquivamento: quando não constatar a ocorrência de infração disciplinar ou a identificação da autoria; (ii) aplicação de penalidades leves (advertência ou suspensão de até 30 dias); (iii) instauração de processo administrativo disciplinar: quando se chegar à conclusão de que há necessidade de imposição de penalidades mais graves.

Por fim, cumpre ressaltar que a sindicância deverá ser concluída no prazo de 30 dias, podendo ser prorrogado por igual período, a critério da autoridade superior.

APROFUNDANDO! Tanto o STF como o STJ entendem que a sindicância, quando for meramente investigativa (sem imposição de penalidade) ou preparatória de PAD, não precisa conferir direito ao contraditório nem à ampla defesa (STF – RMS 26.274 AgR/DF; STJ – MS 20.682/DF):

> Agravo regimental em recurso ordinário em mandado de segurança. Servidor público. Demissão. Sindicância e processo administrativo. Ampla defesa e contraditório. Ausência de violação. Impossibilidade de reexame do conjunto fático probatório. Agravo regimental a que se nega provimento. 1. Esta Corte já

pacificou o entendimento de que a sindicância é procedimento preparatório ao processo administrativo disciplinar, não cabendo alegar, em seu decorrer, a violação dos princípios do contraditório e da ampla defesa. 2. O debate acerca da ilicitude das provas utilizadas no procedimento administrativo, da inobservância do princípio da publicidade e do excesso de poder na apuração dos fatos necessariamente implica o revolvimento do conjunto fático probatório relativo ao desenvolvimento do processo administrativo e da penalidade imposta. Impossibilidade de dilação probatória na via mandamental, pois inconciliável com seu rito. Ausência de direito líquido e certo. 3. Agravo regimental a que nega provimento. (RMS 26274 AgR, Relator(a): Min. DIAS TOFFOLI, Primeira Turma, julgado em 22-5-2012, ACÓRDÃO ELETRÔNICO DJe-112 DIVULG 8-6-2012 PUBLIC 11-6-2012).

ADMINISTRATIVO. MANDADO DE SEGURANÇA. PROCESSO ADMINISTRATIVO DISCIPLINAR. CASSAÇÃO DE APOSENTADORIA. DELEGADO DA POLÍCIA FEDERAL. LITISPENDÊNCIA. EXISTÊNCIA QUANTO A ALGUMAS CAUSAS DE PEDIR. PRETENSÃO DE DECLARAR A NULIDADE DO PROCESSO POR INOBSERVÂNCIA DA LEI 4.878/1965. COMISSÃO TEMPORÁRIA. PRETENSÃO FULMINADA PELA PRESCRIÇÃO QUINQUENAL DO DECRETO 20.910/1932. PROVAS SUFICIENTES PARA FORMAR A CONVICÇÃO QUANTO À MATERIALIDADE E AUTORIA. SEGURANÇA DENEGADA.

[...]

5. Este Tribunal Superior consagrou o entendimento de que na sindicância instaurada com caráter meramente investigatório (inquisitorial) ou preparatório de um processo administrativo disciplinar (PAD), é dizer, aquela que visa a apurar a ocorrência de infrações administrativas sem estar dirigida, desde logo, à aplicação de sanção ao servidor público, é dispensável a observância das garantias do contraditório e da ampla defesa, sendo prescindível a presença obrigatória do investigado. Precedentes.

[...]

10. Segurança denegada. (MS 20.682/DF, rel. Ministro HERMAN BENJAMIN, PRIMEIRA SEÇÃO, julgado em 14-12-2016, DJe 19-12-2016).

b) Processo Administrativo Disciplinar (PAD)

É meio de apuração de infração disciplinar e *obrigatório* para a *imposição de penalidades graves e médias* (demissão, cassação de aposentadoria ou disponibilidade, destituição de cargo em comissão e suspensão superior a 30 dias).

Por mais que seja obrigatório o PAD para a imposição de penas graves e médias, não há qualquer impedimento legal para a utilização desse procedimento para a aplicação de pena leve. Dessa forma, as penas leves poderão ser impostas tanto por sindicância como por PAD. Já as penas graves e médias, somente por PAD.

O prazo para conclusão do PAD é de 60 dias, podendo ser prorrogado por igual período quando as circunstâncias o exigirem. Portanto, o prazo para o processamento pode ser de até 120 dias. Veremos em breve que a esse prazo adicionam-se mais 20 dias para o julgamento. Por isso, vimos acima que o STF entende que, se a Administração não encerrar o PAD em 140 dias (60 + 60 + 20 dias), a prescrição deixa de ficar no *status* de interrompida e começa a correr.

O Superior Tribunal de Justiça editou as seguintes súmulas a respeito do tema:

> Súmula 641 – A portaria de instauração do processo administrativo disciplinar prescinde da exposição detalhada dos fatos a serem apurados. (PRIMEIRA SEÇÃO, julgado em 18-2-2020, *DJe* 19-2-2020)
>
> Súmula 592 – "O excesso de prazo para a conclusão do processo administrativo disciplinar só causa nulidade se houver demonstração de prejuízo à defesa".

Como qualquer outro procedimento, o PAD é composto de fases. Assim, são fases desse procedimento:

> I – Fase de Instauração: dar-se-á com a publicação da portaria de constituição da comissão processante (3 servidores estáveis – art. 149 da Lei n. 8.112/90). O presidente da comissão deverá ser ocupante de cargo superior ou de mesmo nível do indiciado, ou ter nível de escolaridade igual ou superior ao deste.

Como medida cautelar e a fim de que o servidor não venha a influir na apuração da irregularidade, a autoridade instauradora do processo disciplinar poderá determinar o seu afastamento do exercício do cargo, pelo prazo de até 60 dias, sem prejuízo da remuneração (art. 147).

O afastamento preventivo poderá ser prorrogado por igual prazo, findo o qual cessarão os seus efeitos, ainda que não concluído o processo.

APROFUNDANDO! Apesar de a Lei n. 8.112/90 exigir a identificação e o endereço do denunciante (art. 144), o STJ entende que a denúncia anônima é permitida e não viola os princípios do contraditório, ampla defesa e devido processo legal. É o entendimento consolidado na Súmula 611:

> Desde que devidamente motivada e com amparo em investigação ou sindicância, é permitida a instauração de processo administrativo disciplinar com base em denúncia anônima, em face do poder-dever de autotutela imposto à Administração. Primeira Seção, aprovada em 9-5-2018, *DJe* 14-5-2018.

> II – Fase de Inquérito Administrativo: trata-se de fase composta das subfases – instrução, defesa e relatório.

Instrução: nesta fase serão apuradas as provas, bem como especificados os fatos imputados ao servidor.

APROFUNDANDO! É admitida no PAD prova emprestada de inquérito policial e do processo criminal, desde que conferidos os direitos ao contraditório e à ampla defesa (STJ, MS 15.907, 1ª Seção).

Superior Tribunal de Justiça, Súmula 591: "É permitida a "prova emprestada" no processo administrativo disciplinar, desde que devidamente autorizada pelo juízo competente e respeitados o contraditório e a ampla defesa".

Defesa: o servidor será citado para apresentar a sua defesa.

APROFUNDANDO! O STF consolidou posicionamento de que a presença de advogado no PAD é facultativa e não obrigatória ao editar a Súmula Vinculante 5: "A falta de defesa técnica por advogado no processo administrativo disciplinar não ofende a Constituição".

Relatório da comissão processante, que deverá ser conclusivo, isto é, deverá manifestar-se sobre a responsabilidade ou inocência do servidor.

> III – Fase de Julgamento: a autoridade competente possui o prazo de 20 dias para julgar.

A Lei n. 8.112/90 determina que julgamento acatará o relatório da comissão, salvo quando contrário às provas dos autos. Nesse caso, a autoridade julgadora poderá, motivadamente, agravar a penalidade proposta, abrandá-la ou isentar o servidor de responsabilidade (art. 168).

c) PAD em Rito Sumário

Trata-se de modalidade de procedimento para apuração e julgamento de servidor que *acumulou ilicitamente cargos públicos, abandonou cargo ou por sua inassiduidade habitual* (art. 133 da Lei n. 8.112/90).

Seu prazo máximo é de 30 dias, admitida a prorrogação por até 15 dias, razão do nome "rito sumário".

Por fim, a respeito de qualquer dos procedimentos administrativos citados, caberá pedido de reconsideração ou recurso hierárquico no prazo de 30 dias a contar da publicação ou ciência da decisão recorrida (art. 108).

No tocante ao servidor cedido, cumpre ressaltar o seguinte entendimento do Superior Tribunal de Justiça no julgamento do Mandado de Segurança n. 21.991:

MANDADO DE SEGURANÇA. PROCEDIMENTO ADMINISTRATIVO DISCIPLINAR. SERVIDOR EFETIVO CEDIDO. FASES. COMPETÊNCIA. CISÃO. POSSIBILIDADE. INSTAURAÇÃO E APURAÇÃO PELO ÓRGÃO CESSIONÁRIO. JULGAMENTO E EVENTUAL APLICAÇÃO DE SANÇÃO PELO ÓRGÃO CEDENTE.

1. A instauração de processo disciplinar contra servidor efetivo cedido deve

dar-se, preferencialmente, no órgão em que tenha sido praticada a suposta irregularidade. Contudo, o julgamento e a eventual aplicação de sanção só podem ocorrer no órgão ao qual o servidor efetivo estiver vinculado.

2. Ordem concedida. (MS 21.991/DF, rel. Ministro HUMBERTO MARTINS, rel. p/ Acórdão Ministro JOÃO OTÁVIO DE NORONHA, CORTE ESPECIAL, julgado em 16-11-2016, *DJe* 3-3-2017).

Por fim, não poderíamos deixar de mencionar as novidades trazidas pela Lei de Introdução às Normas do Direito Brasileiro afetos ao tema. Por força da Lei n. 13.655 de 25 de abril de 2018, foram inseridos dispositivos ao Decreto-lei n. 4.657, de 4 de setembro de 1942, dentre os quais destacamos:

"Art. 22, § 2º Na aplicação de sanções, serão consideradas a natureza e a gravidade da infração cometida, os danos que dela provierem para a administração pública, as circunstâncias agravantes ou atenuantes e os antecedentes do agente.

§ 3º As sanções aplicadas ao agente serão levadas em conta na dosimetria das demais sanções de mesma natureza e relativas ao mesmo fato."

Em relação ao previsto no parágrafo 2º do aludido art. 22, nenhuma novidade foi trazida pela lei de 2018, pois sempre esteve previsto na Lei n. 8112, por exemplo, a necessidade de se considerar no momento da aplicação de sanções a natureza e a gravidade da infração cometida, os danos que dela provierem para a administração pública, as circunstâncias agravantes ou atenuantes e os antecedentes do agente. É evidente que não é apenas o servidor público que pode ser punido pela Administração, mas a Lei n. 9784/99 também protege e sempre protegeu o administrado em geral por meio de suas disposições legais e principiologia, quando do momento de uma punição ao particular.

O § 3º do art. 22 sim pode ser considerado uma importante novidade, na medida em que a discricionariedade administrativa passa a ser condicionada no momento da escolha da penalidade ao exigir que as sanções aplicadas ao agente serão levadas em conta na dosimetria das demais sanções de mesma natureza e relativas ao mesmo fato.

3.4.7.6.9. Da Revisão do Processo

O processo disciplinar poderá ser revisto, a qualquer tempo, a pedido (do servidor) ou de ofício (pela Administração), quando se aduzirem *fatos novos ou circunstâncias suscetíveis de justificar a inocência do punido ou a inadequação da penalidade aplicada (art. 174).*

Em caso de falecimento, ausência ou desaparecimento do servidor, qualquer pessoa da família poderá requerer a revisão do processo (art. 174, § 1º). Por outro lado, no caso de incapacidade mental do servidor, a revisão será requerida pelo respectivo curador (art. 174, § 2º).

No processo revisional, o ônus da prova cabe ao requerente (art. 175). A *simples alegação de injustiça da penalidade não constitui fundamento para a revisão*, que requer elementos novos, ainda não apreciados no processo originário (art. 176).

No tocante à competência, o requerimento de revisão do processo será dirigido ao Ministro de Estado ou autoridade equivalente, que, se autorizar a revisão, encaminhará o pedido ao dirigente do órgão ou entidade onde se originou o processo disciplinar (art. 177). Deferida a petição, a autoridade competente providenciará a constituição de comissão, que possui o prazo de 60 dias para a conclusão dos trabalhos (art. 179).

O julgamento da revisão, por sua vez, caberá à autoridade que aplicou a penalidade, no prazo de 20 dias, contado do recebimento do processo (art. 181).

Julgada procedente a revisão, será declarada sem efeito a penalidade aplicada, restabelecendo-se todos os direitos do servidor, exceto em relação à destituição do cargo em comissão, que será convertida em exoneração (art. 182).

A vantagem de converter a penalidade de destituição de cargo em comissão na exoneração é a possibilidade de limpar a ficha funcional do servidor, na medida em que a exoneração não possui caráter de penalidade. O servidor não retornará à atividade, mas a penalidade de destituição de cargo em comissão será excluída da sua ficha funcional.

Da revisão do processo não poderá resultar agravamento de penalidade (princípio *non reformatio in pejus*).

Exemplo da vedação da *reformatio in pejus* ou da reforma para pior: servidor não concorda com a penalidade de suspensão que lhe foi imposta e entra com pedido de revisão. Do julgamento desse pedido, não poderá a Administração chegar à conclusão de que seria caso de demissão, visto que caracterizaria reforma para pior.

3.4.7.7. *Da Pensão*

Tendo em vista as alterações ocorridas na Lei n. 8.112 por força das Leis n. 13.135, de 2015, e 13.846, de 2019, entendemos por bem abrir um item nesse capítulo para tratar brevemente sobre o instituto pensão.

Prevê o art. 215 do Estatuto do Servidor Federal que por morte do servidor, os seus dependentes, nas hipóteses legais, fazem jus à pensão, observados os limites estabelecidos no inciso XI do *caput* do art. 37 da Constituição Federal (teto remuneratório) e no art. 2º da Lei n. 10.887/2004 que assim estabelece:

> "Art. 2º Aos dependentes dos servidores titulares de cargo efetivo e dos aposentados de qualquer dos Poderes da União, dos Estados, do Distrito Federal e dos Municípios, incluídas suas autarquias e fundações, falecidos a partir da data de publicação desta Lei, será concedido o benefício de pensão por morte, que será igual:
>
> I – à totalidade dos proventos percebidos pelo aposentado na data anterior à do óbito, até o limite máximo estabelecido para os benefícios do regime geral de previdência social, acrescida de 70% (setenta por cento) da parcela excedente a este limite; ou

> II – à totalidade da remuneração do servidor no cargo efetivo na data anterior à do óbito, até o limite máximo estabelecido para os benefícios do regime geral de previdência social, acrescida de 70% (setenta por cento) da parcela excedente a este limite, se o falecimento ocorrer quando o servidor ainda estiver em atividade.
>
> Parágrafo único. Aplica-se ao valor das pensões o limite previsto no art. 40, § 2º, da Constituição Federal."

São beneficiários das pensões: i) o cônjuge; ii) o cônjuge divorciado ou separado judicialmente ou de fato, com percepção de pensão alimentícia estabelecida judicialmente; iii) o companheiro ou companheira que comprove união estável como entidade familiar; iv) o filho de qualquer condição que atenda a um dos seguintes requisitos: a) seja menor de 21 (vinte e um) anos; b) seja inválido; c) tenha deficiência grave; ou d) tenha deficiência intelectual ou mental; v) a mãe e o pai que comprovem dependência econômica do servidor; e vi) o irmão de qualquer condição que comprove dependência econômica do servidor e atenda a um dos requisitos previstos no item iv (art. 217).

Sobre o tema cumpre informar que o enteado e o menor tutelado equiparam-se a filho mediante declaração do servidor e desde que comprovada dependência econômica, na forma estabelecida em regulamento (art. 217, § 3º).

Ademais, ocorrendo habilitação de vários titulares à pensão, o seu valor será distribuído em partes iguais entre os beneficiários habilitados (art. 218).

A pensão por morte será devida ao conjunto dos dependentes do segurado que falecer, aposentado ou não, a contar da data: I) do óbito, quando requerida em até 180 (cento e oitenta) dias após o óbito, para os filhos menores de 16 (dezesseis) anos, ou em até 90 (noventa) dias após o óbito, para os demais dependentes; II) do requerimento, quando requerida após o prazo previsto no inciso I do *caput* deste artigo; ou III) da decisão judicial, na hipótese de morte presumida (art. 219).

A concessão da pensão por morte não será protelada pela falta de habilitação de outro possível dependente e a habilitação posterior que importe em exclusão ou inclusão de dependente só produzirá efeito a partir da data da publicação da portaria de concessão da pensão ao dependente habilitado.

Ajuizada a ação judicial para reconhecimento da condição de dependente, este poderá requerer a sua habilitação provisória ao benefício de pensão por morte, exclusivamente para fins de rateio dos valores com outros dependentes, vedado o pagamento da respectiva cota até o trânsito em julgado da respectiva ação, ressalvada a existência de decisão judicial em contrário.

Nas ações em que for parte o ente público responsável pela concessão da pensão por morte, este poderá proceder de ofício à habilitação excepcional da referida pensão, apenas para efeitos de rateio, descontando-se os valores referentes a esta habilitação das demais cotas, vedado o pagamento da respectiva cota até o trânsito em julgado da respectiva ação, ressalvada a existência de decisão judicial em contrário.

Julgada improcedente a citada ação judicial, o valor retido será corrigido pelos índices legais de reajustamento e será pago de forma proporcional aos demais dependentes, de acordo com as suas cotas e o tempo de duração de seus benefícios.

Em qualquer hipótese, fica assegurada ao órgão concessor da pensão por morte a cobrança dos valores indevidamente pagos em função de nova habilitação.

São hipóteses de perda do direito à pensão por morte: I) após o trânsito em julgado, o beneficiário condenado pela prática de crime de que tenha dolosamente resultado a morte do servidor; II) o cônjuge, o companheiro ou a companheira se comprovada, a qualquer tempo, simulação ou fraude no casamento ou na união estável, ou a formalização desses com o fim exclusivo de constituir benefício previdenciário, apuradas em processo judicial no qual será assegurado o direito ao contraditório e à ampla defesa (art. 220).

A pensão poderá ser concedida de forma provisória no caso de morte presumida do servidor, nos seguintes casos: I) declaração de ausência, pela autoridade judiciária competente; II) desaparecimento em desabamento, inundação, incêndio ou acidente não caracterizado como em serviço; III) desaparecimento no desempenho das atribuições do cargo ou em missão de segurança (art. 221).

A citada pensão provisória será transformada em vitalícia ou temporária, conforme o caso, decorridos 5 (cinco) anos de sua vigência, ressalvado o eventual reaparecimento do servidor, hipótese em que o benefício será automaticamente cancelado.

Com efeito, acarretará a perda da qualidade de beneficiário: I) o seu falecimento; II) a anulação do casamento, quando a decisão ocorrer após a concessão da pensão ao cônjuge; III) a cessação da invalidez, em se tratando de beneficiário inválido, ou o afastamento da deficiência, em se tratando de beneficiário com deficiência, respeitados os períodos mínimos decorrentes da aplicação das alíneas *a* e *b* do item VII abaixo; IV) o implemento da idade de 21 (vinte e um) anos, pelo filho ou irmão; V) a acumulação de pensão nos seguintes termos: a) percepção cumulativa de pensão deixada por mais de um cônjuge ou companheiro ou companheira; e, b) de mais de 2 (duas) pensões; VI) a renúncia expressa; e VII) em relação aos beneficiários de que tratam os itens I a III acima: a) o decurso de 4 (quatro) meses, se o óbito ocorrer sem que o servidor tenha vertido 18 (dezoito) contribuições mensais ou se o casamento ou a união estável tiverem sido iniciados em menos de 2 (dois) anos antes do óbito do servidor; b) o decurso dos seguintes períodos, estabelecidos de acordo com a idade do pensionista na data de óbito do servidor, depois de vertidas 18 (dezoito) contribuições mensais e pelo menos 2 (dois) anos após o início do casamento ou da união estável: 1) 3 (três) anos, com menos de 21 (vinte e um) anos de idade; 2) 6 (seis) anos, entre 21 (vinte e um) e 26 (vinte e seis) anos de idade; 3) 10 (dez) anos, entre 27 (vinte e sete) e 29 (vinte e nove) anos de idade; 4) 15 (quinze) anos, entre 30 (trinta) e 40 (quarenta) anos de idade; 5) 20 (vinte) anos, entre 41 (quarenta e um) e 43 (quarenta e três) anos de idade; 6) vitalícia, com 44 (quarenta e quatro) ou mais anos de idade (art. 222).

A critério da administração, o beneficiário de pensão cuja preservação seja motivada por invalidez, por incapacidade ou por deficiência poderá ser convocado a qualquer momento para avaliação das referidas condições.

Após o transcurso de pelo menos 3 (três) anos e desde que nesse período se verifique o incremento mínimo de um ano inteiro na média nacional única, para ambos os sexos, correspondente à expectativa de sobrevida da população brasileira ao nascer, poderão ser fixadas, em números inteiros, novas idades para os fins previstos na letra "b" do item VII acima, em ato do Ministro de Estado do Planejamento, Orçamento e Gestão, limitado o acréscimo na comparação com as idades anteriores ao referido incremento.

O tempo de contribuição a Regime Próprio de Previdência Social (RPPS) ou ao Regime Geral de Previdência Social (RGPS) será considerado na contagem das 18 (dezoito) contribuições mensais acima referidas.

Na hipótese de o servidor falecido estar, na data de seu falecimento, obrigado por determinação judicial a pagar alimentos temporários a ex-cônjuge, ex-companheiro ou ex-companheira, a pensão por morte será devida pelo prazo remanescente na data do óbito, caso não incida outra hipótese de cancelamento anterior do benefício.

O exercício de atividade remunerada, inclusive na condição de microempreendedor individual, não impede a concessão ou manutenção da cota da pensão de dependente com deficiência intelectual ou mental ou com deficiência grave.

No ato de requerimento de benefícios previdenciários, não será exigida apresentação de termo de curatela de titular ou de beneficiário com deficiência, observados os procedimentos a serem estabelecidos em regulamento.

No caso de morte ou perda da qualidade de beneficiário, a respectiva cota reverterá para os cobeneficiários (art. 223).

As pensões serão automaticamente atualizadas na mesma data e na mesma proporção dos reajustes dos vencimentos dos servidores da ativa (art. 224).

Por fim, e conforme acima mencionado, ressalvado o direito de opção, é vedada a percepção cumulativa de pensão deixada por mais de um cônjuge ou companheiro ou companheira e de mais de 2 (duas) pensões (art. 225).

3.5. Ética no Serviço Público

O Decreto n. 1.171, de 22 de junho de 1994, aprovou o Código de Ética Profissional do Servidor Público Civil do Poder Executivo Federal.

Um primeiro ponto a ser estudado sobre o assunto envolve as chamadas Regras Deontológicas, ou seja, regras de cunho moral do servidor como profissional e como membro da sociedade que é. O citado Decreto elenca as regras deontológicas:

I – A dignidade, o decoro, o zelo, a eficácia e a consciência dos princípios morais são primados maiores que devem nortear o servidor público, seja no exercício do cargo ou função, ou fora dele, já que refletirá o exercício da vocação do próprio poder estatal. Seus atos, comportamentos e atitudes serão direcionados para a preservação da honra e da tradição dos serviços públicos.

II – O servidor público não poderá jamais desprezar o elemento ético de sua conduta. Assim, não terá que decidir somente entre o legal e o ilegal, o justo e o injusto, o conveniente e o inconveniente, o oportuno e o inoportuno, mas principalmente entre o honesto e o desonesto, consoante as regras contidas no art. 37, *caput*, e § 4º, da Constituição Federal.

III – A moralidade da Administração Pública não se limita à distinção entre o bem e o mal, devendo ser acrescida da ideia de que o fim é sempre o bem comum. O equilíbrio entre a legalidade e a finalidade, na conduta do servidor público, é que poderá consolidar a moralidade do ato administrativo.

IV – A remuneração do servidor público é custeada pelos tributos pagos direta ou indiretamente por todos, até por ele próprio, e por isso se exige, como contrapartida, que a moralidade administrativa se integre no Direito, como elemento indissociável de sua aplicação e de sua finalidade, erigindo-se, como consequência, em fator de legalidade.

V – O trabalho desenvolvido pelo servidor público perante a comunidade deve ser entendido como acréscimo ao seu próprio bem-estar, já que, como cidadão, integrante da sociedade, o êxito desse trabalho pode ser considerado como seu maior patrimônio.

VI – A função pública deve ser tida como exercício profissional e, portanto, se integra na vida particular de cada servidor público. Assim, os fatos e atos verificados na conduta do dia a dia em sua vida privada poderão acrescer ou diminuir o seu bom conceito na vida funcional.

VII – Salvo os casos de segurança nacional, investigações policiais ou interesse superior do Estado e da Administração Pública, a serem preservados em processo previamente declarado sigiloso, nos termos da lei, a publicidade de qualquer ato administrativo constitui requisito de eficácia e moralidade, ensejando sua omissão comprometimento ético contra o bem comum, imputável a quem a negar.

VIII – Toda pessoa tem direito à verdade. O servidor não pode omiti-la ou falseá-la, ainda que contrária aos interesses da própria pessoa interessada ou da Administração Pública. Nenhum Estado pode crescer ou estabilizar-se sobre o poder corruptivo do hábito do erro, da opressão ou da mentira, que sempre aniquilam até mesmo a dignidade humana quanto mais a de uma Nação.

IX – A cortesia, a boa vontade, o cuidado e o tempo dedicados ao serviço público caracterizam o esforço pela disciplina. Tratar mal uma pessoa que paga seus tributos direta ou indiretamente significa causar-lhe dano moral. Da mesma forma, causar dano a qualquer bem pertencente ao patrimônio público, deteriorando-o, por descuido ou má vontade, não constitui apenas uma ofensa ao equipamento e às instalações ou ao Estado, mas a todos os homens de boa vontade que dedicaram sua inteligência, seu tempo, suas esperanças e seus esforços para construí-los.

X – Deixar o servidor público qualquer pessoa à espera de solução que compete ao setor em que exerça suas funções, permitindo a formação de longas filas, ou qualquer outra espécie de atraso na prestação do serviço, não caracteriza apenas atitude contra a ética ou ato de desumanidade, mas principalmente grave dano moral aos usuários dos serviços públicos.

XI – O servidor deve prestar toda a sua atenção às ordens legais de seus superiores, velando atentamente por seu cumprimento, e, assim, evitando a conduta negligente. Os repetidos erros, o descaso e o acúmulo de desvios tornam-se, às vezes, difíceis de corrigir e caracterizam até mesmo imprudência no desempenho da função pública.

XII – Toda ausência injustificada do servidor de seu local de trabalho é fator de desmoralização do serviço público, o que quase sempre conduz à desordem nas relações humanas.

XIII – O servidor que trabalha em harmonia com a estrutura organizacional, respeitando seus colegas e cada concidadão, colabora e de todos pode receber colaboração, pois sua atividade pública é a grande oportunidade para o crescimento e o engrandecimento da Nação.

Outro ponto relevante que merece nossa atenção são os Principais Deveres do Servidor Público insertos no Decreto n. 1.171/94:

a) desempenhar, a tempo, as atribuições do cargo, função ou emprego público de que seja titular;

b) exercer suas atribuições com rapidez, perfeição e rendimento, pondo fim ou procurando prioritariamente resolver situações procrastinatórias, principalmente diante de filas ou de qualquer outra espécie de atraso na prestação dos serviços pelo setor em que exerça suas atribuições, com o fim de evitar dano moral ao usuário;

c) ser probo, reto, leal e justo, demonstrando toda a integridade do seu caráter, escolhendo sempre, quando estiver diante de duas opções, a melhor e a mais vantajosa para o bem comum;

d) jamais retardar qualquer prestação de contas, condição essencial da gestão dos bens, direitos e serviços da coletividade a seu cargo;

e) tratar cuidadosamente os usuários dos serviços aperfeiçoando o processo de comunicação e contato com o público;

f) ter consciência de que seu trabalho é regido por princípios éticos que se materializam na adequada prestação dos serviços públicos;

g) ser cortês, ter urbanidade, disponibilidade e atenção, respeitando a capacidade e as limitações individuais de todos os usuários do serviço público, sem qualquer espécie de preconceito ou distinção de raça, sexo, nacionalidade, cor, idade, religião, cunho político e posição social, abstendo-se, dessa forma, de causar-lhes dano moral;

h) ter respeito à hierarquia, porém sem nenhum temor de representar contra qualquer comprometimento indevido da estrutura em que se funda o Poder Estatal;

i) resistir a todas as pressões de superiores hierárquicos, de contratantes, interessados e outros que visem obter quaisquer favores, benesses ou vantagens indevidas em decorrência de ações imorais, ilegais ou aéticas e denunciá-las;

j) zelar, no exercício do direito de greve, pelas exigências específicas da defesa da vida e da segurança coletiva;

l) ser assíduo e frequente ao serviço, na certeza de que sua ausência provoca danos ao trabalho ordenado, refletindo negativamente em todo o sistema;

m) comunicar imediatamente a seus superiores todo e qualquer ato ou fato contrário ao interesse público, exigindo as providências cabíveis;

n) manter limpo e em perfeita ordem o local de trabalho, seguindo os métodos mais adequados à sua organização e distribuição;

o) participar dos movimentos e estudos que se relacionem com a melhoria do exercício de suas funções, tendo por escopo a realização do bem comum;

p) apresentar-se ao trabalho com vestimentas adequadas ao exercício da função;

q) manter-se atualizado com as instruções, as normas de serviço e a legislação pertinentes ao órgão onde exerce suas funções;

r) cumprir, de acordo com as normas do serviço e as instruções superiores, as tarefas de seu cargo ou função, tanto quanto possível, com critério, segurança e rapidez, mantendo tudo sempre em boa ordem;

s) facilitar a fiscalização de todos atos ou serviços por quem de direito;

t) exercer com estrita moderação as prerrogativas funcionais que lhe sejam atribuídas, abstendo-se de fazê-lo contrariamente aos legítimos interesses dos usuários do serviço público e dos jurisdicionados administrativos;

u) abster-se, de forma absoluta, de exercer sua função, poder ou autoridade com finalidade estranha ao interesse público, mesmo que observando as formalidades legais e não cometendo qualquer violação expressa à lei;

v) divulgar e informar a todos os integrantes da sua classe sobre a existência deste Código de Ética, estimulando o seu integral cumprimento.

As vedações ao Servidor Público também estão presentes no Código de Ética do Servidor, sendo:

a) o uso do cargo ou função, facilidades, amizades, tempo, posição e influências, para obter qualquer favorecimento, para si ou para outrem;

b) prejudicar deliberadamente a reputação de outros servidores ou de cidadãos que deles dependam;

c) ser, em função de seu espírito de solidariedade, conivente com erro ou infração a este Código de Ética ou ao Código de Ética de sua profissão;

d) usar de artifícios para procrastinar ou dificultar o exercício regular de direito por qualquer pessoa, causando-lhe dano moral ou material;

e) deixar de utilizar os avanços técnicos e científicos ao seu alcance ou do seu conhecimento para atendimento do seu mister;

f) permitir que perseguições, simpatias, antipatias, caprichos, paixões ou interesses de ordem pessoal interfiram no trato com o público, com os jurisdicionados administrativos ou com colegas hierarquicamente superiores ou inferiores;

g) pleitear, solicitar, provocar, sugerir ou receber qualquer tipo de ajuda financeira, gratificação, prêmio, comissão, doação ou vantagem de qualquer espécie, para si, familiares ou qualquer pessoa, para o cumprimento da sua missão ou para influenciar outro servidor para o mesmo fim;

h) alterar ou deturpar o teor de documentos que deva encaminhar para providências;

i) iludir ou tentar iludir qualquer pessoa que necessite do atendimento em serviços públicos;

j) desviar servidor público para atendimento a interesse particular;

l) retirar da repartição pública, sem estar legalmente autorizado, qualquer documento, livro ou bem pertencente ao patrimônio público;

m) fazer uso de informações privilegiadas obtidas no âmbito interno de seu serviço, em benefício próprio, de parentes, de amigos ou de terceiros;

n) apresentar-se embriagado no serviço ou fora dele habitualmente;

o) dar o seu concurso a qualquer instituição que atente contra a moral, a honestidade ou a dignidade da pessoa humana;

p) exercer atividade profissional aética ou ligar o seu nome a empreendimentos de cunho duvidoso.

As Comissões de Ética serão as responsáveis para apurar eventuais infrações ao Decreto n. 1.171/94.

Sobre o tema, o Código de Ética determina que em todos os órgãos e entidades da Administração Pública Federal direta, indireta, autárquica e fundacional, ou em qualquer órgão ou entidade que exerça atribuições delegadas pelo poder público, deverá ser criada uma Comissão de Ética, encarregada de orientar e aconselhar sobre a ética profissional do servidor, no tratamento com as pessoas e com o patrimônio público, competindo-lhe conhecer concretamente de imputação ou de procedimento susceptível de censura.

À Comissão de Ética incumbe fornecer, aos organismos encarregados da execução do quadro de carreira dos servidores, os registros sobre sua conduta ética, para o efeito de instruir e fundamentar promoções e para todos os demais procedimentos próprios da carreira do servidor público.

Na medida em que não adianta impor deveres sem a existência de punição, estabelece o Decreto n. 1.171/94 que a pena aplicável ao servidor público pela Comissão de Ética é a de censura e sua fundamentação constará do respectivo parecer, assinado por todos os seus integrantes, com ciência do faltoso.

Ademais, para fins de apuração do comprometimento ético, entende-se por servidor público todo aquele que, por força de lei, contrato ou de qualquer ato jurídico, preste serviços de natureza permanente, temporária ou excepcional, ainda que sem retribuição financeira, desde que ligado direta ou indiretamente a qualquer órgão do poder estatal, como as autarquias, as fundações públicas, as entidades paraestatais, as empresas públicas e as sociedades de economia mista, ou em qualquer setor onde prevaleça o interesse do Estado. Percebam que também para o Código de Ética a conotação de Agente Público é ampla e representa o gênero, conforme visto no início deste capítulo.

No tocante à ética no serviço público, destaca-se ainda o Decreto n. 6.029, de 1º de fevereiro de 2007, que instituiu o Sistema de Gestão da Ética do Poder Executivo Federal, e dá outras providências.

Nos termos do artigo inaugural do aludido Decreto, fica instituído o Sistema de Gestão da Ética do Poder Executivo Federal, com a finalidade de promover atividades que dispõem sobre a conduta ética no âmbito do Executivo Federal, competindo-lhe:

I – integrar os órgãos, programas e ações relacionadas com a ética pública;

II – contribuir para a implementação de políticas públicas tendo a transparência e o acesso à informação como instrumentos fundamentais para o exercício de gestão da ética pública;

III – promover, com apoio dos segmentos pertinentes, a compatibilização e interação de normas, procedimentos técnicos e de gestão relativos à ética pública;

IV – articular ações com vistas a estabelecer e efetivar procedimentos de incentivo e incremento ao desempenho institucional na gestão da ética pública do Estado brasileiro.

Integram o Sistema de Gestão da Ética do Poder Executivo Federal:

I – a Comissão de Ética Pública – CEP, instituída pelo Decreto de 26 de maio de 1999;

II – as Comissões de Ética de que trata o Decreto n. 1.171, de 22 de junho de 1994; e

III – as demais Comissões de Ética e equivalentes nas entidades e órgãos do Poder Executivo Federal.

A Comissão de Ética Pública será integrada por sete brasileiros que preencham os requisitos de idoneidade moral, reputação ilibada e notória experiência em administração pública, designados pelo Presidente da República, para mandatos de três anos, não coincidentes, permitida uma única recondução.

A atuação no âmbito da Comissão de Ética Pública não enseja qualquer remuneração para seus membros e os trabalhos nela desenvolvidos são considerados prestação de relevante serviço público. Ademais, destaca-se que o Presidente terá o voto de qualidade (minerva) nas deliberações da Comissão.

Os mandatos dos primeiros membros serão de um, dois e três anos, estabelecidos no decreto de designação.

À Comissão de Ética Pública compete:

I – atuar como instância consultiva do Presidente da República e Ministros de Estado em matéria de ética pública;

II – administrar a aplicação do Código de Conduta da Alta Administração Federal, devendo: a) submeter ao Presidente da República medidas para seu aprimoramento; b) dirimir dúvidas a respeito de interpretação de suas normas, deliberando sobre casos omissos; c) apurar, mediante denúncia, ou de ofício, condutas em desacordo com as normas nele previstas, quando praticadas pelas autoridades a ele submetidas;

III – dirimir dúvidas de interpretação sobre as normas do Código de Ética Profissional do Servidor Público Civil do Poder Executivo Federal de que trata o Decreto n. 1.171, de 1994;

IV – coordenar, avaliar e supervisionar o Sistema de Gestão da Ética Pública do Poder Executivo Federal;

V – aprovar o seu regimento interno; e

VI – escolher o seu Presidente.

A Comissão de Ética Pública contará com uma Secretaria-Executiva, vinculada à Casa Civil da Presidência da República, à qual competirá prestar o apoio técnico e administrativo aos trabalhos da Comissão.

No tocante à Comissão de Ética de que trata o Decreto n. 1.171, de 1994, cumpre ressaltar que será integrada por três membros titulares e três suplentes, escolhidos entre servidores e empregados do seu quadro permanente, e designados pelo dirigente máximo da respectiva entidade ou órgão, para mandatos não coincidentes de três anos.

É dever do titular de entidade ou órgão da Administração Pública Federal, direta e indireta:

I – assegurar as condições de trabalho para que as Comissões de Ética cumpram suas funções, inclusive para que do exercício das atribuições de seus integrantes não lhes resulte qualquer prejuízo ou dano;

II – conduzir em seu âmbito a avaliação da gestão da ética conforme processo coordenado pela Comissão de Ética Pública.

Já em relação às Comissões de Ética de que tratam o Decreto no 1.171 e demais Comissões de Ética e equivalentes nas entidades e órgãos do Poder Executivo Federal, compete:

I – atuar como instância consultiva de dirigentes e servidores no âmbito de seu respectivo órgão ou entidade;

II – aplicar o Código de Ética Profissional do Servidor Público Civil do Poder Executivo Federal, aprovado pelo Decreto 1.171, de 1994, devendo: a) submeter à Comissão de Ética Pública propostas para seu aperfeiçoamento; b) dirimir dúvidas a respeito da interpretação de suas normas e deliberar sobre casos omissos; c) apurar, mediante denúncia ou de ofício, conduta em desacordo com as normas éticas pertinentes; e d) recomendar, acompanhar e avaliar, no âmbito do órgão ou entidade a que estiver vinculada, o desenvolvimento de ações objetivando a disseminação, capacitação e treinamento sobre as normas de ética e disciplina;

III – representar a respectiva entidade ou órgão na Rede de Ética do Poder Executivo Federal a que se refere o art. 9º; e

IV – supervisionar a observância do Código de Conduta da Alta Administração Federal e comunicar à CEP situações que possam configurar descumprimento de suas normas.

Cada Comissão de Ética contará com uma Secretaria-Executiva, vinculada administrativamente à instância máxima da entidade ou órgão, para cumprir plano de trabalho por ela aprovado e prover o apoio técnico e material necessário ao cumprimento das suas atribuições.

As Secretarias-Executivas das Comissões de Ética serão chefiadas por servidor ou empregado do quadro permanente da entidade ou órgão, ocupante de cargo de direção compatível com sua estrutura, alocado sem aumento de despesas.

No tocante às instâncias superiores dos órgãos e entidades do Poder Executivo Federal, abrangendo a administração direta e indireta, compete-lhes:

I – observar e fazer observar as normas de ética e disciplina;

II – constituir Comissão de Ética;

III – garantir os recursos humanos, materiais e financeiros para que a Comissão cumpra com suas atribuições; e

IV – atender com prioridade às solicitações da Comissão de Ética Pública.

Fica constituída, ainda nos termos do Decreto n. 6.029/2007, a Rede de Ética do Poder Executivo Federal, integrada pelos representantes das Comissões de Ética de que tratam os incisos I, II e III do art. 2º (Comissões do Decreto n. 1.171 e demais do Poder Executivo Federal), com o objetivo de promover a cooperação técnica e a avaliação em gestão da ética.

Os integrantes da Rede de Ética se reunirão sob a coordenação da Comissão de Ética Pública, pelo menos uma vez por ano, em fórum específico, para avaliar o programa e as ações para a promoção da ética na administração pública.

Os trabalhos da Comissão de Ética Pública e das demais Comissões de Ética devem ser desenvolvidos com celeridade e observância dos seguintes princípios:

I – proteção à honra e à imagem da pessoa investigada;

II – proteção à identidade do denunciante, que deverá ser mantida sob reserva, se este assim o desejar; e

III – independência e imparcialidade dos seus membros na apuração dos fatos, com as garantias asseguradas neste Decreto.

Qualquer cidadão, agente público, pessoa jurídica de direito privado, associação ou entidade de classe poderá provocar a atuação da CEP ou de Comissão de Ética, visando à apuração de infração ética imputada a agente público, órgão ou setor específico de ente estatal.

Mais uma vez, no Decreto n. 6.029/2007, entende-se por agente público o gênero, ou seja, todo aquele que, por força de lei, contrato ou qualquer ato jurídico, preste serviços de natureza permanente, temporária, excepcional ou eventual, ainda que sem retribuição financeira, a órgão ou entidade da administração pública federal, direta e indireta.

O processo de apuração de prática de ato em desrespeito ao preceituado no Código de Conduta da Alta Administração Federal e no Código de Ética Profissional do Servidor Público Civil do Poder Executivo Federal será instaurado, de ofício ou em razão de denúncia fundamentada, respeitando-se, sempre, as garantias do contraditório e da ampla defesa, pela Comissão de Ética Pública ou Comissões de Ética do Decreto n. 1.171 e demais Comissões de Ética existentes, que notificará o investigado para manifestar-se, por escrito, no prazo de dez dias.

O investigado poderá produzir prova documental necessária à sua defesa. As Comissões de Ética poderão requisitar os documentos que entenderem necessários à instrução probatória e, também, promover diligências e solicitar parecer de especialista.

Na hipótese de serem juntados aos autos da investigação, após a manifestação do acusado, novos elementos de prova, o investigado será notificado para nova manifestação, no prazo de dez dias.

Concluída a instrução processual, as Comissões de Ética proferirão decisão conclusiva e fundamentada. Se a conclusão for pela existência de falta ética, além das providências previstas no Código de Conduta da Alta Administração Federal e no Código de Ética Profissional do Servidor Público Civil do Poder Executivo Federal, as Comissões de Ética tomarão as seguintes providências, no que couber:

I – encaminhamento de sugestão de exoneração de cargo ou função de confiança à autoridade hierarquicamente superior ou devolução ao órgão de origem, conforme o caso;

II – encaminhamento, conforme o caso, para a Controladoria-Geral da União ou unidade específica do Sistema de Correição do Poder Executivo Federal de que trata o Decreto n. 5.480, de 30 de junho de 2005, para exame de eventuais transgressões disciplinares; e

III – recomendação de abertura de procedimento administrativo, se a gravidade da conduta assim o exigir.

Será mantido com a chancela de "reservado", até que esteja concluído, qualquer procedimento instaurado para apuração de prática em desrespeito às normas éticas.

Concluída a investigação e após a deliberação da Comissão de Ética Pública ou da Comissão de Ética do órgão ou entidade, os autos do procedimento deixarão de ser reservados.

Na hipótese de os autos estarem instruídos com documento acobertado por sigilo legal, o acesso a esse tipo de documento somente será permitido a quem detiver igual direito perante o órgão ou entidade originariamente encarregado da sua guarda.

Para resguardar o sigilo de documentos que assim devam ser mantidos, as Comissões de Ética, depois de concluído o processo de investigação, providenciarão para que tais documentos sejam desentranhados dos autos, lacrados e acautelados.

A qualquer pessoa que esteja sendo investigada é assegurado o direito de saber o que lhe está sendo imputado, de conhecer o teor da acusação e de ter vista dos autos, no recinto das Comissões de Ética, mesmo que ainda não tenha sido notificada da existência do procedimento investigatório. No direito ora mencionado inclui o de obter cópia dos autos e de certidão do seu teor.

Todo ato de posse, investidura em função pública ou celebração de contrato de trabalho, dos agentes públicos em sentido amplo, deverá ser acompanhado da prestação de compromisso solene de acatamento e observância das regras estabelecidas pelo Código de Conduta da Alta Administração Federal, pelo Código de Ética Profissional do Servidor Público Civil do Poder Executivo Federal e pelo Código de Ética do órgão ou entidade, conforme o caso.

A posse em cargo ou função pública que submeta a autoridade às normas do Código de Conduta da Alta Administração Federal deve ser precedida de consulta da autoridade à Comissão de Ética Pública, acerca de situação que possa suscitar conflito de interesses.

As Comissões de Ética não poderão escusar-se de proferir decisão sobre matéria de sua competência alegando omissão do Código de Conduta da Alta Administração Federal, do Código de Ética Profissional do Servidor Público Civil do Poder Executivo Federal ou do Código de Ética do órgão ou entidade, que, se existente, será suprida pela analogia e invocação aos princípios da legalidade, impessoalidade, moralidade, publicidade e eficiência.

Havendo dúvida quanto à legalidade, a Comissão de Ética competente deverá ouvir previamente a área jurídica do órgão ou entidade.

Cumpre à Comissão de Ética Pública responder a consultas sobre aspectos éticos que lhe forem dirigidas pelas demais Comissões de Ética e pelos órgãos e entidades que integram o Executivo Federal, bem como pelos cidadãos e servidores que venham a ser indicados para ocupar cargo ou função abrangida pelo Código de Conduta da Alta Administração Federal.

As Comissões de Ética, sempre que constatarem a possível ocorrência de ilícitos penais, civis, de improbidade administrativa ou de infração disciplinar, encaminharão cópia dos autos às autoridades competentes para apuração de tais fatos, sem prejuízo das medidas de sua competência.

As decisões das Comissões de Ética, na análise de qualquer fato ou ato submetido à sua apreciação ou por ela levantado, serão resumidas em ementa e, com a omissão dos nomes dos investigados, divulgadas no sítio do próprio órgão, bem como remetidas à Comissão de Ética Pública.

Os trabalhos nas Comissões de Ética do Decreto n. 1.171 e demais comissões de ética são considerados relevantes e têm prioridade sobre as atribuições próprias dos cargos dos seus membros, quando estes não atuarem com exclusividade na Comissão.

Os órgãos e entidades da Administração Pública Federal darão tratamento prioritário às solicitações de documentos necessários à instrução dos procedimentos de investigação instaurados pelas Comissões de Ética.

Na hipótese de haver inobservância do citado dever funcional, a Comissão de Ética adotará a recomendação de abertura de procedimento administrativo.

As autoridades competentes não poderão alegar sigilo para deixar de prestar informação solicitada pelas Comissões de Ética.

A infração de natureza ética cometida por membro de Comissão de Ética do Decreto n. 1.171 e demais comissões de ética será apurada pela Comissão de Ética Pública.

A Comissão de Ética Pública manterá banco de dados de sanções aplicadas pelas Comissões de Ética do Decreto n. 1.171 e demais comissões e de suas próprias sanções, para fins de consulta pelos órgãos ou entidades da administração pública federal, em casos de nomeação para cargo em comissão ou de alta relevância pública.

O banco de dados referido neste artigo engloba as sanções aplicadas a qualquer dos agentes públicos em sentido amplo (gênero).

Os representantes das Comissões de Ética do Decreto n. 1.171 e demais comissões atuarão como elementos de ligação com a Comissão de Ética Pública, que disporá em Resolução própria sobre as atividades que deverão desenvolver para o cumprimento desse mister.

As normas do Código de Conduta da Alta Administração Federal, do Código de Ética Profissional do Servidor Público Civil do Poder Executivo Federal e do Código de Ética do órgão ou entidade aplicam-se, no que couber, às autoridades e agentes públicos neles referidos, mesmo quando em gozo de licença.

Sobre o assunto destacam-se a Exposição dos Motivos n. 37, de 18-8-2000, o Código de Conduta da Alta Administração Federal. As normas deste Código aplicam-se às seguintes autoridades públicas:

I – Ministros e Secretários de Estado;

II – titulares de cargos de natureza especial, secretários executivos, secretários ou autoridades equivalentes ocupantes de cargo do Grupo-Direção e Assessoramento Superiores – DAS, nível 6;

III – presidentes e diretores de agências nacionais, autarquias, inclusive as especiais, fundações mantidas pelo Poder Público, empresas públicas e sociedades de economia mista.

Questões

1. (VUNESP – 2019 – IPREMM/SP – Procurador Jurídico) Assinale a alternativa que contempla corretamente dois exemplos de servidores públicos em sentido estrito.

a) Defensores Públicos e Procuradores do Estado.

b) Policiais e Peritos Judiciais.

c) Deputados e Mesários da Justiça Eleitoral.

d) Conciliadores do Poder Judiciário e Juízes togados.

e) Leiloeiros e Titulares de Cartório.

2. (FCC – 2018 – TRT 15ª Região/SP – Analista Judiciário – Psicologia) Após regular processo administrativo disciplinar, garantidos ao servidor público federal investigado o exercício do contraditório e da ampla defesa, restaram cabalmente comprovadas a materialidade e a autoria de infração disciplinar descrita na portaria inaugural, punível com demissão, nos termos da Lei n. 8.112/1990. Sobreveio aos autos informação de que o servidor processado, autor da infração, havia se aposentado voluntariamente durante a tramitação do processo. A autoridade competente, conforme estabelece a Lei n. 8.112/1990,

a) em razão da precedente aposentadoria, deverá aplicar a pena de demissão, mitigando-a para suspensão por 90 dias e determinando sua anotação no prontuário do servidor, para resguardo dos direitos da Administração.

b) deverá aplicar a pena de cassação de aposentadoria, mas, ato contínuo, cancelar seu registro, com efeitos retroativos à data da passagem para inatividade.

c) deverá declarar a extinção da punibilidade do servidor, em razão de sua precedente aposentadoria, exarando sentença absolutória imprópria.

d) deverá, em decisão motivada, aplicar ao servidor faltoso a pena de cassação de aposentadoria, na hipótese de considerar que não estão presentes os requisitos autorizadores de sua mitigação.

e) poderá escolher livremente entre aplicar as penas de advertência, suspensão em mitigação à penalidade de demissão ou de cassação de aposentadoria, justamente em razão da precedente passagem do servidor para inatividade.

3. (FCC – 2018 – TRT 15ª Região/SP – Analista Judiciário – Psicologia) Considere que hipoteticamente a autarquia federal Y entendeu por bem realizar concurso público para provimento de cargos públicos vagos previstos em sua estrutura organizacional, estabelecendo no edital que nos três primeiros anos de exercício os investidos nos cargos públicos correlatos não perceberiam vencimentos. A previsão estabelecida no edital, nos termos da Lei n. 8.112/1990,

a) é válida, pois, dada a conjuntura econômica do país, se faz permitida a prestação de serviços federais gratuitos.

b) é válida, pois durante o estágio probatório, que coincide com os três primeiros anos de exercício, os servidores não percebem vencimentos, mas indenização e ajuda de custos.

c) é nula, pois os cargos públicos são criados por lei com vencimentos pagos pelos cofres públicos, não havendo que se falar na prestação de serviços gratuitos nesta hipótese.

d) é nula, pois a prestação de serviços gratuitos à União encontra limite temporal de dois anos, no máximo.

e) é válida, em razão de se tratar de concurso para provimento de cargo da Administração pública federal indireta, hipótese em que, desde que haja previsão em edital, é permitida a prestação de serviços gratuitos por período a ser acordado entre as partes.

4. (FCC – 2018 – TRT 15ª Região/SP – Analista Judiciário – Psicologia) Considere hipoteticamente que João, servidor público federal cujo vínculo é regido pela Lei n. 8.112/90, foi promovido na sua carreira após 10 anos de efetivo exercício. Solicitou, ao departamento competente, a contagem de seu tempo de serviço, passados 5 anos do ato que o promoveu, sem que tenha se afastado do exercício de quaisquer dos cargos nesse período. A certidão foi expedida na mesma data em que solicitada, apontado que João contava com 5 anos de exercício no serviço público federal. A certidão

a) está incorreta, pois a promoção não interrompe o tempo de exercício, que, tão somente, é contado no novo cargo a partir da publicação do ato que o promoveu.

b) está correta, pois a promoção suspende o tempo de exercício, cuja contagem é retomada, com efeitos *ex nunc*, a partir da publicação do ato de promoção.

c) está incorreta, pois dela deveria ter constado que João contava com 15 anos de serviço no cargo para o qual foi promovido, pois, para tanto, o tempo de exercício decorrido antes da promoção deveria ter sido considerado.

d) está correta, pois, após a promoção, o tempo de serviço é zerado, contando-se apenas o tempo de exercício decorrido no novo cargo.

e) está incorreta, pois dela deveria ter constado que João contava com 10 anos de serviço público federal, pois a lei de regência determina que o tempo transcorrido após a promoção deve ser desconsiderado.

5. (FCC – 2018 – TRT 15ª Região/SP – Analista Judiciário – Arquitetura) Considere que hipoteticamente a autarquia federal Y entendeu por bem realizar concurso público para provimento de cargos públicos vagos previstos em sua estrutura organizacional, estabelecendo no edital que nos três primeiros anos de exercício os investidos nos cargos públicos correlatos não perceberiam vencimentos. A previsão estabelecida no edital, nos termos da Lei n. 8.112/1990,

a) é válida, pois, dada a conjuntura econômica do país, se faz permitida a prestação de serviços federais gratuitos.

b) é válida, pois durante o estágio probatório, que coincide com os três primeiros anos de exercício, os servidores não percebem vencimentos, mas indenização e ajuda de custos.

c) é nula, pois os cargos públicos são criados por lei com vencimentos pagos pelos cofres públicos, não havendo que se falar na prestação de serviços gratuitos nesta hipótese.

d) é nula, pois a prestação de serviços gratuitos à União encontra limite temporal de dois anos, no máximo.

e) é válida, em razão de se tratar de concurso para provimento de cargo da Administração pública federal indireta, hipótese em que, desde que haja previsão em edital, é permitida a prestação de serviços gratuitos por período a ser acordado entre as partes.

6. (IADES – 2018 – IGEPREV/PA – Analista Previdenciário) O regime de previdência complementar dos servidores públicos detentores de cargo efetivo, na forma estabelecida pela Emenda Constitucional n. 41/2003, poderá ser instituído, desde que obedecida a premissa de que isso se dará por intermédio de entidades

a) fechadas de previdência complementar, de natureza pública, que oferecerão aos respectivos contribuintes planos de benefícios somente na modalidade contribuição definida.

b) abertas de previdência complementar, de natureza privada, que oferecerão aos respectivos contribuintes planos de benefícios somente na modalidade benefício definido.

c) fechadas de previdência complementar, de natureza pública, que oferecerão aos respectivos contribuintes planos de benefícios na modalidade contribuição definida ou benefício definido.

d) fechadas de previdência complementar, de natureza pública ou privada, que oferecerão aos respectivos contribuintes planos de benefícios na modalidade contribuição definida.

e) abertas de previdência complementar, de natureza privada, que oferecerão aos respectivos contribuintes planos de benefícios na modalidade contribuição definida.

7. (IADES – 2018 – IGEPREV/PA – Analista Previdenciário) Considere hipoteticamente que Laura, servidora pública estadual, cujo ingresso no serviço público deu-se em 29-10-2002, no cargo de professora, submeteu-se, aos 47 anos de idade, a perícia médica e obteve indicação de aposentadoria por invalidez com proventos integrais, tendo última remuneração de R$ 5.300,00 e sendo a média das contribuições apuradas na forma da Lei Federal n. 10.887/2004 equivalente a R$ 5.220,00. Relativamente à aposentadoria de Laura, é correto afirmar que

a) será concedida no valor de R$ 5.300,00 com direito a paridade.

b) será concedida no valor de R$ 5.220,00, assegurando-lhe o reajustamento para preservar-lhes, em caráter permanente, o valor real, conforme critérios estabelecidos em lei.

c) será concedida no valor de R$ 5.300,00 sem direito a paridade.

d) será concedida no valor de R$ 5.220,00 com direito a paridade.

e) será concedida no valor de R$ 5.300,00, assegurando-lhe o reajustamento para preservar-lhes, em caráter permanente, o valor real, conforme critérios estabelecidos em lei.

8. (IADES – 2018 – IGEPREV/PA – Analista Previdenciário) Um servidor público, titular de cargo efetivo vinculado ao regime próprio de previdência social, ao completar todos os requisitos necessários para a aposentadoria voluntária por idade e tempo de contribuição, não tem a intenção de passar à inatividade. Logo, poderá requerer

a) o afastamento das próprias atividades, sem que haja qualquer desconto na respectiva remuneração até que ele decida se aposentar.

b) a alteração dos valores para o desconto do imposto de renda retido na fonte.

c) a cessação dos respectivos descontos previdenciários enquanto continuar no quadro de servidores ativos.

d) um abono no mesmo valor da própria contribuição previdenciária, que será pago enquanto continuar no quadro de servidores ativos.

e) mais uma licença prêmio, por ter completado os requisitos de aposentadoria.

9. (IADES – 2018 – IGEPREV/PA – Analista Previdenciário) Uma servidora, ocupante do cargo de recepcionista, ao completar 60 anos de idade, requereu benefício de aposentadoria junto ao regime próprio a que está vinculada. Ao ser atendida pela unidade gestora, foi informada que o próprio ingresso no serviço público, em cargo efetivo, tinha ocorrido em 7-6-1992, sendo parabenizada por sempre exercer o mesmo cargo, no mesmo departamento, sem qualquer falta, licença ou suspensão, por exatos 25 anos de tempo de contribuição, sem qualquer desconto. Na ocasião, a servidora apresentou o respectivo holerite, nele constando o salário base no valor de R$ 1.150,00 e uma gratificação por tempo de serviço, que se incorpora para todos os fins, no valor de R$ 350,00. Considerando que a referida servidora nasceu em 8-6-1957, que essa foi sua primeira e única atividade laborativa e que a média aritmética simples dos 80% maiores salários de contribuição representou o montante de R$ 1.500,00, a aposentadoria da servidora será no valor de

a) R$ 1.500,00, sem paridade.

b) R$ 1.250,00, sem paridade.

c) R$ 1.150,00, sem paridade.

d) R$ 1.500,00, com paridade.

e) R$ 1.250,00, com paridade.

10. (IADES – 2018 – IGEPREV/PA – Analista Previdenciário) Um servidor foi ocupante de cargo efetivo de oficial administrativo, vinculado ao Regime Próprio de Previdência Social do município A, com ingresso em janeiro de 2016. Em 2017, esse mesmo servidor prestou concurso para o cargo efetivo de escriturário administrativo no município B, tendo assumido no mês de junho do mesmo ano e permanecendo até a presente data. Há de se observar que não ocorreu qualquer interrupção entre a exoneração no município A para a nova nomeação, no município B, ambos vinculados ao Regime Próprio de Previdência Social. Na oportunidade, o servidor averbou, no município B, 34 anos de tempo de contribuição que possuía da iniciativa privada. Considerando que, em junho de 2018, o servidor completou 69 anos de idade e que a remuneração atual dele, com todas as verbas incorporáveis por lei, representa o montante de R$ 3.500,00, assinale a alternativa que apresenta o benefício para o qual esse servidor implementará os requisitos primeiramente.

a) Aposentadoria voluntária por idade e tempo de contribuição, sem paridade, dado que o ingresso no serviço público se deu após 31-12-2003.

b) Aposentadoria voluntária por idade, com paridade, dado que o ingresso no serviço público se deu após 31-12-2003.

c) Aposentadoria voluntária por idade e tempo de contribuição, com paridade, dado que o servidor completou mais de 35 anos de tempo de contribuição.

d) Aposentadoria compulsória, aos 75 anos de idade, sem paridade.

e) Aposentadoria compulsória, aos 70 anos de idade, com paridade.

11. (FCC – 2018 – TRT 2ª REGIÃO/SP – Analista Judiciário – Área Administrativa) Lara, servidora pública federal, no interesse do serviço, passou a ter exercício em nova sede, ocorrendo mudança de domicílio em caráter permanente. Neste caso, dispõe a Lei n. 8.112/1990, que a ajuda de custo

a) será calculada sobre a remuneração de Lara, conforme se dispuser em regulamento, não podendo exceder a importância correspondente a três meses.

b) não será devida à família de Lara se esta vier a falecer na nova sede, uma vez que esta vantagem é paga exclusivamente ao servidor.

c) será devida, correndo por conta da Administração as despesas de transporte do servidor e de sua família, não compreendendo bagagem e bens pessoais.

d) será devida inclusive na hipótese de o cônjuge de Lara, que detém também a condição de servidor, vier a ter exercício na mesma sede, uma vez que é uma vantagem personalíssima perfeitamente acumulável.

e) não é devida, uma vez que o direito ao recebimento da ajuda de custo está condicionado à transferência temporária.

12. (IADES – 2018 – IGEPREV/PA – Analista Previdenciário) A Constituição Federal de 1988 sofreu, ao longo dos últimos anos, inúmeras alterações no que diz respeito ao regramento da previdência dos servidores públicos. Quanto a esse assunto, é correto afirmar que a Emenda Constitucional n.

a) 47 retirou o princípio da paridade aos proventos de aposentadoria e pensão.

b) 41 instituiu o princípio do equilíbrio financeiro-atuarial aos Regimes Próprios de Previdência.

c) 20 instituiu a cobrança de contribuição previdenciária dos servidores inativos e pensionistas.

d) 70 alterou o limite de idade para a aposentadoria compulsória.

e) 41 alterou e disciplinou nova forma de cálculo das pensões por morte.

13. (FCC – 2018 – TRT 2ª REGIÃO/SP – Analista Judiciário – Contabilidade) Severina, Maria e Camila são servidoras públicas do Tribunal Regional do Trabalho da 2° Região. Severina praticou determinada conduta que acredita configure infração disciplinar. Assim, preocupada especificamente com a penalidade de suspensão, indaga suas colegas de trabalho a respeito das disposições específicas da Lei n. 8.112/1990. Maria e Camila respondem corretamente que a penalidade de suspensão

a) será aplicada pelo prazo de até 15 dias na hipótese de o servidor, injustificadamente, recusar-se a ser submetido à inspeção médica determinada pela autoridade competente.

b) poderá ser convertida em multa, na base de 30% por dia de vencimento ou remuneração, quando houver conveniência para o serviço, ficando o servidor obrigado a permanecer em serviço.

c) poderá ser convertida em multa, na base de 60% por dia de vencimento ou remuneração, quando houver conveniência para o serviço, ficando o servidor obrigado a afastar-se do serviço por cinco dias.

d) poderá ser convertida em multa, na base de 60% por dia de vencimento ou remuneração, quando houver conveniência para o serviço, ficando o servidor obrigado a permanecer em serviço.

e) será aplicada em caso de reincidência das faltas punidas com advertência e de violação das demais proibições que não tipifiquem infração sujeita a penalidade de demissão, não podendo exceder a 60 dias.

14. (FGV – 2018 – MPE/AL – Analista Jurídico) João tomou posse no cargo de agente administrativo, de provimento efetivo, após regular aprovação em concurso público de provas. Como o seu objetivo era o de alcançar a estabilidade no cargo, procurou um advogado e solicitou informações a respeito dos requisitos a serem preenchidos para que tal venha a ocorrer.

À luz da narrativa acima e dos requisitos estabelecidos pela ordem jurídica, o advogado respondeu corretamente que João

a) somente poderia adquirir a estabilidade caso tivesse sido aprovado em concurso público de provas e títulos.

b) irá adquirir estabilidade após três anos de efetivo exercício e parecer favorável da comissão de avaliação.

c) irá adquirir estabilidade após dois anos de efetivo exercício e parecer favorável da comissão de avaliação.

d) irá adquirir estabilidade após o decurso de três anos de efetivo exercício, somente.

e) irá adquirir estabilidade após o decurso de dois anos de efetivo exercício, somente.

15. (FGV – 2018 – MPE/AL – Administrador de redes) Artur, ocupante de cargo de provimento efetivo na administração pública federal, cujas atribuições eram direcionadas ao desenvolvimento de projetos tecnológicos na área nuclear, foi aprovado em outro concurso público. Seu objetivo era o de permanecer em ambos os cargos, de modo a aumentar sua renda.

À luz da sistemática constitucional, o segundo cargo passível de ser ocupado por Artur é o de

a) membro do Ministério Público.

b) profissional da área de saúde.

c) caráter técnico ou científico.

d) magistrado.

e) professor.

16. (Instituto Acesso – 2018 – SEDUC/AM – Engenheiro mecânico)
A respeito da Administração Pública, analise as afirmativas abaixo, classificando-as em verdadeiras (V) ou falsas (F). Ao final, assinale a opção que contenha a sequência correta.

( ) O servidor público não estável que adere a movimento grevista poderá ser exonerado, mediante avaliação do estágio probatório, por considerar este ato um fato desabonador à conduta do avaliado.

( ) No caso de o servidor acumular um cargo científico com um cargo de professor, o teto remuneratório é considerado em relação ao somatório do que recebido.

( ) A Constituição Federal determina a obrigatoriedade de licitação aos entes federativos. A mesma regra não se aplica às entidades privadas que atuam em colaboração com a administração pública.

( ) Os servidores ocupantes de cargo exclusivamente em comissão não se submetem à regra da aposentadoria compulsória.

( ) O edital de concurso, devidamente legal, obriga candidatos e Administração Pública.

a) F, F, V, V, F

b) V, F, V, F, F

c) F, F, V, V, V

d) V, F, V, V, V

e) V, V, F, F, V

17. (Instituto Acesso – 2018 – SEDUC/AM – Engenheiro civil) A respeito da Administração Pública, analise as afirmativas abaixo, classificando-as em verdadeiras (V) ou falsas (F). Ao final, assinale a opção que contenha a sequência correta.

( ) O servidor público não estável que adere a movimento grevista poderá ser exonerado, mediante avaliação do estágio probatório, por considerar este ato um fato desabonador à conduta do avaliado.

( ) No caso de o servidor acumular um cargo científico com um cargo de professor, o teto remuneratório é considerado em relação ao somatório do que recebido.

( ) A Constituição Federal determina a obrigatoriedade de licitação aos entes federativos. A mesma regra não se aplica às entidades privadas que atuam em colaboração com a administração pública.

( ) Os servidores ocupantes de cargo exclusivamente em comissão não se submetem à regra da aposentadoria compulsória.

( ) O edital de concurso, devidamente legal, obriga candidatos e Administração Pública.

a) F, F, V, V, V
b) F, F, V, V, F
c) V, V, F, F, V
d) V, F, V, F, F
e) V, F, V, V, V

18. (FGV – 2018 – MPE/AL – Administrador de redes) Com relação à revisão de processo disciplinar, analise as afirmativas a seguir.

I. Pode ser arguida a qualquer tempo, unicamente pelo servidor que foi punido, apenas para justificar sua inocência ou abrandar a pena que lhe foi aplicada.

II. O interessado questionará os mesmos fatos já examinados quando da instauração do processo disciplinar, vedada a inovação, com o intuito de rever a punição imposta.

III. O julgamento da revisão do processo disciplinar caberá à comissão formada por agentes públicos de autoridade hierárquica superior à daquele que aplicou a penalidade.

Está incorreto o que se afirma em:

a) I, apenas.
b) II, apenas.
c) I e III, apenas.
d) I, II e III.
e) III, apenas.

19. (Instituto Acesso – 2018 – SEDUC/AM – Contador) A respeito da Administração Pública, analise as afirmativas abaixo, classificando-as em verdadeiras (V) ou falsas (F). Ao final, assinale a opção que contenha a sequência correta.

( ) O servidor público não estável que adere a movimento grevista poderá ser exonerado, mediante avaliação do estágio probatório, por considerar este ato um fato desabonador à conduta do avaliado.

( ) No caso de o servidor acumular um cargo científico com um cargo de professor, o teto remuneratório é considerado em relação ao somatório do que recebido.

( ) A Constituição Federal determina a obrigatoriedade de licitação aos entes federativos. A mesma regra não se aplica às entidades privadas que atuam em colaboração com a administração pública.

( ) Os servidores ocupantes de cargo exclusivamente em comissão não se submetem à regra da aposentadoria compulsória.

( ) O edital de concurso, devidamente legal, obriga candidatos e Administração Pública.

a) F, F, V, V, F
b) V, V, F, F, V
c) V, F, V, F, F
d) F, F, V, V, V
e) V, F, V, V, V

20. (Quadrix – 2018 – CRP – 2ª Região/PE – Psicólogo) Quanto às disposições gerais da CF sobre a Administração Pública, assinale a alternativa correta.

a) O texto constitucional admite contratação por tempo determinado para atender necessidade temporária de excepcional interesse público.

b) As entidades da Administração Pública indireta não precisam observar o princípio da impessoalidade.

c) Os vencimentos dos cargos do Legislativo e do Judiciário podem ser superiores aos pagos pelo Poder Executivo, em razão do princípio da separação dos Poderes.

d) Os atos de improbidade administrativa demandam indisponibilidade de bens e ressarcimento ao erário, mas não provocam perda da função pública.

e) O prazo de validade do concurso público será de três anos, prorrogável uma vez por igual período.

21. (CESPE – 2018 – EMAP – Analista) Julgue o próximo item, relativo à organização dos poderes.

Quando um cargo público federal estiver vago, o presidente da República poderá extingui-lo por decreto, sem a necessidade de lei.

( ) Certo   ( ) Errado

22. (FGV – 2016 – IBGE – Analista) Em relação à licença por motivo de doença em pessoa da família, a Lei n. 8.112/90 dispõe que

a) será concedida ao servidor por motivo de doença de dependente que viva a suas expensas, independentemente de constar do seu assentamento funcional, mediante comprovação por perícia médica oficial;

b) poderá ser concedida, incluídas as prorrogações, a cada período de doze meses por até 60 (sessenta) dias, consecutivos ou não, mantida a remuneração do servidor e por até 90 (noventa) dias, consecutivos ou não, sem remuneração;

c) será concedida, incluídas as prorrogações, a cada período de doze meses por até 90 (noventa) dias, consecutivos ou não, mantida a remuneração do servidor e mediante comprovação a ser renovada mensalmente por perícia médica oficial;

d) poderá ser concedida, incluídas as prorrogações, a cada período de doze meses por até 60 (sessenta) dias, consecutivos ou não, sem remuneração e somente será deferida se a assistência do servidor for indispensável e não puder ser prestada junto com o exercício do cargo;

e) será concedida ao servidor por motivo de doença de parente até o segundo grau civil, que conste do seu assentamento funcional, independentemente de comprovação por perícia médica oficial que só é exigível quando se tratar de licença para tratamento da saúde do próprio servidor.

23. (ESAF – 2016 – ANAC – Analista Administrativo) A respeito das normas afetas aos servidores públicos, analise as afirmativas abaixo, classificando-as em verdadeiras (V) ou falsas (F). Ao final, assinale a opção que contenha a sequência correta.

( ) O servidor público eleito para o cargo de vereador poderá, caso haja compatibilidade de horários, acumular o exercício da vereança com seu cargo, função ou emprego público.

( ) Ao servidor ocupante exclusivamente de cargo em comissão aplica-se o Regime Geral da Previdência Social.

( ) Os cinco anos de exercício no cargo efetivo em que se dará a aposentadoria do servidor necessitam ser exercidos ininterruptamente.

( ) Compete à lei ordinária especificar as enfermidades graves, contagiosas ou incuráveis que ensejam aposentadoria por invalidez permanente com direito a proventos integrais.

a) F, V, F, F
b) F, V, V, V
c) F, V, F, V
d) V, V, V, V
e) V, V, F, V

24. (CESPE – 2016 – TRT 8ª Região/PA e AP – Analista Judiciário – Tecnologia da Informação) Após denúncia anônima contendo documentos que permitiram a determinada autarquia federal conhecer indícios de infração administrativa cometida por servidor público a ela vinculado, instaurou-se, no âmbito da entidade, processo administrativo disciplinar (PAD). Para compor a comissão responsável pelo PAD foi designado, entre outros membros, parente de quarto grau em linha colateral do servidor processado. A instrução processual foi ampla e houve necessidade de se prorrogar o prazo para a conclusão dos trabalhos. Ao final, o servidor, que optou por apresentar defesa pessoalmente, dispensando assistência técnica de advogado, foi indiciado.

Superado o prazo para a conclusão do processo, sobreveio decisão proferida pela autoridade competente em que foi reconhecida a prescrição da pretensão punitiva da administração pública e a extinção da punibilidade. Ainda assim, em atendimento ao princípio da publicidade, foi promovido o registro do PAD e do seu resultado nos assentamentos funcionais do servidor.

Com base no disposto na Lei n. 8.112/90 e considerando a doutrina e a jurisprudência, é correto afirmar que, na situação apresentada, houve irregularidade decorrente

a) do fato de a comissão ter sido integrada pelo parente do servidor.

b) do registro nos assentamentos funcionais do servidor.

c) do excesso de prazo para conclusão do processo.

d) da ausência de defesa técnica por advogado.

e) do fato de a denúncia que deu origem à instauração do PAD ser anônima.

25. (CESPE – 2016 – TRT 8ª Região/PA e AP – Analista Judiciário – Tecnologia da Informação) Conforme a Lei n. 8.112/90, o deslocamento de cargo de provimento efetivo, ocupado ou vago, no âmbito do quadro geral de pessoal para outro órgão ou entidade do mesmo poder, denomina-se

a) redistribuição.

b) remoção.

c) reintegração.

d) transferência.

e) substituição.

26. (ESAF – 2016 – ANAC – Especialista em Regulação de Aviação Civil) De acordo com o Código de Ética Profissional do Servidor Público Civil do Poder Executivo Federal, são deveres do servidor público, exceto

a) desempenhar, a tempo, as atribuições do cargo, função ou emprego público de que seja titular.

b) jamais retardar qualquer prestação de contas, condição essencial da gestão dos bens, direitos e serviços da coletividade a seu cargo.

c) ceder às pressões de superiores hierárquicos, de contratantes, interessados e outros que visem obter quaisquer favores.

d) tratar cuidadosamente os usuários dos serviços aperfeiçoando o processo de comunicação e contato com o público.

e) ter consciência de que seu trabalho é regido por princípios éticos que se materializam na adequada prestação dos serviços públicos.

27. (CESPE – 2016 – FUNPRESP-EXE – Conhecimentos Básicos) Acerca da ética e da função pública e da ética e da moral, julgue o item que segue.

Ainda que a função pública integre a vida particular de cada servidor, os fatos ocorridos no âmbito de sua vida privada não influenciam o seu bom conceito na vida funcional.

( ) Certo   ( ) Errado

28. (VUNESP – 2014 – TJ-SP – Juiz) "A", servidor público de determinada serventia judicial, foi surpreendido pelo magistrado titular da Vara onde trabalha, cometendo falta disciplinar grave. Utilizando-se do instituto da verdade sabida, o referido magistrado aplicou ao servidor "A", de imediato, a penalidade de suspensão de suas funções.
Assinale, em face do enunciado, a opção correta.

a) O procedimento foi incorreto, pois o instituto da verdade sabida não foi recepcionado pelo ordenamento jurídico vigente, impondo-se a observância do contraditório e da ampla defesa.

b) O procedimento do magistrado foi correto, dado o fato de que tomou conhecimento direto da falta cometida, o que torna qualquer outra providência desnecessária, para o fim de aplicar-se a penalidade em questão.

c) O procedimento foi correto, posto ocupar o magistrado posição que lhe dá poder correcional, autoridade e competência para a aplicação da penalidade em questão, configurando incorreta inversão de valores o questionamento de tal autoridade, sobretudo se é afirmado pelo próprio magistrado ter testemunhado a ocorrência da falta.

d) O procedimento do magistrado foi incorreto, pois, malgrado ainda se aceite, no campo do Direito Administrativo, o instituto da verdade sabida, é imprescindível que se apure a falta por meio de processo administrativo, com obrigatória presença de advogado de defesa.

29. (CESPE – 2014 – ANATEL – Conhecimentos Básicos – Cargos 13, 14 e 15) Julgue o item seguinte, referente a agentes públicos e poder de polícia.

Para que seja admitida a realização de exame psicotécnico em concurso público, basta que haja previsão no edital, com a definição de critérios objetivos e a possibilidade de recurso.

( ) Certo ( ) Errado

30. (FEPESE – 2014 – MPE-SC Promotor) O retorno ao serviço público do servidor aposentado por invalidez, quando insubsistentes os motivos da aposentadoria, caracteriza

a) reversão.

b) recondução.

c) reintegração.

d) transferência.

e) aproveitamento.

31. (FEPESE – 2014 – MPE-SC Promotor) Assinale a alternativa correta:

a) À forma de vinculação do agente público ao cargo efetivo dá-se o nome de investidura política.

b) As funções de confiança e os cargos em comissão serão preenchidos por servidores de carreira, nunca em percentual superior a dez por cento do quadro de pessoal.

c) São estáveis após dois anos de efetivo exercício os servidores nomeados para cargo de provimento efetivo em virtude de concurso público.

d) Extinto o cargo ou declarada a sua desnecessidade, o servidor estável será aproveitado imediatamente em outra vaga, com remuneração proporcional ao tempo de serviço, até vaga definitiva.

e) É vedada a vinculação ou equiparação de quaisquer espécies remuneratórias para o efeito de remuneração de pessoal do serviço público.

32. (FEPESE – 2014 – MPE-SC Promotor) Assinale a alternativa correta.

a) Os cargos em comissão destinam-se apenas às atribuições de chefia e assessoramento.

b) O prazo de validade do concurso público será de até três anos, prorrogável uma vez, por igual período.

c) Somente os Estados e Municípios poderão estabelecer os casos de contratação por tempo determinado.

d) Os cargos, empregos e funções públicas são acessíveis aos brasileiros que preencham os requisitos estabelecidos em lei, assim como aos estrangeiros, na forma da lei.

e) A investidura em cargo, emprego ou função pública depende de aprovação prévia em concurso público de provas ou de provas e títulos, de acordo com a natureza e a complexidade do cargo ou emprego, na forma prevista em lei.

33. (FEPESE – 2014 – MPE-SC Promotor) Analise o texto abaixo:

_____ é a volta do funcionário ao cargo por ele anteriormente ocupado, em consequência de reintegração decretada em favor de outrem ou, sendo estável, quando inabilitado no estágio probatório em outro cargo efetivo para o qual tenha sido nomeado, ou, ainda, quando forem declarados indevidos a transferência, a promoção por antiguidade e o acesso.

Assinale a alternativa que completa corretamente a lacuna do texto.

a) Retroação

b) Recondução

c) Retreinamento

d) Readaptação

e) Retrocesso

34. (CESPE – 2014 – TC-DF – Técnico de Administração Pública) Julgue o item, relacionado à ética e à sua aplicação no serviço público.

A ética ocupa-se, independentemente do contexto da ação, da melhor maneira de agir, garantindo os melhores resultados por meio dos princípios que sustentam uma justa ou correta atuação.

( ) Certo   ( ) Errado

35. (CESPE – 2014 – TC-DF – Técnico de Administração Pública) Julgue o item, relacionado à ética e à sua aplicação no serviço público.

Os valores morais são historicamente construídos pelas sociedades, como forma de organizar a convivência e garantir, tanto quanto possível, o bem--estar do indivíduo consigo mesmo e em suas relações com as outras pessoas.

( ) Certo   ( ) Errado

36. (CESPE – 2014 – TC-DF – Técnico de Administração Pública) Julgue o item, relacionado à ética e à sua aplicação no serviço público.

Ao servidor público que ocupa cargo de chefia é permitido, em situações especiais, determinar que servidor a ele subordinado seja desviado de função para atender a interesse particular daquele, caso o ato não implique prejuízo do desempenho das atividades do serviço público.

( ) Certo   ( ) Errado

37. (CESPE – 2014 – TC-DF – Técnico de Administração Pública) Julgue o item, relacionado à ética e à sua aplicação no serviço público.

Servidor público que omitir ou negar a publicidade de qualquer ato oficial incorre em improbidade administrativa.

( ) Certo   ( ) Errado

38. (CESPE – 2014 – ICMBIO – Nível Médio – Conhecimentos Básicos – Todos os Cargos) Julgue o item a seguir, que versa sobre ética e cidadania.

O servidor que realiza suas atividades com esmero e em prol dos cidadãos contribui para a promoção da cidadania.

( ) Certo   ( ) Errado

39. (CESPE – 2014 – ICMBIO – Nível Médio – Conhecimentos Básicos – Todos os Cargos) Julgue o item a seguir, que versa sobre ética e cidadania.

Vive orientada pela ética a pessoa que pauta sua vida na busca de auxiliar as pessoas que a cercam de modo que tanto ela quanto essas pessoas vivam da melhor maneira possível.

( ) Certo   ( ) Errado

40. (CESPE – 2014 – ICMBIO – Nível Médio – Conhecimentos Básicos – Todos os Cargos) Com relação à ética no serviço público, julgue o item subsequente.

Considere que um servidor doe para uma biblioteca comunitária uma série de livros da repartição pública na qual ele trabalha. Nesse caso, mesmo sem observar as formalidades legais, o servidor não incorre em improbidade administrativa uma vez que os livros destinam-se a fins educativos e assistenciais.

( ) Certo   ( ) Errado

41. (FCC – 2010 – TRE/AL – Técnico Judiciário) Antonia, servidora pública federal, recebeu R$ 1.000,00 (um mil reais) a título de diárias. Entretanto, atendendo a ordens superiores, não houve necessidade de afastar-se da sede. Nesse caso, no que se refere às diárias, Antonia:

a) ficará obrigada a restituí-las, integralmente, no prazo de cinco dias.

b) deverá restituí-las, pela metade, no prazo de cinco dias.

c) não deverá restituí-las, por ter cumprido ordens superiores.

d) poderá compensar um terço do valor como dias trabalhados, mas restituindo o saldo.

e) deverá restituí-las, de imediato, no valor de dois terços e o restante até trinta dias.

42. (CESPE – 2010 – TRE/MT – Analista Judiciário – Área Judiciária)
Acerca da Lei n. 8.112/90, assinale a opção correta:

a) Todos os cargos públicos são acessíveis apenas aos brasileiros, sejam estes natos ou naturalizados.

b) O servidor que não puder, após ocorrência de fato que lhe provoque limitações físicas ou mentais, atuar no seu cargo será declarado como desnecessário ao órgão ou à entidade e ficará sob tutela do Sistema de Pessoal Civil (SIPEC) até o seu adequado reposicionamento. Tal forma de provimento denomina-se aproveitamento.

c) Os servidores públicos podem, além do vencimento, receber como vantagens indenizações, gratificações e adicionais. As indenizações referem-se à ajuda de custo, diárias e indenização de transporte. O auxílio-moradia é categorizado como vantagem adicional.

d) A Lei n. 11.770/2008 permite a prorrogação da licença-maternidade tão somente às servidoras gestantes, excluindo desse benefício as servidoras adotantes.

e) O ato de posse refere-se ao ato administrativo solene e formal que torna válida a investidura em um cargo público de provimento efetivo ou não. No entanto, somente com a posse é que a nomeação se consolida, salvo nos casos de formas de provimento derivadas.

43. (CESPE – 2010 – TRE/MT – Analista Judiciário – Área Administrativa)
Acerca da Lei n. 8.112/90 e suas alterações, assinale a opção correta em relação às formas de provimento de cargo público:

a) Não se admite que a posse no cargo público ocorra mediante procuração específica.

b) O prazo para o servidor empossado em cargo público entrar em exercício é de trinta dias, contados da data da posse.

c) A reintegração é o retorno do servidor estável ao cargo anteriormente ocupado em decorrência de inabilitação em estágio probatório relativo a outro cargo.

d) A reversão como forma de provimento em cargo público é o retorno à atividade do servidor público aposentado, no interesse da administração.

e) O servidor em estágio probatório não pode exercer cargo de provimento em comissão, ainda que seja no seu órgão de lotação.

44. (FCC – 2010 – TRE/AL – Técnico Judiciário) Analise as penalidades previstas para as condutas abaixo, praticadas por servidores públicos federais.

I – Milton está sendo responsabilizado por incontinência pública.

II – Vânia está sendo responsabilizada por retirar, sem prévia anuência da autoridade competente, vários documentos da secretaria do órgão público.

Nesses casos, serão passíveis, respectivamente, das penas de:

a) suspensão e advertência.

b) demissão e suspensão.

c) suspensão e multa.

d) destituição do cargo e multa.

e) demissão e advertência.

45. (FCC – 2009 – TRE/MA – Técnico Judiciário) A respeito do servidor público:

I – o cancelamento da penalidade aplicada ao servidor pela administração não produzirá efeito retroativo;

II – a utilização de pessoal da repartição pública em atividades particulares sujeita o servidor infrator à pena de demissão;

III – é proibido ao servidor público promover manifestação de apreço ou desapreço no recinto da repartição;

IV – o afastamento do cargo efetivo, sem remuneração, não acarreta a suspensão do pagamento do salário-família.

Analisando as asserções acima, pode-se afirmar que

a) todas estão corretas.

b) apenas a de número I está incorreta.

c) apenas as de número I e IV estão incorretas.

d) todas estão incorretas.

46. (FCC – 2008 – TRE/PA – Técnico Judiciário) Na classificação dos Agentes Públicos, os Agentes Políticos diferenciam-se dos demais por

a) não se sujeitarem ao regime estatutário comum;

b) exercerem mandatos eletivos;

c) estarem hierarquizados;

d) pertencerem ao Legislativo e ao Executivo.

47. (MP/MG – 2006 – Oficial de Promotoria) Dar-se-á exoneração, EXCETO:

a) a critério do Governo, quando se tratar de ocupante de cargo em comissão.

b) como penalidade decorrente de condenação em processo administrativo, assegurada ampla defesa ao servidor.

c) a pedido do servidor público.

d) quando o funcionário não satisfizer as condições de estágio probatório.

48. (VUNESP – 2021 – TJ-SP – Juiz Substituto) A respeito de admissão ao serviço público, está consolidado que

a) é inconstitucional, por ofensa ao princípio da isonomia, a remarcação de teste de aptidão física de candidata grávida à época da realização, sem que haja expressa previsão no edital.

b) o surgimento de novas vagas ou a abertura de novo concurso para o mesmo cargo, durante o prazo de validade do certame, gera automaticamente o direito à nomeação dos candidatos aprovados fora das vagas previstas no edital.

c) nas situações jurídicas em que a Constituição Federal autoriza a acumulação de cargos, o teto remuneratório é considerado em relação a cada um deles, e não ao somatório recebido.

d) na hipótese de posse em cargo público determinada por decisão judicial, o servidor faz jus à indenização, sob o fundamento que deveria ter sido investido em momento anterior.

Gabarito: 1. a; 2. d; 3. c; 4. a; 5. d; 6. a; 7. a; 8. d; 9. b; 10. d; 11. a; 12. e; 13. a; 14. b; 15. e; 16. c; 17. a; 18. d; 19. d; 20. a; 21. certo; 22. b; 23. e; 24. b; 25. a; 26. c; 27. errado; 28. a; 29. errado; 30. a; 31. e; 32. d; 33. b; 34. errado; 35. certo; 36. errado; 37. errado; 38. certo; 39. certo; 40. errado; 41. a; 42. e; 43. d; 44. e; 45. a; 46. a; 47. b; 48. c.

4 ATOS ADMINISTRATIVOS

4.1. Atos da Administração *vs.* Atos Administrativos

Inicialmente, importante destacar a diferença entre atos da Administração e atos administrativos. Todo ato praticado pela Administração, no exercício da função administrativa, seja regido pelas regras de direito público ou pelas de direito privado, é considerado Ato da Administração.

Os *Atos da Administração* representam, portanto, o gênero e abrangem as seguintes espécies:

a) Atos Privados da Administração: são praticados pela Administração *sem valer-se* da sua supremacia em relação ao particular, ou seja, em condições de igualdade com este, de tal sorte que essa atuação é regida pelo regime de direito privado. Como exemplo, podemos citar o contrato de locação de um bem imóvel. Nesse caso, a Administração vale-se da mesma lei de locações que um particular utilizaria caso fosse alugar o mesmo imóvel, não se valendo de suas prerrogativas. Em sendo uma atuação excepcional, uma vez que a regra é a Administração atuar pelo regime de Direito Administrativo, nunca será integralmente igual à atuação do particular. Um bom exemplo dessa diferença é a necessidade de licitação, em regra, antes de celebrar a contratação da locação de um imóvel.

b) Atos Materiais ou Fatos Administrativos: traduzem-se na execução material da função administrativa. Exemplo: ato de demolição de uma casa situada em área de risco, ato de apreensão de uma mercadoria. Aqui não há declaração de vontade, mas apenas a execução desta. A declaração de vontade está presente no ato administrativo.

c) Atos Administrativos: consistem em uma manifestação unilateral de vontade da Administração ou de quem lhe faça as vezes (particular pode expedir ato administrativo quando estiver prestando um serviço público, por exemplo), por um regime de direito público.

Finalizada essa conceituação inicial, trabalharemos até o final deste capítulo com os *aspectos mais importantes* que envolvem os atos administrativos.

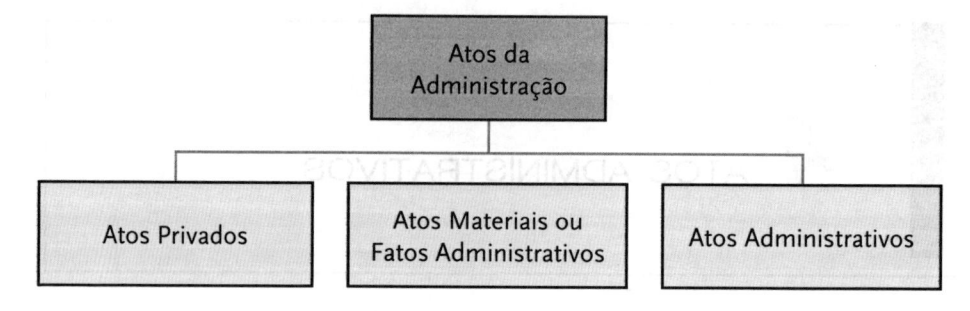

```
                    ┌─────────────────────┐
                    │   Atos da           │
                    │   Administração     │
                    └─────────────────────┘
                              │
         ┌────────────────────┼────────────────────┐
         │                    │                    │
┌─────────────────┐  ┌──────────────────┐  ┌──────────────────────┐
│  Atos Privados  │  │ Atos Materiais ou│  │ Atos Administrativos │
│                 │  │Fatos Administrativos│                      │
└─────────────────┘  └──────────────────┘  └──────────────────────┘
```

4.2. Elementos do Ato Administrativo

Os elementos são requisitos de validade do ato administrativo, e o desatendimento de quaisquer desses elementos causará a invalidade do ato.

Os elementos ou requisitos do ato administrativo, para a maioria da doutrina, podem ser resumidos na competência, objeto, motivo, forma e finalidade.

4.2.1. Competência

A competência consiste no conjunto de atribuições conferidas pela lei aos órgãos e agentes públicos para o desempenho das funções administrativas. A competência também é chamada por alguns autores de sujeito ou sujeito competente.

Não é qualquer pessoa que pode praticar um ato administrativo, mas apenas aquela dotada de competência para tanto.

O *vício no elemento competência* caracteriza o *"excesso de poder"*, que, conforme estudado, é espécie do gênero "abuso de poder". Haverá "excesso de poder" quando o agente público possuir competência para praticar o ato, mas extrapola (excede) os limites legais. Ex.: um policial militar possui competência para pedir a identidade de um suspeito na rua. Se esse PM chegar batendo no suspeito para obter sua identificação, estará agindo com "excesso de poder" (vício de competência).

A competência tem como característica principal o fato de ser irrenunciável, porém são admitidas delegação e avocação de competência quando a lei permitir (art. 11 da Lei n. 9.784/99).

Por delegação de competência devemos entender a transferência de parcela das atribuições para outro órgão ou agente público, subordinados ou não. Já a avocação de competência consiste no contexto em que o superior hierárquico chama para si parcela das atribuições de um subordinado.

Percebam que, tanto na delegação como na avocação, apenas parcela da competência poderá ser transferida, nunca a sua integralidade, pois caracterizaria forma de renúncia que é inadmissível pela Lei n. 9.784/99.

Por outro lado, constatamos das definições acima que, enquanto a delegação admite uma via de mão dupla (delegar para subordinado ou não), na avocação a via é única (só o superior chama para si parcela das atribuições de um subordinado).

O art. 13 da Lei n. 9.784/99 não admite a delegação de competência nas seguintes hipóteses: I – a edição de atos de caráter normativo; II – a decisão de recursos administrativos; III – as matérias de competência exclusiva do órgão ou autoridade.

APROFUNDANDO! Não podemos confundir alguns institutos que, numa primeira análise, parecem tratar-se da mesma coisa, mas que nada tem que ver um com o outro. Referimo-nos ao: (i) excesso de poder (vício no elemento competência do ato que leva à sua invalidação, é o caso do policial que extrapola os limites de sua competência ao pedir a identificação de um suspeito na rua); (ii) usurpação de função pública (é crime e se caracteriza como ato inexistente, como ocorre quando algum bandido se passa por policial para extorquir pessoas na rua); (iii) função de fato (que envolve uma investidura irregular do servidor ou um impedimento legal de este praticar certos atos que, pela teoria da aparência, são considerados válidos perante terceiros de boa-fé, por exemplo, um servidor que não tem diploma em graduação e é investido em cargo que exige grau superior).

4.2.2. Finalidade

A finalidade pode ser conceituada de duas formas:

(i) Em sentido amplo: consiste na tutela do interesse público. Logo, o agente público, quando pratica um ato administrativo, deverá fazê-lo com o objetivo de satisfazer o interesse público primário (em regra) que é o da coletividade. Ex.: a desapropriação de um bem particular visa satisfazer o interesse público quando tem por finalidade, por exemplo, ampliar as linhas do metrô.

Assim, haverá *vício na finalidade* em sentido amplo quando o ato administrativo for praticado para atingir interesses ilícitos ou contrários ao interesse público. Nesse caso, haverá *"desvio de poder ou de finalidade"*, outra espécie do gênero "abuso de poder". Ex.: desapropriar um bem imóvel com a finalidade de perseguir um inimigo político.

(ii) Em sentido estrito: é a finalidade pública prevista em uma lei específica. Portanto, o agente público, ao praticar um ato administrativo, deverá, além de buscar a satisfação e a proteção do interesse público primário, seguir ainda a finalidade específica prevista em lei.

Estudamos no capítulo *Agentes públicos* que o instituto da remoção tem por finalidade deslocar um servidor para atender à necessidade de serviço em outra unidade, porém dentro do mesmo quadro. Nesse caso, se um servidor for deslocado como medida de punição, haverá desvio de finalidade específica da lei, na medida em que a remoção não pode ser utilizada como penalidade e sim como uma forma de adequar os quadros funcionais às reais necessidades de serviço.

4.2.3. Forma

É o meio pelo qual a vontade da Administração Pública se exterioriza. A atuação administrativa é formal, isto é, o ato administrativo deverá seguir a forma prevista em lei, que, em regra, é a escrita. Trata-se do Princípio da Solenidade das formas.

Contudo, essa regra não é absoluta, ou seja, os atos administrativos poderão ser exteriorizados por outra maneira que não a escrita, desde que haja lei autorizando. Como exemplo podemos citar o contrato verbal admitido para as pequenas compras, de pronto pagamento, assim entendidas aquelas não superiores a R$ 8.800,00 (alteração em 2018 – Decreto 9.412/2018), nos termos da Lei n. 8.666/93 (art. 60, parágrafo único).

4.2.4. Motivo

O motivo consiste na situação de fato (acontecimento no mundo real) e de direito (previsão legal) que autoriza a prática do ato administrativo. Ex.: servidor faltar intencionalmente por mais de 30 dias consecutivos (situação de fato) e de uma previsão em lei de que essa conduta é infração administrativa (situação de direito), no caso, abandono de cargo, que é causa de demissão, nos termos do art. 132 da Lei n. 8.112/90.

Teoria dos Motivos Determinantes: a Administração, ao declarar o motivo que autorizou a prática do ato administrativo, ficará vinculada à existência e à veracidade da alegação, e, em caso de inexistência ou falsidade do motivo, o ato será declarado nulo. Ex.: o administrador não está obrigado a motivar a exoneração do servidor ocupante de cargo em comissão, pois se trata de cargo de confiança, cuja nomeação e exoneração são livres. Se, neste caso, o administrador exonera ocupante de cargo em comissão sob o fundamento de excesso de pessoal e no dia seguinte contrata outra pessoa para o mesmo cargo, o ato de exoneração será nulo em razão da inexistência do motivo determinante da prática do ato, qual seja, o excesso de pessoal.

APROFUNDANDO! Na desapropriação existe o instituto da tredestinação, ou seja, destinação diversa daquela prevista no decreto expropriatório dada ao bem expropriado. Esta tredestinação pode ser ilícita (ausência de finalidade pública – ex.: prefeito desapropria uma casa e doa para a sua respectiva mãe) ou lícita (desapropria uma casa para construir uma escola, porém constrói um hospital). Na tredestinação lícita a finalidade pública existe (ex.: construção do hospital), por isso defendemos que, mesmo existindo uma finalidade diversa daquela prevista no decreto expropriatório, o ato é válido e não afronta a teoria dos motivos determinantes (exceção válida à aludida teoria).

Não poderíamos deixar de mencionar as novidades trazidas pela Lei de Introdução às Normas do Direito Brasileiro[79] afetas ao tema. Por força da Lei n. 13.655 de 25 de abril de 2018, foram inseridos dispositivos ao Decreto-lei n. 4.657, de 4 de setembro de 1942. No tocante ao motivo, cumpre destacar:

> Art. 20. Nas esferas administrativa, controladora e judicial, não se decidirá com base em valores jurídicos abstratos sem que sejam consideradas as consequências práticas da decisão. Parágrafo único. A motivação demonstrará a necessidade e a adequação da medida imposta ou da invalidação de ato, contrato, ajuste, processo ou norma administrativa, inclusive em face das possíveis alternativas.

---

79 A LINDB foi regulamentada pelo Decreto n. 9.830, de 2019 (*vide* capítulo 1 deste livro).

No art. 20 a LINDB trata de decisões na esfera administrativa em que o agente público julgador não poderá decidir com base em *valores jurídicos abstratos* sem que sejam consideradas as consequências práticas da decisão. É evidente que o administrador público pode e deve pautar suas decisões em princípios, ainda que estes sejam constituídos de uma certa valoração abstrata, conforme será visto nas definições do instituto princípio no próximo tópico.

No entanto, o objetivo pretendido pelo citado art. 20 é evitar o cometimento de arbitrariedades por parte da Administração Pública sob o fundamento de querer tutelar algum princípio de conceito fluido e indeterminado. Explico. Durante muito tempo o Poder Público invocou o princípio da supremacia do interesse público sobre o privado para cometer atos arbitrários e passar por cima de direitos fundamentais individuais.

Pois bem, diante dessa postura irregular surgiu doutrina contemporânea repudiando essa superioridade absorta do interesse público sobre o individual e passou a pregar a primazia dos Direitos Fundamentais, uma vez que vivemos num Estado Constitucional e Democrático de Direito. O tema será aprofundado logo mais, porém serve de exemplo da *mens legis* do previsto no *caput* do art. 20 da Lei de Introdução às Normas do Direito Brasileiro.

Seu parágrafo único coloca a motivação em posição de destaque, seja para demonstrar a necessidade e a adequação da medida imposta, seja para fundamentar eventual invalidação de ato, contrato, ajuste, processo ou norma administrativa. Sobre o tema, veremos adiante que a motivação é princípio implícito constitucional e representa a regra da atuação administrativa, ou seja, a Administração Pública somente estará dispensada de motivar seus atos quando o Direito a eximir de tal encargo.

Ademais, relacionar motivação com necessidade e adequação consiste em interligar os princípios da razoabilidade e da proporcionalidade com o princípio da motivação, pois motivar a necessidade de atuar é a concretização de uma atuação razoável do Poder Público, enquanto fundamentar a adequação entre os meios empregados e os fins desejados materializa a conduta proporcional dos agentes públicos.

4.2.5. Objeto

É o conteúdo do ato, o efeito jurídico imediato deste, ou seja, seu resultado prático. Ex.: no ato administrativo que aplica uma multa, o objeto do ato consiste na imposição de uma penalidade.

4.2.6. Mérito do Ato Administrativo – Análise Introdutória

Sobre o tema elementos do ato administrativo, importante destacarmos o chamado *mérito do ato administrativo,* ainda que de forma introdutória na medida em que o assunto será explorado com o devido cuidado no capítulo *Controle da Administração Pública.* Conforme constataremos quando do estudo da classificação dos atos administrativos, nos atos vinculados não há liberdade conferida ao administrador, diferentemente dos atos discricionários. Nestes, o administrador, por meio de um juízo de oportunidade e conveniência, valorará os motivos e escolherá o objeto do ato, visando à atuação mais condizente com a satisfação do interesse público.

Desse modo, o mérito do ato administrativo consiste nesse juízo de valor (oportunidade e conveniência), efetivado em face de dois elementos do ato administrativo, quais sejam: motivo e objeto.

Hely Lopes Meirelles ensina que o

> mérito administrativo consubstancia-se, portanto, na valoração dos motivos e na escolha do objeto do ato, feitas pela Administração incumbida de sua prática, quando autorizada a decidir sobre a conveniência, oportunidade e justiça do ato a realizar. Daí a exata afirmativa de Seabra Fagundes de que "o merecimento é aspecto pertinente apenas aos atos administrativos praticados no exercício de competência discricionária".
>
> Com efeito, nos atos vinculados, onde não há faculdade de opção do administrador, mas unicamente a possibilidade de verificação dos pressupostos de direito e de fato que condicionam o *processus* administrativo, não há falar em mérito, visto que toda a atuação do Executivo se resume no atendimento das imposições legais. Em tais casos a conduta do administrador confunde-se com a do juiz na aplicação da lei, diversamente do que ocorre nos atos discricionários, em que, além dos elementos sempre vinculados (competência, finalidade e forma), outros existem (motivo e objeto), em relação aos quais a Administração decide livremente, e sem possibilidade de correção judicial, salvo quando seu proceder caracterizar excesso ou desvio de poder.
>
> Em tais atos (discricionários), desde que a lei confia à Administração a escolha e valoração dos motivos e do objeto, não cabe ao Judiciário rever os critérios adotados pelo administrador, porque não há padrões de legalidade para aferir essa atuação[80].

4.2.7. Elementos *vs.* Pressupostos do Ato Administrativo

Apesar de a doutrina majoritária tratar do assunto elementos do ato administrativo com base na Lei de Ação Popular – n. 4.717/65 (Art. 2º São nulos os atos lesivos ao patrimônio das entidades mencionadas no artigo anterior, nos casos de: a) incompetência; b) vício de forma; c) ilegalidade do objeto; d) inexistência dos motivos; e) desvio de finalidade), conforme acima exposto (Competência, Objeto, Motivo, Forma e Finalidade), cumpre destacar, ainda que de forma resumida, a doutrina de Celso Antônio Bandeira de Mello, que

---

80 MEIRELLES, Hely Lopes. *Direito administrativo*. 39. ed. São Paulo: Malheiros, 2013. p. 165.

divide o assunto entre o estudo dos elementos e o dos pressupostos do ato de maneira distinta[81].

O citado autor entende que os elementos do ato administrativo seriam apenas: (i) o conteúdo e (ii) a forma. Percebam que para Celso Antônio conteúdo não representa o mesmo que objeto.

O doutrinador ensina que

> Conteúdo – normalmente designado objeto, por muitos doutrinadores – é aquilo que o ato dispõe, isto é, o que o ato decide, enuncia, certifica, opina ou modifica na ordem jurídica. É, em suma, a própria medida que produz a alteração na ordem jurídica. Em última instância, é o próprio ato, em sua essência. [...] Preferimos a expressão "conteúdo" à expressão "objeto", acolhendo o ensinamento de Zanobini, segundo quem o conteúdo dispõe sobre alguma coisa, que é, esta sim, o objeto do ato. Com efeito, quem decide, decide alguma coisa a respeito de outra coisa. O conteúdo e o objeto seriam duas realidades perfeitamente distintas[82].

Em relação ao outro elemento, defende Celso Antônio:

> Forma é o revestimento exterior do ato; portanto, o modo pelo qual este aparece e revela sua existência. A forma pode, eventualmente, não ser obrigatória, isto é, ocorrerá, por vezes, ausência de prescrição legal sobre uma forma determinada, exigida para a prática do ato. Contudo, não pode haver ato sem forma, porquanto o Direito não se ocupa de pensamentos ou intenções enquanto não traduzidos exteriormente. Ora, como a forma é o meio de exteriorização do ato, sem forma não pode haver ato. Não se deve confundir forma, na acepção enunciada, com formalização, que é um modo específico de apresentação da forma, ou seja, uma dada solenização requerida para o ato. Esta última é um pressuposto formalístico[83].

No tocante aos pressupostos, estes seriam de existência e de validade. Os pressupostos de existência seriam: (i) o objeto e (ii) a pertinência à função administrativa.

Ensina Celso Antônio:

> Objeto é aquilo sobre que o ato dispõe. Não pode haver ato sem que exista algo a que ele esteja reportado. É certo que, se o conteúdo do ato fala sobre algo, é porque este algo constitui-se em realidade que com ele não se confunde e, de outro lado, que o objeto não é um elemento do ato, pois não o integra. Dantes o considerávamos absorvido no conteúdo, ao invés de erigi-lo em aspecto de relevância autônoma,

---

[81] BANDEIRA DE MELLO, Celso Antônio. *Curso de direito administrativo*. 30. ed. São Paulo: Malheiros, 2012. p. 396-397.

[82] BANDEIRA DE MELLO, Celso Antônio. *Curso de direito administrativo*. 30. ed. São Paulo: Malheiros, 2012. p. 397-398.

[83] BANDEIRA DE MELLO, Celso Antônio. *Curso de direito administrativo*. 30. ed. São Paulo: Malheiros, 2012. p. 398.

por entender que tal opção sistematizadora era mera questão didática, resolúvel indiferentemente de um ou de outro modo. A solução era incorreta. Razão assiste a Weida Zancaner ao qualificar o objeto como 'condição' ou 'pressuposto de existência do ato', trazendo à colação argumentos por força dos quais depreende-se que nem mesmo didaticamente é aconselhável deixar de destacá-lo[84].

Por pertinência da função administrativa, entende Bandeira de Mello que se

> o ato não for imputável ao Estado, no exercício da função administrativa, poderá haver ato jurídico, mas não haverá ato administrativo. Ainda aqui, não é uma questão de validade, mas de existência de um ato tipologicamente qualificável como administrativo. De fora parte os atos advindos de órgãos ou entidades estatais, há atos imputáveis ao Estado e qualificáveis igualmente como administrativos a despeito de não provirem de entidades governamentais. É o que se passa tanto no caso, raro e excepcional, da gestão de negócios, visto que tais pessoas estarão atuando como agentes públicos no exercício de função administrativa, quanto nas hipóteses corriqueiras da concessão de serviço público ou de delegação de função pública com relação aos atos de autoridades nela envolvidas, o mesmo se podendo dizer, correspondentemente, para as concessões de obra pública. Igual situação ter-se-á no caso de particulares requisitados ao desempenho de atividade administrativa[85].

Já os pressupostos de validade resumem-se: (i) pressuposto subjetivo (sujeito); (ii) pressupostos objetivos (motivo e requisitos procedimentais); (iii) pressuposto teleológico (finalidade); (iv) pressuposto lógico (causa); (v) pressuposto formalístico (formalização).

Sobre o pressuposto subjetivo, ensina Celso Antônio:

> Sujeito é o produtor do ato. Evidentemente, quem produz um dado ser não se confunde nem total nem parcialmente com o ser produzido; logo, não pode ser designado, com propriedade, como elemento dele. Verifica-se, pois, que o sujeito é exterior ao ato. Sob este tópico – atinente ao sujeito – deve-se estudar a capacidade da pessoa jurídica que o praticou, a quantidade de atribuições do órgão que o produziu, a competência do agente emanador e a existência ou inexistência de óbices à sua atuação no caso concreto. Por exemplo: se o agente não estava afastado (por suspensão, férias, licença) ou impedido (por parentesco próximo, por temporária suspensão de sua competência). Claro está que vício no pressuposto subjetivo acarreta invalidade do ato[86].

---

[84] BANDEIRA DE MELLO, Celso Antônio. *Curso de direito administrativo*. 30. ed. São Paulo: Malheiros, 2012. p. 399.

[85] BANDEIRA DE MELLO, Celso Antônio. *Curso de direito administrativo*. 30. ed. São Paulo: Malheiros, 2012. p. 400.

[86] BANDEIRA DE MELLO, Celso Antônio. *Curso de direito administrativo*. 30. ed. São Paulo: Malheiros, 2012. p. 400-401.

Sobre o pressuposto objetivo motivo, entende Celso Antônio como

> o pressuposto de fato que autoriza ou exige a prática do ato. É, pois, a situação do mundo empírico que deve ser tomada em conta para a prática do ato. Logo, é externo ao ato. Inclusive o antecede. Por isso não pode ser considerado como parte, como elemento do ato. O motivo pode ser previsto em lei ou não. Quando previsto em lei, o agente só pode praticar o ato se houver ocorrido a situação prevista. Quando não há previsão legal, o agente tem liberdade de escolha da situação (motivo) em vista da qual editará o ato. É que, mesmo se a lei não alude expressamente aos motivos propiciatórios ou exigentes de um ato, nem por isto haverá liberdade para expedi-lo sem motivo ou perante um motivo qualquer. Só serão de aceitar os que possam ser havidos como implicitamente admitidos pela lei à vista daquele caso concreto, por corresponderem a supostos fáticos idôneos para demandar ou comportar a prática daquele específico ato, espelhando, dessarte, sintonia com a finalidade legal. Vale dizer: prestantes serão os motivos que revelem pertinência lógica, adequação racional ao conteúdo do ato, ao lume do interesse prestigiado na lei aplicanda. Além disto, em todo e qualquer caso, se o agente se embasar na ocorrência de um dado motivo, a validade do ato dependerá da existência do motivo que houver sido enunciado. Isto é, se o motivo que invocou for inexistente, o ato será inválido. É esta vinculação do administrador ao motivo que houver alegado que se conhece doutrinariamente como "teoria dos motivos determinantes", à qual se fará referência a breve trecho. Assim, por exemplo, se o agente disser que remove o funcionário tal por ausência de trabalho suficiente no local em que presta serviço, o ato será invalidável se o funcionário demonstrar que, pelo contrário, havia acúmulo de serviço na unidade em que trabalhava. Consideremos alguns exemplos de motivo: o motivo da dissolução de uma passeata perturbadora da ordem pública é a real ocorrência de acontecimento tumultuoso. O motivo da interdição de uma fábrica poluidora da atmosfera é a existência real da poluição causada por ela[87].

Bandeira de Mello distingue motivo do ato do motivo legal:

> "Enquanto este último é a previsão abstrata de uma situação fática, empírica, o motivo do ato é a própria situação material, empírica, que efetivamente serviu de suporte real e objetivo para a prática do ato. É evidente que o ato será viciado toda vez que o motivo de fato for descoincidente com o motivo legal"[88].

---

87 BANDEIRA DE MELLO, Celso Antônio. *Curso de direito administrativo*. 30. ed. São Paulo: Malheiros, 2012. p. 402.
88 BANDEIRA DE MELLO, Celso Antônio. *Curso de direito administrativo*. 30. ed. São Paulo: Malheiros, 2012. p. 402.

A outra diferença levantada pelo doutrinador é entre motivo e móvel:

> Não se deve confundir motivo, situação objetiva, real, empírica, com móvel, isto é, intenção, propósito do agente que praticou o ato. Motivo é realidade objetiva e externa ao agente. É um antecedente, exterior ao ato, que transcorre na realidade empírica, servindo de suporte à expedição do ato. Móvel é representação subjetiva, psicológica, interna do agente e correspondente àquilo que suscita a vontade do agente (intenção)[89].

No tocante ao segundo pressuposto objetivo, entende Celso Antônio:

> Requisitos procedimentais são os atos que devem, por imposição normativa, preceder a um determinado ato. Consistem em outros atos jurídicos, produzidos pela própria Administração ou por um particular, sem os quais um certo ato não pode ser praticado. Assim, por exemplo, o ato de nomeação de um funcionário para cargo efetivo só poderá ser expedido depois da série de atos que compõem o concurso público para o qual o interessado se classificou. Igualmente, o ato de adjudicação em uma concorrência só pode ocorrer após o ato de classificação do licitante colocado em primeiro lugar. A seu turno, o ato de classificação não pode ser produzido antes do ato de habilitação do concorrente. O ato substanciado no alvará de licença para edificar depende, para ser expedido, de um ato do particular solicitando a licença. Este pedido, portanto, é condição para a prática do ato que expede a licença. Tanto o motivo como os requisitos procedimentais são condições para a prática de um certo ato. Mas diferem porque o motivo é um "fato jurídico", ao passo que o pressuposto procedimental é um ato jurídico[90].

Sobre o pressuposto lógico, vale lembrar que:

> Finalidade é o bem jurídico objetivado pelo ato. Vale dizer, é o resultado previsto legalmente como o correspondente à tipologia do ato administrativo, consistindo no alcance dos objetivos por ele comportados. Em outras palavras: é o objetivo inerente à categoria do ato. [...] A finalidade do ato que dissolve passeata tumultuosa é a proteção da ordem pública, da paz pública. A finalidade do ato que interdita fábrica poluidora da atmosfera é a proteção da salubridade pública[91].

---

89 BANDEIRA DE MELLO, Celso Antônio. *Curso de direito administrativo.* 30. ed. São Paulo: Malheiros, 2012. p. 403.

90 BANDEIRA DE MELLO, Celso Antônio. *Curso de direito administrativo.* 30. ed. São Paulo: Malheiros, 2012. p. 408-409.

91 BANDEIRA DE MELLO, Celso Antônio. *Curso de direito administrativo.* 30. ed. São Paulo: Malheiros, 2012. p. 409.

Em relação ao pressuposto lógico, Celso Antônio cita os ensinamentos de André Gonçalves Pereira e conclui que:

> Causa: "É uma relação de adequação entre os pressupostos do ato e seu objeto", diz André Gonçalves Pereira, ou seja, é o vínculo de pertinência entre o motivo e o conteúdo do ato. Pode-se defini-la, de maneira mais correta como "a correlação lógica entre o pressuposto (motivo) e o conteúdo do ato em função da finalidade tipológica do ato". Com efeito: tal correlação só é reconhecível e só faz sentido em vista da finalidade legal correspondente ao ato. A palavra "causa" tem sido usada em várias acepções. Utilizamo-la no sentido que lhe atribui o autor português citado, com o acréscimo elucidativo que nos parece indispensável para dar suporte racional e jurídico à noção[92].

Por fim, o doutrinador trata do pressuposto formalístico:

> Formalização é a específica maneira pela qual o ato deve ser externado. Com efeito: ademais de exteriorizado, cumpre que o seja de um dado modo, isto é, segundo uma certa aparência externa. Enquanto a forma significa exteriorização, formalização significa o modo específico, o modo próprio, desta exteriorização. Normalmente, a formalização do ato administrativo é escrita, por razões de segurança e certeza jurídicas. Entretanto, há atos expressos por via oral (por exemplo, ordens verbais para assuntos rotineiros) ou por gestos (ordens de um guarda sinalizando o trânsito), o que, todavia, é exceção, ou, até mesmo, por sinais convencionais, como é o caso dos sinais semafóricos de trânsito. A formalização, evidentemente, deve obedecer às exigências legais, de maneira a que o ato seja expressado tal como a lei impunha que o fosse. Assim, como já se deixou dito, a motivação do ato é importante requisito de sua formalização[93].

De fato, mesmo sendo doutrina minoritária, a visão de Celso Antônio Bandeira de Mello é de grande importância e merece ser conhecida, bem como estudada.

4.3. Atributos do Ato Administrativo

A demonstração de que os atos administrativos são praticados pelo regime jurídico de direito público ocorrerá com o estudo dos seus atributos que são qualidades do ato administrativo e que diferem este dos atos praticados por particulares.

---

92 BANDEIRA DE MELLO, Celso Antônio. *Curso de direito administrativo*. 30. ed. São Paulo: Malheiros, 2012. p. 412.
93 BANDEIRA DE MELLO, Celso Antônio. *Curso de direito administrativo*. 30. ed. São Paulo: Malheiros, 2012. p. 415-416.

4.3.1. Presunção de Legitimidade

Por esse atributo presume-se que o ato administrativo foi praticado de acordo com: (i) a lei, (ii) as regras morais e (iii) a verdade.

Entretanto, trata-se de presunção relativa (*juris tantum*), pois admite prova em contrário. Dessa forma, se o particular (administrado) conseguir comprovar que o ato não foi elaborado de acordo com as regras legais ou morais, ou que não era verdadeiro, deverá ocorrer a respectiva invalidação desse ato administrativo. Ex.: multa de trânsito recebida pelo administrado que consegue provar que na data do auto de infração estava com seu veículo em cidade diversa daquela em que foi autuado, ou seja, típico caso de clonagem de veículo.

APROFUNDANDO! Percebam que, em regra, o ônus de provar que o ato não foi praticado com a verdade, com a lei ou com as regras morais cabe aos administrados. Há uma inversão do ônus da prova, pois a Administração acusa o administrado de praticar uma infração e cabe a este provar o contrário, em razão, claro, da presunção de legitimidade ora estudada. Cuidado, porém, quando se tratar de demonstração de prova negativa, pois, nesse caso, o ônus será da Administração. Ex.: servidor alega que não foi notificado da suspensão de sua aposentadoria. Nesse caso, caberá à Administração fazer a prova de que expediu o aludido ato de notificar o servidor:

> RECURSO ORDINÁRIO EM MANDADO DE SEGURANÇA. APOSENTADORIA. NEGATIVA DE REGISTRO. TRIBUNAL DE CONTAS. ATOS ADMINISTRATIVOS NÃO COMPROVADOS. ART. 333, INCISO II, DO CPC. PAGAMENTO DOS PROVENTOS DE NOVEMBRO/96 E DÉCIMO TERCEIRO SALÁRIO DAQUELE MESMO ANO. IMPOSSIBILIDADE. SÚMULAS 269 E 271 DA SUPREMA CORTE.
>
> **1. O ônus da prova incumbe ao réu, quanto à existência de fato impeditivo, modificativo ou extintivo do direito do autor (art. 333, II, do Código de Processo Civil). Incumbe às Secretarias de Educação e da Fazenda a demonstração de que a professora havia sido notificada da suspensão de sua aposentadoria.**
>
> 2. Não cabe em mandado de segurança para cobrança de proventos não recebidos, a teor das súmulas 269 e 271 da Suprema Corte.
>
> 3. Recurso parcialmente provido.
>
> (RMS 9.685/RS, rel. Ministro FERNANDO GONÇALVES, SEXTA TURMA, julgado em 28-6-2001, *DJ* 20-8-2001, p. 538). (Destacamos)

4.3.2. Autoexecutoriedade

Trata-se de atributo que autoriza a Administração a praticar diretamente seus atos, sem a necessidade de obter previamente a autorização do Poder Judiciário.

A autoexecutoriedade subdivide-se em dois aspectos:

(i) Exigibilidade: meios indiretos de coerção. Ex.: imposição de multa pelo descumprimento de determinação administrativa.

(ii) Executoriedade: meios diretos de coerção. Ex.: fechamento de estabelecimento comercial.

Ademais, é sempre bom lembrar que o atributo da autoexecutoriedade não é absoluto, isto é, a Administração, quando pratica seus atos ou impõe suas decisões, deverá respeitar as garantias e os direitos individuais previstos na Constituição Federal, sob pena de configurar atuação arbitrária não admitida pelo ordenamento jurídico.

APROFUNDANDO! Nessa linha de raciocínio vale lembrar ainda que nem todo ato exigível é autoexecutável. Referimo-nos às obrigações pecuniárias, como a exigência de um imposto que, uma vez não pago, não admite a autoexecutoriedade da dívida, como a penhora direta feita pela Administração do carro do devedor para a satisfação do crédito. No contexto apresentado, apesar de o tributo ser exigível, a Administração necessitará do auxílio do Poder Judiciário para executar a dívida. Só por meio da propositura da ação judicial de execução fiscal o crédito da Fazenda será satisfeito, por isso não é autoexecutável.

4.3.3. Imperatividade

Esse atributo legitima a Administração a impor diretamente seus atos, independentemente de concordância do administrado atingido, podendo valer-se da força, se necessário. Decorre daquilo que Renato Alessi chama de "poder extroverso": "que permite ao Poder Público editar provimentos que vão além da esfera jurídica do sujeito emitente, ou seja, que interferem na esfera jurídica de outras pessoas, constituindo-as unilateralmente em obrigações"[94].

APROFUNDANDO! Nem todo ato administrativo goza do atributo da imperatividade, visto que, em alguns casos, a Administração não precisará impor coercitivamente suas decisões, como ocorre com os atos de mero consentimento. No ato de autorização de uso de um bem público não há imposição à força de vontade, mas sim o deferimento ou não de uma pretensão do particular em utilizar o estádio de futebol da cidade, por exemplo.

4.3.4. Tipicidade

Para alguns autores, como Maria Sylvia Zanella Di Pietro, a tipicidade "é o atributo pelo qual o ato administrativo deve corresponder a figuras definidas previamente pela lei como aptas a produzir determinados resultados. Para

---

94 BANDEIRA DE MELLO, Celso Antônio. *Curso de direito administrativo*. 30. ed. São Paulo: Malheiros, 2012. p. 423.

cada finalidade que a Administração pretende alcançar existe um ato definido em lei"[95].

Trata-se de decorrência do Princípio da Legalidade, em que a Administração somente poderá fazer aquilo que a lei determina ou autoriza.

4.4. Classificação dos Atos Administrativos

4.4.1. Quanto aos Efeitos

Quanto aos efeitos, o ato administrativo pode ser:

a) Constitutivo: é aquele que cria (constitui) uma nova situação jurídica. Ex.: sua nomeação em breve para um cargo público – criará uma nova (e excelente) situação jurídica.

b) Desconstitutivo: é aquele que extingue (desconstitui) situação jurídica preexistente. Ex.: a demissão de um servidor público desconstitui situação preexistente, qual seja, o ato de nomeação.

c) Declaratório: é aquele que apenas declara a existência de determinada situação jurídica. Ex.: uma certidão negativa de débitos de IPTU é um ato que declara que o administrado não possui dívidas em relação a esse tributo.

4.4.2. Quanto aos Destinatários

Quanto aos destinatários, o ato administrativo pode ser:

a) Geral: é aquele que atinge a coletividade como um todo, logo depende de publicação para produzir seus efeitos. Ex.: atos que mudam o sentido de uma rua (era mão dupla e virou mão única) atingem todas as pessoas que passam ou que um dia passarão por aquele local.

b) Individual: é aquele que atinge destinatário certo e determinado. Esse ato individual poderá ser:

(i) singular, quando atingir um só destinatário. Ex.: decreto que desapropria um imóvel;

(ii) plúrimo ou múltiplo: quando atinge mais de um destinatário, mas todos são certos e determinados. Ex.: ato de nomeação de 200 candidatos aprovados no concurso de Técnico de um Tribunal de Justiça (mais de um destinatário, porém todos certos e determinados).

Percebam que o ato individual não atinge necessariamente uma só pessoa.

4.4.3. Quanto ao Alcance

Quanto ao alcance, o ato administrativo pode ser:

---

[95] DI PIETRO, Maria Sylvia Zanella. *Direito administrativo*. 25. ed. São Paulo: Atlas, 2012. p. 208.

a) Interno: é aquele que produz efeitos apenas dentro das repartições públicas. Ex.: ato que define o uniforme dos servidores atinge apenas internamente as repartições públicas.

b) Externo: é aquele que produz efeitos para fora das repartições públicas, atingindo os administrados como um todo. Ex.: ato que define o horário de funcionamento das repartições públicas atinge toda a coletividade, que, de alguma forma, irá frequentar um fórum, por exemplo.

4.4.4. Quanto à Quantidade de Manifestação de Vontade

Quanto à quantidade de manifestação de vontade, o ato administrativo pode ser:

a) Unilateral: é aquele que decorre da manifestação de vontade de uma só das partes. Ex.: ato administrativo que impõe multa – somente a Administração manifesta sua vontade, qual seja, a imposição de uma penalidade.

b) Bilateral: é aquele que decorre de um acordo de vontades. Ex.: contratos administrativos em geral, em que ambas as partes manifestam vontade de contratar entre si.

4.4.5. Quanto ao Grau de Liberdade

Quanto ao grau de liberdade, o ato administrativo pode ser:

a) Vinculado: é aquele em que a lei não confere nenhuma liberdade de atuação ao administrador, que deverá praticar o único comportamento previsto na legislação correspondente. Ex.: para o servidor público que completar 75 anos de idade será efetivada a aposentadoria compulsória (obrigatória). Nesse caso, a lei não confere nenhuma liberdade ao administrador, pois a única conduta a ser tomada será a aposentadoria compulsória.

b) Discricionário: é aquele em que a lei confere certa liberdade de atuação ao administrador para que, mediante um juízo de oportunidade e conveniência, tome a decisão mais favorável ao interesse público dentre aquelas previstas na legislação correspondente. Ex.: no ato administrativo que autoriza o uso de um bem público, como o estádio de futebol municipal, o agente competente irá analisar, diante do caso concreto e mediante um juízo de oportunidade e conveniência, se determinada pessoa pode ou não usar esse bem.

Portanto, enquanto no ato vinculado a lei estabelece um só comportamento a ser tomado diante do caso concreto, no ato discricionário a lei prevê algumas opções de condutas a serem tomadas, deixando a escolha de uma delas ao administrador.

Constatamos, então, que, mesmo no ato discricionário, o agente público deverá seguir uma das opções fornecidas pela lei, sob pena de esse ato ser declarado arbitrário e, consequentemente, ilícito.

4.4.6. Quanto à Formação da Vontade Administrativa

Quanto à formação da vontade administrativa, o ato administrativo pode ser:

a) Simples: é aquele que decorre de uma manifestação de vontade dentro de um só órgão da Administração. Esse órgão pode ser singular (constituído por uma só pessoa. Ex.: ato de nomeação efetivado pelo Presidente da República) ou colegiado (a manifestação de vontade decorre da conclusão de várias pessoas. Ex.: o TIT – Tribunal de Impostos e Taxas – é um órgão colegiado que decide sobre os recursos administrativos relativos a impostos e taxas de São Paulo. Aqui a vontade é única, porque decorre de um só órgão, ainda que constituído de várias pessoas).

b) Composto: é aquele que decorre de mais de uma manifestação de vontade dentro de um mesmo órgão. Nesse caso, encontramos uma vontade principal e outra secundária. Ex.: ato praticado por um servidor que depende da manifestação de concordância de um superior hierárquico. O ato composto é também definido pela doutrina como fruto da manifestação de vontade dentro de um só órgão, mas cuja exequibilidade do ato depende da manifestação de vontade de um outro órgão.

c) Complexo: é aquele que decorre de mais de uma manifestação de vontade, oriundas de mais de um órgão. Ex.: ato do Presidente da República que nomeia o Ministro do STF (Supremo Tribunal Federal) depende da aprovação prévia do Senado Federal. Portanto, temos um ato complexo, pois constituído de mais de uma manifestação de vontade (Presidente e membros do Senado), oriundas de mais de um órgão (Presidência da República e Senado Federal). Outro exemplo de ato complexo refere-se à aposentadoria do servidor, pois, segundo o STF, envolve a manifestação de vontade do órgão no qual atua o servidor, somada à manifestação do respectivo Tribunal de Contas.

4.5. Modalidades de Atos Administrativos

Importante não confundir a classificação de atos ora estudada com as suas modalidades, que nada mais são do que as espécies de atos administrativos admitidos pelo Direito.

Dessa forma, são modalidades de atos administrativos: atos normativos, atos ordinatórios, atos negociais, atos enunciativos e punitivos.

4.5.1. Atos Normativos

São aqueles que possuem um comando geral e abstrato, com a finalidade de dar fiel cumprimento à lei. As leis também consistem em comandos gerais e abstratos, entretanto são elaboradas pelo Poder Legislativo e visam inovar o ordenamento jurídico de maneira originária, isto é, tratar de matérias ainda não previstas em outras leis.

Por outro lado, os atos normativos são expedidos pela Administração Pública (vista como Poder Executivo) e têm a finalidade de dar fiel cumprimento à lei, ou seja, complementar esta quando for necessário. São atos administrativos e, como tais, encontram-se hierarquicamente abaixo das leis, não podendo contrariá-las nem dispor sobre temas ausentes de amparo legal.

São exemplos de atos normativos: regulamentos, decretos, instruções normativas, regimentos, resoluções e deliberações.

Por fim, não poderíamos deixar de mencionar as novidades trazidas pela Lei de Introdução às Normas do Direito Brasileiro[96] afetas ao tema. Por força da Lei n. 13.655, de 25 de abril de 2018, foram inseridos dispositivos ao Decreto-lei n. 4.657, de 4 de setembro de 1942, dentre os quais destacamos:

> Art. 29. Em qualquer órgão ou Poder, a edição de atos normativos por autoridade administrativa, salvo os de mera organização interna, poderá ser precedida de consulta pública para manifestação de interessados, preferencialmente por meio eletrônico, a qual será considerada na decisão.
>
> § 1º A convocação conterá a minuta do ato normativo e fixará o prazo e demais condições da consulta pública, observadas as normas legais e regulamentares específicas, se houver.

A novidade introduzida pela Lei de 2018 foi a possibilidade de qualquer órgão ou Poder realizar consulta pública antes da edição de atos normativos, salvo os de mera organização interna. A manifestação de interessados dar-se-á preferencialmente por meio eletrônico e será considerada no momento da tomada da decisão administrativa.

A convocação conterá a minuta do ato normativo e fixará o prazo e demais condições da consulta pública, observadas as normas legais e regulamentares específicas, se houver. Em nossa visão a consulta pública deveria ser a regra e não uma faculdade, até como forma de dar legitimidade popular a implementação de certas políticas públicas, por exemplo.

4.5.2. Atos Ordinatórios

São aqueles que têm o objetivo de ordenar o funcionamento da Administração e a atuação dos agentes públicos.

São exemplos de atos ordinatórios: portarias, instruções, avisos, circulares, ordens de serviço, ofícios e despachos.

4.5.3. Atos Negociais

São aqueles afetos a uma pretensão do particular coincidente com uma declaração de vontade da Administração Pública.

---

96 A LINDB foi regulamentada pelo Decreto n. 9.830 de 2019 (*vide* capítulo 1 deste livro).

São exemplos de atos negociais: alvarás, licenças, concessões, permissões, autorizações, homologações, aprovações e admissões.

4.5.4. Atos Enunciativos

São aqueles em que a Administração declara (enuncia) uma situação jurídica preexistente, seja certificando ou atestando determinado fato, seja emitindo um parecer.

São exemplos de atos enunciativos: certidões (CND – certidão negativa de débitos de IPTU), atestados (atestados de frequência escolar elaborados por escola pública) e pareceres (pareceres jurídicos emitindo opinião sobre a legalidade ou não de um procedimento licitatório).

4.5.5. Atos Punitivos

São aqueles que impõem uma sanção a alguém. Ex.: multa para o particular que foi contratado pela Administração e não cumpriu o que foi pactuado.

4.6. Extinção dos Atos Administrativos

4.6.1. Conceitos Preliminares

Antes de adentrarmos as formas de extinção dos atos administrativos, é imprescindível conhecer alguns conceitos que servirão de base para o nosso estudo sobre o presente tema.

a) Atos válidos: são expedidos em conformidade com as exigências legais. Ex.: multa aplicada pela autoridade competente.

b) Atos nulos: possuem um vício grave e insanável, razão pela qual não admitem convalidação (correção do vício). Ex.: multa aplicada por autoridade incompetente quando se tratava de competência exclusiva de outra autoridade.

c) Atos anuláveis: possuem um vício menos grave e sanável, razão pela qual admitem convalidação (correção do vício). Ex.: multa aplicada por autoridade incompetente, mas a competência não era exclusiva. Logo, a autoridade competente pode convalidar (corrigir) o vício do ato.

d) Atos inexistentes: são contrários ao direito e sujeitos à criminalização. Ex.: ato administrativo praticado por quem não é agente público (usurpação de função pública), como ocorre quando criminosos se passam por policiais para extorquirem os cidadãos. São atos que não admitem convalidação (correção do vício). São também considerados atos inexistentes aqueles fora do possível jurídico. Ex.: demissão de um servidor que já havia morrido.

e) Atos irregulares: possuem vício irrelevante. Ex.: erro de grafia ou do nome. Não comprometem a validade do ato, motivo pelo qual não são anulados.

4.6.2. Perfeição, Validade e Eficácia do Ato Administrativo

O ato é considerado válido quando estiver de acordo com a ordem jurídica, conforme acima estudado.

Ato administrativo perfeito é aquele que completou todo o ciclo de formação. Ex.: determinado ato que, por exigência legal, deve ser escrito, assinado, publicado no diário oficial e efetivamente completou todas as etapas.

Por sua vez, ato eficaz é aquele apto a produzir efeitos, ou seja, não depende de qualquer condição (evento futuro e incerto), nem de termo (evento futuro e certo), por exemplo.

Ante o contexto conceitual proposto, algumas combinações podem ser encontradas no dia a dia da atuação administrativa, quais sejam:

(i) Ato válido e imperfeito: determinado ato administrativo foi expedido na forma escrita por determinação legal, assinado por autoridade competente, mas ainda não foi publicado no diário oficial. Percebam a ausência de uma etapa para se tornar perfeito.

(ii) Ato perfeito e inválido: ato escrito, assinado por autoridade incompetente e publicado no diário oficial. Nesse caso, apesar de ter cumprido todas as etapas do ciclo de formação do exemplo ora proposto, o fato de ser assinado por autoridade incompetente o torna inválido.

(iii) Ato perfeito, válido e ineficaz: ato escrito, assinado por autoridade competente, publicado no diário oficial, porém cuja produção dos efeitos está na dependência de um evento futuro, como Olimpíadas ou Copa do Mundo.

4.6.3. Efeitos Típicos e Atípicos do Ato Administrativo

No tocante aos efeitos, o ato administrativo pode produzir resultados típicos ou atípicos.

Os efeitos típicos do ato administrativo consistem nos resultados principais, esperados e considerados como "normais" de qualquer ato. Ex.: no ato de sua nomeação, em breve, em razão da aprovação em concurso público, o efeito típico será habilitá-lo(a) a assumir o cargo tão desejado.

Os efeitos atípicos são aqueles secundários, podendo ser preliminares ou reflexos.

Os efeitos atípicos são preliminares ou prodrômicos, nas lições de Celso Antônio Bandeira de Mello: "Existem enquanto perdura a situação de pendência do ato, isto é, durante o período que intercorre desde a produção do ato até o desencadeamento de seus efeitos típicos"[97]. O efeito preliminar de um ato a ser controlado é despertar a exigência de controle pelo órgão controlador. Ex.: para o Prefeito saber se pode ou não realizar uma contratação direta sem licitação, deve, antes, ouvir a opinião do departamento jurídico por meio de parecer, nos termos do art. 38, parágrafo único, da Lei n. 8.666/93. Aqui, a exigência do parecer seria o efeito preliminar da aludida contratação – ato controlado.

---

[97] BANDEIRA DE MELLO, Celso Antônio. *Curso de direito administrativo*. 30. ed. São Paulo: Malheiros, 2012. p. 393.

Por outro lado e, conforme dito, o efeito atípico pode ser também reflexo, por atingir terceiros não objetivados pelo ato. Ex.: os efeitos de um decreto expropriatório refletem, muitas vezes, em pessoas que não são os proprietários do bem desapropriado, como ocorre com o locatário que residia no imóvel objeto da desapropriação.

4.6.4. Formas de Extinção do Ato Administrativo

O ato administrativo pode ser extinto por diversas formas: (i) cumprimento dos efeitos; (ii) desaparecimento do sujeito (ex.: morte do contratado); (iii) perecimento do objeto da relação jurídica (ex.: desabamento do estádio municipal que seria palco de uma festa popular regional); (iv) renúncia do próprio beneficiário.

No entanto, as espécies de extinção mais correntes em concursos públicos são as formas de retirada, quais sejam: (i) cassação; (ii) caducidade ou decadência; (iii) contraposição ou derrubada; (iv) anulação; (v) revogação. Em razão de serem as mais importantes formas de extinção, trabalharemos com o cuidado devido as formas de retirada do ato administrativo.

4.6.4.1. Cassação do Ato Administrativo

A extinção do ato administrativo dar-se-á pela forma de retirada cassação quando o benefício do ato deixar de cumprir requisito que deveria permanecer cumprindo durante todo o período de vigência do ato. Ex.: empresário da noite consegue licença para funcionamento de hotel. Quando esse beneficiário do ato administrativo começa a explorar a prostituição dentro do hotel a licença deverá ser cassada, pois deixou de cumprir requisito essencial que seria a prestação do serviço de hotelaria.

4.6.4.2. Caducidade ou Decadência do Ato Administrativo

Na caducidade do ato administrativo, o advento de nova lei torna impossível a manutenção do ato consentido de acordo com a lei anterior.

O exemplo clássico envolve nova lei de zoneamento que torna uma rua, anteriormente zona mista – residencial e comercial, em zona estritamente residencial. Nesse caso, haverá a caducidade das licenças de funcionamento do comércio local, em razão do advento da nova lei de zoneamento que tornou a rua estritamente residencial.

4.6.4.3. Contraposição ou Derrubada do Ato Administrativo

A contraposição ou derrubada do ato é muito semelhante ao instituto anterior da caducidade, com a diferença de que, no lugar do advento de nova lei, surge novo ato administrativo em contraposição ao ato anterior, capaz de derrubar o ato anteriormente vigente. Ex.: o ato de demissão de um servidor está em contraposição (derruba) o ato de nomeação.

4.6.4.4. *Anulação do Ato Administrativo*

A anulação do ato administrativo ocorre nos casos de ilegalidade e pode ser declarada pela própria Administração Pública ou pelo Poder Judiciário.

A Administração poderá anular o ato ilegal de ofício (sem a necessidade de existir provocação de algum administrado) ou mediante a existência de algum requerimento (provocação). Já o Poder Judiciário só poderá anular um ato da Administração Pública quando provocado por alguém.

Pensemos no caso de uma licitação cujo edital foi direcionado para uma empresa vencer a licitação só porque o dono desta era amigo do Prefeito. Trata-se de típico caso de ilegalidade que implicaria a anulação do edital e, consequentemente, de toda a licitação.

A anulação opera efeitos *ex tunc* (retroativos). Assim, o ato anulado não gera direitos nem obrigações desde a sua origem, ressalvado o direito de terceiro de boa-fé.

APROFUNDANDO! Celso Antônio Bandeira de Mello entende que, a depender da natureza do ato a ser anulado, se restritivo ou ampliativo de direitos, os efeitos da anulação poderão ser *ex tunc* ou *ex nunc*, respectivamente:

> Aliás, cumpre aqui discutir os efeitos da invalidação, buscando-se saber se ela sempre, ou nem sempre, tem efeitos *ex tunc* e o que determinará se seus efeitos serão desta espécie ou se e quando serão *ex nunc*. Reformulando o entendimento que sempre adotamos na matéria, pensamos hoje que o assunto só se resolve adequadamente tomando-se em conta a fundamentalíssima distinção – e que cada vez nos parece mais importante para uma teoria do ato administrativo entre atos restritivos e atos ampliativos da esfera jurídica dos administrados, discrímen, este, que funda uma dicotomia básica, influente sobre inúmeros tópicos do Direito Administrativo (como, por exemplo, o da eficácia dos atos administrativos – sua imperatividade e executoriedade –, o dos princípios do procedimento administrativo, o da teoria da vontade do particular no ato administrativo, o da coisa julgada administrativa ou o das consequências da invalidação). Na conformidade desta perspectiva, parece-nos que efetivamente nos atos unilaterais restritivos da esfera jurídica dos administrados, se eram inválidos, todas as razões concorrem para que sua fulminação produza efeitos *ex tunc*, exonerando por inteiro quem fora indevidamente agravado pelo Poder Público das consequências onerosas. Pelo contrário, nos atos unilaterais ampliativos da esfera jurídica do administrado, se este não concorreu para o vício do ato, estando de boa-fé, sua fulminação só deve produzir efeitos *ex nunc*, ou seja, depois de pronunciada[98].

---

98 BANDEIRA DE MELLO, Celso Antônio. *Curso de direito administrativo*. 30. ed. São Paulo: Malheiros, 2012. p. 487-488.

Defende o autor que, em sendo o ato restritivo de um direito, os efeitos serão retroativos. Nada mais justo, visto que, no caso de um servidor que deveria receber aumento em razão da promoção e não recebe, estamos diante de um ato restritivo de direito, e, quando o servidor for receber, o valor será pago retroativamente.

Por outro lado, em se tratando de ato ampliativo de direitos, a anulação produzirá efeitos para o futuro, apenas. É o caso de um servidor que está trabalhando há anos e vem a ser notificado que o concurso no qual foi aprovado acabara de ser anulado. Nesse caso, em estando o servidor de boa-fé, não precisará devolver os valores recebidos como forma de remuneração pelo seu trabalho, pois o ato anulado era ampliativo de direitos e os efeitos *ex nunc*:

> AGRAVO REGIMENTAL EM MANDADO DE SEGURANÇA CONTRA ATO DO TRIBUNAL DE CONTAS DA UNIÃO. DIREITO ADMINISTRATIVO. DEVOLUÇÃO DOS VALORES REFERENTES AOS QUINTOS. IMPOSSIBILIDADE DE RESTITUIÇÃO. VANTAGEM CONCEDIDA POR INICIATIVA DA ADMINISTRAÇÃO PÚBLICA. PERCEPÇÃO DE BOA-FÉ. NATUREZA ALIMENTAR DA VERBA. 1. A quantia referente aos quintos foi incorporada à folha de pagamento dos servidores por iniciativa da própria Administração, respaldada no Acórdão n. 2.248/2005, do TCU, não ficando comprovada qualquer influência dos servidores na concreção do referido ato. 2. Configurada a boa-fé dos servidores e considerando-se também a presunção de legalidade do ato administrativo e o evidente caráter alimentar das parcelas percebidas, não há falar em restituição dos referidos valores. Precedente do STF no julgamento do RE n. 638.115/CE. 3. Agravo regimental a que se NEGA PROVIMENTO. (MS 27660 AgR, Relator(a): Min. LUIZ FUX, Primeira Turma, julgado em 26-4-2016, ACÓRDÃO ELETRÔNICO DJe-109 DIVULG 27-05-2016 PUBLIC 30-5-2016).

No tocante ao *Prazo Decadencial para a Administração anular seus atos, prevê o* art. 54 da Lei n. 9.784: "O direito da Administração de anular os atos administrativos de que decorram efeitos favoráveis para os destinatários decai em cinco anos, contados da data em que foram praticados, salvo comprovada má-fé".

A Súmula 633 do Superior Tribunal de Justiça prevê a possibilidade de Estados e Municípios que não possuem lei específica de processo administrativo se valerem desse prazo decadencial quinquenal: "A Lei n. 9.784/1999, especialmente no que diz respeito ao prazo decadencial para a revisão de atos administrativos no âmbito da Administração Pública federal, pode ser aplicada, de forma subsidiária, aos estados e municípios, se inexistente norma local e específica que regule a matéria." (Primeira Seção, julgado em 12-6-2019, *DJe* 17-6-2019).

Sobre o tema, vale lembrar posição do Superior Tribunal de Justiça:

> ADMINISTRATIVO E PROCESSUAL CIVIL. SERVIDOR PÚBLICO FEDERAL. REVISÃO DA APOSENTADORIA. DECADÊNCIA DO DIREITO DE REVER ATO ADMINISTRATIVO. PRESTAÇÕES CONTÍNUAS. ART. 54 DA LEI 9.784/1999.
>
> 1. O Superior Tribunal de Justiça possuía o entendimento de que a Administração poderia anular seus próprios atos a qualquer tempo, desde que eivados de vícios que os tornassem ilegais, nos termos das Súmulas 346 e 473/STF.
>
> 2. Todavia, sobreveio a Lei 9.784, de 29 de janeiro de 1999, que, em seu art. 54, preconiza que "o direito da Administração de anular os atos administrativos de que decorram efeitos favoráveis para os destinatários decai em cinco anos, contados da data em que foram praticados, salvo comprovada má-fé".
>
> 3. No caso, o autor teve a vantagem denominada "Opção de Função – 55%" incorporada a seus proventos de aposentadoria, com efeitos financeiros a contar de janeiro de 2005 e implementada a primeira parcela em folha de pagamento de dezembro de 2007. A UFRGS fez o corte da referida vantagem e o desconto das prestações vencidas a título de reposição ao erário dos proventos do recorrido em 12-11-2012.
>
> 4. Observa-se que, transcorridos mais de 7 anos do primeiro pagamento da vantagem, e levando-se em conta que, na sistemática do Código Civil revogado, os prazos decadenciais, diferentemente do que ocorre com os prazos de prescrição, não são suscetíveis de suspensão ou interrupção, a conclusão que se tira é a da decadência do direito de a Administração Pública Federal invalidar o ato administrativo que concedeu a vantagem, pois estão preenchidos os requisitos estabelecidos no art. 54 da Lei do Processo Administrativo da União.
>
> 5. Na espécie, o Tribunal a quo decidiu de acordo com jurisprudência do STJ, ao consignar que "Em relação à rubrica FC Judicial, tenho por inafastável a decadência. Analisando as fichas financeiras do autor (ev. 1, FINANC7), percebe-se que seu pagamento no mesmo valor remonta a, pelo menos, janeiro de 2005. Considerando que o autor somente foi comunicado da necessidade de redução do valor em novembro de 2012, operou-se a decadência. Restam, portanto, prejudicados os demais argumentos relativos à legalidade do pagamento da rubrica, que não pode mais ser alterada pela parte ré." (fls. 1.010-1.011, e-STJ).
>
> 6. Agravo Interno não provido. (AgInt no AgRg no REsp 1580246/RS, rel. Ministro HERMAN BENJAMIN, SEGUNDA TURMA, julgado em 21-2-2017, *DJe* 18-4-2017).

Outra questão interessante envolve saber se esse prazo decadencial é aplicado a casos ocorridos antes de 1999, data do advento da Lei n. 9.784. A esse respeito entende o STJ:

PROCESSUAL CIVIL. AGRAVO REGIMENTAL. PAGAMENTO DE HORAS EXTRAS. REVISÃO DE ATO ADMINISTRATIVO. DECADÊNCIA. NÃO OCORRÊNCIA. APLICABILIDADE DO ART. 54 DA LEI 9.784/1999 POR ANALOGIA. POSSIBILIDADE.

1. O Superior Tribunal de Justiça assentou o entendimento de que mesmo os atos administrativos praticados anteriormente ao advento da Lei Federal 9.784, de 1º.2.1999, estão sujeitos ao prazo de decadência quinquenal contado da sua entrada em vigor. A partir de sua vigência, o prazo decadencial para a Administração rever seus atos é de cinco anos, nos termos do art. 54.

2. Na hipótese dos autos, a administração passou a pagar, por ato unilateral, vantagens ao servidor decorrentes de portarias emitidas nos anos de 1996 e 1998. Em 2002 a administração reviu seu ato e cancelou o pagamento da vantagem. Logo, a revisão foi feita dentro do prazo de cinco anos, a contar da data em que vigente a lei supracitada.

3. Ademais, ao contrário da tese defendida pelo agravante, a jurisprudência do STJ firmou-se no sentido de que a Lei 9.784/1999 pode ser aplicada de forma subsidiária no âmbito dos demais Estados-Membros e Municípios, se ausente lei própria que regule o processo administrativo local, como ocorre na espécie.

4. Agravo Regimental não provido. (AgRg no AREsp 263.635/RS, rel. Ministro HERMAN BENJAMIN, SEGUNDA TURMA, julgado em 16-5-2013, DJe 22-5-2013).

Tema polêmico gira ao entorno da seguinte questão: Tribunal de Contas tem cinco anos da concessão inicial da aposentadoria para invalidá-la diante de eventual ilegalidade? Por enquanto as decisões do STF estão no sentido de que esse prazo não se aplica inicialmente ao caso (MS 27.580), ou, no máximo, somente começa a correr após a manifestação do TCU, por se tratar de ato complexo (MS 33.087):

Agravo regimental em mandado de segurança. Impetração voltada contra acórdão proferido pelo Tribunal de Contas da União com o qual ele determinou o corte de vantagens que considerou terem sido ilegalmente agregadas aos proventos de aposentadoria de servidor público. Admissibilidade. 1. Está assentado na jurisprudência do Supremo Tribunal Federal o entendimento de que não se aplica ao TCU, no exercício do controle da legalidade de aposentadorias, a decadência administrativa prevista na Lei n. 9.784/99. 2. Tampouco se pode falar em desrespeito ao princípio da irredutibilidade de vencimentos quando se determina a correção de ilegalidades na composição de proventos de aposentadoria de servidores públicos. 3. Não ocorre violação da autoridade da coisa julgada quando se reconhece a incompatibilidade de novo regime jurídico com norma anterior que disciplinava a situação funcional de servidor público. Precedentes. 4. Agravo regimental a que se nega provimento. (MS 27580 AgR, Relator(a): Min. DIAS TOFFOLI, Primeira Turma, julgado em 10-9-2013, ACÓRDÃO ELETRÔNICO DJe-197 DIVULG 4-10-2013 PUBLIC 7-10-2013).

MANDADO DE SEGURANÇA. TRIBUNAL DE CONTAS DA UNIÃO. SERVIDOR DO DEPARTAMENTO DE POLÍCIA FEDERAL. APOSENTADORIA. CONTAGEM DO TEMPO DE SERVIÇO PARA APOSENTADORIA. PERÍODO TRABALHADO SOB A ÉGIDE DA LEI N. 3.313/1957: ACRÉSCIMO DE 20%. CÔMPUTO DE FRAÇÃO DE LICENÇA-PRÊMIO NÃO USUFRUÍDA. REGISTRO NEGADO. CONTRARIEDADE AO DEVIDO PROCESSO LEGAL E SEUS COROLÁRIOS: INOCORRÊNCIA. PRECEDENTES. ALEGADA OFENSA À COISA JULGADA. DECISÃO PELA QUAL NÃO SE RECONHECEU O DIREITO DE CÔMPUTO DAS FRAÇÕES DE LICENÇA-PRÊMIO NÃO USUFRUÍDAS: INOCORRÊNCIA. TEMPO DE SERVIÇO PRESTADO SOB A ÉGIDE DA LEI N. 3.313/1957: AVERBAÇÃO FEITA EM CONFORMIDADE COM DECISÃO JUDICIAL TRANSITADA EM JULGADO. MANDADO DE SEGURANÇA PARCIALMENTE CONCEDIDO. AGRAVO REGIMENTAL PREJUDICADO. (MS 33087, Relator(a): Min. CÁRMEN LÚCIA, Segunda Turma, julgado em 7-6-2016, PROCESSO ELETRÔNICO DJe-126 DIVULG 17-6-2016 PUBLIC 20-6-2016).

O STF já decidiu que o Tribunal de Contas pode invalidar uma aposentadoria passados mais de cinco anos da sua concessão inicial, desde que nesse caso, e só nesse caso – passados mais de cinco anos –, sejam conferidos os direitos ao contraditório e à ampla defesa (MS 28074). Dessa forma, se o TCU aprecia a legalidade em até cinco anos, não precisa de contraditório nem de ampla defesa. Passados mais de um quinquênio, será necessário:

MANDADO DE SEGURANÇA. ADMINISTRATIVO. ATO DO TRIBUNAL DE CONTAS DA UNIÃO. NEGATIVA DE REGISTRO A APOSENTADORIA. SUPOSTAS IRREGULARIDADES NA CONTAGEM DE TEMPO DE SERVIÇO POR SERVIDORES DA FUNDAÇÃO NACIONAL DE SAÚDE. AUSÊNCIA DE EXAME EFETIVO DA SITUAÇÃO FUNCIONAL DO IMPETRANTE. APOSENTADORIA EFETIVADA HÁ MAIS DE SEIS ANOS. DESRESPEITO ÀS GARANTIAS DO CONTRADITÓRIO E DA AMPLA DEFESA. SEGURANÇA PARCIALMENTE CONCEDIDA. (MS 28074, Relator(a): Min. CÁRMEN LÚCIA, Primeira Turma, julgado em 22-5-2012, ACÓRDÃO ELETRÔNICO DJe-115 DIVULG 13-6-2012 PUBLIC 14-6-2012).

O tema é tão polêmico que o Supremo reconheceu a repercussão geral da questão no RE 636.553 para definir se será aplicável o prazo decadencial de 5 anos da Lei n. 9.784/99 para o TCU anular a aposentadoria concedida inicialmente ao servidor:

Recurso extraordinário. 2. Servidor público. Aposentadoria. 3. Anulação do ato pelo TCU. Discussão sobre a incidência do prazo decadencial de 5 anos, previsto na Lei 9.784/99, para a Administração anular seus atos, quando eivados de ilegalidade. Súmula 473 do STF. Observância dos princípios do contraditório e da ampla defesa. Repercussão geral reconhecida. (RE 636.553 RG, Relator(a): Min. GILMAR MENDES, julgado em 23-6-2011, PROCESSO ELETRÔNICO *DJe*-050 DIVULG 8-3-2012 PUBLIC 9-3-2012 REPUBLICAÇÃO: *DJe*-123 DIVULG 22-6-2012 PUBLIC 25-6-2012).

Finalmente, no ano de 2020, o Supremo Tribunal Federal decidiu o RE 636.553 e, pelo regime de repercussão geral, firmou posicionamento no sentido de que os Tribunais de Contas estão sujeitos ao prazo de 5 anos para o julgamento da legalidade do ato de concessão inicial de aposentadoria, reforma ou pensão:

Recurso extraordinário. Repercussão geral. 2. Aposentadoria. Ato complexo. Necessária a conjugação das vontades do órgão de origem e do Tribunal de Contas. Inaplicabilidade do art. 54 da Lei n. 9.784/1999 antes da perfectibilização do ato de aposentadoria, reforma ou pensão. Manutenção da jurisprudência quanto a este ponto. 3. Princípios da segurança jurídica e da confiança legítima. Necessidade da estabilização das relações jurídicas. Fixação do prazo de 5 anos para que o TCU proceda ao registro dos atos de concessão inicial de aposentadoria, reforma ou pensão, após o qual se considerarão definitivamente registrados. 4. Termo inicial do prazo. Chegada do processo ao Tribunal de Contas. 5. Discussão acerca do contraditório e da ampla defesa prejudicada. 6. **TESE: "Em atenção aos princípios da segurança jurídica e da confiança legítima, os Tribunais de Contas estão sujeitos ao prazo de 5 anos para o julgamento da legalidade do ato de concessão inicial de aposentadoria, reforma ou pensão, a contar da chegada do processo à respectiva Corte de Contas".** 7. Caso concreto. Ato inicial da concessão de aposentadoria ocorrido em 1995. Chegada do processo ao TCU em 1996. Negativa do registro pela Corte de Contas em 2003. Transcurso de mais de 5 anos. 8. Negado provimento ao recurso. Acórdãos no mesmo sentido. (RE 636.553 ED PROCESSO ELETRÔNICO JULG 7-12-2020 UF-RS TURMA-TP Min. GILMAR MENDES N.PÁG-013 *DJe*-021 DIVULG 3-2-2021 PUBLIC 4-2-2021).

Por fim, não poderíamos deixar de mencionar as novidades trazidas pela Lei de Introdução às Normas do Direito Brasileiro[99] afetas ao tema. Por força da Lei n. 13.655, de 25 de abril de 2018, foram inseridos dispositivos ao Decreto-lei n. 4.657, de 4 de setembro de 1942, dentre os quais destacamos:

---

99 A LINDB foi regulamentada pelo Decreto n. 9.830, de 2019 (*vide* capítulo 1 deste livro).

> Art. 21. A decisão que, nas esferas administrativa, controladora ou judicial, decretar a invalidação de ato, contrato, ajuste, processo ou norma administrativa deverá indicar de modo expresso suas consequências jurídicas e administrativas.
>
> Parágrafo único. A decisão a que se refere o *caput* deste artigo deverá, quando for o caso, indicar as condições para que a regularização ocorra de modo proporcional e equânime e sem prejuízo aos interesses gerais, não se podendo impor aos sujeitos atingidos ônus ou perdas que, em função das peculiaridades do caso, sejam anormais ou excessivos.

O art. 21 trata da decisão administrativa que decreta a invalidação de ato, contrato, ajuste, processo ou norma administrativa e que ela deverá indicar de modo expresso suas consequências jurídicas e administrativas. Desta forma, não é possível mais decisões arbitrárias que simplesmente anulam determinado ato administrativo, apresentando apenas a fundamentação legal para decisão administrativa.

Imprescindível, a partir de agora, que o agente público controlador apresente de modo expresso as consequências jurídicas e administrativas de tal anulação. Como exemplo podemos citar que não basta anular um edital de licitação por violar a Lei n. 8.666/93, sob a alegação de direcionamento da licitação. É preciso dizer de modo expresso sobre a necessidade de apuração dos responsáveis de tal ilegalidade, bem como as consequências administrativas que, no presente caso, implicará na publicação de novo edital de licitação, escoimado dos vícios do ato antecedente, bem como com a abertura de novo prazo para a apresentação das propostas.

Aliás, esse é o mandamento do disposto no parágrafo único do art. 21, uma vez que estabelece que a citada decisão de anulação deverá indicar as condições para que a regularização ocorra de modo proporcional e equânime e sem prejuízo aos interesses gerais, não se podendo impor aos sujeitos atingidos ônus ou perdas que, em função das peculiaridades do caso, sejam anormais ou excessivos.

Trata-se, mais uma vez, da prova que a Administração Pública não pode passar por cima de direitos fundamentais individuais, sob o fundamento de uma supremacia do interesse público sobre o individual visto de forma absorta e arbitrária. A razoabilidade, proporcionalidade e equidade serão os vetores norteadores das consequências da nulidade para não gerar ônus excessivo ao sujeito de direitos atingido pela anulação.

> Art. 24. A revisão, nas esferas administrativa, controladora ou judicial, quanto à validade de ato, contrato, ajuste, processo ou norma administrativa cuja produção já se houver completado levará em conta as orientações gerais da época, sendo vedado que, com base em mudança posterior de orientação geral, se declarem inválidas situações plenamente constituídas.

> Parágrafo único. Consideram-se orientações gerais as interpretações e especificações contidas em atos públicos de caráter geral ou em jurisprudência judicial ou administrativa majoritária, e ainda as adotadas por prática administrativa reiterada e de amplo conhecimento público.
>
> Art. 30. As autoridades públicas devem atuar para aumentar a segurança jurídica na aplicação das normas, inclusive por meio de regulamentos, súmulas administrativas e respostas a consultas.
>
> Parágrafo único. Os instrumentos previstos no *caput* deste artigo terão caráter vinculante em relação ao órgão ou entidade a que se destinam, até ulterior revisão.

O art. 24 reafirma a importância do respeito a institutos consagrados na ordem jurídica pátria como o direito adquirido e o ato jurídico perfeito ao determinar que a revisão na esfera administrativa quanto à validade de ato, contrato, ajuste, processo ou norma administrativa cuja produção já se houver completado levará em conta as orientações gerais da época, sendo vedado que, com base em mudança posterior de orientação geral, se declarem inválidas situações plenamente constituídas em prejuízo dos administrados.

Por orientações gerais da época o parágrafo único do art. 24 considera: (i) as interpretações e especificações contidas em atos públicos de caráter geral ou em jurisprudência judicial ou administrativa majoritária; e, (ii) as adotadas por prática administrativa reiterada e de amplo conhecimento público. A força dos precedentes judiciais foi um princípio adotado pelo novo Código de Processo Civil, bem como relembrado pela Lei de Introdução das normas do Direito Brasileiro. A consolidação de entendimentos também poderá ocorrer dentro da Administração Pública e um bom exemplo é a edição de súmulas e orientações normativas como ocorre na Advocacia Geral da União.

Aliás, essa a determinação inserta no art. 30 quando estabelece que as autoridades públicas devem atuar para aumentar a segurança jurídica na aplicação das normas, inclusive por meio de regulamentos, súmulas administrativas e respostas a consultas. Ademais, o parágrafo único dispõe que os citados instrumentos terão caráter vinculante em relação ao órgão ou entidade pública a que se destinam, até ulterior e eventual revisão.

4.6.4.5. *Revogação do Ato Administrativo*

A revogação do ato administrativo ocorre nos casos de atos válidos (de acordo com a lei), mas que deixaram de ser convenientes ou oportunos ao interesse público. Ex.: a Administração pretendia contratar mediante licitação uma empresa para reformar um antigo casarão. No meio do procedimento licitatório o casarão pega fogo, e a Administração revoga a licitação em razão da inconveniência desta. Percebam que nesse caso não há nenhuma ilegalidade, só inconveniência da contratação, uma vez que o casarão, objeto da reforma, pegou fogo.

Os efeitos da revogação são *ex nunc*, isto é, não retroagem, porque se trata de atos válidos (legais) que deixaram de ser convenientes ou oportunos ao interesse público.

Ademais, só a Administração pode revogar seus atos. O Poder Judiciário não revoga ato administrativo expedido pelo Poder Executivo.

APROFUNDANDO! Alguns atos não podem ser revogados. São eles: (i) atos consumados, pois já exauriram os efeitos (ex.: não é possível revogar a autorização de uso de uma rua após a realização do evento, uma vez que o ato já está consumado); (ii) atos vinculados, pois estes ou são válidos ou inválidos, cabendo, nesse caso, a anulação que já analisamos ser diferente da revogação; (iii) atos que geram direitos adquiridos, na medida em que estes são intangíveis e já estão incorporados à pessoa do titular do direito; (iv) atos que integram um procedimento, uma vez que, a cada novo ato, ocorrerá a preclusão do ato procedimental anterior; (v) atos enunciativos, que apenas declaram uma situação jurídica preexistente (ex.: não teria sentido revogar uma certidão negativa de débitos de IPTU, seria o mesmo que rasgar a folha da certidão, pois a informação de que o sujeito de direito nada deve de imposto está no sistema da Prefeitura que apenas a certifica na CND.

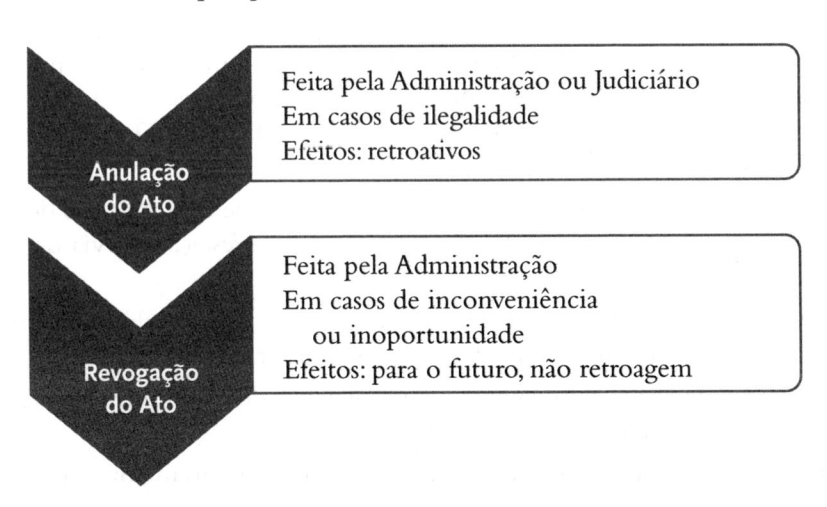

Anulação do Ato
Feita pela Administração ou Judiciário
Em casos de ilegalidade
Efeitos: retroativos

Revogação do Ato
Feita pela Administração
Em casos de inconveniência ou inoportunidade
Efeitos: para o futuro, não retroagem

4.7. Convalidação

A convalidação consiste na correção do ato administrativo portador de vício sanável, quando não gerar lesão ao interesse público nem prejuízo a terceiros.

Dessa forma, em decisão na qual se evidencie não acarretarem lesão ao interesse público nem prejuízo a terceiros, os atos que apresentarem defeitos sanáveis poderão ser convalidados pela própria Administração (art. 55 da Lei n. 9.784/99).

É possível a convalidação de ato administrativo com vício na competência, desde que esta não seja exclusiva de alguma autoridade, nem que se trate de competência em razão da matéria. Ex.: ato de competência exclusiva ou em razão da matéria do Ministro da Saúde que é praticado pelo Ministro da Justiça não admite convalidação.

Também é admitida a convalidação do ato em face do vício de forma, quando esta não for essencial para a validade do ato.

APROFUNDANDO! A convalidação possui duas modalidades: (i) ratificação, quando a correção do vício dá-se pela própria autoridade que praticou o ato; (ii) confirmação, quando a correção do vício é realizada por outra autoridade.

CUIDADO! Importante não confundir convalidação, em qualquer de suas espécies – ratificação ou confirmação, com CONVERSÃO. Esta objetiva alterar a categoria do ato para torná-lo válido, ou seja, na conversão um ato de uma categoria na qual seria inválido, passa para outra e se torna válido. Pensemos no caso de um ato que inicialmente seria da categoria de ato composto (mais de uma vontade dentro do mesmo órgão). Porém, esse ato só tem a manifestação de uma autoridade. Assim, é inválido, pois precisaria de manifestação de mais de uma vontade dentro do mesmo órgão. A Administração no lugar de invalidar o ato, muda a sua categoria para ato simples, isto é, o ato deixa a categoria de composto (em que seria ilegal por faltar uma manifestação de vontade) e passa a ser ato simples (em que basta uma vontade, apenas).

Questões

1. (CESPE – 2019 – MPC/PA – Procurador de Contas) No contexto da apreciação e do controle dos atos de concessão de aposentadoria de servidores públicos, a posição majoritária do Supremo Tribunal Federal (STF) é a de que a concessão de aposentadoria é um ato

a) jurídico perfeito praticado unicamente pelo tribunal de contas no ato de registro, sendo de natureza meramente preparatória a manifestação prévia do poder público.

b) administrativo simples praticado unicamente pelo poder público e somente produz efeitos financeiros a partir do seu registro no tribunal de contas.

c) instantâneo, de efeitos permanentes, e não depende do seu registro no órgão de controle para se aperfeiçoar.

d) composto e só se aperfeiçoa com a sua publicação na imprensa oficial.

e) complexo e só se aperfeiçoa com o registro do ato no tribunal de contas.

2. (FCC – 2018 – TRT 2ª Região (SP) – Analista Judiciário – Área Administrativa) Os atos administrativos discricionários são passíveis de controle judicial no que concerne

a) exclusivamente a eventual desvio de finalidade, quando evidenciado que a Administração praticou o ato visando a fim ilícito.

b) às condições de conveniência e oportunidade para sua prática, com base nos princípios aplicáveis à Administração Pública.

c) ao seu mérito, avaliando-se a aderência do mesmo ao interesse público que justificou a sua edição e às finalidades colimadas.

d) a vícios de legalidade, o que inclui também a avaliação da inexistência ou falsidade dos motivos declinados pela Administração para a edição do ato.

e) apenas a vícios de competência, cuja convalidação poderá ser feita, contudo, mediante ratificação administrativa ou judicial.

3. (FUNRIO – 2018 – AL/RR – Assessor Técnico Legislativo) Os atributos são prerrogativas conferidas à Administração Pública, das quais os particulares normalmente não desfrutam, para que possam alcançar os seus fins no exercício da função administrativa. Com base nessa afirmativa, o atributo do ato administrativo que diz respeito à qualidade que certos atos administrativos têm para constituir situações de observância obrigatória, em relação aos seus destinatários, independente da respectiva concordância ou aquiescência, é considerado

a) presunção de legitimidade.

b) exigibilidade.

c) autoexecutoriedade.

d) imperatividade.

4. (VUNESP – 2018 – PC/SP – Escrivão de Polícia) A Administração Pública, ao constatar que um de seus atos foi praticado com desvio de finalidade deverá

a) provocar o Poder Judiciário para que aquele poder revogue o ato viciado.

b) provocar o Tribunal de Contas para que aquele órgão declare nulo o ato viciado.

c) convalidá-lo, mediante provocação.

d) declará-lo nulo, de ofício.

e) revogá-lo, de ofício ou mediante provocação.

5. (VUNESP – 2018 – PC/SP – Investigador de Polícia) Ao negar pedido de um cidadão para ter acesso aos dados estatísticos sobre os crimes violentos cometidos no âmbito estadual no último ano, a autoridade administrativa não indicou qualquer fato ou fundamento jurídico para embasar sua decisão, embora a lei exigisse que essa indicação fosse expressa. Nesse caso, considerando que apesar da ausência de indicação os fatos e os fundamentos jurídicos para a denegação do pedido existiam e eram válidos, é correto afirmar que o ato administrativo em questão possui vício de

a) forma.

b) finalidade.

c) motivo.

d) objeto.

e) competência.

6. (FCC – 2018 – Prefeitura de São Luís/MA – Auditor Fiscal de Tributos I – Geral) A convalidação dos atos administrativos

a) produz efeitos futuros, ou seja, posteriores à data da convalidação, anulando aqueles decorrentes da edição do ato viciado.

b) enseja a edição de novo ato administrativo, que produz efeitos desde a data em que foi editado o ato viciado, salvo disposição expressa em sentido contrário.

c) é admitida diante da constatação de vício de qualquer natureza, salvo se já exauridos os efeitos do ato originalmente praticado.

d) é causa de extinção do ato administrativo original, que fica substituído pelo novo ato editado.

e) pode se referir apenas a atos discricionários, pois demanda juízo de oportunidade e conveniência para edição do ato convalidatório.

7. (FCC – 2018 – DPE/RS – Defensor Público) Em relação aos atos administrativos, é INCORRETO afirmar:

a) O ato de delegação da competência para a prática de determinado ato administrativo retira da autoridade delegante a possibilidade de também praticá-lo.

b) A motivação não é obrigatória em todos os atos administrativos.

c) Há atos administrativos despidos de autoexecutoriedade.

d) Os atos administrativos, quando editados, trazem em si uma presunção relativa de legitimidade.

e) A motivação do ato administrativo se consubstancia na exposição dos motivos, sendo a demonstração das razões que levaram à prática do ato.

8. (CESPE – 2018 – EMAP – Conhecimentos Básicos – Cargos de Nível Superior) Acerca dos atos e dos contratos administrativos, julgue o item que segue.

Quando há desvio de poder por autoridade administrativa para atingir fim diverso daquele previsto pela lei, o Poder Judiciário poderá revogar o ato administrativo em razão do mau uso da discricionariedade.

( ) Certo ( ) Errado

9. (IESES – 2018 – TJ/AM – Titular de Serviços de Notas e de Registros – Remoção) Atos administrativos eivados de vício de legalidade dever ser _____ pela própria administração.

a) Anulados.

b) Retificados.

c) Revogados.

d) Convalidados.

10. (CESPE – 2018 – TCM/BA – Auditor Estadual de Infraestrutura) João, servidor público ocupante exclusivamente de cargo em comissão, foi exonerado ad nutum pela administração pública sob a justificativa de falta de verba, motivo que constou expressamente do ato administrativo que determinou sua exoneração. Logo em seguida, João descobriu que o mesmo órgão havia contratado outro servidor para substituí-lo, tendo-o investido na mesma vaga por ele ocupada.

Nessa situação, João

a) não poderá reclamar o seu retorno, tendo em vista que os cargos em comissão são de livre nomeação e exoneração.

b) poderá reclamar o seu retorno, independentemente do motivo apresentado pela administração pública para a exoneração.

c) não poderá reclamar o seu retorno, pois os motivos invocados no ato exoneratório não se comunicam com a nova investidura do servidor, ainda que para o mesmo cargo.

d) poderá reclamar o seu retorno em razão da teoria dos motivos determinantes se comprovar a não ocorrência da situação declarada.

e) não poderá reclamar seu retorno, pois a teoria dos motivos determinantes somente poderia ser aplicada nos casos de servidores públicos estáveis.

11. (CESPE – 2018 – SEFAZ/RS – Auditor do Estado – Bloco II) Determinado prefeito exarou ato administrativo autorizando o uso de bem público em favor de um particular. Pouco tempo depois, lei municipal alterou o plano diretor, no que tange à ocupação do espaço urbano, tendo proibido a destinação de tal bem público à atividade particular.

Nessa situação hipotética, o referido ato administrativo de autorização de uso de bem público extingue-se por

a) revogação.

b) anulação.

c) contraposição.

d) caducidade.

e) cassação.

12. (VUNESP – 2018 – Câmara de Campo Limpo Paulista – SP – Procurador Jurídico) Um servidor público municipal e chefe de um determinado setor emitiu um ofício aos seus subordinados, em caráter oficial, contendo normas administrativas para a organização mais eficiente no trabalho. O ato administrativo emitido classifica-se como

a) normativo.

b) enunciativo.

c) negocial.

d) ordinatório.

e) determinante.

13. (MPE/MS – 2018 – MPE/MS – Promotor de Justiça Substituto) Quanto aos atos administrativos, assinale a alternativa correta.

a) Resoluções, instruções e portarias são atos administrativos normativos.

b) Instruções, avisos e certidões são atos administrativos ordinatórios.

c) Parecer vinculante e obrigatório possuem o mesmo significado.

d) No parecer vinculante, a manifestação de teor jurídico deixa de ser meramente opinativa, não podendo a decisão do administrador colidir com a sua conclusão.

e) São espécies de ato administrativo, segundo entendimento doutrinário tradicional: normativos, ordinatórios, negociais, vinculativos e punitivos.

14. (FGV – 2016 – IBGE – Analista – Processos Administrativos e Disciplinares) Presidente de uma entidade da administração indireta federal com personalidade jurídica de direito público remove Fernando, servidor público estável, para um setor localizado em outra região do país, por motivo exclusivo de perseguição religiosa. Fernando não consegue reverter a situação administrativamente, mas reúne provas sobre a motivação do ato e ingressa com ação judicial pretendendo invalidar o ato administrativo de sua remoção e retornar à sua lotação original. O pleito de Fernando é:

a) inviável, pois o ato administrativo de remoção é discricionário, razão pela qual o agente competente age com liberdade na análise da oportunidade e conveniência em praticá-lo.

b) inviável, pois o ato administrativo de remoção é discricionário e o Poder Judiciário não pode se imiscuir no mérito administrativo e anulá-lo, pelo princípio da separação dos poderes.

c) inviável, pois o ato administrativo de remoção, apesar de discricionário, foi praticado pela autoridade competente e o Poder Judiciário não pode analisar aspectos ligados à sua legalidade.

d) viável, pois o ato administrativo de remoção é discricionário e o Poder Judiciário, em regra, pode se imiscuir no mérito administrativo e revogar os atos inoportunos e inconvenientes.

e) viável, pois o ato administrativo de remoção, apesar de discricionário, foi praticado com desvio de finalidade e o Poder Judiciário pode analisar aspectos ligados à sua legalidade.

15. (ESAF – 2016 – ANAC – Especialista em Regulação de Aviação Civil) Considerando-se os elementos do ato administrativo, sabemos que alguns deles são sempre vinculados, enquanto outros podem ser ora vinculados, ora discricionários.

Assinale a opção em que os dois elementos nela listados admitam tanto a vinculação quanto a discricionariedade.

a) finalidade/motivo.

b) forma/objeto.

c) competência/finalidade.

d) motivo/objeto.

e) finalidade/forma.

16. (CESPE – 2016 – TRT 8ª Região/PA e AP – Analista judiciário – Oficial de Justiça Avaliador Federal) Acerca dos atos administrativos e do processo administrativo, assinale a opção correta conforme a Lei n. 9.784/99.

a) a competência para a edição de atos normativos poderá ser delegada.

b) a revogação do ato administrativo ocorre nas hipóteses de ilegalidade, devendo retroagir com efeitos ex tunc para desconstituir as relações jurídicas criadas com base no ato revogado.

c) o direito da administração de anular os seus próprios atos decai em cinco anos, ainda que constatada a má-fé do destinatário do ato.

d) a convalidação dos atos administrativos que apresentem defeitos sanáveis pode ser feita pela administração, desde que esses atos não acarretem lesão ao interesse público ou prejuízo a terceiros.

e) o ato de exoneração do servidor público ocupante de cargo em comissão e os atos administrativos que decidam recursos administrativos dispensam motivação.

17. (CESPE – 2014 – ANATEL – Analista Administrativo) Julgue o item, a respeito de atos e processos administrativos.

Os atos administrativos são praticados por servidores e empregados públicos, bem como por determinados particulares, a exemplo dos concessionários e permissionários de serviços públicos e oficiais de cartórios.

( ) Certo ( ) Errado

18. (CESPE – 2014 – ANATEL – Analista Administrativo) Julgue o item, a respeito de atos e processos administrativos.

Imperatividade é o atributo com base no qual o ato administrativo pode ser praticado pela própria administração sem a necessidade de intervenção do Poder Judiciário.

( ) Certo ( ) Errado

19. (FEPESE – 2014 – MPE-SC Promotor) Sobre o ato administrativo, assinale a alternativa incorreta.

a) a licença para edificar é exemplo de ato administrativo.

b) são elementos do ato administrativo: sujeito competente, objeto, forma, finalidade e motivo.

c) Se os motivos expostos em um ato administrativo forem falsos ou inexistentes, o ato praticado é anulável.

d) a edição de ato administrativo por administrador público competente, visando fim diverso daquele a que a lei lhe permitiu, caracteriza o desvio de finalidade.

e) se um ocupante de cargo em comissão for exonerado, sendo justificada sua exoneração em razão de ausência de verba, não pode outro servidor ser nomeado em seguida, ou, se for, o ato será inválido, porque o motivo alegado para a exoneração do anterior era falso.

20. (FEPESE – 2014 – MPE-SC Promotor) Assinale a alternativa que contém quatro atributos do ato administrativo.

a) coercibilidade, legalidade, tipicidade e conveniência.

b) presunção de legitimidade, autoexecutoriedade, imperatividade e exigibilidade.

c) legalidade, conveniência, oportunidade e presunção de veracidade.

d) sujeito competente, legalidade, forma e autoexecutoriedade.

e) imperatividade, finalidade, forma e presunção de legitimidade.

21. (CESPE – 2011 – PC/ES – Escrivão de Polícia) A nulidade absoluta de um ato administrativo somente pode ser decretada pelo Poder Judiciário, mediante provocação do interessado ou do Ministério Público; a nulidade relativa pode ser decretada pela própria administração, independentemente de provocação do interessado.

( ) Certo ( ) Errado

22. (FCC – 2010 – TRE/AL – Técnico Judiciário) Sobre atos administrativos, considere:

I – Ato que resulta da manifestação de um órgão, mas cuja edição ou produção de efeitos depende de outro ato, acessório.

II – Ato que resulta da manifestação de dois ou mais órgãos, singulares ou colegiados, cuja vontade se funde para formar um único ato.

III – Atos que a Administração impõe coercitivamente aos administrados, criando, para eles, obrigações ou restrições, de forma unilateral.

Esses conceitos referem-se, respectivamente, aos atos:

a) compostos, complexos e de império.

b) de império, coletivos e externos.

c) complexos, compostos e de gestão.

d) complexos, coletivos e individuais.

e) compostos, externos e individuais.

23. (FCC – 2010 – TRE/AL – Técnico Judiciário) Sobre o motivo, como requisito do ato administrativo, é INCORRETO afirmar que

a) motivo e móvel do ato administrativo são expressões que não se equivalem.

b) motivo é o pressuposto de fato e de direito que serve de fundamento ao ato administrativo.

c) a sua ausência invalida o ato administrativo.

d) motivo é a causa imediata do ato administrativo.

e) motivo e motivação do ato administrativo são expressões equivalentes.

24. (CESPE – 2009 – SEJUS/ES – Agente Penitenciário) Julgue o item seguinte, relativo a poderes e atos administrativos.

O ato administrativo, quando motivado, somente é válido se os motivos indicados forem verdadeiros, mesmo que, no caso, a lei não exija a motivação.

( ) Certo   ( ) Errado

25. (FCC – 2007 – PC/MG – Agente de Apoio) É permitida, excepcionalmente, a convalidação de atos administrativos viciados, PORQUE os atos administrativos gozam de presunção de legalidade e de veracidade.

a) se as duas afirmações estão corretas e a segunda justifica a primeira.

b) se as duas afirmações estão corretas e a segunda não justifica a primeira.

c) se a primeira afirmação está correta e a segunda incorreta.

d) se a primeira afirmação está incorreta e a segunda correta.

e) se as duas afirmações estão incorretas.

26. (FCC – 2007 – TC/GO – Técnico de Controle Externo I) É atributo que distingue os atos administrativos dos atos de direito privado, dentre outros:

a) a imperatividade, traduzida pela possibilidade de o ato ser posto em execução pela própria Administração Pública, sem necessidade de intervenção do Poder Judiciário, aplicável a todos os atos administrativos.

b) a presunção de veracidade e legitimidade, aplicável a todos os atos administrativos, segundo a qual estes se presumem verdadeiros e conformes à lei até prova em contrário.

c) a autoexecutoriedade, pela qual os atos administrativos impõem-se a terceiros independentemente de sua concordância, aplicável a todos os atos administrativos.

d) a arbitrariedade, traduzida pela ampla margem de escolha deixada pela lei a certos atos administrativos, para tomada de decisão de acordo com o caso concreto.

e) a tipicidade, pela qual o ato administrativo deve corresponder a figuras definidas previamente em normas administrativas como aptas a produzir determinados resultados, aplicável a todos os atos administrativos.

27. (VUNESP – 2007 – TJ/RS – Oficial de Justiça) Sobre os atos administrativos discricionários, é incorreto afirmar que

a) são resultados da liberdade de atuação do administrador nos limites traçados pela lei.

b) são objetos de controle de legalidade pelo Poder Judiciário.

c) são atos arbitrários, praticados pelo administrador com base em seu Poder de Polícia.

d) têm no desvio de poder um dos limites a sua prática concreta.

28. (CESPE/CEBRASPE – 2021 – SEFAZ-AL – Auditor Fiscal de Finanças e Controle de Arrecadação da Fazenda Estadual) Manoel, chefe de determinada repartição pública, presenciou Caio, servidor público subordinado a ele, desviando dinheiro público. Ciente do fato, Manoel aplicou, de forma imediata, pena de demissão a Caio. Entretanto, este contestou a sanção, alegando que, como era servidor estável, apenas poderia perder o cargo mediante decisão judicial transitada em julgado. Alegou, ainda, que o ato administrativo que aplicou a pena possui vício de motivo e, portanto, deveria ser anulado.

Com relação a essa situação hipotética, julgue o item que se segue.

A alegação de Caio está correta quanto à anulação do ato, porquanto o vício de motivo está relacionado à inobservância nas formalidades essenciais à existência do ato.

( ) Certo ( ) Errado

Gabarito: 1. e; 2. d; 3. d; 4. d; 5. a; 6. b; 7. a; 8. errado; 9. a; 10. d; 11. d; 12. d; 13. d. 14. e; 15. d; 16. d; 17. errado; 18. errado; 19. c; 20. b; 21. errado; 22. a; 23. e; 24. certo; 25. b; 26. b; 27. c; 28. Errado.

5. LICITAÇÃO E AS NOVIDADES DA LEI N. 14.133/2021

5.1. Fundamentos Constitucional e Infraconstitucional

Inicialmente, imprescindível destacarmos algumas diferenças entre os contratos firmados por particulares e aqueles celebrados pela Administração Pública.

Quando um particular resolve adquirir um veículo, ele não está obrigado a fazer uma pesquisa de preços nem qualquer levantamento sobre a vida pessoal e a saúde financeira dos donos das concessionárias com as quais pretende contratar. Por mais que essa conduta seja conveniente, obrigatoriedade não existe, pelo simples fato de que os interesses privados são considerados, em regra, disponíveis. Logo, sendo o interesse do particular disponível, ele poderá comprar o veículo mais caro, pelo simples motivo de ter sido bem atendido em determinada concessionária.

Entretanto, quando a Administração Pública decide celebrar um contrato, a história é bem diferente. Conforme estudado, os bens, os direitos e os interesses públicos pertencem, como o próprio nome diz, à coletividade e não ao administrador (ex.: Prefeito de seu Município). Assim, em razão do princípio da indisponibilidade do interesse público, a Administração, quando for celebrar uma contratação, deverá adotar, em regra, um procedimento especial denominado licitação.

Diante desse contexto, a Administração Pública somente poderá contratar com aquele que demonstrar competência técnica, saúde financeira e idoneidade pessoal, além de oferecer a proposta mais vantajosa ao interesse público.

Pontuadas as distinções iniciais, importante trazermos à colação o fundamento constitucional sobre a matéria:

> ressalvados os casos especificados na legislação, as obras, serviços, compras e alienações serão contratados mediante processo de licitação pública que assegure igualdade de condições a todos os concorrentes, com cláusulas que estabeleçam obrigações de pagamento, mantidas as condições efetivas da proposta, nos termos da lei, a qual somente permitirá as exigências de qualificação técnica e econômica indispensáveis à garantia do cumprimento das obrigações" (art. 37, XXI, da CF).

Ainda sobre a fundamentação constitucional, estabelece o art. 22 da Constituição Federal:

> "Compete privativamente à União legislar sobre:
>
> [...]
>
> XXVII – normas gerais de licitação e contratação, em todas as modalidades, para as administrações públicas diretas, autárquicas e fundacionais da União, Estados, Distrito Federal e Municípios, obedecido o disposto no art. 37, XXI, e para as empresas públicas e sociedades de economia mista, nos termos do art. 173, § 1º, III;"

Sobre o tema, entende Marçal Justen Filho:

> A interpretação da fórmula normas gerais tem de considerar, em primeiro lugar, a tutela constitucional à competência local. É inquestionável que a Constituição reservou competência legislativa específica para cada esfera política disciplinar licitação e contratação administrativa. A competência legislativa sobre o tema não é privativa da União. Se a competência para disciplinar licitação e contratação administrativa fosse exclusiva da União, a Constituição não teria aludido a normas gerais e teria adotado cláusulas similares às previstas para o direito civil, comercial, penal etc. Não foi casual o art. 22 ter distribuído essas competências legislativas em dois incisos distintos. No inciso I, alude-se à competência privativa para dispor amplamente sobre todas as normas acerca de certos campos (direito civil, comercial, penal etc.); já o inciso XXVII trata da competência privativa para dispor apenas sobre normas gerais. A vontade constitucional, portanto, é de ressalvar a competência dos demais entes federais para disciplinar a mesma matéria. Um dos princípios constitucionais mais relevantes é o da Federação, e adotar estrutura federativa acarreta decorrência inafastável. Assegura-se a cada ente federal uma margem de autonomia mínima. A União não pode valer-se de sua competência legislativa para frustrar a eficácia dos princípios constitucionais mais relevantes. A regra do art. 22, XXVII, deve ser interpretada em função do princípio federativo. A competência da União para legislar sobre norma geral não se sobrepõe ao princípio da Federação. As competências locais derivadas da organização federal não podem ser limitadas mediante lei da União, destinada a veicular normas gerais. Em termos ainda mais diretos: norma geral não é instrumento de restrição da autonomia federativa. Daí se extrai que todas as regras acerca de organização, funcionamento e competência dos organismos administrativos não se incluem no âmbito de normas gerais. A lei federal disciplina o procedimento administrativo e as competências, mas não institui órgãos nem interfere sobre os assuntos de peculiar interesse local. É inadmissível considerar como norma geral uma regra acerca da gestão de bens públicos de entes federativos.

Em face da Federação, a União não pode estabelecer regras acerca de doação de bens estaduais ou municipais[100].

Assim, podemos citar como sendo exemplos de normas gerais de licitação: a) requisitos mínimos necessários e indispensáveis à validade da contratação administrativa; b) hipóteses de obrigatoriedade e de não obrigatoriedade de licitação; c) requisitos de participação em licitação; d) modalidades de licitação; e) tipos de licitação; f) regime jurídico da contratação administrativa.

Sobre o tema, já entendeu o Supremo Tribunal Federal:

CONSTITUCIONAL E ADMINISTRATIVO. LEI 3.041/05, DO ESTADO DO MATO GROSSO DO SUL. LICITAÇÕES E CONTRATAÇÕES COM O PODER PÚBLICO. DOCUMENTOS EXIGIDOS PARA HABILITAÇÃO. CERTIDÃO NEGATIVA DE VIOLAÇÃO A DIREITOS DO CONSUMIDOR. DISPOSIÇÃO COM SENTIDO AMPLO, NÃO VINCULADA A QUALQUER ESPECIFICIDADE. INCONSTITUCIONALIDADE FORMAL, POR INVASÃO DA COMPETÊNCIA PRIVATIVA DA UNIÃO PARA LEGISLAR SOBRE A MATÉRIA (ART. 22, INCISO XXVII, DA CF). 1. A igualdade de condições dos concorrentes em licitações, embora seja enaltecida pela Constituição (art. 37, XXI), pode ser relativizada por duas vias: (a) pela lei, mediante o estabelecimento de condições de diferenciação exigíveis em abstrato; e (b) pela autoridade responsável pela condução do processo licitatório, que poderá estabelecer elementos de distinção circunstanciais, de qualificação técnica e econômica, sempre vinculados à garantia de cumprimento de obrigações específicas. 2. Somente a lei federal poderá, em âmbito geral, estabelecer desequiparações entre os concorrentes e assim restringir o direito de participar de licitações em condições de igualdade. Ao direito estadual (ou municipal) somente será legítimo inovar neste particular se tiver como objetivo estabelecer condições específicas, nomeadamente quando relacionadas a uma classe de objetos a serem contratados ou a peculiares circunstâncias de interesse local. 3. Ao inserir a Certidão de Violação aos Direitos do Consumidor no rol de documentos exigidos para a habilitação, o legislador estadual se arvorou na condição de intérprete primeiro do direito constitucional de acesso a licitações e criou uma presunção legal, de sentido e alcance amplíssimos, segundo a qual a existência de registros desabonadores nos cadastros públicos de proteção do consumidor é motivo suficiente para justificar o impedimento de contratar com a Administração local. 4. Ao dispor nesse sentido, a Lei Estadual 3.041/05 se dissociou dos termos gerais do ordenamento nacional de licitações e contratos, e, com isso, usurpou a competência privativa da União de dispor sobre

---

[100] JUSTEN FILHO, Marçal. *Curso de direito administrativo*. 7. ed. rev. e atual. Belo Horizonte: Fórum, 2011. p. 441.

normas gerais na matéria (art. 22, XXVII, da CF). 5. Ação direta de inconstitucionalidade julgada procedente. (ADI 3735, Relator(a): Min. TEORI ZAVASCKI, Tribunal Pleno, julgado em 8-9-2016, ACÓRDÃO ELETRÔNICO DJe-168 DIVULG 31-7-2017 PUBLIC 1º-8-2017).

A *lei que estabeleceu nas últimas décadas as normas gerais* sobre o assunto foi a *Lei n. 8.666/93* – Lei de Licitações e Contratos –, que prevê normas gerais sobre licitações e contratos administrativos pertinentes a obras, serviços, inclusive de publicidade, compras, alienações e locações no âmbito dos Poderes da União, dos Estados, do Distrito Federal e dos Municípios.

Entre os entes que se subordinam ao regime dessa Lei estão, além dos órgãos da Administração Direta, os fundos especiais, as autarquias, as fundações públicas, as empresas públicas, as sociedades de economia mista e demais entidades controladas direta ou indiretamente pela União, Estados, Distrito Federal e Municípios (art. 1º e seu parágrafo único).

Percebam que devem respeitar a referida Lei as entidades da Administração Direta (União, Estados, Distrito Federal e Municípios), da Administração Indireta (autarquias, fundações públicas, empresas públicas e sociedades de economia mista), os fundos especiais e demais entidades controladas direta ou indiretamente pela Administração Direta.

Em 1º de abril de 2021 foi editada a Lei n. 14.133, a denominada pela doutrina Nova Lei de Licitações e Contratos Administrativos, que também estabelece normas gerais de licitação e contratação para as Administrações Públicas diretas, autárquicas e fundacionais da União, dos Estados, do Distrito Federal e dos Municípios, e abrange: i) os órgãos dos Poderes Legislativo e Judiciário da União, dos Estados e do Distrito Federal e os órgãos do Poder Legislativo dos Municípios, quando no desempenho de função administrativa; e, ii) os fundos especiais e as demais entidades controladas direta ou indiretamente pela Administração Pública.

CUIDADO! Segundo o art. 193 da Lei n. 14.133/2021, não houve a revogação imediata e integral da Lei n. 8.666/93, mas apenas dos arts. 89 a 108, que tratam dos crimes na licitação e respectivas penas, além do processo judicial. Desta forma, as Leis de n. 8.666/93, Lei n. 10.520/2002 (Lei do Pregão), e os arts. 1º a 47-A da Lei n. 12.462/2011 (Lei do Regime Diferenciado de Contratação – RDC), permanecerão vigentes, concomitantemente à Nova Lei de Licitações e Contratos Administrativos, até decorridos 2 anos da publicação oficial desta Lei (até 1º-4-2023).

Até o decurso do aludido prazo, a Administração poderá optar por licitar ou contratar diretamente de acordo com a Lei n. 14.133/2021 ou de acordo com as leis supracitadas, e a opção escolhida deverá ser indicada expressamente no edital ou no aviso ou instrumento de contratação direta (art. 191 da Lei n. 14.133/2021).

ATENÇÃO! É vedada a aplicação combinada da nova Lei com as antigas, porém ainda vigentes, e, se a Administração optar por licitar de acordo com essas leis, o contrato respectivo será regido pelas regras nelas previstas durante toda a sua vigência.

APROFUNDANDO! As empresas públicas e as sociedades de economia mista estão obrigadas a licitar quando estiverem no desempenho de atividade-meio (ex.: Caixa Econômica Federal, quando procura uma casa para alugar e instalar uma agência, deve licitar por se tratar de um meio para o banco desempenhar suas atividades); porém, no desempenho de atividade-fim, a licitação não é necessária (ex.: Banco do Brasil quando empresta dinheiro no mercado de consumo não precisa licitar para não perder cliente para banco privado).

Outra questão é saber se a licitação, quando devida, será sob a égide da Lei n. 8.666/93. Isto porque o parágrafo único do art. 1º do citado Diploma Legal assim estabelece:

> Subordinam-se ao regime desta Lei, além dos órgãos da administração direta, os fundos especiais, as autarquias, as fundações públicas, as empresas públicas, as sociedades de economia mista e demais entidades controladas direta ou indiretamente pela União, Estados, Distrito Federal e Municípios.

Apesar da previsão expressa de subordinação das empresas estatais à antiga, porém ainda vigente, Lei Geral de Licitações e Contratos Administrativos, o procedimento licitatório dessas entidades deverá seguir o respectivo estatuto jurídico previsto na Lei n. 13.303/2016.

A Nova Lei de Licitações deixou expresso em seu art. 1º, § 1º, que:

> Não são abrangidas por esta Lei as empresas públicas, as sociedades de economia mista e as suas subsidiárias, regidas pela Lei n. 13.303, de 30 de junho de 2016, ressalvado o disposto no art. 178 desta Lei.

O citado art. 178 da Lei n. 14.133/2021 trata dos crimes em licitações e contratos administrativos.

No tocante ao disposto sobre licitações e contratos no Estatuto das Empresas Estatais, Lei n. 13.303/2016, cumpre destacar:

> Art. 28. Os contratos com terceiros destinados à prestação de serviços às empresas públicas e às sociedades de economia mista, inclusive de engenharia e de publicidade, à aquisição e à locação de bens, à alienação de bens e ativos integrantes do respectivo patrimônio ou à execução de obras a serem integradas a esse patrimônio, bem como à implementação de ônus real sobre tais bens, serão precedidos de licitação nos termos desta Lei, ressalvadas as hipóteses previstas nos arts. 29 e 30.

[...]

Art. 31. As licitações realizadas e os contratos celebrados por empresas públicas e sociedades de economia mista destinam-se a assegurar a seleção da proposta mais vantajosa, inclusive no que se refere ao ciclo de vida do objeto, e a evitar operações em que se caracterize sobrepreço ou superfaturamento, devendo observar os princípios da impessoalidade, da moralidade, da igualdade, da publicidade, da eficiência, da probidade administrativa, da economicidade, do desenvolvimento nacional sustentável, da vinculação ao instrumento convocatório, da obtenção de competitividade e do julgamento objetivo.

Art. 32. Nas licitações e contratos de que trata esta Lei serão observadas as seguintes diretrizes:

I – padronização do objeto da contratação, dos instrumentos convocatórios e das minutas de contratos, de acordo com normas internas específicas;

II – busca da maior vantagem competitiva para a empresa pública ou sociedade de economia mista, considerando custos e benefícios, diretos e indiretos, de natureza econômica, social ou ambiental, inclusive os relativos à manutenção, ao desfazimento de bens e resíduos, ao índice de depreciação econômica e a outros fatores de igual relevância;

III – parcelamento do objeto, visando a ampliar a participação de licitantes, sem perda de economia de escala, e desde que não atinja valores inferiores aos limites estabelecidos no art. 29, incisos I e II;

IV – adoção preferencial da modalidade de licitação denominada pregão, instituída pela Lei n. 10.520, de 17 de julho de 2002, para a aquisição de bens e serviços comuns, assim considerados aqueles cujos padrões de desempenho e qualidade possam ser objetivamente definidos pelo edital, por meio de especificações usuais no mercado;

V – observação da política de integridade nas transações com partes interessadas.

§ 1º As licitações e os contratos disciplinados por esta Lei devem respeitar, especialmente, as normas relativas à:

I – disposição final ambientalmente adequada dos resíduos sólidos gerados pelas obras contratadas;

II – mitigação dos danos ambientais por meio de medidas condicionantes e de compensação ambiental, que serão definidas no procedimento de licenciamento ambiental;

III – utilização de produtos, equipamentos e serviços que, comprovadamente, reduzam o consumo de energia e de recursos naturais;

IV – avaliação de impactos de vizinhança, na forma da legislação urbanística;

V – proteção do patrimônio cultural, histórico, arqueológico e imaterial, inclusive por meio da avaliação do impacto direto ou indireto causado por investimentos realizados por empresas públicas e sociedades de economia mista;

VI – acessibilidade para pessoas com deficiência ou com mobilidade reduzida.

§ 2º A contratação a ser celebrada por empresa pública ou sociedade de economia mista da qual decorra impacto negativo sobre bens do patrimônio cultural, histórico, arqueológico e imaterial tombados dependerá de autorização da esfera de governo encarregada da proteção do respectivo patrimônio, devendo o impacto ser compensado por meio de medidas determinadas pelo dirigente máximo da empresa pública ou sociedade de economia mista, na forma da legislação aplicável.

§ 3º As licitações na modalidade de pregão, na forma eletrônica, deverão ser realizadas exclusivamente em portais de compras de acesso público na internet.

§ 4º Nas licitações com etapa de lances, a empresa pública ou sociedade de economia mista disponibilizará ferramentas eletrônicas para envio de lances pelos licitantes.

O citado art. 29 trata do rol taxativo das hipóteses de licitação dispensável das empresas públicas e sociedades de economia mista:

É dispensável a realização de licitação por empresas públicas e sociedades de economia mista:

I – para obras e serviços de engenharia de valor até R$ 100.000,00 (cem mil reais), desde que não se refiram a parcelas de uma mesma obra ou serviço ou ainda a obras e serviços de mesma natureza e no mesmo local que possam ser realizadas conjunta e concomitantemente;

É dispensável a realização de licitação por empresas públicas e sociedades de economia mista:

I – para obras e serviços de engenharia de valor até R$ 100.000,00 (cem mil reais), desde que não se refiram a parcelas de uma mesma obra ou serviço ou ainda a obras e serviços de mesma natureza e no mesmo local que possam ser realizadas conjunta e concomitantemente;

II – para outros serviços e compras de valor até R$ 50.000,00 (cinquenta mil reais) e para alienações, nos casos previstos nesta Lei, desde que não se refiram a parcelas de um mesmo serviço, compra ou alienação de maior vulto que possa ser realizado de uma só vez;

III – quando não acudirem interessados à licitação anterior e essa, justificadamente, não puder ser repetida sem prejuízo para a empresa pública ou a sociedade de economia mista, bem como para suas respectivas subsidiárias, desde que mantidas as condições preestabelecidas;

IV – quando as propostas apresentadas consignarem preços manifestamente superiores aos praticados no mercado nacional ou incompatíveis com os fixados pelos órgãos oficiais competentes;

V – para a compra ou locação de imóvel destinado ao atendimento de suas finalidades precípuas, quando as necessidades de instalação e localização condicionarem a escolha do imóvel, desde que o preço seja compatível com o valor de mercado, segundo avaliação prévia;

VI – na contratação de remanescente de obra, de serviço ou de fornecimento, em consequência de rescisão contratual, desde que atendida a ordem de classificação da licitação anterior e aceitas as mesmas condições do contrato encerrado por rescisão ou distrato, inclusive quanto ao preço, devidamente corrigido;

VII – na contratação de instituição brasileira incumbida regimental ou estatutariamente da pesquisa, do ensino ou do desenvolvimento institucional ou de instituição dedicada à recuperação social do preso, desde que a contratada detenha inquestionável reputação ético-profissional e não tenha fins lucrativos;

VIII – para a aquisição de componentes ou peças de origem nacional ou estrangeira necessários à manutenção de equipamentos durante o período de garantia técnica, junto ao fornecedor original desses equipamentos, quando tal condição de exclusividade for indispensável para a vigência da garantia;

IX – na contratação de associação de pessoas com deficiência física, sem fins lucrativos e de comprovada idoneidade, para a prestação de serviços ou fornecimento de mão de obra, desde que o preço contratado seja compatível com o praticado no mercado;

X – na contratação de concessionário, permissionário ou autorizado para fornecimento ou suprimento de energia elétrica ou gás natural e de outras prestadoras de serviço público, segundo as normas da legislação específica, desde que o objeto do contrato tenha pertinência com o serviço público.

XI – nas contratações entre empresas públicas ou sociedades de economia mista e suas respectivas subsidiárias, para aquisição ou alienação de bens e prestação ou obtenção de serviços, desde que os preços sejam compatíveis com os praticados no mercado e que o objeto do contrato tenha relação com a atividade da contratada prevista em seu estatuto social;

XII – na contratação de coleta, processamento e comercialização de resíduos sólidos urbanos recicláveis ou reutilizáveis, em áreas com sistema de coleta seletiva de lixo, efetuados por associações ou cooperativas formadas exclusivamente por pessoas físicas de baixa renda que tenham como ocupação econômica a coleta de materiais recicláveis, com o uso de equipamentos compatíveis com as normas técnicas, ambientais e de saúde pública;

XIII – para o fornecimento de bens e serviços, produzidos ou prestados no País, que envolvam, cumulativamente, alta complexidade tecnológica e defesa nacional, mediante parecer de comissão especialmente designada pelo dirigente máximo da empresa pública ou da sociedade de economia mista;

XIV – nas contratações visando ao cumprimento do disposto nos arts. 3º, 4º, 5º e 20 da Lei n. 10.973, de 2 de dezembro de 2004, observados os princípios gerais de contratação dela constantes;

XV – em situações de emergência, quando caracterizada urgência de atendimento de situação que possa ocasionar prejuízo ou comprometer a segurança de pessoas, obras, serviços, equipamentos e outros bens, públicos ou particulares, e somente para os bens necessários ao atendimento da situação emergencial e para as parcelas de obras e serviços que possam ser concluídas no prazo máximo de 180 (cento e oitenta) dias consecutivos e ininterruptos, contado da ocorrência da emergência, vedada a prorrogação dos respectivos contratos, observado o disposto no § 2º;

XVI – na transferência de bens a órgãos e entidades da administração pública, inclusive quando efetivada mediante permuta;

XVII – na doação de bens móveis para fins e usos de interesse social, após avaliação de sua oportunidade e conveniência socioeconômica relativamente à escolha de outra forma de alienação;

XVIII – na compra e venda de ações, de títulos de crédito e de dívida e de bens que produzam ou comercializem.

§ 1º Na hipótese de nenhum dos licitantes aceitar a contratação nos termos do inciso VI do *caput*, a empresa pública e a sociedade de economia mista poderão convocar os licitantes remanescentes, na ordem de classificação, para a celebração do contrato nas condições ofertadas por estes, desde que o respectivo valor seja igual ou inferior ao orçamento estimado para a contratação, inclusive quanto aos preços atualizados nos termos do instrumento convocatório.

§ 2º A contratação direta com base no inciso XV do *caput* não dispensará a responsabilização de quem, por ação ou omissão, tenha dado causa ao motivo ali descrito, inclusive no tocante ao disposto na Lei n. 8.429, de 2 de junho de 1992.

§ 3º Os valores estabelecidos nos incisos I e II do *caput* podem ser alterados, para refletir a variação de custos, por deliberação do Conselho de Administração da empresa pública ou sociedade de economia mista, admitindo-se valores diferenciados para cada sociedade.

APROFUNDANDO! A polêmica desse dispositivo está relacionada ao inciso XVIII que considera como hipótese de licitação dispensável a compra e venda de ações, de títulos de crédito e de dívida e de bens que produzam ou comercializem. Estaria o citado comando legal autorizando a privatização de

Empresas Estatais sem a necessidade de lei autorizativa e com dispensa de licitação? A controvérsia chegou no Supremo Tribunal Federal que assim decidiu:

> MEDIDA CAUTELAR EM AÇÃO DIRETA DE INCONSTITUCIONALIDADE. CONCESSÃO PARCIAL MONOCRÁTICA. INTERPRETAÇÃO CONFORME A CONSTITUIÇÃO. ART. 29, *CAPUT*, DA LEI 13.303/2016. VENDA DE AÇÕES. ALIENAÇÃO DO CONTROLE ACIONÁRIO DE EMPRESAS PÚBLICAS, SOCIEDADES DE ECONOMIA MISTA OU DE SUAS SUBSIDIÁRIAS E CONTROLADAS. NECESSIDADE DE PRÉVIA AUTORIZAÇÃO LEGISLATIVA E DE LICITAÇÃO. VOTO MÉDIO. MEDIDA CAUTELAR PARCIALMENTE REFERENDADA PELO PLENÁRIO. I – A alienação do controle acionário de empresas públicas e sociedades de economia mista exige autorização legislativa e licitação pública. II – A transferência do controle de subsidiárias e controladas não exige a anuência do Poder Legislativo e poderá ser operacionalizada sem processo de licitação pública, desde que garantida a competitividade entre os potenciais interessados e observados os princípios da administração pública constantes do art. 37 da Constituição da República. III – Medida cautelar parcialmente referendada pelo Plenário do Supremo Tribunal Federal. (ADI 5624 MC-Ref. Órgão julgador: Tribunal Pleno. Relator(a): Min. RICARDO LEWANDOWSKI. Julgamento: 6-6-2019. Publicação: 29-11-2019. Apregoada em conjunto as MC-ADI 5.846, MC-ADI 5.924 e MC-ADI 6.029).

No tocante ao art. 30 da Lei n. 13.303/2016, encontramos o rol exemplificativo de inexigibilidade de licitação:

> Art. 30. A contratação direta será feita quando houver inviabilidade de competição, em especial na hipótese de:
>
> I – aquisição de materiais, equipamentos ou gêneros que só possam ser fornecidos por produtor, empresa ou representante comercial exclusivo;
>
> II – contratação dos seguintes serviços técnicos especializados, com profissionais ou empresas de notória especialização, vedada a inexigibilidade para serviços de publicidade e divulgação:
>
> a) estudos técnicos, planejamentos e projetos básicos ou executivos;
>
> b) pareceres, perícias e avaliações em geral;
>
> c) assessorias ou consultorias técnicas e auditorias financeiras ou tributárias;
>
> d) fiscalização, supervisão ou gerenciamento de obras ou serviços;
>
> e) patrocínio ou defesa de causas judiciais ou administrativas;
>
> f) treinamento e aperfeiçoamento de pessoal;
>
> g) restauração de obras de arte e bens de valor histórico.

> § 1º Considera-se de notória especialização o profissional ou a empresa cujo conceito no campo de sua especialidade, decorrente de desempenho anterior, estudos, experiência, publicações, organização, aparelhamento, equipe técnica ou outros requisitos relacionados com suas atividades, permita inferir que o seu trabalho é essencial e indiscutivelmente o mais adequado à plena satisfação do objeto do contrato.
>
> § 2º Na hipótese do *caput* e em qualquer dos casos de dispensa, se comprovado, pelo órgão de controle externo, sobrepreço ou superfaturamento, respondem solidariamente pelo dano causado quem houver decidido pela contratação direta e o fornecedor ou o prestador de serviços.

Sobre o tema, é importante lembrar ainda que o processo de contratação direta das empresas estatais será instruído, no que couber, com os seguintes elementos: (i) caracterização da situação emergencial ou calamitosa que justifique a dispensa, quando for o caso; (ii) razão da escolha do fornecedor ou do executante; (iii) justificativa do preço.

Ainda sobre o dever de licitar, vale destacar que a Petrobras sempre pode seguir um procedimento simplificado de licitação, nos termos dos arts. 67 e 68 da Lei n. 9.478/97 e do Decreto Federal n. 2.745/98 e com o apoio do STF, como entendimento firmado no julgamento do Mandado de Segurança n. 27.837. Sobre o tema vale ressaltar que o Tribunal de Contas da União sempre se manifestou contra tal possibilidade, entendendo que a Petrobras deveria seguir a Lei n. 8.666/93 (Acórdão n. 422/2008 Plenário). Lei 13.303 de 2016 em seu art. 96, II, revogou os arts. 67 e 68 da Lei 9.478, pondo fim ao procedimento simplificado da Petrobras que deverá seguir, como qualquer outra empresa estatal, o estatuto jurídico das empresas públicas e sociedades de economia mista ora estudado.

APROFUNDANDO! As entidades do terceiro setor, por serem pessoas jurídicas de direito privado, não estão obrigadas a seguir o rigor formal do procedimento licitatório da Lei n. 8.666/93, mas apenas os princípios da Licitação, tais como da legalidade, da impessoalidade, da economicidade, da isonomia, da moralidade administrativa, da publicidade e da eficiência, como garantias do controle social (TCU – Acórdão n. 5.613/2012 e Acórdão n. 3.239/2013 – Plenário). Na mesma linha de raciocínio, o STF entendeu que essas entidades privadas não precisam seguir a Lei de Licitações, mas, sim, princípios da Administração, dentre os quais a publicidade e a impessoalidade (STF – ADI 1.923 – DF).

Tal posicionamento diz respeito às organizações sociais, quando o Supremo Tribunal Federal assim entendeu no julgamento da ADI 1923, que enfrentou pontos polêmicos da Lei n. 9.637/98, dentre os quais destacamos:

> 12. A figura do contrato de gestão configura hipótese de convênio, por consubstanciar a conjugação de esforços com plena harmonia entre as posições subjetivas,

que buscam um negócio verdadeiramente associativo, e não comutativo, para o atingimento de um objetivo comum aos interessados: a realização de serviços de saúde, educação, cultura, desporto e lazer, meio ambiente e ciência e tecnologia, razão pela qual se encontram fora do âmbito de incidência do art. 37, XXI, da CF.

13. Diante, porém, de um cenário de escassez de bens, recursos e servidores públicos, no qual o contrato de gestão firmado com uma entidade privada termina por excluir, por consequência, a mesma pretensão veiculada pelos demais particulares em idêntica situação, todos almejando a posição subjetiva de parceiro privado, impõe-se que o Poder Público conduza a celebração do contrato de gestão por um procedimento público impessoal e pautado por critérios objetivos, por força da incidência direta dos princípios constitucionais da impessoalidade, da publicidade e da eficiência na Administração Pública (CF, art. 37, *caput*).

[...]

14. As dispensas de licitação instituídas no art. 24, XXIV, da Lei n. 8.666/93 e no art. 12, § 3º, da Lei n. 9.637/98 têm a finalidade que a doutrina contemporânea denomina de função regulatória da licitação, através da qual a licitação passa a ser também vista como mecanismo de indução de determinadas práticas sociais benéficas, fomentando a atuação de organizações sociais que já ostentem, à época da contratação, o título de qualificação, e que por isso sejam reconhecidamente colaboradoras do Poder Público no desempenho dos deveres constitucionais no campo dos serviços sociais. O afastamento do certame licitatório não exime, porém, o administrador público da observância dos princípios constitucionais, de modo que a contratação direta deve observar critérios objetivos e impessoais, com publicidade de forma a permitir o acesso a todos os interessados.

15. As organizações sociais, por integrarem o Terceiro Setor, não fazem parte do conceito constitucional de Administração Pública, razão pela qual não se submetem, em suas contratações com terceiros, ao dever de licitar, o que consistiria em quebra da lógica de flexibilidade do setor privado, finalidade por detrás de todo o marco regulatório instituído pela Lei. Por receberem recursos públicos, bens públicos e servidores públicos, porém, seu regime jurídico tem de ser minimamente informado pela incidência do núcleo essencial dos princípios da Administração Pública (CF, art. 37, *caput*), dentre os quais se destaca o princípio da impessoalidade, de modo que suas contratações devem observar o disposto em regulamento próprio (Lei n. 9.637/98, art. 4º, VIII), fixando regras objetivas e impessoais para o dispêndio de recursos públicos.

Essa também a posição do Tribunal de Contas da União ao entender que as Organizações Sociais, em suas contratações mediante uso de verbas públicas, não estão sujeitas à observância dos estritos procedimentos das normas gerais de licitações e contratos aplicáveis ao Poder Público, e sim aos seus regulamentos próprios, pautados nos princípios gerais aplicáveis à Administração Pública (Acórdão 5236/2015-Segunda Câmara, Relator: RAIMUNDO CARREIRO).

Outro ponto importante envolve saber se as Organizações Sociais podem prestar o serviço de saúde por delegação do Município. O TCU vem entendendo que sim, desde que preenchidos alguns requisitos:

> A contratação de organizações sociais para prestação de serviços públicos de saúde, mediante contratos de gestão, deve observar as seguintes orientações:
>
> a) apesar de abrir mão da execução direta dos serviços de saúde objeto de contratos de gestão, o Poder Público mantém responsabilidade de garantir que sejam prestados na quantidade e qualidade apropriados;
>
> b) do processo de transferência do gerenciamento dos serviços de saúde para organizações sociais deve constar estudo detalhado que contemple a fundamentação da conclusão de que a transferência do gerenciamento para organizações sociais mostra-se a melhor opção, avaliação precisa dos custos do serviço e dos ganhos de eficiência esperados, bem assim planilha detalhada com a estimativa de custos a serem incorridos na execução dos contratos de gestão;
>
> c) a escolha da organização social para celebração de contrato de gestão deve, sempre que possível, ser realizada a partir de chamamento público, devendo constar dos autos do processo administrativo correspondente." (TCU – Acórdão 2057/2016-Plenário | Relator: BRUNO DANTAS)

Sobre o tema, vale lembrar ainda da Lei n. 13.019/2014, que estabeleceu, em seu art. 80, que "o processamento das compras e contratações que envolvam recursos financeiros provenientes de parceria poderá ser efetuado por meio de sistema eletrônico disponibilizado pela administração pública às organizações da sociedade civil, aberto ao público via internet, que permita aos interessados formular propostas". No mesmo sentido, prevê o art. 36 do Decreto n. 8.726, de 27 de abril de 2016: "As compras e contratações de bens e serviços pela organização da sociedade civil com recursos transferidos pela administração pública federal adotarão métodos usualmente utilizados pelo setor privado.

As entidades do Terceiro Setor, apesar de serem entidades privadas e não integrarem o conceito de Administração Pública, estão obrigadas a prestar contas perante órgão de controle da entidade parceira, uma vez que administram, em sua maioria, bens e recursos públicos. Nesse sentido, a Lei n. 13.019, de 2014, incluiu o art. 15-B à Lei n. 9.790, nos seguintes termos:

> Art. 15-B. A prestação de contas relativa à execução do Termo de Parceria perante o órgão da entidade estatal parceira refere-se à correta aplicação dos recursos públicos recebidos e ao adimplemento do objeto do Termo de Parceria, mediante a apresentação dos seguintes documentos: I – relatório anual de execução de atividades, contendo especificamente relatório sobre a execução do objeto do Termo de Parceria, bem como comparativo entre as metas propostas e os resultados alcançados; II – demonstrativo integral da receita e

> despesa realizadas na execução; III – extrato da execução física e financeira; IV – demonstração de resultados do exercício; V – balanço patrimonial; VI – demonstração das origens e das aplicações de recursos; VII – demonstração das mutações do patrimônio social; VIII – notas explicativas das demonstrações contábeis, caso necessário; IX – parecer e relatório de auditoria, se for o caso.

Cumpre ressaltar ainda que a citada Lei de 2014 determina, em seu art. 24, a necessidade de a Administração realizar o chamamento público para a escolha da melhor organização da sociedade civil a estabelecer vínculo com o Poder Público: "Exceto nas hipóteses previstas nesta Lei, a celebração de termo de colaboração ou de fomento será precedida de chamamento público voltado a selecionar organizações da sociedade civil que tornem mais eficaz a execução do objeto" (Redação dada pela Lei n. 13.204, de 2015).

Em relação à flexibilização da Lei n. 8.666/93, o Superior Tribunal de Justiça assim entendeu no julgado envolvendo o Programa Minha Casa Minha Vida:

> PROCESSUAL CIVIL E ADMINISTRATIVO. AÇÃO CIVIL PÚBLICA. LICITAÇÃO. PROGRAMA MINHA CASA MINHA VIDA. ACÓRDÃO NÃO UNÂNIME. JULGAMENTO CONCLUÍDO NA VIGÊNCIA DO CPC/2015. REGRA TÉCNICA DO ART. 942 DO CPC/15. DESCABIMENTO. ENUNCIADO N. 2/STJ. PRECEDENTES. PROGRAMA COM NÍTIDO CARÁTER SOCIAL. FRACIONAMENTO DO OBJETO. LIMITES DE ORDEM TÉCNICA E ECONÔMICA. EQUIPAMENTOS PÚBLICOS. RECURSOS FINANCEIROS DO DISTRITO FEDERAL. VENDA DAS UNIDADES. LEGISLAÇÃO PRÓPRIA. RIGORISMO DA LEI DE LICITAÇÕES AFASTADO. PRINCÍPIOS DA ADMINISTRAÇÃO PÚBLICA PRESERVADOS.
>
> [...]
>
> V – Em face da peculiaridade de sua natureza e do flagrante interesse social envolvido no Programa Minha Casa Minha Vida, por força do art. 4º, parágrafo único, da Lei n. 10.188/2001, as regras gerais previstas na Lei n. 8.666/1993 podem ser flexibilizadas, desde que se observem os princípios gerais da administração pública, isto é, aqueles previstos no art. 37 da Constituição Federal e que se consubstanciam em legalidade, impessoalidade, moralidade, publicidade e eficiência. [...]. (REsp 1687381/DF, rel. Ministro FRANCISCO FALCÃO, SEGUNDA TURMA, julgado em 17-4-2018, *DJe* 23-4-2018).

5.2. Disposições Preliminares

5.2.1. Conceito de Licitação

A licitação pode ser conceituada como o procedimento administrativo por meio do qual a Administração Pública busca encontrar a proposta mais vantajosa ao interesse público para contratar, respeitada a igualdade entre os participantes e atendidos os requisitos exigidos para a execução dos objetivos desejados (requisitos de habilitação).

A licitação é procedimento administrativo, e isso ficará mais claro quando estudarmos as fases do procedimento licitatório. Aliás, uma das fases é a de habilitação, em que os licitantes devem demonstrar uma série de documentos que comprovem condições de contratar com a Administração.

5.2.2. Objeto da Licitação

Por objeto da licitação devemos compreender as obras, os serviços, as compras, as alienações e as locações, ou seja, tudo aquilo que antes da contratação o Direito impõe como regra a exigência de licitação.

Dessa forma, antes da construção de uma ponte (obra) em regra deverá ser realizado procedimento licitatório. O mesmo raciocínio vale para a contratação de uma empresa para prestar o serviço de limpeza pública, para a compra de carros oficiais novos para o Município, para a venda de uma casa do Estado ou para a União alugar um imóvel e instalar um posto da Polícia Federal.

A Lei n. 14.133/2021, a Nova Lei de Licitações e Contratos Administrativos, tratou do objeto da licitação nos seguintes artigos:

> Art. 2º Esta Lei aplica-se a:
>
> I – alienação e concessão de direito real de uso de bens;
>
> II – compra, inclusive por encomenda;
>
> III – locação;
>
> IV – concessão e permissão de uso de bens públicos;
>
> V – prestação de serviços, inclusive os técnico-profissionais especializados;
>
> VI – obras e serviços de arquitetura e engenharia;
>
> VII – contratações de tecnologia da informação e de comunicação.
>
> Art. 3º Não se subordinam ao regime desta Lei:
>
> I – contratos que tenham por objeto operação de crédito, interno ou externo, e gestão de dívida pública, incluídas as contratações de agente financeiro e a concessão de garantia relacionadas a esses contratos;
>
> II – contratações sujeitas a normas previstas em legislação própria.

5.2.3. Finalidades da Licitação

O *caput* do art. 3º da Lei n. 8.666/93 estabelece quais são as finalidades da Licitação: (i) garantia da observância do princípio constitucional da isonomia; (ii) seleção da proposta mais vantajosa para a administração; (iii) promoção do desenvolvimento nacional sustentável.

A Lei n. 14.133/2021 tratou dos objetivos da licitação da seguinte forma:

> Art. 11. O processo licitatório tem por objetivos:
>
> I – assegurar a seleção da proposta apta a gerar o resultado de contratação mais vantajoso para a Administração Pública, inclusive no que se refere ao ciclo de vida do objeto;
>
> II – assegurar tratamento isonômico entre os licitantes, bem como a justa competição;
>
> III – evitar contratações com sobrepreço ou com preços manifestamente inexequíveis e superfaturamento na execução dos contratos;
>
> IV – incentivar a inovação e o desenvolvimento nacional sustentável.

No tocante às duas primeiras finalidades, isonomia entre os licitantes e seleção da proposta mais vantajosa, pouco se tem a acrescentar, pois sempre foram objetivos perseguidos pela licitação. De fato, o procedimento licitatório foi criado para encontrar a melhor proposta a ser contratada, desde que conferida a igualdade entre os participantes. Com efeito, direcionar o edital para uma determinada empresa com influência política vencer a licitação não pode ser admitido, pois viola o princípio da isonomia.

Vale destacar, ainda, que melhor proposta não será necessariamente a de menor preço. Analisaremos, em breve, que poderá ser também a proposta com melhor técnica, técnica e preço, maior lance ou oferta etc.

A finalidade promoção do desenvolvimento nacional sustentável foi incluída na Lei n. 8.666/93 no ano de 2010 pela Lei n. 12.349 e possui três aspectos relevantes, quais sejam: o econômico, o ambiental e o de acessibilidade.

No aspecto econômico, poderá ser estabelecida margem de preferência para produtos manufaturados e para serviços nacionais, num percentual que pode chegar a até 25% em relação aos estrangeiros. Nesse contexto, produtos e serviços nacionais podem custar até 25% mais caros que os estrangeiros e ainda assim vencer a licitação, pois agora é finalidade desta a promoção do desenvolvimento sustentável. Assim, uma das formas de atingir tal objetivo é conferir preferência aos bens e serviços nacionais:

> Art. 3º, § 5º Nos processos de licitação, poderá ser estabelecida margem de preferência para: (Redação dada pela Lei n. 13.146, de 2015) I – produtos manufaturados e para serviços nacionais que atendam a normas técnicas brasileiras; e (incluído pela Lei n. 13.146, de 2015)
>
> [...]

> § 7º Para os produtos manufaturados e serviços nacionais resultantes de desenvolvimento e inovação tecnológica realizados no País, poderá ser estabelecido margem de preferência adicional àquela prevista no § 5º. (Incluído pela Lei n. 12.349, de 2010.)
>
> § 8º As margens de preferência por produto, serviço, grupo de produtos ou grupo de serviços, a que se referem os §§ 5º e 7º, serão definidas pelo Poder Executivo federal, não podendo a soma delas ultrapassar o montante de 25% (vinte e cinco por cento) sobre o preço dos produtos manufaturados e serviços estrangeiros. (Incluído pela Lei n. 12.349, de 2010.)

O Decreto n. 7.546 regulamenta e define as modalidades de margens de preferência da seguinte forma:

> Art. 2º Para os fins deste Decreto, considera-se:
>
> I – Margem de preferência normal – diferencial de preços entre os produtos manufaturados nacionais e serviços nacionais e os produtos manufaturados estrangeiros e serviços estrangeiros, que permite assegurar preferência à contratação de produtos manufaturados nacionais e serviços nacionais;
>
> II – Margem de preferência adicional – margem de preferência cumulativa com a prevista no inciso I do *caput*, assim entendida como o diferencial de preços entre produtos manufaturados nacionais e serviços nacionais, resultantes de desenvolvimento e inovação tecnológica realizados no País, e produtos manufaturados estrangeiros e serviços estrangeiros, que permite assegurar preferência à contratação de produtos manufaturados nacionais e serviços nacionais;
>
> III – Medida de compensação industrial, comercial ou tecnológica – qualquer prática compensatória estabelecida como condição para o fortalecimento da produção de bens, do desenvolvimento tecnológico ou da prestação de serviços, com a intenção de gerar benefícios de natureza industrial, tecnológica ou comercial concretizados, entre outras formas, como: a) coprodução;
>
> b) produção sob licença; c) produção subcontratada; d) investimento financeiro em capacitação industrial e tecnológica; e) transferência de tecnologia; f) obtenção de materiais e meios auxiliares de instrução; g) treinamento de recursos humanos; h) contrapartida comercial; ou i) contrapartida industrial;

A Lei Complementar n. 147, de 2014, incluiu os §§ 14 e 15 no art. 3º da Lei n. 8.666/93 para determinar que preferências definidas neste artigo e nas demais normas de licitação e contratos devem privilegiar o tratamento diferenciado e favorecido às microempresas e empresas de pequeno porte a ser estudado no próximo item. Ademais, estabeleceu, ainda, que tais privilégios prevalecem também sobre as demais preferências previstas na legislação quando estas forem aplicadas sobre produtos ou serviços estrangeiros.

A Lei n. 14.133/2021 também tratou da preferência conferida a produtos e serviços nacionais nos seguintes termos:

> Art. 26. No processo de licitação, poderá ser estabelecida margem de preferência para:
>
> I – bens manufaturados e serviços nacionais que atendam a normas técnicas brasileiras;
>
> II – bens reciclados, recicláveis ou biodegradáveis, conforme regulamento.
>
> § 1º A margem de preferência de que trata o *caput* deste artigo:
>
> I – será definida em decisão fundamentada do Poder Executivo federal, no caso do inciso I do *caput* deste artigo;
>
> II – poderá ser de até 10% (dez por cento) sobre o preço dos bens e serviços que não se enquadrem no disposto nos incisos I ou II do *caput* deste artigo;
>
> III – poderá ser estendida a bens manufaturados e serviços originários de Estados Partes do Mercado Comum do Sul (Mercosul), desde que haja reciprocidade com o País prevista em acordo internacional aprovado pelo Congresso Nacional e ratificado pelo Presidente da República.
>
> § 2º Para os bens manufaturados nacionais e serviços nacionais resultantes de desenvolvimento e inovação tecnológica no País, definidos conforme regulamento do Poder Executivo federal, a margem de preferência a que se refere o *caput* deste artigo poderá ser de até 20% (vinte por cento).
>
> § 3º (VETADO).
>
> § 4º (VETADO).
>
> § 5º A margem de preferência não se aplica aos bens manufaturados nacionais e aos serviços nacionais se a capacidade de produção desses bens ou de prestação desses serviços no País for inferior:
>
> I – à quantidade a ser adquirida ou contratada; ou
>
> II – aos quantitativos fixados em razão do parcelamento do objeto, quando for o caso.
>
> § 6º Os editais de licitação para a contratação de bens, serviços e obras poderão, mediante prévia justificativa da autoridade competente, exigir que o contratado promova, em favor de órgão ou entidade integrante da Administração Pública ou daqueles por ela indicados a partir de processo isonômico, medidas de compensação comercial, industrial ou tecnológica ou acesso a condições vantajosas de financiamento, cumulativamente ou não, na forma estabelecida pelo Poder Executivo federal.
>
> § 7º Nas contratações destinadas à implantação, à manutenção e ao aperfeiçoamento dos sistemas de tecnologia de informação e comunicação considerados estratégicos em ato do Poder Executivo federal, a licitação poderá ser

> restrita a bens e serviços com tecnologia desenvolvida no País produzidos de acordo com o processo produtivo básico de que trata a Lei n. 10.176, de 11 de janeiro de 2001.
>
> Art. 27. Será divulgada, em sítio eletrônico oficial, a cada exercício financeiro, a relação de empresas favorecidas em decorrência do disposto no art. 26 desta Lei, com indicação do volume de recursos destinados a cada uma delas.

No aspecto ambiental, muito se fala em sustentabilidade no mundo contemporâneo, com o intuito de preservar o meio ambiente para as presentes e futuras gerações. Na licitação foi identificada possibilidade de se privilegiar empresas consideradas "amigas" do meio ambiente ou identificadas com "selo verde", por melhor atenderem às regras de preservação do meio ambiente.

Dessa forma, um produto ou serviço menos poluente ao meio ambiente pode vencer a licitação, mesmo custando mais caro (no aspecto ambiental não existe o percentual identificado no aspecto econômico do desenvolvimento nacional sustentável).

Trata-se da licitação sustentável que tem na Instrução Normativa SLTI n. 1 do ano de 2010 o grande ato normativo regulador do instituto:

> Art. 1º Nos termos do art. 3º da Lei n. 8.666, de 21 de junho de 1993, as especificações para a aquisição de bens, contratação de serviços e obras por parte dos órgãos e entidades da administração pública federal direta, autárquica e fundacional deverão conter critérios de sustentabilidade ambiental, considerando os processos de extração ou fabricação, utilização e descarte dos produtos e matérias-primas.
>
> Art. 2º Para o cumprimento do disposto nesta Instrução Normativa, o instrumento convocatório deverá formular as exigências de natureza ambiental de forma a não frustrar a competitividade.
>
> [...]
>
> Art. 4º Nos termos do art. 12 da Lei n. 8.666, de 1993, as especificações e demais exigências do projeto básico ou executivo, para contratação de obras e serviços de engenharia, devem ser elaborados visando à economia da manutenção e operacionalização da edificação, a redução do consumo de energia e água, bem como a utilização de tecnologias e materiais que reduzam o impacto ambiental, tais como:
>
> I – uso de equipamentos de climatização mecânica, ou de novas tecnologias de resfriamento do ar, que utilizem energia elétrica, apenas nos ambientes aonde for indispensável;
>
> II – automação da iluminação do prédio, projeto de iluminação, interruptores, iluminação ambiental, iluminação tarefa, uso de sensores de presença;

III – uso exclusivo de lâmpadas fluorescentes compactas ou tubulares de alto rendimento e de luminárias eficientes;

IV – energia solar, ou outra energia limpa para aquecimento de água;

V – sistema de medição individualizado de consumo de água e energia;

VI – sistema de reuso de água e de tratamento de efluentes gerados;

VII – aproveitamento da água da chuva, agregando ao sistema hidráulico elementos que possibilitem a captação, transporte, armazenamento e seu aproveitamento;

VIII – utilização de materiais que sejam reciclados, reutilizados e biodegradáveis, e que reduzam a necessidade de manutenção; e

IX – comprovação da origem da madeira a ser utilizada na execução da obra ou serviço.

[...]

Art. 5º Os órgãos e entidades da Administração Pública Federal direta, autárquica e fundacional, quando da aquisição de bens, poderão exigir os seguintes critérios de sustentabilidade ambiental:

I – que os bens sejam constituídos, no todo ou em parte, por material reciclado, atóxico, biodegradável, conforme ABNT NBR – 15448-1 e 15448-2;

II – que sejam observados os requisitos ambientais para a obtenção de certificação do Instituto Nacional de Metrologia, Normalização e Qualidade Industrial – INMETRO como produtos sustentáveis ou de menor impacto ambiental em relação aos seus similares;

III – que os bens devam ser, preferencialmente, acondicionados em embalagem individual adequada, com o menor volume possível, que utilize materiais recicláveis, de forma a garantir a máxima proteção durante o transporte e o armazenamento; e

IV – que os bens não contenham substâncias perigosas em concentração acima da recomendada na diretiva RoHS (Restriction of Certain Hazardous Substances), tais como mercúrio (Hg), chumbo (Pb), cromo hexavalente ([Cr (VI)], cádmio (Cd), bifenil-polibromados (PBBs), éteres difenil-polibromados (PBDEs).

§ 1º A comprovação do disposto neste artigo poderá ser feita mediante apresentação de certificação emitida por instituição pública oficial ou instituição credenciada, ou por qualquer outro meio de prova que ateste que o bem fornecido cumpre com as exigências do edital.

§ 2º O edital poderá estabelecer que, selecionada a proposta, antes da assinatura do contrato, em caso de inexistência de certificação que ateste a adequação, o órgão ou entidade contratante poderá realizar diligências para verificar a adequação do produto às exigências do ato convocatório, correndo as despesas por conta da licitante selecionada. O edital ainda deve prever que, caso não se confirme a adequação do produto, a proposta selecionada será desclassificada.

> Art. 6º Os editais para a contratação de serviços deverão prever que as empresas contratadas adotarão as seguintes práticas de sustentabilidade na execução dos serviços, quando couber:
>
> I – use produtos de limpeza e conservação de superfícies e objetos inanimados que obedeçam às classificações e especificações determinadas pela ANVISA;
>
> II – adote medidas para evitar o desperdício de água tratada, conforme instituído no Decreto n. 48.138, de 8 de outubro de 2003;
>
> III – Observe a Resolução CONAMA n. 20, de 7 de dezembro de 1994, quanto aos equipamentos de limpeza que gerem ruído no seu funcionamento;
>
> IV – forneça aos empregados os equipamentos de segurança que se fizerem necessários, para a execução de serviços;
>
> V – realize um programa interno de treinamento de seus empregados, nos três primeiros meses de execução contratual, para redução de consumo de energia elétrica, de consumo de água e redução de produção de resíduos sólidos, observadas as normas ambientais vigentes;
>
> VI – realize a separação dos resíduos recicláveis descartados pelos órgãos e entidades da Administração Pública Federal direta, autárquica e fundacional, na fonte geradora, e a sua destinação às associações e cooperativas dos catadores de materiais recicláveis, que será procedida pela coleta seletiva do papel para reciclagem, quando couber, nos termos da IN/MARE n. 6, de 3 de novembro de 1995 e do Decreto n. 5.940[101], de 25 de outubro de 2006;
>
> VII – respeite as Normas Brasileiras – NBR publicadas pela Associação Brasileira de Normas Técnicas sobre resíduos sólidos; e
>
> VIII – preveja a destinação ambiental adequada das pilhas e baterias usadas ou inservíveis, segundo disposto na Resolução CONAMA n. 257, de 30 de junho de 1999.
>
> Parágrafo único. O disposto neste artigo não impede que os órgãos ou entidades contratantes estabeleçam, nos editais e contratos, a exigência de observância de outras práticas de sustentabilidade ambiental, desde que justificadamente.

A Lei n. 14.133/2021 também se preocupou com a preservação ao meio ambiente. Sobre o tema, destacamos os seguintes artigos:

> Art. 6º, XXV – projeto básico: conjunto de elementos necessários e suficientes, com nível de precisão adequado para definir e dimensionar a obra ou o serviço, ou o complexo de obras ou de serviços objeto da licitação, elaborado com base nas indicações dos estudos técnicos preliminares, que assegure

---

[101] O citado decreto foi revogado pelo Decreto n. 10.936, de 12 de janeiro de 2022, que regulamenta a Lei n. 12.305, de 2 de agosto de 2010, que institui a Política Nacional de Resíduos Sólidos.

> a viabilidade técnica e o adequado tratamento do impacto ambiental do empreendimento e que possibilite a avaliação do custo da obra e a definição dos métodos e do prazo de execução, devendo conter os seguintes elementos:
>
> a) levantamentos topográficos e cadastrais, sondagens e ensaios geotécnicos, ensaios e análises laboratoriais, estudos socioambientais e demais dados e levantamentos necessários para execução da solução escolhida;
>
> (...)
>
> Art. 18, § 1º O estudo técnico preliminar a que se refere o inciso I do *caput* deste artigo deverá evidenciar o problema a ser resolvido e a sua melhor solução, de modo a permitir a avaliação da viabilidade técnica e econômica da contratação, e conterá os seguintes elementos:
>
> (...)
>
> XII – descrição de possíveis impactos ambientais e respectivas medidas mitigadoras, incluídos requisitos de baixo consumo de energia e de outros recursos, bem como logística reversa para desfazimento e reciclagem de bens e refugos, quando aplicável;

A novidade da acessibilidade incluída no ano de 2015 está no terceiro aspecto da promoção do desenvolvimento nacional sustentável que consiste na preferência concedida pela Lei n. 8.666 à contratação de empresas que possuam no seu quadro funcional pessoas portadoras de deficiência ou reabilitadas. Esse tratamento diferenciado pode ser facilmente constatado da leitura do art. 3º, § 5º, inciso II: Nos processos de licitação, poderá ser estabelecida margem de preferência para: II – bens e serviços produzidos ou prestados por empresas que comprovem cumprimento de reserva de cargos prevista em lei para pessoa com deficiência ou para reabilitado da Previdência Social e que atendam às regras de acessibilidade previstas na legislação" (incluído pela Lei n. 13.146, de 6 de julho de 2015).

Também o art. 3º, § 2º, da Lei n. 8.666/93, quando trata dos critérios de desempate, estabelece no último inciso a preferência às empresas que reservem cargos às pessoas com deficiência ou reabilitadas:

> Em igualdade de condições, como critério de desempate, será assegurada preferência, sucessivamente, aos bens e serviços: I – (Revogado); II – produzidos no País; III – produzidos ou prestados por empresas brasileiras; IV – produzidos ou prestados por empresas que invistam em pesquisa e no desenvolvimento de tecnologia no País; V – produzidos ou prestados por empresas que comprovem cumprimento de reserva de cargos prevista em lei para pessoa com deficiência ou para reabilitado da Previdência Social e que atendam às regras de acessibilidade previstas na legislação (incluído pela Lei n. 13.146, de 6 de julho de 2015).

Cumpre destacar ainda que as citadas empresas deverão cumprir, durante todo o período de execução do contrato, a reserva de cargos prevista em lei para pessoa com deficiência ou para reabilitado da Previdência Social, bem como as regras de acessibilidade previstas na legislação. Esta é a previsão do art. 66-A da Lei n. 8.666/93, incluído pela Lei n. 13.146/2015 (Estatuto da Pessoa com Deficiência ou Estatuto da Acessibilidade, como preferimos chamar), justamente para evitar que a preferência seja concedida a empresas mal-intencionadas que só contratam deficientes ou reabilitados para ter benefício na licitação e, após assinarem o contrato administrativo, demitem tais pessoas.

Última novidade inserida na Lei n. 8.666 com esse propósito de inclusão social está prevista no art. Art. 40, § 5º:

> A Administração Pública poderá, nos editais de licitação para a contratação de serviços, exigir da contratada que um percentual mínimo de sua mão de obra seja oriundo ou egresso do sistema prisional, com a finalidade de ressocialização do reeducando, na forma estabelecida em regulamento (incluído pela Lei n. 13.500, de 2017).

O aspecto da acessibilidade está presente na Lei n. 14.133/2021:

> Art. 63. Na fase de habilitação das licitações serão observadas as seguintes disposições:
>
> (...)
>
> IV – será exigida do licitante declaração de que cumpre as exigências de reserva de cargos para pessoa com deficiência e para reabilitado da Previdência Social, previstas em lei e em outras normas específicas.
>
> (...)
>
> Art. 92. São necessárias em todo contrato cláusulas que estabeleçam:
>
> (...)
>
> XVII – a obrigação de o contratado cumprir as exigências de reserva de cargos prevista em lei, bem como em outras normas específicas, para pessoa com deficiência, para reabilitado da Previdência Social e para aprendiz;
>
> (...)
>
> Art. 116. Ao longo de toda a execução do contrato, o contratado deverá cumprir a reserva de cargos prevista em lei para pessoa com deficiência, para reabilitado da Previdência Social ou para aprendiz, bem como as reservas de cargos previstas em outras normas específicas.
>
> (...)
>
> Art. 137. Constituirão motivos para extinção do contrato, a qual deverá ser formalmente motivada nos autos do processo, assegurados o contraditório e a ampla defesa, as seguintes situações:

> (...)
> IX – não cumprimento das obrigações relativas à reserva de cargos prevista em lei, bem como em outras normas específicas, para pessoa com deficiência, para reabilitado da Previdência Social ou para aprendiz.

A Nova Lei de Licitações e Contratos Administrativos, além de manter os três aspectos do desenvolvimento nacional sustentável conforme demonstrado ao longo deste item, inovou ao acrescentar também como finalidade do procedimento licitatório "evitar contratações com sobrepreço ou com preços manifestamente inexequíveis e superfaturamento na execução dos contratos" (inciso III).

5.2.4. Preferências na Licitação para as Microempresas e Empresas de Pequeno Porte

As preferências a certo setor econômico como forma de estimular o desenvolvimento sustentável não foram novidade da Lei n. 12.349, de 2010. A Lei Complementar n. 123, de 14 de dezembro de 2006 – Estatuto Nacional da Microempresa e Empresa de Pequeno Porte –, estabeleceu privilégios a essas empresas no procedimento licitatório.

O art. 42, por exemplo, determina que, nas licitações públicas, a comprovação de regularidade fiscal e trabalhista das microempresas e empresas de pequeno porte somente será exigida para efeito de assinatura do contrato.

Assim, enquanto no procedimento normal a regularidade fiscal deve ser analisada no início da licitação, mais precisamente na fase de habilitação, se houver participação de MEs ou EPPs e existir alguma restrição na comprovação da regularidade fiscal e trabalhista destas, será assegurado o prazo de 5 (cinco) dias úteis, cujo termo inicial corresponderá ao momento em que o proponente for declarado o vencedor do certame, prorrogável por igual período, a critério da administração pública, para a regularização da documentação, pagamento ou parcelamento do débito e emissão de eventuais certidões negativas ou positivas com efeito de certidão negativa. Essa é a nova redação do art. 43 dada pela Lei Complementar n. 147, de 2014, que aumentou o prazo para regularizar a situação fiscal de 2 para 5 dias úteis. Vale lembrar ainda que a Lei Complementar n. 155, de 2016, acrescentou a questão da regularidade trabalhista nos arts. 42 e 43.

Outra preferência sempre existente na LC n. 123 refere-se ao denominado empate ficto. Determina a aludida Lei Complementar que nas licitações será assegurada, como critério de desempate, preferência de contratação para as microempresas e empresas de pequeno porte (art. 44), e entendem-se por empate aquelas situações em que as propostas apresentadas pelas microempresas e empresas de pequeno porte sejam iguais ou até 10% (dez por cento) superiores à proposta mais bem classificada (§ 1º). Na modalidade de pregão, o intervalo percentual será de até 5% (cinco por cento) superior ao melhor preço (§ 2º).

O empate é considerado ficto, pois, mesmo com valor até 10% acima da melhor proposta, a microempresa ou empresa de pequeno porte mais bem classificada poderá apresentar proposta de preço inferior àquela considerada vencedora do certame, situação em que será adjudicado em seu favor o objeto licitado.

A LC n. 147 também alterou a redação do art. 47 e passou a estender o tratamento diferenciado e simplificado às MEs e EPPs nas contratações públicas da administração direta e indireta, autárquica e fundacional, federal, estadual e municipal, e não apenas naquelas realizadas pela União, Estados e Municípios, conforme previsto na redação original. O objetivo é a promoção do desenvolvimento econômico e social no âmbito municipal e regional, a ampliação da eficiência das políticas públicas e o incentivo à inovação tecnológica.

Sobre o tema, cumpre ressaltar que a Administração Pública deverá realizar processo licitatório destinado exclusivamente à participação de microempresas e empresas de pequeno porte nos itens de contratação cujo valor seja de até R$ 80.000,00 (oitenta mil reais). E poderá, em relação aos processos licitatórios destinados à aquisição de obras e serviços, exigir dos licitantes a subcontratação de microempresa ou empresa de pequeno porte. Deverá, ainda, estabelecer, em certames para aquisição de bens de natureza divisível, cota de até 25% (vinte e cinco por cento) do objeto para a contratação de microempresas e empresas de pequeno porte (art. 48 com redação dada pela LC n. 147, de 2014).

Destacamos ainda o disposto no art. 5º-A da Lei n. 8.666/93, incluído pela LC n. 147, de 2014, ao determinar que as normas de licitações e contratos devem privilegiar o tratamento diferenciado e favorecido às microempresas e empresas de pequeno porte na forma da lei.

A Lei n. 14.133/2021 tratou das preferências conferidas nas licitações destinadas às Microempresas e Empresas de Pequeno Porte nos seguintes termos:

> Art. 4º Aplicam-se às licitações e contratos disciplinados por esta Lei as disposições constantes dos arts. 42 a 49 da Lei Complementar n. 123, de 14 de dezembro de 2006.
>
> § 1º As disposições a que se refere o *caput* deste artigo não são aplicadas:
>
> I – no caso de licitação para aquisição de bens ou contratação de serviços em geral, ao item cujo valor estimado for superior à receita bruta máxima admitida para fins de enquadramento como empresa de pequeno porte;
>
> II – no caso de contratação de obras e serviços de engenharia, às licitações cujo valor estimado for superior à receita bruta máxima admitida para fins de enquadramento como empresa de pequeno porte.

> § 2º A obtenção de benefícios a que se refere o *caput* deste artigo fica limitada às microempresas e às empresas de pequeno porte que, no ano-calendário de realização da licitação, ainda não tenham celebrado contratos com a Administração Pública cujos valores somados extrapolem a receita bruta máxima admitida para fins de enquadramento como empresa de pequeno porte, devendo o órgão ou entidade exigir do licitante declaração de observância desse limite na licitação.
>
> § 3º Nas contratações com prazo de vigência superior a 1 (um) ano, será considerado o valor anual do contrato na aplicação dos limites previstos nos §§ 1º e 2º deste artigo.

Segundo previsto no art. 3º da Lei Complementar 123/2006, considera-se microempresa a pessoa jurídica que auferir, em cada ano-calendário, receita bruta igual ou inferior a R$ 360.000,00 (trezentos e sessenta mil reais). Para se enquadrar na definição legal de empresa de pequeno porte o rendimento bruto anual deverá ser superior a R$ 360.000,00 (trezentos e sessenta mil reais) e igual ou inferior a R$ 4.800.000,00 (quatro milhões e oitocentos mil reais).

Considera-se receita bruta "o produto da venda de bens e serviços nas operações de conta própria, o preço dos serviços prestados e o resultado nas operações em conta alheia, não incluídas as vendas canceladas e os descontos incondicionais concedidos" (art. 3º, § 1º, da LC n. 123).

Outra disposição da nova lei a respeito das pequenas empresas refere-se ao tratamento dos consórcios. Vejamos:

> Art. 15. Salvo vedação devidamente justificada no processo licitatório, pessoa jurídica poderá participar de licitação em consórcio, observadas as seguintes normas:
>
> I – comprovação de compromisso público ou particular de constituição de consórcio, subscrito pelos consorciados;
>
> II – indicação da empresa líder do consórcio, que será responsável por sua representação perante a Administração;
>
> III – admissão, para efeito de habilitação técnica, do somatório dos quantitativos de cada consorciado e, para efeito de habilitação econômico-financeira, do somatório dos valores de cada consorciado;
>
> IV – impedimento de a empresa consorciada participar, na mesma licitação, de mais de um consórcio ou de forma isolada;
>
> V – responsabilidade solidária dos integrantes pelos atos praticados em consórcio, tanto na fase de licitação quanto na de execução do contrato.
>
> § 1º O edital deverá estabelecer para o consórcio acréscimo de 10% (dez por cento) a 30% (trinta por cento) sobre o valor exigido de licitante individual para a habilitação econômico-financeira, salvo justificação.

> § 2º O acréscimo previsto no § 1º deste artigo não se aplica aos consórcios compostos, em sua totalidade, de microempresas e pequenas empresas, assim definidas em lei.
>
> § 3º O licitante vencedor é obrigado a promover, antes da celebração do contrato, a constituição e o registro do consórcio, nos termos do compromisso referido no inciso I do *caput* deste artigo.
>
> § 4º Desde que haja justificativa técnica aprovada pela autoridade competente, o edital de licitação poderá estabelecer limite máximo para o número de empresas consorciadas.
>
> § 5º A substituição de consorciado deverá ser expressamente autorizada pelo órgão ou entidade contratante e condicionada à comprovação de que a nova empresa do consórcio possui, no mínimo, os mesmos quantitativos para efeito de habilitação técnica e os mesmos valores para efeito de qualificação econômico-financeira apresentados pela empresa substituída para fins de habilitação do consórcio no processo licitatório que originou o contrato.

Também quando a Lei n. 14.181/2021 tratou do procedimento de manifestação de interesse, assim disciplinou a respeito das MEs e EPPs:

> Art. 81. A Administração poderá solicitar à iniciativa privada, mediante procedimento aberto de manifestação de interesse a ser iniciado com a publicação de edital de chamamento público, a propositura e a realização de estudos, investigações, levantamentos e projetos de soluções inovadoras que contribuam com questões de relevância pública, na forma de regulamento.
>
> (...)
>
> § 4º O procedimento previsto no *caput* deste artigo poderá ser restrito a *startups*, assim considerados os microempreendedores individuais, as microempresas e as empresas de pequeno porte, de natureza emergente e com grande potencial, que se dediquem à pesquisa, ao desenvolvimento e à implementação de novos produtos ou serviços baseados em soluções tecnológicas inovadoras que possam causar alto impacto, exigida, na seleção definitiva da inovação, validação prévia fundamentada em métricas objetivas, de modo a demonstrar o atendimento das necessidades da Administração.

A Nova Lei de Licitações também estabeleceu preferência para as pequenas empresas no tocante à ordem cronológica de pagamento:

> Art. 141. No dever de pagamento pela Administração, será observada a ordem cronológica para cada fonte diferenciada de recursos, subdividida nas seguintes categorias de contratos:

I – fornecimento de bens;

II – locações;

III – prestação de serviços;

IV – realização de obras.

§ 1º A ordem cronológica referida no *caput* deste artigo poderá ser alterada, mediante prévia justificativa da autoridade competente e posterior comunicação ao órgão de controle interno da Administração e ao tribunal de contas competente, exclusivamente nas seguintes situações:

I – grave perturbação da ordem, situação de emergência ou calamidade pública;

II – pagamento a microempresa, empresa de pequeno porte, agricultor familiar, produtor rural pessoa física, microempreendedor individual e sociedade cooperativa, desde que demonstrado o risco de descontinuidade do cumprimento do objeto do contrato;

III – pagamento de serviços necessários ao funcionamento dos sistemas estruturantes, desde que demonstrado o risco de descontinuidade do cumprimento do objeto do contrato;

IV – pagamento de direitos oriundos de contratos em caso de falência, recuperação judicial ou dissolução da empresa contratada;

V – pagamento de contrato cujo objeto seja imprescindível para assegurar a integridade do patrimônio público ou para manter o funcionamento das atividades finalísticas do órgão ou entidade, quando demonstrado o risco de descontinuidade da prestação de serviço público de relevância ou o cumprimento da missão institucional.

5.3. Princípios

Sobre o tema, iniciaremos a abordagem pelo disposto no *caput* do art. 3º da Lei n. 8.666/93:

> A licitação destina-se a garantir a observância do princípio constitucional da isonomia, a seleção da proposta mais vantajosa para a Administração e a promoção do desenvolvimento nacional, e será processada e julgada em estrita conformidade com os princípios básicos da legalidade, da impessoalidade, da moralidade, da igualdade, da publicidade, da probidade administrativa, da *vinculação ao instrumento convocatório*, do *julgamento objetivo* e dos que lhes são correlatos.

A Lei n. 14.133/2021 tratou dos princípios em seu art. 5º:

> Na aplicação desta Lei, serão observados os princípios da legalidade, da impessoalidade, da moralidade, da publicidade, da eficiência, do interesse público, da probidade administrativa, da igualdade, do planejamento, da transparência, da eficácia, da segregação de funções, da motivação, da vinculação ao edital, do julgamento objetivo, da segurança jurídica, da razoabilidade, da competitividade, da proporcionalidade, da celeridade, da economicidade e do desenvolvimento nacional sustentável, assim como as disposições do Decreto-lei n. 4.657, de 4 de setembro de 1942 (Lei de Introdução às Normas do Direito Brasileiro)

Da leitura dos dispositivos acima conseguimos identificar a presença de princípios gerais e específicos da licitação. Iniciaremos o estudo pelos princípios gerais.

5.3.1. Princípios Gerais

5.3.1.1. *Princípio da Legalidade*

É cediço que a Administração Pública só pode fazer aquilo que a lei determina ou autoriza. No tocante à licitação, a Administração deverá observar os procedimentos previstos nas leis existentes, segundo o qual todos quantos participem de licitação promovida pelos órgãos ou entidades públicas têm direito público subjetivo à fiel observância do pertinente procedimento legalmente estabelecido.

5.3.1.2. *Princípio da Impessoalidade*

Por esse princípio a Administração não poderá estabelecer entre os licitantes, competidores do procedimento licitatório, preferências ou distinções de qualquer natureza sem aparo legal (na medida em que analisamos acima preferências aos produtos e serviços nacionais, bem como às MEs e EPPs, com fundamento na Lei n. 8.666/93, na Lei n. 14.133/2021 e na LC n. 123). Assim, é vedado aos agentes públicos admitir, prever, incluir ou tolerar, nos atos de convocação, cláusulas ou condições que comprometam, restrinjam ou frustrem o seu caráter competitivo e estabeleçam preferências ou distinções em razão da naturalidade, da sede ou domicílio dos licitantes ou de qualquer outra circunstância impertinente ou irrelevante para o específico objeto do contrato (art. 3º, § 1º, I, da Lei n. 8.666/93).

A Nova Lei de Licitações e Contratos Administrativos também se preocupou com a preservação do princípio da impessoalidade da seguinte forma:

> Art. 9º É vedado ao agente público designado para atuar na área de licitações e contratos, ressalvados os casos previstos em lei:
>
> I – admitir, prever, incluir ou tolerar, nos atos que praticar, situações que:

> a) comprometam, restrinjam ou frustrem o caráter competitivo do processo licitatório, inclusive nos casos de participação de sociedades cooperativas;
>
> b) estabeleçam preferências ou distinções em razão da naturalidade, da sede ou do domicílio dos licitantes;
>
> c) sejam impertinentes ou irrelevantes para o objeto específico do contrato;
>
> II – estabelecer tratamento diferenciado de natureza comercial, legal, trabalhista, previdenciária ou qualquer outra entre empresas brasileiras e estrangeiras, inclusive no que se refere a moeda, modalidade e local de pagamento, mesmo quando envolvido financiamento de agência internacional;
>
> III – opor resistência injustificada ao andamento dos processos e, indevidamente, retardar ou deixar de praticar ato de ofício, ou praticá-lo contra disposição expressa em lei.
>
> § 1º Não poderá participar, direta ou indiretamente, da licitação ou da execução do contrato agente público de órgão ou entidade licitante ou contratante, devendo ser observadas as situações que possam configurar conflito de interesses no exercício ou após o exercício do cargo ou emprego, nos termos da legislação que disciplina a matéria.
>
> § 2º As vedações de que trata este artigo estendem-se a terceiro que auxilie a condução da contratação na qualidade de integrante de equipe de apoio, profissional especializado ou funcionário ou representante de empresa que preste assessoria técnica.

Por isso, é imprescindível o estabelecimento de critérios objetivos de julgamento das propostas.

5.3.1.3. Princípios da Moralidade e da Probidade

Decorre desses princípios a necessidade de uma atuação honesta por parte dos agentes públicos encarregados da realização do procedimento licitatório. Somente dessa forma é possível atingir a finalidade da licitação, que consiste na contratação da proposta mais vantajosa ao interesse público.

Se ficar demonstrada, por exemplo, a manipulação de resultados, caracterizada estará a violação dos princípios da moralidade e da probidade, devendo, nesse caso, ser invalidado o procedimento licitatório.

A Lei n. 14.133/2021, ao tratar dos objetivos da licitação, estabeleceu no parágrafo único do art. 11 que:

> A alta administração do órgão ou entidade é responsável pela governança das contratações e deve implementar processos e estruturas, inclusive de gestão de riscos e controles internos, para avaliar, direcionar e monitorar os

> processos licitatórios e os respectivos contratos, com o intuito de alcançar os objetivos estabelecidos no *caput* deste artigo, promover um ambiente íntegro e confiável, assegurar o alinhamento das contratações ao planejamento estratégico e às leis orçamentárias e promover eficiência, efetividade e eficácia em suas contratações.

5.3.1.4. Princípios da Publicidade e da Transparência

A publicidade dos atos praticados pela Administração proporciona o controle da atividade administrativa. Com o procedimento licitatório não é diferente. Sua publicidade enseja o controle dos administrados e dos próprios participantes dessa competição.

Nesse sentido, a licitação não será sigilosa, sendo públicos e acessíveis ao público os atos de seu procedimento, salvo quanto ao conteúdo das propostas, até a respectiva abertura (§ 3º do art. 3º da Lei n. 8.666/93).

O princípio da transparência é decorrência lógica da publicidade e deve estar presente em toda atuação do gestor e agente públicos, inclusive no procedimento de licitação e de contratação administrativa.

A Nova Lei de Licitações abordou sobre os princípios ora em comento nos seguintes dispositivos:

> Art. 13. Os atos praticados no processo licitatório são públicos, ressalvadas as hipóteses de informações cujo sigilo seja imprescindível à segurança da sociedade e do Estado, na forma da lei.
>
> Parágrafo único. A publicidade será diferida:
>
> I – quanto ao conteúdo das propostas, até a respectiva abertura;
>
> II – quanto ao orçamento da Administração, nos termos do art. 24 desta Lei.
>
> (...)
>
> Art. 24. Desde que justificado, o orçamento estimado da contratação poderá ter caráter sigiloso, sem prejuízo da divulgação do detalhamento dos quantitativos e das demais informações necessárias para a elaboração das propostas, e, nesse caso:
>
> I – o sigilo não prevalecerá para os órgãos de controle interno e externo;

Quando a nova lei tratou do Registro Cadastral também se referiu aos princípios da publicidade e da transparência:

> Art. 88, § 4º A anotação do cumprimento de obrigações pelo contratado, de que trata o § 3º deste artigo, será condicionada à implantação e à regulamentação do cadastro de atesto de cumprimento de obrigações, apto à reali-

> zação do registro de forma objetiva, em atendimento aos princípios da impessoalidade, da igualdade, da isonomia, da publicidade e da transparência, de modo a possibilitar a implementação de medidas de incentivo aos licitantes que possuírem ótimo desempenho anotado em seu registro cadastral.

Por fim, tratar de publicidade e transparência é lembrar ainda da Lei de Acesso à Informação, que não ficou de fora da Lei n. 14.133/2021:

> Art. 91. Os contratos e seus aditamentos terão forma escrita e serão juntados ao processo que tiver dado origem à contratação, divulgados e mantidos à disposição do público em sítio eletrônico oficial.
>
> § 1º Será admitida a manutenção em sigilo de contratos e de termos aditivos quando imprescindível à segurança da sociedade e do Estado, nos termos da legislação que regula o acesso à informação.
>
> (...)
>
> Art. 141, § 3º O órgão ou entidade deverá disponibilizar, mensalmente, em seção específica de acesso à informação em seu sítio na internet, a ordem cronológica de seus pagamentos, bem como as justificativas que fundamentarem a eventual alteração dessa ordem.
>
> (...)
>
> Art. 169, § 2º Para a realização de suas atividades, os órgãos de controle deverão ter acesso irrestrito aos documentos e às informações necessárias à realização dos trabalhos, inclusive aos documentos classificados pelo órgão ou entidade nos termos da Lei n. 12.527, de 18 de novembro de 2011, e o órgão de controle com o qual foi compartilhada eventual informação sigilosa tornar-se-á corresponsável pela manutenção do seu sigilo.

5.3.1.5. *Princípio da Igualdade*

Trata-se de princípio que veda qualquer tratamento diferenciado entre os licitantes, quando não existir amparo legal, na medida em que exige oportunidade igual para todos. O princípio da isonomia tem aparo constitucional, nos termos do art. 37, inciso XXI:

> ressalvados os casos especificados na legislação, as obras, serviços, compras e alienações serão contratados mediante processo de licitação pública que **assegure igualdade de condições a todos os concorrentes**, com cláusulas que estabeleçam obrigações de pagamento, mantidas as condições efetivas da proposta, nos termos da lei, o qual somente permitirá as exigências de qualificação técnica e econômica indispensáveis à garantia do cumprimento das obrigações. (Destacamos)

O Superior Tribunal de Justiça já se pronunciou pela inexistência de violação do princípio da igualdade diante da exigência de comprovação de experiência prévia para cumprimento de qualificação técnica:

> ADMINISTRATIVO. PROCESSUAL CIVIL. LICITAÇÃO. SERVIÇO DE ENGENHARIA. QUALIFICAÇÃO TÉCNICA. EXPERIÊNCIA PRÉVIA NO DESEMPENHO DE ATIVIDADES SIMILARES OU CONGÊNERES. AMPARO NO ART. 30, II, DA LEI 8.666/93. PRECEDENTE. AUSÊNCIA DE DIREITO LÍQUIDO E CERTO.
>
> 1. Cuida-se de recurso ordinário em mandado de segurança no qual o licitante postula que a cláusula de exigência de experiência prévia em determinado serviço de engenharia ensejaria violação à competitividade do certame.
>
> 2. Não há falar em violação, uma vez que a exigência do edital encontra amparo legal no art. 30, II, da Lei n. 8.666/93, bem como se apresenta razoável e proporcional, já que se trata de experiência relacionada a rodovias, limitada à metade do volume licitado.
>
> 3. "Não fere a igualdade entre os licitantes, tampouco a ampla competitividade entre eles, o condicionamento editalício referente à experiência prévia dos concorrentes no âmbito do objeto licitado, a pretexto de demonstração de qualificação técnica, nos termos do art. 30, inciso II, da Lei n. 8.666/93" (REsp 1.257.886/PE, rel. Ministro Mauro Campbell Marques, Segunda Turma, *DJe* 11-11-2011).
>
> Recurso ordinário improvido." (RMS 39.883/MT, rel. Ministro HUMBERTO MARTINS, SEGUNDA TURMA, julgado em 17-12-2013, *DJe* 3-2-2014).

Sobre o assunto, vale lembrar mais uma vez que, se existir fundamento na lei, o tratamento diferenciado é admitido.

Com efeito, a existência de critérios de desempate previstos na Lei de Licitações não viola o princípio ora estudado, simplesmente confere solução a uma situação que poderá ocorrer, qual seja, o empate entre dois ou mais licitantes. Sendo assim, em igualdade de condições, como critério de desempate, será assegurada preferência, sucessivamente, aos bens e serviços: (i) produzidos no País; (ii) produzidos ou prestados por empresas brasileiras; (iii) produzidos ou prestados por empresas que invistam em pesquisas e no desenvolvimento de tecnologia no País; (iv) produzidos ou prestados por empresas que comprovem cumprimento de reserva de cargos prevista em lei para pessoa com deficiência ou para reabilitado da Previdência Social e que atendam às regras de acessibilidade previstas na legislação (art. 3º, § 2º).

No caso de persistência de empate, mesmo diante da utilização dos critérios acima, a solução dar-se-á por sorteio (art. 45, § 2º).

A respeito dos critérios de desempate, prevê a Lei n. 14.133/2021:

> Art. 60. Em caso de empate entre duas ou mais propostas, serão utilizados os seguintes critérios de desempate, nesta ordem:
>
> I – disputa final, hipótese em que os licitantes empatados poderão apresentar nova proposta em ato contínuo à classificação;
>
> II – avaliação do desempenho contratual prévio dos licitantes, para a qual deverão preferencialmente ser utilizados registros cadastrais para efeito de atesto de cumprimento de obrigações previstos nesta Lei;
>
> III – desenvolvimento pelo licitante de ações de equidade entre homens e mulheres no ambiente de trabalho, conforme regulamento;
>
> IV – desenvolvimento pelo licitante de programa de integridade, conforme orientações dos órgãos de controle.
>
> § 1º Em igualdade de condições, se não houver desempate, será assegurada preferência, sucessivamente, aos bens e serviços produzidos ou prestados por:
>
> I – empresas estabelecidas no território do Estado ou do Distrito Federal do órgão ou entidade da Administração Pública estadual ou distrital licitante ou, no caso de licitação realizada por órgão ou entidade de Município, no território do Estado em que este se localize;
>
> II – empresas brasileiras;
>
> III – empresas que invistam em pesquisa e no desenvolvimento de tecnologia no País;
>
> IV – empresas que comprovem a prática de mitigação, nos termos da Lei n. 12.187, de 29 de dezembro de 2009.
>
> § 2º As regras previstas no *caput* deste artigo não prejudicarão a aplicação do disposto no art. 44 da Lei Complementar n. 123, de 14 de dezembro de 2006.

5.3.1.6. *Princípios da Eficiência, Eficácia, Economicidade, Planejamento e Celeridade*

Pelo princípio da eficiência a Administração Pública e seus órgãos devem atuar com presteza, com perfeição e com rendimento funcional. Na realização do procedimento licitatório a atuação eficiente sempre foi exigida, em que pese o princípio ter sido explicitado apenas na Nova Lei de Licitações e Contratos Administrativos.

A Lei n. 14.133/2021 também trouxe a eficácia como um princípio a ser realizado na realização da licitação que, conforme todos sabem, não tem fim em si mesma, mas é um meio eficiente de se chegar a um resultado, qual seja: a celebração de um contrato administrativo. Em palavras mais precisas, licitação eficaz é aquela realizada a contento e a ponto de se concretizar a celebração de um contrato pelo Poder Público.

Na mesma linha de raciocínio, incluímos o princípio da economicidade que exige dos agentes públicos um gasto racional dos recursos estatais na busca por melhores resultados ao desempenhar a atividade administrativa.

Ademais, o princípio do planejamento tem total relação com os demais princípios abordados nesse tópico. Atuação com planejamento por parte dos administradores públicos é, em última análise, concretizar uma das inúmeras vertentes do princípio da eficiência.

Por fim, conforme estudado no item 1.2.2.5. deste livro, a celeridade processual, inclusive de procedimentos administrativos, além de ser um direito fundamental previsto no art. 5º, inciso LXXVIII, da CF, é decorrência do princípio da Eficiência. No tocante às licitações e contratos administrativos a fixação de prazos para a resposta do Poder Público às solicitações efetivadas é exemplo de critérios norteadores da duração razoável do processo.

Sobre os citados princípios, a nova lei trouxe os seguintes ensinamentos afetos às licitações e aos contratos administrativos:

> Art. 6º, LIII – contrato de eficiência: contrato cujo objeto é a prestação de serviços, que pode incluir a realização de obras e o fornecimento de bens, com o objetivo de proporcionar economia ao contratante, na forma de redução de despesas correntes, remunerado o contratado com base em percentual da economia gerada;
>
> (...)
>
> Art. 11, parágrafo único A alta administração do órgão ou entidade é responsável pela governança das contratações e deve implementar processos e estruturas, inclusive de gestão de riscos e controles internos, para avaliar, direcionar e monitorar os processos licitatórios e os respectivos contratos, com o intuito de alcançar os objetivos estabelecidos no *caput* deste artigo, promover um ambiente íntegro e confiável, assegurar o alinhamento das contratações ao planejamento estratégico e às leis orçamentárias e promover eficiência, efetividade e eficácia em suas contratações.
>
> (...)
>
> Art. 12. No processo licitatório, observar-se-á o seguinte:
>
> (...)
>
> VII – a partir de documentos de formalização de demandas, os órgãos responsáveis pelo planejamento de cada ente federativo poderão, na forma de regulamento, elaborar plano de contratações anual, com o objetivo de racionalizar as contratações dos órgãos e entidades sob sua competência, garantir o alinhamento com o seu planejamento estratégico e subsidiar a elaboração das respectivas leis orçamentárias.
>
> (...)

Art. 18. A fase preparatória do processo licitatório é caracterizada pelo planejamento e deve compatibilizar-se com o plano de contratações anual de que trata o inciso VII do *caput* do art. 12 desta Lei, sempre que elaborado, e com as leis orçamentárias, bem como abordar todas as considerações técnicas, mercadológicas e de gestão que podem interferir na contratação, compreendidos:

(...)

Art. 39. O julgamento por maior retorno econômico, utilizado exclusivamente para a celebração de contrato de eficiência, considerará a maior economia para a Administração, e a remuneração deverá ser fixada em percentual que incidirá de forma proporcional à economia efetivamente obtida na execução do contrato.

(...)

§ 4º Nos casos em que não for gerada a economia prevista no contrato de eficiência:

I – a diferença entre a economia contratada e a efetivamente obtida será descontada da remuneração do contratado;

II – se a diferença entre a economia contratada e a efetivamente obtida for superior ao limite máximo estabelecido no contrato, o contratado sujeitar-se-á, ainda, a outras sanções cabíveis.

(...)

Art. 92. São necessárias em todo contrato cláusulas que estabeleçam:

(...)

VI – os critérios e a periodicidade da medição, quando for o caso, e o prazo para liquidação e para pagamento;

VII – os prazos de início das etapas de execução, conclusão, entrega, observação e recebimento definitivo, quando for o caso;

(...)

X – o prazo para resposta ao pedido de repactuação de preços, quando for o caso;

XI – o prazo para resposta ao pedido de restabelecimento do equilíbrio econômico-financeiro, quando for o caso;

(...)

XIII – o prazo de garantia mínima do objeto, observados os prazos mínimos estabelecidos nesta Lei e nas normas técnicas aplicáveis, e as condições de manutenção e assistência técnica, quando for o caso;

(...)

> Art. 110. Na contratação que gere receita e no contrato de eficiência que gere economia para a Administração, os prazos serão de:
>
> I – até 10 (dez) anos, nos contratos sem investimento;
>
> II – até 35 (trinta e cinco) anos, nos contratos com investimento, assim considerados aqueles que impliquem a elaboração de benfeitorias permanentes, realizadas exclusivamente a expensas do contratado, que serão revertidas ao patrimônio da Administração Pública ao término do contrato.

5.3.1.7. *Princípio do Interesse Público*

A satisfação do interesse público é a finalidade maior da Administração Pública e, com o procedimento licitatório, não é diferente. A assertiva é tão verdadeira que quando ressaltamos que um dos objetivos da licitação é encontrar a proposta mais vantajosa para a Administração, esta deve ser personificada não na pessoa do seu governante ou servidor, mas sim na coletividade de pessoas, beneficiária de uma obra ou serviço públicos, destinatária única e exclusiva de toda atuação do Poder Público.

A Lei n. 14.133/2021 destacou em diversas passagens a preocupação com o interesse público no momento da realização da licitação, bem como da celebração de um contrato administrativo. Colacionaremos alguns dispositivos legais nesse sentido:

> Art. 6º, XX – estudo técnico preliminar: documento constitutivo da primeira etapa do planejamento de uma contratação que caracteriza o interesse público envolvido e a sua melhor solução e dá base ao anteprojeto, ao termo de referência ou ao projeto básico a serem elaborados caso se conclua pela viabilidade da contratação;
>
> (...)
>
> Art. 18. A fase preparatória do processo licitatório é caracterizada pelo planejamento e deve compatibilizar-se com o plano de contratações anual de que trata o inciso VII do *caput* do art. 12 desta Lei, sempre que elaborado, e com as leis orçamentárias, bem como abordar todas as considerações técnicas, mercadológicas e de gestão que podem interferir na contratação, compreendidos:
>
> I – a descrição da necessidade da contratação fundamentada em estudo técnico preliminar que caracterize o interesse público envolvido;
>
> (...)
>
> § 1º O estudo técnico preliminar a que se refere o inciso I do *caput* deste artigo deverá evidenciar o problema a ser resolvido e a sua melhor solução, de modo a permitir a avaliação da viabilidade técnica e econômica da contratação, e conterá os seguintes elementos:

> I – descrição da necessidade da contratação, considerado o problema a ser resolvido sob a perspectiva do interesse público;
>
> (...)
>
> Art. 104. O regime jurídico dos contratos instituído por esta Lei confere à Administração, em relação a eles, as prerrogativas de:
>
> I – modificá-los, unilateralmente, para melhor adequação às finalidades de interesse público, respeitados os direitos do contratado;
>
> (...)
>
> Art. 137. Constituirão motivos para extinção do contrato, a qual deverá ser formalmente motivada nos autos do processo, assegurados o contraditório e a ampla defesa, as seguintes situações:
>
> (...)
>
> VIII – razões de interesse público, justificadas pela autoridade máxima do órgão ou da entidade contratante;

5.3.1.8. *Princípio da Motivação*

Conforme já comentado neste livro, quando do estudo do item 1.2.3.6., a Administração Pública deverá motivar em regra a sua atuação. Assim, o agente público somente estará isento de tal dever quando o Direito o eximir de tal encargo.

Em relação às licitações e aos contratos administrativos, a Lei n. 14.133/2021 assim disciplinou o tema:

> Art. 18. A fase preparatória do processo licitatório é caracterizada pelo planejamento e deve compatibilizar-se com o plano de contratações anual de que trata o inciso VII do *caput* do art. 12 desta Lei, sempre que elaborado, e com as leis orçamentárias, bem como abordar todas as considerações técnicas, mercadológicas e de gestão que podem interferir na contratação, compreendidos:
>
> (...)
>
> IX – a motivação circunstanciada das condições do edital, tais como justificativa de exigências de qualificação técnica, mediante indicação das parcelas de maior relevância técnica ou valor significativo do objeto, e de qualificação econômico-financeira, justificativa dos critérios de pontuação e julgamento das propostas técnicas, nas licitações com julgamento por melhor técnica ou técnica e preço, e justificativa das regras pertinentes à participação de empresas em consórcio;
>
> (...)
>
> XI – a motivação sobre o momento da divulgação do orçamento da licitação, observado o art. 24 desta Lei.

> (...)
> Art. 24. Desde que justificado, o orçamento estimado da contratação poderá ter caráter sigiloso, sem prejuízo da divulgação do detalhamento dos quantitativos e das demais informações necessárias para a elaboração das propostas, e, nesse caso:

5.3.1.9. *Princípio da Segurança Jurídica*

Pelo princípio da segurança jurídica o Poder Público deverá atuar de tal forma que seja capaz de garantir estabilidade às relações sociais. Essa forma estável de atuar também deverá estar presente nas licitações e contratações públicas.

Quando a Lei n. 14.133/2021 tratou do controle das contratações públicas, assim disciplinou sobre o princípio em comento no § 1º do art. 169:

> Na forma de regulamento, a implementação das práticas a que se refere o *caput* deste artigo será de responsabilidade da alta administração do órgão ou entidade e levará em consideração os custos e os benefícios decorrentes de sua implementação, optando-se pelas medidas que promovam relações íntegras e confiáveis, com segurança jurídica para todos os envolvidos, e que produzam o resultado mais vantajoso para a Administração, com eficiência, eficácia e efetividade nas contratações públicas.

5.3.1.10. *Princípios da Razoabilidade e da Proporcionalidade*

O princípio da razoabilidade exige uma atuação com bom senso da Administração pública. Desta forma, como a licitação não é um fim em si mesma, mas um meio para se atingir um resultado, imprescindível licitar apenas quando o Poder Público necessitar contratar. Por isso, a Lei n. 14.133/2021, manteve a previsão sempre existente na Lei n. 8.666/93 que para licitar a previsão de verba orçamentária é requisito essencial:

> Art. 150. Nenhuma contratação será feita sem a caracterização adequada de seu objeto e sem a indicação dos créditos orçamentários para pagamento das parcelas contratuais vincendas no exercício em que for realizada a contratação, sob pena de nulidade do ato e de responsabilização de quem lhe tiver dado causa.

No tocante ao princípio da proporcionalidade, é fundamental a adequação entre os meios empregados pela Administração Pública e as finalidades desejadas por essa, que sempre estarão relacionadas com a satisfação do interesse público.

Nas licitações e nos contratos administrativos a nova lei assim estabeleceu sobre o tema adequação entre meios e fins:

> Art. 18. A fase preparatória do processo licitatório é caracterizada pelo planejamento e deve compatibilizar-se com o plano de contratações anual de que trata o inciso VII do *caput* do art. 12 desta Lei, sempre que elaborado, e com as leis orçamentárias, bem como abordar todas as considerações técnicas, mercadológicas e de gestão que podem interferir na contratação, compreendidos:
>
> (...)
>
> VIII – a modalidade de licitação, o critério de julgamento, o modo de disputa e a adequação e eficiência da forma de combinação desses parâmetros, para os fins de seleção da proposta apta a gerar o resultado de contratação mais vantajoso para a Administração Pública, considerado todo o ciclo de vida do objeto;
>
> § 1º O estudo técnico preliminar a que se refere o inciso I do *caput* deste artigo deverá evidenciar o problema a ser resolvido e a sua melhor solução, de modo a permitir a avaliação da viabilidade técnica e econômica da contratação, e conterá os seguintes elementos:
>
> (...)
>
> XIII – posicionamento conclusivo sobre a adequação da contratação para o atendimento da necessidade a que se destina.
>
> (...)
>
> Art. 104. O regime jurídico dos contratos instituído por esta Lei confere à Administração, em relação a eles, as prerrogativas de:
>
> I – modificá-los, unilateralmente, para melhor adequação às finalidades de interesse público, respeitados os direitos do contratado;

5.3.2. Princípios Específicos da Licitação

5.3.2.1. *Princípio do Procedimento Formal*

Por esse princípio, a licitação deverá respeitar a forma e as fases previstas na Lei n. 8.666/93. O procedimento licitatório previsto nessa Lei caracteriza ato administrativo formal, seja ele praticado em qualquer esfera da Administração Pública (art. 4º, parágrafo único).

5.3.2.2. *Princípio do Sigilo das Propostas*

A esse respeito, já concluímos que a licitação não será sigilosa, salvo em relação ao conteúdo das propostas.

Caso não existisse o sigilo das propostas até a respectiva abertura dos envelopes com os seus conteúdos, a competitividade do procedimento licitatório estaria ferida, na medida em que ficaria em posição de vantagem o licitante que soubesse o teor da proposta de seu concorrente. Ex.: José, antes da abertura das propostas, soube que a oferta de seu concorrente seria de R$ 1.000,00. Nesse caso, José faz uma proposta de R$ 999,00 e vence a licitação. Porém, se este não soubesse o teor da outra proposta poderia apertar ao máximo seu preço e checar a R$ 990,00, por exemplo.

APROFUNDANDO! O princípio do sigilo das propostas foi mitigado na modalidade de licitação pregão, em que as propostas são abertas a todos os licitantes, ou seja, cada licitante sabe o que o outro está propondo até porque o critério de julgamento nessa modalidade de licitação é o de menor preço.

5.3.2.3. *Princípio da Vinculação ao Instrumento Convocatório*

É no instrumento convocatório que a Administração torna pública a intenção de contratar e convoca os eventuais interessados para participar da licitação. Ademais, o instrumento convocatório (edital ou carta-convite) estabelece as regras básicas que deverão ser seguidas pela Administração e pelos licitantes.

Assim, a Administração não pode descumprir as normas e condições do edital, ao qual se acha estritamente vinculada *(art. 41 da Lei n. 8.666/93).*

Conforme entende a doutrina pátria, o instrumento convocatório (ex.: o edital) é a "lei" da licitação no caso concreto, isto é, suas regras ditam o procedimento licitatório e vinculam seus participantes.

A Lei n. 14.133/2021 assim estabeleceu sobre o tema:

> Art. 92. São necessárias em todo contrato cláusulas que estabeleçam:
> (...)
> II – a vinculação ao edital de licitação e à proposta do licitante vencedor ou ao ato que tiver autorizado a contratação direta e à respectiva proposta;

5.3.2.4. *Princípio do Julgamento Objetivo*

Esse princípio exige que o julgamento das propostas seja realizado com base em critérios objetivos previstos no instrumento convocatório (edital ou carta-convite). É a vedação a critérios subjetivos, priorizando mais uma vez a impessoalidade na escolha da melhor proposta ofertada entre os licitantes.

No julgamento das propostas, a Comissão levará em consideração os critérios objetivos definidos no edital ou convite, os quais não devem contrariar as normas e os princípios estabelecidos por essa Lei (art. 44, *caput*, da Lei n. 8.666/93).

O julgamento das propostas será objetivo, devendo a Comissão de licitação ou o responsável pelo convite realizá-lo em conformidade com os tipos de licitação, os critérios previamente estabelecidos no ato convocatório e de acordo com os fatores exclusivamente nele referidos, de maneira a possibilitar sua aferição pelos licitantes e pelos órgãos de controle (art. 45, *caput*, da Lei n. 8.666/93).

São exemplos de critérios objetivos de julgamento os "tipos de licitação" (menor preço, melhor técnica, técnica e preço, maior lance ou oferta), previstos no § 1º do art. 45 da Lei n. 8.666/93 (o tema será aprofundado no momento oportuno). Nesse contexto, podemos citar como critério de julgamento o "tipo de licitação" de "menor preço". Trata-se de critério objetivo, pois R$ 999,00 é menor em relação a R$ 1.000,00 e não abre a possibilidade de qualquer outro tipo de julgamento subjetivo.

No tocante aos critérios de julgamento, assim prevê a Lei n. 14.133/2021:

> Art. 33. O julgamento das propostas será realizado de acordo com os seguintes critérios:
>
> I – menor preço;
>
> II – maior desconto;
>
> III – melhor técnica ou conteúdo artístico;
>
> IV – técnica e preço;
>
> V – maior lance, no caso de leilão;
>
> VI – maior retorno econômico.
>
> (...)
>
> Art. 39. O julgamento por maior retorno econômico, utilizado exclusivamente para a celebração de contrato de eficiência, considerará a maior economia para a Administração, e a remuneração deverá ser fixada em percentual que incidirá de forma proporcional à economia efetivamente obtida na execução do contrato.

5.3.2.5. *Princípio da Adjudicação Compulsória*

Por esse princípio, se a Administração atribuir o objeto licitado a alguém, deverá fazê-lo ao vencedor da licitação.

A Administração não poderá celebrar o contrato com preterição da ordem de classificação das propostas ou com terceiros estranhos ao procedimento licitatório, sob pena de nulidade (art. 50).

Não podemos confundir o direito subjetivo do vencedor da licitação de não ser preterido no momento da adjudicação com a obrigatoriedade de celebração do contrato administrativo. A adjudicação consiste na entrega do objeto licitado ao vencedor e na garantia de que, se a Administração for contratar com alguém, será com aquele que venceu a competição. Entretanto, essa garantia de contratação não é absoluta, ou seja, existirão hipóteses em que a Administração não celebrará o contrato ou não o fará com o vencedor da licitação.

O contrato poderá não ser celebrado em razão da *anulação* do procedimento licitatório, quando constatada alguma ilegalidade, ou pela *revogação* da licitação, por motivos supervenientes de interesse público.

Ademais, se o *vencedor da licitação, devidamente convocado, não comparecer* para assinar o contrato, a Administração poderá revogar o procedimento licitatório ou convocar os outros licitantes, respeitada a ordem de classificação, para contratar nas mesmas condições da proposta vencedora. Ex.: a Administração convocou o primeiro colocado que venceu com uma proposta de R$ 1.000,00, mas ele não comparece para assinar o contrato. Então, a Administração convoca o segundo colocado para contratar por R$ 1.000,00, independentemente da proposta que ele havia feito. Se este não comparecer, convocará o terceiro colocado e assim sucessivamente, até encontrar algum licitante que aceite contratar com ela nos termos da proposta vencedora (de R$ 1.000,00).

A Nova Lei de Licitações e Contratos Administrativos relativizou o princípio em comento, na medida em que admitiu a possibilidade de negociação com o primeiro colocado e com os demais licitantes, após sair o resultado do julgamento:

> Art. 61. Definido o resultado do julgamento, a Administração poderá negociar condições mais vantajosas com o primeiro colocado.
>
> § 1º A negociação poderá ser feita com os demais licitantes, segundo a ordem de classificação inicialmente estabelecida, quando o primeiro colocado, mesmo após a negociação, for desclassificado em razão de sua proposta permanecer acima do preço máximo definido pela Administração.
>
> § 2º A negociação será conduzida por agente de contratação ou comissão de contratação, na forma de regulamento, e, depois de concluída, terá seu resultado divulgado a todos os licitantes e anexado aos autos do processo licitatório.
>
> (...)
>
> Art. 71. Encerradas as fases de julgamento e habilitação, e exauridos os recursos administrativos, o processo licitatório será encaminhado à autoridade superior, que poderá:
>
> I – determinar o retorno dos autos para saneamento de irregularidades;
>
> II – revogar a licitação por motivo de conveniência e oportunidade;
>
> III – proceder à anulação da licitação, de ofício ou mediante provocação de terceiros, sempre que presente ilegalidade insanável;
>
> IV – adjudicar o objeto e homologar a licitação.

5.3.2.6. *Princípio da Competitividade*

Trata-se de princípio que considera imprescindível a manutenção da competitividade da licitação, isto é, impede a utilização de qualquer subterfúgio capaz de frustrar o caráter de competição do procedimento licitatório, como o direcionamento do edital, método utilizado para restringir o número de licitantes. Ex.: a Administração não pode inserir uma série de requisitos desnecessários no edital como condição de participação da licitação, pois isso restringe o número de licitantes interessados na contratação.

A Lei n. 14.133/2021 tratou expressamente do princípio da competitividade em seu art. 5º, bem como nos seguintes dispositivos:

> Art. 25, § 2º Desde que, conforme demonstrado em estudo técnico preliminar, não sejam causados prejuízos à competitividade do processo licitatório e à eficiência do respectivo contrato, o edital poderá prever a utilização de mão de obra, materiais, tecnologias e matérias-primas existentes no local da execução, conservação e operação do bem, serviço ou obra.
>
> (...)
>
> Art. 31, § 3º Além da divulgação no sítio eletrônico oficial, o edital do leilão será afixado em local de ampla circulação de pessoas na sede da Administração e poderá, ainda, ser divulgado por outros meios necessários para ampliar a publicidade e a competitividade da licitação.

A escolha de marca ou de fornecedor exclusivo não necessariamente implicará violação ao princípio ora em comento. Sobre o tema, assim prevê a nova Lei de Licitações e Contratos Administrativos:

> Art. 41. No caso de licitação que envolva o fornecimento de bens, a Administração poderá excepcionalmente:
>
> I – indicar uma ou mais marcas ou modelos, desde que formalmente justificado, nas seguintes hipóteses:
>
> a) em decorrência da necessidade de padronização do objeto;
>
> b) em decorrência da necessidade de manter a compatibilidade com plataformas e padrões já adotados pela Administração;
>
> c) quando determinada marca ou modelo comercializados por mais de um fornecedor forem os únicos capazes de atender às necessidades do contratante;
>
> d) quando a descrição do objeto a ser licitado puder ser mais bem compreendida pela identificação de determinada marca ou determinado modelo aptos a servir apenas como referência;
>
> II – exigir amostra ou prova de conceito do bem no procedimento de pré-qualificação permanente, na fase de julgamento das propostas ou de lances, ou no período de vigência do contrato ou da ata de registro de preços, desde que previsto no edital da licitação e justificada a necessidade de sua apresentação;
>
> III – vedar a contratação de marca ou produto, quando, mediante processo administrativo, restar comprovado que produtos adquiridos e utilizados anteriormente pela Administração não atendem a requisitos indispensáveis ao pleno adimplemento da obrigação contratual;

> IV – solicitar, motivadamente, carta de solidariedade emitida pelo fabricante, que assegure a execução do contrato, no caso de licitante revendedor ou distribuidor.
>
> Parágrafo único. A exigência prevista no inciso II do *caput* deste artigo restringir-se-á ao licitante provisoriamente vencedor quando realizada na fase de julgamento das propostas ou de lances.

5.3.2.7. *Princípio da Segregação das Funções*

O princípio da segregação das funções previsto no *caput* do art. 5º da Lei n. 14.133/2021 vedada a designação do mesmo agente público para atuação simultânea em funções mais suscetíveis a riscos, de modo a reduzir a possibilidade de ocultação de erros e de ocorrência de fraudes na respectiva contratação (art. 7º, §1º).

A individualização de condutas dentro do serviço público, em especial no interior das comissões de licitação, realmente é fundamentar para se evitar falhas e corrupção dentro de um setor tão falado na mídia como centralizador de condutas ilegais, muito em decorrência dos altos valores que envolvem as contratações públicas em boa parte das vezes.

5.3.2.8. *Princípio do Desenvolvimento Nacional Sustentável*

Conforme já abordado no item 5.2.3., ao tratarmos das finalidades/objetivos da licitação, o desenvolvimento nacional sustentável possui três aspectos: i) o econômico; ii) o ambiental, e, iii) o da acessibilidade.

Segundo visto também, a Lei n. 14.133/2021 abordou os três aspectos citados da aludida finalidade, aqui também reconhecida como princípio.

5.3.2.9. *Princípios da Lei de Introdução às Normas do Direito Brasileiro*

Por fim, cumpre ressaltar que os Princípios da Lei de Introdução às Normas do Direito Brasileiro também são aplicáveis às licitações e aos contratos públicos, nos termos da previsão expressa no art. 5º da Lei n. 14.133/2021, razão pela qual remetemos os leitores ao estudo do item 1.1.2. deste livro.

5.4. Contratação Direta por Inexigibilidade e Dispensa de Licitação

Conforme já estudado, a Constituição Federal estabelece que, *em regra*, quando a Administração desejar contratar obras, serviços, compras, alienações e locações, deverá respeitar um procedimento especial, denominado *licitação* (art. 37, XXI).

Entretanto, a própria Constituição ressalva que em alguns casos, e desde que previstos em lei, esse procedimento licitatório não será necessário. Nesse sentido, o Diploma encarregado de tal incumbência foi a Lei n. 8.666/93, e, mais recentemente, também a Lei n. 14.133/2021, ambas em vigor e denominadas Leis de Licitações e Contratos Administrativos, que preveem hipóteses de inexigibilidade e de dispensa de licitação.

Segundo Celso Antônio Bandeira de Mello, são pressupostos da licitação: (i) Lógico (pluralidade de objetos e de ofertantes); (ii) Jurídico (Licitação não é um fim em si mesmo, é um meio para se chegar a um resultado – constituição de certa relação jurídica); (iii) Fático (existência de interessados em disputá-la):

> É pressuposto lógico da licitação a existência de uma pluralidade de objetos e de uma pluralidade de ofertantes. Sem isto não há como conceber uma licitação. Dita impossibilidade é reconhecível já no próprio plano de um simples raciocínio abstrato. Tal pressuposto diz, então, com o tema do chamado "objeto singular" e com o tema identificado como caso de "ofertante único ou exclusivo", a serem ao diante tratados. É pressuposto jurídico o de que, em face do caso concreto, a licitação possa se constituir em meio apto, ao menos em tese, para a Administração acudir ao interesse que deve prover. Posto que a função de tal instituto é servir – e não desservir – o interesse público, em casos que tais percebe-se que falece o pressuposto jurídico para sua instauração. Com efeito: a licitação não é um fim em si mesmo; é um meio para chegar utilmente a um dado resultado: o travamento de uma certa relação jurídica. Quando nem mesmo em tese pode cumprir tal função, seria descabido realizá-la. Embora fosse logicamente possível realizá-la, seria ilógico fazê-lo em face do interesse jurídico a que se tem que atender. Diante de situações desta ordem é que se configuram os casos acolhidos na legislação como de "dispensa" de certame licitatório ou os que terão que ser considerados como de "inexigibilidade" dele. É pressuposto fático da licitação a existência de interessados em disputá-la. Nos casos em que tal interesse não concorra, não há como realizá-la. Seria inviável, por exemplo, abrir-se um certame licitatório para obter o parecer de um jurista famoso, os serviços de um consagrado advogado para uma sustentação oral, ou uma cirurgia a ser efetuada por renomado especialista. Nenhum deles prestar-se-ia a isto. Convém determo-nos sobre o que denominamos de "pressupostos lógicos" de sua realização. Merecem um tratamento mais detido, pois identificam qual é o objeto licitável[102].

5.4.1. Inexigibilidade de Licitação

A inexigibilidade de licitação pressupõe a *impossibilidade da competição*, ou seja, mesmo que o administrador queira fazer, não conseguirá. Difere da dispensa de licitação, pois nesta a competição é possível, mas a lei autoriza a contratação direta em determinados casos, isto é, sem a realização da licitação.

---

102 BANDEIRA DE MELLO, Celso Antônio. *Curso de direito administrativo*. 30. ed. São Paulo: Malheiros, 2012. p. 550-551.

O art. 25 da Lei n. 8.666/93 traz um rol exemplificativo de hipóteses de inexigibilidade de licitação. Logo, se existirem outros casos em que a competição não seja possível, caberá a contratação direta, ainda que não possam ser enquadrados nos incisos do art. 25 que são meros exemplos.

Ocorre, por exemplo, nos casos para aquisição de materiais, equipamentos ou gêneros que só possam ser fornecidos por produtor, empresa ou representante comercial exclusivo, vedada a preferência de marca, devendo a comprovação de exclusividade ser feita através de atestado fornecido pelo órgão de registro do comércio do local em que se realizaria a licitação ou a obra ou o serviço, pelo Sindicato, Federação ou Confederação Patronal, ou por entidade equivalente (art. 25, I).

Trata o inciso I do art. 25 do *fornecedor exclusivo*, sendo vedada a preferência de alguma marca. A comprovação da exclusividade deverá ser feita por meio de atestado fornecido pelas entidades supracitadas. Se o fornecedor é exclusivo, não existe competição, e a licitação será inexigível, inviável, impossível.

Outro exemplo trazido pela lei se refere à contratação de serviços técnicos enumerados no art. 13, de natureza singular, com profissionais ou empresas de notória especialização, vedada a inexigibilidade para serviços de publicidade e divulgação (art. 25, II).

O inciso II estabelece que é inexigível a licitação quando se tratar de serviços técnicos de natureza singular e de notória especialização. Importante ressaltar inicialmente que *não se trata de qualquer serviço técnico, mas apenas aqueles elencados nos incisos do art. 13 da Lei n. 8.666/93,* sendo eles: a) estudos técnicos, planejamentos e projetos básicos ou executivos; b) pareceres, perícias e avaliações em geral; c) assessorias ou consultorias técnicas e auditorias financeiras ou tributárias; d) fiscalização, supervisão ou gerenciamento de obras ou serviços; e) patrocínio ou defesa de causas judiciais ou administrativas; f) treinamento e aperfeiçoamento de pessoal; g) restauração de obras de arte e bens de valor histórico.

Ademais, não é qualquer serviço elencado no art. 13 que legitima a inexigibilidade de licitação, ou seja, *esse serviço deve ter natureza singular* (diferenciado em relação aos demais), além de a empresa ou os profissionais que o prestarão serem de *notória especialização.*

Considera-se de notória especialização o profissional ou empresa cujo conceito no campo de sua especialidade, decorrente de desempenho anterior, estudos, experiências, publicações, organização, aparelhamento, equipe técnica ou de outros requisitos relacionados com suas atividades, permita inferir que o seu trabalho é essencial e indiscutivelmente o mais adequado à plena satisfação do objeto do contrato (art. 25, § 1º).

Assim, um exemplo de serviço técnico do art. 13 da Lei n. 8.666/93, de natureza singular e notória especialização, é a elaboração de um parecer jurídico por um Advogado renomado, para instruir a defesa de um Município numa ação envolvendo milhões de reais[103].

Sobre o tema contratação direita de escritório de advocacia, o Supremo Tribunal Federal definiu os seguintes parâmetros:

> IMPUTAÇÃO DE CRIME DE INEXIGÊNCIA INDEVIDA DE LICITAÇÃO. SERVIÇOS ADVOCATÍCIOS. REJEIÇÃO DA DENÚNCIA POR FALTA DE JUSTA CAUSA. A contratação direta de escritório de advocacia, sem licitação, deve observar os seguintes parâmetros: a) existência de procedimento administrativo formal; b) notória especialização profissional; c) natureza singular do serviço; d) demonstração da inadequação da prestação do serviço pelos integrantes do Poder Público; e) cobrança de preço compatível com o praticado pelo mercado. Incontroversa a especialidade do escritório de advocacia, deve ser considerado singular o serviço de retomada de concessão de saneamento básico do Município de Joinville, diante das circunstâncias do caso concreto. Atendimento dos demais pressupostos para a contratação direta. Denúncia rejeitada por falta de justa causa (Inq 3074, Relator(a): Min. ROBERTO BARROSO, Primeira Turma, julgado em 26-8-2014, ACÓRDÃO ELETRÔNICO DJe-193 DIVULG 2-10-2014 PUBLIC 3-10-2014).

CUIDADO! Não é admitida a inexigibilidade para a contratação do serviço de *publicidade* e de *divulgação* cuja contratação deverá ser realizada por meio de licitação, nos termos da Lei n. 12.232/2010.

Por fim, o último exemplo de inexigibilidade de licitação é para a contratação de profissional de qualquer setor artístico, diretamente ou através de empresário exclusivo, desde que consagrado pela crítica especializada ou pela opinião pública (art. 25, III).

CUIDADO! Basta um requisito para a contratação direta do artista: OU ser consagrado pela crítica especializada, OU ser consagrado pela opinião pública.

A Lei n. 14.133/2021, a Nova Lei de Licitações e Contratos Administrativos, tratou da inexigibilidade de licitação em seu art. 74:

---

[103] "O Estatuto da Advocacia foi alterado no ano de 2020 com a inclusão do seguinte dispositivo: 'Art. 3º-A. Os serviços profissionais de advogado são, por sua natureza, técnicos e singulares, quando comprovada sua notória especialização, nos termos da lei. (Incluído pela Lei n. 14.039, de 2020) Parágrafo único. Considera-se notória especialização o profissional ou a sociedade de advogados cujo conceito no campo de sua especialidade, decorrente de desempenho anterior, estudos, experiências, publicações, organização, aparelhamento, equipe técnica ou de outros requisitos relacionados com suas atividades, permita inferir que o seu trabalho é essencial e indiscutivelmente o mais adequado à plena satisfação do objeto do contrato. (Incluído pela Lei n. 14.039, de 2020)"

É inexigível a licitação quando inviável a competição, em especial nos casos de:

I – aquisição de materiais, de equipamentos ou de gêneros ou contratação de serviços que só possam ser fornecidos por produtor, empresa ou representante comercial exclusivos;

II – contratação de profissional do setor artístico, diretamente ou por meio de empresário exclusivo, desde que consagrado pela crítica especializada ou pela opinião pública;

III – contratação dos seguintes serviços técnicos especializados de natureza predominantemente intelectual com profissionais ou empresas de notória especialização, vedada a inexigibilidade para serviços de publicidade e divulgação:

a) estudos técnicos, planejamentos, projetos básicos ou projetos executivos;

b) pareceres, perícias e avaliações em geral;

c) assessorias ou consultorias técnicas e auditorias financeiras ou tributárias;

d) fiscalização, supervisão ou gerenciamento de obras ou serviços;

e) patrocínio ou defesa de causas judiciais ou administrativas;

f) treinamento e aperfeiçoamento de pessoal;

g) restauração de obras de arte e de bens de valor histórico;

h) controles de qualidade e tecnológico, análises, testes e ensaios de campo e laboratoriais, instrumentação e monitoramento de parâmetros específicos de obras e do meio ambiente e demais serviços de engenharia que se enquadrem no disposto neste inciso;

IV – objetos que devam ou possam ser contratados por meio de credenciamento;

V – aquisição ou locação de imóvel cujas características de instalações e de localização tornem necessária sua escolha.

§ 1º Para fins do disposto no inciso I do *caput* deste artigo, a Administração deverá demonstrar a inviabilidade de competição mediante atestado de exclusividade, contrato de exclusividade, declaração do fabricante ou outro documento idôneo capaz de comprovar que o objeto é fornecido ou prestado por produtor, empresa ou representante comercial exclusivos, vedada a preferência por marca específica.

§ 2º Para fins do disposto no inciso II do *caput* deste artigo, considera-se empresário exclusivo a pessoa física ou jurídica que possua contrato, declaração, carta ou outro documento que ateste a exclusividade permanente e contínua de representação, no País ou em Estado específico, do profissional do setor artístico, afastada a possibilidade de contratação direta por inexigibilidade por meio de empresário com representação restrita a evento ou local específico.

> § 3º Para fins do disposto no inciso III do *caput* deste artigo, considera-se de notória especialização o profissional ou a empresa cujo conceito no campo de sua especialidade, decorrente de desempenho anterior, estudos, experiência, publicações, organização, aparelhamento, equipe técnica ou outros requisitos relacionados com suas atividades, permita inferir que o seu trabalho é essencial e reconhecidamente adequado à plena satisfação do objeto do contrato.
>
> § 4º Nas contratações com fundamento no inciso III do *caput* deste artigo, é vedada a subcontratação de empresas ou a atuação de profissionais distintos daqueles que tenham justificado a inexigibilidade.
>
> § 5º Nas contratações com fundamento no inciso V do *caput* deste artigo, devem ser observados os seguintes requisitos:
>
> I – avaliação prévia do bem, do seu estado de conservação, dos custos de adaptações, quando imprescindíveis às necessidades de utilização, e do prazo de amortização dos investimentos;
>
> II – certificação da inexistência de imóveis públicos vagos e disponíveis que atendam ao objeto;
>
> III – justificativas que demonstrem a singularidade do imóvel a ser comprado ou locado pela Administração e que evidenciem vantagem para ela.

As inovações trazidas pela nova lei em comparação com a Lei n. 8.666/93 foram os incisos IV e V ao consignar como exemplos de inexigibilidade de licitação "objetos que devam ou possam ser contratados por meio de credenciamento;" e, "aquisição ou locação de imóvel cujas características de instalações e de localização tornem necessária sua escolha."

Por outro lado, o rol de hipóteses de inexigibilidade continua sendo exemplificativo e as três primeiras hipóteses do art. 74 da Lei n. 14.133/2021, são basicamente as mesmas do art. 25 da Lei n. 8.666/93.

5.4.2. Dispensa de Licitação

Conforme comentado, na dispensa de licitação, a competição é possível, entretanto a lei autoriza, em alguns casos, o administrador a realizar um juízo discricionário e contratar diretamente (licitação dispensável), ou, em outros, a lei determina que a licitação não será realizada, não ocorrerá (licitação dispensada).

No primeiro caso, encontramos a *licitação dispensável*, em que a competitividade é possível, mas a Lei n. 8.666/93 autoriza o administrador a, diante do caso concreto, por meio de um juízo de oportunidade e conveniência (discricionariedade), decidir se irá realizar a licitação ou dispensá-la (art. 24 da Lei n. 8.666/93).

A outra hipótese denomina-se *licitação dispensada*. Aqui a competição também é possível, mas a Lei n. 8.666/93 determina que, nas alíneas (letrinhas) dos incisos I e II do art. 17, a licitação não ocorrerá, não conferindo nesses casos discricionariedade para a Administração.

A Lei n. 14.133/2021 tratou da licitação dispensável no art. 75 e da licitação dispensada no art. 76.

5.4.2.1. *Licitação Dispensável*

Segundo Lúcia Valle Figueiredo, a licitação dispensável poderá ser sistematizada da seguinte forma:

> Dispensa-se a licitação (portanto, não se a afasta desde logo) para situações a seguir descritas e resumidas na seguinte classificação: a) dispensa-se em razão do pequeno valor; b) dispensa-se em razão do objeto a ser contratado; c) dispensa-se em razão de situações excepcionais; d) dispensa-se em razão das pessoas a serem contratadas. [...] As hipóteses de dispensa, diante da classificação proposta e em face da Lei 8.666/1993, são assim agrupadas: a) em razão do pequeno valor (art. 24, incisos I e II); b) em razão das pessoas (art. 24, incisos VIII, XIII, XIV, XVI, XVII, XIX, XX, XXII, XXIII, XXIV E XXV); c) em razão de situação excepcional (art. 24, incisos III, IV, V, VI, VII, IX, XVI e XXVII); d) em razão do objeto (art. 24, incisos X, XI, XII e XIV, e também art. 17, incisos 1 e II)[104].

O *art. 24 da Lei n. 8.666/93* elenca de forma *taxativa (não são exemplos)* as hipóteses de licitação dispensável, sendo elas:

1) Para obras e serviços de engenharia de valor até 10% (dez por cento) do limite previsto na alínea *a* do inciso I do artigo anterior, desde que não se refiram a parcelas de uma mesma obra ou serviço ou ainda para obras e serviços da mesma natureza e no mesmo local que possam ser realizadas conjunta e concomitantemente (inciso I do art. 24).

2) Para outros serviços e compras de valor até 10% (dez por cento) do limite previsto na alínea *a* do inciso II do artigo anterior e para alienações, nos casos previstos nesta Lei, desde que não se refiram a parcelas de um mesmo serviço, compra ou alienação de maior vulto que possa ser realizada de uma só vez (inciso II do art. 24).

O valor a que se refere o inciso I era de R$ 15.000,00 (quinze mil reais) e o inciso II era de R$ 8.000,00 (oito mil reais).

IMPORTANTE: O Decreto n. 9.412, de 2018, atualizou os valores das modalidades de licitação de que trata o art. 23, da Lei n. 8.666/93, o que impacta diretamente em todos os artigos que fazem menção a ele. Diante da alteração, fica da seguinte forma a análise do que é pequeno valor:

---

[104] FIGUEIREDO, Lúcia Valle. *Curso de direito administrativo*. 6. ed. São Paulo: Malheiros, 2006. p. 488.

1) Para obras e serviços de engenharia de valor até 10% (dez por cento) do limite previsto na alínea *a* do inciso I do artigo anterior (R$ 33.000,00, trinta e três mil reais), desde que não se refiram a parcelas de uma mesma obra ou serviço ou ainda para obras e serviços da mesma natureza e no mesmo local que possam ser realizadas conjunta e concomitantemente (inciso I do art. 24).

2) Para outros serviços e compras de valor até 10% (dez por cento) do limite previsto na alínea *a* do inciso II do artigo anterior (R$ 17.600,00, dezessete mil e seiscentos reais) e para alienações, nos casos previstos nesta Lei, desde que não se refiram a parcelas de um mesmo serviço, compra ou alienação de maior vulto que possa ser realizada de uma só vez (inciso II do art. 24).

CUIDADO! Os percentuais referidos nos incisos I e II do *caput* deste artigo serão 20% (vinte por cento) para compras, obras e serviços quando a contratação for feita por consórcio público, sociedade de economia mista, empresa pública e por autarquia ou fundação qualificadas, na forma da lei, como Agências Executivas (§ 1º do art. 24).

Nos termos do dispositivo citado, para a contratação dessas entidades o valor do inciso I será de R$ 66.000,00 (sessenta e seis mil reais), e nos do inciso II será de R$ 35.200,00 (trinta e cinco mil e duzentos reais).

Em relação às empresas públicas e sociedades de economia mista, vale lembrar a existência da Lei n. 13.303, que estabelece a licitação dispensável por pequeno valor nos seguintes termos:

> Art. 29. É dispensável a realização de licitação por empresas públicas e sociedades de economia mista:
>
> I – para obras e serviços de engenharia de valor até R$ 100.000,00 (cem mil reais), desde que não se refiram a parcelas de uma mesma obra ou serviço ou ainda a obras e serviços de mesma natureza e no mesmo local que possam ser realizadas conjunta e concomitantemente;
>
> II – para outros serviços e compras de valor até R$ 50.000,00 (cinquenta mil reais) e para alienações, nos casos previstos nesta Lei, desde que não se refiram a parcelas de um mesmo serviço, compra ou alienação de maior vulto que possa ser realizado de uma só vez;

3) Nos casos de guerra ou grave perturbação da ordem (inciso III).

4) Nos casos de emergência ou de calamidade pública, quando caracterizada urgência de atendimento de situação que possa ocasionar prejuízo ou comprometer a segurança de pessoas, obras, serviços, equipamentos e outros bens, públicos ou particulares, e somente para os bens necessários ao atendimento da situação emergencial ou calamitosa e para as parcelas de obras e serviços que possam ser concluídas no prazo máximo de 180 (cento e oitenta) dias consecutivos e ininterruptos, contados da ocorrência da emergência ou calamidade, vedada a prorrogação dos respectivos contratos (inciso IV).

APROFUNDANDO! A emergência de que trata o dispositivo citado não se confunde com a chamada "emergência fabricada" ou "ficta", que decorre da falta de planejamento, da desídia administrativa ou da má gestão dos recursos públicos, ou seja, a emergência não poderá decorrer do dolo ou da culpa do agente público, pois, caso contrário, será considerada fabricada por ele (TCU – Acórdão 3.754). Nesses casos, se envolver altos riscos para a sociedade (ex.: de morte), a contratação direta será admitida, porém o agente criador da situação emergencial deverá ser responsabilizado (Orientação Normativa n. 11 da AGU).

Em decisão mais recente, o TCU voltou a coibir a prática de contratação direta em razão da emergência fabricada:

PRESTAÇÃO DE CONTAS. EXERCÍCIO 2014. SUFRAMA. UTILIZAÇÃO DE DISPENSA DE LICITAÇÃO POR DEFICIÊNCIAS NO PLANEJAMENTO. CONTRATAÇÃO DIRETA DO SERPRO. AUSÊNCIA DE FISCALIZAÇÃO DO CUMPRIMENTO DE OBRIGAÇÕES RELATIVAS À APLICAÇÃO DE RECURSOS EM PESQUISA E DESENVOLVIMENTO (P&D), POR PARTE DE EMPRESAS PRODUTORAS DE BENS DE INFORMÁTICA, BENEFICIÁRIAS DE INCENTIVOS FISCAIS DE QUE TRATAM AS LEIS 8.387/1991 E 11.077/2004. ADOÇÃO DE MEDIDAS MITIGADORAS. APURAÇÃO DE POSSÍVEL DÉBITO DECORRENTE DE PAGAMENTOS INDEVIDOS EM OUTRO PROCESSO. SOBRESTAMENTO DA APRECIAÇÃO DAS CONTAS DE DOIS RESPONSÁVEIS. CONTAS REGULARES DOS DEMAIS. CIÊNCIA.

20.4.3. A CGU observou que a Suframa não planejou adequadamente as necessidades em TI (peça 5, p. 5), tendo em vista a inexistência de plano estratégico de TI (PETI) e de plano diretor de TI (PDTI). Também, não promoveu tempestivamente as licitações, a exemplo do Pregão Eletrônico 12/2013, lançado quinze dias antes do término do Contrato 19/2008, que já se encontrava em prorrogação excepcional. Ressalte-se que, mesmo após alerta da auditoria interna sobre irregularidades, tais como: itens restritivos à competitividade, prazo inexequível para migração dos sistemas, preço de referência aparentemente exorbitante, entre outras, decidiu continuar o processo licitatório. E, após análise dos órgãos de controle, esse pregão foi cancelado, sendo inclusive objeto da Nota Técnica CGU 723/2014/ DEDIC/DE/SFC/CGU-PR e Inquérito Civil Público 1.13.000.000522/2014-10. Além da atuação supracitada, os pontos de irregularidades já foram objeto de verificação na Auditoria Anual de Contas com encaminhamento de recomendações, no entanto não foram acompanhadas por meio do Plano de Providências Permanente (PPP), persistindo no exercício de 2014 recomendações não atendidas pela Suframa.

20.4.4. Essa omissão resultou nas três contratações emergenciais da Fucapi em 2014 (Contratos 08/2014, 29/2014 e 37/2014), por meio da utilização de dispensas por emergência e prorrogações excepcionais, chamadas de "emergência fabricada", essa prática é rechaçada pela doutrina e jurisprudência, na qual, por inércia, há a negligência do planejamento necessário para a realização de processo licitatório previsto em lei (ACÓRDÃO 1748/2018 ATA 29/2018 – PLENÁRIO – 1º-8-2018, Relator: AUGUSTO SHERMAN).

5) Quando não acudirem interessados à licitação anterior e esta, justificadamente, não puder ser repetida sem prejuízo para a Administração, mantidas, neste caso, todas as condições preestabelecidas (inciso V).

ATENÇÃO! Quando não aparecerem interessados, teremos a licitação *deserta*. Por outro lado, quando existirem interessados, mas nenhum for selecionado em razão da inabilitação ou desclassificação das propostas, encontraremos a denominada licitação *fracassada*.

Assim, tem-se licitação fracassada quando todos os licitantes forem inabilitados ou todas as propostas forem desclassificadas, podendo a administração fixar aos licitantes o prazo de oito dias úteis para a apresentação de nova documentação ou de outras propostas, facultada, no caso de convite, a redução desse prazo para três dias úteis (art. 48, § 3º).

6) Quando a União tiver de intervir no domínio econômico para regular preços ou normalizar o abastecimento (inciso VI).

7) Quando as propostas apresentadas consignarem preços manifestamente superiores aos praticados no mercado nacional, ou forem incompatíveis com os fixados pelos órgãos oficiais competentes, casos em que, observado o parágrafo único do art. 48 desta Lei e persistindo a situação, será admitida a adjudicação direta dos bens ou serviços, por valor não superior ao constante do registro de preços, ou dos serviços (inciso VII). Em nossa opinião, temos aqui um caso de licitação fracassada.

8) Para a aquisição, por pessoa jurídica de direito público interno, de bens produzidos ou serviços prestados por órgão ou entidade que integre a Administração Pública e que tenha sido criado para esse fim específico em data anterior à vigência desta Lei, desde que o preço contratado seja compatível com o praticado no mercado (inciso VIII).

9) Quando houver possibilidade de comprometimento da segurança nacional, nos casos estabelecidos em decreto do Presidente da República, ouvido o Conselho de Defesa Nacional (inciso IX).

10) Para a compra ou locação de imóvel destinado ao atendimento das finalidades precípuas da Administração, cujas necessidades de instalação e localização condicionem a sua escolha, desde que o preço seja compatível com o valor de mercado, segundo avaliação prévia (inciso X).

11) Na contratação de remanescente de obra, serviço ou fornecimento, em consequência de rescisão contratual, desde que atendida a ordem de classificação da licitação anterior e aceitas as mesmas condições oferecidas pelo licitante vencedor, inclusive quanto ao preço, devidamente corrigido (inciso XI).

12) Nas compras de hortifrutigranjeiros, pão e outros gêneros perecíveis, no tempo necessário para a realização dos processos licitatórios correspondentes, realizadas diretamente com base no preço do dia (inciso XII).

13) Na contratação de instituição brasileira incumbida regimental ou estatutariamente da pesquisa, do ensino ou do desenvolvimento institucional, ou de

instituição dedicada à recuperação social do preso, desde que a contratada detenha inquestionável reputação ético-profissional e não tenha fins lucrativos (inciso XIII).

14) Para a aquisição de bens ou serviços nos termos de acordo internacional específico aprovado pelo Congresso Nacional, quando as condições ofertadas forem manifestamente vantajosas para o Poder Público (inciso XIV).

15) Para a aquisição ou restauração de obras de arte e objetos históricos, de autenticidade certificada, desde que compatíveis ou inerentes às finalidades do órgão ou entidade (inciso XV).

16) Para a impressão dos diários oficiais, de formulários padronizados de uso da Administração, e de edições técnicas oficiais, bem como para prestação de serviços de informática a pessoa jurídica de direito público interno, por órgãos ou entidades que integrem a Administração Pública, criados para esse fim específico (inciso XVI).

17) Para a aquisição de componentes ou peças de origem nacional ou estrangeira, necessários à manutenção de equipamentos durante o período de garantia técnica, junto ao fornecedor original desses equipamentos, quando tal condição de exclusividade for indispensável para a vigência da garantia (inciso XVII).

18) Nas compras ou contratações de serviços para o abastecimento de navios, embarcações, unidades aéreas ou tropas e seus meios de deslocamento quando em estada eventual de curta duração em portos, aeroportos ou localidades diferentes de suas sedes, por motivo de movimentação operacional ou de adestramento, quando a exiguidade dos prazos legais puder comprometer a normalidade e os propósitos das operações e desde que seu valor não exceda ao limite previsto na alínea *a* do inciso II do art. 23 desta Lei (R$ 176.000,00 – cento e setenta e seis mil reais) (inciso XVIII).

19) Para as compras de material de uso pelas Forças Armadas, com exceção de materiais de uso pessoal e administrativo, quando houver necessidade de manter a padronização requerida pela estrutura de apoio logístico dos meios navais, aéreos e terrestres, mediante parecer de comissão instituída por decreto (inciso XIX).

20) Na contratação de associação de portadores de deficiência física, sem fins lucrativos e de comprovada idoneidade, por órgãos ou entidades da Administração Pública, para a prestação de serviços ou fornecimento de mão de obra, desde que o preço contratado seja compatível com o praticado no mercado (inciso XX).

21) Para aquisição ou contratação de produto para pesquisa e desenvolvimento, limitada, no caso de obras e serviços de engenharia, a 20% (vinte por cento) do valor de que trata a alínea *b* do inciso I do *caput* do art. 23, isto é, limitada a R$ 660.00,00 (inciso XXI, com redação dada pela Lei n. 13.243/2016).

Produtos para pesquisa e desenvolvimento consistem nos bens, insumos, serviços e obras necessários para atividade de pesquisa científica e tecnológica, desenvolvimento de tecnologia ou inovação tecnológica, discriminados em projeto de pesquisa aprovado pela instituição contratante (art. 6º, XX).

A hipótese de dispensa prevista no inciso XXI do art. 24, quando aplicada a obras e serviços de engenharia, seguirá procedimentos especiais instituídos em regulamentação específica (art. 24, § 3º).

Não se aplica a vedação prevista no inciso I do *caput* do art. 9º (Não poderá participar, direta ou indiretamente, da licitação ou da execução de obra ou serviço e do fornecimento de bens a eles necessários: I – o autor do projeto, básico ou executivo, pessoa física ou jurídica) à hipótese prevista no inciso XXI do art. 24 (art. 24, § 4º).

22) Na contratação de fornecimento ou suprimento de energia elétrica e gás natural com concessionário, permissionário ou autorizado, segundo as normas da legislação específica (inciso XXII).

23) Na contratação realizada por empresa pública ou sociedade de economia mista com suas subsidiárias e controladas, para a aquisição ou alienação de bens, prestação ou obtenção de serviços, desde que o preço contratado seja compatível com o praticado no mercado (inciso XXIII).

24) Para a celebração de contratos de prestação de serviços com as organizações sociais, qualificadas no âmbito das respectivas esferas de governo, para atividades contempladas no contrato de gestão (inciso XXIV).

25) Na contratação realizada por Instituição Científica e Tecnológica – ICT ou por agência de fomento para a transferência de tecnologia e para o licenciamento de direito de uso ou de exploração de criação protegida (inciso XXV).

26) Na celebração de contrato de programa com ente da Federação ou com entidade de sua Administração Indireta, para a prestação de serviços públicos de forma associada nos termos do autorizado em contrato de consórcio público ou em convênio de cooperação (inciso XXVI).

27) Na contratação da coleta, processamento e comercialização de resíduos sólidos urbanos recicláveis ou reutilizáveis, em áreas com sistema de coleta seletiva de lixo, efetuados por associações ou cooperativas formadas exclusivamente por pessoas físicas de baixa renda reconhecidas pelo poder público como catadores de materiais recicláveis, com o uso de equipamentos compatíveis com as normas técnicas, ambientais e de saúde pública (inciso XXVII).

28) Para o fornecimento de bens e serviços, produzidos ou prestados no País, que envolvam, cumulativamente, alta complexidade tecnológica e defesa nacional, mediante parecer de comissão especialmente designada pela autoridade máxima do órgão (inciso XXVII).

29) Na aquisição de bens e contratação de serviços para atender aos contingentes militares das Forças Singulares brasileiras empregadas em operações de paz no exterior, necessariamente justificadas quanto ao preço e à escolha do fornecedor ou executante e ratificadas pelo Comandante da Força (inciso XXIX).

30) Na contratação de instituição ou organização, pública ou privada, com

ou sem fins lucrativos, para a prestação de serviços de assistência técnica e extensão rural no âmbito do Programa Nacional de Assistência Técnica e Extensão Rural na Agricultura Familiar e na Reforma Agrária, instituído por lei federal (inciso XXX).

31) Nas contratações visando ao cumprimento do disposto nos arts. 3º, 4º, 5º e 20 da Lei n. 10.973, de 2 de dezembro de 2004, que trata do incentivo à inovação e à pesquisa científica e tecnológica, observados os princípios gerais de contratação dela constantes (inciso XXXI).

32) Na contratação em que houver transferência de tecnologia de produtos estratégicos para o Sistema Único de Saúde – SUS, no âmbito da Lei n. no 8.080, de 19 de setembro de 1990, conforme elencados em ato da direção nacional do SUS, inclusive por ocasião da aquisição destes produtos durante as etapas de absorção tecnológica (inciso XXXII).

33) Na contratação de entidades privadas sem fins lucrativos, para a implementação de cisternas ou outras tecnologias sociais de acesso à água para consumo humano e produção de alimentos, para beneficiar as famílias rurais de baixa renda atingidas pela seca ou falta regular de água (inciso XXXIII).

34) Para a aquisição por pessoa jurídica de direito público interno de insumos estratégicos para a saúde produzidos ou distribuídos por fundação que, regimental ou estatutariamente, tenha por finalidade apoiar órgão da administração pública direta, sua autarquia ou fundação em projetos de ensino, pesquisa, extensão, desenvolvimento institucional, científico e tecnológico e estímulo à inovação, inclusive na gestão administrativa e financeira necessária à execução desses projetos, ou em parcerias que envolvam transferência de tecnologia de produtos estratégicos para o Sistema Único de Saúde – SUS, nos termos do inciso XXXII deste artigo, e que tenha sido criada para esse fim específico em data anterior à vigência desta Lei, desde que o preço contratado seja compatível com o praticado no mercado (inciso XXXIV, incluído pela Lei n. 13.204/2015).

35) Para a construção, a ampliação, a reforma e o aprimoramento de estabelecimentos penais, desde que configurada situação de grave e iminente risco à segurança pública. (Incluído pela Lei n. 13.500, de 2017) (inciso XXXV).

Dispensa de Licitação	
Obras e serviços de engenharia: R$ 33.000,00	Demais aquisições: R$ 17.600,00

*Antes, eram de R$ 15.000,00 para obras e serviços de engenharia e R$ 8.000,00 para demais aquisições.

A Lei n. 14.133/2021 tratou da licitação dispensável no rol taxativo de hipóteses previstas no art. 75:

> É dispensável a licitação:
>
> I – para contratação que envolva valores inferiores a R$ 100.000,00 (cem mil reais), no caso de obras e serviços de engenharia ou de serviços de manutenção de veículos automotores;
>
> II – para contratação que envolva valores inferiores a R$ 50.000,00 (cinquenta mil reais), no caso de outros serviços e compras;
>
> III – para contratação que mantenha todas as condições definidas em edital de licitação realizada há menos de 1 (um) ano, quando se verificar que naquela licitação:
>
> a) não surgiram licitantes interessados ou não foram apresentadas propostas válidas;
>
> b) as propostas apresentadas consignaram preços manifestamente superiores aos praticados no mercado ou incompatíveis com os fixados pelos órgãos oficiais competentes;
>
> IV – para contratação que tenha por objeto:
>
> a) bens, componentes ou peças de origem nacional ou estrangeira necessários à manutenção de equipamentos, a serem adquiridos do fornecedor original desses equipamentos durante o período de garantia técnica, quando essa condição de exclusividade for indispensável para a vigência da garantia;
>
> b) bens, serviços, alienações ou obras, nos termos de acordo internacional específico aprovado pelo Congresso Nacional, quando as condições ofertadas forem manifestamente vantajosas para a Administração;
>
> c) produtos para pesquisa e desenvolvimento, limitada a contratação, no caso de obras e serviços de engenharia, ao valor de R$ 300.000,00 (trezentos mil reais);
>
> d) transferência de tecnologia ou licenciamento de direito de uso ou de exploração de criação protegida, nas contratações realizadas por instituição científica, tecnológica e de inovação (ICT) pública ou por agência de fomento, desde que demonstrada vantagem para a Administração;
>
> e) hortifrutigranjeiros, pães e outros gêneros perecíveis, no período necessário para a realização dos processos licitatórios correspondentes, hipótese em que a contratação será realizada diretamente com base no preço do dia;
>
> f) bens ou serviços produzidos ou prestados no País que envolvam, cumulativamente, alta complexidade tecnológica e defesa nacional;
>
> g) materiais de uso das Forças Armadas, com exceção de materiais de uso pessoal e administrativo, quando houver necessidade de manter a padroniza-

ção requerida pela estrutura de apoio logístico dos meios navais, aéreos e terrestres, mediante autorização por ato do comandante da força militar;

h) bens e serviços para atendimento dos contingentes militares das forças singulares brasileiras empregadas em operações de paz no exterior, hipótese em que a contratação deverá ser justificada quanto ao preço e à escolha do fornecedor ou executante e ratificada pelo comandante da força militar;

i) abastecimento ou suprimento de efetivos militares em estada eventual de curta duração em portos, aeroportos ou localidades diferentes de suas sedes, por motivo de movimentação operacional ou de adestramento;

j) coleta, processamento e comercialização de resíduos sólidos urbanos recicláveis ou reutilizáveis, em áreas com sistema de coleta seletiva de lixo, realizados por associações ou cooperativas formadas exclusivamente de pessoas físicas de baixa renda reconhecidas pelo poder público como catadores de materiais recicláveis, com o uso de equipamentos compatíveis com as normas técnicas, ambientais e de saúde pública;

k) aquisição ou restauração de obras de arte e objetos históricos, de autenticidade certificada, desde que inerente às finalidades do órgão ou com elas compatível;

l) serviços especializados ou aquisição ou locação de equipamentos destinados ao rastreamento e à obtenção de provas previstas nos incisos II e V do *caput* do art. 3º da Lei n. 12.850, de 2 de agosto de 2013, quando houver necessidade justificada de manutenção de sigilo sobre a investigação;

m) aquisição de medicamentos destinados exclusivamente ao tratamento de doenças raras definidas pelo Ministério da Saúde;

V – para contratação com vistas ao cumprimento do disposto nos arts. 3º, 3º-A, 4º, 5º e 20 da Lei n. 10.973, de 2 de dezembro de 2004, observados os princípios gerais de contratação constantes da referida Lei;

VI – para contratação que possa acarretar comprometimento da segurança nacional, nos casos estabelecidos pelo Ministro de Estado da Defesa, mediante demanda dos comandos das Forças Armadas ou dos demais ministérios;

VII – nos casos de guerra, estado de defesa, estado de sítio, intervenção federal ou de grave perturbação da ordem;

VIII – nos casos de emergência ou de calamidade pública, quando caracterizada urgência de atendimento de situação que possa ocasionar prejuízo ou comprometer a continuidade dos serviços públicos ou a segurança de pessoas, obras, serviços, equipamentos e outros bens, públicos ou particulares, e somente para aquisição dos bens necessários ao atendimento da situação emergencial ou calamitosa e para as parcelas de obras e serviços que possam ser concluídas no prazo máximo de 1 (um) ano, contado da data de ocorrência da emergência ou da calamidade, vedadas a prorrogação dos respectivos contratos e a recontratação de empresa já contratada com base no disposto neste inciso;

IX – para a aquisição, por pessoa jurídica de direito público interno, de bens produzidos ou serviços prestados por órgão ou entidade que integrem a Administração Pública e que tenham sido criados para esse fim específico, desde que o preço contratado seja compatível com o praticado no mercado;

X – quando a União tiver que intervir no domínio econômico para regular preços ou normalizar o abastecimento;

XI – para celebração de contrato de programa com ente federativo ou com entidade de sua Administração Pública indireta que envolva prestação de serviços públicos de forma associada nos termos autorizados em contrato de consórcio público ou em convênio de cooperação;

XII – para contratação em que houver transferência de tecnologia de produtos estratégicos para o Sistema Único de Saúde (SUS), conforme elencados em ato da direção nacional do SUS, inclusive por ocasião da aquisição desses produtos durante as etapas de absorção tecnológica, e em valores compatíveis com aqueles definidos no instrumento firmado para a transferência de tecnologia;

XIII – para contratação de profissionais para compor a comissão de avaliação de critérios de técnica, quando se tratar de profissional técnico de notória especialização;

XIV – para contratação de associação de pessoas com deficiência, sem fins lucrativos e de comprovada idoneidade, por órgão ou entidade da Administração Pública, para a prestação de serviços, desde que o preço contratado seja compatível com o praticado no mercado e os serviços contratados sejam prestados exclusivamente por pessoas com deficiência;

XV – para contratação de instituição brasileira que tenha por finalidade estatutária apoiar, captar e executar atividades de ensino, pesquisa, extensão, desenvolvimento institucional, científico e tecnológico e estímulo à inovação, inclusive para gerir administrativa e financeiramente essas atividades, ou para contratação de instituição dedicada à recuperação social da pessoa presa, desde que o contratado tenha inquestionável reputação ética e profissional e não tenha fins lucrativos;

XVI – para aquisição, por pessoa jurídica de direito público interno, de insumos estratégicos para a saúde produzidos por fundação que, regimental ou estatutariamente, tenha por finalidade apoiar órgão da Administração Pública direta, sua autarquia ou fundação em projetos de ensino, pesquisa, extensão, desenvolvimento institucional, científico e tecnológico e de estímulo à inovação, inclusive na gestão administrativa e financeira necessária à execução desses projetos, ou em parcerias que envolvam transferência de tecnologia de produtos estratégicos para o SUS, nos termos do inciso XII do *caput* deste artigo, e que tenha sido criada para esse fim específico em data anterior à entrada em vigor desta Lei, desde que o preço contratado seja compatível com o praticado no mercado.

§ 1º Para fins de aferição dos valores que atendam aos limites referidos nos incisos I e II do *caput* deste artigo, deverão ser observados:

I – o somatório do que for despendido no exercício financeiro pela respectiva unidade gestora;

II – o somatório da despesa realizada com objetos de mesma natureza, entendidos como tais aqueles relativos a contratações no mesmo ramo de atividade.

§ 2º Os valores referidos nos incisos I e II do *caput* deste artigo serão duplicados para compras, obras e serviços contratados por consórcio público ou por autarquia ou fundação qualificadas como agências executivas na forma da lei.

§ 3º As contratações de que tratam os incisos I e II do *caput* deste artigo serão preferencialmente precedidas de divulgação de aviso em sítio eletrônico oficial, pelo prazo mínimo de 3 (três) dias úteis, com a especificação do objeto pretendido e com a manifestação de interesse da Administração em obter propostas adicionais de eventuais interessados, devendo ser selecionada a proposta mais vantajosa.

§ 4º As contratações de que tratam os incisos I e II do *caput* deste artigo serão preferencialmente pagas por meio de cartão de pagamento, cujo extrato deverá ser divulgado e mantido à disposição do público no Portal Nacional de Contratações Públicas (PNCP).

§ 5º A dispensa prevista na alínea *c* do inciso IV do *caput* deste artigo, quando aplicada a obras e serviços de engenharia, seguirá procedimentos especiais instituídos em regulamentação específica.

§ 6º Para os fins do inciso VIII do *caput* deste artigo, considera-se emergencial a contratação por dispensa com objetivo de manter a continuidade do serviço público, e deverão ser observados os valores praticados pelo mercado na forma do art. 23 desta Lei e adotadas as providências necessárias para a conclusão do processo licitatório, sem prejuízo de apuração de responsabilidade dos agentes públicos que deram causa à situação emergencial.

§ 7º Não se aplica o disposto no § 1º deste artigo às contratações de até R$ 8.000,00 (oito mil reais) de serviços de manutenção de veículos automotores de propriedade do órgão ou entidade contratante, incluído o fornecimento de peças.

5.4.2.2. *Licitação Dispensada*

O *art. 17 traz um rol taxativo* das hipóteses de licitação dispensada, isto é, dos casos em que a licitação não é admitida. Esse rol refere-se à *alienação* de bens *imóveis* e de bens *móveis* pela Administração que, em regra, depende de licitação, salvo nas hipóteses das alíneas dos incisos I e II do art. 17, *in verbis*:

> Art. 17. A alienação de bens da Administração Pública, subordinada à existência de interesse público devidamente justificado, será precedida de avaliação e obedecerá às seguintes normas:

> I – quando imóveis, dependerá de autorização legislativa para órgãos da administração direta e entidades autárquicas e fundacionais, e, para todos, inclusive as entidades paraestatais, dependerá de avaliação prévia e de licitação na modalidade de concorrência, dispensada esta nos seguintes casos: *a)* dação em pagamento; *b)* doação, permitida exclusivamente para outro órgão ou entidade da administração pública, de qualquer esfera de governo, ressalvado o disposto nas alíneas *f, h* e *i*; *c)* permuta, por outro imóvel que atenda aos requisitos constantes do inciso X do art. 24 desta Lei; *d)* investidura; *e)* venda a outro órgão ou entidade da administração pública, de qualquer esfera de governo; *f)* alienação gratuita ou onerosa, aforamento, concessão de direito real de uso, locação ou permissão de uso de bens imóveis residenciais construídos, destinados ou efetivamente utilizados no âmbito de programas habitacionais ou de regularização fundiária de interesse social desenvolvidos por órgãos ou entidades da administração pública; *g)* procedimentos de legitimação de posse de que trata o art. 29 da Lei n. 6.383, de 7 de dezembro de 1976, mediante iniciativa e deliberação dos órgãos da Administração Pública em cuja competência legal inclua-se tal atribuição; *h)* alienação gratuita ou onerosa, aforamento, concessão de direito real de uso, locação ou permissão de uso de bens imóveis de uso comercial de âmbito local com área de até 250 m² (duzentos e cinquenta metros quadrados) e inseridos no âmbito de programas de regularização fundiária de interesse social desenvolvidos por órgãos ou entidades da administração pública; *i)* alienação e concessão de direito real de uso, gratuita ou onerosa, de terras públicas rurais da União e do Incra, onde incidam ocupações até o limite de que trata o § 1º do art. 6º da Lei n. 11.952, de 25 de junho de 2009, para fins de regularização fundiária, atendidos os requisitos legais; e (Redação dada pela Lei n. 13.465, 2017)
>
> II – quando móveis, dependerá de avaliação prévia e de licitação, dispensada esta nos seguintes casos: *a)* doação, permitida exclusivamente para fins e uso de interesse social, após avaliação de sua oportunidade e conveniência socioeconômica, relativamente à escolha de outra forma de alienação; *b)* permuta, permitida exclusivamente entre órgãos ou entidades da Administração Pública; *c)* venda de ações, que poderão ser negociadas em bolsa, observada a legislação específica; *d)* venda de títulos, na forma da legislação pertinente; *e)* venda de bens produzidos ou comercializados por órgãos ou entidades da Administração Pública, em virtude de suas finalidades; *f)* venda de materiais e equipamentos para outros órgãos ou entidades da Administração Pública, sem utilização previsível por quem deles dispõe.

A Nova Lei de Licitações e de Contratos Administrativos também tratou da licitação dispensada quando da abordagem das alienações em seu art. 76:

> A alienação de bens da Administração Pública, subordinada à existência de interesse público devidamente justificado, será precedida de avaliação e obedecerá às seguintes normas:

I – tratando-se de bens imóveis, inclusive os pertencentes às autarquias e às fundações, exigirá autorização legislativa e dependerá de licitação na modalidade leilão, dispensada a realização de licitação nos casos de:

a) dação em pagamento;

b) doação, permitida exclusivamente para outro órgão ou entidade da Administração Pública, de qualquer esfera de governo, ressalvado o disposto nas alíneas *f*, *g* e *h* deste inciso;

c) permuta por outros imóveis que atendam aos requisitos relacionados às finalidades precípuas da Administração, desde que a diferença apurada não ultrapasse a metade do valor do imóvel que será ofertado pela União, segundo avaliação prévia, e ocorra a torna de valores, sempre que for o caso;

d) investidura;

e) venda a outro órgão ou entidade da Administração Pública de qualquer esfera de governo;

f) alienação gratuita ou onerosa, aforamento, concessão de direito real de uso, locação e permissão de uso de bens imóveis residenciais construídos, destinados ou efetivamente usados em programas de habitação ou de regularização fundiária de interesse social desenvolvidos por órgão ou entidade da Administração Pública;

g) alienação gratuita ou onerosa, aforamento, concessão de direito real de uso, locação e permissão de uso de bens imóveis comerciais de âmbito local, com área de até 250 m² (duzentos e cinquenta metros quadrados) e destinados a programas de regularização fundiária de interesse social desenvolvidos por órgão ou entidade da Administração Pública;

h) alienação e concessão de direito real de uso, gratuita ou onerosa, de terras públicas rurais da União e do Instituto Nacional de Colonização e Reforma Agrária (Incra) onde incidam ocupações até o limite de que trata o § 1º do art. 6º da Lei n. 11.952, de 25 de junho de 2009, para fins de regularização fundiária, atendidos os requisitos legais;

i) legitimação de posse de que trata o art. 29 da Lei n. 6.383, de 7 de dezembro de 1976, mediante iniciativa e deliberação dos órgãos da Administração Pública competentes;

j) legitimação fundiária e legitimação de posse de que trata a Lei n. 13.465, de 11 de julho de 2017;

II – tratando-se de bens móveis, dependerá de licitação na modalidade leilão, dispensada a realização de licitação nos casos de:

a) doação, permitida exclusivamente para fins e uso de interesse social, após avaliação de oportunidade e conveniência socioeconômica em relação à escolha de outra forma de alienação;

b) permuta, permitida exclusivamente entre órgãos ou entidades da Administração Pública;

c) venda de ações, que poderão ser negociadas em bolsa, observada a legislação específica;

d) venda de títulos, observada a legislação pertinente;

e) venda de bens produzidos ou comercializados por entidades da Administração Pública, em virtude de suas finalidades;

f) venda de materiais e equipamentos sem utilização previsível por quem deles dispõe para outros órgãos ou entidades da Administração Pública.

§ 1º A alienação de bens imóveis da Administração Pública cuja aquisição tenha sido derivada de procedimentos judiciais ou de dação em pagamento dispensará autorização legislativa e exigirá apenas avaliação prévia e licitação na modalidade leilão.

§ 2º Os imóveis doados com base na alínea *b* do inciso I do *caput* deste artigo, cessadas as razões que justificaram sua doação, serão revertidos ao patrimônio da pessoa jurídica doadora, vedada sua alienação pelo beneficiário.

§ 3º A Administração poderá conceder título de propriedade ou de direito real de uso de imóvel, admitida a dispensa de licitação, quando o uso destinar-se a:

I – outro órgão ou entidade da Administração Pública, qualquer que seja a localização do imóvel;

II – pessoa natural que, nos termos de lei, regulamento ou ato normativo do órgão competente, haja implementado os requisitos mínimos de cultura, de ocupação mansa e pacífica e de exploração direta sobre área rural, observado o limite de que trata o § 1º do art. 6º da Lei n. 11.952, de 25 de junho de 2009.

§ 4º A aplicação do disposto no inciso II do § 3º deste artigo será dispensada de autorização legislativa e submeter-se-á aos seguintes condicionamentos:

I – aplicação exclusiva às áreas em que a detenção por particular seja comprovadamente anterior a 1º de dezembro de 2004;

II – submissão aos demais requisitos e impedimentos do regime legal e administrativo de destinação e de regularização fundiária de terras públicas;

III – vedação de concessão para exploração não contemplada na lei agrária, nas leis de destinação de terras públicas ou nas normas legais ou administrativas de zoneamento ecológico-econômico;

IV – previsão de extinção automática da concessão, dispensada notificação, em caso de declaração de utilidade pública, de necessidade pública ou de interesse social;

V – aplicação exclusiva a imóvel situado em zona rural e não sujeito a vedação, impedimento ou inconveniente à exploração mediante atividade agropecuária;

VI – limitação a áreas de que trata o § 1º do art. 6º da Lei n. 11.952, de 25 de junho de 2009, vedada a dispensa de licitação para áreas superiores;

VII – acúmulo com o quantitativo de área decorrente do caso previsto na alínea *i* do inciso I do *caput* deste artigo até o limite previsto no inciso VI deste parágrafo.

§ 5º Entende-se por investidura, para os fins desta Lei, a:

I – alienação, ao proprietário de imóvel lindeiro, de área remanescente ou resultante de obra pública que se tornar inaproveitável isoladamente, por preço que não seja inferior ao da avaliação nem superior a 50% (cinquenta por cento) do valor máximo permitido para dispensa de licitação de bens e serviços previsto nesta Lei;

II – alienação, ao legítimo possuidor direto ou, na falta dele, ao poder público, de imóvel para fins residenciais construído em núcleo urbano anexo a usina hidrelétrica, desde que considerado dispensável na fase de operação da usina e que não integre a categoria de bens reversíveis ao final da concessão.

§ 6º A doação com encargo será licitada e de seu instrumento constarão, obrigatoriamente, os encargos, o prazo de seu cumprimento e a cláusula de reversão, sob pena de nulidade do ato, dispensada a licitação em caso de interesse público devidamente justificado.

§ 7º Na hipótese do § 6º deste artigo, caso o donatário necessite oferecer o imóvel em garantia de financiamento, a cláusula de reversão e as demais obrigações serão garantidas por hipoteca em segundo grau em favor do doador.

Art. 77. Para a venda de bens imóveis, será concedido direito de preferência ao licitante que, submetendo-se a todas as regras do edital, comprove a ocupação do imóvel objeto da licitação.

Por fim, cumpre ainda destacar, sobre o tema contratação direta, a necessidade de um mínimo de formalização, nos termos do teor do parágrafo único do art. 26 da Lei n. 8.666 que foi alterado em 2017:

Art. 26 Parágrafo único. O processo de dispensa, de inexigibilidade ou de retardamento, previsto neste artigo, será instruído, no que couber, com os seguintes elementos:

I – caracterização da situação emergencial ou calamitosa que justifique a dispensa, quando for o caso;

I – caracterização da situação emergencial, calamitosa ou de grave e iminente risco à segurança pública que justifique a dispensa, quando for o caso; (Redação dada pela Lei n. 13.500, de 2017)

II – razão da escolha do fornecedor ou executante;

III – justificativa do preço.

IV – documento de aprovação dos projetos de pesquisa aos quais os bens serão alocados.

A Lei n. 14.133/2021 também abordou a necessidade de formalização mínima a ser realizada pela Administração Pública, antes de celebrar contratação direita:

> Art. 72. O processo de contratação direta, que compreende os casos de inexigibilidade e de dispensa de licitação, deverá ser instruído com os seguintes documentos:
>
> I – documento de formalização de demanda e, se for o caso, estudo técnico preliminar, análise de riscos, termo de referência, projeto básico ou projeto executivo;
>
> II – estimativa de despesa, que deverá ser calculada na forma estabelecida no art. 23 desta Lei;
>
> III – parecer jurídico e pareceres técnicos, se for o caso, que demonstrem o atendimento dos requisitos exigidos;
>
> IV – demonstração da compatibilidade da previsão de recursos orçamentários com o compromisso a ser assumido;
>
> V – comprovação de que o contratado preenche os requisitos de habilitação e qualificação mínima necessária;
>
> VI – razão da escolha do contratado;
>
> VII – justificativa de preço;
>
> VIII – autorização da autoridade competente.
>
> Parágrafo único. O ato que autoriza a contratação direta ou o extrato decorrente do contrato deverá ser divulgado e mantido à disposição do público em sítio eletrônico oficial.
>
> Art. 73. Na hipótese de contratação direta indevida ocorrida com dolo, fraude ou erro grosseiro, o contratado e o agente público responsável responderão solidariamente pelo dano causado ao erário, sem prejuízo de outras sanções legais cabíveis.

5.5. Modalidades de Licitação

As modalidades de licitação são os procedimentos licitatórios trazidos pela Lei n. 8.666 em seu art. 22: (i) concorrência; (ii) tomada de preços; (iii) convite; (iv) concurso; (v) leilão.

Entretanto, a modalidade *pregão*, criada pela Medida Provisória n. 2.026/2000, para ser utilizada inicialmente pela União Federal, foi estendida pela Lei n. 10.520/2002 para todas as entidades da Federação. Dessa forma, o *pregão é modalidade de licitação não prevista na Lei n. 8.666/93*, mas aplicável à União, aos Estados, ao Distrito Federal e aos Municípios, além das entidades da Administração Indireta.

Com efeito, cumpre ressaltar, ainda, a modalidade de licitação exclusiva das Agências Reguladoras denominada *consulta*, prevista na Lei n. 9.986/2000.

A Nova Lei de Licitações e Contratos Administrativos, Lei n. 14.133/2021, elencou as seguintes modalidade de licitação em seu art. 28: (i) pregão; (ii) concorrência; (iii) concurso; (iv) leilão; (v) diálogo competitivo.

Percebam que a nova lei incluiu a modalidade pregão para o interior da lei geral de licitações, excluiu as modalidades tomada de preços e convite e inovou apresentando o diálogo competitivo.

CUIDADO! Pregão e consulta não são modalidades de licitação da Lei n. 8.666/93, já que se trata de procedimentos da Lei n. 10.520/2002 e da Lei n. 9.986/2000, respectivamente.

A respeito das três primeiras modalidades de licitação, previstas no art. 22 da Lei n. 8.666/93, faz-se necessário um comentário inicial.

A *concorrência* é a modalidade mais complexa, e poderá ser utilizada nos contratos de qualquer valor, em que pese, na prática, ser a modalidade empregada nos contratos de maior montante econômico. A *tomada de preços* se encontra em posição intermediária, e o *convite* é a modalidade mais simples, utilizada para os contratos de valores menores.

Essas três modalidades de licitação serão determinadas em função dos seguintes limites, tendo em vista o valor estimado da contratação, nos termos do art. 23 da Lei n. 8.666:

> I – para obras e serviços de engenharia:
>
> *a)* convite – até R$ 150.000,00;
>
> *b)* tomada de preços – até R$ 1.500.000,00;
>
> *c)* concorrência – acima de R$ 1.500.000,00.
>
> II – para compras e serviços não referidos no inciso anterior:
>
> *a)* convite – até R$ 80.000,00;
>
> *b)* tomada de preços – até R$ 650.000,00;
>
> *c)* concorrência – acima de R$ 650.000,00.

Nos termos do § 4º do art. 23, quando, em razão do valor da contratação, couber o convite (modalidade mais simples), a Administração poderá utilizar a tomada de preços (modalidade intermediária, que abrange o valor do convite) e, em qualquer caso, a concorrência (modalidade mais complexa, que abrange contrato de qualquer valor). *Cuidado, pois o inverso não é verdadeiro.*

CUIDADO: O Decreto 9.412/2018, atualizou os valores das modalidades de licitação de que trata o art. 23. O quadro abaixo mostra como era e como ficou após o referido decreto:

QUADRO COMPARATIVO	
Lei n. 8666/93 – Art. 23	**Decreto n. 9.412/2018 – Art. 1º**
As modalidades de licitação a que se referem os incisos I a III do artigo anterior serão determinadas em função dos seguintes limites, tendo em vista o valor estimado da contratação:	Os valores estabelecidos nos incisos I e II do *caput* do art. 23 da Lei n. 8.666, de 21 de junho de 1993, ficam atualizados nos seguintes termos:
I – para obras e serviços de engenharia:	I – para obras e serviços de engenharia:
a) convite – até R$ 150.000,00 (cento e cinquenta mil reais);	a) na modalidade convite – até R$ 330.000,00 (trezentos e trinta mil reais);
b) tomada de preços – até R$ 1.500.000,00 (um milhão e quinhentos mil reais);	b) na modalidade tomada de preços – até R$ 3.300.000,00 (três milhões e trezentos mil reais); e
c) concorrência: acima de R$ 1.500.000,00 (um milhão e quinhentos mil reais);	c) na modalidade concorrência – acima de R$ 3.300.000,00 (três milhões e trezentos mil reais); e
II – para compras e serviços não referidos no inciso anterior:	II – para compras e serviços não incluídos no inciso I:
a) convite – até R$ 80.000,00 (oitenta mil reais);	a) na modalidade convite – até R$ 176.000,00 (cento e setenta e seis mil reais);
b) tomada de preços – até R$ 650.000,00 (seiscentos e cinquenta mil reais);	b) na modalidade tomada de preços – até R$ 1.430.000,00 (um milhão, quatrocentos e trinta mil reais); e
c) concorrência – acima de R$ 650.000,00 (seiscentos e cinquenta mil reais).	c) na modalidade concorrência – acima de R$ 1.430.000,00 (um milhão, quatrocentos e trinta mil reais).

ATENÇÃO! O art. 120 da Lei n. 8.666/93 autoriza a alteração desses valores por decreto: "Art. 120. Os valores fixados por esta Lei poderão ser anualmente revistos pelo Poder Executivo Federal, que os fará publicar no *Diário Oficial da União*, observando como limite superior a variação geral dos preços do mercado, no período. (Redação dada pela Lei n. 9.648, de 1998)".

5.5.1. Concorrência

É a modalidade mais ampla e complexa de licitação, razão pela qual servirá de parâmetro para o nosso estudo a respeito das fases da licitação.

Nesse sentido, concorrência é a modalidade de licitação entre quaisquer interessados que, na fase inicial de habilitação preliminar, comprovem possuir os requisitos mínimos de qualificação exigidos no edital para a execução de seu objeto (Lei n. 8.666 – art. 22, § 1º).

A primeira característica que merece destaque refere-se à ampla possibilidade de participação da licitação, sem a necessidade de qualquer habilitação prévia. Outro ponto relevante é que, em regra, a fase de habilitação antecede o julgamento das propostas. Assim, a Administração abrirá inicialmente os envelopes contendo os documentos de habilitação para saber se a empresa licitante tem condições de celebrar um contrato administrativo e cumprir o ofertado para, só então, abrir os envelopes com as propostas.

CUIDADO! Se a licitação for preparatória dos contratos de Concessão ou de Parceria Público-Privada (PPP), poderá ocorrer a inversão das fases, ou seja, a fase de julgamento das propostas antecedendo a de habilitação. Mas, o candidato somente assinalará esta como resposta correta se o examinador entrar no assunto e direcionar a questão para esse caminho. Caso contrário, resposta correta será a fase inicial de habilitação preliminar (art. 22, § 1º).

APROFUNDANDO! A modalidade concorrência será a regra ou a modalidade exclusiva em algumas situações, tais como: (i) obras e serviços de engenharia acima de R$ 3.300.000,00 (art. 23); (ii) compras e serviços que não sejam de engenharia acima de R$ 1.430.000,00 (art. 23); (iii) compras e alienações de imóveis, salvo nas hipóteses do art. 19 (art. 23, § 3º); (iv) concessão de direito real de uso (art. 23, § 3º); (v) concessão de serviço público (Lei n. 8.987/95), salvo em se tratando de privatização quando caberá também o leilão (só assinalar o leilão como resposta correta caso o examinador venha a tratar do assunto privatização); (vi) Parceria Público-Privada (Lei n. 11.079); (vii) licitações internacionais, salvo nas hipóteses de tomada de preços e convite (art. 23, § 3º); (viii) alienação de bens móveis acima de R$ 1.430.000,00 (art. 17, § 6º); (ix) concessões florestais (Lei n. 11.284).

A Lei n. 14.133/2021 tratou da modalidade de licitação concorrência no art. 28, inciso II, bem como nos seguintes dispositivos:

> Art. 6º Para os fins desta Lei, consideram-se:
>
> (...)
>
> XXXVIII – concorrência: modalidade de licitação para contratação de bens e serviços especiais e de obras e serviços comuns e especiais de engenharia, cujo critério de julgamento poderá ser: a) menor preço; b) melhor técnica ou conteúdo artístico; c) técnica e preço; d) maior retorno econômico; e) maior desconto;
>
> (...)
>
> XLV – sistema de registro de preços: conjunto de procedimentos para realização, mediante contratação direta ou licitação nas modalidades pregão ou concorrência, de registro formal de preços relativos a prestação de serviços, a obras e a aquisição e locação de bens para contratações futuras;

> (...)
> Art. 29. A concorrência e o pregão seguem o rito procedimental comum a que se refere o art. 17 desta Lei, adotando-se o pregão sempre que o objeto possuir padrões de desempenho e qualidade que possam ser objetivamente definidos pelo edital, por meio de especificações usuais de mercado.

O citado art. 17 da Lei n. 14.133 de 2021 trata das fases da licitação e será estudado logo mais neste livro.

5.5.2. Tomada de Preços

É a modalidade de licitação entre interessados devidamente cadastrados ou que atenderem a todas as condições exigidas para cadastramento até o terceiro dia anterior à data do recebimento das propostas, observada a necessária qualificação (art. 22, § 2º).

A principal diferença em relação à concorrência é que, na tomada de preços, existe a possibilidade de uma habilitação prévia. Essa habilitação consiste num cadastramento dos documentos trazidos pelos eventuais licitantes, capazes de demonstrar as respectivas condições: jurídica, técnica, financeira e fiscal das empresas.

Exemplo de cadastramento prévio: Município publica edital no mês de janeiro informando que quem desejar contratar com a Administração naquele ano deverá trazer determinados documentos. Todos estes serão arquivados e equivalerão a uma habilitação prévia, ou seja, quem levou a documentação no início do ano, conforme requerido pela Administração, não precisará entregar novamente no momento em que estiver participando da licitação na modalidade tomada de preços.

Além dos cadastrados, poderão participar da tomada de preços os interessados que atenderem às condições exigidas para o cadastramento até 3 dias antes do recebimento das propostas.

A Lei n. 14.133/2021 não elencou em seu art. 28 a tomada de preços como modalidade de licitação. Porém, quando a Nova Lei de Licitações tratou do tema Registro Cadastral em sua Seção VI, admitiu no § 3º do art. 87 a seguinte possibilidade que muito se assemelha à modalidade de licitação ora estudada:

> A Administração poderá realizar licitação restrita a fornecedores cadastrados, atendidos os critérios, as condições e os limites estabelecidos em regulamento, bem como a ampla publicidade dos procedimentos para o cadastramento.

5.5.3. Convite

É a modalidade de licitação entre interessados do ramo pertinente ao seu objeto, *cadastrados ou não*, escolhidos e convidados em número mínimo de 3 pela unidade administrativa, a qual afixará, em local apropriado, cópia do instrumento convocatório e o estenderá aos demais cadastrados na correspondente especialidade que manifestarem seu interesse com antecedência de até 24 horas da apresentação das propostas (Lei n. 8.666/93 – art. 22, § 3º).

O instrumento convocatório do convite é a carta-convite e não o edital. *Não há necessidade de publicação da carta-convite no "Diário Oficial"*, bastando a afixação desta em local apropriado para que, aqueles que não foram convidados, mas estejam cadastrados (habilitação prévia), possam participar do certame, desde que manifestem interesse até *vinte e quatro horas antes* da entrega das propostas. Ex.: local apropriado para afixar cópia do convite é o quadro de avisos da Prefeitura.

Nos termos do § 1º do art. 51 da Lei n. 8.666/93, a Comissão de licitação, que, em regra, é composta por, no mínimo, três servidores, poderá ser substituída por um único servidor designado pela autoridade competente, no caso de convite realizado em pequenas unidades administrativas, em razão do exíguo número de pessoal disponível.

O convite poderá ser realizado com menos de 3 participantes quando for constatado o desinteresse dos demais convidados ou por motivo de limitação do mercado, isto é, não existirem, por exemplo, 3 empresas do ramo pertinente ao objeto licitado no Município onde tramita a licitação (art. 22, § 7º, da Lei n. 8.666/93).

Sobre o tema, cumpre ressaltar a Súmula 248 TCU: "Não se obtendo o número legal mínimo de três propostas aptas à seleção, na licitação sob a modalidade Convite, impõe-se a repetição do ato, com a convocação de outros possíveis interessados, ressalvadas as hipóteses previstas no parágrafo 7º, do art. 22, da Lei n. 8.666/1993".

Em decisão mais recente, o Tribunal de Contas da União voltou a citar a referida súmula:

TOMADA DE CONTAS ESPECIAL. CONVÊNIO. MINISTÉRIO DO TURISMO. REALIZAÇÃO DE EVENTOS. CONVITE. IRREGULARIDADES NOS PROCEDIMENTOS LICITATÓRIOS. CITAÇÃO E AUDIÊNCIA. REVELIA. AUSÊNCIA DE NEXO DE CAUSALIDADE. CONTAS IRREGULARES. DÉBITO. MULTA.

No que se refere ao Convênio 931/2007, a realização do convite não contou com três propostas válidas e, por essa razão, o processo deveria ter sido refeito, como estabelece o Enunciado 248 da Súmula da Jurisprudência desta Casa. A realização do evento não foi inicialmente comprovada, tendo sido acolhidas, para esse fim, declarações de autoridades locais. Para atestar a execução financeira, foram juntados aos autos cópia da NF 1249 (peça 2, p. 126), emitida pela Tamma Produções Artísticas Ltda., no valor de R$ 66.000,00, e documento da tesouraria municipal. Não consta dos autos o extrato bancário da conta específica ou a cópia do cheque emitido, razão por que não entendo estabelecido o nexo de causalidade. (ACÓRDÃO 4466/2018 ATA 14/2018 – PRIMEIRA CÂMARA – 8-5-2018, Relator: WALTON ALENCAR RODRIGUES).

Por outro lado, existindo mais de 3 possíveis interessados na praça, a cada novo convite para objeto idêntico ou assemelhado, é obrigatório o convite a, no mínimo, um interessado não convidado na licitação anterior (art. 22, § 6º, da Lei n. 8.666/93). O objetivo desse dispositivo é evitar o convite sempre às mesmas pessoas.

Conforme acima demonstrado, a Nova Lei de Licitações e Contratos Administrativos não incluiu o convite como modalidade de licitação em seu art. 28, nem em qualquer outro dispositivo. Trata-se de modalidade de licitação fadada à saída da ordem jurídica após o fim da vigência da Lei n. 8.666/93 em 1º de abril de 2023.

5.5.4. Concurso

Não se trata de concurso público para contratação de pessoal que você almeja nesse momento, mas sim para escolha de trabalho técnico, científico ou artístico.

Trata-se, portanto, de modalidade de licitação entre quaisquer interessados para a escolha de trabalho técnico, científico ou artístico, mediante a instituição de prêmios ou remuneração aos vencedores, conforme critérios constantes de edital publicado na imprensa oficial com antecedência mínima de 45 (quarenta e cinco) dias (art. 22, § 4º).

A comissão de julgamento é especial e não há obrigatoriedade de ser composta por servidores públicos, desde que os seus componentes representem pessoas de reputação ilibada e notório conhecimento da matéria em exame (art. 51, § 5º, da Lei n. 8.666/93).

Os tipos de licitação previstos no § 1º do art. 45 da Lei de Licitações e Contratos não se aplicam ao concurso, porque são incompatíveis com a natureza dessa modalidade de licitação. No concurso, não se verifica o melhor trabalho técnico, científico ou artístico pelo menor preço, por exemplo, mas sim por outros critérios objetivos previstos no edital. Assim, não há correspondência entre a qualidade do trabalho e o preço ofertado.

A modalidade concurso foi mantida na Lei n. 14.133/2021, mais precisamente em seu art. 28, inciso III, bem como nos seguintes dispositivos:

> Art. 6º Para os fins desta Lei, consideram-se:
>
> (...)
>
> XXXIX – concurso: modalidade de licitação para escolha de trabalho técnico, científico ou artístico, cujo critério de julgamento será o de melhor técnica ou conteúdo artístico, e para concessão de prêmio ou remuneração ao vencedor;
>
> (...)
>
> Art. 30. O concurso observará as regras e condições previstas em edital, que indicará:

> I – a qualificação exigida dos participantes;
>
> II – as diretrizes e formas de apresentação do trabalho;
>
> III – as condições de realização e o prêmio ou remuneração a ser concedida ao vencedor.
>
> Parágrafo único. Nos concursos destinados à elaboração de projeto, o vencedor deverá ceder à Administração Pública, nos termos do art. 93 desta Lei, todos os direitos patrimoniais relativos ao projeto e autorizar sua execução conforme juízo de conveniência e oportunidade das autoridades competentes.

5.5.5. Leilão

É a modalidade de licitação entre quaisquer interessados para a venda de bens *móveis inservíveis* para a Administração ou de *produtos legalmente apreendidos* ou penhorados, ou para a alienação de *bens imóveis oriundos de processo judicial ou de dação em pagamento* prevista no art. 19, a quem oferecer o maior lance, igual ou superior ao valor da avaliação (Lei n. 8.666/93 – art. 22, § 5º).

Sobre o tema, vale lembrar que na Lei n. 8.666/93 a regra para alienar bens imóveis é a modalidade concorrência. Porém, quando o bem imóvel for adquirido por processo judicial ou dação em pagamento, poderá ser alienado pela concorrência (regra) ou pelo leilão (exceção).

A Lei n. 14.133/2021 prevê o leilão como modalidade de licitação para alienação de bens móveis e também para os imóveis, conforme visto quando do estudo da licitação dispensada, mais precisamente os incisos I e II do art. 76. Sobre esse tema, o § 1º do aludido dispositivo da nova lei assim estabeleceu:

> A alienação de bens imóveis da Administração Pública cuja aquisição tenha sido derivada de procedimentos judiciais ou de dação em pagamento dispensará autorização legislativa e exigirá apenas avaliação prévia e licitação na modalidade leilão.

A respeito do leiloeiro, este poderá ser oficial – sua profissão é ser leiloeiro – ou servidor designado pela Administração, de acordo com a legislação pertinente (Lei n. 8.666/93 – art. 53).

A Nova Lei de Licitações e Contratos Administrativos manteve o leilão dentre as modalidades de licitação em seu art. 28, inciso IV, e tratou ainda do procedimento licitatório nos seguintes termos:

> Art. 6º Para os fins desta Lei, consideram-se:
>
> (...)
>
> XL – leilão: modalidade de licitação para alienação de bens imóveis ou de bens móveis inservíveis ou legalmente apreendidos a quem oferecer o maior lance;

> (...)
>
> Art. 31. O leilão poderá ser cometido a leiloeiro oficial ou a servidor designado pela autoridade competente da Administração, e regulamento deverá dispor sobre seus procedimentos operacionais.
>
> § 1º Se optar pela realização de leilão por intermédio de leiloeiro oficial, a Administração deverá selecioná-lo mediante credenciamento ou licitação na modalidade pregão e adotar o critério de julgamento de maior desconto para as comissões a serem cobradas, utilizados como parâmetro máximo os percentuais definidos na lei que regula a referida profissão e observados os valores dos bens a serem leiloados.
>
> § 2º O leilão será precedido da divulgação do edital em sítio eletrônico oficial, que conterá:
>
> I – a descrição do bem, com suas características, e, no caso de imóvel, sua situação e suas divisas, com remissão à matrícula e aos registros;
>
> II – o valor pelo qual o bem foi avaliado, o preço mínimo pelo qual poderá ser alienado, as condições de pagamento e, se for o caso, a comissão do leiloeiro designado;
>
> III – a indicação do lugar onde estiverem os móveis, os veículos e os semoventes;
>
> IV – o sítio da internet e o período em que ocorrerá o leilão, salvo se excepcionalmente for realizado sob a forma presencial por comprovada inviabilidade técnica ou desvantagem para a Administração, hipótese em que serão indicados o local, o dia e a hora de sua realização;
>
> V – a especificação de eventuais ônus, gravames ou pendências existentes sobre os bens a serem leiloados.
>
> § 3º Além da divulgação no sítio eletrônico oficial, o edital do leilão será afixado em local de ampla circulação de pessoas na sede da Administração e poderá, ainda, ser divulgado por outros meios necessários para ampliar a publicidade e a competitividade da licitação.
>
> § 4º O leilão não exigirá registro cadastral prévio, não terá fase de habilitação e deverá ser homologado assim que concluída a fase de lances, superada a fase recursal e efetivado o pagamento pelo licitante vencedor, na forma definida no edital.

5.5.6. Pregão

Trata-se de modalidade de licitação prevista na Lei n. 10.520/2002 (e não na Lei de Licitações – n. 8.666/93), que serve para a aquisição de bens e serviços comuns pela União, Estados, Distrito Federal e Municípios. Apesar de o preâmbulo da lei citar apenas as entidades da Administração Direta, é evidente que as entidades da Administração Indireta (Autarquia, Fundação, Empresa Pública e Sociedade de Economia Mista) também poderão valer-se da modalidade de licitação pregão.

Bens e serviços comuns são aqueles cujos padrões de desempenho e qualidade possam ser objetivamente definidos pelo edital, por meio de especificações usuais no mercado(art. 1º da Lei n. 10.520/2002). Isto é, não existe maior dificuldade na sua definição quando da elaboração do edital de licitação.

Nesse sentido, o Decreto n. 3.555/2000 trazia em seu Anexo exemplos de bens e serviços comuns, tais como medicamentos, combustíveis, água mineral, serviço de motorista, de assistência hospitalar, médica e odontológica, assinatura de revistas e de jornais, entre outros. O fato de o aludido Anexo ter sido revogado pelo Decreto n. 7.174, de 2010, não impede de elencarmos tais bens e serviços como bons exemplos de se enquadrarem no perfil de "comuns". Ademais, o TCU já havia decidido que referida lista não era exaustiva, mas meros exemplos (Decisão n. 343/2002, Plenário).

Dessa forma, desde que o objeto da licitação seja a aquisição de bens ou serviços comuns, poderá ser utilizada a modalidade pregão, *qualquer que seja o valor a ser contratado*. Por isso, os estudiosos do Direito Administrativo brasileiro confirmam o pregão como modalidade licitatória escolhida em razão do *objeto* (bens e serviços comuns) e não do seu valor.

Importante observar ainda que, por se tratar de aquisição de bens e serviços comuns, o critério objetivo de julgamento do pregão é o tipo de licitação "menor preço".

Ademais, o procedimento também é diferenciado em relação ao da concorrência, visto que no pregão *a habilitação ocorre após o julgamento das propostas*; isso mesmo, há uma inversão das fases da licitação.

Com efeito, cumpre destacar as fases do procedimento do pregão:

I – publicação do edital;

II – apresentação e julgamento das propostas em sessão pública;

III – o autor da oferta de valor mais baixo e os das ofertas com preços até 10% superiores àquela poderão fazer novos lances verbais e sucessivos, até a proclamação do vencedor.

Ex.: "A" fez proposta de R$ 1.000,00;

"B", de R$ 1.050,00;

"C", de R$ 1.060,00;

"D", de R$ 1.070,00;

"E", de R$ 1.200,00;

"F", de R$ 1.300,00.

Nesse exemplo, "A" foi o autor da menor proposta e, juntamente com "B", "C" e "D", autores de propostas com valores até 10% acima da menor proposta, começa nova competição, podendo fazer novos lances verbais e sucessivos até a declaração do vencedor pelo critério do menor preço.

Não havendo pelo menos três ofertas dentro da margem de 10% em relação à oferta de valor mais baixo, a nova competição dar-se-á entre os autores das três melhores propostas, independentemente dos preços oferecidos.

Ex.: "A" fez proposta de R$ 1.000,00;

"E", de R$ 1.200,00;

"F", de R$ 1.300,00.

Nesse exemplo, "A", "E" e "F" começarão nova competição;

IV – realizado o julgamento das propostas, dá-se início à fase de habilitação, em que o pregoeiro analisará a documentação do licitante mais bem classificado;

V – habilitado, o licitante da melhor proposta será declarado vencedor, e a adjudicação será efetivada;

VI – a última fase do Pregão é a de Homologação, momento em que a Administração irá analisar a regularidade do certame.

Ademais, no pregão *é vedada a exigência de:* (i) garantia de proposta; (ii) aquisição do edital pelos licitantes, como condição para participação no certame; e (iii) pagamento de taxas e emolumentos, salvo os referentes a fornecimento do edital, que não serão superiores ao custo de sua reprodução gráfica, e aos custos de utilização de recursos de tecnologia da informação, quando for o caso.

Ainda quanto ao procedimento no pregão, importante ressaltar que o prazo de validade das propostas será de 60 (sessenta) dias, se outro não estiver fixado no edital.

Essa modalidade de licitação será obrigatória na forma eletrônica – pregão eletrônico – quando a disputa pelo fornecimento de bens ou serviços comuns for feita a distância, em sessão pública por meio da internet, pelos órgãos da administração pública federal direta, pelas autarquias, pelas fundações e pelos fundos especiais (art. 1º, § 1º, do Decreto n. 10.024, de 20 de setembro de 2019).

APROFUNDANDO! O Decreto n. 3.555/2000, que regulamenta o pregão presencial, estabelece, em seu art. 5º, que tal modalidade de licitação é incabível para a contratação de obras e serviços de engenharia, bem como às locações imobiliárias e alienações em geral. Já o Decreto n. 5.450/2005, que regulamentava o pregão eletrônico, não vedava o pregão para a contratação de serviços de engenharia, só para obras, locações imobiliárias e alienações em geral. Assim, ficava a pergunta: pregão é modalidade de licitação viável ou não para a contratação de serviços de engenharia? Sempre nos posicionamos pela resposta afirmativa, desde que tal serviço se enquadrasse na definição de serviço comum. Esse também sempre o entendimento do TCU na Súmula 257, de 2010: "O uso do pregão nas contratações de serviços comuns de engenharia encontra amparo na Lei n. 10.520/2002".

Com a regulamentação do pregão eletrônico pelo Decreto n. 10.024, de 20 de setembro de 2019, não há mais dúvidas sobre a possibilidade de utilização dessa modalidade de licitação para os serviços comuns de engenharia:

> "Art. 1º Este Decreto regulamenta a licitação, na modalidade de pregão, na forma eletrônica, para a aquisição de bens e a contratação de serviços comuns, incluídos os serviços comuns de engenharia, e dispõe sobre o uso da dispensa eletrônica, no âmbito da administração pública federal.
>
> (...)
>
> Art. 4º O pregão, na forma eletrônica, não se aplica a:
>
> I – contratações de obras;
>
> II – locações imobiliárias e alienações; e
>
> III – bens e serviços especiais, incluídos os serviços de engenharia enquadrados no disposto no inciso III do *caput* do art. 3º.[105]"

Em julgado mais recente entendeu o Tribunal de Contas da União sobre o tema:

RELATÓRIO DE AUDITORIA NO ÂMBITO DA FOC REALIZADA SOBRE A GOVERNANÇA E GESTÃO DAS AQUISIÇÕES DAS UNIVERSIDADES E INSTITUTOS FEDERAIS. IRREGULARIDADES E IMPROPRIEDADES IDENTIFICADAS NA ENTIDADE AUDITADA. DETERMINAÇÕES. RECOMENDAÇÕES. PLANO DE AÇÃO. CIÊNCIA DAS OCORRÊNCIAS.

[...]

144. Considerando que o contrato 5/2013 decorreu de adesão à ata de registro de preços do Pregão Eletrônico SRP 20/2012 do Ifac, a irregularidade aqui tratada também constitui ofensa ao disposto no art. 6º do Decreto 5.450/2005 combinado com a Súmula 257 do TCU, que prescrevem que a licitação na modalidade de pregão não se aplica às contratações de obras de engenharia. (ACÓRDÃO 1093/2018 ATA 17/2018 – PLENÁRIO – 16-5-2018, Relator: WALTON ALENCAR RODRIGUES).

Cumpre ressaltar que o Decreto n. 10.024, de 20 de setembro de 2019, que regula o pregão eletrônico no âmbito federal, estabeleceu como critérios de julgamento:

---

105 Art. 3ª Para fins do disposto neste Decreto, considera-se: (...) III – bens e serviços especiais – bens que, por sua alta heterogeneidade ou complexidade técnica, não podem ser considerados bens e serviços comuns, nos termos do inciso II;".

> "Art. 7º Os critérios de julgamento empregados na seleção da proposta mais vantajosa para a administração serão os de **menor preço ou maior desconto**, conforme dispuser o edital.
>
> Parágrafo único. Serão fixados critérios objetivos para definição do melhor preço, considerados os prazos para a execução do contrato e do fornecimento, as especificações técnicas, os parâmetros mínimos de desempenho e de qualidade, as diretrizes do plano de gestão de logística sustentável e as demais condições estabelecidas no edital."

A Lei n. 14.133/2021 incluiu o pregão como a modalidade de licitação de número I em seu art. 28. A Nova Lei de Licitações e Contratos Administrativos também tratou da modalidade pregão nos seguintes dispositivos:

> Art. 6º Para os fins desta Lei, consideram-se:
>
> (...)
>
> XLI – pregão: modalidade de licitação obrigatória para aquisição de bens e serviços comuns, cujo critério de julgamento poderá ser o de menor preço ou o de maior desconto;
>
> (...)
>
> XLV – sistema de registro de preços: conjunto de procedimentos para realização, mediante contratação direta ou licitação nas modalidades pregão ou concorrência, de registro formal de preços relativos a prestação de serviços, a obras e a aquisição e locação de bens para contratações futuras;
>
> Art. 29. A concorrência e o pregão seguem o rito procedimental comum a que se refere o art. 17 desta Lei, adotando-se o pregão sempre que o objeto possuir padrões de desempenho e qualidade que possam ser objetivamente definidos pelo edital, por meio de especificações usuais de mercado.
>
> Parágrafo único. O pregão não se aplica às contratações de serviços técnicos especializados de natureza predominantemente intelectual e de obras e serviços de engenharia, exceto os serviços de engenharia de que trata a alínea *a* do inciso XXI do *caput* do art. 6º desta Lei (serviço comum de engenharia: todo serviço de engenharia que tem por objeto ações, objetivamente padronizáveis em termos de desempenho e qualidade, de manutenção, de adequação e de adaptação de bens móveis e imóveis, com preservação das características originais dos bens;).

5.5.7. Consulta

A consulta é modalidade de licitação exclusiva das Agências Reguladoras, nos termos do art. 37 da Lei n. 9.986, de 2000. Por essa modalidade serão contratados bens e serviços não comuns (art. 58 da Lei n. 9.472/97), excetuados obras e serviços de engenharia (art. 54 da Lei n. 9.472/97). A decisão nesse procedimento licitatório ponderará o custo e o benefício de cada proposta, considerando a qualificação do proponente (art. 58, parágrafo único, da Lei n. 9.472/97).

Trata-se de modalidade que não vingou na prática, principalmente pela dificuldade em encontrar um bem ou serviço não comuns que não estejam relacionados com obras e serviços de engenharia, bem como pela subjetividade do critério de julgamento que leva em consideração a melhor relação custo-benefício.

5.5.8. Diálogo Competitivo – Novidade da Lei n. 14.133/2021

A Nova Lei de Licitações e Contratos Administrativos inovou incluindo uma nova modalidade de licitação denominada Diálogo Competitivo.

Segundo a própria definição legal, diálogo competitivo é modalidade de licitação para contratação de obras, serviços e compras em que a Administração Pública realiza diálogos com licitantes previamente selecionados mediante critérios objetivos, com o intuito de desenvolver uma ou mais alternativas capazes de atender às suas necessidades, devendo os licitantes apresentar proposta final após o encerramento dos diálogos (art. 6º, inciso XLII, da Lei n. 14.133/2021).

A modalidade diálogo competitivo é restrita a contratações em que a Administração: i) vise a contratar objeto que envolva as seguintes condições: a) inovação tecnológica ou técnica; b) impossibilidade de o órgão ou entidade ter sua necessidade satisfeita sem a adaptação de soluções disponíveis no mercado; e c) impossibilidade de as especificações técnicas serem definidas com precisão suficiente pela Administração; ii) verifique a necessidade de definir e identificar os meios e as alternativas que possam satisfazer suas necessidades, com destaque para os seguintes aspectos: a) a solução técnica mais adequada; b) os requisitos técnicos aptos a concretizar a solução já definida; c) a estrutura jurídica ou financeira do contrato (art. 32 da Lei n. 14.133/2021).

Ainda sobre a nova modalidade de licitação, cumpre ressaltar o teor dos §§ 1º e 2º do art. 32 da Lei n. 14.133/2021:

> Na modalidade diálogo competitivo, serão observadas as seguintes disposições:
>
> I – a Administração apresentará, por ocasião da divulgação do edital em sítio eletrônico oficial, suas necessidades e as exigências já definidas e estabelecerá prazo mínimo de 25 (vinte e cinco) dias úteis para manifestação de interesse na participação da licitação;
>
> II – os critérios empregados para pré-seleção dos licitantes deverão ser previstos em edital, e serão admitidos todos os interessados que preencherem os requisitos objetivos estabelecidos;
>
> III – a divulgação de informações de modo discriminatório que possa implicar vantagem para algum licitante será vedada;

IV – a Administração não poderá revelar a outros licitantes as soluções propostas ou as informações sigilosas comunicadas por um licitante sem o seu consentimento;

V – a fase de diálogo poderá ser mantida até que a Administração, em decisão fundamentada, identifique a solução ou as soluções que atendam às suas necessidades;

VI – as reuniões com os licitantes pré-selecionados serão registradas em ata e gravadas mediante utilização de recursos tecnológicos de áudio e vídeo;

VII – o edital poderá prever a realização de fases sucessivas, caso em que cada fase poderá restringir as soluções ou as propostas a serem discutidas;

VIII – a Administração deverá, ao declarar que o diálogo foi concluído, juntar aos autos do processo licitatório os registros e as gravações da fase de diálogo, iniciar a fase competitiva com a divulgação de edital contendo a especificação da solução que atenda às suas necessidades e os critérios objetivos a serem utilizados para seleção da proposta mais vantajosa e abrir prazo, não inferior a 60 (sessenta) dias úteis, para todos os licitantes pré-selecionados na forma do inciso II deste parágrafo apresentarem suas propostas, que deverão conter os elementos necessários para a realização do projeto;

IX – a Administração poderá solicitar esclarecimentos ou ajustes às propostas apresentadas, desde que não impliquem discriminação nem distorçam a concorrência entre as propostas;

X – a Administração definirá a proposta vencedora de acordo com critérios divulgados no início da fase competitiva, assegurada a contratação mais vantajosa como resultado;

XI – o diálogo competitivo será conduzido por comissão de contratação composta de pelo menos 3 (três) servidores efetivos ou empregados públicos pertencentes aos quadros permanentes da Administração, admitida a contratação de profissionais para assessoramento técnico da comissão;

XII – (VETADO).

§ 2º Os profissionais contratados para os fins do inciso XI do § 1º deste artigo assinarão termo de confidencialidade e abster-se-ão de atividades que possam configurar conflito de interesses.

5.6. Fases da Licitação

A definição de licitação deixou bem claro tratar-se de procedimento administrativo e, como tal, é composta de fases que iremos estudar a partir de agora. Inicialmente analisaremos de maneira geral as fases interna e externa da Lei n. 8.666/93 para, na sequência, aprofundarmos os estudos das fases posteriores à publicação do edital, por serem as mais solicitadas em concursos públicos. Na sequência, faremos o estudo das fases da licitação nos termos do previsto na Lei n. 14.133/2021, a Nova Lei de Licitações e Contratos Administrativos.

5.6.1. Fase Interna na Lei n. 8.666/93

A fase interna abrange todos os atos que são realizados pela Administração *antes* da publicação do instrumento convocatório, isto é, antes de demonstrar publicamente a intenção de contratar e de convocar eventuais interessados para essa contratação. É a fase da licitação que ocorre dentro do ente licitante.

De fato, a fase interna é representada por um processo administrativo que conterá: (i) indicação do objeto; (ii) autorização para licitar; (iii) indicação dos recursos financeiros.

ATENÇÃO! A audiência pública é obrigatória nas licitações de valores mais elevados, ou seja, aquelas superiores a cem vezes o limite previsto no art. 23, I, *c*, da Lei n. 8.666/93 (R$ 3.300.000,00). Dessa forma, nas contratações superiores a R$ 330.000.000,00 – trezentos e trinta milhões de reais – a audiência pública se faz indispensável. Em razão desse valor, é imprescindível o debate popular a respeito do tema, motivo pelo qual a audiência pública é obrigatória (art. 39 da Lei n. 8.666/93).

Ainda sobre a fase interna, importante destacar o disposto no parágrafo único do art. 38 da Lei n. 8.666:

> As minutas de editais de licitação, bem como as dos contratos, acordos, convênios ou ajustes devem ser previamente examinadas e aprovadas por assessoria jurídica da Administração.

A Lei de Introdução às Normas do Direito Brasileiro trouxe novidades ao Direito Administrativo, dentre as quais destacamos:

> Art. 28. O agente público responderá pessoalmente por suas decisões ou opiniões técnicas em caso de dolo ou erro grosseiro.

O art. 28 da Lei de Introdução às Normas do Direito Brasileiro[106] estabelece que o agente público responderá pessoalmente por suas decisões ou opiniões técnicas em caso de dolo ou erro grosseiro. Só nestes casos haverá a responsabilidade do servidor. Pensando mais uma vez na figura do Advogado Público, é obrigatório passar pela avaliação do departamento jurídico as minutas de editais de licitação, bem como as dos contratos, acordos, convênios ou ajustes (art. 38, parágrafo único, da Lei n. 8.666/93).

Desta forma, um Procurador do Município somente poderá ser responsabilizado por opinar pela contratação direta e sem licitação, quando contrariar a Lei n. 8.666/93 de maneira dolosa ou por interpretá-la de forma equivocada mediante a comprovação de um erro grosseiro. A constatação de ambas as infrações

---

106 A LINDB foi regulamentada pelo Decreto n. 9.830, de 2019 (*vide* capítulo 1 deste livro).

somente poderá ocorrer por meio de processo administrativo disciplinar em que sejam conferidos os direitos ao contraditório e à ampla defesa.

5.6.2. Fase Externa na Lei n. 8.666/93

Encerrada essa fase preliminar interna da licitação, dá-se início à fase externa, com a publicação do instrumento convocatório.

5.6.2.1. *Publicação do Instrumento Convocatório*

O objetivo da publicação do instrumento convocatório é tornar pública a intenção da Administração de contratar, bem como convocar eventuais interessados nessa contratação para participarem do procedimento licitatório.

O edital é o instrumento convocatório de todas as modalidades de licitação, salvo em relação ao convite. Nesse caso, a convocação dar-se-á por carta-convite.

Na medida em que o edital estabelece as regras do procedimento licitatório e do contrato que vier a ser celebrado, costuma-se dizer que ele faz "lei" entre as partes, ou seja, vincula tanto a Administração Pública como os licitantes a respeitarem os requisitos nele estabelecidos.

O edital deverá ser publicado com um prazo mínimo de antecedência em relação à data prevista para o recebimento das propostas dos licitantes ou para a realização do evento licitado. Esse prazo será diferente de acordo com a modalidade e o tipo de licitação (art. 21, § 2º, da Lei n. 8.666/93 e art. 4º, V, da Lei n. 10.520/2002).

Modalidades	Prazos
Concorrência	45 dias corridos (contrato de empreitada integral, tipo "técnica" e "técnica e preço"); 30 dias corridos (tipo "menor preço")
Tomada de Preços	30 dias corridos (tipo "técnica" e "técnica e preço"); 15 dias corridos (tipo "menor preço")
Convite	5 dias úteis
Concurso	45 dias corridos
Leilão	15 dias corridos
Pregão	8 dias úteis

Qualquer modificação no edital, após a sua publicação, exige divulgação pela mesma forma que se deu o texto original, reabrindo-se o prazo inicialmente estabelecido, exceto quando, inquestionavelmente, a alteração não afetar a formulação das propostas (art. 21, § 4º).

5.6.2.2. *Habilitação dos Licitantes*

Nessa fase será analisada a documentação trazida pelos licitantes. A finalidade é saber, antes da abertura das propostas em regra, se os licitantes têm condições técnicas, financeiras e pessoais de contratar com a Administração.

A Administração Pública não pode exigir qualquer documentação, mas apenas aquelas previstas no art. 27 da Lei n. 8.666/93:

a) habilitação jurídica (ex.: registro comercial da empresa individual) (art. 28 da Lei n. 8.666/93: (i) cédula de identidade; (ii) registro comercial, no caso de empresa individual; (iii) ato constitutivo, estatuto ou contrato social em vigor, devidamente registrado, em se tratando de sociedades comerciais, e, no caso de sociedades por ações, acompanhado de documentos de eleição de seus administradores; (iv) inscrição do ato constitutivo, no caso de sociedades civis, acompanhada de prova de diretoria em exercício; (v) decreto de autorização, em se tratando de empresa ou sociedade estrangeira em funcionamento no País, e ato de registro ou autorização para funcionamento expedido pelo órgão competente, quando a atividade assim o exigir.);

b) qualificação técnica (ex.: inscrição na entidade profissional correspondente, como a OAB) (art. 30 da Lei n. 8.666/93: (i) registro ou inscrição na entidade profissional competente; (ii) comprovação de aptidão para desempenho de atividade pertinente e compatível em características, quantidades e prazos com o objeto da licitação, e indicação das instalações, do aparelhamento e do pessoal técnico adequados e disponíveis para a realização do objeto da licitação, bem como da qualificação de cada um dos membros da equipe técnica que se responsabilizará pelos trabalhos; (iii) comprovação, fornecida pelo órgão licitante, de que recebeu os documentos, e, quando exigido, de que tomou conhecimento de todas as informações e das condições locais para o cumprimento das obrigações objeto da licitação; (iv) prova de atendimento de requisitos previstos em lei especial, quando for o caso.);

c) qualificação econômico-financeira (ex.: certidão negativa de falência) (art. 31 da Lei n. 8.666/93: (i) balanço patrimonial e demonstrações contábeis do último exercício social, já exigíveis e apresentados na forma da lei, que comprovem a boa situação financeira da empresa, vedada a sua substituição por balancetes ou balanços provisórios, podendo ser atualizados por índices oficiais quando encerrado há mais de 3 (três) meses da data de apresentação da proposta; (ii) certidão negativa de falência ou concordata expedida pelo distribuidor da sede da pessoa jurídica, ou de execução patrimonial, expedida no domicílio da pessoa física; (iii) garantia, nas mesmas modalidades e critérios previstos no *"caput"* e § 1º do art. 56 desta Lei n. 8.666, limitada a 1% (um por cento) do valor estimado do objeto da contratação.);

d) regularidade fiscal (ex.: regularidade com o pagamento dos tributos), e trabalhista (ex.: certidão negativa de dívidas trabalhistas) (art. 29 da Lei n. 8.666/93: (i) prova de inscrição no Cadastro de Pessoas Físicas (CPF) ou no Cadastro Geral de Contribuintes (CGC); (ii) prova de inscrição no cadastro de contribuintes estadual ou municipal, se houver, relativo ao domicílio ou sede do licitante, pertinente ao seu ramo de atividade e compatível com o objeto contratual; (iii) prova de regularidade para com a Fazenda Federal, Estadual e Municipal do domicílio ou sede do licitante, ou outra equivalente, na forma da lei; (iv) prova de regularidade relativa à Seguridade Social e ao Fundo de Garantia por Tempo de Serviço (FGTS), demonstrando situação regular no cumprimento dos encargos sociais instituídos por lei; (v) prova de inexistência de débitos inadimplidos perante a Justiça do Trabalho, mediante a apresentação de certidão negativa, nos termos do Título VII-A da Consolidação das Leis do Trabalho, aprovada pelo Decreto-lei n. 5.452, de 1º de maio de 1943.);

e) cumprimento do disposto no inciso XXXIII do art. 7º da Constituição Federal (regularidade quanto ao trabalho do menor de 18 anos – proibido o trabalho noturno, perigoso ou insalubre, além de qualquer trabalho ao menor de 16 anos, salvo na condição de aprendiz a partir dos 14 anos).

O licitante inabilitado *não* poderá prosseguir na licitação, razão pela qual o recurso contra essa decisão terá efeito *suspensivo*, isto é, a inabilitação só produzirá efeitos após a decisão do recurso (art. 41, § 4º, c/c o art. 109, § 2º, ambos da Lei n. 8.666/93).

Sobre o tema, importante lembrar decisão do Superior Tribunal de Justiça em que entendeu que sociedade empresária em recuperação judicial pode participar de licitação, desde que demonstre, na fase de habilitação, a sua viabilidade econômica:

"ADMINISTRATIVO. LICITAÇÃO. EMPRESA EM RECUPERAÇÃO JUDICIAL. PARTICIPAÇÃO. POSSIBILIDADE. CERTIDÃO DE FALÊNCIA OU CONCORDATA. INTERPRETAÇÃO EXTENSIVA. DESCABIMENTO. APTIDÃO ECONÔMICO-FINANCEIRA. COMPROVAÇÃO. OUTROS MEIOS. NECESSIDADE. 1. Conforme estabelecido pelo Plenário do STJ, "aos recursos interpostos com fundamento no CPC/1973 (relativos a decisões publicadas até 17 de março de 2016) devem ser exigidos os requisitos de admissibilidade na forma nele prevista, com as interpretações dadas até então pela jurisprudência do Superior Tribunal de Justiça" (Enunciado Administrativo n. 2).

2. Conquanto a Lei n. 11.101/2005 tenha substituído a figura da concordata pelos institutos da recuperação judicial e extrajudicial, o art. 31 da Lei n. 8.666/1993 não teve o texto alterado para se amoldar à nova sistemática, tampouco foi derrogado.

3. À luz do princípio da legalidade, "é vedado à Administração levar a termo interpretação extensiva ou restritiva de direitos, quando a lei assim não o dispuser de forma expressa" (AgRg no RMS 44099/ES, Rel. Min. BENEDITO GONÇALVES, PRIMEIRA TURMA, julgado em 3-3-2016, *DJe* 10-3-2016).

4. Inexistindo autorização legislativa, incabível a automática inabilitação de empresas submetidas à Lei n. 11.101/2005 unicamente pela não apresentação de certidão negativa de recuperação judicial, principalmente considerando o disposto no art. 52, I, daquele normativo, que prevê a possibilidade de contratação

com o poder público, o que, em regra geral, pressupõe a participação prévia em licitação.

5. O escopo primordial da Lei n. 11.101/2005, nos termos do art. 47, é viabilizar a superação da situação de crise econômico-financeira do devedor, a fim de permitir a manutenção da fonte produtora, do emprego dos trabalhadores e dos interesses dos credores, promovendo, assim, a preservação da empresa, sua função social e o estímulo à atividade econômica.

6. A interpretação sistemática dos dispositivos das Leis n. 8.666/1993 e n. 11.101/2005 leva à conclusão de que é possível uma ponderação equilibrada dos princípios nelas contidos, pois a preservação da empresa, de sua função social e do estímulo à atividade econômica atendem também, em última análise, ao interesse da coletividade, uma vez que se busca a manutenção da fonte produtora, dos postos de trabalho e dos interesses dos credores.

7. A exigência de apresentação de certidão negativa de recuperação judicial deve ser relativizada a fim de possibilitar à empresa em recuperação judicial participar do certame, desde que demonstre, na fase de habilitação, a sua viabilidade econômica.

8. Agravo conhecido para dar provimento ao recurso especial." (AREsp 309.867/ES, Rel. Ministro GURGEL DE FARIA, PRIMEIRA TURMA, julgado em 26-6-2018, *DJe* 8-8-2018)

5.6.2.3. *Julgamento das Propostas*

Encerrada a fase de habilitação, serão analisadas apenas as propostas dos licitantes que comprovaram possuir condições de contratar com a Administração, ou seja, somente as dos habilitados.

Ato contínuo, verifica-se a conformidade das propostas com os requisitos do edital e se realiza um julgamento com base em critérios objetivos constantes do instrumento convocatório.

O julgamento das propostas, assim como a habilitação dos licitantes, será efetivado por uma comissão (permanente ou especial) composta de, no mínimo, três membros, sendo pelo menos dois deles servidores permanentes dos quadros da Administração (servidores estáveis), nos termos do *caput* do art. 51 da Lei n. 8.666/93.

No caso de convite, a comissão de licitação, excepcionalmente, nas pequenas unidades administrativas e em face da exiguidade de pessoal disponível, poderá ser substituída por servidor formalmente designado pela autoridade competente (art. 51, § 1º). No caso de concurso, o julgamento será feito por uma comissão especial integrada por pessoas de reputação ilibada e reconhecido conhecimento da matéria em exame, servidores públicos ou não (art. 51, § 5º). O leilão pode ser cometido a leiloeiro oficial ou a servidor designado pela Administração (art. 53).

A aludida comissão deverá realizar o julgamento com base em critérios objetivos, como os tipos de licitação (menor preço, melhor técnica, técnica e preço, maior lance ou oferta). Tais critérios não são utilizados para a modalidade concurso, conforme visto acima. Para esta modalidade de licitação, prevê o art. 52 da Lei n. 8.666/93 que o concurso deve ser precedido de regulamento próprio, a ser obtido pelos interessados no local indicado no edital. Tal regulamento deverá indicar: (i) a qualificação exigida dos participantes; (ii) as diretrizes e a forma de apresentação do trabalho; (iii) as condições de realização do concurso e os prêmios a serem concedidos.

Entretanto, pode suceder que todos os licitantes sejam inabilitados ou todas as propostas sejam desclassificadas. Nesses casos, a Administração poderá oferecer um prazo adicional de oito dias úteis para a apresentação de nova documentação ou de outras propostas, facultada, no caso de convite, a redução desse prazo para três dias úteis a fim de atingir a regularização (art. 48, § 3º). Caso o administrador público não queira conceder novo prazo, poderá revogar a licitação.

5.6.2.4. *Homologação*

Encerrada a fase de julgamento das propostas, efetivado pela Comissão, o processo de licitação será encaminhado à autoridade competente para inicialmente analisar a regularidade do procedimento.

Trata-se da homologação, fase em que a autoridade aprovará o procedimento licitatório quando este se apresentar regular. Entretanto, esse também é o momento em que a autoridade competente deverá analisar as hipóteses de revogação ou anulação da licitação, nas hipóteses do art. 49 da Lei n. 8.666/93.

5.6.2.5. *Adjudicação ao Vencedor*

Homologada a licitação, a autoridade competente implementará a última fase do procedimento licitatório, qual seja, a adjudicação. Quando ocorrer a adjudicação ao vencedor, a Administração apenas entregará *simbolicamente* o objeto licitado ao primeiro colocado, porque a adjudicação não gera direito subjetivo ao vencedor em contratar com a Administração, mas um direito *de não ser preterido* caso se efetive o desejo de contratar.

Conforme já comentado, a Administração poderá não contratar com o primeiro colocado quando este, devidamente convocado, não comparecer para assinar o contrato, ou, ainda, nas hipóteses de revogação ou anulação da licitação a seguir estudadas.

5.6.2.6. *Distinção das Fases de Licitação nas Modalidades Concorrência e Pregão*

As modalidades de licitação concorrência e pregão possuem as seguintes diferenças quando analisamos a ordem de suas fases, conforme quadro a seguir:

Concorrência	1 – publicação do edital	2 – habilitação	3 – julgamento das propostas	4 – homologação	5 – adjudicação ao vencedor
Pregão	1 – publicação do edital	2 – julgamento das propostas	3 – habilitação	4 – adjudicação ao vencedor	5 – homologação

Percebam que no pregão existe uma inversão obrigatória de fases, ou seja, o julgamento das propostas antecede a habilitação. Com essa inversão, ganha-se tempo no procedimento licitatório, na medida em que não é necessário analisar todos os documentos de habilitação de todos os licitantes antes do julgamento das propostas, como ocorre na concorrência. No pregão, analisa-se inicialmente os documentos do primeiro classificado e, em estando tudo correto, passa-se para a próxima fase.

Da leitura dos incisos XXI e XXII do art. 4º da Lei n. 10.520/2002, conclui-se pela precedência da adjudicação em relação à homologação.

Sobre o tema da fase de homologação preceder a adjudicação na concorrência, entende o Superior Tribunal de Justiça desde 2004:

RECURSO ESPECIAL EM MANDADO DE SEGURANÇA. LICITAÇÃO. HOMOLOGAÇÃO E ADJUDICAÇÃO. PROVA DA CONTRATAÇÃO. DISPENSA. PERDA DE OBJETO.

1. O procedimento licitatório encerra-se com a homologação e a adjudicação do objeto da licitação ao vencedor do certame.

2. A contratação não é negócio jurídico que compõe os atos procedimentais da licitação, embora deles seja decorrente.

3. Extingue-se, sem julgamento do mérito, o mandado de segurança, quando, durante seu trâmite, encerrar-se a licitação, desde que não haja liminar deferida anteriormente.

4. Recurso provido. (REsp 579.043/PR, rel. Ministro JOÃO OTÁVIO DE NORONHA, SEGUNDA TURMA, julgado em 10-8-2004, *DJ* 27-9-2004, p. 330)

Em relação ao fato de que o vencedor da licitação tem direito de não ser preterido, mas que intercorrências externas poderão impedir a sua contratação, já entendeu o STJ:

ADMINISTRATIVO. LICITAÇÃO. REVOGAÇÃO APÓS ADJUDICAÇÃO.

1. No procedimento licitatório, a homologação é o ato declaratório pelo qual a Administração diz que o melhor concorrente foi o indicado em primeiro lugar, constituindo-se a adjudicação na certeza de que será contratado aquele indicado na homologação.

2. Após a adjudicação, o compromisso da Administração pode ser rompido pela ocorrência de fatos supervenientes, anulando o certame se descobertas ilicitudes ou revogando-o por razões de conveniência e oportunidade.

3. Na anulação não há direito algum para o ganhador da licitação; na revogação, diferentemente, pode ser a Administração condenada a ressarcir o primeiro colocado pelas despesas realizadas.

4. Mandado de segurança denegado. (MS 12.047/DF, rel. Ministra ELIANA CALMON, PRIMEIRA SEÇÃO, julgado em 28-3-2007, *DJ* 16-4-2007, p. 154).

5.6.3. Fases na Nova Lei de Licitações e Contratos Administrativos

A Lei n. 14.133/2021 tratou inicialmente das fases do procedimento licitatório em seu art. 17 da seguinte forma:

> Art. 17. O processo de licitação observará as seguintes fases, em sequência:
>
> I – preparatória;
>
> II – de divulgação do edital de licitação;
>
> III – de apresentação de propostas e lances, quando for o caso;
>
> IV – de julgamento;
>
> V – de habilitação;
>
> VI – recursal;
>
> VII – de homologação.
>
> § 1º A fase referida no inciso V do *caput* deste artigo poderá, mediante ato motivado com explicitação dos benefícios decorrentes, anteceder as fases referidas nos incisos III e IV do *caput* deste artigo, desde que expressamente previsto no edital de licitação.
>
> § 2º As licitações serão realizadas preferencialmente sob a forma eletrônica, admitida a utilização da forma presencial, desde que motivada, devendo a sessão pública ser registrada em ata e gravada em áudio e vídeo.
>
> § 3º Desde que previsto no edital, na fase a que se refere o inciso IV do *caput* deste artigo, o órgão ou entidade licitante poderá, em relação ao licitante provisoriamente vencedor, realizar análise e avaliação da conformidade da proposta, mediante homologação de amostras, exame de conformidade e prova de conceito, entre outros testes de interesse da Administração, de modo a comprovar sua aderência às especificações definidas no termo de referência ou no projeto básico.
>
> § 4º Nos procedimentos realizados por meio eletrônico, a Administração poderá determinar, como condição de validade e eficácia, que os licitantes pratiquem seus atos em formato eletrônico.

> § 5º Na hipótese excepcional de licitação sob a forma presencial a que refere o § 2º deste artigo, a sessão pública de apresentação de propostas deverá ser gravada em áudio e vídeo, e a gravação será juntada aos autos do processo licitatório depois de seu encerramento.
>
> § 6º A Administração poderá exigir certificação por organização independente acreditada pelo Instituto Nacional de Metrologia, Qualidade e Tecnologia (Inmetro) como condição para aceitação de:
>
> I – estudos, anteprojetos, projetos básicos e projetos executivos;
>
> II – conclusão de fases ou de objetos de contratos;
>
> III – material e corpo técnico apresentados por empresa para fins de habilitação.

5.6.3.1. *Da Fase Preparatória na Lei n. 14.133/2021*

Na mesma linha do que foi estudado na fase interna da Lei n. 8.666/93, a fase preparatória envolve uma série de atividades administrativas antecedentes à publicação do edital. Sobre o tema, destacamos o disposto no art. 18 da Nova Lei de Licitações e Contratos Administrativos:

> A fase preparatória do processo licitatório é caracterizada pelo planejamento e deve compatibilizar-se com o plano de contratações anual de que trata o inciso VII do *caput* do art. 12 desta Lei, sempre que elaborado, e com as leis orçamentárias, bem como abordar todas as considerações técnicas, mercadológicas e de gestão que podem interferir na contratação, compreendidos:
>
> I – a descrição da necessidade da contratação fundamentada em estudo técnico preliminar que caracterize o interesse público envolvido;
>
> II – a definição do objeto para o atendimento da necessidade, por meio de termo de referência, anteprojeto, projeto básico ou projeto executivo, conforme o caso;
>
> III – a definição das condições de execução e pagamento, das garantias exigidas e ofertadas e das condições de recebimento;
>
> IV – o orçamento estimado, com as composições dos preços utilizados para sua formação;
>
> V – a elaboração do edital de licitação;
>
> VI – a elaboração de minuta de contrato, quando necessária, que constará obrigatoriamente como anexo do edital de licitação;
>
> VII – o regime de fornecimento de bens, de prestação de serviços ou de execução de obras e serviços de engenharia, observados os potenciais de economia de escala;

> VIII – a modalidade de licitação, o critério de julgamento, o modo de disputa e a adequação e eficiência da forma de combinação desses parâmetros, para os fins de seleção da proposta apta a gerar o resultado de contratação mais vantajoso para a Administração Pública, considerado todo o ciclo de vida do objeto;
>
> IX – a motivação circunstanciada das condições do edital, tais como justificativa de exigências de qualificação técnica, mediante indicação das parcelas de maior relevância técnica ou valor significativo do objeto, e de qualificação econômico-financeira, justificativa dos critérios de pontuação e julgamento das propostas técnicas, nas licitações com julgamento por melhor técnica ou técnica e preço, e justificativa das regras pertinentes à participação de empresas em consórcio;
>
> X – a análise dos riscos que possam comprometer o sucesso da licitação e a boa execução contratual;
>
> XI – a motivação sobre o momento da divulgação do orçamento da licitação, observado o art. 24 desta Lei.

5.6.3.2. Da Divulgação do Edital na Lei n. 14.133/2021

Com a divulgação do edital a Administração torna pública sua intenção de contratar e dá início à fase externa do procedimento licitatório. A Nova Lei de Licitações e Contratos Administrativos abordou o assunto da seguinte forma:

> Art. 54. A publicidade do edital de licitação será realizada mediante divulgação e manutenção do inteiro teor do ato convocatório e de seus anexos no Portal Nacional de Contratações Públicas (PNCP).
>
> § 1º Sem prejuízo do disposto no *caput*, é obrigatória a publicação de extrato do edital no *Diário Oficial da União*, do Estado, do Distrito Federal ou do Município, ou, no caso de consórcio público, do ente de maior nível entre eles, bem como em jornal diário de grande circulação. (Promulgação partes vetadas)
>
> § 2º É facultada a divulgação adicional e a manutenção do inteiro teor do edital e de seus anexos em sítio eletrônico oficial do ente federativo do órgão ou entidade responsável pela licitação ou, no caso de consórcio público, do ente de maior nível entre eles, admitida, ainda, a divulgação direta a interessados devidamente cadastrados para esse fim.
>
> § 3º Após a homologação do processo licitatório, serão disponibilizados no Portal Nacional de Contratações Públicas (PNCP) e, se o órgão ou entidade responsável pela licitação entender cabível, também no sítio referido no § 2º deste artigo, os documentos elaborados na fase preparatória que porventura não tenham integrado o edital e seus anexos.

A Lei n. 14.133/2021 especificou os prazos de antecedência da publicação do edital em relação à data da apresentação das propostas e dos lances, quando for o caso:

> Art. 55. Os prazos mínimos para apresentação de propostas e lances, contados a partir da data de divulgação do edital de licitação, são de:
>
> I – para aquisição de bens:
>
> a) 8 (oito) dias úteis, quando adotados os critérios de julgamento de menor preço ou de maior desconto;
>
> b) 15 (quinze) dias úteis, nas hipóteses não abrangidas pela alínea *a* deste inciso;
>
> II – no caso de serviços e obras:
>
> a) 10 (dez) dias úteis, quando adotados os critérios de julgamento de menor preço ou de maior desconto, no caso de serviços comuns e de obras e serviços comuns de engenharia;
>
> b) 25 (vinte e cinco) dias úteis, quando adotados os critérios de julgamento de menor preço ou de maior desconto, no caso de serviços especiais e de obras e serviços especiais de engenharia;
>
> c) 60 (sessenta) dias úteis, quando o regime de execução for de contratação integrada;
>
> d) 35 (trinta e cinco) dias úteis, quando o regime de execução for o de contratação semi-integrada ou nas hipóteses não abrangidas pelas alíneas *a*, *b* e *c* deste inciso;
>
> III – para licitação em que se adote o critério de julgamento de maior lance, 15 (quinze) dias úteis;
>
> IV – para licitação em que se adote o critério de julgamento de técnica e preço ou de melhor técnica ou conteúdo artístico, 35 (trinta e cinco) dias úteis.
>
> § 1º Eventuais modificações no edital implicarão nova divulgação na mesma forma de sua divulgação inicial, além do cumprimento dos mesmos prazos dos atos e procedimentos originais, exceto quando a alteração não comprometer a formulação das propostas.
>
> § 2º Os prazos previstos neste artigo poderão, mediante decisão fundamentada, ser reduzidos até a metade nas licitações realizadas pelo Ministério da Saúde, no âmbito do Sistema Único de Saúde (SUS).

5.6.3.3. *Da Apresentação de Propostas e Lances na Lei n. 14.133/2021*

Após a publicação do edital, dar-se-á início à fase da apresentação das propostas e lances, quando for o caso. A esse respeito, os dispositivos mais relevantes são:

Art. 56. O modo de disputa poderá ser, isolada ou conjuntamente:

I – aberto, hipótese em que os licitantes apresentarão suas propostas por meio de lances públicos e sucessivos, crescentes ou decrescentes;

II – fechado, hipótese em que as propostas permanecerão em sigilo até a data e hora designadas para sua divulgação.

§ 1º A utilização isolada do modo de disputa fechado será vedada quando adotados os critérios de julgamento de menor preço ou de maior desconto.

§ 2º A utilização do modo de disputa aberto será vedada quando adotado o critério de julgamento de técnica e preço.

§ 3º Serão considerados intermediários os lances:

I – iguais ou inferiores ao maior já ofertado, quando adotado o critério de julgamento de maior lance;

II – iguais ou superiores ao menor já ofertado, quando adotados os demais critérios de julgamento.

§ 4º Após a definição da melhor proposta, se a diferença em relação à proposta classificada em segundo lugar for de pelo menos 5% (cinco por cento), a Administração poderá admitir o reinício da disputa aberta, nos termos estabelecidos no instrumento convocatório, para a definição das demais colocações.

§ 5º Nas licitações de obras ou serviços de engenharia, após o julgamento, o licitante vencedor deverá reelaborar e apresentar à Administração, por meio eletrônico, as planilhas com indicação dos quantitativos e dos custos unitários, bem como com detalhamento das Bonificações e Despesas Indiretas (BDI) e dos Encargos Sociais (ES), com os respectivos valores adequados ao valor final da proposta vencedora, admitida a utilização dos preços unitários, no caso de empreitada por preço global, empreitada integral, contratação semi-integrada e contratação integrada, exclusivamente para eventuais adequações indispensáveis no cronograma físico-financeiro e para balizar excepcional aditamento posterior do contrato.

Art. 57. O edital de licitação poderá estabelecer intervalo mínimo de diferença de valores entre os lances, que incidirá tanto em relação aos lances intermediários quanto em relação à proposta que cobrir a melhor oferta.

Art. 58. Poderá ser exigida, no momento da apresentação da proposta, a comprovação do recolhimento de quantia a título de garantia de proposta, como requisito de pré-habilitação.

§ 1º A garantia de proposta não poderá ser superior a 1% (um por cento) do valor estimado para a contratação.

§ 2º A garantia de proposta será devolvida aos licitantes no prazo de 10 (dez) dias úteis, contado da assinatura do contrato ou da data em que for declarada fracassada a licitação.

> § 3º Implicará execução do valor integral da garantia de proposta a recusa em assinar o contrato ou a não apresentação dos documentos para a contratação.
>
> § 4º A garantia de proposta poderá ser prestada nas modalidades de que trata o § 1º do art. 96 desta Lei.

5.6.3.4. *Do Julgamento na Lei n. 14.133/2021*

Ao longo da abordagem das modalidades de licitação na Nova Lei de Licitações, já estudamos os critérios de julgamento. Porém, nunca é demais reiterar assunto tão importante.

Desta forma, podemos citar os seguintes critérios legais de julgamento:

Na concorrência: i) menor preço; ii) melhor técnica ou conteúdo artístico; iii) técnica e preço; iv) maior retorno econômico; v) maior desconto.

No concurso: melhor técnica ou conteúdo artístico.

No leilão: o maior lance.

No pregão: menor preço ou maior desconto.

No diálogo competitivo: conclusão materiais dos diálogos com licitantes previamente selecionados mediante critérios objetivos.

A novidade da Lei n. 14.133/2021 está na possibilidade de a Administração Pública negociar com o licitante, nos termos do seu art. 61:

> Definido o resultado do julgamento, a Administração poderá negociar condições mais vantajosas com o primeiro colocado.
>
> § 1º A negociação poderá ser feita com os demais licitantes, segundo a ordem de classificação inicialmente estabelecida, quando o primeiro colocado, mesmo após a negociação, for desclassificado em razão de sua proposta permanecer acima do preço máximo definido pela Administração.
>
> § 2º A negociação será conduzida por agente de contratação ou comissão de contratação, na forma de regulamento, e, depois de concluída, terá seu resultado divulgado a todos os licitantes e anexado aos autos do processo licitatório.

5.6.3.5. *Da Habilitação na Lei n. 14.133/2021*

A Nova Lei de Licitações e Contratos Administrativos definiu como requisitos essenciais para demonstrar a capacidade dos licitantes para contratar com o Poder Público os seguintes:

> Art. 62. A habilitação é a fase da licitação em que se verifica o conjunto de informações e documentos necessários e suficientes para demonstrar a capacidade do licitante de realizar o objeto da licitação, dividindo-se em:

I – jurídica;

II – técnica;

III – fiscal, social e trabalhista;

IV – econômico-financeira.

(...)

Art. 66. A habilitação jurídica visa a demonstrar a capacidade de o licitante exercer direitos e assumir obrigações, e a documentação a ser apresentada por ele limita-se à comprovação de existência jurídica da pessoa e, quando cabível, de autorização para o exercício da atividade a ser contratada.

Art. 67. A documentação relativa à qualificação técnico-profissional e técnico-operacional será restrita a:

I – apresentação de profissional, devidamente registrado no conselho profissional competente, quando for o caso, detentor de atestado de responsabilidade técnica por execução de obra ou serviço de características semelhantes, para fins de contratação;

II – certidões ou atestados, regularmente emitidos pelo conselho profissional competente, quando for o caso, que demonstrem capacidade operacional na execução de serviços similares de complexidade tecnológica e operacional equivalente ou superior, bem como documentos comprobatórios emitidos na forma do § 3º do art. 88 desta Lei;

III – indicação do pessoal técnico, das instalações e do aparelhamento adequados e disponíveis para a realização do objeto da licitação, bem como da qualificação de cada membro da equipe técnica que se responsabilizará pelos trabalhos;

IV – prova do atendimento de requisitos previstos em lei especial, quando for o caso;

V – registro ou inscrição na entidade profissional competente, quando for o caso;

VI – declaração de que o licitante tomou conhecimento de todas as informações e das condições locais para o cumprimento das obrigações objeto da licitação.

(...)

Art. 68. As habilitações fiscal, social e trabalhista serão aferidas mediante a verificação dos seguintes requisitos:

I – a inscrição no Cadastro de Pessoas Físicas (CPF) ou no Cadastro Nacional da Pessoa Jurídica (CNPJ);

II – a inscrição no cadastro de contribuintes estadual e/ou municipal, se houver, relativo ao domicílio ou sede do licitante, pertinente ao seu ramo de atividade e compatível com o objeto contratual;

> III – a regularidade perante a Fazenda federal, estadual e/ou municipal do domicílio ou sede do licitante, ou outra equivalente, na forma da lei;
>
> IV – a regularidade relativa à Seguridade Social e ao FGTS, que demonstre cumprimento dos encargos sociais instituídos por lei;
>
> V – a regularidade perante a Justiça do Trabalho;
>
> VI – o cumprimento do disposto no inciso XXXIII do art. 7º da Constituição Federal.
>
> § 1º Os documentos referidos nos incisos do *caput* deste artigo poderão ser substituídos ou supridos, no todo ou em parte, por outros meios hábeis a comprovar a regularidade do licitante, inclusive por meio eletrônico.
>
> § 2º A comprovação de atendimento do disposto nos incisos III, IV e V do *caput* deste artigo deverá ser feita na forma da legislação específica.
>
> Art. 69. A habilitação econômico-financeira visa a demonstrar a aptidão econômica do licitante para cumprir as obrigações decorrentes do futuro contrato, devendo ser comprovada de forma objetiva, por coeficientes e índices econômicos previstos no edital, devidamente justificados no processo licitatório, e será restrita à apresentação da seguinte documentação:
>
> I – balanço patrimonial, demonstração de resultado de exercício e demais demonstrações contábeis dos 2 (dois) últimos exercícios sociais;
>
> II – certidão negativa de feitos sobre falência expedida pelo distribuidor da sede do licitante.

5.6.3.6. *Da Fase Recursal na Lei n. 14.133/2021*

A nova lei tratou dos temas impugnação, pedido de esclarecimento e recurso no Capítulo II, nos seguintes termos:

> Art. 164. Qualquer pessoa é parte legítima para impugnar edital de licitação por irregularidade na aplicação desta Lei ou para solicitar esclarecimento sobre os seus termos, devendo protocolar o pedido até 3 (três) dias úteis antes da data de abertura do certame.
>
> Parágrafo único. A resposta à impugnação ou ao pedido de esclarecimento será divulgada em sítio eletrônico oficial no prazo de até 3 (três) dias úteis, limitado ao último dia útil anterior à data da abertura do certame.
>
> Art. 165. Dos atos da Administração decorrentes da aplicação desta Lei cabem:
>
> I – recurso, no prazo de 3 (três) dias úteis, contado da data de intimação ou de lavratura da ata, em face de:
>
> a) ato que defira ou indefira pedido de pré-qualificação de interessado ou de inscrição em registro cadastral, sua alteração ou cancelamento;

b) julgamento das propostas;

c) ato de habilitação ou inabilitação de licitante;

d) anulação ou revogação da licitação;

e) extinção do contrato, quando determinada por ato unilateral e escrito da Administração;

II – pedido de reconsideração, no prazo de 3 (três) dias úteis, contado da data de intimação, relativamente a ato do qual não caiba recurso hierárquico.

§ 1º Quanto ao recurso apresentado em virtude do disposto nas alíneas *b* e *c* do inciso I do *caput* deste artigo, serão observadas as seguintes disposições:

I – a intenção de recorrer deverá ser manifestada imediatamente, sob pena de preclusão, e o prazo para apresentação das razões recursais previsto no inciso I do *caput* deste artigo será iniciado na data de intimação ou de lavratura da ata de habilitação ou inabilitação ou, na hipótese de adoção da inversão de fases prevista no § 1º do art. 17 desta Lei, da ata de julgamento;

II – a apreciação dar-se-á em fase única.

§ 2º O recurso de que trata o inciso I do *caput* deste artigo será dirigido à autoridade que tiver editado o ato ou proferido a decisão recorrida, que, se não reconsiderar o ato ou a decisão no prazo de 3 (três) dias úteis, encaminhará o recurso com a sua motivação à autoridade superior, a qual deverá proferir sua decisão no prazo máximo de 10 (dez) dias úteis, contado do recebimento dos autos.

§ 3º O acolhimento do recurso implicará invalidação apenas de ato insuscetível de aproveitamento.

§ 4º O prazo para apresentação de contrarrazões será o mesmo do recurso e terá início na data de intimação pessoal ou de divulgação da interposição do recurso.

§ 5º Será assegurado ao licitante vista dos elementos indispensáveis à defesa de seus interesses.

Art. 166. Da aplicação das sanções previstas nos incisos I, II e III do *caput* do art. 156 desta Lei caberá recurso no prazo de 15 (quinze) dias úteis, contado da data da intimação.

Parágrafo único. O recurso de que trata o *caput* deste artigo será dirigido à autoridade que tiver proferido a decisão recorrida, que, se não a reconsiderar no prazo de 5 (cinco) dias úteis, encaminhará o recurso com sua motivação à autoridade superior, a qual deverá proferir sua decisão no prazo máximo de 20 (vinte) dias úteis, contado do recebimento dos autos.

Art. 167. Da aplicação da sanção prevista no inciso IV do *caput* do art. 156 desta Lei caberá apenas pedido de reconsideração, que deverá ser apresentado no prazo de 15 (quinze) dias úteis, contado da data da intimação, e decidido no prazo máximo de 20 (vinte) dias úteis, contado do seu recebimento.

> Art. 168. O recurso e o pedido de reconsideração terão efeito suspensivo do ato ou da decisão recorrida até que sobrevenha decisão final da autoridade competente.
>
> Parágrafo único. Na elaboração de suas decisões, a autoridade competente será auxiliada pelo órgão de assessoramento jurídico, que deverá dirimir dúvidas e subsidiá-la com as informações necessárias.

5.6.3.7. *Da Homologação na Lei n. 14.133/2021*

Na fase de homologação a Administração Pública analisa a regularidade do procedimento licitatório que, em estando nos termos legais, concretiza a adjudicação do objeto ao vencedor da licitação e, por fim, homologa o certame. Nesses termos prevê a Lei n. 13.133/2021:

> Art. 71. Encerradas as fases de julgamento e habilitação, e exauridos os recursos administrativos, o processo licitatório será encaminhado à autoridade superior, que poderá:
>
> I – determinar o retorno dos autos para saneamento de irregularidades;
>
> II – revogar a licitação por motivo de conveniência e oportunidade;
>
> III – proceder à anulação da licitação, de ofício ou mediante provocação de terceiros, sempre que presente ilegalidade insanável;
>
> IV – adjudicar o objeto e homologar a licitação.

5.7. Anulação e Revogação da Licitação

A *anulação* da licitação ocorrerá mediante a constatação de alguma ilegalidade em seu procedimento. Poderá ser decretada pela própria Administração ou pelo Poder Judiciário e produzirá efeitos *ex tunc*, ou seja, retroativos à data em que a ilegalidade foi decretada, não produzindo efeitos, salvo em relação ao terceiro de boa-fé. O exemplo clássico consiste no direcionamento do edital da licitação para uma determinada empresa vencer, pelo fato de o dono ser amigo do Prefeito.

Em regra, a *anulação da licitação não gera o dever de indenizar* (art. 49, § 1º, da Lei n. 8.666/93). Porém, há ressalvas trazidas na própria Lei (art. 59 e seu parágrafo único) quanto ao dever de indenizar o contratado pelo que houver executado até a data da declaração de nulidade, inclusive outros prejuízos comprovados, desde que não seja imputável a ilegalidade ao contratado.

Assim, a Administração deverá indenizar os gastos já efetuados em razão da licitação (ex.: confecção de amostras, compra de matéria-prima ou equipamentos para realizar o objeto da licitação), além dos demais prejuízos devidamente comprovados, desde que o particular não tenha dado causa à ilegalidade.

Já a *revogação* só poderá ser declarada pela própria Administração e ocorrerá em face de um procedimento licitatório válido, sem ilegalidade, mas em razão dos seguintes motivos:

a) Motivo de conveniência ou oportunidade em continuar com a licitação a bem do interesse público e em razão de fato superveniente (durante a licitação) devidamente comprovado e suficiente para justificar essa conduta. Ex.: no curso de uma licitação que tinha por objeto a contratação de empresa para reformar um edifício da Administração Pública, este pega fogo.

b) Não comparecimento do vencedor da licitação para assinatura do contrato no prazo estabelecido no edital. Nessa hipótese, a Administração poderá revogar a licitação ou convocar os demais licitantes classificados, respeitada a ordem de classificação, para contratarem nos termos da proposta vencedora.

c) Quando todos os licitantes forem inabilitados ou todas as propostas forem desclassificadas e a Administração preferir não conferir prazo para regularização das situações elencadas.

Percebam que em todas as hipóteses de revogação não há qualquer ilegalidade, mas ocorrência de fatos que justificam essa medida.

Os despachos de anulação ou de revogação da licitação deverão ser fundamentados, e a Administração Pública deverá assegurar o direito ao contraditório e a ampla defesa.

Nesse sentido, prevê o art. 109, I, *c*, da Lei n. 8.666/93 que caberá recurso administrativo no prazo de 5 dias úteis em face da decisão de anulação ou revogação da licitação.

O Superior Tribunal de Justiça já firmou entendimento de que mesmo licenciado, o servidor não poderá participar de procedimento licitatório, sob pena de anulação deste:

ADMINISTRATIVO. RECURSO ESPECIAL. LICITAÇÕES E CONTRATOS. CONTRATAÇÃO DE MILITAR LICENCIADO PARA PRESTAR CONSULTORIA À EMPRESA RECORRIDA NA EXECUÇÃO DE CONTRATO COM O EXÉRCITO BRASILEIRO. VIOLAÇÃO DOS ARTS. 9º DA LEI 8.666/1993 E 7º DA LEI 10.502/2002. COMPORTAMENTO INIDÔNEO. CARACTERIZAÇÃO. RECURSO PROVIDO.

1. Não se olvida que a jurisprudência do STJ é firme no sentido de que a revaloração do conjunto probatório existente nos autos, quando vinculada a fatos incontroversos, não esbarra no óbice da Súmula 7/STJ.

2. Ademais, é certo que o objeto do recurso foi devidamente deliberado no acórdão recorrido, circunstância que indica a devolutividade da matéria ao STJ, tendo em vista a ampla admissão do chamado prequestionamento implícito.

3. Trata-se, originalmente, de Mandado de Segurança impetrado pela recorrida

contra o Comandante do 59º Batalhão de Infantaria Motorizado, Órgão vinculado ao Ministério da Defesa, para que seja "declarada a ilegalidade das sanções aplicadas (no Processo Administrativo 64106.002902/2014-99) em razão de inexistência de comportamento inidôneo por parte da Impetrante ou, acaso esse v. Juízo entenda que ocorreu irregularidade na conduta da Impetrante, que seja fixada sanção em conformidade com os princípios da proporcionalidade e da razoabilidade" (fls. 1º-19, e-STJ).

4. Estando incontroversa a moldura fática delineada pelas instâncias ordinárias, conclui-se que, de fato, embora não seja possível afirmar que o Sr. William dos Santos Moreira participou do procedimento licitatório, ele inegavelmente exerceu a função de consultor/administrador da empresa impetrante, ora recorrida, durante a execução do contrato licitado.

5. Desse modo, ficou caracterizada a conduta inidônea da empresa recorrida, com a quebra de confiança da Administração, o que vai de encontro aos dispositivos legais sob análise.

6. Consigne-se que, consoante o entendimento do STJ, "não pode participar de procedimento licitatório a empresa que possuir em seu quadro de pessoal servidor ou dirigente do órgão ou entidade contratante ou responsável pela licitação [...] O fato de estar o servidor licenciado, à época do certame, não ilide a aplicação do referido preceito legal, eis que não deixa de ser funcionário o servidor em gozo de licença" (REsp 254.115/SP, rel. Min. Garcia Vieira, Primeira Turma, julgado em 20.6.2000, *DJ* de 14.8.2000, p. 154.)

7. Por fim, quanto à fixação de multa pela autoridade coatora, verifica-se que foi aplicada com base na previsão contida na Ata de Registro de Preços, obedecendo aos limites contratualmente previstos, não havendo falar em ilegalidade na sua arbitração.

8. Recurso Especial provido, para restabelecer a sentença de 1º grau, denegando a segurança. (REsp 1607715/AL, rel. Ministro HERMAN BENJAMIN, SEGUNDA TURMA, julgado em 7-3-2017, *DJe* 20-4-2017)

A Nova Lei de Licitações e Contratos Administrativos abordou os temas da anulação e da revogação do procedimento licitatório, dentre outros, em seu art. 71:

> Art. 71. Encerradas as fases de julgamento e habilitação, e exauridos os recursos administrativos, o processo licitatório será encaminhado à autoridade superior, que poderá:
>
> I – determinar o retorno dos autos para saneamento de irregularidades;
>
> II – revogar a licitação por motivo de conveniência e oportunidade;
>
> III – proceder à anulação da licitação, de ofício ou mediante provocação de terceiros, sempre que presente ilegalidade insanável;
>
> IV – adjudicar o objeto e homologar a licitação.

> § 1º Ao pronunciar a nulidade, a autoridade indicará expressamente os atos com vícios insanáveis, tornando sem efeito todos os subsequentes que deles dependam, e dará ensejo à apuração de responsabilidade de quem lhes tenha dado causa.
>
> § 2º O motivo determinante para a revogação do processo licitatório deverá ser resultante de fato superveniente devidamente comprovado.
>
> § 3º Nos casos de anulação e revogação, deverá ser assegurada a prévia manifestação dos interessados.
>
> § 4º O disposto neste artigo será aplicado, no que couber, à contratação direta e aos procedimentos auxiliares da licitação.

Sobre os temas ora em estudo, importante destacar ainda a importância dos órgãos de controle quando estamos diante de licitações e contratações públicas. Nesse aspecto, prevê a Lei n. 14.133/2021:

> Art. 53. Ao final da fase preparatória, o processo licitatório seguirá para o órgão de assessoramento jurídico da Administração, que realizará controle prévio de legalidade mediante análise jurídica da contratação.
>
> § 1º Na elaboração do parecer jurídico, o órgão de assessoramento jurídico da Administração deverá:
>
> I – apreciar o processo licitatório conforme critérios objetivos prévios de atribuição de prioridade;
>
> II – redigir sua manifestação em linguagem simples e compreensível e de forma clara e objetiva, com apreciação de todos os elementos indispensáveis à contratação e com exposição dos pressupostos de fato e de direito levados em consideração na análise jurídica;
>
> III – (VETADO).
>
> § 2º (VETADO).
>
> § 3º Encerrada a instrução do processo sob os aspectos técnico e jurídico, a autoridade determinará a divulgação do edital de licitação conforme disposto no art. 54.
>
> § 4º Na forma deste artigo, o órgão de assessoramento jurídico da Administração também realizará controle prévio de legalidade de contratações diretas, acordos, termos de cooperação, convênios, ajustes, adesões a atas de registro de preços, outros instrumentos congêneres e de seus termos aditivos.
>
> § 5º É dispensável a análise jurídica nas hipóteses previamente definidas em ato da autoridade jurídica máxima competente, que deverá considerar o baixo valor, a baixa complexidade da contratação, a entrega imediata do bem ou a utilização de minutas de editais e instrumentos de contrato, convênio ou outros ajustes previamente padronizados pelo órgão de assessoramento jurídico.

(...)

Art. 169. As contratações públicas deverão submeter-se a práticas contínuas e permanentes de gestão de riscos e de controle preventivo, inclusive mediante adoção de recursos de tecnologia da informação, e, além de estar subordinadas ao controle social, sujeitar-se-ão às seguintes linhas de defesa:

I – primeira linha de defesa, integrada por servidores e empregados públicos, agentes de licitação e autoridades que atuam na estrutura de governança do órgão ou entidade;

II – segunda linha de defesa, integrada pelas unidades de assessoramento jurídico e de controle interno do próprio órgão ou entidade;

III – terceira linha de defesa, integrada pelo órgão central de controle interno da Administração e pelo tribunal de contas.

(...)

§ 3º Os integrantes das linhas de defesa a que se referem os incisos I, II e III do *caput* deste artigo observarão o seguinte:

I – quando constatarem simples impropriedade formal, adotarão medidas para o seu saneamento e para a mitigação de riscos de sua nova ocorrência, preferencialmente com o aperfeiçoamento dos controles preventivos e com a capacitação dos agentes públicos responsáveis;

II – quando constatarem irregularidade que configure dano à Administração, sem prejuízo das medidas previstas no inciso I deste § 3º, adotarão as providências necessárias para a apuração das infrações administrativas, observadas a segregação de funções e a necessidade de individualização das condutas, bem como remeterão ao Ministério Público competente cópias dos documentos cabíveis para a apuração dos ilícitos de sua competência.

Art. 170. Os órgãos de controle adotarão, na fiscalização dos atos previstos nesta Lei, critérios de oportunidade, materialidade, relevância e risco e considerarão as razões apresentadas pelos órgãos e entidades responsáveis e os resultados obtidos com a contratação, observado o disposto no § 3º do art. 169 desta Lei.

(...)

Art. 171. Na fiscalização de controle será observado o seguinte:

I – viabilização de oportunidade de manifestação aos gestores sobre possíveis propostas de encaminhamento que terão impacto significativo nas rotinas de trabalho dos órgãos e entidades fiscalizados, a fim de que eles disponibilizem subsídios para avaliação prévia da relação entre custo e benefício dessas possíveis proposições;

II – adoção de procedimentos objetivos e imparciais e elaboração de relatórios tecnicamente fundamentados, baseados exclusivamente nas evidências obtidas e organizados de acordo com as normas de auditoria do respectivo

> órgão de controle, de modo a evitar que interesses pessoais e interpretações tendenciosas interfiram na apresentação e no tratamento dos fatos levantados;
>
> III – definição de objetivos, nos regimes de empreitada por preço global, empreitada integral, contratação semi-integrada e contratação integrada, atendidos os requisitos técnicos, legais, orçamentários e financeiros, de acordo com as finalidades da contratação, devendo, ainda, ser perquirida a conformidade do preço global com os parâmetros de mercado para o objeto contratado, considerada inclusive a dimensão geográfica.
>
> (...)
>
> Art. 173. Os tribunais de contas deverão, por meio de suas escolas de contas, promover eventos de capacitação para os servidores efetivos e empregados públicos designados para o desempenho das funções essenciais à execução desta Lei, incluídos cursos presenciais e a distância, redes de aprendizagem, seminários e congressos sobre contratações públicas.

5.8. Tipos de Licitação

A primeira informação relevante sobre o tema é a de que os tipos de licitação não são sinônimos de modalidades de licitação já estudadas.

Os *tipos de licitação são critérios objetivos de julgamento* para todas as modalidades de licitação, salvo para concurso (Lei n. 8.666/93 – art. 45, § 1º): a) o de menor preço; b) o de melhor técnica; c) o de técnica e preço; d) o de maior lance ou oferta.

Assim, é possível, por exemplo, a utilização do tipo "menor preço" como critério de julgamento de uma licitação na modalidade concorrência. Logo, vencerá esse procedimento licitatório o licitante que oferecer o menor preço dentre os concorrentes habilitados.

A Nova Lei de Licitações e Contratos Administrativos tratou dos critérios de julgamento, conforme estudado no item 5.6.3.4. deste livro, quando abordamos a fase de julgamento da licitação.

5.9. Procedimentos Auxiliares das Licitações e Contratações Públicas

Segundo o disposto no art. 78 da Lei n. 14.133/2021, são procedimentos auxiliares das licitações e contratações públicas: i) credenciamento; ii) pré-qualificação; iii) procedimento de manifestação de interesse; iv) sistema de registro de preços; v) registro cadastral.

Os citados procedimentos auxiliares obedecerão a critérios claros e objetivos definidos em regulamento, e, o julgamento que decorrer da pré-qualificação e do procedimento de manifestação de interesse seguirá o mesmo procedimento das licitações.

5.9.1. Do Credenciamento

O art. 79 da Lei n. 14.133/2021 prevê três hipóteses de contratação em que o credenciamento poderá ser utilizado: i) paralela e não excludente: caso em que é viável e vantajosa para a Administração a realização de contratações simultâneas em condições padronizadas; ii) com seleção a critério de terceiros: caso em que a seleção do contratado está a cargo do beneficiário direto da prestação; iii) em mercados fluidos: caso em que a flutuação constante do valor da prestação e das condições de contratação inviabiliza a seleção de agente por meio de processo de licitação.

Os procedimentos de credenciamento serão definidos em regulamento, observadas as regras previstas no parágrafo único do aludido art. 79:

> I – a Administração deverá divulgar e manter à disposição do público, em sítio eletrônico oficial, edital de chamamento de interessados, de modo a permitir o cadastramento permanente de novos interessados;
>
> II – na hipótese do inciso I do *caput* deste artigo, quando o objeto não permitir a contratação imediata e simultânea de todos os credenciados, deverão ser adotados critérios objetivos de distribuição da demanda;
>
> III – o edital de chamamento de interessados deverá prever as condições padronizadas de contratação e, nas hipóteses dos incisos I e II do *caput* deste artigo, deverá definir o valor da contratação;
>
> IV – na hipótese do inciso III do *caput* deste artigo, a Administração deverá registrar as cotações de mercado vigentes no momento da contratação;
>
> V – não será permitido o cometimento a terceiros do objeto contratado sem autorização expressa da Administração;
>
> VI – será admitida a denúncia por qualquer das partes nos prazos fixados no edital.

5.9.2. Da Pré-qualificação

A pré-qualificação é o procedimento técnico-administrativo para selecionar previamente: i) licitantes que reúnam condições de habilitação para participar de futura licitação ou de licitação vinculada a programas de obras ou de serviços objetivamente definidos; ii) bens que atendam às exigências técnicas ou de qualidade estabelecidas pela Administração (art. 80, *caput*, da Lei n. 14.133/2021).

Assim, aberta a licitação em qualquer momento do exercício financeiro, os licitantes poderão ser dispensados os documentos que já constarem do registro cadastral. No entanto, quando aberta a bens, poderá ser exigida a comprovação de qualidade.

Importante destacar que a nova lei previu que o procedimento de pré-qualificação ficará permanentemente aberto para a inscrição de interessados (art. 80, § 2º, da Lei n. 14.133/2021).

Importante destacar ainda que constarão do edital de pré-qualificação as informações mínimas necessárias para definição do objeto, bem como a modalidade, a forma da futura licitação e os critérios de julgamento.

A apresentação de documentos far-se-á perante órgão ou comissão indicada pela Administração, que deverá examiná-los no prazo máximo de 10 (dez) dias úteis e determinar correção ou reapresentação de documentos, quando for o caso, com vistas à ampliação da competição (art. 80, § 4º, da Lei n. 14.133/2021).

A pré-qualificação poderá ser parcial ou total, com alguns ou todos os requisitos técnicos ou de habilitação necessários à contratação, assegurada, em qualquer hipótese, a igualdade de condições entre os concorrentes.

No tocante ao prazo, o § 8º do art. 80 da Lei n. 14.133/2021 determina que a pré-qualificação terá validade:

> I – de 1 (um) ano, no máximo, e poderá ser atualizada a qualquer tempo;
>
> II – não superior ao prazo de validade dos documentos apresentados pelos interessados.

Por fim, cumpre ressaltar que a licitação que se seguir ao procedimento da pré-qualificação poderá ser restrita a licitantes ou bens pré-qualificados.

5.9.3. Do Procedimento de Manifestação de Interesse

O art. 81 da Nova Lei de Licitações e Contratos Administrativos estabelece que a Administração poderá solicitar à iniciativa privada, mediante procedimento aberto de manifestação de interesse a ser iniciado com a publicação de edital de chamamento público, a propositura e a realização de estudos, investigações, levantamentos e projetos de soluções inovadoras que contribuam com questões de relevância pública, na forma de regulamento.

Os resultados do aludido procedimento estarão à disposição dos interessados, e o vencedor da licitação deverá ressarcir os dispêndios correspondentes, conforme especificado no edital.

No entanto, a realização do procedimento auxiliar de manifestação de interesse não atribuirá ao realizador direito de preferência no processo licitatório, não obrigará o poder público a realizar licitação, não implicará, por si só, direito a ressarcimento de valores envolvidos em sua elaboração, e, por fim, será remunerado somente pelo vencedor da licitação, vedada, em qualquer hipótese, a cobrança de valores do poder público. De fato, trata-se de instituto do direito público bastante benéfico à Administração Pública.

O art. 80 da Lei n. 14.133/2021 prevê ainda sobre o procedimento de manifestação de interesse:

§ 3º Para aceitação dos produtos e serviços de que trata o *caput* deste artigo, a Administração deverá elaborar parecer fundamentado com a demonstração de que o produto ou serviço entregue é adequado e suficiente à compreensão do objeto, de que as premissas adotadas são compatíveis com as reais necessidades do órgão e de que a metodologia proposta é a que propicia maior economia e vantagem entre as demais possíveis.

§ 4º O procedimento previsto no *caput* deste artigo poderá ser restrito a *startups*, assim considerados os microempreendedores individuais, as microempresas e as empresas de pequeno porte, de natureza emergente e com grande potencial, que se dediquem à pesquisa, ao desenvolvimento e à implementação de novos produtos ou serviços baseados em soluções tecnológicas inovadoras que possam causar alto impacto, exigida, na seleção definitiva da inovação, validação prévia fundamentada em métricas objetivas, de modo a demonstrar o atendimento das necessidades da Administração.

5.9.4. Do Sistema de Registro de Preços

O Sistema de Registro de Preços – SRP é um procedimento de contratação da Administração Pública e dar-se-á pela modalidade concorrência (art. 15, II, da Lei n. 8.666/93) ou pregão (art. 11 da Lei n. 10.520/2002). Portanto, não se trata de nova modalidade de licitação, tanto que a sua efetivação dependerá das modalidades citadas.

A Lei n. 14.133/2021 também tratou do SRP e o incluiu como um procedimento auxiliar às licitações e contratações públicas. A novidade trazida pela lei de 2021 é que também poderá ser utilizado o sistema de registro de preços mediante contratação direta, além das modalides concorrência e pregão.

Homologada a licitação, serão registrados na ata de registro de preços os preços e quantitativos do licitante mais bem classificado durante a fase competitiva, bem como será incluído, na respectiva ata na forma de anexo, o registro dos licitantes que aceitarem cotar os bens ou serviços com preços iguais aos do licitante vencedor na sequência da classificação do certame (art. 11 do Decreto n. 7.892, de 2013, com redação dada pelo Decreto n. 8.250, de 2014)

O Sistema de Registro de Preços poderá ser adotado nas seguintes hipóteses:

(i) quando, pelas características do bem ou serviço, houver necessidade de contratações frequentes (ex.: compra de gasolina para o carro oficial); (ii) quando for conveniente a aquisição de bens com previsão de entregas parceladas ou contratação de serviços remunerados por unidade de medida ou em regime de tarefa (ex.: compra de material de expediente); (iii) quando for conveniente a aquisição de bens ou a contratação de serviços para atendimento a mais de um órgão ou entidade, ou a programas de governo, trata-se da figura

> do "carona" (ex.: União faz a licitação e registra os preços na ata e uma Autarquia Federal contrata com o preço registrado); ou (iv) quando, pela natureza do objeto, não for possível definir previamente o quantitativo a ser demandado pela Administração (ex.: aquisição de caixas de leite para uma casa de saúde do índio, pois não se sabe quantos índios e acompanhantes estarão presentes mensalmente no citado local (art. 3º do Decreto n. 7.892, de 2013).

Ata de registro de preço terá prazo de 12 meses, incluídas eventuais prorrogações (art. 12 do Decreto n. 7.892, de 2013), ou seja, se a ata tiver prazo inicial de 6 meses, poderá ser prorrogada por mais 6 meses. Porém, se a ata já nasce com um prazo de validade de 12 meses, não poderá ser prorrogada.

APROFUNDANDO! Assinado o contrato dentro do prazo de validade da ata (máximo de 12 meses), a contratação seguirá as regras dos prazos contratuais previstas no art. 57 da Lei n. 8.666/93 (art. 12, § 2º, do Decreto n. 7.892/2013), tema a ser estudado no próximo capítulo. Na mesma linha de raciocínio, a alteração do contrato decorrente do SRP poderá ocorrer nos termos do art. 65 da Lei de Licitações e Contratos acima citada (art. 12, § 3º, do Decreto n. 7.892).

CUIDADO! A existência de preços registrados não obriga a Administração a firmar as contratações que deles poderão advir, ficando-lhe facultada a utilização de outros meios, respeitada a legislação relativa às licitações, sendo assegurado ao beneficiário do registro preferência em igualdade de condições (art. 15, § 4º, da Lei n. 8.666/93).

A figura do "carona" ou órgão não participante (órgão ou entidade da administração pública que, não tendo participado dos procedimentos iniciais da licitação, atendidos os requisitos desta norma, faz adesão à ata de registro de preços) é a mais polêmica. Isto porque o órgão ou ente não participa da licitação, mas poderá contratar com o preço registrado na ata.

Em razão da polêmica de contratações por órgãos ou entes que não fazem a licitação e se valem da ata de registro de preços realizada por outra entidade, destaca-se o disposto no Decreto n. 7.892, mais precisamente o art. 22, que prevê:

> Desde que devidamente justificada a vantagem, a ata de registro de preços, durante sua vigência, poderá ser utilizada por qualquer órgão ou entidade da administração pública federal que não tenha participado do certame licitatório, mediante anuência do órgão gerenciador.
>
> § 1º Os órgãos e entidades que não participaram do registro de preços, quando desejarem fazer uso da ata de registro de preços, deverão consultar o órgão gerenciador da ata para manifestação sobre a possibilidade de adesão.
>
> § 1º-A A manifestação do órgão gerenciador de que trata o § 1º fica condicionada à realização de estudo, pelos órgãos e pelas entidades que não participaram do registro de preços, que demonstre o ganho de eficiência, a viabilidade e a economicidade para a administração pública federal da utilização

da ata de registro de preços, conforme estabelecido em ato do Secretário de Gestão do Ministério do Planejamento, Desenvolvimento e Gestão. (Incluído pelo Decreto n. 9.488, de 2018)

§ 1º-B O estudo de que trata o § 1º-A, após aprovação pelo órgão gerenciador, será divulgado no Portal de Compras do Governo federal. (Incluído pelo Decreto n. 9.488, de 2018)

§ 2º Caberá ao fornecedor beneficiário da ata de registro de preços, observadas as condições nela estabelecidas, optar pela aceitação ou não do fornecimento decorrente de adesão, desde que não prejudique as obrigações presentes e futuras decorrentes da ata, assumidas com o órgão gerenciador e órgãos participantes.

§ 3º As aquisições ou as contratações adicionais de que trata este artigo não poderão exceder, por órgão ou entidade, a cinquenta por cento dos quantitativos dos itens do instrumento convocatório e registrados na ata de registro de preços para o órgão gerenciador e para os órgãos participantes. (Redação dada pelo Decreto n. 9.488, de 2018)

§ 4º O instrumento convocatório preverá que o quantitativo decorrente das adesões à ata de registro de preços não poderá exceder, na totalidade, ao dobro do quantitativo de cada item registrado na ata de registro de preços para o órgão gerenciador e para os órgãos participantes, independentemente do número de órgãos não participantes que aderirem. (Redação dada pelo Decreto n. 9.488, de 2018)

§ 4º-A Na hipótese de compra nacional: (Incluído pelo Decreto n. 9.488, de 2018)

I – as aquisições ou as contratações adicionais não excederão, por órgão ou entidade, a cem por cento dos quantitativos dos itens do instrumento convocatório e registrados na ata de registro de preços para o órgão gerenciador e para os órgãos participantes; e (Incluído pelo Decreto n. 9.488, de 2018)

II – o instrumento convocatório da compra nacional preverá que o quantitativo decorrente das adesões à ata de registro de preços não excederá, na totalidade, ao quíntuplo do quantitativo de cada item registrado na ata de registro de preços para o órgão gerenciador e para os órgãos participantes, independentemente do número de órgãos não participantes que aderirem. (Incluído pelo Decreto n. 9.488, de 2018)

§ 5º (Revogado pelo Decreto n. 8.250, de 2014).

§ 6º Após a autorização do órgão gerenciador, o órgão não participante deverá efetivar a aquisição ou contratação solicitada em até noventa dias, observado o prazo de vigência da ata.

§ 7º Compete ao órgão não participante os atos relativos à cobrança do cumprimento pelo fornecedor das obrigações contratualmente assumidas e a aplicação, observada a ampla defesa e o contraditório, de eventuais penalida-

> des decorrentes do descumprimento de cláusulas contratuais, em relação às suas próprias contratações, informando as ocorrências ao órgão gerenciador.
>
> § 8º É vedada aos órgãos e entidades da administração pública federal a adesão a ata de registro de preços gerenciada por órgão ou entidade municipal, distrital ou estadual.
>
> § 9º É facultada aos órgãos ou entidades municipais, distritais ou estaduais a adesão a ata de registro de preços da Administração Pública Federal.
>
> § 9º-A Sem prejuízo da observância ao disposto no § 3º, à hipótese prevista no § 9º não se aplica o disposto nos § 1º-A e § 1º-B no caso de órgãos e entidades de outros entes federativos. (Incluído pelo Decreto n. 9.488, de 2018)
>
> § 10. É vedada a contratação de serviços de tecnologia da informação e comunicação por meio de adesão a ata de registro de preços que não seja: (Incluído pelo Decreto n. 9.488, de 2018)
>
> I – gerenciada pelo Ministério do Planejamento, Desenvolvimento e Gestão; ou (Incluído pelo Decreto n. 9.488, de 2018) (Vigência)
>
> II – gerenciada por outro órgão ou entidade e previamente aprovada pela Secretaria de Tecnologia da Informação e Comunicação do Ministério do Planejamento, Desenvolvimento e Gestão. (Incluído pelo Decreto n. 9.488, de 2018) (Vigência)
>
> § 11. O disposto no § 10 não se aplica às hipóteses em que a contratação de serviços esteja vinculada ao fornecimento de bens de tecnologia da informação e comunicação constante da mesma ata de registro de preços. (Incluído pelo Decreto n. 9.488, de 2018)

Nos termos da Nova Lei de Licitações e Contratos Administrativos sistema de registro de preços consiste no conjunto de procedimentos para realização, mediante contratação direta ou licitação nas modalidades pregão ou concorrência, de registro formal de preços relativos a prestação de serviços, a obras e a aquisição e locação de bens para contratações futuras (art. 6º, XLV, da Lei n. 14.133/2021).

Assim como previsto na Lei n. 8.666/93, a nova lei também tratou do sistema de registro de preços quando do processamento de compras em seu art. 40, inciso II, bem como nos procedimentos auxiliares previstos no art. 78 (inciso IV).

Por fim, foi criada a Seção V na Lei n. 14.133/2021 para tratar do instituto sistema de registro de preços nos seguintes termos:

> Art. 82. O edital de licitação para registro de preços observará as regras gerais desta Lei e deverá dispor sobre:
>
> I – as especificidades da licitação e de seu objeto, inclusive a quantidade máxima de cada item que poderá ser adquirida;

II – a quantidade mínima a ser cotada de unidades de bens ou, no caso de serviços, de unidades de medida;

III – a possibilidade de prever preços diferentes:

a) quando o objeto for realizado ou entregue em locais diferentes;

b) em razão da forma e do local de acondicionamento;

c) quando admitida cotação variável em razão do tamanho do lote;

d) por outros motivos justificados no processo;

IV – a possibilidade de o licitante oferecer ou não proposta em quantitativo inferior ao máximo previsto no edital, obrigando-se nos limites dela;

V – o critério de julgamento da licitação, que será o de menor preço ou o de maior desconto sobre tabela de preços praticada no mercado;

VI – as condições para alteração de preços registrados;

VII – o registro de mais de um fornecedor ou prestador de serviço, desde que aceitem cotar o objeto em preço igual ao do licitante vencedor, assegurada a preferência de contratação de acordo com a ordem de classificação;

VIII – a vedação à participação do órgão ou entidade em mais de uma ata de registro de preços com o mesmo objeto no prazo de validade daquela de que já tiver participado, salvo na ocorrência de ata que tenha registrado quantitativo inferior ao máximo previsto no edital;

IX – as hipóteses de cancelamento da ata de registro de preços e suas consequências.

§ 1º O critério de julgamento de menor preço por grupo de itens somente poderá ser adotado quando for demonstrada a inviabilidade de se promover a adjudicação por item e for evidenciada a sua vantagem técnica e econômica, e o critério de aceitabilidade de preços unitários máximos deverá ser indicado no edital.

§ 2º Na hipótese de que trata o § 1º deste artigo, observados os parâmetros estabelecidos nos §§ 1º, 2º e 3º do art. 23 desta Lei, a contratação posterior de item específico constante de grupo de itens exigirá prévia pesquisa de mercado e demonstração de sua vantagem para o órgão ou entidade.

§ 3º É permitido registro de preços com indicação limitada a unidades de contratação, sem indicação do total a ser adquirido, apenas nas seguintes situações:

I – quando for a primeira licitação para o objeto e o órgão ou entidade não tiver registro de demandas anteriores;

II – no caso de alimento perecível;

III – no caso em que o serviço estiver integrado ao fornecimento de bens.

§ 4º Nas situações referidas no § 3º deste artigo, é obrigatória a indicação do valor máximo da despesa e é vedada a participação de outro órgão ou entidade na ata.

§ 5º O sistema de registro de preços poderá ser usado para a contratação de bens e serviços, inclusive de obras e serviços de engenharia, observadas as seguintes condições:

I – realização prévia de ampla pesquisa de mercado;

II – seleção de acordo com os procedimentos previstos em regulamento;

III – desenvolvimento obrigatório de rotina de controle;

IV – atualização periódica dos preços registrados;

V – definição do período de validade do registro de preços;

VI – inclusão, em ata de registro de preços, do licitante que aceitar cotar os bens ou serviços em preços iguais aos do licitante vencedor na sequência de classificação da licitação e inclusão do licitante que mantiver sua proposta original.

§ 6º O sistema de registro de preços poderá, na forma de regulamento, ser utilizado nas hipóteses de inexigibilidade e de dispensa de licitação para a aquisição de bens ou para a contratação de serviços por mais de um órgão ou entidade.

Art. 83. A existência de preços registrados implicará compromisso de fornecimento nas condições estabelecidas, mas não obrigará a Administração a contratar, facultada a realização de licitação específica para a aquisição pretendida, desde que devidamente motivada.

Art. 84. O prazo de vigência da ata de registro de preços será de 1 (um) ano e poderá ser prorrogado, por igual período, desde que comprovado o preço vantajoso.

Parágrafo único. O contrato decorrente da ata de registro de preços terá sua vigência estabelecida em conformidade com as disposições nela contidas.

Art. 85. A Administração poderá contratar a execução de obras e serviços de engenharia pelo sistema de registro de preços, desde que atendidos os seguintes requisitos:

I – existência de projeto padronizado, sem complexidade técnica e operacional;

II – necessidade permanente ou frequente de obra ou serviço a ser contratado.

Art. 86. O órgão ou entidade gerenciadora deverá, na fase preparatória do processo licitatório, para fins de registro de preços, realizar procedimento público de intenção de registro de preços para, nos termos de regulamento, possibilitar, pelo prazo mínimo de 8 (oito) dias úteis, a participação de outros órgãos ou entidades na respectiva ata e determinar a estimativa total de quantidades da contratação.

§ 1º O procedimento previsto no *caput* deste artigo será dispensável quando o órgão ou entidade gerenciadora for o único contratante.

§ 2º Se não participarem do procedimento previsto no *caput* deste artigo, os órgãos e entidades poderão aderir à ata de registro de preços na condição de não participantes, observados os seguintes requisitos:

I – apresentação de justificativa da vantagem da adesão, inclusive em situações de provável desabastecimento ou descontinuidade de serviço público;

II – demonstração de que os valores registrados estão compatíveis com os valores praticados pelo mercado na forma do art. 23 desta Lei;

III – prévias consulta e aceitação do órgão ou entidade gerenciadora e do fornecedor.

§ 3º A faculdade conferida pelo § 2º deste artigo estará limitada a órgãos e entidades da Administração Pública federal, estadual, distrital e municipal que, na condição de não participantes, desejarem aderir à ata de registro de preços de órgão ou entidade gerenciadora federal, estadual ou distrital.

§ 4º As aquisições ou as contratações adicionais a que se refere o § 2º deste artigo não poderão exceder, por órgão ou entidade, a 50% (cinquenta por cento) dos quantitativos dos itens do instrumento convocatório registrados na ata de registro de preços para o órgão gerenciador e para os órgãos participantes.

§ 5º O quantitativo decorrente das adesões à ata de registro de preços a que se refere o § 2º deste artigo não poderá exceder, na totalidade, ao dobro do quantitativo de cada item registrado na ata de registro de preços para o órgão gerenciador e órgãos participantes, independentemente do número de órgãos não participantes que aderirem.

§ 6º A adesão à ata de registro de preços de órgão ou entidade gerenciadora do Poder Executivo federal por órgãos e entidades da Administração Pública estadual, distrital e municipal poderá ser exigida para fins de transferências voluntárias, não ficando sujeita ao limite de que trata o § 5º deste artigo se destinada à execução descentralizada de programa ou projeto federal e comprovada a compatibilidade dos preços registrados com os valores praticados no mercado na forma do art. 23 desta Lei.

§ 7º Para aquisição emergencial de medicamentos e material de consumo médico-hospitalar por órgãos e entidades da Administração Pública federal, estadual, distrital e municipal, a adesão à ata de registro de preços gerenciada pelo Ministério da Saúde não estará sujeita ao limite de que trata o § 5º deste artigo.

§ 8º Será vedada aos órgãos e entidades da Administração Pública federal a adesão à ata de registro de preços gerenciada por órgão ou entidade estadual, distrital ou municipal.

5.9.5. Do Registro Cadastral

Segundo o art. 87 da Lei n. 14.133/2021, os órgãos e entidades da Administração Pública deverão utilizar o sistema de registro cadastral unificado disponível no Portal Nacional de Contratações Públicas (PNCP), para efeito de cadastro unificado de licitantes, na forma disposta em regulamento.

O sistema de registro cadastral unificado será público e deverá ser amplamente divulgado e estar permanentemente aberto aos interessados, e será obrigatória a realização de chamamento público pela internet, no mínimo anualmente, para atualização dos registros existentes e para ingresso de novos interessados (art. 87, § 1º, da Lei n. 14.133/2021).

É proibida a exigência, pelo órgão ou entidade licitante, de registro cadastral complementar para acesso a edital e anexos.

Conforme dito, não existe mais a modalidade de licitação tomada de preços na nova lei, porém, a Administração poderá realizar licitação restrita a fornecedores cadastrados, atendidos os critérios, as condições e os limites estabelecidos em regulamento, bem como a ampla publicidade dos procedimentos para o cadastramento. Nessa hipótese, será admitido fornecedor que realize seu cadastro dentro do prazo previsto no edital para apresentação de propostas (art. 87, §§3º e 4º, da Lei n. 14.133/2021).

Por fim, art. 88 da nova lei trata do registro cadastral nos seguintes termos:

> Ao requerer, a qualquer tempo, inscrição no cadastro ou a sua atualização, o interessado fornecerá os elementos necessários exigidos para habilitação previstos nesta Lei.
>
> § 1º O inscrito, considerada sua área de atuação, será classificado por categorias, subdivididas em grupos, segundo a qualificação técnica e econômico-financeira avaliada, de acordo com regras objetivas divulgadas em sítio eletrônico oficial.
>
> § 2º Ao inscrito será fornecido certificado, renovável sempre que atualizar o registro.
>
> § 3º A atuação do contratado no cumprimento de obrigações assumidas será avaliada pelo contratante, que emitirá documento comprobatório da avaliação realizada, com menção ao seu desempenho na execução contratual, baseado em indicadores objetivamente definidos e aferidos, e a eventuais penalidades aplicadas, o que constará do registro cadastral em que a inscrição for realizada.
>
> § 4º A anotação do cumprimento de obrigações pelo contratado, de que trata o § 3º deste artigo, será condicionada à implantação e à regulamentação do cadastro de atesto de cumprimento de obrigações, apto à realização do registro de forma objetiva, em atendimento aos princípios da impessoalidade,

da igualdade, da isonomia, da publicidade e da transparência, de modo a possibilitar a implementação de medidas de incentivo aos licitantes que possuírem ótimo desempenho anotado em seu registro cadastral.

§ 5º A qualquer tempo poderá ser alterado, suspenso ou cancelado o registro de inscrito que deixar de satisfazer exigências determinadas por esta Lei ou por regulamento.

§ 6º O interessado que requerer o cadastro na forma do *caput* deste artigo poderá participar de processo licitatório até a decisão da Administração, e a celebração do contrato ficará condicionada à emissão do certificado referido no § 2º deste artigo.

5.10. Regime Diferenciado de Contratação

O Regime Diferenciado de Contratação – RDC surgiu com o advento da Lei n. 12.462, de 4 de agosto de 2011, que inicialmente estabeleceu um procedimento próprio para atender à Copa do Mundo de 2014 e às Olimpíadas de 2016, mas que, ao longo dos anos, foi ampliando seus objetos, conforme demonstra o teor do art. 1º, *in verbis*:

> Art. 1º É instituído o Regime Diferenciado de Contratações Públicas (RDC), aplicável exclusivamente às licitações e contratos necessários à realização: I – dos Jogos Olímpicos e Paraolímpicos de 2016, constantes da Carteira de Projetos Olímpicos a ser definida pela Autoridade Pública Olímpica (APO); e II – da Copa das Confederações da Federação Internacional de Futebol Associação – Fifa 2013 e da Copa do Mundo Fifa 2014, definidos pelo Grupo Executivo – Gecopa 2014 do Comitê Gestor instituído para definir, aprovar e supervisionar as ações previstas no Plano Estratégico das Ações do Governo Brasileiro para a Realização da Copa do Mundo Fifa 2014 – CGCOPA 2014, restringindo-se, no caso de obras públicas, às constantes da matriz de responsabilidades celebrada entre a União, Estados, Distrito Federal e Municípios; III – de obras de infraestrutura e de contratação de serviços para os aeroportos das capitais dos Estados da Federação distantes até 350 km (trezentos e cinquenta quilômetros) das cidades sedes dos mundiais referidos nos incisos I e II; IV – das ações integrantes do Programa de Aceleração do Crescimento (PAC) (Incluído pela Lei n. 12.688, de 2012); V – das obras e serviços de engenharia no âmbito do Sistema Único de Saúde – SUS (Incluído pela Lei n. 12.745, de 2012); VI – das obras e serviços de engenharia para construção, ampliação e reforma e administração de estabelecimentos penais e de unidades de atendimento socioeducativo (Incluído pela Lei n. 13.190, de 2015); VII – das ações no âmbito da segurança pública (Incluído pela Lei n. 13.190, de 2015);VIII – das obras e serviços de engenharia, relacionadas a melhorias na mobilidade urbana ou ampliação de infraestrutura logística (Incluído pela Lei n. 13.190, de 2015); IX – dos contratos a que se refere o art. 47-A [A administração pública poderá firmar contratos de locação de bens

> móveis e imóveis, nos quais o locador realiza prévia aquisição, construção ou reforma substancial, com ou sem aparelhamento de bens, por si mesmo ou por terceiros, do bem especificado pela administração] (Incluído pela Lei n. 13.190, de 2015); X – das ações em órgãos e entidades dedicados à ciência, à tecnologia e à inovação (Incluído pela Lei n. 13.243, de 2016).

O § 3º do artigo inaugural cita ainda que "além das hipóteses previstas no *caput*, o RDC também é aplicável às licitações e aos contratos necessários à realização de obras e serviços de engenharia no âmbito dos sistemas públicos de ensino e de pesquisa, ciência e tecnologia" (Redação dada pela Lei n. 13.190, de 2015).

No tocante às fases da licitação decorrente do RDC, a habilitação ocorrerá apenas após o julgamento das propostas, caracterizando inversão de fases se comparada à concorrência da Lei n. 8.666/93. É o que estabelece o art. 12: "O procedimento de licitação de que trata esta Lei observará as seguintes fases, nesta ordem: I – preparatória; II – publicação do instrumento convocatório; III – apresentação de propostas ou lances; IV – julgamento; V – habilitação; VI – recursal; e VII – encerramento. Parágrafo único. A fase de que trata o inciso V do *caput* deste artigo poderá, mediante ato motivado, anteceder as referidas nos incisos III e IV do *caput* deste artigo, desde que expressamente previsto no instrumento convocatório".

Há diferenças também em relação à Lei n. 8.666 no tocante aos critérios de julgamento, uma vez que na Lei do RDC poderão ser utilizados: I – menor preço ou maior desconto; II – técnica e preço; III – melhor técnica ou conteúdo artístico; IV – maior oferta de preço; ou V – maior retorno econômico (art. 18).

Por fim, cumpre ressaltar que a Nova Lei de Licitações e Contratos Administrativos, estabeleceu que a vigência da Lei do RDC ocorrerá até 1º de abril de 2023, nos termos do art. 193, II, da Lei n. 14.133/2021.

Questões

1. (VUNESP – 2019 – Prefeitura de Valinhos/SP – Auditor Fiscal – SF)
De acordo com a Lei n. 8.666/93, as obras, os serviços, as compras e as alienações da Administração Pública

a) serão contratados mediante processo de licitação pública apenas em casos especificados na legislação.

b) em regra, devem ser precedidos de licitação pública que assegure igualdade de condições a todos os concorrentes.

c) serão sempre precedidos de licitação pública que estabeleça exigências de qualificação jurídica, técnica e econômico-financeira compatíveis com o interesse público.

d) podem ser contratados com particulares que possuam débitos com as Fazendas Públicas de quaisquer entes da Federação, ou com a Justiça Trabalhista.

e) podem ser contratados de forma direta fora das hipóteses legais mediante justificativa da excepcionalidade firmada pelo Chefe do Poder Executivo.

2. (CESPE – 2018 – EMAP – Analista Portuário – Contratos) A respeito de finalidades e princípios norteadores da licitação, julgue o item a seguir.

O objetivo da licitação é selecionar, para a administração pública, a proposta de menor valor, em observância ao princípio da isonomia.

( ) Certo   ( ) Errado

3. (CESPE – 2018 – EMAP – Conhecimentos Básicos – Cargos de Nível Superior) Considerando as disposições da Lei n. 9.784/1999, que regulamenta o processo administrativo no âmbito da administração pública federal, e da Lei n. 8.666/1993, Lei de Licitações e Contratos, julgue o item a seguir.

Conforme o princípio da publicidade, a licitação não pode ser sigilosa, devendo ser públicos todos os atos de seu procedimento, em todas as suas fases, incluído o conteúdo das propostas apresentadas antes da respectiva abertura.

( ) Certo   ( ) Errado

4. (FGV – 2018 – TJ/SC – Analista Administrativo) Os procedimentos licitatórios devem observar os princípios constitucionais aplicáveis à Administração Pública, sejam os expressos, sejam os implícitos, os princípios específicos previstos na Lei n. 8.666/93 e aqueles que lhe são correlatos, dentre eles, o:

a) do julgamento subjetivo, eis que o licitante contratado será escolhido de acordo com suas aptidões pessoais.

b) do sigilo das propostas, que são mantidas de forma sigilosa até a abertura dos envelopes em sessão pública.

c) da publicidade imediata de todos os atos do processo, como edital, propostas e assinatura do contrato.

d) da vinculação ao instrumento convocatório, pois o edital é a lei interna daquela licitação, podendo até dispor de forma contrária à lei.

e) da isonomia, pois os licitantes devem ter as mesmas oportunidades, sendo permitido ao poder público fixar no edital quaisquer requisitos para a participação no certame.

5. (VUNESP – 2018 – PC/SP – Delegado de Polícia) É hipótese de licitação dispensável:

a) para contratação de profissional de qualquer setor artístico, diretamente ou através de empresário exclusivo, desde que consagrado pela crítica especializada ou pela opinião pública.

b) para aquisição de materiais, equipamentos, ou gêneros que só possam ser fornecidos por produtor, empresa ou representante comercial exclusivo, vedada a preferência de marca.

c) para a contratação de serviços técnicos, de natureza singular, com profissionais ou empresas de notória especialização.

d) a alienação de bens imóveis, conforme lei autorizativa do ente estatal proprietário do bem a ser alienado.

e) quando não acudirem interessados à licitação anterior e esta, justificadamente, não puder ser repetida sem prejuízo para a Administração, mantidas, neste caso, todas as condições preestabelecidas.

6. (CESPE – 2018 – EMAP – Analista Portuário – Área Administrativa) Em relação a dispensa e inexigibilidade de licitação, julgue o item que segue.

Entre as hipóteses de inexigibilidade de licitação inclui-se a contratação de treinamento e aperfeiçoamento de pessoal de natureza singular com empresa de notória especialização.

( ) Certo ( ) Errado

7. (FCC – 2018 – TRT – 2ª REGIÃO/SP – Analista Judiciário – Área Administrativa) Considere que a Administração pública necessite adquirir cartuchos de impressora para diversos órgãos administrativos, a fim de assegurar a reposição de tais itens com regularidade, evitando o constante desabastecimento verificado em função dos prazos envolvidos nos procedimentos licitatórios a cargo de cada órgão para as aquisições correspondentes. Considerando a legislação e normatização aplicável, uma das soluções juridicamente cabíveis seria

a) a adoção da modalidade convite, mais célere e que poderá ser adotada, a critério da Administração, independentemente do valor das aquisições.

b) a contratação direta, com dispensa de licitação, em razão da natureza comum dos serviços, desde que observados os preços de mercado.

c) a adoção do sistema de registro de preços, com possibilidade de adesão de diferentes órgãos e entidades da Administração.

d) a adoção de chamamento público, com cadastramento de fornecedores locais por ordem de preço ofertado, mediante pregão eletrônico.

e) a contratação direta, com inexigibilidade de licitação, em face das circunstâncias singulares envolvidas, em que a competição não beneficia a Administração.

8. (CESPE – 2018 – EMAP – Analista Portuário – Área Jurídica) Acerca de licitações e contratos a serem celebrados por empresas públicas, julgue o item a seguir.

Cabe mandado de segurança contra ato praticado em licitação promovida por empresa pública.

( ) Certo   ( ) Errado

9. (CEPS/UFPA – 2018 – UFPA – Contador) A fase externa do pregão que é iniciada com a convocação dos interessados deve obedecer a uma série de regras. Dentre elas destaca-se o prazo para apresentação das propostas. Quanto a este prazo, é correto afirmar que o prazo fixado para a apresentação das propostas, contado a partir da publicação do aviso, não será

a) inferior a 6 (seis) dias úteis.

b) inferior a 7 (sete) dias úteis.

c) inferior a 8 (oito) dias úteis.

d) superior a 7 (sete) dias úteis.

e) superior a 8 (oito) dias úteis.

10. (INSTITUTO AOCP – 2018 – TRT – 1ª REGIÃO/RJ – Analista Judiciário – Área Administrativa) De acordo com a Lei do Pregão (Lei n. 10.520/2002), assinale a alternativa correta.

a) A equipe de apoio deverá ser integrada em sua totalidade por servidores ocupantes de cargo efetivo, preferencialmente pertencentes ao quadro permanente da entidade promotora do evento.

b) É vedado adotar a modalidade de pregão nas compras e contratações de bens e serviços comuns quando efetuadas pelo sistema de registro de preços.

c) O prazo fixado para apresentação das propostas, contado a partir da publicação do aviso, não pode ser inferior a 5 (cinco) dias úteis.

d) Para bens e serviços comuns acima de R$ 150.000,00 (cento e cinquenta mil reais) é facultado exigir garantia da proposta no valor de 5% (cinco por cento) do objeto.

e) O acolhimento de eventual recurso interposto contra a declaração do vencedor acarreta a invalidação apenas dos atos insuscetíveis de aproveitamento.

11. (FGV – 2018 – MPE/AL – Prova: Analista do Ministério Público – Administrador de Rede) Determinado edital de licitação, elaborado com base no Regime Diferenciado de Contratações Públicas (RDC), dispôs que seria observado, na execução indireta de obras de engenharia, o regime de contratação integrada.

Considerando a sistemática prevista na Lei n. 12.462/11, o referido regime de contratação

a) compreende a elaboração do projeto básico, não do executivo, bem como a execução da obra.

b) compreende a elaboração dos projetos básico e executivo, a execução da obra e outras operações.

c) compreende a elaboração dos projetos básico e executivo, mas não a execução da obra.

d) não é compatível com o Regime Diferenciado de Contratações Públicas.

e) somente poderia ser utilizado na execução direta de obras de engenharia.

12. (FGV – 2016 – IBGE – Analista – Processos Administrativos e Disciplinares) De acordo com o que dispõe a Lei n. 8.666/93, a qual institui normas para licitações e contratos da Administração Pública, são exemplos de modalidades de licitação:

a) tomada de preços, convite e concessão.

b) concorrência, concurso e leilão.

c) registro de preços, pregão e permissão.

d) leilão, outorga e registro de preços.

e) permissão, tomada de preços e convite.

13. (ESAF – 2016 – ANAC – Analista Administrativo) Acerca do sistema de registro de preços, analise as afirmativas abaixo classificando-as em verdadeiras (V) ou falsas (F). Ao final, assinale a opção que contenha a sequência correta.

( ) A ata de registro de preços obriga tanto os fornecedores quanto a administração em relação à contratação.

( ) Na licitação para registro de preços, não é necessária a indicação de dotação orçamentária, que somente será exigida para a formalização do contrato ou de instrumento hábil.

( ) O Decreto n. 7.892/2013 permite que órgãos e entidades da Administração Pública Federal adiram à ata de registro de preços gerenciada por órgão ou entidade municipal, estadual ou distrital.

a) F, F, F

b) V, F, F

c) F, V, F

d) V, V, V

e) F, V, V

14. (CESPE – 2016 – TRT 8ª Região/PA e AP – Analista Judiciário – Contabilidade) A respeito de licitações e contratos realizados pela administração pública, assinale a opção correta.

a) É vedada a habilitação de interessados residentes ou sediados em locais diferentes de onde se situar a repartição interessada.

b) Concurso é a modalidade de licitação entre interessados na compra de bens móveis inservíveis ou de produtos legalmente apreendidos ou penhorados.

c) Se determinada compra puder ser feita por meio de convite, a administração poderá utilizar a tomada de preços.

d) No caso de empate em uma licitação, os bens produzidos no exterior por empresas brasileiras têm precedência sobre os bens produzidos no Brasil por empresas estrangeiras.

e) As obras, os serviços e os fornecimentos podem ser divididos, a critério da administração, na quantidade de parcelas que se comprovarem técnica e economicamente viáveis.

15. (CESPE – 2014 – ANTAQ – Conhecimentos Básicos – Cargos 5 e 6) Acerca de licitação e contratação pública, julgue o item que segue.

É legalmente admissível a realização de licitação na modalidade pregão para o registro de preços.

( ) Certo ( ) Errado

16. (CESPE – 2014 – ANATEL – Analista Administrativo) Considerando o disposto na Lei n. 8.666/1993, julgue o item subsequente.

Ao Poder Legislativo estadual é permitida a criação de novas modalidades de licitação, conforme as peculiaridades locais existentes.

( ) Certo ( ) Errado

17. (FCC – 2014 – TJ-CE – Juiz) No que tange ao julgamento das licitações, a Lei Federal n. 8.666, de 21 de junho de 1993,

a) exige, para contratação de bens e serviços de informática, a adoção do tipo de licitação "melhor técnica", permitido o emprego de outro tipo de licitação nos casos indicados em decreto do Poder Executivo.

b) admite a utilização de critério sigiloso em licitações, quando houver possibilidade de comprometimento da segurança nacional, nos casos estabelecidos em decreto do Presidente da República, ouvido o Conselho de Defesa Nacional.

c) admite que haja fase de julgamento por lances verbais, somente nas modalidades concorrência e tomada de preço.

d) considera inexequíveis, no caso de licitações de menor preço para compras, as propostas cujos valores sejam inferiores a 70% (setenta por cento) do valor orçado pela Administração.

e) não permite a desistência de proposta após a fase de habilitação, salvo por motivo justo decorrente de fato superveniente e aceito pela Comissão de Licitação.

18. (FCC – 2014 – TJ-AP – Juiz) Leia a seguinte situação hipotética: Em razão de período de fortes chuvas, o Governador do Estado do Amapá decretou estado de calamidade pública em determinados municípios. Em razão desse decreto, as autoridades competentes desses municípios passaram a realizar contratações sem prévio procedimento licitatório, com o fim de adquirir bens necessários para socorrer os desabrigados, como remédios, gêneros alimentícios, colchões e agasalhos. Nesse caso, os municípios

a) estão se utilizando de hipótese legal de dispensa de licitação.

b) estão proibidos de realizar licitação, em razão do estado de calamidade.

c) estão se utilizando de hipótese legal de inexigibilidade de licitação.

d) deveriam utilizar licitação simplificada, na modalidade pregão, para realizar tais contratações.

e) não eram obrigados a realizar licitações, ainda que não houvesse situação de calamidade pública, pois tal obrigação atinge apenas entidades de maior vulto, como a União e os Estados.

19. (FCC – 2014 – MPE-PE – Promotor de Justiça) O Regime Diferenciado de Contratação é procedimento prévio à celebração de contratos pela Administração Pública e se aplica

a) às contratações realizadas mediante financiamento pelo Banco Interamericano de Desenvolvimento – BID, por força de tratado celebrado no âmbito da Organização dos Estados Americanos – OEA.

b) somente às contratações realizadas pela União Federal, para execução das ações integrantes do Programa de Aceleração do Crescimento – PAC.

c) a todas as contratações de bens e serviços considerados comuns, desde que o valor do contrato supere R$ 1 milhão.

d) às obras e serviços de engenharia no âmbito do Sistema Único de Saúde – SUS.

e) quando for dispensada a realização de procedimento licitatório, em face da urgência da contratação a ser realizada.

20. (FCC – 2010 – TRE/Al – Técnico Judiciário) A regra prevista na Lei de Licitações (Lei n. 8.666/93) segundo a qual a Administração não pode descumprir as normas e condições do edital, ao qual se acha estritamente vinculada, traduz o princípio da

a) legalidade.

b) vinculação ao instrumento convocatório.

c) impessoalidade.

d) moralidade.

e) igualdade.

21. (FCC – 2010 – TRE/Al – Técnico Judiciário) NÃO se incluem dentre as modalidades de licitação previstas na Lei n. 8.666/93 a de

a) leilão, a de concurso e a de menor preço.

b) menor preço, a de convite e a de leilão.

c) concorrência, a de concurso e a de convite.

d) melhor técnica, a de convite e a de técnica e preço.

e) menor preço, a de melhor técnica e a de técnica e preço.

22. (CESPE/UnB – 2010 – CEF – Arquiteto) Com base na Lei n. 8.666/1993 e em suas posteriores alterações, assinale a opção correta.

a) Estão subordinados ao regime jurídico dessa lei órgãos da administração direta, fundos especiais, autarquias, fundações públicas e empresas públicas, mas não as sociedades de economia mista que exploram atividade econômica.

b) Como forma de aumentar a concorrência do certame e garantir o efetivo adimplemento do contrato, é admitida, em regra, que se inclua no objeto da licitação a obtenção de recursos financeiros para sua execução.

c) A vedação para a cotação do preço da obra ou do serviço a ser licitado em moeda estrangeira é absoluta, não se admitindo ressalva.

d) Na licitação pela modalidade convite, devem participar, ao menos, três concorrentes. Essa modalidade deve ser utilizada quando o valor estimado para a contratação de obras e serviços de engenharia for de até R$ 150.000,00.

e) É admitida a celebração de contrato administrativo com prazo de vigência indeterminado, desde que devidamente justificado pela autoridade competente em razão da natureza dos serviços licitados.

23. (CESPE/UnB – 2010 – TRE/BA – Taquigrafia) Com relação ao procedimento de licitação, julgue os itens subsequentes.

Há inexigibilidade de licitação na hipótese de contratação de profissional de qualquer setor artístico, diretamente ou por meio de empresário exclusivo, desde que consagrado pela crítica especializada ou pela opinião pública.

( ) Certo ( ) Errado

Acerca das modalidades de licitação, é correto afirmar que, nos casos em que couber convite, a administração pública pode utilizar a tomada de preços e, em qualquer caso, a concorrência.

( ) Certo ( ) Errado

24. (Fund. Zambini/SP – 2009 – Oficial de Promotoria) A Lei n. 10.520, de 17 de julho de 2002, disciplina uma nova modalidade de licitação denominada pregão; acerca desse tema assinale a opção incorreta.

a) No pregão é permitida a exigência de garantia de proposta não superior a 1% (um por cento) do valor estimado do objeto da contratação, por força da aplicação subsidiária do disposto no inciso III do art. 31 da Lei n. 8.666/93.

b) O licitante interessado em recorrer do resultado do julgamento do pregão deverá manifestar sua intenção na sessão, caso contrário decairá do seu direito e o objeto licitado será adjudicado ao vencedor.

c) O pregão é a modalidade de licitação em que a disputa pelo fornecimento de bens e serviços comuns é feita em sessão pública por meio de propostas de preços escritas e lances verbais. Neste sentido não se admite a utilização desta modalidade às contratações de obras e serviços de engenharia.

d) O acatamento do recurso no pregão importará apenas a invalidação dos atos insuscetíveis de aproveitamento.

e) Conforme entendimento fixado pelo Tribunal de Contas da União, a limitação dos lances verbais para ofertas de preços dos licitantes imposta por pregoeiro implica restrição ao caráter competitivo do certame.

25. (FCC – 2008 – TJ/GO – Técnico Judiciário) (Adaptada) A licitação pública é DISPENSÁVEL, nos termos da Lei n. 8.666/93, em sua redação atual:

a) Na celebração de contrato de programa com ente da Federação para prestação de serviços públicos de forma associada, nos termos do autorizado em contrato de consórcio público.

b) Para aquisição de materiais que só possam ser fornecidos por representante comercial exclusivo, vedada a preferência de marca.

c) Para aquisição de bens ou serviços por intermédio de organização internacional.

d) Para contratação de profissional de qualquer setor artístico, diretamente ou através de empresário exclusivo, desde que consagrado pela crítica ou pela opinião pública.

e) Para a aquisição de bens e serviços, produzidos ou prestados no País, que envolvam, cumulativamente, alta complexidade tecnológica e defesa nacional.

26. (FCC – 2008 – TCE/MG – Auxiliar do Ministério Público) A modalidade de licitação do pregão é utilizada para a aquisição de bens e serviços comuns, assim definidos aqueles

a) que podem ser substituídos por outros da mesma espécie, qualidade e quantidade.

b) que são livremente comercializados no mercado.

c) cujos padrões de desempenho e qualidade possam ser objetivamente definidos no edital.

d) objeto de padronização de acordo com normas técnicas regulamentadas pelo mercado.

e) de pequeno valor e destinados ao consumo do ente licitante.

27. (Instituto Consulplan – 2021 – TJ-MS – Titular de Serviços de Notas e de Registros – Remoção) De acordo com a Lei n. 8.666/93, pode-se dispensar a licitação nas seguintes situações, EXCETO:

a) Nos casos de guerra ou grave perturbação da ordem.

b) Quando a União tiver que intervir no domínio econômico para regular preços ou normalizar o abastecimento.

c) Para a construção, a ampliação, a reforma e o aprimoramento de estabelecimentos penais, desde que configurada situação de grave e iminente risco à segurança pública.

d) Para contratação de profissional de qualquer setor artístico, diretamente ou através de empresário exclusivo, desde que consagrado pela crítica especializada ou pela opinião pública.

Gabarito: 1. b; 2. errado; 3. errado; 4. b; 5. e; 6. certo; 7. c; 8. certo; 9. c; 10. e; 11. b; 12. b; 13. c; 14. c; 15. certo; 16. errado; 17. e; 18. a; 19. d; 20. b; 21. e; 22. d; 23. certo e certo; 24. a; 25. a; 26. c; 27. d.

6. CONTRATOS ADMINISTRATIVOS E AS NOVIDADES DA LEI N. 14.133/2021

6.1. Introdução

O contrato, de forma genérica, pode ser conceituado como o acordo de vontades que tem por objetivo a criação, a modificação ou a extinção de direitos.

As partes contratantes buscam uma troca de prestações, isto é, um receber e um prestar reciprocamente. Como exemplo, podemos citar o contrato de compra e venda de um veículo automotor, em que uma das partes compromete-se a pagar o preço para tornar-se proprietária do carro, enquanto a outra assume a obrigação de transferir esse bem, mediante o recebimento do valor devido.

Entretanto, quando uma das partes do contrato for a Administração Pública, regras específicas existirão, em razão da natureza do ente contratante, bem como da finalidade pública que será objeto da contratação.

A Lei n. 8.666/93 (Lei de Licitações e Contratos Administrativos) definiu contrato como todo e qualquer ajuste entre órgãos ou entidades da Administração Pública e particulares em que haja um acordo de vontades para a formação de vínculo e a estipulação de obrigações recíprocas, seja qual for a denominação utilizada (art. 2º).

No tocante à visão doutrinária, encontramos: (i) os Contratos Privados da Administração, em que esta não atua com a supremacia que possui em relação ao contratado, valendo-se das mesmas regras que nós utilizamos em nossas relações particulares (ex.: contrato de locação, sendo o Poder Público o Locatário); (ii) os Contratos Administrativos, regulados pelo regime jurídico de direito público bem identificado nas características a seguir estudadas (ex.: contrato de obra pública de construção de uma ponte).

Os contratos privados da Administração Pública não serão regidos integralmente pelas regras que regem as relações entre particulares. Aliás, a própria Lei n. 8.666/93 diz expressamente da possibilidade da incidência de cláusulas exorbitantes nesse tipo de contrato:

> Art. 62, § 3º: "Aplica-se o disposto nos arts. 55 e 58 a 61 desta Lei e demais normas gerais, no que couber:
>
> I - aos contratos de seguro, de financiamento, de locação em que o Poder Público seja locatário, e aos demais cujo conteúdo seja regido, predominantemente, por norma de direito privado;

O inverso também é verdadeiro, ou seja, nos contratos administrativos também é possível aplicar supletivamente as regras oriundas da teoria geral dos contratos que têm origem no direito privado, mais precisamente no Direito Civil. Mais uma vez é a previsão da Lei n. 8.666/93:

> Art. 54. Os contratos administrativos de que trata esta Lei regulam-se pelas suas cláusulas e pelos preceitos de direito público, aplicando-se-lhes, supletivamente, os princípios da teoria geral dos contratos e as disposições de direito privado.

No mesmo sentido a Nova Lei de Licitações e Contratos Administrativos, Lei n. 14.133/2021:

> Art. 89. Os contratos de que trata esta Lei regular-se-ão pelas suas cláusulas e pelos preceitos de direito público, e a eles serão aplicados, supletivamente, os princípios da teoria geral dos contratos e as disposições de direito privado.

6.2. Características do Contrato Administrativo

Conforme acima mencionado, o contrato administrativo é regido por regras de direito público derrogatórias do direito comum, aquele que regula as regras de nós, particulares, em sociedade. Assim, estudar contrato administrativo é, acima de tudo, conhecer suas características.

A Lei n. 8.666/93 disciplinou esse regime no art. 58:

> O regime jurídico dos contratos administrativos instituído por esta Lei confere à Administração, em relação a eles, a prerrogativa de:
>
> I – modificá-los, unilateralmente, para melhor adequação às finalidades de interesse público, respeitados os direitos do contratado;
>
> II – rescindi-los, unilateralmente, nos casos especificados no inciso I do art. 79 desta Lei;
>
> III – fiscalizar-lhes a execução;
>
> IV – aplicar sanções motivadas pela inexecução total ou parcial do ajuste;
>
> V – nos casos de serviços essenciais, ocupar provisoriamente bens móveis, imóveis, pessoal e serviços vinculados ao objeto do contrato, na hipótese da necessidade de acautelar apuração administrativa de faltas contratuais pelo contratado, bem como na hipótese de rescisão do contrato administrativo.
>
> § 1º As cláusulas econômico-financeiras e monetárias dos contratos administrativos não poderão ser alteradas sem prévia concordância do contratado.
>
> § 2º Na hipótese do inciso I deste artigo, as cláusulas econômico-financeiras do contrato deverão ser revistas para que se mantenha o equilíbrio contratual.

A Nova Lei de Licitações e Contratos Administrativos, Lei n. 14.133/2021 tratou do tema da seguinte forma:

> Art. 104. O regime jurídico dos contratos instituído por esta Lei confere à Administração, em relação a eles, as prerrogativas de:
>
> I – modificá-los, unilateralmente, para melhor adequação às finalidades de interesse público, respeitados os direitos do contratado;
>
> II – extingui-los, unilateralmente, nos casos especificados nesta Lei;
>
> III – fiscalizar sua execução;
>
> IV – aplicar sanções motivadas pela inexecução total ou parcial do ajuste;
>
> V – ocupar provisoriamente bens móveis e imóveis e utilizar pessoal e serviços vinculados ao objeto do contrato nas hipóteses de:
>
> a) risco à prestação de serviços essenciais;
>
> b) necessidade de acautelar apuração administrativa de faltas contratuais pelo contratado, inclusive após extinção do contrato.
>
> § 1º As cláusulas econômico-financeiras e monetárias dos contratos não poderão ser alteradas sem prévia concordância do contratado.
>
> § 2º Na hipótese prevista no inciso I do *caput* deste artigo, as cláusulas econômico-financeiras do contrato deverão ser revistas para que se mantenha o equilíbrio contratual.

6.2.1. Finalidade Pública na Atuação Administrativa

A Administração Pública, quando atua, seja por meio de atos administrativos, seja por contratos administrativos (atos administrativos bilaterais), sempre buscará a tutela e a satisfação do interesse público.

Nesse contexto, a reforma de um edifício que alberga uma repartição pública deverá ser realizada com a finalidade de maior conforto aos servidores, bem como de melhor atender ao público (interesse público primário) e não para o administrador responsável desviar dinheiro ou satisfazer o interesse da empreiteira que lhe bancou a campanha política (interesse secundário ilegítimo).

6.2.2. Atuação da Administração como Poder Público

Na medida em que a Administração celebra um contrato com a finalidade de tutelar o interesse público, imprescindível que ela esteja amparada de uma série de prerrogativas capazes de colocá-la num posto de supremacia em relação ao particular contratado.

Caracteriza muito bem essa posição de superioridade da Administração Pública na celebração de contratos a existência das chamadas *"cláusulas exorbitantes"*.

Ex.: alteração unilateral do contrato administrativo efetivada pela Administração Pública por motivos de interesse público, a seguir estudada.

6.2.3. Formalidades Legais

Em regra, os contratos administrativos são *formais e escritos*. Diante dessa premissa, conclui-se que é nulo e incapaz de produzir efeitos o contrato verbal celebrado pela Administração Pública, salvo na hipótese de pequenas compras de pronto pagamento, assim entendidas aquelas de valor não superior a R$ 8.800,00, feitas em regime de adiantamento (parágrafo único do art. 60 da Lei n. 8.666/93).

Conforme expresso no dispositivo citado, o contrato verbal é admitido de forma excepcional, ou seja, apenas quando se tratar de pequenas compras (valor não superior a R$ 8.800,00) e de pronto pagamento (pagamento à vista), feitas em regime de adiantamento.

A Nova Lei de Licitações e Contratos Administrativos, Lei n. 14.133/2021, estabelece em seu art. 95, § 2º:

É nulo e de nenhum efeito o contrato verbal com a Administração, salvo o de pequenas compras ou o de prestação de serviços de pronto pagamento, assim entendidos aqueles de valor não superior a R$ 10.000,00 (dez mil reais).

Sobre a característica formalidades legais, cumpre ressaltar ainda que o instrumento de contrato não é o único existente para formalizar a contratação administrativa. Os outros instrumentos existentes são: (i) carta-contrato; (ii) nota de empenho de despesa; (iii) autorização de compra; ou (iv) ordem de execução de serviço.

Nessa linha, prevê o art. 62 da Lei n. 8.666/93 que "o instrumento de contrato é obrigatório nos casos de concorrência e de tomada de preços, bem como nas dispensas e inexigibilidades cujos preços estejam compreendidos nos limites destas duas modalidades de licitação, e facultativo nos demais em que a Administração puder substituí-lo por outros instrumentos hábeis, tais como carta-contrato, nota de empenho de despesa, autorização de compra ou ordem de execução de serviço".

O § 4º do citado dispositivo da Lei n. 8.666/93 estabelece ainda: "É dispensável o 'termo de contrato' e facultada a substituição prevista neste artigo, a critério da Administração e independentemente de seu valor, nos casos de compra com entrega imediata e integral dos bens adquiridos, dos quais não resultem obrigações futuras, inclusive assistência técnica".

No mesmo sentido a Lei n. 14.133/2021:

> Art. 95. O instrumento de contrato é obrigatório, salvo nas seguintes hipóteses, em que a Administração poderá substituí-lo por outro instrumento hábil, como carta-contrato, nota de empenho de despesa, autorização de compra ou ordem de execução de serviço:
>
> I – dispensa de licitação em razão de valor;

> II – compras com entrega imediata e integral dos bens adquiridos e dos quais não resultem obrigações futuras, inclusive quanto a assistência técnica, independentemente de seu valor.

6.2.4. Natureza de Contrato de Adesão

Os contratos administrativos são considerados contratos de adesão, pois as cláusulas são elaboradas exclusivamente pela Administração, não conferindo oportunidade de negociação para a parte contrária.

Assim, a minuta de contrato deverá acompanhar o edital de licitação (Lei n. 8.666/93 art. 62, § 1º e Lei n. 14.133/2021, art. 18, VI), pois ao licitante só caberá aceitar as regras impostas unilateralmente pela Administração. Se optar por participar da licitação e vencer o certame, presume-se a aceitação das regras, e não poderá propor qualquer alteração no contrato. É evidente que se existir ilegalidade no contrato até o Poder Judiciário poderá invalidar respectiva cláusula viciada.

6.2.5. Pessoalidade (*Intuitu Personae*)

A execução do contrato deve ser efetivada, em regra, por aquele que venceu o procedimento licitatório e se obrigou perante a Administração, não se aceitando pessoa diferente daquela.

O procedimento licitatório tem a finalidade de contratar a pessoa física ou jurídica que oferecer a proposta mais vantajosa para o interesse público e que seja capaz de demonstrar as condições para cumprir o que foi pactuado (habilitado).

Diante da premissa "deve executar o contrato quem se comprometeu perante a Administração", *não é admitida, em regra, a subcontratação*, isto é, o contratado não poderá transmitir para terceira pessoa a execução do objeto do contrato. Trata-se de um contrato com a característica da pessoalidade, ou seja, contrata-se com a pessoa que se mostrou habilitada para tanto.

Consiste na vedação prevista na Lei n. 8.666/93, na medida em que reconhece como motivo para a *rescisão* do contrato administrativo a subcontratação total ou parcial, a transferência, total ou parcial, fusão, cisão, separação, incorporação, bem como a dissolução da sociedade ou o falecimento do contratado (art. 78, VI e X).

Se haverá rescisão nessas hipóteses, significa que a Administração visa, em princípio, contratar com aquele que perante ela se obrigou.

Entretanto, *essa vedação não é absoluta*, uma vez que a Lei n. 8.666/93 admite a subcontratação de parcela do objeto contratado, desde que prevista essa possibilidade no edital de licitação no contrato, bem como haja autorização em cada caso pela Administração (art. 72).

APROFUNDANDO! Nos contratos de concessão de serviço público, prevê o art. 26 da Lei n. 8.987/95: "É admitida a subconcessão, nos termos previstos no contrato de concessão, desde que expressamente autorizada pelo poder concedente. § 1º A outorga de subconcessão será sempre precedida de concorrência. § 2º O subconcessionário se sub-rogará todos os direitos e obrigações da subconcedente dentro dos limites da subconcessão". O art. 27 – A dispõe: "Nas condições estabelecidas no contrato de concessão, o poder concedente autorizará a assunção do controle ou da administração temporária da concessionária por seus financiadores e garantidores com quem não mantenha vínculo societário direto, para promover sua reestruturação financeira e assegurar a continuidade da prestação dos serviços (incluído pela Lei n. 13.097, de 2015)".

A Nova Lei de Licitações e Contratos Administrativos, Lei n. 14.133/2021, trata da subcontratação nos seguintes termos:

> Art. 122. Na execução do contrato e sem prejuízo das responsabilidades contratuais e legais, o contratado poderá subcontratar partes da obra, do serviço ou do fornecimento até o limite autorizado, em cada caso, pela Administração.
>
> § 1º O contratado apresentará à Administração documentação que comprove a capacidade técnica do subcontratado, que será avaliada e juntada aos autos do processo correspondente.
>
> § 2º Regulamento ou edital de licitação poderão vedar, restringir ou estabelecer condições para a subcontratação.
>
> § 3º Será vedada a subcontratação de pessoa física ou jurídica, se aquela ou os dirigentes desta mantiverem vínculo de natureza técnica, comercial, econômica, financeira, trabalhista ou civil com dirigente do órgão ou entidade contratante ou com agente público que desempenhe função na licitação ou atue na fiscalização ou na gestão do contrato, ou se deles forem cônjuge, companheiro ou parente em linha reta, colateral, ou por afinidade, até o terceiro grau, devendo essa proibição constar expressamente do edital de licitação.

6.2.6. Cláusulas Exorbitantes

São aquelas que extrapolam as regras do Direito Privado, ou seja, trata-se de cláusulas que seriam consideradas ilícitas nos contratos firmados entre particulares, mas são admitidas nas contratações com a Administração Pública.

As cláusulas exorbitantes conferem certas prerrogativas à Administração Pública, colocando-a em posição de superioridade em relação ao contratado.

6.2.6.1. *Exigência de Garantia*

A Administração poderá exigir garantia como forma de assegurar o cumprimento do que foi pactuado, bem como garantir a reparação dos danos sofridos pela Administração em razão da inexecução do contrato (art. 56 da Lei n. 8.666/93).

A esse respeito, são características da garantia prestada pelo contratado: (i) natureza de facultatividade: não é obrigatória a exigência de garantia, uma vez que se trata de decisão discricionária da Administração Pública. A própria Lei n. 8.666/93 estabelece que ficará a critério da autoridade competente, em cada caso, e desde que prevista no instrumento convocatório, *a exigência da prestação de garantia* nas contratações de obras, serviços e compras (art. 56); (ii) previsão obrigatória no instrumento convocatório: se a autoridade competente optar pela exigência da caução, esta deverá estar prevista no edital ou na carta-convite (modalidades de instrumentos convocatórios); (iii) cabe ao contratado escolher a modalidade de garantia a ser prestada dentre as previstas em lei (caução em dinheiro, títulos da dívida pública, seguro-garantia ou fiança bancária) (§ 1º do art. 56). Por mais que a Administração tenha uma série de prerrogativas em relação ao particular, cabe a este escolher a modalidade de garantia; (iv) percentual da garantia: em regra não excederá a 5% do valor contratado, podendo chegar a 10% desse valor em contratos de grande vulto, envolvendo complexidade técnica e riscos financeiros consideráveis (art. 56, §§ 2º e 3º); (v) devolução da garantia ao fim do contrato: executado o contrato, a garantia será liberada ou restituída e, quando em dinheiro, atualizada monetariamente (art. 56, § 4º).

A Lei n. 14.133/2021 assim estabeleceu sobre o tema:

> Art. 58. Poderá ser exigida, no momento da apresentação da proposta, a comprovação do recolhimento de quantia a título de garantia de proposta, como requisito de pré-habilitação.
>
> § 1º A garantia de proposta não poderá ser superior a 1% (um por cento) do valor estimado para a contratação.
>
> § 2º A garantia de proposta será devolvida aos licitantes no prazo de 10 (dez) dias úteis, contado da assinatura do contrato ou da data em que for declarada fracassada a licitação.
>
> § 3º Implicará execução do valor integral da garantia de proposta a recusa em assinar o contrato ou a não apresentação dos documentos para a contratação.
>
> § 4º A garantia de proposta poderá ser prestada nas modalidades de que trata o § 1º do art. 96 desta Lei.
>
> (...)
>
> Art. 96. A critério da autoridade competente, em cada caso, poderá ser exigida, mediante previsão no edital, prestação de garantia nas contratações de obras, serviços e fornecimentos.
>
> § 1º Caberá ao contratado optar por uma das seguintes modalidades de garantia:
>
> I – caução em dinheiro ou em títulos da dívida pública emitidos sob a forma escritural, mediante registro em sistema centralizado de liquidação e

de custódia autorizado pelo Banco Central do Brasil, e avaliados por seus valores econômicos, conforme definido pelo Ministério da Economia;

II – seguro-garantia;

III – fiança bancária emitida por banco ou instituição financeira devidamente autorizada a operar no País pelo Banco Central do Brasil.

§ 2º Na hipótese de suspensão do contrato por ordem ou inadimplemento da Administração, o contratado ficará desobrigado de renovar a garantia ou de endossar a apólice de seguro até a ordem de reinício da execução ou o adimplemento pela Administração.

§ 3º O edital fixará prazo mínimo de 1 (um) mês, contado da data de homologação da licitação e anterior à assinatura do contrato, para a prestação da garantia pelo contratado quando optar pela modalidade prevista no inciso II do § 1º deste artigo.

Art. 97. O seguro-garantia tem por objetivo garantir o fiel cumprimento das obrigações assumidas pelo contratado perante à Administração, inclusive as multas, os prejuízos e as indenizações decorrentes de inadimplemento, observadas as seguintes regras nas contratações regidas por esta Lei:

I – o prazo de vigência da apólice será igual ou superior ao prazo estabelecido no contrato principal e deverá acompanhar as modificações referentes à vigência deste mediante a emissão do respectivo endosso pela seguradora;

II – o seguro-garantia continuará em vigor mesmo se o contratado não tiver pago o prêmio nas datas convencionadas.

Parágrafo único. Nos contratos de execução continuada ou de fornecimento contínuo de bens e serviços, será permitida a substituição da apólice de seguro-garantia na data de renovação ou de aniversário, desde que mantidas as mesmas condições e coberturas da apólice vigente e desde que nenhum período fique descoberto, ressalvado o disposto no § 2º do art. 96 desta Lei.

Art. 98. Nas contratações de obras, serviços e fornecimentos, a garantia poderá ser de até 5% (cinco por cento) do valor inicial do contrato, autorizada a majoração desse percentual para até 10% (dez por cento), desde que justificada mediante análise da complexidade técnica e dos riscos envolvidos.

Parágrafo único. Nas contratações de serviços e fornecimentos contínuos com vigência superior a 1 (um) ano, assim como nas subsequentes prorrogações, será utilizado o valor anual do contrato para definição e aplicação dos percentuais previstos no *caput* deste artigo.

Art. 99. Nas contratações de obras e serviços de engenharia de grande vulto, poderá ser exigida a prestação de garantia, na modalidade seguro-garantia, com cláusula de retomada prevista no art. 102 desta Lei, em percentual equivalente a até 30% (trinta por cento) do valor inicial do contrato.

> Art. 100. A garantia prestada pelo contratado será liberada ou restituída após a fiel execução do contrato ou após a sua extinção por culpa exclusiva da Administração e, quando em dinheiro, atualizada monetariamente.
>
> Art. 101. Nos casos de contratos que impliquem a entrega de bens pela Administração, dos quais o contratado ficará depositário, o valor desses bens deverá ser acrescido ao valor da garantia.
>
> Art. 102. Na contratação de obras e serviços de engenharia, o edital poderá exigir a prestação da garantia na modalidade seguro-garantia e prever a obrigação de a seguradora, em caso de inadimplemento pelo contratado, assumir a execução e concluir o objeto do contrato, hipótese em que:
>
> I – a seguradora deverá firmar o contrato, inclusive os aditivos, como interveniente anuente e poderá:
>
> a) ter livre acesso às instalações em que for executado o contrato principal;
>
> b) acompanhar a execução do contrato principal;
>
> c) ter acesso a auditoria técnica e contábil;
>
> d) requerer esclarecimentos ao responsável técnico pela obra ou pelo fornecimento;
>
> II – a emissão de empenho em nome da seguradora, ou a quem ela indicar para a conclusão do contrato, será autorizada desde que demonstrada sua regularidade fiscal;
>
> III – a seguradora poderá subcontratar a conclusão do contrato, total ou parcialmente.
>
> Parágrafo único. Na hipótese de inadimplemento do contratado, serão observadas as seguintes disposições:
>
> I – caso a seguradora execute e conclua o objeto do contrato, estará isenta da obrigação de pagar a importância segurada indicada na apólice;
>
> II – caso a seguradora não assuma a execução do contrato, pagará a integralidade da importância segurada indicada na apólice.

6.2.6.2. Alteração Unilateral do Contrato pela Administração Pública

Trata-se de cláusula exorbitante, que ocorrerá com o objetivo de adequar o contrato às finalidades de interesse público (art. 58, I, da Lei n. 8.666/93).

As hipóteses em que a Administração poderá alterar unilateralmente os contratos administrativos são: (i) quando houver modificação do projeto ou das especificações, para melhor adequação técnica aos seus objetivos; (ii) quando necessária a modificação do valor contratual em decorrência de acréscimo ou diminuição quantitativa de seu objeto, nos limites permitidos pela lei (alíneas *a* e *b* do inciso I do art. 65 da Lei n. 8.666/93).

A última hipótese deixou bem claro que não é admitida qualquer alteração quantitativa, mas somente aquelas previstas pela Lei n. 8.666/93. Nesse sentido, imprescindível ressaltarmos que o contratado fica obrigado a aceitar, nas mesmas condições pactuadas, os acréscimos ou surpresas que se fizerem nas obras, serviços ou compras, até 25% (vinte e cinco por cento) do valor inicial atualizado do contrato. No caso particular de reforma de edifício ou de equipamento, até o limite de 50% (cinquenta por cento) para seus acréscimos. Enfim, nenhum acréscimo ou supressão poderá exceder os limites acima elencados, a não ser no caso de supressões resultantes de *acordo* celebrado entre os contratantes (§§ 1º e 2º do art. 65 da Lei n. 8.666/93).

Dessa forma, o contratado está obrigado a suportar até o limite de: (i) 25% de acréscimos ou supressões quando referentes a obras, serviços ou compras. Ex.: num contrato para pavimentação de 100 km de estrada a um preço de R$ 1.000.000,00, a Administração poderá exigir um aumento de até 25%, isto é, 125 km, e pagará R$ 1.250.000,00; (ii) 50% de acréscimos no caso de reforma de edifício ou de equipamento.

A esse respeito, também ficou consignado que não será admitido nenhum acréscimo ou supressão acima dos limites citados, ressalvadas as supressões resultantes de acordo de vontades das partes envolvidas. Nesse caso, a alteração será consensual e não unilateral pela Administração.

Em suma, a alteração unilateral do contrato pela Administração somente poderá atingir as cláusulas regulamentares ou de serviço que se referem ao objeto e à execução do contrato. Isso significa que as cláusulas econômico-financeiras e as monetárias não poderão ser objeto de alteração, *salvo se decorrente da manifestação de vontade das partes* (art. 58, § 1º da Lei n. 8.666/93).

Se é prerrogativa da Administração alterar unilateralmente o contrato administrativo para adequá-lo às finalidades de interesse público, em contrapartida, *é direito do contratado exigir a manutenção do equilíbrio econômico-financeiro do contrato,* ou seja, as cláusulas econômico-financeiras do contrato deverão ser revistas para que se mantenha o equilíbrio contratual (art. 58, § 2º, da Lei n. 8.666/93).

A manutenção do equilíbrio econômico-financeiro consiste na permanência durante toda a execução do contrato do contexto existente no momento da contratação, levando em consideração a relação entre os encargos que recaem sobre o contratado e a respectiva remuneração. Assim, conforme exemplo acima, num contrato para pavimentação de 100 km de estrada a um preço de R$ 1.000.000,00, a Administração poderá exigir um aumento de até 25%, isto é, 125 km, mas deverá pagar R$ 1.250.000,00 para a manutenção do equilíbrio econômico-financeiro.

APROFUNDANDO! *a)* tanto as alterações contratuais quantitativas – que modificam a dimensão do objeto – quanto as unilaterais qualitativas – que mantêm intangível o objeto, em natureza e em dimensão, estão sujeitas aos limites preestabelecidos nos §§ 1º e 2º do art. 65 da Lei n. 8.666/93, em face do respeito aos direitos do contratado, prescrito no art. 58, I, da mesma Lei, do princípio da proporcionalidade e da necessidade de esses limites serem obrigatoriamente fixados em lei; *b)* nas hipóteses de alterações contratuais consensuais, qualitativas e excepcionalíssimas de contratos de obras e serviços, é facultado à Administração ultrapassar os limites aludidos no item anterior, observados os princípios da finalidade, da razoabilidade e da proporcionalidade, além dos direitos patrimoniais do contratante privado (TCU, Decisão n. 215/99).

ATENÇÃO! Existem algumas formas para se buscar o restabelecimento do equilíbrio econômico-financeiro. São elas: (i) Revisão – equação econômico-financeira é afetada por eventos posteriores e imprevisíveis que alteram substancialmente o conteúdo ou a extensão das prestações impostas ao contratante. Não tem relação com questões inflacionárias, como no caso fortuito ou força maior (REsp 612.123). (ii) Reajuste – existe a recomposição preestabelecida do poder aquisitivo da moeda, por meio da aplicação de índice de preços fixado contratualmente. Exige o decurso mínimo de 12 meses. Tem relação com questões inflacionárias (STJ – MS 11.539). (iii) Repactuação – consiste na recomposição do valor contratado aplicável aos contratos de serviços contínuos e se vincula à variação de custos do contrato. O contratado deverá demonstrar de forma analítica a proporção do desequilíbrio econômico-financeiro de acordo com a planilha de custos e a formação dos preços, como no caso de aumento salarial da categoria de trabalhadores em razão da data-base (TCU – Acórdão 1.827). Exige-se previsão contratual e o decurso do interregno de 12 meses.

A Nova Lei de Licitações e Contratos Administrativos tratou do assunto nos seguintes artigos:

> Art. 124. Os contratos regidos por esta Lei poderão ser alterados, com as devidas justificativas, nos seguintes casos:
>
> I – unilateralmente pela Administração:
>
> a) quando houver modificação do projeto ou das especificações, para melhor adequação técnica a seus objetivos;
>
> b) quando for necessária a modificação do valor contratual em decorrência de acréscimo ou diminuição quantitativa de seu objeto, nos limites permitidos por esta Lei;
>
> II – por acordo entre as partes:
>
> a) quando conveniente a substituição da garantia de execução;
>
> b) quando necessária a modificação do regime de execução da obra ou do serviço, bem como do modo de fornecimento, em face de verificação técnica da inaplicabilidade dos termos contratuais originários;

c) quando necessária a modificação da forma de pagamento por imposição de circunstâncias supervenientes, mantido o valor inicial atualizado e vedada a antecipação do pagamento em relação ao cronograma financeiro fixado sem a correspondente contraprestação de fornecimento de bens ou execução de obra ou serviço;

d) para restabelecer o equilíbrio econômico-financeiro inicial do contrato em caso de força maior, caso fortuito ou fato do príncipe ou em decorrência de fatos imprevisíveis ou previsíveis de consequências incalculáveis, que inviabilizem a execução do contrato tal como pactuado, respeitada, em qualquer caso, a repartição objetiva de risco estabelecida no contrato.

§ 1º Se forem decorrentes de falhas de projeto, as alterações de contratos de obras e serviços de engenharia ensejarão apuração de responsabilidade do responsável técnico e adoção das providências necessárias para o ressarcimento dos danos causados à Administração.

§ 2º Será aplicado o disposto na alínea *d* do inciso II do *caput* deste artigo às contratações de obras e serviços de engenharia, quando a execução for obstada pelo atraso na conclusão de procedimentos de desapropriação, desocupação, servidão administrativa ou licenciamento ambiental, por circunstâncias alheias ao contratado.

Art. 125. Nas alterações unilaterais a que se refere o inciso I do *caput* do art. 124 desta Lei, o contratado será obrigado a aceitar, nas mesmas condições contratuais, acréscimos ou supressões de até 25% (vinte e cinco por cento) do valor inicial atualizado do contrato que se fizerem nas obras, nos serviços ou nas compras, e, no caso de reforma de edifício ou de equipamento, o limite para os acréscimos será de 50% (cinquenta por cento).

Art. 126. As alterações unilaterais a que se refere o inciso I do *caput* do art. 124 desta Lei não poderão transfigurar o objeto da contratação.

Art. 127. Se o contrato não contemplar preços unitários para obras ou serviços cujo aditamento se fizer necessário, esses serão fixados por meio da aplicação da relação geral entre os valores da proposta e o do orçamento-base da Administração sobre os preços referenciais ou de mercado vigentes na data do aditamento, respeitados os limites estabelecidos no art. 125 desta Lei.

Art. 128. Nas contratações de obras e serviços de engenharia, a diferença percentual entre o valor global do contrato e o preço global de referência não poderá ser reduzida em favor do contratado em decorrência de aditamentos que modifiquem a planilha orçamentária.

Art. 129. Nas alterações contratuais para supressão de obras, bens ou serviços, se o contratado já houver adquirido os materiais e os colocado no local dos trabalhos, estes deverão ser pagos pela Administração pelos custos de aquisição regularmente comprovados e monetariamente reajustados, podendo caber indenização por outros danos eventualmente decorrentes da supressão, desde que regularmente comprovados.

Art. 130. Caso haja alteração unilateral do contrato que aumente ou diminua os encargos do contratado, a Administração deverá restabelecer, no mesmo termo aditivo, o equilíbrio econômico-financeiro inicial.

Art. 131. A extinção do contrato não configurará óbice para o reconhecimento do desequilíbrio econômico-financeiro, hipótese em que será concedida indenização por meio de termo indenizatório.

Parágrafo único. O pedido de restabelecimento do equilíbrio econômico-financeiro deverá ser formulado durante a vigência do contrato e antes de eventual prorrogação nos termos do art. 107 desta Lei.

Art. 132. A formalização do termo aditivo é condição para a execução, pelo contratado, das prestações determinadas pela Administração no curso da execução do contrato, salvo nos casos de justificada necessidade de antecipação de seus efeitos, hipótese em que a formalização deverá ocorrer no prazo máximo de 1 (um) mês.

Art. 133. Nas hipóteses em que for adotada a contratação integrada ou semi-integrada, é vedada a alteração dos valores contratuais, exceto nos seguintes casos:

I – para restabelecimento do equilíbrio econômico-financeiro decorrente de caso fortuito ou força maior;

II – por necessidade de alteração do projeto ou das especificações para melhor adequação técnica aos objetivos da contratação, a pedido da Administração, desde que não decorrente de erros ou omissões por parte do contratado, observados os limites estabelecidos no art. 125 desta Lei;

III – por necessidade de alteração do projeto nas contratações semi-integradas, nos termos do § 5º do art. 46 desta Lei;

IV – por ocorrência de evento superveniente alocado na matriz de riscos como de responsabilidade da Administração.

Art. 134. Os preços contratados serão alterados, para mais ou para menos, conforme o caso, se houver, após a data da apresentação da proposta, criação, alteração ou extinção de quaisquer tributos ou encargos legais ou a superveniência de disposições legais, com comprovada repercussão sobre os preços contratados.

Art. 135. Os preços dos contratos para serviços contínuos com regime de dedicação exclusiva de mão de obra ou com predominância de mão de obra serão repactuados para manutenção do equilíbrio econômico-financeiro, mediante demonstração analítica da variação dos custos contratuais, com data vinculada:

I – à da apresentação da proposta, para custos decorrentes do mercado;

II – ao acordo, à convenção coletiva ou ao dissídio coletivo ao qual a proposta esteja vinculada, para os custos de mão de obra.

§ 1º A Administração não se vinculará às disposições contidas em acordos, convenções ou dissídios coletivos de trabalho que tratem de matéria não trabalhista, de pagamento de participação dos trabalhadores nos lucros ou resultados do contratado, ou que estabeleçam direitos não previstos em lei, como valores ou índices obrigatórios de encargos sociais ou previdenciários, bem como de preços para os insumos relacionados ao exercício da atividade.

§ 2º É vedado a órgão ou entidade contratante vincular-se às disposições previstas nos acordos, convenções ou dissídios coletivos de trabalho que tratem de obrigações e direitos que somente se aplicam aos contratos com a Administração Pública.

§ 3º A repactuação deverá observar o interregno mínimo de 1 (um) ano, contado da data da apresentação da proposta ou da data da última repactuação.

§ 4º A repactuação poderá ser dividida em tantas parcelas quantas forem necessárias, observado o princípio da anualidade do reajuste de preços da contratação, podendo ser realizada em momentos distintos para discutir a variação de custos que tenham sua anualidade resultante em datas diferenciadas, como os decorrentes de mão de obra e os decorrentes dos insumos necessários à execução dos serviços.

§ 5º Quando a contratação envolver mais de uma categoria profissional, a repactuação a que se refere o inciso II do *caput* deste artigo poderá ser dividida em tantos quantos forem os acordos, convenções ou dissídios coletivos de trabalho das categorias envolvidas na contratação.

§ 6º A repactuação será precedida de solicitação do contratado, acompanhada de demonstração analítica da variação dos custos, por meio de apresentação da planilha de custos e formação de preços, ou do novo acordo, convenção ou sentença normativa que fundamenta a repactuação.

Art. 136. Registros que não caracterizam alteração do contrato podem ser realizados por simples apostila, dispensada a celebração de termo aditivo, como nas seguintes situações:

I – variação do valor contratual para fazer face ao reajuste ou à repactuação de preços previstos no próprio contrato;

II – atualizações, compensações ou penalizações financeiras decorrentes das condições de pagamento previstas no contrato;

III – alterações na razão ou na denominação social do contratado;

IV – empenho de dotações orçamentárias.

6.2.6.3. *Rescisão Unilateral do Contrato pela Administração Pública*

Os contratos celebrados entre particulares sem a participação da Administração Pública não admitem a alteração nem a rescisão unilateral por qualquer das partes. Tal assertiva tem por fundamento a igualdade entre as partes contratantes, princípio que caracteriza as relações de Direito Privado. Assim, os contratos dessa natureza só poderão ser extintos amigavelmente ou por intermédio do Poder Judiciário.

Nos contratos administrativos essa igualdade não existe, de tal sorte que a Administração Pública, na busca de sua finalidade – satisfação do interesse público –, coloca-se em posição de superioridade em relação ao particular contratado.

Diante desse contexto, há a possibilidade de rescisão unilateral do contrato pela Administração, sem precisar da autorização do Poder Judiciário, nem da manifestação de vontade do contratado (art. 58, II, da Lei n. 8.666/93).

Entretanto, não é em qualquer hipótese que a Administração poderá rescindir unilateralmente o contrato, mas apenas nas seguintes do art. 78, I a XII e XVII, da Lei n. 8.666/93: I – não cumprimento de cláusulas contratuais, especificações, projetos ou prazos; II – o cumprimento irregular de cláusulas contratuais, especificações, projetos e prazos; III – a lentidão do seu cumprimento, levando a Administração a comprovar a impossibilidade da conclusão da obra, do serviço ou do fornecimento, nos prazos estipulados; IV – o atraso injustificado no início da obra, serviço ou fornecimento; V – a paralisação da obra, do serviço ou do fornecimento, sem justa causa e prévia comunicação à Administração; VI – a subcontratação total ou parcial do seu objeto, a associação do contratado com outrem, a cessão ou transferência, total ou parcial, bem como a fusão, cisão ou incorporação, não admitidas no edital e no contrato; VII – o desatendimento das determinações regulares da autoridade designada para acompanhar e fiscalizar a sua execução, assim como as de seus superiores; VIII – o cometimento reiterado de faltas na sua execução; IX – a decretação de falência ou a instauração de insolvência civil; X – a dissolução da sociedade ou o falecimento do contratado; XI – a alteração social ou a modificação da finalidade ou da estrutura da empresa, que prejudique a execução do contrato; XII – razões de interesse público, de alta relevância e amplo conhecimento, justificadas e determinadas pela máxima autoridade da esfera administrativa a que está subordinado o contratante e exaradas no processo administrativo a que se refere o contrato; [...] XVII – a ocorrência de caso fortuito ou de força maior, regularmente comprovada, impeditiva da execução do contrato.

Por fim, ainda que seja prerrogativa da Administração rescindir unilateralmente o contrato administrativo, este ato deverá ser motivado, e deverá ser conferido ao contratado o direito ao contraditório e ampla defesa (art. 78, parágrafo único, da Lei n. 8.666/93). Tais medidas visam coibir arbitrariedades por parte da Administração, bem como proporcionar o controle da atuação administrativa diante de alguma irregularidade.

A Lei n. 14.133/2021, disciplinou o tema da seguinte forma:

> Art. 137. Constituirão motivos para extinção do contrato, a qual deverá ser formalmente motivada nos autos do processo, assegurados o contraditório e a ampla defesa, as seguintes situações:

I – não cumprimento ou cumprimento irregular de normas editalícias ou de cláusulas contratuais, de especificações, de projetos ou de prazos;

II – desatendimento das determinações regulares emitidas pela autoridade designada para acompanhar e fiscalizar sua execução ou por autoridade superior;

III – alteração social ou modificação da finalidade ou da estrutura da empresa que restrinja sua capacidade de concluir o contrato;

IV – decretação de falência ou de insolvência civil, dissolução da sociedade ou falecimento do contratado;

V – caso fortuito ou força maior, regularmente comprovados, impeditivos da execução do contrato;

VI – atraso na obtenção da licença ambiental, ou impossibilidade de obtê-la, ou alteração substancial do anteprojeto que dela resultar, ainda que obtida no prazo previsto;

VII – atraso na liberação das áreas sujeitas a desapropriação, a desocupação ou a servidão administrativa, ou impossibilidade de liberação dessas áreas;

VIII – razões de interesse público, justificadas pela autoridade máxima do órgão ou da entidade contratante;

IX – não cumprimento das obrigações relativas à reserva de cargos prevista em lei, bem como em outras normas específicas, para pessoa com deficiência, para reabilitado da Previdência Social ou para aprendiz.

§ 1º Regulamento poderá especificar procedimentos e critérios para verificação da ocorrência dos motivos previstos no *caput* deste artigo.

§ 2º O contratado terá direito à extinção do contrato nas seguintes hipóteses:

I – supressão, por parte da Administração, de obras, serviços ou compras que acarrete modificação do valor inicial do contrato além do limite permitido no art. 125 desta Lei;

II – suspensão de execução do contrato, por ordem escrita da Administração, por prazo superior a 3 (três) meses;

III – repetidas suspensões que totalizem 90 (noventa) dias úteis, independentemente do pagamento obrigatório de indenização pelas sucessivas e contratualmente imprevistas desmobilizações e mobilizações e outras previstas;

IV – atraso superior a 2 (dois) meses, contado da emissão da nota fiscal, dos pagamentos ou de parcelas de pagamentos devidos pela Administração por despesas de obras, serviços ou fornecimentos;

V – não liberação pela Administração, nos prazos contratuais, de área, local ou objeto, para execução de obra, serviço ou fornecimento, e de fontes de materiais naturais especificadas no projeto, inclusive devido a atraso ou descumprimento das obrigações atribuídas pelo contrato à Administração relacionadas a desapropriação, a desocupação de áreas públicas ou a licenciamento ambiental.

§ 3º As hipóteses de extinção a que se referem os incisos II, III e IV do § 2º deste artigo observarão as seguintes disposições:

I – não serão admitidas em caso de calamidade pública, de grave perturbação da ordem interna ou de guerra, bem como quando decorrerem de ato ou fato que o contratado tenha praticado, do qual tenha participado ou para o qual tenha contribuído;

II – assegurarão ao contratado o direito de optar pela suspensão do cumprimento das obrigações assumidas até a normalização da situação, admitido o restabelecimento do equilíbrio econômico-financeiro do contrato, na forma da alínea *d* do inciso II do *caput* do art. 124 desta Lei.

§ 4º Os emitentes das garantias previstas no art. 96 desta Lei deverão ser notificados pelo contratante quanto ao início de processo administrativo para apuração de descumprimento de cláusulas contratuais.

Art. 138. A extinção do contrato poderá ser:

I – determinada por ato unilateral e escrito da Administração, exceto no caso de descumprimento decorrente de sua própria conduta;

II – consensual, por acordo entre as partes, por conciliação, por mediação ou por comitê de resolução de disputas, desde que haja interesse da Administração;

III – determinada por decisão arbitral, em decorrência de cláusula compromissória ou compromisso arbitral, ou por decisão judicial.

§ 1º A extinção determinada por ato unilateral da Administração e a extinção consensual deverão ser precedidas de autorização escrita e fundamentada da autoridade competente e reduzidas a termo no respectivo processo.

§ 2º Quando a extinção decorrer de culpa exclusiva da Administração, o contratado será ressarcido pelos prejuízos regularmente comprovados que houver sofrido e terá direito a:

I – devolução da garantia;

II – pagamentos devidos pela execução do contrato até a data de extinção;

III – pagamento do custo da desmobilização.

Art. 139. A extinção determinada por ato unilateral da Administração poderá acarretar, sem prejuízo das sanções previstas nesta Lei, as seguintes consequências:

I – assunção imediata do objeto do contrato, no estado e local em que se encontrar, por ato próprio da Administração;

II – ocupação e utilização do local, das instalações, dos equipamentos, do material e do pessoal empregados na execução do contrato e necessários à sua continuidade;

III – execução da garantia contratual para:

> a) ressarcimento da Administração Pública por prejuízos decorrentes da não execução;
>
> b) pagamento de verbas trabalhistas, fundiárias e previdenciárias, quando cabível;
>
> c) pagamento das multas devidas à Administração Pública;
>
> d) exigência da assunção da execução e da conclusão do objeto do contrato pela seguradora, quando cabível;
>
> IV – retenção dos créditos decorrentes do contrato até o limite dos prejuízos causados à Administração Pública e das multas aplicadas.
>
> § 1º A aplicação das medidas previstas nos incisos I e II do *caput* deste artigo ficará a critério da Administração, que poderá dar continuidade à obra ou ao serviço por execução direta ou indireta.
>
> § 2º Na hipótese do inciso II do *caput* deste artigo, o ato deverá ser precedido de autorização expressa do ministro de Estado, do secretário estadual ou do secretário municipal competente, conforme o caso.

6.2.6.4. *Poder de Fiscalização da Administração Pública*

A Lei n. 8.666/93 estabelece como prerrogativa da Administração o poder-dever de fiscalizar a execução do contrato administrativo (art. 58, III, da Lei n. 8.666/93).

Ademais, o mesmo diploma legal estabelece a possibilidade de acompanhamento da execução do contrato pela Administração ou por seu representante especialmente designado, permitida a contratação de terceiros para assisti-los e subsidiá-los com informações (art. 67 da Lei n. 8.666/93).

Efetivada a fiscalização pela Administração Pública de forma regular ou irregular, consequências existirão: (i) diante da fiscalização regularmente efetivada e do desatendimento pelo contratado da determinação da autoridade designada para fiscalizar a execução do contrato, legitimada está a rescisão unilateral deste pela Administração Pública, nos termos do art. 78, VII, da Lei n. 8.666/93; (ii) por outro lado, eventual falha na fiscalização não exclui nem atenua a responsabilidade do contratado pelos danos diretamente causados à Administração ou a terceiros, decorrentes de sua culpa ou dolo na execução do contrato (art. 70 da Lei n. 8.666/93).

Sobre o tema dever-poder de fiscalizar, prevê a Lei n. 14.133/2021:

> Art. 117. A execução do contrato deverá ser acompanhada e fiscalizada por 1 (um) ou mais fiscais do contrato, representantes da Administração especialmente designados conforme requisitos estabelecidos no art. 7º desta Lei, ou pelos respectivos substitutos, permitida a contratação de terceiros para assisti-los e subsidiá-los com informações pertinentes a essa atribuição.

> § 1º O fiscal do contrato anotará em registro próprio todas as ocorrências relacionadas à execução do contrato, determinando o que for necessário para a regularização das faltas ou dos defeitos observados.
>
> § 2º O fiscal do contrato informará a seus superiores, em tempo hábil para a adoção das medidas convenientes, a situação que demandar decisão ou providência que ultrapasse sua competência.
>
> § 3º O fiscal do contrato será auxiliado pelos órgãos de assessoramento jurídico e de controle interno da Administração, que deverão dirimir dúvidas e subsidiá-lo com informações relevantes para prevenir riscos na execução contratual.
>
> § 4º Na hipótese da contratação de terceiros prevista no *caput* deste artigo, deverão ser observadas as seguintes regras:
>
> I – a empresa ou o profissional contratado assumirá responsabilidade civil objetiva pela veracidade e pela precisão das informações prestadas, firmará termo de compromisso de confidencialidade e não poderá exercer atribuição própria e exclusiva de fiscal de contrato;
>
> II – a contratação de terceiros não eximirá de responsabilidade o fiscal do contrato, nos limites das informações recebidas do terceiro contratado.

6.2.6.5. *Ocupação Provisória do Objeto do Contrato pela Administração Pública*

Trata-se de uma consequência da prerrogativa de fiscalização e acompanhamento da execução do contrato, como forma de garantir a continuidade dos serviços públicos essenciais, afastando possível ofensa ao Princípio da Continuidade do serviço público (art. 58, V, da Lei n. 8.666/93). Dessa forma, a Administração poderá se ocupar provisoriamente dos bens móveis e imóveis, pessoal e inclusive serviços vinculados ao objeto contratado.

Conforme visto, a ocupação provisória pode ser uma medida cautelar com o objetivo de apurar administrativamente faltas contratuais, ou, ainda, ser uma consequência da rescisão do contrato administrativo, com a finalidade de assegurar a continuidade da execução do contrato.

A última hipótese, também fundamentada no princípio da continuidade do serviço público, encontra amparo nos incisos I e II do art. 80 da Lei n. 8.666/93, podendo a Administração: (i) assumir imediatamente o objeto do contrato, no estado e local em que se encontrar, por ato próprio da Administração; (ii) ocupar e utilizar o local, instalações, equipamentos, material e pessoal empregados na execução do contrato, necessários à sua continuidade, na forma do inciso V do art. 58 da Lei n. 8.666/93.

No mesmo sentido a Lei n. 14.133/2021:

> Art. 139. A extinção determinada por ato unilateral da Administração poderá acarretar, sem prejuízo das sanções previstas nesta Lei, as seguintes consequências:
>
> I – assunção imediata do objeto do contrato, no estado e local em que se encontrar, por ato próprio da Administração;
>
> II – ocupação e utilização do local, das instalações, dos equipamentos, do material e do pessoal empregados na execução do contrato e necessários à sua continuidade;
>
> III – execução da garantia contratual para:
>
> a) ressarcimento da Administração Pública por prejuízos decorrentes da não execução;
>
> b) pagamento de verbas trabalhistas, fundiárias e previdenciárias, quando cabível;
>
> c) pagamento das multas devidas à Administração Pública;
>
> d) exigência da assunção da execução e da conclusão do objeto do contrato pela seguradora, quando cabível;
>
> IV – retenção dos créditos decorrentes do contrato até o limite dos prejuízos causados à Administração Pública e das multas aplicadas.
>
> § 1º A aplicação das medidas previstas nos incisos I e II do *caput* deste artigo ficará a critério da Administração, que poderá dar continuidade à obra ou ao serviço por execução direta ou indireta.
>
> § 2º Na hipótese do inciso II do *caput* deste artigo, o ato deverá ser precedido de autorização expressa do ministro de Estado, do secretário estadual ou do secretário municipal competente, conforme o caso.

6.2.6.6. Restrição à Exceção (Defesa) do Contrato Não Cumprido

Nos contratos entre particulares, regidos pelo direito privado, quando uma das partes se torna inadimplente (deixa de cumprir sua parte no contrato), a outra não está obrigada a continuar cumprindo com o que foi pactuado, podendo alegar em sua defesa a exceção de contrato não cumprido (*exceptio non adimpleti contractus*). Dessa monta, somente posso exigir o cumprimento da obrigação pela outra parte se antes cumpri com a minha respectiva obrigação.

Ex.: "A" paga mensalmente por um serviço a ser prestado por "B". Este deixa de prestar o serviço a partir de determinado mês. Dessa data em diante, "A" poderá deixar de pagar a prestação mensal, alegando em sua defesa, em caso de eventual cobrança, que o contrato não está sendo cumprido por "B" (alegação da exceção – defesa do contrato não cumprido).

Nos contratos administrativos há uma restrição quanto à utilização dessa defesa (exceção de contrato não cumprido), de tal sorte que o *contratado só poderá suspender a execução do contrato quando a Administração atrasar em mais de 90 dias o pagamento devido*, seja em razão de obras, serviços ou fornecimentos, já recebidos ou executados (art. 78, XV, da Lei n. 8.666/93).

De fato, a restrição é evidente na medida em que a rescisão do contrato ou a sua suspensão só poderão ser requeridas após 90 dias de atraso no pagamento por parte da Administração, fato que não ocorre nas relações privadas, entre particulares, pois, conforme visto, a paralisação na execução do contrato poderá ocorrer no mesmo instante em que a outra parte deixa de cumprir o que foi pactuado.

O fundamento dessa situação díspar é o princípio da continuidade do serviço público e a supremacia do interesse público sobre o particular, típicos do regime jurídico de direito público.

A Lei n. 14.133/2021 admitiu como uma das hipóteses de extinção do contrato a requerimento do contratado o atraso superior a 2 meses, contado da emissão da nota fiscal, dos pagamentos ou de parcelas de pagamentos devidos pela Administração por despesas de obras, serviços ou fornecimentos (art. 137, § 2º, IV).

6.2.6.7. *Aplicação Direta das Penalidades pela Administração*

Não significa imposição da penalidade sem dar oportunidade de defesa prévia ao contratado. Aplicação direta das penalidades consiste no fato de que a Administração pode punir o contratado sem precisar recorrer ao Poder Judiciário, desde que conferida a oportunidade ao contraditório e ampla defesa (art. 58, IV, da Lei n. 8.666/93).

As penalidades passíveis de serem aplicadas pela Administração Pública ao contratado, em razão de inexecução total ou parcial do contrato, estão previstas no *caput* do art. 86 (multa de mora pelo atraso injustificado) e nos incisos do art. 87, sendo elas: a) advertência; b) multa, na forma prevista no instrumento convocatório ou no contrato; c) suspensão temporária de participação em licitação e impedimento de contratar com a Administração, por prazo não superior a 2 (dois) anos; d) declaração de inidoneidade para licitar ou contratar com a Administração Pública enquanto perdurarem os motivos determinantes da punição ou até que seja promovida a reabilitação perante a própria autoridade que aplicou a penalidade, que será concedida sempre que o contratado ressarcir a Administração pelos prejuízos resultantes e após decorrido o prazo da sanção aplicada com base no inciso anterior.

APROFUNDANDO! Existe divergência na doutrina e na jurisprudência a respeito da abrangência dos efeitos das sanções administrativas acima elencadas, ou seja, quando a sanção aplicada por um Município será capaz de impedir a um Estado-membro contratar com a empresa penalizada? A esse respeito abordaremos as três correntes existentes sobre o assunto.

1ª Corrente – efeito restritivo: as duas sanções (suspensão e declaração de inidoneidade) têm efeitos limitados ao ente que aplicou a punição. Essa é a posição de Carlos Ari Sundfeld e possui os seguintes fundamentos: (i) silêncio da lei leva à interpretação restritiva em matéria sancionatória; (ii) autonomia dos entes federativos; (iii) ofensa ao princípio da competitividade[107].

2ª Corrente – efeito restritivo para a suspensão (só ente sancionador não pode contratar empresa penalizada) e extensivo para a declaração inidoneidade (nenhum ente pode contratar com a empresa penalizada). Trata-se do entendimento de Maria Sylvia Zanella Di Pietro, que fundamenta sua opinião nas definições do art. 6º, XI e XII, da Lei n. 8.666/93, em que a definição de Administração Pública tem conceito mais amplo do que Administração. Logo, a Lei n. 8.666 ao ligar a pena de suspensão à Administração trouxe um efeito restritivo à abrangência de tal penalidade e, ao relacionar declaração de inidoneidade à Administração Pública, conferiu efeitos mais amplos à abrangência de sua aplicação; por isso, apenas no último caso, a empresa penalizada não poderá contratar com qualquer ente público[108].

3ª Corrente – efeito extensivo tanto para a suspensão, como para a declaração de inidoneidade, ou seja, o contratado penalizado não poderá contratar com nenhum ente da Federação. Esta a posição de José dos Santos Carvalho Filho. Fundamentos: (i) não há diferença entre Administração e Administração Pública (atecnicismo do legislador); (ii) objetivo dessa interpretação é evitar que demais entidades contratem com empresas inadimplentes[109].

O STJ segue a terceira corrente (MS 19.657, de 2013), enquanto o TCU a segunda (Acórdão 1.017/2013 – Plenário):

> MANDADO DE SEGURANÇA. PENALIDADE APLICADA COM BASE NA LEI N. 8.666/93. DIVULGAÇÃO NO PORTAL DA TRANSPARÊNCIA GERENCIADO PELA CGU. DECADÊNCIA. LEGITIMIDADE PASSIVA. LEI EM TESE E/OU ATO CONCRETO. DANO INEXISTENTE.
>
> 1. O prazo decadencial conta-se a partir da data da ciência do ato impugnado, cabendo ao impetrado a responsabilidade processual de demonstrar a intempestividade.
>
> 2. A Controladoria Geral da União é parte legítima para figurar em mandado de segurança objetivando atacar a inclusão do nome da empresa no PORTAL DA TRANSPARÊNCIA, por ela administrado.

---

107 SUNDFELD, Carlos Ari. *Abrangência da declaração de inidoneidade e da suspensão da participação em licitações.* Informativo de Licitações e Contratos-ILC169. Curitiba, mar. 2008. p. 240-243.
108 DI PIETRO, Maria Sylvia Zanella. *Direito administrativo.* 24. ed. São Paulo: Atlas, 2011. p. 276.
109 CARVALHO FILHO, José dos Santos. *Manual de direito administrativo.* 23. ed. rev., ampl. e atual. até 31-12-2009. Rio de Janeiro: Lumen Juris, 2010. p. 213.

3. O *writ* impugna ato concreto, oriundo do Ministro dirigente da CGU, inexistindo violação de lei em tese.

4. Nos termos da jurisprudência desta Corte, a penalidade prevista no art. 87, III, da Lei 8.666/93, suspendendo temporariamente os direitos da empresa em participar de licitações e contratar com a administração é de âmbito nacional.

5. Segurança denegada. (MS 19.657/DF, rel. Min. ELIANA CALMON, PRIMEIRA SEÇÃO, julgado em 14-8-2013, *DJe* 23-8-2013).

Em julgado mais recente o mesmo entendimento foi mantido pelo STJ:

MANDADO DE SEGURANÇA N. 23.600 – DF (2017/0143663-3)

RELATOR: MINISTRO SÉRGIO KUKINA

IMPETRANTE: S H VIGILANCIA E SEGURANCA EIRELI – EPP

ADVOGADO: VALMIR MARTINS PINHEIRO JUNIOR – MA009253

IMPETRADO: PREGOEIRO DA COORDENAÇÃO REGIONAL DA FUNAI NO ESTADO DO MARANHÃO

IMPETRADO: MINISTRO DE ESTADO CHEFE DA CONTROLADORIA – GERAL DA UNIÃO

INTERES.: UNIÃO

[...]

É o relatório. Passo a decidir.

A pretensão veiculada pela empresa impetrante destoa da jurisprudência desta Corte, a qual é firme no sentido de que a penalidade prevista no art. 87, III, da Lei n. 8.666/93 não produz efeitos apenas em relação ao ente federativo sancionador, mas alcança toda a Administração Pública. Nessa linha de percepção, destaco as seguintes ementas:

PROCESSUAL CIVIL E ADMINISTRATIVO. SUSPENSÃO TEMPORÁRIA DE PARTICIPAR DE LICITAÇÃO E IMPEDIMENTO DE CONTRATAR. ALCANCE DA PENALIDADE. TODA A ADMINISTRAÇÃO PÚBLICA. 1. Conforme estabelecido pelo Plenário do STJ, "aos recursos interpostos com fundamento no CPC/1973 (relativos a decisões publicadas até 17 de março de 2016) devem ser exigidos os requisitos de admissibilidade na forma nele prevista, com as interpretações dadas até então pela jurisprudência do Superior Tribunal de Justiça. (Enunciado Administrativo n. 2). 2. De acordo com a jurisprudência do STJ, a penalidade prevista no art. 87, III, da Lei n. 8.666/1993 não produz efeitos apenas em relação ao ente federativo sancionador, mas alcança toda a Administração Pública (MS 19.657/DF, rel. Min. ELIANA CALMON, PRIMEIRA SEÇÃO, julgado em 14-8-2013,

DJe 23-8-2013). 3. Agravo desprovido. (AgInt no REsp 1.382.362/PR, rel. Min. GURGEL DE FARIA, PRIMEIRA TURMA, julgado em 7-3-2017, *DJe* 31-3-2017).

MANDADO DE SEGURANÇA. PENALIDADE APLICADA COM BASE NA LEI 8.666/93. DIVULGAÇÃO NO PORTAL DA TRANSPARÊNCIA GERENCIADO PELA CGU. DECADÊNCIA. LEGITIMIDADE PASSIVA. LEI EM TESE E/OU ATO CONCRETO. DANO INEXISTENTE. 1. O prazo decadencial conta-se a partir da data da ciência do ato impugnado, cabendo ao impetrado a responsabilidade processual de demonstrar a intempestividade. 2. A Controladoria Geral da União é parte legítima para figurar em mandado de segurança objetivando atacar a inclusão do nome da empresa no PORTAL DA TRANSPARÊNCIA, por ela administrado. 3. O writ impugna ato concreto, oriundo do Ministro dirigente da CGU, inexistindo violação de lei em tese. 4. Nos termos da jurisprudência desta Corte, a penalidade prevista no art. 87, III, da Lei 8.666/93, suspendendo temporariamente os direitos da empresa em participar de licitações e contratar com a administração é de âmbito nacional. 5. Segurança denegada. (MS 19.657/DF, rel. Min. ELIANA CALMON, PRIMEIRA SEÇÃO, julgado em 14-8-2013, *DJe* 23-8-2013).

ADMINISTRATIVO MANDADO DE SEGURANÇA LICITAÇÃO SUSPENSÃO TEMPORÁRIA DISTINÇÃO ENTRE ADMINISTRAÇÃO E ADMINISTRAÇÃO PÚBLICA – INEXISTÊNCIA IMPOSSIBILIDADE DE PARTICIPAÇÃO DE LICITAÇÃO PÚBLICA LEGALIDADE LEI 8.666/93, ART. 87, INC. III. – É irrelevante a distinção entre os termos Administração Pública e Administração, por isso que ambas as figuras (suspensão temporária de participar em licitação (inc. III) e declaração de inidoneidade (inc. IV) acarretam ao licitante a não-participação em licitações e contratações futuras. – A Administração Pública é uma, sendo descentralizadas as suas funções, para melhor atender ao bem comum. – A limitação dos efeitos da suspensão de participação de licitação não pode ficar restrita a um órgão do poder público, pois os efeitos do desvio de conduta que inabilita o sujeito para contratar com a Administração se estendem a qualquer órgão da Administração Pública. – Recurso especial não conhecido. (REsp 151.567/RJ, rel. Min. FRANCISCO PEÇANHA MARTINS, SEGUNDA TURMA, julgado em 25-2-2003, *DJ* 14-4-2003, p. 208).

Menciono, ainda, no mesmo sentido, as seguintes decisões monocráticas: REsp 1.619.418/DF, Relator Ministro Og Fernandes, *DJe* 26-3-2018; AREsp 1.179.351/SP, de minha relatoria, *DJe* 22-2-2018; MS 20.893/DF, Relator Ministro Napoleão Nunes Maia Filho, *DJe* 6-10-2017.

Ante o exposto, com fundamento nos arts. 932, VIII, do CPC e 34, XIX, do RISTJ, denego a segurança. Custas *ex lege*, já recolhidas (fls. 37 e 38).

Sem honorários advocatícios, nos termos do art. 25 da lei de regência e da Súmula 105/STJ.

Publique-se.

Brasília (DF), 11 de maio de 2018.

Relator: Ministro SÉRGIO KUKINA, 15-5-2018.

Em relação ao entendimento do TCU, destacamos:

Sumário: REPRESENTAÇÃO COM PEDIDO CAUTELAR. PREGÃO ELETRÔNICO. INDÍCIO DE IRREGULARIDADE RELATIVA A SUBITEM DO EDITAL QUE IMPEDE A PARTICIPAÇÃO DE LICITANTE QUE ESTEJA SUSPENSA DE CONTRATAR COM A INFRAERO E COM TODA A ADMINISTRAÇÃO PÚBLICA EM QUALQUER DE SUAS ESFERAS. DISPOSIÇÃO EDITALÍCIA INCOMPATÍVEL COM AS NORMAS LEGAIS PERTINENTES E COM A JURISPRUDÊNCIA DO TRIBUNAL. CONCEDIDA MEDIDA CAUTELAR. OITIVA DA ENTIDADE. AGRAVO. ARGUMENTOS APRESENTADOS INSUFICIENTES PARA DESCARACTERIZAR AS RAZÕES QUE FUNDAMENTARAM A MEDIDA ADOTADA. MANUTENÇÃO DA CAUTELAR. COMUNICAÇÃO À INTERESSADA.

[...]

2.4. Após fazer a distinção dos termos "Administração" e "Administração Pública", empregados no art. 6º inciso XI, da Lei 8.666/1993, explica que essa diferenciação está disposta, também, no art. 87 daquela Lei, que estabelece as penalidades que podem ser aplicadas pelos órgãos públicos, especificamente, a suspensão temporária de participar de procedimentos licitatórios, esta, adstrita à Administração, e a declaração de inidoneidade que, "*por ser de natureza mais grave*", estende-se a toda a Administração Pública. Explica, ainda, que o Decreto 3.555/2000 acompanha o entendimento da Lei 8.666/1993, quando prescreve que o impedimento de licitar e contratar surte efeito apenas na Administração que o aplicou. (ACÓRDÃO N. 1017/2013 – TCU – Plenário).

Sumário: REPRESENTAÇÃO. PREGÃO ELETRÔNICO DA 29ª CIRCUNSCRIÇÃO MILITAR (29ª CSM). AQUISIÇÃO DE BENS DIVERSOS (27 ITENS). INABILITAÇÃO INDEVIDA DA EMPRESA REPRESENTANTE. SUSPENSÃO CAUTELAR DO CERTAME. AUDIÊNCIA DOS GESTORES DA 29ª CSM. OITIVA DAS EMPRESAS INTERESSADAS. ACOLHIMENTO PARCIAL DAS RAZÕES DE JUSTIFICATIVA. SUBSISTÊNCIA DA IRREGULARIDADE NA INABILITAÇÃO DA EMPRESA REPRESENTANTE. CONHECIMENTO. PROCEDÊNCIA. ASSINATURA DE PRAZO PARA A 29ª CSM ADOTAR AS MEDIDAS CABÍVEIS COM VISTAS À ANULAÇÃO DO ATO DE INABILITAÇÃO DA DATEN TECNOLOGIA LTDA. RELATÓRIO

[...]

12. *Nos termos do Acórdão 2530/2015-TCU-Plenário, deve-se considerar:*

'*Quanto à abrangência da sanção, o impedimento de contratar e licitar com o ente federativo que promove o pregão e fiscaliza o contrato (art. 7º da Lei 10.520/2002) é pena mais rígida do que a suspensão temporária de participação em licitação e o impedimento de contratar com um órgão da Administração (art. 87, inciso III, da Lei 8.666/1993), e mais branda do que a declaração de inidoneidade para licitar ou contratar com toda a Administração Pública (art. 87, inciso IV, da Lei 8.666/1993).* (ACÓRDÃO 819/2017 – PLENÁRIO, Relator: ANDRÉ DE CARVALHO).

Outro ponto relevante e polêmico refere-se aos efeitos da pena de declaração de inidoneidade, se *ex tunc* ou se *ex nunc*. Sobre o tema entende o Superior Tribunal de Justiça:

ADMINISTRATIVO. DECLARAÇÃO DE INIDONEIDADE PARA LICITAR E CONTRATAR COM A ADMINISTRAÇÃO PÚBLICA. EFEITOS *EX NUNC*.

1. O entendimento da Primeira Seção do STJ é no sentido de que a declaração de inidoneidade só produz efeito *ex nunc*.

2. Agravo Regimental não provido. (AgRg no REsp 1148351/MG, rel. Min. HERMAN BENJAMIN, SEGUNDA TURMA, julgado em 18-3-2010, *DJe* 30-3-2010)

"RECURSO ESPECIAL N. 1.552.078 – DF (2015/0214736-0)

RELATOR: MINISTRO NAPOLEÃO NUNES MAIA FILHO

RECORRENTE: ESPARTA SEGURANCA LTDA

ADVOGADOS: MARCELO LUIZ ÁVILA DE BESSA

LÍVIO R. CIOTTI E OUTRO(S)

RECORRIDO: VISAN SEGURANCA PRIVADA LTDA

ADVOGADOS: OVÍDIO MARTINS DE ARAÚJO

MARCO TÚLIO BEZERRA DE AZEREDO BASTOS E OUTRO(S)

DECISÃO: PROCESSUAL CIVIL E ADMINISTRATIVO. TUTELA PROVISÓRIA DE URGÊNCIA E RECURSO ESPECIAL. TUTELA PROVISÓRIA DE URGÊNCIA QUE OBJETIVA CONFERIR EFEITO SUSPENSIVO A RECURSO ESPECIAL. AUSÊNCIA DE DEMONSTRAÇÃO DOS REQUISITOS AUTORIZADORES DA MEDIDA. DECLARAÇÃO DE INIDONEIDADE PARA LICITAR E CONTRATAR COM A ADMINISTRAÇÃO PÚBLICA. EFEITOS *EX NUNC* DA DECLARAÇÃO DE INIDONEIDADE: SIGNIFICADO. PRECEDENTE DA 1ª. SEÇÃO (MS 13.964/DF, *DJe* DE 25-5-2009). PEDIDO DE TUTELA PROVISÓRIA DE

URGÊNCIA REQUERIDO PELA VISAN SEGURANÇA PRIVADA LTDA. INDEFERIDO E RECURSO ESPECIAL INTERPOSTO PELA ESPARTA SEGURANÇA LTDA A QUE SE NEGA SEGUIMENTO.

[...]

12. É o relatório.

[...]

20. Entretanto, a declaração de idoneidade não tem a faculdade de afetar os contratos administrativos já aperfeiçoados juridicamente ou em fase de execução, sobretudo aqueles celebrados com entes públicos não vinculados à autoridade sancionadora e pertencente à ente federado diverso. Nesse sentido:

ADMINISTRATIVO. DECLARAÇÃO DE INIDONEIDADE PARA LICITAR E CONTRATAR COM A ADMINISTRAÇÃO PÚBLICA. EFEITOS *EX NUNC* DA DECLARAÇÃO DE INIDONEIDADE: SIGNIFICADO. PRECEDENTE DA 1ª. SEÇÃO (MS 13.964/DF, *DJe* DE 25-5-2009).

1. Segundo precedentes da 1ª. Seção, a declaração de inidoneidade só produz efeito para o futuro (efeito *ex nunc*), sem interferir nos contratos já existentes e em andamento (MS 13.101/DF, Min. Eliana Calmon, *DJe* de 9-12-2008). Afirma-se, com isso, que o efeito da sanção inibe a empresa de licitar ou contratar com a Administração Pública (Lei 8666/93, art. 87), sem, no entanto, acarretar, automaticamente, a rescisão de contratos administrativos já aperfeiçoados juridicamente e em curso de execução, notadamente os celebrados perante outros órgãos administrativos não vinculados à autoridade impetrada ou integrantes de outros entes da Federação (Estados, Distrito Federal e Municípios). Todavia, a ausência do efeito rescisório automático não compromete nem restringe a faculdade que têm as entidades da Administração Pública de, no âmbito da sua esfera autônoma de atuação, promover medidas administrativas específicas para rescindir os contratos, nos casos autorizados e observadas as formalidades estabelecidas nos arts. 77 a 80 da Lei 8.666/93.

2. No caso, está reconhecido que o ato atacado não operou automaticamente a rescisão dos contratos em curso, firmados pelas impetrantes.

3. Mandado de segurança denegado, prejudicado o agravo regimental (MS 14.002/DF, rel. Min. TEORI ALBINO ZAVASCKI, *DJe* 6-11-2009).

21. Deveras, a sanção aplicada tem efeitos apenas *ex nunc* para impedir que a empresa venha a licitar ou contratar com a Administração Pública pelo prazo estabelecido, não gerando como consequência imediata a rescisão automática de contratos administrativos já em curso. A propósito:

ADMINISTRATIVO – LICITAÇÃO – INIDONEIDADE DECRETADA PELA CONTROLADORIA GERAL DA UNIÃO – ATO IMPUGNADO VIA MANDADO DE SEGURANÇA.

1. Empresa que, em processo administrativo regular, teve decretada a sua

inidoneidade para licitar e contratar com o Poder Público, com base em fatos concretos.

2. Constitucionalidade da sanção aplicada com respaldo na Lei de Licitações, Lei 8.666/93 (arts. 87e 88).

3. Legalidade do ato administrativo sancionador que observou o devido processo legal, o contraditório e o princípio da proporcionalidade.

4. Inidoneidade que, como sanção, só produz efeito para o futuro (efeito *ex nunc*), sem interferir nos contratos já existentes e em andamento.

5. Segurança denegada (MS 13.101/DF, rel. Min. JOSÉ DELGADO, Rel. p/ Acórdão Min. ELIANA CALMON, *DJe* 9-12-2008).

22. Inafastável, portanto, a Súmula 83/STJ à espécie, cuja incidência também pode ocorrer nas hipóteses de interposição de Recurso Especial pela alínea *a* do permissivo constitucional (AgRg no Ag 1.113.545/RS, rel. Min. RICARDO VILLAS BÔAS CUEVA, *DJe* 13-12-2012; AgRg no AREsp. 241.293/RS, rel. Min. MAURO CAMPBELL MARQUES, *DJe* 12-12-2012; AgRg no AgRg no Ag 1.339.971/PR, rel. Min. ARNALDO ESTEVES LIMA, *DJe* 27-11-2012).

23. Ante o exposto, indefere-se o pedido de Tutela Provisória de Urgência requerido pela VISAN SEGURANÇA PRIVADA LTDA. e nega-se seguimento ao Recurso Especial interposto pela ESPARTA SEGURANÇA LTDA.

24. Publique-se. Intimações necessárias.

Brasília (DF), 07 de junho de 2016.

MINISTRO RELATOR: Ministro NAPOLEÃO NUNES MAIA FILHO, 10-6-2016.

Apesar de prevalecer que os efeitos da penalidade de declaração de inidoneidade são para o futuro sem atingir, a princípio, os contratos em andamento, conforme posição consolidada no STJ, importante destacar que a Administração Pública contratante poderá extinguir o contrato com a empresa contratada se receber a notícia da penalidade que lhe fora imposta, sob o fundamento de que os requisitos da habilitação deverão permanecer vigentes durante toda a execução do contrato. Essa a previsão da Lei n. 8.666/93:

> Art. 55. São cláusulas necessárias em todo contrato as que estabeleçam:
>
> [...]
>
> XIII – a obrigação do contratado de manter, durante toda a execução do contrato, em compatibilidade com as obrigações por ele assumidas, todas as condições de habilitação e qualificação exigidas na licitação.

Para tanto é imprescindível a instauração de processo administrativo com direito ao contraditório e ampla defesa, pois a empresa contratada poderá comprovar que a penalidade imposta em outro contrato por outro ente público em nada poderá afetar o contrato vivente.

A Nova Lei de Licitações e Contratos Administrativos, Lei n. 14.133/2021, adotou a segunda corrente, estabelecendo efeitos restritivos para a penalidade de impedimento de licitar e de contratar e, efeitos extensivos para a declaração de inidoneidade:

> Art. 155. O licitante ou o contratado será responsabilizado administrativamente pelas seguintes infrações:
>
> I – dar causa à inexecução parcial do contrato;
>
> II – dar causa à inexecução parcial do contrato que cause grave dano à Administração, ao funcionamento dos serviços públicos ou ao interesse coletivo;
>
> III – dar causa à inexecução total do contrato;
>
> IV – deixar de entregar a documentação exigida para o certame;
>
> V – não manter a proposta, salvo em decorrência de fato superveniente devidamente justificado;
>
> VI – não celebrar o contrato ou não entregar a documentação exigida para a contratação, quando convocado dentro do prazo de validade de sua proposta;
>
> VII – ensejar o retardamento da execução ou da entrega do objeto da licitação sem motivo justificado;
>
> VIII – apresentar declaração ou documentação falsa exigida para o certame ou prestar declaração falsa durante a licitação ou a execução do contrato;
>
> IX – fraudar a licitação ou praticar ato fraudulento na execução do contrato;
>
> X – comportar-se de modo inidôneo ou cometer fraude de qualquer natureza;
>
> XI – praticar atos ilícitos com vistas a frustrar os objetivos da licitação;
>
> XII – praticar ato lesivo previsto no art. 5º da Lei n. 12.846, de 1º de agosto de 2013.
>
> Art. 156. Serão aplicadas ao responsável pelas infrações administrativas previstas nesta Lei as seguintes sanções:
>
> I – advertência;
>
> II – multa;
>
> **III – impedimento de licitar e contratar;**
>
> **IV – declaração de inidoneidade para licitar ou contratar.**
>
> § 1º Na aplicação das sanções serão considerados:

I – a natureza e a gravidade da infração cometida;

II – as peculiaridades do caso concreto;

III – as circunstâncias agravantes ou atenuantes;

IV – os danos que dela provierem para a Administração Pública;

V – a implantação ou o aperfeiçoamento de programa de integridade, conforme normas e orientações dos órgãos de controle.

§ 2º A sanção prevista no inciso I do *caput* deste artigo será aplicada exclusivamente pela infração administrativa prevista no inciso I do *caput* do art. 155 desta Lei, quando não se justificar a imposição de penalidade mais grave.

§ 3º A sanção prevista no inciso II do *caput* deste artigo, calculada na forma do edital ou do contrato, não poderá ser inferior a 0,5% (cinco décimos por cento) nem superior a 30% (trinta por cento) do valor do contrato licitado ou celebrado com contratação direta e será aplicada ao responsável por qualquer das infrações administrativas previstas no art. 155 desta Lei.

§ 4º **A sanção prevista no inciso III** do *caput* deste artigo será aplicada ao responsável pelas infrações administrativas previstas nos incisos II, III, IV, V, VI e VII do *caput* do art. 155 desta Lei, quando não se justificar a imposição de penalidade mais grave, e **impedirá o responsável de licitar ou contratar no âmbito da Administração Pública direta e indireta do ente federativo que tiver aplicado a sanção, pelo prazo máximo de 3 (três) anos.**

§ 5º **A sanção prevista no inciso IV** do *caput* deste artigo será aplicada ao responsável pelas infrações administrativas previstas nos incisos VIII, IX, X, XI e XII do *caput* do art. 155 desta Lei, bem como pelas infrações administrativas previstas nos incisos II, III, IV, V, VI e VII do *caput* do referido artigo que justifiquem a imposição de penalidade mais grave que a sanção referida no § 4º deste artigo, e **impedirá o responsável de licitar ou contratar no âmbito da Administração Pública direta e indireta de todos os entes federativos, pelo prazo mínimo de 3 (três) anos e máximo de 6 (seis) anos.**

§ 6º A sanção estabelecida no inciso IV do *caput* deste artigo será precedida de análise jurídica e observará as seguintes regras:

I – quando aplicada por órgão do Poder Executivo, será de competência exclusiva de ministro de Estado, de secretário estadual ou de secretário municipal e, quando aplicada por autarquia ou fundação, será de competência exclusiva da autoridade máxima da entidade;

II – quando aplicada por órgãos dos Poderes Legislativo e Judiciário, pelo Ministério Público e pela Defensoria Pública no desempenho da função administrativa, será de competência exclusiva de autoridade de nível hierárquico equivalente às autoridades referidas no inciso I deste parágrafo, na forma de regulamento.

> § 7º As sanções previstas nos incisos I, III e IV do *caput* deste artigo poderão ser aplicadas cumulativamente com a prevista no inciso II do *caput* deste artigo.
>
> § 8º Se a multa aplicada e as indenizações cabíveis forem superiores ao valor de pagamento eventualmente devido pela Administração ao contratado, além da perda desse valor, a diferença será descontada da garantia prestada ou será cobrada judicialmente.
>
> § 9º A aplicação das sanções previstas no *caput* deste artigo não exclui, em hipótese alguma, a obrigação de reparação integral do dano causado à Administração Pública.
>
> Art. 157. Na aplicação da sanção prevista no inciso II do *caput* do art. 156 desta Lei, será facultada a defesa do interessado no prazo de 15 (quinze) dias úteis, contado da data de sua intimação.
>
> Art. 158. A aplicação das sanções previstas nos incisos III e IV do *caput* do art. 156 desta Lei requererá a instauração de processo de responsabilização, a ser conduzido por comissão composta de 2 (dois) ou mais servidores estáveis, que avaliará fatos e circunstâncias conhecidos e intimará o licitante ou o contratado para, no prazo de 15 (quinze) dias úteis, contado da data de intimação, apresentar defesa escrita e especificar as provas que pretenda produzir.

APROFUNDANDO! A Lei n. 12.846/2013 recebeu a denominação de Lei Anticorrupção e trouxe importantes novidades no tocante à aplicação das penalidades administrativas supracitadas. Uma delas envolve o acordo de leniência que, segundo o art. 16, assim estabelece: "A autoridade máxima de cada órgão ou entidade pública poderá celebrar acordo de leniência com as pessoas jurídicas responsáveis pela prática dos atos previstos nesta Lei que colaborem efetivamente com as investigações e o processo administrativo, sendo que dessa colaboração resulte: I – a identificação dos demais envolvidos na infração, quando couber; e II – a obtenção célere de informações e documentos que comprovem o ilícito sob apuração". As consequências da efetivação do acordo de leniência estão previstas no § 2º do art. 16, que prevê que a celebração do acordo de leniência isentará a pessoa jurídica das sanções previstas no inciso II do art. 6º (publicação extraordinária da decisão condenatória) e no inciso IV do art. 19 (proibição de receber incentivos, subsídios, subvenções, doações ou empréstimos de órgãos ou entidades públicas e de instituições financeiras públicas ou controladas pelo poder público, pelo prazo mínimo de 1 e máximo de 5 anos) e reduzirá em até 2/3 (dois terços) o valor da multa aplicável. A principal implicação trazida pela Lei Anticorrupção em relação às sanções administrativas acima apresentadas e presentes na Lei de Licitações está prevista em seu art. 17, *in verbis*: "A administração pública poderá também celebrar acordo de leniência com a pessoa jurídica responsável pela prática de ilícitos previstos na Lei n. 8.666, de 21 de junho de 1993, com vistas à isenção ou atenuação das sanções administrativas estabelecidas em seus arts. 86 a 88". Por fim, cumpre ressaltar que a Medida Provisória n. 703, de 2015, trouxe novidades aos dispositivos citados da Lei Anticorrupção, porém, nenhuma delas prevaleceu, pois aludida MP teve seu prazo de vigência encerrado e não foi convertida em lei, nos termos do Ato Declaratório do Presidente da Mesa do Congresso Nacional n. 27, de 30 de maio de 2016.

6.3. Responsabilidade Contratual do Contratado

CUIDADO! A regra a ser estudada a seguir não se aplica à responsabilidade extracontratual do prestador de serviço público, pois, conforme veremos no capítulo específico, este responderá de forma objetiva (independente de dolo ou culpa). Neste item estudaremos a responsabilidade contratual do particular contratado, que é subjetiva.

Inicialmente, cumpre destacar que o *contratado* responde pelos danos causados à Administração ou a terceiros, quando *agir com dolo* – intenção de atingir o resultado –*ou culpa* – conduta negligente, imprudente ou imperita. Trata-se de *responsabilidade subjetiva* (depende da comprovação de dolo ou culpa) e que não será excluída ou reduzida em razão da falha na fiscalização efetivada pela Administração Pública, como já explicado anteriormente (art. 70 da Lei n. 8.666/93).

A Lei n. 14.133/2021 assim estabelece sobre a responsabilidade do contratado em seu art. 120:

> O contratado será responsável pelos danos causados diretamente à Administração ou a terceiros em razão da execução do contrato, e não excluirá nem reduzirá essa responsabilidade a fiscalização ou o acompanhamento pelo contratante.

Assim, o contratado não poderá alegar a excludente de responsabilidade ou a culpa concorrente da Administração pelo simples fato de ser dever desta fiscalizar e acompanhar a execução do contrato. Em suma, não é admitida a alegação de culpa *in vigilando* da Administração para atenuar/eximir a responsabilidade do contratado.

Ademais, há outras responsabilidades ao contratado, como pelos encargos trabalhistas, previdenciários, fiscais e comerciais resultantes da execução do contrato (art. 71 da Lei n. 8.666/93). A inadimplência do contratado, com referência aos encargos trabalhistas, fiscais e comerciais, não transfere à Administração Pública a responsabilidade por seu pagamento, nem poderá onerar o objeto do contrato ou restringir a regularização e o uso das obras e edificações, inclusive perante o Registro de Imóveis (§ 1º).

A Nova Lei de Licitações e Contratos Administrativos manteve a mesma previsão da Lei de 1993 ao estabelecer que somente o contratado será responsável pelos encargos trabalhistas, previdenciários, fiscais e comerciais resultantes da execução do contrato, bem como que a inadimplência desse em relação aos encargos trabalhistas, fiscais e comerciais não transferirá à Administração a responsabilidade pelo seu pagamento e não poderá onerar o objeto do contrato nem restringir a regularização e o uso das obras e das edificações, inclusive perante o registro de imóveis (art. 121 da Lei n. 14.133/2021).

O STF entendeu o dispositivo da Lei n. 8.666/93 como constitucional na Ação Declaratória de Constitucionalidade n. 16. Com essa posição, a Administração não responde pelas dívidas trabalhistas do contratado, salvo quando não fiscalizar o cumprimento do recolhimento dos encargos trabalhistas pela empresa contratada.

APROFUNDANDO! A Justiça do Trabalho sempre condenou a Administração a arcar com as dívidas trabalhistas quando a empresa contratada não cumpria com suas obrigações. O Tribunal Superior do Trabalho editou até a Súmula 331 nesse sentido. No entanto, com a posição do STF na ADC 16, a aludida Súmula 331 do TST passou a entender conforme determinação do Supremo e abordou o assunto da seguinte forma: "V – Os entes integrantes da Administração Pública direta e indireta respondem subsidiariamente, nas mesmas condições do item IV, caso evidenciada a sua conduta culposa no cumprimento das obrigações da Lei n. 8.666, de 21-6-1993, especialmente na fiscalização do cumprimento das obrigações contratuais e legais da prestadora de serviço como empregadora. A aludida responsabilidade não decorre de mero inadimplemento das obrigações trabalhistas assumidas pela empresa regularmente contratada".

Em resumo, pelas dívidas trabalhistas a Administração só responderá se falhar na fiscalização do recolhimento dos encargos trabalhistas pela empresa contratada – responsabilidade subjetiva (culpa *in vigilando*). Assim, se a Administração contrata uma empresa de limpeza para cuidar de uma repartição pública, terá a obrigação de fiscalizar se os encargos trabalhistas dos empregados da contratada estão sendo recolhidos. Caso falhe nessa fiscalização, o Poder Público será responsabilizado a arcar com as dívidas trabalhistas desses empregados[110].

---

110 A nova Lei de Licitações e Contratos Administrativos (PL 1292 aprovado na Câmara dos Deputados e aguardando votação no Senado Federal) admitirá os seguintes instrumentos para auxiliar a Administração Pública na fiscalização dos contratos terceirizados: "Art. 120, § 3ª Nas contratações de serviços contínuos com regime de dedicação exclusiva de mão de obra, para assegurar o cumprimento de obrigações trabalhistas pelo contratado, a Administração, mediante disposição em edital ou em contrato, poderá, entre outras medidas: I – exigir caução, fiança bancária ou contratação de seguro-garantia com cobertura para verbas rescisórias inadimplidas; II – condicionar o pagamento à comprovação de quitação das obrigações trabalhistas vencidas relativas ao contrato; III – efetuar o depósito de valores em conta vinculada; IV – em caso de inadimplemento, efetuar diretamente o pagamento das verbas trabalhistas, que serão deduzidas do pagamento devido ao contratado; V – estabelecer que os valores destinados a férias, a décimo terceiro salário, a ausências legais e a verbas rescisórias dos empregados do contratado que participarem da execução dos serviços contratados serão pagos pelo contratante ao contratado somente na ocorrência do fato gerador."

O caso levou o STF fixar a seguinte tese a respeito do tema 246: "O inadimplemento dos encargos trabalhistas dos empregados do contratado não transfere automaticamente ao Poder Público contratante a responsabilidade pelo seu pagamento, seja em caráter solidário ou subsidiário, nos termos do art. 71, § 1º, da Lei n. 8.666/93."

O julgamento fundamentador dessa tese foi:

RECURSO EXTRAORDINÁRIO REPRESENTATIVO DE CONTROVÉRSIA COM REPERCUSSÃO GERAL. DIREITO CONSTITUCIONAL. DIREITO DO TRABALHO. TERCEIRIZAÇÃO NO ÂMBITO DA ADMINISTRAÇÃO PÚBLICA. SÚMULA 331, IV E V, DO TST. CONSTITUCIONALIDADE DO ART. 71, § 1º, DA LEI N. 8.666/93. TERCEIRIZAÇÃO COMO MECANISMO ESSENCIAL PARA A PRESERVAÇÃO DE POSTOS DE TRABALHO E ATENDIMENTO DAS DEMANDAS DOS CIDADÃOS. HISTÓRICO CIENTÍFICO. LITERATURA: ECONOMIA E ADMINISTRAÇÃO. INEXISTÊNCIA DE PRECARIZAÇÃO DO TRABALHO HUMANO. RESPEITO ÀS ESCOLHAS LEGÍTIMAS DO LEGISLADOR. PRECEDENTE: ADC 16. EFEITOS VINCULANTES. RECURSO PARCIALMENTE CONHECIDO E PROVIDO. FIXAÇÃO DE TESE PARA APLICAÇÃO EM CASOS SEMELHANTES. 1. A dicotomia entre "atividade-fim" e "atividade-meio" é imprecisa, artificial e ignora a dinâmica da economia moderna, caracterizada pela especialização e divisão de tarefas com vistas à maior eficiência possível, de modo que frequentemente o produto ou serviço final comercializado por uma entidade comercial é fabricado ou prestado por agente distinto, sendo também comum a mutação constante do objeto social das empresas para atender a necessidades da sociedade, como revelam as mais valiosas empresas do mundo. É que a doutrina no campo econômico é uníssona no sentido de que as "Firmas mudaram o escopo de suas atividades, tipicamente reconcentrando em seus negócios principais e terceirizando muitas das atividades que previamente consideravam como centrais" (ROBERTS, John. *The Modern Firm*: Organizational Design for Performance and Growth. Oxford: Oxford University Press, 2007). 2. A cisão de atividades entre pessoas jurídicas distintas não revela qualquer intuito fraudulento, consubstanciando estratégia, garantida pelos arts. 1º, IV, e 170 da Constituição brasileira, de configuração das empresas, incorporada à Administração Pública por imperativo de eficiência (art. 37, *caput*, CRFB), para fazer frente às exigências dos consumidores e cidadãos em geral, justamente porque a perda de eficiência representa ameaça à sobrevivência da empresa e ao emprego dos trabalhadores. 3. Histórico científico: COASE, Ronald. H., "The nature of the firm", Economica (*new series*), v. 4, Issue 16, p. 386-405, 1937. O objetivo de uma organização empresarial é o de reproduzir a distribuição de fatores sob competição atomística dentro da firma, apenas fazendo sentido a produção de um bem ou serviço internamente em sua estrutura quando os custos disso não ultrapassarem os custos de obtenção perante terceiros no mercado, estes denominados "custos de transação", método segundo o qual firma e sociedade desfrutam de maior produção e menor desperdício. 4. A Teoria da Administração qualifica a terceirização (outsourcing) como modelo organizacional de desintegração vertical, destinado ao alcance de ganhos de performance por meio da transferência para outros do fornecimento de bens e serviços anteriormente providos pela própria firma, a fim de que esta se concentre somente naquelas atividades em que pode gerar o maior valor, adotando a função de "arquiteto vertical" ou "organizador da cadeia de valor". 5. A terceirização apresenta os seguintes benefícios: (i) aprimoramento de tarefas pelo aprendizado especializado; (ii) economias de escala e de escopo; (iii) redução da complexidade organizacional; (iv) redução de problemas de cálculo e atribuição, facilitando a provisão de incentivos mais fortes a empregados; (v) precificação mais precisa de custos e maior transparência; (vi) estímulo à competição de fornecedores externos; (vii) maior facilidade de adaptação a necessidades de modificações estruturais; (viii) eliminação de problemas de possíveis excessos de produção; (ix) maior eficiência pelo fim de subsídios cruzados entre departamentos com desempenhos diferentes; (x) redução dos custos iniciais de entrada no mercado, facilitando o surgimento de novos concorrentes; (xi) superação de eventuais limitações de acesso a tecnologias ou matérias-primas; (xii) menor alavancagem operacional, diminuindo a exposição da companhia a riscos e oscilações de balanço, pela redução de seus custos fixos; (xiii) maior flexibilidade para adaptação ao mercado; (xiii) não comprometimento de recursos que poderiam ser utilizados em setores estratégicos; (xiv) diminuição da possibilidade de falhas de um setor se comunicarem a outros; e (xv) melhor adaptação a diferentes requerimentos de administração, know-how e estrutura, para setores e atividades distintas. 6. A Administração Pública, pautada pelo dever de eficiência (art. 37, *caput*, da Constituição), deve empregar as soluções de mercado adequadas à prestação de serviços de excelência à população com os recursos disponíveis, mormente quando demonstrado, pela teoria e pela prática internacional, que a terceirização não importa precarização às condições dos trabalhadores. 7. O art. 71, § 1º, da Lei n. 8.666/93, ao definir que a inadimplência do contratado, com referência aos encargos trabalhistas, não transfere à Administração Pública a responsabilidade por seu pagamento, representa legítima escolha do legislador, máxime porque a Lei n. 9.032/95 incluiu no dispositivo exceção à regra de não responsabilização com referência a encargos trabalhistas. 8. Constitucionalidade do art. 71, § 1º, da Lei n. 8.666/93 já reconhecida por esta Corte em caráter erga omnes e vinculante: ADC 16, Relator(a): Min. CEZAR PELUSO, Tribunal Pleno, julgado em 24-11-2010. 9. Recurso Extraordinário parcialmente conhecido e, na parte admitida, julgado procedente para fixar a seguinte tese para casos semelhantes: "O inadimplemento dos encargos trabalhistas dos empregados do contratado não transfere automaticamente ao Poder Público contratante a responsabilidade pelo seu pagamento, seja em caráter solidário ou subsidiário, nos termos do art. 71, § 1º, da Lei n. 8.666/93. (RE

760931, Relator(a): Min. ROSA WEBER, Relator(a) p/ Acórdão: Min. LUIZ FUX, Tribunal Pleno, julgado em 26-4-2017, PROCESSO ELETRÔNICO REPERCUSSÃO GERAL – MÉRITO DJe-206 DIVULG 11-9-2017 PUBLIC 12-9-2017).

A Lei n. 14.133/2021 foi na linha do STF ao definir no § 2º do art. 121:

> Exclusivamente nas contratações de serviços contínuos com regime de dedicação exclusiva de mão de obra, a Administração responderá solidariamente pelos encargos previdenciários e subsidiariamente pelos encargos trabalhistas se comprovada falha na fiscalização do cumprimento das obrigações do contratado.

Em 21 de setembro de 2018 foi editado o Decreto n. 9.507 que dispõe sobre a execução indireta, mediante contratação, de serviços da administração pública federal direta, autárquica e fundacional e das empresas públicas e das sociedades de economia mista controladas pela União.

Ainda sobre o tema responsabilidade contratual, ressalta-se a responsabilidade solidária da Administração Pública (em igualdade de condição com o particular contratado), pelos encargos previdenciários resultantes da execução do contrato (art. 71, § 2º, da Lei n. 8.666/93). Vimos acima que a Lei n. 14.133/2021 também reconheceu a responsabilidade solidária da Administração Pública no tocante às dívidas previdenciárias referentes aos contratos de serviços contínuos.

Dessa forma, os encargos previdenciários poderão ser cobrados do contratado ou da Administração Pública, bem como dos dois conjuntamente. Por isso, a responsabilidade é considerada solidária.

6.4. Extinção do Contrato Administrativo

A extinção do contrato administrativo consiste no fim da relação existente entre a Administração Pública e o contratado, oriunda de um vínculo obrigacional pactuado no contrato administrativo, pelas razões a seguir expostas.

Nesse sentido, são formas de extinção do contrato administrativo:

a) Encerramento do prazo de duração do contrato (ex.: extinção do contrato de prestação de serviço de limpeza que foi firmado pelo prazo de um ano) ou *conclusão do objeto* (ex.: fim da construção de um viaduto).

b) Rescisão do contrato: consiste no fim do vínculo obrigacional existente entre as partes, durante a execução do contrato, em razão da inexecução total ou parcial do que foi pactuado.

São espécies de rescisão do contrato:

(i) Rescisão Administrativa: é aquela determinada por ato unilateral e escrito da Administração. Ex.: a Administração poderá rescindir unilateralmente o contrato administrativo quando o contratado não cumprir as cláusulas contratuais.

(ii) Rescisão Amigável: é aquela decorrente de acordo de vontades entre as partes. Ex.: quando a Administração deixa de pagar o valor devido ao contratado por mais de 90 dias, é possível as partes chegarem a um acordo e rescindirem o contrato de forma amigável.

(iii) Rescisão Judicial: é aquela que decorre de determinação do Poder Judiciário, quando invocado pelo *contratado*. Ex.: quando a Administração deixa de pagar o valor devido ao contratado por mais de 90 dias da Lei n. 8.666/93 e as partes não conseguem chegar a um acordo, é direito do contratado requerer ao Poder Judiciário a rescisão do contrato administrativo.

(iv) Rescisão de Pleno Direito: é aquela que decorre de fatos alheios à vontade das partes, como o encerramento das atividades da sociedade contratada ou a morte do contratado.

c) Anulação do contrato: decorre da constatação de alguma ilegalidade e pode ser declarada pela própria Administração Pública (de ofício ou mediante provocação) ou pelo Poder Judiciário (somente quando provocado).

A declaração de nulidade do contrato administrativo gera efeitos *ex tunc*, isto é, opera retroativamente, e impede a produção dos efeitos que o contrato deveria produzir, além de desconstituir os que foram produzidos (*caput* do art. 59, da Lei n. 8.666/93).

O parágrafo único do citado dispositivo estabelece que a nulidade não exonera a Administração do dever de indenizar o contratado pelo que este houver executado até a data em que ela for declarada e por outros prejuízos regularmente comprovados, contanto que não lhe seja imputável, promovendo-se a responsabilidade de quem lhe deu causa.

A Lei n. 14.133/2021 também tratou de disciplinar a nulidade nas licitações e contratações públicas nos seguintes termos:

> Art. 147. Constatada irregularidade no procedimento licitatório ou na execução contratual, caso não seja possível o saneamento, a decisão sobre a suspensão da execução ou sobre a declaração de nulidade do contrato somente será adotada na hipótese em que se revelar medida de interesse público, com avaliação, entre outros, dos seguintes aspectos:
>
> I – impactos econômicos e financeiros decorrentes do atraso na fruição dos benefícios do objeto do contrato;
>
> II – riscos sociais, ambientais e à segurança da população local decorrentes do atraso na fruição dos benefícios do objeto do contrato;

III – motivação social e ambiental do contrato;

IV – custo da deterioração ou da perda das parcelas executadas;

V – despesa necessária à preservação das instalações e dos serviços já executados;

VI – despesa inerente à desmobilização e ao posterior retorno às atividades;

VII – medidas efetivamente adotadas pelo titular do órgão ou entidade para o saneamento dos indícios de irregularidades apontados;

VIII – custo total e estágio de execução física e financeira dos contratos, dos convênios, das obras ou das parcelas envolvidas;

IX – fechamento de postos de trabalho diretos e indiretos em razão da paralisação;

X – custo para realização de nova licitação ou celebração de novo contrato;

XI – custo de oportunidade do capital durante o período de paralisação.

Parágrafo único. Caso a paralisação ou anulação não se revele medida de interesse público, o poder público deverá optar pela continuidade do contrato e pela solução da irregularidade por meio de indenização por perdas e danos, sem prejuízo da apuração de responsabilidade e da aplicação de penalidades cabíveis.

Art. 148. A declaração de nulidade do contrato administrativo requererá análise prévia do interesse público envolvido, na forma do art. 147 desta Lei, e operará retroativamente, impedindo os efeitos jurídicos que o contrato deveria produzir ordinariamente e desconstituindo os já produzidos.

§ 1º Caso não seja possível o retorno à situação fática anterior, a nulidade será resolvida pela indenização por perdas e danos, sem prejuízo da apuração de responsabilidade e aplicação das penalidades cabíveis.

§ 2º Ao declarar a nulidade do contrato, a autoridade, com vistas à continuidade da atividade administrativa, poderá decidir que ela só tenha eficácia em momento futuro, suficiente para efetuar nova contratação, por prazo de até 6 (seis) meses, prorrogável uma única vez.

Art. 149. A nulidade não exonerará a Administração do dever de indenizar o contratado pelo que houver executado até a data em que for declarada ou tornada eficaz, bem como por outros prejuízos regularmente comprovados, desde que não lhe seja imputável, e será promovida a responsabilização de quem lhe tenha dado causa.

Art. 150. Nenhuma contratação será feita sem a caracterização adequada de seu objeto e sem a indicação dos créditos orçamentários para pagamento das parcelas contratuais vincendas no exercício em que for realizada a contratação, sob pena de nulidade do ato e de responsabilização de quem lhe tiver dado causa.

d) Meios alternativos de resolução de controvérsia: A Lei n. 14.133/2021 definiu a possibilidade de ser utilizados meios alternativos de prevenção e resolução de controvérsias, notadamente a conciliação, a mediação, o comitê de resolução de disputas e a arbitragem, desde que relacionadas a direitos patrimoniais disponíveis, como as questões relacionadas ao restabelecimento do equilíbrio econômico-financeiro do contrato, ao inadimplemento de obrigações contratuais por quaisquer das partes e ao cálculo de indenizações (art. 151).

A arbitragem será sempre de direito e observará o princípio da publicidade, podendo os contratos ser aditados para permitir a adoção dos meios alternativos de resolução de controvérsias (art. 152 e 153 da Lei n. 14.133/2021).

6.5. Inexecução do Contrato Administrativo

Caracteriza-se a inexecução do contrato quando uma das partes – *Administração ou contratado* – descumpre o que foi pactuado, total ou parcialmente, ensejando a sua rescisão, com as consequências contratuais e as previstas em lei ou regulamento (art. 77 da Lei n. 8.666/93).

Nos termos da Lei n. 8.666/93, a consequência dessa inexecução consiste na rescisão do contrato administrativo.

A Lei n. 14.133/2021 estabelece que o contrato deverá ser executado fielmente pelas partes, de acordo com as cláusulas avençadas e as normas desta Lei, e cada parte responderá pelas consequências de sua inexecução total ou parcial (art. 115).

Com efeito, são espécies de inexecução do contrato:

(i) *Com culpa* em sentido amplo (abrange o dolo – intenção – e a culpa em sentido estrito – negligência, imprudência ou imperícia): neste caso é possível a aplicação das sanções legais e contratuais, além do pagamento de indenização por aquele que tiver dado causa à inexecução culposa;

(ii) *Sem culpa*: em razão da ocorrência de fato superveniente que justifique o inadimplemento e exima de responsabilidade a parte inadimplente.

6.5.1. Formas de Inexecução sem Culpa

6.5.1.1. *Teoria da Imprevisão*

Decorre de fato superveniente, externo ao contrato, alheio à vontade das partes, imprevisível e inevitável, capaz de onerar excessivamente sua execução pelo contratado. Ex.: grave crise econômica mundial.

6.5.1.2. *Caso Fortuito e Força Maior*

Condutas humanas ou fenômenos da natureza, capazes de proporcionar a revisão do contrato (quando possível a sua continuidade) ou a sua inexecução (quando impossível a manutenção do contrato) sem o reconhecimento da responsabilidade de quaisquer das partes.

Ex.: ocorrência de um terremoto que impossibilitou a execução de um contrato de obra pública, ou estragos proporcionados por um míssil que, de forma equivocada, foi lançado pelos EUA sobre obra pública que estava sendo realizada.

6.5.1.3. Fato do Príncipe

Trata-se de determinação estatal, geral, emanada após a celebração do contrato, mas que repercute *indiretamente* sobre ele, onerando aquilo que foi inicialmente pactuado.

Ex.: aumento do imposto sobre o serviço de limpeza que é objeto de um contrato administrativo. Trata-se de medida geral, uma vez que atinge todas as empresas prestadoras desse tipo de serviço, e não só aquela contratada pela Administração. Esse aumento não era previsível quando da contratação e atingiu indiretamente o contrato, na medida em que houve um desequilíbrio econômico-financeiro, pois o preço ofertado inicialmente pelo contratado não poderá ser mantido, em razão do aumento do imposto. Dessa forma, a Lei n. 8.666/93 determina que quaisquer tributos ou encargos legais criados, alterados ou extintos, bem como a superveniência de disposições legais, quando ocorridas após a data da apresentação da proposta, de comprovada repercussão nos preços contratados, implicarão a revisão destes para mais ou para menos, conforme o caso (art. 65, § 5º).

No mesmo sentido a Lei n. 14.133/2021 determina que os preços contratados serão alterados, para mais ou para menos, conforme o caso, se houver, após a data da apresentação da proposta, criação, alteração ou extinção de quaisquer tributos ou encargos legais ou a superveniência de disposições legais, com comprovada repercussão sobre os preços contratados (art. 134).

APROFUNDANDO! Existe ainda o Fato do Príncipe Negativo quando, por exemplo, houver redução de um tributo e isto implicar uma redução do valor do contrato administrativo.

6.5.1.4. Fato da Administração

Ação ou omissão estatal, capaz de repercutir *diretamente* sobre o contrato, retardando ou impedindo a respectiva execução.

Ex.: a Administração contrata uma empresa para ampliar as linhas do metrô. Imprescindível, para tanto, que determinada área seja desapropriada, mas a Administração não realiza essa desapropriação. Nesse caso é impossível a realização do contrato. Dito isso, é motivo de rescisão a não liberação por parte da Administração de área, local ou objeto para execução de obra, serviço ou fornecimento, nos prazos contratuais, bem como das fontes de materiais naturais especificadas no projeto (art. 78, XVI, da Lei n. 8.666/93).

No mesmo sentido é a disposição prevista no art. 137, § 2º, V, da Lei n. 14.133/2021:

> O contratado terá direito à extinção do contrato nas seguintes hipóteses:
> (...)
> não liberação pela Administração, nos prazos contratuais, de área, local ou objeto, para execução de obra, serviço ou fornecimento, e de fontes de materiais naturais especificadas no projeto, inclusive devido a atraso ou descumprimento das obrigações atribuídas pelo contrato à Administração relacionadas a desapropriação, a desocupação de áreas públicas ou a licenciamento ambiental.

6.5.1.5. Interferências Imprevistas

Fatos materiais somente constatados durante a execução do contrato, mas já existentes quando da sua celebração.

Esses fatos sempre existiram, mas não eram de conhecimento das partes. Ex.: a Administração acredita que determinado terreno onde se realizaria uma obra era rochoso, quando na verdade era arenoso, razão pela qual a obra foi obstada.

APROFUNDANDO! O Reajustamento do Contrato dar-se-á pela (i) revisão (decorre de fato do príncipe, caso fortuito ou força maior, por exemplo); (ii) reajuste (correção monetária); (iii) repactuação (decorre das variações de custos dos contratos, como o aumento do valor dos insumos ou da mão de obra em dissídio coletivo).

6.6. Prazo de Duração do Contrato

A primeira informação, e talvez a mais relevante sobre esse tema, é que não se admite na Lei n. 8.666/93 o contrato administrativo com prazo indeterminado. Logo, todos os contratos dessa natureza devem ter prazo de duração expressamente previsto (art. 57, § 3º).

A Nova Lei de Licitações e Contratos Administrativos admitiu a contratação por prazo indeterminado nos contratos em que seja usuária de serviço público oferecido em regime de monopólio, desde que comprovada, a cada exercício financeiro, a existência de créditos orçamentários vinculados à contratação (art. 109 da Lei n. 14.133/2021).

Em regra, os contratos administrativos possuem prazo de duração limitado aos créditos orçamentários. Isso significa que será de um ano o prazo de duração do contrato, na medida em que é esse o período de vigência da Lei Orçamentária (art. 57 da Lei n. 8.666/93).

Porém, constata-se que esse prazo poderá ser prorrogado nos seguintes casos (art. 57 da Lei n. 8.666/93):

a) de projetos cujos produtos estejam contemplados nas metas estabelecidas no Plano Plurianual, os quais poderão ser prorrogados se houver interesse da Administração e desde que isso tenha sido previsto no ato convocatório;

O plano plurianual prevê as metas da Administração pelo período de 4 anos. Logo, o limite máximo do prazo de vigência do contrato cujo objeto esteja contemplado nessas metas será de 4 anos;

b) de prestação de serviços a serem executados de forma contínua, que poderão ter a sua duração prorrogada por iguais e sucessivos períodos com vistas à obtenção de preços e condições mais vantajosas para a Administração, limitada a 60 meses. E, se devidamente justificado, com autorização superior, podendo ser prorrogado por mais 12 meses (§ 4º do art. 57 da Lei n. 8.666/93).

Assim, os serviços prestados de forma contínua, como o serviço de limpeza e vigilância, visam atender às necessidades permanentes da Administração, e os respectivos contratos terão prazo máximo de duração de 60 meses, podendo chegar em casos excepcionais a 72 meses, preenchidos os requisitos previstos no § 4º, supracitado;

c) de aluguel de equipamentos e na utilização de programas de informática, podendo a duração estender-se pelo prazo de até 48 meses após o início da vigência do contrato;

d) nas hipóteses previstas nos incisos IX, XIX, XXVIII e XXXI do art. 24, cujos contratos poderão ter vigência por até 120 meses, caso haja interesse da Administração.

A última hipótese que admite a prorrogação do contrato administrativo foi inserida pela Medida Provisória de 19 de julho de 2010, *convertida na Lei n. 12.349, de 15 de dezembro de 2010*, e refere-se às seguintes situações colocadas no art. 24 da Lei n. 8.666/93:

> (i) quando houver possibilidade de comprometimento da segurança nacional, nos casos estabelecidos em decreto do Presidente da República, ouvido o Conselho de Defesa Nacional;
>
> (ii) para as compras de material de uso pelas Forças Armadas, com exceção de materiais de uso pessoal e administrativo, quando houver necessidade de manter a padronização requerida pela estrutura de apoio logístico dos meios navais, aéreos e terrestres, mediante parecer de comissão instituída por decreto;
>
> (iii) para o fornecimento de bens e serviços, produzidos ou prestados no País, que envolvam, cumulativamente, alta complexidade tecnológica e defesa nacional, mediante parecer de comissão especialmente designada pela autoridade máxima do órgão;
>
> (iv) nas contratações visando ao cumprimento do disposto nos arts. 3º, 4º, 5º e 20 da Lei n. 10.973, de 2 de dezembro de 2004, que trata do incentivo à inovação e à pesquisa científica e tecnológica, observados os princípios gerais de contratação dela constantes.

A Lei n. 14.133/2021 trouxe a seguinte disciplina sobre a duração dos contratos administrativos:

Art. 105. A duração dos contratos regidos por esta Lei será a prevista em edital, e deverão ser observadas, no momento da contratação e a cada exercício financeiro, a disponibilidade de créditos orçamentários, bem como a previsão no plano plurianual, quando ultrapassar 1 (um) exercício financeiro.

Art. 106. A Administração poderá celebrar contratos com prazo de até 5 (cinco) anos nas hipóteses de serviços e fornecimentos contínuos, observadas as seguintes diretrizes:

I – a autoridade competente do órgão ou entidade contratante deverá atestar a maior vantagem econômica vislumbrada em razão da contratação plurianual;

II – a Administração deverá atestar, no início da contratação e de cada exercício, a existência de créditos orçamentários vinculados à contratação e a vantagem em sua manutenção;

III – a Administração terá a opção de extinguir o contrato, sem ônus, quando não dispuser de créditos orçamentários para sua continuidade ou quando entender que o contrato não mais lhe oferece vantagem.

§ 1º A extinção mencionada no inciso III do *caput* deste artigo ocorrerá apenas na próxima data de aniversário do contrato e não poderá ocorrer em prazo inferior a 2 (dois) meses, contado da referida data.

§ 2º Aplica-se o disposto neste artigo ao aluguel de equipamentos e à utilização de programas de informática.

Art. 107. Os contratos de serviços e fornecimentos contínuos poderão ser prorrogados sucessivamente, respeitada a vigência máxima decenal, desde que haja previsão em edital e que a autoridade competente ateste que as condições e os preços permanecem vantajosos para a Administração, permitida a negociação com o contratado ou a extinção contratual sem ônus para qualquer das partes.

Art. 108. A Administração poderá celebrar contratos com prazo de até 10 (dez) anos nas hipóteses previstas nas alíneas *f* e *g* do inciso IV e nos incisos V, VI, XII e XVI do *caput* do art. 75 desta Lei.

Art. 109. A Administração poderá estabelecer a vigência por prazo indeterminado nos contratos em que seja usuária de serviço público oferecido em regime de monopólio, desde que comprovada, a cada exercício financeiro, a existência de créditos orçamentários vinculados à contratação.

Art. 110. Na contratação que gere receita e no contrato de eficiência que gere economia para a Administração, os prazos serão de:

I – até 10 (dez) anos, nos contratos sem investimento;

II – até 35 (trinta e cinco) anos, nos contratos com investimento, assim considerados aqueles que impliquem a elaboração de benfeitorias permanentes, realizadas exclusivamente a expensas do contratado, que serão revertidas ao patrimônio da Administração Pública ao término do contrato.

> Art. 111. Na contratação que previr a conclusão de escopo predefinido, o prazo de vigência será automaticamente prorrogado quando seu objeto não for concluído no período firmado no contrato.
>
> Parágrafo único. Quando a não conclusão decorrer de culpa do contratado:
>
> I – o contratado será constituído em mora, aplicáveis a ele as respectivas sanções administrativas;
>
> II – a Administração poderá optar pela extinção do contrato e, nesse caso, adotará as medidas admitidas em lei para a continuidade da execução contratual.
>
> Art. 112. Os prazos contratuais previstos nesta Lei não excluem nem revogam os prazos contratuais previstos em lei especial.
>
> Art. 113. O contrato firmado sob o regime de fornecimento e prestação de serviço associado terá sua vigência máxima definida pela soma do prazo relativo ao fornecimento inicial ou à entrega da obra com o prazo relativo ao serviço de operação e manutenção, este limitado a 5 (cinco) anos contados da data de recebimento do objeto inicial, autorizada a prorrogação na forma do art. 107 desta Lei.
>
> Art. 114. O contrato que previr a operação continuada de sistemas estruturantes de tecnologia da informação poderá ter vigência máxima de 15 (quinze) anos.

6.7. Principais Contratos Administrativos

6.7.1. Contrato de Obra Pública

Consiste no contrato administrativo que tem por objetivo realizar construção, reforma, fabricação, recuperação ou ampliação de um bem móvel ou imóvel, executado de forma direta ou indireta. Ex.: contrato de construção de um hospital.

A execução será direta quando feita pelos órgãos e entidades da Administração Pública, valendo-se dos seus próprios meios. Por outro lado, a execução será indireta quando a Administração contratar terceiros para implementar a obra.

A execução indireta pode ser realizada por:

a) Empreitada por preço global: quando se contrata a execução da obra ou do serviço por preço certo e total.

b) Empreitada por preço unitário: quando se contrata a execução da obra ou do serviço por preço certo de unidades determinadas.

c) Empreitada integral: quando se contrata um empreendimento em sua integralidade, compreendendo todas as etapas das obras, serviços e instalações necessárias, sob inteira responsabilidade da contratada.

d) Tarefa: quando se contrata mão de obra para pequenos trabalhos por preço certo, com ou sem fornecimento de materiais.

6.7.2. Contrato de Serviço

Consiste no contrato administrativo que tem por objetivo a contratação de um serviço, assim entendido como toda atividade destinada a obter uma utilidade de interesse para a Administração. Como exemplos, a lei cita toda atividade destinada a obter determinada utilidade de interesse para a Administração, como demolição, conserto, instalação, montagem, operação, conservação, reparação, adaptação, manutenção, transporte, locação de bens, publicidade, seguro ou trabalhos técnico-profissionais (art. 6º, II, da Lei n. 8.666/93).

Percebam que se trata de uma atividade destinada a atender diretamente a Administração Pública. Por isso, não podemos confundir contrato de serviço com contrato de concessão ou permissão de serviço público, na medida em que na última modalidade contratual a utilidade é destinada à coletividade como um todo e não à Administração como pessoa jurídica que é.

6.7.3. Contrato de Fornecimento

Consiste no contrato administrativo que tem por objeto toda aquisição remunerada de bens móveis ou semoventes, para o fornecimento de uma só vez ou parceladamente. Ex.: contrato para aquisição de material hospitalar ou escolar.

6.7.4. Contrato de Concessão de Serviço Público

Consiste no contrato administrativo que tem por objeto a delegação de sua prestação, feita pelo poder concedente, mediante licitação, na modalidade *concorrência ou diálogo competitivo*[111], à pessoa jurídica ou consórcio de empresas que demonstre capacidade para seu desempenho, por sua conta e risco e por prazo determinado. Ex.: contrato de concessão de serviço público de transporte coletivo (o tema será aprofundado no capítulo oportuno).

6.7.5. Contrato de Concessão de Serviço Público Precedido da Execução de Obra Pública

Consiste no contrato administrativo que tem por objetivo a construção, total ou parcial, conservação, reforma, ampliação ou melhoramento de quaisquer obras de interesse público, delegada pelo poder concedente, mediante licitação, na modalidade concorrência ou diálogo competitivo[112], à pessoa jurídica ou consórcio de empresas que demonstre capacidade para a sua realização, por sua conta e risco, de

---

111 O diálogo competitivo foi incluído ao inciso II do art. 2º da Lei n. 8.987/95 pela Lei n. 14.133/2021, a Nova Lei de Licitação e Contratos Administrativos. Trata-se de modalidade de licitação e recomendamos o aprofundamento do tema no item 5.5.8 deste livro.

112 O diálogo competitivo foi incluído ao inciso III do art. 2º da Lei n. 8.987/95 pela Lei n. 14.133/2021, a Nova Lei de Licitação e Contratos Administrativos. Trata-se de modalidade de licitação e recomendamos o aprofundamento do tema no item 5.5.8 deste livro.

forma que o investimento da concessionária seja remunerado e amortizado mediante a exploração do serviço ou da obra por prazo determinado. Ex.: contrato que envolve a construção das linhas de trem e a respectiva exploração desse serviço.

6.7.6. Contrato de Permissão de Serviço Público

Contrato administrativo que tem por objeto a delegação, a título precário, mediante licitação, da prestação de serviços públicos, feita pelo Poder concedente à pessoa física ou jurídica que demonstre capacidade para seu desempenho, por sua conta e risco.

O aprofundamento sobre os temas "concessão e permissão" dar-se-á no capítulo que envolve serviços públicos.

6.8. Convênios e Consórcios

Além dos contratos administrativos, em que os interesses são contrapostos, existem outros ajustes que são firmados pela Administração, como os convênios e os consórcios. Entretanto, estes *não* podem ser considerados contratos administrativos, pois os interesses são comuns (convergentes) e não contrapostos. Ademais, não possuem a finalidade lucrativa presente nos contratos.

Os Convênios consistem nos ajustes celebrados entre as entidades Administração Pública Direta (União, Estados, Distrito Federal e Municípios) ou Indireta (Autarquia, Fundação, Empresa Pública e Sociedade de Economia Mista), bem como entre todas essas entidades da Administração e particulares, com a finalidade de realizar objetivos comuns e convergentes.

Ex.: convênio firmado entre a União e o Município para a implantação de Sistema de Abastecimento de Água. Haverá a cooperação da União (com o repasse de verbas federais para o Município Convenente), e o Município também oferece sua contribuição financeira, ainda que pequena.

No convênio os interesses entre as partes envolvidas são comuns, no mesmo sentido, fato que o distingue do contrato administrativo, pois neste os interesses são contrapostos, isto é, enquanto uma das partes está interessada na prestação do serviço contratado, a outra visa receber o pagamento pela atuação a ser realizada.

Os Consórcios Públicos consistem nos ajustes celebrados entre entidades políticas (União, Estados, Distrito Federal e Municípios) para a realização de objetivos de interesses comuns.

CUIDADO! Os consórcios diferem dos convênios, pois estes são admitidos entre entidades políticas ou entre estas e particulares, fato que não ocorre nos primeiros, sendo somente entre entes políticos (Administração Direta).

Ademais, constituído o consórcio público, este adquirirá *personalidade jurídica*, ou seja, poderá exercer direitos e contrair obrigações em nome do próprio consórcio, da nova entidade criada. A personalidade jurídica dos consórcios públicos pode ter natureza de direito privado ou de direito público. Quando de direito público, constitui-se a chamada *associação pública*, entidade integrante da Administração Pública Indireta (espécie de autarquia), nos termos do art. 41, IV, do Código Civil, com redação dada pela Lei n. 11.107/2005 (Lei dos Consórcios Públicos).

O consórcio público, com personalidade jurídica de direito público ou privado, observará as normas de direito público no que concerne à realização de licitação, à celebração de contratos, à prestação de contas e à admissão de pessoal, que será regido pela Consolidação das Leis do Trabalho (CLT) (art. 6º, § 2º, da Lei n. 11.107/2005 com redação dada pela Lei n. 13.822, de 2019).

Por fim, cumpre ressaltar que "a União somente participará de consórcios públicos em que também façam parte todos os Estados em cujos territórios estejam situados os Municípios consorciados" (art. 1º, § 2º, da Lei n. 11.107/2005).

Questões

1. (VUNESP – 2019 – Prefeitura de Valinhos/SP – Auditor Fiscal – SF) De acordo com a Lei n. 8.666/93, os contratos da Administração Pública

a) não podem sofrer alterações de qualquer monta, sob pena de violação do princípio da vinculação ao instrumento convocatório e quebra da isonomia e do dever de licitar.

b) podem ser modificados unilateralmente pelo Poder Público para acrescer ou suprimir parcelas de serviço até o limite de 50% do valor original do contrato.

c) serão alterados se forem criados, alterados ou extintos tributos ou encargos legais após a data da apresentação da proposta, com impacto nos preços contratados, para revisão desses preços, para mais ou para menos, conforme o caso.

d) podem ser modificados por acordo entre as partes, para acrescer ou suprimir parcelas de obras de reforma até o limite de 25% do valor original contratado.

e) não serão alterados na hipótese de sobrevirem fatos previsíveis, porém de consequências incalculáveis, retardadores ou impeditivos da execução do objeto ajustado, caso se trate de eventos seguráveis, extraordinários e extracontratuais.

2. (VUNESP – 2018 – PC/SP – Delegado de Polícia) Os contratos administrativos são peculiares por terem cláusulas que contêm a manifestação do poder estatal e da supremacia do interesse público sobre interesses privados, as chamadas "cláusulas exorbitantes". Entre tais cláusulas se inclui:

a) A possibilidade de modificar o contrato, unilateralmente, para melhor adequação às finalidades de interesse público, respeitados os direitos do contratado.

b) A necessidade de identificação precisa do crédito orçamentário pelo qual correrá a despesa, com a indicação da classificação funcional programática e da categoria econômica.

c) A proibição de utilização de meios alternativos de resolução de conflitos, tais como a mediação e a arbitragem.

d) A fixação do preço e das condições de pagamento, as quais deverão ser mantidas durante todo o prazo do contrato.

e) A definição de prazos não superiores a 12 (doze) meses, excetuados os projetos contemplados na Lei de Diretrizes Orçamentárias.

3. (FCC – 2018 – TRT2ª REGIÃO/SP – Analista Judiciário – Área Administrativa) Considere que, firmado pelo Estado contrato administrativo para a construção de uma rodovia, tenha sobrevindo aumento da carga tributária incidente sobre a mão de obra empregada na execução do objeto contratual. Diante de tal cenário, a empreiteira contratada informou que não poderia concluir a execução das obras com base nos preços contratados, haja vista a majoração dos encargos em relação ao momento em que apresentou a sua oferta no correspondente procedimento licitatório. Considerando a disciplina constitucional e legal sobre a matéria,

a) a contratada poderá paralisar as obras, por onerosidade excessiva, afastando a aplicação de multa contratual.

b) deverá ser rescindido o contrato, por condição superveniente, e instaurada nova licitação.

c) caberá reequilíbrio do contrato, mediante aditivo, para reestabelecer a equação econômico-financeira original.

d) a contratada somente terá direito ao reequilíbrio contratual se a majoração de imposto for imputável ao ente contratante.

e) o Estado poderá revogar a licitação que precedeu o contrato, como forma de evitar o aumento dos encargos contratuais.

4. (FGV – 2018 – MPE/AL – Administrador de redes) A sociedade empresária XK pretendia participar de licitação destinada ao fornecimento de serviços à Administração Pública. Ao analisar a minuta de contrato anexada ao ato convocatório, constatou a possibilidade de rescisão do contrato, ressalvadas certas exceções, caso haja atraso superior a 90 dias dos pagamentos devidos pela Administração Pública.

Segundo a sistemática da Lei n. 8.666/93, assinale a opção que indica o motivo que permite a rescisão do contrato administrativo.

a) Fato da Administração.

b) Alteração unilateral.

c) Fato do príncipe.

d) Álea econômica.

e) Álea ordinária.

5. (FGV – 2018 – MPE/AL – Analista Jurídico) O Município Beta celebrou contrato administrativo de trato sucessivo com a sociedade empresária Ômega, tendo previsto, na cláusula 22.3, que, na periodicidade indicada, o preço pactuado seria acrescido de percentual equivalente à inflação acumulada no período, tomando-se por base o índice oficial indicado.

Considerando à sistemática legal vigente, a cláusula 22.3 é

a) ilegal, por afrontar o risco negocial da alçada da contratada.

b) necessária, dispondo sobre critério de reajuste.

c) facultativa, dispondo sobre critério de reajuste.

d) necessária, dispondo sobre critério de revisão.

e) facultativa, dispondo sobre critério de revisão.

6. (CESPE – 2018 – EMAP – Analista) Acerca de atos administrativos e de contratos administrativos, julgue o item a seguir.

A administração, por oportunidade e conveniência, pode celebrar contrato por tempo indeterminado.

( ) Certo   ( ) Errado

7. (CESPE – 2018 – EMAP – Analista) Acerca de atos administrativos e de contratos administrativos, julgue o item a seguir.

A rescisão contratual, mesmo que amigável, isto é, acordada entre as partes, deverá ser precedida de autorização escrita e fundamentada de autoridade competente.

( ) Certo   ( ) Errado

8. (CESPE – 2018 – EMAP – Analista) A administração contratou, mediante licitação pública fundamentada na Lei n. 8.666/1993, na modalidade concorrência, obra para a construção de um cais em cortinas de estacas pranchas. A primeira colocada no certame se recusou a assinar o contrato, alegando ser suficiente uma carta-contrato ou uma nota de empenho da despesa. A administração convocou então a segunda colocada, que aceitou os termos do contrato e o assinou. O contrato previa a execução do serviço em doze meses. Ao fim do período contratual, houve intensa negociação acerca de termo de aditamento, que foi assinado um mês após o término do período de vigência contratual. Além do acréscimo de prazo, foram agregados novos quantitativos ao contrato. A obra teve continuidade, sendo concluída dentro do período previsto no termo aditivo.

Com referência a essa situação hipotética, julgue o item subsecutivo.

Para efeito de observância aos limites de alterações contratuais previstos na Lei n.º 8.666/1993, o conjunto de reduções ou o conjunto de acréscimos devem ser sempre calculados sobre o valor original do contrato, sem nenhuma compensação entre eles.

( ) Certo ( ) Errado

9. (CESPE – 2018 – EMAP – Analista) Com referência a essa situação hipotética, julgue o item subsecutivo.

Na situação hipotética, o aditivo de prazo firmado após o término da vigência contratual é nulo de pleno direito, cabendo apurar as responsabilidades e quantificar o dano ao erário.

( ) Certo ( ) Errado

10. (CESPE – 2018 – EMAP – Analista) Com referência a essa situação hipotética, julgue o item subsecutivo.

No referido caso, como se trata de um contrato de escopo, em que o objeto é a realização de benfeitoria, o aditamento de prazo não é necessário.

( ) Certo ( ) Errado

11. (CESPE – 2018 – EMAP – Analista) Julgue o item seguinte, relativo a contratos administrativos.

A rescisão de contrato administrativo por ato unilateral do contratado motivado por culpa exclusiva da administração pública não é possível, restando ao contratado buscar o acordo com a administração ou recorrer à justiça.

( ) Certo ( ) Errado

12. (CESPE – 2018 – EMAP – Prova: Analista) Com referência a essa situação hipotética, julgue o item subsecutivo.

A manutenção do equilíbrio econômico-financeiro do contrato após a assinatura de termos aditivos pressupõe a preservação dos mesmos padrões de desconto global consignados na proposta da licitante vencedora relativamente ao orçamento-base da licitação.

( ) Certo ( ) Errado

13. (CESPE – 2018 – EMAP – Analista) Com referência a essa situação hipotética, julgue o item subsecutivo.

A execução do contrato deverá ser acompanhada e fiscalizada por representante da administração especialmente designado, permitida a contratação de terceiros para assisti-lo e subsidiá-lo de informações pertinentes a essa atribuição.

( ) Certo ( ) Errado

14. (CESPE – 2018 – EMAP – Analista) Com referência a essa situação hipotética, julgue o item subsecutivo.

Na situação apresentada, assiste razão à primeira colocada: o contrato poderia ter sido substituído por outros instrumentos hábeis como a carta-contrato, a nota de empenho de despesa ou a ordem de execução de serviço.

( ) Certo ( ) Errado

15. (FCC – 2018 – DPE/AM – Defensor Público) Suponha que o Estado tenha contratado, mediante prévio procedimento licitatório, a construção de unidade hospitalar voltada ao atendimento básico e de urgência à população. No curso da execução do contrato, ficou constatada a necessidade de modificação do projeto, para melhor adequação técnica aos seus objetivos. Considerando as disposições aplicáveis da Lei n. 8.666/1993, o Estado

a) não poderá efetuar qualquer alteração quantitativa ou qualitativa no contrato, sob pena de ofensa ao princípio da vinculação ao edital.

b) poderá alterar o objeto do contrato, independentemente da anuência do contratado, observado o limite de 50% do valor original atualizado.

c) poderá aditar o contrato celebrado, promovendo o reequilíbrio econômico-financeiro a favor do contratado se aumentados os seus encargos originais.

d) deverá celebrar outro contrato específico, com o mesmo contratado, com dispensa de procedimento licitatório, para inclusão dos eventuais acréscimos necessários.

e) deverá proceder à rescisão do contrato, em razão de fato superveniente, com a correspondente indenização do contratado, por custos incorridos e lucros cessantes.

16. (CESPE – 2018 – EMAP – Analista) Concluída a fase licitatória, com a seleção da melhor proposta para a administração, tem início a etapa de contratação, que se inicia com a assinatura do contrato e se encerra com o termo de recebimento definitivo do objeto. Em relação às atividades inerentes à fase contratual, julgue o item subsequente.

Se, no decorrer de uma obra, o preço de um insumo que compõe a faixa A da curva ABC disparar no mercado e tiver acréscimo de valor de 75% em função da variação cambial, caberá reequilíbrio econômico-financeiro, devendo a contratada, nesse caso, calcular o valor do aditivo substituindo, em todas as fichas de composição de custos, o valor do insumo pelo novo valor de mercado, independentemente do limite de 25%.

( ) Certo   ( ) Errado

17. (CESPE – 2018 – EMAP – Analista) Mediante licitação pública, firmou-se contrato para a ampliação de um porto, com obras convencionais de abrigo e estruturas acostáveis. O orçamento de referência era de junho de 2016. O contrato da obra, que incluía cláusula de reajuste, foi assinado em janeiro de 2017. Em abril de 2017, órgãos oficiais de pesquisas verificaram aumento de 50% no preço do aço para a construção civil, insumo que constava na faixa A da curva ABC. Durante a obra, houve um problema na estrutura do cais de paramento aberto que provocou recalque nos trilhos dos guindastes. A construtora, então, subcontratou os serviços de reforço de fundação e reparo dos trilhos. O edital não previa, expressamente, a subcontratação: o contrato não autorizava nem vedava a subcontratação. Em junho de 2017 realizou-se a repactuação contratual visando-se adequar o contrato aos novos preços de mercado. Em setembro de 2017, data do dissídio coletivo das categorias profissionais envolvidas na construção, a administração se negou a rever o item contratual pleiteado advindo do aumento salarial imposto à contratada por força de dissídio. A obra foi entregue em março de 2018: uma comissão de servidores recebeu a obra e lavrou o termo de recebimento definitivo. Em maio de 2018 foram detectadas fissuras nos consolos de sustentação das pontes rolantes e problemas nas defensas elásticas.

A partir dessa situação hipotética, julgue o item que se segue.

A administração agiu de acordo com a legislação ao proceder à repactuação contratual visando adequar o contrato aos novos preços de mercado encaminhado pela construtora em junho de 2017, uma vez que foi observado o interregno mínimo de um ano a contar da data do orçamento de referência.

( ) Certo   ( ) Errado

18. (CESPE – 2018 – EMAP – Analista) A partir dessa situação hipotética, julgue o item que se segue.

A administração terá agido corretamente caso tenha avaliado isoladamente o aumento inesperado do insumo aço e revisado seu preço para os quantitativos não medidos, com vistas a restabelecer o equilíbrio econômico-financeiro da avença.

( ) Certo   ( ) Errado

19. (CESPE – 2018 – EMAP – Analista) A partir dessa situação hipotética, julgue o item que se segue.

Ao negar pedido de revisão contratual devido a aumento salarial imposto à contratada por força de dissídio coletivo, a administração agiu corretamente: não se trata de fato imprevisível capaz de autorizar a referida revisão.

( ) Certo   ( ) Errado

20. (CESPE – 2018 – EMAP – Analista) A partir dessa situação hipotética, julgue o item que se segue.

Considere que o projeto estivesse previsto no plano plurianual. Nesse caso, a duração do contrato não está adstrita à vigência dos respectivos créditos orçamentários, mas ao período necessário para o término da obra, segundo o cronograma físico-financeiro.

( ) Certo   ( ) Errado

21. (CESPE – 2018 – EMAP – Analista) A partir dessa situação hipotética, julgue o item que se segue.

Apesar da responsabilidade objetiva do construtor, o direito de a administração acionar a construtora para a correção das falhas detectadas na obra decaiu em face da lavratura do termo de recebimento definitivo, por meio do qual a administração dá quitação plena à construtora.

( ) Certo   ( ) Errado

22. (CESPE – 2016 – TRT 8ª Região/PA e AP – Analista Judiciário – Área Administrativa – Adaptada pelo Autor) Com relação aos contratos administrativos, assinale a opção correta.

a) Os contratos administrativos enquadram-se na categoria dos contratos de adesão.

b) Dado o princípio do *pacta sunt servanda*, é vedada, durante a execução do contrato, a alteração unilateral das cláusulas contratuais pela administração pública.

c) A aplicação de sanções administrativas pela administração pública depende de manifestação do Poder Judiciário.

d) É vedado à administração pública exigir garantia para assegurar o adimplemento dos contratos.

e) São nulos todos os contratos verbais firmados com a administração pública.

23. (FCC – 2016 – Prefeitura de São Luiz/MA – Procurador do Município) A mutabilidade dos contratos administrativos predica os contratos administrativos, mas nem todas as alterações introduzidas nesses negócios jurídicos devem ser creditadas àquela característica. A depender do evento experimentado no curso da execução do contrato administrativo, aplica-se determinada conduta como consequência mitigadora ou neutralizadora. Assim, decorrido um ano da execução de um determinado contrato de prestação de serviços e divulgada a inflação do período, apurada pelos índices oficiais,

a) está-se diante de adequação da aplicação de reajuste, a ser promovido nos termos e periodicidade contratualmente estipulados, não se tratando de evento que justifique compensações ou indenizações pretendidas pelo contratado.

b) impõe-se a revisão da remuneração paga ao contratado, com o reajuste da remuneração contratualmente prevista, acrescida da indenização pelos prejuízos não cobertos pela majoração ordinária.

c) incide hipótese de reequilíbrio econômico financeiro, tendo em vista que a preservação dessa equação é direito subjetivo do contratado.

d) faz jus o contratado à indenização por todos os prejuízos experimentados, desde que comprove efetivamente danos concretos, não podendo ser hipotéticos.

e) é caso de revisão contratual dos parâmetros unitários de preços considerados, para que a corrosão monetária experimentada no período seja internalizada ao contrato, restabelecendo-se a equação de equilíbrio econômico financeiro original.

24. (ESAF – 2016 – ANAC – Analista Administrativo) A respeito dos contratos administrativos, analise as afirmativas abaixo classificando-as em verdadeiras (V) ou falsas (F). Ao final, assinale a opção que contenha a sequência correta.

( ) Em qualquer hipótese, é nulo e de nenhum efeito o contrato verbal com a administração.

( ) A administração pode dispensar o instrumento de contrato, independentemente de valor, nos casos de compra com entrega imediata e integral dos bens adquiridos da qual não resultem obrigações futuras.

( ) Da aplicação das penas de advertência, suspensão temporária e multa cabe recurso, sempre com efeito suspensivo, no prazo determinado em lei.

( ) A exceção do contrato não cumprido não é oponível, mesmo diante do atraso de pagamento superior a noventa dias, em caso de calamidade pública, grave perturbação da ordem interna ou guerra.

a) V, F, V, V
b) F, V, F, V
c) V, V, F, V
d) F, F, F, V
e) F, V, V, V

25. (CESPE – 2014 – ANATEL – Analista Administrativo) Uma empresa prestadora de serviço de terceirização de mão de obra para a administração pública fechará as portas por problemas de caixa. A decisão afetará milhares de empregados da prestadora lotados em diversos órgãos do governo federal, entre ministérios, agências reguladoras, autarquias e fundações. Conforme denúncia veiculada em jornal de grande circulação, empregados da empresa lotados em vários órgãos da administração direta e indireta não receberam o salário no mês passado. Com base nas informações acima, julgue o item a seguir.

A falência da empresa prestadora do serviço de terceirização constitui motivo para a rescisão do contrato por ato unilateral e escrito da administração pública.

( ) Certo   ( ) Errado

26. (FCC – 2014 – TJ-AP – Juiz) No que tange aos contratos administrativos, a Lei Federal n. 8.666/93 estatui:

a) O regime jurídico dos contratos administrativos confere à Administração, em relação a eles, a prerrogativa de alterá-los unilateralmente, inclusive no tocante às cláusulas econômico-financeiras e monetárias.

b) Excepcionalmente, determinados contratos, previstos no rol do art. 24 e celebrados com dispensa de licitação, podem ter vigência por até 120 meses, caso haja interesse da Administração.

c) Em todos os contratos celebrados pela Administração pública com pessoas físicas ou jurídicas, inclusive aquelas domiciliadas no estrangeiro, deverá constar necessariamente cláusula que declare competente o foro da sede da Administração para dirimir qualquer questão contratual.

d) A garantia exigida do contratado não excederá a dez por cento do valor do contrato, sendo que nas obras, serviços e fornecimentos de grande vulto envolvendo alta complexidade técnica e riscos financeiros consideráveis, o limite de garantia poderá ser elevado para até vinte por cento do valor do contrato.

e) Os contratos referentes à prestação de serviços a serem executados de forma contínua, podem ter sua duração prorrogada por iguais e sucessivos períodos com vistas à obtenção de preços e condições mais vantajosas para a Administração, obedecido o limite máximo de 48 meses.

27. (MPE-MG – 2014 – MPE-MG – Promotor de Justiça) A respeito dos contratos administrativos, considere as seguintes afirmativas:

I – Admitem a existência ou o estabelecimento de prerrogativas especiais em prol da administração pública.

II – Admitem sua extinção unilateral nos casos admitidos em lei.

III – A garantia do contratado ao equilíbrio econômico-financeiro do contrato administrativo não pode ser afetado nem mesmo por força de lei.

IV – Somente o prazo de entrega do contrato administrativo admite prorrogação e, mesmo assim, quando expressamente justificada e autorizada.

É CORRETO o que se assevera apenas em:

a) I e IV

b) II e IV

c) I, II e III

d) II, III e IV

28. (FCC – 2014 – DPE-PB – Defensor Público) A Defensoria Pública do Estado da Paraíba adquiriu equipamentos de informática por meio de licitação, na modalidade concorrência a que se refere o art. 22 da Lei n. 8.666/93, os quais deveriam ser entregues no prazo de 30 dias após a assinatura do contrato. Transcorrido o prazo definido no ajuste para execução do objeto, a contratada não adimpliu a obrigação. Nessa situação, a Administração está autorizada a

a) iniciar procedimento para aplicação de multa, sanção que, pela natureza, prescinde, para sua incidência, de estar prevista no instrumento convocatório ou no contrato;

b) iniciar procedimento para rescindir unilateralmente o contrato, hipótese em que ficará impedida de aplicar multa e demais sanções previstas em lei; no entanto, permitirá que a Administração contrate diretamente o mesmo objeto, por meio de dispensa de licitação fundamentada na situação de emergência;

c) iniciar procedimento sancionatório para aplicação de multa, na forma prevista no contrato, o que não a impedirá de rescindir unilateralmente o ajuste e aplicar outras sanções previstas em lei;

d) realizar nova contratação do mesmo objeto, situação em que não há exigência de que o contrato vigente seja rescindido;

e) aplicar ao contratado, garantida a defesa prévia, a sanção de suspensão temporária de participação em licitação e impedimento de contratar com a Administração, por prazo de 5 anos.

29. (VUNESP – 2013 – TJ-SP – Juiz) Ante a recusa do adjudicatário para assinar o contrato, a Administração poderá

a) convocar qualquer dos licitantes, observados os critérios da conveniência e oportunidade, para assinar o contrato.

b) convocar qualquer dos licitantes, desde que prestada garantia adicional consistente em caução em dinheiro ou em títulos da dívida pública, para assinar o contrato.

c) convocar os licitantes remanescentes, na ordem de classificação, para fazê-lo nas mesmas condições do primeiro classificado, inclusive quanto aos preços atualizados de conformidade com o ato convocatório, ou revogar a licitação.

d) convocar os licitantes remanescentes, na ordem de classificação, para fazê-lo nos termos de suas propostas, inclusive quanto aos preços.

30. (VUNESP – 2012 – DPE-MS – Defensor Público) Considerando os contratos administrativos, não no sentido amplo empregado na Lei n. 8.666, mas no sentido próprio e restrito, que abrange apenas aqueles acordos de que a Administração é parte, sob regime jurídico publicístico, derrogatório e exorbitante do direito comum, podem ser apontadas as seguintes características:

a) Presença da Administração Pública como particular, imutabilidade, obediência à forma prescrita em lei.

b) Presença da Administração Pública como poder público, finalidade pública, natureza de contrato de adesão.

c) Procedimento legal, natureza *intuitu personae*, ausência de cláusulas exorbitantes.

d) Imutabilidade, natureza *intuitu personae*, forma não prescrita em lei.

31. (FCC – 2010 – TRE/AL – Técnico Judiciário) Sobre a formalização dos contratos administrativos é correto afirmar:

a) Quando não for obrigatório, o instrumento do contrato pode ser substituído, dentre outros documentos, pela nota de empenho de despesa.

b) A minuta do futuro contrato não precisa integrar o edital ou ato convocatório da licitação na modalidade tomada de preços.

c) O contrato verbal com a Administração é permitido na modalidade convite, desde que devidamente justificado pela autoridade competente.

d) A eficácia do contrato administrativo independe da sua publicação na imprensa oficial.

e) A ordem de execução de serviço não é instrumento hábil a substituir o instrumento do contrato, mesmo quando este não seja obrigatório.

32. (CESPE/UnB – 2010 – MPU – Analista de Arquivologia/Perito) (Adaptada) A respeito da Lei n. 8.666/93, julgue o item que segue.

Toda prorrogação de contrato deve ser previamente justificada pela autoridade detentora da atribuição legal específica; portanto, é nula toda cláusula contratual que disser ser a avença automaticamente prorrogável.

( ) Certo ( ) Errado

33. (FCC – 2009 – TRT 2ª Região – Escrevente Técnico Judiciário SP) Dentre outros, NÃO constitui motivo para a rescisão do contrato administrativo:

a) A instauração de insolvência civil.

b) A paralisação da obra, do serviço ou do fornecimento, com justa causa.

c) O falecimento do contratado.

d) O cumprimento irregular de especificações e prazos.

e) A fusão, cisão ou incorporação vedadas no edital.

34. (FCC – 2009 – TRE/MA – Técnico Judiciário) Em relação aos contratos administrativos, é correto afirmar que

a) Não admitem a inclusão de cláusulas exorbitantes.

b) Deles, a Administração participa com supremacia de poder.

c) Em regra não se submetem à exigência de prévia licitação.

d) Não admitem alteração ou modificação unilateral.

35. (FCC – 2007 – TRF 3ª Região – Escrevente Técnico Judiciário) No transcurso de um contrato administrativo, este

a) poderá ser anulado, mas não revogado, pela Administração, cabendo eventuais indenizações à empresa contratada.

b) poderá ser revogado, mas não anulado, pela Administração, não cabendo qualquer indenização à empresa contratada.

c) poderá ser revogado ou anulado pela Administração, cabendo eventuais indenizações à empresa contratada no caso de revogação.

d) poderá ser revogado ou anulado pela Administração, não cabendo, em nenhuma hipótese, qualquer indenização à empresa contratada.

36. (ESPP – 2007 – MGS – Técnico) Analise as seguintes afirmações:

I – Nos contratos administrativos, cláusulas exorbitantes são aquelas que seriam ilícitas em um contrato celebrado entre particulares, pois colocam a Administração Pública em posição de supremacia em relação ao contratado.

II – Nos contratos que tenham por objeto a realização de serviço público, não pode o contratado interromper sua execução invocando a exceção do contrato não cumprido, tendo em vista os princípios da continuidade do serviço público e da supremacia do interesse comum.

III – O poder de polícia tem como parâmetros limitadores a necessidade, a proporcionalidade e a eficácia da medida administrativa.

IV – Os atos administrativos têm como atributos a presunção de legalidade, a imperatividade e a tipicidade, mas em todos os casos sua execução dependerá de prévia autorização judicial.

Assinale a afirmativa correta:

a) Apenas os itens I e IV estão corretos.

b) Os itens II, III e IV estão incorretos.

c) Apenas o item IV está incorreto.

d) Apenas o item III está correto.

37. (CESPE/CEBRASPE – 2021 – SEFAZ-AL – Auditor Fiscal de Finanças e Controle de Arrecadação da Fazenda Estadual) Determinada autoridade administrativa vinculada a uma autarquia estadual pretende celebrar contrato administrativo e, para tanto, planeja lançar edital de licitação na modalidade concorrência, em 1º de janeiro de 2022, mas está em dúvida sobre qual legislação aplicar – Lei n. 8.666/1993 ou Lei n. 14.133/2021.

Considerando essa situação hipotética, julgue o item a seguir

Caso a administração faça a licitação seguindo as disposições da Lei n. 8.666/1993, o respectivo contrato será regido, durante toda a sua vigência, pelas regras nela previstas, independentemente do prazo fixado.

( ) Certo   ( ) Errado

Gabarito: 1. c; 2. a; 3. c; 4. a; 5. b; 6. errado; 7. certo; 8. certo; 9. errado; 10. errado; 11. certo; 12. certo; 13. certo; 14. errado; 15. c; 16. errado; 17. certo; 18. errado; 19. certo; 20. certo; 21. errado; 22. a; 23. a; 24. b; 25. certo; 26. b; 27. c; 28. c; 29. c; 30. b; 31. a; 32. certo; 33. b; 34. b; 35. c; 36. c; 37. certo.

7 SERVIÇOS PÚBLICOS

7.1. Fundamento Constitucional

A Constituição Federal prevê, em seu texto, que incumbe ao Poder Público, diretamente ou através de concessão ou permissão, mediante licitação, a prestação de serviços públicos (art. 175).

Conclui-se que o Poder Público possui a titularidade para a prestação do serviço público, que poderá ser executado diretamente por ele ou com o auxílio de uma terceira pessoa, que pode ser um particular.

7.2. Conceito de Serviço Público

Segundo os ensinamentos da Professora Maria Sylvia Zanella Di Pietro, serviço público é "toda atividade material que a lei atribui ao Estado para que a exerça diretamente ou por meio de seus delegados, com o objetivo de satisfazer concretamente as necessidades coletivas, sob regime jurídico total ou parcialmente público"[113].

Trata-se, portanto, de uma comodidade prestada à coletividade, diretamente pelo Poder Público ou por meio de seus delegados. Para os particulares, transfere-se apenas a execução do exercício do serviço público, jamais a sua titularidade.

7.3. Princípios Aplicáveis à Prestação do Serviço Público

Os *princípios gerais* da Administração Pública, já estudados em capítulo próprio, também se aplicam à prestação do serviço público. São eles: *LIMPE* (legalidade, impessoalidade, moralidade, publicidade e eficiência), supremacia do interesse público sobre o particular, indisponibilidade do interesse público, razoabilidade e proporcionalidade, dentre outros.

Outrossim, aplicamos ainda aos serviços públicos *princípios específicos*. A Lei n. 8.987/95 prevê esses princípios específicos para que haja a prestação de um serviço público adequado (art. 6º, § 1º):

a) *regularidade*;

b) *continuidade*;

---

[113] DI PIETRO, Maria Sylvia Zanella. *Direito administrativo*. 20. ed. São Paulo: Atlas, 2007. p. 90.

c) *eficiência*;

d) *segurança*;

e) *atualidade*;

f) *generalidade*;

g) *cortesia na sua prestação e modicidade das tarifas.*

7.3.1. Princípio da Regularidade na Prestação

É dever do Estado a prestação regular do serviço público, direta ou indiretamente. A ausência do Poder Público na prestação desse serviço poderá causar danos e, consequentemente, dever de indenizar terceiros prejudicados. Ex.: se o ônibus que passa todos os dias às 6 horas no ponto começa a chegar às 6h30min, depois às 7 horas, e no outro dia não passa, viola o princípio da regularidade.

7.3.2. Princípio da Eficiência

Serviço eficiente é aquele que atinge o resultado pretendido, seja no tocante à qualidade, seja no aspecto da quantidade. A eficiência é um *plus* em relação à adequação. Ex.: o ônibus é um instrumento adequado para a prestação do transporte coletivo. Entretanto, se o ônibus não atender aos quesitos de qualidade, não será considerado eficiente.

7.3.3. Princípio da Segurança

Por esse princípio, o Estado deverá prestar o serviço público de forma a não colocar em perigo a integridade física e a vida do usuário, nem de terceiros alheios à relação de prestação do serviço, pois, como será visto, a responsabilidade civil do Estado é objetiva.

Sobre o tema, importante observar que o princípio da segurança não se confunde com segurança pública. Assim, o motorista de um ônibus deverá manter a integridade de seus passageiros, não fazendo curvas em alta velocidade, mas não estará obrigado a enfrentar um bandido que venha assaltar os usuários desse serviço.

No mesmo sentido, está a jurisprudência do STJ ao entender que assalto à mão armada no interior de coletivo é causa excludente de responsabilidade:

> RESPONSABILIDADE CIVIL. CONTRATO DE TRANSPORTE. ASSALTO À MÃO ARMADA. FORÇA MAIOR. PRECEDENTES DA CORTE.
>
> 1.- A Segunda Seção desta Corte já decidiu que "constitui causa excludente da responsabilidade da empresa transportadora o fato inteiramente estranho ao transporte em si, como é o assalto ocorrido no interior do coletivo" (REsp 435.865/RJ, rel. Min. BARROS MONTEIRO, *DJ* 12-5-2003) 2.- Agravo Regimental improvido.
>
> (AgRg no REsp 1456690/SP, rel. Min. SIDNEI BENETI, TERCEIRA TURMA, julgado em 5-8-2014, *DJe* 2-9-2014).

Importante destacar que a alegação de fortuito externo nem sempre é aceita pelo STJ. Vejamos:

> RECURSO ESPECIAL. RESPONSABILIDADE CIVIL. 1. **TRANSPORTE AÉREO QUE SEGUIU VIA TERRESTRE (ÔNIBUS), EM VIRTUDE DE CANCELAMENTO DO VOO. PASSAGEIROS ROUBADOS DURANTE O TRAJETO. CONCORRÊNCIA DE CULPA DA TRANSPORTADORA. ALTERAÇÃO SUBSTANCIAL E UNILATERAL DO CONTRATO. PECULIARIDADES DO CASO CONCRETO. AUSÊNCIA DE CONFIGURAÇÃO DE FORTUITO EXTERNO.** 2. VALORES ARBITRADOS A TÍTULO DE DANOS MATERIAIS E MORAIS. ACÓRDÃO RECORRIDO BEM FUNDAMENTADO. INEXISTÊNCIA DE ILEGALIDADE. 3. JUROS DE MORA. RESPONSABILIDADE CONTRATUAL. TERMO INICIAL A PARTIR DA CITAÇÃO. JURISPRUDÊNCIA PACÍFICA DO STJ. 4. RECURSO ESPECIAL PARCIALMENTE PROVIDO. 1. No que concerne ao transporte de pessoas, o ordenamento jurídico estabelece a responsabilidade civil objetiva do transportador, o qual deverá responder pelos danos causados às pessoas transportadas e suas bagagens, salvo a existência de alguma excludente de responsabilidade, como motivo de força maior, caso fortuito, culpa exclusiva da vítima ou de terceiro. 1.1. Em relação ao fato de terceiro, todavia, a teor do que dispõe o art. 735 do Código Civil, a responsabilidade só será excluída se ficar comprovado que a conduta danosa era completamente independente em relação à atividade de transporte e aos riscos inerentes à sua exploração, caracterizando-se, nesse caso, como fortuito externo. Precedentes. 1.2. Nessa linha de entendimento, a jurisprudência do STJ reconhece que o roubo dentro de ônibus configura hipótese de fortuito externo, por se tratar de fato de terceiro inteiramente independente ao transporte em si, afastando-se, com isso, a responsabilidade da empresa transportadora por danos causados aos passageiros. 1.3. Não obstante essa seja a regra, o caso em análise guarda peculiaridade que comporta solução diversa. Com efeito, a alteração substancial e unilateral do contrato firmado pela recorrente – de transporte aéreo para terrestre –, sem dúvida alguma, acabou criando uma situação favorável à ação de terceiros (roubo), pois o transporte rodoviário é sabidamente muito mais suscetível de ocorrer crimes dessa natureza, ao contrário do transporte aéreo. Dessa forma, a conduta da transportadora concorreu para o evento danoso, pois ampliou significativamente o risco de ocorrência desse tipo de situação, não podendo, agora, se valer da excludente do fortuito externo para se eximir da responsabilidade. 2. Em relação aos danos morais, não se verifica qualquer exorbitância no valor arbitrado de R$ 15.000,00 (quinze mil reais), pois, além do cancelamento do voo pela recorrente, o autor foi obrigado a seguir o trajeto por via terrestre (ônibus), viagem que durou mais de 14h (quatorze horas), sendo, ainda, durante o percurso e na madrugada, roubado e agredido por meliantes. 3. No tocante aos danos materiais, conquanto haja uma certa dificuldade em comprovar os bens efetivamente subtraídos em casos dessa natureza, as

instâncias ordinárias, após amplo exame do conjunto fático-probatório produzido, decidiram de forma correta a questão, levando-se em consideração para a aferição do quantum indenizatório, na linha de precedentes desta Corte, além da inversão do ônus da prova, nos termos do art. 6º, VIII, do Código de Defesa do Consumidor, a verossimilhança das alegações, embasada na estrita observância ao princípio da razoabilidade. 4. Tratando-se de responsabilidade contratual, os juros de mora devem ser computados a partir da citação, a teor do art. 405 do Código Civil. Precedentes. 5. Recurso especial parcialmente provido. (REsp 1728068/SP, rel. Min. MARCO AURÉLIO BELLIZZE, TERCEIRA TURMA, julgado em 5-6-2018, *DJe* 8-6-2018). (Destacamos)

7.3.4. Princípio da Atualidade

A atualidade compreende a modernidade das técnicas, do equipamento e das instalações e a sua conservação, bem como a melhoria e a expansão do serviço (art. 6º, § 2º, da Lei n. 8.987/95).

7.3.5. Princípio da Generalidade/Universalidade

Esse princípio busca a universalidade na prestação do serviço público, isto é, o serviço deve ser prestado a todos os usuários de forma igualitária e impessoal, sem qualquer espécie de discriminação. Ex.: o ônibus da periferia deve ter a mesma qualidade dos que circulam nos centros empresariais, ao menos em teoria.

7.3.6. Princípio da Cortesia na Prestação

O serviço público deve ser prestado por pessoas que tratem os usuários com respeito, educação e cordialidade.

7.3.7. Princípio da Modicidade das Tarifas

Trata-se de princípio que exige a prestação de serviço público a um preço reduzido, de forma a atingir a universalidade na prestação. Esse princípio será atendido quando o preço da tarifa corresponder à justa relação de custo-benefício na prestação da atividade.

Ademais, para preservar a modicidade das tarifas, o edital de licitação de determinado serviço público poderá prever o recebimento de receitas alternativas. Ex.: contrato de concessão para a manutenção de uma rodovia. Além da tarifa paga pelo usuário (pedágio), é possível obter receita por meio de fontes alternativas, como a exploração da publicidade à beira da estrada. O STJ entendeu, no julgamento dos EREsp 985.695/RJ, que concessionária de rodovia pode cobrar de concessionária de energia elétrica pelo uso de faixa de domínio de rodovia para a instalação de postes e passagem de cabos aéreos efetivadas com o intuito de ampliar a rede de energia, na hipótese em que o contrato de concessão da rodovia preveja a possibilidade de obtenção de receita alternativa decorrente de atividades vinculadas à exploração de faixas marginais. No mesmo sentido:

ADMINISTRATIVO. PROCESSUAL CIVIL. AGRAVO INTERNO NO RECURSO ESPECIAL. NEGATIVA DE PRESTAÇÃO JURISDICIONAL. VIOLAÇÃO AO ART. 535 DO CPC/73. NÃO OCORRÊNCIA. UTILIZAÇÃO DA FAIXA DE DOMÍNIO. COBRANÇA EFETUADA PELA CONCESSIONÁRIA QUE ADMINISTRA A RODOVIA. POSSIBILIDADE. PRECEDENTES DO STJ. RAZOABILIDADE DA COBRANÇA. ANÁLISE DE RESOLUÇÃO DO DNIT. ATO NORMATIVO QUE NÃO SE EQUIPARA A LEI. REEXAME DE MATÉRIA FÁTICA E INTERPRETAÇÃO DE CLÁUSULAS CONTRATUAIS. IMPOSSIBILIDADE. SÚMULAS 5 E 7 DO STJ.

1. Não ocorreu omissão no aresto combatido, na medida em que o Tribunal de origem dirimiu, fundamentadamente, as questões que lhe foram submetidas, apreciando integralmente a controvérsia posta nos autos, não se podendo, ademais, confundir julgamento desfavorável ao interesse da parte com negativa ou ausência de prestação jurisdicional. Legitimidade da intimação do recorrente.

2. O acórdão recorrido está em sintonia com a jurisprudência firmada no âmbito da Primeira Seção desta Corte, cujo entendimento assevera que o Poder Concedente poderá, nos termos do art. 11 da Lei n. 8.987/95, autorizar concessionária a efetuar cobrança pela utilização de faixas de domínio, com vistas a favorecer a modicidade das tarifas, desde que haja previsão no contrato de concessão da rodovia.

3. Quanto à tese da falta de razoabilidade do preço exigido pela utilização da faixa de domínio, a análise da matéria extrapola a estreita via do recurso especial, pois implica o exame da Portaria 258/2003 do DNIT, ato normativo que não se enquadra no conceito de "tratado ou lei federal" de que cuida o art. 105, III, a, da CF, bem como esbarra nos óbices das Súmulas 5 e 7 do STJ.

4. Agravo interno a que se nega provimento.

(AgInt no REsp 1099282/RJ, rel. Min. SÉRGIO KUKINA, PRIMEIRA TURMA, julgado em 15-8-2017, *DJe* 25-8-2017).

Por fim, cumpre ressaltar novidade introduzida no ano de 2018 na Lei n. 8.987/95:

> § 5º A concessionária deverá divulgar em seu sítio eletrônico, de forma clara e de fácil compreensão pelos usuários, tabela com o valor das tarifas praticadas e a evolução das revisões ou reajustes realizados nos últimos cinco anos (parágrafo incluído pela Lei n. 13.673, de 2018).

7.3.8. Princípio da Continuidade do Serviço Público

Por esse princípio, o serviço público não pode ser interrompido, em razão da sua relevância perante a coletividade.

Mas esse princípio não é absoluto, admitindo exceção, uma vez que a jurisprudência do Superior Tribunal de Justiça permite a interrupção do serviço público (REsp 363.943) nas hipóteses dos incisos do § 3º do art. 6º da Lei n. 8.987/95, não caracterizando descontinuidade do serviço a sua paralisação quando em situação de emergência ou após o aviso prévio:

a) motivada por razões de ordem técnica ou de segurança das instalações; e

b) por inadimplemento do usuário, considerado o interesse da coletividade.

No ano de 2020 a Lei n. 14.015 incluiu o § 4º ao citado art. 6º da Lei n. 8.987/95 com o seguinte teor:

> A interrupção do serviço na hipótese prevista no inciso II do § 3º deste artigo não poderá iniciar-se na sexta-feira, no sábado ou no domingo, nem em feriado ou no dia anterior a feriado.

O STJ só não admite a interrupção: (i) pela falta de pagamento quando atingir unidades públicas essenciais (como impedir a interrupção do serviço de energia nas escolas públicas), ou interesses inadiáveis da coletividade (como impedir a interrupção do serviço de iluminação pública para não afetar o direito à segurança) – EREsp 845.982; (ii) em situação de violação do princípio da dignidade da pessoa humana, como comprovada miserabilidade, o Superior Tribunal de Justiça não vem admitindo a interrupção (AgRg no REsp 1.162.946); (iii) alegação de fraude no medidor apurada de maneira unilateral pela concessionária (AgRg no AREsp 101.624)[114]; (iv) também não se admite a interrupção sob o fundamento de dívidas pretéritas (AgRg no AREsp 59.058).

Na doutrina, encontramos três posições sobre o assunto, além da nossa. Tais

---

114 Segundo entendimento do STJ, respeitados os princípios do contraditório e da ampla defesa, admitido será a interrupção do serviço público em razão da fraude no medidor, desde que correspondente apenas ao período de 90 dias da constatação da fraude: "TESE REPETITIVA – 15. Para fins dos arts. 1.036 e seguintes do CPC/2015, fica assim resolvida a controvérsia repetitiva: Na hipótese de débito estrito de recuperação de consumo efetivo por fraude no aparelho medidor atribuída ao consumidor, desde que apurado em observância aos princípios do contraditório e da ampla defesa, é possível o corte administrativo do fornecimento do serviço de energia elétrica, mediante prévio aviso ao consumidor, pelo inadimplemento do consumo recuperado correspondente ao período de 90 (noventa) dias anterior à constatação da fraude, contanto que executado o corte em até 90 (noventa) dias após o vencimento do débito, sem prejuízo do direito de a concessionária utilizar os meios judiciais ordinários de cobrança da dívida, inclusive antecedente aos mencionados 90 (noventa) dias de retroação. RESOLUÇÃO DO CASO CONCRETO 16. Na hipótese dos autos, o Tribunal Estadual declarou a ilegalidade do corte de energia por se lastrear em débitos não relacionados ao último mês de consumo. 17. Os débitos em litígio são concernentes à recuperação de consumo do valor de R$ 9.418,94 (nove mil, quatrocentos e dezoito reais e noventa e quatro centavos) por fraude constatada no aparelho medidor no período de cinco anos (15-12-2000 a 15-12-2005) anteriores à constatação, não sendo lícita a imposição de corte administrativo do serviço pela inadimplência de todo esse período, conforme os parâmetros estipulados no presente julgamento. 18. O pleito recursal relativo ao cálculo da recuperação de consumo não merece conhecimento por aplicação do óbice da Súmula 7/STJ. 19. Recurso Especial não provido. Acórdão submetido ao regime dos arts. 1.036 e seguintes do CPC/2015." (REsp 1412433/RS, Rel. Ministro HERMAN BENJAMIN, PRIMEIRA SEÇÃO, julgado em 25-4-2018, *DJe* 28-9-2018)

posicionamentos doutrinários referem-se à possibilidade ou não da interrupção do serviço público em razão do inadimplemento do usuário do serviço público e se resumem às seguintes correntes:

1ª) aqueles que admitem a interrupção;

2ª) aqueles que não a admitem;

3ª) aqueles que, dependendo da natureza do serviço – compulsório ou não compulsório – podem ou não admitir a sua interrupção;

4ª) corrente por nós defendida.

A *corrente que admite a interrupção* traz o somatório dos seguintes fundamentos jurídicos: (i) *existência de dispositivo legal* legitimando essa prática (Lei n. 8.987/95, art. 6º, § 3º, II); (ii) *aplicação do princípio da supremacia do interesse público* sobre o privado (a continuidade na prestação dos serviços para usuários inadimplentes comprometeria a sua prestação perante o restante da coletividade); (iii) *violação do princípio da isonomia* (tratamento igual – manutenção do serviço – aos desiguais – adimplentes e inadimplentes); (iv) *gratuidade não se presume* (decorre de lei ou de contrato).

Representando os defensores desse posicionamento, ensina Zelmo Denari:

> Pacifica-se, na doutrina, o entendimento de que a gratuidade não se presume e que as concessionárias de serviço público não podem ser compelidas a prestar serviços ininterruptos se o usuário deixa de satisfazer suas obrigações relativas ao pagamento. Assim como o particular, no contrato *facio ut des,* pode recusar o cumprimento da obrigação de fazer, na ausência do correspectivo, assim também não há negar às concessionárias a mesma faculdade, nos contratos de Direito Público. Do contrário, seria admitir, de um lado, o enriquecimento sem causa do usuário e, de outro, o desvio de recursos públicos por mera inatividade da concessionária, sem prejuízo da ofensa ao princípio da igualdade de tratamento entre os destinatários do serviço público[115].

Por outro lado, existem aqueles que defendem a **impossibilidade da interrupção** do serviço público em razão do inadimplemento do usuário do serviço público, com a coletânea dos seguintes argumentos: (i) **viola o princípio constitucional da dignidade da pessoa humana** (cláusula pétrea que garante aos cidadãos a utilização de serviços públicos essenciais para a manutenção da vida); (ii) **afronta ao princípio da continuidade** inserto no art. 22 do CDC (se serviços essenciais são contínuos, significa que não podem ser interrompidos); (iii) **extrapola os limites legais de cobrança** (ao violar o art. 42 do CDC, que impede o constrangimento do consumidor na cobrança de dívidas); (iv) **viola o preceito de que a responsabilidade por dívidas deverá incidir sobre o patrimônio do devedor**, e não sobre a sua pessoa ou sobre sua família.

---

115 GRINOVER, Ada Pellegrini et al. *Código Brasileiro de Defesa do Consumidor comentado pelos autores do anteprojeto.* 8. ed. Rio de Janeiro: Forense Universitária, 2005. p. 215-216

Não se trata de apologia ao inadimplemento, porém, defendem os seguidores dessa segunda corrente, o direito de crédito do fornecedor, nos casos especiais de prestação de serviço público, deverá ser concretizado por meio dos instrumentos processuais hábeis, tais como a ação de cobrança.

Dentre os doutrinadores que defendem essa tese, traz-se à colação entendimento de Luiz Antonio Rizzatto Nunes:

> Infelizmente alguns juristas, de forma equivocada, têm se manifestado no sentido contrário à norma (e mesmo com sua clara letra expressa), admitindo que o prestador do serviço público corte o fornecimento do serviço essencial em caso de inadimplemento. [...] A Carta Constitucional proíbe que terminantemente isso ocorra: a) O meio ambiente no qual vive o cidadão – sua residência, seu local de trabalho, sua cidade etc. – deve ser equilibrado e sadio. [...] c) Se para a manutenção desse meio ambiente e da saúde e vida sadia do indivíduo têm de ser fornecidos serviços públicos essenciais, eles só podem ser ininterruptos[116].

A **terceira corrente defende a necessidade de diferenciar serviços compulsórios dos facultativos. Somente os últimos poderiam ser interrompidos** em caso de inadimplemento em razão da facultatividade na sua obtenção.

Trazemos os ensinamentos de José dos Santos Carvalho Filho, que entende pela necessidade de se distinguirem os serviços compulsórios e os facultativos:

> **Se o serviço for facultativo**, o Poder Público **pode suspender-lhe a prestação no caso de não pagamento**, o que guarda coerência com a facultatividade em sua obtenção. É o que sucede, por exemplo, com os serviços prestados por concessionários, cuja suspensão é expressamente autorizada pela Lei n. 8.987/95, que dispõe sobre concessões de serviços públicos (art. 6º, § 3º, II). **Tratando-se, no entanto, de serviço compulsório, não será permitida a suspensão**, e isso não somente porque o **Estado o impôs coercitivamente**, como também porque, sendo remunerado por taxa, **tem a Fazenda mecanismos privilegiados para a cobrança da dívida**. Tais soluções são as que nos parecem mais compatíveis na relação Estado-usuário[117].

Inicialmente defendíamos a posição que impede a interrupção do serviço público em razão do inadimplemento do usuário. No entanto, refletindo melhor sobre o tema, constatamos que eventual prevalecimento dessa teoria afastaria as empresas privadas de participarem de licitação para firmarem contrato de

---

116 NUNES, Luiz Antonio Rizzatto. *Curso de direito do consumidor* (com exercícios). 4. ed. São Paulo: Saraiva, 2009. p. 109 e 113.
117 CARVALHO FILHO, José dos Santos. *Manual de direito administrativo*. 18. ed. Rio de Janeiro: Lumen Juris, 2007. p. 296-297.

concessão de serviço público com a Administração, pois o seu principal poder de forçar o consumidor a pagar as tarifas – a possibilidade de interrupção do serviço – estaria fora de cogitação.

Por outro lado, também não concordamos que a interrupção seja a regra e feita de forma desarrazoada, como vem ocorrendo na grande maioria das vezes em nosso país. Assim, criamos uma proposta de bem interpretar o final do inciso III do § 3º do art. 6º da Lei n. 8.987/95, quando determina a possibilidade de interrupção do serviço em razão do inadimplemento do usuário, "considerado o interesse da coletividade".

O tema será melhor desenvolvido no próximo item, porém, adiantamos aqui que, considerando a expressão utilizada pela Lei n. 9.784/99 "interesse da coletividade", em nossa visão, significa primeiro analisar se o percentual de inadimplentes no caso concreto chegou a tal ponto capaz de afetar o equilíbrio econômico-financeiro do contrato administrativo de concessão. Comprovada pela Concessionária a quebra do equilíbrio financeiro, somente a partir de então a interrupção seria legítima, como forma de manter a boa prestação de um serviço público, "considerado o interesse da coletividade". Ou seja, se existem muitos inadimplentes, não haverá dinheiro suficiente para prestar um bom serviço público a todos nós.

Dessa forma, antes de restar cabalmente comprovada a aludida quebra a ponto de não comprometer a boa prestação de um serviço público à coletividade, a interrupção em nossa visão é ilegítima.

Os críticos à nossa tese levantam as dificuldades de se comprovar tal quebra no caso concreto. Respeitamos, porém discordamos. Se não há dificuldade de, por meio de cálculos, demonstrar a necessidade dos constantes aumentos de tarifas de serviços públicos que deixaram a população brasileira tão indignada e estimularam manifestações por todo o país, também não é difícil comprovar, pelos mesmos cálculos, que o número de inadimplentes foi tamanho a ponto de quebrar o equilíbrio econômico-financeiro do contrato de concessão.

Aliás, sobre o tema, destacamos que a Lei n. 8.987, de 1995 sofreu alteração no ano de 2018 pela Lei n. 13.673, que acrescentou o § 5º ao art. 9º com a seguinte a redação: § 5º A concessionária deverá divulgar em seu sítio eletrônico, de forma clara e de fácil compreensão pelos usuários, tabela com o valor das tarifas praticadas e a evolução das revisões ou reajustes realizados nos últimos cinco anos.

Diante desse contexto e ciente da existência de três posicionamentos da doutrina, além da nossa, a respeito da interrupção do serviço público à luz do princípio da continuidade, importante lembrar que o entendimento da jurisprudência do Superior Tribunal de Justiça sobre o tema é pela admissibilidade da interrupção, em regra, salvo as situações acima apontadas.

7.3.9. O desequilíbrio econômico financeiro do contrato de concessão por inadimplemento do usuário como critério objetivo e legitimador da interrupção do serviço público

A manutenção do equilíbrio econômico financeiro é um direito do contratado de manter inatingível a equação existente entre objeto do contrato e preço correspondente durante toda execução do pactuado, tendo em vista que este tipo de contratação carrega a característica da mutabilidade em sua essência.

Assim, a Administração Pública tem a prerrogativa de exigir a alteração unilateral (cláusula exorbitante) do objeto contratado, sob o fundamento da satisfação do interesse público, desde que o faça dentro dos limites legais. Em contrapartida, o contratado tem o consequente direito à manutenção do equilíbrio econômico-financeiro do contrato, podendo solicitar, por exemplo, o aumento no preço inicialmente pactuado na proporção à quantidade maior eventualmente solicitada pelo Poder Público.

Na doutrina, quem abordou de maneira aprofundada a relação entre mutabilidade contratual e manutenção do equilíbrio econômico financeiro foi Maria Sylvia Zanella Di Pietro:

> "Um dos traços característicos do contrato administrativo é a sua mutabilidade, que, segundo muitos doutrinadores, decorre de determinadas cláusulas exorbitantes, ou seja, das que conferem à Administração o poder de, unilateralmente, alterar as cláusulas regulamentares ou rescindir o contrato antes do prazo estabelecido, por motivo de interesse público.
>
> Segundo entendemos, a mutabilidade pode decorrer também de outras circunstâncias, que dão margem à aplicação das teorias do fato do príncipe e da imprevisão.
>
> O assunto tem que ser analisado sob dois aspectos: o das circunstâncias que fazem mutável o contrato administrativo e o da consequência dessa mutabilidade, que é o direito do contratado à manutenção de equilíbrio econômico-financeiro.
>
> Já foi visto que o equilíbrio econômico-financeiro ou equação econômico-financeira é a relação que se estabelece, no momento da celebração do contrato, entre o encargo assumido pelo contratado e a contraprestação assegurada pela Administração."

Maria Sylvia lembra que o equilíbrio financeiro deve estar presente em todos os contratos, quer os celebrados pela Administração Pública, quer aqueles realizados entre particulares, porém, é nos contratos administrativos que a citada equação se rompe com maior facilidade, em razão da mutabilidade inerente a esse tipo de contratação. Assim, em razão da insegurança que se gera em maior escala nos contratos administrativos quando cotejados com os contratos privados é que se criou uma teoria da manutenção do equilíbrio econômico-financeiro nos contratos com a Administração Pública como forma de se conceder uma garantia de manutenção da equação entre objeto e preço ao contratado. Vejamos os ensinamentos da aludida doutrinadora:

"Na realidade, todos os contratos, sejam eles públicos ou privados, supõem a existência de um equilíbrio financeiro que, conforme demonstrado por Gaspar Arifío Ortiz (1968:6), costuma ser visto sob dois aspectos: o da equivalência material das prestações, ou seja, a equivalência objetiva, atendendo à valoração econômica das contraprestações e invocando em sua defesa um ideal de justiça comutativa; e o da equivalência subjetiva, atendendo ao valor subjetivo que para cada uma das partes tem a prestação da outra."

Di Pietro ensina que nos contratos entre particulares, nem sempre a equivalência material corresponde à equivalência subjetiva, sendo comum esta prevalecer sobre aquela, por isso autorizado está o princípio da autonomia da vontade. Estabelecida essa equivalência no momento em que se firma o contrato, ela só poderá ser alterada por novo acordo entre as partes.

"Nos contratos administrativos e nos contratos em geral de que participa a Administração, não existe a mesma autonomia da vontade do lado da Administração Pública; ela tem que buscar sempre que possível a equivalência material, já que não tem a livre disponibilidade do interesse público. Além disso, é mais difícil fazer, no momento do contrato, uma previsão adequada do equilíbrio, uma vez que os acordos administrativos em geral envolvem muitos riscos decorrentes de várias circunstâncias, como a longa duração, o volume grande de gastos públicos, a natureza da atividade, que exige muitas vezes mão de obra especializada, a complexidade da execução etc. O próprio interesse público que à Administração compete defender não é estável, exigindo eventuais alterações do contrato para ampliar ou reduzir o seu objeto ou incorporar novas técnicas de execução."

Concluiu a autora no sentido de identificar, portanto, que o equilíbrio do contrato administrativo é essencialmente mais dinâmico e que pode romper-se muito mais facilmente do que o de direito privado. É por causa dessa insegurança que se elaborou toda uma teoria do equilíbrio econômico do contrato administrativo.

A Administrativista continuou seu raciocínio apontando três tipos de áleas ou riscos que o particular enfrenta quando contrata com a Administração:

"1. álea ordinária ou empresarial, que está presente em qualquer tipo de negócio; é um risco que todo empresário corre, como resultado da própria flutuação do mercado; sendo previsível, por ele responde o particular. Há quem entenda que mesmo nesses casos a Administração responde, tendo em vista que nos contratos administrativos os riscos assumem maior relevância por causa do porte dos empreendimentos, o que torna mais difícil a adequada previsão dos gastos; não nos parece aceitável essa tese, pois, se os riscos não eram previsíveis, a álea deixa de ser ordinária;

2. álea administrativa, que abrange três modalidades: a) uma decorrente do poder de alteração unilateral do contrato administrativo, para atendimento do interesse público; por ela responde a Administração, incumbindo-lhe a obrigação de restabelecer o equilíbrio voluntariamente rompido; b) a outra corresponde ao chamado fato do príncipe, que seria um ato de autoridade, não diretamente

relacionado com o contrato, mas que repercute indiretamente sobre ele; nesse caso, a Administração também responde pelo restabelecimento do equilíbrio rompido; c) a terceira constitui o fato da Administração, entendido como 'toda conduta ou comportamento desta que torne impossível, para o cocontratante particular, a execução do contrato' (Escola, 1977, v. 1:434); ou, de forma mais completa, é 'toda ação ou omissão do Poder Público que, incidindo direta e especificamente sobre ocontrato, retarda, agrava ou impede a sua execução' (Hely Lopes Meirelles, 2003:233);

3. álea econômica, que corresponde a circunstâncias externas ao contrato, estranhas à vontade das partes, imprevisíveis, excepcionais, inevitáveis, que causam desequilíbrio muito grande no contrato, dando lugar à aplicação da teoria da imprevisão; a Administração Pública, em regra, responde pela recomposição do equilíbrio econômico-financeiro."

Conforme destacado por Maria Sylvia Zanella Di Pietro, a alteração unilateral do contrato imposta pela Administração Pública não é a única causa propulsora da quebra do equilíbrio econômico-financeiro. Outras causas existem, tais como: i) álea econômica extraordinária; ii) caso fortuito e força maior; iii) fato do príncipe; iv) fato da administração; e v) interferências imprevistas.

Sobre a álea econômica extraordinária, aplicamos a Teoria da Imprevisão, uma vez que o desequilíbrio contratual decorre de fato superveniente, externo ao contrato, alheio à vontade das partes, imprevisível e inevitável, capaz de onerar excessivamente sua execução pelo contratado.

Diante das situações apresentadas de desequilíbrio contratual, existem instrumentos jurídicos para se buscar o restabelecimento do equilíbrio econômico-financeiro. São eles: (i) Revisão – equação econômico-financeira é afetada por eventos posteriores e imprevisíveis que alteram substancialmente o conteúdo ou a extensão das prestações impostas ao contratante. Não tem relação com questões inflacionárias, como no caso fortuito ou força maior (REsp 612.123). (ii) Reajuste – existe a recomposição preestabelecida do poder aquisitivo da moeda, por meio da aplicação de índice de preços fixado contratualmente. Exige o decurso mínimo de 12 meses. Tem relação com questões inflacionárias (STJ – MS 11.539). (iii) Repactuação – consiste na recomposição do valor contratado aplicável aos contratos de serviços contínuos e se vincula à variação de custos do contrato. O contratado deverá demonstrar de forma analítica a proporção do desequilíbrio econômico-financeiro de acordo com a planilha de custos e a formação dos preços, como no caso de aumento salarial da categoria de trabalhadores em razão da data-base (TCU – Acórdão 1.827). Exige-se previsão contratual e o decurso do interregno de 12 meses.

Conforme visto no desenvolvimento deste Capítulo o fundamento legal para legitimar a interrupção do serviço público em razão do inadimplemento do usuário está pautado na expressão: "considerado o interesse da coletividade". Trata-se do disposto na parte final do art. 6º, § 3º, inciso II, da Lei n. 8.987/95: "Não se caracteriza como descontinuidade do serviço a sua interrupção em situação de emergência ou após prévio aviso, quando: (...) II – por inadimplemento do usuário, considerado o interesse da coletividade."

Concluímos em passagens pretéritas que o dispositivo legal tem por fundamento o Princípio da Supremacia do Interesse Público sobre o Privado, ou seja, a interrupção do serviço público seria uma forma de coagir o consumidor a pagar o valor devido e, com isso, a concessionária teria condições de bem prestar o serviço perante toda a coletividade.

No entanto, defendemos que no atual contexto histórico em que vivemos num Estado Constitucional e Democrático de Direito o princípio em análise deve ser interpretado no sentido de Supremacia dos Direitos Fundamentais. Nessa linha, concluímos que no conceito de interesse público também está albergada a tutela de direito individual. Assim, entendemos que, a depender do grau de relevância dos direitos fundamentais, ora vai prevalecer o interesse de muitos e ora vai prevalecer o interesse de um, sem identificar qualquer problema nessa conclusão, tendo em vista que proteção de ambos os direitos citados será, em última análise, proteção ao interesse público.

Seguindo nessa linha de raciocínio e trazendo à colação novamente os ensinamentos de Maria Sylvia Zanella Di Pietro, vimos que são três os tipos de áleas que podem quebrar o equilíbrio econômico-financeiro do contrato: i) álea ordinária ou empresarial; ii) álea administrativa; e, iii) álea econômica.

Sobre o tema, Maria Sylvia concluiu ainda que, diferentemente do Direito Francês, nosso Direito determina que Administração Pública é responsável exclusiva pela recomposição do equilíbrio econômico-financeiro do contrato administrativo nos casos de desequilíbrio oriundos das áleas administrativa e econômica:

"No direito francês, onde se buscou inspiração para a adoção dessas teorias, a distinção entre as áleas administrativas e econômicas é relevante, porque, nas primeiras, o poder público responde sozinho pela recomposição do equilíbrio econômico-financeiro, enquanto nas segundas os prejuízos se repartem, já que não decorrem da vontade de nenhuma das partes. No direito brasileiro, entende-se que, seja nas áleas administrativas, seja nas áleas econômicas, o contratado tem direito à manutenção do equilíbrio econômico-financeiro do contrato, por força do art. 37, XXI, da Constituição, que exige, nos processos de licitação para obras, serviços, compras e alienações, sejam mantidas 'as condições efetivas da proposta'. Além disso, a mesma ideia resulta da Lei n. 8.666/93 (art. 65, inciso II, e §§ 5º e 6º) e da Lei n. 8.987/95 (art. 9º e parágrafos), em matéria de concessão e permissão de serviços públicos.

Em consequência, a solução tem sido a mesma em qualquer das teorias (fato do príncipe, fato da Administração e imprevisão); inclusive é a solução adotada também para as hipóteses de caso fortuito e força maior (art. 78, XVII, combinado com art. 79, 1, da Lei n. 8.666/93). Em todos os casos, a Administração Pública responde sozinha pela recomposição do equilíbrio econômico-financeiro. A invocação das teorias serve apenas para fins de enquadramento jurídico e fundamentação para a revisão das cláusulas financeiras do contrato.

Nos contratos de parceria público-privada (concessão patrocinada e concessão administrativa), regidos pela Lei n. 11.079, de 30-12-2004, adota-se solução diversa, uma vez que é prevista a repartição de riscos entre as partes, inclusive os referentes a caso fortuito, força maior, fato do príncipe e álea econômica extraordinária (art. 5º, III)."

A Doutrinadora não citou a álea ordinária ou empresarial como de responsabilidade da Administração Pública, por se tratar de um risco que todo empresário corre, além de ser previsível, respondendo por ele o particular exclusivamente. Di Pietro destaca que há doutrina entendendo que mesmo nesses casos a Administração Pública responderia, em razão dos riscos assumidos nos contratos administrativos em maior relevância se comparados aos contratos privados por causa do porte dos empreendimentos, o que tornaria mais difícil a adequada previsão dos gastos, porém discorda desse posicionamento, pois, se os riscos não eram previsíveis, a álea deixaria de ser ordinária.

Exemplo de risco previsível e inerente aos contratos de concessão de serviço público é o inadimplemento do usuário. Isso decorre do fato de ser dele, usuário do serviço público, o dever de remunerar o concessionário por meio do pagamento de tarifa na grande maioria dos contratos administrativos dessa natureza.

O tema é tão relevante que Maria Sylvia Zanella Di Pietro ao definir o equilíbrio econômico-financeiro ou equação econômico-financeira preferiu utilizar a expressão "contraprestação assegurada" pela Administração do que "devida", tendo em vista que nos contratos de concessão de serviço público é o usuário o responsável por arcar com o pagamento das tarifas:

> "Preferimos falar em contraprestação assegurada e não devida pela Administração, porque nem sempre é ela que paga; em determinados contratos, é o usuário do serviço público que paga a prestação devida, por meio da tarifa; é o que ocorre nos contratos de concessão de serviço público."

A previsibilidade do inadimplemento do consumidor é tão real que o percentual médio de inadimplentes do setor de serviço público a ser prestado é levado em consideração quando da formulação da proposta na licitação no tocante ao valor da tarifa a ser cobrada. O Relator à época no Superior Tribunal de Justiça, hoje integrante do Supremo Tribunal Federal, Ministro Luiz Fux, já se atentou ao assunto no julgado acima colacionado entendendo que: "Destarte, mister analisar que as empresas concessionárias ressalvam evidentemente um percentual de inadimplemento na sua avaliação de perdas, e os fatos notórios não dependem de prova (notorianomegentprobationem), por isso que a empresa recebe mais do que experimenta inadimplementos." (AgRg no REsp 873.174/RS, Rel. Ministro LUIZ FUX, PRIMEIRA TURMA, julgado em 14-8-2007, *DJ* 17-9-2007, p. 218)

No contexto apresentado em que o usuário do serviço público é quem remunera o concessionário, somado ao fato de que o seu inadimplemento se enquadra numa álea ordinária e previsível nesse tipo de contrato, concordamos com a doutrina majoritária no sentido de que não é possível transferir para a Administração Pública a responsabilidade para recompor o equilíbrio econômico-financeiro do contrato administrativo de concessão de serviço público.

Desta forma, qual seria o instrumento a se lançar mão pelo concessionário para buscar o reequilíbrio da equação financeira do contrato de que é signatário? Defendemos que é a interrupção do serviço público a partir da comprovação dessa quebra da equação financeira.

No entanto, tal interrupção não pode ser a aplicada de forma desproporcional como ocorre na atualidade. Mesmo porque, vivemos num Estado Constitucional e Democrático de Direito em que direitos individuais foram alçados à condição de cláusulas pétreas na qualidade de direitos fundamentais que são.

Desta forma, defendemos neste item baseado em nossa tese de doutoramento que o critério legitimador para a interrupção do serviço público em razão do inadimplemento do usuário é a comprovação, por parte do concessionário, que o número de inadimplentes chegou a tal percentual que foi capaz de desequilibrar a equação econômico-financeira do contrato. Somente com essa demonstração estaria legitimada a interrupção do serviço para continuar bem prestá-lo perante a coletividade.

A quebra da equação financeira já legitima outros institutos do Direito Administrativo Contratual, tais como a revisão, o reajuste e a repactuação. Em outras palavras, além da alteração unilateral do contrato administrativo imposta pela Administração Pública, das hipóteses geradoras da álea administrativa e da álea econômica, o inadimplemento contratual também pode ser uma causa desse desequilíbrio contratual, gerando ao concessionário, a partir de então, a possibilidade de interromper o serviço público como forma de coagir o usuário a pagar o valor devido e, com esse adimplemento realizado, ver recomposto o equilíbrio econômico-financeiro de seu contrato de concessão.

Ademais, a expressão "considerado o interesse da coletividade" inserta na Lei n. 8.987/95, mais precisamente na parte final do art. 6º, inciso II, deve ser interpretada à luz dos Princípios do Estado Constitucional e Democrático de Direito que exige a comprovação da quebra do equilíbrio econômico-financeiro como critério objetivo e legitimador da interrupção. Vejamos:

Segundo José Afonso da Silva, são Princípios do Estado Constitucional e Democrático de Direito: i) princípio da constitucionalidade; ii) princípio democrático; iii) Sistema de direitos fundamentais; iv) princípio da justiça social; v) princípio da igualdade; vi) princípio da divisão de poderes da independência do juiz; vii) princípio da legalidade; e viii) princípio da segurança jurídica.

O critério defendido neste item atende inicialmente o princípio da constitucionalidade que coloca em posição de supremacia a Constituição Federal e seus preceitos, e não um interesse público de conceito fluido e indeterminado, conforme defendido de forma absorta pela doutrina clássica.

Ademais, a participação popular na fiscalização dos contratos de concessão de serviço público, em especial se houve ou não a quebra do equilíbrio econômico-financeiro do contrato em razão do inadimplemento dos usuários, concretizará o princípio democrático proposto pelo aludido constitucionalista na consecução de uma democracia participativa.

O princípio do sistema de direitos fundamentais, que, nos ensinamentos de José Afonso da Silva, compreende também os interesses individuais, está em consonância com a tese aqui defendida, no sentido de que a tutela do interesse individual representa também uma forma de proteger o interesse público e, exigir a comprovação da quebra da equação financeira contratual, seria a forma mais adequada de se interpretar a expressão "considerado o interesse da coletividade" inserta na Lei n. 8.987/95.

O princípio da justiça social é concretizado pela fraternidade prevista no preâmbulo da Constituição Federal (justiça como valores supremos de uma sociedade fraterna), além de ser um dos objetivos da República Federativa do Brasil consubstanciado em construir uma sociedade livre, justa e solidária (art. 3º, inciso I, da CF). Trata-se o serviço público de maior instrumento na busca dessa fraternidade pretendida pela Constituição Federal. Desta forma, a interrupção de um serviço público que é tão essencial para a coletividade não ser realizada de maneira tão desvairada e desproporcional por afrontar, dentre outros, o princípio da justiça social.

O princípio da igualdade também é afrontado por essa falta de controle na interrupção do serviço público. Se a concepção Aristotélica desse princípio é tratar de forma igual os iguais e de forma desigual os desiguais, na medida de suas desigualdades, não seria possível a interrupção de um serviço público para uma pessoa em condição de miserabilidade ou portadora de doença grave. Aliás, esse tipo de conduta abusiva vem sendo coibida pelo Poder Judiciário, conforme acima demonstrado, em verdadeira aplicação do princípio da independência do juiz.

No tocante ao princípio da legalidade não é possível interpretar a expressão "considerado o interesse da coletividade" sem utilizar o critério aqui defendido, isto é, a interrupção do serviço público nos termos do disposto no art. 6º, § 3º, inciso II, da Lei n. 8.987/95 depende da comprovação por parte do concessionário de que o número de inadimplentes chegou a um tamanho considerável a ponto de desequilibrar a equação econômico-financeira do contrato de concessão e de impedir, por esse motivo, a boa prestação desse serviço perante a coletividade. Somente essa interpretação do citado dispositivo legal está em consonância com os Princípios Constitucionais do Estado Democrático de Direito.

Por fim, se a fundamentação até o momento na defesa desse critério teve por objetivo maior proteger os usuários dos serviços públicos de interrupções realizadas de maneira descontrolada na garantia dos seus direitos fundamentais, importante destacar que o concessionário também será beneficiado por esses argumentos numa típica concretização do princípio da segurança jurídica. Vejamos:

Conforme já informamos, inicialmente éramos contra a interrupção do serviço público por violar, dentre outros, o princípio da dignidade da pessoa humana. No entanto, refletindo melhor sobre o tema, concluímos que o prevalecimento desse posicionamento inviabilizaria a presença de interessados em participar de licitações prévias aos contratos de concessão de serviço público.

Com efeito, a tese aqui defendida de somente legitimar a interrupção do serviço público em razão do número de inadimplentes chegar ao ponto de quebrar a equação financeira do contrato é uma forma de garantir estabilidade a esse tipo de relação jurídica, pois o concessionário terá um elemento objetivo para demonstrar a necessidade de tomar a conduta extremada da interrupção, sob pena de não fazendo, comprometer a boa prestação do serviço perante a coletividade.

O critério defendido neste item, baseado em nossa tese de doutoramento, de somente se legitimar a interrupção do serviço público em razão do inadimplemento do usuário quando restar comprovado que o número de inadimplentes afetou a equação econômico-financeira do contrato de concessão, facilita inclusive a intervenção judicial, na medida em que, demonstrado pelo concessionário que o número de inadimplentes foi tamanho a ponto de quebrar o equilíbrio do contrato, evidenciado estará que o grau de relevância dos direitos fundamentais da coletividade é maior do que o grau de relevância dos direitos fundamentais do usuário inadimplente e, a partir desse momento, e só desse momento, legitimada estará a interrupção desse serviço em razão do inadimplemento.

Em última análise, a tese aqui defendida é favorável tanto ao usuário do serviço público, porque impede a interrupção automática, desproporcional e desvairada pelo simples inadimplemento, bem como ao concessionário, pois gera segurança jurídica quanto ao momento legitimador da interrupção, uma vez que esta somente será implementada após a comprovação do desequilíbrio da equação econômico-financeira do contrato de concessão e o possível prejuízo da boa prestação do serviço público perante o restante da coletividade.

7.4. Classificação do Serviço Público

7.4.1. Quanto à Essencialidade/Delegabilidade

a) serviços públicos indelegáveis: são aqueles que somente podem ser prestados pela Administração, ou seja, não admitem delegação de sua execução a terceiros, em razão de estarem relacionados com as atividades inerentes ao Poder Público. Ex.: serviço de segurança nacional;

b) serviços públicos delegáveis: são aqueles que *admitem* a execução por meio de terceiros. Ex.: serviço de energia elétrica.

7.4.2. Quanto ao Objeto

a) serviços administrativos: atividades que visam atender às necessidades internas da Administração ou servir de base para outros serviços. Ex.: Imprensa Oficial;

b) serviços comerciais ou industriais: atividades que visam atender às necessidades da coletividade no aspecto econômico. Ex.: serviço de energia elétrica;

c) serviços sociais: atividades que visam atender às necessidades essenciais da coletividade em que há atuação da iniciativa privada ao lado da atuação do Estado. Ex.: serviço de saúde (existem hospitais públicos e privados), serviço de educação (há escolas públicas e privadas).

7.4.3. Quanto ao Usuário

a) serviços públicos individuais *(uti singuli)*: são aqueles prestados a usuários determinados ou determináveis. Ex.: serviços de energia ou de telefonia domiciliar;

b) serviços públicos gerais *(uti universi)*: são aqueles prestados à coletividade como um todo. Ex.: serviço de segurança pública e serviço de iluminação pública.

7.5. Direitos e Obrigações dos Usuários

Além da aplicação do Código de Defesa do Consumidor, os direitos e obrigações estão previstos no art. 7º da Lei n. 8.987/95:

a) receber serviço adequado;

b) receber do poder concedente e da concessionária informações para a defesa de interesses individuais ou coletivos;

c) obter e utilizar o serviço, com liberdade de escolha entre vários prestadores de serviços, quando for o caso, observadas as normas do poder concedente;

d) levar ao conhecimento do poder público e da concessionária as irregularidades de que tenham conhecimento, referentes ao serviço prestado;

e) comunicar às autoridades competentes os atos ilícitos praticados pela concessionária na prestação do serviço;

f) contribuir para a permanência das boas condições dos bens públicos através dos quais lhes são prestados os serviços.

7.6. Formas de Prestação do Serviço Público

Os serviços públicos podem ser prestados de forma centralizada ou descentralizada.

7.6.1. Serviço Centralizado

É aquele prestado diretamente pelas entidades políticas da Administração Direta (União, Estados, Distrito Federal e Municípios), por meio de seus órgãos e agentes. Ex.: serviço de transporte coletivo prestado diretamente por um determinado

Município. Aqui, a titularidade do serviço e a execução estão concentradas nas mãos da mesma pessoa jurídica, o Município que é dono da frota de ônibus, por exemplo.

7.6.2. Serviço Descentralizado

É aquele prestado por outra pessoa que não seja integrante da Administração Direta. Sobre o tema descentralização, duas são as modalidades mais importantes:

a) descentralização por outorga: ocorre quando uma entidade da Administração Direta institui, por meio de lei, outra pessoa jurídica para a prestação do serviço. São os serviços prestados por entidades da Administração Indireta (autarquias, fundações públicas, sociedades de economia mista e empresas públicas);

APROFUNDANDO! Existem três correntes a respeito da possibilidade ou não de se delegar a titularidade do serviço público à Administração Indireta: (i) pode delegar, por ser Administração Pública, ainda que indireta; (ii) não pode delegar, por ser a titularidade exclusiva da Administração Direta; (iii) só poderia ser delegada a titularidade para uma entidade da Administração Indireta, qual seja: a Autarquia. A posição majoritária é disputada pelas duas primeiras correntes apresentadas, com a dica para assinalar no concurso a corrente (i), por ser a mais identificada como correta em provas de concurso.

b) descentralização por delegação: ocorre quando a Administração transfere apenas a execução do serviço público (e não a sua titularidade) à iniciativa privada, geralmente por meio de contrato administrativo (de concessão ou permissão) ou, em algumas situações, mediante ato administrativo unilateral (autorização).

7.7. Formas de Delegação do Serviço Público ao Particular

Conforme visto, o serviço público pode ser prestado indiretamente pela Administração. Neste item, interessa-nos estudar as formas existentes de delegar a prestação do serviço público por particular.

7.7.1. Concessão de Serviço Público

Pode-se definir concessão de serviço público como contrato administrativo em que ocorrerá a delegação de sua prestação, feita pelo Poder concedente, mediante licitação, na modalidade de *concorrência ou diálogo competitivo*[118], à pessoa

---

118 O diálogo competitivo foi incluído pela Lei n. 14.133/2021, a Nova Lei de Licitação e Contratos Administrativos. Trata-se de modalidade de licitação e recomendamos o aprofundamento do tema no item 5.5.8 deste livro. A aludida Lei de 2021 também alterou o inciso III do art. 2º da Lei n. 8.987/95 para incluir o diálogo competitivo como modalidade de licitação prévia ao contrato de concessão de serviço público precedida da execução de obra pública: "a construção, total ou parcial, conservação, reforma, ampliação ou melhoramento de quaisquer obras de interesse público, delegados pelo poder concedente, mediante licitação, na modalidade concorrência ou diálogo competitivo, a pessoa jurídica ou consórcio de empresas que demonstre capacidade para a sua realização, por sua conta e risco, de forma que o investimento da concessionária seja remunerado e amortizado mediante a exploração do serviço ou da obra por prazo determinado;"

jurídica ou consórcio de empresas que demonstre capacidade para seu desempenho, por sua conta e risco e por prazo determinado (inciso II do art. 2º da Lei n. 8.987/95). De fato, poder concedente é aquele que possui a titularidade do serviço público delegado, e pode ser traduzido na União Federal, no Distrito Federal, num Estado-membro ou num Município. E concessionário é o particular que presta o serviço público mediante contrato de concessão.

CUIDADO! Pessoa física não pode ser concessionária do serviço público.

APROFUNDANDO! Apesar de a Lei n. 8.987 estabeleceu inicialmente a Concorrência como a modalidade de licitação a ser utilizada previamente à celebração do contrato de concessão, tomem cuidado se o examinador tratar da privatização ou desestatização, pois, neste caso, além da venda do patrimônio de uma pessoa jurídica sob controle direto ou indireto da União, a delegação do serviço poderá ser efetivada no mesmo ato por meio da licitação na modalidade leilão, art. 27, I, da Lei n. 9.074/95:

> Art. 27. Nos casos em que os serviços públicos, prestados por pessoas jurídicas sob controle direto ou indireto da União, para promover a privatização simultaneamente com a outorga de nova concessão ou com a prorrogação das concessões existentes a União, exceto quanto aos serviços públicos de telecomunicações, poderá:
>
> I – utilizar, no procedimento licitatório, a modalidade de leilão, observada a necessidade da venda de quantidades mínimas de quotas ou ações que garantam a transferência do controle societário; [...].

Apesar de o serviço público ser um exemplo de atuação administrativa em benefício do interesse público, e este, por sua vez, ser indisponível, são admitidos mecanismos privados de resolução de conflitos decorrentes ou relacionados ao contrato de concessão, dentre eles a arbitragem (art. 23-A da Lei n. 8.987/98). O mesmo ocorre com as Parcerias Público-Privadas (art. 11, III, da Lei n. 11.079/2004).

Por fim, destaca-se que a contraprestação pecuniária paga pelos usuários do serviço público é denominada tarifa, que possui natureza de preço público e não de tributo. Por isso, o aumento de tarifa não será subordinado à legislação específica anterior, e, somente nos casos expressamente previstos em lei, sua cobrança poderá ser condicionada à existência de serviço público alternativo e gratuito para o usuário. Por exemplo, rodovia federal concedida a uma empresa privada que em seu primeiro ato institui pedágios. Não há obrigação de a concessionária fornecer rota alternativa, salvo expressa previsão legal.

7.7.1.1. Responsabilidade do Concessionário

Nos termos do *caput* do art. 25 da Lei n. 8.987/95, o *concessionário* do serviço público responde *objetivamente* (independentemente da comprovação de dolo ou culpa) por todos os prejuízos causados ao Poder concedente, aos usuários ou a terceiros. Ademais, determina o aludido dispositivo legal que a fiscalização exercida pelo órgão competente não exclui nem atenua a responsabilidade do concessionário.

Isso significa que o concessionário não poderá alegar falha na fiscalização do Poder concedente para eximir-se da responsabilidade pelos prejuízos causados em razão da prestação de um serviço delegado.

Ademais, o § 6º do art. 37 da Constituição Federal também prevê a responsabilidade objetiva (independentemente da existência de dolo ou culpa) das pessoas jurídicas de direito privado prestadoras de serviço público, entre as quais podemos enquadrar as empresas concessionárias, pelos danos que seus agentes, agindo nessa qualidade, causarem a terceiros.

Sobre o tema responsabilidade, nunca é demais lembrar que o *Poder concedente* (entidade da Administração que efetivou a delegação do serviço público) responde apenas de forma *subsidiária* pelos prejuízos causados pela concessionária, isto é, somente quando o patrimônio desta não for suficiente para o ressarcimento dos danos. Assim, se a empresa de ônibus delegatária do serviço de transporte coletivo causa dano a alguém, o Município somente será responsabilizado caso fique comprovada, por exemplo, a falência da empresa de transporte.

A posição que prevalece hoje no Supremo Tribunal Federal, mais precisamente a partir de agosto de 2009, é que essa responsabilidade objetiva poderá ser invocada tanto pelo usuário do serviço público (ex.: passageiro de ônibus) como pelo não usuário (ex.: particular parado no farol que teve a traseira de seu veículo atingida por um ônibus).

De fato, a adoção da teoria do risco administrativo, como a regra fundamentadora da responsabilidade objetiva em nosso Direito, traz a constatação de que é possível invocar causas excludentes de responsabilidade do concessionário do serviço público, como caso fortuito e força maior, além da culpa exclusiva da vítima ou de terceiro. É o que ocorre, por exemplo, com o assalto à mão armada.

"RECURSO ESPECIAL. RESPONSABILIDADE CIVIL. EMPRESA CONCESSIONÁRIA DE RODOVIA. ROUBO E SEQUESTRO OCORRIDOS EM DEPENDÊNCIA DE SUPORTE AO USUÁRIO, MANTIDO PELA CONCESSIONÁRIA. FORTUITO EXTERNO. EXCLUDENTE DE RESPONSABILIDADE.

1. Ação ajuizada em 20-9-2011. Recurso especial interposto em 16-9-2016 e distribuído ao Gabinete em 4-4-2018.

2. O propósito recursal consiste em definir se a concessionária de rodovia deve ser responsabilizada por roubo e sequestro ocorridos nas dependências de estabelecimento por ela mantido para a utilização de usuários (Serviço de Atendimento ao Usuário).

3. "A inequívoca presença do nexo de causalidade entre o ato administrativo e o dano causado ao terceiro não-usuário do serviço público, é condição suficiente para estabelecer a responsabilidade objetiva da pessoa jurídica de direito privado" (STF, RE 591874, Repercussão Geral).

4. O fato de terceiro pode romper o nexo de causalidade, exceto nas circunstâncias que guardar conexidade com as atividades desenvolvidas pela concessionária de serviço público. 5. Na hipótese dos autos, é impossível afirmar que a ocorrência do dano sofrido pelos recorridos guarda conexidade com as atividades desenvolvidas pela recorrente.

6. A ocorrência de roubo e sequestro, com emprego de arma de fogo, é evento capaz e suficiente para romper com a existência de nexo causal, afastando-se, assim, a responsabilidade da recorrente.

7. Recurso especial provido." (REsp 1749941/PR, Rel. Ministra NANCY ANDRIGHI, TERCEIRA TURMA, julgado em 4-12-2018, *DJe* 7-12-2018)

Nesse tocante, ressaltamos que culpa concorrente da vítima não exclui a responsabilidade, porém só a atenua. São exemplos de culpa concorrente da vítima o atropelamento de pedestre em via férrea (STJ – EDcl no AgRg no AREsp 128.717) e o acidente ocorrido com o passageiro que anda pendurado pelo lado de fora do trem – o "pingente" (STJ – AgRg no REsp 1.324.423).

APROFUNDANDO: transporte aéreo que seguiu em via terrestre – a concessionária respondeu objetivamente em caso de roubo:

> RECURSO ESPECIAL. RESPONSABILIDADE CIVIL. 1. TRANSPORTE AÉREO QUE SEGUIU VIA TERRESTRE (ÔNIBUS), EM VIRTUDE DE CANCELAMENTO DO VOO. PASSAGEIROS ROUBADOS DURANTE O TRAJETO. CONCORRÊNCIA DE CULPA DA TRANSPORTADORA. ALTERAÇÃO SUBSTANCIAL E UNILATERAL DO CONTRATO. PECULIARIDADES DO CASO CONCRETO. AUSÊNCIA DE CONFIGURAÇÃO DE FORTUITO EXTERNO. 2. VALORES ARBITRADOS A TÍTULO DE DANOS MATERIAIS E MORAIS. ACÓRDÃO RECORRIDO BEM FUNDAMENTADO. INEXISTÊNCIA DE ILEGALIDADE. 3. JUROS DE MORA. RESPONSABILIDADE CONTRATUAL. TERMO INICIAL A PARTIR DA CITAÇÃO. JURISPRUDÊNCIA PACÍFICA DO STJ. 4. RECURSO ESPECIAL PARCIALMENTE PROVIDO.
>
> 1. No que concerne ao transporte de pessoas, o ordenamento jurídico estabelece a responsabilidade civil objetiva do transportador, o qual deverá responder pelos danos causados às pessoas transportadas e suas bagagens, salvo a existência de alguma excludente de responsabilidade, como motivo de força maior, caso fortuito, culpa exclusiva da vítima ou de terceiro.
>
> 1.1. Em relação ao fato de terceiro, todavia, a teor do que dispõe o art. 735 do Código Civil, a responsabilidade só será excluída se ficar comprovado que a conduta danosa era completamente independente em relação à atividade de

transporte e aos riscos inerentes à sua exploração, caracterizando-se, nesse caso, como fortuito externo.

Precedentes.

1.2. Nessa linha de entendimento, a jurisprudência do STJ reconhece que o roubo dentro de ônibus configura hipótese de fortuito externo, por se tratar de fato de terceiro inteiramente independente ao transporte em si, afastando-se, com isso, a responsabilidade da empresa transportadora por danos causados aos passageiros.

1.3. Não obstante essa seja a regra, o caso em análise guarda peculiaridade que comporta solução diversa. Com efeito, a alteração substancial e unilateral do contrato firmado pela recorrente – de transporte aéreo para terrestre –, sem dúvida alguma, acabou criando uma situação favorável à ação de terceiros (roubo), pois o transporte rodoviário é sabidamente muito mais suscetível de ocorrer crimes dessa natureza, ao contrário do transporte aéreo. Dessa forma, a conduta da transportadora concorreu para o evento danoso, pois ampliou significativamente o risco de ocorrência desse tipo de situação, não podendo, agora, se valer da excludente do fortuito externo para se eximir da responsabilidade.

[...]

(REsp 1728068/SP, rel. Min. MARCO AURÉLIO BELLIZZE, TERCEIRA TURMA, julgado em 5-6-2018, *DJe* 8-6-2018)

ATENÇÃO: no STJ há divergência entre a 3ª e a 4ª Turmas a respeito da responsabilidade ou não do concessionário do serviço público por ato libidinoso praticado no interior de composição de trem/metrô contra passageira:

"DIREITO CIVIL. RECURSO ESPECIAL. AÇÃO DE INDENIZAÇÃO POR DANOS MATERIAIS E COMPENSAÇÃO POR DANOS MORAIS. ATO LIBIDINOSO PRATICADO CONTRA PASSAGEIRA NO INTERIOR DE UMA COMPOSIÇÃO DE TREM NA CIDADE DE SÃO PAULO/SP ("ASSÉDIO SEXUAL"). FUNDAMENTAÇÃO DEFICIENTE. SÚMULA 284/STF. RESPONSABILIDADE DA TRANSPORTADORA. NEXO CAUSAL. ROMPIMENTO. FATO EXCLUSIVO DE TERCEIRO. AUSÊNCIA DE CONEXIDADE COM A ATIVIDADE DE TRANSPORTE.

[...]

4. A cláusula de incolumidade é ínsita ao contrato de transporte, implicando obrigação de resultado do transportador, consistente em levar o passageiro com conforto e segurança ao seu destino, salvo se demonstrada causa de exclusão do nexo de causalidade, notadamente o caso fortuito, a força maior ou a culpa exclusiva da vítima ou de terceiro.

5. O fato de terceiro, conforme se apresente, pode ou não romper o nexo de causalidade. Exclui-se a responsabilidade do transportador quando a conduta praticada por terceiro, sendo causa única do evento danoso, não guarda relação com a organização do negócio e os riscos da atividade de transporte, equiparando-se a fortuito externo. De outro turno, a culpa de terceiro não é apta a romper o nexo causal quando se mostra conexa à atividade econômica e aos riscos inerentes à sua exploração, caracterizando fortuito interno.

6. Na hipótese, conforme consta no acórdão recorrido, a recorrente foi vítima de ato libidinoso praticado por outro passageiro do trem durante a viagem, isto é, um conjunto de atos referidos como assédio sexual.

7. O momento é de reflexão, pois não se pode deixar de ouvir o grito por socorro das mulheres, vítimas costumeiras desta prática odiosa, que poderá no futuro ser compartilhado pelos homens, também objetos potenciais da prática de assédio.

8. É evidente que ser exposto a assédio sexual viola a cláusula de incolumidade física e psíquica daquele que é passageiro de um serviço de transporte de pessoas.

9. Mais que um simples cenário ou ocasião, o transporte público tem concorrido para a causa dos eventos de assédio sexual. Em tal contexto, a ocorrência desses fatos acaba sendo arrastada para o bojo da prestação do serviço de transporte público, tornando-se assim mais um risco da atividade, à qual todos os passageiros, mas especialmente as mulheres, tornam-se sujeitos.

10. Na hipótese em julgamento, a ocorrência do assédio sexual guarda conexidade com os serviços prestados pela recorrida CPTM e, por se tratar de fortuito interno, a transportadora de passageiros permanece objetivamente responsável pelos danos causados à recorrente.

11. Recurso especial conhecido e provido." (REsp 1662551/SP, rel. Min. NANCY ANDRIGHI, TERCEIRA TURMA, julgado em 15-5-2018, *DJe* 25-6-2018)

"RECURSO ESPECIAL – DIREITO CIVIL – AÇÃO DE INDENIZAÇÃO POR DANOS MORAIS – ATO LIBIDINOSO PRATICADO CONTRA PASSAGEIRA NO INTERIOR DE UMA COMPOSIÇÃO DE TREM DO METRÔ PAULISTA – AUSÊNCIA DE RESPONSABILIDADE DA TRANSPORTADORA – FATO EXCLUSIVO DE TERCEIRO E ESTRANHO AO CONTRATO DE TRANSPORTE – PRECEDENTES DO STJ. INCONFORMISMO DA AUTORA.

1. Nos termos da jurisprudência desta Corte Superior, não há responsabilidade da empresa de transporte coletivo em caso de ilícito alheio e estranho à atividade de transporte, pois o evento é considerado caso fortuito ou força maior, excluindo-se, portanto, a responsabilidade da empresa transportadora. Precedentes do STJ.

2. Não pode haver diferenciação quanto ao tratamento da questão apenas à luz da natureza dos delitos.

3. Na hipótese, sequer é possível imputar à transportadora eventual negligência pois, como restou consignado pela instância ordinária, o autor do ilícito foi identificado e detido pela equipe de segurança da concessionária de transporte coletivo, tendo sido, inclusive, conduzido à Delegacia de Polícia, estando apto, portanto, a responder pelos seus atos penal e civilmente.

4. Recurso especial desprovido." (REsp 1748295/SP, Rel. Ministro LUIS FELIPE SALOMÃO, Rel. p/Acórdão Ministro MARCO BUZZI, QUARTA TURMA, julgado em 13-12-2018, *DJe* 13-2-2019)

7.7.1.2. *Intervenção do Poder Concedente*

O Poder concedente poderá intervir na concessão, com o objetivo de assegurar a adequada prestação do serviço público, bem como o fiel cumprimento das normas contratuais, regulamentares e legais.

Dessa forma, o fato de a Administração Pública delegar a execução do serviço público à iniciativa privada não a impede de fiscalizar e de, se for o caso, intervir na concessão, na medida em que continua detentora da titularidade desse serviço.

7.7.1.3. *Formas de Extinção do Contrato de Concessão*

As formas de extinção do contrato de concessão, previstas no art. 35 da Lei n. 8.987/95, são:

a) Termo Contratual: trata-se do término do prazo estipulado no contrato.

b) Encampação: é a retomada do serviço público pelo Poder concedente durante o prazo da concessão, *por motivo de interesse público* (diferente de falha na prestação por parte do particular prestador), mediante lei autorizativa específica e após prévio pagamento de indenização (ex.: Prefeito ecologista radical resolve acabar com o serviço de ônibus num certo Município, sob o fundamento de proteção ao meio ambiente).

c) Caducidade ou Decadência: consiste na rescisão do contrato por iniciativa da Administração em razão da *inexecução total ou parcial* por parte do particular-concessionário.

d) Rescisão pelo Concessionário: decorre do inadimplemento do Poder concedente (Administração), e a interrupção da prestação do serviço público depende de decisão judicial transitada em julgado (definitiva).

e) Anulação: constatada alguma ilegalidade, dar-se-á a extinção do contrato de concessão e a devida responsabilização de quem tiver dado causa ao vício.

f) Falência ou Extinção da empresa concessionária ou falecimento ou incapacidade do titular, em caso de empresa individual.

CUIDADO! Sobre o tema, importante destacar que os institutos da reversão e da assunção não consistem em formas de extinção do contrato de concessão, mas em consequências desta, já que na assunção o Poder Público assume a estrutura física e de pessoal da prestadora do serviço público para continuar a sua prestação, e a reversão representa a incorporação dos bens do particular-concessionário necessários para garantir a continuidade do serviço público pelo Poder concedente.

Como esses bens pertencem ao concessionário, imprescindível o pagamento de indenização referente aos investimentos realizados sobre os bens reversíveis, ainda não amortizados pelo pagamento das tarifas pelos usuários e desde que não tenham sido depreciados pelo uso.

Distinções mais Relevantes

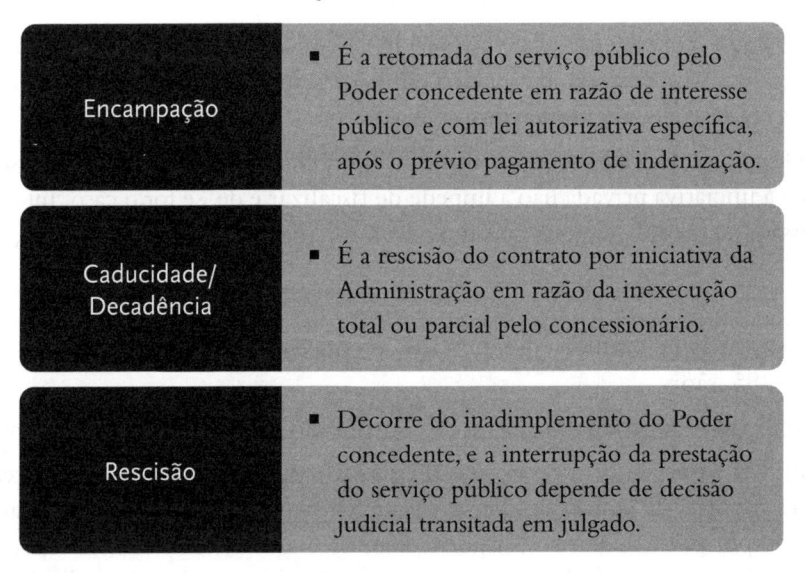

Encampação	▪ É a retomada do serviço público pelo Poder concedente em razão de interesse público e com lei autorizativa específica, após o prévio pagamento de indenização.
Caducidade/ Decadência	▪ É a rescisão do contrato por iniciativa da Administração em razão da inexecução total ou parcial pelo concessionário.
Rescisão	▪ Decorre do inadimplemento do Poder concedente, e a interrupção da prestação do serviço público depende de decisão judicial transitada em julgado.

7.7.1.4. Parcerias Público-Privadas (PPPs)

As parcerias público-privadas *são modalidades especiais de concessão* e foram instituídas pela Lei n. 11.079/2004. Portanto, existem em nosso ordenamento jurídico duas espécies de concessão: a concessão comum (prevista na Lei n. 8.987/95 – já estudada) e a concessão especial (PPP, prevista na Lei n. 11.079/2004).

O objetivo das PPPs é atrair investimento nacional e estrangeiro para a realização de grandes projetos.

A parceria público-privada, conforme dito, é contrato administrativo de concessão e pode ser apresentada na modalidade patrocinada ou administrativa.

A concessão *patrocinada* consiste na concessão de serviços públicos ou de obras públicas, quando envolver, além da tarifa cobrada dos usuários, contraprestação pecuniária paga pelo parceiro público ao parceiro privado (art. 2º, § 1º, da Lei n. 11.079/2004).

Percebam que existe uma parceria entre o Poder Público e a empresa privada, em que esta receberá, além das tarifas pagas pelos usuários, um valor pago pelo ente público (verdadeiro patrocínio). Como exemplo, podemos citar um serviço de transporte coletivo em que, além da tarifa paga pelos passageiros, existe um valor pago pelo Município ao concessionário do aludido serviço de ônibus.

Já a concessão *administrativa* consiste num contrato de prestação de serviços, ainda que envolva execução de obra ou fornecimento e instalação de bens, em que a Administração Pública seja usuária direta ou indireta. Exemplo de Administração usuária direta: serviço de demolição de um prédio público; exemplo de Administração usuária indireta: serviço de saúde bancado integralmente pelo Poder Público e prestado por empresa privada. Neste último exemplo a Administração será usuária indireta, pois a coletividade é a usuária direta do serviço de saúde.

Em algumas situações a utilização das PPPs é vedada (art. 2º, § 4º):

a) cujo valor do contrato seja *inferior* a R$ 10.000.000,00 (dez milhões de reais); (valor atualizado pela Lei n. 13.529, de 2017)

b) cujo período de prestação do serviço seja *inferior* a 5 (cinco) anos (o prazo máximo é de 35 anos – art. 5º, I); ou

c) que tenha como objeto único o fornecimento de mão de obra, o fornecimento e a instalação de equipamentos ou a execução de obra pública.

É vedada, ainda, a celebração de PPP para o desempenho de atividades exclusivas do Estado, ou seja, daquelas cuja execução não pode ser delegada à iniciativa privada, como funções de regulação, jurisdicional e o exercício do poder de polícia (art. 4º, III). Assim, PPP para administração de presídio, por exemplo, só poderá tratar de questões secundárias como alimentação dos presos ou gerenciar questões administrativas. Jamais uma PPP poderá cuidar da segurança pública.

São características ainda das PPPs: (i) Administração Pública é financiadora total (concessão administrativa) ou parcial (concessão patrocinada) do objeto da parceria (art. 2º, §§ 1º e 2º); (ii) penalidades administrativas poderão ser aplicadas ao parceiro privado e ao público (art. 5º, II); (iii) repartição de riscos entre as partes, inclusive os referentes a caso fortuito, força maior, fato do príncipe e álea econômica extraordinária (art. 5º, III); (iv) regras específicas de licitação (arts. 10 a 13) que deverá ocorrer na modalidade concorrência, com a possibilidade de inversão das fases (julgamento antes da habilitação – art. 12, I), ou diálogo competitivo[119]; (v) necessidade de implementar uma sociedade de propósito específico, incumbida de implantar e gerir o objeto da parceria (art. 9º).

---

119 O diálogo competitivo foi incluído ao art. 10 da Lei n. 11.079/2004 pela Lei n. 14.133/2021, a Nova Lei de Licitação e Contratos Administrativos. Trata-se de modalidade de licitação e recomendamos o aprofundamento do tema no item 5.5.8 deste livro.

7.7.2. Permissão de Serviço Público

A doutrina clássica sempre definiu a permissão como um ato administrativo unilateral (e não um contrato), discricionário e precário. Entretanto, a Constituição Federal (art. 175) e a Lei n. 8.987/95 passaram a considerar a *permissão* como *modalidade de contrato administrativo*.

Na referida Lei denomina-se permissão de serviço público a delegação, a título precário, mediante licitação, da prestação de serviços públicos, feita pelo Poder concedente à pessoa física ou jurídica que demonstre capacidade para seu desempenho, por sua conta e risco (inciso IV do art. 2º). Neste caso, pessoa física pode ser permissionária do serviço público, como, por exemplo, dono de uma perua que se torna prestador do serviço de transporte coletivo em dado Município.

Não há dúvidas de que a natureza jurídica do instituto permissão é mesmo de contrato administrativo, já que será formalizada mediante contrato de adesão e observará os termos da Lei n. 8.987, das demais normas pertinentes e do edital de licitação, inclusive quanto à precariedade e à revogabilidade unilateral do contrato pelo Poder concedente (art. 40).

Essa definição merece duas observações importantes: a primeira refere-se à criação da figura do *contrato precário*. A precariedade, característica típica dos atos administrativos, consiste na possibilidade de revogação do ato a qualquer tempo pela Administração Pública, *sem* necessidade do pagamento de indenização. Nesse sentido, o contrato nunca foi considerado precário, porque possui prazo determinado, e a sua revogação, durante a vigência, gera o dever de indenizar. No entanto, a Lei n. 8.987/95 criou a figura do contrato precário.

A segunda observação é a de que, por meio de permissão, é possível delegar ao particular o mesmo objeto da concessão, qual seja, o serviço público. Mas, na permissão, em que pese existir a necessidade de licitação, *esta não precisa* ser na modalidade concorrência, que é a mais complexa de todas e exigida para os casos de concessão de serviço público. Consequência: o Poder Público utiliza a permissão e está se esquivando de delegar a prestação do serviço público por meio de concessão só para não utilizar a modalidade de licitação concorrência. Porém, em sendo, quase sempre, o serviço delegado por permissão de alto custo, a Administração acaba por cair na exigência da modalidade concorrência, em razão do critério valor da licitação – art. 23 da Lei n. 8.666.

7.7.3. Autorização de Serviço Público

Trata-se de *ato* administrativo *unilateral discricionário e precário*, por meio do qual o Poder Público delega a *particulares* a execução de certos serviços.

Não são todos os serviços públicos que podem ser delegados por intermédio de autorização por ser esta modalidade de ato administrativo e, portanto, sem obrigatoriedade de licitação. Apenas os serviços admitidos pela Constituição Federal e por leis específicas poderão ser delegados pela autorização. Ex.: alguns serviços de telecomunicações (art. 21, XI, da CF e Lei n. 9.472/97), serviços de radiodifusão sonora e de sons e imagens (arts. 21, XII, *a*, e 223, ambos da CF) e serviços e instalações de energia elétrica (art. 21, XII, *b*, da CF e Leis n. 9.074/95 e 9.427/96).

	Concessão	Permissão	Autorização
Natureza	Contrato	Contrato (precário)	Ato administrativo
Licitação	Obrigatória, na modalidade concorrência	Obrigatória	Não há obrigatoriedade (pode ocorrer)
Particular	Pessoa jurídica ou consórcio de empresas	Pessoa jurídica ou pessoa física	Pessoa jurídica ou pessoa física
Objeto	Serviço público em geral	Serviço público em geral	Alguns serviços públicos

7.8. Código de Defesa dos Usuários dos Serviços Públicos – Novidade introduzida pela Lei n. 13.460/2017

Em 26 de junho de 2017 foi instituído o Código de Defesa dos Usuários dos Serviços Públicos, com o advento da Lei n. 13.460.

No dia 5 de setembro de 2018 foi editado o Decreto n. 9.492 que regulamenta os procedimentos para a participação, a proteção e a defesa dos direitos do usuário de serviços públicos da administração pública federal, direta e indireta, de que trata a Lei n. 13.460, de 26 de junho de 2017, e institui o Sistema de Ouvidoria do Poder Executivo federal.

O fato de ter surgido uma lei específica de defesa dos usuários do serviço público em nada obsta a incidência do Código de Defesa do Consumidor a tais atividades. Aliás, essa foi a determinação trazida pela Lei de 2017, que, em seu artigo inaugural, § 2º, assim estipulou:

> A aplicação desta Lei não afasta a necessidade de cumprimento do disposto: I – em normas regulamentadoras específicas, quando se tratar de serviço ou atividade sujeitos a regulação ou supervisão; e II – na Lei n. 8.078, de 11 de setembro de 1990, quando caracterizada relação de consumo.

Desta forma, o advento do Código de Defesa dos Usuários dos Serviços Públicos não só não impediu a incidência do CDC e de outras leis específicas – exemplos: Lei n. 8.987/95 e Lei n. 11.445 –, como determinou expressamente o não afastamento desses Diplomas, estabelecendo um verdadeiro diálogo entre as fontes existentes na busca da melhor proteção aos usuários/consumidores dos serviços prestados pelo Poder Público.

Corroborando com tal entendimento está o posicionamento do STJ ao editar a Súmula n. 601 com o seguinte teor: **"O Ministério Público tem legitimidade ativa para atuar na defesa de direitos difusos, coletivos e individuais homogêneos dos consumidores, ainda que decorrentes da prestação de serviço público"** (2ª Seção, julgado em 7-2-2018, *DJe* 14-2-2018).

Ainda a título introdutório do assunto, cumpre ressaltar que **a Lei de 2017 estabelece normas básicas para participação, proteção e defesa dos direitos do usuário dos serviços públicos prestados direta ou indiretamente pela Administração Pública**.

Conforme é cediço a Administração Pública presta seus serviços públicos de forma direta – por meio de seus órgãos e agentes públicos – ou de forma indireta – com o auxílio de um terceiro. Quando esse terceiro for entidade da Administração Pública Indireta, estaremos diante da chamada **descentralização administrativa por outorga**, também conhecida como descentralização legal, tendo em vista ser a lei o elo entre o ente público descentralizador e o ente público descentralizado.

Por outro lado, quando o terceiro a auxiliar a Administração no desempenho da prestação indireta de um serviço público for um particular, a **descentralização** será **por delegação** ou contratual, uma vez que o vínculo estabelecido entre Poder Concedente e concessionário ou permissionário do serviço público consiste em contrato administrativo precedido de licitação.

Nesse sentido, o art. 1º, § 3º, do Código de Defesa dos Usuários dos Serviços Públicos determina a aplicação subsidiária das suas disposições aos serviços prestados por particular. A regulamentação nesse caso está disciplinada na Lei Geral de Concessões e Permissões dos serviços públicos, nos termos da Lei n. 8.987/95.

Apesar de publicada em 27 de junho de 2017, a lei ora em estudo tem prazos diferenciados para sua entrada em vigor a depender do ente público e do número de habitantes. Esta a redação do art. 25 do Código de Defesa dos Usuários dos Serviços Públicos:

> Art. 25. Esta Lei entra em vigor, a contar da sua publicação, em:
>
> I – trezentos e sessenta dias para a União, os Estados, o Distrito Federal e os Municípios com mais de quinhentos mil habitantes;
>
> II – quinhentos e quarenta dias para os Municípios entre cem mil e quinhentos mil habitantes; e
>
> III – setecentos e vinte dias para os Municípios com menos de cem mil habitantes.

No tocante às definições, a Lei n. 13.460 estabelece em seu art. 2º:

> **usuário do serviço público:** pessoa física ou jurídica que se beneficia ou utiliza, efetiva ou potencialmente, de serviço público;
>
> **serviço público:** atividade administrativa ou de prestação direta ou indireta de bens ou serviços à população, exercida por órgão ou entidade da administração pública;
>
> **administração pública:** órgão ou entidade integrante da administração pública de qualquer dos Poderes da União, dos Estados, do Distrito Federal e dos Municípios, a Advocacia Pública e a Defensoria Pública;
>
> **agente público:** quem exerce cargo, emprego ou função pública, de natureza civil ou militar, ainda que transitoriamente ou sem remuneração;
>
> **manifestações:** reclamações, denúncias, sugestões, elogios e demais pronunciamentos de usuários que tenham como objeto a prestação de serviços públicos e a conduta de agentes públicos na prestação e fiscalização de tais serviços.

Em relação aos princípios, o Código de Defesa dos Usuários dos Serviços Públicos praticamente reproduziu os princípios insertos na Lei Geral de Concessões e Permissões de serviços públicos, Lei n. 8.987/95, ao estabelecer em seu art. 4º: "Os serviços públicos e o atendimento do usuário serão realizados de forma adequada, observados os princípios da regularidade, continuidade, efetividade, segurança, atualidade, generalidade, transparência e cortesia". Sobre tais princípios, alguns comentários se fazem pertinentes:

> **Princípio da Regularidade na prestação dos serviços públicos:** por esse princípio é dever do Estado a prestação regular do serviço público, direta ou indiretamente. A ausência do Poder Público na prestação desse serviço poderá causar danos e, consequentemente, dever de indenizar terceiros prejudicados. Exemplo: se o ônibus que passa todos os dias às 6 horas no ponto começa a chegar às 6h30min, depois às 7 horas, e no outro dia não passa, viola o princípio da regularidade.
>
> **Princípio da Efetividade/Eficiência:** Entendemos que o sentido de efetividade está colocado na lei como sendo sinônimo de eficiência. Assim, serviço efetivo/eficiente é aquele que atinge o resultado pretendido, seja no tocante à qualidade, seja no aspecto da quantidade. A efetividade/eficiência é um *plus* em relação à adequação. Exemplificando: o ônibus é um instrumento adequado para a prestação do transporte coletivo. Entretanto, se o ônibus não atender aos quesitos de qualidade, não será considerado eficiente.
>
> **Princípio da Segurança:** Por esse princípio, o Estado deverá prestar o serviço público de forma a não colocar em perigo a integridade física e a vida do usuário, nem de terceiros alheios à relação de prestação do serviço. Sobre o tema, importante observar que o princípio da segurança não se confunde com segurança pública. A segurança almejada pela lei deve ter relação direta com o serviço público prestado. Assim, o motorista de um ônibus deverá manter a integridade de seus passageiros, não fazendo curvas em alta velocidade, mas não

estará obrigado a enfrentar um bandido que venha assaltar os usuários desse serviço. No mesmo sentido, está a jurisprudência do STJ ao entender que assalto à mão armada no interior de coletivo é causa excludente de responsabilidade do prestador do transporte (AgRg no REsp 1.456.690).

Princípio da Atualidade: A atualidade compreende a modernidade das técnicas, do equipamento e das instalações e a sua conservação, bem como a melhoria e a expansão do serviço (art. 6º, § 2º, da Lei n. 8.987/95).

Princípio da Generalidade/Universalidade: Esse princípio busca a universalidade na prestação do serviço público, isto é, o serviço deve ser prestado a todos os usuários de forma igualitária e impessoal, sem qualquer espécie de discriminação. Trata-se de uma vertente do princípio da isonomia. Exemplo: o ônibus qua passa na periferia deve ter a mesma qualidade dos que circulam nos centros empresariais.

Princípio da Cortesia na Prestação: O serviço público deve ser prestado por pessoas que tratem os usuários com respeito, educação e cordialidade.

No tocante ao princípio da continuidade, remetemos o leitor aos itens 1.2.3.9 e 7.3.8 deste livro, onde o tema foi amplamente discutido. Em relação ao **princípio da transparência**, sugerimos ao leitor os comentários feitos logo mais, ainda neste capítulo, a respeito **dos Direitos dos Usuários do Serviço Público e da Carta de Serviços ao Usuário**, institutos esses que tornarão a prestação do serviço público bastante transparente.

A respeito dos direitos dos usuários dos serviços públicos previstos na Lei n. 13.460, importante reiterar a informação acima mencionada de que os direitos que serão apresentados a seguir não excluem outros previstos em legislações específicas, como os elencados pela Lei n. 8.987/95 – Lei Geral de Concessões e Permissões dos Serviços Públicos –, nem mesmo os estipulados pelo Código de Defesa do Consumidor. Conforme também comentado acima, prevalece a aplicação simultânea de todas as leis existentes em concretude à Teoria do Diálogo das Fontes.

O **Código de Defesa dos Usuários dos Serviços Públicos** estabelece em seu art. 6º:

> Art. 6º **São direitos básicos do usuário:**
>
> I – participação no acompanhamento da prestação e na avaliação dos serviços;
>
> II – obtenção e utilização dos serviços com liberdade de escolha entre os meios oferecidos e sem discriminação;
>
> III – acesso e obtenção de informações relativas à sua pessoa constantes de registros ou bancos de dados, observado o disposto no inciso X do *caput* do art. 5º da Constituição Federal e na Lei n. 12.527, de 18 de novembro de 2011;
>
> IV – proteção de suas informações pessoais, nos termos da Lei n. 12.527, de 18 de novembro de 2011;

> V – atuação integrada e sistêmica na expedição de atestados, certidões e documentos comprobatórios de regularidade; e
>
> VI – obtenção de informações precisas e de fácil acesso nos locais de prestação do serviço, assim como sua disponibilização na internet, especialmente sobre: a) horário de funcionamento das unidades administrativas; b) serviços prestados pelo órgão ou entidade, sua localização exata e a indicação do setor responsável pelo atendimento ao público; c) acesso ao agente público ou ao órgão encarregado de receber manifestações; d) situação da tramitação dos processos administrativos em que figure como interessado; e e) valor das taxas e tarifas cobradas pela prestação dos serviços, contendo informações para a compreensão exata da extensão do serviço prestado.
>
> VII – comunicação prévia da suspensão da prestação de serviço. (Incluído pela Lei n. 14.015, de 2020) Parágrafo único. É vedada a suspensão da prestação de serviço em virtude de inadimplemento por parte do usuário que se inicie na sexta-feira, no sábado ou no domingo, bem como em feriado ou no dia anterior a feriado. (Incluído pela Lei n. 14.015, de 2020)

A citada Lei n. 12.527 é a famosa Lei de Acesso à Informações que veio para regulamentar a publicidade como princípio regra da atuação da Administração Pública, nos termos do art. 5º, XXXIII, da Constituição Federal.

A implementação de tais direitos, bem como da adequada prestação dos serviços públicos, exige o **cumprimento de diretrizes** por parte dos agentes públicos, na prestação direta e na indireta por outorga, e dos particulares, na prestação indireta por delegação. Sobre o tema, prevê o art. 5º da Lei n. 13.460:

> O usuário de serviço público tem direito à adequada prestação dos serviços, devendo os agentes públicos e prestadores de serviços públicos observar as seguintes diretrizes:
>
> I – urbanidade, respeito, acessibilidade e cortesia no atendimento aos usuários;
>
> II – presunção de boa-fé do usuário;
>
> III – atendimento por ordem de chegada, ressalvados casos de urgência e aqueles em que houver possibilidade de agendamento, asseguradas as prioridades legais às pessoas com deficiência, aos idosos, às gestantes, às lactantes e às pessoas acompanhadas por crianças de colo;
>
> IV – adequação entre meios e fins, vedada a imposição de exigências, obrigações, restrições e sanções não previstas na legislação;
>
> V – igualdade no tratamento aos usuários, vedado qualquer tipo de discriminação;
>
> VI – cumprimento de prazos e normas procedimentais;
>
> VII – definição, publicidade e observância de horários e normas compatíveis com o bom atendimento ao usuário;

> VIII – adoção de medidas visando a proteção à saúde e a segurança dos usuários;
>
> IX – autenticação de documentos pelo próprio agente público, à vista dos originais apresentados pelo usuário, vedada a exigência de reconhecimento de firma, salvo em caso de dúvida de autenticidade;
>
> X – manutenção de instalações salubres, seguras, sinalizadas, acessíveis e adequadas ao serviço e ao atendimento;
>
> XI – eliminação de formalidades e de exigências cujo custo econômico ou social seja superior ao risco envolvido;
>
> XII – observância dos códigos de ética ou de conduta aplicáveis às várias categorias de agentes públicos;
>
> XIII – aplicação de soluções tecnológicas que visem a simplificar processos e procedimentos de atendimento ao usuário e a propiciar melhores condições para o compartilhamento das informações;
>
> XIV – utilização de linguagem simples e compreensível, evitando o uso de siglas, jargões e estrangeirismos; e
>
> XV – vedação da exigência de nova prova sobre fato já comprovado em documentação válida apresentada.
>
> XVI – comunicação prévia ao consumidor de que o serviço será desligado em virtude de inadimplemento, bem como do dia a partir do qual será realizado o desligamento, necessariamente durante horário comercial. (Incluído pela Lei n. 14.015, de 2020)
>
> Parágrafo único. A taxa de religação de serviços não será devida se houver descumprimento da exigência de notificação prévia ao consumidor prevista no inciso XVI do caput deste artigo, o que ensejará a aplicação de multa à concessionária, conforme regulamentação. (Incluído pela Lei n. 14.015, de 2020)

Sobre os **deveres**, o **Código de Defesa dos Usuários dos Serviços Públicos** prevê em seu art. 8º:

> São deveres do usuário: I – utilizar adequadamente os serviços, procedendo com urbanidade e boa-fé; II – prestar as informações pertinentes ao serviço prestado quando solicitadas; III – colaborar para a adequada prestação do serviço; e IV – preservar as condições dos bens públicos por meio dos quais lhe são prestados os serviços de que trata esta Lei.

Em cumprimento ao princípio da transparência acima citado, o art. 7º da Lei n. 13.460 estabelece que os órgãos e entidades da Administração Pública direta e indireta da União, dos Estados, do Distrito Federal e dos Municípios divulgarão a denominada "Carta de Serviços ao Usuário".

A **Carta de Serviços ao Usuário tem por objetivo informar sobre os serviços prestados** pelo órgão ou entidade, as **formas de acesso** a esses serviços e **seus compromissos e padrões de qualidade** de atendimento ao público.

Regulamento específico de cada Poder e esfera de Governo disporá sobre a operacionalização da Carta de Serviços ao Usuário.

A Carta de Serviços ao Usuário deverá trazer informações claras e precisas em relação a cada um dos serviços prestados, **apresentando, no mínimo, informações** relacionadas a:

serviços oferecidos;

requisitos, documentos, formas e informações necessárias para acessar o serviço;

principais etapas para processamento do serviço;

previsão do prazo máximo para a prestação do serviço;

forma de prestação do serviço; e

locais e formas para o usuário apresentar eventual manifestação sobre a prestação do serviço.

Ademais, a Carta de Serviços ao Usuário **deverá detalhar os compromissos e padrões de qualidade** do atendimento relativos, no mínimo, aos seguintes aspectos:

prioridades de atendimento;

previsão de tempo de espera para atendimento;

mecanismos de comunicação com os usuários;

procedimentos para receber e responder as manifestações dos usuários; e

mecanismos de consulta, por parte dos usuários, acerca do andamento do serviço solicitado e de eventual manifestação.

Por fim, destacamos que a aludida Carta será atualizada periodicamente, com permanente divulgação em sítio eletrônico do órgão ou entidade na internet respectiva.

Com o **objetivo de garantir seus direitos**, o usuário poderá apresentar manifestações perante a Administração Pública acerca da prestação de serviços públicos. Deverão os órgãos e entidades públicos colocar à disposição do usuário formulários simplificados e de fácil compreensão para a apresentação do requerimento, facultada sua utilização. Trata-se apenas de um facilitador para a elaboração da manifestação que, conforme veremos logo mais, poderá ser feita de maneira bastante informal.

Apesar de o art. 10 da Lei n. 13.460 exigir a identificação do requerente quando da apresentação de sua manifestação e determinar que essa identificação é informação pessoal protegida com restrição de acesso nos termos da Lei n. 12.527, **entendemos que a denúncia anônima** de qualquer tipo de irregularidade também **implicará o dever da Administração Pública de apurar eventual infração à ordem jurídica**. Isso porque em sede de processo administrativo vige o princípio da verdade material em que o Poder Público tem o dever de saber o que realmente aconteceu independentemente das provas trazidas aos autos pelas partes litigantes, tendo em vista a natureza do interesse tutelado, qual seja: o interesse público.

A princípio, tal **manifestação será dirigida à ouvidoria** do órgão ou entidade responsável. **Inexistindo ouvidoria, o usuário poderá apresentar manifestações diretamente ao órgão ou entidade** responsável pela execução do serviço e ao órgão ou entidade a que se subordinem ou se vinculem.

Mais uma vez invocando princípio do processo administrativo, mais precisamente o princípio do informalismo, também conhecido como informalismo moderado, **a manifestação poderá ser feita por meio eletrônico, ou correspondência convencional, ou verbalmente**, hipótese em que deverá ser reduzida a termo (art. 10, § 4º, da Lei n. 13.460). Os princípios da eficiência e da celeridade também estão previstos na Lei n. 13.460 como norteadores do processo administrativo de manifestação dos usuários dos serviços públicos (art. 12).

Prevê o art. 11 do Código de Defesa dos Usuários dos Serviços Públicos que o recebimento da manifestação não poderá ser recusado em nenhuma hipótese, sob pena de responsabilidade do agente público.

A efetiva resolução das manifestações dos usuários dos serviços públicos compreende:

> recepção da manifestação no canal de atendimento adequado;
>
> emissão de comprovante de recebimento da manifestação;
>
> análise e obtenção de informações, quando necessário;
>
> decisão administrativa final; e
>
> ciência ao usuário.

No tocante às **ouvidorias**, atos normativos específicos de cada Poder e esfera de Governo disporão sobre a respectiva organização e funcionamento. No entanto, a Lei n. 13.460 estabelece suas **atribuições principais**:

> promover a participação do usuário na Administração Pública, em cooperação com outras entidades de defesa dos usuários;
>
> acompanhar a prestação dos serviços, visando a garantir a sua efetividade;
>
> propor aperfeiçoamentos na prestação dos serviços;
>
> auxiliar na prevenção e correção dos atos e procedimentos incompatíveis com os princípios estabelecidos no Código de Defesa dos usuários dos serviços públicos;
>
> propor a adoção de medidas para a defesa dos direitos do usuário;
>
> receber, analisar e encaminhar às autoridades competentes as manifestações, acompanhando o tratamento e a efetiva conclusão das manifestações de usuário perante órgão ou entidade a que se vincula; e

promover a adoção de mediação e conciliação entre o usuário e o órgão ou a entidade pública, sem prejuízo de outros órgãos competentes.

Com vistas à realização de seus objetivos, as ouvidorias deverão receber, analisar e responder, por meio de mecanismos proativos e reativos, as manifestações encaminhadas por usuários de serviços públicos. Deverão ainda elaborar relatório de gestão anual, apontando falhas e sugerindo melhorias na prestação de serviços públicos.

O relatório de gestão deverá indicar:

o número de manifestações recebidas no ano anterior;

os motivos das manifestações;

a análise dos pontos recorrentes; e

as providências adotadas pela Administração Pública nas soluções apresentadas.

O aludido relatório será encaminhado à autoridade máxima do órgão a que pertence a unidade de ouvidoria e disponibilizado integralmente na internet, como forma de dar transparência e publicidade na atuação da Administração Pública.

O art. 16 do Código de Defesa dos Usuários dos Serviços Públicos prevê que:

> (...) a ouvidoria encaminhará a decisão administrativa final ao usuário, observado o prazo de trinta dias, prorrogável de forma justificada uma única vez, por igual período.

Observado esse prazo, a ouvidoria poderá solicitar informações e esclarecimentos diretamente a agentes públicos do órgão ou entidade a que se vincula, e as solicitações devem ser respondidas no prazo de vinte dias, prorrogável de forma justificada uma única vez, por igual período.

A **participação dos usuários** no acompanhamento da prestação e na avaliação dos serviços públicos será feita **por meio de conselhos de usuários** (art. 18 da Lei n. 13.460).

A composição dos conselhos deve observar os critérios de representatividade e pluralidade das partes interessadas, com vistas ao equilíbrio em sua representação. A escolha dos representantes será feita em processo aberto ao público e diferenciado por tipo de usuário a ser representado (art. 19 da Lei n. 13.460).

Sobre o tema, prevê o art. 21 da lei em comento: "A participação do usuário no conselho será considerada serviço relevante e sem remuneração".

Regulamento específico de cada Poder e esfera de Governo disporá sobre a organização e funcionamento dos **conselhos de usuários**. No entanto, o Código de Defesa dos usuários dos serviços públicos estabelece que tais conselhos **são órgãos consultivos e dotados das seguintes atribuições:**

acompanhar a prestação dos serviços;

participar na avaliação dos serviços;

propor melhorias na prestação dos serviços;

contribuir na definição de diretrizes para o adequado atendimento ao usuário;

acompanhar e avaliar a atuação do ouvidor;

opinar quanto à indicação do ouvidor.

Em relação à **avaliação continuada**, importante informar que Administração Pública direta e indireta da União, dos Estados, do Distrito Federal e dos Municípios deverá **examinar os serviços prestados, nos seguintes aspectos:**

satisfação do usuário com o serviço prestado;

qualidade do atendimento prestado ao usuário;

cumprimento dos compromissos e prazos definidos para a prestação dos serviços;

quantidade de manifestações de usuários; e

medidas adotadas pela Administração Pública para melhoria e aperfeiçoamento da prestação do serviço.

Regulamento específico de cada Poder e esfera de Governo disporá sobre a avaliação da efetividade e dos níveis de satisfação dos usuários. O que o Código de Defesa dos Usuários dos Serviços Públicos define é que a avaliação será realizada por pesquisa de satisfação feita, no mínimo, a cada ano, ou por qualquer outro meio que garanta significância estatística aos resultados (art. 23, § 1º, da Lei n. 13.460).

O resultado da avaliação deverá ser publicado, na íntegra, anualmente no sítio do órgão ou entidade, incluindo o *ranking* das entidades com maior incidência de reclamação dos usuários. Tal conduta servirá de subsídio para reorientar e ajustar os serviços prestados, em especial quanto ao cumprimento dos compromissos e dos padrões de qualidade de atendimento divulgados na Carta de Serviços ao Usuário.

Questões

1. (VUNESP – 2019 – Prefeitura de São José do Rio Preto/SP – Procurador do Município) É forma lícita de prestação de serviço público, dentre outras:

a) a prestação descentralizada, por meio de autarquias, empresas públicas ou sociedades de economia mista.

b) a prestação indireta, por meio de concessão administrativa, de concessão patrocinada e de concessão de uso privativo de bem público.

c) a gestão associada de serviços públicos, por meio de consórcios privados e convênios.

d) a prestação indireta, por meio de autorização, concessão de serviço público e de concessão de direito real de uso.

e) a prestação direta e centralizada, por meio dos órgãos e sociedades integrantes da Administração Pública.

2. (VUNESP – 2019 – Câmara de Piracicaba/SP – Advogado) A resolução de disputas decorrentes ou relacionadas ao contrato de concessão, no Brasil, segundo a Lei n. 8.987/1995,

a) deverá ser efetivada prioritariamente pelo Poder Judiciário.

b) poderá ser feita pelo emprego de mecanismos privados, inclusive a arbitragem.

c) deverá passar pelos mecanismos privados antes de ser submetida à Justiça.

d) não poderá ser feita por meio de mecanismos privados.

e) poderá ser feita pelo emprego de mecanismos privados, exceto a arbitragem.

3. (VUNESP 2018 – PCSP – Delegado de Polícia) As chamadas "parcerias público-privadas" (PPPs), cujo regime jurídico no Brasil encontra respaldo na Lei no 11.079/2004, apresentam-se como importante forma de mobilização de capitais privados para a geração e operação de infraestrutura pública no Brasil. É importante ter em vista, porém, que, se a contratação de PPPs não for adequadamente tratada pelo ente público, poderá resultar em graves problemas de natureza fiscal no longo prazo.

A respeito desse tema, é correto afirmar com base na Lei nº 11.079/2004, que um dos mitigadores dos riscos fiscais decorrentes de PPPs

a) consiste na necessidade de que todas as contratações de PPPs contem com garantia concedida pelo Fundo Garantidor de Parcerias (FGP), controlado pela União Federal.

b) se encontra na previsão de que a abertura da licitação esteja condicionada à estimativa do fluxo de recursos públicos suficientes para o cumprimento, durante a vigência do contrato e por exercício financeiro, das obrigações contraídas pela Administração Pública.

c) consiste na proibição existente na Lei à previsão de garantias às obrigações pecuniárias contraídas pela Administração Pública por meio dos contratos.

d) consiste na necessidade de prévia autorização do Senado Federal e da Secretaria do Tesouro Nacional para a sua assinatura, a qual apenas poderá ser dispensada em caso de investimentos estratégicos integrantes do Plano Plurianual.

e) se encontra na proibição de contratação de PPPs com prazo superior a 35 (trinta e cinco) anos prorrogáveis por igual período, assegurando-se, assim, que as contratações de PPPs não comprometerão o ciclo orçamentário por mais de sete décadas.

4. (FCC – 2018 – TRT 2ª REGIÃO/SP – Analista Judiciário – Área Administrativa) Tendo o Poder Público decido transferir a prestação de serviço público de transporte de passageiros a empresa privada, optou por fazê-lo mediante permissão e não por concessão, o que significa que

a) a exploração se dará por conta e risco do permissionário, mediante cobrança de tarifa do usuário.

b) está dispensado o prévio procedimento licitatório para seleção das empresas permissionárias.

c) se trata de serviço público não exclusivo, passível de exploração privada por autorização administrativa.

d) a exploração não poderá ultrapassar o prazo de 2 anos, prorrogável, justificadamente, por igual período.

e) será transferida a titularidade do serviço ao permissionário, para sua exploração mediante cobrança de taxa.

5. (FGV – 2018 – MPE/AL – Analista – Gestão Pública) As agências reguladoras são entidades criadas com o objetivo de fiscalizar e regular atividades de serviços público delegados à empresas privadas. Acerca da forma de criação das agências reguladoras, é correto afirmar que são criadas por

a) descentralização.

b) desconcentração.

c) por permissão.

d) por autorização.

e) por concessão.

6. (IADES – 2018 – ARCON/PA – Especialista em Regulação) No que se refere à Lei Federal no 11.079/2004, que institui normas gerais para licitação e contratação de parceria público-privada no âmbito da administração pública, assinale a alternativa correta.

a) A lei se aplica somente aos órgãos da administração pública direta dos Poderes Executivo, aos fundos especiais, às autarquias, às fundações públicas, às empresas públicas, às sociedades de economia mista e às demais entidades controladas direta ou indiretamente pela União.

b) A lei se aplica aos órgãos da administração pública direta dos Poderes Executivo e Legislativo, excluindo-se de sua incidência as demais entidades controladas direta ou indiretamente pela União, estados, Distrito Federal e municípios.

c) A lei se aplica aos órgãos da administração pública direta dos Poderes Executivo e Legislativo, excluindo-se de sua incidência as autarquias, as fundações públicas e as empresas públicas.

d) A lei se aplica aos órgãos da administração pública direta dos Poderes Executivo e Legislativo, aos fundos especiais, às autarquias, às fundações públicas, às empresas públicas, às sociedades de economia mista e às demais entidades controladas direta ou indiretamente pela União, estados, Distrito Federal e municípios.

e) A lei se aplica aos órgãos da administração pública direta do Poder Legislativo, aos fundos especiais, às autarquias, às fundações públicas, às empresas públicas, mas não se aplica às sociedades de economia mista e às demais entidades controladas direta ou indiretamente pela União, estados, Distrito Federal e municípios.

7. (IADES – 2018 – ARCON/PA – Especialista em Regulação) Que diretriz(es) será(ão) observada(s) na contratação de parceria público-privada?

a) Modicidade tarifaria e melhor técnica para a execução da obra.

b) Responsabilidade civil objetiva da concessionária.

c) Sustentabilidade financeira e vantagens socioeconômicas dos projetos de parceria.

d) Sigilo das propostas apresentadas pelos concorrentes.

e) Garantia de financiamento da obra por parte do parceiro público.

8. (VUNESP – 2018 – Câmara de Campo Limpo Paulista/SP – Procurador Jurídico) O desenvolvimento dos serviços públicos, campo de atividades do Estado que são exercidas por ele ou mediante delegação a particulares, obedece a princípios próprios, que são

a) serviços administrativos próprios ou impróprios.

b) imutabilidade e continuidade.

c) generalidade, modicidade de tarifas, mutabilidade e continuidade.

d) generalidade, serviços administrativos próprios, serviços comerciais e industriais.

e) modicidade de tarifas, continuidade, imutabilidade das tarifas e serviços comerciais.

9. (CESPE – 2018 – EMAP – Analista) No que diz respeito à ordem econômica e financeira, aos serviços públicos e às formas de outorgas, julgue o item seguinte.

Em se tratando de prestação de serviço público sob o regime de concessão, a lei deve dispor sobre os direitos do usuário e a política tarifária.

( ) Certo   ( ) Errado

10. (CESPE – 2018 – EMAP – Analista) No que diz respeito à ordem econômica e financeira, aos serviços públicos, às formas de outorgas e à ordenação do transporte aquaviário, julgue o seguinte item.

A prestação de serviços públicos é incumbência do poder público, que, na forma da lei, pode prestá-lo diretamente ou, sempre mediante licitação, sob o regime de concessão, permissão ou autorização.

( ) Certo   ( ) Errado

11. (CESPE – 2018 – EMAP – Analista – Planejamento e Orçamento)
Acerca das modalidades de exploração dos portos, das instalações portuárias brasileiras e de aspectos relacionados a esses assuntos, julgue o item a seguir.

A exploração de área e a infraestrutura pública em portos organizados deverão ser precedidas de licitação, a partir da qual serão celebrados contratos de concessão entre a administração portuária e a pessoa jurídica de direito privado vencedora do certame.

( ) Certo   ( ) Errado

12. (CESPE – 2018 – EMAP – Analista – Planejamento e Orçamento)
Acerca das modalidades de exploração dos portos, das instalações portuárias brasileiras e de aspectos relacionados a esses assuntos, julgue o item a seguir.

O contrato de arrendamento de bem público se enquadra na modalidade permissão de serviço público, de natureza precária.

( ) Certo   ( ) Errado

13. (FCC – 2018 – DPE/AM – Defensor Público) Considere que o Estado pretenda celebrar um contrato de parceria público-privada, na modalidade concessão administrativa, para construção e operação de um centro administrativo. No que concerne ao fluxo de pagamentos correspondentes, considerando as disposições legais aplicáveis, afigura-se possível prever

I. contraprestação pecuniária paga de acordo com parcela fruível do objeto.

II. aportes de recursos destinados às obras e bens reversíveis, proporcionais às etapas efetivamente executadas.

III. cobrança de tarifa do usuário indireto dos serviços envolvidos, atrelada a indicadores de desempenho.

Está correto o que se afirma APENAS em

a) I e III.
b) II.
c) II e III.
d) III.
e) I e II.

14. (FCC – 2018 – DPE/AM – Defensor Público) Considere que o Estado pretenda transferir a execução e exploração de serviço público de transporte ferroviário em determinada região metropolitana, desonerando-se, assim, dos custos correspondentes. Para tanto, uma das alternativas juridicamente cabíveis da qual poderia se valer consiste em

a) instituir, por lei específica, autarquia, sujeita a regime de direito privado, para exploração do serviço de forma autônoma.

b) criar, mediante prévia autorização legislativa, sociedade de economia mista que atue como delegatária do serviço em questão.

c) firmar convênio com empresa privada tendo por objeto a prestação do serviço mediante a cobrança de tarifa do usuário.

d) celebrar consórcio com Município, para a concessão do serviço, com o rateio dos custos e receitas correspondentes mediante contrato de gestão.

e) conceder, mediante prévio procedimento licitatório, o serviço a empresa privada, com a transferência da correspondente titularidade.

15. (INAZ do Pará – 2018 – CRF/SC – Advogado)

"As parcerias público-privadas (PPP) são uma das possibilidades disponíveis aos governos para a oferta de infraestruturas econômicas e sociais à população. A experiência internacional oferece evidências no sentido de serem projetos de parcerias público-privadas eficazes para se obter o melhor uso dos recursos públicos, a entrega da infraestrutura no prazo e orçamento previstos e a operação mais eficiente na prestação de serviços e na manutenção dos bens. Uma das principais características das parcerias público-privadas que permite esses resultados é a adequada divisão dos riscos contratuais entre o poder público e o parceiro privado, a qual incentiva a inovação, a eficiência, o uso em nível ótimo dos ativos vinculados ao projeto e a gestão orientada à satisfação dos usuários."

À luz do texto transcrito e da Lei n. 11.079/2004, é possível identificar hipóteses legalmente possíveis de parcerias público-privadas, exceto em:

a) Criação de Parceria Público-Privada a partir de procedimento licitatório para seleção da proposta mais vantajosa, na modalidade de concessão administrativa, destinada à construção, operação e manutenção de colégio militar em Manaus.

b) Criação de Parceria Público-Privada a partir de licitação, na modalidade de concorrência internacional, com a finalidade de selecionar a melhor proposta para a celebração de contrato de concessão patrocinada para a exploração do Serviço de Irrigação no Perímetro Público denominado Pontal, no Município de Petrolina, no Estado de Pernambuco, precedida de obras na infraestrutura de irrigação de uso comum.

c) Criação de Parceria Público-Privada a partir de licitação, na modalidade de concorrência internacional, com a finalidade de selecionar a melhor proposta para a celebração de contrato de concessão patrocinada para a exploração da Concessão Patrocinada para operação de trechos das Rodovias BR-116 e BR-324.

d) Criação de Parceria Público-Privada a partir de licitação, na modalidade de concorrência, com a finalidade de selecionar proposta para celebração de contrato de concessão comum dos serviços públicos para a ampliação, manutenção e exploração da infraestrutura aeroportuária do Complexo Aeroportuário Hercílio Luz, no Município de Florianópolis.

e) Criação de Parceria Público-Privada na modalidade de concessão administrativa para modernização, otimização, expansão, operação e manutenção, controle remoto em tempo real da infraestrutura e eficiência energética, e sustentabilidade ambiental, da rede de iluminação pública do Município de Salvador.

16. (NUCEPE – 2018 – PC/PI – Delegado de Polícia) Assinale a alternativa CORRETA no que diz respeito às diretrizes que devem ser observadas na contratação de parceria público-privada.

a) Ineficiência no cumprimento das missões de Estado e no emprego dos recursos da sociedade.

b) Respeito aos interesses e direitos dos destinatários dos serviços e dos entes públicos incumbidos da sua execução.

c) Delegabilidade das funções de regulação, jurisdicional, do exercício do poder de polícia e de outras atividades exclusivas do Estado.

d) Inalterabilidade dos procedimentos e das decisões.

e) Responsabilidade fiscal na celebração e execução das parcerias.

17. (NUCEPE – 2018 – PC/PI – Delegado de Polícia) Sobre os serviços públicos, marque a alternativa CORRETA.

a) A Lei n. 8.987/1995, que dispõe sobre o regime de concessão e permissão da prestação de serviços públicos, não prevê causas expressas a fim de caracterizar a descontinuidade.

b) Os serviços públicos gerais ou (uti universi) são indivisíveis e devem ser mantidos por impostos.

c) Incumbe ao Poder Público a prestação de serviços públicos de saúde, educação e assistência social, fundamentais e exclusivos de Estado, apenas.

d) Os serviços de utilidade pública não admitem delegação.

e) Os serviços públicos propriamente ditos admitem delegação.

18. (INSTITUTO AOCP – 2018 – TRT 1ª REGIÃO/RJ – Analista Judiciário – Área Judiciária) Analise as assertivas e assinale a alternativa que aponta a(s) correta(s). Conforme a Lei n. 11.079/2004, é vedada a celebração de contrato de parceria público-privada:

I. em que as obrigações pecuniárias contraídas pela Administração Pública sejam garantidas por intermédio da contratação de seguro-garantia com companhia seguradora não controlada pelo Poder Público.

II. cujo período de prestação do serviço seja inferior a 5 (cinco) anos, bem como que não preveja a repartição de riscos entre as partes, dispensado, nesse último caso, os referentes a caso fortuito e força maior.

III. que tenha como objeto único o fornecimento de mão-de-obra, o fornecimento e instalação de equipamentos ou a execução de obra pública.

IV. cujo valor do contrato seja inferior a R$ 10.000.000,00 (dez milhões de reais), bem como nos casos em que o prazo de vigência do contrato seja superior a 30 (trinta) anos, incluindo eventual prorrogação.

a) Apenas III.
b) Apenas I e III.
c) Apenas I e IV.
d) Apenas II e III.
e) Apenas II e IV.

19. (INSTITUTO AOCP – 2018 – TRT 1ª REGIÃO/RJ – Analista Judiciário – Área Judiciária) Acerca da Lei n. 8.987/1995, que dispõe a respeito do regime de concessão e permissão da prestação de serviços públicos, bem como em relação à jurisprudência dos Tribunais Superiores sobre a temática dos serviços públicos, assinale a alternativa correta.

a) As concessões comuns são caracterizadas pela circunstância de que o concessionário recebe, do poder concedente, determinada contraprestação pecuniária.

b) As tarifas não poderão ser diferenciadas em função das características técnicas e dos custos específicos provenientes do atendimento aos distintos segmentos de usuários.

c) O corte no fornecimento de energia elétrica somente pode recair sobre o imóvel que originou o débito, e não sobre outra unidade de consumo do usuário inadimplente.

d) A transferência de concessão ou do controle societário da concessionária, sem prévia anuência do poder concedente, implicará a rescisão da concessão.

e) É ilegítimo o corte no fornecimento de serviços públicos essenciais quando inadimplente pessoa jurídica de direito público.

20. (TRF 3ª REGIÃO – 2018 – TRF 3ª REGIÃO – Juiz federal) Indique a afirmação CORRETA:

a) O contrato de concessão de serviço público não pode prever a arbitragem como mecanismo para a resolução de disputas entre as partes.

b) A transferência do controle societário da empresa concessionária do serviço público, sem prévia anuência do poder concedente, sujeita a empresa ao pagamento de multa.

c) A caducidade da concessão pode ser declarada quando o serviço estiver sendo prestado de forma inadequada ou ineficiente, a critério do poder concedente.

d) A encampação, caracterizada pela retomada do serviço público pelo poder concedente durante o prazo da concessão, é condicionada à existência de lei autorizadora específica e ao pagamento de indenização ao concessionário.

21. (TRF 3ª REGIÃO – 2018 – TRF 3ª REGIÃO – Juiz federal) A Lei n. 11.079, de 2004, instituiu normas gerais para a contratação da chamada "parceria público-privada" no âmbito do Poder Público. Esse tipo de contrato administrativo de concessão pode ser feito nas seguintes modalidades:

a) Patrocinada, quando envolver, além do recebimento da tarifa cobrada dos usuários do serviço público, o pagamento de contraprestação do parceiro privado ao parceiro público.

b) Administrativa, quando a própria Administração Pública seja a usuária direta ou indireta da prestação dos serviços, ainda que envolva a execução de obras ou a instalação de bens.

c) Comum, quando não envolver o pagamento de contraprestação pecuniária do parceiro público ao parceiro privado.

d) Especial, quando o serviço público não é sujeito ao pagamento de tarifa.

22. (VUNESP – 2018 – PC/SP – Investigador de Polícia Civil) O desenvolvimento dos serviços públicos obedece a princípios próprios, dentre os quais se pode apontar o da

a) estabilidade.

b) delegação da sua prestação.

c) exceção do contrato não cumprido.

d) vedação de equiparações.

e) modicidade tarifária.

23. (ESAF – 2016 – ANAC – Analista Administrativo) Entre os princípios informativos específicos dos serviços públicos, pode-se afirmar ser o princípio setorial mais importante por marcar sua vocação universal, isonômica e democrática o princípio da

a) continuidade;

b) eficiência;

c) regularidade;

d) generalidade;

e) segurança.

24. (CESPE – 2016 – TRT 8ª Região/PA e AP – Analista Judiciário – Área Judiciária) A modalidade de extinção da concessão fundada na perda, pela concessionária de serviços públicos, das condições econômicas, técnicas ou operacionais para manter a adequada prestação do serviço concedido denomina-se

a) encampação;

b) caducidade;

c) anulação;

d) revogação;

e) rescisão.

25. (FGV – 2016 – IBGE – Analista – Processos Administrativos e Disciplinares) De acordo com a doutrina de direito administrativo, os serviços públicos, quanto à maneira como concorrem para satisfazer ao interesse geral, podem ser classificados como singulares (*uti singuli*), que são aqueles que

a) são prestados a grupamentos indeterminados de indivíduos, como pavimentação de determinada rua;

b) são prestados à sociedade como um todo, mas gozados indiretamente pelos indivíduos, como saneamento básico;

c) podem ser prestados apenas pelo Estado diretamente, sendo vedada a delação a terceiros, como os serviços de defesa nacional;

d) são prestados à coletividade, mas usufruídos apenas indiretamente pelos indivíduos, como serviço de iluminação pública;

e) têm por finalidade a satisfação individual e direta das necessidades dos cidadãos, como o fornecimento de energia elétrica domiciliar.

26. (CESPE – 2014 – ANATEL – Conhecimentos Básicos – Cargos 13, 14 e 15) Julgue o item subsecutivo, concernente aos serviços públicos.

O inadimplemento do concessionário, que deixa de executar total ou parcialmente serviço público concedido, acarreta a extinção do contrato de concessão por rescisão promovida pelo poder concedente.

( ) Certo ( ) Errado

27. (CESPE – 2014 – ANATEL – Conhecimentos Básicos – Cargos 13, 14 e 15) Julgue o item subsecutivo, concernente aos serviços públicos.

O princípio da continuidade do serviço público não impede a concessionária de energia elétrica de suspender o fornecimento de eletricidade no caso de inadimplemento do usuário.

( ) Certo ( ) Errado

28. (VUNESP – 2014 – TJ-PA – Juiz de Direito Substituto) Sobre a concessão de serviços públicos, é correto afirmar que

a) a responsabilidade do concessionário por prejuízos causados a terceiros será objetiva, nos termos da Constituição Federal.

b) em caso de encampação pelo Poder Público, não poderá o poder concedente incorporar os bens do concessionário que eram necessários ao serviço;

c) o Poder Público poderá rescindir o contrato por motivo de interesse público, pois são transferidos ao concessionário a execução e a titularidade do serviço.

d) o usuário não poderá exigir judicialmente o cumprimento da obrigação pelo concessionário.

e) o concessionário corre os riscos normais do empreendimento, não havendo, nesse caso, direito à manutenção do equilíbrio econômico-financeiro do contrato.

29. (VUNESP – 2014 – TJ-RJ – Juiz Substituto) A propósito da concessão de serviços públicos, assinale a alternativa correta.

a) A concessionária poderá contratar com terceiros o desenvolvimento de atividades inerentes, acessórias ou complementares ao serviço concedido, sendo, entretanto, expressamente vedada a subconcessão do serviço.

b) Incumbe ao poder concedente zelar pela boa qualidade do serviço, receber, apurar e solucionar queixas e reclamações dos usuários, que serão cientificados, em até trinta dias, das providências tomadas.

c) A alteração de alíquota do imposto sobre a renda, após a apresentação da proposta de concessão, quando comprovado seu impacto, implicará a revisão da tarifa, para mais ou para menos, conforme o caso.

d) As disputas decorrentes ou relacionadas ao contrato de concessão não poderão ser resolvidas por meio do emprego de mecanismos privados, devendo ser submetidas ao Poder Judiciário brasileiro.

30. (MPE-MG – 2014 – MPE-MG – Promotor de Justiça) De acordo com a Constituição Federal, existem atividades e/ou serviços sobre os quais o Estado não possui titularidade exclusiva; assim, independente de tratarem de um dever do Estado, é permitido que particulares os executem, desde que observada a legislação aplicável, à EXCEÇÃO de

   I – Saúde.
   II – Previdência social.
   III – Educação.
   IV – Defesa nacional.

Está(ão) CORRETO(S) o(s) inciso(s):

a) I e II
b) II e IV

c) III

d) IV

31. (FCC – 2013 – DPE-SP – Defensor Público) Sobre as formas de contratação na Administração Pública, é correto afirmar que

a) a concessão é extinta se houver necessidade de intervenção do poder concedente;

b) a União deve ser parte em consórcio;

c) o protocolo de intenções pode ser assinado após a formalização do consórcio;

d) a parceria público-privada na modalidade patrocinada envolve tarifa a ser cobrada dos usuários;

e) é admitida a parceria público-privada para o fornecimento de mão de obra.

32. (CESPE – 2013 – DPE-RR – Defensor Público) Com relação aos serviços públicos, assinale a opção correta.

a) A participação do usuário é um dos novos postulados do serviço público, razão por que se instituiu o direito de acesso dos usuários a registros administrativos e a informações sobre atos de governo, inclusos aqueles relativos à segurança do Estado.

b) A gestão associada de serviços públicos pode ser instituída por meio de convênio de cooperação entre os entes federativos, vedada a transferência total de encargos, serviços, pessoal e bens essenciais à continuidade dos serviços transferidos.

c) A concessão de serviço público apresenta natureza contratual e sua outorga independe da realização de procedimento licitatório.

d) Se um Estado-membro pretender autorizar a prestação de determinado serviço público a particular, tal autorização será, necessariamente, discricionária e onerosa e deverá ser feita por meio de contrato administrativo.

e) A continuidade, a igualdade dos usuários e a mutabilidade são princípios do regime jurídico aplicável aos serviços públicos.

33. (FCC – 2009 – TRT 3ª Região/MG – Técnico Judiciário) Em relação à concessão de serviços públicos, assinale a opção incorreta.

a) A modicidade das tarifas integra o conceito de serviço público adequado.

b) A subconcessão é admitida desde que prevista no contrato de concessão e será precedida por licitação, na modalidade concorrência ou tomada de preços.

c) A extinção da concessão decorrente de inexecução total ou parcial do contrato, pelo concessionário, denomina-se caducidade.

d) Incumbe ao poder concedente regulamentar o serviço concedido, bem como intervir na prestação dos serviços, nos casos e condições previstos em lei.

e) Na concessão, é válido, no julgamento da respectiva licitação, o critério de oferta de menor valor da tarifa do serviço público a ser prestado.

34. (VUNESP – 2008 – TJ/SC – Oficial de Justiça) Na concessão de serviço público, o Poder Concedente pode extinguir a concessão a qualquer momento, por motivo de conveniência e oportunidade, mediante lei autorizadora específica e prévio pagamento da indenização. Esta forma de extinção é denominada

a) Encampação.

b) Caducidade.

c) Rescisão contratual.

d) Desapropriação indireta.

35. (FCC – 2008 – TRE/RO – Técnico Judiciário) Em relação ao serviço público em geral, é INCORRETO afirmar que

a) o privilégio da encampação do ato administrativo para a Administração justifica-se pela necessidade da continuidade do serviço público.

b) segundo o critério da igualdade dos usuários, a nenhum deles será negada a prestação de serviço público em razão da distinção de caráter pessoal.

c) serviço público social é aquele de necessidade pública, de iniciativa e implemento exclusivamente do Estado.

d) serviço público próprio e indireto está dentre aqueles de necessidade coletiva, assumido pelo Estado, mas executado por meios outros, como os de concessão e permissão.

36. (VUNESP – 2008 – TJ/SC – Oficial de Justiça) Em relação aos prejuízos causados a terceiros pelo concessionário e pelo permissionário de serviços públicos, o Poder Público

a) poderá vir a ser responsabilizado, respectivamente, em caráter solidário e solidário.

b) poderá vir a ser responsabilizado, respectivamente, em caráter subsidiário e subsidiário.

c) poderá vir a ser responsabilizado, respectivamente, em caráter solidário e subsidiário.

d) poderá vir a ser responsabilizado, respectivamente, em caráter subsidiário e solidário.

37. (CESPE/UnB – 2006 – TJ/RR – Técnico) Não se configura caso de concessão administrativa o

a) contrato realizado entre o Estado e particulares para manutenção de rodovias no país, em que, durante um período preestabelecido em contrato, a iniciativa privada deve cumprir rigorosamente um extenso cronograma de investimentos, com fiscalização e monitoramento do Estado e, ao final da gestão privada, a rodovia volta ao poder público com todos os benefícios realizados, como a ampliação, a renovação e a modernização da malha rodoviária.

b) contrato em que se prevê um conjunto de direitos e obrigações de empresa particular com o Estado para prestação do serviço público de telecomunicações e exploração da infraestrutura afeta à prestação desses serviços, por período predeterminado e remuneração tarifária.

c) contrato em que ministério permite ao particular a exploração de linhas de transmissão de energia elétrica, visando à instalação, à operação e à manutenção de cerca de 2.250 quilômetros de novas linhas, mediante remuneração tarifária.

d) contrato de adesão em que o Estado permite a particulares ligados a uma cooperativa explorar serviços rodoviários municipais de transporte coletivo de passageiros.

38. (MPM – 2021 – MPM – Promotor de Justiça) sobre a concessão e a permissão de serviços públicos aos particulares, assinale a alternativa correta:

a) O contrato de concessão de serviço público poderá prever o emprego de mecanismos privados para a resolução de disputas decorrentes ou relacionadas ao contrato, inclusive a arbitragem, a ser realizada no Brasil e em língua portuguesa.

b) A diferenciação entre permissão e concessão de serviços públicos, em nosso ordenamento jurídico-constitucional, funda-se, em especial, na constatação de que a concessão é ato administrativo, a permissão, por sua vez, tem natureza jurídica de contrato administrativo.

c) Toda concessão ou permissão de serviço público pressupõe a prestação adequada do serviço, inclusive a observância das condições de continuidade do serviço, fato que impede a interrupção da prestação dos serviços públicos pelo concessionário ou permissionário, ainda que motivada pela inadimplência do usuário.

d) A Constituição admite a delegação da titularidade dos serviços públicos em favor dos concessionários e permissionários de serviços públicos, desde que a delegação seja precedida de licitação, necessariamente na modalidade concorrência, no caso de concessão.

Gabarito: 1. a; 2. b; 3. a; 4. c; 5. d; 6. b; 7. e; 8. d; 9. b; 10. e; 11. errado; 12. certo; 13. a; 14. b; 15. b; 16. d; 17. e; 18. b; 19. a; 20. c; 21. b; 22. d; 23. d; 24. e; 25. b; 26. c; 27. certo; 28. errado; 29. errado; 30. b; 31. errado; 32. e; 33. a; 34. b; 35. a; 36. d; 37. c; 38. a.

8. RESPONSABILIDADE CIVIL DO ESTADO

8.1. Introdução

Inicialmente, cumpre ressaltar que Estado, para este capítulo, é sinônimo de Administração Pública, e não de Estado-membro, como, por exemplo, Estado--membro de São Paulo.

A responsabilidade civil aqui trabalhada é a extracontratual e consiste na obrigação de reparar economicamente os danos causados a terceiros, sejam no âmbito patrimonial ou moral. Assim, em razão de um dano patrimonial ou moral é possível o Estado ser responsabilizado, e, consequentemente, deverá pagar uma indenização capaz de compensar os prejuízos causados.

Por outro lado, a responsabilidade será contratual quando o dano decorrer do vínculo firmado num contrato. Ex.: a Administração Pública descumpre alguma cláusula contratual, e isso gera um prejuízo ao contratado. Nesse caso, a Administração deverá indenizar os prejuízos decorrentes desse inadimplemento contratual.

Entretanto, conforme acima visto, neste capítulo não trabalharemos com a responsabilidade contratual, mas sim com a *extracontratual*, ou seja, aquela cujos prejuízos não decorrem de um vínculo contratual (não existe um contrato), porém de uma conduta comissiva (ação) ou omissiva (omissão) da Administração Pública.

A esse respeito, cumpre anotar que não só os atos ilícitos como os atos lícitos dos agentes públicos são capazes de gerar a responsabilidade extracontratual do Estado. Ex.: policiais civis, em perseguição a um bandido, batem na traseira de um veículo que estava no meio do caminho. A perseguição policial, que consiste numa ação, é lícita, mas gerou prejuízos, e o Estado deverá indenizar os danos causados.

Diante desse contexto, podemos definir a responsabilidade extracontratual do Estado como a obrigação de reparação econômica dos danos causados aos administrados, em razão de uma ação ou omissão, lícita ou ilícita, praticada por um agente público, no exercício de suas atribuições.

8.2. Evolução Histórica

Longo foi o percurso histórico até chegarmos à atual *responsabilidade objetiva* do Estado. Senão vejamos.

Primeiro, encontramos a fase da *irresponsabilidade estatal*, isto é, o Estado poderia causar prejuízos patrimoniais ou morais a terceiros que não seria responsabilizado.

Isso ocorreu na época do Absolutismo, tempo em que o rei "não errava" (*the king can do no wrong*), na medida em que a sua figura se confundia com a do próprio Estado. Ocupando essa posição de absoluta superioridade, não era admitido coagir o rei – representante de Deus na Terra – a reparar qualquer prejuízo causado aos seus súditos.

Num segundo momento da evolução histórica, o *Estado passa a responder, mas de forma subjetiva*, isto é, mediante a comprovação de dolo (intenção de causar o dano) ou culpa (dano causado por negligência, imprudência ou imperícia) na atuação de seus agentes.

Importante destacar que, nessa segunda fase, houve dois momentos distintos: (i) num período inicial, fazia-se a diferença entre atos de império (praticados com supremacia pela Administração em relação aos particulares) e atos de gestão (em posição de igualdade com os particulares). No primeiro caso, o Poder Público continuava não respondendo e, no segundo, responderia de forma subjetiva; (ii) em razão da dificuldade em enquadrar um ato como sendo de império ou de gestão, passou a Administração a responder de forma subjetiva por qualquer de seus atos praticados, porém era imprescindível identificar o agente público causador do dano, elemento ainda dificultador da responsabilização do Estado.

No momento histórico atual, foram adotadas as teorias publicistas: (i) teoria da culpa anônima do serviço; e (ii) teoria do risco.

No tocante à teoria da culpa anônima do serviço ou *faute du service* do Direito francês, a responsabilidade ainda é considerada subjetiva, porque se discute dolo ou culpa, porém não há mais a necessidade de se identificar o agente causador do dano. Aqui, basta demonstrar a falta do serviço, ou que o serviço não funcionou, funcionou mal ou com atraso.

Atualmente, é admitida também a *responsabilidade objetiva do Estado*, ou seja, aquela que independe da comprovação de dolo ou culpa, bastando demonstrar que os danos foram causados por uma conduta da Administração Pública.

A teoria que fundamenta a responsabilidade objetiva é a *Teoria do Risco*, segundo a qual toda atuação do Estado cria um risco de dano aos seus administrados, e, concretizado o prejuízo, surge o dever de indenizá-lo, independentemente da comprovação de dolo ou culpa. Assim, o Estado deverá assumir tais riscos de sua atividade e indenizar eventuais prejuízos.

Sobre o tema, destacamos que são duas as *modalidades da Teoria do Risco*:

1ª) Teoria do Risco Integral: não admite causas excludentes de responsabilidade, logo o Estado deveria responder por qualquer dano, ainda que não tenha dado causa. Somente excepcionalmente nosso Direito adotou tal teoria, ou seja, o Estado não poderá alegar causa excludente de responsabilidade quando ocorrerem: (i) danos ambientais; (ii) danos nucleares; (iii) atentados terroristas[120].

2ª) **Teoria do Risco Administrativo**: admite causas excludentes de responsabilidade, como caso fortuito, força maior e culpa exclusiva da vítima ou de terceiro (essas causas serão estudadas logo mais). Trata-se da *teoria adotada em nosso Direito* (em regra), devendo o Estado responder pelos prejuízos causados aos administrados, salvo quando presente alguma das causas acima mencionadas.

8.3. Previsão Constitucional

A responsabilidade objetiva (que independe da comprovação de dolo ou de culpa) do Estado está prevista na Constituição Federal, sendo que as pessoas jurídicas de direito público e as de direito privado prestadoras de serviços públicos responderão pelos danos que seus agentes, nessa qualidade, causarem a terceiros, assegurado o direito de regresso contra o responsável nos casos de dolo ou culpa (art. 37, § 6º).

Percebam, preliminarmente, que a responsabilidade objetiva recai não só sobre pessoas jurídicas de Direito Público (União, Estados, Distrito Federal, Municípios, autarquias e algumas fundações públicas) como sobre as pessoas jurídicas de Direito Privado quando prestadoras de serviço público.

Nesse caso, encontramos algumas empresas públicas e sociedades de economia mista, mais precisamente quando prestadoras de serviço público, não abrangendo as exploradoras de atividade econômica. Respondem também de forma objetiva as empresas concessionárias e permissionárias de serviços públicos, uma vez que são pessoas jurídicas de Direito Privado prestadoras de serviço público (tema visto no capítulo anterior). Ex.: empresa concessionária do serviço de energia elétrica. Nesse sentido:

> AGRAVO INTERNO NO RECURSO ESPECIAL. AÇÃO DE INDENIZAÇÃO. ATROPELAMENTO POR CAMINHÃO A SERVIÇO DE EMPRESA PRESTADORA DE SERVIÇO PÚBLICO. RESPONSABILIDADE OBJETIVA. CULPA EXCLUSIVA DA VÍTIMA NÃO DEMONSTRADA. REEXAME DE FATOS E PROVAS. IMPOSSIBILIDADE. AMPUTAÇÃO DO MEMBRO INFERIOR ESQUERDO. DANOS ESTÉTICOS. MAJORAÇÃO. DECISÃO MANTIDA. RECURSO DESPROVIDO. 1. O Tribunal de origem examinou motivadamente a suposta culpa exclusiva da vítima, bem como a responsabilidade objetiva da agravante, expondo com clareza os fundamentos pelos quais entendeu descaracterizada a causa excludente da responsabilidade objetiva. 2. A responsabilidade objetiva da ré, na qualidade de prestadora de serviço público, só poderia ser elidida pela comprovação da culpa exclusiva da vítima, o que não ocorreu. [...]

---

[120] "O STJ sumulou o tema nos seguintes termos: 'Súmula 652 – A responsabilidade civil da Administração Pública por danos ao meio ambiente, decorrente de sua omissão no dever de fiscalização, é de caráter solidário, mas de execução subsidiária. (SÚMULA 652, PRIMEIRA SEÇÃO, julgado em 2-12-2021, *DJe* 6-12-2021)

(AgInt no REsp 1406744/RJ, rel. Min. LÁZARO GUIMARÃES (DESEMBARGADOR CONVOCADO DO TRF 5ª REGIÃO), QUARTA TURMA, julgado em 13-3-2018, *DJe* 16-3-2018).

De fato, essas entidades responderão pelos prejuízos causados por seus agentes, desde que estes tenham agido na condição de agente público. Isso significa que não basta ser agente público e causar prejuízo a terceiros para ensejar a responsabilidade do Estado. Na verdade, esta só surgirá se os danos forem causados por agente público agindo nessa qualidade. Ex.: policial fardado em perseguição a um bandido, durante seu horário de trabalho, troca tiros no meio de uma via pública e mata um particular inocente. Nesse caso, o Estado será responsabilizado, uma vez que o policial estava agindo na condição de agente público.

Situação diferente é aquela do policial em dia de folga que se envolve em briga e acaba matando uma pessoa. Nesse exemplo, em que pese ao policial ser agente público, o Estado não responderá, pois não estava agindo na condição de agente público e sim na de cidadão comum. Porém, se na briga o agente se identificou como policial, mostrando a carteira funcional, por exemplo, o Estado será responsabilizado, pois, apesar de fora do horário de trabalho, foi na condição de agente público que ele atuou (STF, RE 160.401).

Outro julgado importante do STF é o seguinte:

RESPONSABILIDADE CIVIL OBJETIVA DO PODER PÚBLICO – ELEMENTOS ESTRUTURAIS – PRESSUPOSTOS LEGITIMADORES DA INCIDÊNCIA DO ART. 37, § 6º, DA CONSTITUIÇÃO DA REPÚBLICA – TEORIA DO RISCO ADMINISTRATIVO – MORTE DE INOCENTE CAUSADA POR DISPARO EFETUADO COM ARMA DE FOGO PERTENCENTE À POLÍCIA MILITAR DO ESTADO DO MATO GROSSO DO SUL E MANEJADA POR INTEGRANTE DESSA CORPORAÇÃO – DANOS MORAIS E MATERIAIS – RESSARCIBILIDADE – DOUTRINA – JURISPRUDÊNCIA – RECURSO DE AGRAVO IMPROVIDO. – Os elementos que compõem a estrutura e delineiam o perfil da responsabilidade civil objetiva do Poder Público compreendem (a) a alteridade do dano, (b) a causalidade material entre o "eventusdamni" e o comportamento positivo (ação) ou negativo (omissão) do agente público, (c) a oficialidade da atividade causal e lesiva imputável a agente do Poder Público que tenha, nessa específica condição, incidido em conduta comissiva ou omissiva, independentemente da licitude, ou não, do comportamento funcional e (d) a ausência de causa excludente da responsabilidade estatal. Precedentes. A ação ou a omissão do Poder Público, quando lesiva aos direitos de qualquer pessoa, induz à responsabilidade civil objetiva do Estado, desde que presentes os pressupostos primários que lhe determinam a obrigação de indenizar os prejuízos que os seus agentes, nessa condição, hajam causado a terceiros. Doutrina. Precedentes. – Configuração de todos os pressupostos primários determinadores do reconhecimento da responsabilidade civil objetiva do Poder Público, o que faz emergir o dever de indenização pelo dano moral e/ou patrimonial sofrido.

(RE 603626 AgR-segundo, Relator(a): Min. CELSO DE MELLO, Segunda Turma, julgado em 15-5-2012, ACÓRDÃO ELETRÔNICO DJe-113 DIVULG 11-6-2012 PUBLIC 12-6-2012).

Ainda sobre o disposto no § 6º do art. 37 da Constituição Federal, importante destacar a possibilidade de a Administração exercer o direito de regresso em face do agente público, mas só quando comprovado o dolo ou a culpa em sua atuação.

Dessa forma, se o Estado foi compelido a pagar uma indenização, poderá exigir esse valor do agente público causador dos danos, desde que este tenha agido com dolo ou culpa.

Portanto, enquanto o administrado lesado não precisa comprovar o dolo ou culpa da Administração para receber sua indenização (responsabilidade objetiva), o Estado terá de comprovar o dolo ou a culpa de seu agente público para receber deste o equivalente ao valor pago ao administrado lesado, quando for exercer o seu direito de regresso.

8.4. Responsabilidade Objetiva e Subjetiva do Estado

Parte da doutrina entende que a *responsabilidade objetiva* do Estado (que é independente da existência de dolo ou culpa) só existe diante de uma *conduta comissiva (ação)* praticada pelo agente público. Isto porque a CF valeu-se do verbo causar para definir a responsabilidade objetiva no art. 37, § 6º. E causa pressupõe uma ação que gera um resultado. Desse modo, no exemplo da perseguição da polícia, em que o tiro do policial acerta um particular, teremos a responsabilidade objetiva do Estado, uma vez que estamos diante de uma conduta comissiva (ação).

Por outro lado, quando estivermos diante de uma *omissão do Estado*, a responsabilidade deixa de ser objetiva e passa a ser *subjetiva*, ou seja, o particular lesado deverá demonstrar o dolo (intenção de gerar o dano) ou culpa da Administração, em qualquer de suas modalidades: negligência, imprudência ou imperícia. Ex.: fortes chuvas causaram enchentes e um particular teve sua casa alagada. Nesse caso, não bastará a comprovação do dano sofrido pela inundação, sendo imprescindível demonstrar também o dolo ou culpa do Município em não limpar os bueiros e as "bocas de lobo" para facilitar o escoamento das águas, evitando-se, assim, os prejuízos causados pelas enchentes.

Se assim não fosse, o Estado seria considerado um "segurador universal", conforme ensina o Professor Celso Antônio Bandeira de Mello, pois seria responsabilizado por qualquer acontecimento, ainda que não tivesse dado causa[121].

---

121 BANDEIRA DE MELLO, Celso Antônio. *Curso de direito administrativo*. 30. ed. São Paulo: Malheiros, 2012. p. 1031.

Responsabilidade Objetiva	Responsabilidade Subjetiva
Casos de conduta comissiva (ação) do Estado.	Casos de conduta omissiva do Estado; deixa de agir.
Independe de dolo ou culpa.	Depende de dolo ou culpa.
Basta provar dano, conduta e nexo causal entre dano e conduta.	É preciso provar dano, conduta, culpa ou dolo e nexo causal entre omissão e dano.

Porém, o tema é polêmico e a jurisprudência superior tem entendimento controverso sobre o assunto. O STJ no ano de 2014 assim decidiu: no AgRg no AREsp 501.507 pela responsabilidade subjetiva do Estado diante de uma conduta omissiva:

> ADMINISTRATIVO. PROCESSUAL CIVIL. VIOLAÇÃO DO ART. 535 DO CPC. ALEGAÇÃO GENÉRICA. SÚMULA 284/STF. RESPONSABILIDADE CIVIL DO ESTADO. OMISSÃO. NEXO DE CAUSALIDADE. DANOS MORAIS E MATERIAIS. REEXAME DE FATOS E PROVAS. IMPOSSIBILIDADE. SÚMULA 7/STJ.
>
> [...]
>
> 2. Nos termos da jurisprudência do STJ, a responsabilidade civil do estado por condutas omissivas é subjetiva, sendo necessário, dessa forma, comprovar a negligência na atuação estatal, o dano e o nexo causal entre ambos.
>
> 3. O Tribunal de origem, com base no conjunto fático probatório dos autos, expressamente consignou que "restou evidente o nexo de causalidade entre a omissão do ente municipal e o evento danoso".
>
> 4. Dessa forma, não há como modificar a premissa fática, pois para tal é indispensável o reexame do contexto fático-probatório dos autos, o que é vedado por esta Corte, pelo óbice da Súmula 7/STJ. Agravo regimental improvido.
>
> (AgRg no AREsp 501.507/RJ, rel. Min. HUMBERTO MARTINS, SEGUNDA TURMA, julgado em 27-5-2014, *DJe* 2-6-2014).

No julgamento do AgInt no REsp 1305249/SC, entendeu o STJ pela responsabilidade objetiva por se tratar de morte de detento custodiado pelo Estado:

> ADMINISTRATIVO E PROCESSUAL CIVIL. AGRAVO INTERNO NO RECURSO ESPECIAL. RESPONSABILIDADE CIVIL DO ESTADO. SUICÍDIO. DETENTO. ESTABELECIMENTO PRISIONAL. RESPONSABILIDADE OBJETIVA DO ESTADO.
>
> 1. O Superior Tribunal de Justiça sedimentou o entendimento de que a responsabilidade civil do Estado pela morte de detento em delegacia, presídio ou cadeia pública é objetiva, pois é dever do Estado prestar vigilância e segurança aos presos sob sua custódia.

2. Agravo interno a que se nega provimento.

(AgInt no REsp 1305249/SC, rel. Min. OG FERNANDES, SEGUNDA TURMA, julgado em 19-9-2017, *DJe* 25-9-2017).

O STF reconheceu a repercussão geral do tema responsabilidade do Estado por omissão em razão de danos causados por preso foragido no RE 608.880, bem como da morte de detento no interior de carceragem no ARE 638.467. Nesse julgado houve a conversão para o RE 841.526 em que o STF fixou a seguinte tese de repercussão geral noticiada em 4 de abril de 2016: "Em caso de inobservância de seu dever específico de proteção previsto no art. 5º, inciso XLIX, da Constituição Federal, o Estado é responsável pela morte de detento".

Diante do contexto apresentado, importante saber a posição da banca examinadora. Se compartilhar com a posição de Bandeira de Mello, a responsabilidade do Estado por omissão será subjetiva.

APROFUNDANDO! A Lei n. 13.286, de 10 de maio de 2016, tratou da responsabilidade civil dos notários e registradores e alterou o art. 22 da Lei n. 8.935, que passou a ter a seguinte redação: "Os notários e oficiais de registro são civilmente responsáveis por todos os prejuízos que causarem a terceiros, por culpa ou dolo, pessoalmente, pelos substitutos que designarem ou escreventes que autorizarem, assegurado o direito de regresso". Nesse caso o prazo prescricional para entrar com a citada ação de reparação de danos contra notários e oficiais de registro será de três anos, contado da data de lavratura do ato notarial ou registral (parágrafo único do art. 22 da Lei n. 8.935).

Trata-se, portanto, de responsabilidade subjetiva desses agentes públicos que são verdadeiros exemplos de agentes delegados dentro da categoria de particulares em colaboração com o Estado.

Por outro lado, cumpre informar que o **"Estado responde, objetivamente, pelos atos dos tabeliães e registradores oficiais que, no exercício de suas funções, causem dano a terceiros, assentado o dever de regresso contra o responsável, nos casos de dolo ou culpa, sob pena de improbidade administrativa"**. Essa a tese fixada pelo STF sobre o tema 777 nos seguintes termos:

"DIREITO ADMINISTRATIVO. RECURSO EXTRAORDINÁRIO. REPERCUSSÃO GERAL. DANO MATERIAL. ATOS E OMISSÕES DANOSAS DE NOTÁRIOS E REGISTRADORES. TEMA 777. ATIVIDADE DELEGADA. RESPONSABILIDADE CIVIL DO DELEGATÁRIO E DO ESTADO EM DECORRÊNCIA DE DANOS CAUSADOS A TERCEIROS POR TABELIÃES E OFICIAIS DE REGISTRO NO EXERCÍCIO DE SUAS FUNÇÕES. SERVENTIAS EXTRAJUDICIAIS. ART. 236, § 1º, DA CONSTITUIÇÃO DA REPÚBLICA. RESPONSABILIDADE OBJETIVA DO ESTADO PELOS ATOS DE TABELIÃES E REGISTRADORES

OFICIAIS QUE, NO EXERCÍCIO DE SUAS FUNÇÕES, CAUSEM DANOS A TERCEIROS, ASSEGURADO O DIREITO DE REGRESSO CONTRA O RESPONSÁVEL NOS CASOS DE DOLO OU CULPA. POSSIBILIDADE. 1. Os serviços notariais e de registro são exercidos em caráter privado, por delegação do Poder Público. Tabeliães e registradores oficiais são particulares em colaboração com o poder público que exercem suas atividades in nomine do Estado, com lastro em delegação prescrita expressamente no tecido constitucional (art. 236, CRFB/88). 2. Os tabeliães e registradores oficiais exercem função munida de fé pública, que destina-se a conferir autenticidade, publicidade, segurança e eficácia às declarações de vontade. 3. O ingresso na atividade notarial e de registro depende de concurso público e os atos de seus agentes estão sujeitos à fiscalização do Poder Judiciário, consoante expressa determinação constitucional (art. 236, CRFB/88). Por exercerem um feixe de competências estatais, os titulares de serventias extrajudiciais qualificam-se como agentes públicos. 4. O Estado responde, objetivamente, pelos atos dos tabeliães e registradores oficiais que, no exercício de suas funções, causem dano a terceiros, assentado o dever de regresso contra o responsável, nos casos de dolo ou culpa, sob pena de improbidade administrativa. Precedentes: RE 209.354 AgR, Rel. Min. Carlos Velloso, Segunda Turma, *DJe* de 16-4-1999; RE 518.894 AgR, Rel. Min. Ayres Britto, Segunda Turma, *DJe* de 22-9-2011; RE 551.156 AgR, Rel. Min. Ellen Gracie, Segunda Turma, *DJe* de 10-3-2009; AI 846.317 AgR, Relª. Minª. Cármen Lúcia, Segunda Turma, *DJe* de 28-11-13 e RE 788.009 AgR, Rel. Min. Dias Toffoli, Primeira Turma, julgado em 19-8-2014, *DJe* 13-10-2014. 5. Os serviços notariais e de registro, mercê de exercidos em caráter privado, por delegação do Poder Público (art. 236, CF/88), não se submetem à disciplina que rege as pessoas jurídicas de direito privado prestadoras de serviços públicos. É que esta alternativa interpretativa, além de inobservar a sistemática da aplicabilidade das normas constitucionais, contraria a literalidade do texto da Carta da República, conforme a dicção do art. 37, § 6º, que se refere a "pessoas jurídicas" prestadoras de serviços públicos, ao passo que notários e tabeliães respondem civilmente enquanto pessoas naturais delegatárias de serviço público, consoante disposto no art. 22 da Lei n. 8.935/94. 6. A própria constituição determina que "lei regulará as atividades, disciplinará a responsabilidade civil e criminal dos notários, dos oficiais de registro e de seus prepostos, e definirá a fiscalização de seus atos pelo Poder Judiciário" (art. 236, CRFB/88), não competindo a esta Corte realizar uma interpretação analógica e extensiva, a fim de equiparar o regime jurídico da responsabilidade civil de notários e registradores oficiais ao das pessoas jurídicas de direito privado prestadoras de serviços públicos (art. 37, § 6º, CRFB/88). 7. A responsabilização objetiva depende de expressa previsão normativa e não admite interpretação extensiva ou ampliativa, posto regra excepcional, impassível de presunção. 8. A Lei n. 8.935/94 regulamenta o art. 236 da Constituição Federal e fixa o estatuto dos serviços notariais e de registro, predicando no seu art. 22 que "os notários e oficiais de registro são civilmente responsáveis por todos os prejuízos que causarem a terceiros, por culpa ou dolo, pessoalmente, pelos substitutos que designarem ou escreventes que autorizarem, assegurado o direito de regresso. (Redação dada pela Lei n. 13.286, de 2016)", o que configura inequívoca responsabilidade civil subjetiva dos notários e oficiais de registro, legalmente assentada. 9. O art. 28 da Lei de Registros Públicos (Lei n. 6.015/1973) contém comando expresso quanto à responsabilidade subjetiva de oficiais de registro, bem como o art. 38 da Lei n. 9.492/97, que fixa a responsabilidade subjetiva dos Tabeliães de Protesto de Títulos por seus próprios atos e os de seus prepostos. 10. Deveras, a atividade dos registradores de protesto é análoga à dos notários e demais registradores, inexistindo discrímen que autorize tratamento diferenciado para somente uma determinada atividade da classe notarial. 11. Repercussão geral constitucional que assenta a tese objetiva de que: o Estado responde, objetivamente, pelos atos dos tabeliães e registradores oficiais que, no exercício de suas funções, causem dano a terceiros, assentado o dever de regresso contra o responsável, nos casos de dolo ou culpa, sob pena de improbidade administrativa. 12. *In casu*, tratando-se de dano causado por registrador oficial no exercício de sua função, incide a responsabilidade objetiva do Estado de Santa Catarina, assentado o dever de regresso contra o responsável, nos casos de dolo ou culpa, sob pena de improbidade administrativa. 13. Recurso extraordinário CONHECIDO e DESPROVIDO para reconhecer que o Estado responde, objetivamente, pelos atos dos tabeliães e registradores oficiais que, no exercício de suas funções, causem dano a terceiros, assentado o dever de regresso contra o responsável, nos casos de dolo ou culpa, sob pena de improbidade administrativa. Tese: "O Estado responde, objetivamente, pelos atos dos tabeliães e registradores oficiais que, no exercício de suas funções, causem dano a terceiros, assentado o dever de regresso contra o responsável, nos casos de dolo ou culpa, sob pena de improbidade administrativa". (RE 842846, Relator(a): Min. LUIZ FUX, Tribunal Pleno, julgado em 27-2-2019, PROCESSO ELETRÔNICO REPERCUSSÃO GERAL – MÉRITO DJe-175 DIVULG 12-8-2019 PUBLIC 13-8-2019)

CUIDADO! Tal responsabilidade OBJETIVA e solidária do Estado, em nada excluiu a responsabilização SUBJETIVA dos Tabeliães e Oficiais de Registro, prevista na Lei n. 8.935/94, com redação dada pela Lei n. 13.286/2016.

Percebam que no julgamento do RE 842.846, que deu origem ao Tema 777, o STF em momento algum deixou de reconhecer a responsabilidade direta e SUBJETIVA dos aludidos agentes delegados. Muito pelo contrário, além de reforçar a existência de Leis tratando dessas responsabilidades dos aludidos agentes delegados do Serviço Público, reconheceu, corretamente, a responsabilidade solidária e OBJETIVA do Estado pelos danos causados pelos Tabeliães e Oficiais de Registro.

A responsabilidade solidária não significa, a seu turno, que o Estado obrigatoriamente deve estar no polo passivo da ação proposta em face dos aludidos agentes delegados. A responsabilidade solidária traz um benefício ao lesado de escolher se ingressará com a ação contra um, contra o outro ou contra todos ao mesmo tempo.

No mesmo sentido, de reconhecer a responsabilidade direta e SUBJETIVA dos Tabeliães a partir do ano de 2016, está consolidado o entendimento no Superior Tribunal de Justiça:

> "AGRAVO INTERNO NOS EMBARGOS DE DECLARAÇÃO NO AGRAVO EM RECURSO ESPECIAL. AÇÃO DE REPARAÇÃO DE DANOS. RESPONSABILIDADE OBJETIVA DO NOTÁRIO. ART. 22 DA LEI 8.935/1994. AGRAVO INTERNO DESPROVIDO.
>
> 1. A jurisprudência desta Corte firmou-se no sentido de que era objetiva a responsabilidade dos notários e oficiais de registro por danos causados a terceiros, conforme disposto no art. 22 da Lei n. 8.935/1994, antes da nova redação implementada pela Lei n. 13.286/2016.
>
> 2. Agravo interno a que se nega provimento." (AgInt nos EDcl no AREsp 1732994/SP, Rel. Ministro MARCO AURÉLIO BELLIZZE, TERCEIRA TURMA, julgado em 1º-6-2021, *DJe* 7-6-2021)

ATENÇÃO! STF já entendeu pela responsabilidade do Estado por falta ou insuficiência das condições legais de encarceramento:

> Recurso extraordinário representativo da controvérsia. Repercussão Geral. Constitucional. Responsabilidade civil do Estado. Art. 37, § 6º. 2. Violação a direitos fundamentais causadora de danos pessoais a detentos em estabelecimentos carcerários. Indenização. Cabimento. O dever de ressarcir danos, inclusive morais, efetivamente causados por ato de agentes estatais ou pela inadequação dos serviços públicos decorre diretamente do art. 37, § 6º, da Constituição, disposição normativa autoaplicável. Ocorrendo o dano e estabelecido o nexo causal com a atuação da Administração ou de seus agentes, nasce a responsabilidade civil do Estado. 3. "Princípio da reserva do possível". Inaplicabilidade. O Estado é responsável pela guarda e segurança das pessoas submetidas a encarceramento, enquanto permanecerem detidas. É seu dever mantê-las em condições carcerárias com mínimos padrões de humanidade estabelecidos em lei, bem como, se for o caso, ressarcir danos que daí decorrerem. 4. A violação a direitos fundamentais causadora de danos pessoais a detentos em estabelecimentos carcerários não pode ser simplesmente relevada ao argumento de que a indenização não tem alcance para eliminar o grave problema prisional globalmente considerado, que depende da definição e da implantação de políticas públicas específicas, providências de atribuição legislativa e administrativa, não de provimentos judiciais. Esse argumento, se admitido, acabaria por justificar a perpetuação da desumana situação que se constata em presídios como o de que trata a presente demanda. 5. A garantia mínima de segurança pessoal, física e psíquica, dos detentos, constitui dever estatal que possui amplo lastro não apenas no ordenamento nacional (Constituição Federal, art. 5º, XLVII, *e*; XLVIII; XLIX; Lei n. 7.210/84 (LEP), arts. 10; 11; 12; 40; 85; 87; 88; Lei n. 9.455/97 – crime de tortura; Lei n. 12.874/13 – Sistema Nacional de Prevenção

e Combate à Tortura), como, também, em fontes normativas internacionais adotadas pelo Brasil (Pacto Internacional de Direitos Civis e Políticos das Nações Unidas, de 1966, arts. 2; 7; 10; e 14; Convenção Americana de Direitos Humanos, de 1969, arts. 5º; 11; 25; Princípios e Boas Práticas para a Proteção de Pessoas Privadas de Liberdade nas Américas – Resolução 01/08, aprovada em 13 de março de 2008, pela Comissão Interamericana de Direitos Humanos; Convenção da ONU contra Tortura e Outros Tratamentos ou Penas Cruéis, Desumanos ou Degradantes, de 1984; e Regras Mínimas para o Tratamento de Prisioneiros – adotadas no 1º Congresso das Nações Unidas para a Prevenção ao Crime e Tratamento de Delinquentes, de 1955). 6. Aplicação analógica do art. 126 da Lei de Execuções Penais. Remição da pena como indenização. Impossibilidade. A reparação dos danos deve ocorrer em pecúnia, não em redução da pena. Maioria. 7. Fixada a tese: "Considerando que é dever do Estado, imposto pelo sistema normativo, manter em seus presídios os padrões mínimos de humanidade previstos no ordenamento jurídico, é de sua responsabilidade, nos termos do art. 37, § 6º, da Constituição, a obrigação de ressarcir os danos, inclusive morais, comprovadamente causados aos detentos em decorrência da falta ou insuficiência das condições legais de encarceramento". 8. Recurso extraordinário provido para restabelecer a condenação do Estado ao pagamento de R$ 2.000,00 (dois mil reais) ao autor, para reparação de danos extrapatrimoniais, nos termos do acórdão proferido no julgamento da apelação.

(RE 580252, Relator(a): Min. TEORI ZAVASCKI, Relator(a) p/ Acórdão: Min. GILMAR MENDES, Tribunal Pleno, julgado em 16-2-2017, ACÓRDÃO ELETRÔNICO REPERCUSSÃO GERAL – MÉRITO *DJe*-204 DIVULG 8-9-2017 PUBLIC 11-9-2017).

8.5. Excludentes de Responsabilidade

No tocante à responsabilidade civil extracontratual do Estado, importante ressaltar que existem algumas causas que, uma vez comprovadas, excluem a responsabilidade da Administração Pública. São elas:

1ª) Caso Fortuito e Força Maior

Existem autores que defendem que a força maior decorre de fenômenos da natureza, enquanto o caso fortuito seria decorrente da atuação humana. Por outro lado, há quem defenda justamente o contrário. Logo, diante de uma divergência doutrinária, importante buscarmos o posicionamento da jurisprudência, ou seja, o entendimento dos nossos juízes e tribunais.

A esse respeito, os Tribunais Superiores não fazem mais distinção entre caso fortuito e força maior na maioria de suas decisões, considerando apenas ambas as causas como excludentes de responsabilidade do Estado.

Ex. 1: terremoto que destrói casas. O Estado não poderá ser responsabilizado, pois o fato não ocorreu em razão de uma conduta da Administração, mas sim de um fato alheio e imprevisível.

Ex. 2: assalto em ônibus em que um passageiro é morto exclui a responsabilidade do Estado ou da empresa concessionária do serviço público, uma vez que a ação do assaltante não tem nenhuma conexão com o serviço de transporte:

> RECURSO ESPECIAL. RESPONSABILIDADE CIVIL. HOMICÍDIO NO INTERIOR DE VAGÃO. CASO FORTUITO OU FORÇA MAIOR. EXCLUDENTE DE RESPONSABILIDADE. RECURSO PROVIDO.
>
> 1. O fato de terceiro, que não exime de responsabilidade a empresa transportadora, é aquele que guarda uma relação de conexidade com o transporte.
>
> 2. Recurso conhecido e provido.
>
> (REsp 142.186/SP, rel. Min. HÉLIO QUAGLIA BARBOSA, QUARTA TURMA, julgado em 27-2-2007, *DJ* 19-3-2007, p. 353).

ATENÇÃO! No julgado abaixo o STJ responsabilizou o concessionário por ato libidinoso praticado dentro do trem contra passageira:

> DIREITO CIVIL. RECURSO ESPECIAL. AÇÃO DE INDENIZAÇÃO POR DANOS MATERIAIS E COMPENSAÇÃO POR DANOS MORAIS. ATO LIBIDINOSO PRATICADO CONTRA PASSAGEIRA NO INTERIOR DE UMA COMPOSIÇÃO DE TREM NA CIDADE DE SÃO PAULO/SP ("ASSÉDIO SEXUAL"). FUNDAMENTAÇÃO DEFICIENTE. SÚMULA 284/STF. RESPONSABILIDADE DA TRANSPORTADORA. NEXO CAUSAL. ROMPIMENTO. FATO EXCLUSIVO DE TERCEIRO. AUSÊNCIA DE CONEXIDADE COM A ATIVIDADE DE TRANSPORTE.
>
> [...]
>
> 4. A cláusula de incolumidade é ínsita ao contrato de transporte, implicando obrigação de resultado do transportador, consistente em levar o passageiro com conforto e segurança ao seu destino, salvo se demonstrada causa de exclusão do nexo de causalidade, notadamente o caso fortuito, a força maior ou a culpa exclusiva da vítima ou de terceiro.
>
> 5. O fato de terceiro, conforme se apresente, pode ou não romper o nexo de causalidade. Exclui-se a responsabilidade do transportador quando a conduta praticada por terceiro, sendo causa única do evento danoso, não guarda relação com a organização do negócio e os riscos da atividade de transporte, equiparando-se a fortuito externo. De outro turno, a culpa de terceiro não é apta a romper o nexo causal quando se mostra conexa à atividade econômica e aos riscos inerentes à sua exploração, caracterizando fortuito interno.
>
> 6. Na hipótese, conforme consta no acórdão recorrido, a recorrente foi vítima de ato libidinoso praticado por outro passageiro do trem durante a viagem, isto é, um conjunto de atos referidos como assédio sexual.

7. O momento é de reflexão, pois não se pode deixar de ouvir o grito por socorro das mulheres, vítimas costumeiras desta prática odiosa, que poderá no futuro ser compartilhado pelos homens, também objetos potenciais da prática de assédio.

8. É evidente que ser exposta a assédio sexual viola a cláusula de incolumidade física e psíquica daquele que é passageiro de um serviço de transporte de pessoas.

9. Mais que um simples cenário ou ocasião, o transporte público tem concorrido para a causa dos eventos de assédio sexual. Em tal contexto, a ocorrência desses fatos acaba sendo arrastada para o bojo da prestação do serviço de transporte público, tornando-se assim mais um risco da atividade, a qual todos os passageiros, mas especialmente as mulheres, tornam-se sujeitos.

10. Na hipótese em julgamento, a ocorrência do assédio sexual guarda conexidade com os serviços prestados pela recorrida CPTM e, por se tratar de fortuito interno, a transportadora de passageiros permanece objetivamente responsável pelos danos causados à recorrente.

11. Recurso especial conhecido e provido.

(REsp 1662551/SP, rel. Min. NANCY ANDRIGHI, TERCEIRA TURMA, julgado em 15-5-2018, *DJe* 25-6-2018).

ATENÇÃO! No julgado infra o STJ entendeu que no caso de transporte aéreo que seguiu em via terrestre a concessionária responde objetivamente em caso de roubo:

RECURSO ESPECIAL. RESPONSABILIDADE CIVIL. 1. TRANSPORTE AÉREO QUE SEGUIU VIA TERRESTRE (ÔNIBUS), EM VIRTUDE DE CANCELAMENTO DO VOO. PASSAGEIROS ROUBADOS DURANTE O TRAJETO. CONCORRÊNCIA DE CULPA DA TRANSPORTADORA. ALTERAÇÃO SUBSTANCIAL E UNILATERAL DO CONTRATO. PECULIARIDADES DO CASO CONCRETO. AUSÊNCIA DE CONFIGURAÇÃO DE FORTUITO EXTERNO. 2. VALORES ARBITRADOS A TÍTULO DE DANOS MATERIAIS E MORAIS. ACÓRDÃO RECORRIDO BEM FUNDAMENTADO. INEXISTÊNCIA DE ILEGALIDADE. 3. JUROS DE MORA. RESPONSABILIDADE CONTRATUAL. TERMO INICIAL A PARTIR DA CITAÇÃO. JURISPRUDÊNCIA PACÍFICA DO STJ. 4. RECURSO ESPECIAL PARCIALMENTE PROVIDO.

1. No que concerne ao transporte de pessoas, o ordenamento jurídico estabelece a responsabilidade civil objetiva do transportador, o qual deverá responder pelos danos causados às pessoas transportadas e suas bagagens, salvo a existência de alguma excludente de responsabilidade, como motivo de força maior, caso fortuito, culpa exclusiva da vítima ou de terceiro.

1.1. Em relação ao fato de terceiro, todavia, a teor do que dispõe o art. 735 do Código Civil, a responsabilidade só será excluída se ficar comprovado que a conduta danosa era completamente independente em relação à atividade de transporte e aos riscos inerentes à sua exploração, caracterizando-se, nesse caso, como fortuito externo.

Precedentes.

1.2. Nessa linha de entendimento, a jurisprudência do STJ reconhece que o roubo dentro de ônibus configura hipótese de fortuito externo, por se tratar de fato de terceiro inteiramente independente ao transporte em si, afastando-se, com isso, a responsabilidade da empresa transportadora por danos causados aos passageiros.

1.3. Não obstante essa seja a regra, o caso em análise guarda peculiaridade que comporta solução diversa. Com efeito, a alteração substancial e unilateral do contrato firmado pela recorrente – de transporte aéreo para terrestre –, sem dúvida alguma, acabou criando uma situação favorável à ação de terceiros (roubo), pois o transporte rodoviário é sabidamente muito mais suscetível de ocorrer crimes dessa natureza, ao contrário do transporte aéreo. Dessa forma, a conduta da transportadora concorreu para o evento danoso, pois ampliou significativamente o risco de ocorrência desse tipo de situação, não podendo, agora, se valer da excludente do fortuito externo para se eximir da responsabilidade.

[...]

(REsp 1728068/SP, rel. Min. MARCO AURÉLIO BELLIZZE, TERCEIRA TURMA, julgado em 5-6-2018, *DJe* 8-6-2018).

2ª) Culpa Exclusiva da Vítima ou de Terceiro:

Quando a vítima do evento danoso for a única responsável pela sua causa, o Estado não poderá ser responsabilizado. Ex.: uma pessoa, querendo suicidar-se, atira-se na linha do trem. Nesse caso, a família da vítima não poderá responsabilizar o Estado, uma vez que a morte só ocorreu por culpa exclusiva da pessoa que se suicidou.

Por outro lado, quando a culpa for concorrente (e não exclusiva) da vítima, não haverá exclusão da responsabilidade do Estado, mas atenuação. É o episódio do passageiro que caiu quando viajava pendurado do lado de fora do trem (pingente), sofrendo danos. Nesse caso, o Superior Tribunal de Justiça reduziu pela metade o pagamento de indenização, pois concluiu pela culpa concorrente da vítima, isto é, tanto a vítima quanto a empresa estatal de transporte ferroviário foram consideradas responsáveis pela causação do acidente. O passageiro não deveria andar pendurado no trem, e a empresa estatal deveria proibir essa conduta:

RECURSO ESPECIAL. RESPONSABILIDADE CIVIL. TRANSPORTE FERROVIÁRIO. "PINGENTE". CULPA CONCORRENTE. PRECEDENTES DA CORTE.

I – É dever da transportadora preservar a integridade física do passageiro e transportá-lo com segurança até o seu destino.

II – A responsabilidade da companhia de transporte ferroviário não é excluída por viajar a vítima como "pingente", podendo ser atenuada se demonstrada a culpa concorrente. Precedentes. Recurso especial parcialmente provido.

(REsp 226.348/SP, rel. Min. CASTRO FILHO, TERCEIRA TURMA, julgado em 19-9-2006, *DJ* 23-10-2006, p. 294).

8.6. Prazo Prescricional da Ação de Indenização

A ação de reparação de danos para obter indenização do Estado, em razão de danos causados por agentes de pessoas jurídicas de direito público ou agentes de pessoas jurídicas de direito privado que prestem serviço público, deverá ser proposta dentro do prazo de *5 anos,* contado a partir do fato danoso. Essa é a previsão do art. 1º do Decreto n. 20.910/32, bem como do art. 1º-C da Lei n. 9.494/97, com redação dada pela Medida Provisória n. 2.180-35/2001. O art. 1º-C da Lei n. 9.494/97 foi considerado constitucional pelo STF no julgamento da ADI n. 2.418, em 4 de maio de 2016.

Entretanto, cumpre destacar que há quem entenda que esse prazo para propor ação contra o Estado foi reduzido para 3 anos, nos termos do disposto no art. 206, § 3º, V, do Código Civil.

A posição que prevalece é a de 5 anos – prescrição quinquenal, nos termos do entendimento consolidado do STJ no REsp 1.251.993 julgado pelo regime de recurso repetitivo:

> "ADMINISTRATIVO. RECURSO ESPECIAL REPRESENTATIVO DE CONTROVÉRSIA (ART. 543-C DO CPC). RESPONSABILIDADE CIVIL DO ESTADO. AÇÃO INDENIZATÓRIA. PRESCRIÇÃO. PRAZO QUINQUENAL (ART. 1º DO DECRETO 20.910/32) X PRAZO TRIENAL (ART. 206, § 3º, V, DO CC). PREVALÊNCIA DA LEI ESPECIAL. ORIENTAÇÃO PACIFICADA NO ÂMBITO DO STJ. RECURSO ESPECIAL NÃO PROVIDO.
>
> 1. A controvérsia do presente recurso especial, submetido à sistemática do art. 543-C do CPC e da Res. STJ n 8/2008, está limitada ao prazo prescricional em ação indenizatória ajuizada contra a Fazenda Pública, em face da aparente antinomia do prazo trienal (art. 206, § 3º, V, do Código Civil) e o prazo quinquenal (art. 1º do Decreto 20.910/32).
>
> 2. O tema analisado no presente caso não estava pacificado, visto que o prazo prescricional nas ações indenizatórias contra a Fazenda Pública era defendido de maneira antagônica nos âmbitos doutrinário e jurisprudencial. Efetivamente, as Turmas de Direito Público desta Corte Superior divergiam sobre o tema, pois existem julgados de ambos os órgãos julgadores no sentido da aplicação do prazo prescricional trienal previsto no Código Civil de 2002 nas ações indenizatórias ajuizadas contra a Fazenda Pública. Nesse sentido, o

seguintes precedentes: REsp 1.238.260/PB, 2ª Turma, rel. Min. Mauro Campbell Marques, *DJe* de 5-5-2011; REsp 1.217.933/RS, 2ª Turma, rel. Min. Herman Benjamin, *DJe* de 25-4-2011; REsp 1.182.973/PR, 2ª Turma, rel. Min. Castro Meira, *DJe* de 10-2-2011;REsp 1.066.063/RS, 1ª Turma, rel. Min. Francisco Falcão, *DJe* de 17-11-2008; EREspsim 1.066.063/RS, 1ª Seção, rel. Min. Herman Benjamin, *DJe* de 22-10-2009). A tese do prazo prescricional trienal também é defendida no âmbito doutrinário, dentre outros renomados doutrinadores: José dos Santos Carvalho Filho (*Manual de Direito Administrativo*, 24ª Ed., Rio de Janeiro: Editora Lumen Júris, 2011, págs. 529/530) e Leonardo José Carneiro da Cunha (*A Fazenda Pública em Juízo*, 8. ed. São Paulo: Dialética, 2010, págs. 88/90).

3. Entretanto, não obstante os judiciosos entendimentos apontados, o atual e consolidado entendimento deste Tribunal Superior sobre o tema é no sentido da aplicação do prazo prescricional quinquenal – previsto do Decreto 20.910/32 – nas ações indenizatórias ajuizadas contra a Fazenda Pública, em detrimento do prazo trienal contido do Código Civil de 2002.

4. O principal fundamento que autoriza tal afirmação decorre da natureza especial do Decreto 20.910/32, que regula a prescrição, seja qual for a sua natureza, das pretensões formuladas contra a Fazenda Pública, ao contrário da disposição prevista no Código Civil, norma geral que regula o tema de maneira genérica, a qual não altera o caráter especial da legislação, muito menos é capaz de determinar a sua revogação. Sobre o tema: Rui Stoco (*Tratado de Responsabilidade Civil*. Editora Revista dos Tribunais, 7ª Ed. São Paulo, 2007; págs. 207/208) e Lucas Rocha Furtado (*Curso de Direito Administrativo*. Editora Fórum, 2ª Ed. Belo Horizonte, 2010; pág.1042).

5. A previsão contida no art. 10 do Decreto 20.910/32, por si só, não autoriza a afirmação de que o prazo prescricional nas ações indenizatórias contra a Fazenda Pública foi reduzido pelo Código Civil de 2002, a qual deve ser interpretada pelos critérios histórico e hermenêutico. Nesse sentido: Marçal Justen Filho (*Curso de Direito Administrativo*. Editora Saraiva, 5ª Ed. São Paulo, 2010; págs. 1.296/1.299).

[...]

(REsp 1251993/PR, rel. Min. MAURO CAMPBELL MARQUES, PRIMEIRA SEÇÃO, julgado em 12-12-2012, *DJe* 19-12-2012). (Destacamos)

CUIDADO! A ação de ressarcimento ao erário sempre foi considerada imprescritível, nos termos do art. 37, § 5º, da CF. Trata-se da ação utilizada pela Administração para exercer seu direito de regresso em face do agente público causador do dano, caso comprovado dolo ou culpa dele. No entanto, o Supremo Tribunal Federal decidiu em fevereiro de 2016, em regime de repercussão geral, o RE 669.069, entendendo que é prescritível a ação de reparação de danos à

Fazenda Pública decorrente de ilícito civil. O caso envolveu um acidente de trânsito ocorrido em 1997, em que a administração ingressou com ação de ressarcimento ao erário contra o agente público causador do dano no ano de 2008. Segundo o STF, a pretensão de ressarcimento no caso do aludido julgado estaria fundamentada em suposto ilícito civil que, embora tivesse causado prejuízo material ao patrimônio público, não revelaria conduta revestida de grau de reprovabilidade mais pronunciado, nem se mostraria especialmente atentatória aos princípios constitucionais aplicáveis à Administração Pública. Por essa razão, não seria admissível reconhecer a regra excepcional de imprescritibilidade. Assim, aplicável o prazo prescricional de 3 anos do Código Civil nas ações de ressarcimento ao erário envolvendo ilícito civil com as características apresentadas. O Supremo deixou bem claro que tal entendimento não vale para questões envolvendo improbidade administrativa ou matéria criminal, temas não ventilados no citado julgamento.

APROFUNDANDO! O STF não admite ação de indenização proposta diretamente contra o agente público, mas apenas contra a Administração pelos danos causados por aquele. Segundo o Supremo, o art. 37, § 6º, da CF somente admite a responsabilização das entidades de Direito Público e as de Direito Privado prestadoras de serviços públicos. Os agentes públicos somente respondem perante o Estado em ação de regresso (RE 344.133 e ARE 793.046).

Sobre o assunto, o Supremo Tribunal Federal, por unanimidade, apreciando o tema 940 da repercussão geral, fixou a seguinte tese jurídica: **"A teor do disposto no art. 37, § 6º, da Constituição Federal, a ação por danos causados por agente público deve ser ajuizada contra o Estado ou a pessoa jurídica de direito privado prestadora de serviço público, sendo parte ilegítima para a ação o autor do ato, assegurado o direito de regresso contra o responsável nos casos de dolo ou culpa"** (RE 1027633/SP, rel. Min. Marco Aurélio, julgamento em 14-8-2019).

No entanto, o tema 940 só pode ser invocado por servidores estatutários, e não pelos Tabeliães e Oficiais de Registro, na medida em que estes são considerados agentes delegados. Vejamos.

O STF sempre reconheceu no disposto no art. 37, § 6º, da Constituição Federal, que trata da responsabilidade objetiva do Estado (pleito inexistente nesses autos), uma dupla garantia, quais sejam: "uma, em favor do particular, possibilitando-lhe ação indenizatória contra a pessoa jurídica de direito público, ou de direito privado que preste serviço público, dado que bem maior, praticamente certa, a possibilidade de pagamento do dano objetivamente sofrido. Outra garantia, no entanto, em prol do servidor estatal, que somente responde administrativa e civilmente perante a pessoa jurídica a cujo quadro funcional se vincular" (Recurso extraordinário n. 327.904, relator o ministro Carlos Ayres Britto, Primeira Turma, acórdão publicado no Diário da Justiça de 8 de setembro de 2006.)

No mesmo sentido, o Pretório Excelso no julgamento RE n. 1.027.633 que deu origem ao aludido Tema 940, deixou muito claro que a impossibilidade de se ingressar diretamente contra agente público se refere exclusivamente ao servidor estatutário por força do disposto na Lei n. 8112/90. Para comprovar tal assertiva, transcreveremos parte do Voto do Ministro Relator Marco Aurélio:

"Observem os parâmetros do caso. O Tribunal de origem reformou o entendimento do Juízo, consignando caber à vítima do dano, funcionário público municipal, escolher contra quem propor a ação indenizatória – o Estado, ou quem lhe faça o papel, ou o preposto responsável pela omissão ou ato lesivo. A controvérsia submetida ao Supremo consiste em definir, presentes as balizas versadas no art. 37, § 6º, da Constituição Federal, o alcance do preceito no tocante à responsabilidade civil estatal e à dos agentes públicos.

Eis o teor do preceito em jogo:

Art. 37. A administração pública direta e indireta de qualquer dos Poderes da União, dos Estados, do Distrito Federal e dos Municípios obedecerá aos princípios de legalidade, impessoalidade, moralidade, publicidade e eficiência e, também, ao seguinte:

[...]

§ 6º As pessoas jurídicas de direito público e as de direito privado prestadoras de serviços públicos responderão pelos danos que seus agentes, nessa qualidade, causarem a terceiros, assegurado o direito de regresso contra o responsável nos casos de dolo ou culpa.

O ponto também está disciplinado na Lei n. 8.112/1990:

Art. 122. Responsabilidade civil decorre de ato omissivo ou comissivo, doloso ou culposo, que resulte em prejuízo ao erário ou a terceiros.

[...]

§ 2º Tratando-se de dano causado a terceiros, responderá o servidor perante a Fazenda Pública, em ação regressiva.

Versando direito e garantia fundamental do cidadão, o art. 37, § 6º, da Constituição Federal encerra norma autoaplicável, de eficácia plena, incumbindo ao Poder Judiciário, verificado o nexo causal entre o ato administrativo e o dano, concretizar o comando em plenitude.

O dispositivo é inequívoco ao estabelecer, em um primeiro passo, a responsabilidade civil objetiva do Estado. Na cláusula final, tem-se a dualidade da disciplina, ao prever direito de regresso da Administração na situação de culpa ou dolo do preposto responsável pelo dano. Consoante o dispositivo, a responsabilidade do Estado ocorre perante a vítima, fundamentando-se nos riscos atrelados às atividades que desempenha e na exigência de legalidade do ato administrativo. A responsabilidade subjetiva do servidor é em relação à Administração Pública, de forma regressiva. Sob o ângulo doutrinário, discorre Hely Lopes Meirelles (Direito Administrativo Brasileiro, São Paulo: Editora Malheiros, página 790):

[...] A reparação do dano causado pela Administração a terceiros obtém-se amigavelmente ou por meio da ação de indenização, e, uma vez indenizada a lesão da vítima, fica a entidade pública com o direito de voltar-se contra o servidor culpado para haver dele o despendido, através da ação regressiva autorizada pelo § 6º do art. 37 da CF.

O legislador constituinte bem separou as responsabilidades: o Estado indeniza a vítima; o agente indeniza o Estado, regressivamente.

A Constituição Federal preserva tanto o cidadão quanto o agente público, consagrando dupla garantia. A premissa ensejadora da responsabilidade civil do Estado encontra guarida na ideia de justiça social. A corda não deve estourar do lado mais fraco. O Estado é sujeito poderoso, contando com a primazia do uso da força. O indivíduo situa-se em posição de subordinação, de modo que a responsabilidade objetiva estatal visa salvaguardar o cidadão. No tocante ao agente público, tem-se que esse, ao praticar o ato administrativo, somente manifesta a vontade da Administração, confundindo-se com o próprio Estado. A possibilidade de ser acionado apenas em ação regressiva evita inibir o agente no desempenho das funções do cargo, resguardando a atividade administrativa e o interesse público"[122].

Conforme é cediço, quem ocupa cargo público é servidor estatutário. Logo, somente esta modalidade de agente público estaria isenta de ser responsabilizada diretamente, nos termos da Tese fixada no Tema 940 pelo Supremo Tribunal Federal.

Concluindo o assunto, também é cediço que Tabeliães e Oficiais de Registro não são servidores estatutários, mas particulares em colaboração com o Estado e exercem função pública (e não cargo público) por delegação. Logo, poderão ser responsabilizados diretamente e de forma subjetiva pelos seus atos e atos dos seus substitutos e escreventes, nos termos da Lei n. 8.935/94, com redação data pela Lei n. 13.286/2016.

8.7. Responsabilidade Subsidiária do Estado

Conforme tratado no capítulo *Serviços Públicos*, ora a Administração Pública presta o serviço de forma centralizada (por meio de seus órgãos e agentes públicos), ora de forma descentralizada.

Na prestação descentralizada, a Administração se vale de outra pessoa jurídica para prestar o serviço público. É o caso, por exemplo, das empresas concessionárias e permissionárias do serviço público (o tema foi aprofundado no capítulo *Serviços Públicos*).

Nesse sentido, concluímos que, nos termos do § 6º do art. 37 da Constituição Federal, não só as pessoas jurídicas de Direito Público, mas também as pessoas jurídicas de Direito Privado prestadoras de serviço público (ex.: concessionárias e

---

[122] Disponível em: http://portal.stf.jus.br/processos/detalhe.asp?incidente=5136782; p. 8-10 do Voto do Ministro Marco Aurélio.

permissionárias), respondem de forma objetiva (sem demonstração de dolo ou culpa) pelos prejuízos causados a terceiros. Entre essas pessoas jurídicas de Direito Privado encontramos as concessionárias e as permissionárias do serviço público.

Diante desse contexto, pergunta-se: o Estado poderá ser responsabilizado pelos prejuízos causados a terceiros pelas concessionárias e permissionárias de serviço público? Ex.: Município responde pelos danos causados por uma empresa de ônibus que presta o serviço de transporte coletivo?

Em princípio, a resposta é negativa, não respondendo o Estado por danos causados por suas concessionárias ou permissionárias. Isso porque essas pessoas jurídicas prestam o serviço público em seu nome, por sua conta e risco.

Entretanto, a responsabilidade do *Estado será subsidiária, ou seja, este responderá pelos prejuízos após o exaurimento do patrimônio das empresas concessionárias e permissionárias* do serviço público. Portanto, se uma dessas empresas de ônibus, por exemplo, falir e não possuir condições de arcar com a indenização devida, o Município deverá pagá-la, não podendo o administrado prejudicado ficar sem o ressarcimento devido.

8.8. Denunciação da Lide

O novo Código de Processo Civil prevê, em seu art. 125, II, ser obrigatória a denunciação da lide em face daquele que estiver obrigado, pela lei ou pelo contrato, a indenizar, em ação regressiva, o prejuízo de quem for o vencido no processo.

Nesse contexto, em sendo o agente público causador do dano obrigado a ressarcir o Estado em ação de regresso nos termos do art. 37, § 6º, da CF, estaria a Administração obrigada a denunciar a lide numa eventual ação de indenização proposta pelo lesado?

Os Administrativistas entendem, em sua maioria, que a denunciação não seria cabível, pois: (i) iria atrasar a reparação de danos ao lesado, pois o agente público seria notificado para apresentar defesa, apresentar rol de testemunhas...; (ii) traria novo fundamento jurídico à demanda judicial, ou seja, discutir-se-ia dolo ou culpa do agente público numa ação de indenização proposta pelo lesado contra o Estado com base na responsabilidade objetiva[123].

Porém, o STJ entende, em sua maioria, que a denunciação não é obrigatória, ou seja, pode ser feita, mas se a Administração não denunciar a lide poderá entrar com ação autônoma de ressarcimento ao Erário em face do agente público causador do dano (AgRg no AREsp 496.581). Nessa linha de raciocínio, vale ressaltar o teor do § 1º do art. 125 do CPC/2015: "O direito regressivo será exercido por

---

[123] CARVALHO FILHO, José dos Santos. *Manual de direito administrativo*. 25. ed. São Paulo: Atlas, 2012. p. 577.

ação autônoma quando a denunciação da lide for indeferida, deixar de ser promovida ou não for permitida".

O melhor posicionamento encontrado na jurisprudência do STJ foi o proferido no AgRg no AREsp 139.358, ao decidir que "nas demandas em que se discute a responsabilidade civil do Estado, a denunciação da lide ao agente causador do suposto dano é facultativa, cabendo ao magistrado avaliar se o ingresso do terceiro ocasionará prejuízo à economia e celeridade processuais".

8.9. Responsabilidade por Atos do Legislativo e do Judiciário

Quando o assunto envolve responsabilidade civil do Estado, é do Poder Executivo que devemos lembrar, por ser o administrador do Erário Público. Então, surge a indagação: O Estado, visto nesse momento como Poder Executivo, responde pelos atos dos Poderes Legislativo e Judiciário?

Inicialmente a resposta é negativa, para preservar a independência e a autonomia de cada Poder de Estado. Porém, em alguns casos haverá tal responsabilidade, conforme a seguir estudado.

O Estado responderá pelos atos do Poder Legislativo quando: (i) lei de efeitos concretos geradora de danos (trata-se de lei que atinge determinadas pessoas, como a lei que cria uma reserva florestal dentro de uma área particular); (ii) lei declarada inconstitucional pelo STF quando tiver causado danos; (iii) omissão legislativa que tenha causado prejuízo a alguém.

No tocante à responsabilidade do Estado por atos do Poder Judiciário, esta ocorrerá: (i) quando houver condenação por erro judiciário, ou ficar preso além do tempo fixado na sentença (art. 5º, LXXV, da CF); (ii) quando o juiz, no exercício de suas funções, proceder com dolo ou fraude, além de recusar, omitir ou retardar, sem justo motivo, providência que deva ordenar de ofício ou a requerimento da parte (art. 143 do CPC/2015).

O STJ em recente julgado firmou o seguinte posicionamento sobre o assunto:

ADMINISTRATIVO. RESPONSABILIDADE CIVIL DO ESTADO. IMPOSTO DE IMPORTAÇÃO. ALTERAÇÃO DE ALÍQUOTAS. DIVERGÊNCIA JURISPRUDENCIAL. DEMONSTRAÇÃO. AUSÊNCIA. INDÚSTRIA NACIONAL. IMPACTO ECONÔMICO-FINANCEIRO. RISCO DA ATIVIDADE. DIREITO À MANUTENÇÃO DO *STATUS QUO ANTE*. INEXISTÊNCIA.

1. É inviável o conhecimento do recurso especial pela alínea *c* do permissivo constitucional quando a divergência não é demonstrada nos termos exigidos pela legislação de regência.

2. Não se verifica o dever do Estado de indenizar eventuais prejuízos financeiros do setor privado decorrentes da alteração de política econômico-tributária,

no caso de o ente público não ter se comprometido, formal e previamente, por meio de determinado planejamento específico.

3. Com finalidade extrafiscal, a Portaria MF n. 492, de 14 de setembro de 1994, ao diminuir para 20% a alíquota do imposto de importação para os produtos nela relacionados, fê-lo em conformidade com o art. 3º da Lei n. 3.244/1957 e com o DL n. 2.162/1984, razão pela qual não há falar em quebra do princípio da confiança.

4. O impacto econômico-financeiro sobre a produção e a comercialização de mercadorias pelas sociedades empresárias causado pela alteração da alíquota de tributos decorre do risco da atividade próprio da álea econômica de cada ramo produtivo.

5. Inexistência de direito subjetivo da recorrente, quanto à manutenção da alíquota do imposto de importação (*status quo ante*), apto a ensejar o dever de indenizar.

6. Recurso especial conhecido em parte e, nessa extensão, desprovido.

(REsp 1492832/DF, rel. Ministro GURGEL DE FARIA, PRIMEIRA TURMA, julgado em 4-9-2018, *DJe* 1º-10-2018)

Questões

1. (CESPE – 2019 – MPC/ PA – Procurador de Contas) A respeito da responsabilidade civil extracontratual do Estado, assinale a opção correta à luz do entendimento da doutrina e dos tribunais superiores.

a) Conforme entendimento do STF, a responsabilidade civil do Estado por atos de notários e oficiais de registro que, nessa qualidade, causarem danos a terceiros é direta, primária e objetiva.

b) De acordo com o entendimento doutrinário predominante, o direito brasileiro acolheu a teoria da irresponsabilidade do Estado.

c) A culpa concorrente da vítima, o fato de terceiro e a força maior são causas excludentes do nexo de causalidade.

d) Não há responsabilidade civil do Estado por danos decorrentes de atos normativos, mesmo quando se tratar de leis de efeitos concretos.

e) Segundo entendimento do STJ, a imprescritibilidade da pretensão de recebimento de indenização decorrente de atos de tortura ocorridos durante o regime militar de exceção não alcança as ações por danos materiais.

2. (FCC – 2018 – TRT 15ª Região/SP – Analista Judiciário – Oficial de Justiça Avaliador) Quando uma decisão judicial entender por impor a um ente público responsabilidade objetiva integral, ou responsabilidade objetiva pura, significa que

a) o ente público responsabilizado não pode alegar as chamadas excludentes de responsabilidade para se eximir do dever de indenização.

b) o agente público já teve sua culpa demonstrada, de forma que a responsabilização do Estado se dará em litisconsórcio necessário com o servidor.

c) não houve comprovação de culpa ou dolo, mas em razão da gravidade dos fatos, o empregador deve responder pelos atos de seus empregados.

d) é admissível apenas a alegação das chamadas excludentes de responsabilidade, não sendo possível questionar nenhuma das alegações feitas.

e) não se poderá discutir preço ou legalidade formal no referido processo, tendo em vista que o poder público remanescerá responsável pela integralidade dos prejuízos causados.

3. (FCC – 2018 – TRT 2ª REGIÃO/SP – Analista Judiciário – Área Administrativa) Suponha que determinado cidadão tenha sofrido ferimentos enquanto aguardava uma audiência em um prédio do Poder Judiciário, ocasionados por um servidor que buscava conter um tumulto que se formou no local em razão de protestos de determinada categoria de funcionários públicos. Referido cidadão buscou a responsabilização civil do Estado pelos danos sofridos. De acordo com o que predica a teoria do risco administrativo, o Estado

a) possui responsabilidade objetiva pelos danos sofridos pelo cidadão, descabendo qualquer excludente de responsabilidade, como força maior, culpa da vítima ou de terceiros.

b) apenas responde pelos danos causados em caráter comprovadamente doloso ou culposo pelos seus agentes, assegurado o direito de regresso contra o agressor.

c) não responde pelos danos causados, salvo se comprovada omissão no dever de fiscalizar a prestação do serviço público envolvido e suas condições de segurança.

d) possui responsabilidade subjetiva pelos danos sofridos pelo cidadão, a quem compete comprovar o nexo de causalidade e a culpa anônima do serviço.

e) pode ser responsabilizado, independentemente de culpa ou dolo de seus agentes, excluindo-se tal responsabilidade se comprovada culpa de terceiros.

4. (FGV – 2018 – TJ/SC – Analista Administrativo) João, Analista Administrativo do Tribunal de Justiça de Santa Catarina, no exercício da função, causou danos morais a Joana, parte autora em determinado processo judicial, cujos autos foram extraviados por culpa de João. Em razão de tais fatos, Joana obteve êxito em ação indenizatória aforada em face do Estado de Santa Catarina.

Na hipótese narrada, o poder público estadual:

a) pode acionar judicialmente João, mediante ação de regresso, tendo o ônus de comprovar que o agente público agiu com culpa;

b) pode acionar judicialmente João, mediante ação de regresso, desde que cumpra o ônus de comprovar que o agente público agiu com dolo;

c) pode acionar judicialmente João, mediante ação de regresso, independentemente de comprovar a culpa ou dolo do agente, em razão da responsabilidade civil objetiva;

d) não pode acionar judicialmente João, eis que a responsabilidade civil objetiva aplica-se apenas em face do Estado, que não tem o direito de regresso contra o agente;

e) não pode acionar judicialmente João, eis que o direito de regresso do Estado contra o agente somente surge quando demonstrada má-fé, o que inocorreu no caso.

5. (CESPE – 2018 – EMAP – Analista) A respeito da responsabilidade civil das empresas públicas, julgue o próximo item.

De acordo com o Supremo Tribunal Federal, a responsabilidade civil das empresas públicas perante usuários de serviços públicos é objetiva. Todavia, perante terceiros não usuários, a sua responsabilidade é subjetiva, dado o caráter privado da entidade, o que atrai a aplicação da teoria geral civilista quanto à responsabilização.

( ) Certo   ( ) Errado

6. (CESPE – 2018 – EMAP – Analista) A respeito da responsabilidade civil das empresas públicas, julgue o próximo item.

Na hipótese de uma empresa pública prestadora de serviços públicos não dispor de recursos financeiros para arcar com indenização decorrente de sua responsabilidade civil, o ente político instituidor dessa entidade deverá responder, de maneira subsidiária, pela indenização.

( ) Certo   ( ) Errado

7. (FCC – 2018 – DPE/AM – Defensor Público) Carlos, servidor público municipal que atua em hospital da rede pública estadual, no exercício regular de sua função, aplicou determinada medicação em um paciente, que, sendo alérgico à mesma, acabou vindo a óbito. No procedimento instaurado para apuração de responsabilidades, restou comprovada a ausência de culpa de Carlos, eis que o mesmo apenas seguiu a prescrição do médico responsável, também servidor do mesmo hospital. Inconformados, os familiares do falecido solicitaram à Defensoria Pública a adoção das medidas judiciais cabíveis para a responsabilização civil pelos danos sofridos. Diante da situação narrada,

a) cabe a responsabilização objetiva do Estado, independentemente da comprovação de dolo ou culpa de quaisquer dos servidores, sendo esta última circunstância necessária apenas para fins de direito de regresso.

b) o Estado somente poderá ser civilmente responsabilizado pelos danos sofridos pelos familiares se comprovada a prestação deficiente do serviço, com a necessária delimitação da parcela de culpa de cada um dos envolvidos.

c) descabe a responsabilização do Estado, eis que configurada culpa exclusiva do servidor, caracterizada por imperícia ou imprudência, respondendo este diretamente pelos danos causados.

d) incide a responsabilidade subjetiva e exclusiva do Estado, com base na teoria do risco administrativo, cabendo, para tanto, a demonstração de omissão no dever de fiscalizar a atuação de seus agentes.

e) o Estado e o servidor responsável pela prescrição do medicamento respondem, solidariamente e de forma objetiva, pelos danos causados, salvo se presente causa excludente de responsabilidade civil como, por exemplo, culpa de terceiro.

8. (FUMARC – 2018 – PC/MG – Delegado de Polícia) Um servidor público estadual, no exercício do seu cargo, conduzia um veículo oficial em velocidade superior à permitida na via e atropela um pedestre que vem a falecer no local. A partir da narrativa, é CORRETO afirmar:

a) A sentença condenatória no âmbito penal somente gerará efeitos na esfera administrativa se imposta pena privativa de liberdade.

b) Eventual absolvição no âmbito penal por insuficiência de provas não autoriza a condenação do servidor nas esferas cível e administrativa.

c) O Estado responderá subjetivamente na esfera cível pelos danos resultantes do evento.

d) O servidor responderá pelo ato lesivo nas esferas cível, penal e administrativa.

9. (FUMARC – 2018 – PC/MG – Delegado de Polícia) Sobre a responsabilidade do Estado por atos legislativos, NÃO está correto o que se afirma em:

a) Sua aplicação não é admitida com relação às leis de efeitos concretos constitucionais.

b) É aplicável aos casos de omissão no dever de legislar e regulamentar.

c) É admitida com relação às leis declaradas inconstitucionais.

d) É aceita nos casos de atos normativos do Poder Executivo e de entes administrativos com função normativa, mesmo em caso de vícios de inconstitucionalidade ou de ilegalidade.

10. (INSTITUTO AOCP – 2018 – TRT 1ª REGIÃO/RJ – Analista Judiciário – Área Judiciária) Assinale a alternativa correta no tocante à responsabilidade extracontratual do Estado.

a) O marco histórico do início das teorias publicistas foi o caso Blanco, ocorrido em 1873 na França, a partir do qual interpretou-se que a responsabilidade do Estado não pode reger-se pelos princípios do Código Civil.

b) De acordo com a teoria civilista da culpa, admitia-se a responsabilidade civil do Estado quando decorrente de atos de império, haja visto ser ato de autoridade, e a afastava no tocante aos atos de gestão.

c) Segundo a jurisprudência, o Estado é civilmente responsável pela morte de detento no interior de estabelecimento prisional, com base na teoria do risco integral.

d) O Estado não pode ser responsabilizado por atos do Poder Legislativo na sua função legislativa, ainda que a lei venha a ser declarada inconstitucional em sede de controle concentrado de constitucionalidade.

e) Conforme entendimento do Superior Tribunal de Justiça, ao dano ambiental aplica-se a teoria do risco administrativo.

11. (VUNESP – 2018 – PCSP – Escrivão de Polícia Civil) Empregado de empresa de ônibus prestadora do serviço público de transporte de passageiros em município, ao dirigir veículo da empresa delegatária, colidiu com veículo particular estacionado, causando prejuízo. Nessa hipótese, a responsabilidade civil pelo ressarcimento do dano suportado pelo particular proprietário do veículo abalroado será

a) subsidiária e subjetiva do município titular do serviço público.

b) subjetiva, do município titular do serviço público.

c) objetiva, do motorista empregado da empresa prestadora do serviço público.

d) subjetiva, da empresa prestadora do serviço público.

e) objetiva, da empresa prestadora do serviço público.

12. (FGV – 2016 – IBGE – Analista – Processos Administrativos e Disciplinares) Mariano, motorista de fundação pública federal de direito público, conduzia com as cautelas necessárias veículo oficial da entidade levando documentação de repartição regional para a sede da fundação. No meio do trajeto, o veículo foi abalroado por um motociclista que conduzia sua moto na contramão da direção e em velocidade acima do permitido para a via. O motociclista sofreu lesões corporais graves em razão do acidente, mas felizmente Mariano saiu ileso do episódio. No caso em tela, em matéria de indenização em favor do motociclista,

a) afasta-se a responsabilidade civil administrativa da fundação pública, eis que não ficou comprovado dolo ou culpa de seu agente Mariano.

b) afasta-se a responsabilidade civil objetiva da fundação pública, eis que ficou comprovada a culpa exclusiva da vítima (motociclista), fato que rompe o nexo causal.

c) aplica-se a responsabilidade civil objetiva da fundação pública, não havendo necessidade de comprovação do dolo ou culpa de Mariano, devendo a fundação reparar os danos.

d) aplica-se a responsabilidade civil subjetiva da fundação pública, não havendo necessidade de comprovação do dolo ou culpa do motorista, devendo a fundação reparar os danos.

e) aplica-se a responsabilidade civil subjetiva da fundação pública, em razão da teoria do risco administrativo, devendo a fundação reparar os danos.

13. (CESPE – 2016 – TRT 8ª Região/PA e AP – Analista Judiciário – Área Judiciária) Marcos, motorista de um ônibus de transporte público de passageiros de determinado município, ao conduzir o veículo, por sua culpa, atropelou e matou João. A família da vítima ingressou com uma ação de indenização contra o município e a concessionária de transporte público municipal, que administra o serviço. Citada, a concessionária municipal denunciou à lide Marcos, por entender que ele deveria ser responsabilizado, já que fora o causador do dano. O município alegou ilegitimidade passiva e ausência de responsabilidade no caso. A respeito dessa situação hipotética, assinale a opção correta conforme o entendimento doutrinário e jurisprudencial relativamente à responsabilidade civil do Estado.

a) A denunciação à lide, no caso, não será obrigatória para se garantir o direito de regresso da concessionária contra Marcos.

b) A culpa exclusiva ou concorrente da vítima afasta a responsabilidade civil objetiva da concessionária.

c) A reparação civil do dano pelo município sujeita-se ao prazo prescricional de vinte anos.

d) A responsabilidade civil da concessionária, na hipótese, será subjetiva, pois João não era usuário do serviço público de transporte coletivo.

e) A responsabilidade civil do município, no caso, será objetiva, primária e solidária.

14. (FCC – 2016 – TRT 23ª Região/MT – Analista Judiciário – Área Administrativa) Considere a seguinte situação hipotética: em determinado Município do Estado do Mato Grosso houve grandes deslizamentos de terras provocados por fortes chuvas na região, causando o soterramento de casas e pessoas. O ente público foi condenado a indenizar as vítimas, em razão da ausência de sistema de captação de águas pluviais que, caso existisse, teria evitado o ocorrido. Nesse caso, a condenação está

a) correta, tratando-se de típico exemplo da responsabilidade disjuntiva do Estado.

b) incorreta, por ser hipótese de exclusão da responsabilidade em decorrência de fator da natureza.

c) correta, haja vista a omissão estatal, aplicando-se a teoria da culpa do serviço público.

d) correta, no entanto, a responsabilidade estatal, no caso, deve ser repartida com a da vítima.

e) incorreta, haja vista que o Estado somente responde objetivamente, e, no caso narrado, não se aplica tal modalidade de responsabilidade.

15. (VUNESP – 2014 – TJ-SP – Juiz) Com respeito ao tema da responsabilidade civil do Estado, o particular que, de algum modo, sentir-se prejudicado por ato de servidor da Administração Pública, para buscar o ressarcimento do dano sofrido, deverá

a) ajuizar ação de indenização apenas contra o servidor público que lhe causou o indigitado dano, podendo este, se o entender cabível, denunciar a Fazenda Pública à lide, para fazer valer o seu direito de regresso.

b) efetuar pedido administrativo nesse sentido, junto ao órgão competente da Administração Pública, pois apenas com a peremptória negativa desta é que se verificará a existência do interesse de agir.

c) ajuizar ação de indenização contra a Fazenda Pública e contra o servidor público que causou-lhe diretamente o dano, em litisconsórcio passivo necessário.

d) ajuizar ação de indenização apenas contra a Fazenda Pública, podendo esta, se o entender cabível, denunciar o servidor à lide, para fazer valer o seu direito de regresso.

16. (CESPE – 2014 – ANATEL – Conhecimentos Básicos – Cargos 13, 14 e 15) Acerca da responsabilidade civil do Estado, julgue o item a seguir.

A conduta do lesado, a depender da extensão de sua participação para o aperfeiçoamento do resultado danoso, é relevante e tem o condão de afastar ou de atenuar a responsabilidade civil do Estado.

( ) Certo   ( ) Errado

17. (CESPE – 2014 – ANATEL – Conhecimentos Básicos – Cargos 13, 14 e 15) Acerca da responsabilidade civil do Estado, julgue o item a seguir.

Tal qual o ressarcimento pelo particular por prejuízo ao erário, é imprescritível a pretensão do administrado quanto à reparação de dano perpetrado pelo Estado.

( ) Certo   ( ) Errado

18. (CESPE – 2014 – ANATEL – Conhecimentos Básicos – Cargos 13, 14 e 15) Acerca da responsabilidade civil do Estado, julgue o item a seguir.

De acordo com o princípio da presunção de constitucionalidade, o Estado não pode ser responsabilizado por danos oriundos de lei posteriormente declarada inconstitucional.

( ) Certo   ( ) Errado

19. (VUNESP – 2014 – TJ-PA – Juiz de Direito Substituto) O Supremo Tribunal Federal já decidiu, em matéria de responsabilidade estatal, que

a) os atos administrativos praticados por órgãos do Poder Legislativo e do Poder Judiciário, por conta de sua atipicidade, geram responsabilidade subjetiva.

b) poderá ser indenizada a vítima que demonstre especial e anormal prejuízo decorrente de norma declarada inconstitucional pelo próprio Supremo Tribunal Federal.

c) em princípio, o Estado possui responsabilidade subjetiva pelos atos jurisdicionais.

d) os atos tipicamente jurisdicionais, dentre eles incluídos o erro judicial, não produzem direito à indenização.

e) os danos praticados pelo agente público, ainda que fora do exercício da função pública, são imputáveis subjetivamente ao Estado.

20. (CESPE – 2014 – MPE-AC – Promotor) Acerca da responsabilidade civil do Estado, assinale a opção correta.

a) Para que se configure a responsabilidade civil objetiva do Estado, o dano deve ser causado por agente público, não abrangendo a regra a categoria dos agentes políticos.

b) Embora seja cabível a responsabilidade do Estado por atos praticados pelo Poder Judiciário, em relação a atos judiciais que não impliquem exercício de função jurisdicional, não é cabível responsabilização estatal.

c) Segundo a CF, a responsabilidade civil do Estado abrange prejuízos causados pelas pessoas jurídicas de direito público e as de direito privado que integram a administração pública indireta, não abarcando atos danosos praticados pelas concessionárias de serviço público.

d) Segundo entendimento do STJ, é imprescritível a pretensão de recebimento de indenização por dano moral decorrente de atos de tortura ocorridos durante o regime militar de exceção.

e) De acordo com a jurisprudência do STJ, é objetiva a responsabilidade civil do Estado nas hipóteses de omissão, devendo-se demonstrar a presença concomitante do dano e do nexo de causalidade entre o evento danoso e o comportamento ilícito do poder público.

21. (CESPE/UnB – 2010 – TRE/MT – Analista Judiciário) Segundo a Constituição Federal de 1988 (CF), as pessoas jurídicas de direito público e as de direito privado prestadoras de serviços públicos responderão pelos danos que seus agentes, nessa qualidade, causarem a terceiros, assegurado o direito de regresso contra o responsável nos casos de dolo ou culpa. Considerando o entendimento da jurisprudência e doutrina dominantes acerca da responsabilidade civil do Estado, assinale a opção correta.

a) Segundo a teoria objetiva da responsabilidade civil do Estado no Brasil, não é necessária a comprovação de culpa ou nexo causal entre ação e resultado para se imputar o dever de indenizar ao Estado.

b) No que se refere à responsabilidade civil por atos judiciais, segundo jurisprudência majoritária, a regra é a irresponsabilidade civil do Estado.

c) Um dos requisitos para que seja caracterizada a responsabilidade objetiva do Estado é a demonstração da culpa *in eligendo* da administração na escolha do servidor que praticou o ato.

d) No caso de dano causado por leis de efeito concreto, não se admite a responsabilização civil do Estado.

e) O dano causado por sociedade de economia mista prescreve em cinco anos.

22. (CESPE/UnB – 2010 – AGU – Contador) (Adaptada) A respeito do direito administrativo, julgue o item seguinte.

A responsabilidade civil objetiva do Estado abrange as pessoas jurídicas de direito privado prestadoras de serviços públicos, sendo excluídas as empresas públicas e sociedades de economia mista exploradoras de atividade econômica.

( ) Certo   ( ) Errado

23. (FCC – 2009 – TRE/MA – Técnico Judiciário) Com relação à responsabilidade civil do Estado, assinale a opção correta:

a) O fundamento da teoria da responsabilidade objetiva, trazida na CF e adotada atualmente no Brasil, é a teoria do risco administrativo.

b) As pessoas jurídicas de direito privado prestadoras de serviços públicos estão sujeitas à responsabilidade subjetiva comum.

c) Para configurar-se a responsabilidade objetiva do Estado, basta apenas a comprovação de dois pressupostos: o fato administrativo e o dano.

d) De acordo com a responsabilidade objetiva consagrada na CF, mesmo na hipótese de o poder público comprovar a culpa exclusiva da vítima, ainda assim persiste o dever de indenizá-la.

e) As ações de ressarcimento propostas pelo Estado contra os seus agentes prescrevem no prazo de dez anos.

24. (CESPE/UnB – 2009 – DPE/PI – Defensor Público) Quanto à responsabilidade extracontratual do Estado, na esteira da jurisprudência dos tribunais superiores, assinale a opção correta.

a) Segundo decisão recente do STF, a responsabilidade civil das pessoas jurídicas de direito privado prestadoras de serviço público é também objetiva relativamente aos não usuários do serviço.

b) Segundo o STF, a responsabilidade civil do Estado é objetiva no caso de lesão corporal causada por disparo de arma de fogo pertencente à corporação militar realizado por servidor militar em período de folga contra ex-esposa em decorrência de rompimento da relação conjugal.

c) Segundo o STF, para a configuração da responsabilidade objetiva do Estado, é necessário que o ato praticado seja ilícito.

d) Segundo jurisprudência pacífica do STJ acerca do dano indenizável, quanto aos filhos do falecido, impõe-se o limite de pensão até o instante em que estes completam vinte e um anos de idade e, no que se refere à viúva, até o momento em que esta completar sessenta e cinco anos de idade.

e) A força maior e o caso fortuito, ainda que determinantes para a ocorrência de evento danoso, não podem ser considerados como excludentes de responsabilidade do Estado.

25. (FCC – 2007 – TJ/PE – Oficial de Justiça) Em relação à responsabilidade do funcionário público, é INCORRETO dizer que

a) o funcionário que exerce irregularmente as suas atribuições poderá responder civil, penal e administrativamente.

b) o ressarcimento do prejuízo causado à Fazenda Pública Estadual restará prejudicado, em não havendo cobertura securitária e inexistindo bens que suportem a indenização.

c) a responsabilidade administrativa resulta de ação ou omissão do desempenho do cargo ou função e não será elidida pelo ressarcimento do dano.

d) a responsabilidade civil decorre de procedimento doloso ou culposo, que importe em prejuízo à Fazenda Estadual ou a terceiros.

e) responderá o funcionário perante a Fazenda Estadual em ação regressiva proposta após transitar em julgado a decisão que a houver condenado a indenizar o terceiro, no caso de dano causado a terceiro.

26. (MPM – 2021 – MPM – Promotor de Justiça) Sobre a concessão e a permissão de serviços públicos aos particulares, assinale a alternativa correta:

a) O contrato de concessão de serviço público poderá prever o emprego de mecanismos privados para a resolução de disputas decorrentes ou relacionadas ao contrato, inclusive a arbitragem, a ser realizada no Brasil e em língua portuguesa.

b) A diferenciação entre permissão e concessão de serviços públicos, em nosso ordenamento jurídico-constitucional, funda-se, em especial, na constatação de que a concessão é ato administrativo, a permissão, por sua vez, tem natureza jurídica de contrato administrativo.

c) Toda concessão ou permissão de serviço público pressupõe a prestação adequada do serviço, inclusive a observância das condições de continuidade do serviço, fato que impede a interrupção da prestação dos serviços públicos pelo concessionário ou permissionário, ainda que motivada pela inadimplência do usuário.

d) A Constituição admite a delegação da titularidade dos serviços públicos em favor dos concessionários e permissionários de serviços públicos, desde que a delegação seja precedida de licitação, necessariamente na modalidade concorrência, no caso de concessão.

Gabarito: 1. a; 2. a; 3. e; 4. a; 5. e; 6. c; 7. a; 8. d; 9. a; 10. a; 11. e.; 12. b; 13. a; 14. c; 15. d; 16. certo; 17. certo; 18. errado; 19. b; 20. d; 21. b; 22. certo; 23. a; 24. a; 25. b; 26. a.

9 CONTROLE DA ADMINISTRAÇÃO PÚBLICA

9.1. Introdução

Toda atuação da Administração Pública deve estar pautada em princípios e regras constitucionais e legais. Ademais, a atuação administrativa deverá ter sempre uma finalidade: o atendimento ao interesse público.

Portanto, quando a Administração atuar fora dos parâmetros constitucionais e legais, ou, ainda, buscar finalidade outra que não a tutela do interesse público, será imprescindível a efetivação de um controle, seja realizado pela própria Administração Pública, seja realizado por outro Poder (Legislativo ou Judiciário).

9.2. Classificação do Controle Administrativo

O controle administrativo pode ser classificado de diversas formas a depender do critério e do autor estudado. Neste item trabalharemos com as classificações mais relevantes e solicitadas em concursos públicos.

9.2.1. Quanto à Origem

O controle administrativo, quanto à origem, pode ser:

a) Controle Interno: trata-se do controle realizado pela própria Administração Pública. Ex.: chefe da seção administrativa controlando os atos de um subordinado.

b) Controle Externo: é o controle dos atos da Administração exercido pelos Poderes Legislativo e Judiciário.

9.2.2. Quanto ao Momento de Exercício

No tocante ao momento em que será exercido, o controle será:

a) Controle Prévio ou Preventivo: trata-se de controle que ocorre antes da prática de um ato administrativo. Ex.: a concessão de liminar em mandado de segurança, visando impedir a prática de um ato pela Administração tendente a lesionar direito líquido e certo.

b) Controle Concomitante: é o controle que ocorre durante a prática de um ato administrativo. Ex.: fiscalização de uma obra durante a sua execução.

c) **Controle Posterior, Subsequente ou Corretivo**: ocorre esse controle após a realização do ato administrativo. Ex.: homologação da licitação em que a autoridade competente analisa a regularidade do procedimento licitatório após o seu encerramento.

9.2.3. Quanto ao Objeto

Em relação ao objeto, o controle administrativo pode ser:

a) **Controle de Legalidade**: controla-se o fato de o ato ter sido praticado ou não nos termos da lei. Esse controle pode ser realizado pela Administração ou pelo Poder Judiciário. Constatada a ilegalidade, dar-se-á a anulação do ato, com efeitos retroativos (*ex tunc*).

b) **Controle de Mérito**: nesse caso, o controle recai sobre os aspectos de oportunidade e conveniência do ato administrativo. Quem realiza esse controle é a própria Administração Pública (o Poder Judiciário não realiza controle de mérito do ato administrativo). Constatada a inconveniência ou ausência de oportunidade ao interesse público, o ato será revogado. Vale ressaltar que os efeitos da revogação não retroagem (*ex nunc*).

Após o comentário das principais classificações, passaremos à análise do controle administrativo, do controle legislativo e do controle judicial.

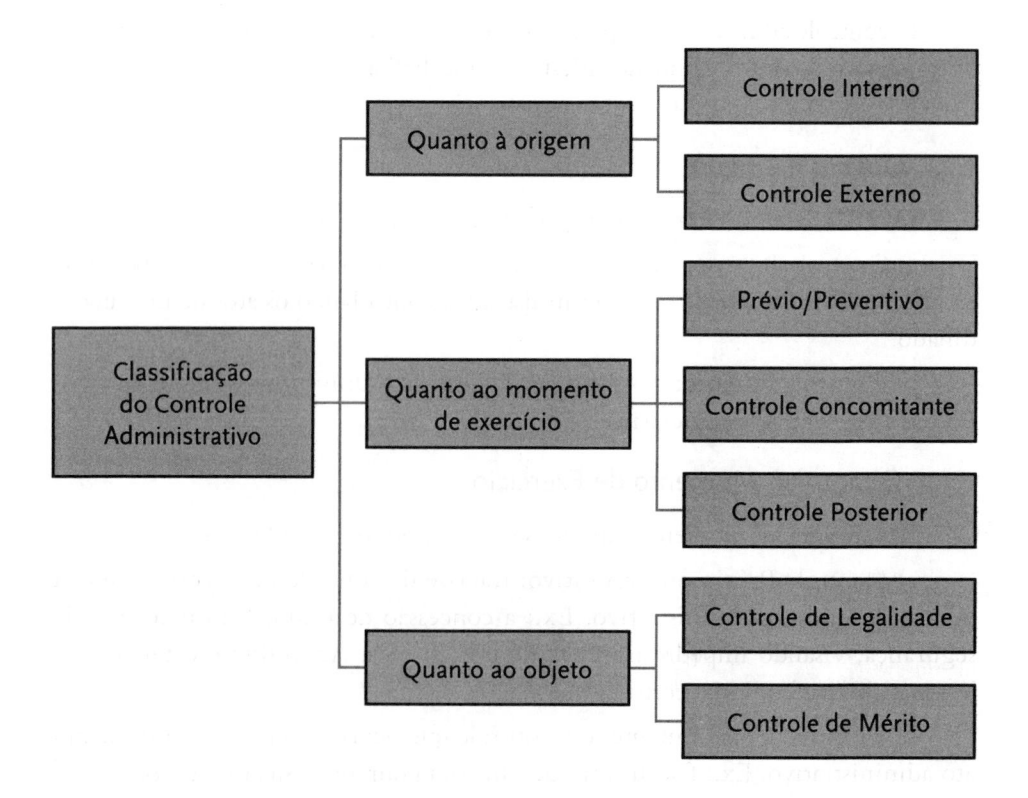

```
                                                     ┌─ Controle Interno
                              ┌─ Quanto à origem ────┤
                              │                      └─ Controle Externo
                              │
                              │                      ┌─ Prévio/Preventivo
Classificação                 │  Quanto ao momento   │
do Controle ──────────────────┼─ de exercício ───────┼─ Controle Concomitante
Administrativo                │                      │
                              │                      └─ Controle Posterior
                              │
                              │                      ┌─ Controle de Legalidade
                              └─ Quanto ao objeto ───┤
                                                     └─ Controle de Mérito
```

9.3. Controle Administrativo

É aquele realizado pela própria Administração Pública. Esse controle decorre do princípio da autotutela, isto é, do poder que possui a Administração de anular os atos ilegais e de revogar os atos inconvenientes ou inoportunos ao interesse público.

De fato, a Súmula n. 473 do STF prevê:

> A Administração pode anular seus próprios atos, quando eivados de vícios que os tornam ilegais, porque deles não se originam direitos, ou revogá-los, por motivo de conveniência ou oportunidade, respeitados os direitos adquiridos, e ressalvada, em todos os casos, a apreciação judicial.

Esse controle pode ser iniciado de ofício pela Administração (independentemente de provocação do particular) ou mediante requerimento do interessado.

Há alguns instrumentos utilizados pelos particulares para provocar o controle administrativo, dentre eles: *representação* (denúncia de ilegalidade ou abuso de poder perante a Administração), *reclamação administrativa* (manifestação de discordância em razão de atuação administrativa que atingiu direito do particular), *recurso hierárquico próprio e impróprio, pedido de revisão e pedido de reconsideração* (quanto aos três últimos instrumentos, *vide* a seguir no Capítulo "Processo Administrativo").

CUIDADO! Mandado de Segurança não é instrumento para provocar o Controle Administrativo, mas sim o Controle Judicial.

Por fim, não poderíamos deixar de mencionar as novidades trazidas pela Lei de Introdução às Normas do Direito Brasileiro[124] afetas ao tema. Por força da Lei n. 13.655 de 25 de abril de 2018, foram inseridos dispositivos ao Decreto-lei n. 4.657, de 4 de setembro de 1942, dentre os quais destacamos:

> Art. 22. Na interpretação de normas sobre gestão pública, serão considerados os obstáculos e as dificuldades reais do gestor e as exigências das políticas públicas a seu cargo, sem prejuízo dos direitos dos administrados.
>
> § 1º Em decisão sobre regularidade de conduta ou validade de ato, contrato, ajuste, processo ou norma administrativa, serão consideradas as circunstâncias práticas que houverem imposto, limitado ou condicionado a ação do agente. [...]

No tocante ao disposto no art. 22 fala-se dos obstáculos e as dificuldades do gestor na implementação de políticas públicas, bem como das circunstâncias práticas que impuseram, limitaram ou condicionaram a ação do agente em seu § 1º.

---

[124] A LINDB foi regulamentada pelo Decreto n. 9.830, de 2019 (*vide* capítulo 1 deste livro).

O tema de políticas públicas é sempre delicado, porém é imprescindível lembrar que o próprio dispositivo da Lei de Introdução deixa claro o administrado não poderá ser prejudicado.

Assim, ainda que se venha a justificar o impedimento da implementação de uma política pública na área de saúde por falta de dotação orçamentária, isto jamais irá impedir o administrado buscar seus direitos, inclusive na via judicial caso seja necessário.

9.4. Controle Legislativo ou Parlamentar

Trata-se de controle realizado pelo Poder Legislativo correspondente a cada ente da Federação. Ex.: Câmara dos Deputados e Senado Federal, em relação à União Federal; Assembleias Legislativas, em relação aos Estados-membros; e Câmaras de Vereadores, em relação aos Municípios.

Esse controle legislativo pode ser considerado *político* ou *financeiro*.

O controle político é realizado geralmente pelas Comissões Parlamentares de Inquérito – CPIs.

As Comissões Parlamentares de Inquérito possuem poderes de investigação próprios das autoridades judiciais. As CPIs, no âmbito do Legislativo Federal, podem ser criadas pela Câmara dos Deputados e pelo Senado Federal, em conjunto ou separadamente, mediante requerimento de um terço de seus membros, para apuração de fato determinado e por prazo certo. As conclusões das CPIs serão encaminhadas ao Ministério Público para promover a ação de responsabilidade civil ou criminal contra os infratores (art. 58, § 3º, da CF).

Por outro lado, o Poder Legislativo realizará o controle financeiro com o auxílio do Tribunal de Contas, que analisará a atuação do administrador público nos aspectos de legalidade, legitimidade, economicidade (adequação na realização das despesas públicas e racionalização com os gastos públicos), aplicação das subvenções (valores repassados pelo Poder Público) e renúncia de receita (ex.: abrir mão da cobrança de impostos sem a existência de lei que a autorize) (art. 70 da CF).

Toda e qualquer pessoa física ou jurídica, pública ou privada, que utilize, arrecade, guarde, gerencie ou administre dinheiros, bens e valores públicos, ou pelos quais a União responda, ou que, em nome desta, assuma obrigações de natureza pecuniária, prestará contas perante o Tribunal de Contas da União (art. 70, parágrafo único, da CF).

As competências do Tribunal de Contas são determinadas na Constituição (art. 71): a) apreciar as contas prestadas anualmente pelo Presidente da República, mediante parecer prévio, que deverá ser elaborado em sessenta dias a contar de seu recebimento; b) julgar as contas dos administradores e demais responsáveis por dinheiros, bens e valores públicos da Administração Direta e Indireta, incluídas as fundações e sociedades instituídas e mantidas pelo Poder Público federal, e as contas daqueles que derem causa a perda, extravio ou outra irregularidade de que resulte prejuízo ao erário público; c) apreciar, para fins de registro, a legalidade dos atos de admissão de pessoal, a qualquer título, na Administração Direta e Indireta, incluídas as fundações instituídas e mantidas pelo Poder Público, excetuadas as nomeações para cargo de provimento em comissão, bem como a das concessões de aposentadorias, reformas e pensões, ressalvadas as melhorias posteriores que não alterem o fundamento legal do ato concessório; d) realizar, por iniciativa própria, da Câmara dos Deputados, do Senado Federal, de Comissão técnica ou de inquérito, inspeções e auditorias de natureza contábil, financeira, orçamentária, operacional e patrimonial, nas unidades administrativas dos Poderes Legislativo, Executivo e Judiciário, e demais entidades referidas no item *b*; e) fiscalizar as contas nacionais das empresas supranacionais de cujo capital social a União participe, de forma direta ou indireta, nos termos do tratado constitutivo; f) fiscalizar a aplicação de quaisquer recursos repassados pela União mediante convênio, acordo, ajuste ou outros instrumentos congêneres, ao Estado, ao Distrito Federal ou a Município; g) prestar as informações solicitadas pelo Congresso Nacional, por qualquer de suas Casas, ou por qualquer das respectivas Comissões, sobre a fiscalização contábil, financeira, orçamentária, operacional e patrimonial e sobre resultados de auditorias e inspeções realizadas; h) aplicar aos responsáveis, em caso de ilegalidade de despesa ou irregularidade de contas, as sanções previstas em lei, que estabelecerá, entre outras cominações, multa proporcional ao dano causado ao erário; i) assinar prazo para que o órgão ou entidade adote as providências necessárias ao exato cumprimento da lei, se verificada ilegalidade; j) sustar, se não atendido, a execução do ato impugnado, comunicando a decisão à Câmara dos Deputados e ao Senado Federal; k) representar ao Poder competente sobre irregularidades ou abusos apurados.

O ato de sustação de contrato será adotado diretamente pelo Congresso Nacional, que solicitará imediatamente ao Poder Executivo as medidas cabíveis (art. 71, § 1º, da CF). Caso o Congresso Nacional ou Poder Executivo não efetive tais medidas dentro de noventa dias, caberá ao Tribunal decidir (art. 71, § 2º, da CF).

As decisões do Tribunal de Contas que imputem débito ou multa terão eficácia de título executivo extrajudicial, ou seja, equivalente a um cheque, pois não é oriundo de decisão judicial como seria uma sentença (art. 71, § 3º, da CF).

Sobre o tema contraditório e ampla defesa no controle realizado pelo Tribunal de Contas, importante ressaltar o teor da Súmula Vinculante n. 3, editada pelo STF:

> Nos processos perante o Tribunal de Contas da União asseguram-se o contraditório e a ampla defesa quando da decisão puder resultar anulação ou revogação de ato administrativo que beneficie o interessado, excetuada a apreciação da legalidade do ato de concessão inicial de aposentadoria, reforma e pensão.

Assim, nos termos da Súmula citada, em regra haverá o contraditório e a ampla defesa no controle realizado pelo Tribunal de Contas, salvo quando se tratar de concessão inicial de aposentadoria, reforma e pensão. Na visão do STF, não haverá contraditório nem ampla defesa na anulação pelo TCU do ato de concessão inicial de aposentadoria, por ser esta um ato complexo (mais de uma vontade, dentro de mais de um órgão).

Assim, caso um servidor solicite a aposentadoria perante o órgão público que atua, este faz a concessão inicial (uma manifestação de vontade) e remete o processo de aposentadoria ao Tribunal de Contas, que homologará a aposentadoria, caso esteja tudo certo, ou anulará em caso de ilegalidade (segunda manifestação de vontade). Dessa forma, entende o Supremo ser ato complexo e, como o processo de aposentadoria voltará ao órgão de origem, lá será conferido o direito ao contraditório e à ampla defesa. Compreende o STF que a relação do Tribunal de Contas é com o órgão público e não com o servidor, por isso a desnecessidade do contraditório e da ampla defesa.

APROFUNDANDO! Tema polêmico consiste em saber se o Tribunal de Contas tem cinco anos da concessão inicial da aposentadoria para invalidá-la diante de eventual ilegalidade. Por enquanto as decisões do STF estão no sentido de que esse prazo não se aplica inicialmente ao caso (MS 27.580), ou, no máximo, somente começa a correr após a manifestação do TCU, por ser a aposentadoria um ato complexo conforme visto (MS 33.087).

Assim, por ora o Tribunal de Contas pode invalidar uma aposentadoria passados mais de cinco anos da sua concessão inicial, desde que nesse caso, e só nesse caso – passados mais de cinco anos –, sejam conferidos os direitos ao contraditório e à ampla defesa (MS 28074). Dessa forma, se o TCU aprecia a legalidade em até cinco anos, não precisa de contraditório nem de ampla defesa. Passados mais de um quinquênio, será necessário. O tema é tão polêmico que o Supremo reconheceu a repercussão geral da questão no RE 636.553 para definir se será aplicável o prazo decadencial de 5 anos da Lei n. 9.784/99 para o TCU anular a aposentadoria concedida inicialmente ao servidor.

Finalmente, no ano de 2020, o Supremo Tribunal Federal decidiu o RE 636.553 e, pelo regime de repercussão geral, firmou posicionamento no sentido de que os Tribunais de Contas estão sujeitos ao prazo de 5 anos para o julgamento da legalidade do ato de concessão inicial de aposentadoria, reforma ou pensão:

> Ementa: Recurso extraordinário. Repercussão geral. 2. Aposentadoria. Ato complexo. Necessária a conjugação das vontades do órgão de origem e do Tribunal de Contas. Inaplicabilidade do art. 54 da Lei 9.784/1999 antes da perfectibilização do ato de aposentadoria, reforma ou pensão. Manutenção da jurisprudência quanto a este ponto. 3. Princípios da segurança jurídica e da confiança legítima. Necessidade da estabilização das relações jurídicas. Fixação do prazo de 5 anos para que o TCU proceda ao registro dos atos de concessão

inicial de aposentadoria, reforma ou pensão, após o qual se considerarão definitivamente registrados. 4. Termo inicial do prazo. Chegada do processo ao Tribunal de Contas. 5. Discussão acerca do contraditório e da ampla defesa prejudicada. 6. **TESE: "Em atenção aos princípios da segurança jurídica e da confiança legítima, os Tribunais de Contas estão sujeitos ao prazo de 5 anos para o julgamento da legalidade do ato de concessão inicial de aposentadoria, reforma ou pensão, a contar da chegada do processo à respectiva Corte de Contas".** 7. Caso concreto. Ato inicial da concessão de aposentadoria ocorrido em 1995. Chegada do processo ao TCU em 1996. Negativa do registro pela Corte de Contas em 2003. Transcurso de mais de 5 anos. 8. Negado provimento ao recurso. Acórdãos no mesmo sentido. (RE 636.553 ED PROCESSO ELETRÔNICO JULG-7-12-2020 UF-RS TURMA-TP Min. GILMAR MENDES N. PÁG-013 *DJe*-021 DIVULG 3-2-2021 PUBLIC 4-2-2021).

9.5. Controle Judicial

O Brasil adotou o sistema da jurisdição uma (sistema inglês) em que o Poder Judiciário é o único capaz de dizer o Direito de forma definitiva, com força de coisa julgada. Trata-se de sistema oposto ao do contencioso administrativo (sistema francês), em que existe um tribunal administrativo – para tratar das questões da Administração – e um tribunal judicial – para tratar dos demais conflitos de interesse – e ambos decidem com força definitiva.

Dessa forma, no Direito Pátrio a chamada "coisa julgada administrativa" deve vir acompanhada das aspas mesmo, pois representa definitividade apenas dentro da Administração. Isto significa dizer que, se o administrado ou um servidor recorrem em todas as instâncias administrativas e ainda assim se sentem injustiçados, poderão se socorrer do Poder Judiciário, impetrando um Mandado de Segurança, por exemplo. Percebam que a decisão administrativa não é definitiva, pois haverá a possibilidade de se socorrer da via judicial.

É o controle realizado pelo Poder Judiciário. O controle judicial recai sobre os aspectos de *legalidade* dos atos administrativos.

Sobre o tema, vale relembrar que o Poder Judiciário não controla mérito:

ADMINISTRATIVO. POLICIAL MILITAR. INTERMEDIAÇÃO DE ATOS ILÍCITOS. "JOGO DO BICHO". CONDUTA IRREGULAR. PROCESSO ADMINISTRATIVO. EXCLUSÃO DA CORPORAÇÃO. **ALEGAÇÕES INERENTES AO MÉRITO DO ATO ADMINISTRATIVO. IMPOSSIBILIDADE DE EXAME PELO JUDICIÁRIO.** OITIVA PESSOAL PELA AUTORIDADE. DIREITO DE PERMANECER CALADO. DEFESA EXERCIDA. AUSÊNCIA DE DIREITO LÍQUIDO E CERTO. RECURSO IMPROVIDO.

1. Impetração voltada contra ato que culminou na exclusão do policial militar recorrente da Corporação, após instauração de processo administrativo no qual

se apurou, de forma regular, que o recorrente teria praticado conduta incompatível com os valores castrenses, ao aceitar favores de pessoa relacionada ao "jogo do bicho", atividade por ele exercida na qualidade de policial.

2. Descabida a análise de alegação do recorrente relativa ao próprio mérito do ato administrativo, pois, consoante firme entendimento jurisprudencial, em se tratando de controle jurisdicional do processo administrativo, a atuação do Poder Judiciário está limitada ao exame da regularidade do procedimento, sob o enfoque da observância aos respectivos princípios constitucionais, sendo necessária a efetiva demonstração de prejuízo à defesa.

3. O recorrente valeu-se do direito constitucional de permanecer calado, não podendo, assim, invocar tal situação em seu benefício sob a alegação de que lhe teria sido negada a oitiva pessoal pela autoridade competente para a aplicação da penalidade. Direito de defesa legal e regularmente exercido.

4. Ausência do alegado direito líquido e certo. Recurso ordinário improvido.

(RMS 49.057/PR, rel. Min. HUMBERTO MARTINS, SEGUNDA TURMA, julgado em 18-8-2016, *DJe* 2-2-2017) (Destacamos)

Esse também é o posicionamento do Supremo Tribunal Federal que em julgado paradigmático assim entendeu:

"AGRAVO INTERNO EM RECURSO EXTRAORDINÁRIO. DIREITO ECONÔMICO E ADMINISTRATIVO. CONCORRÊNCIA. PRÁTICA LESIVA TENDENTE A ELIMINAR POTENCIALIDADE CONCORRENCIAL DE NOVO VAREJISTA. **ANÁLISE DO MÉRITO DO ATO ADMINISTRATIVO. IMPOSSIBILIDADE.** PRECEDENTES. INCURSIONAMENTO NO CONJUNTO FÁTICO-PROBATÓRIO DOS AUTOS. INCIDÊNCIA DA SÚMULA 279 DO STF. AGRAVO INTERNO DESPROVIDO. 1. A capacidade institucional na seara regulatória, a qual atrai controvérsias de natureza acentuadamente complexa, que demandam tratamento especializado e qualificado, revela a reduzida expertise do Judiciário para o controle jurisdicional das escolhas políticas e técnicas subjacentes à regulação econômica, bem como de seus efeitos sistêmicos. 2. O dever de deferência do Judiciário às decisões técnicas adotadas por entidades reguladoras repousa na (i) falta de expertise e capacidade institucional de tribunais para decidir sobre intervenções regulatórias, que envolvem questões policêntricas e prognósticos especializados e (ii) possibilidade de a revisão judicial ensejar efeitos sistêmicos nocivos à coerência e dinâmica regulatória administrativa. **3. A natureza prospectiva e multipolar das questões regulatórias se diferencia das demandas comumente enfrentadas pelo Judiciário, mercê da própria lógica inerente ao processo judicial. 4. A Administração Pública ostenta maior capacidade para avaliar elementos fáticos e econômicos ínsitos à regulação.** Consoante o escólio doutrinário de Adrian Vermeule, o Judiciário não é a autoridade mais apta para decidir questões policêntricas de efeitos acentuadamente complexos (VERMEULE, Adrian. Judging under uncertainty: An institutional theory of legal interpretation. Cambridge: Harvard University Press, 2006, p. 248-251). 5. A intervenção judicial desproporcional no âmbito regulatório pode ensejar consequências negativas às iniciativas da Administração Pública. Em perspectiva pragmática, a invasão judicial ao mérito administrativo pode comprometer a unidade e coerência da política regulatória, desaguando em uma paralisia de efeitos sistêmicos acentuadamente negativos. **6. A expertise técnica e a capacidade institucional do CADE em questões de regulação econômica demanda uma postura deferente do Poder Judiciário ao mérito das decisões proferidas pela Autarquia. O controle jurisdicional deve cingir-se ao exame da legalidade ou abusividade dos atos administrativos, consoante a firme jurisprudência desta Suprema Corte**. Precedentes: ARE 779.212-AgR, Rel. Min. Roberto Barroso, Primeira Turma, *DJe* de 21-8-2014; RE 636.686-AgR, Rel. Min. Gilmar Mendes, Segunda Turma, *DJe* de 16-8-2013; RMS 27.934 AgR, Rel. Min. Teori Zavascki, Segunda Turma, *DJe* de 3-8-2015; ARE 968.607 AgR, Rel. Min. Luiz Fux, Primeira Turma, *DJe* de 15-9-2016; RMS 24.256, Rel. Min. Ilmar Galvão, *DJ* de 18-10-2002; RMS 33.911, Rel. Min. Cármen Lúcia, Segunda Turma, *DJe* de 20-6-2016. 7. Os controles regulatórios, à luz do consequencialismo, são comumente dinâmicos e imprevisíveis. Consoante ressaltado por Cass Sustein, "as normas regulatórias podem interagir de maneira surpreendente com o mercado, com outras normas e com outros problemas. Consequências imprevistas são comuns. Por exemplo, a regulação de novos riscos pode exacerbar riscos antigos (...). As agências reguladoras estão muito melhor situadas do que os tribunais para entender e combater esses efeitos" (SUSTEIN, Cass R., "Law and Administration after Chevron". Columbia Law Review, v. 90, n. 8, p. 2.071-2.120, 1990, p. 2.090). 8. A atividade regulatória difere substancialmente da prática jurisdicional, porquanto: "a regulação tende a usar meios de controle ex ante (preventivos), enquanto processos judiciais realizam o controle ex post (dissuasivos); (...) a regulação tende a utilizar especialistas (...) para projetar e implementar regras, enquanto os litígios judiciais são dominados por generalistas" (POSNER, Richard A. "Regulation (Agencies) versus Litigation (Courts): an analytical framework". In: KESSLER, Daniel P. (Org.), Regulation versus litigation: perspectives from economics and law, Chicago: The University of Chicago Press, 2011, p. 13). 9. *In casu*, o Conselho Administrativo de Defesa Econômica – CADE, após ampla análise do conjunto fático e probatório dos autos do processo administrativo, examinou circunstâncias fáticas e econômicas complexas, incluindo a materialidade das condutas, a definição do mercado relevante e o exame das consequências das condutas das agravantes no mercado analisado. No processo, a Autarquia concluiu que a conduta perpetrada pelas agravantes se enquadrava nas infrações à ordem econômica previstas nos arts. 20, I, II e IV, e 21, II, IV, V e X, da Lei 8.884/1994 (Lei Antitruste). 10. O Conselho Administrativo de Defesa Econômica – CADE detém competência legalmente outorgada para verificar se a conduta de agentes econômicos gera efetivo prejuízo à livre concorrência, em materialização das infrações previstas na Lei 8.884/1994 (Lei Antitruste). 11. As sanções antitruste, aplicadas pelo CADE por força de ilicitude da conduta empresarial, dependem das consequências ou repercussões negativas no mercado analisado, sendo certo que a identificação de tais efeitos anticompetitivos reclama expertise, o que, na doutrina, significa que "é possível que o controle da "correção" de uma avaliação antitruste ignore estas decisões preliminares da autoridade administrativa, gerando uma incoerência regulatória. Sob o pretexto de "aplicação da legislação", os tribunais podem simplesmente desconsiderar estas complexidades que lhes são subjacentes e impor suas próprias opções" (JORDÃO, Eduardo. Controle judicial de uma administração pública complexa: a experiência estrangeira na adaptação da intensidade do controle. São Paulo: Malheiros – SBDP, 2016, p. 152-155). 12. O Tribunal a quo reconheceu a regularidade do procedimento administrativo que impusera às recorrentes condenação por práticas previstas na Lei 8.884/1994 (Lei Antitruste), razão pela qual divergir do entendimento firmado no acórdão recorrido demandaria o reexame dos fatos e provas, o que não se revela cognoscível em sede de recurso extraordinário, face ao óbice erigido pela Súmula 279 do STF. 13. Agravo regimental a que se NEGA PROVIMENTO." (RE 1083955 AgR, Relator(a): Min. LUIZ FUX, Primeira Turma, julgado em 28-5-2019, PROCESSO ELETRÔNICO DJe-122 DIVULG 6-6-2019 PUBLIC 7-6-2019)

O máximo que pode acontecer é o controle judicial de legalidade refletir no mérito quando houver violação a princípios constitucionais, como os da razoabilidade e da proporcionalidade. Ex.: servidor pratica infração que não seja grave e recebe a demissão como punição. Caso venha a ingressar com uma medida judicial, poderá ocorrer a anulação da demissão em razão da violação ao princípio da proporcionalidade ou da razoabilidade e, nesse caso, o controle continua sendo de legalidade apesar de refletir no mérito, pois a penalidade foi anulada (RMS 24.129).

O controle judicial, diferentemente do controle administrativo, só poderá ser iniciado mediante provocação.

Os principais instrumentos de provocação do controle judicial são:

a) Mandado de Segurança: será concedido a fim de proteger direito líquido e certo, não amparado por *habeas corpus* nem por *habeas data*, quando o responsável pela ilegalidade ou abuso de poder for autoridade pública ou agente de pessoa jurídica que exerça atribuições do Poder Público (art. 5º, LXIX, da CF).

Percebam que, se o *direito líquido e certo* envolver liberdade de locomoção, o instrumento adequado não será o mandado de segurança, mas sim o *habeas corpus*. Outrossim, quando envolver informação sobre a pessoa do impetrante o instrumento cabível será o *habeas data*.

Por *Agente de pessoa jurídica no exercício de atribuições do Poder Público* entende-se, por exemplo, o diretor de escola privada.

Por opção do legislador ordinário, foi estabelecido pela Lei n. 12.016 de 2009, a Lei do Mandado de Segurança, **um litisconsórcio necessário entre a autoridade coatora e a pessoa jurídica à qual pertence**, nos termos do disposto nos seguintes artigos:

> "Art. 6º A petição inicial, que deverá preencher os requisitos estabelecidos pela lei processual, será apresentada em 2 (duas) vias com os documentos que instruírem a primeira reproduzidos na segunda e indicará, além da autoridade coatora, a pessoa jurídica que esta integra, à qual se acha vinculada ou da qual exerce atribuições.
>
> (...)
>
> Art. 7º Ao despachar a inicial, o juiz ordenará:
>
> I – que se notifique o coator do conteúdo da petição inicial, enviando-lhe a segunda via apresentada com as cópias dos documentos, a fim de que, no prazo de 10 (dez) dias, preste as informações;
>
> II – que se dê ciência do feito ao órgão de representação judicial da pessoa jurídica interessada, enviando-lhe cópia da inicial sem documentos, para que, querendo, ingresse no feito;
>
> (...)
>
> Art. 11. Feitas as notificações, o serventuário em cujo cartório corra o feito juntará aos autos cópia autêntica dos ofícios endereçados ao coator e ao órgão de representação judicial da pessoa jurídica interessada, bem como a prova da entrega a estes ou da sua recusa em aceitá-los ou dar recibo e, no caso do art. 4º desta Lei, a comprovação da remessa.
>
> (...)
>
> Art. 14. Da sentença, denegando ou concedendo o mandado, cabe apelação.
>
> (...)
>
> § 2º Estende-se à autoridade coatora o direito de recorrer."

Este também é o ensinamento da doutrina de Cassio Scarpinella Bueno, em sua obra "A Nova Lei do Mandado de Segurança", ao comentar o art. 6º da Lei 12.016, de 2009:

> "(...) **quem é o réu do mandado de segurança: a autoridade coatora, a pessoa jurídica a que ela está integrada ou ambos, em verdadeiro litisconsórcio passivo necessário?** A resposta da questão depende, antes de mais nada, da análise do direito positivo. Tal qual disciplinada a questão na nova Lei – levados em conta não só o dispositivo em análise mas, também, os arts. 7º, I e II, 11 e 14, § 2º (v. n. 13, 14 e 33, infra, respectivamente) –, **a melhor resposta e a de que o legislador mais recente optou por voltar à disciplina das**

leis da década de 1930, isto é, de estabelecer *ex lege*, um litisconsórcio necessário passivo entre a autoridade coatora e a pessoa jurídica a que pertence"[125].

De fato, diante das dificuldades em se saber na prática quem é a autoridade coatora, a Jurisprudência Superior vem admitindo a teoria da encampação em sede de Mandado de Segurança. Aliás, o STJ editou a Súmula 628 sobre o tema: "A teoria da encampação é aplicada no mandado de segurança quando presentes, cumulativamente, os seguintes requisitos: a) existência de vínculo hierárquico entre a autoridade que prestou informações e a que ordenou a prática do ato impugnado; b) manifestação a respeito do mérito nas informações prestadas; e c) ausência de modificação de competência estabelecida na Constituição Federal." (Primeira Seção, julgado em 12-12-2018, *DJe* 17-12-2018).

O prazo para impetração do Mandado de Segurança é de 120 dias e, no tocante a concurso público, vale ressaltar que esse prazo inicia-se a sua contagem com o término da validade do certame, conforme entendimento majoritário do E. Superior Tribunal de Justiça, que segue abaixo:

"PROCESSUAL CIVIL E ADMINISTRATIVO. AGRAVO INTERNO. RECURSO ORDINÁRIO EM MANDADO DE SEGURANÇA. CONCURSO PÚBLICO DA POLÍCIA MILITAR. MANDADO DE SEGURANÇA. PRAZO DECADENCIAL QUE TEM INÍCIO COM A EXPIRAÇÃO DA VALIDADE DO CERTAME. DECADÊNCIA CONFIGURADA. 1. Trata-se, na origem, de Mandado de Segurança impetrado por Angério Dias Arantes contra ato coator praticado pelo Governador do Estado de Goiás e pelo Comandante da Polícia Militar do mesmo ente da federação, consubstanciando alegação de preterição do impetrante pela nomeação de candidato aprovado em posição classificatória inferior.

2. O Tribunal *a quo* reconheceu a decadência e extinguiu o processo com resolução de mérito, uma vez que a impetração se deu em prazo superior aos 120 dias previstos no art. 23 da Lei n. 12.016/2009.

3. A jurisprudência do STJ entende que, quando já expirado o prazo de validade do concurso, como na espécie, os efeitos da decadência passam a operar a partir do término do prazo de validade do concurso, por se tratar de ato concreto. Precedentes: AgInt no RMS 58.238/BA, Rel. Ministro Francisco Falcão, Segunda Turma, *DJe* 8-10-2018; e RMS 58.235/BA, Rel. Ministro Herman Benjamim, Segunda Turma, *DJe* 23-11-2018.

4. No caso, tendo a impetração se dado após transcorridos os cento e vinte (120) dias da ciência do ato impugnado, por evidente, já se configurou a decadência de que trata o art. 23 da Lei n. 12.016/2009.

---

125 BUENO, Cassio Scarpinella. *A Nova Lei do Mandado de Segurança*. São Paulo: Editora Saraiva, 2009, p. 26.

5. Recurso Ordinário não provido." (RMS 59.902/GO, Rel. Ministro HERMAN BENJAMIN, SEGUNDA TURMA, julgado em 23-4-2019, DJe 30-5-2019)

No tocante à concessão de liminar em Mandado de Segurança, imprescindível a demonstração do *fumus boni iuris* e do *periculum in mora*. Sobre o tema, cumpre reproduzir o disposto no art. 7º, III, da Lei n. 12.016, de 2009:

> "Art. 7º Ao despachar a inicial, o juiz ordenará: (...) III – que se suspenda o ato que deu motivo ao pedido, quando houver fundamento relevante e do ato impugnado puder resultar a ineficácia da medida, caso seja finalmente deferida, sendo facultado exigir do impetrante caução, fiança ou depósito, com o objetivo de assegurar o ressarcimento à pessoa jurídica."

Invocando novamente a doutrina de Cassio Scarpinella Bueno:

"'**Fundamento relevante**' faz as vezes do que, no âmbito do 'processo cautelar', é descrito pela expressão latina *fumus boni iuris* e do que, no âmbito do dever-poder geral de antecipação', é descrito pela expressão '**prova inequívoca da verossimilhança da alegação**'. Todas essas expressões, a par da peculiaridade procedimental do mandado de segurança, devem ser entendidas como significativas de que, **para a concessão da liminar, o impetrante deverá convencer o magistrado de que é portador de melhores razões que a parte contrária; que o ato coator é, ao que tudo indica, realmente abusivo ou ilegal**.

(...)

A '**ineficácia da medida**, caso seja finalmente deferida', é expressão que deve ser entendida da mesma forma que a consagrada expressão latina *periculum in mora*, perigo na demora da prestação jurisdicional. No mandado de segurança, dado o seu comando constitucional de perseguir *in naura* a tutela do direito ameaçado ou violado por ato abusivo ou ilegal, é tanto maior a **ineficácia da medida na exata proporção em que o tempo de seu procedimento**, posto que bastante enxuto, não tenha condições de assegurar o proferimento de sentença apta a tutelar suficiente e adequadamente o direito tal qual venha a reconhecer"[126]. (G.N.)

b) Ação Popular: pode ser proposta por qualquer cidadão, visando anular ato lesivo ao patrimônio público ou de entidade de que o Estado participe, ou ato lesivo à moralidade administrativa, ao meio ambiente e ao patrimônio histórico e cultural (art. 5º, LXXIII, da CF).

---

126 BUENO, Cassio Scarpinella. *A Nova Lei do Mandado de Segurança*. São Paulo: Editora Saraiva, 2009, p. 40-41.

Cidadão, para fins de ação popular, é o eleitor.

c) *Habeas Corpus:* será concedido sempre que alguém sofrer ou se achar ameaçado de sofrer violência ou coação em sua liberdade de locomoção, por ilegalidade ou abuso de poder (art. 5º, LXVIII, da CF).

d) *Habeas Data*: será concedido a fim de assegurar o conhecimento de informações relativas à pessoa do impetrante, constantes de registros ou bancos de dados de entidades governamentais ou de caráter público; ou ainda para retificar dados quando não se prefira fazê-lo por processo sigiloso, judicial ou administrativo (art. 5º, LXXII, da CF).

Embora essas duas hipóteses estejam previstas na Constituição Federal, a Lei n. 9.507/97, em seu art. 7º, III, acrescentou uma terceira hipótese de cabimento do *habeas data,* sendo para a anotação nos assentamentos do interessado, de contestação ou explicação sobre dado verdadeiro, mas justificável e que esteja sob pendência judicial ou amigável.

9.5.1. Controle Judicial por Meio das Súmulas Vinculantes

Prevê o art. 103-A da CF que

> o Supremo Tribunal Federal poderá, de ofício ou por provocação, mediante decisão de dois terços dos seus membros, após reiteradas decisões sobre matéria constitucional, aprovar súmula que, a partir de sua publicação na imprensa oficial, terá efeito vinculante em relação aos demais órgãos do Poder Judiciário e à administração pública direta e indireta, nas esferas federal, estadual e municipal, bem como proceder à sua revisão ou cancelamento, na forma estabelecida em lei.

Trata-se de dispositivo incluído na Constituição no ano de 2004 pela Emenda Constitucional n. 45, a denominada Emenda da Reforma do Poder Judiciário.

Percebam que não apenas os demais órgãos do Judiciário estarão vinculados aos efeitos da súmula editada pelo Supremo, mas também a Administração Pública Direta e Indireta. Por isso, trata-se de forma de controle judicial da Administração, na medida em que os agentes deste estarão vinculados aos efeitos da súmula do Supremo com a característica aludida – vinculante.

A lei que regulamenta a edição, a revisão e o cancelamento de enunciado de súmula vinculante pelo Supremo Tribunal Federal é a de n. 11.417/2006.

No tocante ao controle judicial da Administração, estabelece o art. 7º da referida Lei que a "reclamação" é o instrumento processual hábil para provocar o Supremo em caso de violação das súmulas vinculantes.

O § 1º do art. 7º prevê que, contra omissão ou ato da administração pública, o uso da reclamação só será admitido após esgotamento das vias administrativas. Entendemos não se tratar de violação ao Princípio da Inafastabilidade da apreciação judicial, mas apenas um condicionamento para evitar o grande número de reclamações que chegariam ao Supremo, por violação de súmulas vinculantes por parte da Administração. Assim, uma vez violada a Súmula Vinculante, caberá ao interessado tentar resolver o problema inicialmente na via administrativa e recorrer em todas as instâncias desta para, somente diante da ausência de êxito, entrar com reclamação perante o Supremo. A via judicial não foi excluída, mas apenas condicionada a sua utilização e exaurimento das vias administrativas.

Ademais, ao julgar procedente a reclamação, o Supremo Tribunal Federal anulará o ato administrativo (art. 7º, § 2º, da Lei n. 11.417), devendo a autoridade administrativa adequar as futuras decisões, sob pena de responsabilização cível, administrativa e penal (art. 64-B da Lei n. 9.784/99).

9.5.2. Controle Judicial da Omissão Administrativa

Uma vez formalizado um requerimento perante a Administração Pública, espera-se uma resposta ao interessado a ser emanada em prazo razoável. Entretanto, muitas vezes essa resposta não é proferida e cabe ao Poder Judiciário controlar a omissão administrativa.

O referido controle deve levar em consideração: (i) se a omissão gerou um comportamento ilícito; e (ii) a natureza do ato administrativo a ser emanado, se discricionário ou vinculado.

Tratando-se de ato administrativo vinculado, como a aposentadoria compulsória do servidor aos 75 anos de idade, o juiz poderá se substituir à Administração para determinar a concessão da aposentadoria caso o requisito da idade já esteja preenchido. Isso ocorre porque, uma vez preenchidos os requisitos para o deferimento de um ato vinculado, não haverá liberdade à Administração para realizar um juízo de valor e estará obrigada a praticar a única conduta prevista pelo Direito, no exemplo citado, o deferimento da aposentadoria.

Por outro lado, em sendo discricionário o ato que gerou a omissão administrativa, como a autorização de uso de bem público, o juiz não poderá se substituir à Administração, pois o Judiciário não adentra no mérito do exercício de seu controle (só pode realizar controle de legalidade). Porém, poderá fixar um prazo razoável para a Administração decidir se defere ou não a utilização de um bem público pelo particular do nosso exemplo, como o prazo de 30 dias da Lei n. 9.784/99 (art. 49). A autorização de funcionamento de rádio educativa é o típico exemplo em que o Poder Judiciário não poderá se substituir ao Administrador para deferir o respectivo funcionamento, ainda que de forma precária:

ADMINISTRATIVO. RADIODIFUSÃO EDUCATIVA. OUTORGA JUDICIAL DE AUTORIZAÇÃO DE FUNCIONAMENTO. IMPOSSIBILIDADE. ATO ADMINISTRATIVO COMPLEXO. VINCULAÇÃO ÀS FUNÇÕES DOS PODERES EXECUTIVO E LEGISLATIVO.

1. A controvérsia circunscreve-se, em ambos os recursos especiais, a saber se o Poder Judiciário pode determinar a autorização de funcionamento de rádio educativa até o julgamento definitivo do processo de habilitação da emissora.

2. Não há ofensa ao art. 535 do CPC quando o acórdão recorrido se pronuncia de modo inequívoco sobre a questão posta nos autos. Ademais, a alegação genérica de violação do art. 535 do CPC, sem explicitar a relevância do enfrentamento da legislação e teses recursais não analisadas pelo acórdão recorrido, atrai a aplicação do disposto na Súmula 284/STF.

3. O art. 223 da CF/1988 atribui competência ao Poder Executivo para outorgar e renovar concessão, permissão e autorização, bem como fiscalizar o serviço de radiodifusão sonora e de sons e imagens.

4. As outorgas para a execução dos serviços de radiodifusão com finalidade exclusivamente educativa requerem procedimento administrativo seletivo divulgado pela a publicação de avisos de habilitação no *Diário Oficial da União*, os quais informam a quantidade de municípios, as sedes das outorgas, bem como convidam os interessados a apresentarem propostas ao Ministério das Comunicações.

5. O funcionamento das rádios educativas, mesmo que a título precário, está definido na legislação infraconstitucional, em portaria do Ministério das Comunicações e em portaria interministerial do Ministério das Comunicações e do Ministério da Educação, exigindo prévia outorga do poder concedente, a qual não pode ser suprida por autorização judicial.

Recursos especiais da ANATEL e da UNIÃO parcialmente providos para declarar que o Poder Judiciário não tem competência para autorizar o funcionamento de rádio educativa, ainda que a título precário.

(REsp 1353341/PE, rel. Min. HUMBERTO MARTINS, SEGUNDA TURMA, julgado em 12-5-2015, *DJe* 19-5-2015).

9.5.3. Controle Judicial das Políticas Públicas

O tema do momento gira ao entorno da possibilidade ou não de o Poder Judiciário controlar políticas públicas de competência da Administração, como realizar e administrar questões de saúde, educação, cultura, meio ambiente etc. Ex.: pode o juiz determinar ao Município a compra de medicamentos que não estão disponíveis no posto de saúde? Ou determinar a reserva de vaga a uma criança em escola pública no ensino infantil?

A posição dominante leva a respostas afirmativas para as duas indagações, ou seja, o Poder Judiciário pode e deve controlar políticas públicas quando invocado a dirimir um conflito de interesses.

As teorias que fundamentam a posição majoritária são: (i) Teoria do Núcleo Essencial Mínimo do Direito Fundamental, em que o Estado deve fornecer o mínimo em matéria de políticas públicas (ex.: educação infantil, ensino médio e fundamental); (ii) Teoria da Máxima Efetividade das Normas Constitucionais, consistente no extrair o máximo de uma norma constitucional, em especial quando se referir a Direitos Fundamentais.

A interpretação à luz da Teoria da Máxima Efetividade do art. 196 da CF, que determina ser a saúde dever do Estado, consiste em reconhecer aí a responsabilidade solidária de todos os entes da Federação em matéria de saúde. Isso implica reconhecer a responsabilidade do Município, do Estado, do Distrito Federal e da União no fornecimento de medicamentos e, em razão da responsabilidade solidária reconhecida sobre o assunto, o administrado pode solicitar o medicamento necessário de qualquer dos entes políticos citados de forma isolada ou conjuntamente.

O Supremo Tribunal Federal fixou a seguinte tese de repercussão geral (Tema 793): **"Os entes da federação, em decorrência da competência comum, são solidariamente responsáveis nas demandas prestacionais na área da saúde**, e diante dos critérios constitucionais de descentralização e hierarquização, compete à autoridade judicial direcionar o cumprimento conforme as regras de repartição de competências e determinar o ressarcimento a quem suportou o ônus financeiro" (RE 855178 ED/SE, rel. orig. Min. Luiz Fux, red. p/ o ac. Min. Edson Fachin, julgamento em 23-5-2019).

O Superior Tribunal de Justiça entende que no tocante aos medicamentos não incorporados à lista do SUS, devem ser verificados três requisitos cumulativos:

ADMINISTRATIVO. RECURSO ESPECIAL REPRESENTATIVO DE CONTROVÉRSIA. TEMA 106. JULGAMENTO SOB O RITO DO ART. 1.036 DO CPC/2015. FORNECIMENTO DE MEDICAMENTOS NÃO CONSTANTES DOS ATOS NORMATIVOS DO SUS. POSSIBILIDADE. CARÁTER EXCEPCIONAL. **REQUISITOS CUMULATIVOS PARA O FORNECIMENTO.**

1. Caso dos autos: A ora recorrida, conforme consta do receituário e do laudo médico (fls. 14-15, e-STJ), é portadora de glaucoma crônico bilateral (CID 440.1), necessitando fazer uso contínuo de medicamentos (colírios: azorga 5 ml, glaub 5 ml e optive 15 ml), na forma prescrita por médico em atendimento pelo Sistema Único de Saúde – SUS. A Corte de origem entendeu que foi devidamente demonstrada a necessidade da ora recorrida em receber a medicação pleiteada, bem como a ausência de condições financeiras para aquisição dos medicamentos. 2. Alegações da recorrente: Destacou-se que a assistência farmacêutica estatal apenas pode ser prestada por intermédio da entrega de medicamentos prescritos em conformidade com os Protocolos Clínicos incorporados ao SUS ou, na hipótese de inexistência de protocolo, com o fornecimento de medicamentos constantes em listas editadas pelos entes públicos. Subsidiariamente, pede que seja reconhecida a possibilidade de substituição do medicamento pleiteado por outros já padronizados e disponibilizados. 3. Tese afetada:

Obrigatoriedade do poder público de fornecer medicamentos não incorporados em atos normativos do SUS (Tema 106). Trata-se, portanto, exclusivamente do fornecimento de medicamento, previsto no inciso I do art. 19-M da Lei n. 8.080/1990, não se analisando os casos de outras alternativas terapêuticas.

4. TESE PARA FINS DO ART. 1.036 DO CPC/2015 A concessão dos medicamentos não incorporados em atos normativos do SUS exige a presença cumulativa dos seguintes requisitos: (i) Comprovação, por meio de laudo médico fundamentado e circunstanciado expedido por médico que assiste o paciente, da imprescindibilidade ou necessidade do medicamento, assim como da ineficácia, para o tratamento da moléstia, dos fármacos fornecidos pelo SUS; (ii) incapacidade financeira de arcar com o custo do medicamento prescrito; (iii) existência de registro na ANVISA do medicamento.

5. Recurso especial do Estado do Rio de Janeiro não provido. Acórdão submetido à sistemática do art. 1.036 do CPC/2015.

(REsp 1657156/RJ, rel. Min. BENEDITO GONÇALVES, PRIMEIRA SEÇÃO, julgado em 25-4-2018, *DJe* 4-5-2018) (Destacamos)

Em sede de embargos de declaração, o STJ modulou os efeitos do *decisum* acima nos seguintes termos:

(...) 3. Ante o exposto, de ofício, altera-se o termo inicial da modulação dos efeitos, do presente recurso especial repetitivo, para a data da publicação do acórdão embargado (4-5-2018).

TESE FIXADA: A tese fixada no julgamento repetitivo passa a ser: A concessão dos medicamentos não incorporados em atos normativos do SUS exige a presença cumulativa dos seguintes requisitos: i) Comprovação, por meio de laudo médico fundamentado e circunstanciado expedido por médico que assiste o paciente, da imprescindibilidade ou necessidade do medicamento, assim como da ineficácia, para o tratamento da moléstia, dos fármacos fornecidos pelo SUS; ii) incapacidade financeira de arcar com o custo do medicamento prescrito; iii) existência de registro do medicamento na ANVISA, observados os usos autorizados pela agência.

Modula-se os efeitos do presente repetitivo de forma que os requisitos acima elencados sejam exigidos de forma cumulativa somente quanto aos processos distribuídos a partir da data da publicação do acórdão embargado, ou seja, 4-5-2018.

(EDcl no REsp 1657156/RJ, rel. Min. BENEDITO GONÇALVES, PRIMEIRA SEÇÃO, julgado em 12-9-2018, *DJe* 21-9-2018).

O Supremo Tribunal Federal, apreciando o tema 500 da repercussão geral, fixou-se a seguinte tese jurídica: **"1. O Estado não pode ser obrigado a**

fornecer medicamentos experimentais. 2. A ausência de registro na ANVISA impede, como regra geral, o fornecimento de medicamento por decisão judicial. **3. É possível, excepcionalmente, a concessão judicial de medicamento sem registro sanitário, em caso de mora irrazoável da ANVISA em apreciar o pedido (prazo superior ao previsto na Lei n. 13.411/2016), quando preenchidos três requisitos: (i) a existência de pedido de registro do medicamento no Brasil (salvo no caso de medicamentos órfãos para doenças raras e ultrarraras);(ii) a existência de registro do medicamento em renomadas agências de regulação no exterior; e (iii) a inexistência de substituto terapêutico com registro no Brasil**. 4. As ações que demandem fornecimento de medicamentos sem registro na ANVISA deverão necessariamente ser propostas em face da União" (RE 657718/MG, rel. orig. Min. Marco Aurélio, red. p/ o ac. Min. Roberto Barroso, julgamento em 22-5-2019.).

A Teoria da Reserva do Possível é utilizada pela Administração e consiste em corrente minoritária. Não prevalece a tese de que é impossível realizar todas as tarefas em matéria de políticas públicas, sem qualquer tipo de comprovação. Ademais, prevalece no Supremo que não há violação ao princípio da separação dos poderes no fato de o Judiciário controlar políticas públicas de competência do Executivo.

CRIANÇA DE ATÉ CINCO ANOS DE IDADE – ATENDIMENTO EM CRECHE E EM PRÉ-ESCOLA – SENTENÇA QUE OBRIGA O MUNICÍPIO DE SÃO PAULO A MATRICULAR CRIANÇAS EM UNIDADES DE ENSINO INFANTIL PRÓXIMAS DE SUA RESIDÊNCIA OU DO ENDEREÇO DE TRABALHO DE SEUS RESPONSÁVEIS LEGAIS, SOB PENA DE MULTA DIÁRIA POR CRIANÇA NÃO ATENDIDA – LEGITIMIDADE JURÍDICA DA UTILIZAÇÃO DAS "ASTREINTES" CONTRA O PODER PÚBLICO – DOUTRINA – JURISPRUDÊNCIA – OBRIGAÇÃO ESTATAL DE RESPEITAR OS DIREITOS DAS CRIANÇAS – EDUCAÇÃO INFANTIL – DIREITO ASSEGURADO PELO PRÓPRIO TEXTO CONSTITUCIONAL (CF, ART. 208, IV, NA REDAÇÃO DADA PELA EC N. 53/2006) – COMPREENSÃO GLOBAL DO DIREITO CONSTITUCIONAL À EDUCAÇÃO – DEVER JURÍDICO CUJA EXECUÇÃO SE IMPÕE AO PODER PÚBLICO, NOTADAMENTE AO MUNICÍPIO (CF, ART. 211, § 2º) – LEGITIMIDADE CONSTITUCIONAL DA INTERVENÇÃO DO PODER JUDICIÁRIO EM CASO DE OMISSÃO ESTATAL NA IMPLEMENTAÇÃO DE POLÍTICAS PÚBLICAS PREVISTAS NA CONSTITUIÇÃO – INOCORRÊNCIA DE TRANSGRESSÃO AO POSTULADO DA SEPARAÇÃO DE PODERES – PROTEÇÃO JUDICIAL DE DIREITOS SOCIAIS, ESCASSEZ DE RECURSOS E A QUESTÃO DAS "ESCOLHAS TRÁGICAS" – RESERVA DO POSSÍVEL, MÍNIMO EXISTENCIAL, DIGNIDADE DA PESSOA HUMANA E VEDAÇÃO DO RETROCESSO SOCIAL – PRETENDIDA EXONERAÇÃO DO ENCARGO CONSTITUCIONAL POR

EFEITO DE SUPERVENIÊNCIA DE NOVA REALIDADE FÁTICA – QUESTÃO QUE SEQUER FOI SUSCITADA NAS RAZÕES DE RECURSO EXTRAORDINÁRIO – PRINCÍPIO *"JURA NOVIT CURIA"* – INVOCAÇÃO EM SEDE DE APELO EXTREMO – IMPOSSIBILIDADE – RECURSO DE AGRAVO IMPROVIDO. POLÍTICAS PÚBLICAS, OMISSÃO ESTATAL INJUSTIFICÁVEL E INTERVENÇÃO CONCRETIZADORA DO PODER JUDICIÁRIO EM TEMA DE EDUCAÇÃO INFANTIL: POSSIBILIDADE CONSTITUCIONAL. – A educação infantil representa prerrogativa constitucional indisponível, que, deferida às crianças, a estas assegura, para efeito de seu desenvolvimento integral, e como primeira etapa do processo de educação básica, o atendimento em creche e o acesso à pré-escola (CF, art. 208, IV). – Essa prerrogativa jurídica, em consequência, impõe, ao Estado, por efeito da alta significação social de que se reveste a educação infantil, a obrigação constitucional de criar condições objetivas que possibilitem, de maneira concreta, em favor das "crianças até 5 (cinco) anos de idade" (CF, art. 208, IV), o efetivo acesso e atendimento em creches e unidades de pré-escola, sob pena de configurar-se inaceitável omissão governamental, apta a frustrar, injustamente, por inércia, o integral adimplemento, pelo Poder Público, de prestação estatal que lhe impôs o próprio texto da Constituição Federal. – A educação infantil, por qualificar-se como direito fundamental de toda criança, não se expõe, em seu processo de concretização, a avaliações meramente discricionárias da Administração Pública nem se subordina a razões de puro pragmatismo governamental. – Os Municípios – que atuarão, prioritariamente, no ensino fundamental e na educação infantil (CF, art. 211, § 2º) – não poderão demitir-se do mandato constitucional, juridicamente vinculante, que lhes foi outorgado pelo art. 208, IV, da Lei Fundamental da República, e que representa fator de limitação da discricionariedade político-administrativa dos entes municipais, cujas opções, tratando-se do atendimento das crianças em creche (CF, art. 208, IV), não podem ser exercidas de modo a comprometer, com apoio em juízo de simples conveniência ou de mera oportunidade, a eficácia desse direito básico de índole social. – Embora inquestionável que resida, primariamente, nos Poderes Legislativo e Executivo, a prerrogativa de formular e executar políticas públicas, revela-se possível, no entanto, ao Poder Judiciário, ainda que em bases excepcionais, determinar, especialmente nas hipóteses de políticas públicas definidas pela própria Constituição, sejam estas implementadas, sempre que os órgãos estatais competentes, por descumprirem os encargos político-jurídicos que sobre eles incidem em caráter impositivo, vierem a comprometer, com a sua omissão, a eficácia e a integridade de direitos sociais e culturais impregnados de estatura constitucional. [...]

(ARE 639337 AgR, Relator(a): Min. CELSO DE MELLO, Segunda Turma, julgado em 23-8-2011, DJe-177 DIVULG 14-9-2011 PUBLIC 15-9-2011 EMENT VOL-02587-01 PP-00125).

9.5.4. Controle Judicial Especial

Além do controle comum do Poder Judiciário, acima citado, quando tratamos da ação popular, mandado de segurança, *habeas data*, *habeas corpus*, existe o denominado controle especial. Trata-se do controle realizado em face dos atos políticos, atos *interna corporis* e atos legislativos.

Os atos políticos são aqueles praticados com larga margem de discricionariedade (liberdade de realizar um juízo de valor, juízo de oportunidade e de conveniência). Ex.: indulto concedido pela Presidenta da República. Nesse caso, o controle é especial, pois depende da comprovação de lesão a direito individual ou coletivo, além da demonstração de vício de legalidade ou de constitucionalidade.

Percebam que não é possível impetrar mandado de segurança única e simplesmente porque não concordamos com a ideia de presos serem libertados. Há a necessidade da comprovação dos requisitos citados.

O controle judicial dos atos *interna corporis* também é considerado especial, na medida em que é imprescindível a demonstração, mais uma vez, de ofensa a interesse individual ou coletivo, bem como de vício de legalidade ou de constitucionalidade.

Os atos *interna corporis* são aqueles de competência interna dos Poderes Legislativo e Judiciário, como o regimento interno da Câmara dos Deputados ou o regimento interno do STF.

Por fim, o controle especial dos atos legislativos consiste no controle das leis, por meio de titulares determinados e ações específicas, como a Ação Direta de Inconstitucionalidade (ADI ou ADIn), Ação Declaratória de Constitucionalidade (ADC ou ADCon) e Arguição de Descumprimento de Preceito Fundamental (ADPF).

Questões

1. (CESPE – 2019 – MPC/PA – Procurador de Contas) À luz da legislação pertinente e da jurisprudência dominante dos tribunais superiores, assinale a opção correta a respeito do controle da administração pública.

a) O papel do TCU no controle financeiro e orçamentário, como órgão eminentemente técnico, impede que o Poder Legislativo, exercitando o controle externo, aprecie as contas daquele que, no particular, situa-se como órgão auxiliar.

b) É inconstitucional norma local que estabeleça a competência do TCU para realizar exame prévio de validade de contratos firmados com o poder público.

c) Há direito líquido e certo à prorrogação de contratos celebrados pelos tribunais de contas com o poder público.

d) É vedado ao TCU, no exercício de suas atribuições, apreciar a constitucionalidade de leis e de atos do poder público.

e) Cabe aos tribunais de contas julgar as contas daqueles que derem causa a perda ou extravio mesmo que não resulte prejuízo ao erário público.

2. (FGV – 2018 – TJ/SC – Analista Administrativo) O Governador do Estado de Santa Catarina determinou à Secretaria Estadual de Cultura que, no âmbito de sua competência, fomentasse ações tendentes à valorização do patrimônio imaterial cultural da região. Inconformado com a política pública adotada e a situação de precariedade na saúde pública estadual, o cidadão João propôs ação popular requerendo ao Judiciário que transfira toda a verba pública que seria utilizada naquele ano na área de cultura para os hospitais estaduais, inclusive anulando todos os empenhos já realizados.

No caso em tela, em regra, ao Poder Judiciário Estadual:

a) não cabe se imiscuir no mérito administrativo, devendo apenas aferir a legalidade dos atos administrativos praticados e não revogá-los por motivo de oportunidade ou conveniência;

b) não cabe se imiscuir no mérito administrativo, devendo apenas valorar a discricionariedade dos atos administrativos praticados e revogá-los por motivo de oportunidade ou conveniência;

c) cabe se imiscuir no mérito administrativo, devendo anular os atos administrativos que se revelem ilegais, inoportunos ou inconvenientes, diante das provas produzidas no curso da instrução processual;

d) cabe se imiscuir na legalidade de cada ato administrativo, devendo revogar aqueles que se revelem inoportunos ou inconvenientes, diante das provas produzidas no curso da instrução processual;

e) cabe se imiscuir na legalidade e mérito de cada ato administrativo, devendo anular aqueles que se revelem ilegais, inoportunos ou inconvenientes, diante das provas produzidas no curso da instrução processual.

3. (CESPE – 2018 – EMAP – Analista) Julgue o seguinte item, relativo ao controle da administração indireta e à improbidade administrativa. Dado o caráter privado das sociedades de economia mista, o Tribunal de Contas da União está impossibilitado de exercer seu controle externo. Todavia, a legislação pertinente determina que o estatuto social da respectiva entidade preveja formas de controle interno.

( ) Certo   ( ) Errado

4. (FUMARC – 2018 – PC/MG – Delegado de Polícia) Sobre o controle administrativo da Administração Pública, NÃO é correto afirmar:

a) É um controle de legalidade e de mérito.

b) Pode ocorrer por iniciativa da própria administração, mas não pode ser deflagrado mediante provocação dos administrados.

c) Quanto à natureza do órgão controlador, se divide em legislativo, judicial e administrativo.

d) Tem por finalidade confirmar, alterar ou corrigir condutas internas, segundo aspectos de legalidade ou de conveniência para a Administração.

5. (FUMARC – 2018 – PC/MG – Delegado de Polícia) João, candidato ao cargo de Delegado de Polícia do Estado de Minas Gerais, inconformado com sua reprovação no certame, impetrou ação mandamental argumentando a existência de ilegalidade decorrente da formulação de questões com base em legislação não prevista no edital. Sobre o caso, NÃO é correto afirmar:

a) A adequação das questões da prova ao programa do edital de concurso público constitui tema de legalidade, suscetível, portanto, de controle pelo Poder Judiciário.

b) A banca examinadora é que possui legitimidade para figurar como autoridade coatora.

c) A petição inicial será indeferida, com fundamento no art. 10 da Lei n. 12.016/2009, caso a impetração ocorra após 120 dias da ciência do ato impugnado.

d) É vedado ao Poder Judiciário adentrar aos critérios adotados pela banca examinadora do concurso.

6. (VUNESP – 2018 – PC/SP – Escrivão de Polícia Civil) Sobre controle externo da Administração Pública, é correto afirmar que:

a) não alcança os atos administrativos vinculados.

b) inclui-se na competência do Poder Judiciário, com auxílio dos Tribunais administrativos.

c) não alcança os atos administrativos discricionários.

d) inclui-se na competência do Poder Legislativo, com auxílio dos Tribunais de Contas.

e) inclui-se na competência do Poder Executivo, com auxílio da Corregedoria.

7. (UFPR – 2018 – UF/PR – Auditor) A administração pública adota diversas formas de controle interno em suas atividades. Assinale a alternativa que apresenta o adequado conceito relacionado a esses tipos de controle.

a) Controle preventivo é aquele em que há o acompanhamento da realização do ato, verificando a sua regularidade.

b) Controle corretivo é o exercido após a finalização de um ato, fornecendo autenticidade ao trabalho.

c) Controle sucessivo é executado antes da conclusão de um ato, utilizando-se de ferramentas de projeção de dados e comparações entre os resultados previstos e realizados.

d) Controle político é o que se aplica especificamente às contas contábeis relativas ao fluxo de caixa e ao patrimônio da organização.

e) Controle financeiro é aquele aplicado à legalidade dos atos, permitindo que se avaliem os atos administrativos.

8. (UFPR – 2018 – UF/PR – Auditor) Em relação às características relacionadas ao controle externo na Administração Pública, assinale a alternativa correta.

a) Estão sujeitos ao controle externo as contas dos seguintes órgãos da Administração Pública: Administração Direta, Autarquias, Fundações instituídas e mantidas pelo Poder Público bem como as Empresas Públicas. Demais Sociedades de Economia Mista bem como demais empresas diretas ou indiretamente controladas pelo poder público estão a cargo de controle externo, por conta das regras societárias vigentes no país, e a controles efetuados pela Comissão de Valores Mobiliários, Banco Central e respectivos Conselhos de Administração.

b) O controle externo no Brasil está sob a responsabilidade do Poder Executivo, sendo o Tribunal de Contas da União (TCU) a representação máxima como órgão de apoio à Presidência da República.

c) A Constituição Federal de 1988 estabelece que o Poder Judiciário tem o encargo de fiscalizar e julgar a execução dos recursos públicos utilizados pelos Poderes Executivo e Legislativo durante determinado exercício financeiro.

d) Os trabalhos de controle externo na Administração Pública são executados com a finalidade de analisar a gestão contábil, financeira, orçamentária, operacional e patrimonial.

e) A competência de atuação do Tribunal de Contas da União (TCU) é estabelecida pela Constituição Federal de 1988 e diz respeito a exame, revisão e julgamento das operações relacionadas às receitas e despesas da União, Estados e Municípios.

9. (INSTITUTO AOCP – 2018 – TRT 1ª REGIÃO/RJ – Analista Judiciário – Área Judiciária) A respeito do controle da Administração Pública, assinale a alternativa correta.

a) No processo de revisão, no âmbito da Administração Federal, é admitida a *reformatio in pejus*, desde que haja a possibilidade de manifestação prévia do recorrente.

b) Contra omissão ou ato da administração pública, o uso da reclamação só será admitido após o esgotamento da segunda instância administrativa.

c) O sistema francês é marcado pela dualidade de jurisdição, tendo em vista que, ao lado do Poder Judiciário, o ordenamento contempla uma Justiça Administrativa competente para dirimir conflitos de interesse envolvendo a Administração Pública.

d) O controle ministerial exercido pelos Ministérios sobre os órgãos de sua estrutura administrativa caracteriza controle interno por vinculação.

e) É constitucional a exigência de depósito ou arrolamento prévio de dinheiro ou bens para admissibilidade de recurso administrativo.

10. (VUNESP – 2018 – FAPESP – Procurador) O controle administrativo

a) é exercido por todos os Poderes sobre suas próprias atividades tanto sob o aspecto de legalidade quanto em relação ao mérito.

b) deriva do poder-dever de polícia que a Administração Pública tem sobre os seus agentes.

c) permite que a Administração Pública anule os atos ineficientes ou inoportunos, revogue os atos ilegais ou altere os seus próprios atos, mas não permite a aplicação de penalidades administrativas aos seus agentes.

d) é eminentemente político e é exercido pelos órgãos legislativos ou por comissões parlamentares sobre atos do Poder Executivo.

e) é exercido pelo Tribunal de Contas e se refere fundamentalmente à prestação de contas de todo aquele que administra bens, valores ou dinheiros públicos.

11. (IESES – 2018 – TJ/CE – Titular de Serviços de Notas e de Registros) Assinale a única alternativa INCORRETA:

a) O conceito moderno de poder de polícia adotado no direito brasileiro afirma ser ele uma atividade do Estado, consistente em limitar o exercício dos direitos individuais em benefício do interesse público.

b) Prescreve em cinco anos a ação punitiva da Administração Pública Federal, direta e indireta, no exercício do poder de polícia, objetivando apurar infração à legislação em vigor, contados da data da prática do ato ou, no caso de infração permanente ou continuada, do dia em que tiver cessado.

c) Ao contrário do que ocorre no direito penal, em que a tipicidade é um dos princípios fundamentais, decorrente do postulado segundo o qual não há crime sem lei anterior que o preveja, no direito administrativo prevalece a atipicidade. Aqui, são muito poucas as infrações descritas na lei, como ocorre com o abandono do cargo. A maior parte delas fica sujeita à discricionariedade administrativa diante de cada caso concreto. É a autoridade julgadora que vai enquadrar o ilícito como "falta grave", "procedimento irregular", "ineficiência no serviço" etc.

d) O servidor público comissionado só perderá o cargo em virtude de sentença judicial transitada em julgado ou de processo administrativo disciplinar no qual lhe seja assegurada ampla defesa.

12. (CESPE – 2016 – TCE/PR – Auditor) Sabendo que os tribunais de contas podem aplicar sanções, assinar prazo para que o poder público adote as providências necessárias ao exato cumprimento da lei, sustar a execução de atos administrativos e apreciar, para fins de registro, a legalidade dos atos de admissão de pessoal e as concessões de aposentadorias, reformas e pensões, assinale a opção correta à luz do entendimento majoritário do STF a respeito da observância do direito ao contraditório e à ampla defesa nos casos em que o tribunal de contas realiza esse controle externo.

a) Asseguram-se o contraditório e a ampla defesa quando da decisão puder resultar anulação ou revogação de ato administrativo que beneficie o interessado, excetuada a apreciação da legalidade do ato de concessão inicial de aposentadoria, reforma e pensão.

b) Asseguram-se o contraditório e a ampla defesa quando da decisão puder resultar anulação ou revogação de ato administrativo, inclusive nos casos de apreciação da legalidade do ato de concessão inicial de aposentadoria, reforma e pensão.

c) A observância do direito ao contraditório e à ampla defesa não é obrigatória nos casos de apreciação da legalidade do ato de concessão inicial de aposentadoria, reforma e pensão e de anulação ou revogação do ato administrativo que beneficiar o interessado, mas será indispensável quando da decisão puder resultar sanção ao interessado.

d) Excetuada a apreciação da legalidade do ato de concessão inicial de aposentadoria, reforma e pensão, assegura-se o direito ao contraditório e à ampla defesa apenas quando da decisão puder resultar sanção ao interessado, não sendo esse direito assegurado nos casos de simples anulação ou revogação de ato administrativo, ainda que essa medida beneficie o administrado.

e) Nos casos de apreciação da legalidade do ato de concessão inicial de aposentadoria, reforma e pensão, assegura-se o direito ao contraditório e à ampla defesa, o qual será facultativo nos casos de simples anulação ou revogação de ato administrativo concessório de benefício.

13. (FGV – 2015 – TJ/PI – Analista Judiciário – Analista Administrativo)
Em matéria de controle da Administração Pública, o controle externo dos atos praticados pelo Poder Executivo por parte do Poder Judiciário

a) se restringe à análise da legalidade dos atos, eis que ao Poder Judiciário, em regra, é vedada a análise do mérito dos atos administrativos.

b) abrange o controle de legalidade e de mérito dos atos administrativos, podendo o Judiciário, em regra, respectivamente, anular os ilegais e revogar os inoportunos ou inconvenientes.

c) abrange o controle de legalidade e de mérito dos atos administrativos, podendo o Judiciário, respectivamente, anular os inoportunos ou inconvenientes e revogar os ilegais.

d) se restringe à análise do mérito dos atos, eis que ao Poder Judiciário, em regra, é vedada a análise da legalidade formal dos atos administrativos.

e) é o mais amplo possível, cabendo ao Judiciário, em última instância, analisar o acerto da discricionariedade administrativa e da legalidade formal dos atos, em respeito ao princípio da inafastabilidade do controle jurisdicional.

14. (CESPE – 2015 – DPE/RN – Defensor Público Substituto) Tendo em vista que, relativamente aos mecanismos de controle da administração pública, a própria CF dispõe que os Poderes Legislativo, Executivo e Judiciário manterão, integradamente, sistemas de controle interno em suas respectivas esferas, assinale a opção que apresenta exemplo de meio de controle interno da administração pública.

a) Fiscalização realizada por órgão de controladoria da União sobre a execução de determinado programa de governo no âmbito da administração pública federal.

b) Controle do Poder Judiciário sobre os atos do Poder Executivo em ações judiciais.

c) Sustação, pelo Congresso Nacional, de atos do Poder Executivo que exorbitem do poder regulamentar.

d) Julgamento das contas dos administradores e dos demais responsáveis por dinheiro, bens e valores públicos da administração direta e indireta realizado pelos TCs.

e) Ação popular proposta por cidadão visando à anulação de determinado ato praticado pelo Poder Executivo municipal, considerado lesivo ao patrimônio público.

15. (VUNESP – 2014 – TJ-SP – Juiz) O Tribunal de Contas do Estado de São Paulo funciona como órgão auxiliar

a) da Câmara Municipal da Capital do Estado de São Paulo, ou seja, do Poder Legislativo do Município da Capital.

b) do Governo do Estado de São Paulo, ou seja, do Poder Executivo.

c) da Assembleia Legislativa do Estado de São Paulo, ou seja, do Poder Legislativo estadual.

d) do Tribunal de Justiça do Estado de São Paulo, ou seja, do Poder Judiciário.

16. (FCC – 2014 – TRF – 4ª Região – Analista Judiciário – Oficial de Justiça Avaliador Federal) A Administração pública, é sabido, está sujeita a princípios expressos e implícitos no exercício de suas funções. A observância desses princípios está sujeita a controle, do que é exemplo o controle

a) exercido pela própria Administração, que se presta a verificar a observância dos princípios expressos e implícitos, vedada, no entanto, a revisão dos atos, que deve ser feita judicialmente.

b) administrativo externo, que se presta à verificação da observância dos princípios, desde que expressos, que regem a Administração.

c) exercido pelo Legislativo, pelo Judiciário e pela própria Administração, sem prejuízo da participação do usuário no bom desempenho das funções administrativas, o que lhes confere, inclusive, direito a informações sobre a atuação do governo.

d) exercido pelo Judiciário, que se consubstancia em verificação interna dos princípios expressos, tais como legalidade, impessoalidade e supremacia do interesse público.

e) legislativo externo, que se presta somente à verificação da observância dos princípios expressos e da discricionariedade da Administração.

17. (FCC – 2014 – TRF – 4ª Região – Técnico Judiciário – Área Administrativa) Considere:

I. Convocação de Ministro de Estado por Comissão do Senado Federal para prestar, pessoalmente, informações sobre o tema da demarcação de terras indígenas.

II. Controle administrativo sobre órgãos da Administração Direta.

Acerca do Controle da Administração Pública, os itens I e II correspondem, respectivamente, a controle

a) legislativo de natureza política e controle administrativo interno decorrente do poder de tutela da Administração Pública.

b) legislativo de natureza política e controle administrativo interno decorrente do poder de autotutela da Administração Pública.

c) administrativo de natureza política e controle administrativo interno decorrente do poder de tutela da Administração Pública.

d) legislativo de natureza financeira e controle administrativo externo decorrente do poder de autotutela da Administração Pública.

e) administrativo de natureza política e controle administrativo externo decorrente do poder de tutela da Administração Pública.

18. (CESPE – 2014 – TJ-SE – Titular de Serviços de Notas e de Registros – Remoção) Com relação ao controle da administração pública, assinale a opção correta.

a) No exercício do controle financeiro sobre a administração pública, o Poder Legislativo pode, por meio da Câmara dos Deputados ou do Senado Federal, convocar ministro de Estado para, pessoalmente ou por meio de representante designado, prestar informações a respeito de determinado assunto.

b) Conforme entendimento do STF, preenchidos concomitantemente os seguintes requisitos, é possível o controle judicial nas políticas públicas: natureza constitucional da política pública reclamada; existência de correlação entre a política pública reclamada e os direitos fundamentais; prova de omissão ou prestação deficiente e não justificada pela administração pública.

c) O *habeas corpus*, por ter caráter essencialmente processual penal, não é considerado meio de provocação do controle judicial da administração pública.

d) Controle interno consiste no controle exercido pela administração direta sobre os atos praticados por seus órgãos e pelas entidades da administração indireta.

e) Os recursos administrativos, meios de que podem se valer os administrados para provocar o reexame, pela administração pública, de ato administrativo, não podem, conforme o STF, ser apreciados por autoridade que tenha participado anteriormente do processo objeto de recurso e que tenha nele proferido decisão desfavorável.

19. (UESPI – 2014 – PC-PI – Delegado de Polícia) Caio ingressou no serviço público há 1 (um) ano, contudo, Caio não tem cumprido metas, não vem desempenhando suas atividades dentro da Administração Pública a contento. Com base neste episódio que controle da administração pública possui como função a de observar a eficiência do agente administrativo dentro do princípio da legalidade?

a) Controle administrativo e financeiro.

b) Controle administrativo.

c) Controle político.

d) Controle judicial.

e) Controle legal

20. (TJ/MG – 2010 – Escrevente) Se o poder público extravasa os limites da lei na aplicação do poder de polícia, o prejudicado pode buscar o Poder Judiciário, especialmente, manejando:

a) ação de execução imediata.

b) ação liminar.

c) *habeas data* cautelar.

d) *habeas corpus* ou mandado de segurança.

21. (FCC – 2009 – TRT 16ª Região/MA – Analista Judiciário) A respeito do controle judicial da administração pública, é correto afirmar:

a) O poder Judiciário pode determinar a revogação do ato administrativo praticado pelo Poder Executivo.

b) Todo e qualquer ato da administração, inclusive o discricionário, pode ser objeto de controle judicial.

c) O *habeas corpus* não é medida adequada para correção de conduta administrativa.

d) O mandado de injunção é medida que visa assegurar o conhecimento ou retificação de informações referentes à vida do impetrante constantes de registro ou banco de dados de entidade governamental ou de caráter público.

e) O controle exercido pelo Tribunal de Contas é controle judicial da administração pública.

22. (CESPE – 2009 – TRE/MA – Analista Judiciário – Área Judiciária)
No que se refere ao controle da administração pública, assinale a opção correta:

a) Os recursos administrativos terão efeito suspensivo somente quando houver previsão legal expressa.

b) A reclamação constitui modalidade de recurso administrativo por meio do qual é veiculada denúncia de irregularidades perante a própria administração pública ou perante os demais entes de controle.

c) As constituições estaduais podem estabelecer outras modalidades de controle do Poder Legislativo sobre a administração pública além das previstas na CF.

d) Invade o mérito do ato administrativo o exame, pelo Poder Judiciário, dos motivos que levaram à prática desse ato.

e) Configura controle interno, decorrente da autotutela, aquele exercido pela própria administração sobre os atos administrativos praticados no âmbito da administração pública direta e da indireta.

23. (CESPE – 2009 – TCE/AC – Analista de Controle Externo) (Adaptada)
Acerca do controle judicial da administração pública, assinale a opção correta:

a) O mandado de segurança é o meio correto para determinar à administração a retificação de dados relativos ao impetrante nos arquivos da repartição pública.

b) É vedado ao condenado por improbidade administrativa com a suspensão dos direitos políticos, enquanto perdurarem os efeitos da decisão judicial, a propositura de ação popular.

c) A conduta omissiva do administrador público impede a fluência de prazo decadencial para a impetração de mandado de segurança, quando a lei fixa prazo para a prática do ato.

d) O mandado de injunção não é instrumento adequado à determinação de edição de portaria por órgão da administração direta.

e) A ação civil pública não é o instrumento adequado ao controle de atos lesivos ao meio ambiente.

24. (FCC – 2001 – TRF 1ª Região – Analista Judiciário – Área Judiciária)
No que tange ao controle da Administração Pública, considere o que segue:

I – O direito de petição, o mandado de injunção e o recurso administrativo são instrumentos de controle judiciário.

II – A Comissão Parlamentar de Inquérito objetiva a apuração de fatos indeterminados, com autoria certa, ou não, desde que praticados na Administração direta.

III – O controle jurisdicional limita-se, nos casos concretos, ao exame da legalidade do ato ou da atividade administrativa, escapando-lhe o exame do mérito do ato ou dessa atividade.

Diante disso, SOMENTE

a) I é correto.

b) II é correto.

c) III é correto.

d) I e II são corretos.

e) II e III são corretos.

25. (FCC – 2021 – DPE-SC – Defensor Público) Sob a ótica do controle administrativo, da tutela, autotutela e hierarquia nas entidades da Administração Indireta,

a) a autotutela se exerce por uma pessoa jurídica sobre outra, no caso da modalidade repressiva.

b) a tutela se exerce dentro da mesma pessoa jurídica, desde que na modalidade preventiva.

c) há hierarquia entre as entidades da Administração Indireta e a Administração Direta.

d) a hierarquia, ao contrário da tutela, depende de previsão em lei.

e) o controle administrativo é exercido pelos órgãos centrais e nos limites definidos em lei.

Gabarito: 1. b; 2. a; 3. errado; 4. b; 5. d; 6. d; 7. b; 8. d; 9. c; 10. a; 11. d; 12. a; 13. a; 14. a; 15. c; 16. c; 17. b; 18. b; 19. b; 20. d; 21. b; 22. a; 23. b; 24. c; 25. e.

10 PROCESSO ADMINISTRATIVO

Observação inicial que merece destaque é que nos últimos anos surgiram diversas leis regulamentando os processos administrativos dos entes da Federação: União Federal, Estados-membros, Distrito Federal e Municípios. Em razão da impossibilidade de trabalharmos com todas as leis municipais e estaduais que envolvem o tema "processo administrativo", tomaremos como base a Lei n. 9.784/99, que é aplicada à Administração Federal Direta e Indireta, além dos Poderes Legislativo e Judiciário da União, no desempenho de suas funções administrativas (função atípica).

O STJ vem admitindo a aplicação da aludida Lei Federal pelos entes da Federação que não possuírem Diploma específico referente ao processo administrativo (AgRg no Ag 583.018). Aliás, a Súmula 633 do Superior Tribunal de Justiça deixa bem claro esse entendimento: "A Lei n. 9.784/1999, especialmente no que diz respeito ao prazo decadencial para a revisão de atos administrativos no âmbito da Administração Pública federal, pode ser aplicada, de forma subsidiária, aos estados e municípios, se inexistente norma local e específica que regule a matéria." (Primeira Seção, julgado em 12-6-2019, *DJe* 17-6-2019).

ATENÇÃO! O STJ já entendeu pela possibilidade de utilização de PAD no âmbito de fundação privada:

> ADMINISTRATIVO. SERVIDOR PÚBLICO. DIRETOR PRESIDENTE DE FUNDAÇÃO DE NATUREZA PRIVADA. PROCESSO DISCIPLINAR. PRESCRIÇÃO. INOCORRÊNCIA. ATOS ILÍCITOS. RECURSOS PÚBLICOS. COMPETÊNCIA DO MINISTRO DE ESTADO DA EDUCAÇÃO. LEGALIDADE. PRINCÍPIOS BASILARES DA ADMINISTRAÇÃO PÚBLICA. PENA DE CASSAÇÃO DE APOSENTADORIA COM RESTRIÇÃO AO RETORNO AO SERVIÇO PÚBLICO. CONTROLE JURISDICIONAL DO PAD. EXAME DA REGULARIDADE DO PROCEDIMENTO E DA LEGALIDADE DO ATO. INCURSÃO NO MÉRITO DO ATO ADMINISTRATIVO. IMPOSSIBILIDADE.
>
> [...]
>
> 7. Hipótese em que, embora os atos ilícitos, apurados no PAD, tenham sido perpetrados em uma fundação de apoio de natureza privada, é perfeitamente legal a instauração do procedimento disciplinar, o julgamento e a sanção, nos

moldes da Lei n. 8.112/1990, mormente porque a acusação imputada ao impetrante durante a gestão da presidência da FEPAD – que, na época dos fatos, exercia concomitantemente o cargo de professor adjunto da UNB e o cargo comissionado de Vice-Diretor da Faculdade de Estudos Sociais Aplicados – envolveu desvios de recursos públicos oriundos da Universidade de Brasília e/ou da FUB, o que contraria os princípios basilares da administração pública.

8. Caso em que compete ao Ministro de Estado da Educação a instauração do procedimento disciplinar e a aplicação das penalidades previstas na Lei n. 8.112/1990, nos termos do Decreto n. 3.035/1999[127] e Decreto n. 3.669/2000.

9. Impossibilidade da incursão no mérito administrativo a fim de aferir o grau de participação do impetrante nos ilícitos apurados, uma vez que no controle jurisdicional do processo administrativo, a atuação do Poder Judiciário limita-se ao campo da regularidade do procedimento, bem como à legalidade do ato.

10. Mandado de segurança denegado.

(MS 21.669/DF, rel. Min. GURGEL DE FARIA, PRIMEIRA SEÇÃO, julgado em 23-8-2017, *DJe* 9-10-2017)

10.1. Conceito

O processo administrativo consiste no conjunto de atos administrativos concatenados (ordenados) e preparatórios de uma decisão da Administração.

Essa decisão pode estar relacionada com alguma controvérsia no âmbito administrativo, entre Administração e administrado, ou não, isto é, não existe nenhuma controvérsia, mas a Administração se vale de um processo administrativo antes de expedir uma decisão final. Ex.: processo de expediente formado em razão de um pedido de certidão.

Ademais, importante destacar que uma das espécies de processo administrativo é o PAD (processo administrativo disciplinar), que visa apurar

---

[127] O citado decreto assim dispõe sobre o tema: "Art. 1º Fica delegada competência aos Ministros de Estado e ao Presidente do Banco Central do Brasil, vedada a subdelegação, para, no âmbito dos órgãos da administração pública federal direta, autárquica e fundacional que lhes são subordinados ou vinculados, observadas as disposições legais e regulamentares, especialmente a manifestação prévia e indispensável do órgão de assessoramento jurídico, praticar os seguintes atos: (Redação dada pelo Decreto n. 10.789, de 2021) I – julgar processos administrativos disciplinares e aplicar penalidades, nas hipóteses de demissão e cassação de aposentadoria ou disponibilidade de servidores; II – exonerar de ofício os servidores ocupantes de cargos de provimento efetivo ou converter a exoneração em demissão; III – destituir ou converter a exoneração em destituição de cargo em comissão de integrantes do Grupo-Direção e Assessoramento Superiores, níveis 5 e 6, e de Chefe de Assessoria Parlamentar, código DAS-101.4; IV – reintegrar ex-servidores em cumprimento de decisão judicial (Redação dada pelo Decreto n. 8.468, de 2015). § 1º O Ministro de Estado Chefe da Casa Civil da Presidência da República exercerá a delegação de competência prevista neste artigo quanto aos órgãos diretamente subordinados ao Presidente da República cujos titulares não sejam Ministros de Estado (Redação dada pelo Decreto n. 9.533, de 2018).

infrações funcionais praticadas pelos servidores públicos e que foi estudado no capítulo *Agentes Públicos*.

10.2. Princípios

A Lei n. 9.784/99 estabelece alguns princípios, como legalidade, finalidade, motivação, razoabilidade, proporcionalidade, moralidade, ampla defesa, contraditório, segurança jurídica, interesse público e eficiência, que devem ser seguidos pela Administração Pública Federal na realização de um processo administrativo (art. 2º).

Em razão de já termos trabalhado com muitos desses princípios no capítulo *Princípios da Administração Pública*, estudaremos neste momento aqueles específicos do processo administrativo.

10.2.1. Princípios do Contraditório e da Ampla Defesa

Esses princípios devem ser cumpridos não só nos processos judiciais como também nos processos administrativos. Sobre o tema, nossa Constituição Federal ensina que é assegurado aos litigantes e aos acusados em geral o contraditório e ampla defesa, seja no processo judicial, seja no processo administrativo (art. 5º, LV).

Ademais, a Lei n. 9.784/99 prevê a garantia à comunicação, à apresentação de alegações finais, à produção de provas e à interposição de recursos como elementos inerentes aos princípios do contraditório e da ampla defesa (inciso X) do art. 2º:

> X – garantia dos direitos à comunicação, à apresentação de alegações finais, à produção de provas e à interposição de recursos, nos processos de que possam resultar sanções e nas situações de litígio.

10.2.2. Princípio da Oficialidade ou do Impulso Oficial

Por esse princípio, compete à Administração dar andamento ao processo administrativo até final decisão, ainda que tenha sido instaurado mediante requerimento do administrado. Ex.: se o administrado requer a instauração de um processo administrativo e desaparece, a Administração deverá dar andamento até o final.

Esse princípio tem por fundamento *a finalidade pública* da atuação administrativa, que exige a *satisfação do interesse público* e, consequentemente, a movimentação de ofício (independentemente de requerimento do particular) do processo administrativo como única forma de tutelar o interesse coletivo. Se o particular que requereu a instauração desapareceu, isso em nada interfere no dever de a Administração dar andamento ao processo.

A esse respeito, dispõe a Lei n. 9.784/99 que serão observados, entre outros critérios, a impulsão de ofício sem prejuízo da atuação dos interessados (art. 2º, XII).

Ademais, nesse sentido, preveem os arts. 5º e 29, *caput*, da Lei n. 9.784/99 que o processo administrativo pode se iniciar de ofício ou a pedido de interessado e que a produção de provas destinada a averiguar e comprovar os dados necessários à tomada de decisão serão realizados de ofício ou mediante impulsão do órgão responsável pelo processo.

ATENÇÃO! Há doutrina que diferencia princípio do impulso oficial do princípio da oficialidade, sendo que este impõe a necessidade de o processo administrativo ser tocado por órgão oficial.

10.2.3. Princípio do Informalismo ou Formalismo Moderado

Esse princípio legitima formas simples na composição do processo administrativo, bastando que sejam suficientes para garantir a segurança e o respeito aos direitos dos administrados. Ex.: deve ser escrito, datado e assinado pela autoridade competente.

Sobre o tema, dispõe a Lei n. 9.784/99 que as formalidades essenciais à garantia dos direitos dos administrados serão observadas junto com a adoção de formas simples, suficientes para propiciar adequado grau de certeza, segurança e respeito aos direitos dos administrados (incisos VIII e IX do art. 2º).

Não há necessidade do formalismo existente, por exemplo, no processo judicial, que exige como regra a defesa por advogado. A Lei n. 9.784/99 estabelece ser facultativa a presença de advogado no processo administrativo. No mesmo sentido, o STF editou súmula vinculante (de n. 5) determinando que a falta de defesa técnica por advogado no processo administrativo disciplinar não ofende a Constituição.

Por outro lado, prevê o *caput* do art. 22 da Lei n. 9.784/99 que, se existir lei exigindo que o processo administrativo siga determinada forma, esta deverá ser cumprida, sob pena de nulidade do processo:

> Art. 22. Os atos do processo administrativo não dependem de forma determinada senão quando a lei expressamente a exigir.

APROFUNDANDO! Segundo o novo Código de Processo Civil, "na ausência de normas que regulem processos eleitorais, trabalhistas ou administrativos, as disposições deste Código lhes serão aplicadas supletiva e subsidiariamente" (art. 15). O tema é bastante instigante, pois enquanto o processo judicial, regulado pelo CPC/2015, consiste num procedimento formal, o processo administrativo, conforme visto, é informal. O tempo irá dizer se o princípio ora estudado permanecerá presente nos procedimentos administrativos.

Importante lembrar por fim que, em 8 de outubro de 2018, foi editada a Lei n. 13.726 que racionaliza atos e procedimentos administrativos dos Poderes da União, dos Estados, do Distrito Federal e dos Municípios mediante a supressão ou a simplificação de formalidades ou exigências desnecessárias ou superpostas, cujo custo econômico ou social, tanto para o erário como para o cidadão, seja superior ao eventual risco de fraude, e institui o Selo de Desburocratização e Simplificação.

10.2.4. Princípio da Verdade Material

Por esse princípio, a Administração deve procurar saber o que realmente aconteceu, valendo-se de todos os meios de prova em direito admitidos.

Em razão de a Administração tutelar o interesse público, não pode ficar aguardando as provas trazidas pelos administrados (verdade formal), devendo buscar o que realmente aconteceu (verdade material) durante o processo administrativo. Ex.: comerciante afirma que está sendo coagido por um fiscal a pagar-lhe propina. A Administração não deve ficar esperando as provas trazidas pelo comerciante, mas sim buscar saber se a extorsão é verdadeira.

10.2.5. Princípio da Celeridade Processual ou Duração Razoável do Processo

O art. 5º, LXXVIII, da CF estabelece que tanto o processo administrativo como o processo judicial deverão ter duração razoável. A celeridade processual deverá ser interpretada em conjunto com o princípio do contraditório e da ampla defesa, porque processo rápido pode não ser justo. Assim, imprescindível analisarmos alguns requisitos para saber se o processo teve ou não duração razoável. São eles: (i) comportamento das partes no feito (se a atuação é protelatória ou não); (ii) a atuação das autoridades judiciais; (iii) complexidade do caso.

10.3. Direitos e Deveres dos Administrados

Os direitos e os deveres dos administrados estão previstos na Lei n. 9.784/99 (arts. 3º e 4º). Como direitos, diante da Administração Pública podemos citar:

a) serem tratados com respeito pelas autoridades e servidores, que deverão facilitar o exercício de seus direitos e o cumprimento de suas obrigações;

b) terem ciência da tramitação dos processos administrativos em que tenham a condição de interessados, terem vista dos autos, obterem cópias de documentos neles contidos e conhecerem as decisões proferidas;

c) formularem alegações e apresentarem documentos antes da decisão, os quais serão objeto de consideração pelo órgão competente;

d) fazerem-se assistir, facultativamente, por advogado, salvo quando obrigatória a representação, por força de lei.

Por sua vez, como deveres dos administrados perante a Administração, temos:

a) exporem os fatos conforme a verdade;

b) procederem com lealdade, urbanidade e boa-fé;

c) não agirem de modo temerário;

d) prestarem as informações que lhes forem solicitadas e colaborarem para o esclarecimento dos fatos.

10.4. Competência

Conforme visto no capítulo *Atos Administrativos*, a competência consiste no conjunto de atribuições conferidas pela lei a um órgão ou agentes públicos para o desempenho da atividade administrativa.

A Lei n. 9.784/99 dispõe sobre delegação e avocação de competência, que poderão ocorrer independentemente da irrenunciabilidade. Caso não haja competência legal específica, o processo administrativo deverá se iniciar perante a autoridade de menor grau hierárquico para decidir (art.17).

i) Delegação de Competência: a delegação de competência consiste na transferência de parcela das atribuições de um órgão ou agente para outros, subordinados ou não, e desde que não haja impedimento legal. A delegação é revogável a qualquer tempo pelo agente delegante (art. 14, § 2º, da Lei n. 9.784/99). Assim, é possível delegar inclusive aos hierarquicamente subordinados, em razão de índole técnica, social, econômica, jurídica ou territorial (art.12: "Um órgão administrativo e seu titular poderão, se não houver impedimento legal, delegar parte da sua competência a outros órgãos ou titulares, ainda que estes não lhe sejam hierarquicamente subordinados, quando for conveniente, em razão de circunstâncias de índole técnica, social, econômica, jurídica ou territorial.").

Entretanto, a delegação de competência não poderá ocorrer nas hipóteses previstas no art. 13 da Lei n. 9.784/99:

> a) a edição de atos de caráter normativo;
>
> b) a decisão de recursos administrativos;
>
> c) as matérias de competência exclusiva do órgão ou autoridade.

ii) Avocação de Competência: ocorre quando um superior hierárquico chama para si parcela das atribuições de um subordinado. Essa avocação ocorrerá em caráter temporário e, em casos excepcionais, por motivos relevantes devidamente justificados.

10.5. Fases do Processo Administrativo

1ª) Fase de Instauração: é a fase que inicia o processo administrativo, definindo o objeto e a autoridade competente para conduzi-lo.

Esse processo pode ser instaurado de ofício pela Administração (independentemente de requerimento) ou mediante pedido do interessado.

Em regra, a intimação pode ser efetuada por ciência no processo, por via postal com aviso de recebimento, por telegrama ou outro meio que assegure a certeza da ciência do interessado (art. 26, § 3º).

Porém, no caso de interessados indeterminados, desconhecidos ou com domicílio indefinido, a intimação deve ser efetuada por meio de publicação oficial (art. 26, § 4º).

As intimações serão nulas quando feitas sem observância das prescrições legais, mas o comparecimento do administrado supre sua falta ou irregularidade (art. 26, § 5º).

2ª) Fase Instrutória: nessa fase são colhidas todas as provas (documentais, testemunhais, periciais...), bem como será o momento do acusado exercer seu direito constitucional ao contraditório e à ampla defesa.

Somente poderão ser recusadas, mediante decisão fundamentada, as provas propostas pelos interessados quando sejam ilícitas, impertinentes, desnecessárias ou protelatórias (art. 38, § 2º).

Encerrada a instrução, o interessado terá o direito de manifestar-se no prazo máximo de dez dias (alegações finais), salvo se outro prazo for legalmente fixado (art. 44).

3ª) Fase de Julgamento: é a fase em que a decisão será proferida pela autoridade competente. Essa decisão poderá ser emanada de uma só autoridade ou de um órgão colegiado, composto de várias autoridades.

Determina o art. 49 que concluída a instrução do processo administrativo, a Administração tem o prazo de até trinta dias para decidir, salvo prorrogação por igual período expressamente motivada.

A decisão administrativa deverá ser motivada. O art. 50 da Lei n. 9.784 prevê:

> Os atos administrativos deverão ser motivados, com indicação dos fatos e dos fundamentos jurídicos, quando: I – neguem, limitem ou afetem direitos ou interesses; II – imponham ou agravem deveres, encargos ou sanções; III – decidam processos administrativos de concurso ou seleção pública; IV – dispensem ou declarem a inexigibilidade de processo licitatório; V – decidam recursos administrativos; VI – decorram de reexame de ofício; VII – deixem de aplicar jurisprudência firmada sobre a questão ou discrepem de pareceres, laudos, propostas e relatórios oficiais; VIII – importem anulação, revogação, suspensão ou convalidação de ato administrativo.

Apesar do caráter imperativo do *caput* do art. 50, a regra consiste na motivação da atuação administrativa, ou seja, a Administração deverá motivar seus atos, em regra, qualquer que seja sua natureza (discricionário ou vinculado), e não tão somente nas hipóteses mencionadas no aludido dispositivo legal.

A Lei n. 14.210/2021, incluiu na Lei n. 9.784/99 o Instituto da Decisão Coordenada, nos seguintes termos:

Art. 49-A. No âmbito da Administração Pública federal, as decisões administrativas que exijam a participação de 3 (três) ou mais setores, órgãos ou entidades poderão ser tomadas mediante decisão coordenada, sempre que: (Incluído pela Lei n. 14.210, de 2021)

I – for justificável pela relevância da matéria; e (Incluído pela Lei n. 14.210, de 2021)

II – houver discordância que prejudique a celeridade do processo administrativo decisório. (Incluído pela Lei n. 14.210, de 2021)

§ 1º Para os fins desta Lei, considera-se decisão coordenada a instância de natureza interinstitucional ou intersetorial que atua de forma compartilhada com a finalidade de simplificar o processo administrativo mediante participação concomitante de todas as autoridades e agentes decisórios e dos responsáveis pela instrução técnico-jurídica, observada a natureza do objeto e a compatibilidade do procedimento e de sua formalização com a legislação pertinente. (Incluído pela Lei n. 14.210, de 2021)

§ 2º (VETADO). (Incluído pela Lei n. 14.210, de 2021)

§ 3º (VETADO). (Incluído pela Lei n. 14.210, de 2021)

§ 4º A decisão coordenada não exclui a responsabilidade originária de cada órgão ou autoridade envolvida. (Incluído pela Lei n. 14.210, de 2021)

§ 5º A decisão coordenada obedecerá aos princípios da legalidade, da eficiência e da transparência, com utilização, sempre que necessário, da simplificação do procedimento e da concentração das instâncias decisórias. (Incluído pela Lei n. 14.210, de 2021)

§ 6º Não se aplica a decisão coordenada aos processos administrativos: (Incluído pela Lei n. 14.210, de 2021)

I – de licitação; (Incluído pela Lei n. 14.210, de 2021)

II – relacionados ao poder sancionador; ou (Incluído pela Lei n. 14.210, de 2021)

III – em que estejam envolvidas autoridades de Poderes distintos. (Incluído pela Lei n. 14.210, de 2021)

Art. 49-B. Poderão habilitar-se a participar da decisão coordenada, na qualidade de ouvintes, os interessados de que trata o art. 9º desta Lei. (Incluído pela Lei n. 14.210, de 2021)

Parágrafo único. A participação na reunião, que poderá incluir direito a voz, será deferida por decisão irrecorrível da autoridade responsável pela convocação da decisão coordenada. (Incluído pela Lei n. 14.210, de 2021)

Art. 49-C. (VETADO). (Incluído pela Lei n. 14.210, de 2021)

Art. 49-D. Os participantes da decisão coordenada deverão ser intimados na forma do art. 26 desta Lei. (Incluído pela Lei n. 14.210, de 2021)

Art. 49-E. Cada órgão ou entidade participante é responsável pela elaboração de documento específico sobre o tema atinente à respectiva competência, a fim de subsidiar os trabalhos e integrar o processo da decisão coordenada. (Incluído pela Lei n. 14.210, de 2021)

Parágrafo único. O documento previsto no *caput* deste artigo abordará a questão objeto da decisão coordenada e eventuais precedentes. (Incluído pela Lei n. 14.210, de 2021)

Art. 49-F. Eventual dissenso na solução do objeto da decisão coordenada deverá ser manifestado durante as reuniões, de forma fundamentada, acompanhado das propostas de solução e de alteração necessárias para a resolução da questão. (Incluído pela Lei n. 14.210, de 2021)

Parágrafo único. Não poderá ser arguida matéria estranha ao objeto da convocação. (Incluído pela Lei n. 14.210, de 2021)

Art. 49-G. A conclusão dos trabalhos da decisão coordenada será consolidada em ata, que conterá as seguintes informações: (Incluído pela Lei n. 14.210, de 2021)

I – relato sobre os itens da pauta; (Incluído pela Lei n. 14.210, de 2021)

II – síntese dos fundamentos aduzidos; (Incluído pela Lei n. 14.210, de 2021)

III – síntese das teses pertinentes ao objeto da convocação; (Incluído pela Lei n. 14.210, de 2021)

IV – registro das orientações, das diretrizes, das soluções ou das propostas de atos governamentais relativos ao objeto da convocação; (Incluído pela Lei n. 14.210, de 2021)

V – posicionamento dos participantes para subsidiar futura atuação governamental em matéria idêntica ou similar; e (Incluído pela Lei n. 14.210, de 2021)

VI – decisão de cada órgão ou entidade relativa à matéria sujeita à sua competência. (Incluído pela Lei n. 14.210, de 2021)

§ 1º Até a assinatura da ata, poderá ser complementada a fundamentação da decisão da autoridade ou do agente a respeito de matéria de competência do órgão ou da entidade representada. (Incluído pela Lei n. 14.210, de 2021)

§ 2º (VETADO). (Incluído pela Lei n. 14.210, de 2021)

§ 3º A ata será publicada por extrato no *Diário Oficial da União*, do qual deverão constar, além do registro referido no inciso IV do *caput* deste artigo, os dados identificadores da decisão coordenada e o órgão e o local em que se encontra a ata em seu inteiro teor, para conhecimento dos interessados. (Incluído pela Lei n. 14.210, de 2021

4ª) Fase Recursal: é a fase na qual a parte que se sentir prejudicada poderá recorrer da decisão proferida em processo administrativo. Sobre o tema, cumpre destacar que existem:

a) Recurso hierárquico próprio: é aquele decidido pela autoridade superior dentro do mesmo órgão.

b) Recurso hierárquico impróprio: é o recurso dirigido a órgão estranho àquele de onde se originou a decisão recorrida. Ex.: recurso contra o ato de uma autarquia dirigido ao Ministério a que essa autarquia está vinculada.

Sobre a possibilidade de ser exigido depósito prévio para a interposição de recurso administrativo, a resposta é negativa tanto na posição do STJ como na visão do STF:

Súmula 373 do STJ:

> É ilegítima a exigência de depósito prévio para admissibilidade de recurso administrativo (*DJe* 30-3-2009).

Súmula Vinculante 21 do STF:

> É inconstitucional a exigência de depósito ou arrolamento prévios de dinheiro ou bens para admissibilidade de recurso administrativo (*DJe* 10-11-2009).

A esse respeito, importante destacar ainda que o pedido de *Revisão* não se caracteriza como recurso administrativo em sentido estrito, mas como instrumento utilizado para demonstrar a inadequação da sanção aplicada, em razão do surgimento de fatos novos ou circunstâncias relevantes que justifiquem essa inadequação.

A revisão pode ser proposta a qualquer tempo, a pedido do interessado ou de ofício pela Administração.

CUIDADO! O art. 64, parágrafo único, prevê a possibilidade da *reformatio in pejus* (reforma para pior) quando da apreciação de um recurso administrativo. Contudo, o art. 65, parágrafo único, a proíbe quando da revisão dos processos de que resultem sanções. Assim, se alguém entra com um recurso administrativo e, da decisão deste, a situação do recorrente puder piorar, não há problema, desde que a parte interessada seja cientificada do possível agravamento. Porém, se uma pessoa entra com um pedido de revisão, visando demonstrar a sua inocência ou a inadequação da sanção aplicada, nunca poderá piorar sua situação, em razão da vedação à *reformatio in pejus*.

10.6. Da Absolvição Administrativa Antecipada – AAA

Está pacificado na jurisprudência superior que, apesar da independência entre as esferas judicial criminal e administrativa, a absolvição no processo crime pelo fundamento de negativa de autoria implicará, necessariamente, absolvição na esfera do processo administrativo:

> "RECURSO ORDINÁRIO EM *HABEAS CORPUS*. CONSTITUCIONAL. PENAL. 1. TRÂNSITO EM JULGADO DO ACÓRDÃO PROFERIDO NO JULGAMENTO DO RECURSO DE APELAÇÃO DA DEFESA. IMPETRAÇÃO DE *HABEAS CORPUS* NO SUPERIOR TRIBUNAL DE JUSTIÇA APÓS O TRANSCURSO DO PRAZO RECURSAL. IMPOSSIBILIDADE DE UTILIZAÇÃO DE *HABEAS CORPUS* COMO SUCEDÂNEO DE REVISÃO CRIMINAL. 2. INDEPENDÊNCIA RELATIVA DAS ESFERAS PENAL E ADMINISTRATIVA. 3. INEXISTÊNCIA DE AMEAÇA A DIREITO DE LOCOMOÇÃO. 1. Trânsito em julgado do acórdão objeto da impetração no Superior Tribunal de Justiça. Nos termos da jurisprudência deste Supremo Tribunal, o *habeas corpus* não pode ser utilizado como sucedâneo de revisão criminal. 2. É pacífica a jurisprudência deste Supremo Tribunal no sentido da independência relativa das esferas penal e administrativa, havendo repercussão apenas em se tratando de absolvição no juízo penal por inexistência do fato ou negativa de autoria. Precedentes. 3. Seja o ora Recorrente absolvido por insuficiência de provas ou por atipicidade da conduta, essas duas situações não repercutiriam na punição imposta na via administrativa. 4. Recorrente absolvido por insuficiência de provas. Pretensão de rever a punição imposta administrativamente. Inexistência de ameaça ao direito de locomoção. 5. Recurso ao qual se nega provimento." (STF – RHC 116204/SP – *DJe* 2-5-2013)
>
> "A absolvição na esfera penal só influencia no âmbito do processo administrativo disciplinar se ficar comprovada naquela instância a não ocorrência do fato ou a negativa da sua autoria. Precedentes: AgInt no REsp 1.345.380/SP, Rel. Ministro Napoleão Nunes Maia Filho, Rel. p/ acórdão Ministro Benedito Gonçalves, Primeira Turma, *DJe* 3-5-2017; AgInt nos EDcl no AREsp 731.118/MG, Rel. Ministro Herman Benjamin, Segunda Turma, *DJe* 24-4-2017; AgInt no REsp 1.575.037/SP, Rel. Ministro Sérgio Kukina, Primeira Turma, *DJe* 30-3-2017." (STJ – AgInt no AREsp 1019336 / SP – *DJe* 1º-10-2017)

Logo, no caso de uma infração ser considerada ao mesmo tempo penal e administrativa e, acontecer de a pessoa investigada na via administrativa não ser denunciada na ação penal, implica exigir a absolvição antecipada administrativa. Isto ocorre por um motivo muito simples: constatação pelo titular da ação penal, o Ministério Público, de ausência de indícios mínimos de autoria de crime por parte da pessoa também investigada em processo administrativo.

Assim, invocando o raciocínio lógico-sistemático, se a pessoa não foi denunciada na via criminal, ela também não será considerada autora do crime que ainda representa infração administrativa em eventual processo administrativo. Inexistindo indícios mínimos de autoria do crime, imprescindível o reconhecimento antecipado da absolvição administrativa, pois, se a absolvição criminal com fundamento na negativa de autoria gera a absolvição automática na via administrativa, com maior razão essa absolvição deverá advir de forma antecipada quando a pessoa nem figurar como ré numa ação penal.

Trata-se de teoria jurídica por nós criada e denominada Absolvição Administrativa Antecipada – AAA, corolário dos princípios da economia e celeridade processual, razoabilidade e proporcionalidade, dentre outros princípios do Estado Constitucional e Democrático de Direito.

Entender de forma contrária à nossa teoria ora apresentada, seria o mesmo que aceitar a situação absurda de exigir a inclusão de uma pessoa que se sabe inocente numa ação penal, só para esperar a absolvição por negativa de autoria e implicar, necessariamente, absolvição também na via administrativa, ainda que por meio de pedido de revisão.

Nossa teoria vem sendo utilizada por nós em defesas administrativas junto ao Tribunal de Contas da União, e vem se sagrando vencedora, com citação em Relatório integrante de Voto de Ministro da Corte Superior de Contas, nos seguintes termos:

> m) tais informações são muito significativas, uma vez que, invocando o raciocínio lógico sistêmico, se a requerente não foi citada na CPI e, consequentemente, não virou ré na aludida ação penal, é porque o Ministério Público Federal tem plena certeza de que, em relação a ela, não existem indícios de autoria. Assim, se a ora postulante não foi autora de crime algum, deverá ser absolvida antecipadamente na via administrativa, pois, conforme é cediço, se a absolvição criminal com fundamento na negativa de autoria gera a absolvição automática na via administrativa, com maior razão essa absolvição deverá advir de forma antecipada quando a pessoa nem figurar como ré numa ação penal;
>
> n) nesse sentido, está pacificado na jurisprudência superior que, apesar da independência entre as esferas judicial criminal e administrativa, a absolvição no processo criminal pelo fundamento de negativa de autoria implicará, necessariamente, absolvição na esfera do processo administrativo, conforme os precedentes que lista em sua defesa (peça 109, p. 9-10);
>
> o) logo, no caso de uma infração ser considerada ao mesmo tempo penal e administrativa e, como neste processo, verificar-se que a defendente não foi denunciada na ação penal, implica exigir a absolvição antecipada na via administrativa. Assim, se a postulante não foi denunciada, ela também não será considerada autora do crime que ainda representa a infração administrativa destes autos. Trata-se do instituto da absolvição administrativa antecipada, corolário dos princípios da economia e celeridade processual, razoabilidade e proporcionalidade, dentre outros, que, mais uma vez, corrobora para a tese de exclusão da requerente do polo passivo da presente Tomada de Contas Especial; (GRUPO I – CLASSE II – Primeira Câmara – TC 007.572/2020-4 – ACÓRDÃO N. 17734/2021 – Rel. Min. JORGE OLIVEIRA – Outubro de 2021).

Percebam que a incidência da teoria da Absolvição Administrativa Antecipada pode ser aplicada em benefício de servidores públicos, numa relação clássica de sujeição especial, bem como na defesa de particulares[128].

10.7. Do Impedimento e da Suspeição

Em determinadas hipóteses alguns agentes públicos estão impedidos de atuar em processo administrativo e, em outras, são considerados suspeitos.

São hipóteses de impedimento, de acordo com a Lei n. 9.784/99 (art. 18): a) ter interesse direto ou indireto na matéria; b) ter participado ou vir a participar como perito, testemunha ou representante, ou tais situações ocorrerem quanto ao cônjuge, companheiro ou parente e afins até o terceiro grau; c) estar litigando judicial ou administrativamente com o interessado ou respectivo cônjuge ou companheiro.

Já as hipóteses de suspeição consistem na amizade íntima ou inimizade notória de servidor com algum dos interessados ou com os respectivos cônjuges, companheiros, parentes e afins até o terceiro grau (art. 20).

10.8. Contagem de Prazos

Inicia-se a contagem dos prazos da *data da cientificação oficial*, ou seja, do dia em que a Administração der ciência pelos órgãos oficiais. Ex.: *Diário Oficial*.

---

128 O tema da Absolvição Administrativa Antecipada é novo, mas tão instigante que virou projeto de mestrado do meu ex-aluno de pós-graduação e Delegado de Polícia do Estado de São Paulo, Dr. Giuliano Sorge de Paula Silva, que muito nos honrou em apresentar o aludido projeto na PUC-SP no final ano de 2021 e de fazer paralelos importantes da Teoria da AAA com institutos do Direito Penal e do Processo Penal, como o da Absolvição Sumária: "Respeitadas as peculiaridades de cada ramo, o Direito Administrativo guarda proximidade com o Direito Penal e com o Direito Processual Penal em alguns de seus institutos, permitindo em certos casos a sua aplicação subsidiária e integrativa na atividade administrativa do Estado. Sendo assim, não se pode afastar como inspiração ao desenvolvimento do instituto, a absolvição sumária, prevista no art. 397 do Código de Processo Penal, em destaque, o seu inciso II, referente à culpabilidade do agente. Referido dispositivo da lei processual pátria estabelece ao juiz, após a resposta do acusado conforme a disciplina do art. 396-A do mencionado diploma, o dever de absolvê-lo sumariamente quando verificar a existência manifesta de causa excludente de sua culpabilidade, salvo inimputabilidade, servindo assim como norte integrativo, interpretativo e influenciador no reconhecimento da subsistência da Absolvição Administrativa de forma antecipada como instituto inovador no processo administrativo e sobre tudo no Direito. Nesta esteira, a existência da absolvição administrativa antecipada reside no fato de que ambas atividades persecutórias estatais, penal e administrativa se valem da análise probatória para a imputação de suas responsabilidades, de modo que, se no âmbito penal, cuja apreciação do conjunto cognitivo se dá com a amplitude necessária a permitir a aplicação de uma pena corporal ao indivíduo, com maior razão há que se reconhecer instituto similar na esfera administrativa, objetivando contemplar que o seu grau de cognição possa assegurar a manutenção do *status* funcional do agente. O estudo envolve a questão da independência e comunicabilidade das instâncias penal e administrativa, destacando-se os efeitos de suas decisões, na apuração e processamento de um fato em tese correspondente a um ilícito penal e administrativo, guardadas as proporções e standard probatórios típicos de cada procedimento."

Na contagem dos prazos *exclui-se o dia do começo e se inclui o dia do vencimento*. Ex.: administrado possui 3 dias para praticar um ato que foi publicado na segunda-feira. O prazo máximo para a prática desse ato será quinta-feira (exclui-se o dia do começo – segunda-feira – e se inclui o dia do vencimento – quinta-feira).

Se o dia do vencimento cair em data em que não houver expediente (sábado, domingo ou feriado), ou se este for encerrado antes do horário normal, considera-se prorrogado o prazo até o primeiro dia útil seguinte. Ex.: o prazo do vencimento cai num sábado; prorroga-se até a segunda-feira seguinte, desde que seja dia útil.

10.9. Da Prioridade na Tramitação do Processo Administrativo

A Lei n. 12.008, de 29 de julho de 2009, introduziu o art. 69-A na Lei do Processo Administrativo Federal, estabelecendo a prioridade em qualquer órgão ou instância para as pessoas, como partes ou interessadas, que se encontrarem nas seguintes situações:

a) pessoas com idade igual ou superior a 60 (sessenta) anos;

b) pessoas portadoras de deficiência, física ou mental;

c) pessoas portadoras de tuberculose ativa, esclerose múltipla, neoplasia maligna, hanseníase, paralisia irreversível e incapacitante, cardiopatia grave, doença de Parkinson, espondiloartrose anquilosante, nefropatia grave, hepatopatia grave, estados avançados da doença de Paget (osteíte deformante), contaminação por radiação, síndrome de imunodeficiência adquirida, ou outra doença grave, com base em conclusão da medicina especializada, mesmo que a doença tenha sido contraída após o início do processo.

As pessoas interessadas na obtenção do benefício devem juntar prova de sua condição, requerendo à autoridade administrativa competente, que determinará as providências a serem cumpridas (§ 1º). Caso a prioridade na tramitação seja deferida, os autos terão identificação própria para tal benefício (§ 2º).

Questões

1. (FCC – 2019 – Prefeitura de Manaus/AM – Auditor Fiscal de Tributos Municipais) As decisões proferidas em processo administrativo que: (I) tenham se baseado em fatos ou motivos inexistentes; (II) tenham sido proferidas por autoridade incompetente; (III) não tenham sido motivadas; ou (IV) se destinem a finalidade distinta daquela indicada:

a) Podem ser objeto de revisão pela própria Administração, desde que não tenham transitado em julgado, o que impede a reversibilidade dos efeitos produzidos.

b) Devem ser revogadas pela própria Administração, ainda que com fundamento em vício de legalidade, na medida em que a análise de oportunidade e conveniência se dá no âmbito do cabimento ou não da revisão.

c) Podem ser anuladas pela Administração pública ou pelo Poder Judiciário, desde que de natureza discricionária.

d) Podem ser anuladas pelo Tribunal de Contas competente, como exercício regular de atividade de fiscalização dos atos administrativos ordinários e de caráter disciplinar.

e) Devem ser anuladas pela própria Administração, observado o prazo decadencial previsto na legislação e considerando que não sejam sanáveis os vícios identificados.

2. (VUNESP – 2018 – FAPESP – Procurador) Após conceder bolsa de estudos para que um indivíduo cursasse o doutorado, a FAPESP toma conhecimento de que os dados curriculares apresentados pelo candidato não retratavam a realidade. Esses dados eram obrigatórios e essenciais à concessão da bolsa. A Fundação

a) com base nos indícios de irregularidade nas informações fornecidas pode cancelar de ofício a bolsa concedida, independentemente da instauração de procedimento administrativo.

b) deve instaurar de ofício processo administrativo para apurar os fatos, garantindo o contraditório e a ampla defesa ao bolsista e, uma vez constatada a irregularidade, pode cancelar a bolsa concedida.

c) deve encaminhar representação ao Ministério Público para instauração de inquérito civil para apurar eventuais ilegalidades que, se comprovadas, implicam no cancelamento da bolsa concedida.

d) somente poderá instaurar processo administrativo para apurar os fatos mediante provocação de eventuais interessados, devendo garantir o contraditório e a ampla defesa ao investigado e, uma vez constatada a irregularidade, poderá cancelar a bolsa.

e) deverá recorrer ao Poder Judiciário para cancelar o ato que concedeu a bolsa, comprovando a ocorrência da ilegalidade, sendo-lhe vedado realizar administrativamente o cancelamento da bolsa.

3. (FGV – 2018 – TJ/SC – Analista Administrativo) De acordo com a doutrina de Direito Administrativo e os ditames da Lei n. 9.784/99, que trata do processo administrativo, a competência para prática dos atos administrativos deve ser definida em lei ou em ato administrativo geral e tem as seguintes características gerais:

a) indelegabilidade, irrenunciabilidade e prorrogabilidade;

b) renunciabilidade, delegabilidade e prescritibilidade;

c) imprescritibilidade, irrenunciabilidade e improrrogabilidade;

d) avocabilidade, indelegabilidade e prescritibilidade;

e) irrenunciabilidade, avocabilidade e prescritibilidade.

4. (FCC – 2018 – TRT – 2ª REGIÃO/SP – Analista Judiciário – Área Administrativa) No que concerne à competência das autoridades administrativas e sua delegação, nos termos disciplinados pela Lei Federal no 9.784, de 1999, que disciplina o processo administrativo no âmbito da Administração Pública Federal, tem-se que

a) a delegação somente é admitida para órgão hierarquicamente subordinado àquele detentor da competência legal.

b) não é admissível a delegação de competência para decisão de recursos administrativos.

c) admite-se a delegação para a edição de atos normativos, desde que não gerem efeitos perante terceiros.

d) a avocação de competência de órgão hierarquicamente inferior é sempre cabível, independentemente de ato específico.

e) não é passível de delegação a competência exclusiva, salvo para a prática de atos declaratórios.

5. (FCC – 2018 – TRT – 2ª REGIÃO /SP – Analista Judiciário – Contabilidade) No que concerne à competência das autoridades administrativas e sua delegação, nos termos disciplinados pela Lei Federal n. 9.784/1999, que disciplina o processo administrativo no âmbito da Administração Pública Federal, tem-se que

a) não é admissível a delegação de competência para decisão de recursos administrativos.

b) a delegação somente é admitida para órgão hierarquicamente subordinado àquele detentor da competência legal.

c) admite-se a delegação para a edição de atos normativos, desde que não gerem efeitos perante terceiros

d) a avocação de competência de órgão hierarquicamente inferior é sempre cabível, independentemente de ato específico.

e) não é passível de delegação a competência exclusiva, salvo para a prática de atos declaratórios.

6. (CESPE – 2018 – TJ/CE – Juiz de Direito) Com relação aos princípios que regem os processos administrativos, assinale a opção correta.

a) Conforme o princípio do formalismo moderado, os atos do processo administrativo não dependem de forma determinada, salvo por exigência legal.

b) O princípio da ampla defesa impõe a participação de advogado em todas as fases do procedimento administrativo disciplinar.

c) Por força do princípio da verdade material, admite-se a utilização, em processo administrativo, de provas obtidas por meio ilícito, desde que produzidas de boa-fé.

d) A exigência de depósito de valores como condição de admissibilidade de recurso administrativo não viola o princípio da pluralidade de instâncias.

e) A adoção da chamada fundamentação per relationem em atos administrativos viola o princípio da motivação.

7. (CESPE – 2018 – TJ/CE – Juiz de Direito) À luz da Lei n. 9.784/1999, assinale a opção correta com relação à competência administrativa e à relação hierárquica existente no âmbito da administração pública.

a) A competência administrativa pode ser renunciada em hipótese de acordo entre os órgãos públicos envolvidos.

b) A relação de subordinação hierárquica entre os órgãos públicos envolvidos é condição imprescindível para a delegação da competência administrativa.

c) A delegação de competência de órgãos colegiados é possível, desde que não se trate de matéria de competência exclusiva, de decisão de recursos administrativos ou de edição de atos de caráter normativo.

d) O ato de delegação retira a competência da autoridade delegante e confere competência exclusiva ao órgão delegado.

e) A avocação temporária de competência é permitida, em caráter excepcional e por motivos justificados, entre órgãos da administração pública, independentemente da relação hierárquica estabelecida entre eles.

8. (VUNESP – 2018 – Câmara de Campo Limpo Paulista/SP – Procurador Jurídico) A Lei Federal n. 9.784/99, que trata do Processo Administrativo, determina que: "quando a matéria do processo envolver assunto de interesse geral, o órgão competente poderá, mediante despacho motivado, abrir período de consulta pública para manifestação de terceiros...".
Sobre a consulta pública para os fins previstos na referida Lei, é correto afirmar que

a) é uma característica da consulta pública a facultatividade, pois a Administração Pública não é obrigada a abrir período de consulta sempre que a matéria do processo envolver assunto de interesse geral, mas nada impede que lei especial a preveja em caráter obrigatório.

b) a ausência de prejuízo para a parte interessada deve ser interpretada de forma ampla e irrestrita e, nomeadamente, em relação ao prejuízo à celeridade do processo, quando já se sabe que ele se encaminha para um resultado harmonizado entre as partes.

c) a motivação é uma prerrogativa da Administração Pública, pois o despacho que justifica a realização de consulta pública não precisa ser acompanhado da explicitação do fundamento de interesse geral.

d) a abertura de consulta pública não precisa ser objeto de divulgação pelos meios oficiais, mas é necessário fixar prazos para o oferecimento de alegações escritas.

e) a Administração Pública não pode impedir o acesso aos autos, objeto de consulta pública, sem restrições a informações neles contidas, no que diz respeito aos direitos constitucionais.

9. (CESPE – 2018 – EMAP – Analista) Tendo como referência as disposições da Lei n. 9.784/1999 e da Lei n. 8.666/1993, julgue o item subsequente.

Processo administrativo somente será iniciado mediante pedido de interessado, sendo vedado à administração iniciá-lo de ofício, em respeito ao princípio da impessoalidade.

( ) Certo   ( ) Errado

10. (CESPE – 2018 – EMAP – Analista) Tendo como referência as disposições da Lei n. 9.784/1999 e da Lei n. 8.666/1993, julgue o item subsequente.

O servidor que tiver interesse, ainda que indireto, na matéria de processo administrativo fica impedido de atuar nesse processo.

( ) Certo   ( ) Errado

11. (CESPE – 2018 – EMAP – Analista) Considerando as disposições da Lei n. 9.784/1999, que regulamenta o processo administrativo no âmbito da administração pública federal, e da Lei n. 8.666/1993, Lei de Licitações e Contratos, julgue o item a seguir.

O processo administrativo que resultar em sanção poderá ser revisto a qualquer tempo, a pedido ou de ofício, se surgirem fatos novos relevantes que justifiquem a inadequação da sanção, podendo esta ser amenizada ou agravada.

( ) Certo   ( ) Errado

12. (CESPE – 2018 – EMAP – Analista) Considerando as disposições da Lei n. 9.784/1999, que regulamenta o processo administrativo no âmbito da administração pública federal, e da Lei n. 8.666/1993, Lei de Licitações e Contratos, julgue o item a seguir.

Caso não haja impedimento legal, um órgão administrativo poderá delegar parte de sua competência a outros órgãos, ainda que estes não lhe sejam hierarquicamente subordinados, quando tal procedimento for conveniente em razão de circunstância de natureza social.

( ) Certo   ( ) Errado

13. (INAZ do Pará – 2018 – CRF/SC – Advogado) Sobre a anulação, revogação e convalidação dos atos administrativos, à luz da Lei n. 9.784/1999, pode-se afirmar estar de acordo com a legislação:

a) A Administração deve anular seus próprios atos, quando eivados de vício de legalidade, e pode revogá-los por motivo de conveniência ou oportunidade, independente dos direitos adquiridos.

b) O direito da Administração de anular os atos administrativos de que decorram efeitos favoráveis para os destinatários decai em três anos, contados da data em que foram praticados, salvo comprovada má-fé.

c) No caso de efeitos patrimoniais contínuos, o prazo de prescrição contar-se-á da percepção do primeiro pagamento.

d) Considera-se exercício do direito de anular qualquer medida de autoridade administrativa que importe impugnação à validade do ato.

e) Em decisão na qual se evidencie não acarretarem lesão ao interese público nem prejuízo a terceiros, os atos que apresentarem defeitos insanáveis poderão ser convalidados pela própria Administração.

14. (INAZ do Pará – 2018 – CRF/SC – Advogado) Sobre a competência do processo administrativo disposto na Lei n. 9.784/1999, pode-se afirmar:

a) A competência é renunciável e se exerce pelos órgãos administrativos a que foi atribuída como própria, salvo os casos de delegação e avocação legalmente admitidos.

b) A edição de atos de caráter normativo não pode ser objeto de delegação.

c) O ato de delegação e sua revogação são dispensados de serem publicados no meio oficial.

d) O ato de delegação é irrevogável.

e) Inexistindo competência legal específica, o processo administrativo deverá ser iniciado perante a autoridade de maior grau hierárquico para decidir.

15. (INAZ do Pará – 2018 – CRF/SC – Advogado) Sobre a Lei n. 9.784/1999, no que concerne aos atos administrativos, pode-se afirmar:

a) Os atos do processo administrativo dependem de forma determinada.

b) Os atos do processo devem ser produzidos por escrito, em vernáculo, sendo dispensável a data e o local de sua realização e a assinatura da autoridade responsável.

c) A autenticação de documentos exigidos em cópia não poderá ser feita pelo órgão administrativo.

d) Os atos do processo podem realizar-se em qualquer dia e horário da repartição na qual tramitar o processo.

e) Os atos do processo devem realizar-se preferencialmente na sede do órgão, cientificando-se o interessado se outro for o local de realização.

16. (NUCEPE – 2018 – PC/PI – Delegado de Polícia) São legitimados como interessados no processo administrativo:

a) pessoas que têm interesse direto ou indireto na matéria;

b) pessoas físicas ou jurídicas que o iniciem como titulares de direitos ou interesses individuais ou no exercício do direito de representação;

c) tenha participado ou venha a participar como perito, testemunha ou representante, ou se tais situações ocorrem quanto ao cônjuge, companheiro ou parente e afins até o terceiro grau;

d) esteja litigando judicial ou administrativamente com o interessado ou respectivo cônjuge ou companheiro;

e) a autoridade que houver feito a nomeação.

17. (INSTITUTO AOCP – TRT – 1ª REGIÃO/RJ – Analista Judiciário – Área Administrativa) No tocante à instrução do processo administrativo federal (Lei n. 9.784/1999), assinale a alternativa correta.

a) Quando deva ser obrigatoriamente ouvido um órgão consultivo, o parecer deverá ser emitido no prazo máximo de 15 (quinze) dias, salvo norma especial ou comprovada necessidade de maior prazo.

b) O comparecimento à consulta pública confere, por si, a condição de interessado do processo, outorgando o direito de obter da Administração resposta fundamentada sobre o caso.

c) Somente podem ser recusadas sem a devida fundamentação as provas propostas pelos interessados quando forem ilícitas, impertinentes, desnecessárias ou protelatórias.

d) Encerrada a instrução, o interessado terá o direito de manifestar-se no prazo máximo de 20 (vinte) dias, salvo se outro prazo for legalmente fixado.

e) Se um parecer obrigatório e não vinculante deixar de ser emitido no prazo fixado, o processo não terá seguimento até a respectiva apresentação, responsabilizando-se quem der causa ao atraso.

18. (UFLA – 2018 – UFLA – Administrador) No que se refere ao processo administrativo no âmbito da Administração Pública Federal (Lei n. 9784/99), leia as proposições abaixo:

I. O órgão competente para decidir o recurso poderá confirmar, modificar, anular ou revogar, total ou parcialmente, a decisão recorrida, se a matéria for de sua competência.

II. Quando o recurso for proposto perante órgão incompetente, será indicada ao recorrente a autoridade competente, sendo-lhe devolvido o prazo para recurso.

III. O não conhecimento do recurso não impede a Administração de rever de ofício o ato ilegal, desde que não ocorrida preclusão administrativa.

IV. O recurso será conhecido quando interposto fora do prazo, mas será julgado improcedente.

Assinale a alternativa CORRETA:

a) Somente as proposições II e III estão corretas.

b) Somente as proposições I, III e IV estão corretas.

c) Somente as proposições II, III e IV estão corretas.

d) Somente as proposições I, II e III estão corretas.

19. (UFLA – 2018 – UFLA – Administrador) Considerando-se as normas aplicáveis ao processo administrativo no âmbito da Administração Pública Federal (Lei n. 9784/99), leia as proposições abaixo:

I. Terão prioridade na tramitação, em qualquer órgão ou instância, os procedimentos administrativos em que figure como parte ou interessado pessoa com idade igual ou superior a 60 (sessenta) anos.

II. Não terão prioridade na tramitação, em qualquer órgão ou instância, os procedimentos administrativos em que figure como parte ou interessado pessoa portadora de esclerose múltipla.

III. A pessoa interessada na obtenção do benefício da prioridade na tramitação, juntando prova de sua condição, deverá requerê-lo à autoridade administrativa competente, que determinará as providências a serem cumpridas.

IV. Deferida a prioridade na tramitação, os autos receberão identificação própria que evidencie o regime de tramitação prioritária.

Assinale a alternativa CORRETA:

a) Somente as proposições II e III estão corretas.

b) Somente as proposições I, III e IV estão corretas.

c) Somente as proposições II, III e IV estão corretas.

d) Somente as proposições I, II e III estão corretas.

20. (UFLA – 2018 – UFLA – Administrador) Dois cidadãos, legitimados como interessados em um processo administrativo, apresentam uma manifestação por escrito, formulando pretensão contra determinado servidor público federal. No que se refere ao processo administrativo no âmbito da Administração Pública Federal (Lei n. 9.784/99), as alternativas estão corretas, EXCETO:

a) Os dois interessados não poderão renunciar a direitos disponíveis.

b) Os dois interessados poderão, mediante manifestação escrita, desistir total ou parcialmente do pedido formulado.

c) Se apenas um interessado desistir do pedido formulado, tal desistência atinge somente a quem o tenha formulado.

d) A desistência ou renúncia dos interessados, conforme o caso, não prejudica o prosseguimento do processo, se a Administração considerar que o interesse público assim o exige.

21. (UFLA 2018 – UFLA – Administrador) Apresentam-se, a seguir, proposições relativas ao processo administrativo no âmbito da Administração Pública Federal (Lei n. 9784/99):

I. A avocação temporária de competência atribuída a órgão hierarquicamente inferior é permitida em caráter ordinário, devendo sua recusa ser justificada.

II. Salvo imposição legal, o reconhecimento de firma somente será exigido quando houver dúvida de autenticidade, sendo que a autenticação de documentos poderá ser feita pelo órgão administrativo.

III. O processo deverá ter suas páginas numeradas sequencialmente e rubricadas.

IV. Os atos do processo devem realizar-se em dias úteis, no horário normal de funcionamento da repartição na qual tramitar o processo, mas podem ser concluídos depois do horário normal os atos já iniciados, cujo adiamento prejudique o curso regular do procedimento ou cause dano ao interessado ou à Administração.

Assinale a alternativa CORRETA:

a) Somente as proposições I, II e IV estão corretas.

b) Somente as proposições III e IV estão corretas.

c) Somente as proposições II, III e IV estão corretas.

d) Somente as proposições I, III e IV estão corretas.

22. (FCC – 2016 – TRT 23ª Região/MT – Analista Judiciário – Área Administrativa) Em dois processos administrativos distintos, de âmbito federal, constatou-se a obrigatoriedade de ser ouvido órgão consultivo, devendo os respectivos pareceres ser emitidos no prazo de quinze dias, porém não foram apresentados. No primeiro processo, o parecer era obrigatório e vinculante e deixou de ser emitido no prazo fixado. No segundo processo, o parecer era obrigatório mas não vinculante e também deixou de ser emitido no prazo fixado. Nos termos da Lei n. 9.784/99 e independentemente da responsabilização cabível,

a) apenas na segunda hipótese, o processo poderá ter prosseguimento e ser decidido com sua dispensa.

b) em ambas as hipóteses, os processos não terão seguimento até que os pareceres sejam apresentados.

c) apenas na segunda hipótese, o processo poderá ter prosseguimento, mas a decisão só será possível após a apresentação do parecer.

d) em ambas as hipóteses, os processos poderão ter prosseguimento; no entanto, apenas no segundo caso, poderá ser decidido com sua dispensa.

e) em ambas as hipóteses, os processos terão seguimento normalmente, independentemente do momento da apresentação dos pareceres.

23. (FCC – 2016 – TRT 23ª Região/MT – Analista Judiciário – Oficial de Justiça Avaliador Federal) O processo administrativo é informado por princípios e, no âmbito federal, regido pela Lei n. 9.784/99. Caracteriza o processo administrativo

a) a inércia, tendo em vista que é necessário que uma das partes, ou mesmo um interessado, provoque o andamento do processo, não podendo ser impulsionado de ofício.

b) a imprescritibilidade e possibilidade de revisão das decisões por meio de reconsideração, independentemente de prazo, como garantia do direito dos administrados.

c) o diferimento do contraditório e da ampla defesa, que pode ser exercido após o proferimento da decisão final, caso seja desfavorável ao administrado.

d) a pluralidade de instâncias, com a possibilidade de apresentação de mais de um recurso administrativo, salvo se a primeira decisão já foi proferida pela autoridade máxima da Administração Pública.

e) a impossibilidade de aproveitamento de atos praticados no caso de identificação de vícios, em razão da informalidade que rege o processo, impedindo que dois processos administrativos tramitem da mesma forma.

24. (Prefeitura do Rio de Janeiro/RJ – 2016 – Administrador) O recurso administrativo pelo qual o recorrente, denunciando irregularidades, ilegalidades e condutas abusivas oriundas de agentes da administração, postula a apuração e a regularização dessas situações é denominado

a) representação.

b) pedido de reconsideração.

c) reclamação.

d) revisão.

25. (MPE-PR – 2014 – MPE-PR – Promotor) De acordo com a Lei n. 9.784/99, assinale a alternativa incorreta:

a) Os atos do processo administrativo não dependem de forma determinada senão quando a lei expressamente a exigir;

b) Os atos do processo administrativo devem ser produzidos por escrito, em vernáculo, com a data e o local de sua realização e a assinatura da autoridade responsável;

c) Os atos do processo administrativo devem realizar-se em dias úteis, no horário normal de funcionamento da repartição na qual tramitar o processo e serão concluídos depois do horário normal os atos já iniciados, cujo adiamento prejudique o curso regular do procedimento ou cause dano ao interessado ou à Administração;

d) Inexistindo disposição específica, os atos do órgão ou autoridade responsável pelo processo e dos administrados que dele participem devem ser praticados no prazo de quinze dias, salvo motivo de força maior, podendo ser dilatado até o dobro, mediante comprovada justificação;

e) Os atos do processo administrativo devem realizar-se preferencialmente na sede do órgão, cientificando-se o interessado se outro for o local de realização.

26. (CESPE – 2014 – ANATEL – Conhecimentos Básicos – Cargos 13, 14 e 15) No que se refere ao processo administrativo, julgue o próximo item.

É legitimado como interessado o terceiro que não tenha dado ensejo à instauração de processo administrativo, mas que possua direito suscetível de ser afetado pelo seu julgamento.

( ) Certo ( ) Errado

27. (VUNESP – 2014 – DPE-MS – Defensor Público) Assinale a alternativa que corretamente discorre sobre aspectos do processo administrativo.

a) É legítima a exigência de depósito prévio ou arrolamento prévio de dinheiro ou bens para admissibilidade de recurso administrativo.

b) No processo administrativo para imposição de multa de trânsito, é necessária somente a notificação da autuação, com a consequente imposição da pena se não houver defesa do autuado.

c) É obrigatória a presença de advogado em todas as fases do processo administrativo disciplinar, sob pena de violação da Constituição Federal.

d) Nos processos perante o Tribunal de Contas da União, asseguram-se o contraditório e a ampla defesa quando da decisão puder resultar anulação ou revogação de ato administrativo que beneficie o interessado, excetuada a apreciação da legalidade do ato de concessão inicial de aposentadoria, reforma e pensão.

28. (IESES – 2014 – TJ-MS – Titular de Serviços de Notas e de Registros – Provimento) Assinale a alternativa INCORRETA:

a) "Formalismo moderado" é um dos princípios aplicáveis ao "processo administrativo", significando que meras irregularidades que não afetam interesses públicos ou privados não devem dar ensejo à nulidade de atos do processo.

b) Os atos administrativos, regra geral, deverão ser motivados, com indicação dos fatos e dos fundamentos jurídicos, exceto quando decorram de reexame de ofício.

c) No tocante a direitos ou interesses difusos, as pessoas ou as associações legalmente constituídas são legitimadas para figurarem como interessados no processo administrativo.

d) No que se refere ao processo administrativo, não podem ser objeto de delegação, dentre outros, a edição de atos administrativos de caráter normativo.

29. (FCC – 2014 – MPE-PE – Promotor de Justiça) No tocante ao processo administrativo, a Lei Federal n. 9.784/99 estatui que

a) para atender relevante interesse público, poderá a autoridade superior avocar, por tempo indeterminado, competência atribuída a órgão inferior.

b) o recurso não será conhecido quando interposto perante órgão incompetente, mas, nessa hipótese, será indicada ao recorrente a autoridade competente, sendo--lhe devolvido o prazo para recurso.

c) se aplica ao processo administrativo o princípio dispositivo, pelo qual cabe ao interessado produzir as provas que lhe interessam e que serão apreciadas pela Administração, com base na verdade formal.

d) em razão do princípio da economia processual, processo que tenha sido instaurado a pedido de particular, uma vez que ocorra a desistência por parte do interessado, deve ser extinto pela Administração.

e) se, ao recorrer de decisão administrativa, o interessado alegar que tal decisão contraria enunciado de súmula vinculante, haverá suspensão do processo administrativo e remessa a órgão de assessoria jurídica, para emissão de parecer prévio ao exame do recurso.

30. (FCC – 2010 – TRE/AL – Técnico Judiciário) Míriam, na qualidade de parte e como titular de direitos, em processo administrativo que tramita junto ao Tribunal Regional Eleitoral, interpôs recurso cabível. Nesse caso, o recurso deve ser conhecido, ainda que

a) tenha ocorrido o exaurimento da esfera administrativa.

b) seus interesses sejam indiretamente afetados pela decisão recorrida.

c) não seja detentora de legitimidade recursal.

d) o recurso tenha sido interposto fora do prazo legal.

e) o recurso tenha sido interposto perante órgão incompetente.

31. (FCC – 2010 – TRE/AL – Técnico Judiciário) Órgão administrativo e seu titular, do Tribunal Regional Eleitoral, por não haver impedimento, pretendem delegar parte de sua competência a outro órgão ou titular de sua estrutura administrativa. Nesse caso, o titular do órgão delegante deve saber que poderá ser objeto de delegação, entre outros:

a) a decisão de recursos administrativos.

b) as matérias de competência exclusiva do órgão.

c) a edição de atos de caráter normativo.

d) a edição de atos de natureza negocial.

e) as matérias de competência exclusiva da autoridade, somente.

32. (2010 – TJ/MG – Escrevente) É INCORRETO afirmar que nos processos administrativos está prevista a

a) ampla defesa.

b) celeridade.

c) oralidade.

d) razoável duração.

33. (CESPE/UnB – 2010 – MPU – Analista Processual) (Adaptada) Tendo em vista as disposições gerais da lei que regula o processo administrativo no âmbito da administração pública federal (Lei n. 9.784/1999), julgue os itens a seguir.

O processo administrativo pauta-se por uma série de princípios que devem ser observados pelas autoridades, entre os quais se inclui o impulso de ofício, que lhes permite adotar as medidas necessárias à adequada instrução do processo.

( ) Certo ( ) Errado

A referida lei estabelece normas básicas sobre o processo administrativo no âmbito da administração pública direta e indireta, e seus preceitos também se aplicam aos órgãos dos Poderes Legislativo e Judiciário, quando no desempenho de função administrativa.

( ) Certo ( ) Errado

34. (CESPE/UnB – 2010 – TRE/MT – Analista Judiciário) Considerando a Lei n. 9.784/99, que regulamenta o processo administrativo, assinale a opção correta:

a) Segundo previsão legal expressa, as normas básicas ali consignadas quanto ao processo administrativo aplicam-se no âmbito da União, dos estados e dos municípios, nas esferas dos distintos poderes.

b) Enquanto o ato de delegação é revogável a qualquer tempo pela autoridade delegante, a avocação da competência é permitida mediante justificativa e de modo excepcional.

c) Nem mesmo o comparecimento do administrado supre a falta ou irregularidade na intimação realizada para a prática de determinado ato, em razão da ofensa ao princípio da legalidade estrita.

d) A lei não prevê expressamente a possibilidade de a administração pública adotar providências acauteladoras sem a prévia manifestação do interessado, mesmo porque seria necessário buscar a tutela do Poder Judiciário.

e) Havendo vários interessados no processo administrativo, a desistência ou a renúncia de um deles atinge os demais, razão pela qual fica prejudicado o prosseguimento do processo.

35. (VUNESP – 2021 – TJ-SP – Juiz Substituto) Quanto ao Processo Administrativo Disciplinar, consolidou-se o seguinte entendimento,

a) é lícito à autoridade administrativa divergir do parecer da comissão disciplinar e aplicar pena mais grave porque não se vincula à capitulação proposta, mas aos fatos.

b) a proporcionalidade da punição não pode ser objeto de correção na via judicial por ser matéria de mérito administrativo.

c) a oportunidade de defesa do servidor antecede a colheita da prova oral e será feita por advogado constituído ou nomeado, de forma a garantir ampla defesa.

d) não é admitido o uso de prova emprestada, considerando a independência das instâncias administrativa e judicial.

Gabarito: 1. e; 2. b; 3. c; 4. b; 5. a; 6. a; 7. c; 8. a; 9. errado; 10. certo; 11. errado; 12. c; 13. d; 14. b; 15. e; 16. b; 17. a; 18. d; 19. b; 20. a; 21. c; 22. a; 23. d; 24. a; 25. d; 26. certo; 27. d; 28. b; 29. b; 30. e; 31. d; 32. c; 33. certo e certo; 34. b; 35. a.

11 IMPROBIDADE ADMINISTRATIVA

11.1. Introdução

A Lei n. 14.230/2021 mudou substancialmente o conteúdo da Lei n. 8.429/92, a denominada Lei de Improbidade Administrativa – LIA.

A nova lei passou a prever como atos de improbidade administrativa apenas as condutas dolosas tipificadas nos arts. 9º, 10 e 11 da Lei de Improbidade, considerando dolo a vontade livre e consciente de alcançar o resultado ilícito tipificado nos citados artigos, não bastando a voluntariedade do agente (art. 1º, §§ 1º e 2º, incluído pela Lei n. 14.230/2021). Assim, não há que se falar mais em modalidade culposa de improbidade, nem no caso do art. 10 que trata da lesão ao erário, conforme analisaremos logo mais.

Desta forma, mero exercício da função ou desempenho de competências públicas, sem comprovação de ato doloso com fim ilícito, afasta a responsabilidade por ato de improbidade administrativa (art. 1º, § 3º, incluído pela Lei n. 14.230/2021).

Nessa linha de característica menos punitiva, a Lei n. 14.230/2021 estabelece ainda que não configura improbidade a ação ou omissão decorrente de divergência interpretativa da lei, baseada em jurisprudência, ainda que não pacificada, mesmo que não venha a ser posteriormente prevalecente nas decisões dos órgãos de controle ou dos tribunais do Poder Judiciário (art. 1º, § 8º, incluído pela Lei n. 14.230/2021).

Ademais, a Lei de 2021 estabeleceu a incidência dos princípios constitucionais do direito administrativo sancionador ao sistema da improbidade administrativa. Por esse motivo defendemos a aplicação imediatas nas novas disposições legais aos processos de improbidade em andamento (art. 1º, § 4º, incluído pela Lei n. 14.230/2021).

A aplicação imediata da Lei n. 14.230/2021 também busca amparo no disposto no art. 17-D da LIA:

> A ação por improbidade administrativa é repressiva, de caráter sancionatório, destinada à aplicação de sanções de caráter pessoal previstas nesta Lei, e não constitui ação civil, vedado seu ajuizamento para o controle de legalidade de políticas públicas e para a proteção do patrimônio público e social, do meio ambiente e de outros interesses difusos, coletivos e individuais homogêneos. (Incluído pela Lei n. 14.230, de 2021)

De fato, as sanções oriundas da Lei de Improbidade Administrativa são, e sempre foram, produtos do poder punitivo estatal, integrando, desta forma, o denominado Direito Administrativo Sancionador.

Segundo doutrina de Luiz Manoel Gomes Junior, Diogo de Araujo Lima e Rogerio Favreto, em recente artigo publicado no renomado site jurídico CONJUR:

"Como manifestação do Direito punitivo que é, esse ramo do Direito submete-se um núcleo básico de direitos individuais consagrados na CF, que se colocam como uma proteção do cidadão contra o exercício arbitrário e/ou ilegal do *ius puniendi* do Estado"[129].

Celso Antônio Bandeira de Mello defende que não há "distinção substancial" entre infrações e sanções administrativas das penais, uma vez que ambas constituem expressões do poder punitivo estatal:

"Reconhece-se a natureza administrativa de uma infração pela natureza da sanção que lhe corresponde, e se reconhece a natureza da sanção pela autoridade competente para impô-la. Não há, pois, cogitar de qualquer distinção substancial entre infrações e sanções administrativas e infrações e sanções penais. O que as aparta é única e exclusivamente a autoridade competente para impor a sanção, conforme correto e claríssimo ensinamento, que boamente sufragamos, de Heraldo Garcia Vitta. Com efeito, é disto que resulta o regime jurídico que lhes confere a própria feição, a identidade jurídica que lhes concerne, como acentuaram Régis Fernandes de Oliveira e Daniel Ferreira, enfatizando um critério formal"[130].

Na mesma linha de raciocínio, o Promotor de Justiça do Ministério Público de Minas Gerais, Dr. José Carlos Fernandes Junior, Ex-Coordenador do Centro de Apoio Operacional às Promotorias de Justiça de Defesa do Patrimônio Público do MPMG – dez/2016 a agosto/2020, publicou artigo no site da Associação Mineira do MP concluindo que:

"(...) a proximidade ontológica entre ilícitos penais e administrativos, assim como a estrutura punitiva do Direito Administrativo Sancionador, habilitam a aplicabilidade de institutos imanentes ao Direito Penal (como a retroatividade da lei mais benéfica, o princípio da continuidade normativo-típica, etc.), com fundamento nos paradigmas do ordenamento constitucional vigente"[131].

Dentre os princípios constitucionais aplicáveis à improbidade administrativa dentro desse espectro de garantias dos cidadãos está o da retroatividade da

---

[129] Disponível em: https://www.conjur.com.br/2021-out-18/opiniao-direito-intertemporal-lei-improbidade?imprimir=1.

[130] BANDEIRA DE MELLO, Celso Antônio. *Curso de direito administrativo.* 30. ed. São Paulo: Malheiros, 2012, p. 863-864.

[131] Disponível em: https://ammp.org.br/consideracoes-sobre-a-retroatividade-da-lei-mais-benefica-no-ambito-da-protecao-a-probidade-administrativa-impactos-da-lei-no-14-230-de-25-de-outubro-de-2021-no-rol-do-art-11-da-lei-de-improbidade/.

lei mais benéfica, previsto no art. 5º, XL, da Constituição da República Federativa do Brasil.

Em palavras mais precisas, se o novo § 4º do art. 1º da LIA, incluído pela Lei n. 14.230, expressamente determina a aplicação dos princípios constitucionais do direito administrativo sancionador ao sistema da improbidade administrativa, as disposições mais benéficas introduzidas pela Lei de 2021 deverão ser aplicadas retroativamente, inclusive no presente caso.

Esse também é o entendimento que vem prevalecendo neste E. Superior Tribunal de Justiça:

DIREITO ADMINISTRATIVO. PROCESSUAL CIVIL. RECURSO EM MANDADO DE SEGURANÇA. PROCESSO ADMINISTRATIVO DISCIPLINAR. PRINCÍPIO DA RETROATIVIDADE DA LEI MAIS BENÉFICA AO ACUSADO. APLICABILIDADE. EFEITOS PATRIMONIAIS. PERÍODO ANTERIOR À IMPETRAÇÃO. IMPOSSIBILIDADE. SÚMULAS 269 E 271 DO STF. CÓDIGO DE PROCESSO CIVIL DE 1973. APLICABILIDADE.

I – Consoante o decidido pelo Plenário desta Corte na sessão realizada em 9-3-2016, o regime recursal será determinado pela data da publicação do provimento jurisdicional impugnado. *In casu*, aplica-se o Código de Processo Civil de 1973.

II – As condutas atribuídas ao Recorrente, apuradas no PAD que culminou na imposição da pena de demissão, ocorreram entre 3-11-2000 e 29-4-2003, ainda sob a vigência da Lei Municipal n. 8.979/79. Por outro lado, a sanção foi aplicada em 4-3-2008 (fls. 40/41e), quando já vigente a Lei Municipal n. 13.530/03, a qual prevê causas atenuantes de pena, não observadas na punição.

III – Tratando-se de diploma legal mais favorável ao acusado, de rigor a aplicação da Lei Municipal n. 13.530/03, porquanto o princípio da retroatividade da lei penal mais benéfica, insculpido no art. 5º, XL, da Constituição da República, alcança as leis que disciplinam o direito administrativo sancionador. Precedente.

IV – Dessarte, cumpre à Administração Pública do Município de São Paulo rever a dosimetria da sanção, observando a legislação mais benéfica ao Recorrente, mantendo-se indenes os demais atos processuais.

V – A pretensão relativa à percepção de vencimentos e vantagens funcionais em período anterior ao manejo deste mandado de segurança, deve ser postulada na via ordinária, consoante inteligência dos enunciados das Súmulas n. 269 e 271 do Supremo Tribunal Federal. Precedentes.

VI – Recurso em Mandado de Segurança parcialmente provido. (RMS 37.031/SP, Rel. Ministra REGINA HELENA COSTA, PRIMEIRA TURMA, julgado em 8-2-2018, *Dje* 20-2-2018)

> PROCESSUAL CIVIL. AGRAVO INTERNO NO RECURSO ORDINÁRIO EM MANDADO DE SEGURANÇA. ENUNCIADO ADMINISTRATIVO 3/STJ. PROCESSO ADMINISTRATIVO DISCIPLINAR. PRESCRIÇÃO DA PRETENSÃO PUNITIVA. NÃO OCORRÊNCIA. AGRAVO INTERNO NÃO PROVIDO.
>
> 1. A sindicância investigativa não interrompe prescrição administrativa, mas sim a instauração do processo administrativo.
>
> 2. O processo administrativo disciplinar é uma espécie de direito sancionador. Por essa razão, a Primeira Turma do STJ declarou que o princípio da retroatividade mais benéfica deve ser aplicado também no âmbito dos processos administrativos disciplinares. À luz desse entendimento da Primeira Turma, o recorrente defende a prescrição da pretensão punitiva administrativa.
>
> 3. Contudo, o processo administrativo foi instaurado em 11 de abril de 2013 pela Portaria n. 247/2013. Independente da modificação do termo inicial para a instauração do processo administrativo disciplinar advinda pela LCE n. 744/2013, a instauração do PAD ocorreu oportunamente. Ou seja, os autos não revelam a ocorrência da prescrição durante o regular processamento do PAD.
>
> 4. Agravo interno não provido. (AgInt no RMS 65.486/RO, Rel. Ministro MAURO CAMPBELL MARQUES, SEGUNDA TURMA, julgado em 17-8-2021, *Dje* 26-8-2021)

No tocante à aplicação imediata das alterações introduzidas à LIA pela Lei n. 14.230 de 2021, a Segunda Turma do STJ, nos autos do Recurso Especial n. 1662044, proferiu de ofício o seguinte Despacho/Decisão:

> "Vistos, etc. Trata-se, na origem, de ação de improbidade administrativa ajuizada pelo Ministério Público do Estado do Rio Grande do Norte. A Lei n. 14.230/2021 trouxe mudanças significativas procedimentais e materiais. Entre essas alterações, o legislador destacou a natureza sancionatória da Lei de Improbidade, o que implica a aplicação das garantias correlatas, inclusive, retroação do tratamento mais favorável ao réu, como pode acontecer em relação à prescrição: Art. 1º, § 4º, da LIA. Aplicam-se ao sistema da improbidade disciplinado nesta Lei os princípios constitucionais do direito administrativo sancionador. (...) Ante o exposto, com base no art. 10 do CPC, intimem-se as partes para se manifestarem sobre a eventual aplicação retroativa da Lei de Improbidade, em especial, as mudanças no que se refere ao aspecto sancionador e prescricional. Publique-se. Intimem-se. Brasília, 5 de novembro de 2021. Ministro OG FERNANDES Relator"

O próprio Ministério Público Federal oficiante perante o E. Superior Tribunal de Justiça já se posicionou, em parecer emanado nos autos do Recurso Especial n. 1.966.002/SP perante a Segunda Turma, pela retroatividade da lei mais benéfica no âmbito do Direito Administrativo Sancionador:

> PARECER ND N. 12.187/2021
>
> RECURSO ESPECIAL. AÇÃO DE IMPROBIDADE ADMINISTRATIVA. DIREITO SANCIONADOR. PRESCRIÇÃO. SUPERVENIÊNCIA DE LEI MAIS BENÉFICA. RETROATIVIDADE. EXTINÇÃO DA AÇÃO. RECURSO PREJUDICADO. 1. A Lei n. 8.429/92, que dispõe sobre as sanções aplicáveis em virtude da prática de atos de improbidade administrativa, foi substancialmente alterada pela Lei n. 14.320/2021, sobretudo quanto a normas que, sendo mais favoráveis ao acusado, devem retroagir, por imperativo constitucional. 2. A persecução referente a improbidade administrativa se insere no âmbito do Direito Sancionador e, por coerência sistêmica, a exemplo do que ocorre com os mecanismos de persecução criminal, deve nortear-se pelo postulado da retroatividade da norma mais favorável ao réu, nos termos do art. 5º, XL, da CF. 3. A nova redação do art. 23 da Lei n. 8.429/92 veicula expressiva modificação no regime de prescrição, com a inclusão de seguintes marcos interruptivos, após a data dos fatos: (i) ajuizamento da ação civil pública; (ii) publicação da sentença condenatória; e (iii) publicação dos acórdãos dos Tribunais de Apelação e Superiores que confirmem a condenação ou reformem a decisão de improcedência. 4. Não é dado à instância especial revolver fatos e provas (Súmula n. 7/STJ). Todavia, no caso, dentro dos contornos expressamente delineados no acórdão, é possível verificar que entre a data dos fatos (2006) e o ajuizamento das ações (2016) transcorreu o prazo de prescrição, que, por ser matéria de ordem pública, deve ser reconhecida de ofício, por qualquer Juízo ou Tribunal, ex vi do art. 23, *caput*, §§ 1º e 4º, I, e 8º da Lei n. 8.429/92, com a redação dada pela Lei n. 14.230/2021. 5. Parecer pela extinção do processo, ante a ocorrência da prescrição, em face da incidência retroativa da norma mais favorável; prejudicado o exame do recurso especial[132].

11.2. Sujeito Passivo

Somente algumas entidades poderão ser vítimas do ato de improbidade. Sobre esse primeiro elemento caracterizador da improbidade administrativa a Lei n. 14.230/2021 trouxe a seguinte previsão à LIA em seu art. 1º:

> § 5º Os atos de improbidade violam a probidade na organização do Estado e no exercício de suas funções e a integridade do patrimônio público e social dos Poderes Executivo, Legislativo e Judiciário, bem como da administração direta e indireta, no âmbito da União, dos Estados, dos Municípios e do Distrito Federal.

---

[132] "O tema é tão polêmico que o Supremo Tribunal Federal reconheceu a repercussão geral sobre a (ir)retroatividade das disposições da Lei n. 14.230/2021, no julgamento do Recurso Extraordinário com Agravo n. 843.989, fixando o tema n. 1199 nos seguintes termos: (I) A necessidade da presença do elemento subjetivo - dolo – para a configuração do ato de improbidade administrativa, inclusive do artigo 10 da LIA; (II) A aplicação dos novos prazos de prescrição geral e intercorrente."

> § 6º Estão sujeitos às sanções desta Lei os atos de improbidade praticados contra o patrimônio de entidade privada que receba subvenção, benefício ou incentivo, fiscal ou creditício, de entes públicos ou governamentais, previstos no § 5º deste artigo.
>
> § 7º Independentemente de integrar a administração indireta, estão sujeitos às sanções desta Lei os atos de improbidade praticados contra o patrimônio de entidade privada para cuja criação ou custeio o erário haja concorrido ou concorra no seu patrimônio ou receita atual, limitado o ressarcimento de prejuízos, nesse caso, à repercussão do ilícito sobre a contribuição dos cofres públicos.

São elas as vítimas/sujeitos passivos da improbidade administrativa:

1ª) pessoas políticas que compõem a Administração Direta (União, Estados, Distrito Federal e Municípios), além dos Territórios, e os seus respectivos Poderes de Estado (Executivo, Legislativo e Judiciário);

2ª) entidades que compõem a Administração Indireta (autarquias, fundações, empresas públicas e sociedades de economia mista);

3ª) entidades privadas em relação às quais o Estado estimule a atividade de fomento, por meio de subvenção, benefício ou incremento fiscal ou creditício.

Na atividade de fomento, o Estado convida o particular para fazer algo pelo social e receber algum benefício em troca. Ex.: se uma empresa privada investir parte do seu lucro na saúde pública, recebe em troca um benefício tributário, como pagar menos imposto;

4ª) empresas para cuja criação ou custeio o erário público concorreu ou concorra com participação do patrimônio ou da receita anual.

Nessa hipótese, o ressarcimento dos prejuízos estará limitado à repercussão do dinheiro público envolvido. Ex.: Se o Poder Público participa com cem mil reais e o prejuízo de um milhão, a sanção pecuniária ficará limitada aos cem mil reais, por representar o montante do dinheiro público envolvido.

11.3. Sujeito Ativo

A Lei de Improbidade considera sujeito ativo o *agente público* e o *terceiro, mesmo não sendo agente público,* que induza ou concorra dolosamente para a prática do ato de improbidade (art. 2º, c/c o art. 3º, ambos da Lei n. 8.429/92, alterada pela Lei n. 14.230/2021).

No tocante à definição de agente público, a Lei n. 14.230/2021 encerrou com uma polêmica de décadas que era saber sobre a possibilidade ou não de incluir os agentes políticos dentre os sujeitos ativos da improbidade administrativa e aplicar-lhes as sanções legais. Hoje essa dúvida não mais existe. Vejamos:

Art. 2º Para os efeitos desta Lei, consideram-se agente público o agente político, o servidor público e todo aquele que exerce, ainda que transitoriamente ou sem remuneração, por eleição, nomeação, designação, contratação ou qualquer outra forma de investidura ou vínculo, mandato, cargo, emprego ou função nas entidades referidas no art. 1º desta Lei. (redação dada pela Lei n. 14.230/2021)

O STF no ano de 2007, mais precisamente na Reclamação n. 2.138, firmou o entendimento de que agente político que responde por crime de responsabilidade da Lei n. 1.059/50 não responderia por ato de improbidade administrativa.

APROFUNDANDO! As decisões mais recentes do STF e STJ vêm entendendo pela aplicação da Lei de Improbidade Administrativa aos agentes políticos.

Direito Constitucional. Agravo Regimental em Petição. **Sujeição dos Agentes Políticos a Duplo Regime Sancionatório em Matéria de Improbidade. Impossibilidade de Extensão do Foro por Prerrogativa de Função à Ação de Improbidade Administrativa. 1. Os agentes políticos, com exceção do Presidente da República, encontram-se sujeitos a um duplo regime sancionatório, de modo que se submetem tanto à responsabilização civil pelos atos de improbidade administrativa, quanto à responsabilização político-administrativa por crimes de responsabilidade. Não há qualquer impedimento à concorrência de esferas de responsabilização distintas, de modo que carece de fundamento constitucional a tentativa de imunizar os agentes políticos das sanções da ação de improbidade administrativa, a pretexto de que estas seriam absorvidas pelo crime de responsabilidade. A única exceção ao duplo regime sancionatório em matéria de improbidade se refere aos atos praticados pelo Presidente da República, conforme previsão do art. 85, V, da Constituição.** 2. O foro especial por prerrogativa de função previsto na Constituição Federal em relação às infrações penais comuns não é extensível às ações de improbidade administrativa, de natureza civil. Em primeiro lugar, o foro privilegiado é destinado a abarcar apenas as infrações penais. A suposta gravidade das sanções previstas no art. 37, § 4º, da Constituição, não reveste a ação de improbidade administrativa de natureza penal. Em segundo lugar, o foro privilegiado submete-se a regime de direito estrito, já que representa exceção aos princípios estruturantes da igualdade e da república. Não comporta, portanto, ampliação a hipóteses não expressamente previstas no texto constitucional. E isso especialmente porque, na hipótese, não há lacuna constitucional, mas legítima opção do poder constituinte originário em não instituir foro privilegiado para o processo e julgamento de agentes políticos pela prática de atos de improbidade na esfera civil. Por fim, a fixação de competência para julgar a ação de improbidade no 1º grau de jurisdição, além de constituir fórmula mais republicana, é atenta às capacidades institucionais dos diferentes graus de jurisdição para a realização da instrução processual, de modo a promover maior eficiência no combate à corrupção e na proteção à moralidade administrativa. 3. Agravo regimental a que se nega provimento. (Destacamos)

(Pet 3240 AgR, Relator(a): Min. TEORI ZAVASCKI, Relator(a) p/ Acórdão: Min. ROBERTO BARROSO, Tribunal Pleno, julgado em 10-5-2018, ACÓRDÃO ELETRÔNICO DJe-171 DIVULG 21-8-2018 PUBLIC 22-8-2018)

ADMINISTRATIVO. RECURSO ESPECIAL. LEI DE IMPROBIDADE ADMINISTRATIVA. OFENSA AO ART. 535 DO CPC/1973. OMISSÃO NÃO CARACTERIZADA. POSSIBILIDADE DE APLICAÇÃO AOS AGENTES POLÍTICOS. PREFEITO. PRECEDENTES. MINISTÉRIO PÚBLICO. ABERTURA DE INQUÉRITO CIVIL. POSSIBILIDADE. CERCEAMENTO DE DEFESA, CONFIGURAÇÃO DE DANO AO ERÁRIO E PRESENÇA DE ELEMENTO SUBJETIVO. VERIFICAÇÃO. REEXAME DE MATÉRIA FÁTICO-PROBATÓRIA. IMPOSSIBILIDADE. SÚMULA 7/STJ.

[...]

3. A jurisprudência do STJ já firmou a compreensão de que os agentes políticos se submetem à Lei de Improbidade Administrativa, entendimento esse que se aplica inclusive aos prefeitos municipais, ante a inexistência de incompatibilidade entre a LIA e o Decreto-lei 201/1967. Precedentes.

[...]

7. Recurso especial parcialmente conhecido e, nessa extensão, desprovido.

(REsp 1188348/MG, rel. Min. OG FERNANDES, SEGUNDA TURMA, julgado em 20-2-2018, *DJe* 26-2-2018)

De fato, o tema é tão polêmico que o Supremo reconheceu, em 2012, a Repercussão Geral da matéria no ARE 683.235, posteriormente substituído pelo RE 976566. O Supremo Tribunal Federal, por unanimidade, apreciando o tema 576 da citada repercussão geral, negou provimento ao recurso extraordinário, nos termos do voto do Relator. Em seguida, fixou-se a seguinte tese: **"O processo e julgamento de prefeito municipal por crime de responsabilidade (Decreto-lei n. 201/67) não impede sua responsabilização por atos de improbidade administrativa previstos na Lei n. 8.429/1992, em virtude da autonomia das instâncias"** (Plenário, Sessão Virtual de 6-9-2019 a 12-9-2019).

ATENÇÃO! O Magistrado (Juiz) é considerado agente político, porém a ele incide a Lei de Improbidade sem qualquer dúvida ou discussão:

AÇÃO CIVIL PÚBLICA. IMPROBIDADE ADMINISTRATIVA. ART. 11 DA LEI 8.429/1992. JUIZ. AMIZADE ÍNTIMA COM ADVOGADO. OFENSA AOS PRINCÍPIOS ADMINISTRATIVOS. ELEMENTO SUBJETIVO PRESENTE. DANO AO ERÁRIO OU ENRIQUECIMENTO ILÍCITO. DESNECESSIDADE. RECURSO ESPECIAL PROVIDO. HISTÓRICO DA DEMANDA

[...]

12. Verificada a ofensa aos princípios administrativos, em especial o princípio da moralidade administrativa, configurado está o ato ímprobo do art. 11 da Lei 8.429/1992. 13. Recurso Especial provido.

(REsp 1528102/PR, rel. Min. HERMAN BENJAMIN, SEGUNDA TURMA, julgado em 2-5-2017, *DJe* 12-5-2017)

ATENÇÃO! Por não ter natureza de crime, não há falar em foro por prerrogativa de função nas ações de improbidade administrativa (STF – ADI 2.797 e PET 3240):

> Direito Constitucional. Agravo Regimental em Petição. Sujeição dos Agentes Políticos a Duplo Regime Sancionatório em Matéria de Improbidade. **Impossibilidade de Extensão do Foro por Prerrogativa de Função à Ação de Improbidade Administrativa.** 1. Os agentes políticos, com exceção do Presidente da República, encontram-se sujeitos a um duplo regime sancionatório, de modo que se submetem tanto à responsabilização civil pelos atos de improbidade administrativa, quanto à responsabilização político-administrativa por crimes de responsabilidade. Não há qualquer impedimento à concorrência de esferas de responsabilização distintas, de modo que carece de fundamento constitucional a tentativa de imunizar os agentes políticos das sanções da ação de improbidade administrativa, a pretexto de que estas seriam absorvidas pelo crime de responsabilidade. A única exceção ao duplo regime sancionatório em matéria de improbidade se refere aos atos praticados pelo Presidente da República, conforme previsão do art. 85, V, da Constituição. 2. O foro especial por prerrogativa de função previsto na Constituição Federal em relação às infrações penais comuns não é extensível às ações de improbidade administrativa, de natureza civil. Em primeiro lugar, o foro privilegiado é destinado a abarcar apenas as infrações penais. A suposta gravidade das sanções previstas no art. 37, § 4º, da Constituição, não reveste a ação de improbidade administrativa de natureza penal. Em segundo lugar, o foro privilegiado submete-se a regime de direito estrito, já que representa exceção aos princípios estruturantes da igualdade e da república. Não comporta, portanto, ampliação a hipóteses não expressamente previstas no texto constitucional. E isso especialmente porque, na hipótese, não há lacuna constitucional, mas legítima opção do poder constituinte originário em não instituir foro privilegiado para o processo e julgamento de agentes políticos pela prática de atos de improbidade na esfera civil. Por fim, a fixação de competência para julgar a ação de improbidade no 1º grau de jurisdição, além de constituir fórmula mais republicana, é atenta às capacidades institucionais dos diferentes graus de jurisdição para a realização da instrução processual, de modo a promover maior eficiência no combate à corrupção e na proteção à moralidade administrativa. 3. Agravo regimental a que se nega provimento.

(Pet 3240 AgR, Relator(a): Min. TEORI ZAVASCKI, Relator(a) p/ Acórdão: Min. ROBERTO BARROSO, Tribunal Pleno, julgado em 10-5-2018, ACÓRDÃO ELETRÔNICO *DJe*-171 DIVULG 21-8-2018 PUBLIC 22-8-2018) (Destacamos)

Em relação ao particular que também pode se enquadrar no conceito de sujeito ativo e sofrer as sanções da lei de improbidade administrativa, destacamos os seguintes dispositivos:

> Art. 2º
>
> Parágrafo único. No que se refere a recursos de origem pública, sujeita-se às sanções previstas nesta Lei o particular, pessoa física ou jurídica, que celebra com a administração pública convênio, contrato de repasse, contrato de gestão, termo de parceria, termo de cooperação ou ajuste administrativo equivalente. (Incluído pela Lei n. 14.230/2021)
>
> Art. 3º As disposições desta Lei são aplicáveis, no que couber, àquele que, mesmo não sendo agente público, induza ou concorra dolosamente para a prática do ato de improbidade. (Redação dada pela Lei n. 14.230/2021)
>
> § 1º Os sócios, os cotistas, os diretores e os colaboradores de pessoa jurídica de direito privado não respondem pelo ato de improbidade que venha a ser imputado à pessoa jurídica, salvo se, comprovadamente, houver participação e benefícios diretos, caso em que responderão nos limites da sua participação. (Incluído pela Lei n. 14.230/2021)
>
> § 2º As sanções desta Lei não se aplicarão à pessoa jurídica, caso o ato de improbidade administrativa seja também sancionado como ato lesivo à administração pública de que trata a Lei n. 12.846[133], de 1º de agosto de 2013. (Incluído pela Lei n. 14.230/2021)

APROFUNDANDO! Em relação ao terceiro não agente público que induziu, concorreu ou se beneficiou do ato de improbidade, entendeu o STJ antes das novidades de 2021 que esses:

> Particulares não podem ser responsabilizados com base na LIA sem que figure no polo passivo um agente público responsável pelo ato questionado, o que não impede, contudo, o eventual ajuizamento de Ação Civil Pública comum para obter o ressarcimento do Erário (AgRg no AREsp 574.500/PA).

No entanto, entende o mesmo STJ que:

> Não há falar em formação de litisconsórcio passivo necessário entre eventuais réus e as pessoas participantes ou beneficiárias das supostas fraudes e irregularidades nas ações civis públicas movidas para o fim de apurar e punir atos de improbidade administrativa, pois não há, na Lei de Improbidade, previsão legal de formação de litisconsórcio entre o suposto autor do ato de improbidade e eventuais beneficiários, tampouco havendo relação jurídica entre as partes a obrigar o magistrado a decidir de modo uniforme a demanda (AgRg no REsp 1.421.144/PB).

---

[133] Lei Anticorrupção.

11.4. Do Ato de Improbidade

A Lei n. 8.429/92 define três espécies de atos de improbidade: (i) os que geram enriquecimento ilícito; (ii) os que causam prejuízo ao erário; (iii) os que atentam contra os princípios da Administração.

Iniciaremos pelos atos de improbidade administrativa que importam enriquecimento ilícito.

Constitui ato de improbidade administrativa importando em enriquecimento ilícito auferir, mediante a prática de ato doloso, qualquer tipo de vantagem patrimonial indevida em razão do exercício de cargo, de mandato, de função, de emprego ou de atividade nas entidades referidas no art. 1º desta Lei, e notadamente [rol de exemplos] (art. 9º com redação dada pela Lei n. 14.230/2021):

I) receber, para si ou para outrem, dinheiro, bem móvel ou imóvel, ou qualquer outra vantagem econômica, direta ou indireta, a título de comissão, percentagem, gratificação ou presente de quem tenha interesse, direto ou indireto, que possa ser atingido ou amparado por ação ou omissão decorrente das atribuições do agente público;

II) perceber vantagem econômica, direta ou indireta, para facilitar a aquisição, permuta ou locação de bem móvel ou imóvel, ou a contratação de serviços pelas entidades referidas no art. 1º por preço superior ao valor de mercado;

III) perceber vantagem econômica, direta ou indireta, para facilitar a alienação, permuta ou locação de bem público ou o fornecimento de serviço por ente estatal por preço inferior ao valor de mercado;

IV) utilizar, em obra ou serviço particular, qualquer bem móvel, de propriedade ou à disposição de qualquer das entidades referidas no art. 1º desta Lei, bem como o trabalho de servidores, de empregados ou de terceiros contratados por essas entidades; (Redação dada pela Lei n. 14.230/2021)

V) receber vantagem econômica de qualquer natureza, direta ou indireta, para tolerar a exploração ou a prática de jogos de azar, de lenocínio, de narcotráfico, de contrabando, de usura ou de qualquer outra atividade ilícita, ou aceitar promessa de tal vantagem;

VI) receber vantagem econômica de qualquer natureza, direta ou indireta, para fazer declaração falsa sobre qualquer dado técnico que envolva obras públicas ou qualquer outro serviço ou sobre quantidade, peso, medida, qualidade ou característica de mercadorias ou bens fornecidos a qualquer das entidades referidas no art. 1º desta Lei; (Redação dada pela Lei n. 14.230/2021)

VII) adquirir, para si ou para outrem, no exercício de mandato, de cargo, de emprego ou de função pública, e em razão deles, bens de qualquer natureza, decorrentes dos atos descritos no *caput* deste artigo, cujo valor seja desproporcional à evolução do patrimônio ou à renda do agente público, assegurada a demonstração pelo agente da licitude da origem dessa evolução; (Redação dada pela Lei n. 14.230/2021)

VIII) aceitar emprego, comissão ou exercer atividade de consultoria ou assessoramento para pessoa física ou jurídica que tenha interesse suscetível de ser atingido ou amparado por ação ou omissão decorrente das atribuições do agente público, durante a atividade;

IX) perceber vantagem econômica para intermediar a liberação ou aplicação de verba pública de qualquer natureza;

X) receber vantagem econômica de qualquer natureza, direta ou indiretamente, para omitir ato de ofício, providência ou declaração a que esteja obrigado;

XI) incorporar, por qualquer forma, ao seu patrimônio bens, rendas, verbas ou valores integrantes do acervo patrimonial das entidades mencionadas no art. 1º desta Lei;

XII) usar, em proveito próprio, bens, rendas, verbas ou valores integrantes do acervo patrimonial das entidades mencionadas no art. 1º desta Lei.

No mesmo sentido, o art. 10 da LIA traz um rol *exemplificativo* (isto é, podem existir outras possibilidades aqui não previstas) de atos de improbidade administrativa que causam prejuízo ao erário.

Constitui ato de improbidade administrativa que causa lesão ao erário qualquer ação ou omissão dolosa, que enseje, efetiva e comprovadamente, perda patrimonial, desvio, apropriação, malbaratamento ou dilapidação dos bens ou haveres das entidades referidas no art. 1º desta Lei, e notadamente: (Redação dada pela Lei n. 14.230/2021)

I) facilitar ou concorrer, por qualquer forma, para a indevida incorporação ao patrimônio particular, de pessoa física ou jurídica, de bens, de rendas, de verbas ou de valores integrantes do acervo patrimonial das entidades referidas no art. 1º desta Lei; (Redação dada pela Lei n. 14.230/2021)

II) permitir ou concorrer para que pessoa física ou jurídica privada utilize bens, rendas, verbas ou valores integrantes do acervo patrimonial das entidades mencionadas no art. 1º desta Lei, sem a observância das formalidades legais ou regulamentares aplicáveis à espécie;

III) doar à pessoa física ou jurídica, bem como ao ente despersonalizado, ainda que de fins educativos ou assistenciais, bens, rendas, verbas ou valores do patrimônio de qualquer das entidades mencionadas no art. 1º desta Lei, sem observância das formalidades legais e regulamentares aplicáveis à espécie;

IV) permitir ou facilitar a alienação, permuta ou locação de bem integrante do patrimônio de qualquer das entidades referidas no art. 1º desta Lei, ou ainda a prestação de serviço por parte delas, por preço inferior ao de mercado;

V) permitir ou facilitar a aquisição, permuta ou locação de bem ou serviço por preço superior ao de mercado;

VI) realizar operação financeira sem observância das normas legais e regulamentares ou aceitar garantia insuficiente ou inidônea;

VII) conceder benefício administrativo ou fiscal sem a observância das formalidades legais ou regulamentares aplicáveis à espécie;

VIII) frustrar a licitude de processo licitatório ou de processo seletivo para celebração de parcerias com entidades sem fins lucrativos, ou dispensá-los indevidamente, acarretando perda patrimonial efetiva; (Redação dada pela Lei n. 14.230/2021)

IX) ordenar ou permitir a realização de despesas não autorizadas em lei ou regulamento;

X) agir ilicitamente na arrecadação de tributo ou de renda, bem como no que diz respeito à conservação do patrimônio público; (Redação dada pela Lei n. 14.230/2021)

XI) liberar verba pública sem a estrita observância das normas pertinentes ou influir de qualquer forma para a sua aplicação irregular;

XII) permitir, facilitar ou concorrer para que terceiro enriqueça ilicitamente;

XIII) permitir que se utilize, em obra ou serviço particular, veículos, máquinas, equipamentos ou material de qualquer natureza, de propriedade ou à disposição de qualquer das entidades mencionadas no art. 1º desta Lei, bem como o trabalho de servidor público, empregados ou terceiros contratados por essas entidades;

XIV) celebrar contrato ou outro instrumento que tenha por objeto a prestação de serviços públicos por meio da gestão associada sem observar as formalidades previstas na lei (incluído pela Lei n. 11.107, de 2005);

XV) celebrar contrato de rateio de consórcio público sem suficiente e prévia dotação orçamentária, ou sem observar as formalidades previstas na lei (incluído pela Lei n. 11.107, de 2005);

XVI) facilitar ou concorrer, por qualquer forma, para a incorporação, ao patrimônio particular de pessoa física ou jurídica, de bens, rendas, verbas ou valores públicos transferidos pela administração pública a entidades privadas mediante celebração de parcerias, sem a observância das formalidades legais ou regulamentares aplicáveis à espécie (incluído pela Lei n. 13.019, de 2014);

XVII) permitir ou concorrer para que pessoa física ou jurídica privada utilize bens, rendas, verbas ou valores públicos transferidos pela administração pública a entidade privada mediante celebração de parcerias, sem a observância das formalidades legais ou regulamentares aplicáveis à espécie (incluído pela Lei n. 13.019, de 2014);

XVIII) celebrar parcerias da administração pública com entidades privadas sem a observância das formalidades legais ou regulamentares aplicáveis à espécie (incluído pela Lei n. 13.019, de 2014);

XIX) agir para a configuração de ilícito na celebração, na fiscalização e na análise das prestações de contas de parcerias firmadas pela administração pública com entidades privadas; (Redação dada pela Lei n. 14.230/2021)

XX) liberar recursos de parcerias firmadas pela administração pública com entidades privadas sem a estrita observância das normas pertinentes ou influir de qualquer forma para a sua aplicação irregular (incluído pela Lei n. 13.204, de 2015);

XXI) (revogado); (Redação dada pela Lei n. 14.230/2021)

XXII) conceder, aplicar ou manter benefício financeiro ou tributário contrário ao que dispõem o *caput* e o § 1º do art. 8º-A da Lei Complementar n. 116, de 31 de julho de 2003. (Incluído pela Lei n. 14.230/2021)

§ 1º Nos casos em que a inobservância de formalidades legais ou regulamentares não implicar perda patrimonial efetiva, não ocorrerá imposição de ressarcimento, vedado o enriquecimento sem causa das entidades referidas no art. 1º desta Lei. (Incluído pela Lei n. 14.230/2021)

§ 2º A mera perda patrimonial decorrente da atividade econômica não acarretará improbidade administrativa, salvo se comprovado ato doloso praticado com essa finalidade. (Incluído pela Lei n. 14.230/2021)

A Lei Complementar n. 116, de 31 de julho de 2003, dispõe sobre o Imposto Sobre Serviços de Qualquer Natureza, de competência dos Municípios e do Distrito Federal, e dá outras providências.

O art. 8º A *caput* e parágrafo único assim estabelecem:

> Art. 8º-A. A alíquota mínima do Imposto sobre Serviços de Qualquer Natureza é de 2% (dois por cento). (Incluído pela Lei Complementar n. 157, de 2016)
>
> § 1º O imposto não será objeto de concessão de isenções, incentivos ou benefícios tributários ou financeiros, inclusive de redução de base de cálculo ou de crédito presumido ou outorgado, ou sob qualquer outra forma que resulte, direta ou indiretamente, em carga tributária menor que a decorrente da aplicação da alíquota mínima estabelecida no *caput*, exceto para os serviços a que se referem os subitens 7.02, 7.05 e 16.01 da lista anexa a esta Lei Complementar. (Incluído pela Lei Complementar n. 157, de 2016)

Em resumo, é ato de improbidade administrativa cobrar ISS inferior a 2%.

Por fim, o art. 11 trata dos atos de improbidade administrativa que atentam contra os princípios da Administração Pública.

Constitui ato de improbidade administrativa que atenta contra os princípios da administração pública a ação ou omissão dolosa que viole os deveres de honestidade, de imparcialidade e de legalidade, caracterizada por uma das seguintes condutas: (Redação dada pela Lei n. 14.230/2021):

I) (revogado); (Redação dada pela Lei n. 14.230/2021)

II) (revogado); (Redação dada pela Lei n. 14.230/2021)

III) revelar fato ou circunstância de que tem ciência em razão das atribuições e que deva permanecer em segredo, propiciando beneficiamento por informação privilegiada ou colocando em risco a segurança da sociedade e do Estado; (Redação dada pela Lei n. 14.230/2021)

IV) negar publicidade aos atos oficiais, exceto em razão de sua imprescindibilidade para a segurança da sociedade e do Estado ou de outras hipóteses instituídas em lei; (Redação dada pela Lei n. 14.230/2021)

V) frustrar, em ofensa à imparcialidade, o caráter concorrencial de concurso público, de chamamento ou de procedimento licitatório, com vistas à obtenção de benefício próprio, direto ou indireto, ou de terceiros; (Redação dada pela Lei n. 14.230/2021)

VI) deixar de prestar contas quando esteja obrigado a fazê-lo, desde que disponha das condições para isso, com vistas a ocultar irregularidades; (Redação dada pela Lei n. 14.230/2021)

VII) revelar ou permitir que chegue ao conhecimento de terceiro, antes da respectiva divulgação oficial, teor de medida política ou econômica capaz de afetar o preço de mercadoria, bem ou serviço;

VIII) descumprir as normas relativas à celebração, fiscalização e aprovação de contas de parcerias firmadas pela administração pública com entidades privadas (incluído pela Lei n. 13.019, de 2014);

IX) (revogado); (Redação dada pela Lei n. 14.230/2021)

X) (revogado); (Redação dada pela Lei n. 14.230/2021)

XI) nomear cônjuge, companheiro ou parente em linha reta, colateral ou por afinidade, até o terceiro grau, inclusive, da autoridade nomeante ou de servidor da mesma pessoa jurídica investido em cargo de direção, chefia ou assessoramento, para o exercício de cargo em comissão ou de confiança ou, ainda, de função gratificada na administração pública direta e indireta em qualquer dos Poderes da União, dos Estados, do Distrito Federal e dos Municípios, compreendido o ajuste mediante designações recíprocas; (Incluído pela Lei n. 14.230/2021)

XII) praticar, no âmbito da administração pública e com recursos do erário, ato de publicidade que contrarie o disposto no § 1º do art. 37 da Constituição Federal, de forma a promover inequívoco enaltecimento do agente público e personalização de atos, de programas, de obras, de serviços ou de campanhas dos órgãos públicos. (Incluído pela Lei n. 14.230/2021)

§ 1º Nos termos da Convenção das Nações Unidas contra a Corrupção, promulgada pelo Decreto n. 5.687, de 31 de janeiro de 2006, somente haverá improbidade administrativa, na aplicação deste artigo, quando for comprovado na conduta funcional do agente público o fim de obter proveito ou benefício indevido para si ou para outra pessoa ou entidade. (Incluído pela Lei n. 14.230/2021)

§ 2º Aplica-se o disposto no § 1º deste artigo a quaisquer atos de improbidade administrativa tipificados nesta Lei e em leis especiais e a quaisquer outros tipos especiais de improbidade administrativa instituídos por lei. (Incluído pela Lei n. 14.230/2021)

§ 3º O enquadramento de conduta funcional na categoria de que trata este artigo pressupõe a demonstração objetiva da prática de ilegalidade no exercício da função pública, com a indicação das normas constitucionais, legais ou infralegais violadas. (Incluído pela Lei n. 14.230/2021)

§ 4º Os atos de improbidade de que trata este artigo exigem lesividade relevante ao bem jurídico tutelado para serem passíveis de sancionamento e independem do reconhecimento da produção de danos ao erário e de enriquecimento ilícito dos agentes públicos. (Incluído pela Lei n. 14.230/2021)

§ 5º Não se configurará improbidade a mera nomeação ou indicação política por parte dos detentores de mandatos eletivos, sendo necessária a aferição de dolo com finalidade ilícita por parte do agente. (Incluído pela Lei n. 14.230/2021)

11.5. Do Elemento Subjetivo

Conforme visto, a Lei n. 14.230/2021 mudou bastante o conteúdo da Lei n. 8.429/92, a denominada Lei de Improbidade Administrativa – LIA.

A nova lei passou a prever como atos de improbidade administrativa apenas as condutas dolosas tipificadas nos arts. 9º, 10 e 11 da Lei de Improbidade, considerando dolo a vontade livre e consciente de alcançar o resultado ilícito tipificado nos citados artigos, não bastando a voluntariedade do agente (art. 1º, §§ 1º e 2º, incluído pela Lei n. 14.230/2021). Assim, não há que se falar mais em modalidade culposa de improbidade, nem no caso do art. 10 que trata da lesão ao erário, conforme visto no item precedente.

11.6. Sanções

O art. 37, § 4º, da Constituição Federal estabeleceu que os atos de improbidade importarão: (i) suspensão dos direitos políticos; (ii) perda da função pública; (iii) indisponibilidade dos bens; (iv) ressarcimento ao erário, na forma e gradação previstas em lei, sem prejuízo de ação penal cabível.

A Lei n. 8.429/92 também definiu sanções pela prática do ato de improbidade no art. 12, que, com as alterações trazidas pela Lei n. 14.230/2021, ficou com a seguinte redação:

> Art. 12. Independentemente do ressarcimento integral do dano patrimonial, se efetivo, e das sanções penais comuns e de responsabilidade, civis e administrativas previstas na legislação específica, está o responsável pelo ato de improbidade sujeito às seguintes cominações, que podem ser aplicadas

isolada ou cumulativamente, de acordo com a gravidade do fato: (Redação dada pela Lei n. 14.230/2021)

I – na hipótese do art. 9º desta Lei, perda dos bens ou valores acrescidos ilicitamente ao patrimônio, perda da função pública, suspensão dos direitos políticos até 14 (catorze) anos, pagamento de multa civil equivalente ao valor do acréscimo patrimonial e proibição de contratar com o poder público ou de receber benefícios ou incentivos fiscais ou creditícios, direta ou indiretamente, ainda que por intermédio de pessoa jurídica da qual seja sócio majoritário, pelo prazo não superior a 14 (catorze) anos; (Redação dada pela Lei n. 14.230/2021)

II – na hipótese do art. 10 desta Lei, perda dos bens ou valores acrescidos ilicitamente ao patrimônio, se concorrer esta circunstância, perda da função pública, suspensão dos direitos políticos até 12 (doze) anos, pagamento de multa civil equivalente ao valor do dano e proibição de contratar com o poder público ou de receber benefícios ou incentivos fiscais ou creditícios, direta ou indiretamente, ainda que por intermédio de pessoa jurídica da qual seja sócio majoritário, pelo prazo não superior a 12 (doze) anos; (Redação dada pela Lei n. 14.230/2021)

III – na hipótese do art. 11 desta Lei, pagamento de multa civil de até 24 (vinte e quatro) vezes o valor da remuneração percebida pelo agente e proibição de contratar com o poder público ou de receber benefícios ou incentivos fiscais ou creditícios, direta ou indiretamente, ainda que por intermédio de pessoa jurídica da qual seja sócio majoritário, pelo prazo não superior a 4 (quatro) anos; (Redação dada pela Lei n. 14.230/2021)

IV – (revogado). (Redação dada pela Lei n. 14.230/2021)

Parágrafo único. (Revogado). (Redação dada pela Lei n. 14.230/2021)

§ 1º A sanção de perda da função pública, nas hipóteses dos incisos I e II do *caput* deste artigo, atinge apenas o vínculo de mesma qualidade e natureza que o agente público ou político detinha com o poder público na época do cometimento da infração, podendo o magistrado, na hipótese do inciso I do *caput* deste artigo, e em caráter excepcional, estendê-la aos demais vínculos, consideradas as circunstâncias do caso e a gravidade da infração. (Incluído pela Lei n. 14.230/2021)

§ 2º A multa pode ser aumentada até o dobro, se o juiz considerar que, em virtude da situação econômica do réu, o valor calculado na forma dos incisos I, II e III do *caput* deste artigo é ineficaz para reprovação e prevenção do ato de improbidade. (Incluído pela Lei n. 14.230/2021)

§ 3º Na responsabilização da pessoa jurídica, deverão ser considerados os efeitos econômicos e sociais das sanções, de modo a viabilizar a manutenção de suas atividades. (Incluído pela Lei n. 14.230/2021)

§ 4º Em caráter excepcional e por motivos relevantes devidamente justificados, a sanção de proibição de contratação com o poder público pode extrapola

> o ente público lesado pelo ato de improbidade, observados os impactos econômicos e sociais das sanções, de forma a preservar a função social da pessoa jurídica, conforme disposto no § 3º deste artigo. (Incluído pela Lei n. 14.230/2021)
>
> § 5º No caso de atos de menor ofensa aos bens jurídicos tutelados por esta Lei, a sanção limitar-se-á à aplicação de multa, sem prejuízo do ressarcimento do dano e da perda dos valores obtidos, quando for o caso, nos termos do *caput* deste artigo. (Incluído pela Lei n. 14.230/2021)
>
> § 6º Se ocorrer lesão ao patrimônio público, a reparação do dano a que se refere esta Lei deverá deduzir o ressarcimento ocorrido nas instâncias criminal, civil e administrativa que tiver por objeto os mesmos fatos. (Incluído pela Lei n. 14.230/2021)
>
> § 7º As sanções aplicadas a pessoas jurídicas com base nesta Lei e na Lei n. 12.846, de 1º de agosto de 2013, deverão observar o princípio constitucional do *non bis in idem*. (Incluído pela Lei n. 14.230/2021)
>
> § 8º A sanção de proibição de contratação com o poder público deverá constar do Cadastro Nacional de Empresas Inidôneas e Suspensas (CEIS) de que trata a Lei n. 12.846, de 1º de agosto de 2013, observadas as limitações territoriais contidas em decisão judicial, conforme disposto no § 4º deste artigo. (Incluído pela Lei n. 14.230/2021)
>
> § 9º As sanções previstas neste artigo somente poderão ser executadas após o trânsito em julgado da sentença condenatória. (Incluído pela Lei n. 14.230/2021)
>
> § 10. Para efeitos de contagem do prazo da sanção de suspensão dos direitos políticos, computar-se-á retroativamente o intervalo de tempo entre a decisão colegiada e o trânsito em julgado da sentença condenatória. (Incluído pela Lei n. 14.230/2021)

Sobre o tema cumpre destacar que todas as sanções poderão ser aplicadas isolada ou conjuntamente, de acordo com a gravidade do fato, independentemente das penalidades cíveis, administrativas ou penais na legislação pertinente, conforme redação do *caput* do art. 12 da Lei de Improbidade.

Dessa forma, um servidor pode, por exemplo, sofrer por uma só conduta sanções: administrativa (demissão, p. ex.), penal (reclusão, p. ex.), civil (indenização, p. ex.), além das de improbidade que poderão ser aplicadas isolada (só a suspensão dos direitos políticos, p. ex.) ou de forma cumulativa (suspensão dos direitos políticos + perda da função pública + indisponibilidade de bens, p. ex.). No caso das penas da improbidade administrativa, o juiz pode aplicar uma, algumas ou todas as sanções, a depender da gravidade do fato.

No tocante à gradação determinada pela Constituição Federal, prevê a LIA com redação dada pela Lei n. 14.230/2021:

1ª) A suspensão dos direitos políticos, pode variar: (i) até 14 anos, no caso de enriquecimento ilícito; (ii) 12 anos, no caso de atos que geram prejuízo ao erário.

2ª) O valor da multa civil, pode ser: (i) equivalente ao valor do acréscimo patrimonial em caso de enriquecimento ilícito; (ii) equivalente ao valor do dano, no caso de lesão ao erário; (iii) de até 24 vezes o valor da remuneração percebida pelo agente, no caso de atentado aos princípios da Administração.

3ª) A proibição de contratar com a Administração ou de receber benefícios ou incentivos fiscais ou creditícios pode ser aplicada: (i) pelo prazo não superior a 14 anos no caso de enriquecimento ilícito; (ii) pelo prazo não superior a 12 anos nos atos que geram prejuízo ao erário; (iii) pelo prazo não superior a 4 anos no caso de atos que atentam contra os princípios da Administração.

Ademais, a imposição da pena deve ser acordo com a gravidade da infração, em respeito aos princípios constitucionais implícitos da razoabilidade e da proporcionalidade. Assim, diante de uma infração leve (ex.: servidor não trabalhou um mês e recebeu vencimento), não pode ser aplicada pena de suspensão dos direitos políticos.

A contrario sensu, quando é aplicada a pena mais grave prevista na LIA – suspensão dos direitos políticos – para infrações leves, violada estará a ordem jurídica.

A gravidade de tal situação é tão evidente que o Superior Tribunal de Justiça vem relativizando o teor do Enunciado da Súmula de n. 7, para admitir o processamento de Recursos Especiais quando estiverem fundamentados no reconhecimento do excesso de penalidade imposta por prática de ato de improbidade:

"PROCESSUAL CIVIL. ADMINISTRATIVO. IMPROBIDADE ADMINISTRATIVA. AGRAVO INTERNO NO AGRAVO EM RECURSO ESPECIAL. OFENSA AOS ARTS. 458 E 535 DO CPC/1973. NÃO OCORRÊNCIA. DESVIO DE MEDICAMENTOS DO MUNICÍPIO. ATO DE IMPROBIDADE CARACTERIZADO. TERCEIRO BENEFICIÁRIO. REEXAME DE MATÉRIA FÁTICA. IMPOSSIBILIDADE. SÚMULA 7/STJ. DOSIMETRIA DAS SANÇÕES. EXCESSO. CARACTERIZAÇÃO. DISSÍDIO JURISPRUDENCIAL NÃO DEMONSTRADO.

(...)

7. Considerando-se que a pena de suspensão dos direitos políticos se destina a impedir a elegibilidade, assim como a obstar o direito constitucional ao exercício do voto, a participação em concursos públicos e a propositura de ação popular, dentre outros, reputa-se desnecessária e destituída de razoabilidade sua aplicação ao agravante, considerando-se a natureza de sua conduta e o fato de que não se relaciona a nenhuma função de natureza político-partidária.

8. Agravo interno parcialmente provido para, nessa extensão, dar provimento em parte ao recurso especial, a fim de excluir da condenação imposta ao ora agravante a pena de suspensão dos direitos políticos.

(AgInt no AREsp 642.096/RS, Rel. Ministro SÉRGIO KUKINA, PRIMEIRA TURMA, julgado em 20-4-2020, *DJe* 24-4-2020)

A mesma tese jurídica foi declarada vencedora no julgamento do AgInt no AREsp 818.503/RS, Rel. Ministro GURGEL DE FARIA, publicado no *DJe* 17-10-2019, em que os Ministros da Primeira Turma, por maioria, deram parcial provimento ao citado recurso para afastar a aplicação da Súmula n. 7/STJ quanto à dosimetria das sanções, e, conhecer do agravo para dar parcial provimento ao recurso especial, mantendo a sanção apenas quanto à multa, afastando as penas de suspensão dos direitos políticos e perda da função pública.

O grau de lesividade ao bem jurídico tutelado também deverá ser levado em consideração quando da dosimetria da pena em matéria de improbidade administrativa, conforme dispõe o citado art. 12, da LIA. Sobre o tema, já se pronunciou o Egrégio Superior Tribunal de Justiça:

> "PROCESSUAL CIVIL. ADMINISTRATIVO. AGRAVO REGIMENTAL. RECURSO ESPECIAL. IMPROBIDADE ADMINISTRATIVA. DESCARACTERIZAÇÃO DO ATO COMO ÍMPROBO. PRESENÇA DO ELEMENTO SUBJETIVO. DOLO GENÉRICO RECONHECIDO. REVISÃO EXCEPCIONAL NA PROPORCIONALIDADE DA SANÇÃO. MODULAÇÃO DA PENA. SUPRESSÃO DA SUSPENSÃO DOS DIREITOS POLÍTICOS. PROVIMENTO DO AGRAVO REGIMENTAL. PROVIMENTO PARCIAL DO RECURSO ESPECIAL.
>
> (...)
>
> 3. A (eventual) reforma do julgado, na perspectiva da avaliação da proporcionalidade da sanção aplicada na origem, por demandar reexame do conjunto fático-probatório dos autos, não tem sido admitida em face do óbice da (Súmula 7/STJ), ressalvados os casos excepcionais.
>
> 4. Conquanto positivada a improbidade, a admissão das duas servidoras, em nível salarial modesto, não se reveste de lesividade intensa ao bem jurídico (princípios da administração pública), tanto mais que os serviços foram prestados, justificando-se uma modulação na sanção (art. 12 – Lei n. 8.429/1992) para suprimir a suspensão dos direitos políticos, mantida a multa: duas remunerações percebidas como Prefeito municipal.
>
> 5. Agravo regimental provido. Provimento parcial do recurso especial.
>
> (AgRg no REsp 1395625/PE, Rel. Ministro OLINDO MENEZES (DESEMBARGADOR CONVOCADO DO TRF 1ª REGIÃO), PRIMEIRA TURMA, julgado em 16-2-2016, *DJe* 22-2-2016)

Desta forma, a condenação em excesso em verdadeira afronta aos princípios da Razoabilidade e da Proporcionalidade é também violadora da Lei n. 8.429/92, mais precisamente do seu art. 12. Esta a posição da Corte Superior desde há mais de uma década:

> "PROCESSUAL CIVIL E ADMINISTRATIVO. AÇÃO CIVIL PÚBLICA. IMPROBIDADE ADMINISTRATIVA. LEI N. 8.429/92. RESSARCIMENTO DE DANO AO ERÁRIO. PRESENÇA DO ELEMENTO SUBJETIVO. MÁ-FÉ (DOLO). APLICAÇÃO DAS PENALIDADES. PRINCÍPIO DA PROPORCIONALIDADE.
>
> (...)
>
> 9. *In casu*, a desproporcionalidade das penas de perda da função pública e suspensão de direitos políticos por 8 (oito) anos, aplicadas ao condenado, é manifesta, mercê de evidente a desobediência ao princípio da razoabilidade, circunstância que, por si só, viola o disposto no art. 12, parágrafo único da Lei n. 8.429/92, verificável independentemente da análise de fatos e provas constantes dos autos.
>
> 10. Recurso especial parcialmente provido, para que sejam excluídas da condenação do ora recorrente as penas de perda da função pública e suspensão de direitos políticos por 8 (oito) anos, nos termos da fundamentação.
>
> (REsp 1130198/RR, Rel. Ministro LUIZ FUX, PRIMEIRA TURMA, julgado em 2-12-2010, *DJe* 15-12-2010)

Com efeito, a gravidade da conduta deverá nortear a aplicação da penalidade, segundo expresso na própria LIA. Em palavras mais precisas, a penalidade mais grave, como é o caso da suspensão dos direitos políticos, deverá ser reservada para as hipóteses em que haja evidente desvio de poder, que interfira no regular funcionamento da Administração Pública ou que seja capaz de causar manifesto e grave prejuízo ao erário público.

Por isso, a Lei n. 8.429/92 definiu expressamente no *caput* do art. 12 que as sanções lá previstas podem ser aplicadas isolada ou cumulativamente, de acordo com a gravidade do fato, deixando clara a necessidade de respeito pelo julgador dos princípios da razoabilidade e da proporcionalidade quando da imposição das suas sanções.

No mesmo diapasão, as penas devem ser graduadas segundo a gravidade do ato praticado, sob pena de restar violada a norma do § 5º do art. 12 da Lei de Improbidade Administrativa que fora incluído pela Lei n. 14.230/2021:

> No caso de atos de menor ofensa aos bens jurídicos tutelados por esta Lei, a sanção limitar-se-á à aplicação de multa, sem prejuízo do ressarcimento do dano e da perda dos valores obtidos, quando for o caso, nos termos do *caput* deste artigo.

A nova lei aplicou a técnica utilizada no direito germânico para a identificação daquilo que poderíamos denominar de "justa medida" na restrição aos direitos fundamentais. De acordo com Scholler:

"na aferição da constitucionalidade de restrições aos direitos fundamentais, o Tribunal Federal Constitucional (Alemão) acabou por desenvolver, como método auxiliar, 'a teoria dos degraus' (*Stufentheorie*) e a assim denominada 'teoria das esferas' (*Sphänrentheorie*). De acordo com a primeira concepção, as restrições a direitos fundamentais devem ser efetuadas em diversos degraus. Assim, por exemplo, já se poderá admitir uma restrição na liberdade de exercício profissional (art. 12 da Lei Fundamental) por qualquer motivo objetivamente relevante (*aus jedem sachlichen Grund*), ao passo que no degrau ou esfera mais profunda, o da liberdade de escolha da profissão, tida como sendo em princípio irrestringível, uma medida restritiva apenas encontrará justificativa para salvaguardar bens e/ou valores comunitários de expressiva relevância de ameaças concretas, devidamente comprovadas, ou pelo menos altamente prováveis"[134].

Na doutrina nacional, quem muito bem se debruçou nos estudos e desenvolveu essa teoria do Direito Alemão foi o Membro do Ministério Público do Estado do Rio de Janeiro, Emerson Garcia, que, em sua obra "Improbidade Administrativa", assim aponta:

"O Tribunal Constitucional Federal alemão, ao aferir a constitucionalidade de restrições aos direitos fundamentais, tem adotado a 'teoria dos degraus' (*Stufentheorie*). De acordo com essa teoria, as restrições deverão ser efetuadas em diversos degraus, iniciando pela conduta de menor potencialidade lesiva e ascendendo para os sucessivos degraus, com a consequente exasperação das restrições, conforme aumente o padrão de lesividade e a reprovabilidade da conduta. Com isto, é respeitada a dignidade da pessoa humana e observado o princípio da proporcionalidade.

Considerando que a suspensão dos direitos políticos importa em restrição ao exercício da cidadania e a perda da função pública em restrição ao exercício de atividade laborativa lícita, afigura-se clara a desproporção existente entre tais sanções e o ato do agente que, como no exemplo referido, dispense culposamente a realização de um procedimento licitatório. A reprimenda ao ilícito deve ser adequada aos fins da norma, resguardando-se a ordem jurídica e as garantias fundamentais do cidadão, o que preservará a estabilidade entre o poder e a liberdade"[135].

Outra referência doutrinária que também reconhece a importância da Teoria Alemã dos Degraus é o Ex-Ministro do Superior Tribunal de Justiça, Gilson Dipp. O Eminente Jurista assim nos ensina a respeito da dosimetria das sanções em matéria de improbidade administrativa:

"O art. 12, *caput*, da Lei n. 8.429/92 estabelece que as sanções podem ser fixadas isolada ou cumulativamente, de acordo com a gravidade do dano. Assim, a regra é a escolha em separado de cada uma das sanções impostas, que devem ser individualmente motivadas pelo juiz. Com efeito, o art. 20 do Decreto-lei n.

---

134 SCHOLLER, Heinrich. *O princípio da proporcionalidade no Direito Constitucional e Administrativo da Alemanha*, trad. de SARLET, Ingo Wolfgang, in Revista Interesse Público n. 2, p. 93, 1999.

135 GARCIA, Emerson. *Improbidade Administrativa*. Rio de Janeiro: Editora Lumen Juris, p. 505-506, 2007.

4.657/1942 (Lindb), com a redação dada pela Lei n. 13.655/2018, exige motivação sobre a necessidade e a adequação da medida imposta. Da mesma forma, o procedimento judicial de aplicação das sanções é alcançado pelo princípio constitucional da fundamentação das decisões (art. 93, X, CF). Esse é um ônus da atividade judicante, sem espaço para simplificações ou generalizações.

A primeira fase da dosimetria das sanções pode ser denominada fixação qualitativa das sanções e consiste no processo de escolha das reprimendas aplicáveis entre as cominadas. Nessa etapa podem ser fixadas uma, algumas ou todas as espécies sancionadoras previstas no art. 12 da Lei de Improbidade Administrativa. A teoria dos degraus (*Stufentheorie*) facilita essa operação de escolha das espécies de penas ao sistematizá-las em degraus, iniciando-se com as menos lesivas e ascendendo para as mais severas. Assim, as reprimendas mais graves somente devem ser alcançadas caso as anteriores também sejam justificáveis"[136].

A respeito da sanção de suspensão dos direitos políticos à luz da aludida doutrina alemã, defende Gilson Dipp em coautoria com Rafael Araripe Carneiro:

"No topo da escada da severidade está a sanção de suspensão dos direitos políticos, que restringe os direitos políticos ativos e passivos garantidos pela Constituição Federal ao cidadão. Ainda que temporariamente, suspende-se o direito de votar e ser votado, de participar em iniciativas populares, de ajuizar ações populares e de ser filiado a partido político. Durante o período de vigência, essa sanção resulta ainda na impossibilidade de investidura em cargo público e na perda de cargo público cuja pressuposto seja o exercício dos direitos políticos (art. 5º, III, da Lei n. 8.112/90 e art. 55, IV, da CF, por exemplo). Destaque-se ainda que o art. 15 da Constituição Federal equipara, ao menos para fins de juízo de reprovabilidade da condenação, a suspensão dos direitos políticos por improbidade administrativa às hipóteses de condenação criminal transitada em julgado, a revelar a enorme gravidade dessa sanção. O período de suspensão será de oito a dez anos na hipótese de enriquecimento ilícito, de cinco a oito anos em caso de lesão ao erário, de três a cinco anos nos casos de infração aos princípios da administração pública.

Em suma, a ordem crescente de gradação explicitada acima — multa civil, proibição de contratar com o poder público ou receber incentivos fiscais ou creditícios, perda da função pública e suspensão dos direitos políticos — parece ser adequada para o processo de escolha das espécies sancionadoras por improbidade administrativa. É certo, entretanto, que em determinadas situações essa ordem pode ser alterada, a depender de circunstâncias específicas do caso concreto e dos sujeitos envolvidos.

A partir daí, podem ser tiradas algumas conclusões, ainda que de forma exemplificativa. Nos atos de menor ofensa aos bens jurídicos tutelados, *verbi gratia*, parece ser justificável que a punição se limite à aplicação de multa, além do ressarcimento do dano e perda dos bens acrescidos ilicitamente, quando for o caso. Nessa mesma toada, as sanções de perda da função pública e suspensão dos

---

136 Opinião disponível em: https://www.conjur.com.br/2019-jan-19/opiniao-dosimetria-sancoes-improbidade-administrativa.

direitos políticos somente devem ser aplicadas nas hipóteses de maior gravidade, conforme importante precedente do STJ, *verbis*:

> 'As sanções de perda do cargo e/ou função pública, assim como a de suspensão dos direitos políticos constituem as mais drásticas das penalidades estabelecidas na Lei de Improbidade Administrativa, devendo, por isso, serem aplicadas apenas em casos graves, sempre levando em conta a extensão do dano'. (AREsp 1.013.434, min. Og Fernandes, *DJe* 31-3-2017)"[137]

A citada teoria germânica também foi adotada pela Egrégia Corte Superior no julgamento do Recurso Especial n. 886.517/ES, quando reconheceu que a condenação ao pagamento de multa civil equivalente a 50 (cinquenta) vezes o valor da remuneração percebida indevidamente pela demandada, mercê de não ostentar natureza indenizatória, ao revés, caráter eminentemente pedagógico, revelou-se excessiva, desvirtuando, outrossim, a ratio essendi do espectro sancionatório da lei cuja interpretação deve conduzir à dosimetria relacionada à exemplariedade e à correlação da sanção. Na oportunidade foi dado parcial provimento ao Recurso Especial para reduzir o valor da multa de 50 (cinquenta) para 5 (cinco) vezes o valor da remuneração percebida indevidamente pela demandada.

No mesmo sentido o Ministro Gilmar Mendes do Supremo Tribunal Federal concedeu liminar na ADI 6.678 para dar interpretação à Lei n. 8.429/92 conforme a constituição e, invocando o princípio da proporcionalidade, entendeu que a sanção de suspensão dos direitos políticos não se aplica aos atos de improbidade administrativa culposos, nem quando oriundos de violação de princípios da Administração Pública:

> Ante o exposto, defiro a medida cautelar requerida, *ad referendum* do Plenário (art. 21, V, do RISTF; art. 10, § 3º, Lei n. 9.868/1999), com efeito *ex nunc* (art. 11, § 1º, da Lei n. 9.868/99), inclusive em relação ao pleito eleitoral de 2022, para: (a) conferir interpretação conforme à Constituição ao inciso II do art. 12 da Lei n. 8.429/1992, estabelecendo que a sanção de suspensão de direitos políticos não se aplica a atos de improbidade culposos que causem dano ao erário; e (b) suspender a vigência da expressão "suspensão dos direitos políticos de três a cinco anos" do inciso III do art. 12 da Lei n. 8.429/1992. Comunique-se, com urgência. Na sequência, inclua-se em pauta para o julgamento colegiado do referendo da medida cautelar em Plenário Virtual. Publique-se. Brasília, 1º de outubro de 2021.

Por fim, ainda sobre o tema sanção, importante destacar outra alteração na Lei de Improbidade, dada pela *Lei n. 12.120, de 15 de dezembro de 2009*. O art. 21 passou a determinar a aplicação das sanções citadas independentemente de: a) da efetiva ocorrência de dano ao patrimônio público, salvo quanto à pena de ressarcimento e às condutas previstas no art. 10 desta Lei; (Redação dada pela Lei n.

---

[137] Opinião disponível em: https://www.conjur.com.br/2019-jan-19/opiniao-dosimetria-sancoes-improbidade-administrativa.

14.230/2021); b) aprovação ou rejeição das contas pelo órgão de controle interno ou pelo Tribunal ou Conselho de Contas.

11.7. Da Ação de Improbidade Administrativa

As sanções da improbidade administrativa acima citadas somente poderão ser impostas pelo Poder Judiciário.

APROFUNDANDO! O servidor poderá ser demitido por prática de ato de improbidade apurada em processo administrativo disciplinar, por ser uma das hipóteses do art. 132 da Lei n. 8.112. Percebam que a sanção de demissão é administrativa e não de improbidade, por isso a viabilidade de sua imposição pela Administração Pública, na medida em que são instâncias distintas, independentes e autônomas. Este também é o entendimento do STJ:

> Súmula 651 – Compete à autoridade administrativa aplicar a servidor público a pena de demissão em razão da prática de improbidade administrativa, independentemente de prévia condenação, por autoridade judiciária, à perda da função pública. (PRIMEIRA SEÇÃO, julgado em 21-10-2021, *DJe* 25-10-2021)

> Súmula 650 – A autoridade administrativa não dispõe de discricionariedade para aplicar ao servidor pena diversa de demissão quando caraterizadas as hipóteses previstas no art. 132 da Lei n. 8.112/1990. (PRIMEIRA SEÇÃO, julgado em 22-9-2021, *DJe* 27-9-2021)

Antes da ação judicial de improbidade administrativa, importante destacar a possibilidade de qualquer pessoa representar a autoridade administrativa para investigar a prática de ato de improbidade (art. 14). Ademais, pode-se ingressar com medidas judiciais cautelares, tais como: sequestro de bens, bloqueio de bens, contas bancárias e aplicações financeiras mantidas pelo indiciado no exterior, nos termos da lei e dos tratados internacionais (art. 16). Esse dispositivo foi bastante alterado pela Lei n. 14.230/2021:

> Art. 16. Na ação por improbidade administrativa poderá ser formulado, em caráter antecedente ou incidente, pedido de indisponibilidade de bens dos réus, a fim de garantir a integral recomposição do erário ou do acréscimo patrimonial resultante de enriquecimento ilícito. (Redação dada pela Lei n. 14.230/2021)
>
> § 1º (Revogado). (Redação dada pela Lei n. 14.230/2021)
>
> § 1º-A O pedido de indisponibilidade de bens a que se refere o *caput* deste artigo poderá ser formulado independentemente da representação de que trata o art. 7º desta Lei. (Incluído pela Lei n. 14.230/2021)
>
> § 2º Quando for o caso, o pedido de indisponibilidade de bens a que se refere o *caput* deste artigo incluirá a investigação, o exame e o bloqueio de bens, contas bancárias e aplicações financeiras mantidas pelo indiciado no exterior, nos termos da lei e dos tratados internacionais. (Redação dada pela Lei n. 14.230/2021)

§ 3º O pedido de indisponibilidade de bens a que se refere o *caput* deste artigo apenas será deferido mediante a demonstração no caso concreto de perigo de dano irreparável ou de risco ao resultado útil do processo, desde que o juiz se convença da probabilidade da ocorrência dos atos descritos na petição inicial com fundamento nos respectivos elementos de instrução, após a oitiva do réu em 5 (cinco) dias. (Incluído pela Lei n. 14.230/2021)

§ 4º A indisponibilidade de bens poderá ser decretada sem a oitiva prévia do réu, sempre que o contraditório prévio puder comprovadamente frustrar a efetividade da medida ou houver outras circunstâncias que recomendem a proteção liminar, não podendo a urgência ser presumida. (Incluído pela Lei n. 14.230/2021)

§ 5º Se houver mais de um réu na ação, a somatória dos valores declarados indisponíveis não poderá superar o montante indicado na petição inicial como dano ao erário ou como enriquecimento ilícito. (Incluído pela Lei n. 14.230/2021)

§ 6º O valor da indisponibilidade considerará a estimativa de dano indicada na petição inicial, permitida a sua substituição por caução idônea, por fiança bancária ou por seguro-garantia judicial, a requerimento do réu, bem como a sua readequação durante a instrução do processo. (Incluído pela Lei n. 14.230/2021)

§ 7º A indisponibilidade de bens de terceiro dependerá da demonstração da sua efetiva concorrência para os atos ilícitos apurados ou, quando se tratar de pessoa jurídica, da instauração de incidente de desconsideração da personalidade jurídica, a ser processado na forma da lei processual. (Incluído pela Lei n. 14.230/2021)

§ 8º Aplica-se à indisponibilidade de bens regida por esta Lei, no que for cabível, o regime da tutela provisória de urgência da Lei n. 13.105, de 16 de março de 2015 (Código de Processo Civil). (Incluído pela Lei n. 14.230/2021)

§ 9º Da decisão que deferir ou indeferir a medida relativa à indisponibilidade de bens caberá agravo de instrumento, nos termos da Lei n. 13.105, de 16 de março de 2015 (Código de Processo Civil). (Incluído pela Lei n. 14.230/2021)

§ 10. A indisponibilidade recairá sobre bens que assegurem exclusivamente o integral ressarcimento do dano ao erário, sem incidir sobre os valores a serem eventualmente aplicados a título de multa civil ou sobre acréscimo patrimonial decorrente de atividade lícita. (Incluído pela Lei n. 14.230/2021)

§ 11. A ordem de indisponibilidade de bens deverá priorizar veículos de via terrestre, bens imóveis, bens móveis em geral, semoventes, navios e aeronaves, ações e quotas de sociedades simples e empresárias, pedras e metais preciosos e, apenas na inexistência desses, o bloqueio de contas bancárias, de forma a garantir a subsistência do acusado e a manutenção da atividade empresária ao longo do processo. (Incluído pela Lei n. 14.230/2021)

> § 12. O juiz, ao apreciar o pedido de indisponibilidade de bens do réu a que se refere o *caput* deste artigo, observará os efeitos práticos da decisão, vedada a adoção de medida capaz de acarretar prejuízo à prestação de serviços públicos. (Incluído pela Lei n. 14.230/2021)
>
> § 13. É vedada a decretação de indisponibilidade da quantia de até 40 (quarenta) salários mínimos depositados em caderneta de poupança, em outras aplicações financeiras ou em conta-corrente. (Incluído pela Lei n. 14.230/2021)
>
> § 14. É vedada a decretação de indisponibilidade do bem de família do réu, salvo se comprovado que o imóvel seja fruto de vantagem patrimonial indevida, conforme descrito no art. 9º desta Lei. (Incluído pela Lei n. 14.230/2021)

A decretação da indisponibilidade de bens poderá ocorrer a qualquer tempo e merece uma atenção especial neste livro.

Sobre o tema indisponibilidade de bens, prevê a Lei 8.429/92 em seu art. 7º:

> Quando o ato de improbidade causar lesão ao patrimônio público ou ensejar enriquecimento ilícito, caberá a autoridade administrativa responsável pelo inquérito representar ao Ministério Público, para a indisponibilidade dos bens do indiciado.
>
> Parágrafo único. A indisponibilidade a que se refere o *caput* deste artigo recairá sobre bens que assegurem o integral ressarcimento do dano, ou sobre o acréscimo patrimonial resultante do enriquecimento ilícito.

Conforme é cediço, são dois os requisitos ensejadores da citada medida cautelar, quais sejam: *fumus boni iuris* e *periculum in mora*.

No tocante ao primeiro requisito, se espera a demonstração, ainda que de forma incipiente, da verossimilhança das alegações e plausibilidade do direito. Em relação ao disposto na Lei de Improbidade Administrativa, imprescindível para a decretação da indisponibilidade de bens a demonstração da lesão ao patrimônio público ou de enriquecimento ilícito.

A esse respeito, a doutrina é uníssona no entendimento da importância da presença do *fumus* para a decretação da indisponibilidade de bens:

> Por tratar-se de medida cautelar, torna-se necessária a demonstração do *fumus boni iuris*, não fazendo sentido, *data venia*, a imposição de tão grave medida senão quando o sucesso do autor na demanda se apresentar provável[138].

---

138 GARCIA, Emerson e ALVES, Rogério Pacheco. *Improbidade administrativa*. 3. ed. Rio de Janeiro: Lumen Juris, 2006. p. 768.

O *fumus boni iuris* (ou 'aparência do bom direito') é a plausibilidade do direito invocado, a provável existência de um direito a ser tutelado no processo principal. Não há razão para concessão de cautela quando a pretensão principal, de plano, for identificada como improcedente[139].

O *fumus boni iuris* depende da própria verossimilhança das imputações e dos indícios de prática de improbidade administrativa, da ocorrência de prejuízo ao erário e/ou de enriquecimento sem causa. Como já decidiu o Superior Tribunal de Justiça, a indisponibilidade de bens depende da existência de fortes indícios de que o ente público atingido por ato de improbidade tenha sido defraudado patrimonialmente ou de que o agente do ato tenha se enriquecido em consequência de resultados advindos do ato ilícito (REsp 731.084/PR)[140].

Assim, não havendo dano, não há plausibilidade no direito ao pedido de indisponibilidade de bens.

É pacífico o entendimento da Jurisprudência Superior sobre a necessidade de estarem presentes os dois requisitos para a decretação da indisponibilidade de bens nos termos da LIA, quais sejam: *fumus boni iuris* e *periculum in mora*. Este o entendimento do Superior Tribunal de Justiça:

> 1. Muito embora se tenha, por um lado, o entendimento desta Corte Superior quanto à implicitude do perigo da demora nas pretensões de indisponibilidade de bens em ações destinadas a perscrutar atos de improbidade administrativa (REsp. 1.366.721/BA, Rel. p/acórdão Min. OG FERNANDES, *DJe* 19-9-2014), por outro é certo que o Órgão Acusatório e o Julgador não estão de modo algum exonerados da analítica demonstração da alta plausibilidade do direito alegado quanto à existência de fortes indícios de responsabilidade na prática de ato ímprobo que lese o Erário ou gere proveito ilícito ao demandado.
>
> 2. O implemento de um dos pressupostos para o deferimento da tutela cautelar, neste caso, o decantado perigo da demora, não significa que, automaticamente ou por si só, se tenha como satisfeito o requisito da aparência do bom direito, também louvado pelo doutrinadores como indispensável para a concessão da proteção judicial provisória ou assecuratória da utilidade do processo. (REsp 1623947 / RJ – *DJe* 30-11-2016).

---

139 GAJARDONI, Fernando da Fonseca; CRUZ, Luana Pedrosa de Figueiredo; CERQUEIRA, Luís Otávio Sequeira de; GOMES JUNIOR, Luiz Manoel; FAVRETO, Rogerio. *Comentários à Lei de Improbidade Administrativa*. 1. ed. São Paulo: Revista dos Tribunais, 2010. p. 281.

140 GAJARDONI, Fernando da Fonseca; CRUZ, Luana Pedrosa de Figueiredo; CERQUEIRA, Luís Otávio Sequeira de; GOMES JUNIOR, Luiz Manoel; FAVRETO, Rogerio. *Comentários à Lei de Improbidade Administrativa*. 1. ed. São Paulo: Revista dos Tribunais, 2010. p. 88.

Sobre o tema, é importante destacar ainda que é pacífico o entendimento de que, se o serviço foi prestado, não há dever algum em devolver o valor recebido pela respectiva prestação, sob pena de caracterizar enriquecimento ilícito por parte do Poder Público. Essa a posição consolidada no Superior Tribunal de Justiça:

> [...] 16. O STJ entende que é indevido o ressarcimento ao Erário dos valores gastos com contratações, sem concurso público, pelo agente público responsável quando efetivamente houve contraprestação dos serviços, para não configurar enriquecimento ilícito da Administração (EREsp 575.551/SP, rel. Min. Nancy Andrighi, Corte Especial, *DJe* 30-4-2009). A sanção de ressarcimento, prevista no art. 12, III, da Lei 8.429/1992, só é admitida na hipótese de ficar efetivamente comprovado o prejuízo patrimonial ao erário. Enfatizou-se no referido julgado a possibilidade de responsabilizar o agente público nas esferas administrativa, cível e criminal. 17. Precedentes: AgRg no AREsp 488.608/RN, rel. Min. Marga Tessler (Juíza Federal Convocada do TRF 4ª região), Primeira Turma, *DJe* 19-12-2014; REsp 1200379/MG, rel. Min. Benedito Gonçalves, Primeira Turma, *DJe* 23-10-2013; REsp 1214605/SP, rel. Min. Eliana Calmon, Segunda Turma, *DJe* 13-6-2013; REsp 878.506/SP, rel. Min. Luiz Fux, Primeira Turma, *DJe* 14-9-2009 18. Recurso Especial de Paulo Gomes dos Santos Filho, Vadeir Dias Pinna parcialmente conhecidos e, nessa parte, não providos. Recurso do Ministério Público do Estado do Rio de Janeiro não provido. (REsp 1659553 / RJ – *DJe* 30-6-2017).

Outro ponto interessante envolve a ilegalidade da indisponibilidade recair sobre bens impenhoráveis, tais como vencimentos de servidor público, depósitos até 40 salários-mínimos e bens de família.

A melhor doutrina faz um raciocínio de coerência ao defender que "se as medidas cautelares da LIA objetivam garantir, como regra, eventual execução por quantia da sentença proferida em sede de ação de improbidade administrativa, é evidente que não podem recair sobre bens que não são conversíveis em dinheiro"[141].

O raciocínio é técnico e distinto daquele que, para justificar o pedido de indisponibilidade sobre os bens impenhoráveis, utiliza expressões para tentar tornar pueril o instituto de tamanho poder, como alegar que o bem ficará "só" indisponível e "isso não é penhora", que é "apenas" uma medida cautelar e "não definitiva"...

Ora, se no momento da execução não será possível converter o bem impenhorável em espécie para o Poder Público, para que gerar todos os transtornos e insegurança com a indisponibilidade imposta ao titular do direito? Parece-nos um

---

[141] GAJARDONI, Fernando da Fonseca; CRUZ, Luana Pedrosa de Figueiredo; CERQUEIRA, Luís Otávio Sequeira de; GOMES JUNIOR, Luiz Manoel; FAVRETO, Rogerio. *Comentários à Lei de Improbidade Administrativa*. 1. ed. São Paulo: Revista dos Tribunais, 2010. p. 291.

tanto ilógico e a melhor doutrina é efetivamente aquela apresentada no início do item e defendida pelo Magistrado, Jurista e Prof. Doutor da USP Fernando da Fonseca Gajardoni.

Sobre o tema, prevê o art. 833 do Código de Processo Civil:

> Art. 833. São impenhoráveis:
>
> I – os bens inalienáveis e os declarados, por ato voluntário, não sujeitos à execução;
>
> [...]
>
> IV – os vencimentos, os subsídios, os soldos, os salários, as remunerações, os proventos de aposentadoria, as pensões, os pecúlios e os montepios, bem como as quantias recebidas por liberalidade de terceiro e destinadas ao sustento do devedor e de sua família, os ganhos de trabalhador autônomo e os honorários de profissional liberal, ressalvado o § 2º;
>
> [...]
>
> X – a quantia depositada em caderneta de poupança, até o limite de 40 (quarenta) salários mínimos;

Sobre a impenhorabilidade das verbas salariais, entendeu o Superior Tribunal de Justiça:

RECURSO ESPECIAL. PROCESSUAL CIVIL E ADMINISTRATIVO. MEDIDA CAUTELAR DE ARRESTO. AÇÃO DE IMPROBIDADE. INDISPONIBILIDADE DE RECURSOS ORIUNDOS DE RECLAMATÓRIA TRABALHISTA. NATUREZA SALARIAL. IMPENHORABILIDADE. ART. 649, IV DO CPC. OFENSA CONFIGURADA. RECURSO ESPECIAL PROVIDO.

1. As verbas salariais, por serem absolutamente impenhoráveis, também não podem ser objeto da medida de indisponibilidade na Ação de Improbidade Administrativa, pois, sendo impenhoráveis, não poderão assegurar uma futura execução.

2. O uso que o empregado ou o trabalhador faz do seu salário, aplicando-o em qualquer fundo de investimento ou mesmo numa poupança voluntária, na verdade, é uma defesa contra a inflação e uma cautela contra os infortúnios, de maneira que a aplicação dessas verbas não acarreta a perda de sua natureza salarial, nem a garantia de impenhorabilidade.

3. Recurso especial provido. (REsp 1164037/RS, rel. Min. SÉRGIO KUKINA, Rel. p/ Acórdão Ministro NAPOLEÃO NUNES MAIA FILHO, PRIMEIRA TURMA, julgado em 20-2-2014, *DJe* 9-5-2014).

PROCESSO CIVIL. AGRAVO REGIMENTAL NO RECURSO ESPECIAL. OFENSA AO ART. 535 DO CPC. NÃO CARACTERIZAÇÃO. EXECUÇÃO FISCAL. APLICAÇÃO FINANCEIRA. IMPENHORABILIDADE DO

LIMITE PREVISTO NO ART. 649, X, DO CPC. AFASTAMENTO DA CONSTRIÇÃO EM RELAÇÃO AO LIMITE DE QUARENTA SALÁRIOS MÍNIMOS. AGRAVO REGIMENTAL NO RECURSO ESPECIAL.

1. Não havendo no acórdão recorrido omissão, obscuridade ou contradição, não fica caracterizada ofensa ao art. 535 do CPC.

2. Segundo a jurisprudência pacificada deste STJ, "é possível ao devedor, para viabilizar seu sustento digno e de sua família, poupar valores sob a regra da impenhorabilidade no patamar de até quarenta salários mínimos, não apenas aqueles depositados em cadernetas de poupança, mas também em conta-corrente ou em fundos de investimento, ou guardados em papel-moeda." (REsp 1.340.120/SP, Quarta Turma, Relator Ministro Luis Felipe Salomão, julgado em 18-11-2014, *DJe* 19-12-2014).

3. Agravo regimental não provido. (AgRg no REsp 1566145/RS, rel. Min. MAURO CAMPBELL MARQUES, SEGUNDA TURMA, julgado em 15-12-2015, *DJe* 18-12-2015)"

Em relação ao bem de família, o raciocínio deve ser o mesmo, isto é, se a Lei n. 8.009 diz que tal bem é impenhorável, também não pode ser declarado indisponível, na medida em que ao final da ação de improbidade não poderá ser executado. Mais uma vez seria a imposição de ônus desnecessária ao titular do direito, gerando-lhe apenas os dissabores de um bloqueio sem qualquer finalidade prática.

A melhor doutrina processualista e administrativista pensa no mesmo sentido:

> A impenhorabilidade do bem de família estabelecida na Lei Federal 8.009, especialmente em seu art. 1º, visa principalmente a proteção da família e do seu imóvel residencial, e não demanda registro imobiliário para sua oposição na execução.
>
> [...]
>
> Portanto, sendo a ação de improbidade de natureza civil, excetuadas as penais previstas na LIA, não há que se afastar a proteção ao bem de família, na medida em que a interpretação da norma legal que prevê restrição de direitos deve sempre ser interpretada restritivamente e não ampliativamente[142].

Já vimos não ser possível que a constrição se dê sobre bens protegidos pela impenhorabilidade pela forma dos arts. 649/650 do CPC e art. 1º da Lei 8.009, regras estas que, ademais, nada mais tutelam do que a própria dignidade da pessoa humana[143].

---

142 CERQUEIRA, Luís Otávio Sequeira de. *Comentários à Lei de Improbidade Administrativa*. São Paulo: Revista dos Tribunais. p. 90-91.

143 GAJARDONI, Fernando da Fonseca; CRUZ, Luana Pedrosa de Figueiredo; CERQUEIRA, Luís Otávio Sequeira de; GOMES JUNIOR, Luiz Manoel; FAVRETO, Rogerio. *Comentários à Lei de Improbidade Administrativa*. 1. ed. São Paulo: Revista dos Tribunais, 2010. p. 291.

A medida da indisponibilidade de bens não poderá alcançar aqueles considerados impenhoráveis pelo legislador ordinário, sob pena de aniquilamento da dignidade da pessoa alcançada pela responsabilidade[144].

Um dos maiores primados de conquista no âmbito dos direitos fundamentais será violado se não prevalecer a tese ora defendida, o Princípio da Dignidade da Pessoa Humana. Nesse sentido, também é o posicionamento da jurisprudência do Tribunal Regional Federal da 3ª Região:

> "AGRAVO DE INSTRUMENTO. AÇÃO CIVIL PÚBLICA. AÇÃO DE IMPROBIDADE ADMINISTRATIVA. INDISPONIBILIDADE DE BENS. PROCESSUAL CIVIL. RECONHECIDA A PRESENÇA DO *FUMUS BONI IURIS* E DO *PERICULUM IN MORA*. DESNECESSDIDADE DE COMPROVAÇÃO DE ATOS DE DILAPIDAÇÃO PATRIMONIAL. MANTIDA A RESPONSABILIDADE SOLIDÁRIA QUANTO À TOTALIDADE DO VALOR APONTADO COMO DANO. RECONHECIDA A POSSIBILIDADE DO DESBLOQUEIO DOS VALORES DEPOSITADOS EM CONTA POUPANÇA OU OUTRAS APLICAÇÕES ATÉ O LIMITE DE 40 SALÁRIOS MÍNIMOS VIGENTES À ÉPOCA DO BLOQUEIO. BEM DE FAMÍLIA. IMPENHORABILIDADE.
>
> [...]
>
> 4. A decretação da indisponibilidade dos bens não poderá alcançar os valores albergados pelo manto da impenhorabilidade, nos termos do art. 833, V, do CPC (art. 649, IV do CPC de 1973).
>
> 5. O e. STJ não faz distinção quanto à aplicação do inciso X do art. 833 do CPC, se os valores estão depositados em conta poupança ou em outras aplicações, reconhecendo a impenhorabilidade de tais quantias até 40 (quarenta) salários mínimos.
>
> 6. O imóvel familiar é revestido de impenhorabilidade, nos termos da Lei n. 8.009/1990 e de acordo com a jurisprudência do e. STJ.
>
> 7. Agravo de instrumento parcialmente provido para manter a indisponibilidade patrimonial do agravante, que poderá incidir sobre móveis, imóveis, depósitos e aplicações financeiras, posições acionárias, investimentos e cotas sociais, limitada ao valor de R$ 1.718.347,88, bem como liberar em parte a incidência do gravame sobre as contas bancárias de sua titularidade até o limite de 40 salários mínimos e vedar a incidência do gravame sobre o bem de família indicados nos autos. (AI – AGRAVO DE INSTRUMENTO – 560592 / SP – 0014909-03.2015.4.03.0000 – e-DJF3 Judicial 1 DATA:16-2-2017)

---

144 GARCIA, Emerson e ALVES, Rogério Pacheco. *Improbidade administrativa*. 3. ed. Rio de Janeiro: Lumen Juris, 2006. p. 770.

Outra novidade trazida pela Lei n. 14.230 de 2021 foi a modificação integral do art. 17 da LIA que passou a prever, por exemplo, legitimidade exclusiva do Ministério Público para a propositura da ação de improbidade administrativa:

> Art. 17. A ação para a aplicação das sanções de que trata esta Lei será proposta pelo Ministério Público e seguirá o procedimento comum previsto na Lei n. 13.105, de 16 de março de 2015 (Código de Processo Civil), salvo o disposto nesta Lei. (Redação dada pela Lei n. 14.230/2021)
>
> § 1º (Revogado). (Redação dada pela Lei n. 14.230/2021)
>
> § 2º (Revogado). (Redação dada pela Lei n. 14.230/2021)
>
> § 3º (Revogado). (Redação dada pela Lei n. 14.230/2021)
>
> § 4º (Revogado). (Redação dada pela Lei n. 14.230/2021)
>
> § 4º-A A ação a que se refere o *caput* deste artigo deverá ser proposta perante o foro do local onde ocorrer o dano ou da pessoa jurídica prejudicada. (Incluído pela Lei n. 14.230/2021)
>
> § 5º A propositura da ação a que se refere o *caput* deste artigo prevenirá a competência do juízo para todas as ações posteriormente intentadas que possuam a mesma causa de pedir ou o mesmo objeto. (Redação dada pela Lei n. 14.230/2021)
>
> § 6º A petição inicial observará o seguinte: (Redação dada pela Lei n. 14.230/2021)
>
> I – deverá individualizar a conduta do réu e apontar os elementos probatórios mínimos que demonstrem a ocorrência das hipóteses dos arts. 9º, 10 e 11 desta Lei e de sua autoria, salvo impossibilidade devidamente fundamentada; (Incluído pela Lei n. 14.230/2021)
>
> II – será instruída com documentos ou justificação que contenham indícios suficientes da veracidade dos fatos e do dolo imputado ou com razões fundamentadas da impossibilidade de apresentação de qualquer dessas provas, observada a legislação vigente, inclusive as disposições constantes dos arts. 77 e 80 da Lei n. 13.105, de 16 de março de 2015 (Código de Processo Civil). (Incluído pela Lei n. 14.230/2021)
>
> § 6º-A O Ministério Público poderá requerer as tutelas provisórias adequadas e necessárias, nos termos dos arts. 294 a 310 da Lei n. 13.105, de 16 de março de 2015 (Código de Processo Civil (Incluído pela Lei n. 14.230/2021)
>
> § 6º-B A petição inicial será rejeitada nos casos do art. 330 da Lei n. 13.105, de 16 de março de 2015 (Código de Processo Civil), bem como quando não preenchidos os requisitos a que se referem os incisos I e II do § 6º deste artigo, ou ainda quando manifestamente inexistente o ato de improbidade imputado. (Incluído pela Lei n. 14.230/2021)

§ 7º Se a petição inicial estiver em devida forma, o juiz mandará autuá-la e ordenará a citação dos requeridos para que a contestem no prazo comum de 30 (trinta) dias, iniciado o prazo na forma do art. 231 da Lei n. 13.105, de 16 de março de 2015 (Código de Processo Civil). (Redação dada pela Lei n. 14.230/2021)

§ 8º (Revogado). (Redação dada pela Lei n. 14.230/2021)

§ 9º (Revogado). (Redação dada pela Lei n. 14.230/2021)

§ 9º-A Da decisão que rejeitar questões preliminares suscitadas pelo réu em sua contestação caberá agravo de instrumento. (Incluído pela Lei n. 14.230/2021)

§ 10. (Revogado). (Redação dada pela Lei n. 14.230/2021)

§ 10-A. Havendo a possibilidade de solução consensual, poderão as partes requerer ao juiz a interrupção do prazo para a contestação, por prazo não superior a 90 (noventa) dias. (Incluído pela Lei n. 13.964/2019)

§ 10-B. Oferecida a contestação e, se for o caso, ouvido o autor, o juiz: (Incluído pela Lei n. 14.230/2021)

I – procederá ao julgamento conforme o estado do processo, observada a eventual inexistência manifesta do ato de improbidade; (Incluído pela Lei n. 14.230/2021)

II – poderá desmembrar o litisconsórcio, com vistas a otimizar a instrução processual. (Incluído pela Lei n. 14.230/2021)

§ 10-C. Após a réplica do Ministério Público, o juiz proferirá decisão na qual indicará com precisão a tipificação do ato de improbidade administrativa imputável ao réu, sendo-lhe vedado modificar o fato principal e a capitulação legal apresentada pelo autor. (Incluído pela Lei n. 14.230/2021)

§ 10-D. Para cada ato de improbidade administrativa, deverá necessariamente ser indicado apenas um tipo dentre aqueles previstos nos arts. 9º, 10 e 11 desta Lei. (Incluído pela Lei n. 14.230/2021)

§ 10-E. Proferida a decisão referida no § 10-C deste artigo, as partes serão intimadas a especificar as provas que pretendem produzir. (Incluído pela Lei n. 14.230/2021)

§ 10-F. Será nula a decisão de mérito total ou parcial da ação de improbidade administrativa que: (Incluído pela Lei n. 14.230/2021)

I – condenar o requerido por tipo diverso daquele definido na petição inicial; (Incluído pela Lei n. 14.230/2021)

II – condenar o requerido sem a produção das provas por ele tempestivamente especificadas. (Incluído pela Lei n. 14.230/2021)

§ 11. Em qualquer momento do processo, verificada a inexistência do ato de improbidade, o juiz julgará a demanda improcedente. (Redação dada pela Lei n. 14.230/2021)

§ 12. (Revogado). (Redação dada pela Lei n. 14.230/2021)

§ 13. (Revogado). (Redação dada pela Lei n. 14.230/2021)

§ 14. Sem prejuízo da citação dos réus, a pessoa jurídica interessada será intimada para, caso queira, intervir no processo. (Incluído pela Lei n. 14.230/2021)

§ 15. Se a imputação envolver a desconsideração de pessoa jurídica, serão observadas as regras previstas nos arts. 133, 134, 135, 136 e 137 da Lei n. 13.105, de 16 de março de 2015 (Código de Processo Civil). (Incluído pela Lei n. 14.230/2021)

§ 16. A qualquer momento, se o magistrado identificar a existência de ilegalidades ou de irregularidades administrativas a serem sanadas sem que estejam presentes todos os requisitos para a imposição das sanções aos agentes incluídos no polo passivo da demanda, poderá, em decisão motivada, converter a ação de improbidade administrativa em ação civil pública, regulada pela Lei n. 7.347, de 24 de julho de 1985. (Incluído pela Lei n. 14.230/2021)

§ 17. Da decisão que converter a ação de improbidade em ação civil pública caberá agravo de instrumento. (Incluído pela Lei n. 14.230/2021)

§ 18. Ao réu será assegurado o direito de ser interrogado sobre os fatos de que trata a ação, e a sua recusa ou o seu silêncio não implicarão confissão. (Incluído pela Lei n. 14.230/2021)

§ 19. Não se aplicam na ação de improbidade administrativa: (Incluído pela Lei n. 14.230/2021)

I – a presunção de veracidade dos fatos alegados pelo autor em caso de revelia; (Incluído pela Lei n. 14.230/2021)

II – a imposição de ônus da prova ao réu, na forma dos §§ 1º e 2º do art. 373 da Lei n. 13.105, de 16 de março de 2015 (Código de Processo Civil); (Incluído pela Lei n. 14.230/2021)

III – o ajuizamento de mais de uma ação de improbidade administrativa pelo mesmo fato, competindo ao Conselho Nacional do Ministério Público dirimir conflitos de atribuições entre membros de Ministérios Públicos distintos; (Incluído pela Lei n. 14.230/2021)

IV – o reexame obrigatório da sentença de improcedência ou de extinção sem resolução de mérito. (Incluído pela Lei n. 14.230/2021)

§ 20. A assessoria jurídica que emitiu o parecer atestando a legalidade prévia dos atos administrativos praticados pelo administrador público ficará obrigada a defendê-lo judicialmente, caso este venha a responder ação por improbidade administrativa, até que a decisão transite em julgado. (Incluído pela Lei n. 14.230/2021)

§ 21. Das decisões interlocutórias caberá agravo de instrumento, inclusive da decisão que rejeitar questões preliminares suscitadas pelo réu em sua contestação. (Incluído pela Lei n. 14.230/2021)

Relevante destacar ainda que agora está expressamente permitido na LIA o acordo nas ações de improbidade:

Art. 17-B. O Ministério Público poderá, conforme as circunstâncias do caso concreto, celebrar acordo de não persecução civil, desde que dele advenham, ao menos, os seguintes resultados: (Incluído pela Lei n. 14.230/2021)

I – o integral ressarcimento do dano; (Incluído pela Lei n. 14.230/2021)

II – a reversão à pessoa jurídica lesada da vantagem indevida obtida, ainda que oriunda de agentes privados. (Incluído pela Lei n. 14.230/2021)

§ 1º A celebração do acordo a que se refere o *caput* deste artigo dependerá, cumulativamente: (Incluído pela Lei n. 14.230/2021)

I – da oitiva do ente federativo lesado, em momento anterior ou posterior à propositura da ação; (Incluído pela Lei n. 14.230/2021)

II – de aprovação, no prazo de até 60 (sessenta) dias, pelo órgão do Ministério Público competente para apreciar as promoções de arquivamento de inquéritos civis, se anterior ao ajuizamento da ação; (Incluído pela Lei n. 14.230/2021)

III – de homologação judicial, independentemente de o acordo ocorrer antes ou depois do ajuizamento da ação de improbidade administrativa. (Incluído pela Lei n. 14.230, de 2021)

§ 2º Em qualquer caso, a celebração do acordo a que se refere o *caput* deste artigo considerará a personalidade do agente, a natureza, as circunstâncias, a gravidade e a repercussão social do ato de improbidade, bem como as vantagens, para o interesse público, da rápida solução do caso. (Incluído pela Lei n. 14.230/2021)

§ 3º Para fins de apuração do valor do dano a ser ressarcido, deverá ser realizada a oitiva do Tribunal de Contas competente, que se manifestará, com indicação dos parâmetros utilizados, no prazo de 90 (noventa) dias. (Incluído pela Lei n. 14.230/2021)

§ 4º O acordo a que se refere o *caput* deste artigo poderá ser celebrado no curso da investigação de apuração do ilícito, no curso da ação de improbidade ou no momento da execução da sentença condenatória. (Incluído pela Lei n. 14.230/2021)

§ 5º As negociações para a celebração do acordo a que se refere o *caput* deste artigo ocorrerão entre o Ministério Público, de um lado, e, de outro, o investigado ou demandado e o seu defensor. (Incluído pela Lei n. 14.230/2021)

> § 6º O acordo a que se refere o *caput* deste artigo poderá contemplar a adoção de mecanismos e procedimentos internos de integridade, de auditoria e de incentivo à denúncia de irregularidades e a aplicação efetiva de códigos de ética e de conduta no âmbito da pessoa jurídica, se for o caso, bem como de outras medidas em favor do interesse público e de boas práticas administrativas. (Incluído pela Lei n. 14.230/2021)
>
> § 7º Em caso de descumprimento do acordo a que se refere o *caput* deste artigo, o investigado ou o demandado ficará impedido de celebrar novo acordo pelo prazo de 5 (cinco) anos, contado do conhecimento pelo Ministério Público do efetivo descumprimento. (Incluído pela Lei n. 14.230/2021)

ATENÇÃO! Apesar da Lei de 2021 valer-se no *caput* do art. 17-B da expressão "O Ministério Público poderá", dando a entender tratar-se de uma faculdade, defendemos neste livro que o réu na ação de improbidade tem o direito subjetivo ao acordo quando o objeto da ação for atos de menor ofensa aos bens jurídicos tutelados pela LIA, com o direito ao afastamento de sanções mais graves, como a suspensão dos direitos políticos, e acertamento apenas do pagamento da multa, do ressarcimento do dano e da perda dos valores obtidos, quando for o caso, nos termos do § 5º do art. 12, incluído à Lei n. 8.429/92 pela Lei n. 14.230/2021.

Nesse sentido, não poderíamos deixar de mencionar as novidades trazidas pela Lei de Introdução às Normas do Direito Brasileiro[145] afetas ao tema. Por força da Lei n. 13.655, de 25 de abril de 2018, foram inseridos dispositivos ao Decreto-lei n. 4.657, de 4 de setembro de 1942, dentre os quais destacamos:

> Art. 26. Para eliminar irregularidade, incerteza jurídica ou situação contenciosa na aplicação do direito público, inclusive no caso de expedição de licença, a autoridade administrativa poderá, após oitiva do órgão jurídico e, quando for o caso, após realização de consulta pública, e presentes razões de relevante interesse geral, celebrar compromisso com os interessados, observada a legislação aplicável, o qual só produzirá efeitos a partir de sua publicação oficial.
>
> § 1º O compromisso referido no *caput* deste artigo:
>
> I – buscará solução jurídica proporcional, equânime, eficiente e compatível com os interesses gerais;
>
> II – (VETADO);
>
> III – não poderá conferir desoneração permanente de dever ou condicionamento de direito reconhecidos por orientação geral;
>
> IV – deverá prever com clareza as obrigações das partes, o prazo para seu cumprimento e as sanções aplicáveis em caso de descumprimento.

---

145 A LINDB foi regulamentada pelo Decreto n. 9.830, de 2019 (*vide* capítulo 1 deste livro).

> Art. 27. A decisão do processo, nas esferas administrativa, controladora ou judicial, poderá impor compensação por benefícios indevidos ou prejuízos anormais ou injustos resultantes do processo ou da conduta dos envolvidos.
>
> § 1º A decisão sobre a compensação será motivada, ouvidas previamente as partes sobre seu cabimento, sua forma e, se for o caso, seu valor.
>
> § 2º Para prevenir ou regular a compensação, poderá ser celebrado compromisso processual entre os envolvidos.

O TAC está previsto no art. 26 e exige a presença dos seguintes requisitos: (i) serve para eliminar irregularidade, incerteza jurídica ou situação contenciosa na aplicação do direito público (inclusive no caso de expedição de licença); (ii) participação obrigatória do departamento jurídico em que o Advogado Público responsável pelo caso deverá emanar Parecer Jurídico proferindo opinião pautada na legalidade e na indisponibilidade dos bens e interesses públicos; (iii) realização facultativa de consulta pública, quando o caso exigir; (iv) presença obrigatória de relevantes razões de interesse geral; (v) publicação no diário oficial para a produção de seus efeitos.

Os objetivos do Termo de Ajustamento de Conduta são: (i) buscar solução jurídica proporcional, equânime, eficiente e compatível com os interesses gerais; (ii) não conferir desoneração permanente de dever ou condicionamento de direito reconhecidos por orientação geral; (iii) prever com clareza as obrigações das partes, o prazo para seu cumprimento e as sanções aplicáveis em caso de descumprimento.

Uma das consequências do TAC será a imposição da compensação por benefícios indevidos ou prejuízos anormais ou injustos resultantes do processo ou da conduta dos envolvidos. Esse tipo de medida é bastante conhecida no Direito Ambiental e a Administração Pública vem exercendo bem o seu papel nesta seara.

A decisão sobre a compensação será motivada, uma vez ser a regra a atuação motivada do Poder Público, devendo ser ouvidas previamente as partes envolvidas sobre pontos relevantes como e seu cabimento, a sua forma e o seu valor.

Percebam a importância que o Advogado Público ganha na efetividade da implementação ou não de um Termo de Ajustamento de Conduta. Ademais, imprescindível que este operador do Direito Público seja detentor de cargo efetivo e concursado, para evitar as pressões políticas tão conhecidas em face dos comissionados, em razão da sua natureza constitucional de livre nomeação e livre exoneração (art. 37, II, da CF).

É por isso que o art. 28 da Lei de Introdução às Normas do Direito Brasileiro estabelece que o agente público responderá pessoalmente por suas decisões ou opiniões técnicas em caso de dolo ou erro grosseiro. Só nestes casos haverá a responsabilidade do servidor. Pensando mais uma vez na figura do Advogado

Público é obrigatório passar pela avaliação do departamento jurídico as minutas de editais de licitação, bem como as dos contratos, acordos, convênios ou ajustes (art. 38, parágrafo único, da Lei n. 8.666/93).

Desta forma, um Procurador do Município somente poderá ser responsabilizado por opinar pela contratação direta e sem licitação, quando contrariar a Lei n. 8.666 de maneira dolosa ou por interpretá-la de forma equivocada mediante a comprovação de um erro grosseiro. A constatação de ambas as infrações somente poderá ocorrer por meio de processo administrativo disciplinar em que sejam conferidos os direitos ao contraditório e à ampla defesa.

11.8. Da Prescrição

A ação de improbidade deverá ser proposta em determinado prazo, sob pena de prescrever tal pretensão, ou seja, de a Administração perder a chance de impor as penalidades. Sobre o tema, prevê a Lei de Improbidade em seu art. 23, com redação dada pela Lei n. 14.230/2021:

> A ação para a aplicação das sanções previstas nesta Lei prescreve em 8 (oito) anos, contados a partir da ocorrência do fato ou, no caso de infrações permanentes, do dia em que cessou a permanência. (Redação dada pela Lei n. 14.230/2021)
>
> I – (revogado); (Redação dada pela Lei n. 14.230/2021)
>
> II – (revogado); (Redação dada pela Lei n. 14.230/2021)
>
> III – (revogado). (Redação dada pela Lei n. 14.230/2021)
>
> § 1º A instauração de inquérito civil ou de processo administrativo para apuração dos ilícitos referidos nesta Lei suspende o curso do prazo prescricional por, no máximo, 180 (cento e oitenta) dias corridos, recomeçando a correr após a sua conclusão ou, caso não concluído o processo, esgotado o prazo de suspensão. (Incluído pela Lei n. 14.230/2021)
>
> § 2º O inquérito civil para apuração do ato de improbidade será concluído no prazo de 365 (trezentos e sessenta e cinco) dias corridos, prorrogável uma única vez por igual período, mediante ato fundamentado submetido à revisão da instância competente do órgão ministerial, conforme dispuser a respectiva lei orgânica. (Incluído pela Lei n. 14.230/2021)
>
> § 3º Encerrado o prazo previsto no § 2º deste artigo, a ação deverá ser proposta no prazo de 30 (trinta) dias, se não for caso de arquivamento do inquérito civil. (Incluído pela Lei n. 14.230/2021)
>
> § 4º O prazo da prescrição referido no *caput* deste artigo interrompe-se: (Incluído pela Lei n. 14.230/2021)
>
> I – pelo ajuizamento da ação de improbidade administrativa; (Incluído pela Lei n. 14.230/2021)

II – pela publicação da sentença condenatória; (Incluído pela Lei n. 14.230/2021)

III – pela publicação de decisão ou acórdão de Tribunal de Justiça ou Tribunal Regional Federal que confirma sentença condenatória ou que reforma sentença de improcedência; (Incluído pela Lei n. 14.230/2021)

IV – pela publicação de decisão ou acórdão do Superior Tribunal de Justiça que confirma acórdão condenatório ou que reforma acórdão de improcedência; (Incluído pela Lei n. 14.230/2021)

V – pela publicação de decisão ou acórdão do Supremo Tribunal Federal que confirma acórdão condenatório ou que reforma acórdão de improcedência. (Incluído pela Lei n. 14.230/2021)

§ 5º Interrompida a prescrição, o prazo recomeça a correr do dia da interrupção, pela metade do prazo previsto no *caput* deste artigo. (Incluído pela Lei n. 14.230/2021)

§ 6º A suspensão e a interrupção da prescrição produzem efeitos relativamente a todos os que concorreram para a prática do ato de improbidade. (Incluído pela Lei n. 14.230/2021)

§ 7º Nos atos de improbidade conexos que sejam objeto do mesmo processo, a suspensão e a interrupção relativas a qualquer deles estendem-se aos demais. (Incluído pela Lei n. 14.230/2021)

§ 8º O juiz ou o tribunal, depois de ouvido o Ministério Público, deverá, de ofício ou a requerimento da parte interessada, reconhecer a prescrição intercorrente da pretensão sancionadora e decretá-la de imediato, caso, entre os marcos interruptivos referidos no § 4º, transcorra o prazo previsto no § 5º deste artigo. (Incluído pela Lei n. 14.230/2021)

Sobre o tema, o Superior Tribunal de Justiça editou a Súmula 634: "Ao particular aplica-se o mesmo regime prescricional previsto na Lei de Improbidade Administrativa para o agente público"(Primeira Seção, julgado em 12-6-2019, *DJe* 17-6-2019).

CUIDADO! Conforme visto no capítulo "Responsabilidade Civil do Estado", o Supremo Tribunal Federal decidiu em fevereiro de 2016, em regime de repercussão geral, o RE 669.069, entendendo que é prescritível a ação de reparação de danos à Fazenda Pública decorrente de ilícito civil. No entanto, deixou bem claro que tal entendimento não vale para questões envolvendo improbidade administrativa ou matéria criminal, temas não ventilados no citado julgamento. Assim, a ação de ressarcimento ao erário, oriunda da improbidade administrativa, continua imprescritível, nos termos do art. 37, § 5º, da CF. Logo, para jurisprudência superior as penas pelo ato de improbidade administrativa são prescritíveis, nos termos do art. 23 da LIA (basicamente 5 anos), salvo a ação de ressarcimento ao erário, que é imprescritível (posição prevalecente no STJ – EDcl no AgRg nos EDcl no AREsp 473.601 – e no STF – RE 852.475).

Muito se discutiu sobre a imprescritibilidade da ação de ressarcimento ao erário, nos termos do art. 37, § 5º, da Constituição Federal, que prevê:

> A lei estabelecerá os prazos de prescrição para ilícitos praticados por qualquer agente, servidor ou não, que causem prejuízos ao erário, ressalvadas as respectivas ações de ressarcimento.

A interpretação da imprescritibilidade da ação de ressarcimento ao erário pressupõe a existência do efetivo prejuízo aos cofres públicos.

Esse é o entendimento de José dos Santos Carvalho Filho ao defender "que a norma se aplica somente no caso dos efeitos danosos (prejuízos) advindos das condutas ilícitas"[146].

Na medida em que o art. 37, §5º, da CF se refere a prejuízo ao erário, impossível estender a teratológica interpretação da imprescritibilidade da ação de ressarcimento ao erário ao art. 11 da LIA que não se refere ao tema prejuízo aos cofres públicos, mas sim aos atos de enriquecimento ilícito ou atentatórios aos princípios da Administração.

Igualmente, a redação do art. 37, §5º, da Constituição Federal é clara ao tratar da aplicação da suposta imprescritibilidade da ação de ressarcimento ao erário APENAS AOS AGENTES PÚBLICOS, servidores ou não. Ou seja, tal interpretação, por mais teratológica que seja, não se estende ao terceiro não agente público, como no caso do requerente na demanda ora impugnada. Sobre o assunto, trazemos à colação mais uma vez os ensinamentos de José dos Santos Carvalho Filho:

> Primeiramente, a imprescritibilidade abrange apenas a ação que vise o ressarcimento de prejuízos causados por atos de agentes do Poder Público, ou seja, daqueles que estejam no exercício da função pública. Destarte, se o causador do dano é terceiro, sem vínculo com o Estado, não se aplica o art. 37, § 5º, da CF[147].

Ademais, críticas doutrinárias cada vez mais consistentes e pautadas na visão de que a imprescritibilidade da ação de ressarcimento ao erário violaria os Princípios Constitucionais implícitos da Segurança Jurídica e da Proibição do Excesso, bem como Princípios de Direito Processual Civil, começaram a ganhar força nos bastidores acadêmicos, em especial pela generalização de tal interpretação que afetava inclusive os ilícitos civis. Esse sempre foi o entendimento de Nelson Nery Junior e Rosa Maria de Andrade Nery:

---

146 CARVALHO FILHO, José dos Santos. *Manual de direito administrativo*. 25. ed. São Paulo: Atlas, 2012. p. 581.
147 CARVALHO FILHO, José dos Santos. *Manual de direito administrativo*. 25. ed. São Paulo: Atlas, 2012. p. 581.

As pretensões civis de ressarcimento ao erário, que favoreçam o Poder Público, sejam exercitáveis por ele próprio, pelo MP ou por qualquer outro colegitimado à defesa dos direitos metaindividuais em juízo (v.g. ação civil pública, ação popular, ação de improbidade administrativa), regem-se pelas regras ordinárias da prescrição previstas nas leis respectivas e, na sua falta, pelo CC. A leitura da parte final da norma comentada pode sugerir tratar-se de pretensão imprescritível. Todavia os princípios da segurança jurídica e da proibição de excesso indicam a necessidade de haver prazo de extinção da pretensão do Estado para o ressarcimento ao erário pelos danos causados por ato de improbidade administrativa, porquanto se trata de pretensão que se exerce mediante ação condenatória, a qual, por sua natureza, de acordo com o sistema do Direito, é sempre prescritível. O que o sistema admite como imprescritível são as pretensões que se exercem mediante ações constitutivas e declaratórias[148].

No mesmo sentido, as lições de Ada Pellegrini Grinover, para quem:

> É lícito concluir que a regra inserta no parágrafo 5º do art. 37 da Constituição Federal não estabelece uma taxativa imprescritibilidade em relação à pretensão de ressarcimento ao erário, estando também tal pretensão sujeita aos prazos prescricionais estatuídos no plano infraconstitucional.
>
> [...]
>
> ambas sanções civis estão sujeitas à prescrição: quanto à multa civil porque aí não é preciso sequer entrar a discussão acerca da inteligência que se há de extrair da regra inserta no § 5º do art. 37 da Constituição Federal, que fala de ressarcimento ao erário (expressão não abrangente da aludida 'multa'); quanto ao ressarcimento ao erário porque, conforme amplamente demonstrado, a Constituição Federal não pode ser interpretada no sentido de consagrar, nesse caso, a imprescritibilidade[149].

Sobre o assunto, cumpre ressaltar que o Supremo Tribunal Federal decidiu em fevereiro de 2016, em regime de repercussão geral, o Recurso Extraordinário n. 669.069, de relatoria do Ministro Teori Zavascki, entendendo que é prescritível a ação de reparação de danos à Fazenda Pública decorrente de ilícito civil. Trata-se de importante decisão paradigmática no sentido de relativizar essa posição que, *data venia*, era absorta e generalista de modo que toda e qualquer ação de ressarcimento ao erário seria imprescritível.

---

148 JUNIOR, Nelson Nery e NERY, Rosa Maria de Andrade. *Constituição Federal comentada*. 2. ed. São Paulo: Revista dos Tribunais. p. 359.
149 GRINOVER, Ada Pellegrini. *Ação de Improbidade Administrativa – decadência e prescrição*. Rio de Janeiro: Lumen Juris. p. 12 e 35.

O caso julgado pelo Supremo no RE 669.069 envolveu um acidente de trânsito ocorrido em 1997, em que a Administração ingressou com ação de ressarcimento ao erário contra o agente público causador do dano apenas no ano de 2008, mais de dez anos após a ocorrência dos fatos. Segundo o STF, a pretensão de ressarcimento no caso do aludido julgado estaria fundamentada em suposto ilícito civil que, embora tivesse causado prejuízo material ao patrimônio público, não revelaria conduta revestida de grau de reprovabilidade mais pronunciado, nem se mostraria especialmente atentatória aos princípios constitucionais aplicáveis à Administração Pública. Por essa razão, não seria admissível reconhecer a regra excepcional de imprescritibilidade. Assim, aplicável o prazo prescricional de 3 anos do Código Civil nas ações de ressarcimento ao erário envolvendo ilícito civil com as características apresentadas.

No tocante à improbidade administrativa, o Pretório Excelso reconheceu no dia 19 de maio de 2016 a repercussão geral do tema no Recurso Extraordinário n. 852.475, também de relatoria do Ministro Teori Zavascki, e, no dia 14 de junho do mesmo ano, determinou a suspensão de todos os processos existentes nos Tribunais pátrios que possuam como tema central a prescritibilidade da ação de ressarcimento ao erário nas ações de improbidade administrativa. Vejamos a Ementa do reconhecimento da repercussão geral sobre o assunto:

> ADMINISTRATIVO. RECURSO EXTRAORDINÁRIO. AÇÃO CIVIL PÚBLICA. ATO DE IMPROBIDADE ADMINISTRATIVA. PRETENSÃO DE RESSARCIMENTO AO ERÁRIO. PRESCRITIBILIDADE (ART. 37, § 5º, DA CONSTITUIÇÃO FEDERAL). REPERCUSSÃO GERAL CONFIGURADA. 1. Possui repercussão geral a controvérsia relativa à prescritibilidade da pretensão de ressarcimento ao erário, em face de agentes públicos, em decorrência de suposto ato de improbidade administrativa. 2. Repercussão geral reconhecida.

Existem fortes fundamentos jurídicos que dão respaldo à tese que admite a extensão da interpretação da prescritibilidade da ação de ressarcimento ao erário às ações de improbidade administrativa. Analisemos alguns. O principal argumento está relacionado com o Princípio Constitucional implícito da Segurança Jurídica, segundo o qual é dever da Administração Pública conferir estabilidade às relações sociais. De fato, salvo as raríssimas hipóteses expressas na Constituição sobre a imprescritibilidade, quais sejam, crimes de racismo e de grupos armados, civis ou militares, praticados contra a ordem constitucional e o Estado Democrático (art. 5º, incisos XLII e XLIV, da CF), não haveria falar em prescrição. Mesmo porque, em matéria sancionatória, a interpretação deve ser restritiva, ou seja, se o legislador constituinte não foi claro na elaboração da redação do art. 37, § 5º, da CF, como o fez nos citados incisos do art. 5º, não seria admissível a interpretação mais penosa da imprescritibilidade nas ações de ressarcimento ao erário, ainda que em sede de improbidade administrativa.

Outro ponto relevante refere-se ao julgado de fevereiro de 2016 quando o Supremo utilizou como um dos argumentos do *decisum*, no RE 669.069, a alegação de que no ilícito civil do servidor que colidiu o veículo do ente público, embora tivesse causado prejuízo material ao patrimônio público, não revelaria conduta revestida de grau de reprovabilidade mais pronunciado, nem se mostraria especialmente atentatória aos princípios constitucionais aplicáveis à Administração Pública, por isso a viabilidade da interpretação da prescritibilidade da ação de ressarcimento no caso apreciado.

Vale lembrar que a Lei n. 8.429/92 prevê três espécies de atos de improbidade administrativa: (i) os atos que geram enriquecimento ilícito; (ii) os atos causadores de prejuízo ao erário; (iii) os atos atentatórios aos princípios da Administração Pública. Quanto aos primeiros atos (que geram enriquecimento ilícito) e aos últimos (que atentam contra princípios) o dolo, caracterizado pela desonestidade, é imprescindível para caracterizar os respectivos atos de improbidade. Porém, o art. 10 da Lei n. 8.429 estabelece que o ato de improbidade causador de lesão ao erário pode decorrer de uma ação ou omissão, dolosa ou culposa.

Nesse contexto, a interpretação da prescritibilidade da ação de ressarcimento ao erário poderá ser estendida, no mínimo, aos ilícitos da improbidade causadores de prejuízo ao erário quando estes decorrerem de condutas culposas em qualquer de suas modalidades – negligência, imprudência ou imperícia, em razão da ausência de desonestidade. Qualquer interpretação diferente dessa estará em dissonância com o julgado do Supremo Tribunal Federal em regime de repercussão geral no RE 669.069, que reconheceu que a ação de ressarcimento é prescritível no tocante aos ilícitos civis em razão da ausência de grau de reprovabilidade mais pronunciado e atentatório aos princípios constitucionais aplicáveis à Administração Pública.

Ademais, vale reiterar que o art. 37, § 5º, da CF, ao tratar da ressalva da imprescritibilidade da ação de ressarcimento, o fez num dispositivo que abordou especificamente ilícitos praticados por "agentes públicos" que causaram "prejuízos ao erário". Logo, plenamente possível a interpretação segundo a qual não há falar em imprescritibilidade da ação de ressarcimento ao erário no tocante aos atos praticados por aqueles que não forem agentes públicos, bem como atos de improbidade geradores de enriquecimento ilícito ou atentatórios contra os princípios da Administração. Para estes casos, bem como para a improbidade causadora de prejuízo ao erário mediante conduta culposa, as ações de ressarcimento deverão ser propostas no prazo máximo de 5 anos, nos termos do art. 23 da Lei n. 8.429/92.

Em última análise e diante de todo o exposto, somente poderíamos admitir a imprescritibilidade da ação de ressarcimento prevista no art. 37, § 5º, da CF para os atos de improbidade causadores de prejuízo ao erário e praticados mediante conduta dolosa de agente público.

No entanto, a posição que prevaleceu no STF quando do julgamento do Recurso Extraordinário n. 852.475 foi a seguinte:

O Tribunal, por maioria, apreciando o tema 897 da repercussão geral, deu parcial provimento ao recurso para afastar a prescrição da sanção de ressarcimento e determinar o retorno dos autos ao tribunal recorrido para que, superada a preliminar de mérito pela imprescritibilidade das ações de ressarcimento por improbidade administrativa, aprecie o mérito apenas quanto à pretensão de ressarcimento. Vencidos os Ministros Alexandre do Moraes (Relator), Dias Toffoli, Ricardo Lewandowski, Gilmar Mendes e Marco Aurélio. Em seguida, o Tribunal fixou a seguinte tese: "São imprescritíveis as ações de ressarcimento ao erário fundadas na prática de ato doloso tipificado na Lei de Improbidade Administrativa", vencido o Ministro Marco Aurélio. Redigirá o acórdão o Ministro Edson Fachin. Nesta assentada, reajustaram seus votos, para acompanhar a divergência aberta pelo Ministro Edson Fachin, os Ministros Luiz Fux e Roberto Barroso. Presidiu o julgamento a Ministra Cármen Lúcia. Plenário, 8-8-2018.

A importância do tema nos obriga a colacionar na íntegra a notícia do informativo 910 do STF de 6 a 10 de agosto de 2018:

São imprescritíveis as ações de ressarcimento ao erário fundadas na prática de ato doloso tipificado na Lei de Improbidade Administrativa [Lei 8.429/1992, arts. 9 a 11 (1)]. Com base nesse entendimento, o Plenário, por maioria, deu parcial provimento a recurso extraordinário para afastar a prescrição da sanção de ressarcimento e determinar o retorno dos autos ao tribunal recorrido para que, superada a preliminar de mérito pela imprescritibilidade das ações de ressarcimento por improbidade administrativa, aprecie o mérito apenas quanto à pretensão de ressarcimento (Informativo 909). Prevaleceu o entendimento do ministro Edson Fachin, o qual reajustou o voto proferido na assentada anterior. Registrou que a imprescritibilidade da ação de ressarcimento se restringe às hipóteses de atos de improbidade dolosa, ou seja, que impliquem enriquecimento ilícito, favorecimento ilícito de terceiros ou dano intencional à Administração Pública. Para tanto, deve-se analisar, no caso concreto, se ficou comprovado o ato de improbidade, na modalidade dolosa, para, só então e apenas, decidir sobre o pedido de ressarcimento. O ministro Fachin entendeu que a ressalva contida no § 5º do art. 37 (2) da CF teve por objetivo decotar do comando contido na primeira parte as ações cíveis de ressarcimento. Reconheceu solidez no argumento segundo o qual essa ressalva diz respeito a dois regramentos distintos relacionados à prescrição. Um para os ilícitos praticados por agentes, sejam eles servidores ou não, e outro para as ações de ressarcimento decorrentes de atos de improbidade, dotadas de uma especialidade ainda maior. Asseverou que a matéria diz respeito à tutela dos bens públicos. Não há incompatibilidade com o Estado Democrático de Direito sustentar a imprescritibilidade das ações de ressarcimento em matéria de improbidade, eis que não raras vezes a prescrição é o biombo por meio do qual se encobre a corrupção e o dano ao interesse público. Para o ministro Fachin, a segurança jurídica não autoriza a proteção pelo decurso do lapso temporal de quem causar prejuízo ao erário e se locupletar da coisa pública. A imprescritibilidade constitucional não implica injustificada e eterna obrigação de guarda pelo particular de elementos probatórios aptos a demonstrar a inexistência do dever de ressarcir, mas na confirmação de indispensável proteção da coisa pública. Os ministros Roberto Barroso e Luiz Fux reajustaram os votos. Vencidos os ministros Alexandre de Moraes (relator), Dias Toffoli, Ricardo Lewandowski, Gilmar Mendes e Marco Aurélio, que negaram provimento ao recurso. Concluíram inexistir previsão de imprescritibilidade nos §§ 4º (3) e 5º do art. 37 em relação à sanção de ressarcimento ao erário por condenação pela prática de ato de improbidade administrativa, que deve seguir os mesmos prazos prescricionais do art. 23 (4) da Lei 8.249/1992, com a complementação de que, se o ato também for capitulado como crime, deverá ser considerado o prazo prescricional estabelecido na lei penal. (1) Lei 8.429/1992: "Art. 9º Constitui ato de improbidade administrativa importando enriquecimento ilícito auferir qualquer tipo de vantagem patrimonial indevida em razão do exercício de cargo, mandato, função, emprego ou atividade nas entidades mencionadas no art. 1º desta lei, e notadamente: [...]; Art. 10. Constitui ato de improbidade administrativa que causa lesão ao erário qualquer ação ou omissão, dolosa ou culposa, que enseje perda patrimonial, desvio, apropriação, malbaratamento ou dilapidação dos bens ou haveres das entidades referidas no art. 1º desta lei, e notadamente: [...]; Art. 10-A. Constitui ato de improbidade administrativa qualquer ação ou omissão para conceder, aplicar ou manter benefício financeiro ou tributário contrário ao que dispõem o 'caput' e o § 1º do art. 8º-A da Lei Complementar n. 116, de 31 de julho de 2003; [...] Art. 11. Constitui ato de improbidade administrativa que atenta contra os princípios da administração pública qualquer ação ou omissão que viole os deveres de honestidade, imparcialidade, legalidade, e lealdade às instituições, e notadamente: [...]." (2) CF: "Art. 37. A administração pública direta e indireta de qualquer dos Poderes da União, dos Estados, do Distrito Federal e dos Municípios obedecerá aos princípios de legalidade, impessoalidade, moralidade, publicidade e eficiência e, também, ao seguinte: [...] § 5º A lei estabelecerá os prazos de prescrição para ilícitos praticados por qualquer agente, servidor ou não, que causem prejuízos ao erário, ressalvadas as respectivas ações de ressarcimento." (3) CF: "Art. 37. A administração pública direta e indireta de qualquer dos Poderes da União, dos Estados, do Distrito Federal e dos Municípios obedecerá aos princípios de legalidade, impessoalidade, moralidade, publicidade e eficiência e, também, ao seguinte: [...] § 4º – Os atos de improbidade administrativa importarão a suspensão dos direitos políticos, a perda da função pública, a indisponibilidade dos bens e o ressarcimento ao erário, na forma e gradação previstas em lei, sem prejuízo da ação penal cabível." (4) Lei 8.429/1992: "Art. 23. As ações destinadas a levar a efeitos as sanções previstas nesta lei podem ser propostas: I – até cinco anos após o término do exercício de mandato, de cargo em comissão ou de função de confiança; II – dentro do prazo prescricional previsto em lei específica para faltas disciplinares puníveis com demissão a bem do serviço público, nos casos de exercício de cargo efetivo ou emprego. III – até cinco anos da data da apresentação à administração pública da prestação de contas final pelas entidades referidas no parágrafo único do art. 1º desta Lei." RE 852475/SP, rel. Min. Alexandre de Moraes, red. p/ o ac. Min. Edson Fachin, julgamento em 8-8-2018. (RE-852475)

A ementa do citado julgado do STF ficou da seguinte forma:

"DIREITO CONSTITUCIONAL. DIREITO ADMINISTRATIVO. RESSARCIMENTO AO ERÁRIO. IMPRESCRITIBILIDADE. SENTIDO E ALCANCE DO ART. 37, § 5º, DA CONSTITUIÇÃO. 1. A prescrição é instituto que milita em favor da estabilização das relações sociais. 2. Há, no entanto, uma série de exceções explícitas no texto constitucional, como a prática dos crimes de racismo (art. 5º, XLII, CRFB) e da ação de grupos armados, civis ou militares, contra a ordem constitucional e o Estado Democrático (art. 5º, XLIV, CRFB). 3. O texto constitucional é expresso (art. 37, § 5º, CRFB) ao prever que a lei estabelecerá os prazos de prescrição para ilícitos na esfera cível ou penal, aqui entendidas em sentido amplo, que gerem prejuízo ao erário e sejam praticados por qualquer agente. 4. A Constituição, no mesmo dispositivo (art. 37, § 5º, CRFB) decota de tal comando para o Legislador as ações cíveis de ressarcimento ao erário, tornando-as, assim, imprescritíveis. 5. São, portanto, imprescritíveis as ações de ressarcimento ao erário fundadas na prática de ato doloso tipificado na Lei de Improbidade Administrativa. 6. Parcial provimento do recurso extraordinário para (i) afastar a prescrição da sanção de ressarcimento e (ii) determinar que o tribunal recorrido, superada a preliminar de mérito pela imprescritibilidade das ações de ressarcimento por improbidade administrativa, aprecie o mérito apenas quanto à pretensão de ressarcimento." (RE 852475, Relator(a): Min. ALEXANDRE DE MORAES, Relator(a) p/ Acórdão: Min. EDSON FACHIN, Tribunal Pleno, julgado em 8-8-2018, PROCESSO ELETRÔNICO REPERCUSSÃO GERAL – MÉRITO DJe-058 DIVULG 22-3-2019 PUBLIC 25-3-2019)

CUIDADO! Conforme visto, o art. 23 da LIA que trata da prescrição foi integralmente modificado pela Lei n. 14.230/2021. Desta forma, importante nos atentar ao comportamento da jurisprudência pátria a partir do advento da nova lei, se será ainda no sentido da manutenção do posicionamento de imprescritibilidade da ação de ressarcimento ao erário por ato de improbidade administrativa.

Questões

1. (VUNESP – 2018 – PC/SP – Delegado de Polícia) É exemplo de ato de improbidade administrativa que causa prejuízo ao erário:

a) perceber vantagem econômica para intermediar a liberação ou aplicação de verba pública de qualquer natureza.

b) praticar ato visando fim proibido em lei ou regulamento ou diverso daquele previsto na regra de competência.

c) conceder benefício administrativo ou fiscal sem a observância das formalidades legais ou regulamentares aplicáveis à espécie.

d) perceber vantagem econômica, direta ou indireta, para facilitar a alienação, permuta ou locação de bem público ou o fornecimento de serviço por ente estatal por preço inferior ao valor de mercado.

e) receber, para si ou para outrem, dinheiro, bem móvel ou imóvel, ou qualquer outra vantagem econômica, direta ou indireta, a título de comissão de quem tenha interesse, direto ou indireto, que possa ser atingido por ação ou omissão decorrente das atribuições do agente público.

2. (FCC – 2018 – TRT – 2ª REGIÃO /SP – Analista Judiciário – Área Administrativa – Contabilidade) Márcio, servidor público federal, negou publicidade aos atos oficiais. Leonardo, também servidor público federal, deixou de cumprir a exigência de requisitos de acessibilidade previstos na legislação. Nos termos da Lei n. 8.429/1992, considerando estritamente as condutas narradas, bem como que ambas foram praticadas com dolo,

a) somente Márcio praticou ato de improbidade que atenta contra os Princípios da Administração Pública.

b) ambos praticaram ato de improbidade que atenta contra os Princípios da Administração Pública.

c) ambos praticaram ato de improbidade que importa em enriquecimento ilícito.

d) somente Leonardo praticou ato de improbidade que importa em enriquecimento ilícito.

e) Márcio praticou ato de improbidade que atenta contra os princípios da Administração Pública, e Leonardo praticou ato de improbidade que causa prejuízo ao Erário.

3. (FGV – 2018 – MPE-AL – Analista Jurídico) Ernesto, titular de cargo de provimento efetivo, é vigia de uma repartição pública municipal. Sensibilizado com a penúria financeira de Antônio, seu amigo de infância, deixou a repartição aberta para que este último, durante a noite, pudesse subtrair dois computadores do local. Antônio realizou a subtração e, apesar de sua insistência, Ernesto se recusou a ficar com um dos computadores subtraídos.

Considerando a sistemática estabelecida na Lei n. 8.429/92, assinale a afirmativa correta.

a) Antônio praticou ato de improbidade administrativa que importa em enriquecimento ilícito, enquanto Ernesto incorreu na afronta aos princípios administrativos.

b) Antônio praticou ato de improbidade administrativa que importa em enriquecimento ilícito, não sendo Ernesto passível de punição.

c) Ernesto praticou o ato de improbidade que importa em lesão ao erário, enquanto Antônio incorreu em enriquecimento ilícito.

d) Ernesto e Antônio praticaram ato de improbidade que importa em enriquecimento ilícito.

e) Ernesto e Antônio praticaram ato de improbidade que importa em lesão ao erário.

4. (FGV – 2018 – MPE/AL – Administrador de redes) João, servidor público estadual e que permanecia com as chaves da repartição em que trabalhava, permitiu que André, que não era servidor público, ali ingressasse e subtraísse diversos computadores do local. Os bens subtraídos ficaram, em sua integralidade, para André.

À luz da sistemática estabelecida na Lei n. 8.429/92, João e André praticaram ato de improbidade que consubstancia

a) violação aos princípios regentes da atividade estatal.

b) dano ao patrimônio público.

c) crime de responsabilidade.

d) enriquecimento ilícito.

e) excesso de exação.

5. (Quadrix – 2018 – CRP – 2ª Região/PE – Psicólogo) Quanto às disposições gerais da CF sobre a Administração Pública, assinale a alternativa correta.

a) O texto constitucional admite contratação por tempo determinado para atender necessidade temporária de excepcional interesse público.

b) As entidades da Administração Pública indireta não precisam observar o princípio da impessoalidade.

c) Os vencimentos dos cargos do Legislativo e do Judiciário podem ser superiores aos pagos pelo Poder Executivo, em razão do princípio da separação dos Poderes.

d) Os atos de improbidade administrativa demandam indisponibilidade de bens e ressarcimento ao erário, mas não provocam perda da função pública.

e) O prazo de validade do concurso público será de três anos, prorrogável uma vez por igual período.

6. (CESPE – 2018 – TJ/CE – Juiz de Direito) O prefeito de determinado município contratou diretamente empresa prestadora de serviços à prefeitura, dispensando indevidamente a licitação e causando prejuízos ao erário, razão pela qual respondeu a ação civil por ato de improbidade administrativa. O juízo competente, anteriormente à citação do prefeito e sem sua prévia manifestação, deferiu medida cautelar de bloqueio de bens e, ao término da instrução processual, julgou procedentes os pedidos condenatórios formulados na ação.

A respeito dessa situação hipotética, assinale a opção correta, considerando o disposto na Lei n.-8.429/1992 e o entendimento jurisprudencial.

a) Em razão do cargo que ocupa, o prefeito deveria ter sido submetido à legislação específica referente à prática de crimes de responsabilidade em vez de responder a ação de improbidade administrativa.

b) Dada a comprovação de concreta dilapidação patrimonial, o deferimento da medida cautelar de indisponibilidade de bens deveria ter sido condicionado à prévia citação do prefeito.

c) No curso da instrução processual, a demonstração do dolo enquanto elemento subjetivo é fundamental para a caracterização da conduta imputada ao prefeito como ato de improbidade administrativa.

d) O ressarcimento integral do dano, a perda da função pública e a cassação dos direitos políticos são sanções aplicáveis ao prefeito da situação hipotética, conforme a Lei n.-8.429/1992.

e) Eventual reconhecimento de prescrição da ação de improbidade administrativa não impedirá o prosseguimento da demanda relativa ao pedido de ressarcimento do prejuízo ao erário.

7. (CESPE – 2018 – TJ/CE – Juiz de Direito) Com base na legislação de regência e na jurisprudência do STJ, é correto afirmar que a ação de improbidade administrativa

a) pode ser ajuizada tanto em caráter preventivo como em caráter repressivo.

b) exige a formação de litisconsórcio passivo necessário entre o réu agente público e os particulares beneficiados pelo ato ímprobo.

c) pode ser encerrada por meio de acordo firmado entre as partes e devidamente homologado pelo juízo.

d) admite a utilização de prova emprestada colhida na persecução penal, desde que assegurado o direito ao contraditório e à ampla defesa.

e) deve ser ajuizada e processada nas instâncias ordinárias, salvo se a conduta ímproba tiver sido praticada por agente público com foro privilegiado.

8. (FCC – 2018 – DPE/AM – Defensor Público – adaptada) No que concerne ao alcance, objetivo e subjetivo, das disposições da Lei de Improbidade, tem-se que

a) abrangem condutas culposas e dolosas, exigindo-se, para configuração do ato de improbidade, a comprovação de vício de legalidade ou má-fé do agente.

b) atingem particulares que tenham se induzido ou concorrido dolosamente o ato de improbidade administrativa.

c) estabelecem, como condição necessária para caracterização de improbidade, o enriquecimento ilícito do agente cumulado com prejuízo à Administração.

d) aplicam-se exclusivamente a condutas perpetradas em detrimento de pessoa jurídica de direito público.

e) atingem condutas comissivas e omissas, ambas com responsabilização objetiva e solidária dos agentes públicos que praticaram ou se beneficiaram do ato.

9. (NUCEPE – 2018 – PC/PI – Delegado de Polícia) Com frequência tem sido noticiado na mídia atos de corrupção administrativa, praticados por agentes públicos contra a administração pública. Nas situações abaixo, marque a alternativa que NÃO demonstra a prática de atos de improbidade administrativa:

a) Delegado de polícia que dá publicidade dos atos oficiais, não sigilosos, aos advogados da parte.

b) Delegado, titular da Delegacia de Defesa da Propriedade de Veículos e Cargas, ao presidir inquérito policial, que documentava a apreensão de automóveis roubados, recebeu, diretamente, o valor de R$ 10.000,00 (dez mil reais) de seguradora, empresa privada beneficiada com a apreensão dos veículos.

c) Delegado e policiais civis, sem mandado judicial, fazem várias prisões ilegais, mantendo as vítimas detidas por várias horas na delegacia.

d) O Delegado de uma cidade do Piauí, sem outra renda ou patrimônio anterior, adquiriu de uma só vez, um veículo Mercedes Benz e dois imóveis na cidade de Hong Kong, cidade situada na costa sul da China, cidade na qual encontram-se os imóveis mais caros do mundo.

e) Delegado de polícia, juntamente com o prefeito da cidade, frustram a licitude do concurso público.

10. (TRF – 3ª REGIÃO – 2018 TRF – 3ª REGIÃO – Juiz federal – adaptada) A Lei n. 8.429, de 1992, dispõe sobre as sanções a que se submetem os agentes públicos nos casos de prática de ato de improbidade administrativa. As disposições dessa lei são aplicáveis:

a) Exclusivamente aos indivíduos que, mediante remuneração, exercem mandato, cargo, emprego ou função na administração pública direta, indireta ou fundacional.

b) Exclusivamente aos indivíduos que, sem remuneração, exercem mandato, cargo, emprego ou função na administração pública direta, indireta ou fundacional.

c) Exclusivamente aos indivíduos que, independentemente de remuneração, exercem mandato, cargo, emprego ou função na administração pública direta, indireta ou fundacional.

d) Também aos indivíduos que, mesmo não sendo agentes públicos, induzam ou concorram dolosamente para a prática do ato de improbidade.

11. (INSTITUTO AOCP – 2018 – TRT – 1ª REGIÃO / RJ – Analista Judiciário – Área Administrativa) A respeito da Lei de Improbidade Administrativa (Lei n. 8.429/1992), analise as assertivas e assinale a alternativa que aponta as corretas.

I. O agente público que frustra a licitude de concurso público está sujeito às cominações dos atos de improbidade administrativa que atentam contra os princípios da Administração Pública.

II. Será punido, com pena de suspensão, o agente público que se recusar a prestar declaração dos bens dentro do prazo determinado.

III. A perda da função pública e a suspensão dos direitos políticos só se efetivam com o trânsito em julgado da sentença condenatória.

IV. A aplicação das sanções previstas nesta Lei independe da aprovação ou rejeição das contas pelo Tribunal de Contas.

a) Apenas I e IV.

b) Apenas II e III.

c) Apenas I, II e III.

d) Apenas I, III e IV.

e) Apenas II, III e IV.

12. (FGV – 2016 – IBGE – Analista – Processos Administrativos e Disciplinares) Em relação ao ato de improbidade administrativa, de acordo com a doutrina, a jurisprudência e a Lei n. 8.429/92, é correto afirmar que

a) o sujeito ativo é o agente público responsável pelo ato ímprobo, excluído o particular beneficiário do ato.

b) o ato de improbidade administrativa pode ocorrer sem que haja dano ou prejuízo ao erário público.

c) o dolo é imprescindível para configuração do ato de improbidade, não existindo a modalidade culposa.

d) a conduta que configura o ato de improbidade é a comissiva, não existindo a modalidade omissiva, diante do princípio da tipicidade estrita.

e) as sanções previstas na Lei de Improbidade englobam todas as punições aplicáveis aos agentes, não podendo haver outras sanções penais, civis ou administrativas pelos mesmos fatos.

13. (FGV – 2016 – Prefeitura de Cuiabá/MT – Auditor Fiscal Tributário da Receita Municipal) Patrícia, enfermeira sem vínculo estatutário com a Administração Pública e ocupante de cargo em comissão na Secretaria Municipal de Saúde, deixa de prestar contas às quais estava, por lei, obrigada.

Com relação à hipótese descrita, assinale a afirmativa correta.

a) Patrícia somente responderá por improbidade administrativa se ocorrer efetivo prejuízo à Administração Pública, caso em que seus bens poderão ser declarados indisponíveis para assegurar o integral ressarcimento do dano.

b) Patrícia responde por improbidade administrativa, mesmo na hipótese de não haver efetivo prejuízo à Administração Pública, sendo certo que a ação de improbidade será imprescritível e deverá ser proposta pelo Ministério Público, legitimado exclusivo.

c) Patrícia não responde por ato de improbidade administrativa, uma vez que não possui vínculo estatutário com a Administração Pública, mas poderá ser responsabilizada civilmente caso tenha causado prejuízo.

d) Patrícia responde por improbidade administrativa, independentemente de haver dano patrimonial à Administração Pública, sendo certo que seus sucessores respondem no limite da herança caso o ato também cause lesão ao patrimônio público.

e) Patrícia responde por improbidade administrativa, independentemente do dano causado, porém, por não ter vínculo estatutário com a Administração Pública, não está sujeita à suspensão de direitos políticos, mas sim à perda de função pública e pagamento de multa civil.

14. (ESAF – 2016 – ANAC – Analista Administrativo) Assinale a opção correta.

a) A Lei n. 8.429/92 não estabelece sanções penais pela prática de atos de improbidade.

b) A aplicação das sanções previstas na Lei n. 8.429/92 depende da rejeição das contas pelo órgão de controle interno ou pelo tribunal ou conselho de contas.

c) A aplicação das sanções enumeradas na Lei n. 8.429/92 é de competência exclusiva do Poder Judiciário.

d) O enquadramento da conduta do agente nas categorias de atos de improbidade previstas na Lei n. 8.429/92 exige a demonstração do elemento subjetivo, consubstanciado pelo dolo no caso dos tipos previstos nos arts. 9º, 10 e 11.

e) Admite-se a transação penal nas ações por atos de improbidade administrativa.

15. (MPE-PR – 2014 – MPE-PR – Promotor) Nos termos da Lei de Improbidade Administrativa (Lei n. 8.429/1992), assinale a alternativa correta:

a) Nos casos de exercício de cargo em comissão ou de função de confiança, as ações destinadas a levar a efeito as sanções previstas na referida lei podem ser propostas dentro do prazo prescricional previsto em lei específica para faltas disciplinares puníveis com demissão a bem do serviço público;

b) Na ação principal, que terá o rito ordinário, é vedada a transação ou acordo, sendo cabível a conciliação;

c) O agente público que se recusar a prestar declaração dos bens, dentro do prazo determinado, ou que a prestar falsamente, será punido com a pena de demissão a bem do serviço público, sendo vedada outra espécie de sanção, cumulativa ou não;

d) O Ministério Público ou Tribunal ou Conselho de Contas poderão, a requerimento, designar representante para acompanhar o procedimento administrativo destinado a apurar a prática de ato de improbidade;

e) O sucessor daquele que praticar ato de improbidade administrativa, estabelecido na referida lei, estará sujeito às cominações nela previstas.

16. (MPE-PR – 2014 – MPE-PR – Promotor) Nos termos da Lei de Improbidade Administrativa (Lei n. 8.429/92), assinale a alternativa incorreta:

a) Estão também sujeitos às penalidades da referida lei os atos de improbidade praticados contra o patrimônio de entidade que receba subvenção, benefício ou incentivo, fiscal ou creditício, de órgão público bem como daquelas para cuja criação ou custeio o erário haja concorrido ou concorra com menos de cinquenta por cento do patrimônio ou da receita anual, limitando-se, nestes casos, a sanção patrimonial à repercussão do ilícito sobre a contribuição dos cofres públicos;

b) Na fixação das penas previstas na referida lei o juiz levará em conta a extensão do dano causado, assim como o proveito patrimonial obtido pelo agente;

c) Concorrer para que terceiro se enriqueça ilicitamente constitui ato de improbidade administrativa que atenta contra os princípios da administração pública;

d) Constitui crime a representação por ato de improbidade contra agente público ou terceiro beneficiário, quando o autor da denúncia o sabe inocente. Além da sanção penal, o denunciante está sujeito a indenizar o denunciado pelos danos materiais, morais ou à imagem que houver provocado;

e) A aplicação das sanções previstas na referida lei independe da aprovação ou rejeição das contas pelo órgão de controle interno ou pelo Tribunal ou Conselho de Contas.

17. (FEPESE – 2014 – MPE-SC – Analista de Contas Públicas) Assinale a alternativa que constitui ato de improbidade administrativa que atenta contra os princípios da administração pública.

a) Permitir ou facilitar a aquisição, permuta ou locação de bem ou serviço por preço superior ao de mercado.

b) Permitir, facilitar ou concorrer para que terceiro se enriqueça ilicitamente.

c) Ordenar ou permitir a realização de despesas não autorizadas em lei ou regulamento.

d) Revelar fato ou circunstância de que tem ciência em razão das atribuições e que deva permanecer em segredo.

e) Receber vantagem econômica de qualquer natureza, direta ou indiretamente, para omitir ato de ofício, providência ou declaração a que esteja obrigado.

18. (VUNESP – 2014 – DPE-MS – Defensor Público) Assinale a alternativa que corretamente analisa aspectos da improbidade administrativa.

a) A autoridade administrativa, que representar ao Ministério Público para solicitar o sequestro de bens do agente que tenha enriquecido ilicitamente ou causado dano ao patrimônio público, poderá deixar de instaurar ou extinguir o processo administrativo que verse sobre os fatos.

b) Os Senadores e Deputados Federais gozam da imunidade parlamentar, mas, no entanto, como essa se refere à responsabilidade criminal e a improbidade administrativa não constitui crime, não há impedimento para a aplicação da Lei Federal n. 8.429/92 aos parlamentares.

c) Os particulares em colaboração com o Poder Público, que atuem sem vínculo de emprego, mediante delegação, requisição ou espontaneamente não poderão ser considerados sujeitos ativos para fins de prática de sujeição à Lei de Improbidade Administrativa.

d) A jurisprudência admite que haja caracterização de improbidade por conduta culposa em todas as hipóteses de atos de improbidade previstos na Lei Federal n. 8.429/92, sobretudo em relação à presunção de culpa quando demonstração de enriquecimento sem causa.

19. (FGV – 2014 – OAB – Exame de Ordem Unificado – XIV – Primeira Fase) Caio, chefe de gabinete do prefeito do município X, ocupante exclusivamente de cargo em comissão, conhecendo os planos concretos da prefeitura para levar asfaltamento, saneamento e outras intervenções urbanísticas a um bairro mais distante, revela a alguns construtores tal fato, levando-os a adquirir numerosos terrenos naquela localidade antes que ocorresse sua valorização imobiliária. Caio recusa, expressamente, todos os presentes enviados pelos construtores.

Sobre a situação hipotética descrita acima, assinale a opção correta.

a) O ato de improbidade pode estar configurado com a mera comunicação, antes da divulgação oficial, da medida a ser adotada pela prefeitura, que valorizará determinados imóveis, ainda que não tenha havido qualquer vantagem para Caio.

b) A configuração da improbidade administrativa depende, sempre, da existência de enriquecimento ilícito por parte de Caio ou de lesão ao erário, requisitos ausentes no caso concreto.

c) Caio, caso venha a ser condenado criminalmente pela prática das condutas acima descritas, não poderá responder por improbidade administrativa, sob pena de haver *bis in idem*.

d) Caio não responde por ato de improbidade, por não ser servidor de carreira; responde, todavia, por crime de responsabilidade, na qualidade de agente político, ocupante de cargo em comissão.

20. (VUNESP – 2008 – TJ/RO – Oficial de Justiça) Os atos de improbidade administrativa NÃO importarão:

a) Perda dos direitos políticos.

b) Perda da função pública.

c) Indisponibilidade dos bens.

d) Ressarcimento ao Erário.

21. (FCC – 2008 – DF – Técnico Legislativo) É ato de improbidade administrativa que atenta contra os princípios da Administração Pública:

a) frustrar a licitude de processo licitatório ou dispensá-lo indevidamente;

b) perceber vantagem econômica para intermediar a liberação ou aplicação de verba pública;

c) deixar de prestar contas quando esteja obrigado a fazê-lo;

d) celebrar contrato ou outro instrumento que tenha por objeto a prestação de serviços públicos por meio de gestão associada sem observar as formalidades previstas na lei;

e) não respondida.

Gabarito: 1. c; 2. b; 3. e; 4. b; 5. a; 6. e; 7. d; 8. b; 9. a; 10. d; 11. d; 12. b; 13. d; 14. c; 15. d; 16. c; 17. d; 18. b; 19. a; 20. a; 21. c.

12 BENS PÚBLICOS

12.1. Definição Legal de Bens Públicos

Ab initio, cumpre ressaltar sobre o tema a divergência doutrinária existente a respeito da abrangência da concepção de bens públicos. Parcela da doutrina leva em consideração a titularidade dos bens, sendo públicos apenas aqueles pertencentes às pessoas jurídicas de Direito Público, outras consideram a destinação pública afeta a certo bem. Nesse caso, seriam bens públicos todos aqueles que estivessem afetados, ou seja, destinados ao atendimento do interesse público, ainda que pertencentes a pessoa jurídica de Direito Privado.

Com o intuito de colocar fim à referida divergência, vem o Código Civil de 2002 definir bens públicos em seu art. 98 da seguinte forma:

> São públicos os bens do domínio nacional pertencentes às pessoas jurídicas de direito público interno; todos os outros são particulares, seja qual for a pessoa a que pertencerem.

O próprio Diploma Civilista especifica ainda quem são as pessoas jurídicas de direito público interno em seu art. 41:

> I – a União; II – os Estados, o Distrito Federal e os Territórios; III – os Municípios; IV – as autarquias, inclusive as associações públicas; V – as demais entidades de caráter público criadas por lei.

Bem público, numa concepção legalista, é apenas aquele pertencente a uma das pessoas com personalidade jurídica de direito público, sendo todos os demais considerados privados.

De fato, constata-se que a definição legal de bens públicos não levou em consideração o aspecto objetivo – atividade administrativa desempenhada num determinado bem, como um serviço público, por exemplo –, mas tão somente o enfoque subjetivo – da entidade titular do bem.

Esta é a visão de Floriano de Azevedo Marques Neto que identifica o critério subjetivo como sendo aquele utilizado pelo Código Civil:

> Uma das formas de se disciplinarem juridicamente os bens públicos é aquela adotada pela lei civil, consistente em defini-los com base na relação de domínio por parte de uma pessoa jurídica de direito público interno. O Código Civil de 2002 trata do assunto quando classifica os bens e em geral não discrepa substancialmente do Código anterior[150].

Em última análise, a definição de bem público nos termos do Código Civil está pautada apenas pela sua titularidade e não pela afetação do bem ao atendimento de um interesse público.

Analisaremos, a seguir, que, mesmo com a tentativa de pacificação pelo Diploma Civilista a respeito da definição de bens públicos, a divergência doutrinária se faz presente e está longe de solução definitiva quando cotejada com decisões dos Tribunais Superiores.

12.1.1. Divergência Doutrinária quanto à sua Definição

Os publicistas divergem sobre a definição de bens públicos. Parcela da doutrina corrobora com o conceito legal acima demonstrado, mas há autores que trazem uma conotação mais ampla em sua definição para albergar também os bens pertencentes a certas pessoas com personalidade jurídica de Direito Privado, desde que afetados a uma destinação pública.

Trata-se do critério funcionalista ou objetivo na classificação de Floriano de Azevedo Marques Neto para quem o

> regime público recairá sobre os bens que estejam de alguma forma empregados numa utilidade de interesse geral. Pelo critério funcionalista, pouco importa saber quem é o titular do domínio do bem; releva verificar a que finalidade ele se presta[151].

O Administrativista José dos Santos Carvalho Filho define bens públicos no mesmo sentido do disposto pelo Código Civil, *in verbis*:

> todos aqueles que, de qualquer natureza e a qualquer título, pertençam às pessoas jurídicas de direito público, sejam elas federativas, como a União, os Estados, o Distrito Federal e os Municípios, sejam da Administração

---

150 AZEVEDO MARQUES, Floriano de. Regime jurídico e utilização dos bens públicos. In DALLARI, Adilson Abreu; NASCIMENTO, Carlos Valder; MARTINS, Ives Gandra da Silva. *Tratado de direito administrativo*. Vol. 2. São Paulo: Saraiva, 2013. p. 399.

151 AZEVEDO MARQUES, Floriano de. Regime jurídico e utilização dos bens públicos. In DALLARI, Adilson Abreu; NASCIMENTO, Carlos Valder; MARTINS, Ives Gandra da Silva. *Tratado de direito administrativo*. Vol. 2. São Paulo: Saraiva, 2013. p. 401.

descentralizada, como as autarquias, nestas incluídas as fundações de direito público e as associações públicas[152].

Seguindo coerência em seu raciocínio, Carvalho Filho incluiu entre as espécies de Autarquias as Fundações com personalidade jurídica de Direito Público, denominadas pela doutrina como "autarquias fundacionais" ou "fundações autárquicas", como é o caso da Fundação Nacional do Índio – FUNAI e, também, as Associações Públicas que são fruto dos Consórcios Públicos – ajustes entre entes políticos na busca de objetivos comuns –, todas entidades com personalidade pública.

No mesmo sentido, é o pensamento de Lúcia Valle Figueiredo:

> Conceituamos bens públicos da seguinte maneira: Bens públicos são todos aqueles, quer corpóreos, quer incorpóreos, portanto imóveis, móveis, semoventes, créditos, direitos e ações, que pertençam, a qualquer título, à União, Estados, Municípios, respectivas autarquias e fundações de direito público. Configuram esses bens o patrimônio público e se encontram sob o regime de direito público[153].

O fato de Lúcia Valle não ter citado as Associações Públicas não significa que as excluiu do rol de titulares de bens públicos, mesmo porque, conforme acima visto, tais entidades são espécies de Autarquias por força de disposição legal (art. 41, IV, do Código Civil).

Hely Lopes Meirelles trouxe uma definição de bem público um pouco mais ampla se comparada à definição legal, pois incluiu em sua conceituação aquele de destinação especial e de administração privada, como o bem pertencente às empresas governamentais. Vejamos:

> Conceito – Bens públicos, em sentido amplo, são todas as coisas, corpóreas ou incorpóreas, imóveis, móveis e semoventes, créditos, direitos e ações, que pertençam, a qualquer título, às entidades estatais, autárquicas, fundacionais e empresas governamentais[154].

O autor deixa claro que a conceituação de bens públicos no Código Civil os reparte inicialmente em públicos e particulares, no entanto defende que os bens das empresas estatais (empresas públicas e sociedades de economia mista) são, também, "bens públicos com destinação especial e administração particular das instituições a que foram transferidos para consecução dos fins estatutários"[155].

---

152 CARVALHO FILHO, José dos Santos. *Manual de direito administrativo*. 23. ed. rev., ampl. e atual. até 31-12-2009. Rio de Janeiro: Lumen Juris, 2010. p. 1.123.
153 FIGUEIREDO, Lúcia Valle. *Curso de direito administrativo*. 6. ed. São Paulo: Malheiros, 2006. p. 570.
154 MEIRELLES, Hely Lopes. *Direito administrativo*. 39. ed. São Paulo: Malheiros, 2013. p. 586.
155 MEIRELLES, Hely Lopes. *Direito administrativo*. 39. ed. São Paulo: Malheiros, 2013. p. 586.

Lúcia Valle Figueiredo chegou até a comentar em seu *Curso de Direito Administrativo* a posição de Hely, destacando a acepção mais ampla dada pelo autor na definição de bens públicos, para incluir os bens das empresas estatais, que estariam submetidos ao controle pelos Tribunais de Contas.

No entanto, continua a Administrativista a defender sua visão restritiva e legalista sobre a abrangência do conceito de bens públicos lembrando que "embora consideremos que os bens públicos incorporados às estatais sujeitam-se ao controle dos Tribunais de Contas – aliás, como todo e qualquer aporte público, nos termos do art. 70 da Constituição da República e, principalmente, de seu parágrafo único –, não lhes atribuímos a categoria de bens públicos"[156].

APROFUNDANDO! Lúcia Valle ressalta, ainda, os ensinamentos de Miguel S. Marienhoff em seu *Tratato dei Dominio Publico,* lembrando que

> alguns autores assinalam que domínio público é expressão mais abrangente do que bens públicos, porque nela se encartariam todas as espécies de bens, sob qualquer regime jurídico. Todavia, devemos frisar que não fazemos distinção entre domínio particular do Estado e domínio público[157].

Celso Antônio Bandeira de Mello traz um conceito doutrinário mais elástico de bens públicos, quando comparado com a definição legal, ao defender que:

> são todos os bens que pertencem às pessoas jurídicas de Direito Público, isto é, União, Estados, Distrito Federal, Municípios, respectivas autarquias e fundações de Direito Público (estas últimas, aliás, não passam de autarquias designadas pela base estrutural que possuem), bem como os que, embora não pertencentes a tais pessoas, estejam afetados à prestação de um serviço público[158].

E completa o aludido doutrinador no sentido de que a "noção de bem público, tal como qualquer outra noção em Direito, só interessa se for correlata a um dado regime jurídico. Assim, todos os bens que estiverem sujeitos ao mesmo regime público deverão ser havidos como bens públicos. Ora, bens particulares quando afetados a uma atividade pública (enquanto o estiverem) ficam submissos ao mesmo regime jurídico dos bens de propriedade pública. Logo, têm que estar incluídos no conceito de bem público"[159].

---

156 FIGUEIREDO, Lúcia Valle. *Curso de direito administrativo.* 6. ed. São Paulo: Malheiros, 2006. p. 566.
157 FIGUEIREDO, Lúcia Valle. *Curso de direito administrativo.* 6. ed. São Paulo: Malheiros, 2006. p. 566.
158 BANDEIRA DE MELLO, Celso Antônio. *Curso de direito administrativo.* 27. ed. São Paulo: Malheiros, 2010. p. 913.
159 BANDEIRA DE MELLO, Celso Antônio. *Curso de direito administrativo.* 27. ed. São Paulo: Malheiros, 2010. p. 914.

Dessa forma, os bens pertencentes a uma concessionária de um serviço público se enquadrariam nessa concepção de bens públicos, como ocorre com os ônibus de uma empresa privada delegatária da prestação de tão relevante serviço para a coletividade.

Bandeira de Mello também destaca a questão dos bens de "domínio público", ao trazer à sua colação os ensinamentos de Ruy Cirne Lima[160], insertos em sua obra *Princípios de Direito Administrativo*:

> O conjunto de bens públicos forma o 'domínio público', que inclui tanto bens imóveis como móveis. Esta noção acolhe as procedentes lições do iluminado publicista Ruy Cirne Lima, segundo quem, a noção de domínio público é mais extensa que a de propriedade, pois nele se incluem bens que não pertencem ao Poder Público; a marca específica dos que compõem tal domínio é a de participarem da atividade administrativa pública, encontrando-se, pois, sob o signo da relação de administração, a qual domina e paralisa a propriedade, mas não a exclui[161].

Igualmente, numa acepção mais "lata" (ampla), é a doutrina de Diógenes Gasparini ao considerar como bens públicos aqueles pertencentes a terceiros quando vinculados à prestação de serviço público, como no caso da concessionária do serviço funerário municipal:

> Para nós, bens públicos são todas as coisas materiais ou imateriais pertencentes às pessoas jurídicas de Direito Público e as pertencentes a terceiros quando vinculadas à prestação de serviço público. São pessoas jurídicas de Direito Público a União, cada um dos Estados-membros, o Distrito Federal, cada um dos Municípios, as autarquias e as fundações públicas. Assim, os bens pertencentes a essas pessoas públicas são bens públicos. Também são bens públicos, consoante essa definição, os de propriedade de terceiros quando vinculados à prestação de serviço público. Destarte, os bens de certa empresa privada, concessionária do serviço funerário municipal, vinculados à prestação desse serviço são bens públicos[162].

Gasparini ressalta, por outro lado, que seriam, "salvo em sentido amplíssimo, bens públicos os que integram o patrimônio das empresas governamentais (sociedades de economia mista, empresa pública, subsidiárias) exploradoras de atividade econômica, porque pessoas privadas (CF, art. 173, § 1º, II). Ademais, ditos bens não estão vinculados à execução de qualquer serviço público"[163].

---

160 LIMA, Ruy Cirne. *Princípios de direito administrativo*. 7. ed. São Paulo: Malheiros, 2007. p. 189 e s.
161 BANDEIRA DE MELLO, Celso Antônio. *Curso de direito administrativo*. 27. ed. São Paulo: Malheiros, 2010. p. 929.
162 GASPARINI, Diógenes. *Direito administrativo*. 12. ed. rev. e atual. São Paulo: Saraiva, 2007. p. 812.
163 GASPARINI, Diógenes. *Direito administrativo*. 12. ed. rev. e atual. São Paulo: Saraiva, 2007. p. 812.

Lembra, ainda, que o mesmo raciocínio vale para a fundação instituída pelo Poder Público, porém com personalidade privada cujo objeto não seja a prestação de serviço público, nos termos do previsto na segunda parte do art. 98 do Código Civil: "Com efeito, ao afirmar que bens públicos são os do domínio nacional pertencentes às pessoas jurídicas de Direito Público interno (União, Estado, Distrito Federal, Território, Município e autarquia), acabou por considerar particulares todos os demais bens, sejam quais forem seus proprietários, inclusive, portanto, os pertencentes a essas entidades"[164].

Marçal Justen Filho também traz uma visão ampliada da definição de bens públicos. O citado autor entende que não "existe rigorosamente impedimento a que bens de uso especial e dominicais tenham a sua titularidade atribuída a pessoas estatais dotadas de personalidade jurídica de direito privado"[165]. Marçal chega ao ponto de defender que até as "entidades dotadas de personalidade de direito privado exploradoras de atividade econômica poderão ser investidas na titularidade de bem público dominical"[166].

Justen Filho identifica a existência de dois elementos imprescindíveis para legitimar a proteção de um determinado bem dado como público, quais sejam, o i) "desempenho de uma função pública"; e a ii) "necessidade de uma proteção especial":

> O primeiro fundamento para a qualificação do bem como público é a sua instrumentalidade para o desempenho de função pública (administrativa ou não). O exercício das funções estatais exige uma infraestrutura material, composta por bens imóveis, móveis, direitos e assim por diante. Como exemplo, pode ser referida a figura dos edifícios em que se localizam repartições públicas.[...] O segundo fundamento para a qualificação de um bem como público é a existência de atributos, utilidades ou condições especiais e diferenciadas, que exigem um regime diferenciado e a vedação à apropriação segundo o direito privado. Existem bens que devem ser utilizados de modo conjunto por toda a Nação (assim, por exemplo, as vias públicas). Há outros bens cuja utilização deve ser preservada para assegurar a sobrevivência dos seres humanos (como, por exemplo, as nascentes de água)[167].

Por fim, cumpre destacar que há autores, como Lúcia Valle Figueiredo, que incluem o meio ambiente na concepção de bens incorpóreos, conclusão extraída do disposto no art. 225 da Constituição Federal. Defende a autora que

---

164 GASPARINI, Diógenes. *Direito administrativo*. 12. ed. rev. e atual. São Paulo: Saraiva, 2007. p. 812.
165 JUSTEN FILHO, Marçal. *Curso de direito administrativo*. 7. ed. rev. e atual. Belo Horizonte: Fórum, 2011. p. 1.049.
166 JUSTEN FILHO, Marçal. *Curso de direito administrativo*. 7. ed. rev. e atual. Belo Horizonte: Fórum, 2011. p. 1.050.
167 JUSTEN FILHO, Marçal. *Curso de direito administrativo*. 7. ed. rev. e atual. Belo Horizonte: Fórum, 2011. p. 1.024.

se o meio ambiente foi definido como bem de uso comum do povo, integra, sem dúvida, o patrimônio estatal, como bem incorpóreo. O art. 216 também da Constituição da República considera patrimônio cultural brasileiro os bens de natureza material e imaterial portadores de referência à identidade, à ação, à memória dos diferentes grupos formadores da sociedade brasileira, e especifica, nos incisos I a V[168].

Apesar da divergência doutrinária ora apresentada e da crítica de parcela da doutrina a respeito dessa conotação mais abarcante sobre a definição de bens públicos, a realidade é que o Supremo Tribunal Federal já se pronunciou pela incidência do regime jurídico dos bens públicos àqueles de titularidade das pessoas jurídicas privadas quando estiverem afetados a uma destinação pública. Os bens, as rendas e os serviços da Empresa Brasileira de Correios e Telégrafos são impenhoráveis, e a execução deve observar o regime de precatórios:

> AGRAVO REGIMENTAL NO RECURSO EXTRAORDINÁRIO. CONSTITUCIONAL. EMPRESA BRASILEIRA DE CORREIOS E TELÉGRAFOS – ECT. IMPENHORABILIDADE DOS BENS. EXECUÇÃO FISCAL. OBSERVÂNCIA DO REGIME DE PRECATÓRIOS. COMPETÊNCIA. PRECEDENTES. AGRAVO REGIMENTAL AO QUAL SE NEGA PROVIMENTO. 1. Os bens, as rendas e os serviços da Empresa Brasileira de Correios e Telégrafos são impenhoráveis, e a execução deve observar o regime de precatórios. 2. Nas comarcas onde não há Vara da Justiça Federal, os Juízes Estaduais são competentes para apreciar a execução fiscal.
>
> (RE 393032 AgR, Relator(a): Min. CÁRMEN LÚCIA, Primeira Turma, julgado em 27-10-2009, *DJe*-237 DIVULG 17-12-2009 PUBLIC 18-12-2009 EMENT VOL-02387-07 PP-01119 RT v. 99, n. 893, 2010, p. 167-170 LEXSTF v. 32, n. 373, 2010, p. 180-185).

A fundamentação da decisão acima leva em consideração a atividade desenvolvida pelas empresas públicas e sociedades de economia mista que são entidades com personalidade jurídica de direito privado.

Às empresas estatais exploradoras de atividade econômica haverá menor incidência do regime jurídico de direito público, devendo ser aplicado, nos termos do art. 173, § 1º, II, da Constituição Federal, o regime jurídico próprio das empresas privadas. Vale lembrar que não se trata de incidência absoluta e idêntica do regime aplicável a nós, particulares, uma vez que estamos tratando com entidades da Administração Pública, ainda que da indireta.

Podemos citar o regime trabalhista da Consolidação das Lei do Trabalho – CLT – como exemplo de semelhança com as empresas privadas. E, como exemplos

---

168 FIGUEIREDO, Lúcia Valle. *Curso de direito administrativo*. 8. ed. São Paulo: Malheiros, 2006. p. 587.

dos resquícios do regime administrativo incidente a tais pessoas privadas, identificamos a necessidade de concurso público e de licitação como regra para o desempenho de suas atividades de meio, como no caso da locação de um imóvel pelo Banco do Brasil para instalar uma agência bancária.

Por outro lado, em se tratando de empresas estatais prestadoras de um serviço público – Empresa Brasileira de Correios e Telégrafos, por exemplo – haverá maior incidência do regime jurídico de direito público, tais como a impenhorabilidade de bens, execução de dívidas pelo regime de precatórios e a imunidade recíproca.

A questão é realmente assustadora numa primeira análise, pois o art. 150, § 2º, da Constituição Federal estende a imunidade recíproca apenas para as autarquias e fundações. Mas, pelo fato de serem os Correios empresa prestadora de serviço público, receberão o tratamento diferenciado dispensado às entidades da Administração Direta, em que lhes pese possuir personalidade de direito privado.

Doutrina que critica a acepção mais ampla de bens públicos é a de José dos Santos Carvalho Filho, ao comentar, em seu *Manual*, a posição defendida por Celso Antônio Bandeira de Mello: "Não concordamos com esse elastério, com a devida vênia, não somente porque nos parece impreciso o alargamento da noção, como porque há inúmeros bens privados que estão afetados à prestação de um serviço público"[169].

CUIDADO! Apesar de toda divergência apresentada nesse item, é importante saber os seguintes pontos: (i) O Código Civil define como bens públicos apenas aqueles pertencentes às Pessoas Jurídicas de Direito Público. Logo, se o examinador perguntar a definição legal de bens públicos, leve em consideração o conceito ora apresentado; (ii) se o examinador quiser saber a posição da doutrina, deverá direcionar o questionamento. Se não direcionar, colocar posição do STF que considera a aplicação do regime jurídico dos bens públicos (a ser estudado em breve) aos bens de Pessoas Jurídicas de Direito Privado prestadoras de serviços públicos, como é caso dos Correios (empresa pública).

12.2. A Concepção de Bens Públicos à Luz dos Direitos Fundamentais

Doutrina contemporânea defende a necessidade de uma reconstrução do conceito de Direito Administrativo consubstanciada na Supremacia dos Direitos Fundamentais.

Conforme visto, durante muito tempo o regime jurídico administrativo, norteador da atuação da Administração Pública, foi constituído por duas pedras de toque na visão de Celso Antônio Bandeira de Mello: i) o princípio da supremacia do interesse público sobre o privado; e ii) o princípio da indisponibilidade

---

[169] CARVALHO FILHO, José dos Santos. *Manual de direito administrativo*. 23. ed. rev., ampl. e atual. até 31-12-2009. Rio de Janeiro: Lumen Juris, 2010. p. 1.123.

do interesse público. Entretanto, o Poder Público começou a praticar uma série de irregularidades sob o fundamento de preservar a supremacia do interesse público[170].

Diante do apresentado contexto, doutrina contemporânea liderada por André Ramos Tavares, dentre outros, começou a defender a necessidade de se reconstruir o conceito de supremacia do interesse público atrelada, essa reconstrução, aos direitos fundamentais, em especial à dignidade da pessoa humana[171]. Assim, atender à supremacia do interesse público seria, antes de tudo, respeitar a primazia dos direitos fundamentais e da dignidade da pessoa humana.

Sobre o tema, já chegamos a defender, ao lado de André Ramos Tavares, a necessidade até de uma releitura dos atributos do Poder de Polícia à luz do Princípio da Supremacia dos Direitos Fundamentais:

> Mais uma vez é possível invocar a teoria estrita da supremacia dos direitos fundamentais como o eixo central do raciocínio a ser desenvolvido, principalmente no que tange à necessidade de uma releitura dos atributos do poder de polícia, que, em nossa visão, passa a ser elencado da seguinte forma: i) discricionariedade mitigada no tocante à proteção dos direitos fundamentais; ii) exigibilidade e autoexecutoriedade condicionadas ao devido processo legal; iii) coercibilidade restrita às hipóteses previstas em lei quando a atuação estatal puder resvalar em direitos fundamentais dos cidadãos[172].

A nova abordagem chegou à definição de bens públicos e, segundo Marçal Justen Filho, o "tratamento do instituto do bem público deve ser norteado pelo enfoque da supremacia e indisponibilidade dos direitos fundamentais. Isso significa afastar concepções tradicionais, que se fundavam em pressupostos incompatíveis com a ordem constitucional"[173].

Ensina o autor que, no passado, os bens públicos eram aqueles de fruição relacionada a um privilégio em favor do governante. Esta categoria de bem era denominada "bem da Coroa", de titularidade do Imperador que podia fazer o que bem entendesse com sua utilização. Tratava-se da concepção do "domínio eminente", em que todos os bens eram, em última instância, de propriedade da Coroa.

---

170 BANDEIRA DE MELLO, Celso Antônio. *Curso de direito administrativo*. 27. ed. São Paulo: Malheiros, 2010. p. 55.
171 TAVARES, André Ramos; BOLZAN, Fabrício. Poder de Polícia: da supremacia do interesse público à primazia dos direitos fundamentais. In DALLARI, Adilson Abreu; NASCIMENTO, Carlos Valder; MARTINS, Ives Gandra da Silva. *Tratado de direito administrativo*. Vol. 2. São Paulo: Saraiva, 2013. p. 389-390.
172 TAVARES, André Ramos; BOLZAN, Fabrício. Poder de Polícia: da supremacia do interesse público à primazia dos direitos fundamentais. In DALLARI, Adilson Abreu; NASCIMENTO, Carlos Valder; MARTINS, Ives Gandra da Silva. *Tratado de direito administrativo*. Vol. 2. São Paulo: Saraiva, 2013. p. 389-390.
173 JUSTEN FILHO, Marçal. *Curso de direito administrativo*. 7. ed. rev. e atual. Belo Horizonte: Fórum, 2011. p. 1.024.

Justen Filho ressalta que, com a proclamação da República, deixa de existir a categoria dos bens da Coroa, mas é dado ao bem público uma definição com enfoque fortemente individualista, nos termos do Código Civil de 1916, mantida no Diploma Civilista de 2002.

Voltando à visão dos bens públicos sob a análise de Direito Fundamental, ensina Marçal que "a visão do direito fundamental afirma que o meio ambiente merece proteção independentemente de seu uso e fruição por um indivíduo ou pela coletividade. A categoria de bem público abrange, então, bens que devem ser preservados em vista da existência da Humanidade e da integridade do planeta"[174].

Dessa forma, destacam-se da categoria de bens públicos os bens ambientais que merecem tutela especial, pelo simples fato de existirem. Não é a titularidade de um ente público que torna a proteção do bem ambiental necessária, mas sim, e principalmente, a sua relevância para as presentes e futuras gerações.

O alcance de dignidade da pessoa para além da vida humana já foi defendida por Ingo Sarlet e Tiago Fensterseifer, que ensinam:

> Portanto, no contexto constitucional contemporâneo, consolida-se a formatação de uma dimensão ecológica – inclusiva – da dignidade humana, que abrange a ideia em torno de um bem-estar ambiental (assim como de um bem-estar social), indispensável a uma vida digna, saudável e segura[175].

12.3. Regime Jurídico dos Bens Públicos

Segundo o pensamento de Odete Medauar, bens públicos "é expressão que designa os bens pertencentes a entes estatais, para que sirvam de meios ao atendimento imediato e mediato do interesse público e sobre os quais incidem normas especiais, diferentes das normas que regem os bens privados"[176].

Concordamos com a autora no sentido de que o estudo do regime jurídico dos bens públicos é imprescindível para diferenciá-los dos bens particulares, bem como para identificar o melhor meio para a utilização por particulares.

Ab initio, cumpre destacar que a depender da destinação do bem o regime jurídico será um pouco diferenciado, ou seja, mesmo dentro do denominado regime de direito administrativo que norteia os bens públicos, a extensão de aplicação será variável. Quem bem explica este contexto é Marçal Justen Filho ao ensinar que:

---

174 JUSTEN FILHO, Marçal. *Curso de direito administrativo*. 7. ed. rev. e atual. Belo Horizonte: Fórum, 2011. p. 1.024. p. 1.024-1.025.

175 SARLET, Ingo Wolfgang; FENSTERSEIFER, Tiago. *Direito constitucional ambiental*: constituição, direitos fundamentais e proteção do ambiente. 3. ed. São Paulo: Revista dos Tribunais, 2013. p. 49.

176 MEDAUAR, Odete. *Direito administrativo moderno*. 17. ed. São Paulo: Revista dos Tribunais, 2013. p. 276.

Não existe um regime jurídico único e uniforme aplicável a todos os bens públicos. Existem diversos regimes, variáveis em vista das características dos bens e das finalidades a que se destinam a satisfazer. Isso significa negar a aplicação do regime da propriedade privada a qualquer categoria de bens públicos. Os regimes de direito público têm natureza restritiva das faculdades de uso, fruição e disponibilidade dos bens. A extensão das restrições é variável conforme o regime jurídico aplicável[177].

Ressalta o autor que existem casos cuja restrição na utilização do bem público decorre da finalidade de satisfação das necessidades coletivas, como na hipótese das vias públicas, exemplo de bem de uso comum do povo. Por outro lado, deparamo-nos muitas vezes com restrições decorrentes da utilização do bem para o desempenho de funções estatais ou prestação de serviços públicos; é o caso do bem de uso especial caracterizado na figura de um prédio público. Por fim, há situações em que o bem não possui destinação pública alguma, são os bens dominicais, mas a mera titularidade pertencente a uma pessoa de direito público acarreta as restrições a serem apontadas no decorrer deste item.

Conforme visto anteriormente, ao analisarmos a visão de Celso Antônio Bandeira de Mello, a importância de se incluir um bem na definição de público refere-se à incidência ou não do respectivo regime jurídico.

Sobre o regime jurídico dos bens públicos, cumpre destacar que, para a maioria da doutrina publicista, é composto basicamente da: (i) inalienabilidade ou alienabilidade condicionada; (ii) impenhorabilidade; (iii) imprescritibilidade; e (iv) não onerabilidade.

Analisaremos a partir desse momento cada um dos componentes do aludido regime.

12.3.1. Inalienabilidade/Alienabilidade Condicionada

A respeito da inalienabilidade, dispõem os arts. 100 e 101 do Código Civil: "Os bens públicos de uso comum do povo e os de uso especial são inalienáveis, enquanto conservarem a sua qualificação, na forma que a lei determinar (art. 100). Os bens públicos dominicais podem ser alienados, observadas as exigências da lei" (art. 101).

Conforme o disposto acima, a alienação será possível quando se tratar de bens dominicais, ou seja, quando não tiverem destinação pública, e desde que ocorra nos termos da lei.

A legislação encarregada de disciplinar a alienação de bens públicos é a Lei n. 8.666/93, a Lei Geral de Licitações e Contratos. Assim, concordamos com

---

177 JUSTEN FILHO, Marçal. *Curso de direito administrativo*. 7. ed. rev. e atual. Belo Horizonte: Fórum, 2011. p. 1.027.

Carvalho Filho ao preferir a nomenclatura "alienabilidade condicionada" à "inalienabilidade" dos bens públicos, na medida em que a alienação será possível, desde que para os bens dominicais e condicionada aos termos legais[178].

No tocante aos bens dominicais, destacamos como exemplo clássico as terras devolutas que poderão ser alienadas nos termos da Lei n. 8.666/93.

Contudo, vale lembrar uma exceção a essa regra prevista na Constituição Federal em seu art. 225, § 5º, ao determinar que "são indisponíveis as terras devolutas ou arrecadadas pelos Estados, por ações discriminatórias, necessárias à proteção dos ecossistemas naturais". Nesse caso, a proteção ao meio ambiente equilibrado prevaleceu sobre a natureza de disponibilidade das terras devolutas.

ATENÇÃO! A Lei de Licitações e Contratos exige requisitos para a alienação de bens públicos dominicais, que podem ser resumidos da seguinte forma:

I) Bens imóveis – art. 17, I:

a) Pertencentes às entidades da Administração Direta, autárquica e fundacional: (i) existência de interesse público devidamente justificado; (ii) avaliação prévia; (iii) autorização legislativa; (iv) e, em regra, licitação na modalidade concorrência (exceção: alienação de bens imóveis adquiridos por procedimento judicial ou dação em pagamento, que poderá efetivar-se por concorrência ou leilão, nos termos do art. 19 da Lei n. 8.666/93).

b) Pertencentes às empresas públicas e sociedades de economia mista: (i) avaliação prévia; (ii) em regra, licitação na modalidade concorrência (exceção: alienação de bens imóveis adquiridos por procedimento judicial ou dação em pagamento, que poderá efetivar-se por concorrência ou leilão, nos termos do art. 19 da Lei n. 8.666/93);

II) Bens móveis – art. 17, II:

a) Pertencentes à Administração Pública em geral: (i) existência de interesse público devidamente justificado; (ii) avaliação prévia; (iii) licitação: bens até R$ 1.430.000,00 – modalidade leilão; licitação: bens com valor acima– modalidade de concorrência.

12.3.2. Impenhorabilidade

O regime jurídico dos bens públicos também é constituído pela impenhorabilidade. A penhora, conforme é cediço, consiste em ato de natureza constritiva em face dos bens do devedor para satisfazer o direito do credor em razão do não cumprimento da obrigação. Dessa forma, o bem penhorado é alienado, em regra, para a satisfação do crédito.

---

178 CARVALHO FILHO, José dos Santos. *Manual de direito administrativo*. 25. ed. São Paulo: Atlas, 2012. p. 1.135.

Exceção a esta regra refere-se à satisfação da dívida contra a Fazenda Pública. Isto porque, quando o devedor for o Poder Público, a satisfação do crédito não poderá recair sobre o respectivo bem, pois o art. 100 da Constituição Federal estabeleceu o regime de precatórios para a consecução de tal intento.

Nesses casos, após o trânsito em julgado da decisão condenatória da Administração a pagar uma dívida, o Presidente do Tribunal de Justiça expedirá um ofício requisitório exigindo o valor devido que entrará numa fila a ser paga segundo a ordem de chegada.

12.3.3. Imprescritibilidade

Quanto à imprescritibilidade, cumpre ressaltar que o bem público não está sujeito à usucapião nos termos dos seguintes artigos da Constituição Federal: Art. 183, § 3º: "Os imóveis públicos não serão adquiridos por usucapião"; art. 191, parágrafo único: "Os imóveis públicos não serão adquiridos por usucapião".

O Código Civil também estabelece disposição no mesmo sentido. Vejamos: "Os bens públicos não estão sujeitos a usucapião" (art. 102).

APROFUNDANDO! Acontece que parcela da doutrina entende que, se a função social da propriedade pública não estiver sendo cumprida pela Administração, os bens dominicais – sem destinação pública – poderiam ser objeto da usucapião.

Sobre o assunto, trazemos à colação os ensinamentos de Sílvio Luís Ferreira da Rocha: "Os bens dominicais podem ser objeto de usucapião; assim, é possível que ocorra a aquisição da propriedade de bem dominical por quem esteja na posse mansa, pacífica e ininterrupta do bem, por isto representar o pleno atendimento da função social da propriedade"[179].

O autor conclui que os supracitados dispositivos constitucionais devem ser interpretados em conformidade com a Constituição de acordo com o princípio da função social da propriedade, ou seja, defende Sílvio Luís que os bens públicos de uso comum do povo e os de uso especial são imprescritíveis, já os bens dominicais poderiam ser adquiridos pela usucapião, caso não cumpram a aludida função[180].

ATENÇÃO! O imóvel da Caixa Econômica Federal vinculado ao Sistema Financeiro de Habitação, deve ser tratado como bem público, sendo, pois, imprescritível:

DIREITO CIVIL. RECURSO ESPECIAL. AÇÃO DE USUCAPIÃO. IMÓVEL DA CAIXA ECONÔMICA FEDERAL VINCULADO AO SFH. IMPRESCRITIBILIDADE. PREENCHIMENTO DOS REQUISITOS

---

179 ROCHA, Sílvio Luís Ferreira da. *Função social da propriedade pública*. São Paulo: Malheiros, 2005. p. 153-154.
180 ROCHA, Sílvio Luís Ferreira da. *Função social da propriedade pública*. São Paulo: Malheiros, 2005. p. 159.

LEGAIS. REEXAME DE FATOS E PROVAS. DISSÍDIO JURISPRUDENCIAL NÃO COMPROVADO.

1. Ação de usucapião especial urbana ajuizada em 18-7-2011, da qual foi extraído o presente recurso especial, interposto em 11-1-2013 e concluso ao Gabinete em 1º-9-2016.

2. Cinge-se a controvérsia a decidir sobre a possibilidade de aquisição por usucapião de imóvel vinculado ao Sistema Financeiro de Habitação e de titularidade da Caixa Econômica Federal.

3. A Caixa Econômica Federal integra o Sistema Financeiro de Habitação, que, por sua vez, compõe a política nacional de habitação e planejamento territorial do governo federal e visa a facilitar e promover a construção e a aquisição da casa própria ou moradia, especialmente pelas classes de menor renda da população, de modo a concretizar o direito fundamental à moradia.

4. Não obstante se trate de empresa pública, com personalidade jurídica de direito privado, a Caixa Econômica Federal, ao atuar como agente financeiro dos programas oficiais de habitação e órgão de execução da política habitacional, explora serviço público, de relevante função social, regulamentado por normas especiais previstas na Lei 4.380/64.

5. O imóvel da Caixa Econômica Federal vinculado ao Sistema Financeiro de Habitação, porque afetado à prestação de serviço público, deve ser tratado como bem público, sendo, pois, imprescritível.

[...]

(REsp 1448026/PE, rel. Min. NANCY ANDRIGHI, TERCEIRA TURMA, julgado em 17-11-2016, *DJe* 21-11-2016).

Vale lembrar ainda que segundo entendimento sumulado pelo STJ:

A ocupação indevida de bem público configura mera detenção, de natureza precária, insuscetível de retenção ou indenização por acessões e benfeitorias (Súmula 619 – Corte Especial, julgado em 24-10-2018, *DJe* 30-10-2018).

12.3.4. Não Onerabilidade

Por fim, no tocante à visão da maioria da doutrina a respeito do regime dos bens públicos, cabe destacar a não onerabilidade que consiste na inviabilidade de se dar um bem público como garantia de dívida para o credor no caso de inadimplemento da obrigação.

Dois são os motivos de tal assertiva: i) a execução de dívidas contra a Fazenda Pública dar-se-á por meio do regime de precatórios; ii) o disposto no art. 1.420 do Código Civil, que estabelece: "Só aquele que pode alienar poderá empenhar, hipotecar ou dar em anticrese; só os bens que se podem alienar poderão ser dados em penhor, anticrese ou hipoteca".

12.3.5. Polícia dos Bens Públicos e Imunidade Tributária como Integrantes do seu Regime Jurídico

APROFUNDANDO! Odete Medauar entende que integra o regime jurídico dos bens públicos a denominada "polícia dos bens públicos" e a "imunidade tributária".

Quanto à "polícia dos bens públicos", trata-se de instituto afeto à utilização de medidas de fiscalização do patrimônio público, diferente das medidas de polícia administrativa oriundas do Poder de Polícia.

A própria autora trata da polícia dos bens públicos da seguinte forma:

> O regime jurídico dos bens públicos e a necessidade de preservá-los para que o interesse público não seja prejudicado acarretam para a Administração prerrogativas e ônus nessa matéria. Na doutrina, o conjunto de tais prerrogativas e ônus vem recebendo a denominação de polícia dos bens públicos ou polícia do domínio público. O termo polícia aqui deve ser entendido com o seu sentido de fiscalização, vigilância, adoção de medidas fortes para preservar tais bens[181].

Para a autora o instituto não se refere efetivamente ao "poder de polícia", que tem por objeto limitar o exercício de direitos individuais em benefício da coletividade, diante de ilícitos administrativos. Lembra Odete Medauar que "se um particular ocupa um bem indevidamente, tal ocupação não configura atividade lícita, sobre a qual recai o poder de polícia; além do mais, inclui-se na polícia dos bens públicos as atividades de manutenção (por exemplo, limpeza, restauração), que nada têm a ver com limitação de direitos de particulares"[182].

A doutrinadora entende que são várias as formas de realizar a fiscalização por meio da polícia dos bens públicos, tais como: i) ações possessórias na via jurisdicional; ii) vigiar, murar, ocupar bem vazio, realizar inventário de bens, instaurar processo caso desapareçam bens móveis; iii) medidas de preservação do bem em si, de sua integridade física, impedindo que se deteriore; é a chamada "polícia" de manutenção, que se traduz em providências relativas à limpeza, restauração, reparação etc.; iv) dever de zelar para que o uso dos bens seja conforme a sua afetação, impedindo desvirtuamentos e prejuízos ao uso normal, que adquire relevo principalmente quanto aos bens de uso comum, em que o povo é seu beneficiário direto.

Por outro lado, entendemos que a polícia administrativa também poderá ser exercida diante de ilícitos na esfera ambiental. Igualmente pensam Ingo Sarlet e Tiago Fensterseifer: "O poder de polícia ambiental é um dos principais

---

181 MEDAUAR, Odete. *Direito administrativo moderno*. 17. ed. São Paulo: Revista dos Tribunais, 2013. p. 283-284.
182 MEDAUAR, Odete. *Direito administrativo moderno*. 17. ed. São Paulo: Revista dos Tribunais, 2013. p. 284.

instrumentos a serviço dos entes federativos (União, Estados, Distrito Federal e Municípios) no exercício da competência executiva em matéria ambiental, podendo ser identificado no próprio art. 225 da CF 88, ao estabelecer os deveres de proteção ambiental do Estado [...]"[183].

Os autores lembram ainda do controle e fiscalização ambientais realizados por entidades públicas, tais como o IBAMA, nos termos do art. 70 e parágrafos da Lei n. 9.605/98, que dispõem sobre as sanções penais e administrativas derivadas de condutas e atividades lesivas ao meio ambiente. Some-se ainda o fato de que, em existindo também infração penal, a atuação da polícia judiciária também se fará necessária[184].

O próprio Supremo Tribunal Federal admite a existência do poder de polícia em defesa do meio ambiente, como o fez no Recurso Extraordinário 585.932, julgado em 17 de abril de 2012:

> Agravo interno em recurso extraordinário. 2. Administrativo. Ambiental. Processual Civil. 3. Poder de polícia em defesa do meio ambiente. Competência administrativa comum. Art. 23, VI, da CF. 4. Alegação de dupla punição pelo mesmo fato, devido a suposta cobrança de multas impostas por entes diferentes. Questão fática rejeitada na origem por falta de prova. 5. Premissa que afeta a verificação de pressuposto subjetivo de recorribilidade. Óbice do Enunciado 279 da Súmula da jurisprudência predominante do STF. 6. Legitimidade da fundamentação per relationem. Precedentes. Agravo a que se nega provimento.
>
> (RE 585932 AgR, Relator(a): Min. GILMAR MENDES, Segunda Turma, julgado em 17-4-2012, ACÓRDÃO ELETRÔNICO *DJe*-090 DIVULG 8-5-2012 PUBLIC 9-5-2012).

APROFUNDANDO! Odete Medauar cita também a imunidade de impostos como sendo um último instituto integrante do regime jurídico dos bens públicos. Conforme é cediço, o tema está disciplinado no art. 150, VI, *a* e § 2º, da Constituição da República.

A imunidade tributária consiste, portanto, na impossibilidade de as pessoas políticas cobrarem impostos umas das outras, e tal privilégio é estendido às Autarquias e às Fundações instituídas e mantidas pelo Poder Público.

No entanto, vale destacar que o Supremo Tribunal Federal vem dando interpretação extensiva ao aludido dispositivo constitucional para admitir a imunidade recíproca como benefício a ser gozado também pelas empresas estatais,

---

[183] SARLET, Ingo Wolfgang; FENSTERSEIFER, Tiago. *Direito constitucional ambiental*: constituição, direitos fundamentais e proteção do ambiente. 3. ed. São Paulo: Revista dos Tribunais, 2013. p. 214.

[184] SARLET, Ingo Wolfgang; FENSTERSEIFER, Tiago. *Direito constitucional ambiental*: constituição, direitos fundamentais e proteção do ambiente. 3. ed. São Paulo: Revista dos Tribunais, 2013. p. 214.

quando prestadoras de serviços públicos, como vem ocorrendo com a Empresa Brasileira de Correios e Telégrafos (RE 601.392)

No mesmo sentido, já se manifestou o Pretório Excelso em relação à INFRAERO (AgRg no AI 797.034), bem como no tocante à Casa da Moeda (RE 610.517).

Mais uma vez, a fundamentação das decisões acima leva em consideração a atividade desenvolvida pelas empresas públicas e sociedades de economia mista. Quando exploradoras de atividade econômica, haverá menor incidência do regime jurídico de direito público, devendo ser aplicado, nos termos do art. 173, § 1º, II, da Constituição Federal, o regime jurídico próprio das empresas privadas. Por outro lado, em se tratando de empresas prestadoras de serviço público, haverá maior incidência do regime jurídico de direito público. É o caso da ora citada imunidade recíproca.

12.4. Classificação quanto à Titularidade

Conforme é cediço, os bens públicos, quanto à titularidade, podem ser da União, dos Estados ou dos Municípios.

Os bens da União estão previstos no art. 20 da Constituição da República, com destaque ao inciso X, que inclui as cavidades naturais subterrâneas e os sítios arqueológicos e pré-históricos como bens pertencentes ao patrimônio do ente político federal.

Em relação aos Estados, o rol de bens de sua propriedade está previsto no art. 26 da Constituição, e, no tocante aos bens municipais, estão compreendidos todos aqueles dentro dos limites territoriais de um Município, e não pertencentes à União nem aos Estados, tais "como as ruas, praças, jardins, edifícios de repartições e órgãos municipais"[185].

12.5. Classificação quanto à Sua Destinação

A classificação de bens públicos mais relevante para o objeto desta obra refere-se àquela relacionada à sua destinação e está prevista no Código Civil. Dispõe o art. 99 do Diploma Civilista:

> São bens públicos: I – os de uso comum do povo, tais como rios, mares, estradas, ruas e praças; II – os de uso especial, tais como edifícios ou terrenos destinados a serviço ou estabelecimento da administração federal, estadual, territorial ou municipal, inclusive os de suas autarquias; III – os dominicais, que constituem o patrimônio das pessoas jurídicas de direito público, como objeto de direito pessoal, ou real, de cada uma dessas entidades. Parágrafo único. Não dispondo a lei em contrário, consideram-se dominicais os bens pertencentes às pessoas jurídicas de direito público a que se tenha dado estrutura de direito privado.

---

185 MEDAUAR, Odete. *Direito administrativo moderno*. 17. ed. São Paulo: Revista dos Tribunais, 2013. p. 277-278.

APROFUNDANDO! Parte da doutrina entende tratar-se de classificação ultrapassada à luz da visão trazida pela Constituição de 1988. Marçal Justen Filho aponta as seguintes falhas na classificação dos bens públicos quanto à sua destinação, sendo, a primeira, o fato de o Código Civil levar em consideração apenas os bens imóveis. Para o autor, a classificação não alberga os direitos de propriedade industrial, por exemplo, representativos de grande importância no mundo contemporâneo. Continua Marçal entendendo que "a segunda insuficiência da classificação reside na concepção altamente individualista do tratamento reservado aos bens ditos de uso comum. Especialmente a partir da CF/88, é necessário reconhecer a existência de uma categoria de bens que é de titularidade, mas não de uso, comum do povo. Trata-se do meio ambiente e de outros recursos naturais, cujo uso e fruição podem ser interditados ao povo em geral"[186].

E conclui o aludido autor, defendendo a necessidade de se reconhecer a existência de uma nova categoria de bens "consistente nos bens públicos comuns protegidos"[187], teoria mais bem desenvolvida no próximo subitem.

Apesar das bem fundamentadas críticas apresentadas por Marçal, trata-se de classificação vigente, ainda muito utilizada e que servirá de base para a preparação ao concurso público.

12.5.1. Bens de Uso Comum do Povo

Os bens de uso comum do povo possuem como marca principal a utilização livre por qualquer pessoa, independentemente de autorização específica do Poder Público, como ocorre com ruas e praças.

A maioria da doutrina também compreende na categoria de bens de uso comum do povo aqueles que merecem algum tipo de proteção especial, como os bens ambientais, ou os que exigem remuneração para a sua utilização. Em suma, não é a proteção especial, nem a exigência de remuneração que vão desnaturar o bem público como sendo de uso comum.

A respeito dos bens com proteção especial, entende Marçal Justen Filho que no mundo contemporâneo as exigências constitucionais de preservação ambiental fez desses bens, de uso comum do povo, serem merecedores de uma proteção diferenciada:

> Na origem, essa categoria compreendia aqueles bens que comportavam fruição por toda a população, de modo conjunto e concomitante. Mas a deterioração do meio ambiente e a necessidade de proteção estatal aos ecossistemas vão

---

186 JUSTEN FILHO, Marçal. *Curso de direito administrativo*. 7. ed. rev. e atual. Belo Horizonte: Fórum, 2011. p. 1.032.

187 JUSTEN FILHO, Marçal. *Curso de direito administrativo*. 7. ed. rev. e atual. Belo Horizonte: Fórum, 2011. p. 1.032.

conduzindo a que tais bens sejam objeto de proteção intensa, inclusive com a possibilidade de restrição absoluta à fruição individual do bem de uso comum. Um exemplo é a figura da reserva biológica[188].

Vale lembrar, ainda, que, apesar de a regra ser a gratuidade na utilização dos bens de uso comum do povo, nada impede a exigência de remuneração em alguns casos, sem que haja, conforme dito, desnaturação dessa categoria de bem público. É o que ocorre com os "pedágios em estradas, estacionamento em ruas com mais afluxo de veículos, ancoragem em portos"[189].

Clarissa D'Isep demonstra apreço pela opção da inclusão do meio ambiente na categoria de bem de uso comum do povo, sem a indicação de um titular específico, colocando fim à dicotomia entre bem público e privado. Defende a autora que se trata de um "bem de 'uso comum do povo' com natureza jurídica 'difusa', que, por certo, corrobora a concepção de sociedade de massa [...]"[190].

A interessante classificação apresentada por Clarissa D'Isep de bem de uso comum do povo com natureza difusa será bem explorada logo mais.

12.5.2. Bens de Uso Especial

A utilização restrita é marca característica principal dos bens de uso especial, pois estão atrelados ao desempenho de uma atividade administrativa ou de um serviço público específico. Exemplo clássico envolve os imóveis utilizados pelas repartições públicas.

A respeito dos termos citados nos dois últimos tópicos, cumpre ressaltar que tanto os bens de uso comum do povo como os bens de uso especial são inalienáveis enquanto conservarem as respectivas destinações públicas, lembrando que quaisquer desses bens poderão ser desafetados.

12.5.3. Bens Dominicais

No tocante aos bens dominicais, ressalta-se a inexistência de destinação pública e, por conseguinte, constituem o denominado patrimônio disponível da Administração, como ocorre com as terras devolutas, conforme já exposto.

Os bens dominicais, por não possuírem destinação pública, poderão ser alienados na forma da lei (art. 17 da Lei n. 8.666/93). Trata-se da alienabilidade condicionada, abordada quando da análise do regime jurídico dos bens públicos.

---

[188] JUSTEN FILHO, Marçal. *Curso de direito administrativo*. 7. ed. rev. e atual. Belo Horizonte: Fórum, 2011. p. 1.033.
[189] MEDAUAR, Odete. *Direito administrativo moderno*. 17. ed. São Paulo: Revista dos Tribunais, 2013. p. 279.
[190] D'ISEP, Clarissa Ferreira Macedo. *Direito ambiental econômico e a ISO 14000*: análise jurídica do modelo de gestão ambiental e certificação ISO 14001. 2. ed. São Paulo: Revista dos Tribunais, 2009. p. 85-86.

12.6. Bens Difusos e de Interesse Público

Muito se fala na atualidade em bem difuso. Seria uma nova categoria de bem ao lado dos bens públicos e bens privados? Ou será que estaríamos diante de uma nova espécie de bem público em paralelo ao bem de uso comum do povo, bem de uso especial e bem dominical?

Há autores que defendem que o bem difuso seria o de uso comum do povo, mas não aqueles tão conhecidos por todos nós como as ruas e as praças. Tratar-se-ia de uma nova categoria de bens que não se enquadraria nem na definição de bem privado, nem na noção de bem público[191]. Confuso, não?

Outros preferem identificar o bem ambiental como sendo de uso comum do povo, porém de natureza difusa, conforme acima demonstrado nos ensinamentos de Clarissa D'Isep[192].

APROFUNDANDO! O tratamento legal a respeito do tema "direitos e interesses difusos" está previsto no Código de Defesa do Consumidor, que possui em seu conteúdo a base legislativa do processo coletivo em nosso ordenamento jurídico. Assim, o CDC, apesar de tutelar precipuamente o consumidor, que é o vulnerável da relação jurídica de consumo, é caracterizado como um microssistema multidisciplinar, albergando em seu bojo o regime do processo coletivo pátrio.

A esse respeito, prevê o inciso I do parágrafo único do art. 81 do Código do Consumidor: "Parágrafo único. A defesa coletiva será exercida quando se tratar de: I – interesses ou direitos difusos, assim entendidos, para efeitos deste Código, os transindividuais, de natureza indivisível, de que sejam titulares pessoas indeterminadas e ligadas por circunstâncias de fato".

O Diploma Consumerista, quando aborda o tema, trata dos "interesses" ou "direitos" difusos, ou seja, a forma de tutelar um direito poderá ser individual ou coletiva. Dentro da tutela coletiva *lato sensu* encontramos interesses ou direitos difusos, coletivos em sentido estrito ou individuais homogêneos.

Mauro Cappelletti, ao tratar dos movimentos de melhoria de acesso à justiça, destacou a representação dos interesses difusos, "assim chamados os interesses coletivos ou grupais"[193].

Dessa forma, *data venia*, não são os bens que recebem o qualificativo de difusos, coletivos ou individuais homogêneos, mas sim a forma de tutela dos respectivos interesses ou direitos.

---

191 REMÉDIO JÚNIOR, José Ângelo. *Direito ambiental minerário*: mineração juridicamente sustentável. Rio de Janeiro: Lumen Juris, 2013. p. 52.

192 D'ISEP, Clarissa Ferreira Macedo. *Direito ambiental econômico e a ISO 14000*: análise jurídica do modelo de gestão ambiental e certificação ISO 14001. 2. ed. São Paulo: Revista dos Tribunais, 2009. p. 85-86.

193 CAPELLETTI, Mauro; GARTH, Bryant. *Acesso à justiça*. Trad. Ellen Gracie Northfleet. Porto Alegre: Sérgio Antônio Fabris Editor, 1988. p. 49.

O clássico exemplo de que a lesão ao meio ambiente é modelo para caracterizar o interesse difuso não pode atribuir ao bem essa natureza, ou seja, o bem não é difuso, mas é a tutela de seu interesse que poderá ser também realizada de maneira difusa. Mesmo porque um dano ambiental pode ser tutelado de maneira difusa, coletiva ou individual homogênea.

Pensemos num caso de derramamento de óleo em alto-mar em razão da perfuração no casco de um navio petroleiro. Trata-se de dano ambiental que poderá ser tutelado: i) de maneira difusa, pois um dano dessa monta afeta o meio ambiente como um todo; ii) de forma coletiva em sentido estrito, na medida em que uma comunidade de pescadores pode ser atingida pelo vazamento de óleo e a respectiva atividade econômica de pesca ficar paralisada por um período de tempo; iii) de maneira individual homogênea, ante os danos causados à saúde dos filhos menores dos pescadores que acabaram ingerindo água contaminada enquanto brincavam à beira-mar, antes de tomarem conhecimento que tão nefasto dano afetara o meio ambiente local.

Nesse contexto e, numa primeira análise, mais nos agrada a nomenclatura de bens de interesse público. Vejamos.

Celso Antônio Bandeira de Mello conceitua interesse público como sendo "o interesse resultante do conjunto dos interesses que os indivíduos pessoalmente têm quando considerados em sua qualidade de membros da Sociedade e pelo simples fato de o serem"[194].

Percebe-se, de plano, que a definição de interesse público é mais ampla do que a conceituação legal apresentada de interesse difuso. Quando consideramos o interesse público como sendo o conjunto de interesses de cada indivíduo visto como membro de uma sociedade, uma vastidão de pretensões pode ser inserida neste contexto fático-jurídico.

Dessa forma, na noção de interesse público podemos albergar desde o interesse socioambiental até o interesse econômico. Trazendo o raciocínio para a classificação de bem de interesse público, facilmente identificamos que um bem ambiental enquadrado nessa espécie pode perfeitamente cumprir sua função social diante da exploração econômica, desde que dentro dos limites da sustentabilidade, ou seja, levando-se em consideração os benefícios trazidos às presentes e às futuras gerações.

12.7. Utilização Privativa pelo Particular

Apesar de o bem público não poder ser usucapido para a maioria da doutrina em razão de previsões constitucionais e infraconstitucionais supracitadas e graças à sua característica de imprescritibilidade, o particular poderá utilizá-lo mediante o deferimento de ato ou de contrato administrativos e sob a fiscalização do Poder Público.

---

194 BANDEIRA DE MELLO, Celso Antônio. *Curso de direito administrativo*. 30. ed. São Paulo: Malheiros, 2012. p. 62.

Odete Medauar destaca algumas notas referentes ao regime jurídico da utilização por particulares. São elas: i) compatibilidade com o interesse público; ii) consentimento da Administração; iii) observância de condições fixadas pela Administração; iv) pagamento de preço; v) precariedade[195].

De fato, a utilização do bem público pelo particular não poderá contrariar o interesse público que possui conotação bastante ampla, conforme comentários emanados no item anterior. Ademais, o consentimento da Administração Pública, titular do bem, faz-se imprescindível. Caso a utilização ocorra à revelia das autoridades públicas, será perfeitamente cabível o emprego de medidas coercitivas na busca da restauração da ordem pública.

Medauar lembra também da necessidade de respeito às eventuais condições impostas pelo Poder Público, no tocante à utilização de seus bens pelos particulares, sob pena de cessação do uso.

Segundo a autora, a remuneração pela fruição do bem público poderá ser exigida ou não pela Administração, caracterizando verdadeiro ato praticado por meio de um juízo discricionário que não pode se tornar arbitrário, nem objeto de troca de favores, isto é, quando tratamos da possibilidade ou não de se cobrar algum valor para a utilização de um bem público, todos os interessados na sua utilização deverão ser tratados de forma isonômica e impessoal.

Por fim, Odete Medauar cita a precariedade como elemento marcante do regime jurídico da utilização do bem público pelo particular, mesmo no caso de existência de contrato administrativo com prazo determinado para a cessação da utilização privada do bem da Administração. Vejamos: "Por motivo de atendimento ao interesse público, a Administração pode cessar unilateralmente o uso privativo, mesmo dotado de prazo determinado, mesmo formalizado mediante contrato; havendo prazo, a cessação do uso privativo, somente por motivo de interesse público, enseja indenização a favor do particular"[196].

Assim, a utilização de bens públicos por particulares nem sempre será realizada de forma livre e incondicionada, como ocorre com alguns bens de uso comum, a exemplo das ruas e praças. O uso privativo do bem público pelo particular exige, muitas vezes, o consentimento do Poder Público, que se fará necessário e será materializado basicamente pelos institutos da autorização, da permissão ou da concessão de uso.

12.7.1. Autorização de Uso

O instituto da autorização de uso de bem público pelo particular admite duas modalidades: a autorização comum e a autorização de natureza urbanística.

---

195 MEDAUAR, Odete. *Direito administrativo moderno*. 17. ed. São Paulo: Revista dos Tribunais, 2013. p. 284-285.
196 MEDAUAR, Odete. *Direito administrativo moderno*. 17. ed. São Paulo: Revista dos Tribunais, 2013. p. 284-285.

A autorização de uso comum consiste em ato unilateral, discricionário e precário, por meio do qual o particular utiliza bem público no seu exclusivo interesse. O exemplo desse instituto é a autorização de uso de um terreno do Município para realização de uma festa da comunidade local.

A autorização de uso de natureza urbanística está prevista na Medida Provisória n. 2.220/2001, cujos principais dispositivos trazemos à colação:

> Art. 9º É facultado ao poder público competente conceder autorização de uso àquele que, até 22 de dezembro de 2016, possuiu como seu, por cinco anos, ininterruptamente e sem oposição, até duzentos e cinquenta metros quadrados de imóvel público situado em área com características e finalidade urbanas para fins comerciais. (Redação dada pela lei n. 13.465, de 2017)
>
> § 1º A autorização de uso de que trata este artigo será conferida de forma gratuita.
>
> § 2º O possuidor pode, para o fim de contar o prazo exigido por este artigo, acrescentar sua posse à de seu antecessor, contanto que ambas sejam contínuas.
>
> § 3º Aplica-se à autorização de uso prevista no *caput* deste artigo, no que couber, o disposto nos arts. 4º e 5º desta Medida Provisória.".

A autorização de uso "comum" não se confunde com a autorização de uso de natureza urbanística, prevista na Medida Provisória n. 2.220/2001, e dela difere, nos seguintes termos:

Autorização Comum	Autorização Urbanística
ato discricionário	tem uma faceta vinculada
é precária	é definitiva
particular tem mera detenção	particular tem posse
não tem prazo para ser concedida	deve preencher requisitos até 22-12-2016
não há restrição de área	área de até 250 m²
qualquer tipo de uso	só para fins comerciais

12.7.2. Permissão de Uso

Na permissão de uso o ato administrativo também é unilateral, discricionário e precário, mas o consentimento da Administração visa atender o particular no seu interesse próprio e também ao interesse coletivo.

O instituto admite a utilização do bem público com dupla motivação: i) satisfazer o interesse do particular permissionário; e ii) o interesse da coletividade. Exemplo clássico é a permissão de uso de um espaço na praça pública para a instalação de uma banca de jornal.

A permissão será denominada qualificada ou condicionada, quando tiver prazo para a sua validade.

Quando for viável ou houver mais de um interessado na utilização do bem, a licitação poderá ocorrer. No entanto, será inexigível em alguns casos (uso de calçada em frente a um bar, por exemplo) ou dispensada nas hipóteses do art. 17, I, *f* e *h*, da Lei n. 8.666/93:

> *f*) alienação gratuita ou onerosa, aforamento, concessão de direito real de uso, locação ou permissão de uso de bens imóveis residenciais construídos, destinados ou efetivamente utilizados no âmbito de programas habitacionais ou de regularização fundiária de interesse social desenvolvidos por órgãos ou entidades da administração pública;
>
> [...]
>
> *h*) alienação gratuita ou onerosa, aforamento, concessão de direito real de uso, locação ou permissão de uso de bens imóveis de uso comercial de âmbito local com área de até 250 m² (duzentos e cinquenta metros quadrados) e inseridos no âmbito de programas de regularização fundiária de interesse social desenvolvidos por órgãos ou entidades da administração pública.
>
> § 3º Aplica-se à autorização de uso prevista no *caput* deste artigo, no que couber, o disposto nos arts. 4º e 5º desta Medida Provisória.".

12.7.3. Concessão de Uso

A concessão de uso de bem público é contrato administrativo precedido, portanto, de licitação, por meio do qual a Administração concede ao particular a utilização privativa de um bem público para que exerça conforme sua destinação específica. É o caso dos boxes em mercados municipais.

Maria Sylvia Zanella Di Pietro, lembrando os ensinamentos de Raimundo Nonato Fernandes, ensina que a concessão de uso de bens públicos admite as seguintes modalidades:

> 1. de exploração ou de simples uso, conforme seja, ou não, conferido ao concessionário poder de gestão dominial, substituindo-se à Administração concedente; como exemplos da primeira, o autor indica as concessões de minas, de águas e de campo de algas; e, da segunda, as relativas a áreas de dependências de aeroportos, ocupação da via pública, sepultura e outras; 2. temporária (como a concessão de águas e a maioria das utilizações privativas) ou perpétua (como a de sepultura); 3. remunerada ou gratuita; 4. de utilidade pública (como a que é acessória de uma concessão de serviço público) ou de utilidade privada (como a de sepultura, a de derivação de águas para irrigação, de exploração de campo de algas e de minas, a de concessão especial para fins de moradia)[197]

---

[197] DI PIETRO, Maria Sylvia Zanella. *Direito administrativo*. 25. ed. São Paulo: Atlas, 2012. p. 755.

12.7.4. Institutos Correlatos

Sobre o tema utilização de bens públicos por particulares, ainda poderemos encontrar institutos correlatos aos acima mencionados.

O primeiro deles refere-se à concessão de direito real de uso prevista no Decreto-lei n. 271/67, nos seguintes termos:

> Art. 7º É instituída a concessão de uso de terrenos públicos ou particulares remunerada ou gratuita, por tempo certo ou indeterminado, como direito real resolúvel, para fins específicos de regularização fundiária de interesse social, urbanização, industrialização, edificação, cultivo da terra, aproveitamento sustentável das várzeas, preservação das comunidades tradicionais e seus meios de subsistência ou outras modalidades de interesse social em áreas urbanas. (Redação dada pela Lei n. 11.481, de 2007).

O segundo instituto correlato é a concessão de uso especial para fins de moradia prevista no art. 1º da MP n. 2.220, de 2001, que prevê *in verbis*:

> Art. 1º Aquele que, até 22 de dezembro de 2016, possuiu como seu, por cinco anos, ininterruptamente e sem oposição, até duzentos e cinquenta metros quadrados de imóvel público situado em área com características e finalidade urbanas, e que o utilize para sua moradia ou de sua família, tem o direito à concessão de uso especial para fins de moradia em relação ao bem objeto da posse, desde que não seja proprietário ou concessionário, a qualquer título, de outro imóvel urbano ou rural. (Redação dada pela Lei n. 13.465, de 2017).

Vale lembrar ainda que, segundo entendimento sumulado pelo STJ: "A ocupação indevida de bem público configura mera detenção, de natureza precária, insuscetível de retenção ou indenização por acessões e benfeitorias" (Súmula 619 – Corte Especial, julgado em 24-10-2018, *DJe* 30-10-2018).

Por fim, destacamos a concessão coletiva de uso especial para fins de moradia prevista na MP n. 2.220, de 2001:

> Art. 2º Nos imóveis de que trata o art. 1º, com mais de duzentos e cinquenta metros quadrados, ocupados até 22 de dezembro de 2016, por população de baixa renda para sua moradia, por cinco anos, ininterruptamente e sem oposição, cuja área total dividida pelo número de possuidores seja inferior a duzentos e cinquenta metros quadrados por possuidor, a concessão de uso especial para fins de moradia será conferida de forma coletiva, desde que os possuidores não sejam proprietários ou concessionários, a qualquer título, de outro imóvel urbano ou rural. (Redação dada pela Lei n. 13.465, de 2017).

Questões

1. (FCC – 2019 – MPE/MT – Promotor de Justiça Substituto) Mares e rios, terrenos e edifícios destinados aos serviços da Administração pública são exemplos de bens públicos, respectivamente,

a) de uso especial.

b) de uso comum do povo e dominicais.

c) de uso comum do povo.

d) dominicais.

e) de uso comum do povo e de uso especial.

2. (FUMARC – 2018 – COPASA – Advogado) Sobre as prerrogativas dos bens públicos é CORRETO afirmar:

a) A impenhorabilidade não pode ser invocada em favor de bens aplicados à prestação de serviço público, se a prestadora for pessoa jurídica de direito privado.

b) A imprescritibilidade aplica-se apenas aos bens públicos afetados.

c) A imprescritibilidade dos bens dominicais do Estado torna-se questionável em razão da crise do princípio da supremacia do interesse público sobre o privado.

d) Inalienabilidade dos bens públicos do domínio público é absoluta no Direito Brasileiro.

3. (FCC – 2018 – TRT – 6ª Região /PE – Área Judiciária) Um Município pretende se desfazer de um prédio onde funciona uma unidade escolar, mediante alienação por meio de licitação, pois ela se insere em região que se tornou bastante valorizada para empreendimentos imobiliários. Editou decreto autorizando a licitação. Esse ato

a) é ilegal, considerando que a alienação depende de lei autorizando a alienação e desafetando o bem de uso especial.

b) é válido e regular, ficando condicionado à prévia desocupação do imóvel.

c) é inválido, não podendo ser considerado o resultado da licitação, independentemente de anulação.

d) é aderente ao princípio da eficiência, tendo em vista que o interesse público será mais e melhor atendido com a receita oriunda da alienação e destinada a outras políticas públicas.

e) deve ser revogado, pois viola a norma legal que exige avaliação prévia e desafetação para somente então o bem poder ser alienado.

4. (FCC – 2018 – ALESE – Analista Legislativo) Considere que um Município tenha desapropriado um terreno para implantar um conjunto habitacional para famílias de baixa renda. Decorridos dez anos, o terreno continua desocupado e abandonado, estando sob guarda e vigilância da Municipalidade. Uma vez que a região onde está localizado o terreno sofreu sensível valorização, o que refletiu no valor do imóvel, o Município pretende alienar onerosamente o bem. Para tanto, um requisito indispensável à regularidade dessa alienação é a

a) licitação, sob a modalidade concorrência, dispensada avaliação prévia, já que o Município possui o cadastro de valores fiscais dos imóveis.

b) realização de avaliação prévia, bastando que tenha sido feita uma vez para o imóvel.

c) intimação do expropriado para, querendo, exercer seu direito de preferência para aquisição do imóvel nas mesmas condições que seriam oferecidas ao mercado, sob pena de caracterização de retrocessão.

d) obrigatoriedade de colocar o imóvel em licitação, cabendo ao expropriado concorrer com os demais interessados, podendo o mesmo, entretanto, oferecer proposta no valor da indenização que recebeu quando da desapropriação, cabendo à Administração pública a escolha discricionária em relação à opção de maior valor.

e) comprovação de que não se trata de bem de uso público, já que somente os bens de uso especial e os dominicais podem ser alienados independentemente de autorização específica.

5. (UERR – 2018 – SETRABES – Sociólogo) São bens da União, exceto:

a) os terrenos de marinha e seus acrescidos.

b) as cavidades naturais subterrâneas e os sítios arqueológicos e pré-históricos.

c) o mar territorial.

d) as águas superficiais ou subterrâneas, fluentes, emergentes e em depósito.

e) os potenciais de energia hidráulica.

6. (UERR – 2018 – SETRABES – Administrador) Instrumento pelo qual o Poder Público outorga ao particular, mediante prévia licitação, a utilização privativa de um bem público, por prazo determinado, de forma remunerada ou não, no interesse predominantemente público:

a) permissão de serviço público.

b) contrato de gestão.

c) contrato de gerenciamento.

d) concessão de uso de bem público.

e) termo de parceria.

7. (CESPE – PGE/PE – Procurador do Estado) De acordo com a conceituação dada pela doutrina pertinente, o ato administrativo unilateral, discricionário e precário pelo qual a administração consente na utilização privativa de bem público para fins de interesse público é denominado

a) permissão de uso de bem público.

b) autorização de uso de bem público.

c) concessão de direito real de uso de bem público.

d) concessão de uso de bem público.

e) cessão de uso de bem público.

8. (VUNESP – 2018 – Prefeitura de Bauru – Procurador Jurídico) Cinco municípios limítrofes constituíram consócio público para gestão associada de serviço público de transporte coletivo de passageiros sobre pneus. Para prestação do serviço à população, o Consórcio constituído nos termos da Lei federal n. 11.107/2005, elaborou plano de outorga, realizou a licitação e celebrou contrato de permissão, observadas as normas da Lei federal n. 8.987/95. Tanto no edital de licitação como no contrato dele decorrente, para prestação adequada do serviço, foi prevista obrigação de aquisição, pela permissionária, de bens e equipamentos imprescindíveis à prestação adequada e continuada do serviço público, como veículos, bem como a construção e manutenção de uma garagem, onde também funcionaria o controle operacional do serviço delegado, em área própria da contratada, dentro dos limites territoriais de qualquer um dos cinco municípios integrantes do consórcio permitente. A respeito desses bens e equipamentos, é correto afirmar que

a) constituem bens reversíveis que, durante o prazo de vigência da permissão, integram o patrimônio da empesa permissionária mas, ao fim da delegação, por serem imprescindíveis à prestação do serviço, passam para o patrimônio do consórcio público permitente.

b) constituem bens reversíveis que, durante o prazo de vigência da permissão, submetem-se ao regime jurídico público de gestão de bens e, ao fim da delegação, passam para o patrimônio do ente público em cujo território estiverem localizados.

c) constituem bens particulares da permissionária, embora afetados à prestação de serviço público e, porque por ela adquiridos com recursos próprios, ao fim da delegação, não revertem ao patrimônio público.

d) constituem bens particulares da permissionária, afetados a uma finalidade pública e, por isso, ao final da delegação, deverão ser transferidos ao novo contratado, se houver, ou ao ente municipal líder do consórcio.

e) constituem bens de domínio particular da permissionária que, de acordo com o regime de bens reversíveis aplicável ao caso, deles poderá livremente dispor ao final da vigência da delegação.

9. (VUNESP – 2018 – PauliPrev – Procurador Autárquico) No tocante a bem público, é correto afirmar que a

a) alienação de bens imóveis, como regra, dependerá de autorização legislativa, de avaliação prévia e de licitação, realizada na modalidade de concorrência.

b) afetação de bem a uso comum dependerá de avaliação prévia, assim como de autorização legislativa ou decreto.

c) alienação poderá decorrer de retrocessão, que não se confunde com concessão de uso, porque é forma de alienação hoje admitida apenas para terras devolutas da União, Estados e Municípios.

d) afetação e a desafetação de qualquer bem sempre dependerão de lei.

e) alienação poderá decorrer de concessão de domínio, que ocorre sempre que a Administração não mais necessita do bem expropriado, e o particular o aceita em retorno.

10. (FCC – 2018 – PGE/TO – Procurador do Estado) Uma gleba de terras devolutas estaduais foi arrecadada por ação discriminatória e o Governo do Estado, por meio de lei, declarou-a como indispensável à proteção de um relevante ecossistema local, incluindo-a na área de parque estadual já constituído para esse fim. Tal gleba deve ser considerada bem

a) privado sob domínio estatal.

b) público dominical.

c) público de uso comum do povo.

d) público de uso especial.

e) privado sob regime especial de proteção.

11. (FCC – 2018 – PGE/TO – Procurador do Estado) O Governo do Estado pretende que a iniciativa privada administre, mediante contrato, os terminais de ônibus intermunicipais existentes no Estado, sendo que, em contrapartida dos gastos de manutenção, os empresários possam explorar, por prazo determinado, a área dos terminais com a construção de lojas, escritórios, hotéis etc. Pelas características anunciadas, o negócio deve ser enquadrado como

a) autorização de uso de bem público.

b) concessão de uso de bem público.

c) permissão de uso de bem público.

d) direito de superfície.

e) outorga onerosa de potencial construtivo.

12. (ESAF – 2016 – ANAC – Especialista em Regulação de Aviação Civil) Acerca dos bens públicos, analise as afirmativas abaixo, classificando-as em verdadeiras (V) ou falsas (F) para, ao final, selecionar a opção que contenha a sequência correta.

( ) Somente são bens públicos os bens pertencentes às pessoas jurídicas de direito público.

( ) Os bens das pessoas jurídicas de direito privado integrantes da administração pública não são bens públicos, embora possam estar sujeitos a regras próprias do regime jurídico dos bens públicos quando estiverem sendo utilizados na prestação de um serviço público.

( ) A inalienabilidade dos bens públicos não é absoluta.

( ) Embora os bens públicos sejam impenhoráveis, é possível, em hipóteses constitucionalmente previstas, ocorrer o sequestro de valores necessários à satisfação de dívidas constantes de precatórios judiciais.

a) V, V, V, F
b) V, V, V, V
c) F, F, V, V
d) V, V, F, F
e) V, V, F, V

13. (CESPE – 2016 – TJ/DFT – Juiz) Acerca dos bens públicos, assinale a opção correta.

a) Os bens privados do Estado, que não se submetem ao regime jurídico de direito público, são aqueles adquiridos de particulares por meio de contrato de direito privado.

b) Bens dominicais são aqueles que podem ser utilizados por todos os indivíduos nas mesmas condições, por determinação de lei ou pela própria natureza do bem.

c) Os bens de uso especial do Estado são as coisas, móveis ou imóveis, corpóreas ou não, que a administração utiliza para a realização de suas atividades e finalidades.

d) Os bens de uso comum não integram o patrimônio do Estado, constituindo coisas que não pertencem ao ente público ou a qualquer particular, não sendo passíveis, portanto, de aquisição por pessoa física ou jurídica.

e) Os bens dominicais são aqueles pertencentes ao Estado e afetados a uma finalidade específica da administração pública.

14. (FGV – 2016 – TJ/PI – Analista Judiciário – Escrivão Judicial) Em relação ao regime jurídico dos bens públicos, a doutrina de Direito Administrativo destaca a característica da

a) inalienabilidade, segundo a qual os bens dominicais não podem ser, em qualquer hipótese, alienados.

b) impenhorabilidade, segundo a qual os bens públicos não se sujeitam ao regime de penhora.

c) imprescritibilidade, segundo a qual os bens públicos não podem ser objeto de usucapião, exceto os de uso especial.

d) onerabilidade, segundo a qual os bens públicos podem ser gravados com hipoteca e anticrese em favor de terceiros.

e) licitação, segundo a qual todos os bens públicos só podem ser adquiridos mediante prévio procedimento licitatório.

15. (VUNESP – 2014 – TJ-SP – Juiz) Os edifícios em que se encontram sediados o Tribunal de Justiça do Estado de São Paulo, na Praça da Sé, e o Fórum João Mendes Júnior, na Praça João Mendes, podem ser qualificados, dentro do tema dos bens públicos, como

a) bens de uso especial, pertencentes à Fazenda do Estado, afetados ao uso do Poder Judiciário.

b) bens de uso comum do povo, ou de domínio público, na medida em que a acessibilidade aos mesmos se dá por meio da utilização universal, por toda a população, com livre trânsito em suas dependências.

c) bens dominicais ou dominiais, de propriedade do Tribunal de Justiça do Estado de São Paulo, como sede do Poder Judiciário estadual.

d) bens dominicais ou dominiais, de propriedade da Fazenda do Estado, cedidos ao uso do Poder Judiciário.

16. (FEPESE – 2014 – MPE-SC – Procurador do Estado) No que tange aos bens públicos, assinale a alternativa correta.

a) Os bens públicos móveis não podem ser desapropriados.

b) Terras devolutas são bens dominicais sujeitos à prescrição aquisitiva, à exceção daquelas que se encontrem em faixa de fronteira

c) Pode ser autorizado o uso privado de um bem público, de forma discricionária, a um particular não pertencente à Administração Pública.

d) A alienação de um bem público de uso especial não depende de prévia desafetação.

e) As terras tradicionalmente ocupadas pelos índios pertencem à União, e são bens públicos de uso comum do povo.

17. (IESES – 2014 – TJ-MS – Titular de Serviços de Notas e de Registros – Provimento) Assinale a alternativa INCORRETA:

a) Mares, praias, rios, estradas, ruas e praças são exemplos de bens de uso comum do povo ou do domínio público.

b) No que respeita à utilização dos bens públicos, diz-se que a "cessão de uso" consiste na transferência gratuita da posse de um bem público de uma entidade ou órgão para outro, a fim de que o cessionário o utilize nas condições estabelecidas no respectivo termo, por tempo certo ou indeterminado.

c) No que respeita à alienação dos bens públicos, diz-se "investidura" a incorporação de uma área pública, isoladamente inconstruível, ao terreno particular confinante que ficou afastado do novo alinhamento em razão de alteração do traçado urbano. Este conceito se viu atualmente ampliado abrangendo, também, qualquer área inaproveitável isoladamente, remanescente ou resultante de obra pública, uma vez que esta pode também afetar os terrenos rurais. De toda sorte, a formalização da "investidura" se faz por escritura pública ou termo administrativo, sempre sujeitos a registro imobiliário.

d) No que respeita à utilização dos bens públicos, diz-se que a "permissão de uso" constitui ato unilateral, discricionário e precário pelo qual a Administração consente na prática de determinada atividade individual incidente sobre um bem público.

18. (FJG – RIO – 2014 – Câmara Municipal do Rio de Janeiro – Analista Legislativo) Com referência à gestão dos bens públicos, é possível afirmar que:

a) concessão de direito real de uso é o ato administrativo pelo qual a administração consente que certa pessoa utilize privativamente bem público, atendendo ao mesmo tempo aos interesses público e privado.

b) permissão de uso é o contrato administrativo pelo qual o Poder Público confere a pessoa determinada o uso privativo de bem público, independentemente do maior ou menor interesse público da pessoa concedente.

c) concessão de uso especial é o contrato administrativo pelo qual o Poder Público confere ao particular o direito real resolúvel de uso de terreno público ou sobre espaço aéreo que o recobre, para os fins que, prévia e determinadamente, o justificaram.

d) concessão de uso é o contrato administrativo pelo qual o Poder Público confere a pessoa determinada o uso privativo de bem público, independentemente do maior ou menor interesse público da pessoa concedente.

19. (FJG – RIO – 2014 – Câmara Municipal do Rio de Janeiro – Assistente Técnico Legislativo) Uma área pertencente ao Município do Rio de Janeiro na qual não haja qualquer serviço administrativo é considerada bem público

a) desafetado.

b) afetado.

c) parcialmente afetado.

d) de uso especial.

20. (FCC – 2021 – DPE-RR – Defensor Público) São considerados bens de uso especial aqueles que são do domínio público e

a) comportam função patrimonial ou financeira, porque se destinam a assegurar rendas, como atividade da Administração.

b) são utilizados por particular com restrições, como pagamento de pedágio ou autorização para circulação de veículos especiais.

c) constituem patrimônio da União, Estados ou Municípios, como objeto de direito pessoal ou real de cada um.

d) podem, por determinação legal ou por sua natureza, ser utilizados por todos em igualdade de condições, sem necessidade de consentimento individualizado pela Administração.

e) constituem coisas móveis ou imóveis, corpóreas ou incorpóreas, utilizadas pela Administração Pública para a realização de suas atividades e consecução de seus fins.

Gabarito: 1. e; 2. c; 3. a; 4. c; 5. d; 6. d; 7. a; 8. a; 9. a; 10. d; 11. b; 12. b; 13. c; 14. b; 15. a; 16. c; 17. d; 18. d; 19. a; 20. e.

13. INTERVENÇÃO DO ESTADO NA PROPRIEDADE PRIVADA

Apesar de o direito à propriedade ser um direito individual fundamental (art. 5º, *caput* e inciso XXII, da CF), em razão do Princípio da Supremacia do Interesse Público sobre o privado é possível o Estado intervir na propriedade particular em algumas situações que analisaremos a seguir.

13.1. Servidão Administrativa

13.1.1. Definição

A servidão administrativa é meio de intervenção do Estado na propriedade privada com natureza jurídica de direito real público para assegurar a realização de obras e serviços públicos. Exemplo clássico do instituto consiste na utilização do bem privado para a instalação de todo o aparato técnico necessário para distribuição de energia elétrica.

A natureza da servidão é de direito real público porque difere em alguns pontos da servidão disciplinada pelo direito privado no Código Civil, apesar de o conteúdo de ambos os institutos corresponder em muitos dos seus elementos, porque a servidão – pública ou privada – proporciona utilidade ao prédio dominante e grava o prédio serviente que pertence a diverso dono – art. 1.378 do Código Civil.

Os pontos divergentes entre servidão pública e privada são: (i) os sujeitos envolvidos (na servidão pública o ente público aparece como partícipe da relação, enquanto na privada dá-se entre particulares); (ii) os interesses envolvidos (na servidão pública o interesse protegido é o público, diferentemente da privada em que os interesses em pauta são particulares); (iii) os regimes jurídicos envolvidos (na servidão pública é o regime jurídico administrativo pautado nas prerrogativas conferidas à Administração em razão da supremacia do interesse público sobre o privado e nas sujeições oriundas da indisponibilidade do interesse público, regime este que se diferencia por esses fundamentos do regime de direito privado).

Apesar de recair, em regra, sobre imóvel privado, não há óbice para incidir sobre bem público. Sobre o tema, cumpre ressaltar que a Lei Geral da Desapropriação, em seu art. 2º, § 2º (Decreto-lei n. 3.365/41), sempre estabeleceu que "os bens do domínio dos Estados, Municípios, Distrito Federal e Territórios poderão ser desapropriados pela União, e os dos Municípios pelos Estados, mas, em qualquer caso, ao ato deverá preceder autorização legislativa". No entanto, no final do ano de 2015, tal dispositivo passou a ter a seguinte redação: "§ 2º Será exigida autorização legislativa para a desapropriação dos bens de domínio dos Estados, dos Municípios e do Distrito Federal pela União e dos bens de domínio dos Municípios pelos Estados" (redação dada pela Medida Provisória n. 700, de 2015). "§ 2º-A Será dispensada a autorização legislativa a que se refere o § 2º quando a desapropriação for realizada mediante acordo entre os entes federativos, no qual serão fixadas as respectivas responsabilidades financeiras quanto ao pagamento das indenizações correspondentes" (incluído pela Medida Provisória n. 700, de 2015).

ATENÇÃO! A aludida Medida Provisória teve seu prazo de vigência encerrado e não foi convertida em lei. Logo, para fins de concurso público, continua a vigorar a redação anterior do Decreto-lei n. 3.365/41 acima apresentada, nos termos do Ato Declaratório do Presidente da Mesa do Congresso Nacional n. 23, de 18 de maio de 2016.

Aliás, referido Decreto-lei também fundamenta o procedimento da instituição da servidão administrativa, nos termos do disposto em seu art. 40. No âmbito constitucional, o fundamento está previsto nos arts. 5º, XXIII, e 170, III, ao tratarem da função social da propriedade como direito fundamental e princípio da ordem econômica, respectivamente.

ATENÇÃO: STJ assim entende sobre servidão entre concessionárias de serviço público:

RECURSO ESPECIAL. COMPARTILHAMENTO DE INFRAESTRUTURA POR CONCESSIONÁRIAS DE SERVIÇOS PÚBLICOS. LOCAÇÃO DE ÁREA PARA ESTAÇÃO DE TELEFONIA CELULAR. SOLICITAÇÃO À LOCATÁRIA DE COMPARTILHAMENTO DE INFRAESTRUTURA. INEXISTÊNCIA DE ÓBICE TÉCNICO. CARÁTER COMPULSÓRIO. CARACTERIZAÇÃO DE SUBLOCAÇÃO. DESCABIMENTO. SERVIDÃO ADMINISTRATIVA. INEXISTÊNCIA DE REDUÇÃO DO POTENCIAL DE EXPLORAÇÃO ECONÔMICA DO BEM IMÓVEL LOCADO. INDENIZAÇÃO. INVIABILIDADE.

1. O art. 73, parágrafo único, da Lei n. 9.472/1997 estabelece que, consoante regulamento infralegal emitido pelo Órgão regulador do cessionário, as prestadoras de serviços de telecomunicações de interesse coletivo terão direito à utilização de postes, dutos, condutos e servidões pertencentes ou controlados por prestadora de serviços de telecomunicações ou de outros serviços de interesse público, de forma não discriminatória e a preços e condições justos e razoáveis.

2. Com efeito, a Resolução n. 274/2001 da Anatel instituiu o Regulamento para disciplinar o compartilhamento de infraestrutura entre prestadoras de serviços de

Telecomunicações, prevendo que só pode ser negado por razões de limitação na capacidade, segurança, estabilidade, confiabilidade, violação de requisitos de engenharia ou de cláusulas e condições estabelecidas pela Anatel.

3. O compartilhamento de infraestrutura tem relevância de interesse público, pois propicia que haja barateamento dos custos do serviço público; minimização dos impactos urbanísticos, paisagísticos e ambientais; condições a ensejar a cobrança de tarifas mais baixas dos consumidores; fomento à concorrência, expansão e melhoria da cobertura da rede de telefonia.

4. Os bens que integram a rede de telecomunicações, embora pertencentes a determinada empresa, cumprem função social, uma vez que seu uso é garantido, por lei, a outras empresas que dele necessitem. A liberdade de contratar e o próprio conteúdo do contrato entre as empresas, tendo por objeto o compartilhamento de uso de infraestrutura, ficam limitados pela regulação legal e infralegal, que estabelece obrigação compulsória.

5. O contrato derivado de sublocação se forma pelo consentimento das partes, e o princípio fundamental em matéria contratual reside no fato de que ninguém é obrigado a contratar e, se o faz, celebra a avença com quem desejar e da forma em que combinaram. Dessarte, não há como conferir caráter de sublocação à operação, tampouco considerar ilícito contratual o compartilhamento de infraestrutura efetuado pela concessionária de serviço público locatária.

6. O direito de uso previsto no art. 73 da Lei Geral de Telecomunicações constitui servidão administrativa instituída pela lei em benefício das prestadoras de serviços de telecomunicações de interesse coletivo, constituindo-se direito real de gozo, de natureza pública, a ser exercido sobre bem de propriedade alheia, para fins de utilidade pública.

7. Em vista da característica de servidão administrativa, só haveria de cogitar-se em indenização se houvesse redução do potencial de exploração econômica do bem imóvel – o que não ocorre, visto que a autora está recebendo regularmente aluguéis, que não são em nada prejudicados pelo uso compartilhado da infraestrutura pertencente à locatária.

8. Recurso especial provido.

(REsp 1309158/RJ, rel. Min. LUIS FELIPE SALOMÃO, QUARTA TURMA, julgado em 26-9-2017, *DJe* 20-10-2017).

13.1.2. Da Formalização da Constituição da Servidão Administrativa

A servidão administrativa poderá ser constituída mediante: (i) declaração administrativa de utilidade pública para fins de servidão que se concretizará por acordo formalizado por escritura pública; (ii) sentença judicial, quando não houver acordo, em ação movida pela Administração Pública ou por seu delegado.

APROFUNDANDO! Releva informar a existência de divergência na doutrina no tocante à admissão da constituição da servidão administrativa por meio de lei. Maria Sylvia Zanella Di Pietro, por exemplo, entende ser possível[198] como no caso da servidão ao redor dos aeroportos, mas José dos Santos Carvalho Filho não admite tal possibilidade, e sustenta ser o caso de limitação administrativa genérica[199].

Ainda sobre a formalização, destaca-se que a Lei de Registros Públicos exige o registro da servidão na Serventia de Registro de Imóveis, exatamente para se tornar pública e para produzir efeitos *erga omnes* (art. 167, I, "6" da Lei n. 6.015/73). Todavia, em se tratando de servidão aparente, o Supremo Tribunal Federal dispensa a exigência de tal formalidade. Nesse sentido é o teor da Súmula 415: "Servidão de trânsito não titulada, mas tornada permanente, sobretudo pela natureza das obras realizadas, considera-se aparente, conferindo direito à proteção possessória".

13.1.3. Da Indenização

A servidão administrativa, portanto, é a utilização do imóvel privado para a realização de obra pública ou para a prestação de um serviço público. Assim, inexistindo perda da propriedade, não há falar, em regra, no direito à indenização. Entretanto, se ficar comprovada a existência de prejuízo ao proprietário a reparação de danos é necessária, mesmo porque existem situações definidas como servidão administrativa que, na realidade, configuram-se verdadeira desapropriação indireta. Essa é a posição do Superior Tribunal de Justiça (EREsp 905.410).

O prazo para postular a indenização será de cinco anos, mais uma vez com fundamento no Decreto-lei n. 3.365/41, art. 10, parágrafo único.

13.1.4. Diferenças entre Servidão e Limitação Administrativas

A limitação administrativa também é forma de intervenção do Estado na propriedade privada, mas as providências exigidas são de natureza geral e abstrata, condicionando, assim, o exercício do direito à propriedade em benefício da coletividade. Exemplo dessa intervenção estatal é a restrição da altura dos edifícios.

A primeira distinção entre servidão e limitação administrativa é que esta onera todos os bens de forma indistinta, enquanto a servidão administrativa recai, conforme exposto, sobre imóvel específico para a execução de obra pública ou serviço público previamente definidos.

Apesar de não existir, em regra, direito à indenização nas limitações administrativas, a reparação de danos é cabível se, a despeito de pretender-se uma

---

198 DI PIETRO, Maria Sylvia Zanella. Direito administrativo. 25. ed. São Paulo: Atlas, 2012. p. 158.
199 CARVALHO FILHO, José dos Santos. *Manual de direito administrativo*. 25. ed. São Paulo: Atlas, 2012. p. 778.

limitação administrativa, em realidade ocorre um sacrifício de direito, isto é, uma servidão administrativa. Pois não é o rótulo que se dê à situação que a define juridicamente, mas sim se houver a comprovada redução do conteúdo econômico do bem que qualifica a servidão administrativa. Nesse sentido, o Superior Tribunal de Justiça, ao afirmar que a limitação não tem natureza de direito real, conclui que deve observar o prazo prescricional de cinco anos, nos termos do Decreto n. 20.910/32:

> PROCESSUAL CIVIL E ADMINISTRATIVO. MATA ATLÂNTICA. DECRETO 750/1993. LIMITAÇÃO ADMINISTRATIVA. PRESCRIÇÃO QUINQUENAL.
>
> 1. As restrições ao aproveitamento da vegetação da Mata Atlântica, trazidas pelo Decreto 750/1993, caracterizam limitação administrativa e não desapropriação indireta, razão pela qual se aplica o prazo prescricional de cinco anos, nos moldes do Decreto 20.910/1932. Precedentes do STJ.
>
> 2. Hipótese em que a Ação foi ajuizada somente em 27-2-2007, decorridos mais de dez anos do ato do qual se originou o suposto dano (Decreto 750/1993), o que configura a prescrição do pleito dos autores.
>
> 3. Recurso Especial provido.
>
> (REsp 1090622/SC, rel. Min. HERMAN BENJAMIN, SEGUNDA TURMA, julgado em 25-8-2009, *DJe* 31-8-2009).

A constituição das limitações decorre de atos legislativos ou administrativos. Mas, como visto, não é pacífica na doutrina a aceitação da formalização da servidão administrativa por meio de lei.

Por fim, a relação de dominação é uma constante na servidão administrativa, o que não é identificado na limitação. Dessa forma, enquanto a limitação administrativa impõe, em regra, apenas um não fazer ao proprietário (mas não é um requisito obrigatório), na servidão há um ônus de suportar, ou uma obra pública ou a prestação de um serviço público.

13.1.5. Da Extinção da Servidão Administrativa

A servidão administrativa tem caráter de perpetuidade e deve ser mantida enquanto há utilidade do imóvel serviente. Mas a sua extinção poderá decorrer de fatores supervenientes, tais como: (i) o desaparecimento do bem gravado – quando uma enchente destrói o prédio no qual se presta o serviço público; (ii) desafetação do bem dominante – fruto da perda de interesse público na execução de uma obra ou prestação de um serviço; (iii) pela ocorrência da confusão – incorporação da coisa serviente ao patrimônio do bem dominante.

13.1.6. Resumo das Principais Características da Servidão Administrativa

Características	Pressupostos/Consequências
Natureza de direito real	Procedimento e prescrição nos termos do Decreto-lei n. 3.365/41.
Natureza pública	Existência de pontos distintivos das servidões de direito privado.
Incide sobre bem imóvel	Para assegurar a execução de obra pública ou prestação de serviço público.
Caráter de perpetuidade	Não se extingue com o tempo.
Não cabe indenização em regra	Salvo se comprovado prejuízo.
Formalização	Ato administrativo (sem autoexecutoriedade) ou decisão judicial.

13.2. Ocupação Temporária

13.2.1. Definição

A ocupação temporária é forma de intervenção do Estado na propriedade privada, com caráter transitório, sem que haja a necessidade de comprovação de iminente perigo e com a finalidade de atender a algum interesse público.

O Decreto-lei n. 3.365/41 prevê em seu art. 36 que "é permitida a ocupação temporária, que será indenizada, afinal, por ação própria, de terrenos não edificados, vizinhos às obras e necessários à sua realização. O expropriante prestará caução, quando exigida".

Com efeito, a ausência da comprovação de existência de iminente perigo público demonstra que a ocupação temporária cuida do atendimento de atividades rotineiras da Administração, como a execução de obras ou serviços públicos. No entanto, a principal diferença em relação à servidão administrativa consiste no fato de ser esta permanente, enquanto a ocupação é transitória. Exemplo elucidativo está na utilização temporária de um terreno privado desocupado para alojar os materiais que serão utilizados em uma obra pública de grande monta.

13.2.2. Da Indenização

Conforme visto da leitura do art. 36 do Decreto-lei n. 3.365/41, a ocupação temporária "será indenizada". A expressão tem conotação de compulsoriedade, mas a questão não é tão simples como parece.

Sobre esse tema, diz José dos Santos Carvalho Filho:

> Para melhor examinar o assunto à luz de um sistema lógico, pensamos que se podem apresentar duas modalidades de ocupação temporária. Uma delas é a ocupação temporária para obras públicas vinculadas ao processo de desapropriação, esta é prevista no citado art. 36 da lei expropriatória. A outra é a ocupação

temporária para as demais obras e para os serviços públicos em geral, sem qualquer vínculo com o processo de desapropriação executado pelo Estado. [...] A primeira delas implica o dever do Estado de indenizar o proprietário pelo uso do imóvel. O referido dispositivo da lei expropriatória estabelece que a ocupação 'será indenizada, afinal'. Nota-se aqui que a utilização estatal se consuma por período de tempo mais extenso, gerando, em consequência, o dever indenizatório. Na ocupação desvinculada da desapropriação, a regra é a mesma que vale para a servidão administrativa, ou seja, em princípio não haverá indenização, mas esta será devida se o uso acarretar comprovado prejuízo ao proprietário[200].

O prazo para postular a indenização é de cinco anos, nos termos do art. 10, parágrafo único, do Decreto-lei n. 3.365/41.

13.2.3. Da Formalização da Instituição da Ocupação Temporária

Se a ocupação estiver relacionada com a desapropriação, conforme disposto no art. 36 da lei expropriatória, imprescindível é a formalização da sua instituição que poderá dar-se no próprio decreto expropriatório expedido pelo Chefe do Executivo.

Não há, em regra, a necessidade de registro da ocupação temporária na matrícula do imóvel se a temporalidade for mesmo respeitada, pois o instituto está afeto apenas à posse. Ao contrário, se houver qualquer estado fático de permanência que desvirtue a ocupação para desapropriação, então, além da indenização que deveria ser prévia, justa e em dinheiro, o resultado final, em virtude do domínio adquirido pelo Poder Público, deve ser o registro da propriedade. Note-se que nessa hipótese constata-se um desvio de finalidade da ocupação temporária, pois, a seu pretexto, promove o Poder Público uma desapropriação indireta.

13.2.4. Diferenças entre Ocupação Temporária e Requisição Administrativa

A requisição administrativa também se caracteriza como forma de intervenção do Estado na propriedade privada, mas pressupõe perigo público iminente. Trata-se de pressuposto que difere da ocupação temporária e tem amparo constitucional em seu art. 5º, XXV – no caso de iminente perigo público, a autoridade competente poderá usar de propriedade particular, assegurada ao proprietário indenização ulterior, se houver dano.

Outra distinção marcante entre os institutos consiste no objeto mais amplo sobre o qual é possível recair a requisição administrativa (bens móveis, imóveis e serviços), comparado ao único objeto possível da ocupação temporária (bens imóveis).

---

200 CARVALHO FILHO, José dos Santos. *Manual de direito administrativo*. 25. ed. São Paulo: Atlas, 2012. p. 786-787.

Outrossim, há pontos comuns presentes nos dois institutos: (i) ambos têm caráter transitório e (ii) os dois admitem indenização em caso de prejuízo comprovado.

13.2.5. Resumo das Principais Características da Ocupação Temporária

Características	Pressupostos/Consequências
Incide sobre bem imóvel	Para assegurar a execução de obra pública ou prestação de serviço público.
Caráter transitório	Extingue-se com o tempo.
Indenização	Cabível quando vinculada à desapropriação ou desde que comprovada a ocorrência de dano.
Formalização	Necessária quando vinculada à desapropriação.

13.3. Tombamento

13.3.1. Definição e Objeto

O tombamento é forma de intervenção do Estado na propriedade privada com o objetivo de proteger o patrimônio cultural, histórico e artístico nacional, restringindo, por esse fundamento, o uso do bem tombado.

O art. 216 da Constituição Federal dispõe em seu *caput* e § 1º:

> Constituem patrimônio cultural brasileiro os bens de natureza material e imaterial, tomados individualmente ou em conjunto, portadores de referência à identidade, à ação, à memória dos diferentes grupos formadores da sociedade brasileira, nos quais se incluem: I – as formas de expressão; II – os modos de criar, fazer e viver; III – as criações científicas, artísticas e tecnológicas; IV – as obras, objetos, documentos, edificações e demais espaços destinados às manifestações artístico-culturais; V – os conjuntos urbanos e sítios de valor histórico, paisagístico, artístico, arqueológico, paleontológico, ecológico e científico. § 1º O Poder Público, com a colaboração da comunidade, promoverá e protegerá o patrimônio cultural brasileiro, por meio de inventários, registros, vigilância, tombamento e desapropriação, e de outras formas de acautelamento e preservação.

No âmbito infraconstitucional o tombamento está disciplinado no Decreto-lei n. 25/37, que considera patrimônio histórico e artístico nacional o conjunto dos bens móveis e imóveis existentes no país e cuja conservação seja de interesse público, quer por sua vinculação a fatos memoráveis da história do Brasil, quer por seu excepcional valor arqueológico ou etnográfico, bibliográfico ou artístico (art. 1º).

Ademais, são considerados bens equiparados para fins de tombamento os monumentos naturais, bem como os sítios e paisagens que importe conservar e proteger pela feição notável com que tenham sido dotados pela natureza ou agenciados pela indústria humana (art. 1º, § 2º, do Decreto-lei n. 25/37).

Um exemplo de bem passível de tombamento é o imóvel cuja arquitetura retrata as primeiras moradas dos colonizadores portugueses no Brasil. Em razão do significado desse bem para a história nacional, apesar de continuar no domínio e posse do seu proprietário, estará sujeito a uma série de restrições quanto ao seu uso, gozo e disposição. Apesar da intervenção, não se impede o exercício dos direitos inerentes à propriedade particular.

No tocante ao objeto, o tombamento poderá incidir sobre bens móveis ou imóveis, materiais ou imateriais, públicos ou privados, desde que preencham o requisito da importância ao patrimônio cultural brasileiro.

13.3.2. Natureza Jurídica

Consiste o tombamento em espécie de intervenção que, segundo a prevalecente orientação doutrinária, não se confunde com a servidão administrativa. Nesse sentido, Maria Sylvia Zanella Di Pietro[201] e José dos Santos Carvalho Filho[202], que consideram o tombamento forma autônoma de intervenção do Estado na propriedade privada. Destaca-se que Celso Antônio Bandeira de Mello defendia até recentemente que o tombamento era espécie de servidão, mas mudou de pensamento na 27ª edição do seu *Curso de direito administrativo* ao reconhecer a singularidade do instituto e assim defende até os dias atuais[203].

E não se confunde com a limitação administrativa em razão de esta se revestir de caráter geral. Segundo José dos Santos Carvalho Filho, "mesmo quando o tombamento abrange uma determinada área, um bairro ou até uma cidade, os imóveis tombados são apenas aqueles inseridos no local mencionado pelo ato. Dizer-se que todos os imóveis de uma rua estão tombados, significa que cada um deles, especificamente, sofre a restrição"[204].

Ainda vale relembrar que a intervenção decorrente do tombamento é parcial, pois obsta o exercício de parcela dos direitos da propriedade, o que o diferencia da desapropriação.

13.3.3. Espécies de Tombamento

O estudo das espécies/modalidades de tombamento envolve a apreciação de três classificações: (i) quanto ao alcance; (ii) quanto ao procedimento aplicável; e (iii) quanto aos efeitos temporais.

---

201 DI PIETRO, Maria Sylvia Zanella. *Direito administrativo*. 25. ed. São Paulo: Atlas, 2012. p. 154.
202 CARVALHO FILHO, José dos Santos. *Manual de direito administrativo*. 25. ed. São Paulo: Atlas, 2012. p. 797.
203 BANDEIRA DE MELLO, Celso Antônio. *Curso de direito administrativo*. 30. ed. São Paulo: Malheiros, 2012. p. 927.
204 CARVALHO FILHO, José dos Santos. *Manual de direito administrativo*. 25. ed. São Paulo: Atlas, 2012. p. 796.

Quanto ao alcance o tombamento pode ser: (a) geral – alberga todos os bens situados num bairro ou numa cidade; ou (b) individual – quando atingir um bem específico.

Em relação à classificação que leva em consideração o procedimento aplicável, o tombamento divide-se em: (a) voluntário – quando partir do proprietário o pedido de intervenção de bem que preenche os requisitos legais ou quando ele anuir com a notificação de tombamento expedida pelo Poder Público (art. 7º do Decreto-lei n. 25/37); ou (b) compulsório – quando imposto pelo Estado (art. 5º do Decreto-lei n. 25/37).

Quanto aos efeitos temporais, o tombamento será: (a) provisório – cujo termo inicial é a notificação do proprietário e subsiste enquanto tramitar o procedimento administrativo da intervenção; ou (b) definitivo – com a inscrição do bem no Livro de Tombo (art. 10 do Decreto-lei n. 25/37).

13.3.4. Formalização do Tombamento

Em regra, o ato de tombamento é oriundo de um procedimento administrativo, nos termos do art. 9º do Decreto-lei n. 25/37, que deverá conter: parecer do órgão técnico (no âmbito federal é o Instituto do Patrimônio Histórico e Artístico Nacional – IPHAN), notificação do proprietário para anuir ou impugnar, decisão do Conselho Consultivo da qual caberá recurso ao Presidente da República no âmbito federal (Decreto-lei n. 3.866/41) e inscrição do bem no Livro de Tombo.

No entanto, o tombamento poderá decorrer da própria Constituição Federal, conforme exemplo do art. 216, § 5º: "Ficam tombados todos os documentos e os sítios detentores de reminiscências históricas dos antigos quilombos".

No que diz respeito à competência material para efetivar o tombamento, trata-se de atribuição concorrente de todos os entes da Federação (União, Estados, Distrito Federal e Municípios), nos termos do art. 23, III e IV, da CF.

Destaca-se, ainda, que o tombamento definitivo deverá ser levado a registro na respectiva Serventia de Registro de Imóveis por iniciativa do órgão competente do Serviço do Patrimônio Histórico e Artístico Nacional, bem como averbado ao lado da transcrição do domínio (art. 13 do Decreto-lei n. 25/37).

Por fim, releva notar a viabilidade de controle interno e externo do tombamento. O primeiro materializa-se quando exercido pela própria Administração e alcança tanto o controle de mérito como o de legalidade. Outrossim, o controle externo será realizado pelo Poder Judiciário e se resumirá ao controle de legalidade, conforme estudado em capítulo próprio deste livro.

13.3.5. Obrigações Oriundas do Tombamento

O proprietário do bem tombado estará sujeito ora a um *facere*, ora a um *non facere*. Em exemplos de obrigação de fazer do proprietário: (i) a conservação do bem tombado, incluindo as reformas e reparos necessários (ante a ausência de condições financeiras, caberá ao Poder Público arcar com as despesas); (ii) o dever de comunicar o extravio ou o roubo do bem, no prazo de cinco dias, à autoridade competente; (iii) cientificar a União, o Estado e o Município com cinco dias de antecedência a alienação judicial de bem tombado (art. 889, VIII, do CPC/2015); (iv) dar direito de preferência, no caso de leilão de bem tombado, à União, aos Estados e aos Municípios, nessa ordem, na arrematação, em igualdade de oferta (art. 892, § 3º, do CPC/2015).

Em hipóteses de obrigação de não fazer do proprietário: (i) as coisas tombadas não poderão, em caso nenhum, ser destruídas, demolidas ou mutiladas, nem, sem prévia autorização especial do Serviço do Patrimônio Histórico e Artístico Nacional, ser reparadas, pintadas ou restauradas (art. 17 do Decreto-lei n. 25/37); (ii) as coisas tombadas não poderão sair do país, senão por curto prazo, sem transferência de domínio e para fim de intercâmbio cultural, a juízo do Conselho Consultivo do Serviço do Patrimônio Histórico e Artístico Nacional (art. 14 do Decreto-lei n. 25/37); (iii) as coisas tombadas ficam sujeitas à vigilância permanente do Serviço do Patrimônio Histórico e Artístico Nacional, que poderá inspecioná-las sempre que for julgado conveniente, não podendo os respectivos proprietários ou responsáveis criar obstáculos à inspeção (art. 20 do Decreto-lei n. 25/37).

Em relação ao vizinho do bem tombado, obrigações também lhe são impostas. Esse é o teor do art. 18 do Decreto-lei n. 25/37: Sem prévia autorização do Serviço do Patrimônio Histórico e Artístico Nacional, não se poderá, na vizinhança da coisa tombada, fazer construção que lhe impeça ou reduza a visibilidade, nem nela colocar anúncios ou cartazes. Outra sanção cabível para essa hipótese é a imposição de multa.

Mas não só obrigações/deveres são impostos aos proprietários. Apesar de, em regra, o tombamento não gerar o dever de indenizar, a reparação far-se-á necessária diante da comprovação de prejuízo ou de esvaziamento econômico do bem, caracterizando-se, neste último caso, verdadeira desapropriação. O Superior Tribunal de Justiça já entendeu dessa forma (REsp 220.983):

> ADMINISTRATIVO. TOMBAMENTO. INDENIZAÇÃO. BEM GRAVADO EM CLÁUSULAS DE INALIENABILIDADE, INCOMUNICABILIDADE, IMPENHORABILIDADE, USUFRUTO E FIDEICOMISSO.
>
> 1. O proprietário de imóvel gravado com cláusulas de inalienabilidade, incomunicabilidade, impenhorabilidade, usufruto e fideicomisso tem interesse processual para ingressar com ação de desapropriação indireta quando o referido bem é tombado.
>
> 2. O pedido só é considerado juridicamente impossível quando contém pretensão proibida por lei, ex: cobrança de dívida de jogo.

3. O ato administrativo de tombamento de bem imóvel, com o fim de preservar a sua expressão cultural e ambiental, esvaziar-se, economicamente, de modo total, transforma-se, por si só, de simples servidão administrativa em desapropriação, pelo que a indenização deve corresponder ao valor que o imóvel tem no mercado. Em tal caso, o Poder Público adquire o domínio sobre o bem. Imóvel situado na Av. Paulista, São Paulo.

4. Em sede de ação de desapropriação indireta não cabe solucionar-se sobre a permanência ou não dos efeitos de gravames (inalienabilidade, incomunicabilidade, impenhorabilidade, usufruto e fideicomisso) incidentes sobre o imóvel. As partes devem procurar afastar os efeitos de tais gravames em ação própria.

5. Reconhecido o direito de indenização, há, por força de lei (art. 31, do DL 3.365, de 21-6-41), ficarem sub-rogados no preço quaisquer ônus ou direitos que recaiam sobre o bem expropriado.

6. Em razão de tal dispositivo, ocorrendo o pagamento da indenização, deve o valor ficar depositado, em conta judicial, até solução da lide sobre a extensão dos gravames.

7. Recurso improvido.

(REsp 220.983/SP, rel. Min. JOSÉ DELGADO, PRIMEIRA TURMA, julgado em 15-8-2000, *DJ* 25-9-2000, p. 72).

13.3.6. Da Extinção do Tombamento

O "destombamento" ocorrerá pela revogação (diante da inconveniência), pela anulação (em razão de vício de legalidade), por desaparecimento do valor cultural do bem ou pela não efetivação do tombamento definitivo em prazo razoável de tempo (STJ-REsp 41.993):

ADMINISTRATIVO – TOMBAMENTO DE IMÓVEL – PROCESSO NÃO CONCLUÍDO – OMISSÃO ADMINISTRATIVA – PEDIDO DE CANCELAMENTO DO ATO – INDENIZAÇÃO POR DANOS CAUSADOS PELA DEMORA – DECRETO-LEI NR. 25, DE 1937 – DECRETOS ESTADUAIS NRS. 13.426/79 E 20.955/83 – SÚMULA 7/STJ.

1. NÃO PODE O PODER PÚBLICO PROTELAR INDEFINIDAMENTE O PROCESSO ADMINISTRATIVO DE TOMBAMENTO, AFETANDO O DIREITO DE PROPRIEDADE, CUJA INÉRCIA LESA O PATRIMÔNIO JURÍDICO INDIVIDUAL. OMISSA A LEI ESTADUAL QUANTO AO PRAZO PARA O ENCERRAMENTO DO PROCESSO, PODE SER APLICADA SUPLETIVAMENTE A ESPECÍFICA LEI FEDERAL SOBRE TOMBAMENTO (DEC. LEI 25/37, ART. 9.).

2. DEMONSTRADA A INJUSTIFICADA DEMORA, SEM PREJUÍZO DE SER INICIADO OUTRO COM SUBMISSÃO A LEGISLAÇÃO APLICÁVEL, ANULA-SE O VETUSTO PROCESSO, COMO MEIO DE AFASTAR AS LIMITAÇÕES AO DIREITO DE PROPRIEDADE.

3. O PEDIDO DE INDENIZAÇÃO NÃO SE AMOLDA À VIA ESPECIAL, UMA VEZ QUE NO CASO, A SOLUÇÃO DESAFIADA FUNDAMENTOU-SE EM CIRCUNSTÂNCIAS FÁTICAS BALIZADAS PELAS PROVAS (SÚMULAS 7/STJ).

4. RECURSO PARCIALMENTE PROVIDO.

(REsp 41.993/SP, rel. Min. MILTON LUIZ PEREIRA, PRIMEIRA TURMA, julgado em 1º-6-1995, *DJ* 19-6-1995, p. 18641).

13.4. Desapropriação

13.4.1. Definição de Desapropriação

Nas palavras de Maria Sylvia Zanella Di Pietro,

> a desapropriação é o procedimento administrativo pelo qual o Poder Público ou seus delegados, mediante prévia declaração de necessidade pública, utilidade pública ou interesse social, impõe ao proprietário a perda de um bem, substituindo-o em seu patrimônio por justa indenização[205].

Sobre essa definição, alguns pontos merecem considerações iniciais que, oportunamente, serão detalhadas. O primeiro relaciona-se com o fato de tratar-se de um procedimento administrativo, composto, portanto, de fases que culminarão num acordo amigável entre os envolvidos ou numa ação judicial.

De fato, qualquer que seja a forma – administrativa ou por meio da intervenção do Poder Judiciário –, a desapropriação consumar-se-á, o que se leva a observar que é compulsória. Em outras palavras, o Poder Público pode, presentes os pressupostos jurídicos, determinar a transferência forçada da propriedade privada ao patrimônio público.

A terceira característica a ser observada preliminarmente refere-se à forma originária de aquisição de propriedade, o que significa a inexistência de qualquer tipo de relação ou de título com o antigo proprietário.

Em suma, a desapropriação é forma de intervenção do Estado na propriedade particular que não necessita de consentimento prévio para legitimar a transferência do bem, como ocorreria, por exemplo, numa alienação decorrente de um contrato de compra e venda.

Mas o sacrifício suportado pelo expropriado não pode ser concretizado à revelia de qualquer contraprestação pecuniária. Não se admite o abstrato e irreal interesse público a justificar desalojar uma família de sua residência sem que ela

---

205 DI PIETRO, Maria Sylvia Zanella. *Direito administrativo*. 25. ed. São Paulo: Atlas, 2012. p. 166.

receba uma indenização justa a ponto de conseguir, com esse valor, continuar a sua existência digna em outra propriedade. Em última análise, a fundamentação da desapropriação quer pela utilidade pública, por necessidade pública ou pelo interesse social não é suficiente para retirar o cidadão da sua propriedade sem uma compensação pecuniária equivalente ao valor do bem perdido, sob pena de transfiguração de um instituto legítimo em confisco.

Dessa forma, pode-se estruturar a definição de desapropriação da seguinte forma:

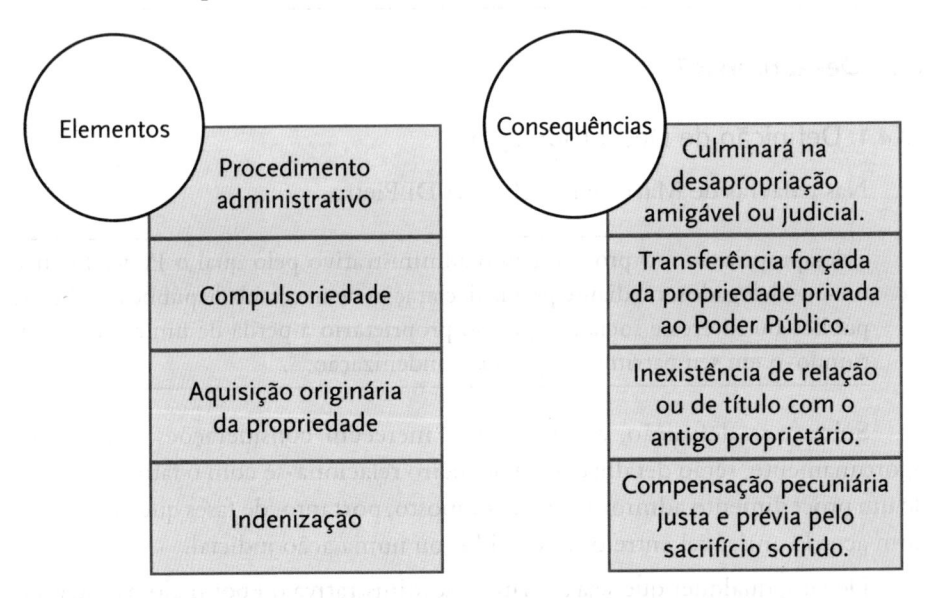

Elementos
- Procedimento administrativo
- Compulsoriedade
- Aquisição originária da propriedade
- Indenização

Consequências
- Culminará na desapropriação amigável ou judicial.
- Transferência forçada da propriedade privada ao Poder Público.
- Inexistência de relação ou de título com o antigo proprietário.
- Compensação pecuniária justa e prévia pelo sacrifício sofrido.

Essas são as reflexões iniciais com a pretensão única e exclusiva de apresentar o tema que será desenvolvido à luz da doutrina e das posições consolidadas pela jurisprudência dos Tribunais Superiores.

13.4.2. Fundamentos da Desapropriação

A desapropriação tem por fundamento/pressuposto a necessidade pública, a utilidade pública ou o interesse social.

Por necessidade pública entende-se a situação emergencial, como no caso de calamidade pública provocada pelas fortes chuvas que assolam as mais diversas regiões do país, contexto que leva à desapropriação de um imóvel como solução para alojar as famílias desabrigadas.

A utilidade pública decorre da conveniência do Poder Público sem a existência do caráter de imprescindibilidade presente na hipótese anterior. A esse respeito, pode-se citar o juízo discricionário realizado pelo Administrador Municipal ao identificar uma área para a construção de um hospital.

O interesse social "ocorre objetivando a distribuição ou condicionamento da propriedade para que seja mais bem aproveitada, em benefício da coletividade ou certas categorias sociais merecedoras da tutela especial do Estado"[206]. Sobre esse fundamento da desapropriação, a Lei n. 4.132 assim estabelece:

> Art. 2º Considera-se de interesse social: I – o aproveitamento de todo bem improdutivo ou explorado sem correspondência com as necessidades de habitação, trabalho e consumo dos centros de população a que deve ou possa suprir por seu destino econômico; II – a instalação ou a intensificação das culturas nas áreas em cuja exploração não se obedeça a plano de zoneamento agrícola [*vetado*]; III – o estabelecimento e a manutenção de colônias ou cooperativas de povoamento e trabalho agrícola; IV – a manutenção de posseiros em terrenos urbanos onde, com a tolerância expressa ou tácita do proprietário, tenham construído sua habitação, formando núcleos residenciais de mais de 10 (dez) famílias; V – a construção de casas populares; VI – as terras e águas suscetíveis de valorização extraordinária, pela conclusão de obras e serviços públicos, notadamente de saneamento, portos, transporte, eletrificação armazenamento de água e irrigação, no caso em que não sejam ditas áreas socialmente aproveitadas; VII – a proteção do solo e a preservação de cursos e mananciais de água e de reservas florestais; VIII – a utilização de áreas, locais ou bens que, por suas características, sejam apropriados ao desenvolvimento de atividades turísticas.

13.4.3. Espécies de Desapropriação

O estudo da desapropriação identifica duas espécies: a ordinária e a extraordinária.

A primeira espécie/modalidade é também conhecida como desapropriação comum e encontra fundamento na Constituição Federal, em seu art. 5º, XXIV: a lei estabelecerá o procedimento para desapropriação por necessidade ou utilidade pública, ou por interesse social, mediante justa e prévia indenização em dinheiro, ressalvados os casos previstos na Constituição. Característica dessa desapropriação é a justa e prévia indenização em dinheiro, assim entendida aquela realizada antes da transferência da propriedade e que retrata o real valor do bem expropriado.

A desapropriação foi disciplinada no âmbito infraconstitucional pelo Decreto-Lei n. 3.365, de 1941, que trata da desapropriação por utilidade pública – aí incluída a definição de necessidade pública –, e pela Lei n. 4.132, de 1962, disciplinadora da desapropriação por interesse social.

Por outro lado, a desapropriação extraordinária, também conhecida como sancionatória, é aquela cuja indenização não será paga em dinheiro, mas em títulos da dívida pública (resgatáveis em até dez anos) ou em títulos da dívida

---

[206] TAVARES, André Ramos. *Curso de direito constitucional*. 8. ed. São Paulo: Saraiva, 2010. p. 709.

agrária (resgatáveis em até vinte anos), e possui como subespécies: (i) desapropriação sancionatória urbana/urbanística, fundamentada no art. 182, § 4º, III, da Constituição Federal e no Estatuto da Cidade – Lei n. 10.257, de 2001; (ii) desapropriação sancionatória rural para fins de reforma agrária, amparada na Constituição em seu art. 184, *caput*, bem como nas Leis ordinárias n. 4.504/64 (Estatuto da Terra) e n. 8.629/93, além da Lei Complementar n. 76, de 1993. Trata-se também de desapropriação por interesse social que se diferencia da desapropriação comum, com o mesmo nome, pois a desapropriação para reforma agrária tem natureza sancionatória.

Ainda não se pode esquecer do disposto no art. 243 da Constituição Federal, que dispõe sobre "desapropriação" confiscatória: "Art. 243. As propriedades rurais e urbanas de qualquer região do País onde forem localizadas culturas ilegais de plantas psicotrópicas ou a exploração de trabalho escravo na forma da lei serão expropriadas e destinadas à reforma agrária e a programas de habitação popular, sem qualquer indenização ao proprietário e sem prejuízo de outras sanções previstas em lei, observado, no que couber, o disposto no art. 5º" (redação dada pela Emenda Constitucional n. 81, de 2014).

A EC n. 81, de 2014, inseriu a exploração do trabalho escravo como novo motivo para o confisco de terras particulares. O respectivo procedimento confiscatório para ambos os fundamentos está disciplinado na Lei n. 8.257, de 1991.

13.4.4. Desapropriação Indireta

13.4.4.1. *Definição*

José dos Santos Carvalho Filho define a desapropriação indireta como "o fato administrativo pelo qual o Estado se apropria de bem particular, sem observância dos requisitos da declaração e da indenização prévia"[207]. E conclui o mesmo autor no sentido de que "cuida-se realmente de um instituto odiável e verdadeiramente desrespeitoso para com os proprietários. Além disso, revela-se incompreensível e injustificável ante todo o sistema de prerrogativas conferidas ao Poder Público em geral. Em suma, o Estado não poderia valer-se dessa modalidade expropriatória se tivesse um mínimo de planejamento em suas ações"[208].

No mesmo sentido, é a crítica de Marçal Justen Filho: "Essa concepção tem que ser repudiada em vista da Constituição: se a desapropriação depende de prévia e justa indenização em dinheiro, a ser fixada judicialmente, não há fundamento

---

[207] CARVALHO FILHO, José dos Santos. *Manual de direito administrativo*. 25. ed. São Paulo: Atlas, 2012. p. 859.
[208] CARVALHO FILHO, José dos Santos. *Manual de direito administrativo*. 25. ed. São Paulo: Atlas, 2012. p. 860.

jurídico mínimo para afirmar a aquisição do domínio por parte do Estado mediante um ato de força, incompatível com a ordem jurídica"[209].

Nesse contexto, a ausência de procedimento administrativo prévio, bem como do pagamento antecipado de indenização, faz do instituto ora analisado um verdadeiro esbulho possessório, muito distante do conceito de desapropriação inserido no sistema constitucional vigente.

De todo modo, para fins de concurso público vale lembrar que os Tribunais Superiores reconhecem a legitimidade do instituto e tratam da matéria em diversas súmulas, tais como: (i) STF, Súmula 618 – "Na desapropriação, direta ou indireta, a taxa dos juros compensatórios é de 12% (doze por cento) ao ano"; (ii) STJ, Súmula 69 – "Na desapropriação direta, os juros compensatórios são devidos desde a antecipada imissão na posse e, na desapropriação indireta, a partir da efetiva ocupação do imóvel"; (iii) STJ, Súmula 114 – "Os juros compensatórios, na desapropriação indireta, incidem a partir da ocupação, calculados sobre o valor da indenização, corrigido monetariamente"; (iv) STJ, Súmula 119 – "A ação de desapropriação indireta prescreve em vinte anos".

CUIDADO! Em relação à Súmula 119 do STJ vale lembrar que em 2013 o Superior Tribunal entendeu, no julgamento do REsp 1.300.442, que o prazo prescricional de 20 anos seria cabível nas hipóteses de desapropriação indireta, sob a vigência do Código Civil de 1916. Com a entrada em vigor do Código Civil de 2002 esse prazo teria sido reduzido para 10 anos. Vejamos: "O Código Civil de 2002 reduziu o prazo do usucapião extraordinário para 10 anos (art. 1.238, parágrafo único), na hipótese de realização de obras ou serviços de caráter produtivo no imóvel, devendo-se, a partir de então, observadas as regras de transição previstas no Codex (art. 2.028), adotá-lo nas expropriatórias indiretas".

No entanto, o assunto não vem tendo resolução tão simples, tanto que o Superior Tribunal de Justiça reconheceu a controvérsia do tema da seguinte forma:

> "RECURSOS ESPECIAIS REPRESENTATIVOS DE CONTROVÉRSIA. RITO DOS ARTS. 1.036 E SEGUINTES DO CPC/2015. RESP 1.757.385/SC E RESP 1.757.352/SC. PROCESSUAL CIVIL E ADMINISTRATIVO. DESAPROPRIAÇÃO INDIRETA. IMÓVEL LOCALIZADO EM FAIXA DE DOMÍNIO DE RODOVIA. DECLARAÇÃO DE UTILIDADE PÚBLICA E REALIZAÇÃO DE OBRAS NO LOCAL. PRESCRIÇÃO. APLICAÇÃO DO PRAZO DE 15 ANOS PREVISTO NO *CAPUT* DO ART. 1.238 DO CC OU DE 10 ANOS DO SEU PARÁGRAFO ÚNICO. APRESENTAÇÃO DE PROPOSTA DE AFETAÇÃO À PRIMEIRA SEÇÃO. ADMISSÃO.

---

209 JUSTEN FILHO, Marçal. *Curso de direito administrativo*. 7. ed. rev. e atual. Belo Horizonte: Fórum, 2011. p. 644.

1. Admitida a afetação com a seguinte delimitação da tese controvertida: "Definição do prazo prescricional aplicável à desapropriação indireta na hipótese em que o Poder Público tenha realizado obras no local ou atribuído natureza de utilidade pública ou de interesse social ao imóvel, se de 15 anos, previsto no *caput* do art. 1.238 do CC, ou de 10 anos, nos termos do parágrafo único".

2. Recursos Especiais submetidos ao regime dos arts. 1.036 e seguintes do CPC."

(ProAfR no REsp 1757352/SC, Rel. Ministro HERMAN BENJAMIN, PRIMEIRA SEÇÃO, julgado em 25-6-2019, *DJe* 1º-8-2019)

13.4.4.2. *Fundamento Jurídico da Desapropriação Indireta*

A desapropriação indireta encontra amparo no art. 35 do Decreto-lei n. 3.365/41, que prevê: "Os bens expropriados, uma vez incorporados à Fazenda Pública, não podem ser objeto de reivindicação, ainda que fundada em nulidade do processo de desapropriação. Qualquer ação, julgada procedente, resolver-se-á em perdas e danos".

Dessa forma, o proprietário do imóvel, caso tenha seu direito de propriedade ameaçado pelo Poder Público, deverá agir rápido com a propositura do interdito proibitório, da ação de manutenção de posse ou da própria ação de reintegração, pois, uma vez incorporado o bem ao patrimônio público, restará ao esbulhado apenas postular o direito à indenização.

Outra fundamentação legal estava prevista no art. 15-A, § 3º, do citado Decreto, ao tratar dos juros compensatórios, que continha a seguinte redação: "O disposto no *caput* deste artigo aplica-se também às ações ordinárias de indenização por apossamento administrativo ou desapropriação indireta, bem assim às ações que visem a indenização por restrições decorrentes de atos do Poder Público, em especial aqueles destinados à proteção ambiental, incidindo os juros sobre o valor fixado na sentença" (incluído pela Medida Provisória n. 2.183-56, de 2001). Por força do advento da Medida Provisória n. 700, de 2015, a citada redação foi revogada, mas seu conteúdo permaneceu expresso nos §§ 2º e 3º do art. 15-A, que assim estabelecem: "§ 2º O disposto no *caput* aplica-se também às ações ordinárias de indenização por apossamento administrativo ou por desapropriação indireta e às ações que visem à indenização por restrições decorrentes de atos do Poder Público" (redação dada pela Medida Provisória n. 700, de 2015). "§ 3º Nas ações referidas no § 2º, o Poder Público não será onerado por juros compensatórios relativos a período anterior à aquisição da propriedade ou da posse titulada pelo autor da ação" (redação dada pela Medida Provisória n. 700, de 2015).

ATENÇÃO! A aludida Medida Provisória teve seu prazo de vigência encerrado e não foi convertida em lei. Logo, para fins de concurso público, continua a vigorar a redação anterior do Decreto-lei n. 3.365/41 acima apresentada, nos termos do Ato Declaratório do Presidente da Mesa do Congresso Nacional n. 23, de 18 de maio de 2016.

13.4.4.3. Efeitos da Desapropriação Indireta

Um efeito decorrente da desapropriação indireta tem natureza tributária, ou seja, o expropriado, ao perder a posse, não está mais sujeito ao pagamento do IPTU:

> ADMINISTRATIVO. PROCESSUAL CIVIL. TRIBUTÁRIO. DESAPROPRIAÇÃO INDIRETA. RECURSO ESPECIAL. DIVERGÊNCIA JURISPRUDENCIAL NÃO COMPROVADA. MATÉRIA FÁTICA. SÚMULA 07/STJ. JUROS COMPENSATÓRIOS. TAXA. MP 1.577/97. JUROS MORATÓRIOS. TERMO INICIAL. MP 1.997/00. HONORÁRIOS ADVOCATÍCIOS. MP 2.109-53/00. IPTU. IMÓVEL EXPROPRIADO. RESPONSABILIDADE.
>
> [...]
>
> 6. A partir do evento configurador da desapropriação indireta, o expropriado, que perde a posse, não está mais sujeito ao pagamento do IPTU. Precedentes do STF e do STJ.
>
> [...]
>
> (REsp 770.559/RJ, rel. Min. TEORI ALBINO ZAVASCKI, PRIMEIRA TURMA, julgado em 17-8-2006, DJ 25-9-2006, p. 236).

Outro efeito é de ordem patrimonial, consistente na necessidade de ser paga indenização correspondente ao valor atual do bem. Ademais, não é possível qualquer dedução do valor indenizatório sob o fundamento de que o bem sofreu valorização em razão de obra pública. Neste tocante, é pacífica a jurisprudência do Superior Tribunal de Justiça em coibir tal prática na medida em que "os efeitos patrimoniais decorrentes de valorização de imóvel por obra pública merecem solução pela via fiscal adequada – contribuição de melhoria" (STJ-REsp 827.613).

13.4.4.4. Da Ação de Indenização Fruto da Desapropriação Indireta

Inicialmente, cumpre ressaltar que o processo será o comum. Se for proposta alguma medida judicial possessória pelo proprietário e o bem restar incorporado ao patrimônio público durante o trâmite do interdito proibitório, da ação de manutenção de posse ou da ação de reintegração, qualquer dessas ações será transformada em ação de indenização decorrente da desapropriação indireta se houver, em pedido alternativo, a pretensão de ressarcimento.

ATENÇÃO! STJ assim entende sobre conversão de ação reintegratória em indenizatória:

PROCESSUAL CIVIL E ADMINISTRATIVO. REINTEGRAÇÃO DE POSSE. CASO CONCRETO. IMPOSSIBILIDADE. INVASÃO DO IMÓVEL POR MILHARES DE FAMÍLIAS DE BAIXA RENDA. OMISSÃO DO ESTADO EM FORNECER FORÇA POLICIAL PARA O CUMPRIMENTO DO MANDADO JUDICIAL. APOSSAMENTO ADMINISTRATIVO E OCUPAÇÃO CONSOLIDADA. AÇÃO REINTEGRATÓRIA. CONVERSÃO EM INDENIZATÓRIA. POSTERIOR EXAME COMO DESAPROPRIAÇÃO JUDICIAL. SUPREMACIA DO INTERESSE PÚBLICO E SOCIAL SOBRE O PARTICULAR. INDENIZAÇÃO. RESPONSABILIDADE DO ESTADO E DO MUNICÍPIO. JULGAMENTO EXTRA PETITA E REFORMATIO IN PEJUS. NÃO OCORRÊNCIA. LEGITIMIDADE AD CAUSAM. JUSTO PREÇO. PARÂMETROS PARA A AVALIAÇÃO. SUPRESSÃO DE INSTÂNCIA. CÁLCULO DO VALOR. LIQUIDAÇÃO DE SENTENÇA.

[...]

3. Constatada, no caso concreto, a impossibilidade de devolução da posse à proprietária, o Juiz de primeiro grau converteu, de ofício, a ação reintegratória em indenizatória (desapropriação indireta), determinando a emenda da inicial, a fim de promover a citação do Estado e do Município para apresentar contestação e, em consequência, incluí-los no polo passivo da demanda.

4. O Superior Tribunal de Justiça já se manifestou no sentido da possibilidade de conversão da ação possessória em indenizatória, em respeito aos princípios da celeridade e economia processuais, a fim de assegurar ao particular a obtenção de resultado prático correspondente à restituição do bem, quando situação fática consolidada no curso da ação exigir a devida proteção jurisdicional, com fulcro nos arts. 461, § 1º, do CPC/1973.

[...]

(REsp 1442440/AC, rel. Min. GURGEL DE FARIA, PRIMEIRA TURMA, julgado em 7-12-2017, *DJe* 15-2-2018).

No tocante ao *quantum* indenizatório, o valor proposto pela Administração ou a contraproposta do expropriado não vincula o juiz que poderá fixar indenização acima dos montantes postulados nas peças processuais sem que tal conduta incorra em julgamento *extra petita*, desde que amparada a decisão por laudo pericial:

ADMINISTRATIVO. CONSTITUCIONAL. PROCESSUAL CIVIL. DESAPROPRIAÇÃO INDIRETA. JUSTA INDENIZAÇÃO. DECISÃO *ULTRA PETITA*. INOCORRÊNCIA. HONORÁRIOS. ART. 27, § 1º, DO CPC.

1. O valor da indenização pleiteado pelo autor da Ação de Indenização por Desapropriação Indireta é meramente estimativo, posto preponderar o cânone constitucional da justa indenização.

2. Consectariamente, não incorre julgamento ultra petita nas hipóteses em que a decisão acolhe o laudo pericial imparcial e fixa a indenização em patamar superior ao formulado pelo autor na inicial.

3. O direito de propriedade é garantia constitucional, cuja relativização condiciona-se ao prévio pagamento de indenização pelo Poder Público, por meio da ação desapropriatória, nos termos do art. 5º, inciso XXIV, da Carta Magna.

4. A ação de desapropriação tem como escopo imediato a fixação da justa indenização em face da incorporação do bem expropriado ao domínio público.

5. Consequentemente, a prova pericial é da substância do procedimento.

6. É que a oferta e a contraproposta não vinculam o juízo, razão porque, visando a fixação oficial, é lícito a qualquer das partes recorrer para esse fim, independentemente dos valores que indicaram em suas peças processuais.

7. A ação de indenização por desapropriação indireta, por sua vez, caracteriza-se pela inversão do autor da demanda, porquanto o Poder Público transfere o ônus da desapropriação usual ao particular. É que, consoante a abalizada doutrina do tema, a desapropriação indireta consiste no "desapossamento ou apossamento administrativo, pelo simples fato de que o Poder Público, inexistindo acordo ou processo judicial adequado, se apossa do bem particular, sem consentimento de seu proprietário. Transfere, pois, a este último os ônus da desapropriação, obrigando-o a ir a juízo para reclamar a indenização a que faz jus. Invertem-se, portanto, as posições: o expropriante, que deveria ser autor da ação expropriatório, passa a ser réu da ação indenizatória; o expropriado, que deveria ser réu da expropriatória, passa a ser autor da indenizatória". (José Carlos de Moraes Salles. A Desapropriação à luz da doutrina e da jurisprudência, Revista dos Tribunais, 5.ª ed., p. 846).

8. O expropriado não pode ter agravado o seu ônus em não receber a justa indenização pelo simples fato de ter indicado valor aleatório à demanda.

9. O conceito de justa indenização, na desapropriação, aplica-se para ambas as partes do processo, porquanto não se revela justo ao expropriado receber valor inferior ao que lhe é devido, tampouco ao Estado pagar mais do que o valor de mercado.

10. Deveras, esta e. Corte, em atendimento ao princípio da justa indenização, firmou entendimento no sentido de não ocorrer julgamento extra petita quando a indenização é fixada em valor inferior ao ofertado pelo Poder Público, por isso que "*ubieademratio, ibieademdispositio*". Precedentes: (REsp 867.010/BA, *DJ* 3-4-2008; Resp. 886258/DF, *DJ* 2-4-2007; Resp. 780542/MT, 28-8-2006).

[...]

(REsp 875.256/GO, rel. Min. LUIZ FUX, PRIMEIRA TURMA, julgado em 16-10-2008, *DJe* 3-11-2008).

Com efeito, apesar de o único objeto da demanda ser a indenização, trata-se de ação com natureza real, devendo, portanto, ser proposta no local da situação do imóvel. Esta é a posição prevalecente na jurisprudência do Supremo Tribunal Federal e do Superior Tribunal de Justiça (STJ-CComp 46.771).

No mesmo sentido, classificando a ação que pleiteia indenização na desapropriação indireta em natureza real, traz-se à colação a doutrina de Raquel Melo Urbano de Carvalho:

> Denota-se, portanto, a essencialidade da ação de desapropriação indireta para aquisição do bem pelo Poder Público. Daí afirmar-se sua natureza real. A ação real, no sentido estrito do termo, é aquela cuja causa de pedir é um direito real, o que não se aplicaria à desapropriação indireta, em que o pedido é indenizatório, em razão de um ilícito desapossamento por parte do Estado. Contudo, o objetivo final da demandada é viabilizar que o Estado pague pelo bem esbulhado e, assim, adquira a titularidade da coisa sobre a qual já exerce posse. Ou seja, o resultado da desapropriação indireta é a transferência do direito real de propriedade para o poder público, motivo por que a ação se qualifica como real[210].

Em relação à legitimidade ativa, esta pertence ao proprietário do imóvel, caracterizando uma verdadeira desapropriação em sentido inverso ou às avessas, expressão utilizada pelo Supremo Tribunal Federal (ADI 2.260). Assim, se o proprietário do imóvel for casado, deverá atuar em conjunto com o cônjuge em razão da natureza real da ação, segundo entendimento do Superior Tribunal de Justiça (REsp 46.899).

APROFUNDANDO! Outra questão interessante consiste no fato de que, se o esbulhado não postular o ressarcimento dentro do prazo prescricional, somente por meio da usucapião é que o bem poderá ser incorporado à titularidade estatal. A esse respeito, ensina Maria Sylvia Zanella Di Pietro:

> Quando o particular não pleiteia a indenização em tempo hábil, deixando prescrever o seu direito, o Poder Público, para regularizar a situação patrimonial do imóvel, terá que recorrer à ação de usucapião, já que a simples afetação do bem particular a um fim público não constitui forma de transferência da propriedade. Desse modo, quando se aplica à desapropriação indireta regra do art. 35 do Decreto-Lei n. 3.365/41, há que se entender que essa aplicação se faz por analogia, já que essa desapropriação não é medida suficiente para incorporar o bem à Fazenda Pública. Ocorre que, com a desapropriação indireta, é na realidade, a afetação, assim entendido "o fato ou a manifestação de vontade do poder público em virtude do que a coisa fica incorporada ao uso e gozo da comunidade" (cf.

---

210 CARVALHO, Raquel Melo Urbano. *Curso de direito administrativo* – Parte geral, intervenção do Estado e estrutura da administração. Salvador: JusPodivm, 2008. p. 1.142.

Marienhoff, 1960:152-153); acrescente-se que se trata de afetação ilícita, porque atinge bem pertencente a particular; lícita é apenas a afetação que alcança bens já integrados no patrimônio público, na qualidade de bens dominicais, para passá--los à categoria de uso comum do povo ou de uso especial[211].

Aliás, a pretensão do esbulhado que requerer a respectiva indenização não prescreve em cinco anos, nos termos do parágrafo único do art. 10 do Decreto-lei n. 3.365/41, incluído pela MP n. 2.183-56, de 2001: "Extingue-se em cinco anos o direito de propor ação que vise a indenização por restrições decorrentes de atos do Poder Público". Conforme visto acima, em 2013, o Superior Tribunal entendeu, no julgamento do REsp 1.300.442, que o prazo prescricional de 20 anos seria cabível nas hipóteses de desapropriação indireta sob a vigência do Código Civil de 1916. Com a entrada em vigor do Código Civil de 2002 esse prazo teria sido reduzido para 10 anos.

ADMINISTRATIVO. RECURSO ESPECIAL. DESAPROPRIAÇÃO INDIRETA. PRAZO PRESCRICIONAL. AÇÃO DE NATUREZA REAL. USUCAPIÃO EXTRAORDINÁRIO. SÚMULA 119/STJ. PRESCRIÇÃO VINTENÁRIA. CÓDIGO CIVIL DE 2002. ART. 1.238, PARÁGRAFO ÚNICO. PRESCRIÇÃO DECENAL. REDUÇÃO DO PRAZO. ART. 2.028 DO CC/02. REGRA DE TRANSIÇÃO. HONORÁRIOS ADVOCATÍCIOS. ART. 27, §§ 1º E 3º, DO DL 3.365/1941.

1. A ação de desapropriação indireta possui natureza real e, enquanto não transcorrido o prazo para aquisição da propriedade por usucapião, ante a impossibilidade de reivindicar a coisa, subsiste a pretensão indenizatória em relação ao preço correspondente ao bem objeto do apossamento administrativo.

2. Com fundamento no art. 550 do Código Civil de 1916, o STJ firmou a orientação de que "a ação de desapropriação indireta prescreve em 20 anos" (Súmula 119/STJ).

3. O Código Civil de 2002 reduziu o prazo do usucapião extraordinário para 10 anos (art. 1.238, parágrafo único), na hipótese de realização de obras ou serviços de caráter produtivo no imóvel, devendo-se, a partir de então, observadas as regras de transição previstas no Codex (art. 2.028), adotá-lo nas expropriatórias indiretas.

4. Especificamente no caso dos autos, considerando que o lustro prescricional foi interrompido em 13-5-1994, com a publicação do Decreto expropriatório, e que não decorreu mais da metade do prazo vintenário previsto no código revogado, consoante a disposição do art. 2.028 do CC/02, incide o prazo decenal a partir da entrada em vigor do novel Código Civil (11-1-2003).

---

211 DI PIETRO, Maria Sylvia Zanella. *Direito administrativo*. 25. ed. São Paulo: Atlas, 2012. p. 192.

5. Assim, levando-se em conta que a ação foi proposta em dezembro de 2008, antes do transcurso dos 10 (dez) anos da vigência do atual Código, não se configurou a prescrição.

6. Os limites percentuais estabelecidos no art. 27, §§ 1º e 3º, do DL 3.365/1941, relativos aos honorários advocatícios, aplicam-se às desapropriações indiretas. Precedentes do STJ.

7. Verba honorária minorada para 5% do valor da condenação.

8. Recurso Especial parcialmente provido, apenas para redução dos honorários advocatícios.

(REsp 1300442/SC, rel. Min. HERMAN BENJAMIN, SEGUNDA TURMA, julgado em 18-6-2013, *DJe* 26-6-2013).

13.4.5. A Expropriação de Glebas de Culturas Ilegais de Plantas Psicotrópicas ou Daquelas Utilizadas para Trabalho Escravo – EC n. 81, de 2014

A Constituição Federal, no art. 243, *caput*, trata da denominada desapropriação confiscatória ao prever que "as propriedades rurais e urbanas de qualquer região do País onde forem localizadas culturas ilegais de plantas psicotrópicas ou a exploração de trabalho escravo na forma da lei serão expropriadas e destinadas à reforma agrária e a programas de habitação popular, sem qualquer indenização ao proprietário e sem prejuízo de outras sanções previstas em lei, observado, no que couber, o disposto no art. 5º" (redação dada pela Emenda Constitucional n. 81, de 2014). "Parágrafo único. Todo e qualquer bem de valor econômico apreendido em decorrência do tráfico ilícito de entorpecentes e drogas afins e da exploração de trabalho escravo será confiscado e reverterá a fundo especial com destinação específica, na forma da lei" (redação dada pela Emenda Constitucional n. 81, de 2014).

ATENÇÃO! A novidade existente no *caput* do art. 243 e em seu parágrafo único refere-se à inclusão de terras utilizadas em trabalho escravo como objeto do confisco.

Com efeito, a efetivação desse confisco – assim denominado uma vez que não ocorrerá pagamento de indenização – ficou ao encargo da União, conforme previsão da Lei n. 8.257/91, regulamentadora do respectivo procedimento judicial.

APROFUNDANDO! Questão polêmica está atrelada à divergência existente quanto à extensão dessa expropriação, se limitada ao local do cultivo das plantas psicotrópicas ou se o seu alcance albergaria toda a propriedade. E a discussão ganha relevância se levarmos em consideração o fato de ser o art. 243 da Constituição uma medida constritiva do direito à propriedade, merecendo, assim, interpretação restritiva.

Mas a posição prevalecente na doutrina e na jurisprudência é exatamente a oposta, ou seja, "malgrado não haja cultivo na parcela da propriedade que contorna a área na qual estão as plantas alucinógenas, a finalidade dessa área lateral é apenas de instrumentalizar o plantio criminoso, dificultando inclusive a fiscalização policial. Consequentemente, é legítimo desapropriar a área em que o cultivo se realizou e as áreas que, ao redor, limitam-se a proteger a conduta ilegal", entende Raquel de Carvalho[212]. Esta também é a posição majoritária no Supremo Tribunal Federal, sob o fundamento básico de que a palavra "gleba" inserta no art. 243 da Constituição do Brasil refere-se à integralidade da propriedade na qual estejam localizadas culturas ilegais. Diferentemente seria se o preceito se referisse à área, fato que não ocorreu (RE 543.974).

Por outro lado, tema não menos polêmico é sobre a necessidade ou não de comprovar-se a participação consciente do proprietário no cultivo das plantas psicotrópicas. Sobre o assunto, entende o Superior Tribunal de Justiça que é objetiva a responsabilidade do proprietário, sendo irrelevante a existência ou não de culpa na utilização criminosa (REsp 498.742):

> PROCESSUAL CIVIL E ADMINISTRATIVO. TERRAS UTILIZADAS PARA O CULTIVO DE PLANTAS PSICOTRÓPICAS. EXPROPRIAÇÃO. LEI 8.257/91, ART. 1º. CONSTITUIÇÃO FEDERAL, ART. 243. EXISTÊNCIA DE RESPONSABILIDADE OBJETIVA. IDENTIFICAÇÃO DO REAL PROPRIETÁRIO DAS GLEBAS CONSTRINGIDAS. POSSIBILIDADE DE DILIGÊNCIAS. ATENDIMENTO À FUNÇÃO ATIVA DO JUIZ E À FINALIDADE SOCIAL DA NORMA.
>
> 1. É objetiva a responsabilidade do proprietário de glebas usadas para o plantio de espécies psicotrópicas, sendo, em consequência, irrelevante a existência ou inexistência de culpa na utilização criminosa.
>
> 2. É de todo cabível e oportuna a realização de diligências que objetivem identificar o real proprietário de terras comprovadamente empregadas para o cultivo ilegal de plantas psicotrópicas.
>
> 3. Na espécie, ante a caracterizada indeterminação do proprietário das glebas, cumpre-se anular o acórdão e a sentença com a intenção da conferir efetividade ao art. 243 da Constituição Federal, bem assim, atender à finalidade social inscrita na Lei 8.257/91.
>
> 4. Recurso especial conhecido e provido.
>
> (REsp 498.742/PE, rel. Min. JOSÉ DELGADO, PRIMEIRA TURMA, julgado em 16-9-2003, *DJ* 24-11-2003, p. 222).

Por fim, anotamos que a Lei n. 8.257, de 1991, dispõe sobre as regras do processo judicial incidentes sobre a transferência do imóvel. O Decreto n. 577, de 1992,

---

[212] CARVALHO, Raquel Melo Urbano. *Curso de direito administrativo* – Parte geral, intervenção do Estado e estrutura da administração. Salvador: JusPodivm, 2008. p. 1.060.

regulamenta o aludido procedimento atribuindo à Polícia Federal e ao INCRA legitimidade para identificar áreas utilizadas para o cultivo ilegal.

13.4.6. Procedimento Administrativo da Desapropriação Comum

O procedimento administrativo que tem por finalidade a desapropriação é composto de duas fases: (i) a declaratória e (ii) a executória.

13.4.6.1. *Fase Declaratória*

Diferentemente da competência para legislar sobre desapropriação que é privativa da União (art. 22, II, da CF), a competência para declarar a utilidade pública ou o interesse social é concorrente da União, dos Estados, do Distrito Federal, dos Municípios e dos Territórios (art. 2º do Decreto-lei n. 3.365/41).

Se a desapropriação for sancionatória por interesse social com o objetivo específico de reforma agrária, a competência para a respectiva declaração será da União (art. 184 da CF). Por outro lado, se a desapropriação for sancionatória com fins urbanísticos, a competência declaratória será do Município (Lei n. 10.257/2001).

Os instrumentos hábeis para concretizar a declaração são: (i) o decreto expropriatório expedido pelo Chefe do Poder Executivo (art. 6º do Decreto-lei n. 3.365/41); e (ii) lei de efeito concreto quando a declaração for efetivada pelo Poder Legislativo (art. 8º do Decreto-lei n. 3.365/41).

Expedido o decreto expropriatório inicia-se o prazo de caducidade que consiste no período em que deverá ser firmado o acordo final com o proprietário – desapropriação amigável –, ou o ajuizamento da ação de desapropriação. Esse lapso temporal será de: (i) 5 anos para a desapropriação por necessidade ou utilidade pública (art. 10 do Decreto-lei n. 3.365/41); e (ii) 2 anos na hipótese de interesse social (art. 3º da Lei n. 4.132/62) e para a realização da desapropriação rural para fins de reforma agrária (art. 3º da LC n. 76/93). Ocorrida a caducidade, somente após o decurso de um ano o bem poderá ser declarado novamente de interesse para a desapropriação (art. 10 do Decreto-lei n. 3.365/41). É o chamado prazo de carência.

13.4.6.2. *Fase Executória*

Tem competência para executar a desapropriação, nos termos do art. 3º do Decreto-lei n. 3.365/41: 'Podem promover a desapropriação, mediante autorização expressa constante de lei ou contrato: (Redação dada pela Lei n. 14.273, de 2021)

I – os concessionários, inclusive aqueles contratados nos termos da Lei n. 11.079, de 30 de dezembro de 2004; (Redação dada pela Lei n. 14.273, de 2021)

II – as entidades públicas; (Redação dada pela Lei n. 14.273, de 2021)

III – as entidades que exerçam funções delegadas do poder público; e (Redação dada pela Lei n. 14.273, de 2021)

IV – as autorizatárias para a exploração de ferrovias como atividade econômica. (Incluído pela Lei n. 14.273, de 2021)'".

Nesse tocante, vale lembrar o disposto no art. 4º, *caput* e parágrafo único, ambos do Decreto-lei n. 3.365/41, *in verbis*:

> A desapropriação poderá abranger a área contígua necessária ao desenvolvimento da obra a que se destina, e as zonas que se valorizarem extraordinariamente, em consequência da realização do serviço. Em qualquer caso, a declaração de utilidade pública deverá compreendê-las, mencionando-se quais as indispensáveis à continuação da obra e as que se destinam à revenda. Parágrafo único. Quando a desapropriação destinar-se à execução de planos de urbanização, de renovação urbana ou de parcelamento ou reparcelamento do solo, a receita decorrente da revenda ou da exploração imobiliária dos imóveis produzidos poderá compor a remuneração do agente executor. (Redação dada pela Lei n. 14.273, de 2021)

Voltando ao tema do procedimento administrativo da desapropriação comum, ressalta-se que a fase executória culminará em uma de duas soluções: (i) a amigável – representada pelo acordo entre o expropriante e o proprietário em relação ao valor da indenização (o acordo deverá ser reduzido a termos e a escritura da desapropriação amigável deverá ser lavrada na respectiva Serventia de Registro de Imóveis); (ii) a judicial – ante a inexistência de composição, ou se for desconhecido o proprietário (a sentença judicial é título hábil para o registro na Serventia de Registro de Imóveis).

Em relação à solução amigável, cumpre trazer à colação novidades de 2019 introduzidas no Decreto-lei n. 3.365/41:

> "Art. 10. A desapropriação deverá efetivar-se mediante acordo ou intentar-se judicialmente, dentro de cinco anos, contados da data da expedição do respectivo decreto e findos os quais este caducará. (*Vide* Decreto-lei n. 9.282, de 1946)
>
> Neste caso, somente decorrido um ano, poderá ser o mesmo bem objeto de nova declaração.
>
> Parágrafo único. Extingue-se em cinco anos o direito de propor ação que vise a indenização por restrições decorrentes de atos do Poder Público. (Incluído pela Medida Provisória n. 2.183-56, de 2001)
>
> Art. 10-A. O poder público deverá notificar o proprietário e apresentar-lhe oferta de indenização. (Incluído pela Lei n. 13.867, de 2019)
>
> § 1º A notificação de que trata o *caput* deste artigo conterá: (Incluído pela Lei n. 13.867, de 2019)
>
> I – cópia do ato de declaração de utilidade pública; (Incluído pela Lei n. 13.867, de 2019)

> II – planta ou descrição dos bens e suas confrontações; (Incluído pela Lei n. 13.867, de 2019)
>
> III – valor da oferta; (Incluído pela Lei n. 13.867, de 2019)
>
> IV – informação de que o prazo para aceitar ou rejeitar a oferta é de 15 (quinze) dias e de que o silêncio será considerado rejeição; (Incluído pela Lei n. 13.867, de 2019)
>
> § 2º Aceita a oferta e realizado o pagamento, será lavrado acordo, o qual será título hábil para a transcrição no registro de imóveis. (Incluído pela Lei n. 13.867, de 2019)
>
> § 3º Rejeitada a oferta, ou transcorrido o prazo sem manifestação, o poder público procederá na forma dos arts. 11 e seguintes deste Decreto-lei. (Incluído pela Lei n. 13.867, de 2019)
>
> Art. 10-B. Feita a opção pela mediação ou pela via arbitral, o particular indicará um dos órgãos ou instituições especializados em mediação ou arbitragem previamente cadastrados pelo órgão responsável pela desapropriação. (Incluído pela Lei n. 13.867, de 2019)
>
> § 1º A mediação seguirá as normas da Lei n. 13.140, de 26 de junho de 2015, e, subsidiariamente, os regulamentos do órgão ou instituição responsável. (Incluído pela Lei n. 13.867, de 2019)
>
> § 2º Poderá ser eleita câmara de mediação criada pelo poder público, nos termos do art. 32 da Lei n. 13.140, de 26 de junho de 2015. (Incluído pela Lei n. 13.867, de 2019)
>
> § 4º A arbitragem seguirá as normas da Lei n. 9.307, de 23 de setembro de 1996, e, subsidiariamente, os regulamentos do órgão ou instituição responsável. (Incluído pela Lei n. 13.867, de 2019)"

13.4.7. Procedimento Judicial da Desapropriação Comum

A ação de desapropriação seguirá rito especial previsto no Decreto-lei n. 3.365/41, nos casos de necessidade pública, utilidade pública ou de interesse social, ou nos termos da LC n. 76/93 na hipótese de desapropriação rural para fins de reforma agrária. Ambas as leis admitem a aplicação subsidiária do Código de Processo Civil.

13.4.7.1. *Da Imissão Provisória na Posse*

O art. 15 do Decreto-lei n. 3.365/41 prevê a possibilidade de o juiz imitir o expropriante na posse do bem provisoriamente desde que haja declaração de urgência e depósito prévio e integral do valor correspondente. Entretanto, vale lembrar que o Supremo Tribunal Federal já relativizou a exigência do aludido depósito integral no RE 216.964 e na Súmula 652.

> RECURSO EXTRAORDINÁRIO. CONSTITUCIONAL. DESAPRO-
> PRIAÇÃO. IMISSÃO PROVISÓRIA NA POSSE. EXIGÊNCIA DO PA-
> GAMENTO PRÉVIO E INTEGRAL DA INDENIZAÇÃO. IMPOSSIBI-
> LIDADE. CONSTITUCIONALIDADE DO ART. 15 E PARÁGRAFOS
> DO DECRETO-LEI N. 3.365/41. PRECEDENTE. 1. O Plenário desta
> Corte declarou a constitucionalidade do art. 15 e parágrafos do Decreto-lei
> n. 3.365/41 e afastou a exigência do pagamento prévio e integral da indeniza-
> ção, para ser deferida a imissão provisória na posse do bem expropriado. 2. Re-
> curso Extraordinário conhecido e provido.
>
> (RE 216964, Relator(a): Min. MAURÍCIO CORRÊA, Segunda Turma, julgado
> em 10-11-1997, DJ 16-2-2001 PP-00140 EMENT VOL-02019-03 PP-00479).

Ainda quanto ao aspecto pecuniário, cumpre observar que o desapropriado poderá levantar até 80% (oitenta por cento) do depósito feito, ainda que discorde do preço oferecido, arbitrado ou fixado judicialmente (art. 33, § 2º, do Decreto-lei n. 3.365/41).

Imprescindível o registro da imissão provisória da posse na respectiva Serventia de Registro de Imóveis, conforme prevê o § 4º do art. 15 do Decreto-lei n. 3.365/41, pois somente a partir desse momento o proprietário deixa de ser responsável pelos tributos atinentes ao bem, inclusive o IPTU (STJ-REsp 1.111.364).

13.4.7.2. *Da Contestação*

A contestação, diz a lei, somente poderá versar sobre vício do processo judicial ou a impugnação do preço (art. 20 do Decreto-lei n. 3.365/41). Ademais, ao Poder Judiciário está vedado decidir se presentes ou não os fundamentos da desapropriação, devendo eventual desvio de finalidade ser discutido em ação autônoma (art. 9º c/c art. 20, *in fine*, ambos do Decreto-lei n. 3.365/41).

APROFUNDANDO! Sobre o tema, cumpre ressaltar a existência de corrente minoritária que discorda dessa postura adotada pelo legislador que é a aceita pela jurisprudência. Destaca-se como grande expoente dessa linha opositora de raciocínio a Professora Rita Tourinho, que ensina: "Negar a possibilidade de apreciação do desvio de poder na ação expropriatória é negar a evolução do Direito Administrativo, que não mais se contenta com a satisfação formal do interesse público. Quer-se o efetivo atendimento desse interesse e, para garantir tal efetividade, se fazem necessários meios objetivos, eficazes, capazes de tolher a atuação contaminada pelo 'vírus do poder', que muitas vezes atinge o Administrador público. A espera da propositura da ação direta para a discussão do desvio de poder na desapropriação pode tornar sem efeito a proteção desejada, uma vez que integrado o bem, ainda que indevidamente, ao Patrimônio Púbico a questão se resolverá em perdas e danos, conforme explicita o art. 35, do Decreto-lei 3.365. Ou seja, violam-se a lei e o direito do cidadão a um só tempo"[213].

13.4.7.3. *Da Perícia*

Na fase instrutória o juiz deverá determinar a realização de perícia sobre o bem objeto da desapropriação quando o fundamento da contestação for a impugnação ao preço ofertado pelo expropriante.

O fundamento jurídico da realização da perícia na desapropriação está disciplinado no Decreto-lei n. 3.365/41, mais precisamente no art. 23 e seus parágrafos, que concedem ao perito o prazo para entrega do laudo em até cinco dias antes da audiência de instrução e julgamento, podendo solicitar prazo especial quando necessário. Tratando-se de desapropriação rural, o amparo legal está previsto na LC n. 76/93, art. 12 e parágrafos.

O objeto da perícia, conforme mencionado, está adstrito à discussão sobre o valor indenizatório, sendo considerada espécie probatória indicativa do *quantum* a ser fixado como indenização pelo julgador.

Com efeito, a perícia a ser realizada deverá ser paga pela parte que a houver solicitado (art.,95 do CPC/2015). No entanto, em razão das especificidades da desapropriação indireta, em que o esbulhado é o interessado na realização da prova pericial, destaca-se a existência de entendimento no Superior Tribunal de Justiça que atribui esse ônus da antecipação do pagamento ao expropriante, como forma de não premiar o autor do ilícito, caracterizado, nesse caso, pelo esbulho possessório:

PROCESSUAL. ADMINISTRATIVO. DESAPROPRIAÇÃO INDIRETA. ANTECIPAÇÃO DOS HONORÁRIOS PERICIAIS. ÔNUS DO EXPROPRIANTE.

1. O adiantamento dos honorários periciais, em se tratando de ação de indenização por desapropriação indireta, incumbe ao Poder Público.

2. É que, consoante a abalizada doutrina do tema, a desapropriação indireta consiste no "desapossamento ou apossamento administrativo, pelo simples fato de que o Poder Público, inexistindo acordo ou processo judicial adequado, se apossa do bem particular, sem consentimento de seu proprietário. Transfere, pois, a este último os ônus da desapropriação, obrigando-o a ir a juízo para reclamar a indenização a que faz jus. Invertem-se, portanto, as posições: o expropriante, que deveria ser autor da ação expropriatório, passa a ser réu da ação indenizatória; o expropriado, que deveria ser réu da expropriatória, passa a ser

---

[213] TOURINHO, Rita. O Desvio de Finalidade na Ação Expropriatória: Interpretação Sistemática do Decreto-lei n. 3.365/41. *Revista Eletrônica de Direito do Estado*. Salvador: Instituto de Direito Público da Bahia, n. 8, outubro, novembro e dezembro de 2006. Disponível em: www.direitodoestado.com.br. p. 11-12.

autor da indenizatória". (José Carlos de Moraes Salles. A Desapropriação à luz da doutrina e da jurisprudência, Revista dos Tribunais, 5ª ed., p. 846).

3. Consectariamente, imputar ao expropriado o adiantamento dos honorários periciais, em desapropriação indireta, é premiar o ilícito e, a fortiori, agravar o ônus da indenização expropriatória.

4. Destarte, não parece verossímil transferir o encargo a quem perdeu seu patrimônio sem o devido processo legal e, *a fortiori*, beneficiar aquele que transgrediu o mandamento constitucional.

5. Outrossim, a violação da norma constitucional acarretaria em vantagem para o Poder Público, na medida em que o adiantamento das despesas pelo expropriado funcionaria como medida inibitória ao ajuizamento da ação de indenização.

6. Recurso especial a que se nega provimento.

(REsp 788.817/GO, rel. Min. LUIZ FUX, PRIMEIRA TURMA, julgado em 19-6-2007, *DJ* 23-8-2007, p. 213).

O novo Código de Processo Civil prevê sobre o tema produção de prova pericial pela Fazenda o seguinte:

> Art. 91. As despesas dos atos processuais praticados a requerimento da Fazenda Pública, do Ministério Público ou da Defensoria Pública serão pagas ao final pelo vencido. § 1º As perícias requeridas pela Fazenda Pública, pelo Ministério Público ou pela Defensoria Pública poderão ser realizadas por entidade pública ou, havendo previsão orçamentária, ter os valores adiantados por aquele que requerer a prova. § 2º Não havendo previsão orçamentária no exercício financeiro para adiantamento dos honorários periciais, eles serão pagos no exercício seguinte ou ao final, pelo vencido, caso o processo se encerre antes do adiantamento a ser feito pelo ente público.

13.4.7.4. *Da Indenização*

A indenização decorrente da desapropriação deverá ser fixada conforme os parâmetros constitucionais, ou seja, deverá ser prévia (antes da transferência do bem), justa (correspondente ao valor real e atualizado do objeto da expropriação) e em dinheiro (salvo na desapropriação sancionatória que será paga mediante títulos da dívida pública, na urbanística, ou por meio de títulos da dívida agrária, na rural).

A esse respeito, a Lei de Parcelamento do Solo Urbano – Lei n. 6.766/79[214] – estabelece em seu art. 42 que nas desapropriações não serão considerados como loteados ou loteáveis, para fins de indenização, os terrenos ainda não vendidos ou compromissados, objeto de loteamento ou desmembramento não registrado.

---

[214] A citada Lei foi alterada recentemente pela Lei n. 13.786, de 2018 e pela Lei n. 14.118, de 2021.

No caso de demora por parte do Poder Público para pagamento da indenização, serão devidos juros moratórios no montante de até 6% ao ano, contada a mora a partir de 1º de janeiro do ano seguinte àquele em que o pagamento deveria ser efetuado, nos termos do art. 15-B do Decreto-lei n. 3.365, de 1941, incluído pela Medida Provisória n. 2.183-56, de 2001.

Sobre o tema, entendeu o STF na ADI 2332/DF:

> Decisão: O Tribunal julgou parcialmente procedente a ação direta para: i) por maioria, e nos termos do voto do Relator, reconhecer a constitucionalidade do percentual de juros compensatórios de 6% (seis por cento) ao ano para remuneração do proprietário pela imissão provisória do ente público na posse de seu bem, declarando a inconstitucionalidade do vocábulo "até", e interpretar conforme a Constituição o *caput* do art. 15-A do Decreto-lei 3.365/41, de 21 de junho de 1941, introduzido pelo art. 1º da Medida Provisória n. 2.027-43, de 27 de setembro de 2000, e suas sucessivas reedições, de maneira a incidir juros compensatórios sobre a diferença entre 80% (oitenta por cento) do preço ofertado em juízo pelo ente público e o valor do bem fixado na sentença, vencido o Ministro Marco Aurélio, que julgava procedente o pedido, no ponto, em maior extensão; ii) por maioria, vencidos os Ministros Roberto Barroso (Relator), Luiz Fux e Celso de Melo, declarar a constitucionalidade do § 1º e do § 2º do art. 15-A do Decreto-lei 3.365/41; iii) por unanimidade, e nos termos do voto do Relator, declarar a constitucionalidade do § 3º do art. 15-A do Decreto-lei 3.365/41; iv) por maioria, e nos termos do voto do Relator, declarar a inconstitucionalidade do § 4º do art. 15-A do Decreto-lei 3.365/41, vencido o Ministro Marco Aurélio; v) por unanimidade, e nos termos do voto do Relator, declarar a constitucionalidade da estipulação de parâmetros mínimo e máximo para a concessão de honorários advocatícios previstos no § 1º do art. 27 o Decreto-lei 3.365/41 e declarar a inconstitucionalidade da expressão "não podendo os honorários ultrapassar R$ 151.000,00 (cento e cinquenta e um mil reais)". Ausente, justificadamente, o Ministro Dias Toffoli, em face de participação, na qualidade de representante do Supremo Tribunal Federal, no VIII Fórum Jurídico Internacional de São Petersburgo, a realizar-se na Rússia. Falaram: pelo requerente, o Dr. Oswaldo Pinheiro Ribeiro Júnior; e, pelo Presidente da República, a Dra. Grace Maria Fernandes Mendonça, Advogada-Geral da União. Presidiu o julgamento a Ministra Cármen Lúcia. Plenário, 17-5-2018. ADI 2332/DF, rel. Min. Roberto Barroso, julgamento em 17-5-2018. (ADI-2332).

Assim, foi superado o teor da Súmula 70 do STJ, que indicava como prazo inicial da contagem dos juros moratórios a data do trânsito em julgado da sentença. Esse é o entendimento da 1ª Seção do STJ no julgamento do REsp 1.118.103: "O termo inicial dos juros moratórios em desapropriações é o dia '1º de janeiro do exercício seguinte àquele em que o pagamento deveria ser feito, nos termos do art. 100 da Constituição'. É o que está assentado na jurisprudência da 1ª Seção do STJ, em orientação compatível com a firmada pelo STF, inclusive por súmula vinculante (Enunciado 17)".

Quando ocorrer imissão provisória na posse, serão devidos os juros compensatórios até a expedição do respectivo precatório. Como o próprio nome sugere, o objetivo desses juros é exatamente o de compensar os prejuízos sofridos pelo proprietário com a perda antecipada do bem.

A esse respeito o Supremo Tribunal Federal editou a Súmula 618 com o seguinte teor: "Na desapropriação, direta ou indireta, a taxa dos juros compensatórios é de 12% (doze por cento) ao ano".

Entretanto, no ano de 1997, foi editada a MP n. 1.577 (hoje MP n. 2.183/2001), que incluiu o art. 15-A no Decreto-lei n. 3.365/41 e fixou o percentual dos juros compensatórios no montante de até 6% (seis por cento) ao ano, *in verbis*:

> No caso de imissão prévia na posse, na desapropriação por necessidade ou utilidade pública e interesse social, inclusive para fins de reforma agrária, havendo divergência entre o preço ofertado em juízo e o valor do bem, fixado na sentença, expressos em termos reais, incidirão juros compensatórios de até seis por cento ao ano sobre o valor da diferença eventualmente apurada, a contar da imissão na posse, vedado o cálculo de juros compostos" (Incluído pela Medida Provisória n. 2.183-56, de 2001). "[...] § 3º O disposto no *caput* deste artigo aplica-se também às ações ordinárias de indenização por apossamento administrativo ou desapropriação indireta, bem assim às ações que visem a indenização por restrições decorrentes de atos do Poder Público, em especial aqueles destinados à proteção ambiental, incidindo os juros sobre o valor fixado na sentença (Incluído pela Medida Provisória n. 2.183-56, de 2001).

Sobre a expressão "até 6% ao ano" o Supremo Tribunal Federal deferiu liminar na ADI 2.332-2 para suspender a sua eficácia a partir da publicação realizada em 13-9-2001, razão pela qual o percentual voltou para 12% ao ano, nos termos da Súmula 618 supracitada (ARE 731.980). O STF deixou claro que os juros compensatórios devem incidir sobre a diferença entre o que foi determinado na sentença e o que foi levantado pelo expropriado à época da imissão provisória na posse.

O Superior Tribunal de Justiça corroborou com a posição do Supremo Tribunal Federal ora apresentada e entendeu no julgamento do REsp 1.111.829/SP pelo regime do recurso repetitivo que "os juros compensatórios, em desapropriação, são devidos no percentual de 12% ao ano, nos termos da Súmula 618/STF, exceto no período compreendido entre 11-6-1997 até 13-9-2001. Considerada a especial eficácia vinculativa desse julgado (CPC, art. 543-C, § 7º), impõe-se sua aplicação, nos mesmos termos, aos casos análogos. A matéria está, ademais, sumulada pelo STJ (Súmula 408)".

Diante desse contexto, importante destacar as três possibilidades existentes a respeito do tema juros compensatórios:

1ª) imissão provisória na posse até 10-6-1997: incidem juros compensatórios de 12% ao ano, com termo inicial a partir da ocupação, conforme disposto na Súmula 618 do Supremo Tribunal Federal;

2ª) imissão provisória na posse entre 11-6-1997 e 13-9-2001: incidem juros compensatórios de até 6% ao ano, com termo inicial a partir da ocupação, conforme disposto na Medida Provisória 2.183, de 2001;

3ª) imissão provisória na posse a partir de 13-9-2001: incidem juros compensatórios de 12% ao ano, com termo inicial a partir da ocupação, conforme ADI 2.332-2.

Mais uma vez, o Superior Tribunal de Justiça corroborou integralmente a evolução histórica dos juros compensatórios relatada ao editar a Súmula 408, que estabelece: "Nas ações de desapropriação, os juros compensatórios incidentes após a Medida Provisória n. 1.577, de 11-6-1997, devem ser fixados em 6% ao ano até 13-9-2001 e, a partir de então, em 12% ao ano, na forma da Súmula 618 do Supremo Tribunal Federal".

Quando tudo parecia estar resolvido, em agosto de 2018 o Superior Tribunal de Justiça proferiu a seguinte decisão:

> PROCESSUAL CIVIL. QUESTÃO DE ORDEM. RECURSOS REPETITIVOS. JULGAMENTO SUPERVENIENTE DE Ação Direta de Inconstitucionalidade – ADI.
>
> ADEQUAÇÃO. NECESSIDADE. ADMINISTRATIVO. DESAPROPRIAÇÃO. REFORMA AGRÁRIA. JUROS COMPENSATÓRIOS. REVISÃO DAS TESES REPETITIVAS 126, 184, 280, 281, 282 E 283, BEM COMO DAS SÚMULAS 12, 70, 141 E 408 DO STJ. SUSPENSÃO NACIONAL. DETERMINAÇÃO.
>
> 1. Em 17-6-2018, o Supremo Tribunal Federal julgou o mérito da ADI 2.332, estabelecendo balizas para a fixação da taxa de juros compensatórios incidente nas desapropriações, em termos diversos do entendimento adotado por esta Corte Superior nos precedentes obrigatórios.
>
> 2. Diante de referido julgado, superveniente e em controle concentrado de constitucionalidade, faz-se necessária a adequação das Teses Repetitivas 126, 184, 280, 281, 282 e 283 e da Súmula 408 do STJ.
>
> 3. Com fulcro nos arts. 927, § 4º, do CPC/2015 e 256-S, § 1º, do RISTJ, em atenção aos princípios da segurança jurídica, proteção da confiança e isonomia, formula-se a presente questão de ordem.
>
> 4. Determina-se, com fundamento no art. 1.037, II, do CPC/2015 e por economia processual, inclusive para prevenção do ajuizamento de futuras ações rescisórias embasadas na coisa julgada inconstitucional, a suspensão de todos os

processos em trâmite no território nacional a partir do momento em que a questão em tela – taxa de juros compensatórios aplicável às ações de desapropriação – se apresente, ressalvados incidentes, questões e tutelas interpostas a título geral de provimentos de urgência nos processos objeto do sobrestamento.

5. Questão de ordem acolhida, para fins de revisão de entendimento das teses repetitivas firmadas nos REsps 1.114.407/SP, 1.111.829/SP e 1.116.364/PI.

(QO no REsp 1328993/CE, rel. Ministro OG FERNANDES, PRIMEIRA SEÇÃO, julgado em 8-8-2018, *DJe* 4-9-2018).

No final do ano de 2020 a Primeira Seção do STJ parece ter chegado a uma conclusão definitiva a respeito da controvérsia acima apresentada, ao definir nova tese repetitiva afirmada no sentido de que as Súmulas n. 12, 70 e 102 (As Súmulas 12/STJ: "Em desapropriação, são cumuláveis juros compensatórios e moratórios", 70/STJ: "Os juros moratórios, na desapropriação direta ou indireta, contam-se desde o trânsito em julgado da sentença" e 102/STJ: "A incidência dos juros moratórios sobre compensatórios, nas ações expropriatórias, não constitui anatocismo vedado em lei") somente se aplicam às situações ocorridas até 12-1-2000, data anterior à vigência da MP 1.997-34. Ademais foi cancelada a súmula 408 do STJ:

PROCESSUAL CIVIL. ADMINISTRATIVO. DESAPROPRIAÇÃO. JUROS COMPENSATÓRIOS, MORATÓRIOS E HONORÁRIOS ADVOCATÍCIOS EM AÇÕES EXPROPRIATÓRIAS. DECRETO-LEI N. 3.365/1945, ARTS. 15-A E 15-B. ADI 2.332/STF. PROPOSTA DE REVISÃO DE TESES REPETITIVAS. COMPETÊNCIA. NATUREZA JURÍDICA DAS TESES ANTERIORES À EMENDA 26/2016. CARÁTER ADMINISTRATIVO E INDEXANTE. TESES 126, 184, 280, 281, 282, 283 E SÚMULAS 12, 70, 102, 141 E 408 TODAS DO STJ. REVISÃO EM PARTE. MANUTENÇÃO EM PARTE. CANCELAMENTO EM PARTE. EDIÇÃO DE NOVAS TESES. ACOLHIMENTO EM PARTE DA PROPOSTA. MOD ULAÇÃO. AFASTAMENTO.

1. Preliminares: i) a Corte instituidora dos precedentes qualificados possui competência para sua revisão, sendo afastada do ordenamento nacional a doutrina do *stare decisis* em sentido estrito (autovinculação absoluta aos próprios precedentes); e ii) não há que se falar em necessidade de sobrestamento da presente revisão à eventual modulação de efeitos no julgamento de controle de constitucionalidade, discussão que compete unicamente à Corte Suprema.

2. Há inafastável contradição entre parcela das teses repetitivas e enunciados de súmula submetidos à revisão e o julgado de mérito do STF na ADI 2332, sendo forçosa a conciliação dos entendimentos.

3. No período anterior à Emenda Regimental 26/2016 (*DJe* 15-12-2016), as teses repetitivas desta Corte configuravam providência de teor estritamente indexante do julgamento qualificado, porquanto elaboradas por unidade

administrativa independente após o exaurimento da atividade jurisdicional. Faz-se necessário considerar o conteúdo efetivo dos julgados para seu manejo como precedente vinculante, prevalecendo a ratio decidendi extraída do inteiro teor em caso de contradição, incompletude ou qualquer forma de inconsistência com a tese então formulada. Hipótese incidente nas teses sob revisão, cuja redação pela unidade administrativa destoou em parte do teor dos julgamentos em recursos especiais repetitivos.

4. Descabe a esta Corte interpretar o teor de julgado do Supremo Tribunal Federal, seja em cautelar ou de mérito, sendo indevida a edição de tese repetitiva com pretensão de regular seus efeitos, principalmente com caráter condicional.

5. Cancelamento da Súmula 408/STJ ("Nas ações de desapropriação, os juros compensatórios incidentes após a Medida Provisória n. 1.577, de 11-6-1997, devem ser fixados em 6% ao ano até 13-9-2001 e, a partir de então, em 12% ao ano, na forma da Súmula n. 618 do Supremo Tribunal Federal."), por despicienda a convivência do enunciado com tese repetitiva dispondo sobre a mesma questão (Tese 126/STJ).

Providência de simplificação da prestação jurisdicional.

6. Adequação da Tese 126/STJ ("Nas ações de desapropriação, os juros compensatórios incidentes após a Medida Provisória n. 1.577, de 11-6-1997, devem ser fixados em 6% ao ano até 13-9-2001 e, a partir de então, em 12% ao ano, na forma da Súmula n. 618 do Supremo Tribunal Federal.") para a seguinte redação: "O índice de juros compensatórios na desapropriação direta ou indireta é de 12% até 11-6-97, data anterior à publicação da MP 1577/97.". Falece competência a esta Corte para discutir acerca dos efeitos da cautelar na ADI 2.332, sem prejuízo da consolidação da jurisprudência preexistente sobre a matéria infraconstitucional.

7. Manutenção da Tese 184/STJ ("O valor dos honorários advocatícios em sede de desapropriação deve respeitar os limites impostos pelo art. 27, § 1º, do Decreto-lei n. 3.365/41 qual seja: entre 0,5% e 5% da diferença entre o valor proposto inicialmente pelo imóvel e a indenização imposta judicialmente."). O debate fixado por esta Corte versa unicamente sobre interpretação infraconstitucional acerca da especialidade da norma expropriatória ante o Código de Processo Civil.

8. Adequação da Tese 280/STJ ("A eventual improdutividade do imóvel não afasta o direito aos juros compensatórios, pois esses restituem não só o que o expropriado deixou de ganhar com a perda antecipada, mas também a expectativa de renda, considerando a possibilidade do imóvel ser aproveitado a qualquer momento de forma racional e adequada, ou até ser vendido com o recebimento do seu valor à vista.") à seguinte redação: "Até 26-9-99, data anterior à publicação da MP 1.901-30/99, são devidos juros compensatórios nas desapropriações de imóveis improdutivos.". Também aqui afasta-se a discussão dos efeitos da cautelar da ADI 2332, mantendo-se a jurisprudência consagrada desta Corte ante a norma anteriormente existente.

9. Adequação da Tese 281/STJ ("São indevidos juros compensatórios quando a propriedade se mostrar impassível de qualquer espécie de exploração econômica seja atual ou futura, em decorrência de limitações legais ou da situação geográfica ou topográfica do local onde se situa a propriedade.") ao seguinte teor: "Mesmo antes da MP 1.901-30/99, são indevidos juros compensatórios quando a propriedade se mostrar impassível de qualquer espécie de exploração econômica atual ou futura, em decorrência de limitações legais ou fáticas.".

De igual modo, mantém-se a jurisprudência anterior sem avançar sobre os efeitos da cautelar ou do mérito da ADI 2.332.

10. Adequação da Tese 282/STJ ("Para aferir a incidência dos juros compensatórios em imóvel improdutivo, deve ser observado o princípio do *tempus regit actum*, assim como acontece na fixação do percentual desses juros. As restrições contidas nos §§ 1º e 2º do art. 15-A, inseridas pelas MP's n. 1.901-30/99 e 2.027-38/00 e reedições, as quais vedam a incidência de juros compensatórios em propriedade improdutiva, serão aplicáveis, tão somente, às situações ocorridas após a sua vigência.") à seguinte redação: "i) A partir de 27-9-99, data de publicação da MP 1.901-30/99, exige-se a prova pelo expropriado da efetiva perda de renda para incidência de juros compensatórios (art. 15-A, § 1º, do Decreto-lei n. 3365/41); e ii) Desde 5-5-2000, data de publicação da MP 2.027-38/00, veda-se a incidência dos juros em imóveis com índice de produtividade zero (art. 15-A, § 2º, do Decreto-lei n. 3365/41).". Dispõe-se sobre a validade das normas supervenientes a partir de sua edição.

Ressalva-se que a discussão dos efeitos da ADI 2332 compete, unicamente, à Corte Suprema, nos termos da nova tese proposta adiante.

11. Cancelamento da Tese 283/STJ ("Para aferir a incidência dos juros compensatórios em imóvel improdutivo, deve ser observado o princípio do *tempus regit actum*, assim como acontece na fixação do percentual desses juros. Publicada a medida liminar concedida na ADI 2.332/DF (*DJU* de 13-9-2001), deve ser suspensa a aplicabilidade dos §§ 1º e 2º do art. 15-A do Decreto-lei n. 3.365/41 até que haja o julgamento de mérito da demanda."), ante o caráter condicional do julgado e sua superação pelo juízo de mérito na ADI 2332, em sentido contrário ao da medida cautelar anteriormente deferida.

12. Edição de nova tese: "A discussão acerca da eficácia e efeitos da medida cautelar ou do julgamento de mérito da ADI 2332 não comporta revisão em recurso especial.". A providência esclarece o descabimento de provocação desta Corte para discutir efeitos de julgados de controle de constitucionalidade do Supremo Tribunal Federal.

13. Edição de nova tese: "Os juros compensatórios observam o percentual vigente no momento de sua incidência.". Evidencia-se a interpretação deste Tribunal sobre a matéria, já constante nos julgados repetitivos, mas não enunciada como tese vinculante própria.

14. Edição de nova tese: "As Súmulas 12/STJ (Em desapropriação, são cumuláveis juros compensatórios e moratórios), 70/STJ (Os juros moratórios, na

desapropriação direta ou indireta, contam-se desde o trânsito em julgado da sentença) e 102/STJ (A incidência dos juros moratórios sobre compensatórios, nas ações expropriatórias, não constitui anatocismo vedado em lei) somente se aplicam às situações havidas até 12-1-2000, data anterior à vigência da MP 1.997-34.".

Explicita-se simultaneamente a validade dos enunciados à luz das normas então vigentes e sua derrogação pelas supervenientes.

Providência de simplificação normativa que, ademais, consolida em tese indexada teor de julgamento repetitivo já proferido por esta Corte.

15. Manutenção da Súmula 141/STJ ("Os honorários de advogado em desapropriação direta são calculados sobre a diferença entre a indenização e a oferta, corrigidas monetariamente.").

16. Cabe enfrentar, de imediato, a questão da modulação dos efeitos da presente decisão, na medida em que a controvérsia é bastante antiga, prolongando-se há mais de 17 (dezessete) anos pelos tribunais do país. Afasta-se a modulação de efeitos do presente julgado, tanto porque as revisões limitam-se a explicitar o teor dos julgamentos anteriores, quanto por ser descabido a esta Corte modular, a pretexto de controle de efeitos de seus julgados, disposições que, a rigor, são de competência exclusiva do Supremo Tribunal Federal, por versarem sobre consequências do julgamento de mérito de ADI em disparida de com cautelar anteriormente concedida.

17. Proposta de revisão de teses repetitivas acolhida em parte. (Pet 12.344/DF, Rel. Ministro OG FERNANDES, PRIMEIRA SEÇÃO, julgado em 28-10-2020, *DJe* 13-11-2020)

Por fim, destaca-se que os juros compensatórios serão devidos, mesmo em se tratando de imóvel improdutivo. Nesse sentido é a posição do STF (RE 472.210) e do STJ (REsp 1.116.364).

ATENÇÃO! Em razão da consolidação de tal entendimento na jurisprudência superior, a Medida Provisória n. 700, de 2015, alterou o art. 15-A e passou a estabelecer o seguinte: "No caso de imissão prévia na posse, na desapropriação por necessidade ou utilidade pública e interesse social prevista na Lei n. 4.132, de 10 de setembro de 1962, na hipótese de haver divergência entre o preço ofertado em juízo e o valor do bem fixado na sentença, expressos em termos reais, poderão incidir juros compensatórios de até doze por cento ao ano sobre o valor da diferença eventualmente apurada, contado da data de imissão na posse, vedada a aplicação de juros compostos. § 1º Os juros compensatórios destinam-se apenas a compensar danos correspondentes a lucros cessantes comprovadamente sofridos pelo proprietário, não incidindo nas indenizações relativas às desapropriações que tiverem como pressuposto o descumprimento da função social da propriedade, previstas no art. 182, § 4º, inciso III, e art. 184 da Constituição. § 2º O disposto no *caput* aplica-se também às ações ordinárias de indenização por apossamento administrativo ou por desapropriação indireta e às ações que visem à indenização por restrições decorrentes de atos do Poder Público. § 3º Nas ações referidas no § 2º, o Poder Público não será onerado por juros compensatórios relativos a período anterior à aquisição da propriedade ou da posse titulada pelo autor da ação". A aludida Medida Provisória teve seu prazo de vigência encerrado e não foi convertida em lei. Nesse ponto, vale lembrar que a não conversão da MP em lei em nada muda o contexto jurídico a respeito dos juros compensatórios, em razão da pacificação jurisprudencial do assunto acima apresentado.

13.4.7.5. *Da Sentença*

O Decreto-lei n. 3.365/41, em seu art. 27, deixa bem clara a necessidade de o juiz indicar os fatos que embasaram seu convencimento, além do dever de atender a fatores especiais para a definição do montante indenizatório: "O juiz indicará na sentença os fatos que motivaram o seu convencimento e deverá atender, especialmente, à estimação dos bens para efeitos fiscais; ao preço de aquisição e interesse que deles aufere o proprietário; à sua situação, estado de conservação e segurança; ao valor venal dos da mesma espécie, nos últimos cinco anos, e à valorização ou depreciação de área remanescente, pertencente ao réu".

APROFUNDANDO! Nesse tocante, entende José dos Santos Carvalho Filho no sentido de que "esses fatores nem sempre se compadecem com os parâmetros definidos na Constituição. A norma constitucional exige que a indenização seja justa, ou seja, que o valor indenizatório corresponda realmente ao valor do bem expropriado. Se o juiz leva em consideração os fatores previstos no citado art. 27, o resultado pode não corresponder ao valor efetivo do bem e, se isso ocorrer, a indenização certamente não será justa"[215].

E conclui o renomado autor: "O melhor critério a ser adotado seria aquele que, mediante fatores de mercado, pudesse chegar a um valor que correspondesse efetivamente à perda da propriedade. Só assim é que estaria respeitado o mandamento constitucional que reclama indenização justa"[216].

13.4.7.6. *Sucumbência nas Ações de Desapropriação*

Sobre o tema honorários advocatícios, prevê o Decreto-lei n. 3.365/41 em seu art. 27, § 1º: "A sentença que fixar o valor da indenização quando este for superior ao preço oferecido condenará o desapropriante a pagar honorários do advogado, que serão fixados entre meio e cinco por cento do valor da diferença,

---

[215] CARVALHO FILHO, José dos Santos. *Manual de direito administrativo*. 25. ed. São Paulo: Atlas, 2012. p. 842.
[216] CARVALHO FILHO, José dos Santos. *Manual de direito administrativo*. 25. ed. São Paulo: Atlas, 2012. p. 842.

observado o disposto no § 4º do art. 20 do Código de Processo Civil, não podendo os honorários ultrapassar R$ 151.000,00 (cento e cinquenta e um mil reais)" (redação dada Medida Provisória n. 2.183-56, de 2001).

No tocante à jurisprudência do Superior Tribunal de Justiça e do Supremo Tribunal Federal, destacam-se os seguintes enunciados de Súmulas:

Súmula do STJ 131: "Nas ações de desapropriação incluem-se no cálculo da verba advocatícia as parcelas relativas aos juros compensatórios e moratórios, devidamente corrigidas".

Súmula do STJ 141: "Os honorários de advogado em desapropriação direta são calculados sobre a diferença entre a indenização e a oferta, corrigidas monetariamente".

Súmula do STF 378: "Na indenização por desapropriação incluem-se honorários do advogado do expropriado".

Súmula do STF 617: "A base de cálculo dos honorários de advogado em desapropriação é a diferença entre a oferta e a indenização, corrigidas ambas monetariamente".

Conforme observado na transcrição do art. 27 do Decreto-lei n. 3.365/41, inovações foram trazidas pela MP n. 2.183-56, de 24 de agosto de 2001, dentre as quais se destacam: (i) o percentual dos honorários deve ser fixado entre meio e cinco por cento da diferença entre o *quantum* indenizatório disposto na sentença e o valor da oferta feita pelo Poder Público no início da ação; (ii) o percentual dos honorários está limitado a um máximo de R$ 151.000,00 (cento e cinquenta e um mil reais).

Nesse aspecto, o Supremo Tribunal Federal, ao deferir liminar na ADI 2.332, suspendeu a imposição do teto de R$ 151.000,00 para os honorários advocatícios, mas manteve os limites de percentual entre meio e cinco por cento.

Ademais, ressalta-se entendimento do Superior Tribunal de Justiça no sentido de que a limitação do percentual dos honorários advocatícios entre meio e cinco por cento só é aplicável a partir de junho de 1997, data em que entrou em vigor a MP 1.577 (MP 2.183-56/2001) (REsp 1030543).

Na desapropriação indireta, em razão da inexistência de oferta – mas sim de esbulho possessório –, não há diferença para servir de base de cálculo para a fixação dos honorários advocatícios. Dessa forma, a base será o valor da condenação, incidindo as regras gerais do Código de Processo Civil. Nesse sentido, foi o entendimento do Superior Tribunal de Justiça no julgamento do REsp 877.642.

CUIDADO! As regras dos honorários advocatícios acima estudadas foram elaboradas antes do advento do novo Código de Processo Civil. Com a entrada em vigor deste, em março de 2016, a regulamentação dos honorários advocatícios envolvendo ações contra a Fazenda Pública passou a vigorar nos seguintes termos:

> Art. 85. [...] § 3º Nas causas em que a Fazenda Pública for parte, a fixação dos honorários observará os critérios estabelecidos nos incisos I a IV do § 2º e os seguintes percentuais: I – mínimo de dez e máximo de vinte por cento sobre o valor da condenação ou do proveito econômico obtido até 200 (duzentos) salários mínimos; II – mínimo de oito e máximo de dez por cento sobre o valor da condenação ou do proveito econômico obtido acima de 200 (duzentos) salários mínimos até 2.000 (dois mil) salários mínimos; III – mínimo de cinco e máximo de oito por cento sobre o valor da condenação ou do proveito econômico obtido acima de 2.000 (dois mil) salários mínimos até 20.000 (vinte mil) salários mínimos; IV – mínimo de três e máximo de cinco por cento sobre o valor da condenação ou do proveito econômico obtido acima de 20.000 (vinte mil) salários mínimos até 100.000 (cem mil) salários mínimos; V – mínimo de um e máximo de três por cento sobre o valor da condenação ou do proveito econômico obtido acima de 100.000 (cem mil) salários mínimos.

Agora o tempo irá dizer se vai prevalecer a regra especial prevista no art. 27 do Decreto-lei n. 3.365 ou no novo Código de Processo Civil. Defendemos o prevalecimento da regra geral prevista no Código de Processo Civil.

Em relação à correção monetária, sua previsão está inserida no Decreto-lei n. 3.365/41, art. 26, § 2º:

> Decorrido prazo superior a um ano a partir da avaliação, o juiz ou tribunal, antes da decisão final, determinará a correção monetária do valor apurado, conforme índice que será fixado, trimestralmente, pela Secretaria de Planejamento da Presidência da República (redação dada pela Lei n. 6.306, de 1978).

Com efeito, o Supremo Tribunal Federal já se posicionou no sentido de que a atualização monetária tem por termo inicial a data do laudo de avaliação até o pagamento, eliminada a exigência de que, entre a primeira data e a da sentença, haja decorrido tempo superior a um ano:

> Desapropriação: correção monetária: incidência na L. 6.899/81, que revogou o art. 26, § 2º, do Dl. 3.365/41 (cf. L. 4.686/56), de modo a tornar devida a correção monetária da indenização desde a data do laudo até o pagamento, eliminada a exigência de que, entre a primeira e a da sentença, haja decorrido tempo superior a um ano.
>
> (RE 114139 EDv, Relator(a): Min. SEPÚLVEDA PERTENCE, Tribunal Pleno, julgado em 19-4-2001, *DJ* 1-6-2001 PP-00088 EMENT VOL-02033-03 PP-00671).

No mesmo sentido, é o teor da Súmula 561 do STF: "Em desapropriação, é devida a correção monetária até a data do efetivo pagamento da indenização, devendo proceder-se à atualização do cálculo, ainda que por mais de uma vez".

O Superior Tribunal de Justiça corrobora integralmente com a posição *supra*, conforme Súmula 67: "Na desapropriação, cabe a atualização monetária, ainda que por mais de uma vez, independente do decurso de prazo superior a um ano entre o cálculo e o efetivo pagamento da indenização".

13.4.8. Desapropriação Sancionatória Rural para Fins de Reforma Agrária

Trata-se de modalidade de desapropriação com fundamento na Constituição Federal em seus arts. 184 a 191. No âmbito infraconstitucional, encontramos sua fundamentação jurídica na Lei n. 4.504/64 (Estatuto da Terra), na Lei n. 8.629/93 (alterada, dentre outras, pela Lei n. 13.001, de 2014) e LC n. 76/93.

Conforme visto no início deste capítulo, é da União a competência para desapropriar imóvel rural, por interesse social, para fins de reforma agrária, nos termos do art. 184, *caput*, da Constituição Federal. No mesmo sentido dispõe a Lei n. 8.629, em seu art. 2º, § 1º: "Compete à União desapropriar por interesse social, para fins de reforma agrária, o imóvel rural que não esteja cumprindo sua função social".

Ressalta-se que, no âmbito federal, a fase executória será efetivada pelo Instituto Nacional de Colonização e Reforma Agrária, o INCRA.

De fato, o descumprimento da função social do imóvel rural ensejará essa modalidade de desapropriação sendo certo que a função social consiste no cumprimento simultâneo dos requisitos previstos no art. 186 da Constituição Federal:

I – aproveitamento racional e adequado (os §§ 1º a 7º do art. 6º da Lei n. 8.629/93 definem os graus de utilização da terra e de eficiência na sua exploração);

II – utilização adequada dos recursos naturais disponíveis e preservação do meio ambiente (os §§ 2º e 3º do art. 9º da Lei n. 8.629/93 consideram adequada a utilização dos recursos naturais disponíveis quando a exploração se faz respeitando a vocação natural da terra, de modo a manter o potencial produtivo da propriedade e preservação do meio ambiente, a manutenção das características próprias do meio natural e da qualidade dos recursos ambientais, na medida adequada à manutenção do equilíbrio ecológico da propriedade e da saúde e qualidade de vida das comunidades vizinhas);

III – observância das disposições que regulam as relações de trabalho (o § 4º do art. 9º da Lei n. 8.629/93 prevê que tal observância implica tanto o respeito às leis trabalhistas e aos contratos coletivos de trabalho como às disposições que disciplinam os contratos de arrendamento e parceria rurais);

IV – exploração que favoreça o bem-estar dos proprietários e dos trabalhadores (o § 5º do art. 9º da Lei n. 8.629/93 deixa claro o objetivo do atendimento das necessidades básicas dos que trabalham a terra, das normas de segurança do trabalho e a não provocação de conflitos e tensões sociais no imóvel).

Em relação ao pagamento da indenização, em regra, dar-se-á por meio de títulos da dívida agrária, resgatáveis em até 20 anos, conforme previsto no art. 184, *caput*, da Constituição Federal.

Os prazos de resgate estão previstos no art. 5º, § 3º, da Lei n. 8.629/93, que estabelece, *in verbis*:

> Os títulos da dívida agrária, que conterão cláusula assecuratória de preservação de seu valor real, serão resgatáveis a partir do segundo ano de sua emissão, em percentual proporcional ao prazo, observados os seguintes critérios: I – do segundo ao décimo quinto ano, quando emitidos para indenização de imóvel com área de até setenta módulos fiscais (Redação dada pela Medida Provisória n. 2.183-56, de 2001); II – do segundo ao décimo oitavo ano, quando emitidos para indenização de imóvel com área acima de setenta e até cento e cinquenta módulos fiscais (Redação dada pela Medida Provisória n. 2.183-56, de 2001); e III – do segundo ao vigésimo ano, quando emitidos para indenização de imóvel com área superior a cento e cinquenta módulos fiscais (Redação dada pela Medida Provisória n. 2.183-56, de 2001).

Exceção à regra no tocante à indenização em títulos da dívida agrária encontra-se o pagamento em dinheiro das benfeitorias úteis e necessárias (art. 184, § 1º, da CF e art. 5º, § 1º, da Lei n. 8.629/93).

Sobre o tema, destaca-se o teor do art. 14 da LC n. 76/93, que dispõe: "O valor da indenização, estabelecido por sentença, deverá ser depositado pelo expropriante à ordem do juízo, em dinheiro, para as benfeitorias úteis e necessárias, inclusive culturas e pastagens artificiais e, em Títulos da Dívida Agrária, para a terra nua".

No entanto, o Supremo Tribunal Federal declarou *incidenter tantum* a inconstitucionalidade do dispositivo, sob o fundamento de ter excepcionado o sistema de precatórios judiciais previsto no art. 100 da Constituição Federal. A decisão foi acolhida pelo Senado Federal que suspendeu, em parte, com eficácia *erga omnes*, por meio da Resolução n. 19/2007, a execução do art. 14 em relação à forma de pagamento em dinheiro ("O Senado Federal resolve: Art. 1º É suspensa a execução de parte do art. 14 da Lei Complementar n. 76, de 6 de julho de 1993, referente à expressão 'em dinheiro, para as benfeitorias úteis e necessárias, inclusive culturas e pastagens artificiais e', em virtude de declaração de inconstitucionalidade em decisão definitiva do Supremo Tribunal Federal, nos autos do Recurso Extraordinário n. 247.866-1/CE").

Tal dispositivo (art. 14 da LC 76/93) foi revogado pela Lei n. 13.465/2017.

Por fim, releva observar que no caso de desapropriação rural para fins de reforma agrária há algumas hipóteses em que esta seria insuscetível de ocorrer. Trata-se dos casos insculpidos no art. 185 da Constituição Federal:

I – da pequena e média propriedade rural, assim definida em lei, desde que seu proprietário não possua outra (a Lei n. 8.629 definiu no art. 4º, II e III, como pequeno o imóvel rural de área até quatro módulos fiscais, respeitada a fração mínima de parcelamento (Redação dada pela Lei n. 13.465, de 2017); e, médio, o imóvel rural de área superior a 4 (quatro) e até 15 (quinze) módulos fiscais;

II – da propriedade produtiva (a Lei n. 8.629 definiu no art. 6º como propriedade produtiva aquela que, explorada econômica e racionalmente, atinge, simultaneamente, graus de utilização da terra e de eficiência na exploração, segundo índices fixados pelo órgão federal competente).

Assim, conclui-se que, no caso de a propriedade ser a única e enquadrar-se nos conceitos de pequena ou de média, ainda que improdutiva, seria vedada a desapropriação. No mesmo diapasão, ainda que se trate de um latifúndio, a desapropriação seria inviável se produtivo. O Supremo Tribunal Federal já se posicionou pela constitucionalidade do art. 6º da Lei n. 8.629/93, que estabelece a produtividade do imóvel rural conforme os graus de utilização da terra e eficiência na exploração (MS 23.211). Por outro lado, não seria razoável deixar de lado uma interpretação sistemática do texto constitucional no sentido de admitir uma pequena propriedade rural improdutiva ou destruidora do meio ambiente. Nesse contexto, as hipóteses de inviabilidade de desapropriação previstas no art. 185 da Constituição não podem ser consideradas absolutas e devem incidir diante da sua compatibilidade com as exigências do art. 186 do mesmo diploma.

Outrossim e, conforme visto, o fato de o imóvel ser improdutivo não impede a incidência de juros compensatórios conforme entendimento consolidado no Superior Tribunal de Justiça, "pois eles restituem não só o que o expropriado deixou de ganhar com a perda antecipada, mas também a expectativa de renda, considerando a possibilidade de o imóvel ser aproveitado a qualquer momento de forma racional e adequada, ou até ser vendido com o recebimento do seu valor à vista" (REsp 1.116.364).

13.4.8.1. *Procedimento Administrativo*

A peculiaridade que se destaca no procedimento administrativo da desapropriação de imóvel rural para fins de reforma agrária consiste na obrigatoriedade da exigência de prévia notificação do proprietário, à luz do que indica a Lei n. 8.629/93 em seu art. 2º, § 2º: "Para os fins deste artigo, fica a União, através do órgão federal competente, autorizada a ingressar no imóvel de propriedade particular para levantamento de dados e informações, mediante prévia comunicação escrita ao proprietário, preposto ou seu representante".

A notificação prévia visa concretizar o princípio constitucional do devido processo legal cuja ausência culminará na nulidade do decreto expropriatório, conforme posição consagrada no Supremo Tribunal Federal (MS 23.654):

> Mandado de segurança. Desapropriação. Imóvel rural. 2. Ato do Presidente da República. Decreto de 17-2-2000, que declarou de interesse social para fins de reforma agrária o imóvel rural denominado Fazenda Nossa Senhora do Carmo. 3. Sustentação de que o início do procedimento que culminou na edição do Decreto Presidencial expropriatório é nulo, tendo em conta que a notificação

se efetivou no dia subsequente à data de ingresso dos técnicos do INCRA na propriedade, para a realização da vistoria, sem a anterioridade prevista no § 2º do art. 2º, da Lei n.-8.629/93. 4. Ausência de notificação ou comunicação prévia. Cumpre à Administração tornar insuscetível de dúvida que aconteceu prévia notificação – porque, como exigência legal, é ela elemento imprescindível para a validade do processo administrativo, que se ultima com a expedição do Decreto presidencial declarando de interesse social para Reforma Agrária o imóvel vistoriado. 5. Mandado de segurança deferido para anular o decreto de 17 de fevereiro de 2000, do Sr. Presidente da República, que declarou de interesse social para Reforma Agrária o imóvel rural denominado "Fazenda Nossa Senhora do Carmo".

(MS 23654, Relator(a): Min. NÉRI DA SILVEIRA, Tribunal Pleno, julgado em 13-3-2002, *DJ* 17-5-2002 PP-00059 EMENT VOL-02069-01 PP-00118).

13.4.8.2. *Procedimento Judicial*

A LC n. 76/93 trata do procedimento judicial de desapropriação para fins de reforma agrária e determina que este seguirá o rito sumário.

O art. 6º da aludida lei prevê que o juiz, ao despachar a petição inicial, de plano ou no prazo máximo de quarenta e oito horas: (i) mandará imitir o autor na posse do imóvel; (ii) determinará a citação do expropriando para contestar o pedido e indicar assistente técnico, se quiser; (iii) expedirá mandado ordenando a averbação do ajuizamento da ação no registro do imóvel expropriando, para conhecimento de terceiros.

Questão polêmica envolve a repercussão dos efeitos da invasão do imóvel objeto da desapropriação para fins de reforma agrária. O art. 2º, § 6º, da Lei n. 8.629/93 dispõe: "O imóvel rural de domínio público ou particular objeto de esbulho possessório ou invasão motivada por conflito agrário ou fundiário de caráter coletivo não será vistoriado, avaliado ou desapropriado nos dois anos seguintes à sua desocupação, ou no dobro desse prazo, em caso de reincidência; e deverá ser apurada a responsabilidade civil e administrativa de quem concorra com qualquer ato omissivo ou comissivo que propicie o descumprimento dessas vedações" (incluído pela Medida Provisória n. 2.183-56, de 2001).

Trata-se de dispositivo amplamente aceito pela jurisprudência do Superior Tribunal de Justiça no sentido de que a invasão do imóvel produz o efeito de suspender o processo expropriatório para fins de reforma agrária. O tema, aliás, foi objeto da Súmula 354 do STJ: "A invasão do imóvel é causa de suspensão do processo expropriatório para fins de reforma agrária".

13.4.9. Desapropriação Sancionatória Urbanística

Conforme visto anteriormente, além do fundamento constitucional (art. 182, § 4º, III), trata-se de modalidade expropriatória com amparo no Estatuto da Cidade e tem por pressuposto o descumprimento da função social urbana em razão do não atendimento às exigências fundamentais de ordenação da cidade expressas no plano diretor (art. 39 da Lei n. 10.257/2001).

Conforme previsto na Constituição Federal, é facultado ao Poder Público municipal, mediante lei específica para área incluída no plano diretor, exigir, nos termos da lei federal, do proprietário do solo urbano não edificado, subutilizado ou não utilizado, que promova seu adequado aproveitamento, sob pena, sucessivamente, de: (i) parcelamento ou edificação compulsórios; (ii) imposto sobre a propriedade predial e territorial urbana progressivo no tempo; (iii) desapropriação com pagamento mediante títulos da dívida pública de emissão previamente aprovada pelo Senado Federal, com prazo de resgate de até dez anos, em parcelas anuais, iguais e sucessivas, assegurados o valor real da indenização e os juros legais (art. 182, § 4º).

Extrai-se do texto constitucional que a desapropriação somente será decretada em último caso, ou seja, quando a propriedade urbana continuar não edificada, subutilizada ou não utilizada, mesmo após a imposição de parcelamento/edificação compulsórios e do imposto progressivo.

Vale lembrar ainda que a competência para a efetivação dessa desapropriação pertence aos Municípios e ao Distrito Federal no exercício de competência Municipal, além do fato de ser a indenização paga em títulos da dívida pública com prazo de resgate de até dez anos.

13.4.10. Direito de Extensão

Consiste no direito do proprietário de exigir, administrativa ou judicialmente, que a amplitude da desapropriação albergue também parcela do bem remanescente em razão da pequena metragem que restou excluída da expropriação ou da diminuição econômica da área que sobrou. Assim, se inicialmente o ente expropriante pretendia adquirir cem metros quadrados de um imóvel com área total de cento e vinte metros quadrados, o expropriado poderá, em razão da pequena metragem remanescente, exigir o direito de extensão da desapropriação para a integralidade do bem. O mesmo raciocínio vale para o esvaziamento do conteúdo econômico em razão da desapropriação da parte principal de um imóvel.

O fundamento jurídico do direito de extensão está na LC n. 76/93, que, em seu art. 4º, prevê: "Intentada a desapropriação parcial, o proprietário poderá requerer, na contestação, a desapropriação de todo o imóvel, quando a área remanescente ficar: I – reduzida a superfície inferior à da pequena propriedade rural; ou II – prejudicada substancialmente em suas condições de exploração econômica, caso seja o seu valor inferior ao da parte desapropriada".

13.4.11. Tredestinação e Retrocessão

A tredestinação consiste na concretização de finalidade diversa daquela prevista inicialmente como fundamento da desapropriação. A tredestinação será considerada ilícita quando envolver alguma situação violadora do ordenamento jurídico, como, por exemplo, a transferência do bem expropriado a um terceiro ou o cometimento de desvio de finalidade, como na desapropriação de um bem sob o fundamento de necessidade pública quando o objetivo real era a vingança contra um inimigo político.

Por outro lado, considera-se lícita a tredestinação e, portanto, admitida quando, apesar do descumprimento da finalidade inicial da desapropriação, ainda existe atendimento ao interesse público, como no caso da desapropriação de um imóvel para a construção de uma escola, mas no local foi construído um hospital.

Diante da tredestinação ilícita, e somente desta modalidade, cabe o direito à retrocessão, ou seja, o direito do expropriado de reaver seu bem quando a finalidade empregada ao objeto da desapropriação ferir a ordem jurídica. A retrocessão tem natureza de direito real, mas, caso seja impossível reivindicar o bem, será admitido o requerimento de indenização por perdas e danos (STJ – AgRg nos EDcl no Ag 1.069.903).

13.5. Parcelamento Compulsório

13.5.1. Fonte Normativa Constitucional e Infraconstitucional

Conforme visto no capítulo anterior, a Constituição Federal ao disciplinar sobre a função social da propriedade urbana e o parcelamento compulsório como um dos instrumentos hábeis ao atingimento dessa finalidade, assim o fez no art. 182:

> A política de desenvolvimento urbano, executada pelo Poder Público municipal, conforme diretrizes gerais fixadas em lei, tem por objetivo ordenar o pleno desenvolvimento das funções sociais da cidade e garantir o bem-estar de seus habitantes. § 1º O plano diretor, aprovado pela Câmara Municipal, obrigatório para cidades com mais de vinte mil habitantes, é o instrumento básico da política de desenvolvimento e de expansão urbana. § 2º A propriedade urbana cumpre sua função social quando atende às exigências fundamentais de ordenação da cidade expressas no plano diretor. § 3º As desapropriações de imóveis urbanos serão feitas com prévia e justa indenização em dinheiro. § 4º É facultado ao Poder Público municipal, mediante lei específica para área incluída no plano diretor, exigir, nos termos da lei federal, do proprietário do solo urbano não edificado, subutilizado ou não utilizado, que promova seu adequado aproveitamento, sob pena, sucessivamente, de: I – parcelamento ou edificação compulsórios; II – imposto sobre a propriedade predial e territorial urbana progressivo no tempo; III – desapropriação com pagamento mediante títulos da dívida pública de emissão previamente aprovada pelo Senado Federal, com prazo de resgate de até dez anos, em parcelas anuais, iguais e sucessivas, assegurados o valor real da indenização e os juros legais.

O dispositivo constitucional prevê, em resumo, que, se a propriedade privada urbana não cumprir a sua função social quanto ao atendimento às exigências fundamentais de ordenação das cidades previstas no plano diretor, como não edificando, subutilizando ou não utilizando o bem, poderá o ente municipal "intervir" para o atingimento de tal objetivo. E os instrumentos existentes para a consecução dessa finalidade são: (i) parcelamento ou edificação compulsórios; (ii) IPTU progressivo; e (iii) desapropriação sancionatória urbanística.

No âmbito infraconstitucional, destaca-se a lei regulamentadora do tema, Lei n. 10.257/2001, o Estatuto da Cidade que, em seu art. 5º, prevê: "Lei municipal específica para área incluída no plano diretor poderá determinar o parcelamento, a edificação ou a utilização compulsórios do solo urbano não edificado, subutilizado ou não utilizado, devendo fixar as condições e os prazos para implementação da referida obrigação".

Trata-se de uma intervenção do Município na propriedade privada na medida em que o ente público não tem autorização da lei para ele próprio efetivar o parcelamento. O Estatuto da Cidade é muito claro ao determinar que o proprietário, após a imposição de uma obrigação de fazer, é o encarregado de dar utilização adequada ao seu imóvel.

Nesse sentido, afirma Vera Monteiro:

> Com a edição do Estatuto da Cidade o atendimento da norma constitucional é feito da seguinte forma: a lei municipal específica para área incluída no plano diretor determina ao proprietário que dê adequada utilização à sua propriedade urbana. O papel da 'lei municipal específica' é estabelecer as condições e os prazos para a implementação da obrigação de fazer. O proprietário da área dessas condições é notificado para que ele próprio parcele, edifique ou utilize o solo urbano não edificado, subutilizado ou não utilizado. E, no caso de desatendimento da obrigação, o proprietário está sujeito ao IPTU progressivo no tempo e, após certo lapso de tempo, à desapropriação[217].

13.5.2. Definição do Bem Objeto do Parcelamento Compulsório

A leitura do *caput* do art. 5º supratranscrito nos faz crer que o objeto do parcelamento compulsório consiste no "solo urbano não edificado, subutilizado ou não utilizado". Logo abaixo, no § 1º, a Lei n. 10.257/2001 definiu o alcance do conceito de imóvel subutilizado da seguinte forma: "Considera-se subutilizado o imóvel: I – cujo aproveitamento seja inferior ao mínimo definido no plano diretor ou em legislação dele decorrente".

Sobre o tema, observa-se que esse dispositivo possuía um inciso II que foi vetado e considerava também como imóvel subutilizado o bem utilizado em

---

217 MONTEIRO, Vera. Parcelamento, Edificação ou Utilização Compulsórios da Propriedade Urbana. In DALLARI, Adilson Abreu; FERRAZ, Sérgio. *Estatuto da Cidade* – Comentários à Lei Federal 10.257/2001, 2. ed. São Paulo: Malheiros, 2006. p. 90.

desacordo com a legislação urbanística ou ambiental. As razões do veto foram no sentido de que essa equiparação é inconstitucional, porquanto a Constituição penaliza somente o proprietário que subutiliza o seu imóvel de forma a não atender ao interesse social, não abrangendo aquele que a seu imóvel deu uso ilegal, o qual pode, ou não, estar sendo subutilizado.

No tocante aos conceitos de propriedade não edificada ou não utilizada, ensina Vera Monteiro: "Deve-se entender por propriedade não edificada a terra nua que não atende à utilização desejada pelo plano diretor e lei dele decorrente (moradia, indústria, recreação etc.). [...] E por não utilizado o imóvel abandonado e não habitado, incluídas as construções paralisadas e destruídas"[218].

13.5.3. Procedimento do Parcelamento Compulsório

O Estatuto da Cidade previu o procedimento para a imposição da obrigação de fazer ora em estudo no art. 5º, §§ 2º a 6º, *in verbis*: "§ 2º O proprietário será notificado pelo Poder Executivo municipal para o cumprimento da obrigação, devendo a notificação ser averbada no cartório de registro de imóveis. § 3º A notificação far-se-á: I – por funcionário do órgão competente do Poder Público municipal, ao proprietário do imóvel ou, no caso de este ser pessoa jurídica, a quem tenha poderes de gerência geral ou administração; II – por edital quando frustrada, por três vezes, a tentativa de notificação na forma prevista pelo inciso I. § 4º Os prazos a que se refere o *caput* não poderão ser inferiores a: I – um ano, a partir da notificação, para que seja protocolado o projeto no órgão municipal competente; II – dois anos, a partir da aprovação do projeto, para iniciar as obras do empreendimento. § 5º Em empreendimentos de grande porte, em caráter excepcional, a lei municipal específica a que se refere o *caput* poderá prever a conclusão em etapas, assegurando-se que o projeto aprovado compreenda o empreendimento como um todo. § 6º A transmissão do imóvel, por ato *inter vivos* ou *causa mortis*, posterior à data da notificação, transfere as obrigações de parcelamento, edificação ou utilização previstas no art. 5º desta Lei, sem interrupção de quaisquer prazos".

Sobre esse procedimento, uma observação merece destaque. Em regra, a notificação do proprietário pelo ente municipal far-se-á de forma pessoal, e somente após três tentativas frustradas será possível admitir a notificação via edital. A importância do dispositivo é evidente, pois somente o proprietário tem condições de decidir pela adequada utilização ou não de seu imóvel.

Por fim, cumpre ressaltar que o parcelamento do solo urbano deverá seguir o disposto na Lei n. 6.766/79, a Lei de Parcelamento do Solo Urbano. A esse respeito destaca-se o teor do art. 22: "Desde a data de registro do loteamento, passam

---

218 MONTEIRO, Vera. Parcelamento, Edificação ou Utilização Compulsórios da Propriedade Urbana. In DALLARI, Adilson Abreu; FERRAZ, Sérgio. *Estatuto da Cidade* – Comentários à Lei Federal 10.257/2001, 2. ed. São Paulo: Malheiros, 2006. p. 95.

a integrar o domínio do Município as vias e praças, os espaços, livres e as áreas destinadas a edifícios públicos e outros equipamentos urbanos, constantes do projeto e do memorial descritivo".

Segundo Diógenes Gasparini

> a aquisição perfaz-se automaticamente no momento do registro, em razão da força dispositiva da lei. [...] A certidão do cartório de registro de imóveis onde o loteamento foi registrado nos termos dessa lei, especificando as vias e praças, os espaços livres e as áreas destinadas a edifícios públicos constates do plano e do memorial, é suficiente para a comprovação do domínio que sobre elas exerce o Município.[...] O Município nada deve pôr nessas áreas, nem mesmo está obrigado a realizar qualquer obra pública em contraprestação. [...]Se o Município desejar alienar ou ceder o uso dessas áreas assim adquiridas a terceiros, deverá regularizar previamente essa situação junto ao cartório imobiliário, fazendo constar da matrícula que a aquisição do domínio deu-se por força do art. 22 da Lei federal n. 6.766/79. [...]Tem-se entendido que mesmo sem a aprovação e registro do loteamento (parcelamento irregular ou de fato) o Município adquire a propriedade pelo chamado concurso voluntário[219].

Questões

1. (CESPE – 2019 – MPC/PA – Procurador de Contas) No que se refere à intervenção do Estado na propriedade privada, julgue os itens a seguir.

I – Conforme o entendimento do STJ, o valor da indenização deve ser contemporâneo à avaliação.

II – A CF previu o tombamento de todos os sítios detentores de reminiscências históricas dos antigos quilombos.

III – Os bens expropriados, uma vez incorporados à fazenda pública, não podem ser objeto de reivindicação, salvo no caso de esta ser fundada em nulidade do processo de desapropriação.

IV – Constitui exemplo de requisição administrativa a hipótese de o Estado, para a realização de eleições municipais, utilizar escola privada somente durante o dia das eleições.

Estão certos apenas os itens

a) I e II.
b) I e III.
c) II e IV.
d) I, III e IV.
e) II, III e IV.

---

219 GASPARINI, Diógenes. *Direito administrativo*. 12. ed. rev. e atual. São Paulo: Saraiva, 2007. p. 848-849.

2. (UEG – 2018 – PC/GO – Delegado de Polícia) A Constituição da República prevê que, em caso de iminente perigo público, a autoridade competente poderá usar de propriedade particular. Sobre o instituto da requisição, verifica-se o seguinte:

a) a requisição civil, ao contrário da requisição militar, só pode recair sobre bens que permitam sua posterior devolução ao particular, não podendo recair sobre bens irrecuperáveis.

b) a União detém competência privativa para legislar sobre requisições civis e militares, mas lei complementar poderá autorizar os Estados a legislar sobre questões específicas relacionadas ao instituto.

c) a requisição administrativa é ato unilateral e autoexecutório, independendo, por isso, da aquiescência do particular e de autorização judicial, mas só é licitamente exercitável em tempos de guerra.

d) de acordo com o Supremo Tribunal Federal, a Lei 8.080, de 1990, permite que a União requisite bens públicos dos Estados e Municípios para atendimento de necessidades coletivas, urgentes e transitórias, na área da saúde, independentemente da decretação de estado de defesa ou estado de sítio.

e) a requisição civil, diferentemente da requisição militar, gera obrigação de indenizar, independentemente da ocorrência de dano.

3. (VUNESP – 2018 – PC/SP – Delegado de Polícia) A atividade administrativa do Estado frequentemente demanda a necessidade de intervenção da propriedade individual em razão de um interesse público maior. A respeito das diversas modalidades de intervenção na propriedade, julgue as afirmações a seguir e selecione a alternativa correta.

a) a servidão administrativa é a intervenção na propriedade particular que decorre da instituição de direito real, impondo ao proprietário a obrigação de suportar ônus parcial sobre o imóvel de sua propriedade, em benefício de serviço público ou de um bem afetado a um serviço público.

b) a legislação brasileira não autoriza a ocupação temporária de bens imóveis particulares no Brasil, devendo a Administração, se necessária a ocupação de imóvel para fins de pesquisa arqueológica, apresentar ação de desapropriação com pedido de imissão na posse.

c) a função social da propriedade é o fundamento para a aplicação das restrições decorrentes do tombamento de bens particulares do Brasil, tornando o bem, a partir da formalização da restrição administrativa, integrante do patrimônio público, deixando de compor o acervo do particular.

d) em regra, o tombamento de bens pela Administração, para a preservação de interesses de caráter histórico e cultural, exigirá a prévia indenização do proprietário em valor equivalente ao ônus de preservação a ele imposto.

e) a desapropriação de bens imóveis ocorrerá sempre mediante prévia indenização em dinheiro, conforme expressa determinação da Constituição.

4. (CESPE – 2018 – TJ/CE – Juiz de Direito) Conforme entendimento jurisprudencial do STJ, a limitação administrativa sobre determinado bem constitui modalidade de intervenção restritiva na propriedade de caráter

a) exclusivo e pode dar ensejo a indenização de natureza jurídica de direito real em favor do proprietário, ainda que não seja demonstrada a efetiva redução do valor econômico do bem em função da referida limitação.

b) geral e condição inerente ao exercício do direito de propriedade, inexistindo hipóteses de indenização.

c) geral, mas que pode dar ensejo a indenização em favor do proprietário na hipótese de a limitação causar redução do valor econômico do bem, independentemente do momento em que tenha sido instituída a restrição.

d) exclusivo e pode dar ensejo a indenização de natureza jurídica de direito real em favor do proprietário, desde que a aquisição do bem tenha ocorrido anteriormente à instituição da restrição.

e) geral, mas que pode dar ensejo a indenização de natureza jurídica de direito pessoal, se a limitação causar redução do valor econômico do bem e a sua aquisição tiver ocorrido anteriormente à instituição da restrição.

5. (CESPE – 2018 – TJ/CE – Juiz de Direito) Acerca do instituto da desapropriação, assinale a opção correta.

a) A declaração de utilidade pública de determinada propriedade privada não afasta o direito à indenização por benfeitorias necessárias e úteis realizadas no imóvel posteriormente ao referido ato, mesmo que feitas sem a autorização do expropriante.

b) De acordo com o STF, é condição para a imissão provisória da posse de imóvel objeto de desapropriação por utilidade pública o pagamento prévio e integral da indenização.

c) Declarada a utilidade pública do bem objeto de decreto expropriatório, o poder público deve atender ao prazo de cinco anos para efetivar a desapropriação, o que pode ocorrer mediante acordo ou por via judicial, sob pena de caducidade.

d) Na hipótese de o poder expropriante não dar ao imóvel a destinação prevista no decreto expropriatório, o expropriado tem direito real de reivindicar a propriedade do bem.

e) Na desapropriação indireta, sobre o valor da indenização a ser paga devem incidir juros compensatórios pela perda antecipada da posse do imóvel, salvo em se tratando de propriedade improdutiva.

6. (NUCEPE – 2018 – PC/PI – Delegado de Polícia) A proibição de construir além de determinado número de pavimentos e a passagem de fios da rede elétrica em um sítio de propriedade particular, correspondem, respectivamente, às seguintes modalidades de intervenção do Estado na propriedade:

a) servidão e aquisição administrativa.

b) requisição administrativa e limitação administrativa.

c) limitação administrativa e servidão administrativa.

d) limitação administrativa e ocupação temporária.

e) servidão e ocupação temporária.

7. (FCC – 2018 – DPE/RS – Defensor Público) No que tange à desapropriação, é correto afirmar:

a) a desapropriação por utilidade pública é aquela que decorre de um imperativo irremovível e indispensável, pressupondo-se que sem ela não se pode iniciar, alcançar ou continuar o interesse público.

b) a desapropriação por necessidade pública é aquela que se revela necessária para alcançar uma posição conveniente e vantajosa para a Administração Pública.

c) tredestinação ou tresdestinação é a modificação legítima realizada no decorrer do procedimento expropriatório, viabilizada pela supremacia do interesse público, que possibilita a alteração de uma desapropriação por utilidade pública em desapropriação por necessidade pública e vice-versa, caracterizando mero desvio de finalidade genérico.

d) o desvio de finalidade genérico possibilita a retrocessão, consequência que não ocorre no desvio de finalidade específico, caso em que poderá ser convalidado o desvio, ressalvados alguns casos previstos em lei, como a desapropriação destinada à implantação de parcelamento popular, destinado às classes de menor renda.

e) para viabilizar o interesse público na esfera de competência material de todos os entes federativos, a Constituição Federal outorgou competência legislativa concorrente para a União, os Estados e os Municípios.

8. (FUNDATEC – 2018 – PC/RS – Delegado de Polícia) A propriedade é um direito fundamental, mas, como qualquer outro direito, não é absoluto, estando sujeita a determinadas limitações de ordem legal, que encontram fundamento e justificativa no princípio da supremacia do interesse público sobre o privado. Sobre o tema, assinale a alternativa correta.

a) salvo se instituída por lei, as servidões administrativas não são autoexecutáveis, dependendo a sua instituição de acordo ou decisão judicial.

b) a justificativa da requisição administrativa reside no interesse público consistente em apoiar a realização de obras e serviços.

c) o bem privado objeto de tombamento se torna inalienável de acordo com o ordenamento jurídico brasileiro.

d) as limitações administrativas impostas pelo Poder Público à propriedade privada não constituem manifestações do poder de polícia administrativo.

e) a retrocessão é admitida nos casos de desapropriação em que se configurar a tredestinação lícita do bem expropriado.

9. (IBFC – 2018 – Câmara de Feira de Santana/BA – Procurador Jurídico) Assinale a alternativa correta sobre a desapropriação.

a) se o bem desapropriado for usado para interesses particulares dar-se-á a tresdestinação, que pode levar à retrocessão da desapropriação, com o retorno do bem ao expropriado.

b) se o bem desapropriado for usado para interesses particulares dar-se-á a destinação, que pode levar à homologação da desapropriação, com o retorno do bem ao expropriado.

c) se o bem desapropriado for usado para interesses particulares dar-se-á a tresdestinação, que pode levar à homologação da desapropriação, com o retorno do bem ao expropriado.

d) se o bem desapropriado for usado para interesses particulares dar-se-á a redestinação, que pode levar à realização da desapropriação, com o retorno do bem ao poder público.

10. (IESES – 2018 – TJ/CE – Titular de Serviços de Notas e de Registros) Assinale a única alternativa INCORRETA:

a) servidores públicos, em sentido amplo, são as pessoas físicas ou jurídicas que prestam serviços ao Estado e às entidades da Administração Indireta, com ou sem vínculo empregatício, mas sempre mediante remuneração paga pelos cofres públicos.

b) retrocessão é o direito que tem o expropriado de exigir de volta o seu imóvel caso o mesmo não tenha o destino para que se desapropriou.

c) servidão administrativa é o direito real de gozo, de natureza pública, instituído sobre imóvel de propriedade alheia, com base em lei, por entidade pública ou por seus delegados, em favor de um serviço público ou de um bem afetado a fim de utilidade pública.

d) ato administrativo é a declaração do Estado ou de quem o represente, que produz efeitos jurídicos imediatos, com observância da lei, sob regime jurídico de direito público e sujeita a controle pelo Poder Judiciário.

11. (FUNDEP Gestão de Concursos – 2018 – MPE/MG – Promotor de Justiça) Assinale a alternativa INCORRETA:

a) o patrimônio cultural brasileiro é constituído pelos bens de natureza material e imaterial, tomados individualmente ou em conjunto, portadores de referência à identidade, à ação, à memória dos diferentes grupos formadores da sociedade brasileira.

b) são formas de promoção e de proteção do patrimônio cultural brasileiro o inventário, o registro, a vigilância, o tombamento e a desapropriação, sem prejuízo de outras formas de acautelamento e preservação.

c) o tombamento, a desapropriação, a ocupação temporária e a limitação administrativa são formas de intervenção do Estado na propriedade privada, que se perfazem mediante prévia e justa indenização ao proprietário.

d) a servidão administrativa é ônus real de uso, imposto pela Administração Pública à propriedade privada, para assegurar a realização de obra ou serviço de utilidade pública, mediante indenização dos prejuízos efetivamente suportados pelo proprietário.

12. (FUNDEP Gestão de Concursos – 2018 – MPE/MG – Promotor de Justiça) Assinale a alternativa CORRETA:

a) o inventário e o tombamento são instrumentos que auxiliam a preservação do patrimônio cultural, sendo que quando há o tombamento definitivo do bem, o proprietário fica impedido de locá-lo.

b) o proprietário de coisa tombada, que não possuir recursos para proceder às obras de conservação e reparação necessárias ao bem, mandará executar tais medidas, de imediato, com posterior direito de regresso contra o poder público.

c) o tombamento de coisa pertencente à pessoa física ou jurídica de direito privado se fará voluntária ou compulsoriamente, somente podendo ser cancelado em caso de perecimento do bem protegido.

d) não se poderá, na vizinhança da coisa tombada, fazer construção que lhe impeça ou reduza a visibilidade, nem nela colocar anúncios ou cartazes, sob pena de ser mandada destruir a obra ou retirar o objeto, salvo se houver autorização do órgão competente.

13. (CESPE – 2018 – EBSERH – Advogado) A administração pública promoveu a desapropriação de dois imóveis. No primeiro, o ato expropriatório previa a construção de uma escola. No entanto, após três anos, construiu-se no local um abrigo para moradores de rua. Quanto ao segundo, que já contava com edificação, a previsão era de que o imóvel fosse aproveitado para servir de unidade de saúde pública, porém, nada foi feito e a edificação permaneceu fechada.
Com referência a essa situação hipotética, julgue o item que se segue.

Na situação relacionada ao segundo imóvel, o particular que teve seu bem desapropriado poderá pleitear somente revisão do valor da indenização.

( ) Certo   ( ) Errado

14. (IESES – 2018 – TJ/AM – Titular de Serviços de Notas e de Registros) Sobre a intervenção administrativa na propriedade, é correto:

a) o tombamento é imposto por ato administrativo unilateral, de cunho singular, incidente sobre bens imóveis particulares, que uma vez tombados não poderão ser alienados pelo respectivo proprietário, ressalvada a hipótese de reversão administrativa ou judicial do ato de tombamento.

b) no caso do parcelamento e edificação compulsórios, esses institutos podem ser usados pelo Poder Público municipal e estadual na hipótese de o proprietário do imóvel não utilizado ou subutilizado questionar a aplicação do IPTU com alíquota progressiva no tempo ou a desapropriação para fins de reforma urbana.

c) a desapropriação indireta ocorre nos casos em que o Poder Público apreende bens ilegalmente comercializados, e também nos casos de expropriações de terras utilizadas para o cultivo de substâncias ilegais, situações em que a respectiva indenização ocorrerá mediante títulos da dívida pública.

d) compete à União desapropriar por interesse social, para fins de reforma agrária, o imóvel rural que não esteja cumprindo sua função social, mediante prévia e justa indenização em títulos da dívida agrária, com cláusula de preservação do valor real, resgatáveis no prazo de até vinte anos, a partir do segundo ano de sua emissão, e cuja utilização será definida em lei.

15. (FCC – 2018 – TRT – 6ª Região/PE – Analista Judiciário – Área Judiciária) A instalação de um laboratório de análises clínicas por um Estado da Federação vem encontrando dificuldades na escolha da alternativa de localização disponível. Havendo a definição da melhor região para tanto,

a) deverá o Estado licitar a aquisição de um imóvel, indicando as características necessárias para instalar as atividades, não sendo possível, no entanto, especificar a região.

b) poderá o Estado desapropriar o imóvel que melhor atenda às necessidades da atividade a ser desenvolvida no local, mediante justa e prévia indenização.

c) deverá o Estado adquirir o imóvel onerosamente diretamente de seu proprietário, negócio jurídico que deverá se formalizar contratualmente, mediante vontade das duas partes, vedada expropriação pelo Estado.

d) deverá o Estado desapropriar o terreno que melhor atender as características essenciais ao atingimento da finalidade, inexistindo previsão legal para aquisição direta de bens imóveis por entes públicos.

e) poderá o Estado comprar o terreno mediante dispensa de licitação, não sendo permitido ao proprietário discutir o preço ou o momento da desocupação.

16. (VUNESP – 2018 – TJ/RS – Juiz de Direito) A respeito do tombamento, é correto afirmar que

a) o Supremo Tribunal Federal já afirmou que a hierarquia verticalizada dos entes federados prevista expressamente na Lei de Desapropriação (Decreto-lei no 3.365/41) não se estende ao tombamento, não havendo vedação a que Estado possa tombar bem da União, tampouco que Município possa tombar bem estadual ou federal.

b) se constitui mediante decreto expedido pelo Poder Legislativo Federal, Estadual, Distrital ou Municipal, reconhecendo o valor histórico, artístico, paisagístico, turístico, cultural ou científico de um bem ou bens, individual ou coletivamente considerados, culminando com ato administrativo de registro em livro próprio.

c) se recair sobre bem particular, sua instituição pelo Poder Público, em regra, admite pagamento de indenização por limitação de uso da propriedade.

d) se recair sobre bem público, poderá ser provisório ou definitivo, conforme a fase do procedimento administrativo, que se conclui com a inscrição do bem no competente Livro do Tombo.

e) se recair sobre bem público, poderá se dar de ofício pela autoridade competente e a prévia notificação do ente proprietário constitui condição de validade do ato administrativo de tombamento.

17. (VUNESP – 2018 – TJ/RS – Juiz de Direito) Um Município, ao promover a reintegração de posse de área pública, observando os requisitos previstos em lei municipal, cadastrou as famílias que ocupavam irregularmente a área, a fim de conceder-lhes auxílio aluguel provisório. Nos termos do art. 3º da Lei municipal, o valor do benefício é de R$ 300,00 (trezentos reais) por família, a ser transferido pelo período estimado de 24 (vinte e quatro) meses, prorrogáveis a critério do Chefe do Poder Executivo municipal. Associação das famílias instaladas na localidade, contudo, impetrou Mandado de Segurança e, liminarmente, pleiteou que o Município fosse compelido a efetuar pagamento de, pelo menos, R$ 500,00 (quinhentos reais) por família, valor que supostamente equivaleria ao valor médio de aluguel residencial em área próxima àquela objeto da reintegração. Nesse caso, à associação dos ocupantes da área pública

a) não assiste razão porque, no caso, não é possível afirmar a existência de ilegalidade na atuação em concreto do Município.

b) assiste razão, porque ao preestabelecer valor fixo a título de aluguel social, a lei municipal é inconstitucional por ferir os princípios da razoabilidade e proporcionalidade.

c) assiste razão, devendo ser judicialmente garantida efetividade ao direito constitucional à moradia, independentemente da comprovação da veracidade e razoabilidade do valor do benefício pleiteado na ação mandamental.

d) não assiste razão porque, de acordo com o princípio da separação dos poderes, não compete ao Poder Judiciário examinar a constitucionalidade de lei municipal produto do exercício de competência discricionária típica dos Poderes Executivo e Legislativo.

e) não assiste razão porque a decisão quanto ao pagamento de benefício assistencial e respectivo valor deve decorrer de decisão do Poder Executivo municipal, fundada em critérios orçamentários, limitados pela reserva do possível, os quais não cabe ao Poder Judiciário perscrutar.

18. (VUNESP – 2018 – PC/BA – Delegado de Polícia) O direito do proprietário de exigir que na desapropriação se inclua a parte restante do bem expropriado, que se tornou inútil ou de difícil utilização, é denominado de

a) retrocessão.

b) desapropriação indireta.

c) direito de extensão.

d) indenização de benfeitorias.

e) direito de acrescer.

19. (FCC – 2018 – ALESE – Analista Legislativo – Processo Legislativo)
Um município viu sua população crescer sensivelmente nos últimos anos e a demanda por atendimento médico superar a capacidade do único hospital municipal em funcionamento na região. Em função disso, a Secretaria de Saúde buscou junto à União recursos para financiar a ampliação da unidade, para oferta de novos leitos, pronto-socorro e Unidade de Terapia Intensiva – UTI. No terreno vizinho ao hospital, funciona um estacionamento que se beneficia justamente do fluxo de pessoas gerado pela unidade de saúde. O proprietário, entretanto, recusa-se a alienar voluntariamente o terreno ao Município, alegando que outro terreno seria mais adequado para tanto. A população pleiteou auxílio dos vereadores locais, representantes do povo no Legislativo, o que ensejou a edição de uma lei declarando de utilidade pública o terreno, para fins de desapropriação. A lei editada em razão de iniciativa parlamentar

a) é regular e válida, sendo competência do Poder Executivo, no entanto, o ajuizamento da desapropriação, que demandará indenização após a sentença judicial.

b) não produz efeitos, na medida em que o Prefeito seria a autoridade competente para expedir decreto de expropriação, cabendo ao Legislativo, no limite, a possibilidade de sugerir a medida ao Executivo.

c) depende de sanção do Chefe do Executivo, o que se insere em seu poder regulamentar e decorre do fato de que a desapropriação será ajuizada pela Administração pública.

d) pode produzir efeitos, tendo em vista que tal lei pode ser convalidada pelo Executivo e o vício sanado no caso do expropriado aceitar a desapropriação amigável.

e) invade competência exclusiva do Chefe do Executivo, mas é admitida em casos como o narrado, de urgência e notório interesse público, desde que haja concordância do Prefeito.

20. (CESGRANRIO – 2018 – Transpetro – Advogado) A ANP terá como finalidade promover a regulação, a contratação e a fiscalização das atividades econômicas integrantes da indústria do petróleo, do gás natural e dos biocombustíveis, cabendo-lhe, nos termos da Lei n. 9.478/1997, dentre outras atribuições, instruir, para fins de desapropriação, processo com vistas à declaração de

a) interesse social.

b) utilidade pública.

c) planejamento edilício.

d) organização urbanística.

e) necessidade econômica.

21. (CESPE – 2018 – STJ – Analista Judiciário – Oficial de Justiça Avaliador) No que diz respeito a agentes públicos, licitações e contratos administrativos, improbidade administrativa e desapropriação, julgue o item a seguir.

Situação hipotética: Uma fazenda, atualmente sem utilização produtiva por ser impassível de qualquer espécie de exploração econômica, foi objeto de desapropriação para fins de reforma agrária.

Assertiva: Nesse caso, conforme entendimento do STJ, são indevidos os juros compensatórios em razão da impossibilidade de exploração econômica.

( ) Certo ( ) Errado

22. (FGV – 2016 – IBGE – Analista – Processos Administrativos e Disciplinares) A Constituição da República garante o direito de propriedade, mas o condiciona ao atendimento de sua função social. Nesse contexto de intervenção do Estado na propriedade privada, é caso de modalidade de intervenção restritiva chamada de servidão administrativa a hipótese de

a) requisição de uma escola particular para abrigar pessoas desalojadas por fortes chuvas, com iminente perigo público.

b) obrigação positiva aos proprietários de imóveis rurais que impõe a limpeza de seus terrenos.

c) instalação de redes elétricas em áreas privadas para a execução de serviços públicos.

d) tombamento de um imóvel contendo prédio histórico como patrimônio cultural brasileiro.

e) desapropriação de um imóvel privado no centro da cidade para construção de um hospital público.

23. (FGV – 2016 – Prefeitura de Cuiabá/MT – Auditor Fiscal Tributário da Receita Municipal) Paula, prefeita do Município Z, edita decreto expropriatório de imóvel rural pertencente a particular, com o objetivo de instalar estação rodoviária, a qual será explorada por concessionária de serviço público.
Sobre a hipótese descrita, assinale a afirmativa correta.

a) caso procedida a imissão provisória na posse do imóvel, o particular deixa de ser responsável pelo pagamento de IPTU, não obstante a imissão provisória na posse não transferir a propriedade do bem imóvel.

b) Proposta ação de desapropriação, será possível ao particular alegar em contestação a não configuração de utilidade pública ou interesse social na utilização do imóvel específico.

c) Caso haja divergência com relação ao preço ofertado pelo imóvel, a ação de desapropriação terá como sujeito ativo necessariamente o Município Z, que emitiu a declaração expropriatória.

d) Poderá ser deferida a imissão provisória na posse do bem caso caracterizada urgência na sua utilização, devendo o ente expropriante realizar depósito de valor arbitrado judicialmente em até cento e vinte dias contados da efetivação da imissão provisória na posse.

e) Caso não conferida destinação do bem desapropriado à obra ou serviço público, restará configurada a retrocessão, pela qual o antigo proprietário terá direito potestativo ao bem imóvel, reembolsando o valor recebido a título de indenização.

24. (CESPE – 2016 – TRT 8ª Região/PA e AP – Analista Judiciário – Área Judiciária) Assinale a opção que indica a modalidade interventiva do Estado na propriedade que tenha como características natureza jurídica de direito real, incidência sobre bem imóvel, caráter de definitividade, indenização prévia e condicionada à existência de prejuízo e constituição mediante acordo ou decisão judicial.

a) requisição.

b) tombamento.

c) servidão administrativa.

d) ocupação temporária.

e) desapropriação.

25. (VUNESP – 2014 – TJ-SP – Juiz) A Prefeitura de determinado Município do Estado de São Paulo pretende desapropriar imóvel situado em sua zona urbana. O proprietário do referido imóvel descobre que o intento do Prefeito Municipal é decorrente de espírito de emulação, posto tratar-se de seu inimigo político, inexistindo qualquer motivo técnico para a desapropriação em questão. Visando atacar tal vício do decreto expropriatório, o expropriado deve

a) levantar a questão em sede de preliminar, ao apresentar a sua contestação, postulando pela extinção do feito sem julgamento de mérito.

b) levantar a questão por meio de ajuizamento de ação autônoma, com o objetivo de anulação do referido decreto, devido ao desvio de finalidade.

c) levantar a questão na audiência de instrução e julgamento, ao aduzir oralmente as suas alegações finais, postulando pela extinção do feito sem julgamento de mérito.

d) levantar a questão ainda na fase administrativa da desapropriação, perante o departamento competente da Municipalidade.

26. (FEPESE – 2014 – MPE-SC – Promotor) Acerca da desapropriação, assinale a alternativa incorreta:

a) Com a desapropriação desaparecem os ônus reais incidentes sobre o imóvel.

b) A desapropriação indireta é um ato ilícito da administração.

c) A desapropriação é modalidade de intervenção supressiva do Estado na propriedade.

d) Compete privativamente à União legislar sobre desapropriação.

e) A Constituição Federal estabelece a previsão constitucional de desapropriação por necessidade pública, mediante indenização posterior, o que torna plenamente legítima a desapropriação pelo Estado.

27. (FEPESE – 2014 – MPE-SC – Procurador do Estado) Assinale a alternativa incorreta.

a) A Servidão Administrativa tem caráter acessório e inalienável.

b) Retrocessão é a devolução do domínio expropriado, para que regresse ao patrimônio da administração pública.

c) Tombamento é ato de reconhecimento do valor cultural de um bem, que o transforma em patrimônio oficial, levando em conta sua função social.

d) A Servidão Administrativa consiste no direito real de gozo, de natureza pública, instituído sobre imóvel de propriedade alheia com base em lei.

e) Limitação administrativa é toda imposição geral, gratuita, unilateral e de ordem pública condicionadora do exercício de direitos ou de atividades particulares às exigências do bem-estar social.

28. (VUNESP – 2014 – DPE-MS – Defensor Público) Em relação à desapropriação, tendo em vista a jurisprudência do Superior Tribunal de Justiça e do Supremo Tribunal Federal, é correto afirmar que

a) a invasão do imóvel é causa de extinção do processo expropriatório para fins de reforma agrária.

b) na desapropriação direta ou indireta, a taxa dos juros compensatórios é de 6% (seis por cento) ao ano.

c) os honorários de advogado em desapropriação direta são calculados sobre a diferença entre a indenização e a oferta, corrigidas monetariamente.

d) a previsão do Decreto-lei n. 3.365/41, que permite que a imissão provisória seja feita independente da citação do réu, mediante depósito, é inconstitucional.

29. (FCC – 2014 – TRF – 4ª Região – Analista Judiciário – Oficial de Justiça Avaliador Federal) A empresa responsável pelo abastecimento de água e saneamento local precisa implantar um emissário subterrâneo de esgoto em um terreno particular próximo à estação de tratamento existente, onde se cultiva cana-de-açúcar. Para tanto

a) poderá instituir ocupação temporária ou requisição administrativa, que perdurarão pelo tempo necessário para a utilização do emissário, dispensando-se indenização ao proprietário.

b) deverá adquirir a porção do terreno necessária à instalação da infraestrutura subterrânea.

c) poderá desapropriar a porção de terreno necessária à instalação da infraestrutura, dispensada indenização, tendo em vista que não haverá restrição à exploração econômica.

d) deverá decretar o tombamento da área, com a consequente preservação e impossibilidade de utilização da porção do terreno para outra finalidade além do emissário de esgoto.

e) poderá instituir servidão administrativa, indenizando o proprietário do terreno pelos prejuízos experimentados pela restrição operada.

30. (VUNESP – 2021 – Prefeitura de Várzea Paulista – SP – Procurador Municipal) Entre os Direitos e Garantias Fundamentais, a Constituição Federal assegura que

a) a criação de associações e, na forma da lei, a de cooperativas dependem de autorização, mas a interferência estatal em seu funcionamento é vedada.

b) é plena a liberdade de associação para fins lícitos, incluída a de caráter paramilitar.

c) é livre a expressão da atividade intelectual, artística, científica e de comunicação, submetida a licença prévia.

d) é facultada, nos termos da lei, a prestação de assistência religiosa nas entidades civis de internação coletiva, vedada as de caráter militar.

e) no caso de iminente perigo público, a autoridade competente poderá usar de propriedade particular, assegurada ao proprietário indenização ulterior, se houver dano.

Gabarito: 1. a; 2. b; 3. a; 4. e; 5. c; 6. c; 7. d; 8. a; 9. a; 10. a; 11. c; 12. d; 13. errado; 14. d; 15. b; 16. a; 17. a; 18. c; 19. b; 20. b; 21. e; 22. c; 23. a; 24. c; 25. b; 26. e; 27. b; 28. c; 29. e; 30. e.

Referências

ALEXY, Robert. *Teoria dos direitos fundamentais*. São Paulo: Malheiros, 2008.

AMORIM, Gustavo Henrique Pinheiro de. *Para aprender direito* – direito administrativo. São Paulo: Barros, Fischer & Associados, 2006.

ARAGÃO, Alexandre Santos de. *Direito dos serviços públicos*. 2. ed. Rio de Janeiro: Forense. 2008.

ARAUJO, Luiz Alberto David; NUNES JÚNIOR, Vidal Serrano. *Curso de direito constitucional*. 22. ed. São Paulo: Editora Verbatim, 2018.

ÁVILA, Humberto. Repensando o princípio da supremacia do interesse público sobre o particular. Revista Eletrônica sobre a Reforma do Estado (RERE). Salvador, Instituto Brasileiro de Direito Público, n. 11, set./out./nov. 2007. Disponível em: http://www.direitodoestado.com/revista/RERE-11--SETEMBRO-2007--HUMBERTO%20AVILA.pdf.

AZEVEDO MARQUES, Floriano de. Regime jurídico e utilização dos bens públicos. In DALLARI, Adilson Abreu; NASCIMENTO, Carlos Valder; MARTINS, Ives Gandra da Silva. *Tratado de direito administrativo*. v. 2. São Paulo: Saraiva, 2013.

BANDEIRA DE MELLO, Celso Antônio. *Curso de direito administrativo*. 27. ed. São Paulo: Malheiros, 2010.

BANDEIRA DE MELLO, Celso Antônio. *Curso de direito administrativo*. 30. ed. São Paulo: Malheiros, 2012.

BANDEIRA DE MELLO, Celso Antônio. *Natureza e regime jurídico das autarquias*. São Paulo: Editora Revista dos Tribunais, 1968.

BATISTA, Joana Paula. *Remuneração dos serviços públicos*. São Paulo: Malheiros, 2005.

BINENBOJM, Gustavo. Da supremacia do interesse público ao dever de proporcionalidade: um novo paradigma para o Direito Administrativo. Disponível no *link*: http://bibliotecadigital.fgv.br/ojs/index.php/rda/article/view/43855/44713

BOBBIO, Norberto. *Teoria do ordenamento jurídico*. Trad. Ari Marcelo Solon. São Paulo: Edipro, 2011.

BOLZAN DE ALMEIDA, Fabricio. *Direito do consumidor esquematizado*. 10. ed. São Paulo: Saraiva, 2022.

BOLZAN, Fabrício; MARINELLA, Fernanda. *Leituras Complementares* – Direito Administrativo – Licitações e Contratos. Salvador: JUSPODIVN, 2012.

CAPPELLETTI, Mauro; GARTH, Bryant. *Acesso à justiça*. Trad. Ellen Gracie Northfleet. Porto Alegre: Sérgio Antônio Fabris Editor, 1988.

CARVALHO, Raquel Melo Urbano. *Curso de direito administrativo* – Parte geral, intervenção do Estado e estrutura da administração. Salvador: JusPodivm, 2008.

CARVALHO FILHO, José dos Santos. *Manual de direito administrativo*. 18. ed. Rio de Janeiro: Lumen Juris, 2007.

CARVALHO FILHO, José dos Santos. *Manual de direito administrativo*. 22. ed. Rio de Janeiro: Lumen Juris, 2009.

CARVALHO FILHO, José dos Santos. *Manual de direito administrativo*. 23. ed. rev., ampl. e atual. Rio de Janeiro: Lumen Juris, 2010.

CARVALHO FILHO, José dos Santos. *Manual de direito administrativo*. 25. ed. São Paulo: Atlas, 2012.

CINTRA DO AMARAL, Antônio Carlos. Distinção entre usuário do serviço público e consumidor. Revista Eletrônica de Direito Administrativo Econômico, Salvador, Instituto de Direito Público da Bahia, n. 6, maio/jul. 2006. Disponível em: http://www.direitodoestado.com.br.

DALLARI, Adilson Abreu; NASCIMENTO, Carlos Valder; MARTINS, Ives Gandra da Silva. *Tratado de direito administrativo*. v. 2. São Paulo: Saraiva, 2013.

DALLARI, Adilson Abreu. Instrumentos da Política Urbana. *In: Estatuto da Cidade* – Comentários à Lei Federal 10.257/2001.

DAL POZZO, Augusto Neves. *Aspectos fundamentais do serviço público no direito brasileiro*. São Paulo: Malheiros, 2012.

DI PIETRO, Maria Sylvia Zanella. *Direito administrativo*. 20. ed. São Paulo: Atlas, 2007.

DI PIETRO, Maria Sylvia Zanella. *Direito administrativo*. 24. ed. São Paulo: Atlas, 2011.

DI PIETRO, Maria Sylvia Zanella. *Direito administrativo*. 25. ed. São Paulo: Atlas, 2012.

D'ISEP, Clarissa Ferreira Macedo. *Direito ambiental econômico e a ISO 14000:* análise jurídica do modelo de gestão ambiental e certificação ISO 14001. 2. ed. São Paulo: Revista dos Tribunais, 2009.

DUGUIT, Léon. *Las Transformaciones Generales del Derecho* (trad. Adolfo G. Posada e Ramón Jaén). Buenos Aires: Editorial Heliasta, 2001.

DWORKIN, Ronald. *Levando os direitos a sério*. Tradução de Nelson Boeira. 3. ed. São Paulo: Martins Fontes, 2002.

ENTERRÍA, Eduardo García de; FERNÁNDEZ, Tomás-Ramón. *Curso de direito administrativo.* v. 1. 14. ed., Madri: Civitas. 2008.

FARIAS, José Fernando de Castro. *A teoria do estado no fim do século XIX e no início do século XX* – Os enunciados de Léon Duguit e de Maurice Hauriou. Rio de Janeiro: Lumen Juris, 1999.

FERRAZ JUNIOR, Tercio Sampaio. *Introdução ao estudo do direito:* técnica, decisão, dominação. 11. ed., São Paulo: Atlas, 2019.

FERRAZ JUNIOR, Tercio Sampaio. *Teoria da norma jurídica:* ensaio de pragmática da comunicação normativa. 5. ed., São Paulo: Atlas, 2016.

FIGUEIREDO, Lúcia Valle. *Curso de direito administrativo.* 6. ed. São Paulo: Malheiros, 2006.

FIORILLO, Celso Antonio Pacheco. *Estatuto da Cidade* – Lei n. 10.257/2001 – Lei do Meio Ambiente Artificial. 4. ed. São Paulo: Revista dos Tribunais, 2010.

GAJARDONI, Fernando da Fonseca; CRUZ, Luana Pedrosa de Figueiredo; CERQUEIRA, Luís Otávio Sequeira de; GOMES JUNIOR, Luiz Manoel; FAVRETO, Rogerio. *Comentários à Lei de Improbidade administrativa.* São Paulo: Revista dos Tribunais, 2010.

GARCIA, Emerson e ALVES, Rogério Pacheco. *Improbidade administrativa.* 3. ed. Rio de Janeiro: Lumen Juris, 2007.

GASPARINI, Diógenes. *Direito administrativo.* 12. ed. rev. e atual. São Paulo: Saraiva, 2007.

GORDILLO, Augustín. *Tratado de derecho administrativo*, Tomo 1: Parte Geral. 7. ed. Belo Horizonte: Del Rey e Fundación de Derecho Administrativo, 2003.

GRECO, Alvísio Lahorgue; AREND, Lauro Roberto. *Contabilidade:* teoria e prática básicas. 5. ed. rev. e atual. São Paulo: Saraiva, 2016.

GRINOVER, Ada Pellegrini. *Ação de improbidade administrativa:* Decadência e Prescrição, Lumen Juris, p. 12 e 35.

GRINOVER, Ada Pellegrini et al. *Código Brasileiro de Defesa do Consumidor comentado pelos autores do anteprojeto.* 8. ed. Rio de Janeiro: Forense Universitária, 2005.

GROTTI, Dinorá Adelaide Musetti. *O serviço público e a Constituição Brasileira de 1988.* São Paulo: Malheiros, 2003.

HART, Herbert Lionel Adolphus. *O conceito de direito.* Trad. Antônio de Oliveira Sette-Câmara. São Paulo: Martins Fontes, 2009.

JUNIOR, Nelson Nery e NERY, Rosa Maria de Andrade. *Constituição Federal comentada*, 2. ed., Revista dos Tribunais, p. 359.

JUSTEN FILHO, Marçal. *Curso de direito administrativo.* 7. ed. rev. e atual. Belo Horizonte: Fórum, 2011.

JUSTEN, Monica Spezia. *A noção de serviço público no direito europeu*. São Paulo: Dialética, 2003.

KELSEN, Hans. *Teoria pura do direito*. 8. ed. 2ª tiragem. Trad. João Batista Machado. São Paulo: Martins Fontes, 2011.

LIMA, Ruy Cirne. *Princípios de direito administrativo*. 7. ed. São Paulo: Malheiros, 2007.

MARINELA, Fernanda. *Direito administrativo*. 10. ed. São Paulo: Saraiva, 2016.

MEDAUAR, Odete. *Direito administrativo moderno*. 17. ed. São Paulo: Revista dos Tribunais, 2013.

MEIRELLES, Hely Lopes. *Direito administrativo*. 23. ed. São Paulo: Malheiros, 1998.

MEIRELLES, Hely Lopes. *Direito administrativo*. 39. ed. São Paulo: Malheiros, 2013.

MONTEIRO, Vera. Parcelamento, Edificação ou Utilização Compulsórios da Propriedade Urbana. In DALLARI, Adilson Abreu; FERRAZ, Sérgio. *Estatuto da Cidade* – Comentários à Lei Federal 10.257/2001, 2. ed. São Paulo: Malheiros, 2006.

PEREIRA, César A. Guimarães. *Usuários de serviços públicos:* usuários, consumidores e os aspectos econômicos dos serviços públicos. São Paulo: Saraiva, 2006.

PEREZ LUÑO, Antonio Enrique. *Los derechos fundamentales*. 9. ed. Madri: Tecnos, 2007.

REMÉDIO JÚNIOR, José Ângelo. *Direito ambiental minerário*: mineração juridicamente sustentável. Rio de Janeiro: Lumen Juris, 2013.

ROCHA, Sílvio Luís Ferreira da. *Função social da propriedade pública*. São Paulo: Malheiros, 2005.

SARLET, Ingo Wolfgang; FENSTERSEIFER, Tiago. *Direito constitucional ambiental*: constituição, direitos fundamentais e proteção do ambiente. 3. ed. São Paulo: Revista dos Tribunais, 2013.

SAULE JÚNIOR, Nelson. *Novas perspectivas do direito urbanístico brasileiro*. Ordenamento constitucional da Política Urbana. Aplicação e eficácia do plano diretor. Porto Alegre: Sérgio Antônio Fabris Editor, 1997.

SCARTEZZINI, Ana Maria Goffi Flaquer. *O princípio da continuidade do serviço público*. São Paulo: Malheiros, 2006.

SCHOLLER, Heinrich. O princípio da proporcionalidade no Direito Constitucional e administrativo da Alemanha. Trad. de SARLET, Ingo Wolfgang, *in* Revista Interesse Público n. 2, 1999.

SUNDFELD, Carlos Ari. *Abrangência da declaração de inidoneidade e da suspensão da participação em licitações*. Informativo de Licitações e Contratos-ILC169. Curitiba: mar. 2008.

TAVARES, André Ramos. *Curso de direito constitucional*. 8. ed. São Paulo: Saraiva, 2010.

TAVARES, André Ramos; BOLZAN, Fabrício. Poder de Polícia: da supremacia do interesse público à primazia dos direitos fundamentais. *In* DALLARI, Adilson Abreu; NASCIMENTO, Carlos Valder; MARTINS, Ives Gandra da Silva. *Tratado de direito administrativo*. v. 2. São Paulo: Saraiva, 2013.

TOURINHO, Rita. O Desvio de Finalidade na Ação Expropriatória: Interpretação Sistemática do Decreto-lei n. 3.365/41. *Revista Eletrônica de Direito do Estado*. Salvador: Instituto de Direito Público da Bahia, n. 8, outubro, novembro e dezembro de 2006. Disponível em: www.direitodoestado.com.br.

ZANOBINI, Guido. *Corso di diritto amministrativo*. 5. ed. Milano: Giuffrè, 1958.

www.planalto.gov.br

www.stf.jus.br

www.stj.jus.br